제9판

상법 기본강의

이상수

상법 총칙 / 상행위 / 회사 / 보험 / 해상 / 항공운송 / 어음법 · 수표법

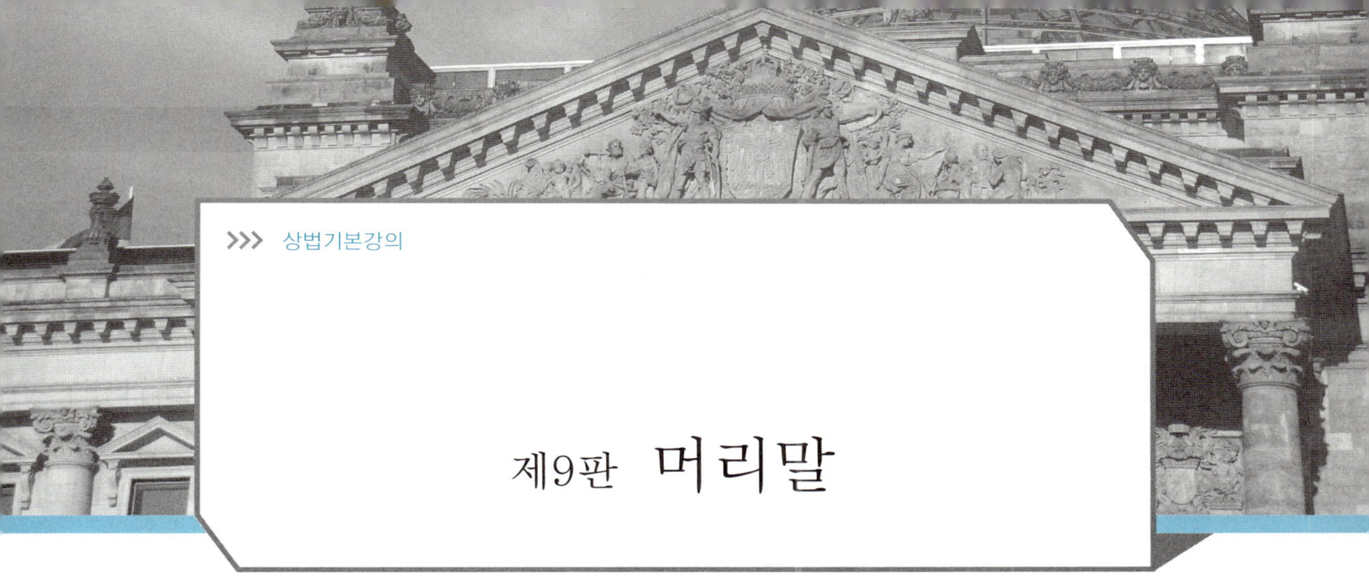

제9판 머리말

상법기본강의(제8판)도 출간 이후 1년만에 다시 완판에 이르게 되었다. 이는 독자 여러분의 크나큰 사랑에 힘입은 것으로, 독자 여러분에게 깊은 감사의 인사를 드린다.

본서 제8판의 출간 이후에도 본서를 더욱 알찬 교재, 더 편하게 대할 수 있는 교재로 만들기 위해 독자의 눈으로 본서를 보면서 제8판에서 부족한 부분을 수정 또는 보정하여 제9판을 출간하게 되었다.

첫째, 2024년 9월 20일 법률 제20436호로 공포되고 2025년 1월 31일 이후 시행된 상법 개정 내용(지점등기의 폐지)과 2025년 7월 22일 법률 제20991호로 공포된 상법 개정 내용(이사의 충실의무, 상장회사의 집중투표제 및 감사위원회의 감사위원 수 등) 및 2025년 7월 22일의 개정법률을 수정한 2025년 9월 개정법률의 상법 개정 내용을 반영하여 교재의 내용을 수정하였다.

둘째, 판례의 수록에 있어서도 2025년 8월까지의 새로운 판례와 기존판례를 변경하는 전원합의체판결의 내용 또는 새로운 법해석에 관한 판례내용을 추가하였고, 본문의 내용과 중복되는 판례를 정리하였다.

셋째, 본서의 내용에 있어 문장의 이해를 좀 더 쉽게 할 수 있도록 문장수정작업을 더 하였다. 더불어 문장의 단락의 나눔을 더 세밀하게 하면서 문장표현을 독자의 관점에서 보정하였다. 뿐만 아니라 판례요지의 내용 중 중요한 부분은 밑줄을 그어 독자들이 더 편리하게 볼 수 있도록 하였다.

넷째, 교재에 약간의 오·탈자가 발견되어 이를 수정하였다. 특히 이 교재의 출간을 위해 오·탈자 수정작업에 정말 혼신의 힘을 다해 준 사랑하는 이은영 세무사에게 고마움을 표하며, 훌륭한 세무전문가로 성장하기를 기대한다.

본서 출간에도 여전히 아낌없는 지원을 해 주시는 피앤씨미디어 박노일 대표와 최준규 이사에게 감사드린다. 또한 훌륭한 편집으로 본서가 더 나은 교재가 될 수 있도록 수고를 아끼지 않는 편집부 이상민 이사를 비롯한 모든 직원에게도 감사의 말씀을 드린다.

언제나 본서가 독자 여러분에게 도움되는 저서가 되도록 본 저자는 끊임없이 최선의 노력을 기울이고 있으며, 이러한 마음을 헤아려 주시는 독자 여러분의 아낌없는 애정을 바란다. 또한 아낌없는 본서에 대한 지적을 받아 더 좋은 교재가 될 수 있도록 끊임없이 노력할 것을 약속드린다.

2025년 9월

저자 **이상수**

제8판 머리말

상법기본강의(제7판)의 출간 이후 1년만에 다시 완판에 이르게 되었다. 이는 독자 여러분의 크나큰 사랑에 힘입은 것으로, 독자 여러분에게 깊은 감사의 인사를 드린다.

본서 제7판의 출간 이후에도 본서를 더욱 알찬 교재, 더 편하게 대할 수 있는 교재로 만들기 위해 독자의 눈으로 본서를 보면서 제8판에서 많은 부분 개정하여 출간하게 되었다.

제8판에서는 첫째, 본서의 내용에 있어 문장의 이해를 좀 더 쉽게 할 수 있도록 문장수정작업을 하였다.

둘째, 판례의 수록에 있어서도 2024년 7월까지의 새로운 판례와 기존판례를 변경하는 전원합의체판결의 내용 또는 새로운 법해석에 관한 판례내용을 추가하였고, 본문의 내용과 중복되는 판례를 정리하였다.

셋째, 특히 제8판에서는 본문내용과의 연관관계를 좀 더 면밀하게 파악하여 판례를 제시하고 더욱 세심한 판례분석을 통해 본문의 보충판례와 본문의 참조판례를 구분하는 점에 노력을 기울였다.

넷째, 교재에 여전히 오탈자가 발견되어 이를 수정하고, 문장의 단락의 나눔을 더 세밀하게 하면서 문장표현을 독자의 관점에서 보정하였다.

언제나 본서가 독자 여러분에게 도움되는 저서가 되도록 논 저자는 최선의 노력을 기울이고 있으며, 이러한 마음을 헤아려 주시는 독자 여러분의 아낌없는 애정을 바란다. 또한 아낌없는 본서에 대한 지적을 받아 더 좋은 교재가 될 수 있도록 끊임없이 노력할 것을 약속드린다.

본서 출간에도 여전히 아낌없는 지원을 해 주시는 피앤씨미디어 박노일 대표님과 최준규 이사님에게 감사드린다. 또한 훌륭한 편집으로 본서가 더 나은 교재가 될 수 있도록 수고를 아끼지 않는 편집부 전 직원에게도 감사의 말씀을 드린다.

2024년 8월

저자 **이상수**

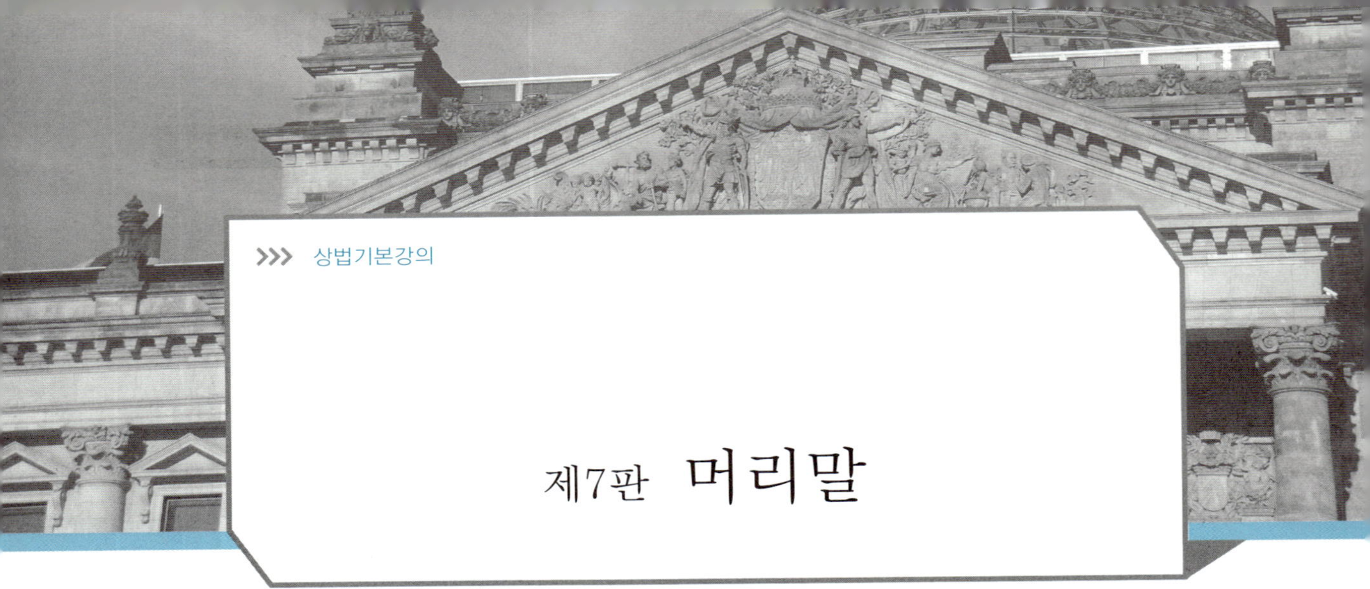

제7판 머리말

상법기본강의(제6판)의 출간 이후 1년만에 다시 완판에 이르게 되었다. 이는 독자 여러분의 크나큰 사랑에 힘입은 것으로, 독자 여러분에게 깊은 감사의 인사를 드린다.

본서 제6판의 출간 이후에도 본서를 더욱 알찬 교재, 더 편하게 대할 수 있는 교재로 만들기 위해 독자의 눈으로 본서를 보면서 좀 더 보완이 필요한 사항들을 반영하여 제7판을 출간하게 되었다.

제7판에서도 첫째, 본서의 내용에 있어 문장의 이해를 좀 더 쉽게 할 수 있도록 문장수정작업을 하였고, 둘째, 판례의 수록에 있어서도 2023년 7월까지의 새로운 판례와 기존판례를 변경하는 전원합의체판결의 내용을 추가하면서, 본문의 내용과 중복되는 판례를 정리하였다. 셋째, 교재에 여전히 오탈자가 발견되어 이를 수정하고, 문장의 단락의 나눔을 더 세밀하게 하면서 문장표현을 독자의 관점에서 보정하였다.

언제나 본서가 독자 여러분에게 도움되는 저서가 되도록 본 저자는 최선의 노력을 기울이고 있으며, 이러한 마음을 헤아려 주시는 독자 여러분의 아낌없는 애정을 바란다. 또한 아낌없는 본서에 대한 지적을 받아 더 좋은 교재가 될 수 있도록 끊임없이 노력할 것을 약속드린다.

본서 제7판의 출간에도 여전히 아낌없는 지원을 해 주시는 피앤씨미디어 박노일 대표님과 최준규 이사님에게 감사드린다. 또한 훌륭한 편집으로 본서가 더 나은 교재가 될 수 있도록 수고를 아끼지 않는 편집부 전 직원에게도 감사의 말씀을 드린다.

2023년 8월

저자 **이상수**

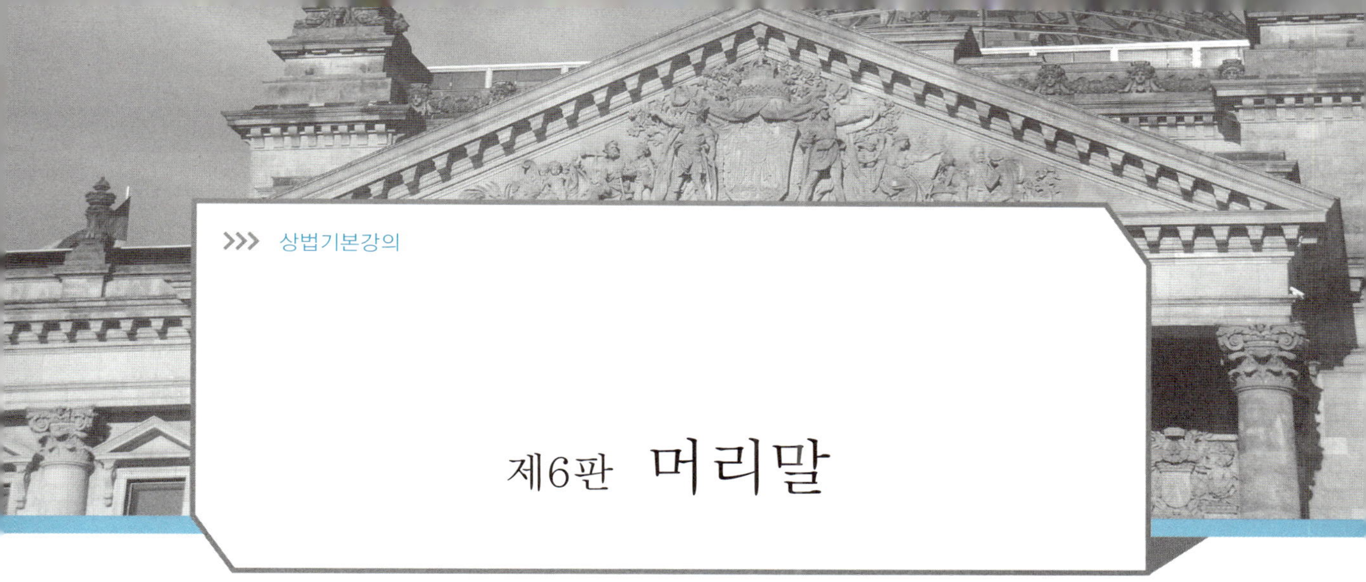

제6판 머리말

『상법기본강의』 제5판이 출간된 지 1년밖에 되지 않았음에도 독자 여러분의 크나큰 호응으로 완판을 하게 되었다. 이에 독자 여러분에게 깊은 감사의 인사를 드린다.

본서 제5판 출간 이후 본서의 내용을 살피면서 다음과 같은 점을 보완할 필요가 있다는 판단으로 이를 반영하여 개정 제6판을 출간하게 되었다.

첫째, 본서의 내용을 독자 여러분이 좀 더 쉽게 이해할 수 있도록 문장의 수정하는 작업을 하였고, 복잡한 내용에 대하여는 단락의 나눔을 좀 더 세밀하게 함으로써 본서를 읽는데 편리함을 드릴 수 있도록 하였다.

둘째, 사례와 함께 수록된 복잡한 판례는 주요 내용에 대한 판례와 분리하여 보충 또는 참조판례로 편집하여 판례의 내용을 편리하게 볼 수 있도록 하였다.

셋째, 상법 이외의 개정된 특별법에 맞추어 특별법의 조문과 내용을 수정하는 작업을 하였다.

넷째, 본서의 제5판 출간 후 2022년 8월까지의 판례 중 꼭 필요한 판례의 반영을 하였다. 특히 전원합의체 판결 내용이 다수 있어 기존 판례의 내용을 수정하는 작업을 하였다.

다섯째, 본서 제6판 출간임에도 여전히 발견되어졌던 약간의 오자(誤字)들을 수정하는 것도 빼놓지 않았다.

언제나 본서의 첫 출간부터 가졌던 마음, 즉 '독자들에게 도움이 되는 저서'가 되도록 최선의 노력을 기울여 오고 있으며, 본서의 내용을 더욱 알차게 만드는데 게을리하지 않고 있다.

본 저자의 마음을 헤아려 주시는 독자 여러분의 호응을 바라며, 본서에 대한 아낌없는 지적을 감사한 마음으로 받아, 더욱더 알찬 내용을 담는 『상법기본강의』를 출간하도록 노력할 것임을 약속드린다.

본서 제6판의 출간에도 많은 정성과 지원을 아끼지 않은 피앤씨미디어 박노일 대표님, 최준규 이사님에게 감사드리고, 특히 훌륭한 편집으로 본서가 출간되도록 가장 애쓰신 편집부 직원 여러분, 그 외에 본서의 출간을 위해 애쓰신 모든 분에게도 감사드린다.

2022년 9월

저자 **이상수**

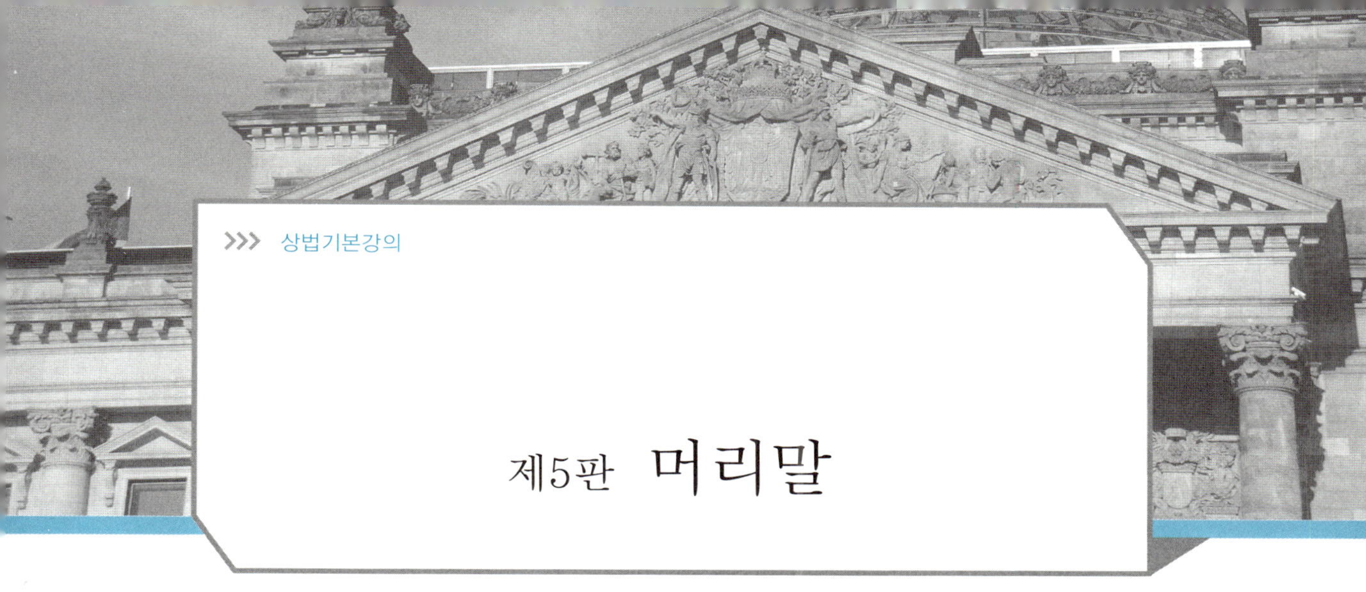

제5판 머리말

『상법기본강의』가 피앤씨미디어에서 출간될 때마다 독자 여러분의 호응으로 완판을 기록하여 제4판째 출간이 되었다. 이에 독자 여러분에게 깊은 감사의 마음을 전해 드린다.

본서의 제4판이 출간이 된 이후 2년이 넘어 내용상으로 여러 가지 보완이 필요하여 제5판에 이를 반영하도록 노력하였다.

제5판은 거의 전면 개정에 해당할 정도로 다음과 같이 내용을 수정·보완하였다.

첫째, 독자 여러분이 좀 더 쉽게 상법을 이해할 수 있도록 추가적으로 전체 내용의 수정·보완 작업을 하였고 오류가 있는 특별법 조문의 수정도 하였다.

둘째, 제4판 출간 이후에 나온 2020년 6월 이후 2021년 5월까지의 판례 중 꼭 필요한 판례를 반영하였다.

셋째, 2020년 12월 9일 국회를 통과하여 동년 12월 29일 시행된 개정상법의 내용에 따른 보완하는 작업을 통하여 제5판은 독자 여러분을 위한 더 알찬 교재가 되도록 노력하였다. 2020년 12월 9일 국회를 통과한 개정상법의 주요 내용은 신주발행시 배당에 관한 제350조 제3항의 삭제, 다중대표소송제도(제406조의2)의 신설, 상장회사 감사위원회 위원의 선임과 해임 등이다.

독자 여러분에게 항상 도움이 되는 교재로써 역할을 다할 수 있도록 본서의 보완에 심혈을 기울여 왔으며, 본서 제5판 역시 그러하기에 독자 여러분의 호응을 바라며, 아낌없는 지적을 감사한 마음으로 받을 것이다.

본서 출간에 많은 정성을 기울여 주신 박노일 대표님, 김중용 대표님 그리고 편집부 직원과 본서의 출간을 위해 애쓰신 모든 분에게도 감사의 마음을 전한다.

2021년 6월

저자 **이상수**

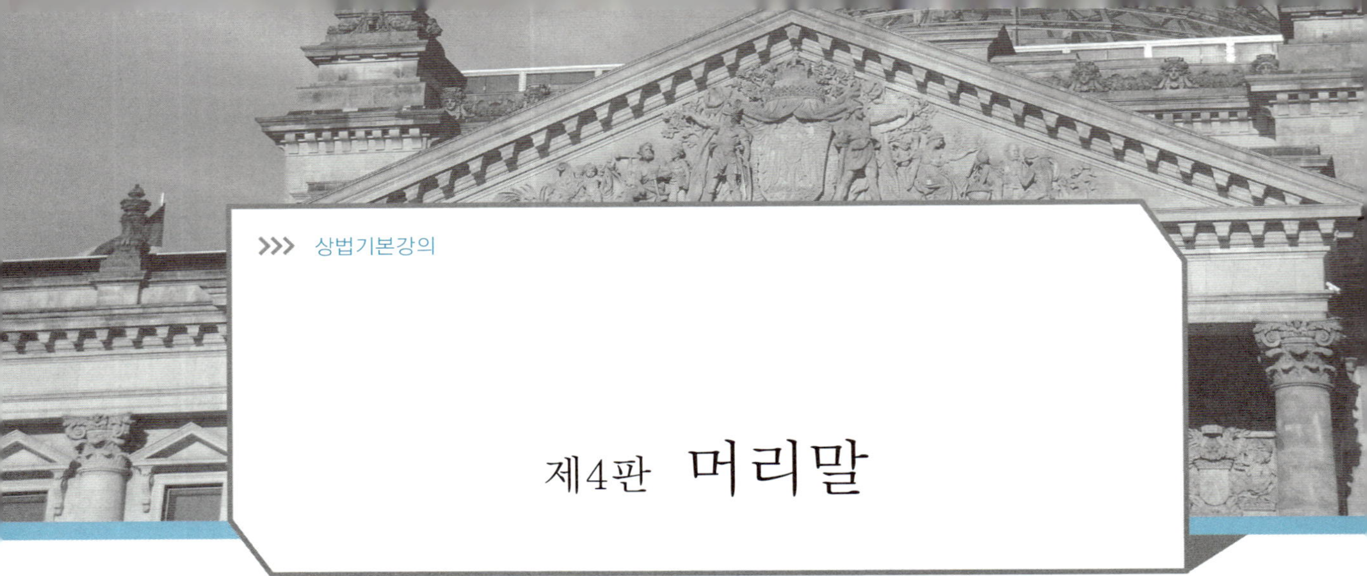

제4판 머리말

『상법기본강의』가 피앤씨미디어에서 출간될 때마다 독자 여러분의 호응으로 완판을 기록하여 제4판째 출간이 되었다. 이에 독자 여러분에게 깊은 감사의 마음을 전해 드린다.

본서의 제3판이 출간이 된 이후 2년이 넘어 내용상으로 여러 가지 보완이 필요하여 이를 반영하도록 노력하였다. 독자 여러분에게 항상 도움이 되는 교재로써 역할을 다할 수 있도록 본서의 보완에 심혈을 기울여 왔다.

제4판에서는 독자 여러분이 좀 더 쉽게 상법을 공부할 수 있도록 전체 내용의 문구 수정·보완 작업을 하였다. 또한 2018년 6월 이후 2020년 5월까지의 판례 중 꼭 필요한 판례를 반영하고, 2020년 6월 개정상법에 따라 상호가등기에 관한 내용을 수정하였다. 뿐만 아니라 2020년 6월 입법예고된 상법개정법률안을 별도 부록으로 첨부하는 작업을 통하여 제4판은 독자 여러분을 위한 더 알찬 교재가 되도록 노력하였다.

본서 제4판 역시 독자 여러분의 호응을 바라며, 아낌없는 지적을 감사한 마음으로 받을 것이다.

본서 출간에 많은 정성을 기울여 주신 박노일 대표님, 김중용 대표님 그리고 편집부 모든 직원과 본서의 출간을 위해 애쓰신 모든 분에게도 감사의 마음을 전한다.

2020년 6월

저자 **이상수**

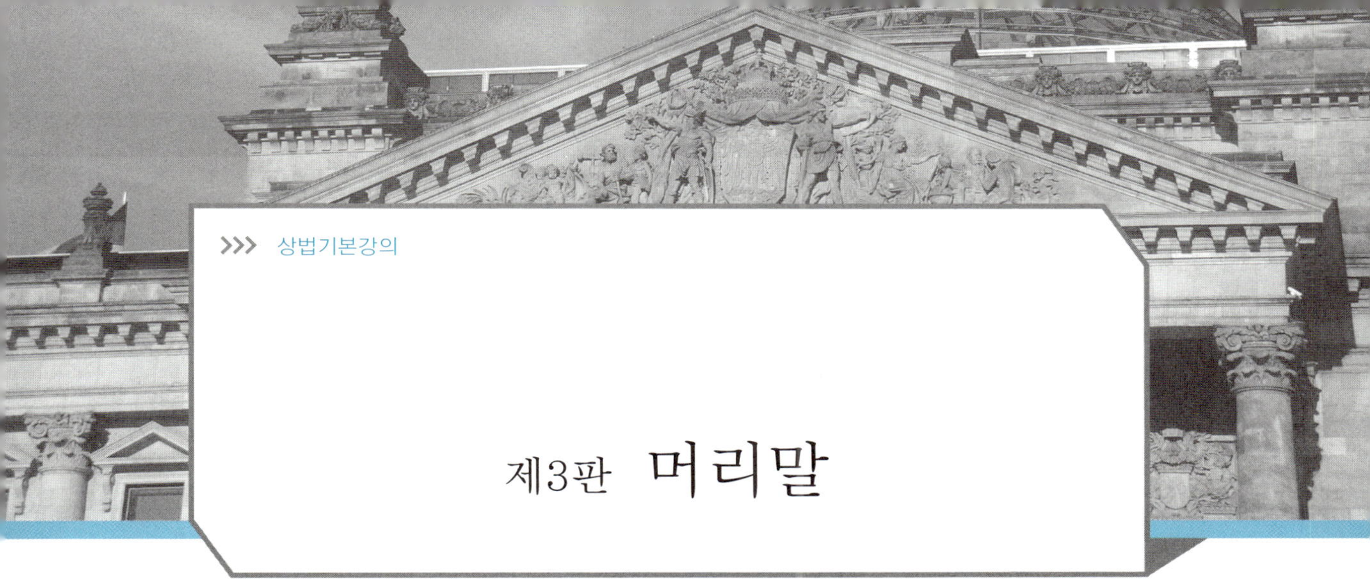

제3판 머리말

「상법기본강의」가 피앤씨미디어에서 출간될 때마다 독자 여러분의 호응으로 완판을 기록하여 제3판째 출간이 되게 되었다. 이에 독자 여러분에게 깊은 감사의 마음을 전해 드린다.

독자 여러분에게 항상 도움이 되는 교재로써 역할을 다할 수 있도록 본서의 보완에 심혈을 기울여왔다.

이번 제3판도 보완작업을 진행하고 있던 중 명의개서에 관한 상법 제337조 제1항의 효력 및 상법 제332조의 주식인수에 명의대여가 있는 경우의 권리행사와 관련한 대법원 2017. 3. 23.선고 2015다248342 전원합의체 판결, 상법 제382조 제1항 및 상법 제409조 제1항의 이사 및 감사의 선임에 관한 대법원 2017. 3. 23.선고 2016다251215 전원합의체 판결에 의해 해당되는 구판례들이 변경되는 큰 판결이 있었고, 기타 새로운 판례들이 나왔다. 제3판에서는 이러한 판례와 2017년 5월까지의 판례들을 모두 반영하여 개정판을 출간하게 되었다.

또한 제3판에서는 보증보험·단체보험 등 법규정의 해석나용을 더욱 충실하게 보완하여 독자 여러분께서 도움이 되도록 노력하였다.

본서 제3판 역시 독자 여러분의 호응을 바라며, 아낌없는 지적을 감사한 마음으로 받을 것이다.

본서가 출간되어지는데 많은 정성을 기울여 주신 박노일 대표님, 김중용 대표님 그리고 편집부 모든 직원과 본서의 출간을 위해 애쓰신 모든 분에게도 감사의 말씀을 전한다.

2018년 6월

저자 이상수

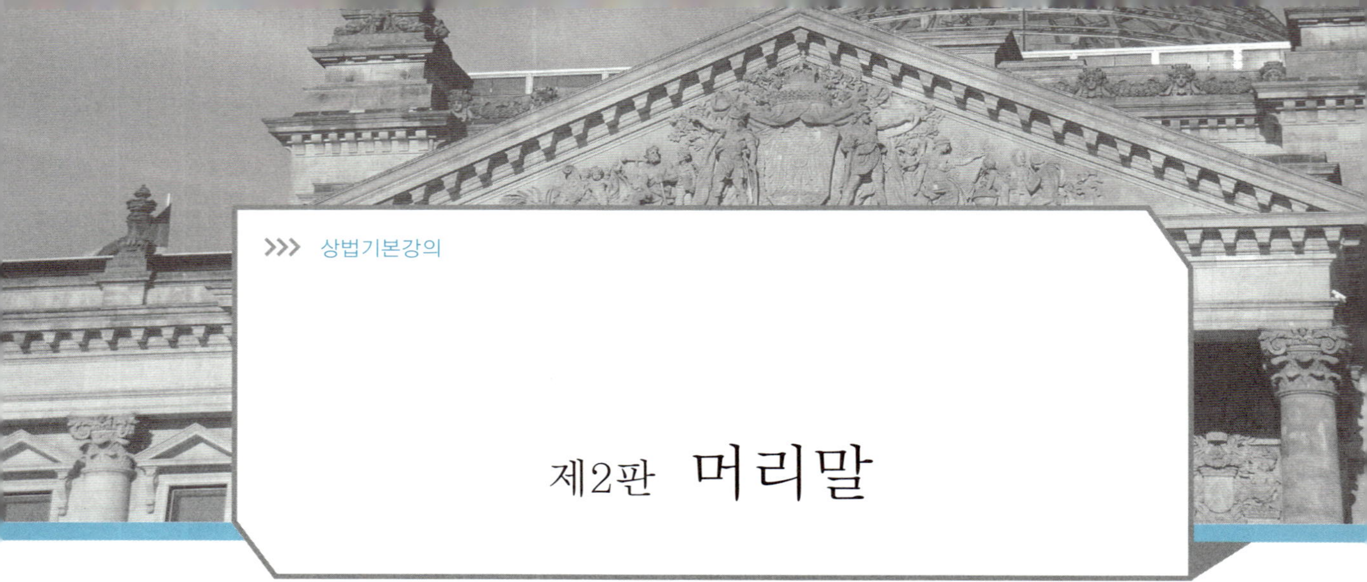

제2판 머리말

피앤씨미디어에서 「상법기본강의」를 출간하면서 더욱더 좋은 교재를 만들어 독자 여러분에게 도움을 드리기로 약속하였다. 그런데 출간 후 교재에서는 오탈자가 다수 발견되어 독자 여러분에게 미안함을 금할 길이 없었다. 본서의 제1판이 모두 소진되고 제2판을 출간하면서 그러한 오탈자를 모두 수정하려고 수시로 교재의 개정작업을 진행하였다.

한편, 본서의 개정판 출간에 즈음하여 '상행위편의 개정법률안'과 '회사편의 개정법률안'이 국회에 제출되어졌으며, 이 중 '상행위편의 개정법률안'은 통과가 되지 않았고, '회사편의 개정법률안'은 통과되어 지난 2016년 3월부터 시행되고 있다.

따라서 본서는 불가피하게 '회사편의 개정법률안'을 반영하여 개정작업을 수행하였다. 그리고 '상행위편의 개정법률안'에 관한 내용도 본서의 본문에 '개정안'으로 하여 반영하였다. 추후 개정안이 통과되더라도 다시 개정판을 내지 않아도 그 내용을 공부할 수 있도록 하기 위해서이다.

2016년 3월 시행된 「상법 일부개정법률」의 주요 내용은 ① 삼각주식교환, 역삼각합병 및 삼각분할합병제도의 도입, ② 반대주주의 주식매수청구권 제도의 정비, ③ 소규모 주식교환의 요건 완화, ④ 간이 영업양도·양수·임대제도의 도입, ⑤ 회사의 분할합병 관련 용어규정의 정비 등이다.

이번 개정판에서는 2016년 5월까지의 새로운 판례를 추가 수록하였고, 판례·학설의 미흡한 부분을 수정·보완하였다.

본서 제2판도 역시 많은 독자들의 사랑을 받을 수 있기를 간절히 바라며, 본서에 대한 독자 여러분의 아낌없는 지적도 감사한 마음으로 받을 것이다

마지막으로 본서가 출간될 때 정태덕 선생님과 공저로 출간하였으나 사정상 저자의 전적인 책임에 의한 교정과 내용보완을 위하여 저자 단독의 저서로 출간됨에 양해를 바라며, 정태덕 선생님께 감사의 마음을 드린다. 더불어 본서의 출간을 위해 정성을 기울여 주신 박노일 대표님, 김중용 대표님과 편집부 전 직원에게 감사의 인사를 드린다.

2016년 7월

저자 이상수

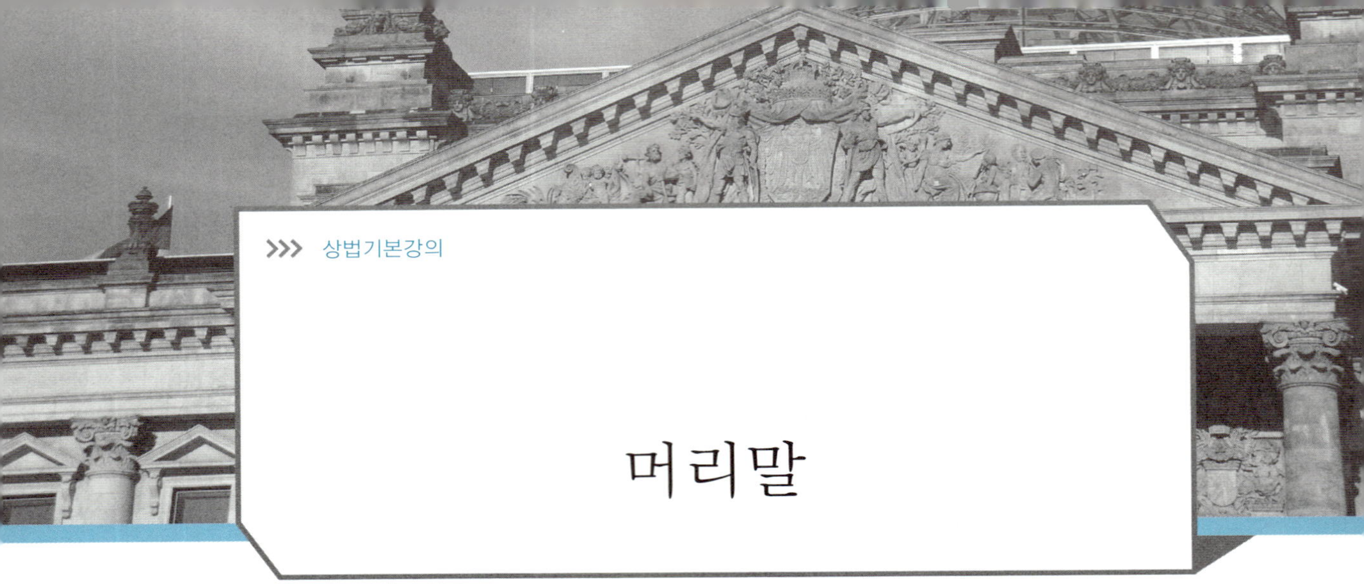

머리말

작년까지 형설출판사에서 11판까지 발행하였던 본서를 올해부터는 피앤씨미디어 출판사에서 출간하게 되었다.

지난 10여년간 좋은 책이 될 수 있도록 물심양면으로 도움을 준 형설출판사에 감사를 드리고 많은 관심과 애정을 보내준 독자 여러분에게도 감사의 뜻을 전하며 앞으로 새로운 둥지에서 더 좋은 책이 될 수 있도록 노력할 것을 약속드린다.

올해 새로이 편집 출간하는 본 교재는 기존 내용에 상법 기본이론 일부 내용을 추가하였고, 2014년 3월에 전면 개정된 보험편의 내용을 수정·보완하였으며, 2014년 5월 시행의 개정 법률 내용을 반영하여 개정을 하였다. 2014년 3월 개정 법률은 보증보험과 질병보험의 명문화, 보험료 및 보험금 청구권의 소멸시효기간 연장 등이 주요 내용이고, 2014년 5월 개정 법률은 무기명주식과 무기명 주권의 폐지, 사채권과 집회의 소집통지 규정 신설, 항공운송계약상 배상책임액의 증액 등을 주요 내용으로 하고 있다.

또한 2014년 12월까지의 새로운 판례를 추가하였고 판례, 학설 등의 내용에 오류가 있는 부분을 수정·보완하였다.

본서가 앞으로 더욱 많은 독자들로부터 사랑을 받기를 바라며 부족한 부분에 대해서는 아낌없는 지도편달을 부탁드린다.

마지막으로 본서의 출간을 위해 정성을 기울여주신 피앤씨미디어 출판사의 박노일 대표님과 김인숙 과장님께 감사의 인사를 드린다.

2015년 2월

저자일동

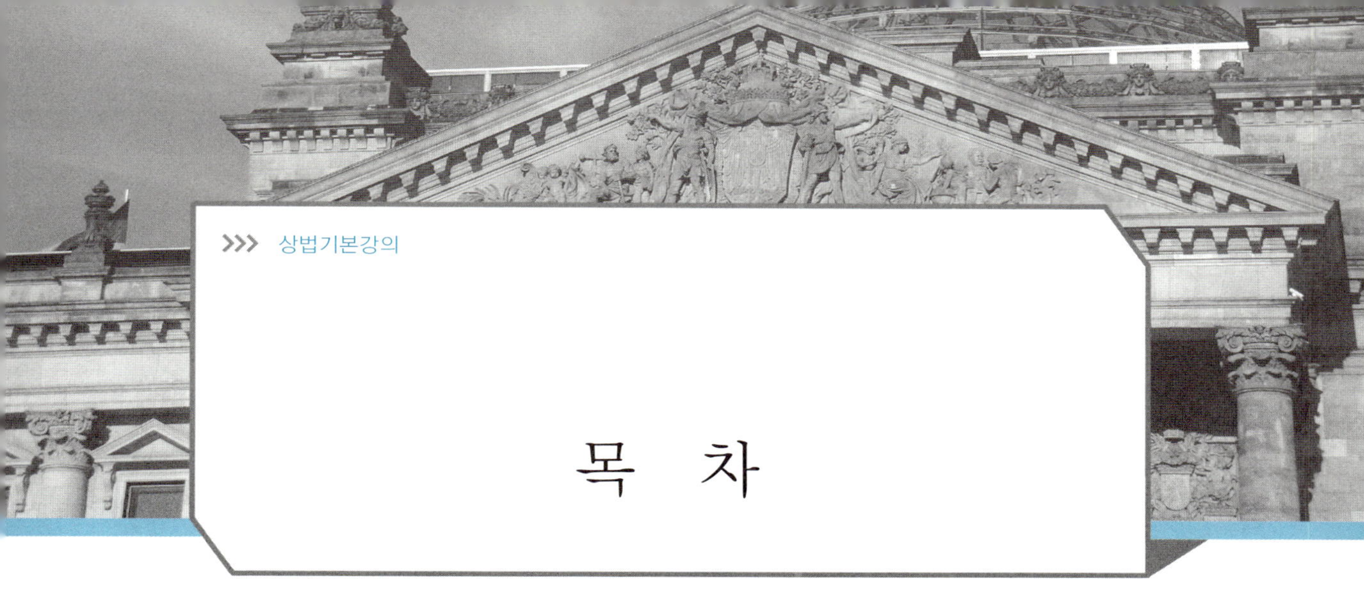

목 차

제1편 상법 총칙

제 1 장 상법의 개설

제 4 장 상 호

제 5 장 상업장부

제 6 장 영업소

제 2 편 상행위

제 1 장 상행위의 개념

제 2 장 상행위의 특칙

제 3 장 상행위의 특수계약

제 4 장 상행위 각칙

제 3 편 회 사

제 1 장 회사법 총론

제 2 장 회사법 통칙

제 7 장 유한회사

제 8 장 외국회사

제 9 장 벌 칙

제 4 편 보 험

제 1 장 서 론

제 2 장 보험계약법 총론

제 3 장 손해보험

제 4 장 인보험

제 5 편 해 상

제 1 장 서 론

제 2 장 해상기업조직

제 3 장 해상기업활동(해상운송)

제 4 장 해상기업위험

제 6 편 항공운송

제 1 장 통 칙

제 2 장 항공운송

제 4 장 약속어음

제 5 장 수 표

제 6 장 전자(약속)어음

제1편 상법 총칙

Commercial Law

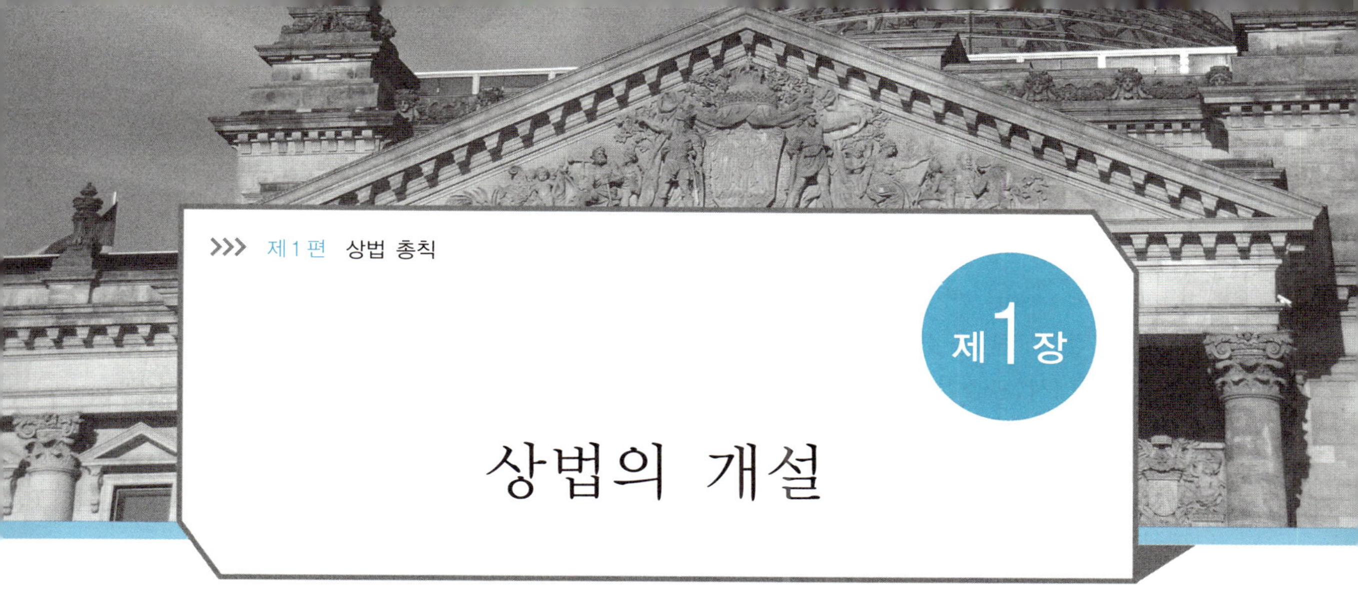

제 1 장 상법의 개설

제 1 절 상법의 개념

I. 상법의 의의

상법의 의의로는 형식적 의의의 상법과 실질적 의의의 상법이 있다. 형식적 의의의 상법은 각국의 역사적 배경과 입법정책을 반영하고 있는 「상법」이라는 제정법률, 즉 상법전을 의미한다. 실질적 의의의 상법은 학문적 개념으로 상법이 규율하는 생활관계의 실질 또는 내용에 의하여 파악된 통일적 · 체계적인 법역(法域)을 의미한다.

II. 형식적 의의의 상법

형식적 의의의 상법이란 1962년 1월 20일 제정, 법률 제1000호로 공포되고 1963년 1월 1일부터 시행되어 1984년, 1991년, 1995년, 1998년, 1999년, 2001년 7월과 12월, 2007년 8월, 2009년 1월과 5월, 2010년 5월, 2012년 4월, 2014년 5월, 2015년 3월, 2016년 3월, 2020년 6월, 2021년 12월, 2024년 9월에 개정 · 시행된 현행의 상법전을 말한다.

우리 상법전은 제1편 상법총칙(제1조~제45조), 제2편 상행위(제46조~제168조의12), 제3편 회사(제169조~제637조의2), 제4편 보험(제638조~제739조의3), 제5편 해상(제740조~제895조), 제6편 항공운송(제896조~제935조)과 부칙으로 구성되어 있다.

상법전 구성내용을 보면 다음과 같다.

제1편에서는 통칙, 기업의 인적 조직(상인·상업사용인)과 물적 조직(상호·상업장부 등), 기업의 공시제도인 상업등기제도와 영업양도에 관하여 규정하고 있다.

제2편에서는 상행위의 종류와 민법의 총칙·물권·채권에 대한 상행위의 특칙, 특수제도인 상호계산·익명조합·합자조합, 상행위의 각종 유형(대리상·중개업·위탁매매업·운송주선업·운송업·공중접객업·창고업·금융리스업·가맹업·채권매입업)에 대하여 규정하고 있다.

제3편에서는 회사의 조직과 활동에 관하여 규정하고 있으며, 크게 합명회사·합자회사·유한책임회사·주식회사·유한회사로 나누어 규정하고, 외국회사와 벌칙규정을 두고 있다.

제4편에서는 상행위의 특수한 형태인 보험에 관한 일반규정과 손해보험(화재보험·운송보험·해상보험·책임보험·자동차보험·보증보험), 인보험(생명보험·상해보험·질병보험)에 관한 규정을 두고 있다.

제5편에서는 해상기업의 조직(선박·선장·선박소유자·선박공유자) 및 해상기업담보(선박우선특권·선박저당권)와 활동(개품운송·여객운송·용선계약·운송증서), 해상기업의 위험(공동해손·선박충돌·해양사고구조)에 관한 규정을 두고 있다.

제6편에서는 통칙, 항공운송(통칙·여객운송·물건운송), 항공운송증서, 지상 제3자의 손해에 대한 책임에 관한 규정을 두고 있다.

Ⅲ. 실질적 의의의 상법

1. 상(商)의 개념

경제발전의 초기단계에서는 상품의 매매를 상의 개념으로 이해하였으나, 점점 경제발전이 이루어지면서 상품매매의 보조적 행위(금융업·운송업·창고업 등)도 상의 개념에 포함되었고, 그 후에는 상품의 매매와는 별개인 업종(서비스업·광업 등)도 상의 개념에 포함되었다.

2. 실질적 의의의 상법의 대상

상의 개념이 복잡하고 폭넓게 인정되면서, 실질적 의의의 상법의 대상을 어떻게 파악할 것인가 하는 문제가 대두되었고, 이에 대해 다양한 학설이 전개되었다.

실질적 의의의 상법대상론으로 역사적 관련설(Lastig), 매개행위설(Goldschmidt), 집단거래설(Heck), 상적 색채설(다나까 고다로), 기업법설(Wieland) 등이 주장되었으며, 현재 우리나라의 통설적 견해는 기업법설이다. 기업법설은 영리를 목적으로 하여 계속적으로 경영활동을 하는 독립적인 경제적 생활조직으로서의 기업의 개념을 상정하고, 실질적 의의의 상법은 바로 '기업에 관한 특별사법'이라고 하고 있다. 상법을 기업에 관한 법규의 전체라고 정의하는 견해(통설)와 실정상법(상법전) 중 공법적 규정을 제외하고 사법적 법규만을 분리하여 상법이라고 정의하는 견해로 나누어지고 있지만 통설의 입장이 타당하다고 본다.

3. 실질적 의의의 상법의 의의

실질적 의의의 상법의 대상에 대한 우리나라 통설의 입장인 기업법설에 따르면 상법이란 '기업의 생활관계에 관한 특별사법'이라고 하고 있다.

1) '기업'에 관한 법

기업이란 상인적 설비와 방법에 의하여 일정한 계획에 따라 계속적 의도로 영리행위를 실현하는 독립된 경제단위를 말하며, 이러한 기업에 관한 법률관계를 규율하는 법이 상법이다.

2) 기업의 '생활관계에 관한' 법

상법은 기업의 주체인 당연상인이나 의제상인뿐만 아니라 기업과 거래를 하는 일반인에 대해서도 적용되는 법이므로 기업의 특유한 생활관계에 관한 법이다.

3) 기업의 생활관계에 관한 '특별사법'

상법은 기업간의 평등한 생활관계를 규율하므로 비록 공법적 규정을 포함하고 있더라도 본질적 내용은 사법적 규정이라는 점에서 볼 때 기업에 관한 사법이며, 기업관계에 대해 일반사법인 민법의 일반원칙으로 해결될 수 없는 특유한 사항을 규정한 특별사법이다.

Ⅳ. 형식적 의의의 상법과 실질적 의의의 상법의 관계

실질적 의의의 상법은 순수한 사법적 규정으로 되어 있으며 상법전 이외에도 상사특별법령, 상사조약, 상관습법 등을 포함하고 있다면, 형식적 의의의 상법은 상법전을 말하며 필요에 의하여 상호가등기, 회사소송, 회사형벌 등의 공법적 규정을 두고 있기 때문에 양자는 일치하지 않는 면을 가지고 있다.

제2절 상법의 지위

I. 민법과의 관계

1. 민법에 대한 상법의 지위

상법은 사법적 생활관계 전반을 규율하는 민법에 대해 기업의 생활관계를 규율하는 특별법의 지위를 가지고 있다. 이러한 상법의 민법에 대한 관계는 다음과 같이 3가지로 구분할 수 있다.

1) 민법규정의 보충·변경

상법은 민법의 규정을 보충·변경하는 규정을 두고 있다. 예를 들면 민법상 대리는 반드시 대리관계를 표시하여야 하는 현명주의(顯名主義)를 택하고 있지만, 상법상 대리는 비현명주의(非顯名主義)를 택하고 있다. 또한 민사채권의 소멸시효기간은 10년이지만, 상사채권의 소멸시효기간은 5년으로 규정하고 있다. 그 이외에 상행위편에서 물권과 채권에 관한 특칙규정을 두고 있다.

2) 민법상 일반제도의 변형

민법상 대리·위임·도급·고용·임치 등을 특수화하여 상업사용인·대리상·위탁매매업·운송업·창고업 등에 관한 규정을 두고 있고, 민법상 법인과 조합제도를 수정하여 회사제도를 두고 있다.

3) 상법상 특유한 제도

민법에는 없는 상호·상업장부·상업등기·공동해손·해난구조 등의 특유한 제도를 두고 있으며, 상호계산·익명조합·합자조합과 같은 상법상 특수계약이 인정된다.

2. 상법의 독자성

1) 민상이법(民商二法)통일론

기업관계에 대하여는 상법과 민법의 적용이 교차할 뿐만 아니라 일반인에 대해서도 상법의 적용이 예정되고 있기 때문에(상법 제3조 참조) 어느 법을 적용하느냐에 따라 불공정한 결과를 초래할 수 있다는 등의 근거를 들어 민법과 상법을 통일하자는 주장이 제기되었다. 그러나 기업의 생활관계와 일반인의 생활관계가 구별되는 한, 그것과 관련되는 자가 특정인이거나 일반인을 가릴 필요 없이 독자적인 법역(法域)의 형성을 인정하여야 하고, 또한 민법과 상법이 충돌하는 규정은 극소수에 달하고 있어 일반인의 보호에 문제가 있다는 통일론의 주장은 타당성을 잃고 있기 때문에 현재는 민법과 상법은 별개의 독립된 법으로 존재하여야 한다는 것이 정형화되어 있다.

2) 민법의 상화(商化)

독일의 리이써(Riesser)는 기업의 생활관계를 지배하는 상법의 원리와 제도가 일반인의 생활관계의 원리와 제도로 되고(예 계약자유의 원칙·동산의 선의취득), 민법에 속하는 법률제도가 상법에 제도화되는 것(예 민사회사)을 민법의 상화라고 하였다.

이러한 민법의 상화현상으로 상법의 독자성은 상실된다는 주장이 있으나, 민법의 상화는 민법 중 채권법에서 부분적으로 일어나는 것(예 민법상 증권적 채권의 양도에 배서·교부의 방식을 인정한 것)으로 그 성질상 한계가 있고, 새로운 상행위의 계속된 출현으로 상법은 독자성을 갖는다.

Ⅱ. 노동법과의 관계

기업은 자본을 비롯한 물적 시설뿐만 아니라 인적 시설을 갖춤으로써 성립되므로, 기업은 노력의 보충을 위하여 기업보조자를 필요로 한다. 이러한 기업보조자가 기업주를 위하여 노무를 제공하는 내부적 고용관계에 관하여 규율하는 법이 노동법이고, 기업보조자가 기업주를 위하여 제3자와 법률행위를 하는 경우에 그 효과에 관하여 규율하는 법이 상법이다. 따라서 상법과 노동법은 그 이념을 달리하는 별개의 법이다.

Ⅲ. 경제법과의 관계

경제법은 국가가 특정한 목적을 위하여 경제를 계획적으로 지도·감독하는 경제통제의 일환으로서 기업에 대하여 행해지는 국가적인 요청에 의하여 만들어진 법이라고 한다면, 상법은 기본적으로 계약자유와 사적 자치를 인정하고 영리를 바탕으로 한다는 점에서 그 이념과 성격을 달리하고 있다.

다만, 상법에 잠재하는 사회성이나 규제성이라는 성격에서 볼 때에는 경제법과 상법은 하나의 법으로 통일되어야 할 것이다.[1)]

Ⅳ. 어음법 · 수표법과의 관계

어음과 수표는 상인들뿐만 아니라 일반인들 상호간에도 이용이 가능하기 때문에 상법상 유가증권(예 화물상환증 · 창고증권 · 주권 · 사채권 · 신주인수권증서 · 신주인수권증권 · 선하증권)과는 달리 독립된 법으로 어음법과 수표법을 두고 있다.[2)]

제 3 절 상법의 특성

Ⅰ. 조직면에서의 특성

1. 기업자본의 원활한 조달과 집중

기업의 유지를 위해서는 많은 자본을 필요로 하므로 자기자본의 조달방법으로 주식회사의 주식제도, 선박공유제도를 두고 있다. 그리고 타인자본의 조달방법으로 주식회사의 사채제도, 선박담보제도를 두고 있다. 또한 상법에는 자본집중을 위하여 영업양도, 회사의 합병제도를 두고 있다.

---

1) 【학설】 상법과 경제법의 관계에 관한 학설
상법과 경제법은 서로 다른 법역을 가지므로 경제법의 독자적 지위를 인정하는 견해(분리설; 다수설)와 경제법을 상법의 발전영역으로 보아 상법의 발전에 의하여 경제법은 상법에 흡수·통일되어야 한다는 견해(합일설)로 나누어지고 있다.

2) 【학설】 어음법·수표법의 실질적 의의의 상법 포함 여부에 관한 학설
① 긍정설: 실질적으로 어음과 수표는 상인간이나 상인과의 거래에서 주로 이용되고 있기 때문에 실질적 의의의 상법에 포함된다고 할 수 있고, 상법의 중요한 부분으로 취급되고 있다는 견해이다. 이 견해에 의하면 어음법·수표법은 상법의 법원으로 인정된다.
② 부정설: 어음·수표는 기업과 관련하여서만 이용되는 제도가 아니라 일반인 상호간에도 널리 이용되는 제도가 되었으므로 기업에 특유한 생활관계를 규율하는 법인 실질적 의의의 상법에 속한다고 할 수 없다는 견해이다. 이 견해에 의하면 어음법·수표법은 상법의 법원이 될 수 없다.

2. 노력의 보충

기업규모의 확대와 기업활동의 복잡화 및 다양화로 인하여 계속적 기업유지를 위하여 상인의 노력보충이 필요하게 되었다. 이에 따라 상업사용인, 대리상, 중개인, 위탁매매인, 운송주선인, 운송인, 합명회사 등의 제도를 두고 있다.

3. 기업의 독립성 확보

기업의 유지를 위해서는 전제조건으로 기업의 독립성이 확보되어야 하므로, 상법은 상업장부제도를 두어 기업재산과 개인재산을 구별하고 있고, 상호제도와 영업소제도를 두고 있다. 더욱이 회사에 법인격을 부여함으로써 기업의 독립성을 더욱 확실하게 하고 있다.

4. 기업해체의 방지

기업의 유지를 위하여 영업양도, 상사대리의 특칙, 회사의 합병과 분할, 회사계속, 조직변경 등의 제도를 둠으로써 기업의 해체를 방지하고 있다. 특히 주식회사, 유한회사 및 유한책임회사에서는 1인회사를 인정하여 기업의 유지를 꾀하고 있다.

5. 경영의 전문화

상법은 기업의 소유와 경영의 분리를 유도하고 전문경영자들에 의한 이사회, 집행임원, 지배인, 익명조합, 업무집행자 등의 제도를 둠으로써 기업의 유지를 도모하고 있다.

6. 위험부담의 경감

기업규모의 거대화로 인해 상대적으로 기업손실의 위험도 커지고 있다. 이러한 기업의 위험부담을 줄이는 것이 기업의 유지를 위하여 필요하기 때문에 주식회사의 주식제도, 보험제도, 공동해손제도 등을 두고 있다.

Ⅱ. 활동면에서의 특성

1. 상행위의 유상성

기업의 본질은 영리행위를 추구하는 것이므로 기업의 영리성은 상법상의 기본 개념인 상인과 상행위의 전제가 된다. 이를 위하여 상인의 보수청구권, 상인의 금전소비대차의 법정이자청구권, 연 6푼(分)의 법정이율 등을 인정하고 있다.

2. 간이 · 신속주의

기업활동은 다수인을 상대로 반복적이고 집단적으로 이루어지고 있으므로 개개의 거래가 원활하고 신속하게 이루어져야 한다.

이를 위해 상행위의 대리, 상사채권의 단기소멸시효, 상호계산, 계약청약에 대한 낙부(諾否)통지의무, 상사매매의 특칙, 운송인의 운송물 공탁권 및 경매권 등의 제도를 두고 있다.

3. 거래안전의 보호

1) 공시제도

기업의 거래내용을 일반에게 공시함으로써 거래의 원활과 안전을 도모할 수 있게 된다. 이를 위하여 상업등기제도, 회사의 각종 등기사항, 대차대조표의 공고, 재무제표 등의 비치의무 등을 인정하고 있다.

2) 외관신뢰보호의 법리

거래의 안전을 확보하기 위하여 외관을 신뢰하고 거래한 자를 보호하는 제도를 두고 있다. 이를 위하여 표현지배인, 물건판매점포의 사용인, 명의대여자의 책임, 부실등기를 한 자의 책임, 상호속용의 경우 영업양수인의 책임, 고가물에 대한 책임, 사실상의 회사제도, 유사발기인의 책임, 표현대표이사의 책임, 합명회사에서의 자칭 무한책임사원의 책임, 보험위부승인의 효력, 선장의 대리권제한의 효력, 유가증권의 문언성과 선의취득자의 보호 등 많은 규정을 두고 있다.

4. 책임의 가중과 경감

1) 책임의 가중

거래의 안전과 간이 · 신속한 거래를 도모하기 위하여 상인의 의무와 책임을 강화하고 있다. 이를 위하여 상사매매에 있어서 매수인의 목적물 검사 및 하자 통지의무, 다수당사자의 연대책임, 회사의 대표사원이나 업무집행자 또는 대표이사와의 연대책임, 주식회사의 발기인 또는 이사의 자본충실의 책임, 위탁매매인의 이행담보책임, 해상운송인의 면책특약금지 등의 규정을 두고 있다.

2) 책임의 경감

기업거래의 신속한 완료와 기업유지를 위하여 고가물임을 명시하지 않은 경우의 운송인 또는 공중접객업자의 책임, 상법상 유한책임제도, 선박소유자 또는 운송인의 손해배상책임제한, 공동해손분담액의 제한 등의 제도를 두고 있다.

5. 개성의 상실

기업활동은 반복적 · 계속적 · 대량적으로 이루어지고 있기 때문에 거래의 신속과 원활을 위하여 기업활동행위의 상대방이나 급부의 내용에 대한 개성을 중요시하지 않고 있다. 이를 위해 각종의 개입권제도, 개입의무, 발기인이나 이사의 담보책임, 위탁매매인의 이행담보책임제도 등을 두고 있다.

6. 계약자유의 원칙

기업활동은 영리를 목적으로 하고 있으므로, 당사자의 자유의사에 맡기는 것이 거래의 원활과 신속을 도모할 수 있다. 계약자유의 원칙은 민법의 일관원칙이기도 하지만, 민법에서는 인정되지 않는 유질계약을 인정하고 있는 점은 민법보다 상법이 더 넓게 계약자유의 원칙을 인정하고 있는 것이다.

7. 계약의 정형화

기업거래가 계속적 · 반복적 · 대량적으로 이루어지고 있으므로 거래행위의 내용이 정형화되고 있다. 주식이나 사채의 청약방식의 정형화, 보통보험약관은 그 대표적인 예라고 할 수 있다.

제 4 절 상법의 법원

I. 법원의 종류

법의 존재형식 또는 법의 존재근거로서의 자료인 법원(法源)은 크게 제정법과 상관습법, 상사자치법이 있다. 그리고 보통거래약관이 법원이 되는가에 대하여는 학설의 대립이 있다.

1. 제정법

제정법으로는 상법전과 상사특별법령이 있다. 상사특별법령에는 먼저 상법전의 시행을 위한 부속법령으로 상법시행법, 상법시행령, 선박의 속구목록에 관한 규정 등이 있으며, 상법전의 규정을 보충하거나 변경하는 특별법령으로서 독립한 단행법으로 존재하는 것이 상당히 있다(예 비송사건절차법, 상업등기법, 자본시장과 금융투자업에 관한 법률, 약관규제에 관한 법률, 할부거래에 관한 법률, 중재법, 선물거래법, 담보부사채신탁법, 주식회사의 외부감사에 관한 법률, 보험업법, 선박법, 선원법, 선박소유자 등의 책임제한절차에 관한 법률 등).

한편, 상법 제1조의 규정에 따라 민법을 상법의 법원으로 볼 수 있다는 견해도 있으나 민법은 기업의 특유한 생활관계를 규율하는 법규범의 존재형식은 아니므로 민법이 상법의 법원이 될 수 없다고 본다(통설).

2. 상관습법

상관습법이란 상거래에서 일정한 관행(상관습)이 오랜 기간 계속되고, 이것이 그 거래계에서 법적 확신을 얻은 것을 말하며, 법규범으로서 법률과 동일한 효력을 갖고 법원을 구속한다. 법원이 인정한 상관습법성의 대표적인 예로는 해상화물운송에 있어서의 보증도 · 가(인)도, 기타 상인 간의 계속적인 물품공급거래에서 인수증이 발행 · 교부되는 것, 연불조건으로 선박을 매매함에 있어서 그 중개료는 선박대금을 기준으로 산정하는 것 등이 있다(정찬형, 「상법강의(상)」, 16판, 41면 각주 4) 참조).

사실의 상관습 사실의 상관습이란 상거래계에서 상당기간 관행적으로 준수되는 기준으로, 거래계의 법적 확신을 얻지 못한 상태에 있는 것을 말한다. 사실의 상관습은 상법의 임의법규에 반하더라도 유효하다는 점이 특징이다(김성태, 「상법(총칙·상행위)강론」, 111면).[1)]

---

1) 【학설】 상관습법과 사실의 상관습의 관계에 관한 학설
 ① 구별설: 상관습법은 법규범의 성질을 가지지만 사실의 상관습은 단지 의사표시 해석의 자료가 되는 사실상의 관행에 지나지 않는다는 점, 상관습법은 상법의 임의법규에 반하여 성립할 수 없지만 사실인 상관습

3. 상사자치법

상사 또는 기업관계에 관해 관련 단체나 조직이 그 조직의 구성원과 단체 간 또는 구성원 간의 법률문제나 그 거래상대방인 제3자와의 관계를 자주적으로 정한 규범을 말한다. 자치법은 계약과 달리 개개인의 의사에도 불구하고 단체의 기관이나 구성원을 구속하므로 법규적 성질을 가지며, 따라서 상사자치법(정관)은 실질적 의의의 상법의 법원으로 인정하는 것이 통설이다.

4. 보통거래약관

1) 보통거래약관의 의의

보통거래약관이란 그 명칭이나 형태 또는 범위를 불문하고 계약의 일방 당사자가 다수의 상대방과 계약을 체결하기 위하여 일정한 형식에 의하여 미리 마련한 거래조건을 말한다.

2) 약관의 법원성과 구속력의 근거

보통거래약관에 의하여 계약이 성립된 경우에 약관의 법원성을 인정할 수 있는가에 대해 학설의 대립이 있으며, 한편 보통거래약관에 의하여 계약이 이루어지는 때에 당사자가 구체적이고 명시적으로 개별적 합의를 하지 않은 경우에도 당사자는 그 약관의 구속을 받게 되는데, 이와 같이 보통거래약관이 계약당사자를 구속하는 근거와 관련하여 학설의 대립이 있다.[1)]

은 상법의 임의규정에 반하여도 성립할 수 있다는 점, 상관습법은 법으로서 전국에 통일되어 있어야 하지만 사실인 상관습은 특정 지방에 한정되어도 상관이 없다는 등의 이유로 사실의 상관습과 상관습법을 구별하는 견해이다(판례·다수설).

② 구별부정설: 법적 확신의 유무라는 주관적·심리적 요소에 따라 양자를 구별하는 것은 법적 안정성을 위협하기 쉽고 양자의 구별이 실제로 극히 어려울 뿐만 아니라, 상관습은 상법의 임의규정에 우선할 수 있는데 대하여 상관습법은 보충적 효력만 있고 변경적 효력이 없어서 상법의 임의규정에 반하여 적용될 수 없으므로 상관습이 상관습법에 우선하게 되는 불합리한 결과가 초래되는 점 등에서 사실의 상관습과 상관습법을 구별하지 않는 견해이다.

1) 【학설】 약관의 법원성과 구속력의 근거에 대한 학설

① 법원성을 인정하는 견해

㉠ 규범설(자치법설): 규범설은 약관은 정관과 같이 기업이 자치적으로 제정한 자치법규라는 견해로서, 약관을 사회학적으로 특정한 거래권에 있어서의 규범으로 보아 약관 그 자체에 법규성을 인정하고 이를 중요한 법원으로 보는 견해이다.

㉡ 제도설: 약관을 기업이념을 실현하는 기업의 제도적 소산으로 보고, 이는 국가법과 개인 간의 계약의 중간에 위치하는 기업의 자치법규의 일종으로 보는 견해로 약관의 법원성을 인정하고 있다.

㉢ 상관습법설(백지상관습법설): 특정 거래권(예 운송계약)에 있어서 특별한 사정이 없는 한 '계약은 보통거래약관에 의한다'는 것이 상관습법이므로 보통거래약관이 거래의 당사자를 구속한다는 견해이다.

② 법원성을 부정하는 견해

㉠ 의사추정설: 보통거래약관을 고객이 알 수 있는 상태에 둔 경우에는 당사자 간의 합의에 의하여 계약의 내용을 이루려는 의사가 있는 것으로 추정하여 약관이 구속력을 가진다고 하고, 약관 그 자체로 상법의 법원성은 인정하지 않고 있다.

【판례】 대법원 1986.10.14.선고 84다카122판결[동지: 대법원 2004.11.11.선고 2003다30807판결]

보통보험약관을 포함한 이른바 일반거래약관이 계약의 내용으로 되어 계약당사자에게 구속력을 갖게 되는 근거는 그 자체가 법규범 또는 법규범적 성질을 갖기 때문은 아니며, 계약당사자가 이를 계약의 내용으로 하기로 하는 명시적 또는 묵시적 합의를 하였기 때문이다.

3) 약관개정과 소급효

법률행위설(의사설)을 취하는 판례에 따르면 약관이 계약기간 중에 변경된 경우에는 개정부분에 관하여 당사자간의 변경에 대한 별도의 협의가 없는 한 소급효를 갖지 않는다고 한다.

다만, 보통보험약관의 경우에는 보험업법상 예외가 인정되어 보험가입자측의 이익을 보호하기 위하여 필요하다고 인정하는 때에는 이미 체결된 보험계약에 대하여도 장래에 향하여 그 변경의 효력이 미치게 할 수 있다(보험업법 제16조 제2항).

4) 약관의 해석

약관은 법률행위의 해석원칙에 따라 해석되지만, 「약관의 규제에 관한 법률」은 약관의 해석에 관하여 일반법률행위해석에 비하여 약관의 특별한 원칙을 다음과 같이 인정하고 있다.

첫째, 약관은 신의성실의 원칙에 따라 공정하게 해석되어야 한다.

둘째, 약관은 고객에 따라 다르게 해석되어서는 안 되고 통일적으로 해석되어야 한다.

【판례】 대법원 2024.7.11.선고 2024다223949판결

약관은 신의성실의 원칙에 따라 해당 약관의 목적과 취지를 고려하여 공정하고 합리적으로 해석하되, 개별 계약 당사자가 의도한 목적이나 의사를 참작하지 않고 평균적 고객의 이해가능성을 기준으로 객관적·획일적으로 해석하여야 한다. 위와 같은 해석을 거친 후에도 약관 조항이 다의적으로 해석되고 각각의 해석이 합리성이 있는 등 그 뜻이 명확하지 않다면 고객에게 유리하게 해석하여야 할 것이나, 약관 조항이 일의적으로 해석된다면 고객에게 유리하게 해석할 여지가 없다.

셋째, 약관의 내용이 법 소정의 기준을 일방적으로 변경하는 경우, 특히 약관작성자의 책임을 일방적으로 제한하거나 배제하는 조항 또는 고객에게 책임을 부담시키는 조항은 이를 축소하여 해석하여야 한다.

㉡ 법률행위설(의사설): 보통거래약관은 대개 기업자가 집단거래의 편의를 위하여 일방적으로 작성하여 그 경제력을 배경으로 사실상 시행하는 것이기 때문에 약관 자체의 법규범성을 인정할 수 없으므로 약관의 법원성을 부정하고 있다. 그렇지만 기업이 약관에 의한다는 점을 밝히고 또 고객이 볼 수 있게 약관을 제시한 경우에 한해서 개별 계약의 내용을 구성하는 것이며, 이와 같이 기업과 고객 간의 개별 계약의 내용으로 되므로 당사자를 구속한다고 한다(판례·다수설).

넷째, 약관의 뜻이 명백하지 아니한 경우에는 고객에게 유리하게 해석되어야 하고, 약관 작성자에게 불리하게 제한해석하여야 한다(대법원 2005.10.28.선고 2005다35226판결).

다섯째, 약관의 내용과 상충하는 내용으로 당사자가 개별약정을 한 경우에는 당사자의 개별약정이 약관에 우선하여 적용된다.

【판례】 대법원 2024.10.31.선고 2023다240916판결

약관은 신의성실의 원칙에 따라 해당 약관의 목적과 취지를 고려하여 공정하고 합리적으로 해석하되, 개별 계약 당사자가 의도한 목적이나 의사를 참작하지 않고 평균적 고객의 이해가능성을 기준으로 객관적·획일적으로 해석하여야 한다. 그리고 특정 약관 조항을 그 목적과 취지를 고려하여 공정하고 합리적으로 해석하기 위해서는 특별한 사정이 없는 한 그 약관 조항의 문언이 갖는 의미뿐만 아니라 그 약관 조항이 전체적인 논리적 맥락 속에서 갖는 의미도 고려해야 한다. 위와 같은 해석을 거친 후에도 약관 조항이 객관적으로 다의적으로 해석되고 각각의 해석이 합리성이 있는 등 해당 약관의 뜻이 명확하지 않은 경우에는 고객에게 유리하게 해석하여야 한다. 반면 약관의 목적과 취지를 고려하여 공정하고 합리적으로, 그리고 평균적 고객의 이해가능성을 기준으로 객관적이고 획일적으로 해석한 결과 약관 조항이 일의적으로 해석된다면 약관 조항을 고객에게 유리하게 해석할 여지가 없다.

5) 약관에 대한 규제

약관에 대한 규제방법으로는 약관의 내용을 입법으로 규제하는 방법, 행정관청의 인가를 얻도록 하는 등 행정력에 의하여 그 내용을 통제하는 방법, 약관의 각 조항에 대한 사법적 해석에 의한 규제방법 등이 있다.

Ⅱ. 법규 적용순서

상사에 관한 법규 적용순서에 대해서는 우리 상법 제1조에서 「상사에 관하여 상법에 없으면 상관습법에 의하고 상관습법이 없으면 민법에 의한다」고 규정하고 있다. 상법 제1조 적용순서에 있어서는 상사에 관하여 먼저 특별법 우선의 원칙을 인정하고 있다. 따라서 상사특별법이나 상사조약이 상법전에 앞서 적용된다. 그리고 상법전에 규정이 없는 경우에는 상관습법에 의하고, 상관습법도 없는 경우에는 민법이 적용된다.

민법의 적용에 대해서는 민법 제1조에서 그 순서를 규정하고 있다. 이에 의하면 「민사에 관하여 민법에 없으면 민관습법에 의하고, 민관습법이 없으면 조리에 의한다」고 하고 있다. 따라서, 상법과 민법의 규정에 따른 상사에 관한 적용순서는 상사자치법(정관) → 상사특별법·상사조약 → 상법전 → 상관습법 → 민사자치법 → 민사특별법·민사조약 → 민법전 → 민관습법 → 조리의 순에 의한다.

제5절 상법의 효력

Ⅰ. 시(時)에 관한 효력

동일한 순위에 있는 둘 이상의 상사법규가 시간적으로 선후관계에 있는 경우 신법우선의 원칙이 적용된다. 그러나 상법시행법 제3조는 「상사에 관한 특별한 법령은 상법시행 후에도 그 효력이 있다」고 하여 「일반신법은 특별구법을 변경하지 못한다」는 원칙을 명시하고 있다.

Ⅱ. 장소에 관한 효력

상법은 대한민국 영토의 전역에 적용됨을 원칙으로 한다. 그러나 상거래가 국제적 거래가 될 경우 이에 대해서는 국제사법(國際私法)에 의하여 해결된다.

Ⅲ. 인(人)에 관한 효력

상법은 대한민국 모든 국민을 대상으로 적용된다. 그러나 대한민국 국민과 외국인 사이에 이루어지는 상거래에 대해서는 국제사법에 의하여 해결된다.

한편, 상법 제9조에서는 「소상인에게는 지배인 · 상호 · 상업장부 · 상업등기에 관한 규정을 적용하지 않는다」고 규정하여, 특정한 상인에게는 상법규정 중 일부 적용되지 않는 것이 있다. 그러나 소상인도 상인이므로 상법의 영업활동에 관한 규정은 적용된다.

IV. 사항(事項)에 관한 효력

상법이 적용되는 것은 상사(商事)에 한정된다. 즉, 일반 민사생활관계에 대해서는 상법이 적용되지 않는다. '상사'의 의미에 관해서는 학설의 대립이 있으나, 실질적 차이는 없으며 이론상의 문제에 불과하다.[1)]

1) 【학설】 상사(商事)의 의미에 관한 학설

① 형식설: 형식적으로 상법에 규정되어 있는 사항 및 특별법에 의하여 상법전을 적용하기로 되어 있는 사항이라는 견해이다(다수설).

② 실질설: 실질적 의의에 있어서 상법의 대상이라고 할 수 있는 기업의 생활관계에 관계된 모든 재산법적 법률관계로서 상법이 적용되어야 할 사항이 포함된다는 견해이다.

③ 절충설: 실질적 의의의 상사와 형식적 의의의 상사를 모두 고려하여 판단해야 한다는 견해이다.

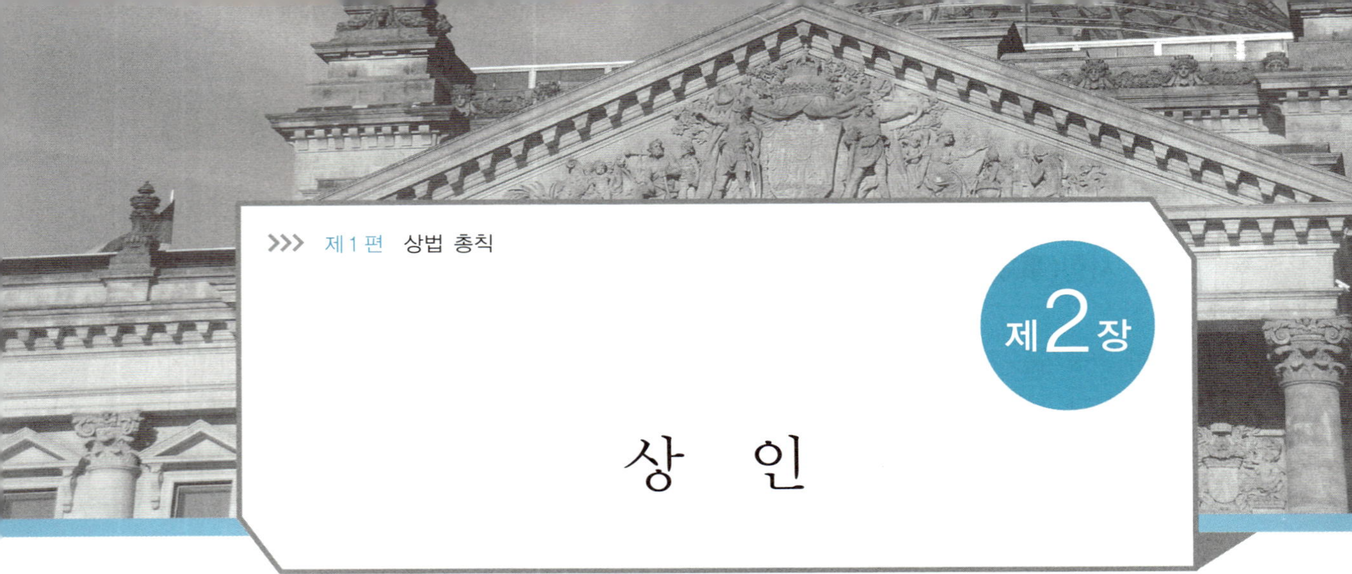

제 2 장 상 인

제 1 절 상인의 개념 및 종류

I. 상인의 개념

거래로 인하여 생기는 법률관계의 처리를 위하여 권리 · 의무의 귀속주체가 필요하며, 이러한 기업활동에 관한 권리·의무의 주체를 상인이라 한다. 상법은 적용범위를 명확히 하기 위하여 상인의 개념을 정하는데, 이에 관해서는 일원론과 이원론에 따라 입법주의가 나누어지고 있다.[1)]

1) 【학설】 상인의 개념에 관한 입법주의 학설

① 이원론: 이원론은 상인의 입법주의와 상행위의 입법주의를 구분하여 파악하려는 입장이다. 이 견해에 의하면 상인의 입법주의에 대해 실질주의와 형식주의, 절충주의로 분류한다.

㉠ 실질주의: 실질적으로 특정한 행위(상행위)를 정하고, 이를 한 자를 상인으로 하는 입법주의이다(제4조).

㉡ 형식주의: 사업의 종류와 내용에 관계없이 형식적으로 상인적 방법에 의하여 영업을 하는 자를 상인으로 하는 입법주의이다(제5조 제1항).

㉢ 절충주의: 실질에 의한 상인과 경영의 형식 또는 방법에 의한 상인의 두 종류를 인정하는 입법주의이다.

• 이원론의 입장에서는 우리 상법은 상인 개념에 관해서는 절충주의, 상행위의 개념에 관해서는 주관주의를 취하고 있다고 본다.

② 일원론: 일원론은 상인의 입법주의와 상행위의 입법주의를 합쳐서 파악하려는 입장이다. 이 견해에 의하면 상인의 입법주의에 대해 상인법주의와 상행위법주의, 절충주의로 분류한다.

㉠ 상인법주의(형식주의): 어떠한 행위이든지 일정한 형식을 갖추고 상인적 방법으로 영업을 하는 자를 상인으로 보고, 그 상인의 영업상의 행위를 상행위라고 보는 입장으로 형식주의 또는 주관주의라고도 한다

Ⅱ. 상인의 종류

1. 당연상인

1) 당연상인의 의의

당연상인(當然商人)이란 자기명의로 상행위를 하는 자이다(제4조).

2) 당연상인의 요건

(1) 자기명의로 할 것: 자기명의란 거래상의 권리 · 의무에 관하여 스스로 귀속주체가 되는 것을 말한다. 영업행위 자체는 명의인이 직접 담당하지 않고 타인에게 대리시키더라도 무방하다. 그러나 영업에 직접 종사하더라도 타인명의로 상행위를 하는 자는 상인이 아니다. 즉, 지배인 · 대표이사 · 법정대리인은 상인이 아니다.

【판례】 대법원 2018.4.24.선고 2017다205127판결

상인은 상행위에서 생기는 권리 · 의무의 주체로서 상행위를 하는 것이고, 영업을 위한 행위가 보조적 상행위로서 상법의 적용을 받기 위해서는 행위를 하는 자 스스로 상인 자격을 취득하는 것을 당연한 전제로 한다. 회사가 상법에 의해 상인으로 의제된다고 하더라도 회사의 기관인 대표이사 개인이 상인이 되는 것은 아니다. 대표이사 개인이 회사의 운영 자금으로 사용하려고 돈을 빌리거나 투자를 받더라도 그것만으로 상행위에 해당하는 것은 아니다. 또한 상인이 영업과 상관없이 개인 자격에서 돈을 투자하는 행위는 상인의 기존 영업을 위한 보조적 상행위로 볼 수 없다.

① '자기명의'는 '자기의 계산'과 구별하여야 한다. '자기의 계산'이란 자기가 경제적 이익의 주체가 된다는 뜻이다. 자기명의로 상행위를 영업으로 한다면 자기의 계산이든 타인의 계산이든 관계없이 당연상인이 된다(제101조 참조).

② 자기명의는 '기업을 소유하는 것이나 기업위험을 부담하는 것'과 구별된다. 즉, 기업을 임차하여 영업하거나 경영위임에 의해 영업하는 경우에도 상인이 될 수 있다.

(제5조 제1항, 제47조 근거).

㉡ 상행위법주의(실질주의): 실질적으로 상행위를 열거하고 그 열거된 행위를 영업으로 하는 자를 상인으로 인정하는 입장으로 실질주의 또는 객관주의라고도 한다(제46조, 제4조 근거).

㉢ 절충주의: 위 양 주의를 병용하여 상행위를 영업으로 하는 자뿐만 아니라 일정한 형식을 갖추고 상인적 방법으로 영업을 하는 자도 상인으로 인정하는 입장이다(제4조, 제5조 제1항 근거).

• 일원론의 입장에서 우리 상법이 취하는 입법주의에 대해서는 의제상인뿐만 아니라 당연상인의 경우에도 상법 제46조의 행위를 영업으로 할 때에 상행위가 되므로 주체인 상인과 관련 없이는 상행위 개념이 성립되지 않으므로 상인의 개념은 형식주의라는 입장, 당연상인의 개념은 상행위의 개념을 전제로 하지 않고는 생각할 수 없고 의제상인의 개념도 당연상인의 개념을 토대로 하고 있으므로 실질주의라는 입장, 당연상인에 대해서는 실질주의를 취하고 의제상인에 대해서는 형식주의를 취하면서 의제상인의 범위를 넓게 잡고 있어 당연상인도 대부분 이에 포함되므로 형식주의에 가까운 절충주의라는 입장이 있다.

③ 상법 제24조의 명의대여가 있는 때에는 단순한 '명의인'은 상인이 아니며 타인의 명의를 차용하여 영업을 하며 실제 권리 · 의무의 주체가 되는 그 차용자가 상인이다.

④ 행정관청에 대한 신고명의인이나 납세명의인 등은 실제 영업을 하지 않는 경우 상인이 아니고 실제 영업의 주체가 되는 자가 상인이다(대법원 2008.12.11.선고 2007다66590판결).

(2) 상행위를 할 것: 상행위란 상법 제46조에 열거된 행위와 담보부사채신탁법 제23조 제2항의 '제3자의 사채총액의 인수행위'를 말한다.

예외 오로지 임금을 받을 목적으로 물건을 제조하거나 노무에 종사하는 행위는 상행위로 보지 않는다(제46조 단서). 여기서 '임금을 받는다는 것'은 특정 상인에 고용되어서 임금을 받는다는 뜻이 아니라, 제조나 노무에 종사하는 만큼에 대해 일정한 대가를 받는다는 뜻이다.

(3) 영업으로 할 것: 당연상인이 되기 위해서는 자기명의로 상법 제46조의 상행위를 영업으로 하여야 한다(대법원 1998.7.10.선고 98다10793판결). 여기서 '영업'이란 영리를 목적으로 동종의 행위를 계속적 · 지속적으로 하는 것을 의미한다(대법원 1994.4.29.선고 93다54842판결). 그리고 영업의사가 있음이 대외적으로 인식될 수 있여야 한다. '영업'의 개념을 분설하면 다음과 같다.

① '영리목적'은 객관적으로 인식될 수 있으면 충분하고, 개개의 거래와 상관없이 전체적으로 인정되기만 하면 충분하다. 영리를 목적으로 하는 한 이익 또는 손실의 유무나 이익의 사용목적은 불문한다.

【판례】 대법원 1998.7.10.선고 98다10793판결

새마을금고법의 제반 규정에 의하면 새마을금고는 우리나라 고유의 상부상조 정신에 입각하여 자금의 조성 및 이용과 회원의 경제적·사회적·문화적 지위의 향상 및 지역사회 개발을 통한 건전한 국민정신의 함양과 국가경제발전에 기여함을 목적으로 하는 비영리법인이므로, 새마을금고가 금고의 회원에게 자금을 대출하는 행위는 일반적으로 영리를 목적으로 하는 행위라고 보기 어렵다.

② '계속적 · 지속적으로 이루어지는 행위'는 동종의 행위가 상당기간 반복됨을 요한다. 계속적 의도는 실질적으로 인식될 수 있으면 충분하고 반드시 실제로 계속적으로 하였어야 하는 것은 아니다.

③ '대외적 인식'은 행위주체의 활동에 영업의사가 있음이 대외적으로 인식될 수 있어야 하며(예 영업을 위한 개업준비행위), 비밀리에 이루어지는 행위(예 증권투기 행위)가 아니어야 한다는 것이다.

2. 의제상인(擬制商人)

1) 설비상인

(1) 설비상인이란 점포, 기타 유사한 설비(예 영업소·상업장부·상호 등의 물적 시설과 상업사용인 등의 인적 시설)에 의하여 상인적 방법으로 영업을 하는 자를 말한다. 이러한 자는 상법 제46조의 상행위를 하지 아니하더라도 상인으로 본다(제5조 제1항).

【판례】 대법원 2012.4.13.선고 2011다104246판결

甲이 학원 설립과정에서 영업준비자금으로 乙에게서 돈을 차용한 후 학원을 설립하여 운영한 사안에서, 제반사정에 비추어 甲이 운영한 학원업은 점포 기타 유사한 설비에 의하여 상인적 방법으로 영업을 하는 경우에 해당하여 甲은 상법 제5조 제1항에서 정한 '의제상인'에 해당하는데, 甲의 차용행위는 학원 영업을 위한 준비행위에 해당하고 상대방인 乙도 이러한 사정을 알고 있었으드로 차용행위를 한 때 甲은 상인자격을 취득함과 아울러 차용행위는 영업을 위한 행위로서 보조적 상행위가 되어 상법 제64조에서 정한 상사소멸시효가 적용된다.

(2) '상인적 방법'이란 당연상인이 기업을 경영함에 있어서 보통 필요한 설비를 갖추고, 당연상인 같은 방법으로 영업을 하는 것을 말한다. 즉, 상인적 방법이란 점포나 사무실을 갖추고 상업사용인을 두고 상업장부를 작성하며 영리추구를 주된 목적으로 하고 일정한 계획과 계산하에 동종행위를 상당기간 동안 계속·반복하는 것을 말한다.

(3) 설비상인의 예로는 농산물을 점포, 기타 유사한 설비에 의하여 판매하는 자(농산물을 행상으로 파는 자는 상인이 될 수 없다) 또는 결혼상담소, 연예인 송출업, 흥행업 등을 하는 자를 들 수 있다.

(4) 변호사·법무사·회계사·세무사·변리사·의사 등 자유직업인의 상인성에 관하여는 학설의 대립이 있으나,[1] 판례는 상인으로 보지 않는다.

보충 ① 세무사를 상법 제4조 또는 제5조 제1항이 규정하는 상인이라 볼 수 없고, 세무사의 직무에 관한 채권이 상시채권에 해당한다고 볼 수 없으므로, 세무사의 직무에 관한 채권에 대하여는 민법 제162조 제1항에 따라 10년의 소멸시효가 적용된다(대법원 2022.8.25.선고 2021다311111판결).

---

1) 【학설】 자유직업인의 상인성에 관한 학설
  ① 부정설: 변호사·법무사·의사·공인회계사·세무사·예술가·문필가 등 자유직업인은 점포 기타 설비에 의하여 그 활동을 하더라도 영리를 목적으로 하는 상인적 방법에 의한 영업으로 볼 수 없으므로 상인이 아니다라고 한다(통설·판례).
  ② 제한적 긍정설: 원칙적으로는 상인으로 볼 수 없으나 의사가 의료수단의 범위를 넘어 환자를 입원시켜서 병실을 제공하고 음식을 공급하여 대가를 받는 것을 목적으로 하는 경우는 영업이 된다는 견해와, 이러한 사실만으로는 영업성을 인정할 수 없고 그 행위의 집단성이나 영리성이 인정될 떄에만 영업으로 볼 수 있다는 견해가 있다.
  ③ 긍정설: 자유직업인도 기업의사를 객관적으로 인정할 수 있는 한 상인으로 보아야 한다는 견해이다.

② 의사의 영리추구활동을 제한하고 직무에 관하여 고도의 공공성과 윤리성을 강조하여 의료행위를 보호하는 의료법의 여러 규정과 제반 사정을 참작하면 의사나 의료기관을 상법 제4조 또는 제5조 제1항이 규정하는 상인이라고 볼 수는 없고, 의사가 의료기관에 대하여 갖는 급여, 수당, 퇴직금 등 채권은 상사채권에 해당한다고 할 수 없다(대법원 2022.5.26.선고 2022다200249판결).

③ 변호사·변리사·공증인·공인회계사 및 법무사의 직무에 관한 채권과 이들에 대한 직무상 보관한 서류의 반환을 청구하는 채권, 의사·조산사·간호사 및 약사의 치료, 진료 및 조제에 관한 채권은 3년간 행사하지 아니하면 소멸시효가 완성한다(민법 제163조).

【판례】 대법원 2023.7.27.선고 2023다227418판결

변호사는 상법상 당연상인으로 볼 수 없고, 변호사의 영리추구 활동을 엄격히 제한하고 그 직무에 관하여 고도의 공공성과 윤리성을 강조하는 변호사법의 여러 규정과 제반 사정을 참작하여 볼 때, 변호사를 상법 제5조 제1항이 규정하는 '상인적 방법에 의하여 영업을 하는 자'라고도 볼 수 없어 위 조항에서 정하는 의제상인에 해당하지 아니하며(대법원 2007. 7. 26. 자 2006마334 결정 참조), 이는 법무법인도 마찬가지이다.
한편, 상법 제5조 제2항은 회사는 상행위를 하지 아니하더라도 상인으로 본다고 규정하고, 상법 제169조는 회사는 상행위나 그 밖의 영리를 목적으로 하여 설립한 법인을 말한다고 하고 있다. 그런데 법무법인은 변호사가 그 직무를 조직적·전문적으로 수행하기 위하여 변호사법에 따라 설립하는 것으로서 변호사법과 다른 법률에 따른 변호사의 직무를 업무로서 수행할 수 있다(변호사법 제40조, 제49조). 변호사법은 법무법인에 관하여 변호사법에 정한 것 외에는 상법 중 합명회사에 관한 규정을 준용하도록 하고 있을 뿐(제58조) 이를 상법상 회사로 인정하고 있지 않으므로 법무법인이 상법 제5조 제2항에서 정하는 의제상인에 해당한다고 볼 수도 없다.
따라서 변호사가 소속 법무법인에 대하여 갖는 급여채권은 상사채권에 해당한다고 할 수 없다.

2) 민사회사

상법 제46조의 상행위를 영위하지 아니하는 회사는 의제상인에 해당한다(제5조 제2항). 상법 제5조 제2항은 상사회사 중 상행위 이외의 행위를 영업으로 하는 회사를 상인으로 보기 위해 둔 규정이라는 견해(이철송, 「상법총칙·상행위」, 63면)도 있으나 민사회사를 상인으로 보기 위해 둔 규정으로 보는 것이 타당하다. 민사회사의 대표적인 예로는 농업 · 축산업 · 수산업 등의 원시산업을 목적으로 하는 회사, 경영투자자문회사 등을 들 수 있다.

3. 소상인(小商人)

1) 개념 및 범위

소상인의 개념에 관해 상법에는 그 규정이 없으나, 상법시행령 제2조에서 소상인의 범위에 관해 규정하고 있다. 이에 따르면 소상인이란 「자본금 1천만원 미만의 상인으로서, 회사가 아닌 자」를 말한다. 따라서 회사는 자본금 1천만원 미만이라 하더라도 소상인이 아니다. 자본금은 영업재산의 현재가격(영업재산의 총액)으로서 자기자본과 타인자본을 포함한다.

2) 상법의 일부규정의 적용배제

소상인에 대하여는 지배인 · 상호 · 상업장부 · 상업등기에 관한 규정을 적용하지 않는다(제9조). 여기에서 적용하지 않는다는 것은 그러한 제도를 이용하지 못한다는 뜻이 아니다. 즉, 소상인이 지배인을 선임하더라도 상법상 지배인으로서의 지위와 효과가 나타나지 않으며 상호를 사용하더라도 상법상 보호를 받을 수 없고, 상업장부의 작성 · 보존 · 제출의무가 없으며, 상인으로서의 각종 등기, 즉 제한능력자의 영업에 관한 등기(제6조, 제8조 제1항) · 지배인등기(제13조) · 상호등기(제25조) 등을 할 수 없다는 것을 의미한다. 그러나 소상인도 지배인 이외의 하급사용인은 이용할 수 있고, 상호에 관한 개별 규정으로서 상법 제20조, 제21조, 제23조, 제28조 등의 규정과 명의대여자의 책임에 관한 규정(제24조)은 소상인에게도 적용된다.

제 2 절 상인자격과 영업능력

I. 자연인의 상인자격

1. 취 득

자연인은 누구든지 연령 · 성별 · 행위능력 유무를 불문하고 상인자격을 취득할 수 있기 때문에, 상법 제4조 또는 제5조 제1항의 요건을 구비하면 상인이 된다. 따라서 영업의 성질상 인 · 허가를 필요로 하는 경우에도 인 · 허가의 유무와 관계없이 상인자격을 취득할 수 있다. 그런데 자연인의 경우 언제 상인자격을 취득하는가에 대해서는 학설이 대립되고 있다.[1)]

1) 【학설】 상법 제4조 또는 제5조의 상인자격취득에 관한 학설

① 주관적 실현설: 영업의사가 단지 상인의 주관적 의사로서 존재하기만 해도 개업준비행위가 시작된 것으로 볼 수 있다는 견해로, 영업자금차입 등 상인의 주관적 영업의사가 존재하는 시점에서 상인자격을 취득한다고 하는 견해이다.

② 객관적 인식 가능설: 영업행위를 개시한 때에 상인자격을 취득한다는 견해이다. 여기서 영업의 개시란 영업을 위한 최초의 부속적 상행위인 준비행위의 개시를 포함하므로, 상인이 영업의사를 표방하지 않더라도 상대방이 영업의사의 존재를 객관적으로 인식할 수 있으면 상인자격을 취득한다는 견해이다(판례 · 다수설).

③ 영업의사 표백설: 기업의 존재를 객관적으로 인식하게 할 수 있을 정도(예 개업광고 · 상호등기 · 간판부착 등)의 영업의사가 대외적으로 나타났을 때 상인자격을 취득한다는 견해이다.

④ 단계적 결정설: 영업의사의 주관적 인식의 경우에는 상대방만이 상행위성을 주장할 수 있고, 상대방이 객관적으로 영업의사를 인식할 수 있는 때에는 행위자도 상대방에 대해 상행위성을 주장할 수 있으며, 이 때에는 상법적용을 부인하는 자가 반대입증을 하여야 한다는 견해이다.

판례(대법원 1999.1.29.선고 98다1584판결)는 「부동산임대업을 개시할 목적으로 그 준비행위의 일환으로 당시 같은 영업을 하고 있던 자로부터 건물을 매수한 경우, 위 매수행위는 보조적 상행위로서의 개업준비행위에 해당하므로, 이 개업준비행위에 착수하였을 때에 상인자격을 취득한다」고 한다.

【판례】 대법원 2012.11.15.선고 2012다47388판결

영업의 목적인 상행위를 개시하기 전에 영업을 위한 준비행위를 하는 자는 영업으로 상행위를 할 의사를 실현하는 것이므로 그 준비행위를 한 때 상인자격을 취득함과 아울러 개업준비행위는 영업을 위한 행위로서 그의 최초의 보조적 상행위가 된다. 한편 영업자금의 차입행위와 같이 행위 자체의 성질로 보아서는 영업의 목적인 상행위를 준비하는 행위라고 할 수 없지만, 행위자의 주관적 의사가 영업을 위한 준비행위였고 상대방도 행위자의 설명 등에 의하여 그 행위가 영업을 위한 준비행위라는 점을 인식하였던 경우에는 (편저자 주: 점포구입·영업양수·상업사용인의 고용 등) 상행위에 관한 상법의 규정이 적용된다(대법원 2012.4.13.선고 2011다104246판결 참조). 그러나 이러한 준비행위가 보조적 상행위로서 상법의 적용을 받기 위해서는 그 행위를 하는 자가 장차 상인자격을 취득하는 것을 당연한 전제로 하므로, 그 행위자의 어떤 행위가 상인자격을 취득할 주관적 의사 아래 영업을 위한 준비행위로서 이루어진 것이라는 점에 대한 입증이 없다면 이는 그 행위자의 보조적 상행위라고 볼 수 없다.

2. 상 실

자연인의 상인자격은 사실상 영업을 폐지한 때나 사망 등에 의하여 영업활동이 사실상 종결됨으로써 상실하게 된다. 따라서 행정관청이나 세무관서 등에 폐업신고를 하였다고 하여 상인자격이 상실되지 않는다. 영업주가 피성년후견인이 된 경우에도 법정대리인이 영업주의 명의로 영업을 하는 경우에는 상인자격이 상실되지 않는다. 왜냐하면 상인이 피성년후견인이 되더라도 이러한 상인의 상행위는 취소할 수 있을 뿐이고 금지되는 것이 아니기 때문이다. 한편 개인상인의 사망과 파산이 상인자격 상실의 사유가 되는가에 대하여는 학설의 대립이 있다.[1]

1) 【학설】 개인상인의 상인자격의 상실에 관한 학설

① 상인의 사망: 상인이 사망하면 그 영업은 상속인에게 상속되므로 상속인이 상인자격을 승계취득한다는 견해와, 상인성이란 특정인을 중심으로 판단하는 것이므로 상속인이 영업을 승계하면 새로이 상인자격을 취득하는 것으로 보아야 한다는 견해가 있다.

② 상인의 파산선고: 파산관재인의 직무는 파산사무에 불과하고 영업을 대리하는 것이 아니므로 파산으로 상인자격은 상실된다는 견해와, 상인이 파산하더라도 파산관재인이 파산자를 대리하여 잔무처리행위를 계속하는 때에는 파산자는 계속 상인자격을 갖는다고 하는 견해(다수설)가 있다.

Ⅱ. 영리법인의 상인자격

1. 취 득

회사는 본점소재지에서 설립등기를 함으로써 법인격을 취득하므로(제172조 참조), 곧 회사에 있어서는 법인격의 취득시기가 상인자격의 취득시기가 된다. 설립 중의 회사의 상인자격의 취득에 관하여는 학설의 대립이 있다.[1)]

2. 상 실

회사는 청산이 사실상 종료됨으로써 법인격이 소멸하고, 상인자격을 상실한다. 따라서 회사는 해산 후라도 청산이 종료되기 전에는 법인격이 소멸되지 않고 청산의 목적범위 내에서 존속하므로 상인자격을 가지고 있다(제245조 참조). 회사의 청산등기는 선언적 효력밖에 없다(대법원 1968.6.18.선고 67다2528판결). 청산이 종결된 것으로 볼 수 있는 회사라도 어떠한 권리관계가 남아 있어서 현실적으로 정리하여야 할 필요가 있으면 그 범위 내에서 아직 완전히 상인자격이 소멸되었다고 할 수 없다(대법원 1994.5.27.선고 94다7607판결).

Ⅲ. 기타 법인의 상인자격

1. 특수공법인

존립목적이 법률에 의하여 특정되어 있는 한국광물자원공사(구 대한광업진흥공사)·예금보험공사·한국농어촌공사(구 농지개량조합)와 같은 특수공법인은 상인능력이 없다.

【판례】 대법원 1994.4.29.선고 93다54842판결

어느 행위가 상법 제46조 소정의 기본적 상행위에 해당하기 위하여는 영업으로 같은 조 각호 소정의 행위를 하는 경우이어야 하고, 여기서 영업으로 한다고 함은 영리를 목적으로 동종의 행위를 계속 반복적으로 하는 것을 의미하는 바, 구 대한광업진흥공사법(1986.5.12. 법률 제3834호로 전문 개정되기 전의 것)의 제

---

1) 【학설】 설립중의 회사의 상인자격 취득에 관한 학설

① 긍정설: 법인격 없는 설립중의 회사라도 동일성설에 따라 그 회사의 행위의 효과는 원칙상 성립 후의 회사가 승계하므로 상인자격을 긍정하는 견해이다. 이 설에 의하면 설립준비행위는 개업준비행위로 보조적 상행위로 본다.

② 부정설: 설립중의 회사는 법인격이 없을 뿐만 아니라 상인자격이 없다는 견해이다(다수설). 이 설에 의하더라도 설립중의 회사의 설립준비행위는 영업을 위한 행위로서 보조적 상행위라고 할 수 있어 상법의 규정이 적용된다고 한다.

반 규정에 비추어 볼 때 대한광업진흥공사가 광업자금을 광산업자에게 융자하여 주고 소정의 금리에 따른 이자 및 연체이자를 지급받는다고 하더라도, 이와 같은 대금행위는 대한광업진흥공사법 제1조 소정의 목적, 즉 민영광산의 육성 및 합리적인 개발을 지원하기 위하여 하는 사업이지 이를 가리켜 '영리의 목적'으로 하는 행위라고 보기에는 어렵다.

2. 일반공법인

국가 및 지방자치단체와 같은 일반공법인은 영리사업을 할 수 있으므로 상인자격이 인정되며, 상인자격의 취득과 상실은 자연인의 경우와 같다. 일반공법인의 상행위에 관해서는 상법 제2조에서 「법령에 다른 규정이 없는 경우에 한하여 본법이 적용된다」는 규정을 두고 있다. 공법인의 영리행위에 관하여는 상세한 특별규정이 있는 경우가 많고, 그 성질상 상업등기, 상호, 상업장부에 관한 규정이 적용되지 않는다.

3. 정부투자법인(특수사법인)

한국전력공사 · 대한석탄공사 · 한국도로공사 등 특별법에 의하여 설립되는 정부투자기관은 사경제적 방법으로 영업을 하므로 상인자격이 있다.

4. 비영리법인과 중간법인(특수법인)

학술 · 종교 · 자선 등의 특정한 공익을 목적으로 하는 비영리법인과 농업협동조합이나 상호보험회사와 같은 특별법에 의해 법인격이 부여된 중간법인의 상인자격 인정 여부에 관해서는 학설의 대립이 있다.[1)]

---

1) 【학설】 비영리법인과 중간법인의 상인자격 인정 여부에 관한 학설

① 비영리법인의 상인자격: 비영리법인은 그 목적이 특정한 공익사업에 한정되기 때문에 상인능력을 인정할 수 없다는 견해(소수설)와, 비영리공익법인도 영리행위를 통하여 얻은 이익을 공익에 사용하는 한 상인이 될 수 있다는 견해(다수설)가 있다. 상인이 될 수 있다는 견해에 의하면 비영리법인은 회사법상 회사는 아니며, 상인자격의 취득과 상실은 자연인의 경우와 같다고 한다.

② 중간법인의 상인자격: 협동조합(농협 · 수협 · 축협 · 신협 등)이나 상호보험회사 · 신용보증기금 · 새마을금고와 같은 중간법인에 대해서 상인자격을 인정하는 견해(소수설)와, 중간법인은 그 목적인 사업이 특별법에 의하여 특정된 경우가 많으므로 상인자격이 인정되지 않는다는 견해(통설 · 대법원 1989.6.27.선고 88다카16812판결 등)가 있다.

【판례】 대법원 2000.2.11.선고 99다53292판결

농업협동조합법에 의하여 설립된 조합이 영위하는 사업의 목적은 조합원을 위하여 차별 없는 최대의 봉사를 함에 있을 뿐 영리를 목적으로 하는 것이 아니므로, 동 조합이 그 사업의 일환으로 조합원이 생산하는 물자의 판매사업을 한다 하여도 동 조합을 상인이라 할 수 없고, 따라서 그 물자의 판매대금 채권은 3년의 단기소멸시효가 적용되는 민법 제163조 제6호 소정의 '상인이 판매한 상품의 대가'에 해당하지 않는다.

참조판례 ①「신용협동조합이 설립목적상 비영리법인이라고 하더라도 조합원이 아닌 비조합원에 대한 이자수입을 목적으로 한 장기간에 걸친 대출행위는 상법 제46조 제8호의 여신행위를 영업으로 한 경우에 해당하여 상행위로 보는 것이 타당하다」고 한 판례(대법원 1999.5.28.선고 98다34515판결)가 있다.

②「수산업협동조합은 상인이 아니어서 그의 거래행위는 상행위라 할 수 없으나, 수산업협동조합에 의하여 지정된 중매인이 그 협동조합과의 거래약정 등에 따라 그 협동조합으로부터 수산물을 다른 사람에게 전매하기 위하여 매수하는 것은 상인으로서 한 상행위가 된다」고 한 판례(대법원 1994.1.28.선고 93다49703판결)가 있다.

5. 사회복지법인

사회복지사업법의 여러 규정에 비추어 보면 사회복지법안의 활동은 상인의 영업활동과는 본질적으로 차이가 있고, 그 법인의 업무 수행 과정에 형성된 법률관계에 대하여 상법을 적용하여야 할 특별한 사회경제적 필요 내지 요청이 있다고 볼 수 없으므로 사회복지법인은 상법 제4조 또는 제5조 제1항이 규정하는 상인으로 볼 수 없다. 따라서 사회복지법인의 근로자가 그 법인에 대하여 갖는 임금채권은 상사채권에 해당하지 않는다(대법원 2024.8.1.선고 2024다222793판결).

Ⅳ. 영업능력

회사는 설립등기와 함께 상인자격을 갖고 영업능력을 갖는다. 그러나 개인상인은 상인자격을 갖더라도 성질상 민법상 행위능력에 대한 문제와 같이 영업능력이 문제가 된다. 그래서 우리 상법은 영업상 제한능력자에 대해 별도의 규정을 두고 있다.

1. 미성년자

1) 법정대리인의 동의를 얻지 않고 한 미성년자의 행위는 원칙적으로 취소할 수 있다. 그러나 법정대리인의 허락을 받은 특정한 영업에 관하여는 성년자와 동일한 영업능력이 인정된다. 다만, 미성년자가 법정대리인의 허락을 받아 영업을 하는 경우 이를 등기하여야 한다(제6조).

2) 법정대리인은 미성년자를 대리하여 영업을 할 수 있으며 이 때에는 등기하여야 하며(제8조 제1항), 법정대리인이 영업을 대리하는 때에 그 대리권에 대한 제한은 선의의 제3자에게 대항하지 못한다(제8조 제2항). 다만, 이를 등기하지 않은 미성년자의 영업행위나 법정대리인의 영업행위라도 그 효력에는 영향이 없으며, 법정대리인이 영업의 허락을 철회할 경우 이 사실을 등기하지 않으면 선의의 제3자에게 대항하지 못한다.

3) 미성년자가 법정대리인의 허락을 얻어 회사의 무한책임사원이 된 때에는 그 사원자격으로 인한 행위를 할 때에는 능력자로 본다(제7조). '사원자격으로 인한 행위'는 출자의무 이행, 회사채무에 대한 무한책임의 부담 등을 의미한다. 미성년자가 회사를 대표하는 행위는 기관자격의 행위로서 이는 능력의 제한을 받지 않지만, 사원에서 탈퇴하거나 지분을 양도하는 행위는 사원자격으로서 한 행위로 볼 수 없으므로 별도로 법정대리인의 동의가 있어야 한다.

2. 피한정후견인과 피특정후견인

1) 피한정후견인

법원은 피한정후견인의 정신적 제약의 상태에 따라 한정후견인의 동의를 받아야 하는 행위의 범위(예 부동산거래, 어음행위 등)를 탄력적으로 정할 수 있고(민법 제13조 제1항), 동의를 필요로 하는 행위를 피한정후견인이 단독으로 한 경우 피한정후견인 또는 한정후견인은 이를 취소할 수 있다(민법 제13조 제2항). 동의를 받아야 하는 것으로 정한 것 외에는 피한정후견인은 단독으로 할 수 있다.

2) 피특정후견인

피특정후견인이 법률행위를 하는 데 동의를 얻어야 한다거나 그 법률행위를 취소할 수 있다고 규정하지 않은 점에 비추어, 행위능력에 특별히 제한이 없다.

3. 피성년후견인

법정대리인이 피한정후견인 또는 피성년후견인을 대리하여 영업을 하는 경우, 이는 등기하여야 한다(제8조 제1항). 법정대리인의 대리권에 대한 제한은 이로써 선의의 제3자에게 대항하지 못한다(제8조 제2항). 한편 피성년후견인이 무한책임사원이 될 수 있는가에 대하여는 학설의 대립이 있다.[1]

---

1) 【학설】 피성년후견인의 무한책임사원 자격 인정 여부에 관한 학설
피성년후견인도 정관의 규정에 의하여 무한책임사원이 될 수 있다는 견해와, 피성년후견인은 법정대리인의 허락이 있는 경우에도 인적 회사의 무한책임사원이 될 수 없다는 견해(다수설)가 있다. 피성년후견인도 정관의 규정에 의하여 합명회사 또는 합자회사의 무한책임사원이 될 수 있다는 견해도 피성년후견인의 사원으로서의 행위는 법정대리인이 대리하여야 한다고 한다.

제3절 영업의 자유와 제한

I. 헌법의 원칙

헌법 제15조에서 「모든 국민은 직업선택의 자유를 가진다」고 규정하고 있으므로, 누구나 상인으로서 어떠한 영업이든 자유로이 할 수 있다. 그러나 헌법 제37조 제2항에 따라 영업은 법률로 제한할 수 있다.

II. 공법상 영업의 제한

상인의 영업에 대해서는 공익에 반하는 경우(예 음란한 문서의 반포, 아편 등의 제조·판매 등) 또는 국가재정을 위한 경우(예 전화 또는 서신의 송달 등)의 제한이 있고, 일반공안을 위한 경우(예 식품영업, 약품 제조판매업 등) 및 신분에 따른 경우(예 변호사, 공무원, 법관 등)의 제한이 있다. 이러한 영업의 제한내용 중 공익에 반하는 영업이나 국가재정상 금(禁)하는 영업을 하는 경우에는 그 영업은 상행위로서 성립할 수 없고 이에 위반하여 영업을 하는 자는 상인이 될 수 없다는 데 이설이 없다. 다만 일반공안을 위한 경우나 신분에 따른 제한의 경우에는 상인자격의 취득에 대하여 학설의 대립이 있다.[1)]

III. 사법상 영업의 제한

1. 법률에 의한 제한

상업사용인이나 영업양도인, 대리상, 회사의 업무집행사원, 업무집행자 또는 이사 등은 상법의 규정에 따라 경업(競業)의 제한을 받는다. 경업의 제한에 위반한 경업행위 자체는 유효하지만, 계약에 의한 경업제한과 달리 손해배상청구권과 별개로 개입권의 행사를 인정하고 있다(제17조 제2항, 제89조 제2항, 제198조 제2항, 제269조, 제287조의10 제2항, 제397조 제2항, 제567조).

---

1) 【학설】 영업제한에 위반하여 영업하는 경우 상인자격의 취득에 관한 학설
① 일반공안을 위해 인·허가나 면허를 얻어야 하는 영업에 대해 인·허가나 면허를 얻지 않고 영업을 하는 경우 그 행위의 사법상 효력은 인정되므로 상인자격을 인정할 수 있다는 견해(다수설)와, 행위의 유효성과 상인자격의 취득은 별개이므로 상인자격을 인정할 수 없다는 견해가 있다.
② 신분에 의해 영업이 제한되는 자가 영업을 하는 경우 그의 행위의 사법상 효력은 인정되므로 상인이 될 수 있다는 견해(다수설)와 상인이 될 수 없다는 견해가 있다.

2. 계약에 의한 제한

선량한 풍속과 사회질서에 반하지 않는 한 당사자 간의 약정으로 경업을 금지하여 영업을 제한할 수 있다(제41조 참조). 다만, 경업금지특약을 위반한 경우라도 당해 영업행위의 제3자에 대한 효력에는 영향을 미치지 않는다. 그리고 경업금지특약을 위반한 자에 대하여 그 상대방은 개입권을 행사할 수 없으며 영업중지 및 그 위반으로 인한, 즉 채무불이행으로 인한 손해배상을 청구할 수 있을 뿐이다.

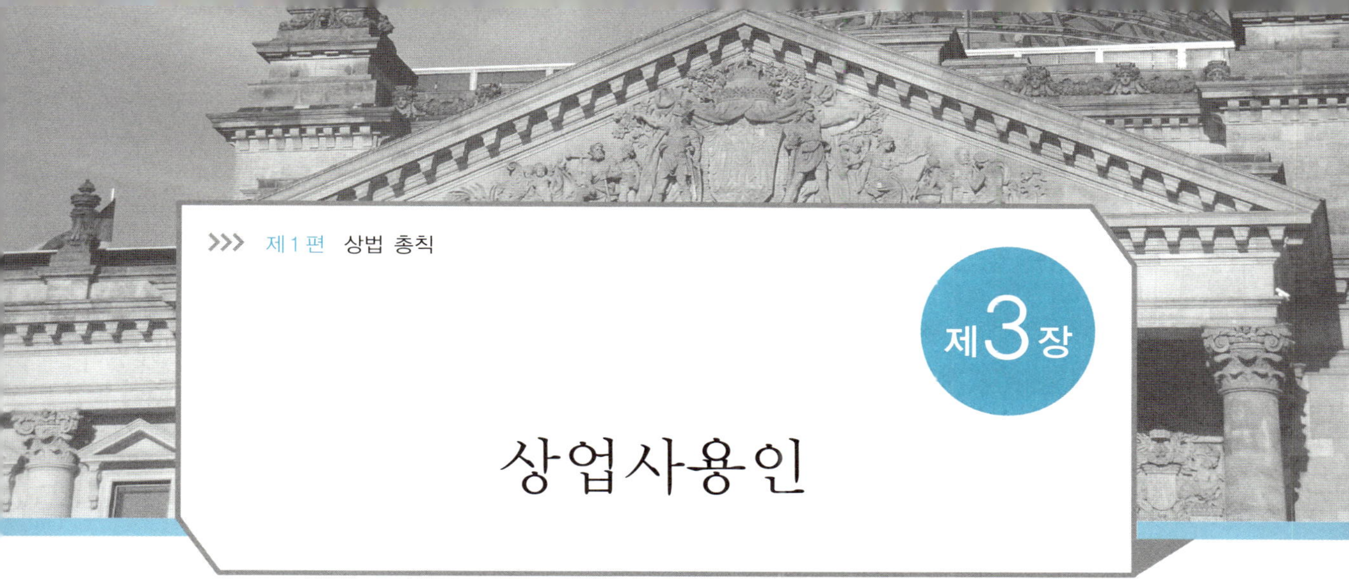

제1절 상업사용인의 의의

Ⅰ. 기업의 대규모화와 기업보조자의 필요

회사는 성립시부터 대규모의 기업보조자들로 인적 조직을 갖추고 있고, 개인상인의 경우에도 기업의 규모가 커지고 영업활동 범위가 넓어지면서 기업보조자가 필요하게 된다. 상인의 영업활동을 보조하는 기업보조자로 상법은 총칙에서 상업사용인을 규정하고 있고, 상행위편에서 대리상 · 중개인 · 위탁매매인 · 준위탁매매인 · 운송주선인 등을 규정하고 있다.

여기서는 먼저 상법총칙에서 규정하고 있는 상업사용인에 대하여 살펴보기로 한다.

Ⅱ. 상업사용인의 의의

상업사용인은 특정 상인에 종속되어 상인의 영업활동을 대리하는 자로서 자연인에 한한다.

1. 특정한 상인에 대한 종속

상업사용인은 특정한 상인에 종속된다. 이러한 면에서 독립된 상인으로서 보조자인 대리상 · 중개인 · 위탁매매인 · 준위탁매매인 · 운송주선인 등과 다르다. 특정한 상인에 종속된다는 것이 반드시 고용계약관계를 가져야 한다는 뜻은 아니다(예 상인의 가족은 고용계약관계에 있지 않지만 상업사용인이 될 수 있다). 상업사용인은 특정 상인에 종속되어야 하므로, 종속성을 인정할 수 없는 회사의 업무집행사원 · 이사 등의 임원은 상업사용인이 아니지만 이들은 상업사용인을 겸할 수 있다.(대법원 1698.7.23.선고 68다442판결) 그러나 회사를 대표하는 대표사원· 대표이사는 상업사용인을 겸할 수 없다.

2. 영업활동에 대한 대리권의 존재

상업사용인은 특정 상인의 영업활동을 대리하는 자이다. 영업주와 상업사용인 간의 대리권에 관한 수권행위가 존재하여야 한다. 비록 영업주에 종속된 자라도 대리권이 없으면 상업사용인이 아니다. 즉, 단순노무자(예 운전기사 · 생산직공 · 수위 등)나 내부관리업무종사자(예 비서 · 회계실무자 · 인사부장 · 공장장 등)는 상업사용인이 아니다.

3. 자연인

상업사용인은 실제로 영업활동에 종사하여야 하는 자이므로 자연인에 한하고, 법인은 상업사용인이 될 수 없다. 자연인인 이상 의사능력이 있다면 행위능력의 유무를 묻지 않는다.

제2절 상업사용인의 종류

Ⅰ. 지배인

1. 지배인의 의의

지배인은 영업주의 영업에 관하여 재판상 · 재판외의 모든 행위에 관한 대리권을 가지는 상업사용인이다(제11조 제1항). 상법상 지배인에 해당하는 자는 지배인인지의 명칭 여하에 관계없이 인정되며, 거래계에서는 지점장 · 영업소장 · 출장소장 · 사업소장 · 지사장 등 다양한 명칭이 사용되고 있다.

보충판례 농업협동조합 또는 수산업협동조합의 상무의 지배인성을 인정하고 있고(대법원 1982.6.8.선고 82다150판결; 대법원 2010.4.29.선고 2009다96731판결), 은행의 출장소장도 지배인이라고 한 바 있다(대법원 1997.8.26.선고 96다36753판결).

2. 지배인의 선임과 종임

1) 선 임

(1) 선임기관 및 절차: 지배인은 영업주나 그의 대리인에 의해서만 선임된다(제10조). 영업주의 대리인은 법정대리인이든 임의대리인이든 관계없다(이에 대해 법정대리인만 해당한다는 견해가 있다; 정동윤, 「상법(상)」, 60면). 회사에 있어서는 각 회사마다 지배인선임절차를 두고 있다. 합명회사 · 합자회사는 무한책임사원의 과반수 결의(제203조, 제274조), 유한책임회사는 사원의 과반수 결의(제287조의18, 제203조), 주식회사는 이사회의 결의(제393조 제1항), 유한회사는 이사 과반수 결의(제564조 제1항) 또는 사원총회의 결의(제564조 제2항)로 선임한다. 회사의 지배인은 내부적 선임절차를 거치지 않거나 선임절차를 위반하였더라도 대표기관이 선임한 이상 지배인이 제3자와 거래행위를 하는 경우 그 선임행위에는 아무런 영향이 없다(즉, 대외적 행위의 효력에는 영향이 없다).

보충 ① 청산 중의 회사, 파산회사는 현재의 업무를 종결할 뿐이므로 영업을 전제로 하는 지배인을 선임할 수 없다.
② 지배인은 영업주의 그 영업에 관하여 재판상·재판외의 모든 행위에 관한 대리권을 갖는 자 이므로, 단지 재판상 소송행위만을 대리하기 위한 지배인은 선임할 수 없다.
③ 소상인에게는 지배인 규정이 적용되지 않으므로 소상인이 지배인을 선임하더라도 상법상 지배인 규정이 적용되지 않는다(상법 제9조).

(2) 지배인 선임행위의 법적 성질 · 방식: 지배인 선임행위의 법적 성질과 방식에 대하여는 학설의 대립이 있다.[1)]

(3) 지배인의 수 · 임기 · 자격: 지배인의 수와 임기에는 제한이 없으며, 지배인의 자격에 있어서는 성질상 법인은 지배인이 될 수 없고 자연인이어야 한다. 자연인인 이상 행위능력자

---

1) 【학설】 지배인 선임행위에 관한 학설
① 선임행위의 법적 성질: 지배인의 선임행위의 법적 성질에 관해서는 지배인의 수령을 요하는 영업주의 단독행위라는 견해, 반드시 고용계약 등에 의하여야 하는 것은 아니므로 단순한 대리권의 수여행위로 보는 견해(다수설), 고용계약 또는 위임계약과 결합된 대리권수여행위라는 견해가 있다.
② 선임행위의 방식: 지배인의 선임행위에는 특별한 방식이 없으며 명시적·묵시적 또는 서면·구두의 어떤 방식이든 가능하다는 견해(다수설), 포괄적 대리권을 수여하는 행위이므로 명시적인 의사표시에 의하여야 한다는 견해가 있다.

이든 제한능력자이든 관계없다. 어느 상인의 상업사용인, 무한책임사원 또는 이사가 다른 상인의 지배인을 겸할 경우에는 겸업금지의 제한을 받는다(제17조 제1항).

2) 종 임

지배인의 대리권은 대리권의 소멸에 관한 일반원칙에 따라 고용 또는 위임관계의 종료에 의하여 소멸한다(민법, 제128조). 즉, 지배인의 사망 · 성년후견개시 또는 파산, 영업주의 해임, 회사의 해산, 지배인의 사임, 영업주의 파산, 영업의 폐지 등에 의하여 소멸한다. 지배인이 영업을 양수하여 영업주인 상인이 된 경우에는 대리권이 소멸하지만, 영업주가 제3자에게 영업을 양도한 경우 지배인의 대리권이 소멸하는가에 대해서는 학설의 대립이 있다.[1] 그러나 지배인의 대리권은 영업에 관하여 수여한 대리권이므로 영업주의 사망에 의하여 소멸되지 않는다(제50조).

3) 등 기

지배인의 선임과 종임은 등기사항이므로, 영업소(화시의 경우 본점을 말한다)의 소재지에서 등기하여야 한다(제13조). 지배인의 선임 또는 종임 등기를 하여야 선임 또는 종임에 대한 사실로 선의의 제3자에게 대항할 수 있다(제37조 제2항).

3. 지배인의 대리권

1) 대리권의 범위

지배인에게는 영업주에 갈음하여 그 영업에 관하여 재판상 또는 재판외의 모든 행위를 할 수 있는 포괄적(영업 전반에 걸친 대리권) · 정형적(법의 규정에 의해 대리권의 범위 인정) 대리권이 인정된다(제11조 제1항).

(1) '영업에 관한 모든 행위'란 영업의 목적이 되는 행위뿐만 아니라 영업을 위하여 직접 · 간접으로 필요한 모든 행위를 뜻한다. 지배인의 어떤 행위가 영업주의 영업에 관한 것인가의 여부는 지배인의 행위 당시의 주관적인 의사와는 관계없이 객관적 성질에 따라 추상적으로 결정되어야 하며, 지배인의 주관적 의도와는 관계가 없다(대법원 1998.8.21.선고 97다6074판결).

(2) '재판상의 행위'는 소송행위를 뜻하며, 영업주를 대리한 소제기나 응소(應訴) · 기타 소송에 관한 각종의 행위(예 영업주를 위하여 소송대리인을 선임하는 행위)를 포함한다.

---

1) 【학설】 영업양도와 지배인의 대리권 소멸에 관한 학설
① 부정설: 영업양도의 경우 기업을 유지하기 위하여 지배인은 종임하지 않는다고 한다(다수설).
② 긍정설: 지배인과 영업주의 특별한 신뢰관계에 의하여 지배인은 영업주만이 선임할 수 있기 때문에 영업양도의 경우 대리권은 소멸한다고 한다.

(3) '재판외의 행위'란 영업과 관련된 모든 적법한 행위로서 법률행위나 준법률행위, 영업의 목적인 행위나 영업을 위한 행위도 포함된다. 한편 지배인의 대리권의 범위와 관련하여 개인상인의 지배인은 지점설치행위를 할 수 없다는 견해도 있으나, 개인상인의 지배인인 경우에도 지점설치행위를 할 수 있다고 본다. 또한 지배인 이외의 상업사용인 및 기타의 사용인의 고용 등의 행위를 할 수 있고(제11조 제2항), 영업주의 부담으로 증여나 금전차입행위도 유효하게 할 수 있다고 본다.

참조판례 상업사용인이 자신이 매수한 부동산의 대금의 지급을 위하여 자기의 명의로 어음을 발행하고 지급담보를 위하여 영업주인 회사명의의 배서를 대행한 것은 특별수권이 있다고 믿을 만한 사정이 없는 한 영업범위 내의 행위라고 할 수 없다(대법원 1984.7.10.선고 84다카424·425판결).

2) 대리권의 한계

지배인은 영업주 고유의 행위인 영업의 양도나 폐지, 상호의 선정 · 변경 또는 폐지, 파산신청, 목적의 변경 등의 행위를 할 수 없다. 그리고 영업주의 신분법상의 행위를 대리할 수 없으며, 영업주의 개인재산에 대한 처분행위도 할 수 없다(대법원 1984.7.10.선고 84다카424·425판결). 지배인은 영업주의 특별한 수권이 없는 한 다른 지배인을 선임할 권한이 없으며(제11조 제2항), 영업주가 각각 다른 상호로 수개의 영업을 할 때에는 각 상호의 영업에만 한정하여 대리권이 인정된다.

또한 영업주가 동일한 영업을 위하여 수개의 영업소를 둔 때에는 그 중 선임된 영업소의 영업에만 지배인의 대리권이 인정된다. 한편, 영업주와 지배인 간의 신뢰관계를 전제로 하는 지배인의 대리권은 양도나 상속이 인정되지 않는다.

3) 대리권의 제한

지배인의 대리권에 대한 제한은 선의의 제3자에게 대항하지 못한다(제11조 제3항). 그러나 지배인의 대리권의 제한은 악의 또는 중대한 과실이 있는 제3자에 대하여는 대항할 수 있다. 제3자의 악의 또는 중대한 과실에 대한 입증책임은 영업주가 부담한다(대법원 1997.8.26.선고 96다36753판결). 제3자는 통상 지배인과 거래한 상대방을 말하지만, 상대방으로부터 권리를 전득한 자도 포함된다고 본다. 판례도 어음행위의 경우에는 직접의 어음 취득 당사자뿐만 아니라 그로부터 배서양도받은 제3취득자도 포함된다고 한다(대법원 1997.8.26.선고 96다36753판결). 지배인의 대리권의 제한은 등기에 의하여 공시할 수 없다(상업등기법 제53조 제1항 참조). 비록 지배인의 대리권의 제한내용이 등기되었다 하더라도 이로써 선의의 제3자에게 대항할 수 없다. 지배인이 대리권의 내부적 제한에 위반한 때에는 지배인을 해임할 수 있고 손해배상을 청구할 수 있을 뿐이다.

4) 대리권의 남용

대리권의 남용이란 지배인이 객관적으로 그 대리권의 범위 내에 속하지만 주관적으로는 자기 또는 영업주 이외의 제3자의 이익을 꾀하기 위하여 대리행위를 하는 것을 말한다. 지배인이 유흥비 조달 등 개인적인 목적을 위하여 한 대리행위는 지배인의 대리권을 남용한 행위에 해당하며, 대리권 남용행위라도 일단 영업주 본인의 행위로서 유효하다. 그러나 지배인이 대리권을 남용한 행위임을 거래상대방이 알았거나 알 수 있었을 때에는 영업주는 아무런 책임을 지지 않고(대법원 2001.10.30.선고 2001다51879판결), 거래상대방은 영업주에 대하여 그 거래행위의 효과를 주장할 수 없다(대법원 1997.8.26.선고 96다36753판결). 그 상대방이 지배인의 표시의사가 진의 아님을 알았거나 알 수 있었는가의 여부는 표의자인 지배인과 상대방 사이에 있었던 의사표시 형성 과정과 그 내용 및 그로 인하여 나타나는 효과 등을 객관적인 시점에 따라 합리적으로 판단하여야 하며(대법원 1999.3.9.선고 97다7721판결), 이때 상대방의 악의는 영업주가 이를 입증하여야 한다(대법원 1987.3.24.선고 86다카2073판결).

5) 무권대리행위

지배인이 자기의 권한 범위 외의 행위를 한 경우나 지배인이 아닌 자가 지배인과 같은 대리행위를 한 경우에는 표현지배인제도나 민법상 표현대리제도가 적용될 수 있다. 뿐만 아니라 이 경우 민법상 사용자배상책임이 인정될 수 있다. 이와 같은 표현지배인, 표현대리, 사용자배상책임이 인정되면 무권대리행위의 상대방은 영업주에 대하여 책임을 물을 수 있다.

4. 공동지배인

1) 의 의

영업주는 수인의 지배인으로 하여금 대리권을 공동으로 행사하게 할 수 있다(제12조 제1항). 이 경우의 지배인을 공동지배인이라 한다. 수인을 공동지배인으로 선임하거나 그 사항을 변경한 때에는 영업소(화사의 경우 본점을 말한다)의 소재지에서 등기하여야 한다(제13조 제2문).

2) 효 과

(1) 대리권의 위임: 공동지배인제도는 대리권의 남용을 사전에 방지하고 영업주의 이익을 보호하고자 하는 데 그 목적이 있다. 따라서 공동지배인 중 일부가 타인에게 포괄적으로 대리권을 위임하는 것은 공동지배인 제도의 입법취지를 몰각시키는 결과가 되므로 인정할 수 없다는 데 이설이 없으나, 대리권의 개별적 위임이 가능한가에 대해서는 학설의 대립이 있다.[1)]

(2) 대리권의 행사: 공동지배인은 공동으로만 영업주를 위하여 거래상대방에게 의사표시를 할 수 있다. 따라서 어음행위와 같은 요식행위에서는 공동지배인 전원이 기명날인 또는 서명하여야 비로소 완전한 상인 본인을 위한 어음행위가 된다. 그러나 수동대리행위에 대하여는 거래의 원활과 신속을 위하여 각자가 대리권을 갖는다. 즉, 제3자의 공동지배인 중 1인에 대한 의사표시도 영업주에 대하여 효력이 있다(제12조 제2항).

보충 수동대리행위의 경우 영업주의 지(知)·부지(不知), 선의·악의 등은 거대상대방이 의사표시를 한 공동지배인 중의 1인의 주관적 사정에 의하여 정하여진다(정찬형, 「상법 강의(상)」, 86면).

(3) 재판상 행위와 공동지배인제도: 재판상 행위에 대해서도 공동지배인을 인정할 수 있는가에 대해서는 학설의 대립이 있다.1)

5. 표현지배인

1) 의 의

표현지배인(表見支配人)이란 지배인이 아니면서 본점 또는 지점의 본부장, 지점장, 그 밖에 지배인으로 인정될 만한 명칭을 사용하는 자를 말한다(제14조 제1항). 이러한 표현지배인은 그가 속한 본점 또는 지점의 재판외의 영업활동에 관하여 지배인과 동일한 권한이 있는 것으로 본다(제14조 제1항). 이것은 상거래의 보호를 위한 외관법리에 따른 것이다.

2) 요 건

(1) 일정한 명칭의 사용: 표현지배인은 본점 또는 지점의 본부장, 지점장, 그 밖에 지배인으로 인정될 만한 명칭을 사용하였어야 한다. 명칭사용에 있어서 사회통념상 특정 영업소의 책임자로 오인할 수 있는 명칭(예 지점장·지배인 등)이면 표현지배인이 될 수 있다. 한편 표현지배인은 지배인의 외관을 갖춘 자라면 단순한 피용자도 가능하다. 그러나 지점차장, 지점장대리 등과

---

1) 【학설】 공동지배인의 대리권의 개별적 위임에 관한 학설

① 부정설: 특정한 종류 또는 특정한 행위에 대하여 전원의 의사가 합치된 때에 그 의사표시만으로 다른 공동지배인에게 개별적으로 위임하는 것은 공동지배인제도에 어긋난다거나 쌍방대리금지의 법리에 어긋난다고 한다.

② 긍정설: 개별적 위임은 대리권남용의 위험이 적고, 기업활동의 원활성 또는 상거래의 신속성을 기할 필요가 있기 때문에 가능하다고 한다(다수설). 이러한 긍정설에서는 어음(수표)행위나 재판상의 행위도 내부적 합치만 있다면 개별적 위임이 가능하다는 견해와, 개별적 위임을 긍정하더라도 어음(수표)행위와 같은 요식행위나 재판상의 행위는 그 성질상 반드시 공동으로 하여야 한다는 견해가 있다.

1) 【학설】 재판상의 행위에 대한 공동대리 가능 여부에 관한 학설

재판상의 행위에 대해서는 소송대리인 개별대리의 원칙을 근거로 공동대리를 부정하는 견해와, 공동대리는 상법 제11조 제1항 전체에 대한 예외이므로 재판상의 행위를 제외시킬 이유가 없다는 견해(다수설)가 있다.

같이 명칭 자체로서 상위직 사용인의 존재를 인식할 수 있는 경우에는 표현지배인이 될 수 없고(증권회사의 지점장대리에 대한 표현지배인 부정 판례; 대법원 1994.1.28.선고 93다49703판결), 판례는 보험회사의 영업소장의 명칭을 사용하고 있어도 표현지배인을 부정하고 있다(대법원 1983.10.23.선고 83다107판결 등).

참조판례 회사의 주주로서 자금조달업무에 종사함과 아울러 대구연락사무소장으로서 그 회사로부터 토지를 분양받은 대구·경북지역 투자자들과의 연락 및 투자중개업무를 담당해 온 자는 회사를 위하여 독립적으로 영업활동을 할 수 있는 지위에 있었다고 단정할 수 없으므로 표현지배인이 아니다(대법원 1998.10.13.선고 97다43819판결).

(2) 영업주의 허락: 그 명칭 사용에 대해 영업주의 묵시적 또는 명시적 허락이 있어야 한다. 영업주의 허락이 없음에도 사용인이 자의적으로 표현적 명칭을 사용한 때에는 상법 제14조가 적용되지 않는다. 다만, 영업자는 사용자배상책임을 질 수는 있다.

(3) 거래행위: 사용인의 행위가 영업에 관한 재판외의 행위로서 지배인의 권한에 속하는 행위이어야 하지만, 반드시 영업주를 위한 행위이어야 하는 것은 아니다. 거래행위라고 볼 수 없는 재판상의 행위는 포함되지 않는다(제14조 제1항 단서; 대법원 1983.2.8.선고 83다카621판결). 표현지배인의 행위가 영업에 관한 것으로 대리권한의 범위내의 행위라 하더라도 영업주 본인의 이익이나 의사에 반하여 자기 또는 제3자의 이익을 도모할 목적으로 그 권한을 행사한 경우에 그 상대방이 표현지배인의 진의 아님을 알았거나 알수 있었을 때에는 그 표현지배인의 행위에 대하여 영업주 본인은 아무런 책임을 지지 않는다(대법원 2001.10.30.선고 2001다51879판결).

【판례】 대법원 1998.8.21.선고 97다6704판결

[1] 지배인이 영업주 명의로 한 어음행위는 객관적으로 영업에 관한 행위로서 지배인의 대리권의 범위에 속하는 행위라 할 것이므로 지배인의 개인적 목적을 위하여 어음행위를 한 경우에도 그 행위의 효력은 영업주에게 미친다 할 것이고, 이러한 법리는 표현지배인의 경우에도 동일하다.
[2] 제약회사의 지방분실장이 자신의 개인적 목적을 위하여 권한 없이 대표이사의 배서를 위조하여 어음을 할인한 경우, 표현지배인이 성립한다.

(4) 상대방의 선의: 표현지배인과 거래하는 상대방이 악의인 경우에는 표현지배인 규정이 적용되지 않는다(제14조 제2항). 따라서 상대방은 선의, 즉 지배인이 아니라는 것을 몰랐어야 한다(이에 대해 사용인이 지배인이 아니라는 것이나 지배인으로서 그 거래에 대해서 대리권이 없다는 것을 몰랐어야 한다는 견해도 있다; 최기원, 「상법학신론(상)」, 92면). 선의에는 경과실을 포함하므로, 거래시에 상대방에게 악의 또는 중대한 과실이 없어야 한다. 이에 대한 입증책임은 영업주가 진다. '악의 또는 중대한 과실'은 법률행위시(유가증권의 경우에는 취득시)를 기준으로 판단한다.

(5) 상대방의 범위: 표현지배인에 관한 규정은 거래의 직접 상대방에 한하여 적용한다. 그러나 어음·수표행위의 경우 제3자의 범위에 대해서는 학설이 대립하고 있다.[1)]

1) 【학설】 어음·수표행위시 상대방의 범위에 관한 학설

참조판례 표현대리에 관한 민법 제126조의 규정을 어음의 배서행위에 적용 또는 유추적용하는 경우에는 제3자는 어음을 양도받은 피배서인만을 가리키고, 피배서인으로부터 어음을 취득한 자는 제외된다(대법원 1994.5.27.선고 93다21321판결).

(6) 본 · 지점의 실체: 본점 또는 지점의 영업소의 실질[1]을 갖추어야 한다. 영업소의 실질을 갖추었다면 영업소의 명칭이나 등기의 유 · 무는 문제되지 않는다.

【판례】 대법원 1998.8.21.선고 97다6704판결

상법 제14조 제1항 소정의 표현지배인에 관한 규정이 적용되기 위하여는 당해 사용인의 근무장소가 상법상 지점으로서의 실체를 구비하여야 하고, 어떠한 영업장소가 상법상 지점으로서의 실체를 구비하였다고 하려면 그 영업장소가 본점 또는 지점의 지휘·감독 아래 기계적으로 제한된 보조적 사무만을 처리하는 것이 아니라, 일정한 범위 내에서 본점 또는 지점으로부터 독립하여 독자적으로 영업활동에 관한 결정을 하고 대외적인 거래를 할 수 있는 조직을 갖추어야 한다.

3) 효 과

표현지배인으로서의 요건이 갖추어진 경우에는 제3자가 더리권에 관하여 선의이고 중과실이 없으면 표현지배인의 거래행위는 영업소의 지배인과 동일한 권한이 있는 것으로 본다(제14조 제1항 본문). 따라서 영업주가 상대방에 대하여 책임을 부담하며, 표현지배인은 무권대리인으로서의 책임이나 불법행위책임을 지지 아니한다. 표현지배인제도와 민법상 표현대리제도는 중복하여 적용될 수 있다고 본다.

보충판례 대리행위가 성립하는 경우에 본인은 표현대리행위에 기하여 전적인 책임을 져야 하는 것이고, 상대방에게 과실이 있다고 하더라도 과실상계의 법리를 유추적용하여 본인의 책임을 경감할 수 없는 것이다(대법원 1968.7.23.선고 68다442판결; 대법원 1996.8.23.선고 95다39472판결).

표현지배인이 어음·수표행위를 한 경우에는 민법의 경우와는 달리 직접상대방뿐만 아니라 그 이후의 어음·수표의 취득자도 상대방에 포함된다는 견해(통설)와, 어음·수표행위의 직접상대방에 한한다는 견해(소수설)가 있다.

1) 【학설】 '영업소의 실질'에 대한 학설

① 실질설: 본점 또는 지점의 실체를 가지고 어느 정도 독립적으로 영업활동을 할 수 있는 영업소의 실체를 갖추고 있어야 한다는 견해이다(판례·다수설).

② 형식설: 거래의 안전을 위하여 영업소로서의 외관만 있으면 충분하고 그 실질을 갖출 것을 요하지 않는다는 견해이다.

Ⅱ. 부분적 포괄대리권을 가진 사용인

1. 의 의

부분적 포괄대리권을 가진 사용인은 영업주로부터 영업의 특정한 종류나 사항에 대한 위임을 받아 그에 관한 재판 외의 모든 행위를 할 수 있는 권한을 가진 사용인을 말하며(제15조 제1항), 이에 해당하기 위해서는 그 사용인의 업무내용에 영업주를 대리하여 법률행위를 하는 것이 당연히 포함되어 있어야 한다(대법원 2007.8.23.선고 2007다23425판결).

'영업의 특정한 종류 또는 특정한 사항에 대한 위임'이란 영업의 특정한 종류 또는 특정한 사항에 대한 법률행위를 할 수 있는 권한을 수여하는 것을 뜻한다. 이러한 사용인은 통상 영업부장 · 자재과장 · 경리계장 등의 명칭을 사용하고 있으나, 부장 또는 과장이라도 부분적 포괄대리권이 없는 경우도 있고 부장 또는 과장이 아니라도 부분적 포괄대리권이 있는 경우도 있다.

보충판례 회사의 이사가 회사의 일상적인 업무를 분장하여 대리하는 경우(예 경리담당이사, 판매담당이사 등)에는 부분적 포괄 대리권을 가진 사용인의 지위를 겸하는 것으로 볼 수 있다(대법원 1968.7.23.선고 68다442판결; 대법원 1996.8.23.선고 95다39472판결).

2. 선임과 종임

부분적 포괄대리권을 가진 사용인은 영업주뿐만 아니라 지배인도 선임할 수 있다(제11조 제2항). 이러한 사용인제도는 소상인에게도 적용된다. 부분적 포괄대리권을 가진 사용인의 선임과 종임은 등기사항이 아니다.

3. 대리권

1) 대리권의 범위

(1) 원칙적으로 부분적 포괄대리권을 가진 사용인은 그가 수여받은 영업의 특정한 종류 또는 특정한 사항에 관한 재판외의 모든 행위를 할 수 있으며(제15조 제1항), 특별한 수권이 없는 한 재판상의 대리권은 인정되지 않는다. 왜냐하면 재판상의 대리권은 소송행위의 성질상 부분적 포괄대리권을 가진 사용인에게 인정할 필요성이 없기 때문이다. 어떠한 행위가 대리권을 수여받은 영업의 특정한 종류 또는 특정한 사항에 해당하는가는 영업의 규모와 성격, 거래행위의 형태 및 계속 · 반복 여부, 사용인의 직책명, 전체적 업무분장 등 제반 사정을 고려하여 거래통념에 따라 판단하여야 할 것이다(대법원 2009.5.28.선고 2007다20440, 20457판결).

보충판례 ① 건설회사 현장소장은 특별한 사정이 없는 한 상법 제14조 소정의 표현지배인이라고 할 수 없고, 단지 그 업무에 관하여 부분적 포괄대리권을 가지고 있다고 봄이 상당하다(대법원 1994.9.30.선고 94다20884판결).
② 오피스텔의 분양업무를 맡은 관리부장 등의 업무행위에는 분양업무 외 분양계약의 취소·해제업무와 이에 따른 보완적인 재분양계약의 체결도 포함된다(대법원 1994.10.28.선고 94다22118판결).
③ 회사의 영업부장이 한 회사제품의 공급계약, 회사의 사업과장이 한 물품구매행위 등은 그 권한내의 행위로 인정하고 있다(대법원 1974.6.11.선고 74다429판결 등).

(2) 부분적 포괄대리권을 가진 사용인은 특별한 수권이 없는 한 영업주를 위한 채무부담행위(예 지급보증행위, 손실부담약정 등)를 하지 못한다(대법원 1999.5.28.선고 98다34515판결).

보충판례 ① 회사가 도급받은 공사의 시공에 관련한 업무를 총괄하는 현장소장의 지휘 아래 노무·자재·안전 및 경리업무를 담당하는 관리부서장은 그 업무에 관하여 상법 제15조 소정의 부분적 포괄대리권을 갖는다고 할 것이지만, 공사의 시공에 관련된 업무가 한정되어 있는 이상 일반적으로 회사의 부담으로 될 채무보증 또는 채무인수 등과 같은 행위를 할 권한은 없다(대법원 1999.5.28.선고 98다34515판결).
② 증권회사의 지점장대리는 부분적 포괄대리권을 가진 사용인으로 보는 것이 타당하지만 회사의 채무부담행위에 해당하는 손실부담약정을 할 수 있는 대리권은 없다(대법원 1994.1.28.선고 93다49703판결).
③ 아파트공사 현장의 현장사무소장은 그의 업무내용에 법률행위를 하는 것이 포함되어 있지 아니하므로, 현장사무소장이 한 하도급업체의 시멘트 구입대금에 대한 지급보증행위는 상법 제15조의 상업사용인의 행위에 해당하지 않는다(대법원 2002.1.15.선고 99다25969판결).

2) 대리권의 제한

부분적 포괄대리권을 가진 사용인의 대리권에 대한 제한으로 선의의 제3자에게 대항할 수 없다(제15조 제2항, 제11조 제3항).

3) 대리권의 남용

부분적 포괄대리권을 가진 사용인이 그 범위 내에서 한 행위는 설사 상업사용인이 영업주 본인의 이익이나 의사에 반하여 자기 또는 제3자의 이익을 도모할 목적으로 그 권한을 남용한 것이라 할지라도 일단 영업주 본인의 행위로서 유효하나, 그 행위의 상대방이 상업사용인의 진의를 알았거나 알 수 있었을 때에는 민법 제107조 제1항 단서의 유추해석상 그 행위에 대하여 영업주 본인에 대하여 무효가 되고, 그 상대방이 상업사용인의 표시된 의사가 진의 아님을 알았거나 알 수 있었는가의 여부는 표의자인 상업사용인과 상대방 사이에 있었던 의사표시 형성과정과 그 내용 및 그로 인하여 나타나는 효과 등을 객관적인 사정에 따라 합리적으로 판단하여야 한다(대법원 2008.7.10.선고 2006다43767판결).

4) 기 타

(1) 부분적 포괄대리권을 가진 사용인의 대리권에 관하여 상법 제14조가 유추적용될 수 있는가에 대한 문제와 공동대리 인정의 여부에 관하여는 학설의 대립이 있다.[1)]

> **【판례】 대법원 2007.8.23.선고 2007다23425판결**
>
> 부분적 포괄대리권을 가진 사용인의 경우에는 상법은 그러한 사용인으로 오인될 만한 유사한 명칭에 대한 거래상대방의 신뢰를 보호하는 취지의 규정을 따로 두지 않고 있는바, 그 대리권에 관하여 지배인과 같은 정도의 획일성, 정형성이 인정되지 않는 부분적 포괄대리권을 가진 사용인들에 대해서까지 그 표현적 명칭의 사용에 대한 거래상대방의 신뢰를 무조건적으로 보호한다는 것은 오히려 영업주의 책임을 지나치게 확대하는 것이 될 우려가 있으며, 부분적 포괄대리권을 가진 사용인에 해당하지 않는 사용인이 그러한 사용인과 유사한 명칭을 사용하여 법률행위를 한 경우 그 거래상대방은 민법 제125조의 표현대리나 민법 제756조의 사용자책임 등의 규정에 의하여 보호될 수 있다고 할 것이므로 부분적 포괄대리권을 가진 사용인의 경우에도 표현지배인에 관한 상법 제14조의 규정이 유추적용되어야 한다고 할 수 없다.

(2) 부분적 포괄대리권을 가진 상업사용인이 특정된 영업이나 특정한 사항에 속하지 아니한 행위를 한 경우, 영업주가 책임을 지기 위하여는 민법상의 표현대리의 법리에 의하여 그 상업사용인과 거래한 상대방이 그 상업사용인에게 그 권한이 있다고 믿을 만한 정당한 사유가 있어야 한다(대법원 2012.12.13.선고 2011다69770판결).

Ⅲ. 물건판매점포의 사용인

1. 의의와 법적 성질

물건판매점포의 사용인이란 점포의 물건판매에 관한 모든 권한이 있는 것으로 의제된 사용인을 말한다(제16조 제1항). 상법 제16조의 법적 성질을 어떻게 볼 것인가에 대해서는 학설이 대립하고 있다.[2)]

---

1) 【학설】 부분적 포괄대리권을 가진 사용인과 관련한 학설
  ① 표현 부분포괄대리권을 가진 사용인의 인정 여부: 대리권이 없이 부장이나 과장 등의 명칭을 사용하여 거래를 한 경우 이에 대해 표현지배인에 관한 상법 제14조의 규정을 유추적용할 수 있는가에 대해 거래상대방을 보호하여야 하므로 유추적용할 수 있다는 긍정설(다수설)과, 민법상 표현대리에 관한 규정이 적용될 뿐 표현지배인에 관한 규정의 유추적용은 타당하지 않다는 부정설(소수설·판례)이 있다.
  ② 부분적 포괄대리권을 가진 사용인의 공동대리 인정 여부: 부분적 포괄대리권의 경우 공동대리가 허용되지 않는다는 견해와 법률행위 자유의 원칙상 공동대리도 인정된다는 견해가 있다.

2) 【학설】 상법 제16조의 법적 성질에 관한 학설
  상법 제16조는 외관주의의 구체적 표현으로 영업주의 수권 여부에 관계없이 외관을 신뢰한 자를 보호하기 위하여 대리권이 있는 것으로 의제한 것이라는 견해(통설)와, 점포사용인에게 대리권이 없는 경우에도 대리권이 있는 것으로 의제되는 효과 이외에 점포사용인의 대리권의 부존재에 대한 입증책임을 상인에게 전가하는 추정의 의미도 함축되어 있는 이중적인 기능을 가지고 있는 것이라는 견해가 있다.

2. 선임과 종임

물건판매점포의 사용인은 상인의 수권행위의 유무와는 관계없이 거래안전보호의 목적에서 상법에 의해 특별히 대리권이 있는 것으로 인정된다. 따라서 지배인이나 부분적 포괄대리권을 가진 상업사용인과 달리 대리권 수여행위가 존재하지 않는 점을 제외하고는 부분적 포괄대리권을 가진 사용인의 선임과 종임에 관한 사항과 같다.

3. 적용요건

1) 점포 내의 사용인

상법 제16조는 물건을 판매하는 점포의 사용인에 대해서만 적용된다. 따라서 물건판매에 종사하는 자에 대해서만 적용되는 것이 원칙이다. 그러나 비디오점이나 도서대여점 등의 접객업소의 창구 직원, 매표소 직원, 계산대 근무자 등 점포와 사용인의 존재가 결부되어 대리권의 강한 외관을 보여주는 업소의 사용인에 대하여도 제16조가 유추적용된다고 본다(통설).

물건판매점포의 사용인은 점포외의 장소에서 회사를 대리하여 물건을 판매하거나 물건판매 대금을 수령할 권한이 없다(대법원 1976.7.13.선고 76다860판결; 대법원 1971.3.30.선고 71다65판결 참조).

2) 물건판매 행위

제16조는 물건판매에 관해서만 적용되므로 물건판매대금의 수령, 물건대금의 할인, 판매물품의 교환, 외상판매 등에 대해서는 적용되지만, 물건을 구입하는 행위나 자금을 차입하는 행위에 대해서는 적용되지 않는다.[1] 또한 제16조는 물건을 판매하는 점포의 사용인에 대해서만 적용되므로, 거래가 적어도 점포에서 체결되었거나 점포 외에서 체결되더라도 그 거래가 점포에서 개시되어야 한다. 따라서 백화점 지점의 외무사원이나 외판원과 같이 점포를 벗어나 영업에 종사하는 사용인 또는 점포 내에서 단순히 육체노동에 종사하는 자에 대해서는 제16조가 적용되지 않는다.

3) 상대방의 선의

물건판매점포의 사용인의 대리권의 의제는 상대방에게 악의 또는 중대한 과실이 없어야 인정된다(제16조 제2항). 상대방의 악의 또는 중과실은 영업주가 입증하여야 한다.

1) 【학설】 물건판매의 범위에 관한 학설
물건판매에 관련되는 처분행위뿐만 아니라 채무부담행위도 할 수 있다는 견해(다수설)와, 물건판매와 관련하여 특별한 수권이 없는 한 어음·수표행위에 의한 채무부담행위는 할 수 없다는 견해가 있다.

4) 효 과

영업주의 수권 여부에 관계없이 외관을 신뢰한 제3자에 대해 사용인이 점포 내에서 물건을 판매하는 행위를 한 때에는 그에게 점포 내에서의 물건판매에 관한 모든 권한이 있는 것으로 의제된다.

제 3 절 상업사용인의 의무

I. 의무의 내용

1. 경업금지의무

상업사용인은 영업주의 허락 없이 자기 또는 제3자의 계산으로 영업주의 영업부류에 속하는 거래를 하지 못한다(제17조 제1항 전단). '영업부류에 속하는 거래'는 영업의 목적으로 하는 거래를 의미하는 것으로, 영업을 위한 보조적 행위, 영업부류에 속하지 않는 거래행위, 영업주의 영업에 속하는 행위라도 영리적 성질이 없는 행위는 금지되지 않는다.

영업주의 명시적 또는 묵시적 허락이 있으면 영업주의 영업부류에 속하는 거래를 할 수 있다. 그런데 영업주의 특별한 사정으로 인한 일시적인 묵인은 허락으로 볼 수 없다. 상업사용인의 경업금지의무는 고용 또는 위임관계가 계속되는 한 영업시간 내이든 외이든 관계없이 인정된다.

2. 겸직금지의무

상업사용인은 영업주의 허락 없이 다른 회사의 무한책임사원, 이사가 될 수 없고, 다른 상인의 사용인이 될 수 없다(제17조 제1항 후단). '다른 회사'의 무한책임사원 또는 이사가 되지 못하는 점에서 '동종영업을 목적으로 하는 회사'의 무한책임사원 또는 이사가 되지 못하는 대리상이나 합명회사·합자회사의 무한책임사원, 유한책임회사의 업무집행자 또는 주식회사·유한회사의 이사의 겸직금지의무와 다르다(제89조 제1항, 제287조의10 제1항, 제198조 제1항, 제397조 제1항 참조). 상법 제17조 제1항의 「다른 회사」의 의미에 관해서는 학설의 대립이 있다.[1)]

---

1) 【학설】 '다른 회사'의 의미에 관한 학설
① 제한설: 대리상·무한책임사원·이사 등의 겸직금지의무와 비교하여 볼 때 '동종영업을 목적으로 하는' 다

상업사용인도 단순히 합자회사의 유한책임사원이 되거나 주식회사의 주주, 유한책임회사 또는 유한회사의 사원이 되는 것은 인정된다.

Ⅱ. 의무위반의 효과

1. 경업금지의무 위반

1) 개입권

경업금지의무에 위반한 거래라도 그 거래자체는 유효하다. 다만 상업사용인이 의무위반의 거래를 자기의 계산으로 한 때에는 그것을 영업주의 계산으로 한 것으로 볼 수 있고, 제3자의 계산으로 한 때에는 영업주가 상업사용인에 대하여 그로 인한 이익의 양도를 청구할 수 있다(제17조 제2항). 이러한 권리를 개입권이라 하며, 개입권은 손해배상 청구를 한다면 소극적 재산상의 손해를 입증하기 어려운 영업주를 보호하기 위하여 인정한 것이다.

개입권은 형성권으로서 사용인에 대한 의사표시만으로 그 효력이 발생한다. 개입권은 그 거래를 안 날로부터 2주간을 경과하거나 그 거래가 있은 날로부터 1년이 경과하면 소멸한다(제17조 제4항).

개입권의 행사가 있더라도 상업사용인의 거래에 관하여 영업주가 거래의 당사자가 되는 것은 아니고, 다만 거래의 경제적 효과를 영업주에게 귀속시키게 되는 것이다. 즉, 거래상의 채권 등의 권리를 영업주에게 귀속시키고, 그 거래로 인한 의무를 영업주가 부담하는 것이다.

보충 상법상의 개입제도

① 실질적(내부적) 개입권: 상업사용인의 경업금지의무의 위반에 대한 영업주의 개입권(제17조 제2항)과 동일한 것으로서 대리상(제89조), 합명회사 및 합자회사 무한책임사원(제198조, 제269조), 유한책임회사의 업무집행자(제287조의10), 주식회사 및 유한회사의 이사(제397조, 제567조)의 경업금지의무 위반에 대한 본인 또는 회사의 개입권을 말한다.

② 전면적(외부적) 개입권: 위탁매매인(제107조) 또는 운송주선인(제116조)의 개입권으로, 이는 일방적 의사표시에 의하여 위탁받은 행위의 직접당사자가 되는 것을 말한다.

③ 개입의무: 중개인(제99조)이나 위탁매매인(제105조)이 이행담보책임을 지는 것을 개입의무라 한다.

른 회사를 의미하는 것이라는 견해이다.

② 무제한설: 영업의 내용을 불문하고 '다른 모든 회사'를 의미하는 것이며, 그 근거는 상법 제17조 제1항에서 '동종영업을 목적으로 하는'이란 제한이 없기 때문이라는 견해이다(다수설).

2) 계약해지 및 손해배상청구

상업사용인이 경업을 하면 그 사실만으로 금지위반에 해당하며, 이 경우 개입권의 행사와 병행하여 영업주로서는 계약의 해지[1] 또는 그 의무위반의 행위로 인하여 생긴 손해를 입증하여 상업사용인에게 그 손해의 배상을 청구할 수 있다(제17조 제3항).

2. 겸직금지의무 위반

겸직금지의무에 위반하는 경우에는 영업주는 계약해지 및 손해배상청구를 할 수 있으나(제17조 제3항), 성질상 개입권은 행사할 수 없다(통설).

---

1) 【학설】 '계약해지'에서 계약의 의미에 관한 학설
계약해지에서 계약이란 제1차적으로는 영업주와 상업사용인 간의 대리권수여행위가 될 것이고 제2차적으로는 수권행위의 원인관계에서 고용계약 또는 위임계약 등이 있는 경우에는 이러한 계약을 의미하는 것이라는 견해와, 대리권수여행위는 영업주가 그의 일방적인 의사표시에 의하여 언제든지 철회할 수 있으므로 해지권을 인정할 실익이 없고 고용·위임 등 원인관계에서 존재하는 계약의 해지권을 인정한 점에 실익이 있다는 견해가 있다.

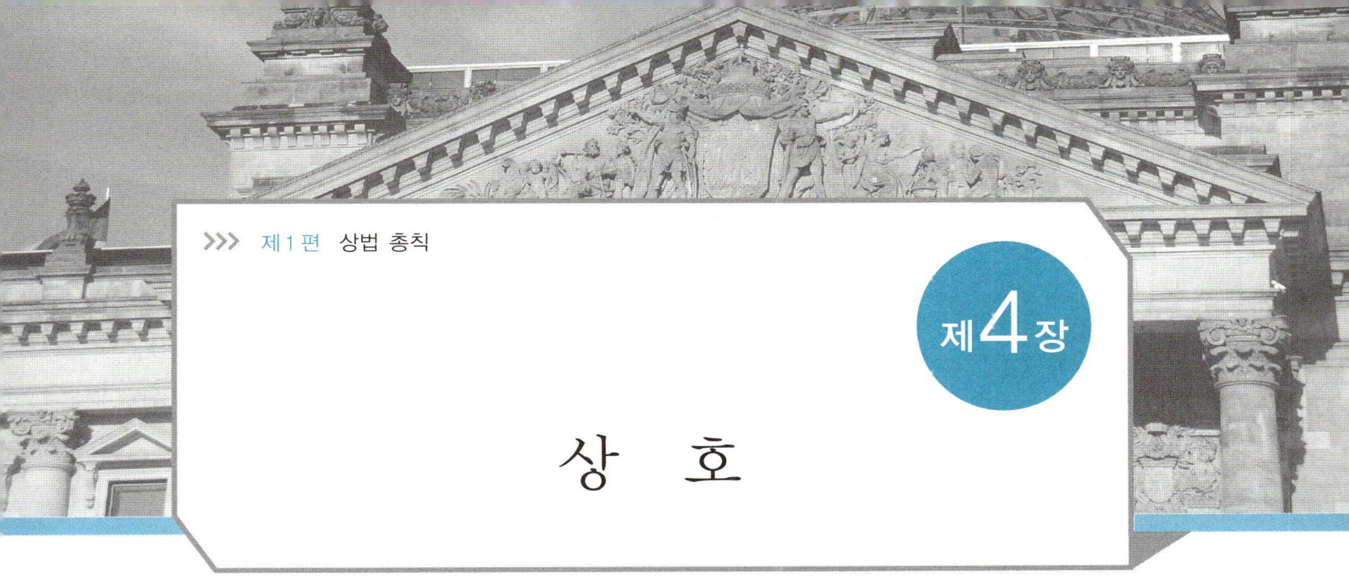

제 1 절 상호의 개념과 상호의 선정

I. 상호의 개념

1. 상호의 의의

상호는 상인이 영업활동을 함에 있어서 자기를 표창하는 명칭이다(제18조). 즉, 상호는 상인의 영업상의 명칭으로서, 상인이 영업활동에 사용하는 명칭이어야 한다. 따라서 상호보험회사나 협동조합 등 비상인이 사용하는 명칭은 상호가 될 수 없고, 소상인에게는 자신의 영업에 관해 명칭을 사용하더라도 상호에 관한 규정이 적용되지 않는다(제9조).

보충 자연인인 상인의 경우에는 회사의 경우와 달리 모든 영업활동에 상호만을 사용하여야 하는 것은 아니다. 즉, 상법 등은 화물명세서(운송장) · 화물상환증 등에 '성명 또는 상호'를 기재할 수 있도록 규정하고 있는데, 이것은 영업활동에도 성명을 사용할 수 있게 한 것이다(정찬형 「상법 강의(상)」, 102면).

2. 상호의 표시방법

상호는 상인의 명칭이므로 문자로써 표시되어야 하고 발음할 수 있어야 한다. 따라서 기호 · 도화 · 도형 등은 상호로 할 수 없다. 한편 구(舊)상업등기처리규칙 제45조 제1항에 의하면 외국문자로 된 상호는 법률상 등기할 수 없으므로 등기상호로는 사용할 수 없고, 외국어는 그 발음을 한자 또는 한글로 표시하는 경우에만 등기상호로 인정되었다. 현재는 이 규정이 삭제되었으나, 등기실무상 외국어등기는 허용하고 있지 않다.

3. 상호와 구별되는 개념

상호는 상인이 자기의 상품을 표시하기 위하여 사용하는 상표(예 진로의 '두꺼비' 그림)나 영업상의 용역(service)을 표시하는 영업표지(예 진로의 '참이슬')와는 다르다. 또한 영업소의 내부장식에 특별한 명사를 사용하더라도 이는 상호가 아니다.

Ⅱ. 상호의 선정

1. 상호선정에 대한 입법주의

1) 상호 자유주의

개인이든 회사든, 상인은 그 영업의 실제와 상관없이 어떠한 상호든지 자유롭게 선정 · 승계할 수 있게 하는 입법주의로서 영미법계의 입장이다. 이 주의는 영업의 실질이 변경되더라도 상호를 계속 사용할 수 있는 장점이 있으나, 영업의 실제와 상인의 동일성을 판단함에 있어서 혼란이 야기될 수 있는 단점이 있다.

2) 상호 진실주의

상호에 영업주의 명칭 · 소재지 · 업종 등을 사용할 때에는 반드시 영업의 실질과 일치하여야 한다는 입법주의로서 프랑스법계의 입장이다. 이 주의는 거래상대방을 보호하는 장점이 있으나, 영업주가 사망하는 경우 상속인이 상호를 계속 사용할 수 없게 되는 단점이 있다.

3) 절충주의

원칙적으로 새로운 상호의 선정에 있어서는 진실주의에 의하지만, 기존 영업의 양수 또는 상속 및 개명의 경우에는 종전의 상호를 계속 사용할 수 있도록 하는 입법주의로서 독일법계의 입장이다.

2. 우리 상법의 규정

1) 상호 자유주의 원칙

우리 상법은 원칙적으로 제18조에서 「상인은 그 성명 기타의 명칭으로 상호를 정할 수 있다」고 하여 자유주의를 취하고 있으나, 자유주의의 단점을 보완하기 위하여 여러 가지의 제한을 두고 있다.

2) 상호 자유주의에 대한 제한

(1) 회사의 상호: 회사의 상호 중에는 반드시 그 회사의 종류, 즉 합명회사 · 합자회사 · 유한책임회사 · 주식회사 · 유한회사를 명시하여야 한다(제19조). 특히 공공적 사업을 목적으로 하는 회사인 은행 · 신탁회사 · 보험회사 · 증권투자회사의 경우에는 그 업종도 표시하여야 한다(은행법 제14조; 자본시장과 금융투자업에 관한 법률 제38조; 보험업법 제8조 제1항).

(2) 회사명칭의 사용 제한: 회사가 아닌 개인상인은 상호에 회사임을 표시하는 문자를 사용할 수 없고, 회사의 영업을 양수한 자도 그 회사의 상호를 사용할 수 없다(제20조).

(3) 상호단일의 원칙: 동일한 영업에는 단일한 상호를 사용하여야 한다는 원칙이다(제21조 제1항). 회사는 수개의 영업을 하더라도 상호는 하나만 사용할 수 있다. 개인상인의 경우에는 수개의 독립된 영업에 대하여 각기 다른 상호를 사용할 수 있으나, 동일한 영업에 대하여는 하나의 상호를 사용하여야 한다. 수개의 지점이 있는 경우에는 지점의 상호를 표시할 때 본점과의 종속관계를 표시하여야 한다(제21조 제2항).

(4) 주체를 오인시킬 상호사용 금지: 누구든지 부정한 목적으로 타인의 영업으로 오인할 수 있는 상호를 사용하지 못한다(제23조 제1항). 여기서 '부정한 목적'이란 어느 명칭을 자기의 상호로 사용함으로써 일반인으로 하여금 자기의 영업을 그 명칭에 의하여 표시된 타인의 영업으로 오인시키려고 하는 의도를 말한다(대법원 2004.3.26.선고 2001다72081판결). 주체를 오인시킬 상호의 사용금지는 지역적 제한을 받지 않는다. 부정한 목적으로 타인의 영업으르 오인할 수 있는 상호를 사용한 자에 대해서는 200만원 이하의 과태료에 처한다(제28조).

(5) 부정경쟁방지를 위한 제한: 부정경쟁방지법에서는 국내에서 널리 인식된 타인의 성명 · 상호를 사용하여 타인의 상품과 혼동을 일으키거나 타인의 영업상 시설 또는 활동과 혼동을 초래하는 행위는 금지된다고 규정하여(부정경쟁방지법 제2조 제1호), 상인 간의 부정한 수단으로 경쟁하는 것을 방지하고자 하고 있다.

Ⅲ. 명의대여자의 책임

1. 의 의

타인에게 자기의 성명 또는 상호를 사용하여 영업을 할 것을 허락한 자는 자기를 영업주로 오인하여 거래한 제3자에 대하여 그 타인과 연대하여 거래로 인한 채무를 변제할 책임이 있다(제24조). 이 규정은 외관법리에 기인하여 상호 진실주의를 간접적으로 인정한 규정, 즉 명의를 대여한 자를 영업의 주체로 오인하고 거래한 상대방의 이익을 보호하기 위한 규정이다(대법원 2008.10.23.선고 2008다46555판결).

명의대여의 유형 및 제한

명의대여의 유형은 위법한 명의대여(영업자가 행정관청의 면허 등을 얻어야 함에도 이를 얻지 아니하고 영업을 위하여 면허 있는 자로부터 명의를 빌리는 경우), 적법한 명의대여, 상호의 임대차(영업폐지의 경우 상호만을 임대차하는 경우) 또는 영업의 임대차(영업과 함께 상호를 임대차하는 경우) 등이 있다. 위법한 명의대여는 특별법에 의하여 금지되며 이에 위반한 명의대여는 당사자 간에는 위법행위로서 무효이나(대법원 1988.12.27.선고 86다카2452판결), 선의의 거래상대방에 대한 관계에서는 명의대여자의 책임이 인정된다(대법원 1978.8.13.선고 78다236판결). 금융투자회사는 자기의 명의를 대여하여 타인으로 하여금 금융투자업을 경영하게 하지 못한다(자본시장과 금융투자업에 관한 법률 제39조).

참조판례 ① 입찰자격이 없는 회사가 입찰자격이 있는 회사의 명의를 빌려 입찰에 참가하여 낙찰받고 기계공급계약을 체결한 경우, 계약당사자나 계약상의 이행채무와 채무불이행으로 인한 손해배상책임을 부담하는 자는 명의회사이다(대법원 1993.4.27.선고 92다43432판결).

② 건설업 면허를 대여한 자는 자기의 성명 또는 상호를 사용하여 건설업을 할 것을 허락하였다고 할 것인데, 건설업에서는 공정에 따라 하도급거래를 수반하는 것이 일반적이어서 특별한 사정이 없는 한 건설업 면허를 대여받은 자가 그 면허를 사용하여 면허를 대여한 자의 명의로 하도급거래를 하는 것도 허락하였다고 봄이 상당하므로, 면허를 대여한 자를 영업의 주체로 오인한 하수급인에 대하여도 명의대여자로서의 책임을 지고, 면허를 대여받은 자를 대리 또는 대행한 자가 면허를 대여한 자의 명의로 하도급거래를 한 경우에도 마찬가지이다(대법원 2008.10.23.선고 2008다46555판결).

2. 책임발생요건

1) 명의사용의 허락

(1) 명의대여자의 책임이 발생하기 위해서는 자기의 성명 또는 상호를 타인이 사용하도록 허락하였어야 한다.

① 명의대여자의 허락은 명시적으로 할 수도 있고 묵시적으로 할 수도 있다. 자신의 영

업을 임대하고 임차인이 종전의 상호를 그대로 사용하면서 영업을 하는 것을 방치하거나(대법원 1967.10.25.선고 66다2362판결) 다른 상인에게 자기의 영업장소를 계속 사용하게 하면서 자기와 같은 영업을 하는 것을 허용하였던 바 그 타인이 자기의 상호를 가지고 영업을 하는 것을 방치하는 경우(대법원 1977.7.26.선고 77다797판결)와 같이 타인이 자기의 성명 또는 상호를 임의로 사용함을 알고 이를 저지하지 아니하거나 방치한 경우는 묵시에 의한 허락이 있는 것으로 본다(대법원 1991.11.12.선고 91다18309판결).

② 묵시적 허락에 의한 명의대여자의 책임을 인정하기 위해서는 영업주가 자기의 성명 또는 상호를 타인이 사용하는 것을 알고 이를 저지하지 아니하거나 자기의 성명 또는 상호를 타인이 사용함을 묵인한 사실 및 제3자가 타인의 성명 또는 상호를 사용하는 자를 영업주로 오인하여 거래한 사실이 인정되어야 한다(대법원 1982.12.28.선고 82다카887판결).

③ 단순한 부작위(명의사용을 알아서 저지하지 않는 단순한 사실)만으로는 묵시적 허락으로 볼 수 없다(반대: 이철송, 「상법총칙·상행위」, 162면). 다만, 단순한 부작위의 경우에 묵시적 허락이 되기 위해서는 자기의 점포나 사무실의 사용을 허락하는 등의 부가적 사정이 있어야 한다(대법원 1992.8.18.선고 91다30699판결 참조).

(2) 명의대여자가 자기의 성명 또는 상호로 영업을 할 것(명의차용자가 영업에 사용할 것)을 허락하여야 한다. 따라서 명의대여자가 단순히 자기의 성명이나 상호를 1회에 한하여 사용할 것을 허락한 경우에는 민법상 표현대리의 문제가 될 뿐이다.

보충 명의대여와 표현대리의 차이

① 명의대여는 영업주 오인의 문제이지만, 표현대리는 대리권의 오신(誤信)의 문제이다.

② 명의대여자의 책임은 명의 사용허락 그 자체를 귀책사유로 하지만, 표현대리인의 책임은 대리권 수여의 표시를 귀책사유로 한다.

③ 명의대여자는 명의차용자와 연대책임을 지지만, 표현대리인은 원칙적으로 책임을 지지 않는다.

④ 명의대여자는 책임을 부담할 뿐 제3자에 대하여 아무런 권리도 취득하지 못하지만, 표현대리의 경우 본인은 제3자에 대하여 권리를 취득한다.

자기의 상호를 사용한 사실은 없고 단지 자기의 상점·전화·창고 등을 수회 사용하게 한 사실이 있더라도 이는 명의사용의 허락이라 볼 수 없고(대법원 1982.12.28.선고 82다카887판결), 타인간의 거래에 있어 단지 세무회계상의 필요로 자기의 납세번호증을 이용하게 한 사실만으로는 그 거래에 관한 대리권을 수여하였음을 표시하였거나 또는 자기의 명의(상호)를 대여하였다고 보기 어렵다(대법원 1978.6.27.선고 78다864판결).

(3) 사용이 허락되는 명의의 범위에 대해 상법 제24조는 성명 또는 상호만을 열거하고 있으나, 거래통념상 대여자의 영업으로 오인할 수 있는 명칭(예 예명·아호·통칭 등)이면 충분하다.

(4) 명의사용에 있어 명의를 그대로 사용하지 않고 명의에 판매처·출장소·지점·영업소 등의 부가적 명칭을 붙여 사용하는 경우에도 명의대여에 따른 제24조의 책임이 인정된다.

그러나 제3자가 자신을 타인의 대리점이라고 표시하면서 계약을 체결한 사안에서 그 타인이 자기의 상호 아래 대리점이라는 명칭을 붙여 사용하는 것을 승낙하였더라도 이는 타인의 영업을 종속적으로 표시하는 부가부분이라고 볼 수 없으므로, 이로써 제3자에게 대리권을 수여하였다거나 상법상 명의대여자로서 책임을 진다고 할 수 없다(대법원 1989.10.10.선고 88다카8354판결; 서울중앙지법 2004.3.5.선고 2003가합9761판결).

참조판례 대한통운주식회사가 소외인과 동 회사 신탄진출장소 운영에 관한 계약을 체결하고 출장소장으로 임명하여 현장에서 자기의 상호를 사용하여 그의 목적사업인 운송업을 하도록 하여 왔다면 위 회사는 특별한 사정이 없는 한 그 사업에 관하여 자기가 책임을 부담할 지위에 있음을 표시한 것이라 볼 수 있으므로 상법 제24조의 명의대여자의 책임에 따라 위 회사를 영업주로 오인하고 거래한 제3자에 대하여 소외인이 부담한 대여금 채무를 지급할 의무가 있다(대법원 1976.9.28.선고 76다955판결).

(5) 명의사용을 철회하는 경우에는 적극적으로 그 사용을 저지하여야 한다. 즉, 명의대여자는 상호사용의 중지통지 또는 단순한 이의제기로 부족하고, 차용자가 명의사용을 못 하도록 하고 거래처에 대해서는 명의사용의 철회를 통지하는 등의 방법으로 철회할 의무를 부담한다(대법원 1996.9.6.선고 96다19536판결).

2) 외관의 존재(영업상 명칭 사용)

명의대여자의 책임이 인정되기 위해서는 상대방이 명의차용자의 영업을 명의대여자의 영업으로 오인할 외관이 있어야 한다. 외관의 존재는 명의대여자가 영업을 하고 있지 않은 경우에는 명의차용자가 명의를 사용하여 영업을 한다는 사실만으로 인정된다. 그러나 명의대여자가 영업을 하는 경우에는 외관의 존재와 관련하여 영업의 동일성이 있어야 하는가에 대해 학설의 대립이 있다.[1]

【판례】 대법원 1978.6.13.선고 78다236판결

임대인이 그 명의로 영업허가가 난 나이트클럽을 임대함에 있어서 임차인에게 영업허가를 사용하여 다른 사람에게 영업을 하도록 허락한 이상 위 임차인들이 위 영업과 관련하여 부담한 채무에 관하여 상법 제24조의 규정에 따라 그 임차인들과 연대하여 제3자에 대하여 변제할 책임이 있다.

3) 상인성의 요부

명의대여자로 인정됨에는 상호는 물론 성명을 대여한 경우도 포함되므로 명의대여자가

1) 【학설】 명의대여자의 영업과 명의차용자의 영업의 동일성 여부에 관한 학설
명의대여자가 영업을 하고 있는 경우에는 원칙적으로 명의차용자의 영업도 동일하여야 된다는 견해와, 명의차용인의 영업이 명의대여자의 영업과의 동일성을 필요로 하지 않고 영업의 외관의 동일성만 있으면 된다는 견해(판례)가 있다.

상인임을 요하지 않으며, 국가나 지방자치단체 기타 공공기관도 명의대여자가 될 수 있다. 그러나 명의차용자는 상인이어야 하는가에 대해서는 학설의 대립이 있다.[1)]

【판례】 대법원 1987.3.24.선고 85다카2219판결

상법 제24조는 금반언의 법리 및 외관주의의 법리에 따라 타인에게 명의를 대여하여 영업을 하게 한 경우 그 명의대여자가 영업주인 줄로 알고 거래한 선의의 제3자를 보호하기 위하여 그 거래로 인하여 발생한 명의차용자의 채무에 대하여는 그 외관을 만드는 데에 원인을 제공한 명의대여자에게도 명의차용자와 같이 변제책임을 지우자는 것으로서 그 명의대여자가 상인이 아니거나, 명의차용자의 영업이 상행위가 아니라 하더라도 위 법리를 적용하는 데에 아무런 영향이 없다.

4) 제3자의 오인

(1) 제3자의 범위: 명의차용자와 거래한 제3자가 거래를 함에 있어서 명의대여자를 영업주로 오인하였어야 한다. 여기서 제3자란 명의차용자와 거래한 직접의 상대방을 가리키고 상대방의 채권자 등 직접의 상대방 이외의 제3자(예 전득자, 상대방으로부터의 취득자)는 제24조의 보호대상이 아니라고 볼 수 있으나, 판례(대법원 1970.9.29.선고 70다1703판결)는 「직접의 거래상대방으로부터 영업상의 채권을 양수한 자도 제3자에 포함된다」고 한다.

(2) 제3자의 선의: 명의대여자의 책임이 인정되기 위해서는 제3자가 명의대여자를 영업주로 오인한 데에 악의 또는 중과실이 없어야 하며(이에 대해 과실의 유무는 전혀 다질 필요가 없다는 견해도 있다; 강위두, 「상법총칙·상행위」, 145면), 악의 또는 중과실에 대한 입증책임은 면책을 주장하는 명의대여자에게 있다(대법원 2001.4.13.선고 2000다10512판결).

참조판례 명의대여자가 거래상대방에 대하여 책임을 지는 것은 상대방이 그를 영업자로 오인한 경우에 한하는 것이고 상대방이 명의인과 실제 거래당사자가 다르다는 사실을 알고 있는 경우에는 명의대여자의 책임을 지울 수 없는 것은 법문상 명백하며, 수산업협동조합에 대한 거래상대방 자격이 조합원에 한한다고 하여 결론이 달라질 수 없다(대법원 1992.6.23.선고 91다29781판결).

3. 책임의 성질과 범위

1) 책임의 성질

명의대여자는 자기를 영업주로 오인하여 거래한 제3자에 대하여 명의차용자와 연대하여 변제할 책임이 있고, 이 경우 명의대여자와 명의차용자의 책임은 부진정연대책임 관계에 있게 된다. 부진정연대채무에서는 채무자 1인에 대한 이행의 청구 또는 채무자 1인이 행한 채

1) 【학설】 비상인인 명의차용자에 대한 상법 제24조 적용 여부에 관한 학설
명의대여자의 책임은 자기의 성명 또는 상호를 사용하여 영업을 할 것을 허락한 경우에 발생하므로 명의차용자는 상인이어야 한다는 견해(다수설), 상법 제4조에서 말하는 상인보다는 넓게 보아 명의차용자가 상인이 아닌 경우에도 상법 제24조가 적용 또는 유추적용된다는 견해(판례)가 있다.

무의 승인 등 소멸시효의 중단사유나 시효이익의 포기가 다른 채무자에게 효력을 미치지 않는다(대법원 2011.4.14.선고 2010다91886판결).

【판례】 대법원 2012.6.28.선고 2012도4773판결

타인에게 사업자등록명의를 대여한 경우 그 명의대여자는 상법 제24조에 의해 자기를 영업주로 오인하여 거래한 제3자에 대하여 그 타인과 연대하여 변제할 책임을 지기는 하나, 이러한 명의대여자의 책임은 명의자를 사업주로 오인하여 거래한 제3자를 보호하기 위한 것으로 거래상대방이 명의대여 사실을 알지 못하였고 알지 못한데 대하여 중대한 과실이 없는 경우에 명의를 차용한 자와 연대하여 변제할 책임을 지는 법정책임인 것이지(대법원 2001.4.13.선고 2000다10512판결 등 참조), 명의대여자가 거래상대방에게 채무부담을 하기로 하는 내용의 법률행위 등 처분행위에 기한 책임은 아니다. 그리고 명의대여자가 상법 제24조에 의한 명의대여자 책임을 부담한다고 하더라도 명의차용자와 연대하여 변제할 책임이 있는 것일 뿐 명의차용자가 거래상대방에 대하여 그 거래로 인한 채무를 면하게 되는 것은 아니다.

2) 책임의 범위

(1) 명의대여자는 자신이 허락한 영업범위 내에서 명의차용자가 부담한 영업상의 거래로 인한 책임을 진다. 영업상의 거래로 인한 책임에는 거래상의 이행책임(기본적 상행위뿐만 아니라 보조적 상행위로 인한 책임 포함), 목적물에 대한 담보책임, 불이행시의 손해배상책임, 계약해제시의 원상회복의무에 대한 책임 등이 포함된다. 그러므로 명의대여자가 허락한 영업범위에 속하지 않는 거래행위에 대하여는 명의대여자의 책임이 인정되지 않는다.

보충판례 명의차용자의 영업상의 거래로 인한 채무라 하더라도 판례는 '수산물매매의 중개영업행위'를 하도록 명의대여를 한 경우 명의차용자가 '냉동명태를 거래한 행위'(대법원 1977.7.26.선고 76다2289판결), '정미소의 경영에 관한 영업행위'를 하도록 명의대여를 한 경우 명의차용자가 정미소의 점유부분에 대하여 '임대차계약을 체결한 행위'(대법원 1983.3.22.선고 82다카1852판결)에 대하여는 영업범위 내에 속하는 거래라 할 수 없으므로 명의대여자의 책임을 부인하였다.

(2) 거래와 관계없는 순수한 불법행위는 명의대여자가 영업주라고 하는 외관의 신뢰와 손해의 발생 사이에 인과관계가 없으므로 상법 제24조가 적용되지 않는다(대법원 1998.3.24.선고 97다55621판결). 그러나 거래행위의 외관이 있는 불법행위도 상법 제24조가 적용되지 않는가에 대하여는 학설의 대립이 있다.[1)]

1) 【학설】 거래행위의 외관이 있는 불법행위에 기한 채무의 포함 여부에 관한 학설
① 포함설: 거래행위의 외관이 있는 불법행위에 기한 피해자의 손해는 명의대여자가 영업주라는 외관을 신뢰하여 행위를 하였기 때문에 생긴 것이므로, 외관의 신뢰와 손해발생 사이에 인과관계가 인정되고, 제24조의 규정이 유추적용된다는 견해이다(다수설).
② 제외설: 거래행위의 외관을 갖춘 불법행위라도 제24조의 입법취지상 적용될 수 없다는 견해이다.

(3) 명의대여자와 명의차용자 사이에 사실상의 지휘·감독의 관계가 존재하면 실제적으로 지휘·감독을 하였느냐의 여부에 관계없이 명의대여자는 사용자배상책임을 부담한다(대법원 2001.8.21.선고 2001다3658판결). 그러나 단순한 지휘·감독관계가 있는 경우에도 명의차용자의 행위가 직무권한 외의 행위를 함에 있어 제3자가 중대한 과실이 있는 때에는 명의대여자는 사용자배상책임을 부담하지 않는다(대법원 2005.2.25.선고 2003다36133판결).

(4) 명의차용자가 명의대여자의 허락 없이 다시 제3자에게 그 명의를 대여한 경우 명의대여자는 명의전대에 관해 귀책사유가 없는 한 그 전차인의 거래에 대해서는 책임을 지지 않는다.

(5) 명의차용자의 상업사용인이 아닌 피용자의 거래행위에 대하여 상법 제24조가 적용되는가에 대하여는 학설의 대립[1)]이 있다.

【판례】 대법원 1989.9.12.선고 88다카26390판결

상법 제24조의 명의대여자의 책임규정은 거래상의 외관보호와 금반언의 원칙을 표현한 것으로서 명의대여자가 영업주(여기의 영업주는 상법 제4조 소정의 상인보다는 넓은 개념이다)로서 자기의 성명이나 상호를 사용하는 것을 허락했을 때에는 명의차용자가 그것을 사용하여 법률행위를 함으로써 지게 된 거래상의 채무에 대하여 변제의 책임이 있다는 것을 밝히고 있는 것에 그치는 것이므로 여기에 근거한 명의대여자의 책임은 명의의 사용을 허락받은 자의 행위에 한하고 명의차용자의 피용자의 행위에 대해서까지 미칠 수는 없다.

(6) 명의차용자의 어음행위에 대해서는 상법 제24조의 적용 여부에 있어 학설의 대립이 있다.[2)]

참조판례 갑이 약속어음을 발행할 때 주소를 대한교육보험주식회사 부산지사라고 표시하고 지사장이라고 기재하지 않았다 해도 그 성명 아래에는 개인도장 외에 동 회사 부산지사장이라는 직인을 찍은 것이므로 특별한 사정이 없는 한 이는 동인이 위 회사 부산지사장이라는 대표자격을 표시한 것이라 할 것이고 또 동 회사는 갑에게 부산지사라는 상호를 사용하여 보험가입자와 회사간의 보험계약체결을 알선할 것을 허락하였고 갑은 동 지사 사무실비품대금 조달을 위하여 을에게 약속어음을 발행하여 병이 그 소지인이 된 것이며 을이 갑의 위 어음발행행위의 주체를 위 회사로 오인한데에 중대한 과실이 있다고

---

1) 【학설】 명의차용자의 피용자의 행위에 대한 제24조 적용 여부에 관한 학설
   ① 긍정설: 명의차용자의 피용자의 거래가 명의차용자의 영업범위 내의 행위로서 명의차용자의 지시나 승낙에 의한 것이라면 명의대여자의 책임을 인정할 수 있다(통설).
   ② 부정설: 명의대여자의 책임은 자기의 명의사용을 허락받은 자의 행위에 한하므로 명의차용자의 피용자의 거래행위에 대해서는 명의대여자는 책임을 지지 않는다(판례).

2) 【학설】 어음행위로 인한 채무의 포함 여부에 관한 학설
   ① 영업을 위하여 명의대여를 한 경우: 영업을 허락한 이상, 영업을 위한 어음·수표행위에 의한 채무도 포함된다는 견해(판례·다수설)와, 어음의 추상성에 비추어 어음채무를 영업상의 채무로 볼 수 없다는 견해가 있다.
   ② 어음행위만에 대하여 명의대여를 한 경우: 어음행위만을 위한 명의대여는 영업할 것을 허락한 것은 아니며 어음행위는 상행위가 아니므로 제24조가 직접적으로 적용될 수 없다는 견해와, 제24조의 유추적용이 가능하다는 견해(판례·다수설)가 있다.

보여지지 않으므로 동 회사는 명의대여자로서 그 외관을 신뢰한 갑과의 거래에 대하여 본조에 의한 책임을 져야 한다.(대법원 1969.3.31.선고 68다2270판결).

4. 명의대여의 효과

명의대여자는 자기를 영업주로 오인하여 거래한 제3자에 대하여 명의차용자와 연대하여 변제할 책임이 있고, 이 경우 명의대여자와 명의차용자는 부진정연대채무의 관계에 있게 된다. 따라서 제3자는 양자 중 누구든 택일하여 변제의 청구를 할 수 있다. 명의대여자가 채무변제를 한 때에는 명의차용자에게 구상할 수 있으나, 명의차용자가 채무를 변제한 때에는 명의대여자에게 구상할 수 없다.

IV. 상호의 등기와 가등기

1. 상호의 등기

개인상인은 상호를 등기할 의무가 없으나, 개인상인이 상호를 등기한 때에는 그 변경·폐지도 등기하여야 한다(제40조).회사의 상호는 반드시 등기하여야 한다(제180조, 제271조, 제287조의5, 제317조, 제549조).

2. 상호의 가등기

1) 가등기를 할 수 있는 경우

(1) 주식회사·유한회사·유한책임회사의 설립시: 주식회사와 유한회사 및 유한책임회사의 설립시에는 본점소재지를 관할하는 등기소에 상호의 가등기를 신청할 수 있다(제22조의2 제1항). 신설합병의 경우에도 신설되는 회사의 등기는 설립등기와 거의 동일하므로 상호의 가등기가 인정된다.

(2) 회사가 상호·목적을 변경하는 경우: 회사의 상호나 목적 또는 상호와 목적을 변경할 때에는 본점의 소재지를 관할하는 등기소에 상호의 가등기를 신청할 수 있다(제22조의2 제2항).

보충 목적의 변경시 변경 후의 목적에 상응하는 상호권을 미리 확보할 필요에서 정관변경의 절차에 필요한 기간 동안 미리 목적의 가등기를 하는 것이다(최기원, 「상법학 신론(상)」, 114면).

(3) 회사가 본점을 이전하는 경우: 회사가 본점을 이전하고자 할 때에는 이전할 곳을 관할하는 등기소에 상호의 가등기를 신청할 수 있다(제22조의2 제3항).

2) 가등기의 효력

상호의 가등기는 제22조(상호등기의 효력)의 적용에 있어서는 상호의 등기로 본다(제22조의2 제4항). 따라서 가등기된 상호도 동일한 특별시 · 광역시 · 시 · 군에서 동일한 상호를 동종영업의 상호로 등기하지 못하는 등기배척력이 인정된다.

보충 상호의 가등기는 상호의 등기로 보므로 상법 제23조의 적용에 있어서도 상호등기와 동일하게 취급된다(최기원, 「상법학 신론(상)」, 115면).

3) 가등기의 절차

상호가등기에 있어서 본등기를 할 때까지의 기간, 공탁금의 공탁과 그 회수, 가등기의 말소, 기타 필요한 절차는 상업등기법에서 규정하고 있다(동법 제38조 내지 제45조 참조).

제 2 절 상호권

I. 상호권의 의의 및 성질

1. 의 의

상호권은 상인이 상호에 대하여 갖는 권리로서, 적법하게 상호를 사용하는 경우 타인의 방해를 받지 않고 상호를 사용할 수 있는 상호사용권(商號使用權)과 자기가 사용하는 상호와 동일 또는 유사한 상호를 부정한 목적으로 사용하는 자가 있는 경우 그 사용의 폐지를 청구할 수 있는 상호전용권(商號專用權)이 있다.

2. 성 질

상호는 상인의 영업상의 명칭이며 상호가 기업자에게 주는 경제적 가치 및 양도성의 측면에서 상호는 인격권적인 성질을 포함하는 재산권으로 파악하는 것이 현재의 통설이다.[1)]

---

1) 【학설】 상호권의 성질에 대한 기타 학설
상호권의 성질에 대해 인격권설, 재산권설, 등기 전에는 인격권이고 등기 후에는 자산권이라는 설, 인격권이지만 등기 후에는 재산적 성질을 병유하게 된다는 설, 기업현상에 따라 나타나는 특수한 권리라는 설 등이 있다.

Ⅱ. 상호권의 내용

1. 상호사용권

상인은 그가 선정 또는 승계한 상호를 타인의 방해를 받지 않고 사용할 수 있는 권리를 갖는다. 상인은 타인이 동일한 상호를 등기하였더라도 부정한 목적이 없으면 계속하여 상호를 사용할 수 있고, 상호사용에 대한 방해는 불법행위가 된다. 상호사용권은 등기상호이든 미등기상호이든 동일하게 인정된다.

2. 상호전용권

1) 의 의 및 취지

(1) 의의: 누구든지 부정한 목적으로 타인의 영업으로 오인할 수 있는 상호를 사용하지 못한다(제23조 제1항). 타인이 부정한 목적으로 자기의 영업으로 오인할 수 있는 상호를 사용할 경우에는 이를 배척할 수 있는 권리가 인정된다(제23조 제2항). 이를 상호전용권이라 한다.[1)]

(2) 취지: 상호전용권을 인정하는 취지는 일반거래시장에서 상호에 관한 공중의 오인·혼동을 방지하여 이에 대한 신뢰를 보호함과 아울러 상호권자가 타인의 상호와 구별되는 상호를 사용할 수 있는 이익을 보호하는 데 있다(대법원 2016.1.28.선고 2013다76635판결).

2) 미등기상호

(1) 의의: 미등기상호의 경우 상호전용권은 타인이 부정한 목적으로 자기의 영업으로 오인할 수 있는 상호를 사용하여 이로 인하여 손해를 받을 염려가 있는 때에 그 상호의 사용폐지 또는 말소를 청구할 수 있는 권리를 말한다(제23조 제2항).

(2) 요건: 미등기상호의 상호전용권의 요건을 분설하면 다음과 같다.

① 오인할 수 있는 상호: 타인이 자기의 영업으로 오인할 수 있는 상호를 법률상 및 사실상(예 간판 광고) 사용하여야 한다. '자기의 영업으로 오인할 수 있는 상호'란 자기의 상호와 동일한 경우뿐만 아니라 유사한 상호의 경우도 포함한다.

보충 오인할 수 있는 상호에 관한 판례: 「주식회사 유니텍」과 「주식회사 유니텍전자」는 등기된 지역이 모두 서울특별시이고, 그 주요 부분이 '유니텍'으로서 일반인이 확연히 구별할 수 없을 정도로 동일하

---

1) 【학설】 개인기업의 상호전용권의 발생에 관한 학설
상호전용권은 등기에 의하여 발생한다는 견해와, 등기의 유무와는 관계없이 상호의 선정·사용만으로 생기는 권리이고 상호의 등기는 단지 상호전용권을 강화할 뿐이라는 견해(다수설)가 있다.

므로 오인할 수 있는 상호라고 하였으나(대법원 2004.3.26.선고 2001다72081판결), 「천일한의 주식회사」와 「주식회사 천일약방」은 유사상호로 보지 않았고, 수원에 개설된 「수원 보령약국」과 서울에 있는 「보령제약 주식회사」는 오인할 수 있는 상호에 해당하지 않는다고 하였다. 또한 「충주합동레카」와 「합동공업사」는 그 칭호와 외관 및 관념을 일반수요자의 입장에서 관찰할 때 유사상호에 해당하지 않는다고 하였다(대법원 1996.10.15.선고 96다24637판결).

② 부정목적: 타인에게 부정한 목적이 있어야 한다. '부정한 목적'이란 상호권 침해의사가 없더라도 자기의 상호를 일반공중에게 동종영업의 타인의 동일상호로 오인시키려는 목적(또는 기존의 상호의 신용이나 경제적 가치를 자기의 영업에 이용하려는 의도)이 있는 것을 말한다(대법원 1995.9.25.선고 94다31372판결; 대법원 2004.3.26.선고 2001다72081판결). 이때 타인의 부정목적에 대한 입증책임은 상호권자가 부담한다.

보충 부정목적에 관한 판례: 「서울 고려당 마산분점」은 마산 「주식회사 고려당」과의 관계에서 부정한 목적을 인정할 수 없는 상호라고 하였다(대법원 1993.7.13.선고 92다49492판결). 반면에, 「허바허바칼라」라는 상호로 사진촬영업을 하던 자가 이 상호를 양도한 후 「새허바허바칼라」라는 상호로 다시 영업을 개시한 경우 「허바허바칼라」로 오인시키기 위한 부정목적이 있고, 「뉴서울사장」이라는 상호 옆에 혹은 아래에 작은 글씨로 「전허바허바 개칭」이라고 기재한 것은 「허바허바」 사장으로 오인시키기 위한 부정목적이 있다고 하였다.

【판례】 대법원 2021.7.15.선고 2016다25393판결

상법 제23조 제1항에서는 누구든지 부정한 목적으로 타인의 영업으로 오인할 수 있는 상호를 사용하지 못한다고 정하고 있다. 어떤 상호가 '타인의 영업으로 오인할 수 있는 상호'에 해당하는지를 판단할 때에는 두 상호 전체를 비교 관찰하여 각 영업의 성질이나 내용, 영업방법, 수요자층 등에서 서로 밀접한 관련을 가지고 있는 경우로서 일반인이 두 업무의 주체가 서로 관련이 있는 것으로 생각하거나 또는 타인의 상호가 현저하게 널리 알려져 있어 일반인으로부터 기업의 명성으로 견고한 신뢰를 획득한 경우에 해당하는지를 종합적으로 고려하여야 한다. 또한 <u>'부정한 목적'은 어느 명칭을 자기의 상호로 사용함으로써 일반인으로 하여금 자기의 영업을 그 명칭으로 표시된 타인의 영업으로 오인하게 하여 부당한 이익을 얻으려 하거나 타인에게 손해를 가하려고 하는 등의 부정한 의도를 말한다</u>. 부정한 목적이 있는지는 상인의 명성이나 신용, 영업의 종류·규모·방법, 상호 사용의 경위 등 여러 사정을 종합하여 판단하여야 한다.

③ 손해받을 염려: 상호권자에게 손해받을 염려가 있어야 한다. '손해를 받을 염려'란 타인이 부정한 목적으로 상호를 사용함으로써 미등기상호권자가 재산 또는 인격에 관하여 발생하는 불이익을 받을 염려가 있는 것을 의미하며, 여기에는 현재의 손해뿐만 아니라 장래에 발생할 염려가 있는 손해도 포함된다. 이때 상호권자가 손해를 받을 염려가 있음을 입증하여야 한다(이에 대하여 미등기상호권자는 자신의 상호권이 존재하는 사실만 증명하면 된다는 견해가 있다; 이철송, 「상법총칙·상행위」, 제11판, 180면). 그리고 손해받을 염려가 있는 자는 반드시 상인에 한정되지 않는다.

④ 허락 없는 상호사용: 상호권자의 허락 없이 타인이 상호를 사용하여야 한다. '상호의 사용'이란 법률행위에 의한 사용뿐만 아니라 계산서, 간판 또는 광고 등에 기재 또는 인쇄하는 것과 같은 사실상의 사용을 포함한다.

⑤ 영업지역 및 영업의 동일성 여부: 제23조의 적용에 있어 타인과 사용자의 영업지역 및 영업의 동일성이 있어야 한다는 견해가 있으나, 영업주체를 오인·혼동할 수 있다면 영업지역이 다른 경우(다수설)나 영업이 동일하지 아니한 경우에도 적용된다고 본다(다수설: 대법원 2002.2.26.선고 2001다73879판결).

【판례】 대법원 1996.10.15.선고 96다24637판결

상법 제23조 제1항에서는 누구든지 부정한 목적으로 타인의 영업으로 오인할 수 있는 상호를 사용하지 못한다고 규정하고 있는 바, 이 경우 타인의 영업으로 오인할 수 있는 상호는 그 타인의 영업과 동종영업에 사용되는 상호만을 한정하는 것은 아니고, 각 영업의 성질이나 내용, 영업방법, 수요자층 등에서 서로 밀접한 관계를 가지고 있는 경우로서 일반수요자들이 양 업무의 주체가 서로 관련이 있는 것으로 생각하거나 또는 그 타인의 상호가 현저하게 널리 알려져 있어 일반수요자들로부터 기업의 명성으로 인하여 절대적인 신뢰를 획득한 경우에는 영업의 종류와 관계없이 일반수요자들로 하여금 영업주체에 대하여 오인·혼동시킬 염려가 있는 것에 해당한다.

(3) 효과: 미등기상호권자는 위의 요건을 갖춘 때에는 타인에 대하여 상호사용폐지(영업거래에 상호를 표시하지 않고, 간판 철거를 하고, 인쇄물에 표시한 경우 폐기)청구권 또는 부정사용자가 상호등기를 한 경우에는 상호등기 말소청구권을 행사할 수 있다(제23조 제2항).

3) 등기상호

상호를 등기한 자는 부정한 목적으로 자기의 영업으로 오인할 수 있는 상호를 사용하는 자가 있는 경우에 그 사용의 폐지를 청구할 수 있다. 등기상호의 경우에는 미등기상호의 경우와 달리 손해를 받을 염려의 유무와 관계없이 인정된다(제23조 제2항). 상호를 등기하면 등기한 상호를 동일한 특별시·광역시·시·군에서 동종영업으로 사용하는 자는 부정한 목적이 있는 것으로 추정한다(제23조 제4항). 따라서 미등기상호의 경우와 달리 동일지역에서 동종영업을 하는 경우에는 부정목적에 대한 입증책임이 부정사용자에게 전환된다.

상법 및 어음법·수표법상 추정규정

① 상법상 추정규정: 제23조 제4항(부정목적의 추정), 제47조 제2항(보조적 상행위의 추정), 제131조 제1항(화물상환증의 효력), 제168조의3 제3항(금융리스물건수령증의 추정력), 제336조 제2항(적법소지인의 추정), 제356조의2 제3항(전자등록된 주식의 권리적법 보유 추정), 제397조의2 제2항(회사사업기회 유용시 손해 추정), 제399조 제3항(이사회 의안의 찬성 추정), 제467조의2(재산상의 이익공여 추정), 제651조의2(중요한 사항의 추정), 제670조(사고 발생시 보험가액의 추정), 제679조(보험목적상 권리·의무 승계 추정), 제698조(희망이익보험의 보험가액 추정), 제711조 제2항(행방불명의 전손 추정), 제742조(선박의 종물의 추정), 제804조 제1항(멸실·훼손이 없는 운송물 인도 추정), 제854조 제1항·제855조 제2항(선하증권 기재의 추정력), 제864조 제1항(해상화물운송장의 추정력), 제913조 제2항(항공운송 추정), 제929조(항공운송증서의 추정력), 제930조 제3항(항공기 운항자의 추정)
② 어음법상 추정규정: 제16조 제1항(배서의 자격수여적 효력), 제20조 제2항(기한전 배서 추정력), 제29조(인수의 말소 추정), 제41조 제4항(지급지 통화의 추정력)
③ 수표법상 추정규정: 제19조(배서의 자격수여적 효력), 제24조(기한전 배서 추정), 제36조 제4항(지급지 통화의 추정력)

4) 손해배상청구

미등기상호의 경우 상호권자가 상호폐지청구권을 행사하였더라도 매출액 감소, 신용훼손 등의 손해가 발생한 경우 손해배상을 청구할 수 있고, 등기상호의 경우에도 상호권자가 상대방의 부정사용으로 인하여 손해가 있으면 그 배상을 청구할 수 있다(제23조 제3항 참조).

3. 동일상호의 등기배척권

1) 원 칙

타인이 등기한 상호 또는 가등기한 상호는 동일한 특별시·광역시·시·군에서 동종영업의 상호로 등기할 수 없다(제22조, 제22조의2 제4항). 여기서 '동종영업'이란 동일한 목적을 갖는 영업의 주요 부분이 일치하는 것을 말하며, 반드시 쌍방의 모든 영업종목이 일치하여야 하는 것은 아니다. '동일한 특별시·광역시·시·군'은 행정구역을 표준으로 판단한다. 이러한 등기상호의 등기배척권[1]은 상업등기법 제29조에서도 규정하고 있다. 상업등기법 제29조의 규정에서는 등기할 수 없는 상호의 경우로는 다른 사람이 등기한 상호와 동일한 상호로 한정하고 있다('동부주택건설주식회사'는 '동부건설주식회사'에 대하여 상법 제22조의 등기말소청구권이 없다는 것이 판례의 입장이다; 대법원 2011.12.27.선고 2010다20754판결).

【판례】 대법원 2011.12.27.선고 2010다20754판결

상법 제22조의 규정 취지 및 상업등기법 제30조(현행법: 제29조)의 개정 경위 등에 비추어 볼 때, 2009.5.28. 법률 제9749호로 개정된 상업등기법 시행 후에는 상법 제22조에 의하여 선등기자가 후등기자를 상대로 등기의 말소를 소로써 청구할 수 있는 효력이 미치는 범위 역시 개정 상업등기법 제30조에 상응하도록 동일한 상호에 한정된다고 보아야 한다. 다만 상업등기법은 위 개정 당시 부칙 등에 그 시행 전에 등기를 마친 등기사항에 대한 법령의 적용에 관하여 아무런 경과규정을 두고 있지 않으나, 상법 제22조에 의한 등기말소청구를 인정할 것인지의 판단은 사실심 변론종결 당시를 기준으로 함이 원칙이고, 설령 선등기자가 상업등기법 제30조의 개정 전 구법의 존속을 전제로 한 상법 제22조의 해석에 따라 먼저 등기된 상호와 확연히 구별할 수 없는 상호 등기의 말소를 소로써 청구할 수 있으리라고 신뢰하였다 하더라도, 개정 상업등기법 제30조의 시행 후에는 그와 같은 등기신청이 더 이상 각하될 수 없는 이상 이미 등기된 상호의 경우에도 이와 마찬가지로

1) 【학설】 등기배척규정의 성질에 관한 학설
① 등기법상의 효력설: 상호의 이중등기에 대한 선등기자의 등기말소청구권은 인정되지 않고 이의신청권과 같이 등기법상의 효력만 정한 것으로 이해하거나, 등기의 배척은 부정경쟁의 목적과 관계없다는 이유로 다만 선등기 상호권자의 등기법상의 지위를 보호하려는 것에 불과하다는 견해이다. 이 견해에 의하면 제22조는 실체법적인 상호권의 유무·우선관계는 문제되지 아니하며, 드 이 규정에 의하면 새로운 상호권이 창설되는 것도 아니라고 한다. 선등기자의 등기말소청구권은 제23조에 의하여 인정된다고 한다.
② 실체법상의 권리설: 등기배척권은 상호전용권의 내용이 되며, 상법 제22조의 규정은 등기소로 하여금 동일상호의 등기를 불허하는 등기법상의 효력을 가지고 있으며, 또한 먼저 상호를 등기한 자의 사법상의 권리를 인정해 그 권리의 내용으로서 후등기자의 동일상호의 등기말소권을 인정하는 것이라고 보는 견해이다(다수설·판례). 이 견해에 의하면 제22조의 규정에 위반해 동일상호가 등기공무원의 잘못으로 등기된 경우 부정한 목적과 관계없이 먼저 등기한 권리자의 등기말소청구권이 인정된다고 한다.

본다 하여 선등기자의 이익이나 신뢰가 과도하게 침해 또는 손상된다고는 보이지 않으며, 따라서 그러한 선등기자의 신뢰가 상업등기법의 개정에 따른 상법 제22조의 해석·적용에 관한 공익상 요구와 비교·형량하여 더 보호가치가 있는 것이라고 할 수도 없으므로, 결국 개정 상업등기법 시행 후에 사실심 변론이 종결된 경우라면 상법 제22조에 의하여 선등기자가 후등기자를 상대로 등기의 말소를 소로써 청구할 수 있는 효력이 미치는 범위는 먼저 등기된 상호와 동일한 상호에 한정된다고 보아야 한다.

2) 예 외

등기배척권에 관한 규정은 행정구역의 변경으로 인하여 동일지역에 동일상호가 중복되는 경우와 지점설치에 의한 상호의 등기를 하여 등기가 중복되는 경우에는 적용되지 않는다.

제3절 상호의 변경·이전 및 폐지

I. 상호의 변경

개인상인의 상호는 언제든지 변경할 수 있으나, 회사의 상호는 정관의 절대적 기재사항이므로(제179조 제2호, 제270조, 제287조의3 제1호, 제289조 제1항 제2호, 제543조 제2항 제1호), 이를 변경하는 경우에는 정관변경이 필요하다. 또 등기상호를 변경하는 경우에는 등기하여야 선의의 제3자에게 대항할 수 있다(제37조 제1항). 변경등기를 하지 않고 새로운 상호를 사용하는 경우에도 회사는 그 사용으로 인한 책임을 면하지 못하며, 상호의 변경등기 이후에 구(舊)상호에 의하여 한 행위도 유효하다.

II. 상호의 이전 및 폐지

1. 상호의 양도

1) 양도의 원칙과 예외

(1) 양도의 원칙: 상호의 양도는 원칙적으로 영업과 함께 하는 경우에 한하여 인정된다(제25조 제1항).[1] 따라서 영업과 분리하여 상호만의 양도는 인정되지 않으며, 상호만의 압류나 상속

1) 【학설】 상호와 영업의 양도에 관한 학설
영업과 함께 상호를 양도할 수 있기 위해서는 영업의 전체가 양도되어야 한다는 견해(다수설)와, 영업의 일부라 하더라도 그것이 독립된 영업인 경우나 영업의 중요한 부분의 이전이 있으면 영업의 일부양도의 경우

도 인정되지 않는다.

(2) 양도의 예외: 영업을 폐지한 때에 한하여 예외적으로 상호만의 양도가 가능하다(제25조 제1항). 이 경우의 영업의 폐지란 사실상 영업활동을 종료하는 것을 달하며, 행정적 절차에 의한 폐지뿐만 아니라 사실상 폐업한 경우도 포함된다(대법원 1988.1.19.선고 87다카1295판결; 단지 행정관청에 대한 폐업신고와 같은 절차는 영업폐지의 요건이 아니다).

2) 양도의 절차와 효력

상호의 양도는 당사자의 의사표시만으로 그 효력이 생기지만, 등기상호는 이전의 등기를 갖추어야만 제3자에게 대항할 수 있다(제25조 제2항).[1] 이 경우 제3자의 선의·악의는 불문한다.

2. 상호의 상속

상호는 영업과 함께 상속이 가능하다. 상호상속에 관해 상법에는 규정이 없으나, 상업등기법에 그 규정이 있다. 등기상호의 상속인이 계속 상호를 사용하고자 할 때에는 상속의 등기를 신청할 수 있다(상업등기법 제33조), 한편, 등기원인이 발생한 후에 상호를 등기한 사람이 사망한 경우에는 상속인이 상업등기법 제31조부터 제34조까지의 규정(영업소이전등기, 변경등기, 상호상속등기, 영업양도인의 채무에 대한 양수인의 면책등기)에 따른 등기를 신청할 수 있다(상업등기법 제35조). 상호상속의 등기는 상호양도의 경우와 달리 대항요건이 아니다.

3. 상호의 말소와 폐지

등기상호를 폐지 또는 변경한 경우에는 상호를 등기한 자가 그 사실을 등기하여야 한다(제40조). 상호의 폐지 또는 변경의 등기를 해태하더라도 아무런 제재를 가하지 않으므로, 상호를 폐지 또는 변경한 경우에 2주간 내에 그 상호를 등기한 자가 폐지 또는 변경의 등기를 하지 않는 때에는 이해관계인이 그 등기의 말소를 청구할 수 있다(제27조). 상호를 등기한 자가 정당한 사유(천재지변 등 불가항력의 사유나 자금부족으로 인한 일시적 작업중단 등의 주관적 이유로 당분간 상호사용이 불가능한 경우 등; 이철송, 「상법총칙·상행위」, 11판, 195면) 없이 2년간 상호를 사용하지 아니하는 때에는 이를 폐지한 것으로 본다(제26조).[2]

(단지 본점 또는 지점의 영업만을 양도하는 경우는 제외하고)에도 상호의 양도가 가능하다는 견해가 있다.

1) 【학설】 미등기상호의 양도와 대항력에 관한 학설
미등기상호의 경우에도 양도의 등기(상호양수인이 양수 후 새로이 상호등기를 하는 것)를 하여야만 제3자에게 대항할 수 있다는 견해와, 상호양도의 경우 등기를 강제할 이유가 없으므로 대항요건을 구비하지 않고도 제3자에 대한 대항이 가능하다는 견해(다수설)가 있다.

2) 【학설】 미등기상호에 상법 제26조 적용 여부에 관한 학설
미등기상호의 경우에도 상법 제26조가 유추적용된다는 견해와, 미등기상호의 경우에는 기간계산의 불명확성, 제27조 적용 등의 이유로 유추적용을 반대하는 견해가 있다.

상업장부

제1절 상업장부의 개념

I. 의 의

1. 상인의 장부

상업장부란 상인이 영업상의 재산상태 및 손익상황을 명확하게 하기 위하여 법률상의 의무로서 작성하는 장부이다. 주식회사의 주주권 변동사항을 기재하는 주주명부나 사채의 발행사항을 기재하는 사채원부, 중개인의 중개행위에 관하여 기재하는 일기장 등은 상업장부가 아니다. 상인이 아닌 자(예 상호보험회사나 협동조합 등)가 작성하는 장부나 소상인이 임의로 작성하는 장부는 상법상의 상업장부가 아니다.

2. 상업장부와 재무제표

주식회사의 경우에는 상법 제447조부터 상법 제449조의2까지의 규정에 따라 매 결산기에 이사가 작성하고, 이사회의 승인을 얻어 감사에게 제출하고, 주주총회의 승인(또는 정관의 규정에 따른 이사회의 결의)을 얻어 본점과 지점에 비치·공시하는 재무제표가 있다(유한회사는 제579조부터 제579조의3, 제583조에서 규정하고 였고, 유한책임회사의 경우에도 제287조의33과 제287조의34의 규정에 따라 재무제표 등의 작성·비치 규정을 두고 있다. 다만, 재무제표의 승인을 요하지 않는 점에서 주식회사나 유한회사와 다르다). 재무제표와 상업장부는 그 종류에 있어서 대차대조표는 동일한 서류이지만, 기타 서류에 있어서는 차이가 있다. 상업장부의 작성은 상인의 의무로서 인정되지만, 재무제표는 주식회사, 유한회사 또는 유한책임회사에서만 인정되는 제도이므로 그 차이가 있다.

표 1-1 ▶ 상업장부와 재무제표의 비교

구분	상업장부	재무제표
작성의무자	모든 상인(소상인 제외)	주식회사 또는 유한회사, 유한책임회사
종류	회계장부, 대차대조표	대차대조표, 손익계산서, 기타 재무상태와 경영성과를 표시하는 서류
확정절차 및 공시	특별한 절차규정 없으며, 공시의무 없음	• 주주총회 또는 사원총회의 승인을 요함(유한책임회사는 승인규정 없음) • 주식회사의 경우 대차대조표 공고의무가 있음
작성의무위반	제재규정 없음	부실기재, 소정사항 미기재시 벌칙 있음

Ⅱ. 종 류

1. 회계장부

1) 의 의

회계장부란 상인이 거래 기타 영업상의 재산에 영향이 있는 모든 사항을 기재한 장부를 말한다(제30조 제1항). 회계장부에는 영업상의 재산 및 자본금의 증감에 관하여 화폐단위로 기록되는데, 전표·분계장·원장·금전출납부·어음책·수표책 등이 이에 속한다.

2) 기재사항 및 방법

회계장부에는 거래 기타 영업상의 재산에 영향이 있는 모든 사항을 기재하여야 한다. 여기서 영업상의 재산이란 동산·부동산 등 유체재산이나 각종의 채권 등 적극재산과 영업상의 채무인 소극재산 등이 포함된다. 또한 법률행위, 불법행위 등 영업상의 재산에 영향을 미치는 사항은 모두 기재하여야 한다. 기재할 사항의 기재방법은 일반적으로 공정·타당한 회계관행에 의한다(제29조 제2항). 회계장부는 대차대조표와 달리 작성자의 기명날인 또는 서명을 반드시 요하지는 않는다.

2. 대차대조표

1) 의 의

대차대조표란 일정한 시점에 있어서 회사 자산·자본·부채관계를 표시하기 위하여 작성하는 장부이다. 즉, 상인이 일정시점에서 가지고 있는 재산과 가지고 있어야 할 재산을 비교함으로써 기업의 재산상태와 손익관계를 명확하게 하기 위하여 작성하는 장부이다. 대차대조표는 일정한 시점에서 작성되는 점에서 회계장부와 차이가 있다.

2) 기재사항 및 방법

회사를 제외한 상인은 영업을 개시한 때와 매년 1회 이상 일정한 시기에, 회사는 성립한 때와 매 결산기에 회계장부에 의하여 대차대조표를 작성하고, 작성자가 이에 기명날인 또는 서명하여야 한다(제30조 제2항). 따라서 작성자의 기명날인 또는 서명이 없는 대차대조표는 효력이 없다. 대차대조표의 작성도 일반적으로 공정·타당한 회계관행에 따라 작성하면 된다.

제 2 절 상업장부에 관한 의무

I. 의무의 종류

1. 작성의무

소상인을 제외한 모든 상인은 상업장부를 작성하여야 한다(제29조 제1항). 작성방법은 상법상 특별한 규정이 없는 한 일반적으로 공정하고 타당한 회계관행에 의한다(제29조 제2항).

2. 보존의무

상인은 상업장부와 영업에 관한 중요한 서류를 장부폐쇄일로부터 10년간 보존하여야 한다. 다만, 전표 또는 이와 유사한 서류는 작성한 날 또는 받은 날로부터 5년간 보존하여야 한다(제33조 제1항). 보존방법은 제한이 없고 상업장부와 영업에 관한 중요서류의 원본에 의하여 또는 마이크로필름 기타 전산정보처리조직에 의하여 보존할 수 있다(제33조 제3항, 상법 시행령 제3조 제2호).

3. 제출의무

법원은 신청에 의하여 또는 직권으로 소송당사자에게 상업장부 또는 그 일부분의 제출을 명할 수 있고(제32조), 상업장부의 보존의무자는 제출의무를 부담한다.

보충 상업장부의 증거력은 모든 사정을 참작하여 법관의 자유로운 심증에 의하여 판단한다(민사소송법 제202조). 제출의무가 있는 자가 이를 제출하지 않거나 파기·훼손하여 그 사용을 불가능하게 한 때에는 상업장부에 관한 상대방의 주장을 진실한 것으로 인정할 수 있다(민사소송법 제349조·제350조; 최기원, 「상법학신론(상)」, 146면).

Ⅱ. 의무위반에 대한 제재

개인상인은 작성의무를 위반하더라도 사법상의 책임이 없으며, 상법상 아무런 제재도 받지 않는다. 회사도 상업장부의 작성의무를 위반한 경우 회사 자체는 아무런 책임을 지지 않는다. 그러나 주식회사 또는 유한회사의 이사가 작성의무를 이행하지 않은 때에는 법령위반행위로서 회사에 대해 손해배상책임을 지며(제399조, 제567조), 작성의무불이행이 임무해태로 인정되면 제3자에 대해서도 손해배상책임을 진다(제401조, 제567조).

제6장 영업소

제1절 영업소의 개념

I. 의 의

1. 영업활동의 실질적 중심지

영업소라 함은 상인의 영업활동의 중심을 이루는 일정한 장소를 말한다. 영업소는 일정한 범위의 독립성을 갖고 있어야 하며, 영업에 관하여 내부적으로 지휘·명령이 내려지는 것만으로는 부족하다. 외부적으로도 영업목적인 기본적 거래가 이루어지는 곳이어야 한다. 공장이나 창고 등 상품의 제조·보관 등 사실적 행위만 이루어지는 장소, 수금·주문접수 등 영업의 일부 기능만 수행하는 장소, 단순히 판매·용역제공 등 영업거래만 이루어지는 매장 등은 영업소라 할 수 없다.

2. 독립성·고정성·계속성

영업소는 영업활동을 위한 조직의 중심으로서 독립적인 영업단위를 이루며 경영관리조직을 갖추고 그 영업활동에 관한 독립적인 관리가 행해지는 곳이어야 한다. 또한 대내적 관리와 대외적 거래의 중심으로서 고정성이 있어야 하며, 시간적으로 어느 정도 계속성이 있어야 된다. 따라서 일시적인 매점이나 이동매점은 영업소로 볼 수 없다.

3. 영업소의 등기

개인상인의 경우에는 영업소는 등기사항이 아니다. 그러나 상호의 등기나 지배인의 선임등기에 있어서는 동시에 영업소도 등기가 된다(상법 제34조). 회사의 경우에는 설립등기시에 주영업소인 본점소재지는 정관에 기재되어야 하며(제179조 제1항, 제270조, 제287조의3 제1호, 제289조 제6호, 제543조 제2항 제5호), 본점과 지점의 소재지는 등기하여야 한다(제180조 제1호, 제270조 제1항, 제287조의5 제1항, 제317조 제1항 제1호, 제549조 제1항 제1호 참조).

Ⅱ. 영업소의 판단

영업소인지의 판단 여부는 영업소로서의 실체를 갖추었는지 여부에 따라 객관적으로 판단되어야 하며, 단순한 형식적 표시나 당사자의 주관적 의사만을 기준으로 하여서는 안 된다. 따라서 영업소나 지점의 명칭을 사용하고 영업소로 등기하였다 하더라도 영업소로서의 실체를 갖추지 못하였다면 영업소가 아니다.

어떠한 영업장소가 상법상 지점으로서의 실체를 구비하였다고 하려면 그 영업소가 본점 또는 지점의 지휘·감독 아래 기계적으로 제한된 보조적 사무만을 처리하는 것이 아니라, 일정한 범위 내에서 본점 또는 지점으로부터 독립하여 독자적으로 영업활동에 관한 결정을 하고 대외적인 거래를 할 수 있는 조직을 갖추어야 한다(대법원 1998.8.21. 선고 97다6704판결).

제 2 절 영업소의 종류

Ⅰ. 본 점

영업소는 한 개의 영업에 관해 수개를 가질 수 있다. 수개의 영업을 할 때도 각 영업별로 수개의 영업소를 가질 수 있다. 복수의 영업소를 가진 경우 주된 영업소를 본점, 종된 영업소를 지점이라 한다. 본점은 여러 영업소를 전체적으로 총괄하고 그 영업성과를 하나의 경영단위로 집중시키는 영업소이다. 하나의 영업에 관하여 본점은 한 개만이 있을 수 있다.

Ⅱ. 지 점

지점은 본점의 종된 영업소이다. 지점도 그 자체로 독립하여 영업을 수행할 수 있는 실체여야 한다. 따라서 단순히 영업소 업무를 부분적으로 분담하거나 영업소의 단순한 지원장소에 불과한 출장소·분점·사무소·직매소 등은 지점으로서 인정될 수 없다. 또 본점의 지휘·감독 아래 기계적으로 제한된 보조적 서류만을 처리하는 영업소는 상법상 지점으로 인정되지 않는다.

Ⅲ. 본점과 지점의 관계

본점과 지점은 기업이 동일한 영업을 경영하는 경우에 있어서의 각 영업소 간의 주종관계에 있으므로 동일한 상인에 속하여야 한다. 기업이 수종의 영업을 경영하는 경우에 그 각 영업에 관하여 각각 독립한 영업소를 두는 경우에는 각 영업소 간의 주종관계는 있을 수 없고 각각 독립적 지위가 인정된다.

제 3 절 영업소의 법적 효과

Ⅰ. 일반적 효과

영업소의 일반적 효과로서는 다음과 같은 것을 인정하고 있다.

첫째, 상행위로 인하여 생긴 채무의 이행장소가 된다.

둘째, 각종 등기사항을 등기하는 등기소 및 소송사건의 관할법원을 결정하는 기준이 된다.

셋째, 소송법상의 서류송달의 장소가 된다.

넷째, 변제장소를 정하지 않은 증권적 채권의 변제장소는 채무자의 현 영업소이다.

다섯째, 파산사건 및 회생사건의 경우에 채무자의 영업소는 관할법원을 결정하는 기준이 된다.

여섯째, 지배인 선임의 단위가 되며, 표현지배인의 인정을 위한 기준이 된다.

일곱째, 회사의 각종 서류(정관 · 주주명부 · 주주총회 의사록 · 재무제표 등)의 비치장소이다.

참조판례 민법 제467조 제2항의 '영업에 관한 채무'는 영업과 관련성이 인정되는 채무를 의미하고, '현 영업소'는 변제 당시를 기준으로 그 채무와 관련된 채권자의 영업소로서 주된 영업소(본점)에 한정되는 것이 아니라 그 채권의 추심 관련 업무를 실제로 담당하는 영업소까지 포함된다. 따라서 영업에 관한 채무의 이행을 구하는 소는 제소 당시 채권 추심 관련 업무를 실제로 담당하는 채권자의 영업소 소재지 법원에 제기할 수 있다(대법원 2022.5.3.자 2021마6868결정).

Ⅱ. 지점에 대한 효과

지점도 본점으로부터 분리되어 영업활동을 할 수 있으므로, 지점거래로 인한 채무이행의 장소, 지점영업만의 양도, 지점지배인의 대리권의 범위제한, 지점영업에 관한 표현지배인의 인정기준 등의 법적 효력이 인정된다.

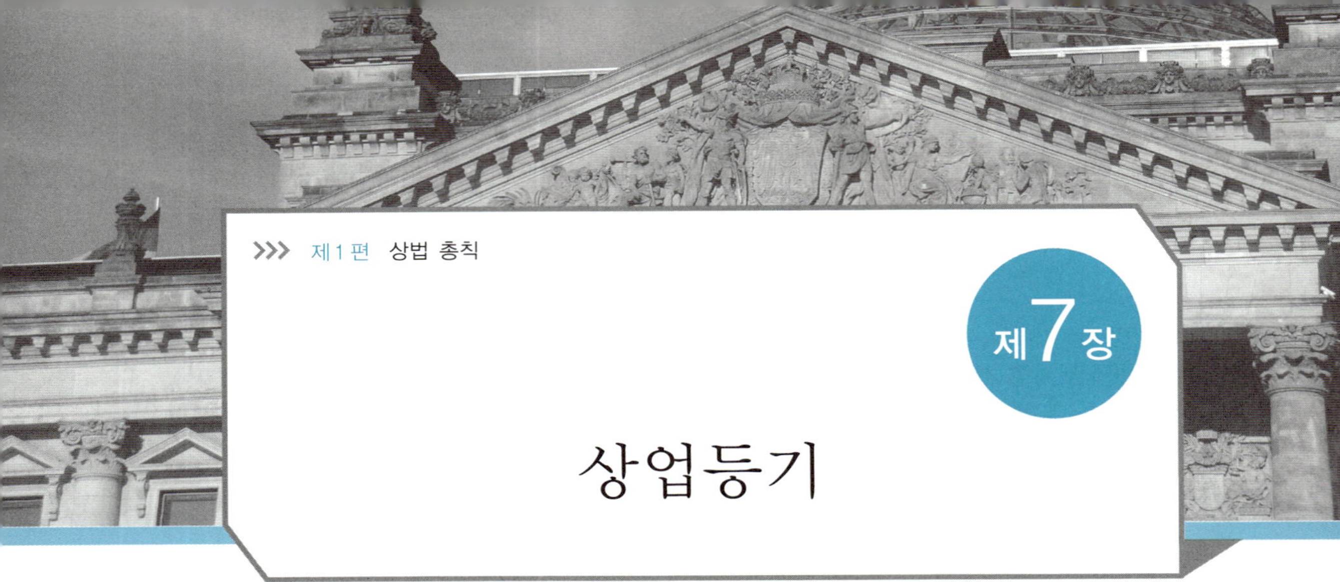

제7장 상업등기

제1절 상업등기의 개념

I. 의 의

상업등기란 상법규정에 의하여 상업등기부에 등기하여야 하는 사항을 법정의 절차에 따라 영업소(화시의 경우 본점을 말한다)의 소재지를 관할하는 법원의 상업등기부에 기재하는 것을 말한다(제34조). 따라서 선박등기, 부동산등기, 상호보험회사의 등기 등은 상업등기에 속하지 않는다. 그러나 상호보험회사에는 상법규정이 준용된다. 상업등기는 대외적 상거래가 원만히 이루어지게 하고 이해관계인을 보호하기 위해 제3자가 법적 이해관계를 갖는 사항들에 대해서 간접적으로 공시하는 방법의 하나이다.

II. 상업등기부의 종류

상업등기부에는 11가지가 있다. 미성년자등기부, 법정대리인등기부, 지배인등기부, 상호등기부, 합자조합등기부, 합명회사등기부, 합자회사등기부, 유한책임회사등기부, 주식회사등기부, 유한회사등기부, 외국회사등기부가 이에 해당한다(상업등기법 제11조 제1항).

Ⅲ. 등기사항

1. 절대적·상대적 등기사항

절대적 등기사항이란 반드시 등기해야 하는 사항을 말하며(예 지배인 선임 등기 등 대부분의 상법상 등기사항), 등기하지 아니하면 선의의 제3자에게 대항할 수 없다. 회사의 경우에는 개인기업과 달리 등기하지 않는 경우 과태료의 처분을 받는다(제635조 제1항 제1호). 상대적 등기사항이란 등기할 수 있는 권리가 있을 뿐이고 의무가 없는 등기사항을 말한다(예 개인상인의 상호등기, 영업양수인의 채무불인수의 등기). 상대적 등기사항이라도 일단 등기 후에는 절대적 등기사항과 동일하게 그 변경이나 소멸이 있는 경우에는 등기당사자는 지체없이 변경 또는 소멸등기를 하여야 한다(제40조).

2. 창설적·선언적·면책적 등기사항

창설적 등기사항이란 법률관계의 창설을 위한 등기사항을 말하며(예 회사설립등기, 합병등기), 선언적 등기사항이란 유효하게 형성된 법률관계의 선언을 위한 등기사항이며(예 지배인 해임등기 등), 면책적 등기사항이란 등기를 기준으로 일정한 책임이 소멸되는 효과를 가져오는 등기사항을 말한다(예 합명회사 사원의 퇴사등기).

Ⅳ. 등기의무 위반

절대적 등기사항의 등기를 게을리한 경우 상법 제37조의 규정에 의해 그 등기사항으로 선의의 제3자에게 대항할 수 없는 것 이외에는 특별한 제재가 없다. 그러나 회사의 경우에는 이를 해태한 경우 과태료의 제재를 받는다(제635조 제1항 제1호).

제2절 상업등기의 절차

Ⅰ. 등기의 신청

등기신청은 원칙적으로 당사자의 신청에 의한다(제34조). 그러나 법원의 촉탁에 의한 경우도 있다(예 회사의 설립무효 또는 합병무효 · 분할 또는 분할합병 무효등기, 주식교환 · 이전 무효등기, 휴면회사의 해산등기, 재판에 의한 회사의 해산등기 등).

Ⅱ. 등기관의 심사권

상업등기의 신청 시 등기관의 심사권에 관하여는 형식적 심사권만 인정된다는 견해와 실질적 심사권이 인정된다는 견해가 있다.[1)]

1. 형식적 심사주의

등기관은 등기신청의 형식적 적합성 여부만을 심사할 수 있고, 신청사항의 진실성까지 조사할 권한과 의무를 인정하지 않는 입장이다. 그 근거로서 등기는 실체관계가 아니라 신청된 사항을 기재하는 것이고 등기내용에 대하여는 공신력이 인정되지 않는 점, 등기관은 기록관에 불과하다는 점, 실질적 심사권을 인정할 경우 등기가 지연될 염려가 있다는 점을 들고 있다.

2. 실질적 심사주의

등기관에게 신청의 형식적 요건뿐만 아니라 신청사항의 진실성까지 조사할 권한과 의무를 인정하는 입장이다. 그 근거로 일반 거래대중을 보호하기 위하여는 등기내용이 진실과 부합하여야 하므로 형식적 요건뿐만 아니라 등기원인 등 관련 사실의 실체법적 효력도 심사하여야 한다는 점을 들고 있다.

---

1) 【학설】 상업등기법상의 등기관의 심사권에 관한 학설
상업등기법상의 입장에 대해 수정실질적 심사주의설, 수정형식적 심사주의설, 형식적 심사주의설의 대립이 있으나, 형식적 심사주의설이 다수설이다.

Ⅲ. 등기의 경정과 말소

1. 등기의 경정

등기의 경정이란 당사자가 신청한 등기사항과 실제 등기된 내용이 다른 경우에 신청사항에 맞게 고치는 것을 말한다. 등기에 착오 또는 빠진 것이 있을 때에 당사자는 관할등기소에 그 경정을 신청할 수 있고(상업등기법 第75조), 등기관은 등기를 마친 후 그 등기에 착오나 빠진 부분이 있음을 발견한 때에는 지체없이 등기를 한 자에게 통지하여야 한다(상업등기법 第76조 제1항 본문). 그러나 착오 또는 빠진 것이 등기관의 과실로 인한 때에는 통지할 필요 없고(상업등기법 第76조 제1항 단서), 등기관은 지체없이 직권으로 등기의 경정을 하고 등기를 한 자에게 그 뜻을 통지하여야 한다(상업등기법 第76조 제2항).

2. 등기의 말소

등기의 말소란 당사자의 신청대로 등기부에 등재하였으나, 그 내용이 법에서 허용되지 아니하여 이를 등기부에서 삭제하는 것을 말한다. 등기된 사항에 무효가 있는 때에는 당사자는 등기의 말소를 신청할 수 있다(상업등기법 第77조 제2호).

등기관은 등기의 말소사유에 해당하는 것을 발견한 때에는 등기한 당사자에게 1월 이내의 기간을 정하여 그 기간 내에 이의를 진술하지 아니하면 등기를 말소한다는 뜻을 통지하여야 한다(상업등기법 第78조 제1항). 등기관은 이의진술이 있으면 이에 대해 결정을 해야 하고(상업등기법 第79조), 이의진술이 없거나 이의를 각하하는 재판이 확정된 때에는 등기관은 직권으로 등기를 말소하여야 한다(상업등기법 第80조).

제3절 상업등기의 효력

I. 일반적 효력

1. 등기 전의 효력

1) 등기 전의 소극적 효력

등기할 사항은 등기 전에는 선의의 제3자에게 대항하지 못한다(제37조 제1항). 여기서 '선의의 제3자'란 거래 당시에 등기사항의 존재를 알지 못한 등기당사자 이외의 자로서 거래상대방을 비롯하여 등기사항에 관하여 정당한 이해관계를 갖는 자를 말한다.

'대항할 수 없다'는 뜻은 등기당사자가 등기사항을 등기하지 않은 때에 선의의 제3자가 등기사항인 등기사실의 존재를 부인할 수 있고(즉, 제3자측에서 그 사실을 인정하여 당사자에게 주장할 수 있다), 등기당사자는 등기하지 않은 사실을 주장할 수 없다는 뜻이다(대법원 1996.10.29.선고 96다19321판결).

등기권자가 등기할 사항을 등기하지 않은 때, 선의[1]의 제3자가 자신의 이익을 포기하고 실체관계를 주장함은 무방하므로, 선의의 제3자는 상법 제37조 제1항에 따른 외관적 법률상태와 진정한 법률상태 중에서 선택적으로 주장할 수 있다.

등기 전에는 제3자의 선의가 추정되므로 제3자가 악의인 때에는 이를 주장하는 측에서 입증책임을 부담한다.

한편, 등기사항을 등기하지 않은 귀책사유가 등기의무자에 있어야 하는 것은 아니므로, 등기관의 잘못으로 등기되지 않은 경우에도 등기 전의 소극적 효력이 인정된다(통설).

2) 등기할 사항

등기할 사항이란 절대적 등기사항뿐만 아니라 상대적 등기사항도 포함된다. 또한 새로 생긴 사항은 물론 등기사항이 변경 또는 소멸된 경우도 포함된다(제40조). 상업등기사항 중 창설적 등기사항(예 회사설립등기, 회사의 합병등기)은 등기 전에는 등기할 사항의 효력이 발생하지 아니하므로, 제3자의 선의·악의를 불문하고 상법 제37조가 적용 되지 않는다.

---

1) 【학설】 '선의'의 과실범위에 관한 학설
제37조 제1항의 선의의 제3자의 '선의'란 경과실이든 중대한 과실로 인한 경우든 모두 포함한다는 견해와, 중대한 과실은 악의로 보아 포함되지 않는다는 견해로 나누어지고 있다.

2. 등기 후의 효력

등기할 사항을 등기한 후에는 선의의 제3자에게도 등기사항으로 대항할 수 있다. 따라서 등기한 후에는 제3자의 악의가 의제되는 것이다.

그러나 등기한 후라도 정당한 사유로 인하여 제3자가 등기사항을 알지 못한 경우에는 등기당사자는 이로써 대항할 수 없다(제37조 제2항). 여기서 '정당한 사유로 인하여'란 교통두절이나 등기부의 소실 등의 객관적 사유로 제3자가 등기부 열람이 불가능했던 경우를 말하며, 제3자의 장기여행이나 질병 등의 주관적 사유는 포함되지 않는다.

등기사항을 알지 못한 점 및 정당한 사유로 인하여 등기부를 열람하지 못한 점에 대해서는 제3자가 입증책임을 진다(통설).

3. 대항력의 인정범위

1) 거래관계

상업등기의 제3자에 대한 대항력은 원칙적으로 법률행위에 의한 거래관계에만 적용된다. 따라서 당사자(예 영업주와 지배인) 내부에서 나타나는 법률관계에는 적용의 여지가 없다.

2) 소송관계

지배인의 대리권은 소멸하였으나 이를 등기하기 전에 지배인이었던 자가 소장을 수령하거나 또는 구 대표이사의 종임등기가 되지 않은 상태에서 구 대표이사를 상대로 선의의 제3자가 소송을 수행하는 경우에, 상법 제37조가 적용되는가에 대하여는 학설의 대립이 있다.[1]

3) 공법관계

상업등기의 대항력은 외관법리를 근거로 하므로 외관법리가 적용되지 않는 조세관계 등 공법관계에는 적용되지 않는다(판례·통설).

【판례】 대법원 1978.12.26.선고 78누167판결

상법 제37조에 "등기할 사항은 등기와 공고(현행법은 공고 폐지) 후가 아니면 선의의 제3자에게 대항할 수 없다"는 제3자라 함은 대등한 지위에서 하는 보통의 거래관계의 상대방을 말한다 할 것이므로 조세권에 기하여 조세의 부과처분을 하는 경우의 국가는 여기에 규정된 제3자라 할 수 없다.

---

1) 【소송관계에 제37조의 적용여부에 관한 학설】
소송관계에 대해서는 소송행위의 성질상, 즉 절차의 명확성이나 안정성을 중시하여 적용되지 않는다는 부정설(대법원 1994.2.22.선고 93다42047판결)과, 소송행위도 거래활동의 연장이므로 상법 제37조가 적용된다는 긍정설(통설)이 있다.

4. 적용의 배제

부당이득 · 불법행위 · 사무관리에 대해서는 상법 제37조의 적용 여부에 있어 학설의 대립이 있다.[1] 다만 이미 발생한 불법행위로 인한 손해배상청구권이나 부당이득반환청구권, 사무관리로 인한 청구권의 행사 또는 이러한 의무의 이행관계는 이미 거래관계라 볼 수 있으므로 제37조의 적용대상이 된다(이철송, 「상법총칙·상행위」, 제10판, 227면).

등기상호의 양도(제25조 제2항) · 표현지배인(제14조) · 표현대표이사(제395조)에 대해서는 별도의 규정을 두고 있기 때문에 상법 제37조는 적용되지 않으며, 그 관계에 대해서는 학설의 대립이 있다.[2]

Ⅱ. 특수적 효력

1. 창설적 효력

창설적 효력이란 등기에 의하여 새로운 법률관계가 창설되는 경우로서 설권적 효력이라고도 할 수 있다(예 회사의 설립등기에 의한 법인격 취득, 합병등기에 의한 합병의 효력 발생).

2. 보완적 효력

보완적 효력이란 등기에 의하여 등기의 전제요건이 되는 법률사실의 하자가 보완 또는 치유되어 그 하자를 주장할 수 없게 되는 경우의 효력을 말한다(예 상법 제320조 제1항에 따라 회사설립등기 후 주식청약서의 요건 흠결에 따른 무효 또는 사기 · 강박 · 착오에 의한 의사표시의 취소는 할 수 없다).

---

1) 【학설】 불법행위 · 부당이득 · 사무관리 등에의 적용 여부에 관한 학설
   ① 긍정설: 기업은 경제적 생활체로서 광범한 활동을 하므로, 거래관계에 대해서만 제37조를 적용하는 것은 법적 생활의 안정성을 무시하는 것이기 때문에 널리 기업일반의 활동에 적용된다는 견해이다.
   ② 부정설: 등기제도는 거래의 안전과 원활을 위한 것이기에 거래관계가 아닌 불법행위 · 부당이득 · 사무관리 등에는 제37조가 적용되지 않는다는 견해이다(다수설).
   ③ 절충설: 원칙적으로는 거래관계에만 제37조가 적용되지만, 거래관계와 불가분의 관계가 있는 불법행위 · 부당이득 · 사무관리에 대해서는 예외적으로 제37조가 적용된다는 견해이다.

2) 【학설】 상법의 다른 규정과 제37조의 관계에 관한 학설
   ① 상법 제25조 제2항과 제37조의 관계에 대해서는 예외규정설(다수설)과 적용구별설로 나누어지고 있다.
   ② 상법 제14조 · 제395조와 제37조의 관계에 대해서는 ㉠ 다른 차원에서 규정된 것이라는 견해(판례), ㉡ 제14조 · 제395조 등은 제37조의 예외규정이라는 견해, ㉢ 제14조 · 제395조는 제37조 제2항의 정당한 사유에 해당한다는 견해가 있다.

3. 부수적 효력

등기를 기준으로 일정한 행위가 허용되거나(예 설립등기 후 주권발행 허용 또는 권리주 양도제한 해제), 책임이 면제되는 경우(예 합명회사 사원은 퇴사등기 후 2년이 경과하거나 해산등기 후 5년이 경과하면 책임이 소멸한다.)가 있다.

 등기의 추정력 및 부실등기의 효력

1. 등기의 추정력

1) 사실상 추정력

상업등기의 등기사항이 사실로서 존재하는 경우에 한하여 등기사실이 진실하다는 사실상의 추정력이 인정된다. 법인등기부에 이사 또는 감사로 등재되어 있는 경우에는 특단의 사정이 없는 한 정당한 절차에 의하여 선임된 적법한 이사 또는 감사로 추정된다(대법원 1983.12.27.선고 83다카331판결).

2) 법률상 추정력

등기소는 형식적 심사주의에 따르는 심사권이 있을 뿐이므로, 등기사항에 관한 소송에서 법원이 입증책임을 배분함에 있어 등기사항과 다른 사항을 주장하는 자에게 입증책임을 배분하도록 법원을 구속하는 의미에서의 법률상의 추정력은 부정하는 것이 통설의 입장이다. 다만, 예외적으로 상법 제23조 제4항은 법률상의 추정력을 인정한다.

2. 부실등기의 효력

1) 상법 제39조의 내용 및 근거

상업등기의 일반적 공신력(사실관계가 어떠하든 관계없이 등기를 신뢰한 자에 대해서는 등기된 대로의 효력을 부여하는 것)은 인정되지 않는다. 즉, 부실등기를 신뢰한 제3자를 보호할 수 있는 공신력은 없다(합자회사의 사원 지분등기가 불실등기인 경우 그 불실등기를 믿고 합자회사 사원의 지분을 양수하였다 하여 그 지분을 양수한 것으로는 될 수 없다; 대법원 1996.10.29.선고 96다19321판결). 그러나 상법 제39조에서 「고의 또는 과실로 인하여 사실과 상위(相違)한 사항을 등기한 자는 그 상위를 선의의 제3자에게 대항할 수 없다」고 하여 부실등기를 신뢰한 제3자를 보호하고 있으며, 이 규정의 근거에 관하여는 학설의 대립이 있다.[1)]

---

1) 【학설】 부실등기의 효력인정 근거에 관한 학설

① 제한적 공신력설: 상법 제39조를 상업등기의 공신력을 제한적으로 인정한 것이라는 견해로서, 이 견해에 의하면 제40조의 변경등기 해태의 경우에도 제39조와 제37조를 중첩적으로 적용할 수 있다고 한다(다수설).

② 외관주의설: 제39조는 공신력과는 무관하며 외관작출에 대하여 책임을 묻는 규정이라는 견해로서, 이 견

2) 상법 제39조의 적용요건

(1) 등기신청인의 고의 · 과실: 상법 제39조의 '상위한 사항을 등기한 자'란 당해 등기를 신청한 등기신청권자를 말한다. 그리고 '고의 · 과실'은 등기신청인의 고의 · 과실뿐만 아니라 대리인(예 지배인)의 고의 · 과실도 포함되며, 등기신청인이 회사인 경우 고의 · 과실의 유무의 결정은 대표사원 또는 대표이사를 기준으로 판단하여야 한다(합명회사의 경우 대표사원의 유고로 따로 업무를 집행하는 사원이 있더라도 그 사원을 기준으로 '고의 · 과실'을 판단하여서는 아니된다; 대법원 1981.1.27.선고 79다1618·1619판결). 따라서 제39조의 적용을 배제하기 위해서는 등기신청인은 부실등기에 관하여 고의 · 과실이 없었다는 것을 증명하여야 한다.

한편, 등기소 등기관의 과실로 인한 부실등기는 상법 제39조가 적용되지 않는다(통설). 또한 등기신청인의 의사와 무관하게 제3자의 문서위조 등의 허위신청으로 사실과 다른 등기가 이루어진 때에도 원칙적으로 상법 제39조가 적용되지 않는다.

참조판례 등기신청권자 아닌 자가 주주총회 의사록 및 이사회 의사록 등을 허위로 작성하여 주주총회결의 및 이사회결의 등의 외관을 만들고 이에 터잡아 이사 및 대표이사 선임등기를 마친 경우는 물론이고, 그와 같은 허위의 의사록에 선임된 것으로 기재된 이사 및 대표이사가 기존에 적법하게 선임된 이사 및 대표이사를 배제한 채 과반수에 미달하는 일부 주주에 대하여만 소집통지를 보낸 후 주주총회를 개최하여 일부 주주만의 찬성으로 이사 선임결의를 하고, 거기서 선임된 이사들로 구성된 이사회를 개최하여 새로운 대표이사를 선임한 후 대표이사 선임등기를 마친 경우에는, 비록 외형상 주주총회결의 및 이사회결의가 존재한다고 하더라도 그것이 적법하게 선임된 대표이사와 이사들 및 나머지 주주들의 관여가 배제된 채 이루어진 이상 등기신청권자인 회사가 선임등기가 이루어지는 데에 관여한 것으로 볼 수 없고, 달리 회사의 고의과실로 부실등기를 한 것과 동일시할 수 있는 특별한 사정이 없는 한 회사에 대하여 상법 제39조에 의한 부실등기 책임을 물을 수 없다. 이 경우 위와 같이 허위의 주주총회결의 등의 외관을 만들어 부실등기를 마친 자가 회사의 상당한 지분을 가진 주주라고 하더라도 그러한 사정만으로는 회사의 고의 또는 과실로 부실등기를 한 것과 동일시할 수는 없다(대법원 2011.7.28.선고 2010다70018판결[동지: 대법원 2014.11.13.선고 2009다71312·71329·71343판결]).

다만, 제3자의 허위신청으로 부실등기가 된 이후에 등기신청인이 부실등기가 되었음을 알면서도 부실등기의 경정 또는 말소를 하지 않은 경우에 제39조를 적용할 수 있는가에 대해서는 견해가 나누어지고 있다.[1] 판례(대법원 2011.7.28.선고 2010다70018판결)는 「등기신청권자가 스스로 등기를 하

해에 의하면 제40조의 변경등기의 해태는 소극적 오류의 문제로 제37조만 적용된다고 한다.

1) 【학설】 제3자의 문서위조 등의 허위신청으로 부실등기된 후 이를 알면서 방치한 경우 제39조의 적용 여부에 관한 학설

① 긍정설: 긍정설에는 등기신청인이 부실등기를 안 후에 시정조치를 게을리하여 말소 또는 경정의 등기를 밟지 않는 특별한 경우에만 상법 제39조가 적용된다는 견해(다수설, 판례), 부실등기가 된 것을 알고 방치한 것이 등기신청인의 과실로 평가될 수 있을 때에 비로소 상법 제39조가 적용된다는 견해, 등기신청인이 부실등기를 알고 방치한 경우뿐만 아니라 부실등기상태를 발견하여 시정하지 못한 데 과실이 있는 경우(과실로 알지 못하고 방치한 경우)에도 상법 제39조가 적용된다는 견해, 제3자의 허위신청으로 인한 부실등기에 대해 등기신청인의 고의 또는 중대한 과실이 있는 경우에만 상법 제39조를 적용할 수 있다는 견해가 있다.

② 부정설: 부실등기에 대해 등기신청인의 고의 또는 과실이 있는 경우에만 상법 제39조가 적용되므로 제3자

지 아니하였다 하더라도 그의 책임 있는 사유로 등기가 이루어지는 데에(협조·묵인하는 등의 방법으로) 관여하거나 부실등기의 존재를 알고 있음에도 이를 시정하지 않고 방치하는 등 등기신청권자의 고의·과실로 부실등기를 한 것과 동일시할 수 있는 특별한 사정이 있는 경우에는, 등기신청권자에 대하여 상법 제39조에 의한 부실등기 책임을 물을 수 있다.」고 한다.

【판례】 대법원 1975.5.27.선고 74다1366판결

[1] 제3자가 명의를 모용하여 등기신청을 함에 있어 등기신청권자에게 과실이 있다 하여도 이로써 곧 등기신청권자 자신이 고의나 과실로 사실과 상위한 등기를 신청한 것과 동일시할 수 없는 것이고, 또 이미 경료되어 있는 부실등기 상태가 존속된 경우에는 비록 등기신청권자에게 부실등기 상태를 발견하여 이를 시정하지 못한 점에 있어 과실이 있다 하여도 역시 이로써 곧 스스로 사실과 상위한 등기를 신청한 것과 동일시할 수 없다.

[2] (생략) 부실등기의 효력을 규정한 상법 제39조는 등기신청권자가 아닌 제3자의 문서위조 등의 방법으로 이루어진 부실등기에 있어서는 등기신청권자에게 그 부실의 등기의 경료 및 존속에 있어서 그 정도가 어떠하건 과실이 있다는 사유만 가지고는 회사가 선의의 제3자에게 대항할 수 없음을 규정한 취지는 아니다.

(2) 사실과 다른 등기: 등기된 사항과 실제의 사실관계가 서로 달라야 한다. 이때 상위 여부는 등기 당시를 기준으로 한다.

한편, 등기할 당시에는 사실과 일치하였으나, 그 후 사정변경에 의해 등기의 기재사항과 사실이 달라진 경우에도 상법 제39조가 적용되는가에 대해 견해가 나누어지고 있다.[1] 또한 등기사항의 변경에 따른 상법 제40조의 변경등기나 소멸등기를 해태한 경우에 제39조가 적용되는가에 대해서도 견해가 나누어지고 있다.[2]

보충 주식회사의 대표이사의 선임절차의 하자로 인해 선임결의를 무효 또는 취소하는 판결이 내려진 경우 법적용에 있어서, 선임결의가 무효 또는 취소된 후에 새로운 대표이사의 등기를 게을리한 경우에는 등기할 사항을 등기하지 아니한 것이므로 상법 제37조가 적용될 것이고, 선임 후 판결이 있기까지의 기간에 존속한 대표이사의 등기는 당초 부실한 등기로 보아 제39조를 적용해야 한다는 것이 판례(대법원 2004.2.27.선고 2002다19797판결)의 입장이다(이철송, 「상법총칙·상행위」, 제10판, 232면).

의 허위신청에는 제39조가 적용되지 않는다는 견해이다.

1) 【학설】 사정변경으로 사실과 상위한 등기가 된 경우 제39조의 적용 여부에 관한 학설
상법 제39조는 등기 당시 사실과 다르게 등기한 경우에만 적용되므로 제39조는 적용되지 않고 제37조 제1항만이 적용될 뿐이라는 견해와 제37조뿐만 아니라 제39조도 유추적용된다는 견해가 있다.

2) 【학설】 상법 제40조의 변경등기·소멸등기의 해태와 제39조의 적용 여부에 관한 학설
① 긍정설: 상법 제40조에 의한 변경등기 또는 소멸등기의 해태의 경우, 사후적으로 사실과 등기가 불일치하게 된 경우도 등기신청권자가 고의·과실로 변경등기를 해태함으로써 결과적으로 사실과 상위한 등기가 이루어져 선의의 제3자로 하여금 오인케 한 경우라 할 것이므로 공신력을 반영한 제39조의 적용요건도 충족하므로 제39조도 적용된다고 한다.
② 부정설: 제39조는 사실과 상위한 사항을 적극적으로 등기한 경우에 적용되는 규정이고 제37조 제1항은 등기할 사항을 소극적으로 등기하지 않은 경우에 적용되는 규정으로써 변경등기의 해태는 소극적으로 등기하지 않은 경우에 해당하므로 제39조는 적용되지 않고 제37조 제1항만이 적용된다고 한다.

(3) 제3자의 선의: 제3자는 등기내용이 사실과 다름을 알지 못하였어야 하며, 이에 중과실이 없어야 한다(이에 대해 선의에 과실이 있는가는 묻지 않는다는 견해도 있다; 정동윤, 「상법(상)」, 105면). 제3자는 등기신청인과 거래한 직접의 상대방뿐만 아니라 그 등기에 관한 이해관계인도 포함한다. 등기신청인은 제3자가 악의라는 사실을 입증하여야 한다.

3) 상법 제39조의 적용효과

부실등기자는 등기가 사실과 상위(相違)함을 가지고 선의의 제3자에게 대항하지 못한다. 그러나 제3자가 등기와 다른 사실관계를 주장하는 것은 무방하다.

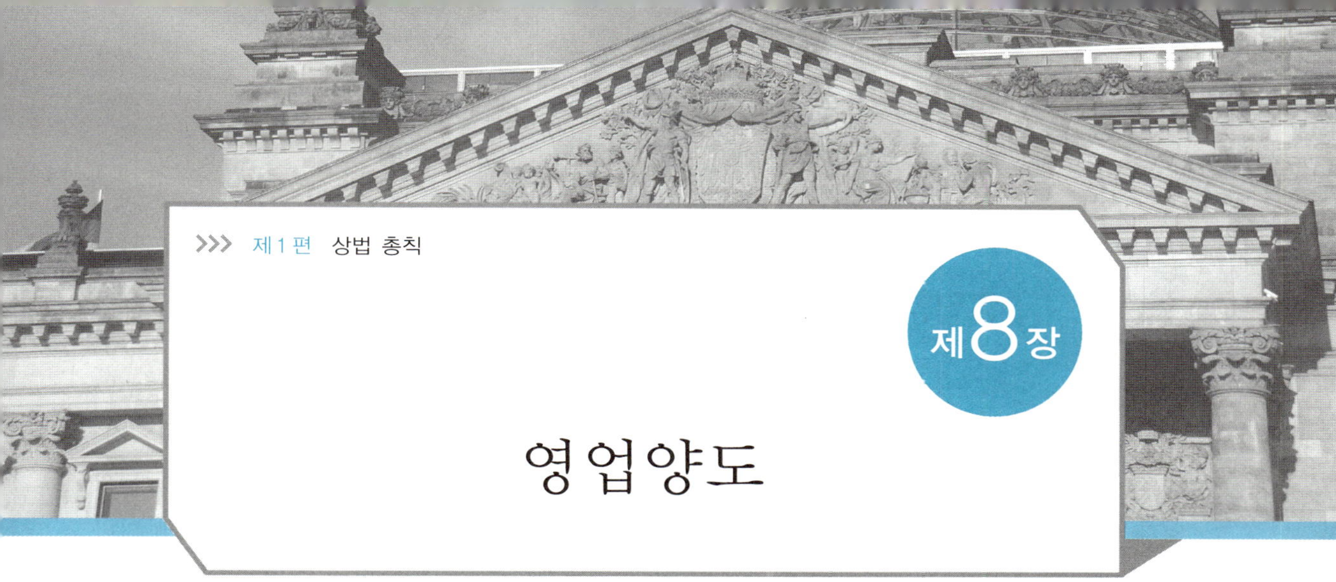

>>> 제1편 상법 총칙

제8장 영업양도

제1절 영업의 의의

영업의 의의는 크게 주관적 의의와 객관적 의의로 나눌 스 있다. 주관적 의의의 영업은 상인의 영업상의 모든 활동을 말하며, 상인의 개념에서 설명되고 있는 영업을 말한다. 객관적 의의의 영업이란 인적·물적 시설에 의하여 경제적 목적을 추구하는 조직적 일체로서의 영업재산의 총체를 말한다. 영업양도의 개념에 있어서 영업이란 객관적 의의의 영업을 말한다. 따라서 영업양도에는 영업용 재산과 재산적 가치가 있는 사실관계가 포함된다.

영업용 재산에는 적극재산과 소극재산이 포함된다. 적극재산이란 동산·부동산·제한물권(예 지상권·질권·저당권 등)과 영업상의 채권·불법행위나 부당이득에 의한 채권·무체재산권(예 특허권·저작권 등)을 말하며, 소극재산이란 영업활동에 관하여 생긴 채무 등 부채를 말한다.

사실관계란 재산적 가치가 있는 영업상의 고객관계, 경영의 내부조직, 영업상의 경험과 비결·판매망 등을 말하며, 이러한 것도 영업의 구성요소가 된다.

제2절 영업양도의 의의 및 법적 성질

영업양도의 의의는 영업재산양도설, 지위·재산이전설, 영업유기체설, 기업자체이전설 등 영업의 구성요소를 어디에 두는가에 따라 달라진다. 즉, 영업양도의 법적 성질에 따라 의의가 달라진다.[1] 우리 판례(대법원 2005.7.22.선고 2005다602판결)는 「상법상 영업양도는 일정한 영업목적에 의하여 조직화된 유기적 일체로서의 기능적 재산인 영업재산을 그 동일성을 유지시키면서 일체로서 이전하는 채권계약이므로 영업양도가 인정되기 위해서는 영업양도계약이 있었음이 전제가 되어야 한다」라고 하여, 영업재산양도설을 취하고 있다.

영업양도의 의의에 있어서 상법총칙상 영업양도와 회사법상 영업양도(제257조, 제374조 제1항, 제576조)를 동일하게 해석하여야 하는가, 아니면 구별하여 해석하여야 하는가라는 점에 대하여 학설의 대립이 있다.[2] 또한, 상법총칙상의 영업양도도 회사법상 영업양도와 같이 일부양도가 인정되는가라는 점에 대해서도 학설의 대립이 있으나[3] 판례는 긍정설을 취하고 있다.

---

1) 【학설】 영업양도의 법적 성질에 관한 학설
① 영업재산양도설: "영업양도는 일정한 영업목적에 의하여 조직화된 유기적 일체로서의 기능적 재산의 이전을 목적으로 하는 채권계약이다"라는 견해이다(다수설·판례).
② 지위·재산이전설: "영업양도는 경영자로서의 지위인계와 영업재산의 이전을 내용으로 하는 채권계약이다"라는 견해이다.
③ 영업유기체설: "영업양도는 유기체로서의 영업을 채권계약에 의하여 양도하는 것이다"라는 견해이다.
④ 기업자체이전설: "영업양도는 기업의 동일성을 유지하면서 기업 그 자체를 일체로서 이전하는 계약이다"라는 견해이다.

2) 【학설】 상법총칙상의 영업양도와 회사법상의 영업양도의 관계에 관한 학설
① 형식설: 상법총칙상의 영업양도와 제374조 제1항 제1호에서의 영업양도는 동일하게 해석하여 법해석의 통일성·안정성을 꾀하자는 견해이다. 이 견해에 의하면 영업용 재산의 양도는 제374조 제1항 제1호의 영업양도에 포함되지 않으므로 주주총회의 특별결의를 요하지 않는다고 한다. 이 견해는 거래안전의 보호를 중시한다.
② 실질설: 양자는 입법목적이 다르므로 동일하게 해석할 필요가 없다는 견해이다. 이 견해에 의하면 영업용 재산의 양도도 제374조 제1항 제1호의 영업양도에 포함되므로 주주총회의 특별결의를 요한다고 한다. 이 견해는 회사보호를 중시한다.
③ 절충설: 원칙적으로 거래안전을 위하여 형식설을 취하면서 형식설의 단점인 주주 등의 이익을 보호하기 위하여 제374조의 적용범위에 '사실상의 영업양도'를 포함시키자는 견해이다.
④ 판례의 태도: 판례는 기본적으로 형식설을 취하면서 제374조 제1항 제1호의 영업양도의 개념에 포함되지 않는 영업용 재산의 양도에 의하여 회사영업의 전부 또는 일부를 양도하거나 폐지하는 것과 같은 결과를 가져오는 경우에는 제374조 제1항 제1호를 유추적용하여 주주를 보호하자는 견해(절충설)를 취하고 있다.

3) 【학설】 영업의 일부양도의 허용여부에 관한 학설
상법 제374조 제1항 제1호와 관련하여 상법총칙에서 영업의 일부양도가 인정되는가에 대해, 영업의 일부가 나머지 부분과는 독립적으로 영업이 수행될 수 있는 조직과 설비를 갖춘 경우 일부양도가 가능하다는 견해(대법원 1994.11.18.선고 93다18938판결)와 상법총칙상의 영업양도에 관한 규정들은 일부양도의 경우에 적용하기가 부적당하므로 일부양도는 인정할 수 없다는 견해가 있다.

【판례】 대법원 2001.7.27.선고 99두2680판결[동지: 대법원 2003.6.10.선고 2001다17596판결]

영업의 양도라 함은 일정한 영업목적에 의하여 조직화된 일체, 즉 인적·물적 조직을 그 동일성을 유지하면서 일체로 이전하는 것으로서 영업 일부만의 양도도 가능하고, 이러한 영업양도가 이루어진 경우에는 원칙적으로 해당 근로자들의 근로관계가 양수하는 기업에 포괄적으로 승계되는바, 여기서 영업의 동일성 여부는 일반 사회관념에 의하여 결정되어야 할 사실인정의 문제이기는 하지만, 문제의 행위(양도계약관계)가 영업의 양도로 인정되느냐 안 되느냐는 단지 어떠한 영업재산이 어느 정도로 이전되어 있는가에 의하여 결정되어야 하는 것이 아니고, 거기에 종래의 영업조직이 유지되어 그 조직이 전부 또는 중요한 일부로서 기능할 수 있는가에 의하여 결정되어야 하는 것이므로, 예컨대 영업재산의 전부를 양도했어도 그 조직을 해체하여 양도하였다면 영업의 양도는 되지 않는 반면에, 그 일부를 유보한 채 영업시설을 양도했어도 그 양도한 부분만으로도 종래의 조직이 유지되어 있다고 사회관념상 인정되면 그것을 영업의 양도라 볼 것이다.

제 3 절 영업양도의 당사자 및 양도절차

I. 당사자

영업양도의 당사자는 양도인과 양수인이다. 양도인은 언제나 상인이며, 개인상인이나 회사도 될 수 있다. 회사는 청산 중이라도 영업을 양도할 수 있다.(제257조 참조)

양수인은 반드시 상인이어야 하는 것은 아니며, 영업을 양수한 때부터 상인자격을 취득할 수 있다. 양수인이 비상인인 경우에는 영업양수는 보조적 상행위로서의 개업준비행위로 볼 수 있다.

II. 양도절차

영업양도는 일반 거래법상의 채권계약으로서, 당사자 간의 합의에 의하여 계약이 성립되고 그 효력이 발생한다.

1. 의사결정

1) 개인상인

개인상인은 영업양도를 위한 의사결정의 특별한 절차가 필요 없다.

2) 회 사

회사의 경우에는 회사에 따라 의사결정에 차이가 있다.

(1) 합명회사·합자회사·유한책임회사: 영업양도에 관하여는 존립 중의 회사인 때에는 총사원의 동의(정관상 목적의 변경: 제204조), 해산 후의 회사일 때에는 총사원의 과반수의 동의가 있어야 한다(제257조, 제269조, 제287조의45). 다만, 합명회사·합자회사·유한책임회사의 영업양수의 경우에는 정관의 목적을 변경하는 경우에는 총사원의 동의를 요하며, 정관의 목적을 변경하지 않는 경우에는 일반업무집행의 방법으로 할 수 있다.

(2) 주식회사와 유한회사: '영업의 전부 또는 영업의 중요한 일부'를 양도하거나 '회사 영업에 중대한 영향을 미치는 다른 회사의 영업 전부 또는 일부'를 양수하는 경우에는 각각 주주총회와 사원총회의 특별결의가 필요하다(제374조 제1항 제1호·제3호, 제576조 제1항).

그런데 주식의 양도에 의해 회사의 지배권이 바뀌는 형태로 영업이 양도되는 경우에는 회사의 영업이나 재산은 아무런 변동이 없고 주식만이 양도될 뿐이므로 주주총회의 특별결의는 필요 없다(대법원 1999.4.23.선고 98다45546판결).

2. 양도방식

영업양도의 방식에는 특별한 제한이 없으나, 일반적으로 서면에 의하여 체결되고 있다.

3. 계약의 체결

영업양도계약의 당사자가 개인인 경우에는 그 당사자 간에 양도계약을 체결하지만, 회사의 경우에는 통상적으로 양도의 의사결정을 한 후 대표기관이 양도계약을 체결한다. 이러한 영업양도계약은 당사자 사이의 명시적 계약뿐만 아니라 묵시적 계약에 의해서도 가능하다(대법원 2009.1.15.선고 2007다17123·17130판결). 이러한 영업양도계약의 성질은 영업양도의 대가가 유상인 경우에는 매매 또는 교환과 유사한 성질을 가지며, 무상인 경우에는 증여와 유사하다. 그러나 영업양도가 개별재산의 이전을 목적으로 하는 것이 아니므로 이와 동일시할 수는 없다. 따라서 영업양도계약은 상법상 특수한 계약으로 볼 수 있다.

참조판례 계약당사자로서 지위 승계를 목적으로 하는 계약인수는 계약으로부터 발생하는 채권·채무의 이전 외에 계약관계로부터 생기는 해제권 등 포괄적 권리의무의 양도를 포함하는 것으로서, 계약인수가 적법하게 이루어지면 양도인은 계약관계에서 탈퇴하게 되고, 계약인수 후에는 양도인의 면책을 유보하였다는 등 특별한 사정이 없는 한 잔류당사자와 양도인 사이에는 계약관계가 존재하지 않게 되며 그에 따른 채권채무관계도 소멸하지만, 이러한 계약인수는 양도인과 양수인 및 잔류당사자의 합의에 의한 삼면계약으로 이루어지는 것이 통상적이며 관계당사자 3인 중 2인의 합의가 선행된 경우에는 나머지 당사자가 이를 동의 내지 승낙하여야 그 효력이 생긴다. 이러한 계약인수가 이루어지면 계약관계에서 이미 발생한 채권·채무도 이를 인수 대상에서 배제하기로 하는 특약이 있는 등 특별한 사정이 없는 한 인수인에게 이전된다. 계약인수는 개별 채권·채무의 이전을 목적으로 하는 것이 아니라 다수의 채권·채무를 포함한 계약당사자로서의 지위의 포괄적 이전을 목적으로 하는 것으로서 계약당사자 3인의 관여에 의해 비로소 효력을 발생하는 반면, 개별 채권의 양도는 채권양도인과 양수인 2인만의 관여로 성립하고 효력을 발생하는 등 양자가 법적인 성질과 요건을 달리하므로, 채무자 보호를 위해 개별 채권양도에서 요구되는 대항요건은 계약인수에서는 별도로 요구되지 않는다. 그리고 이러한 법리는 상법상 영업양도에 수반된 계약인수에 대해서도 마찬가지로 적용된다(대법원 2020.12.10.선고 2020다245958판결).

Ⅲ. 특별법상의 영업양도의 제한

「독점규제 및 공정거래에 관한 법률」에서 어떠한 기업이든 일정한 거래분야에 있어서 경쟁을 실질적으로 제한하는 영업양수를 할 수 없도록 하여 영업양수를 제한하고 있다(제7조 제1항 제4호). 한편 동법 제12조 제6항에서는 양도회사 또는 양수회사가 계열회사와 합하여 자산 총액 또는 매출액 총액이 3천억원 이상인 회사인 경우에는 영업양수를 승인하는 주주총회의 결의가 있은 후 30일 이내에 공정거래위원회에 신고하도록 하여 대규모기업의 경쟁제한을 예방하고 있다.

한편, 은행·거래소·보험회사 등의 금융기관이 영업의 전부 또는 일부를 양도·양수하는 경우에는 대통령령이 정하는 바에 따라 금융감독위원회의 인가 또는 승인을 받아야 한다(은행법 제55조 제1항; 자본시장과 금융투자업에 관한 법률 제408조; 보험업법 제133조).

제 4 절 영업양도의 효과

Ⅰ. 당사자 간의 효과

1. 영업재산의 이전의무

1) 영업재산의 이전

(1) 영업재산의 이전범위: 양도인은 영업양도계약에 따라 영업에 속하는 재산의 일체를

양수인에게 이전하여야 한다. 여기서 양도대상이 되는 영업재산은 일정한 영업목적에 의하여 조직화되어 유기적 일체로서 기능하는 재산의 총체로써 유형·무형의 재산 일체가 포함되지만(대법원 2015.9.15.선고 2015다210811판결), 당사자 간의 특약에 의해 영업의 동일성을 해하지 않는 범위 내에서 일부 재산의 이전을 제외할 수 있다.

(2) 영업재산의 이전방법: 영업양도는 상속이나 합병의 경우와 같이 포괄적 승계가 인정되지 않고 각각의 재산종류에 따라 개별적으로 이전하여야 한다. 물건과 권리의 이전으로써 제3자에게 대항하기 위해서는 대항요건을 갖추어야 한다. 즉 동산은 인도, 부동산은 등기, 특허권 등은 등록, 지명채권은 지명채권 양도방법에 따라 채무자의 승낙이나 채무자에 대한 통지, 지시채권은 배서교부, 기명주식은 명의개서를 하여야 한다.

【판례】 대법원 1991.10.8.선고 91다22018 · 22025판결(반소)

영업양도는 채권계약이므로 양도인이 재산이전의무를 이행함에 있어서는 상속이나 회사의 합병의 경우와 같이 포괄적 승계가 인정되지 않고 특정 승계의 방법에 의하여 재산의 종류에 따라 개별적으로 이전행위를 하여야 할 것인바, 그 이전에 있어 양도인의 제3자에 대한 매매계약의 해제에 따른 원상회복청구권은 지명채권이므로 그 양도에는 양도인의 채무자에 대한 통지나 채무자의 승낙이 있어야 채무자에게 대항할 수 있다.

한편, 등기상호도 영업과 함께 이전하는 경우에는 상호의 이전사실의 등기가 있어야 제3자에게 대항할 수 있다(제25조 제2항).

(3) 영업의 동일성 유지: 영업양도는 영업의 동일성을 유지하는 상태에서라면 영업의 전부 또는 영업의 중요한 부분의 양도로써 가능하다. 그래서 판례는 「영업재산의 일부를 유보한 채 영업사실을 양도했어도 그 양도한 부분만으로도 종래의 조직이 유지되어 있다고 사회관념상 인정되면 그것을 영업의 양도로 볼 수 있다」(대법원 2009.1.15.선고 2007다17123 · 17130판결)고 있다. 또한 「주식회사의 존속의 기초가 되는 중요한 재산의 양도는 영업양도에 준하여 주주총회의 특별결의를 요하지만, 그 재산을 처분할 당시에 사실상 영업을 중단하고 있었던 때에는 주주총회의 특별결의를 요하지 않는다」고 한다(대법원 1998.4.12.선고 87다카1662판결). 여기서 '영업의 중단'이라고 함은 영업의 계속을 포기하고 일체의 영업활동을 중단한 것으로서 영업의 폐지에 준하는 상태를 말하고 단순히 회사의 자금사정 등 경영상태의 악화로 일시 영업활동을 중지한 경우는 여기에 해당하지 않는다(대법원 2014.9.4.선고 2014다6404판결).

2) 공법상의 권리관계

주무관청의 영업허가와 같은 공법상의 권리관계에 따른 공법적 지위는 원칙적으로 이전의무가 없다. 다만, 이전 가능한 경우 이에 협력할 것을 합의할 수 있다(이철송, 「상법총칙·상행위」, 제10판, 256면).

3) 채무의 이전

영업상의 채무는 양수인에게 영업의 동일성과 무관하고 영업양도의 요소가 아니므로 양도당사자 간의 합의가 없는 한 채무는 이전되지 않는다. 채무인수의 합의가 있더라도 채무를 이전하는 때에는 채무의 인수나 채무자의 변경으로 인한 경개(更改) 등의 절차를 필요로 하므로 채권자의 동의 없는 채무인수는 채권자에게 대항력이 없다(민법 제453조, 제454조 참조). 이에 대해 영업자금과 관련한 양도인의 피보증인의 지위승계를 부정하여(대법원 2020.2.6.선고 2019다270217판결), 양도인의 채무를 변제한 연대보증인의 영업양수인에 대한 구상권을 부정한 판례(대법원 1989.12.22.선고 89다카11005판결)가 있다.

【판례】 대법원 1989.12.22.선고 89다카11005판결

갑이 유흥업소를 경영하면서 원고의 연대보증 아래 을로부터 영업자금을 차용하였는데 피고가 갑으로부터 그 유흥업소를 양수하고 상호를 계속 사용하여 영업을 계속하였고 그 후 원고가 갑의 연대보증인으로서 위 영업자금대출금 중 일부를 변제한 경우, 원고는 피고에 대한 채무를 보증한 사실이 없으므로 보증인으로서의 구상권이 발생할 수는 없으며, 영업양도 당시에는 원고의 영업양도인에 대한 구상금채권이 아직 발생된 바 없으므로 영업양도인으로서 양도인이 부담한 구상금채권을 변상할 책임이 있다고 하기도 어렵고, 피고의 영업양수가 양도인의 영업자금과 관련한 피보증인의 지위까지 승계하는 것이라고 보기도 어려우므로 피고는 원고에게 구상금을 지급할 근거가 없다.

한편, 영업양도 이전에 성립된 퇴직금채무 등의 임금채무는 원칙적으로 양수인에게 이전되지만(대법원 1991.8.9.선고 91다15225판결), 근로관계는 종업원의 의사에 반하여 이전되는 것이 아니므로 고용 승계를 거부하고 양도기업에서 퇴직하는 경우(근로승계에 반대하는 의사는 근로자가 영업양도가 이루어진 사실을 안 날로부터 상당한 기간내에 양도기업 또는 양수기업에 표시하여야 함.)에는 퇴직근로자는 양도기업에 대해 퇴직금 기타 임금청구권을 갖는다(대법원 2012.5.10.선고 2011다45217판결).

4) 사실관계의 이전

고객관계, 영업망, 영업상 비결 등 재산적 가치가 있는 사실관계에 대하여는 양수인이 그 이익을 향유할 수 있도록 하여야 한다. 즉, 고객에 대해 소개하고 추천하는 일, 구매처 관계 및 영업상 비결 등을 양수인에게 전수하여야 한다.

5) 고용관계의 이전

양도인의 상업사용인 등에 대한 고용계약상의 권리 · 의무에 대해서도 객관적 의의의 영업의 동일성을 유지하기 위하여 필요하기 때문에 종업원의 의사에 반하지 않는 한 이전된다. 따라서 별도의 특약이 없는 한 영업양도의 효과로서 양도인이 피용자와 체결한 고용계약은 포괄적으로 승계된다(대법원 1991.8.9.선고 91다15225판결).

【판례】 대법원 2005.2.25.선고 2004다34790판결[동지: 대법원 2012.5.10.선고 2011다45217판결]

기업이 사업부분의 일부를 다른 기업에게 양도하면서 그 물적 시설과 함께 양도하는 사업부분에 근무하는 근로자들의 소속을 변경시킨 경우에는 원칙적으로 해당 근로자들의 근로관계가 양수하는 기업에게 승계되어 근로의 계속성이 유지된다.

다만, 이러한 영업양도계약에 따라 승계되는 근로관계는 계약체결일 현재 실제로 근무하고 있는 근로자와의 근로관계만을 의미하고, 계약체결일 이전에 근무하다가 해고된 근로자로서 해고의 효력을 다투는 근로자의 근로관계까지 승계되는 것은 아니다(대법원 1995.9.29.선고 94다54245판결).

보충판례 영업이 양도되면 반대의 특약이 없는 한 양도인과 근로자 사이의 근로관계는 원칙적으로 양수인에게 포괄적으로 승계되고, 영업양도 당사자 사이에 근로관계의 일부를 승계의 대상에서 제외하기로 하는 특약이 있는 경우에는 그에 따라 근로관계의 승계가 이루어지지 않을 수 있으나, 그러한 특약은 실질적으로 해고나 다름이 없으므로 근로기준법 제30조 제1항 소정의 정당한 이유가 있어야 유효하며, 영업양도 그 자체만을 사유로 삼아 근로자를 해고하는 것은 정당한 이유가 있는 경우에 해당한다고 볼 수 없다.(대법원 2002.3.22.선고 2000두8455 판결).

한편 「근로관계의 승계 여부나 승계의 정도는 영업양도가 있었는가의 판단에 중요한 요소이지만, 단순노무에 종사하는 종전 종업원들의 근로관계가 그대로 승계되지 않았다 하더라도 제반 사정에 비추어 영업의 동일성이 인정된다면 영업양도는 인정된다」고 하는 판례(대법원 1997.11.25.선고 97다카35085판결)도 있다.

6) 양도인의 담보책임

영업재산이나 사실관계의 이전이 있었으나 영업양도계약의 내용과 다름으로 인하여 양수인이 그 계약의 목적을 달성할 수 없는 경우에는 당사자간의 특약이 있으면 이에 따르고, 특약이 없는 경우에는 개별 재산의 하자에 대해서는 양도인은 민법상 하자담보책임을 져야 할 것이다. 그리고 양수인이 이로 인하여 영업을 계속할 수 없는 경우에는 영업양도계약을 취소하고 원상회복과 손해배상을 청구할 수 있다고 본다.

2. 경업금지의무

1) 의의 및 취지

양도인이 영업을 양도한 후에 같은 지역 내에서 동종의 영업을 재개할 수 있다고 한다면 영업양도의 취지에 어긋나게 되고, 양수인에게 불리하게 된다. 따라서 양도인은 영업을 양도한 후 일정기간 동종의 영업을 할 수 없도록 경업금지의무[1])를 지우고 있다.

【판례】 대법원 2022.11.30.선고 2021다227629판결

영업양도인이 영업을 양도한 후에도 인근에서 동종영업을 한다면 영업양도는 유명무실해지고 영업양수인은 부당한 손실을 입게 되므로, 영업양도의 실효성을 높이고 영업양수인을 보호하기 위해서는 영업양도인의 경업을 제한할 필요가 있다. 상법 제41조 제1항은 이러한 취지에서 경업을 양도한 경우에 다른 약정이 없으면 영업양도인은 10년간 동일한 특별시·광역시·시·군과 인접 특별시·광역시·시·군에서 동종영업을 하지 못한다고 규정하고 있다. 한편 영업이 동일성을 유지한 채 전전양도된 경우에도 최초 영업양도인이 인근에서 동종영업을 한다면 영업양도의 실효성이 크게 제한되어 영업양수인뿐만 아니라 전전 영업양수인들이 부당한 손실을 입게 되는 것은 마찬가지이므로, 최초 영업양도인과 전전 영업양수인들 사이에서도 위와 같은 상법 제41조 제1항의 취지가 참작되어야 한다.

그렇다면 영업양도계약에서 경업금지에 관하여 정함이 없는 경우 영업양수인은 영업양도인에 대해 상법 제41조 제1항에 근거하여 경업금지청구권을 행사할 수 있고, 나아가 영업양도계약에서 경업금지청구권의 양도를 제한하는 등의 특별한 사정이 없다면 위와 같이 양도된 영업이 다시 동일성을 유지한 채 전전양도될 때 영업양수인의 경업금지청구권은 영업재산의 일부로서 영업과 함께 그 뒤의 영업양수인에게 전전양도되고, 그에 수반하여 지명채권인 경업금지청구권의 양도에 관한 통지 권한도 전전이전된다고 보는 것이 타당하다.

2) 의무의 내용

(1) 당사자 간의 약정이 없는 경우: 경업금지에 대하여 당사자 간에 특별한 약정이 없는 경우에는 동일한 특별시·광역시·시·군과 인접 특별시·광역시·시·군에서 10년간 양도인은 동종의 영업을 할 수 없다(제41조 제1항).

【판례】 대법원 2009.9.14.자 2009마1136결정
[대법원 2017.4.7.선고 2016다47737판결; 대법원 2022.4.28.선고 2021다305659판결]

상법 제41조 제1항의 영업이란 일정한 영업 목적에 의하여 조직화된 유기적 일체로서의 기능적 재산을 말하고, 여기서 말하는 유기적 일체로서의 기능적 재산이란 영업을 구성하는 유형·무형의 재산과 경제적 가치를 갖는 사실관계가 서로 유기적으로 결합하여 수익의 원천으로 기능한다는 것과, 이와 같이 유기적으로 결합한 수익의 원천으로서의 기능적 재산이 마치 하나의 재화와 같이 거래의 객체가 된다는 것을 뜻하는 것이므로, 영업양도를 하였다고 볼 수 있는지의 여부는 양수인이 유기적으로 조직화된 수익의 원천으로서의 기능적 재산을 이전받아 양도인이 하던 것과 같은 영업적 활동을 계속하고 있다고 볼 수 있는지 여부에 따라 판단하여야 한다(대법원 2008.4.11.선고 2007다89722판결 등 참조). 이러한 영업양도의 판단기준은 인계·인수할 종업원이나 노하우, 거래처 등이 존재하지 아니하는 소규모 자영업의 경우에도 동일하게 적용되는 것이다.

경업금지지역으로서의 동일 지역 또는 인접지역은 양도된 물적 설비가 있던 지역을 기준으로 정할 것이 아니라 영업양도인의 통상적인 영업활동이 이루어지던 지역을 기준으로

---

1) 【학설】 경업금지의무의 법적 성질에 관한 학설
① 계약설: 영업양도계약에는 경업금지의무가 당연히 포함되어 있고 상법 제41조는 그 범위를 주의적으로 규정한 것에 불과하다고 한다.
② 정책설: 경업금지의무는 상법이 영업양수인을 보호하기 위해 특별히 인정한 법정의무에 해당한다고 한다(다수설).

정하여야 하고, 이때 통상적인 영업활동인지의 여부는 해당 영업의 내용, 규모, 방식, 범위 등 여러 사정을 종합적으로 고려하여 판단하여야 한다(대법원 2015.9.10.선고 2014다80440판결).

(2) 당사자 간의 약정기간이 있는 경우: 경업금지에 대하여 당사자 간에 약정을 하는 경우에는 동일한 특별시 · 광역시 · 시 · 군과 인접 특별시 · 광역시 · 시 · 군에 한하여 20년을 초과하지 않는 범위 내에서 그 효력이 있다(제41조 제2항).

3) 의무자의 범위

경(겸)업금지의무를 지는 자는 개인상인의 경우에는 그 양도인, 회사의 경우에는 그 양도회사이지만, 회사의 대표자가 겸업하는 경우나 개인상인이 영업양도 후에 새로운 회사를 설립하여 경업을 하는 경우에는 겸업금지의무 위반이 되므로 허용되지 않는다(대법원 2005.4.7.자 2003마473결정). 또한 양도인 자신뿐만 아니라 제3자를 내세워 동종영업을 하는 것(예 영업을 제3자에게 임대하는 경우)도 인정되지 않는다(대법원 1996.12.23.선고 96다37985판결). 양도인이 상인이 아닌 경우에는 겸업금지의무가 없으므로, 농협협동조합이 도정공장을 양도한 경우 그 양수인은 겸엄금지청구권이 없다(대법원 1969.3.25.선고 68다1560판결 참조).

4) 의무의 승계

경업금지의무는 특정 승계에 의해 이전되지 않지만, 상속 · 합병 등의 포괄승계의 경우에 상속인 또는 존속회사나 신설회사에 경업금지의무가 승계되는가에 대해서는 학설이 대립하고 있다.[1)]

5) 의무위반의 효과

양도인이 경업금지의무를 위반한 때에는 양수인은 영업양도인의 비용으로써 그 위반한 것을 제거하고 장래에 대한 적당한 처분을 법원에 청구할 수 있고(대법원 1996.12.23.선고 96다37985판결 참조), 의무위반에 따른 손해배상청구도 가능하다.

【판례】 대법원 1996.12.23.선고 96다37985판결

영업양도인이 그 부작위의무에 위반하여 영업을 창출한 경우 그 의무위반 상태를 해소하기 위하여는 영업을 폐지할 것이 요구되고 그 영업을 타에 임대한다거나 양도한다고 하더라도 그 영업의 실체가 남아 있는 이상 의무위반 상태가 해소되는 것은 아니므로, 그 이행강제의 방법으로 영업양도인 본인의 영업금지 외에 제3자에 대한 영업의 임대, 양도 기타 처분을 금지하는 것도 가능하다.

---

1) 【학설】 합병·상속 등의 포괄승계의 경우 경업금지의무의 승계 여부에 관한 학설
경업금지의무는 일신전속적 의무로서 특정 승계는 물론 포괄승계의 대상도 되지 않는다는 견해와, 회사합병의 경우에는 경업금지의무의 승계를 인정하지만 상속의 경우에는 상속인 보호를 위해 승계를 부정하는 견해가 있다.

Ⅱ. 제3자에 대한 효과

1. 채권자에 대한 효과

1) 상호속용의 경우

(1) 의의 및 취지 양수인이 양수한 영업에 관하여 양도인의 상호를 속용하는 경우에는 양도인의 영업으로 인한 제3자의 채권에 대하여 양수인도 변제할 책임을 진다(제42조 제1항).[1] 이 경우에 양수인에게 책임을 지우는 것은 일반적으로 채무자의 영업상 신용은 채무자의 영업재산에 의하여 실질적으로 담보되는 것이 대부분인데, 채무가 승계되지 아니함에도 상호를 계속 사용함으로써 영업양도의 사실이, 또는 영업양도에도 불구하고 채무의 승계가 이루어지지 않은 사실이 대외적으로 판명되기 어렵게 되어 채권자에게 채권추구의 기회를 상실시키는 경우에 양수인에게 책임을 지우기 위한 것이다(대법원 1998.4.14.선고 96다8826판결; 대법원 2010.9.30.선고 2010다35138판결; 대법원 2017.4.7.선고 2016다47737판결 등). 따라서 상법은 양수인이 중첩적으로 채무인수를 한 것으로 의제하고 있는 것이므로 이때에는 양도인과 양수인은 부진정연대채무를 부담한다(통설). 그러나 양도인과 양수인 간에 면책적 채무인수를 정식으로 한 경우에는 제42조는 적용될 여지가 없고 당사자 간의 약정에 따라 양수인만이 책임질 뿐 양도인은 책임이 없다.

(2) 책임의 요건: 상법 제42조 제1항의 적용을 위해서는 해석상 다음과 같은 책임요건이 필요하다.

① 영업의 양수: 양수인은 양도인으로부터 영업을 양수하여야 한다. 여기서 영업은 완전상인의 영업을 뜻한다. 왜냐하면 소상인에게는 상호에 관한 규정이 적용되지 않기 때문이다. 따라서 소상인은 상법 제42조 제1항의 책임을 지지 않는다. 영업의 양수는 양수인이 전영업자의 지위를 승계하는 일체의 행위를 말하며, 그 계약의 법적 성질은 문제되지 않는다. 한편, 영업양도계약이 무효 또는 취소된 경우에 이를 항변으로 제출할 수 있는가(양수인이 책임을 면할 수 있는가)에 대해서는 견해의 대립이 있으나, 제3자의 외관신뢰보호를 위해 항변제출을 인정하지 않는 것이 타당하다고 본다(이범찬·최준선, 「상법(상)」, 241면 참조).

---

1) 【학설】 상법 제42조 제1항의 입법취지에 관한 학설

① 외관설: 상법 제42조 제1항의 양수인의 책임은 상호속용의 경우 제3자가 채무인수를 할 것으로 예상하는 외관의 신뢰에 근거한 것이라는 견해이다.

② 담보설: 영업상의 채무는 영업재산이 담보로 되는 것이므로 채권자를 보호하기 위하여 양수인에게 채무인수를 의무화한 것으로 보는 견해이다.

③ 외관·담보설: 상법 제42조 제1항의 규정은 외관의 신뢰에 대한 책임규정이며, 영업상 채무에 대해 영업재산이 담보로 되어 채권자를 보호하기 위한 취지를 담고 있다는 견해이다(판례).

보충판례 영업의 현물출자와 상법 제42조 제1항 적용에 대한 판례: 영업양도가 아니라도 영업을 현물출자하여 설립된 회사가 현물출자자의 상호를 계속 사용하는 때에는 상법 제42조 제1항의 유추적용(현물출자는 곧 영업 양도라는 견해도 있다; 이철승 「상법총칙, 상행위」, 제11판, 266면)에 의해 새로 설립된 회사는 현물출자자의 채권자에게 변제할 책임을 진다(대법원 1989.3.28.선고 88다카12100판결). 이 경우에는 상법 제45조의 규정도 당연히 유추적용된다(대법원 2009.9.10.선고 2009다38827판결).

② 상호속용: ㉠ 상호속용은 양수인이 양도인의 동일한 상호를 계속하여 사용하는 것을 의미하며, 완전히 동일할 것을 요하지는 않는다('삼정장여관'과 '삼정호텔'의 상호동일성 인정; 대법원 1989.3.28.선고 88다카12100판결). 즉, 영업양도인이 사용하던 상호와 양수인이 사용하는 상호가 동일할 것까지는 없고 다만 전후의 상호가 주요 부분에 있어서 공통되기만 하면 상호를 계속 사용한다고 보아야 한다. 종래 상호의 주요 부분에 변경을 가한 때에는 당해 거래계의 인식이나 사회통념 등을 종합적으로 고려하여 상호속용 여부를 판단하여야 한다(대법원 1998.4.14.선고 96다8826판결).

㉡ 상호속용의 원인관계가 무엇인지에 관하여 제한을 둘 필요는 없고 상호속용이라는 사실관계가 있으면 충분하다(영업양도 전후의 상호가 '주식회사 파주 레미콘'과 '파주콘크리트 주식회사'이면 회사의 주된 목적이 유사하고 등기부상 주소 또한 동일하며, 상호 또한 동일성 인식의 주된 부분인 '파주'라는 명칭을 유지하면서 콘크리트의 일종인 '레미콘' 대신 '콘크리트'로 변경한 사실 …(중략)… 사실관계가 이와 같다면 상호의 주요 부분에서 공통하므로 영업을 양수하여 상호속용을 하고 있다고 보아야 한다; 대법원 1998.4.14.선고 96다8826판결). 따라서 상호의 양도는 사용허락이 있는 경우는 물론 그에 관한 합의가 무효 또는 취소된 경우라거나 상호를 무단사용하는 경우도 상법 제42조 제1항의 상호속용에 포함된다(대법원 2009.1.15.선고 2007다17123·17130판결).

㉢ 상호뿐만 아니라 옥호(屋號)나 영업표지의 속용의 경우에도 그것이 영업주체를 나타내는 것으로 사용되는 경우에는 영업상의 채권자가 영업주체의 교체나 채무승계 여부 등을 용이하게 알 수 없다는 점에서 일반적인 상호속용의 경우와 다를 바 없으므로 양수인은 특별한 사정이 없는 한 상법 제42조 제1항의 유추적용에 의하여 그 채무를 부담한다(대법원 2010.9.30.선고 2010다35138판결; 대법원 2022.4.28.선고 2021다305659판결).

③ 영업으로 인한 채무: 상법 제42조 제1항의 책임의 대상이 되는 채무는 영업양도 전에 영업상의 활동에 관하여 발생한 채무를 말하며(대법원 2002.6.28.선고 2000다5862판결), 영업활동에 관하여 발생한 채무라면 불법행위로 인한 채무나 부당이득으로 인한 상환채무도 포함된다(대법원 1989.3.28.선고 88다카12100판결 참조). 그리고 영업으로 인한 채무는 영업양도 전에 발생한 것이면 족하고, 반드시 영업양도 당시의 상호를 사용하는 동안 발생한 채무에 한하는 것은 아니다(대법원 2010.9.30.선고 2010다35138판결).

보충판례 상법 제42조 제1항은 영업양수인이 양도인의 상호를 계속 사용하는 경우 양도인의 영업으로 인한 제3자의 채권에 대해서 양수인도 변제할 책임이 있다고 규정함으로써 양도인이 여전히 주채무자로서 채무를 부담하면서 양수인도 함께 변제책임을 지도록 하고 있으나, 위 규정이 영업양수인이 양도인의 영업자금과 관련한 피보증인의 지위까지 승계취득하도록 한 것이라고 보기는 어렵고, 영업양수인이 위 규정에 따라 책임지는 제3자의 채권은 영업양도 당시 채무의 변제기가 도래할 필요까지는 없다고 하더라도 그 당시까지 발생한 것이어야 하고, 영업양도 당시로 보아 가까운 장래에 발생될 것이 확실한 채권도 양수인이 책임져야 한다고 볼 수 없다.(대법원 2002.2.6.선고 2019두270217 판결).

이러한 채무에는 제3자에 대한 계약상의 채무, 거래로 인하여 취득한 어음·수표 등의 증권채무, 조세채무, 소송비용 등이 포함된다. 그러나 영업과 무관하게 생긴 채무는 대상에서 제외된다. 영업으로 인한 채무인가의 입증책임은 채권자가 부담한다(대법원 2002.6.28.선고 2000다5862판결).

한편, 영업으로 인한 채무의 인수사실이 있다면 당연히 채권자가 이를 승낙하고 채권을 행사할 수 있으므로, 상법 제42조 제1항은 채무인수가 없었을 경우에도 적용된다.

④ 제3자의 범위 및 선의: ㉠ 제3자란 양도인과 직접거래한 채권자뿐만 아니라, 직접거래 채권자로부터 영업으로 인한 채권을 양수한 자도 포함한다. 제3자가 비록 영업양도의 사실을 알고 있으나 채무인수사실이 없었다는 사실을 알지 못한 경우에는 제3자에 포함된다(대법원 1989.12.26.선고 88다카10128판결).

㉡ 상법 제42조 제1항의 적용을 위해서는 제3자, 즉 채권자의 선의를 요하는가에 대해서는 학설의 대립이 있다.[1]

【판례】 대법원 2022.4.28.선고 2021다305659판결

상호를 속용하는 영업양수인의 책임은 어디까지나 채무인수가 없는 영업양도에 의하여 채권추구의 기회를 빼앗긴 채권자를 보호하기 위한 것이므로, <u>영업양도에도 불구하고 채무인수 사실이 없다는 것을 알고 있는 악의의 채권자에 대하여는 상법 제42조 제1항에 따른 책임이 발생하지 않고</u>, 채권자가 악의라는 점에 대한 주장·증명책임은 그 책임을 면하려는 영업양수인에게 있다. 나아가 채권자 보호의 취지와 상법 제42조 제1항의 적용을 면하기 위하여 양수인의 책임 없음을 등기하거나 통지하는 경우에는 영업양도를 받은 후 지체 없이 하도록 규정한 상법 제42조 제2항의 취지를 종합하면, 채권자가 영업양도 당시 채무인수 사실이 없음을 알고 있었거나 그 무렵 알게 된 경우에는 영업양수인의 변제책임이 발생하지 않으나, <u>채권자가 영업양도 무렵 채무인수 사실이 없음을 알지 못한 경우에는 특별한 사정이 없는 한 상법 제42조 제1항에 따른 영업양수인의 변제책임이 발생하고, 이후 채권자가 채무인수 사실이 없음을 알게 되었다고 하더라도 이미 발생한 영업양수인의 변제책임이 소멸하는 것은 아니다</u>.

(3) 책임의 효과: 양수인은 양수한 재산과는 관계없이 자신의 전재산으로써 책임을 지며 양도인이 채권자에 대하여 항변할 수 있는 모든 사유로써 양수인은 채권자에게 항변할 수 있다. 반면에 채권자가 양도인에 대한 집행권원을 가지고는 양수인의 소유재산에 대해 강제집행할 수는 없으며(대법원 1967.10.31.선고 67다1102판결), 채권자가 승소한 확정판결의 변론종결 후 그 확정판결상의 채무자로부터 영업을 양수하여 양도인의 상호를 계속 사용하는 영업양수인의 재산에 대해서는 특단의 사정이 없는 한 그 영업양수인을 곧 민사소송법 제218조(기판력의 주관적 범위; 확정판결은 당사자, 변론을 종결한 뒤의 승계인 또는 그를 위하여 청구의 목적물을 소유한 사람에 대하여 효력이 미친다)의 변론종결 후의 승계인에 해당한다고 할 수 없다(대법원 1979.3.13.선고 78다2330판결).

(4) 책임의 배제: 양수인이 영업양도를 받은 후 지체없이 양도인의 채무에 대한 책임이 없음을 등기(양수인이 등기신청하여야 한다: 상업등기법 제34조)하거나, 양도인과 양수인이 제3자에 대해 지체없이 양도인의

1) 【학설】 채권자의 선의를 요건으로 하는가에 대한 학설
양도인의 영업으로 인한 채무를 양수인이 인수하지 않았다는 것에 관하여 채권자가 악의인 때에는 양수인은 상법 제42조 제1항의 책임을 지지 않는다는 견해(판결·다수설)와, 양수인이 채무인수를 하지 않았다는 등기 또는 채권자에 대한 통지를 해태함으로써 양수인이 우연히 알게 된 경우에 양수인이 책임을 면할 이유가 없다는 점에서 양수인이 악의인 경우에도 제42조 제1항의 책임을 진다는 견해가 있다.

채무에 대하여 양수인에게 책임이 없다는 취지를 통지한 때에는 양수인은 책임을 지지 않는다(제42조 제2항). 책임 없음을 등기한 경우에는 모든 채권자에 대하여 책임을 면한다. 그러나 책임 없음을 통지하는 경우에는 통지받은 채권자에 대해서만 책임을 면할 수 있고, 양수인만이 채권자에게 책임을 지지 않는다는 뜻을 표시한 것만으로는 양수인은 변제책임을 면할 수 없다(대법원 1976.4.27.선고 75다1209·1210판결).

2) 상호불속용의 경우

(1) 양수인이 양도인의 상호를 속용하지 않는 경우에는 양수인은 양도인의 영업으로 인한 채무에 대하여 당연히 변제할 책임을 지지 않는다. 다만, 양수인이 양도인의 영업을 양수하였다는 사실과 그 영업으로 인한 채무도 인수하였음을 광고한 때에는 양도인의 채무에 대하여 양수인도 변제할 책임을 진다(제44조). '채무인수의 광고'란 사회통념상 영업으로 인하여 생긴 채무를 인수한 것으로 채권자가 일반적으로 믿을 수 있는 외관을 야기한 경우를 의미한다.

【판례】 대법원 2009.7.9.선고 2009다23696판결

영업양수인이 양도인의 상호를 계속 사용하지 아니하는 경우에 양도인의 영업으로 인한 채무를 인수할 것을 광고한 때에는 양수인도 변제할 책임이 있는 바(상법 제44조), 이 경우 영업양도인의 영업으로 인한 채무와 영업양수인의 상법 제44조에 따른 채무는 같은 경제적 목적을 가진 채무로서 서로 중첩되는 부분에 관하여는 일방의 채무가 변제 등으로 소멸하면 다른 일방의 채무도 소멸하는 이른바 부진정연대의 관계에 있다고 할 것이지만, 채권자의 영업양도인에 대한 채권과 영업양수인에 대한 채권은 어디까지나 법률적으로 발생원인을 달리하는 별개의 채권으로서 그 성질상 영업양수인에 대한 채권이 영업양도인에 대한 채권의 처분에 당연히 종속된다고 볼 수 없다. 따라서 채권자가 영업양도인에 대한 채권을 타인에게 양도하였다는 사정만으로 영업양수인에 대한 채권까지 당연히 함께 양도된 것이라고 단정할 수 없고, 함께 양도된 경우라도 채권양도의 대항요건은 채무자별로 갖추어야 한다.

(2) 광고는 하지 않았지만 채무인수의 의사를 채권자에게 개별적으로 통지하는 방식으로 영업양수인이 양도인의 채무를 받아들이는 취지를 표시한 경우에도 양수인은 변제책임을 진다(대법원 2008.4.11.선고 2007다89722판결; 대법원 2010.1.14.선고 2009다77327판결).

【판례】 대법원 2010.1.14.선고 2009다77327판결

신설회사가 기존회사로부터 영업재산 대부분을 그대로 인수하여 그 영업을 양수하여 기존회사의 거래처와 거래를 계속하던 중 기존회사의 채권자에게 상호를 변경한다는 취지의 개별통지를 한 사안에서, 신설회사는 상법 제44조의 채무인수를 광고한 양수인에 해당하여 그 채권자에게 채무변제의 책임이 있다고 한 사례(이다).

3) 양도인의 책임

양수인이 양도인의 채권자에 대하여 책임을 지는 경우에도 양도인은 영업양도 또는 채무인수의 광고 후 2년 내에는 양수인과 부진정연대채무 관계에서 연대책임을 진다(제45조).[1]

영업상의 채무는 양도인의 특정 채무라기보다는 영업 그 자체의 채무로 인정하기 때문에 제45조에서 양도인의 책임에 대한 제척기간을 둔 것이다.

【판례】 대법원 2009.9.10. 선고 2009다38827판결

상법 제42조 제1항은 영업양수인이 양도인의 상호를 계속 사용하는 경우에는 양도인의 영업으로 인한 제3자의 채권에 대하여 양수인도 변제할 책임이 있다고 규정하고, 상법 제45조는 영업양수인이 상법 제42조 제1항의 규정에 의하여 변제의 책임이 있는 경우에는 양도인의 제3자에 대한 채무는 영업양도 후 2년이 경과하면 소멸한다고 규정하고 있는바, 영업을 출자하여 주식회사를 설립하고 그 상호를 계속 사용함으로써 상법 제42조 제1항의 규정이 유추적용되는 경우에는 상법 제45조의 규정도 당연히 유추적용된다.

2. 채무자에 대한 효과

1) 상호속용의 경우

양수인이 양도인의 상호를 속용하는 경우에는 양도인의 영업으로 인한 채권에 대하여 채무자가 선의이며 중대한 과실 없이 양수인에게 변제한 때에는 실제로 채권양도를 하지 않았다 하더라도 그 변제는 유효한 채무이행으로 본다(제43조). 그 취지 및 적용범위나 상호속용의 뜻 등은 상호를 속용하는 양수인의 책임의 내용과 같다.

보충 상법 제43조의 규정은 증권의 소지인에게 변제해야 하는 증권채권에는 제시증권성 또는 상환증권성 등으로 인하여 적용되지 않으며, 따라서 양수인이 양도인의 상호를 속용하면서 양도인의 증권채권을 양수하지 않은 경우에는 그 증권상의 채무자가 양수인에게 변제하더라도 효력이 없다(정찬형, 「상법강의(상)」, 179면).

2) 상호불속용의 경우

양수인이 양도인의 상호를 속용하지 않는 경우 채무자의 양수인에 대한 선의변제에 관해 특별한 규정을 두고 있지 않기 때문에 채무자를 보호할 근거는 없다.[1]

---

1) 【학설】 제45조의 해석에 관한 학설

① 적용범위: 상법 제45조의 양도인의 책임규정은 양수인이 양도인의 채무를 인수한 경우에만 적용된다는 견해와, 양수인이 양도인의 채무를 인수하지 않은 경우에도 중첩적 채무인수가 있었던 것으로 의제되어 제45조가 적용된다는 견해(다수설)가 있다.

② 중첩적 채무인수의 경우: 중첩적 채무인수의 경우에도 제45조가 적용되어야 한다는 견해와, 중첩적 채무인수의 경우에는 제45조가 적용되지 않고 양도인의 채무가 2년의 경과로 소멸하지 않는다는 견해가 있다.

1) 【학설】 상호불속용의 경우 채무자의 양수인에 대한 변제의 유효성 여부에 대한 학설

① 제1설: 영업양도인의 영업상의 채권이 영업양도와 더불어 양수인에게 이전되어 대항요건(채권양도의 광고 또는 통지)을 갖춘 때에는 양수인에게 채무자는 변제하여야 하지만, 채권이 이전되지 않은 경우에는 채무자의 양수인에 대한 변제로써 양도인에게 대항할 수 없다는 견해이다

② 제2설: 양수인이 채권양도를 받지 않았으면서도 마치 이를 받은 것처럼 양도인의 동의하에 채권양수를 공고 또는 통지한 경우에 이를 믿고 채무자가 선의이며 중대한 과실 없이 양수인에 변제한 때에는 상법 제44조를 유추적용하여 그 효력이 인정되어야 한다는 견해가 있다.

제 5 절 영업의 임대차와 경영위임

I. 영업의 임대차

1. 의 의

영업의 임대차란 영업의 전부 또는 독립된 영업의 일부를 일정한 기간 타인에게 대여하는 계약을 말한다. 영업의 임대차는 임차인에게는 기업의 일시적 확대나 콘체른의 형성을 위한 수단으로서 편리하고, 임대인은 기업소유자의 지위를 유지하면서 안정된 임대료를 받을 수 있는 장점이 있다.

2. 방식 및 절차

영업의 임대차에는 특별한 방식은 필요하지 않지만, 주식회사나 유한회사는 그 영업의 전부를 임대하는 때에는 주주총회 또는 사원총회의 특별결의가 있어야 한다(제374조 제1항 제2호, 제576조 제1항).

3. 효 과

영업의 임대차의 효과는 계약내용에 따르는 것이 원칙이며, 계약내용이 없는 경우에는 영업양도에 관한 규정이 준용된다고 본다. 다만 상법 제42조 제1항은 유추적용되지 않는다(대법원 2017.4.7.선고 2016다47737판결). 그 외 민법상 임대차에 관한 규정이 유추적용될 수도 있을 것이다. 임대차의 경우 상호를 사용하는 경우 임대인은 명의대여자의 책임을 부담한다(제24조).

【판례】 대법원 2017.4.7.선고 2016다47737판결

영업임대차의 경우에는 상법 제42조 제1항과 같은 법률규정이 없을 뿐만 아니라, 채권자가 제공하는 영업상의 신용에 대하여 실질적인 담보의 기능을 하는 영업재산의 소유권이 재고상품 등 일부를 제외하고는 모두 임대인에게 유보되어 있고 임차인은 사용·수익권만을 가질 뿐이어서 임차인에게 임대인의 채무에 대한 변제책임을 부담시키면서까지 임대인의 채권자를 보호할 필요가 있다고 보기 어렵다. 여기에 상법 제42조 제1항에 의하여 양수인이 부담하는 책임은 양수한 영업재산에 한정되지 아니하고 그의 전 재산에 미친다는 점 등을 더하여 보면, <u>영업임대차의 경우에 상법 제42조 제1항을 그대로 유추적용할 것은 아니다</u>(대법원 2016.8.24.선고 2014다9212판결 참조). <u>이는 영업임대차의 종료로 영업을 반환하는 경우에도 마찬가지이다</u>.

Ⅱ. 경영위임

경영위임이란 기업의 경영을 타인에게 위임하는 계약을 말하며, 이러한 경영위임에는 손익이 수임자에게 귀속되고 수임자가 위임자에게 보수를 지급하는 계약으로서 위임자가 수임자에게 자기의 영업을 이용하게 하는 협의의 경영위임과, 당사자의 일방이 상대방인 상인을 위하여 영업의 경영을 인수하는 내용의 계약으로서 일종의 위임이라 할 수 있는 경영관리계약이 있다. 주식회사나 유한회사가 영업 전부의 경영위임을 하는 경우에는 주주총회 또는 사원총회의 특별결의가 있어야 한다(제374조 제1항 제2호, 제576조 제1항).

제2편 상행위

Commercial Law

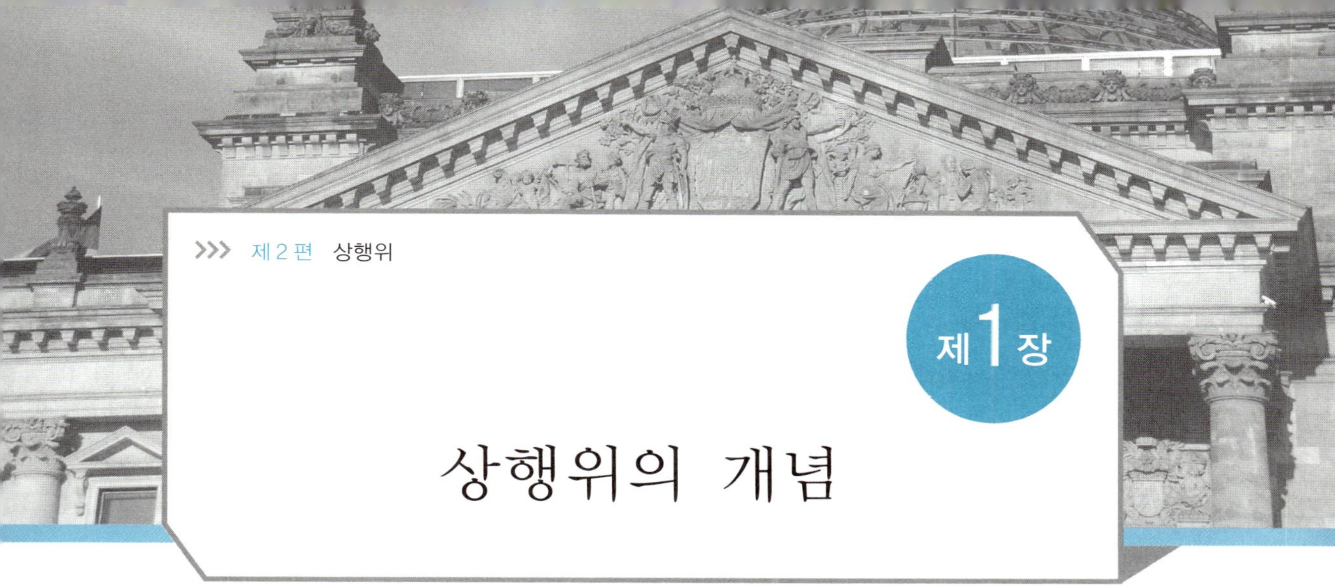

제1장 상행위의 개념

제1절 총 설

I. 상행위법의 내용과 특성

1. 상행위법의 내용

상행위법은 상행위를 규율하는 법, 즉 기업이 영리목적의 실현을 위하여 하는 모든 경영활동을 규율하는 법으로서, 상법전의 제2편 상행위에 해당하는 규정들(제46조부터 제168조의12까지)을 말한다. 이러한 상행위법은 크게 상행위법 총론과 각론으로 나누어지고 있다.

총론은 제1장 통칙, 제2장 매매, 제3장 상호계산, 제4장 익명조합, 제4장의2 합자조합으로 구성되어 있고, 각론은 제5장 대리상, 제6장 중개업, 제7장 위탁매매업, 제8장 운송주선업, 제9장 운송업, 제10장 공중접객업, 제11장 창고업, 제12장 금융리스업, 제13장 가맹업, 제14장 채권매입업으로 구성되어 있다.

2. 상행위법의 특성

1) 임의법규성

상행위법은 상거래에 관하여는 계약자유의 원칙이 광범위하게 인정되고 있기 때문에 임의법규의 성질을 갖는다. 상거래는 법적으로 채권관계를 발생시키는데, 그 내용은 종래의 전형적인 민사계약상의 권리관계에 비해 매우 다양하고 색다른 경우가 많다. 그러므로 채권적 법률관계에 대해 거래안전을 위하여 다양한 내용을 정하는 경향이 있다. 이러한 새로운 채권적 법률관계는 실제 거래사회에 있어서는 법의 규율이 미치기 전에 보통거래약관에 의하여 당사자관계가 정하여지는 것이 보통이다.

2) 신속성

상거래는 다수인을 상대로 집단적, 반복적으로 이루어지므로 개개의 거래가 신속히 처리되도록 하기 위하여 상행위의 대리방식(제48조), 대화자 간의 청약의 효력 소멸(제51조), 확정기매매의 당연해제(제68조), 단기소멸시효(제64조, 제121조·제154조·제166조), 매도인·위탁매매인·운송인·창고업자의 목적물 공탁권·경매권(제67조, 제109조, 제142조, 제165조) 등의 특칙을 두고 있다.

3) 거래의 안전

집단적·반복적으로 수행되는 상거래가 신속히 처리되기 때문에 거래의 안전을 고려하여야 하고, 이를 위해 물품보관의무(제60조), 상사매매의 매수인의 보관·공탁·경매의무(제70조), 중개인이나 위탁매매상인의 이행담보책임(제99조, 제105조) 등의 특칙을 두고 있다.

4) 책임의 가중·경감

상행위법은 상거래의 안전을 도모하면서 상인에게 일반 민사책임보다 가중된 책임을 부담시킴으로써 상인에 대한 일반인의 신뢰를 보호하고(예 다수당사자의 연대책임(제57조 제1항), 무상수치인의 주의의무(제62조) 등), 기업의 유지나 영업의 촉진 등을 위해 상인의 책임 경감 규정(예 고가물에 대한 책임(제136조, 제153조) 등)을 두고 있다.

Ⅱ. 상행위법의 적용

1. 일방적 상행위, 쌍방적 상행위

상행위법은 당사자 쌍방이 상인이고 이 쌍방에 대하여 상행위가 되는 쌍방적 상행위뿐만 아니라 당사자 중 일방에게만 상행위가 되는 일방적 상행위의 경우에도 당사자 전원에 대하여 상법 제2편의 상행위 규정이 적용된다(제3조).

> **【판례】 대법원 2014.4.10.선고 2013다68207판결**
>
> 상법 제3조에 따라 당사자 중 1인의 행위가 상행위인 때에는 전원에 대하여 상법이 적용되므로, 당사자의 일방이 수인인 경우에 그 중 1인에게만 상행위가 되더라도 전원에 대하여 상법이 적용된다고 해석된다.

다만 상행위에 관한 규정 중에서 상사유치권(제58조), 상사매매(제67조부터 제71조까지), 대리상의 유치권(제91조) 등은 반드시 쌍방적 상행위에 대해서만 적용된다.

2. 공법인의 상행위

공법인의 상행위에 대해서는 특별법령에 다른 규정을 두고 있지 않은 경우에는 상법을 적용한다(제2조).

제 2 절 상행위의 의의와 종류

I. 상행위의 의의

상행위란 실질적으로 상인이 영리의 목적을 달성하기 위한 채권적 법률행위(기업활동)를 말하며, 형식적으로 상법 제46조와 담보부사채신탁법 제23조 제2항에서 상행위로 정한 것(사채총액의 인수행위)을 말한다.

II. 상행위의 종류

1. 기본적 상행위

상법 제46조 각호에서 정한 행위를 기본적 상행위라 한다. 이러한 상행위를 '영업으로' 하는 자는 당연상인이지만, 오로지 임금을 받을 목적으로 물건을 제조하거나 노무에 종사하는 자의 행위는 기본적 상행위에 포함되지 않는다(제46조 단서).

【판례】 대법원 2020.5.28.선고 2017다265389판결

어느 행위가 상법 제46조의 기본적 상행위에 해당하기 위하여는 영업으로 같은 조 각호의 행위를 하는 경우여야 하고, 여기서 '영업으로 한다'는 것은 영리를 목적으로 동종의 행위를 계속 반복적으로 하는 것을 의미한다. 구 한국토지공사법(2009.5.22. 법률 제9706호 한국토지주택공사법 부칙 제2조로 폐지)에 따라 설립된 한국토지공사는 토지를 취득·관리·개발 및 공급하게 함으로써 토지자원의 효율적인 이용을 촉진하고 국토의 종합적인 이용·개발을 도모하여 건전한 국민경제의 발전에 이바지하게 하기 위하여 설립된 법인이다. 따라서 한국토지공사가 택지개발사업을 시행하기 위하여 공익사업을 위한 토지 등의 취득 및 보상에 관한 법률에 따라 토지소유자로부터 사업 시행을 위한 토지를 매수하는 행위를 하더라도 한국토지공사를 상인이라 할 수 없고, 한국토지공사가 택지개발사업 지구 내에 있는 토지에 관하여 토지소유자와 매매계약을 체결한 행위를 상행위로 볼 수 없다.

1) 동산·부동산·유가증권 기타의 재산의 매매(제1호)

매매[1]란 물건을 구매(매수)하여 판매(매도)하면서 그 차액을 얻는 행위를 말하며, 소유권의 이전행위에 해당한다. 매매의 목적물은 동산·부동산·유가증권 기타 재산(예 소유권 이외의 물권·채권·사원권·무체재산권·광업권·어업권 등)이다. 한편 자기가 재배한 농산물을 매도하는 행위도 이를 영업으로 할 경우 상행위에 해당한다는 판례(대법원 1993.6.11.선고 93다7174·7181판결)가 있으나 이는 부당한 해석으로 보인다.

2) 동산·부동산·유가증권 기타의 재산의 임대차(제2호)

임대차는 소유권의 이전을 가져오는 것이 아니라 재산의 이용을 하도록 하고 그 대가를 취득하는 행위를 말한다.[2]

3) 제조·가공 또는 수선에 관한 행위(제3호)

타인을 위한 제조·가공 또는 수선에 관한 행위를 인수하는 계약을 말한다.[3]

---

1) 【학설】 '매매'의 의미에 관한 학설

① 매매를 '매수 또는 매도'로 보는 견해(이 견해에 의하면 매도나 매수 중 어느 하나가 영업으로 행해지면 상행위가 된다고 한다), '매도와 매수 또는 매도'로 보는 견해, 동일주체를 통한 '매수와 매도'로 보는 견해(다수설)로 나누어지고 있다. 매매를 '매수와 매도'로 보는 견해에 의하면 매수와 매도는 내면적 연관성이 있으면 된다고 한다. 그리고 매매 중 매수는 유상의 승계취득을 의미하므로 무상의 증여나 유증 또는 선점·가공·원시생산과 같은 원시취득은 매매에 포함되지 않는다고 한다.

② 교환·소비대차·소비임치·대물변제도 매매에 해당한다는 견해(다수설)와 매매에 해당하지 않는다는 견해가 있다.

③ 매수물건을 다시 제조·가공하여 판매하는 행위를 매매에 해당한다고 하는 견해와, 제조·가공에 관한 행위를 제46조 제3호에 별도로 규정하고 있으므로 매매에 해당하지 않는다는 견해가 있다.

2) 【학설】 임대차의 의미에 관한 학설

임대차의 의미에 대해서 ① 임대할 의사를 가지고 임차하거나 또는 이것을 임대하는 행위라는 견해(다수설), ② 임차와 임대가 내적으로 연관된 것이어야 한다는 견해, ③ 자기재산의 임대 또는 타인재산을 임차하여 전대하는 행위라는 견해, ④ 이익을 얻고 임대할 의사로 유상취득이나 임차하는 행위와 이것을 임대하는 행위라는 견해가 있다.

3) 【학설】 제조 등의 의미에 관한 학설

제조 등의 행위를 타인으로부터 재료의 교부를 받아 또는 타인의 계산으로 이것을 매입하여 제조하는 것 등

4) 전기·전파·가스 또는 물의 공급에 관한 행위(제4호)

전기·전파(라디오·텔레비전 등의 방송파)·가스·수도사업 등과 같이 일정한 용역을 계속적으로 공급할 것을 인수하는 행위를 말한다.

5) 작업 또는 노무의 도급의 인수(제5호)

작업의 도급의 인수란 주택 건설이나 선박 건조 등 부동산 또는 선박에 관한 공사를 인수하는 행위를 말한다. 노무의 도급의 인수란 노동자의 공급을 인수하는 계약을 말한다.

6) 출판·인쇄 또는 촬영에 관한 행위(제6호)

출판에 관한 행위란 문서 또는 도서를 인쇄하여 발매 또는 배포하는 행위를 말하며, 인쇄에 관한 행위란 문서 또는 도화를 복제하는 작업을 인수하는 행위이며, 촬영에 관한 행위란 사진의 촬영을 인수하는 계약을 말한다.

7) 광고·통신 또는 정보에 관한 행위(제7호)

광고란 수요창출을 목적으로 특정한 기업·상품 기타 특정 사실을 일반공중에게 홍보하는 행위를 말하며, 통신에 관한 행위란 유선 또는 무선통신장비를 이용하여 정보를 수집하여 제공하거나 보내는 행위를 말하며, 정보에 관한 행위란 타인이 의뢰한 정보(예 자산·신용상태 등)를 유상으로 수집·제공해 주기로 하는 계약을 말한다.

8) 수신(受信)·여신(與信)·환(換) 기타의 금융거래(제8호)

수신이란 예금의 수입, 유가증권·기타 채무증서의 발행에 의하여 채무를 부담함으로써 자금을 획득하는 행위이며, 여신이란 타인의 금전을 획득하여 일정조건하에 타인에게 대여하는 행위이고, 환(換)은 다른 종류의 화폐 간의 교환을 말한다. 금융거래란 수신·여신의 업무를 영위하는 한국은행 이외의 금융기관의 업무를 말한다.

9) 공중(公衆)이 이용하는 시설에 의한 거래(제9호)

일반인들이 모일 수 있는 일정한 시설을 갖추고 일정한 대가를 받고 객으로 하여금 이를 이용하게 하는 행위로서, 이러한 행위를 하는 대표적인 예로는 공중접객업을 들 수 있다.

을 의미한다는 견해와, 타인의 계산으로 제조 등을 할 것을 인수하는 행위뿐만 아니라 자기의 계산으로 원료를 구입하여 물건을 제조하여 판매하는 행위를 포함하는 것으로 보아야 한다는 견해가 있다.

10) 상행위의 대리의 인수(제10호)

독립된 지위에서 일정한 상인을 위하여 계속적으로 상행위인 행위의 대리를 인수하는 행위이며, 이러한 행위를 하는 자로는 통신대리점이나 보험대리상 등을 들 수 있다.

11) 중개에 관한 행위(제11호)

타인 간의 법률행위의 중개를 인수하는 행위로서 상행위 중개뿐만 아니라 민사상의 중개행위(예 혼인중매·부동산매매·임대차중개)도 포함된다.

12) 위탁매매 기타의 주선에 관한 행위(제12호)

주선이란 자기의 명의로 타인의 계산으로 법률행위를 할 것을 인수하는 행위를 말한다. 주선행위를 하는 자로서 위탁매매인·준위탁매매인·운송주선인을 들 수 있다.

13) 운송의 인수(제13호)

물건 또는 여객을 일정한 장소에서 다른 장소로 이동시키는 운송계약으로서 이를 인수하는 행위를 말한다. 상행위편에서는 육상운송에 관해서만 규정하고 있고, 해상운송에 관해서는 제5편(해상)에, 그리고 항공운송에 관해서는 제6편(항공운송)에서 각각 별도로 규정을 두고 있다.

14) 임치의 인수(제14호)

타인을 위하여 물건 또는 유가증권을 보관할 것을 인수하는 행위를 말한다. 대표적인 예로는 창고업자의 업무행위를 들 수 있고, 주차장이나 임시물건보관소의 업무행위도 이에 속한다고 본다. 금전 또는 유가증권의 소비임치는 금융거래의 일종으로 상법 제46조 제8호에 해당할 뿐 상법 제46조 제14호에서 말하는 임치의 인수에는 포함되지 않는다고 본다.

15) 신탁의 인수(제15호)

신탁이란 위탁자가 수탁자와의 특별한 신임관계에 기하여 특정의 재산권을 수탁자에게 이전하거나 기타의 처분을 하고 수탁자로 하여금 수익자의 이익 또는 특정의 목적을 위하여 그 재산권을 관리 또는 처분하게 하는 법률관계를 말하며(신탁법 제1조 제2항), 이러한 신탁계약의 인수행위가 상행위에 해당한다.

16) 상호부금 기타 이와 유사한 행위(제16호)

상호부금은 일정한 좌수와 급부금을 정한 다음 정기적으로 부금을 납입시키고 납입시마다 추첨·입찰 기타의 방법으로 순서를 정하여 가입자에게 차례로 금전을 빌려 쓰도록 하는 행위(신용계업무)와 일정한 기간을 정하고 부금을 납입하게 하여 기간의 중도 또는 만료시에 부금자에게 일정한 금전을 급부함을 약정하여 정하는 부금의 수입과 급부금의 지급업무행위(신용부금업무)를 말한다. 상호부금업무를 취급하는 대표적인 기관은 상호저축은행이다.

17) 보 험(제17호)

보험이란 다수인이 동일한 위험하에서의 위험단체를 형성하고, 사전에 보험료를 지급하고 보험사고로 경제적 손실을 입은 구성원에게 일정한 급여를 지급하도록 하는 것을 말한다.

18) 광물 또는 토석의 채취에 관한 행위(제18호)

광물이나 토석을 채취하여 판매하는 행위는 원시산업의 행위이지만 그 자본규모나 설비 등을 감안할 때 기업성이 농후하여 예외적으로 상행위로 규정한 것이다.

19) 기계·시설 그 밖의 재산의 금융리스에 관한 행위(제19호)

통상 물융(物融) 또는 리스(lease)라고 하는 거래를 말한다. 리스는 법적 형식에서는 임대차와 유사하지만, 고가의 기업설비·기자재의 조달을 위한 금융으로서의 성격을 함께 가지고 있는 점에서 임대차와 차이가 있다.

20) 상호·상표 등의 사용허락에 의한 영업에 관한 행위(제20호)

통상 프랜차이즈(franchise)라고 한다. 프랜차이즈란 독립한 상인 간에서 일방(본부)이 상대방(가맹점)에게 자기의 영업표지를 사용하게 하여 상품의 판매 기타의 영업을 행할 권리를 부여함과 아울러 그 영업과 관련하여 자기가 기획한 마케팅 계획에 따라 일정한 지도와 통제를 행하며, 상대방(가맹점)은 여기에 대하여 일정한 대가를 지급할 것을 약정함으로써 성립하는 계속적 채권계약을 말한다.

21) 영업상 채권의 매입·회수 등에 관한 행위(제21호)

통상 채권매입업, 즉 팩터링(factoring)이라 한다. 영업채권을 매입하여 회수하는 것을 영업으로 하는 것으로, 이에 의하여 기업이 영업활동에 의하여 취득한 채권을 변제기 전에 양도함으로써 투하자본을 조기에 회수하고 생산자금을 조달할 수 있도록 한다.

22) 신용카드, 전자화폐 등을 이용한 지급결제 업무의 인수(제22호)

통상 이동통신사 또는 소매유통업체 등이 하는 지급결제 대행업을 의미하며, 통상적으로 전자금융거래의 일종으로서 금융기관 또는 전자금융업자(비금융기관)가 수행하고 전자금융거래법 등이 적용된다. 신용사회의 도래 및 인터넷 등 전자화 추세에 따른 해당 산업의 경제적 중요성이 증가하고 있는 점을 반영하여 기본적 상행위로 인정한 것이다.

2. 보조적 상행위

1) 의 의

보조적 상행위는 상인이 영업의 목적인 상행위를 위하여 필요로 하는 재산상의 모든 행위를 말한다. 상인이 '영업을 위하여' 하는 모든 행위는 상행위로 본다(제47조 제1항). 어떤 경우가 영업을 위한 행위인가의 판단은 외관에 의하여 객관적으로 판단하여야 되며, 상인의 주관적 내적 의사를 기준으로 하지 않는다. 상인의 영업의 준비행위(대법원 1991.1.29.선고 98다1584판결)나 기본적 영업활동을 종료하거나 폐업신고를 하였더라도 청산사무나 잔무처리가 남아있는 동안에는 그러한 청산사무나 잔무처리행위도 보조적 상행위가 된다(대법원 2021.12.10.선고 2020다295359판결). 그러나 상인이 영업과 상관없이 개인자격에서 돈을 투자하는 행위 또는 회사의 기관인 대표이사 개인이 회사자금으로 사용하기 위하여 금전을 차용하는 행위는 상인의 기존영업을 위한 보조적 상행위로 볼 수 없다(대법원 2018.4.24.선고 2017다205127판결).

2) 범 위

보조적 상행위[1]는 법률행위(단독행위든 계약이든, 채권행위든 물권행위든 모두 포함된다)에 한하지 않고, 준법률행위(최고 또는 통지)를 포함한다. 재산상의 행위는 유상이냐 무상이냐를 묻지 않고 인정된다. 또 영업을 위한 직접적인 행위뿐만 아니라 영업의 유지를 위한 행위나 영업을 유익하게 하는 행위 및 영업과 간접적으로 관계되는 행위도 포함한다. 그러나 상인의 신분상의 행위 또는 공법상의 행위는 재산상의 행위가 아니므로 보조적 상행위에 포함되지 않는다.

---

1) 【학설】 보조적 상행위의 범위에 관한 학설
① 불법행위: 불법행위도 보조적 상행위에 포함된다는 견해(다수설)와 불법행위는 보조적 상행위가 될 수 없다는 견해(대법원 1985.5.28.선고 84다카966판결)가 있다.
② 사실행위: 사실행위도 보조적 상행위에 포함된다는 견해(다수설)와 포함되지 않는다는 견해가 있다.

3) 추 정

상인의 행위(예 한약방을 운영하는 상인이 제3자로부터 금전을 차용하는 행위: 대법원 2009.4.9.선고 2008다82766판결)는 영업을 위하여 하는 것으로 추정한다(제47조 제2항). 그러므로 상인의 영업에 관한 행위가 아님을 주장하려면 이를 부정하는 측에서 반증을 들어 입증하여야 한다(대법원 2002.6.28.선고 2000다5862판결).

【판례】 대법원 2002.6.28.선고 2000다5862판결

영업양도인이 주식회사인 경우에는 회사에 사적인 생활이 존재하지 아니하는 관계로 주식회사의 명의로 한 행위는 반증이 없는 한 일단 회사의 영업을 위하여 하는 행위로 추정되며, 따라서 그로 인하여 회사가 부담하는 채무도 영업으로 인한 채무로 추정된다고 할 것이지만, 반증에 의하여 그 채무가 영업으로 인한 채무가 아니라는 점이 밝혀지는 경우 그러한 추정은 복멸될 수 있다.

상법 제47조 제2항은 새로이 채권·채무를 발생시키는 거래뿐만 아니라 잔존하는 채권·채무를 정산하기 위한 경개(更改) 및 준소비대차와 같은 계약에도 적용된다(대법원 1992.7.28.선고 92다10173·10183판결).

【판례】 대법원 2008.12.11.선고 2006다54378판결

상법 제47조 제1항은 "상인이 영업을 위하여 하는 행위는 상행위로 본다."고 규정하고 있고, 같은 조 제2항은 "상인의 행위는 영업을 위하여 하는 것으로 추정한다."고 규정하고 있으므로, 영업을 위하여 하는 것인지 아닌지가 분명치 아니한 상인의 행위는 영업을 위하여 하는 것으로 추정되고 그와 같은 추정을 번복하기 위해서는 그와 다른 반대사실을 주장하는 자가 이를 증명할 책임이 있다. 그런데 금전의 대여를 영업으로 하지 아니하는 상인이라 하더라도 그 영업상의 이익 또는 편익(便益)을 위하여 금전을 대여하거나 영업자금의 여유가 있어 이자 취득을 목적으로 이를 대여하는 경우가 있을 수 있으므로, 이러한 상인의 금전대여행위는 반증이 없는 한 영업을 위하여 하는 것으로 추정된다.

3. 준(準)상행위

의제상인(점포 기타 유사한 설비에 의하여 상인적 방법으로 영업을 하는 자나 상행위 이외의 행위를 목적으로 하는 회사)이 영업으로 하는 행위는 상행위가 아니다. 그러나 이들이 영업으로 하는 행위를 준상행위라 하고, 준상행위는 기본적 상행위와 함께 영업적 상행위에 포함되고, 이러한 준상행위에 대해서도 상행위에 관한 규정이 적용된다(제66조). 따라서 의제상인의 행위에는 상사소멸시효가 준용된다(대법원 2021.9.30.선고 2019다245457판결).

상행위의 특칙

제1절 민법의 총칙편에 대한 특칙

I. 상행위의 대리와 위임

1. 대리의 방식과 효과

1) 민법의 일반원칙

민법은 대리인이 대리행위를 함에 있어서 상대방에 대하여 그 행위가 본인을 위한 것임을 표시하여야 하고(현명주의; 민법 제114조 제1항), 이를 표시하지 않고 대리행위를 한 때에는 그 의사표시는 대리인 자신을 위한 것으로 본다(민법 제115조 본문). 그러나 상대방이 대리인으로서 한 것임을 알았거나 알 수 있었을 경우에는 대리행위에 대해 본인이 책임을 진다(민법 제115조 단서).

2) 상법의 특칙

상행위의 대리인이 대리행위를 함에 있어서는 본인을 위한 것임을 표시하지 아니하여도 그 행위는 본인에 대하여 효력이 있다(제48조 본문). 이것은 상거래의 간이·신속성과 거래의 안전을 위해 비현명주의를 택한 것이다. 그러나 어음·수표행위의 경우에는 엄격한 요식행위이므로 그 대리행위는 반드시 본인을 위한 것임을 표시하여야 한다.

【판례】 대법원 1996.10.25.선고 94다41935·41942판결

상가건물 분양업체가 그 소유자를 대리할 권한이 있고 그 점포의 분양행위가 그 구모, 횟수, 분양기간 등에 비추어 상법 제46조 제1호 소정의 부동산의 매매로서 본인인 상가건물소유자의 상행위가 되는 경우, 분양업체가 분양계약을 체결하면서 건물소유자의 대리인임을 표시하지 않았다 하더라도 상법 제48조에 의하여 유효한 대리행위로서 그 효과는 본인인 건물소유자에게 귀속한다.

상법 제48조 본문은 본인에 대하여 상행위가 되는 행위를 대리한 경우에 한해 적용되며, 상대방에 대해서만 상행위가 되는 행위에는 적용되지 않는다. 상대방이 본인을 위한 것임을 알지 못한 때에는 상대방은 본인뿐만 아니라 대리인에 대하여도 이행을 청구할 수 있다(제48조 단서).[1] 이 경우 본인과 그 대리인은 부진정연대채무 관계에 서게 된다(이에 대해 부진정연대채무 관계를 부정하고 상대방은 자기에게 유리한 자를 선택하여 청구할 수 있다는 견해도 있다; 정동윤, 「상법(상)」, 152면). 한편 상대방은 '본인을 위한 것임을 알지 못한 것'을 스스로 입증하여야 한다.

【판례】 대법원 2009.1.30.선고 2008다79340판결

민법 제114조 제1항은 "대리인이 그 권한 내에서 본인을 위한 것임을 표시한 의사표시는 직접 본인에게 대하여 효력이 생긴다."라고 규정하고 있으므로, 원칙적으로 대리행위는 본인을 위한 것임을 표시하여야 직접 본인에 대하여 효력이 생기는 것이고, 한편 민법상 조합의 경우 법인격이 없어 조합 자체가 본인이 될 수 없으므로 이른바 조합대리에서는 본인에 해당하는 모든 조합원을 위한 것임을 표시하여야 하나, 반드시 조합원 전원의 성명을 제시할 필요는 없고 상대방이 알 수 있을 정도로 조합을 표시하는 것으로 충분하다고 할 것이다. 그리고 상법 제48조는 "상행위의 대리인이 본인을 위한 것임을 표시하지 아니하여도 그 행위는 본인에 대하여 효력이 있다. 그러나 상대방이 본인을 위한 것임을 알지 못한 때에는 대리인에 대하여도 이행의 청구를 할 수 있다."고 규정하고 있으므로 조합대리에서도 그 법률행위가 조합에게 상행위가 되는 경우에는 조합을 위한 것임을 표시하지 않았다고 하더라도 그 법률행위의 효력은 본인인 조합원 전원에게 미친다고 보아야 한다.

2. 본인의 사망과 대리권

1) 민법의 일반원칙

민법에 있어서는 본인의 사망은 대리권의 소멸사유에 해당한다(민법 제127조 제1호).

---

1) 【학설】 상법 제48조 단서의 해석에 관한 학설

① 상대방이 채무자인 경우 제48조 단서 해석: 제48조 단서의 해석과 관련하여 상대방이 채권자인 경우에는 채무자는 본인과 대리인이라는 데에 이설이 없으나, 상대방이 채무자인 경우에는 본인만이 채권자가 된다는 견해와 본인뿐만 아니라 대리인도 채권자가 된다는 견해가 있다.

② 상대방에게 과실이 있는 경우 제48조 단서 적용 여부

㉠ 과실유무불문설(다수설): 상법 제48조 단서의 상대방은 본인을 위한 것임을 알지 못한 데 대한 과실의 유무를 불문한다는 견해이다. 이 견해에 의할 경우 대리인에 대하여 이행을 청구하려면 본인을 위한 대리행위라는 사실을 몰랐다는 점을 상대방이 입증하여야 한다.

㉡ 과실적용부정설: 상법 제48조 단서의 상대방이 본인을 위한 것임을 알지 못한 데 과실이 있는 경우에는 대리인에 대한 청구가 인정되지 않는다는 견해이다. 이 견해에 의하면 대리인은 상대방의 부지(不知)에 과실이 있는 것을 입증하여야 한다.

2) 상법의 특칙

상법에 있어서는 상인이 그 영업에 관하여 수여한 대리권은 본인인 상인이 사망하더라도 소멸하지 않는다(제50조). 따라서 본인인 상인이 사망하더라도 영업에 관하여 대리권을 수여받은 대리인은 그 상속인의 대리인이 되고, 상속인으로부터 다시 수권을 받을 필요가 없다. 상법 제50조의 대리권 수여행위는 본인을 위하여 상행위가 되는 수권행위에 의한 대리권으로서 대리권을 수여하는 행위 자체가 본인에게 상행위가 되는 경우를 말한다(통설). 그러므로 대리인에게만 상행위가 되는 경우에는 상법 제50조가 적용되지 않는다. 결국 상법 제50조는 본인이 상인인 경우에만 적용되고 본인은 상인이 아니고 상대방만 상인인 경우에는 적용되지 않는다. 대리권 수여의 기초가 되는 법률관계는 위임에 한하지 않고, 고용·조합·대리상계약 등이 될 수 있다. 이 경우에도 본인의 사망으로 대리권은 소멸하지 않는다. 회사가 본인인 경우에 회사가 소멸하면 상법 제50조는 적용될 여지가 없고, 개인상인의 경우에도 사망 전에 영업을 폐지한 때에는 상법 제50조가 적용되지 않는다.

3. 상행위의 수임인의 권한

1) 민법의 일반원칙

민법상의 수임인은 위임의 본지에 따라 선량한 관리자의 주의로써 위임사무를 처리하여야 한다.

2) 상법의 특칙

상행위의 위임을 받은 자는 위임의 본지(本旨)에 반하지 않는 범위 내에서 위임을 받지 않은 행위도 할 수 있다(제49조).[1] 예를 들어, 상품구입의 위임을 받은 자가 구입한 상품의 가격이 폭락하여 그 손실을 최소화하기 위하여 즉시 전매하는 행위도 할 수 있다는 것이다.

그러나 수임인은 위임자가 금지한 행위는 할 수 없다. 상법 제49조의 '상행위 위임'이란 위임한 행위 자체가 상행위인 경우를 뜻한다(이에 대해 우리나라에서는 절대적 상행위가 인정되지 않으므로 위임 자체가 상행위라는 것을 의미하므로 무의미한 설명이라는 견해가 있다; 이철송, 「상법 총칙·상행위」, 272면).

---

1) 【학설】 제49조 규정의 의의에 관한 학설

① 수임인의 권한: 상법 제49조는 민법의 특칙이라고 하는 견해(소수설)와, 민법의 규정을 명확히 한 주의적 규정이라는 견해(다수설)가 있다.

② 대리권의 범위: 상법 제49조는 상행위에 관하여 부여된 대외적인 대리권의 범위의 특칙이라는 견해와, 상법 제49조는 대내적인 수임인의 대리권한을 규정한 것이라는 견해가 있다.

Ⅱ. 소멸시효

1. 시효기간의 단축

일반채권의 소멸시효기간을 민법은 10년으로 하고 있으나(민법 제162조 제1항), 상행위로 인한 채권 또는 이에 준하는 채권(대법원 2018.6.15.선고 2017다248803판결)의 소멸시효기간은 기업거래의 신속한 완료를 위하여 다른 법령에 또는 상법에 다른 규정이 없는 경우에는 5년으로 하고 있다(제64조). 상법에 따른 소멸시효기간은 소송당사자가 민법에 따른 소멸시효기간을 주장하는 경우에도 법원은 직권으로 적용할 수 있다(대법원 2017.3.22.선고 2016다258124판결).

보충 ① 상법상 단기소멸시효 : 운송주선인·물건운송인·창고업자의 손해배상책임은 1년(제121조, 제147조, 제166조), 공중접객업자의 손해배상책임은 6개월(제154조), 보험금청구권은 3년(제662조), 보험료청구권은 2년(제662조)의 소멸시효를 규정하고 있다.

② 민법상 단기소멸시효 : 이자·부양료·급료·사용료 기타 1년 이내의 기간으로 정한 금전 또는 물건의 지급을 목적으로 하는 채권이나 생산자 및 상인이 판매한 생산물 및 상품의 대가 등의 채권은 3년의 소멸시효(민법 제163조), 여관·음식점·대석·오락장의 숙박료·음식료·대석료·입장료와 소비물의 대가 및 체당금의 채권 등은 1년의 소멸시효(민법 제164조)를 규정하고 있다.

③ 어음법·수표법상 단기소멸시효 : 어음소지인의 어음금청구권은 3년, 어음소지인의 상환청구권은 1년, 상환한 자의 재상환청구권은 6개월(어음법 제70조), 수표소지인의 지급보증인에 대한 청구권은 1년(수표법 제58조), 수표의 상환청구권과 재상환청구권은 6개월(수표법 제51조)의 소멸시효가 적용된다.

2. 특칙의 적용범위

1) 상법의 단기소멸시효기간이 적용되는 경우

(1) 상법의 단기소멸시효기간이 적용되는 채권은 일방적 상행위로 인한 채권이든 쌍방적 상행위로 인한 채권이든 불문하고(대법원 2010.3.11.선고 2009다100098판결), 기본적 상행위뿐만 아니라 보조적 상행위로 인한 채권도 포함된다(대법원 2005.5.27.선고 2005다7863판결; 대법원 2002.9.24.선고 2002다6760·6777판결; 대법원 2018.6.15.선고 2018다10920판결). 또한 의제상인의 행위에도 상사소멸시효가 적용된다(대법원 2021.9.30.선고 2019다245457판결).

【판례】 대법원 2024.3.12.선고 2021다309927판결

당사자 쌍방에 대하여 모두 상행위가 되는 행위로 인한 채권뿐만 아니라 당사자 일방에 대하여만 상행위에 해당하는 행위로 인한 채권도 상법 제64조에서 정한 5년의 소멸시효기간이 적용되는 상사채권에 해당하고, 그 상행위에는 상법 제46조 각호에 해당하는 기본적 상행위뿐만 아니라 상인이 영업을 위하여 하는 보조적 상행위도 포함된다. 또한 상법 제5조, 제47조에 의하면, 회사는 상행위를 하지 않더라도 상인으로 보고, 상인이 영업을 위하여 하는 행위는 상행위로 보며, 상인의 행위는 영업을 위하여 하는 것으로 추정된다. 그러므로 회사가 한 행위는 그 영업을 위하여 한 것으로 추정되고, 회사가 그 영업을 위하여 하는 행위는 상행위로 보아야 한다. 이와 같은 추정을 번복하기 위해서는 회사의 행위가 영업을 위하여 한 것이 아니라는 사실을 주장하는 사람이 이를 증명할 책임이 있다.

(2) 채권자뿐만 아니라 채무자에게만 상행위가 되는 행위로 인하여 발생한 채권도 상사소멸시효가 적용된다(대법원 1996.4.12.선고 95다15537판결 참고).

(3) 기부자가 상인인 경우 지방자치단체와 그 기부자 사이에 체결된 기부채납 약정은 다른 사정이 없는 한 상인이 영업을 위하여 한 보조적 상행위에 해당하므로, 그러한 기부채납 약정에 근거한 채권에는 5년의 상사 소멸시효기간이 적용된다(대법원 2022.4.28.선고 2019다272053판결).

(4) 매매계약이 상행위에 해당하는 경우 매매계약에 의해 직접 생긴 채권뿐만 아니라 매도인의 채무불이행책임이나 하자담보책임에 기한 매수인의 손해배상채권에 대해서도 상사소멸시효가 적용된다(대법원 2022.7.14.선고 2017다242232판결).

【판례】 대법원 1998.7.10.선고 98다10793판결

새마을금고가 상인인 회원에게 자금을 대출할 경우, 상인의 행위는 특별한 사정이 없는 한 영업을 위하여 하는 것으로 추정되므로 그 대출금채권은 상사채권으로서 5년의 소멸시효기간이 적용된다.

(5) 은행에 대한 대출금채무와 대출금에 대한 이행지체로 인한 지연손해금(대법원 1979.11.13.선고 79다1453판결; 대법원 2008.3.14.선고 2006다2940판결), 상행위로 인하여 생긴 채무의 불이행에 대한 손해배상청구권(대법원 1978.11.28.선고 78다388판결), 상행위인 계약의 해제로 인한 원상회복청구권(대법원 1993.9.14.선고 93다21569·2775판결)은 상사소멸시효가 적용된다.

(6) 보증보험계약에 기초한 급부가 이루어짐에 따라 발생한 부당이득반환청구권(대법원 2007.5.31.선고 2006다63252판결), 보험계약자가 다수의 계약을 통해 보험금을 부정취득할 목적으로 보험계약을 체결하여 그것이 민법 제103조에 따라 선량한 풍속 기타 사회질서에 반하여 무효인 경우 보험자의 보험금에 대한 부당이득반환청구권(대법원 2021.7.22.선고 2019다277812 전원합의체 판결), 실제로 발생하지 않은 보험사고의 발생을 가장하여 청구·수령된 보험금 상당의 부당이득 반환청구권은 5년의 상사소멸시효기간이 적용된다(대법원 2021.8.19.선고 2018다258074판결).

【판례】 대법원 2019.9.10.선고 2016다271257판결[동지: 대법원 2021.6.24.선고 2020다208621판결]

부당이득반환청구권이라도 그것이 상행위인 계약에 기초하여 이루어진 급부 자체의 반환을 구하는 것으로서, 그 채권 발행 경위나 원인, 당사자의 지위와 관계 등에 비추어 그 법률관계를 상거래 관계와 같은 정도로 신속하게 해결할 필요성이 있는 경우 등에는 5년의 소멸시효를 정한 상법 제64조가 적용된다(대법원 2002.6.14.선고 2001다47825판결; 대법원 2007.5.31.선고 2006다63150판결 참조). 그러나 이와 달리 부당이득반환청구권의 내용이 급부 자체의 반환을 구하는 것이 아니거나, 위와 같은 신속한 해결 필요성이 인정되지 아니하는 경우라면 특별한 사정이 없는 한 상법 제64조는 적용되지 아니하고 10년의 민사소멸시효기간이 적용된다(대법원 2003.4.8.선고 2002다64957·64964판결; 대법원 2012.5.10.선고 2012다4633판결 등 참조).

(7) 상행위로 인하여 생긴 보증채무는 주채무가 민사채무인 경우에도 5년의 상사소멸시효가 적용된다. 다만, 보증채무의 시효소멸 전에 보증인을 상대로 승소판결을 받은 경우 그 채권의 소멸시효는 10년이 된다(대법원 2014.6.12.선고 2011다76105판결).

(8) 상사시효의 적용을 받는 채무에 대해 구채무자는 면책되고 신채무자가 이행책임을 지는 면책적 채무인수를 한 경우(대법원 1999.7.9.선고 98다12376판결), 상행위로 인한 채무의 경개(更改)가 이루어진 경우에 신채무부담행위가 상행위인 경우 신채무는 5년의 상사소멸시효가 적용된다(대법원 1989.6.27.선고 89다카2957판결).

(9) 분양대금 반환채권 등은 상행위로 인한 채권이므로, 그 지연손해금도 원본채권과 마찬가지로 5년의 소멸시효를 규정한 상법 제64조가 적용된다(대법원 2024.10.25.선고 2024다233212판결).

(10) 상행위로 인한 계약의 해제권, 사무관리에 의한 채권에도 상법 제64조가 적용되는가에 대하여는 학설의 대립이 있다.[1]

(11) 건설공사에 관한 도급계약이 상행위에 해당하는 경우 그 도급계약에 근거한 수급인의 하자담보책임은 상법 제64조 본문에 의하여 원칙적으로 5년의 상사소멸시효에 걸리고, 그 하자가 건물의 인도 당시부터 이미 존재하고 있는 경우에는 손해배상채권의 소멸시효기간은 건물을 인도한 날부터 진행한다(대법원 2021.8.12.선고 2021다210195판결).

(12) 위탁매매는 상법상 전형적인 상행위이며 위탁매매인은 당연한 상인이고 위탁자도 통상 상인일 것이므로 위탁자의 위탁매매인에 대한 매매위탁으르 인한 이득상환청구권이나 이행담보책임 이행청구권은 다른 특별한 사정이 없는 한 통상 상행위로 인하여 발생한 채권이어서 상법 제64조 소정의 5년의 상사소멸시효의 대상이 된다(대법원 1996.1.23.선고 95다39854판결).

(13) 상행위인 투자 관련 계약에서 투자가가 약정에 따라 투자를 실행하여 주식을 취득한 후 투자대상회사 등의 의무불이행이 있는 때에는 투자자에게 다른 주주 등을 상대로한 주식매수청구권을 부여하는 경우, 이러한 주식매수청구권은 상행위인 투자 관련 계약을 체결한 당사자가 달성하고자 하는 목적과 밀접한 관련이 있고, 그 행사로 성립하는 매매계약 또한 상행위에 해당하므로, 이 때 주식매수청구권은 상시소멸시효에 관한 상법 제64조를 유추적용하여 5년의 제척기간이 지나면 소멸한다(대법원 2022.7.14.선고 2019다271661판결).

(14) 공동불법행위자들과 각각 상행위인 보험계약을 체결한 보험자들 상호간에 있어서 공동불법행위자 중의 1인과 사이에 보험계약을 체결한 보험자가 피해자에게 손해배상금을

---

1) 【학설】 상법 제64조 적용 여부에 논란이 있는 기타 내용에 관한 학설

① 상행위로 인한 계약의 해제권: 상행위로 인한 계약의 해제권에 대해서는 채권이 아니고 형성권이므로 소멸시효의 대상이 아니며 상법 제64조의 단기소멸시효가 적용되지 않는다는 견해(다수설)와, 상법 제64조는 상거래의 신속한 해결을 도모하는 데 있으므로 상행위로 인한 계약의 해제권에도 상법 제64조가 적용된다는 견해로 나누어지고 있다.

② 사무관리에 의한 채권: 사무관리로 인하여 발생한 채권은 상인과 관련하여 발생한 채권이라도 상행위와는 전혀 관계없는 채권이므로 상사시효의 대상이 아니다라는 견해(판례·통설)와, 사무관리에 의한 채권도 상행위로 인하여 발생한 법률관계를 청산하는 것이므로 상사시효가 적용된다는 견해가 있다.

보험금액의 범위 내에서 지급하고 다른 공동불법행위자의 보험자가 부담하여야 할 부분에 대하여 직접 구상권을 행사하는 경우 그 손해배상금 지급행위는 상인이 영업을 위하여 하는 행위라고 할 것이므로, 그 구상금 채권은 보조적 상행위로 인한 채권으로서 그 권리를 행사할 수 있는 때로부터 5년간 행사하지 아니하면 소멸시효가 완성한다(대법원 1998.7.10.선고 97다17544판결).

(15) 회사가 노동조합과 체결한 단체협약은 보조적 상행위에 해당하므로, 단체협약에 기한 근로자의 유족들의 회사에 대한 위로금 채권에는 5년의 상사소멸시효기간이 적용된다(대법원 2006.4.27.선고 2006다1381판결).

2) 상법의 단기소멸시효기간이 적용되지 않는 경우

(1) 상행위가 아닌 불법행위로 인한 손해배상청구권에는 5년의 상사소멸시효가 적용되지 않는다(대법원 1985.5.28.선고 84다카966판결; 대법원 2004.3.26.선고 2003다34045판결).

(2) 물상보증인이 사업자금을 대출받은 채무자를 대신해 변제하고 이로 인해 취득하는 구상권은 물상보증위탁계약의 법적 성질과 관계없이 민법에 의하여 인정되는 별개의 독립된 권리로서 그 소멸시효에 있어서는 민법상 일반채권에 관한 규정이 적용되고, 상법 제64조의 규정에 따른 5년의 상사소멸시효가 적용되지 않는다(대법원 2001.4.24.선고 2001다6237판결 참조).

(3) 위법배당에 따른 부당이득반환청구권은 상행위에 기초하여 발생한 것이라고 볼 수 없으므로 민법 제162조 제1항이 적용되어 10년의 민사소멸시효에 걸린다(대법원 2021.6.24.선고 2020다208621판결).

(4) 교통사고 피해자가 가해차량이 가입한 책임보험의 보험자로부터 사고로 인한 보험금을 수령하였음에도 자동차손해배상 보장사업을 위탁받은 보험사업자로부터 또다시 피해보상금을 수령한 것을 원인으로 한 위 보험사업자의 피해자에 대한 부당이득반환청구권에 관하여는 상법 제64조가 적용되지 아니하고, 그 소멸시효기간은 민법 제162조 제1항에 따라 10년이라고 봄이 상당하다(대법원 2010.10.14.선고 2010다32276판결).

(5) 근로자의 근로계약상 주의의무위반을 원인으로 한 채무불이행에 따른 손해배상청구권(대법원 2005.11.10.선고 2004다22742판결)과 근로계약상 보호의무위반에 따른 근로자의 손해배상청구권(대법원 2021.8.19.선고 2018다270876판결)은 10년의 민사소멸시효가 적용된다.

보충판례 상법 제724조 제2항에 의하여 피해자에게 인정되는 직접청구권은 피해자가 보험자에 대하여 가지는 손해배상청구권이고, 피보험자의 보험자에 대한 보험금청구권의 변형 내지는 이에 준하는 권리가 아니므로, 이에 대한 지연손해금에 관하여는 연 5%의 민사법정이율이 적용된다(대법원 2019.5.30.선고 2016다205243판결).

제2절 민법의 물권편에 대한 특칙

Ⅰ. 유질계약의 허용

1. 민법의 일반원칙

민법은 「질권설정시 또는 채무변제기 전의 계약으로 질권자에게 변제에 갈음하여 질물(質物)의 소유권을 취득하게 하거나 또는 법률이 정하는 방법에 의하지 아니하고 질물을 처분할 것을 약정할 수 없다」(민법 제339조)고 하여 유질계약을 금지하고 있다.

2. 상법의 특칙

상행위로 인하여 발생한 채권을 담보하기 위하여 설정된 질권에 대하여는 상인은 경제인으로서 합리적인 판단이 가능하고 어느 정도 경제력이 있으므로 상사채권 담보 강화를 위해 상거래의 신속한 결제와 상거래의 특수성을 감안하여 유질계약을 허용하여, 민법의 유질계약금지에 관한 규정을 적용하지 않는다(제59조). 여기서 상행위로 인한 채권은 쌍방적 상행위뿐만 아니라 일방적 상행위로 인한 채권도 포함된다(대법원 2017.7.18.선고 2017다207499판결). 이 때 상법 제59조가 채무자가 비상인인 경우에도 적용되는가에 대하여는 학설의 대립이 있다.[1]

【판례】 대법원 2017.7.18.선고 2017다207499판결

질권설정계약에 포함된 유질약정이 상법 제59조에 따라 유효하기 위해서는 질권설정계약의 피담보채권이 상행위로 인하여 생긴 채권이면 충분하고, 질권설정자가 상인이어야 하는 것은 아니다. 또한 상법 제3조는 "당사자 중 그 1인의 행위가 상행위인 때에는 전원에 대하여 본법을 적용한다"라고 정하고 있으므로, 일방적 상행위로 생긴 채권을 담보하기 위한 질권에 대해서도 유질약정을 허용한 상법 제59조가 적용된다.

유질계약의 성립을 인정하기 위해서는 그에 관하여 별도의 명시적 또는 묵시적인 약정이 성립되어야 한다(대법원 2008.3.14.선고 2007다11996판결).

유질약정이 체결된 경우 질권의 실행방법이나 절차에 관하여는 상법에 규정이 없으므로, 유질약정이 포함된 질권설정계약이 체결된 경우 질권의 실행방법이나 절차는 원칙적으로 질

1) 【학설】 비상인인 채무자에 대한 제59조의 적용 여부에 관한 학설
① 적용긍정설: 유질계약의 허용규정에서 말하는 '상행위로 인하여 발생한 채권'에는 일방적 상행위로 인한 채권도 포함되므로 채무자(질권설정자)가 비상인인 경우에도 제59조가 적용된다는 견해이다(다수설·판례).
② 적용부정설: 유질계약의 허용규정은 채권자에게만 상행위가 되고 채무자가 비상인인 경우에는 비상인 보호를 위하여 제59조는 적용되지 않는다는 견해이다.

권설정계약에서 정한 바에 따라야 한다(대법원 2021.11.25.선고 2018다304007판결).

Ⅱ. 상사유치권

1. 의 의

1) 민법상 유치권

민법에서는 「타인의 물건 또는 유가증권을 점유한 자는 그 물건이나 유가증권에 관하여 생긴 채권이 변제기에 있는 경우에는 변제를 받을 때까지 그 물건 또는 유가증권을 유치할 수 있다」고 규정하고 있다(민법 제320조 제1항). 이는 로마법의 악의의 항변에 기원을 두고 형평의 원칙에 입각한 인도거절권으로서 발달한 것이다.

2) 상법상 유치권

상법은 「상인 간의 상행위로 인한 채권이 변제기에 있는 때에는 다른 약정이 없으면 채권자는 변제를 받을 때까지 그 채무자와의 상행위로 인하여 자기가 점유하고 있는 채무자 소유의 물건 또는 유가증권을 유치할 수 있다」고 규정하고 있다(제58조). 이러한 상법상 유치권은 상거래채권의 신속하고 편리한 담보방법으로서 중세 이탈리아 상업도시의 상관습에서 유래하여 발달한 것이다.

보충 민사유치권과의 차이: 민사유치권은 피담보채권의 발생원인이 쌍방적 상행위에 의할 필요가 없고, 유치목적물이 반드시 채무자 소유의 물건 또는 유가증권일 필요가 없고, 유치목적물과 피담보채권 간의 개별적 관련성을 필요로 한다는 점에서 상사유치권과 차이가 있다.

2. 성립요건과 효력

1) 성립요건

(1) 상인 간의 상행위: 상사유치권은 채권자와 채무자가 모두 상인인 경우에 인정된다. 여기서 상인은 소상인이라도 관계없다. 한편, 당사자의 상인 자격에 대해서 유치물의 점유시에는 채권자의 상인자격을 요하지 않는다는 견해도 있으나, 유치목적물의 점유원인에 관하여 '채무자와의 상행위로 인하여 점유'하도록 규정하고 있으므로 유치물의 점유시에는 채권자는 상인이어야 한다고 본다. 그러나 채권의 변제기(유치권의 성립시) 또는 유치권의 행사시에는 채권자의 상인자격을 요하지 않는다.

(2) 상행위로 인한 채권(피담보채권): 피담보채권은 쌍방적 상행위(여기서 상행위는 기본적 상행위이든 보조적 상행위이든 관계없다)로 인하여 발생한 것이어야 하며, 일방적 상행위나 상행위가 아닌 행위로 발생한 채권에 관하여는 상사유치권이 성립하지 않는다. 피담보채권은 금전채권뿐만 아니라 금전채권으로 전환될 수 있는 청구권(예 종류물채권이나 특정물채권이 채무불이행으로 인한 손해배상청구권으로 된 경우)을 포함한다.

보충 피담보채권은 상인 간의 상행위로 인하여 발생한 것이어야 하므로 제3자로부터 양수한 채권은 원칙적으로 상사유치권을 행사할 수 없다(통설). 그러나 지시식이나 무기명식 유가증권의 취득자는 채무자 소유의 물건을 점유하는 경우에 유치권을 행사할 수 있고, 합병이나 상속과 같은 포괄승계나 영업양도의 경우에 채권과 다른 재산이 함께 이전된 때에도 전(前)채권자와 승계인 또는 양수인을 동일인으로 보아 승계인 또는 양수인의 유치권이 인정된다고 본다(이 경우에 유치권이 인정되지 않는다는 견해도 있다; 최기원, 「상법총칙·상행위」, 262면 참조).

(3) 변제기의 도래: 채권의 변제기가 도래하지 않은 경우에는 상사유치권을 행사할 수 없다. 이는 민사유치권과 같다. 채권의 변제기가 도래한 이후 시효소멸한 경우에도 상사유치권은 인정되지 않는다.

(4) 유치권의 목적물

① 유치권의 목적물은 유치권 성립 당시의 채무자 소유의 물건 또는 유가증권이어야 한다. 따라서 유치권이 성립한 후 채무자가 제3자에게 목적물을 양도하더라도 유치권은 소멸하지 않는다. 상사유치권이 채무자의 소유의 물건에 대해서만 성립한다는 것은 상사유치권은 성립 당시 채무자가 목적물에 대하여 보유하고 있는 담보가치만을 대상으로 하는 제한물건이라는 의미를 담고 있다(대법원 2013.2.28.선고 2010다57350판결).

② 목적물은 채권자가 채무자와의 상행위로 인하여 점유를 취득하였어야만 인정되며 채권자가 채무자와의 상행위가 아닌 다른 원인으로 목적물의 점유를 취득한 경우에는 상사유치권이 성립할 수 없다(대법원 2013.2.28.선고 2010다57350판결). 점유취득의 원인이 되는 상행위는 반드시 쌍방적 상행위일 필요는 없다(반드시 쌍방적 상행위여야 한다는 소수의 견해도 있다; 김정호, 「제2판 상법(상)」, 167면). 「상행위로 인하여」란 목적물의 점유취득원인행위가 상행위여야 한다는 의미(예를 들어, 채무자가 채권자에게 목적물을 임차한 경우라면 그 임차행위가 상행위여야 한다는 의미)이며, 이 원인행위는 채권자에 대해서만 상행위이면 충분하다(통설). 그리고 '점유'라 함은 목적물에 대해 직접점유를 하는 경우뿐만 아니라 간접점유를 포함하므로, 목적물을 간접점유하는 경우에도 유치권은 행사할 수 있다.

③ 채권자가 불법행위로 인하여 점유를 취득한 물건 또는 유가증권에 대해서는 유치권이 인정되지 않는다.

④ 유치권의 목적물의 범위에 있어서 부동산은 포함되지 않는다는 견해가 있으나 제외할 이유가 없다고 본다(대법원 2013.5.24.선고 2012다39769판결).

(5) 피담보채권과 목적물의 견련관계: 민법상 유치권과 달리 상사유치권은 피담보채권과 유치물 사이의 개별적 관련성을 요구하지 않고, 영업을 통하여 관련되는 일반적 관련성만 있으면 된다.

보충판례 채권자가 제3자로부터 채권을 양도받은 후에 채무자가 다른 채무의 담보로 제공한 물건 또는 유가증권을 채권자가 점유하게 되었다면 당연히 채권자는 그 물건 또는 유가증권에 대해서는 상사유치권을 갖는다(대법원 2000.10.10.선고 2000그41판결).

2) 효 력

(1) 상사유치권의 효력에 관해서는 아무런 규정이 없으므로, 민사유치권에 관한 규정이 적용된다(민법 제320조부터 제325조). 따라서 유치권자는 채권변제를 받기 위해 유치물을 유치하거나 경매할 수 있고, 유치물로 우선변제에 충당하거나 과실(果實)을 수취하여 다른 채권자에 우선하여 채권변제에 충당할 수 있다. 또한 목적물의 보존에 필요한 범위 내에서 목적물을 사용할 수 있고, 목적물에 대한 필요비를 지출한 때에는 필요비상환청구권이 인정된다.

【판례】 대법원 2022.6.16.선고 2018다301350판결

민법 제321조는 "유치권자는 채권 전부의 변제를 받을 때까지 유치물 전부에 대하여 그 권리를 행사할 수 있다"라고 정하므로, 유치물은 그 각 부분으로써 피담보채권의 전부를 담보하고, 이와 같은 유치권의 불가분성은 그 목적물이 분할 가능하거나 수 개의 물건인 경우에도 적용되며, 상법 제58조의 상사유치권에도 적용된다.

(2) 채무자 소유의 부동산에 관하여 이미 선행저당권이 설정되어 있는 상태에서 채권자의 상사유치권이 성립한 경우, 상사유치권자는 채무자 및 그 이후의 채무자로 부터 부동산을 양수하거나 제한물권을 설정받은 자에 대해서는 대항할 수 있지만, 선행저당권자 또는 선행저당권에 기한 임의경매절차에서 부동산을 취득한 매수인에 대한 관계에서는 상사유치권으로 대항할 수 없다(대법원 2013.2.28.선고 2010다57350판결).

3. 유치권의 배제의 특약

상사유치권은 채권자와 채무자 간의 특약에 의하여 배제할 수 있다(제58조 단서). 유치권의 배제의 특약은 명시적으로 뿐만 아니라 묵시의 의사표시로도 할 수 있다(대법원 2012.9.27.선고 2012다37176 판결). 단순히 일정기간 물건을 보관했다가 반환하기로 합의하는 것만으로는 유치권의 배제의 특약으로 볼 수 없다(이철송, 「상법총칙·상행위」, 282면).

보충 위탁매매인이 위탁판매의 목적물을 판매하지 않고 유치하는 것은 신의칙상 인정되지 않으므로, 배제특약이 묵시적으로 존재한다고 볼 수 있다(정찬형, 「상법강의(상)」, 206면).

4. 특별상사유치권

일반상사유치권에 대해 피담보채권이나 목적물, 이들의 견련관계 등과 관련하여 특별한 규정을 둔 특별상사유치권이 있다. 즉, 대리상(제91조)·위탁매매인(제111조)·운송주선인(제120조)·물건운송인(제147조, 제800조 제2항)의 유치권이 특별상사유치권에 속한다.

대리상이나 위탁매매인의 유치권은 본인 또는 위탁자를 의하여 점유하는 물건 또는 유가증권에 대해 유치권이 인정되는 면에서, 그리고 운송주선인이나 물건운송인의 유치권은 운송물에 대해 운송주선 또는 운송으로 인해 받을 운임과 부수의 기타 채권으로 유치권을 행사할 수 있는 개별적인 관련성을 갖는 면에서 각각 일반상사유치권과 그 차이가 있다.

제 3 절 민법의 채권편에 대한 특칙

I. 계약체결시의 특칙

1. 청약의 효력

1) 대화자 간의 청약

(1) 승낙기간을 정하지 않는 경우

① 민법의 규정: 민법상 승낙기간을 정하지 아니한 대화자 간의 계약의 청약의 효력에 관하여 그 규정은 없으나, 해석상 승낙기간을 정하지 아니한 때에는 대화자 간의 대화가 종료되기 전에 승낙의 의사표시가 없으면 청약은 효력을 잃는다.

② 상법의 규정: 대화자 간의 계약의 청약은 상대방이 즉시 승낙하지 아니한 때에는 그 청약은 효력을 잃는다(제51조). 여기서 '대화자 간'이란 전화, 화상회의, 통신 등을 이용하여 당사자 상호간에 즉시 상대방의 의사표시를 요지(了知)할 수 있는 상태를 의미한다. 승낙기간을 정하지 않은 경우에 대해 민법에서 별도의 규정을 두고 있지 않으므로 민법에 대한 특칙으로 보는 일부 견해도 있으나, 해석상 청약의 효력은 대화자 간에 있어서 대화가 계속되는 동안에만 계속한다고 보고 있으므로, 상법 제51조는 민법에 대한 특칙으로 볼 것은 아니다.

(2) 승낙기간을 정한 경우

① 민법의 규정: 승낙기간을 정한 때에는 승낙기간 내에 승낙의 의사표시가 도달하지 아니하면 청약은 효력을 잃는다(민법 제528조 제1항).

② 상법의 특칙: 승낙기간을 정한 경우에 대하여 별도의 규정을 두지 않으나, 제51조의 규정에 대하여 다른 약정이 가능하므로 승낙기간을 정한 특약일 경우에는 민법과 동일하게 승낙기간 내에 승낙의 의사표시가 도달하지 않으면 청약은 효력을 잃는다고 본다.

2) 격지자 간의 청약

(1) 승낙기간을 정하지 않은 경우

① 민법의 규정: 민법상으로는 격지자 간에 승낙의 기간을 정하지 아니한 청약의 효력에 관하여 상당한 기간 내에 승낙의 통지를 받지 못한 때에는 그 효력을 잃는다고 되어 있으므로(민법 제529조), 도달주의를 택하고 있다.

② 상법의 특칙: 승낙기간을 정하지 아니한 경우의 청약의 효력에 대한 상법 제52조가 삭제되어 민법의 일반원칙을 따른다. 그리고 상당한 기간을 지나 승낙의 의사표시가 도달한 경우에는 상대방의 새로운 청약으로 볼 수 있다(민법 제530조).

(2) 승낙기간을 정한 경우: 승낙기간을 정한 경우의 청약의 효력에 대해서는 상법에 아무런 규정을 두고 있지 않으므로, 민법의 규정이 적용된다. 즉, 청약자가 승낙기간 내에 승낙의 통지를 받지 못한 때(도달주의)에는 청약은 그 효력을 잃는다(민법 제528조 제1항).

2. 계약의 성립시기

계약의 성립시기에 관해서는 상법에 별다른 규정이 없으므로, 민법 일반원칙에 따라 계약은 승낙의 통지를 발송한 때에 성립한다(민법 제531조). 민법 제531조의 해석에 관해 통설은 민법 제528조 제1항과 민법 제529조의 특칙으로서 계약의 성립 및 효력발생시기를 정한 것으로 본다. 즉, 계약은 승낙의 불도달을 해제조건으로 하여 발송으로 그 효력이 생긴다고 해석한다.

표 2-1 ▶ 계약체결 및 성립에 관한 민법·상법의 차이

구분		민법	상법
대화자 간의 계약에 있어서 청약의 효력의 소멸	승낙기간을 정한 경우	승낙기간 내에 승낙의 의사표시가 도달하지 않은 때	'즉시' 승낙이 없는 때(특약에 의해 달리 정할 때에는 민법과 동일)
	승낙기간을 정하지 않은 경우	대화자 간의 대화가 종료되기 전에 승낙의 의사표시가 없는 때	'즉시' 승낙이 없는 때(표현의 차이는 있으나 민법과 동일한 내용임)

격지자 간의 계약에 있어 청약의 효력의 소멸	승낙기간을 정한 경우	승낙기간 내에 승낙의 의사표시가 도달하지 않는 때	민법과 동일
	승낙기간을 정하지 않은 경우	상당한 기간 내에 승낙의 의사표시가 도달하지 않은 때	민법과 동일
격지자 간의 계약의 성립 시기	승낙기간을 정한 경우	승낙기간 내에 승낙의 통지를 발송한 때(불도달을 해제조건으로 함)	민법과 동일
	승낙기간을 정하지 않은 경우	상당한 기간 내에 승낙의 통지를 발송한 때(승낙통지의 불도달을 해제조건으로 함 →불도달의 불이익을 승낙자가 부담)	민법과 동일
연착된 승낙의 의미(승낙기간을 정하지 않은 경우)		상당한 기간 경과 후에 도달한 승낙은 새로운 청약으로 봄	민법과 동일

3. 청약을 받은 상인의 의무

1) 낙부통지의무

(1) 민법의 일반원칙: 민법은 청약을 받은 자에게 승낙 여부를 적극적으로 통지할 의무는 없다. 따라서 청약을 한 자에 대하여 청약을 받아들일 것인가의 여부에 관하여 회답할 의무가 없다. 다만, 이것은 승낙기간을 정하는 의미가 있을 뿐이고 그 기간이 도과하면 청약의 효력이 상실될 뿐이다.

(2) 상법의 특칙

① 특칙규정: 상인은 상시 거래관계에 있는 자(반드시 상인임을 요하지 않는다)로부터 그 영업부류에 속하는 계약의 청약을 받은 때에는 지체없이 낙부의 통지를 발송하여야 하며, 이를 해태한 때에는 청약을 승낙한 것으로 본다(제53조).[1] 이러한 낙부통지의무 위반으로 손해배상책임을 부담하는 것은 아니므로, 낙부통지의무는 간접의무 또는 불완전의무에 해당한다.

② 적용요건: 상법 제53조의 규정이 적용되기 위해서는 청약을 받은 자가 상인이어야 한다. 청약은 청약을 받은 상인의 기본적 상행위 또는 준상행위에 속하는 거래에 관한 것이어야 하며, 보조적 상행위나 계약의 해제 및 대물변제의 청약에는 적용되지 않는다. 상시 거래관계가 있거나 거래가 기대되는 경우라야 한다. 승낙기간을 정하지 않은 청약이어야 하며, 청약을 받은 내용이 청약을 받은 자의 영업부류에 속하는 것이어야 한다. 당사자 간에 다른 약정 또는 다른 관습이나 기타 특수한 사정이 없어야 한다.

1) 【학설】 종전의 거래와 다른 청약의 경우 제53조의 적용요건에 관한 학설
종전의 거래를 기준으로 하여 청약의 내용이 현저하게 달라진 경우에는 상법 제53조는 적용되지 않는다는 견해와, 제53조의 적용요건이 구비되는 한 청약의 내용이 종전 거래와 다르다 하더라도 제53조가 적용된다는 견해가 있다.

③ 통지해태의 효과: 낙부통지의무를 해태한 경우 승낙한 것으로 의제되어 계약이 성립한다. 그러나 청약을 받은 상인이나 이행보조자의 과실이 없이 상인의 질병이나 화재 등으로 청약서가 소실된 때 또는 상대방이 무능력자인 경우 등은 통지해태가 되더라도 계약은 성립되지 않는다.

2) 물건보관의무

(1) 민법의 일반원칙: 민법에 따르면 청약과 함께 물건을 받았을 때 그 청약을 거절한 경우에는 그 물건의 반환이나 보관의무가 없다. 이를 보관한 경우에는 사무관리가 된다(민법 제734조).

(2) 상법의 특칙

① 특칙규정: 상인이 그의 영업부류에 속하는 거래의 청약을 받은 경우에 청약과 함께 견품 기타의 물건을 받은 때에는 그 청약을 거절한 때에도 청약자의 비용으로 그 물건을 보관하여야 한다(제60조 본문). 그러나 물건의 가액이 보관비용을 상환하기에 부족하거나 보관으로 인하여 상인이 손해를 받을 염려가 있는 때에는 보관의무가 없다(제60조 단서).

【판례】 대법원 1996.7.12.선고 95다41161·41178판결

상법 제60조는 상거래의 청약을 받은 상인에게 청약과 동시에 송부 받은 견품 등 물건에 관하여 그 청약을 거절하는 경우라도 보관의무를 지우고 그 보관에 따르는 비용의 상환을 구할 수 있다는 규정일 뿐이고, 그 물건이 보관된 장소의 사용이익 상당의 손해의 배상에 관한 규정은 아니다.

② 적용요건 : 상법 제60조가 적용되기 위해서는 청약을 받는 자는 상인이어야 하며, 영업부류에 속하는 거래의 청약이 있어야 한다. 여기에서 거래는 격지거래에 한하여 적용된다는 견해가 있으나, 상법 제70조에서와 같은 규정이 없으므로 동지거래의 경우에도 적용된다고 본다. 그리고 청약과 관련하여 견품 기타의 물건을 수령하여야 하고, 물건의 가격이 보관비용을 상환하기에 부족하거나 보관으로 인하여 손해를 받을 염려가 없어야 한다. 여기서 보관물건에는 유가증권은 그 성질상 포함되지 않는다는 견해도 있으나 동산 및 유가증권을 포함하는 것으로 봄이 타당하다.

③ 의무위반: 계약의 청약을 받은 자가 물건보관의무를 이행하지 않은 경우 견품 기타 물건의 멸실·훼손에 따른 손해배상책임을 진다.

Ⅱ. 상행위의 유상성

1. 보수청구권

1) 민법의 일반원칙

민법에 의하면 위임계약이든 임치계약이든 타인을 위하여 어떠한 행위를 하더라도 특약이 없으면 보수를 청구할 수 없다(민법 제686조 제1항, 제701조).

2) 상법의 특칙

상인이 그 영업범위 내에서 타인을 위하여 행위를 한 때에는 이에 대하여 상당한 보수를 청구할 수 있다(제61조). 상법 제61조의 내용을 분설하면 다음과 같다.

(1) '영업범위 내'에서란 영업부류에 속하는 것뿐만 아니라 영업을 유익 또는 편리하게 하는 모든 것을 포함한다.

(2) '타인을 위하여'의 의미에 대해서는 학설이 대립되고 있으나[1], 판례는 타인을 위하여 행위한다 함은 타인의 이익을 위하여 행위한다는 의미라 한다(부동산소개업자라도 부동산매매중개에 있어서 계약당사자의 일방인 피고의 이익을 위하여 행위한 사실이 인정되지 않는 이상 그 당사자에 대하여는 보수청구권이 없다; 대법원 1977.11.22.선고 77다1889판결).

(3) '행위'는 법률행위(예 채무의 보증, 거래의 대리 등)이든 사실행위(예 시장조사, 거래의 중개, 물건의 관리 등)이든 관계없고, 그 행위의 원인이 계약상의 의무에 기한 것이든 아니든 관계없다. 또한 기본적 상행위이든 보조적 상행위이든 모두 포함된다(통설). 그러나 상인이 법률상 의무에 의하여 하는 행위나 불법행위의 경우에는 보수청구권이 인정되지 않는다.

(4) '상당한 보수'는 거래의 관행, 사회의 통념, 상인의 노력 정도 등의 구체적인 제반 사정을 참작하여 정하게 된다. 한편, 행위의 대가가 이미 매매대금·운임·수수료 등에 포함된 경우나 견적서의 작성, 상품의 포장 등과 같이 관습상 무상으로 하는 행위 또는 보수를 지급하지 않기로 하는 특약이 있는 경우에 대해서는 별도로 보수를 청구할 수 없다.

(5) 상법 제61조는 임의규정이므로 당사자 사이에 이를 배제하는 특약이 없어야 한다.

---

1) 【학설】 제61조의 '타인을 위하여'의 의미에 관한 학설
상법 제61조의 '타인을 위하여 행위를 한 때'의 타인을 위한 행위는 타인의 이익을 위한 행위라야 한다는 견해(다수설·판례)와, 그 행위의 효과가 타인에게 귀속되는 것을 의미할 뿐이라는 견해가 있다. 그런데 두 견해 모두 타인에게 현실적으로 실제로 이익이 되었는가를 묻지 않는다고 보고 있으므로 실질적인 견해의 차이는 없다.

【판례】 대법원 2007.9.20.선고 2006다15816판결

상법 제61조는 상인이 그 영업범위 내에서 타인을 위하여 행위를 한 때에는 이에 대하여 상당한 보수를 청구할 수 있다고 규정하고 있는바, 이는 타인을 위하여 어떠한 행위를 하여도 특약이 없으면 보수를 청구할 수 없다는 민법 제686조, 제701조의 규정과 달리 상인의 행위는 영리를 목적으로 하고, 영업범위 내에서 타인을 위하여 노력을 제공한 때에는 그 보수를 기대하고 이로 인하여 이익을 얻은 자는 응분의 보수를 지급하는 것이 상거래의 통념에 부합한다고 보아서 인정되는 규정이므로, 당사자 사이에 이를 배제하는 특약이 있는 경우에는 그 적용이 없다고 할 것이다.

2. 법정이자청구권

1) 소비대차의 이자청구권

(1) 민법의 일반원칙: 민법상 소비대차는 당사자 간에 특약이 없는 한 무이자가 원칙이다(민법 제598조, 제600조 및 제601조).

(2) 상법의 특칙: 상인이 그 영업에 관하여[1] 금전을 대여한 경우에는 이자의 약정이 없더라도 대주(貸主)는 상사법정이자를 청구할 수 있다(제55조 제1항).

보충판례 상인간의 금전소비대차가 있었음을 주장하면서 약정이자의 지급을 구하는 청구에는 약정이자율이 인정되지 않더라도 상법소정의 법정이자의 지급을 구하는 취지가 포함되어 있다고 보아야 한다(대법원 2007.3.15.선고 2006다73072판결).

2) 체당금의 이자청구권

(1) 민법의 일반원칙: 민법은 위임이나 임치의 경우 체당금(替當金)의 이자청구권을 인정하고 있으나(민법 제688조 제1항, 제700조), 사무관리의 경우에는 관리자에게 체당금에 대한 이자청구권을 인정하지 않고 있다(민법 제739조 제1항).

(2) 상법의 특칙: 상인이 그 영업범위 내에서 타인을 위하여 금전을 체당한 때에는 체당한 날 이후의 법정이자를 청구할 수 있다(제55조 제2항). '금전의 체당'이란 금전의 소비대차에 의하지 아니하고 타인을 위하여 금전을 지급하는 것을 말한다. 통상적으로 체당은 위임·도급·고용 등의 계약관계와 사무관리 등의 경우에 하게 된다. 체당금의 이자청구권은 소비대차와는 달리 상대방이 비상인이라도 인정된다. 체당행위에 대하여 이자청구권 이외에 보수청구권이 인정되는가에 대하여는 학설의 대립이 있다.[2]

---

1) 【학설】 영업관련성에 관한 학설
상법 제55조 제1항의 규정이 적용되기 위해서는 금전소비대차가 당사자들에게 기본적 상행위일 필요는 없으나 최소한 보조적 상행위여야 한다는 견해(다수설)와, 명문의 규정이 없으므로 영업과 무관한 대차도 포함된다는 견해가 있다.

3. 상사법정이율

다른 약정이 없는 한 민법의 법정이율은 연 5푼(分)이지만(민법 제379조), 상행위로 인하여 발생한 채무의 법정이율은 연 6푼(分)이다(제54조). 여기서 '상행위로 인하여 발생한 채무'란 상행위로 인하여 직접 발생한 채무뿐만 아니라, 그와 동일성이 있는 채무 또는 그 변형으로 인정되는 채무도 포함된다(대법원 2014.11.27.선고 2012다14562판결; 대법원 2018.2.28.선고 2013다26428판결). 따라서 상행위로 인하여 발생한 채무의 채무불이행으로 인한 손해배상채무, 기타 계약해제로 인한 원상회복채무나 상행위로 인한 부당이득반환채권에 대한 지연손해금에 관하여는 상법 제54조가 적용된다(대법원 2020.8.27.선고 2016다26198판결). 그리고 '상행위'란 쌍방적 상행위뿐만 아니라 일방적 상행위를 모두 포함한다.

상행위가 아닌 불법행위로 인한 손해배상청구권 또는 부당이득반환청구권에는 상사법정이율이 적용되지 않는다(대법원 1985.5.28.선고 84다카966판결; 대법원 2004.3.26.선고 2003다34045판결). 또한, 다른 특별법에 의하여 법정이율이 정하여진 경우에도 제54조가 적용되지 않는다.

Ⅲ. 채무의 이행

1. 이행의 장소

채무의 이행장소에 관하여 상법은 특별규정을 두고 있지 않으므로 민법의 일반원칙에 따른다. 즉, 상행위로 인한 채무의 이행은 그 채무의 성질 또는 당사자의 의사표시로 변제장소를 정하지 않은 때에는 특정물의 인도는 채권성립 당시에 그 물건이 있었던 곳에서 하여야 한다(민법 제467조 제1항). 특정물 이외의 영업에 관한 채무는 채권자의 현 영업소에서 이행하여야 한다(민법 제467조 제2항). 증권적 채무는 이행의 장소를 정하지 않은 경우에는 채무자의 현 영업소이며 영업소가 없는 때에는 현 주소에서 이행하여야 한다(민법 제516조).

다만, 채권자의 지점에서의 거래로 인한 채무이행의 장소가 그 행위의 성질 또는 당사자의 의사표시에 의하여 특정되지 아니한 경우에는 특정물 인도 이외의 채무의 이행은 그 지점을 이행장소로 본다(상법 제56조). 채무자의 지점에서의 거래에 대해서는 민법의 일반원칙을 따른다.

---

2) 【학설】 체당금에 대한 보수청구권의 인정 여부에 관한 학설

① 긍정설: 체당행위에 대한 보수청구권은 체당금에 대한 법정이자청구권과 구별되는 개념이고, 체당하는 행위 그 자체는 상인이 타인을 위하여 하는 행위이므로 이에 대하여 상인은 체당금의 이자지급청구권뿐만 아니라 보수청구권도 갖는다는 견해(다수설)이다.

② 부정설: 체당금에 대한 이자가 바로 보수를 의미하므로 체당금에 대한 이자와 체당행위에 대한 보수청구권을 인정한다면 상인은 이중의 권리를 갖는 것이 되어 부당하기 때문에 별도의 보수청구권은 인정되지 않는다는 견해이다.

2. 이행의 청구

채무의 이행 또는 이행의 청구는 법령 또는 관습에 의하여 영업시간이 정하여져 있는 때에는 그 시간 내에 하여야 한다(제63조). 따라서 영업시간이 경과한 후의 채무이행에 대하여 채권자는 수령할 의무가 없고, 수령하지 않거나 수령할 수 없는 경우에도 수령지체가 되지 않는다.

Ⅳ. 상사채권의 인적 담보

1. 다수채무자의 연대책임

1) 민법의 일반원칙

민법상으로는 채무자가 수인인 경우에 특별한 의사표시가 없는 한 각 채무자는 균등한 비율로 채무를 부담하면 된다(민법 제408조). 즉, 균분주의를 택하고 있다.

2) 상법의 특칙

상법에 의하면 수인이 그 1인 또는 전원에 대하여 상행위가 되는 행위로 인하여 채무를 부담한 때에는 다른 약정이 없는 한 연대하여 변제할 책임이 있다(제57조 제1항). 따라서 적어도 채무의 발생원인이 되는 행위는 1인 또는 수인의 채무자에 대한 상행위여야 한다. 상행위는 기본적 상행위나 준상행위뿐만 아니라 보조적 상행위도 포함되며, 채무는 상행위에서 발생한 채무든 상행위로 인하여 발생한 채무(예 상행위로 인하여 발생한 채무의 불이행에 따른 손해배상채무, 상사계약의 해제로 인한 원상회복채무, 상행위로 인해 발생한 채무가 부당이득이 될 경우 그 반환채무 등)든 상법 제57조 제1항이 적용된다.

【판례】 대법원 2016.7.14.선고 2015다233098판결[동지: 대법원 2018.12.13.선고 2018두51485판결]

공동이행방식의 공동수급체는 민법상 조합의 성질을 가지는데, 조합의 채무는 조합원의 채무로서 특별한 사정이 없는 한 조합채권자는 각 조합원에 대하여 지분의 비율에 따라 또는 균일적으로 권리를 행사할 수 있지만, 조합채무가 조합원 전원을 위하여 상행위가 되는 행위로 인하여 부담하게 된 것이라면 상법 제57조 제1항을 적용하여 조합원들의 연대책임을 인정함이 타당하므로, 공동수급체의 구성원들이 상인인 경우 탈퇴한 조합원에 대하여 잔존 조합원들이 탈퇴 당시의 조합재산상태에 따라 탈퇴 조합원의 지분을 환급할 의무는 구성원 전원의 상행위에 따라 부담한 채무로서 공동수급체의 구성원들인 잔존 조합원들은 연대하여 탈퇴한 조합원에게 지분환급의무를 이행할 책임이 있다.

한편, 상법 제57조 제1항이 적용되기 위해서는 수인의 채무부담의 원인행위가 공동으로 이루어져야 한다. 따라서 수인이 공동으로 어음발행을 한 경우 어음발행인은 한 개의 어음행위를 공동으로 하는 것이 아니라 각자가 동일한 내용의 별개의 어음채무를 독립하여 부담하는 것이므로(이음법 제47조 제1항) 상법 제57조가 적용되지 않는다고 본다.

2. 보증인의 연대책임

1) 민법의 일반원칙

민법상으로는 보증인은 특약이 없는 한 최고 및 검색의 항변권이 있으며(민법 제437조), 보증인이 수인인 때에는 분별의 이익을 갖는다(민법 제439조).

2) 상법의 특칙

상법상으로는 보증이 상행위이거나 주채무가 상행위로 인하여 생긴 때[1]에는 주채무자와 보증인은 연대하여 변제할 책임이 있다(제57조 제2항). 당사자 간의 특약이 있는 경우에는 상법 제57조 제2항의 규정적용을 배제할 수 있다.

상법 제57조 제2항에서 '보증이 상행위인 경우'라 함은 상인이 그 영업을 위하여 보증하는 경우로서 보증이 보증인인 상인에 대하여 보조적 상행위 또는 준상행위인 경우를 말하고(이는 보증인에 있어서 상행위인 경우뿐만 아니라 채권자에 있어서 상행위인 경우를 포함한다;대법원 1959.8.27.선고 4291민상407판결), '주채무가 상행위인 경우'라 함은 주채무의 발생원인이 상행위로 인한 것을 말한다. 즉, 주채무자의 채무는 직접 상행위에서 생긴 채무가 아니라 하여도 이와 동일성을 가진 채무를 포함한다. 상법 제57조 제2항에 따른 보증인과 주채무자 간에 연대관계가 성립하면 보증인은 최고 및 검색의 항변권을 갖지 못한다.

한편, 주채무자에 대하여 수인의 보증인이 있는 경우 각 보증인 간에 보증연대가 인정되는지에 대해서는 학설의 대립이 있다.[2]

【판례】 대법원 1988.10.25.선고 86다카1729판결

수인의 보증인이 각자 채무자와 연대하여 채무를 부담하는 경우에 있어서는 보증인 상호간에 연대의 특약이 없는 경우에 채권자에 대하여는 분별의 이익이 없는 것이므로 각자 채무 전액 또는 각자가 약정한 보증한도액 전액을 변제할 책임이 있는 것이라 하겠으나, 보증인 상호간의 내부관계에 있어서는 일정한 부담부분이 있는 것이고 일정한 분할액에 한정하여 보증인의 지위에 놓이게 되는 것이라 할 것이다. 그러므로 그 연대보증인 중의 한 사람이 채무를 변제하고 다른 연대보증인에게 구상권을 행사하려면 자기의 부담부분을 초과하여 변제를 하여 공동의 면책을 얻은 경우라야 가능한 것이고(민법 제448조 제2항, 같은 법 제425

---

1) 【학설】 채권자에게만 상행위인 경우 상법 제57조 제2항의 적용 여부에 관한 학설
채권자에게만 상행위가 되는 일방적 상행위로 인한 채무에도 상법 제57조 제2항이 적용된다는 견해(판례·소수설)와, 채권자만이 상인인 경우에는 제57조 제1항과의 균형상 적용되지 않는다는 견해(다수설)가 있다.

2) 【학설】 보증인이 수인인 경우 보증연대의 인정 여부에 관한 학설
주채무가 상행위로 인한 경우에 한하여 각 보증인은 주채무자뿐만 아니라 다른 보증인과 연대관계에 선다는 점에는 이설이 없지만, 주채무가 상행위로 인한 경우가 아니면서 특정 보증인의 보증만이 상행위에 해당하는 경우에 대해서는 주채무자와 보증인 간에 연대채무가 성립하는 한 수인의 보증인이 있는 경우 이들 간에 보증연대가 되어 보증인 상호간에 분별의 이익을 상실하고 연대관계가 생긴다는 견해(다수설)와 연대관계를 부정하는 견해(판례·소수설)가 있다.

조 제1항), 따라서 다른 보증인 중 이미 자기의 부담부분을 변제한 사람에 대하여는 구상을 할 수 없고 아직 부담부분을 변제하지 아니한 사람에 대하여만 할 수 있다고 해석하여야 할 것이다.

V. 무상수치인의 주의의무

1. 민법의 일반원칙

민법에 따르면 임치(任置)가 유상인 경우에는 수치인은 선량한 관리자의 주의로 임치물을 보관하여야 하지만, 임치가 무상인 경우에는 임치물을 자기재산과 동일한 주의로 보관하면 된다(민법 제695조).

2. 상법의 특칙

상법상 상인이 그 영업범위 내에서 물건을 임치받은 경우에는 유상이든 무상이든 관계없이 선량한 관리자의 주의를 하여야 한다(제62조). 다만, 당사자의 특약에 의하여 수치인의 주의의무를 경감할 수 있다. '영업범위 내에서'라는 것은 영업으로 임치하는 경우를 제외하고 영업을 위하여 임치하는 경우라는 의미이다.

수치인이 선량한 관리자의 주의를 해태하여 임치물이 멸실·훼손된 경우에는 손해배상책임을 진다. 다만, 임치인이 임치물의 수령을 지체한 때에는 수치인에게 고의·중과실이 없으면 임치물의 멸실·훼손에 대해 수치인은 손해배상책임을 지지 않는다(대법원 1983.11.8. 선고 83다카1476 판결).

제4절 상사매매

I. 개 설

1. 상사매매의 의의

상사매매란 기업거래 중 가장 고전적인 형태의 상거래행위로서 상인간에 동산과 유가증권을 목적으로 하는 매매를 말하며, 이에 관해서는 민법의 계약법의 규정이 준용된다.

다만, 거래의 신속한 완료를 도모하고(대법원 1987.7.21.선고 86다카2446판결 참조), 매도인을 보호하기 위한 목적으로 상법은 매도인의 목적물 공탁·경매권(제67조), 확정기매매의 해제의제(제68조), 매수인의 목적물 검사 및 하자통지의무(제69조), 매수인의 목적물 보관·공탁·경매 의무(제70조, 제71조)에 관한 5개조의 특칙을 두고 있다.

2. 적용범위

1) 상인간의 매매

상사매매에 관한 특칙은 상인간의 매매의 경우에만 적용된다.[1] 매매란 기본적 상행위뿐만 아니라 영업으로 하지 않는 상인의 보조적 상행위로 하는 매매도 포함된다.

【판례】 대법원 1987.7.21.선고 86다카2446판결

당사자의 일방이 상대방의 주문에 따라 자기 소유의 재료를 사용하여 만든 물건을 공급할 것을 약정하고 이에 대하여 상대방이 대가를 지급하기로 약정하는 이른바 제작물공급계약은 그 제작의 측면에서는 도급의 성질을 함께 가지고 있는 것으로서 그 적용법률은 계약에 의하여 제작공급하여야 할 물건이 대체물인 경우에는 매매로 보아서 매매에 관한 규정이 적용된다고 할 것이나 특정의 주문자의 수요를 만족시키기 위한 부대체물인 경우에는 당해 물건의 공급과 함께 그 제작이 계약의 주목적이 되어 도급의 성질을 강하게 띠고 있다 할 것이므로 이 경우에는 매매에 관한 특칙이 당연히 적용된다고 할 수 없다.

2) 임의규정

상법상 상사매매의 특칙은 임의규정으로 당사자 간의 특약으로 달리 정함을 둘 수 있다. 상법의 정함이 없는 사항에 대해서는 민법의 일반원칙이 적용된다.

Ⅱ. 매도인의 공탁권·경매권

1. 민법의 일반원칙

민법에 의하는 경우 매수인이 매매목적물의 수령을 거부하거나 수령할 수 없는 때에는 매도인은 공탁권과 경매권을 행사할 수 있다. 이 경우 먼저 공탁권을 행사하여야 하고, 공탁에 적합하지 않거나, 멸실·훼손될 염려가 있거나, 공탁을 위하여 과다한 비용이 드는 경우에만 법원의 허가를 얻어 경매권을 행사할 수 있다(민법 제490조). 공탁권을 행사하는 때에는 공탁 후

1) 【학설】 적용범위에 대한 학설
상사매매에 관한 규정은 상인간의 교환 또는 도급계약에 대해서도 유추적용할 수 있다는 견해와, 교환계약에는 유추적용할 수 있으나 도급·제조물공급계약 등에는 성질상 적용이 부적당하다는 견해(판례)가 있다.

공탁자는 지체없이 공탁의 통지를 하여야 하며(민법 제488조 제3항), 이때 통지는 도달주의에 의한다. 공탁에 적합하지 않는 등의 경우 경매권을 행사한 매도인은 경매대금을 공탁할 수 있다.

2. 상법의 특칙

1) 특칙규정의 내용

상인간의 매매에 있어서 매수인이 목적물[1]의 수령을 거부하거나 이를 수령할 수 없는 때에는 매도인은 그 물건을 공탁하거나 상당한 기간을 정하여 최고한 후 경매할 수 있다(제67조 제1항). 따라서 상사매매의 매도인은 공탁권과 경매권을 선택적으로 행사할 수 있다.

2) 공탁권

(1) 공탁의 성질: 공탁은 공탁자와 공탁소가 채권자로 하여금 계약상의 권리를 취득하도록 하기 위하여 체결하는 제3자를 위한 임치계약이라고 본다.

(2) 공탁의 요건: 매도인이 공탁권을 행사하려면 매수인이 수령지체에 빠져야 한다. 즉, 매수인이 목적물의 수령을 거절하거나 수령을 할 수 없는 경우여야 하며, 수령의 회피도 수령거절의 사유가 될 수 있다. 매수인이 미리 수령을 거절한 경우나 거절할 것이 명백한 경우에는 매도인은 구두의 제공을 하지 않고서도 곧 공탁할 수 있다(통설). 매수인의 수령지체에 대해서는 매도인이 입증책임을 진다. 매도인이 과실 없이 매수인을 알지 못하는 때에는 상법 제67조 규정에는 없으나 민법 제487조에 따라 당연히 공탁할 수 있다고 본다.

(3) 공탁의 효과: 매도인이 공탁을 한 때에는 지체없이 매수인에게 통지를 발송하여야 한다(제67조 제1항 후단). 이 점에서 민법의 도달주의와 차이가 있다. 공탁 및 공탁통지의 비용은 매수인이 부담한다(공탁법 제7조, 제9조).

3) 경매권

(1) 경매요건

① 수령지체 또는 수령불능: 매수인이 목적물의 수령을 거부하거나 목적물을 수령할 수 없는 때에 매도인의 경매권이 인정된다.

② 매수인에게의 최고(催告): 상사매매의 경우에 매도인은 법원의 허가 없이 어떠한 목적물이든지 상당한 기간[2]을 정하여 매수인에게 수령의 최고만을 하고 경매할 수 있다(제67조 제1항).

---

1) 【학설】 매매목적물의 대상에 대한 학설
공탁 또는 경매의 목적물은 금전, 유가증권 기타의 물건으로서 법조문에서 부동산은 제외한다는 규정이 없고 부동산 거래에서도 매도인의 신속한 자금회수를 보장해 줄 필요가 있으므로 부동산도 포함된다는 견해(다수설)와 부동산은 포함되지 않는다는 견해가 있다.

최고는 서면에 의하든 구두에 의하든 관계없으나, 매수인에게 도달하여야 그 효력이 발생한다. 그러나 매수인에 대하여 최고할 수 없거나 목적물이 멸실 또는 훼손될 염려가 있는 때에는 최고 없이 경매할 수 있다(제67조 제2항). 한편, 과실 없이 매수인을 알지 못하는 경우에도 최고 없이 경매할 수 있다고 본다.

③ 적법한 경매: 경매가 적법하게 이루어지지 않은 경우에는 매수인은 그 매각을 자기의 계산으로 한 것으로 보지 않을 수 있고, 매도인은 매수인에게 경매의 효력을 주장할 수 없다.

(2) 경매의 효과: 경매를 한 때에는 지체없이 매수인에 대하여 그 통지를 발송하여야 한다(제67조 제1항 후단). 경매 후 매도인은 매수인에 대하여 경매비용의 상환을 청구할 수 있다. 또한 매도인은 경매한 목적물의 대금에서 경매비용을 공제한 잔액을 공탁하여야 하나, 민법의 경우와는 달리 경매대금의 전부 또는 일부를 매매대금에 충당할 수도 있다(제67조 제3항).

경매비용 또는 매매대금을 충당하고 남은 잔액은 매수인에게 인도하거나 매수인을 위하여 공탁하여야 한다. 그러나 경매대금으로 경매비용 또는 매매대금의 충당을 위해 부족한 경우에는 매도인은 매수인에게 부족액의 지급을 청구할 수 있다.

Ⅲ. 매수인의 검사 및 통지의무

1. 민법의 일반원칙

민법상 매매의 목적물을 수령한 매수인은 목적물에 하자가 있는지 수량이 부족한지에 대해 적극적으로 발견해야 할 의무가 없고, 하자 또는 수량부족을 발견하면 언제든지 매도인에게 담보책임을 물을 수 있다.

다만, 선의·무과실의 매수인은 목적물에 하자가 있는 경우에는 그 사실을 안 날로부터 6월 내에(민법 제582조), 수량부족의 경우에는 사실을 안 날로부터 1년(선의의 매수인) 또는 계약한 날로부터 1년(악의의 매수인) 내에 담보책임을 물을 수 있다(민법 제574조, 제573조).

2. 상법의 특칙

1) 의의 및 취지

(1) 의 의: 상인간의 매매에 있어서는 매수인이 목적물을 수령한 때에는 지체없이 이를

2) 【학설】 상당한 기간의 계산에 대한 학설
상법 제67조 제1항의 '상당한 기간'에 대해 매수인이 수령 여부를 고려하기 위한 기간이라는 견해와, 매수인이 목적물을 수령하기 위해 준비하는 데 소요되는 기간을 뜻하므로 수령 여부를 고려하기 위한 기간은 가산할 필요가 없다는 견해가 있다.

검사하여야 하며, 하자 또는 수량부족이 있음을 발견한 때에는 즉시 매도인에게 그 통지를 발송하여야만 담보책임을 물을 수 있다(제69조 제1항 제1문). 다만, 즉시 발견할 수 없는 때에는 6월 내에 발견하여 통지하면 된다(제69조 제1항 제2문).

(2) 취 지: 매수인의 의무규정을 둔 것은 매도인을 오랫동안 불안정한 상태로 방치하는 것은 신속한 상거래의 완료를 위해 옳지 않고, 또 매수인이 유리한 시기를 선택해 매도인의 위험으로 투기할 수 있는 기회를 주게 되는 폐단을 없애기 위한 데 그 입법취지가 있다.

【판례】 대법원 2008.5.15.선고 2008다3671판결

상인간의 매매에 있어서 매수인이 목적물을 수령한 때에는 지체없이 이를 검사하여야 하며 하자 또는 수량의 부족을 발견한 경우에는 즉시, 즉시 발견할 수 없는 하자가 있는 경우에는 6월 내에 매수인이 매도인에게 그 통지를 발송하지 아니하면 이로 인한 계약해제, 대금감액 또는 손해배상을 청구하지 못하도록 규정하고 있는 상법 제69조 제1항은 민법상의 매도인의 담보책임에 대한 특칙으로 전문적 지식을 가진 매수인에게 신속한 검사와 통지의 의무를 부과함으로써 상거래를 신속하게 결말짓도록 하기 위한 규정으로서 그 성질상 임의규정으로 보아야 할 것이고 따라서 당사자간의 약정에 의하여 이와 달리 정할 수 있다고 할 것이다.

2) 적용범위

(1) 상법 제69조가 적용되는 경우: 상법 제69조는 유가증권 또는 상품의 교환, 종류매매, 견품매매, 시험매매 등의 경우와 특정물매매뿐만 아니라 불특정물의 매매에도 적용된다. 또한 매매물건이 대체물뿐만 아니라 부대체물인 경우에도 원칙적으로 포함된다.

(2) 상법 제69조가 적용되지 않는 경우: ① 매매목적물의 권리의 하자(예 재산권의 일부 또는 전부가 타인에 속하는 경우), 수량초과나 계약과 상이한 목적물 수령의 경우에는 제69조가 적용되지 않는다. ② 채무불이행에 해당하는 이른바 불완전이행으로 인한 손해배상책임을 묻는 청구에도 적용되지 않는다(대법원 2015.6.24.선고 2013다522판결).

③ 특정의 주문자의 수요를 만족시키기 위한 부대체물매매, 부동산매매나 수량을 정한 임대차에 대해서는 제69조가 적용되는가에 대하여 학설의 대립이 있으나,[1] 판례는 적용되지 않는다고 한다.

【판례】 대법원 1995.7.14.선고 94다38342판결

상사매매에 관한 상법 제69조는 민법의 매매에 관한 규정이 민법 제567조에 의하여 매매 이외의 유상계약에 준용되는 것과 달리, 상법에 아무런 규정이 없는 이상 상인간의 수량을 지정한 건물의 임대차계약에 준용될 수 없다.

---

1) 【학설】 제69조의 적용범위에 대한 학설
① 부대체물 매매: 특정한 매수인만이 사용할 수 있는 부대체물(不代替物)을 제작하여 공급하는 계약은 매매계약이라기보다는 도급의 성질을 띠고 있고 상법 제69조 제1항에 따라 그 거래관계를 보다 신속하게 결말지을 필요가 절실히 요구된다고 할 수도 없으므로 제69조가 적용되지 않는다는 견해(판례·다수설)와 제69조의 입법취지에 비추어 적용된다는 견해가 있다.
② 부동산 매매·임대차: 부동산매매·수량지정의 임대차의 경우에는 제69조가 적용되지 않는다는 견해(판례)와 부동산 매매·임대차의 경우에도 제69조가 적용된다는 견해가 있다.

3) 적용요건

(1) 상인간의 매매: 매매는 상인간에 이루어진 매매여야 하며, 매매가 양 당사자에 대하여 상행위가 되어야 한다. 당사자의 쌍방 또는 일방이 소상인이라도 관계없다. 양 당사자의 상인자격은 매매계약의 체결시에만 있으면 된다.

(2) 하자 있는 목적물 또는 수량부족의 목적물의 수령: 매매는 목적물을 실제로 수령하였어야 하며, 목적물에 하자가 있거나 수량부족이 있어야 한다. 따라서 제69조는 운송증권의 인도나 목적물반환청구권의 양도에는 적용되지 않는다.

(3) 매도인의 선의: 매수인은 매도인이 목적물에 하자가 있다는 것 또는 수량부족의 목적물을 인도한다는 것을 알지 못한(악의가 없는) 경우에 검사 및 통지의무를 부담한다(제69조 제2항).

(4) 특약의 부존재: 상법 제69조는 민법상의 매도인의 담보책임에 대한 특칙으로 전문적 지식을 가진 매수인에게 신속한 검사와 통지의 의무를 부과함으로써 상거래를 신속하게 결말짓도록 하기 위한 규정으로서 그 성질상 임의법규이므로 매수인과 매도인 간에 특별한 약정이 없는 경우에 적용된다(대법원 2008.5.15.선고 2008다3671판결).

4) 의무의 내용

(1) 검사의무: 매수인은 목적물을 수령한 후 '지체없이' 검사하여야 한다. 여기서 지체없이는 '귀책사유 있는 지연이 없이'라는 뜻으로 '즉시'와는 다른 것이다. 지체없이 하였는지의 여부는 목적물의 종류·수량·검사방법 등을 종합적으로 고려하여 결정할 사실문제이므로, 각기 구체적인 경우에 특수한 사정을 고려하여 객관적으로 판단하여야 하며 매수인의 주관적 사정은 고려되지 않는다(통설).

(2) 통지의무: 매수인은 목적물을 수령한 후 지체없이 검사하여 하자 또는 수량부족을 발견한 때에는 즉시 매도인에게 통지를 발송하여야 한다(제69조 제1항 제1문). 통지의 방법은 제한이 없으며 구두나 서면 또는 전화나 전보로도 가능하다. 하자를 즉시 발견할 수 없는 때에는 6월 내에 발견하여 통지하면 된다(제69조 제1항 제2문). 다만, 이 기간은 당사자간의 약정에 의하여 달리 정할 수 있다. 통지의 발송에 대한 입증책임은 매수인에게 있다(대법원 1990.12.21.선고 90다카28498·28504판결).

【판례】 대법원 1990.12.21.선고 90다카28498·28504판결

상법 제69조는 상인간의 매매에 있어서는 매수인의 매매목적물에 대한 검사와 하자통지의무를 매수인이 매도인에 대하여 매매목적물에 관한 하자담보책임을 묻기 위한 전제요건으로 삼고 있음이 분명하므로 그와 같은 하자담보책임의 전제요건, 즉 <u>매수인이 목적물을 수령한 때에 지체없이 그 목적물을 검사하여 즉시 매도인에게 그 하자를 통지한 사실, 만약 매매의 목적물에 즉시 발견할 수 없는 하자가 있는 경우에는 6월 내에 이를 발견하여 즉시 통지한 사실 등에 관한 입증책임은 매수인에게 있다.</u>

매수인이 목적물을 수령한 후 6월을 경과하여 통지한 경우의 효력에 대해서는 학설의 대립이 있다.[1)]

【판례】 대법원 1999.1.29.선고 98다1584판결

상법 제69조는 상거래의 신속한 처리와 매도인의 보호를 위한 규정인 점에 비추어 볼 때, 상인간의 매매에 있어서 매수인은 목적물을 수령한 때부터 지체없이 이를 검사하여 하자 또는 수량의 부족을 발견한 경우에는 즉시 매도인에게 그 통지를 발송하여야만 그 하자로 인한 계약해제, 대금감액 또는 손해배상을 청구할 수 있고, 설령 매매의 목적물에 상인에게 통상 요구되는 객관적인 주의의무를 다하여도 즉시 발견할 수 없는 하자가 있는 경우에도 매수인은 6월 내에 그 하자를 발견하여 지체없이 이를 통지하지 아니하면 매수인은 과실의 유무를 불문하고 매도인에게 하자담보책임을 물을 수 없다고 해석함이 상당하다.

(3) 검사의무와 통지의무의 관계: 매수인이 하자에 대한 통지의무를 해태한 때에는 목적물의 하자가 치유되지만 검사의 해태만으로는 목적물의 하자가 치유되지 않는다. 따라서 하자통지의무는 법정의무이며, 간접의무이다.

5) 의무위반의 효과

매수인이 검사·통지의무를 이행하지 아니한 경우에는 계약해제나 대금감액 및 손해배상을 청구할 수 없다(제69조 제1항 제1문). 그러나 매도인이 악의인 경우에는 이 원칙이 적용되지 않는다. 즉, 매수인이 목적물의 하자 또는 수량 부족에 대한 통지의무를 해태[2)]한 경우에도 매도인이 악의인 경우에는 일반원칙에 따라 계약해제나 대금감액 및 손해배상을 청구할 수 있다.

6) 의무이행의 효과

(1) 목적물에 하자가 있는 경우: 목적물에 하자가 있는 경우 통지의무를 이행한 매수인은 특정물의 경우에는 계약해제권 또는 손해배상청구권을 행사할 수 있고, 불특정물의 경우에는 계약해제권·손해배상청구권 및 하자 없는 물건의 청구를 할 수 있으나, 대금감액청구권은 인정되지 않는다. 그리고 계약해제는 하자 있는 목적물로는 계약상의 목적을 달성할 수 없는 경우에만 인정된다. 이러한 권리는 그 사실을 안 날로부터 6월 내에 행사하여야 한다.

---

1) 【학설】 목적물 수령 후 6월 경과 후의 통지의 효력에 대한 학설
① 유효설: 매수인이 목적물을 수령 후 6월 내에 발견할 수 없었던 하자는 6월 이후라도 이를 발견하여 즉시 통지하면 권리를 잃지 않는다는 견해이다(소수설).
② 무효설: 상법 제69조는 6월 이후에 발견한 하자에 관하여는 매도인이 담보책임을 면하도록 하는 데 입법취지가 있으므로, 6월 이후에 한 통지로는 매도인에게 담보책임을 물을 수 없다는 견해이다(판례·다수설).

2) 【학설】 제69조 위반과 수량부족의 경우 대금감액의 가능성에 대한 학설
수량부족이 있는 경우에 통지의무를 해태한 매수인이라도 항상 대금감액이 가능하다는 견해, 인도된 수량에 따라 대금을 지급하면 된다는 견해, 매수인은 약정한 매매대금의 전액을 지급하여야 한다는 견해(다수설)가 있다.

(2) 수량부족의 경우: 목적물에 수량부족이 있는 경우 통지의무를 이행한 매수인은 제약해제나 대금감액 및 손해배상의 청구가 가능하다. 다만, 계약해제는 수량부족으로 인하여 계약상의 목적을 달성할 수 없는 경우에만 인정된다. 이러한 권리는 그 사실을 안 날로부터 1년 내에 행사하여야 한다.

IV. 매수인의 목적물 보관·공탁·경매의무

1. 민법의 일반원칙

민법상으로는 매매목적물의 하자·수량부족을 이유로 하여 계약을 해제하면, 각 당사자는 원상회복의무를 부담하고, 매수인은 목적물을 반환해야 할 의무를 부담할 뿐이다(민법 제548조).

2. 상법의 특칙

1) 특칙규정

상인간의 매매에 있어서 매수인이 목적물의 하자 또는 수량부족을 이유로 계약을 해제한 때에는 매도인의 비용으로 매매의 목적물을 보관 또는 공탁하여야 하고, 만일 목적물이 멸실 또는 훼손될 염려가 있는 때에는 법원의 허가를 얻어 경매하여 그 대가를 보관 또는 공탁하여야 한다(제70조 제1항). 경매한 때에는 지체없이 매도인에게 그 경매의 통지를 발송하여야 한다(제70조 제2항). 이러한 매수인의 의무는 매수인에게 인도된 물건이 매매의 목적물과 상위(相違)하거나 수량이 초과한 경우에도 준용된다(제71조).

2) 적용요건

(1) 계약의 해제, 수량초과 등: 목적물의 하자나 수량부족으로 매수인이 계약을 해제하거나 또는 매수인이 수령한 물건이 매매목적물과 상위하거나 수량이 초과한 부분이 있어야 한다.

보충 ① 매매계약의 해제는 이미 매수인이 목적물을 수령한 경우에는 해제원인이 매도인의 일정한 담보책임에 의한 경우이거나 그 이외의 약정해제 등의 사유에 의하여 매매계약이 해제된 경우도 포함된다. ② 이행이 지체된 확정기매매를 해제한 경우, 약정해제권을 행사한 경우, 매도인의 채무불이행을 이유로 계약을 해제한 경우에도 유추적용된다(이철송, 「상법총칙·상행위」, 제10판, 358면).

(2) 격지자인 상인간의 매매: 매수인의 보관·공탁·경매의무는 매도인과 매수인이 모두 상인이어야 하며, 격지자 간의 매매에 대해 적용할 실익이 있으므로, 매도인과 매수인의 영업

소가 동일한 특별시·광역시·시·군에 있는 경우에는 적용되지 않는다. 한편, 격지자 간의 매매라 하더라도 매수인이 지정한 인도장소가 매도인의 영업소와 동일한 특별시·광역시·시·군에 있는 때에는 매수인은 보관·공탁·경매의무를 지지 않는다(제70조 제3항).

(3) 매도인의 선의, 특약의 부존재: 상법 제70조의 특칙이 적용되기 위해서는 매도인이 선의여야 한다. 그리고 당사자 간에 상법 제70조의 배제약정이 없어야 한다.

3) 의무의 내용

(1) 보관·공탁의무: 매수인은 목적물의 하자 또는 수량부족으로 인하여 계약을 해제한 경우에 그 목적물을 보관 또는 공탁하여야 하고, 인도된 물건이 목적물과 상위하거나 약정한 수량을 초과한 경우 그 상위물건 또는 수량초과물건을 보관·공탁하여야 한다(제70조 제1항, 제71조). 목적물을 보관하든 공탁하든 매수인이 임의로 결정할 수 있다. 보관 또는 공탁의 비용은 매도인의 부담으로 한다.[1]

(2) 경매의무: 목적물이 멸실 또는 훼손될 염려가 있는 때에는 법원의 허가를 얻어 경매하고 그 대가를 보관 또는 공탁하여야 한다(제70조 제1항 단서). 이 때의 경매를 긴급매각이라 한다. 매수인은 경매한 때에는 지체없이 매도인에게 그 통지를 발송하여야 한다(제70조 제2항).

(3) 의무위반의 효과:: 매수인이 보관·공탁·경매의무를 위반한 때에는 매수인은 매도인에게 그로 인한 손해배상책임을 진다.

V. 확정기매매

1. 민법의 일반원칙

확정기매매라 함은 매매의 성질 또는 당사자의 의사표시에 의하여 일정한 일시 또는 일정한 기간 내에 이행하지 아니하면 계약의 목적을 달성할 수 없는 매매(예 방한복과 같은 계절상품이나 크리스마스트리와 같은 특정 행사에 이용되는 상품의 매매)를 말한다. 따라서 단순히 이행기간이 정하여졌다고 하여 확정기매매라고 할 수 없다. 민법상 계약이 정기행위인 경우에 민법의 규정에 의하면 당사자의 일방이 그 시기가 도래하여도 이행하지 않는 때에 계약을 해제하려면 이행의 최고는 필요가 없으나 해제의 의사표시가 있어야 한다(민법 제545조).

---

1) 【학설】 보관자의 보수청구권 인정 여부에 관한 학설
목적물을 보관한 매수인은 매도인에 대해 상당한 보수를 청구할 수 있다는 견해(다수설)와, 매수인의 보관의무는 법률에 의한 의무이므로 매수인의 보수청구권은 인정되지 않는다는 견해가 있다.

2. 상법의 특칙

1) 특칙규정

상법에서는 매도인의 보호와 거래의 신속한 완료를 위하여 상인간의 확정기매매의 경우에 당사자의 일방이 이행시기를 경과한 후 상대방이 즉시 이행청구를 하지 아니하면 해제의 의사표시 없이 계약은 해제된 것으로 본다(제68조).

상인간의 확정기매매인지 여부는 매매목적물의 가격변동성, 매매계약을 체결한 목적 및 그러한 사정을 상대방이 알고 있는지 여부, 매매대금의 결제방법 등 당해 매매계약에서의 구체적인 이행 상황 등을 종합하여 판단하여야 한다(대법원 2009.7.9.선고 2009다15565판결).

2) 적용요건

(1) 상인간의 매매: 상법 제68조가 적용되기 위해서는 상인간의 대매이어야 한다.[1)]

(2) 확정기매매: 일정시기 또는 일정기간 내에 이행되지 아니하면 계약의 목적을 달성할 수 없는 매매이어야 한다. 대금지급채권의 경우에도 매도인이 대금의 사용처와 사용시기가 한정되어 있음을 밝히고 계약(예 환리스크의 위험을 회피하기 위하여 체결하는 선물환계약)을 한 경우에도 대금지급에 관한 확정기매매로 볼 수 있다(이철송, 「상법총칙·상행위」, 332면). C.I.F.매매(무역거래에서 매도인이 운송비용과 운임, 보험료 일체를 부담할 것을 조건으로 한 매매)의 경우에도 선적기간에 관한 약정은 특히 중요한 의미가 있으므로 선적기간 내에 선적이 되지 아니하면 계약의 목적을 달성할 수 없는 확정기매매에 해당한다(대법원 1995.5.26.선고 93다61543판결).

> **【판례】 대법원 2003.4.8.선고 2001다38593판결**
>
> 상인 사이에 이루어진 선물환계약은 그 약정결제일에 즈음하여 생길 수 있는 환율변동의 위험(이른바, 환리스크)을 회피하기 위하여 체결되는 것으로서 그 성질상 그 약정결제일에 이행되지 않으면 계약의 목적을 달성할 수 없는 상법 제68조 소정의 확정기매매라 할 것이고, 그 계약 불이형으로 인한 손해배상액의 산정에 관한 미화 1$당 원화의 환율은 그 계약이 약정결제일 전에 이미 해제되었다는 등의 특수한 사정이 없는 이상 원래 약정되었던 결제일 당시의 환율을 기준으로 하여야 한다.

(3) 채무불이행: 매도인의 채무불이행[2)]이 있어야 한다. 그리고 이것이 매도인의 귀책사유 등 일반 채무불이행의 요건을 갖추어야 한다.

---

1) 【학설】 일방적 상행위에의 적용 여부에 관한 학설
상법 제68조는 당사자가 상인이면 일방적 상행위에도 적용된다는 견해, 상인간의 상행위인 확정기매매의 경우에만 적용된다는 견해(통설)가 있다.

2) 【학설】 '매도인의 채무불이행'이 동시이행관계 있는 경우 상법 제68조의 적용에 관한 학설
동시이행관계에 있는 반대급부를 매수인이 이행하지 아니한 경우 과실 없는 매도인에게 계약해제에 따른 원상회복의무와 손해배상책임을 지우는 것은 해제의 일반법리에 어긋나므로 제68조를 적용할 수 없다는 견해와, 소정의 시기의 경과라는 객관적 사실에 의해 계약이 해제되는 것이므로 채무불이행이 채무자의 귀책사유에 의한 것이냐는 묻지 않으며 따라서 동시이행의 항변은 문제되지 않는다는 견해가 있다.

(4) 매수인의 이행청구가 없을 것: 매도인의 채무불이행시에 매수인이 즉시(이행기의 직후) 이행을 청구하지 않았어야 한다.[1)]

3) 확정기경과의 효과

상인간의 확정기매매에 있어서 당사자의 일방이 채무를 불이행한 상태에서 그 확정기가 경과하면 그 상대방이 즉시 이행을 청구하지 아니한 때에는 계약을 해제한 것으로 본다(제68조).

계약이 해제된 경우 채무자는 민법의 일반원칙에 따라 원상회복의무(민법 제548조, 제549조)와 손해배상책임(민법 제551조)을 부담한다.

1) 【학설】 채무자의 귀책사유의 필요 여부에 관한 학설
이행시기 이후 즉시 채권자의 이행청구가 없으면 채무자의 과실의 유무나 이행지체의 유무에 불구하고 계약은 당연히 해제된다는 견해(다수설: 이 견해에 의하면 동시이행의 항변은 문제되지 않는다고 한다)와, 채무자의 귀책사유에 의한 채무불이행의 경우에 상법이 적용된다는 견해(이 견해에 의하면 동시이행의 관계에 있는 반대급부를 채권자가 이행하지 않은 경우에는 제68조가 적용되지 않는다고 한다)가 있다.

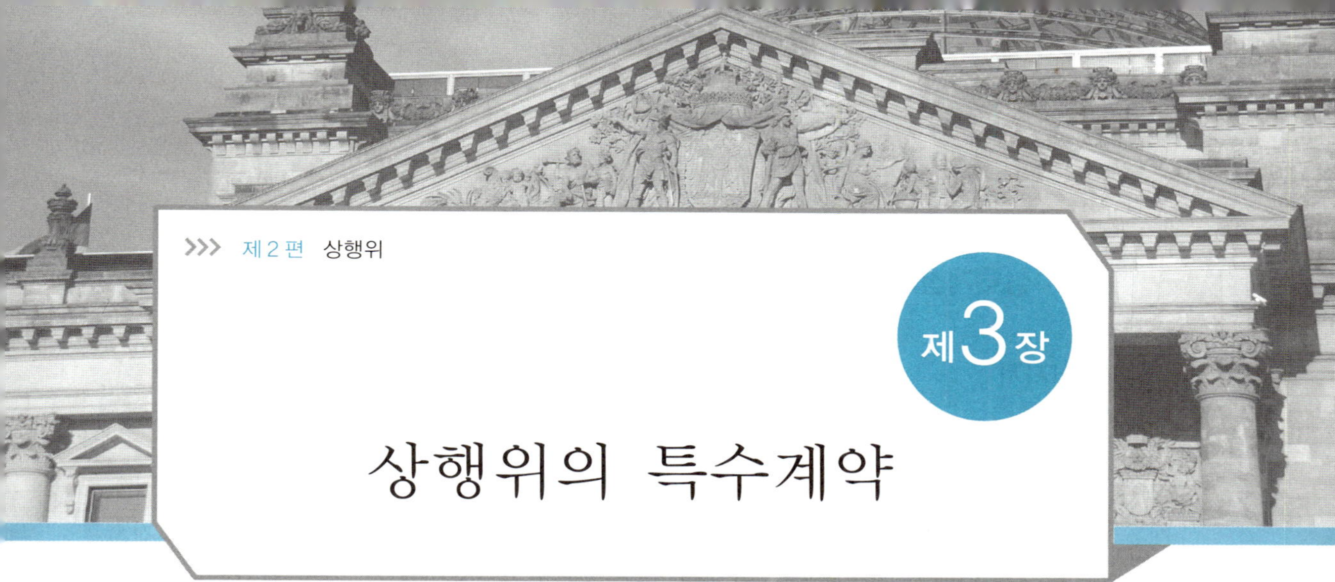

상행위의 특수계약

제 1 절 상호계산

I. 상호계산의 개념

1. 의 의

상호계산(相互計算)이란 상거래에서 상인간 또는 상인과 비상인 간에 상시 거래관계가 있는 경우에 일정한 기간 내의 거래로 인한 채권·채무의 총액에 대하여 상계하고, 그 잔액을 지급할 것을 약정하는 계약을 말한다(제72조). 이러한 상호계산제도는 보조적 상행위에 해당한다.

2. 법적 성질

상호계산약정에 기하여 당사자 쌍방의 채권·채무는 대등액의 범위에서 소멸하는 점에서 민법상 상계(相計)와 매우 유사하다. 그러나 상호계산은 일정기간에 걸쳐 발생하는 채권·채무를 포괄적으로 소멸시키는 상법상 독자적인 계약인 점에서 개별적 채권·채무를 소멸시키는 당사자 일방의 단독행위로서의 민법상 상계와 차이가 있다.

Ⅱ. 상호계산의 내용

1. 당사자

상호계산은 상인간 또는 상인과 비상인 간에 이루어지는 계약이므로, 일방은 적어도 상인이어야 한다.[1] 상호계산은 상시 거래관계에 있는 당사자 간에 인정될 뿐만 아니라 상시 거래관계가 예정되어 있는 경우에도 인정된다. 상호계산은 쌍방의 채권·채무 발생을 요건으로 하므로 당사자 일방만이 채권자가 되고 타방은 채무자가 되는 경우, 즉 일정기간의 경과 후 일괄결제하기로 하는 경우는 상호계산이 성립할 수 없다.

2. 상호계산의 대상

상호계산의 대상은 상인간 또는 상인과 비상인 간에 상시 거래관계에서 발생한 일정한 기간 내의 채권·채무이다.[2] 여기서 '일정한 기간', 즉 상호계산기간은 당사자 간에 임의로 정할 수 있으나 특약이 없으면 6월로 한다(제74조). 그리고 '채권·채무'는 상행위로 인하여 발생한 것으로서 일괄상계가 가능한 금전채권에 한한다.

상호계산의 대상이 되는 채권·채무는 거래로 인하여 발생한 채권·채무여야 한다. 따라서 불법행위나 부당이득 등으로 인한 법정채권, 제3자로부터 양수한 채권, 어음채권처럼 증권에 의하여 표창되고 일정기간 내에 권리를 행사하여야 할 채권, 그 성질상 즉시 또는 현실로 이행되어야 할 채권은 상호계산에서 제외된다. 뿐만 아니라 당사자 간의 특약에 의하여 일정한 범위로 상호계산의 대상을 제한할 수 있다.

Ⅲ. 상호계산의 효력

1. 상호계산기간 중의 효력

1) 당사자 간의 효력

(1) 원 칙: 상호계산은 일정한 기간 내의 거래로 인하여 생긴 채권·채무의 총액을 일괄

1) 【학설】 비상인간의 거래의 경우 상호계산 적용에 관한 학설
비상인 사이에 상호계산과 동일한 내용의 계약을 체결하더라도 상법상의 상호계산이 아니므로 상호계산에 관한 규정이 적용되지 않는다는 견해(다수설)와 유추적용할 수 있다는 견해가 있다.

2) 【학설】 담보부채권의 대상 포함 여부에 관한 학설
담보부채권을 상호계산에 포함시키면 담보가 소멸하므로 상호계산의 대상이 아니라는 견해와 상호계산의 대상이 될 수 있다는 견해가 있다.

하여 계산하는 제도이므로, 상호계산기간 중에 당사자 간의 거래로 인하여 생긴 채권·채무는 모두 계산에 계입되어 그 독립성을 상실한다(상호계산 불가분의 원칙). 따라서 계산기간 중의 채권은 개별적으로 추심할 수 없고, 상계 등의 방법으로 처분하거나 양도·입질할 수도 없다. 뿐만 아니라 상호계산 외의 다른 채무와 상계도 인정되지 않는다.

상호계산에 계입된 채권이라 하더라도 그 동일성을 유지하며, 기존 채권이 경개(更改)에 의하여 소멸하거나 신채무가 성립하지 않는다. 그러나 잔액채권의 승인 전에는 해제권이나 취소권 등 각자의 채권에 따르는 원인관계상의 권리는 행사할 수 있다.

(2) 예 외: 어음 기타의 상업증권을 수수한 대가로서의 채권·채무를 상호계산에 계입한 때(예 어음금 100만원의 약속어음을 80만원에 할인받으면서 배서양도하고 그 할인금액 80만원의 채권을 상호계산에 계입한 때)에 증권상의 채무자가 변제를 하지 않은 때에는 예외적으로 당사자는 일방적으로 그 항목을 제거할 수 있다(제73조). 왜냐하면 유가증권의 경우는 그 지급이 거절된 경우에 권리보전을 위한 특별한 절차가 필요하기 때문이다.

2) 제3자에 대한 효력

상호계산기간 중에 생기는 불가분의 원칙의 효력이 제3자에 대하여도 미치는가에 대하여는 학설의 대립이 있다.[1)]

> **【판례】 대법원 2002.8.27.선고 2001다71699판결**
> 당사자 사이에 양도금지의 특약이 있는 채권이라도 압류 및 전부명령에 따라 이전될 수 있고, 양도금지의 특약이 있는 사실에 관하여 압류채권자가 선의인가 악의인가는 전부명령의 효력에 영향이 없다.

2. 상호계산기간 만료 후의 효력

1) 잔액채권의 성립

상호계산기간이 만료하면 당사자는 채권·채무의 총액에 대하여 일괄상계하여 지급할

---

1) 【학설】 상호계산의 제3자에 대한 효력에 관한 학설
① 상대적 효력설: 상호계산 불가분의 원칙은 당사자 간에만 효력이 있다는 견해이다. 이에 따르면 당사자의 일방이 채권을 양도·입질한 경우 선의의 제3자에게 대항하지 못하고 손해배상의무가 있을 뿐이며, 상호계산계약의 당사자의 의사표시에 의한 양도금지가 강제집행권을 배척할 수 없으므로 당사자 일방의 제3채권자는 선의·악의를 불문하고 계입채권을 압류할 수 있다라는 견해이다(다수설·판례).
② 절대적 효력설: 상호계산 불가분의 원칙은 제3자에게도 효력이 있다는 견해이다. 이에 따르면 상호계산기간 내의 채권·채무는 독립성을 상실하므로, 당사자의 일방이 채권을 양도·입질한 경우에 제3자의 선의·악의를 불문하고 그 효력이 없으며, 당사자 일방의 제3채권자는 상호계산에 계입된 채권을 압류할 수 없다는 견해이다.
③ 절충설: 계입채권의 양도·입질은 상대적 효력설, 압류는 절대적 효력설이 타당하다는 견해이다. 즉, 제3자에 대한 계입채권의 양도·입질의 경우에는 채무자의 승낙이나 채무자에의 통지를 대항요건으로 하며, 통지·승낙이 있더라도 채무자가 이의를 보류하지 않고 승낙한 경우가 아닌 한 양도인에게 대항할 수 있는 사유로 양수인에게 대항할 수 있으나, 당사자 일방의 제3채권자는 상호계산에 계입된 채권을 압류할 수 없다는 견해이다.

잔액을 확정하게 된다. 잔액의 확정[1]은 당사자의 일방이 채권·채무의 각 항목과 상계잔액을 기재한 계산서를 제출하여 상대방이 이를 승인함으로써 확정된다(제75조 본문).

2) 잔액확정과 이의제기

계산서의 승인으로 잔액이 확정된 후에는 각 당사자는 채권·채무의 각 항목에 대하여 이의를 하지 못하지만, 착오나 탈루가 있을 때에는 그러하지 않는다(제75조 단서).[2]

3) 잔액채권의 시효 등

계산서의 승인에 의하여 잔액채권이 확정되면, 잔액채권자는 이를 행사할 수 있고, 잔액채권의 소멸시효[3]가 진행된다. 잔액채권자의 제3채권자는 확정된 잔액채권을 압류할 수 있다.

4) 중리(重利)의 인정

상호계산기간 만료 후 잔액에 대하여 채권자는 계산폐쇄일 이후의 법정이자를 청구할 수 있고(제76조 제1항), 특약에 의하여 계산에 계입된 날로부터 각 항목 채권에 이자를 붙이기로 한 경우에도 계산폐쇄일 이후의 약정이자를 청구할 수 있다(제76조 제2항). 이 경우에는 예외적으로 계산폐쇄일 이후에는 이중의 이자(법정이자와 약정이자)가 동시에 발생하는 것이다(정찬형, 「상법강의(상)」, 246면; 이철송, 「상법총칙·상행위」, 342면).

 Ⅳ. 상호계산의 종료

1) 일반적 종료사유

상호계산계약은 존속기간의 만료, 기타 당사자의 사망, 회사의 해산 등 계약의 일반적

1) 【학설】 잔액확정에 관한 학설
① 잔액채권의 성립: 계산서의 제출은 승인을 구하는 청약이고 명시적 또는 묵시적 승인은 그에 대한 승낙으로서 잔액의 확정계약이 성립한다는 견해(다수설)와, 잔액채권은 상대방의 특별한 의사표시를 요하지 않고 계산기간이 경과하면 자동적으로 성립한다는 견해가 있다.
② 구채무의 담보·보증채무의 소멸: 잔액채권의 성립으로 상호계산기간 중의 채권·채무는 소멸하는데, 이는 경개에 해당하므로 구채무의 담보권·보증채무도 함께 소멸한다는 견해(통설)와, 구채무의 담보권·보증채무의 경우에 그 채권도 상호계산에 계입시키기로 하는 특약이 있을 때에는 담보·보증채무는 잔액채권으로 이행(移行)한다는 견해가 있다.

2) 【학설】 착오·탈루가 있을 때의 처리에 대한 학설
① 부당이득설: 착오·탈루가 있더라도 잔액확정의 승인행위 자체는 유효하고, 다만 착오·탈루가 있는 부분에 관하여 부당이득반환을 청구할 수 있다는 견해이다(다수설).
② 승인행위무효설: 잔액확정의 승인행위 자체의 효력을 다투어 잔액채권 자체의 성립에 이의를 제기할 수 있다는 견해이다.

3) 【학설】 잔액채권의 시효에 관한 학설
잔액채권은 새로운 채권이기 때문에 계산폐쇄일로부터 새로이 소멸시효가 진행된다는 견해와 잔액채권의 성립시부터 소멸시효가 진행된다는 견해, 잔액채권은 승인에 의해 확정되므로 승인시로부터 소멸시효가 진행된다는 견해가 있다.

종료원인에 의하여 종료한다.

2) 특별종료사유

(1) 법률상의 사유: 당사자 일방의 파산, 회생절차의 개시에 의해 종료한다(채무자회생 및 파산에 관한 법률 제34조 제1항).

(2) 거래관계의 종료: 상호계산은 거래당사자 간의 거래관계가 종료하면 상호계산계약관계도 종료한다. 영업이 양도되면 양도인이 당사자로 되어 있는 상호계산도 종료한다.

(3) 해 지: 상호계산계약은 당사자가 언제든지 해지할 수 있다(제77조 제1문). 해지는 원칙상 특별한 사유 또는 상대방에 대한 예고를 요하지 않으며, 상호계산의 존속기간을 정한 경우에도 기간의 도중에 계약을 해지할 수 있다. 해지를 할 때에는 상호계산을 종료시킨다는 의사가 명확히 표시되어야 하며 상대방에게 그 의사표시가 도달하여야 한다. 계약이 해지된 때에는 즉시 계산을 폐쇄하고 잔액의 지급을 청구할 수 있다(제77조 제2문).

제2절 익명조합

I. 익명조합의 의의 및 법적 성질

1. 의 의

익명조합이란 당사자의 일방이 상대방의 영업을 위하여 출자하고 상대방은 영업으로 인한 이익을 배분할 것을 약정하는 계약을 말한다(제78조). 이러한 익명조합제도는 출자능력은 있지만 사회적 지위, 경영능력의 부족, 법률적으로 영업이 제한된 경우 등 영업을 할 수 없는 자가 익명의 출자자가 되고 별도의 영업자의 영업으로 인한 이익에 참여를 가능하게 하는 제도이다. 어떠한 법률관계가 내적 조합에 해당하는지 아니면 익명조합에 해당하는지는 당사자들의 내부관계에 공동사업이 있는지, 조합원이 업무감시권을 가지고 조합의 업무에 관여하였는지, 재산의 처분 또는 변경에 전원의 동의가 필요한지 등을 모두 종합하여 판단하여야 한다(대법원 2011.11.24.선고 2010도5014판결).

표 2-2 ▶ 익명조합의 익명조합원과 합자회사 유한책임사원의 비교

구분	익명조합(익명조합원)	합자회사(유한책임사원)
법률관계	단순한 계약관계	사단법인
권리·의무의 주체	영업자	회사
출자의무	익명조합원(재산출자만 가능)	모든 사원(무한책임사원은 노무·신용출자 가능)
요소	이익분배가 계약의 요소임	이익분배는 요소가 아님
기업의 재산의 귀속	영업자의 재산	회사의 재산
출자자의 공시	익명조합원은 등기사항이 아님	유한책임사원은 등기사항임
제3자에 대한 책임	익명조합원은 직접 책임을 부담하지 않음	유한책임사원은 출자액을 한도로 직접 책임을 부담
파산의 경우	익명조합원에게는 출자반환청구권만 인정	사원은 출자를 상실함
퇴사제도	인정되지 않음	인정됨

2. 법적 성질

익명조합계약은 유상·쌍무·불요식·낙성계약이며, 그 법적 성질에 관해 기업조직에 관한 장기적 계약이라거나 민법상 조합으로서 공동관계를 대외적으로 나타내지 않게 수정한 계약이라는 견해가 있으나 상법상 특수한 계약에 해당한다고 본다(다수설).

Ⅱ. 익명조합의 내용

1. 당사자

익명조합의 당사자는 익명조합원과 영업자이다. 익명조합원은 상인이든 비상인이든 관계없으며, 수인이 공동으로 익명조합원이 될 수 있다. 그러나 영업자는 상인이어야 하며, 소상인도 포함된다. 영업자의 상인자격은 익명조합계약과 동시에 영업을 개시하면서 취득하면 된다.

2. 익명조합원의 출자

익명조합원은 영업자의 영업을 위하여 출자하여야 한다. 민법상 조합원은 금전 기타 재산의 출자 뿐만 아니라 노무도 출자할 수 있으나(민법, 제703조) 익명조합원의 출자의 목적은 금전

기타 재산에 한하며 신용이나 노무는 인정되지 않는다(제86조, 제272조). 목적물의 사용권만을 출자할 수 도 있다. 출자재산은 영업자의 재산에 귀속되므로(제79조) 익명조합원은 출자재산에 대한 담보책임을 지며, 각 재산의 이전에 필요한 절차를 갖추어야 한다. 영업자가 그 영업의 이익금을 함부로 자기용도에 소비하더라도 횡령죄가 되지 않는다(대법원 1971.12.28. 선고 71도2032판결).

3. 이익분배

영업으로부터 생긴 이익을 분배하는 것은 익명조합의 요소이다. 따라서 이익의 유무를 불문하고 일정한 금액의 지급을 보증하는 것은 익명조합의 본질에 어긋난다(대법원 1983.5.10. 선고 81다650판결).

Ⅲ. 익명조합의 효력

1. 익명조합계약 당사자 간의 효력

1) 익명조합원의 의무와 권리

(1) 출자의무: 익명조합원은 계약에서 정한 출자의무를 지며, 출자는 특약이 없는 한 영업주의 청구가 있는 때에 이행하여야 한다. 한편 익명조합계약이 영업자의 파산으로 인하여 종료된 때에는 파산관재인은 익명조합원이 부담할 손실액을 한도로 하여 출자를 하게 할 수 있다(채무자회생 및 파산에 관한 법률 제502조).

(2) 손실분담의무: 손실분담의무는 익명조합의 요소는 아니지만 특별한 약정이 없는 한 손실분담의 약정이 있는 것으로 추정한다(제82조 제3항 참조). 손실분담을 하더라도 계산상으로 분담액만큼 익명조합원의 출자액이 감소할 뿐, 별도의 재산을 제공하여 손실을 전보하여야 할 의무는 없다(제82조 제2항). 손실분담의 결과 감소한 출자액에 대해 후년도의 이익으로 전보하면 된다.

(3) 지위불양도의무: 익명조합은 인적 신뢰관계를 기초로 하므로 익명조합원은 영업자의 동의 없이 그 지위를 타인에게 양도하지 못한다. 익명조합원의 지위는 합병 등에 의해서도 이전되지 않는다.[1)]

(4) 업무감시권: 익명조합원은 영업자의 영업에 참여할 수 없으므로, 출자자로서 영업자의 영업에 대하여 업무감시권을 갖는다. 익명조합원의 업무감시권은 합자회사의 유한책임사

---

1) 【학설】 익명조합원의 사망과 지위의 이전에 관한 학설
① 부정설: 익명조합원의 지위는 일신전속성으로 인해 익명조합원이 사망하더라도 그 지위는 이전되지 않는다는 견해이다. 이 견해에 의할 경우 익명조합원의 사망을 익명조합계약의 종료사유로 본다.
② 긍정설: 익명조합원의 사망은 익명조합계약의 종료사유에 해당하지 않으므로, 익명조합원의 사망시 그 지위는 상속인이 승계한다는 견해이다.

원의 업무감시권과 같다(제86조, 제277조).

2) 영업자의 의무

(1) 영업실행의무: 영업자는 익명조합원의 출자를 계약의 목적에 따라 사용할 의무가 있으며, 동시에 선량한 관리자의 주의로써 기업을 경영할 의무가 있다. 따라서 익명조합원은 영업자가 영업활동을 실행하지 않는 경우 익명조합계약을 해지할 수 있다(제83조 제2항).

(2) 이익분배의무: 이익분배는 익명조합계약의 요소이므로, 영업자는 영업으로 인한 이익을 분배할 의무가 있고 익명조합원은 이익에 대하여 이익분배청구권을 갖는다. 다만, 익명조합원은 손실이 있는 때에는 이를 전보한 후가 아니면 이익의 분배를 받을 수 없다(제83조 제1항). 익명조합에서의 이익은 각 영업연도의 재산의 증가액 자체를 의미하며 영업재산의 평가이익은 포함되지 않는다. 영업자가 이익분배를 전혀 하지 않겠다는 특약은 인정되지 않지만, 이익의 일부를 영업 내에 유보하거나 이익을 익명조합원의 출자에 가산할 수는 있다.

(3) 지위불양도의무: 영업자는 특약이 없는 한 그 지위를 타인에게 이전할 수 없으며, 상속·합병 등에 의해서도 이전될 수 없다.

(4) 경업피지의무: 영업자가 경업피지의무를 부담하는가에 대해서는 명문의 규정이 없어 학설의 대립이 있다.[1)]

2. 제3자와 익명조합계약 당사자 간의 효력

1) 익명조합원의 지위

익명조합계약은 대외적으로 영업자의 개인기업과 같기 때문에 익명조합원은 영업자의 영업에 대한 업무집행이나 대리행위를 할 수 없으며(제83조, 제278조), 제3자에 대하여 아무런 권리나 의무가 없다(제80조). 익명조합원은 제3자에 대하여 아무런 책임도 부담하지 않는다. 영업자가 익명조합원의 동의를 얻어 계약을 체결한 경우에도 익명조합원은 제3자에 대하여 책임이 없다.

다만, 제3자가 선의인 경우에, 익명조합원이 영업자의 상호에 자기의 성명을 사용하게 하거나 자기의 상호를 영업자의 상호로 사용할 것을 허락한 때에는 그 사용 이후의 채무에 대하여 영업자와 연대하여 변제할 책임이 있다(제81조).

1) 【학설】 영업자의 경업피지의무 부담 여부에 관한 학설
① 긍정설: 익명조합원에 대하여 영업자는 선량한 관리자의 주의로써 공동이익을 도모하여야 하고, 또 충실의무를 부담한다고 할 수 있으므로 경업피지의무를 당연히 진다는 견해이다(통설).
② 부정설: 익명조합원은 특별히 정한 경우가 아니면 경업피지의무를 부담하지 않는다거나, 계약의 취지에 따라 정하여야 한다거나 또는 영업자의 경업피지의무는 구체적인 경우에 따라 그 유무를 결정하여야 한다는 견해이다.

2) 영업자의 지위

영업자는 자기의 명의로 영업을 하는 자이므로 제3자와의 법률관계를 갖고 또 책임을 진다. 그리고 소송의 경우에는 익명조합은 당사자능력이 인정되지 않으므로, 영업자만이 소송당사자가 될 뿐이다.

Ⅳ. 익명조합의 종료

1. 종료원인

1) 당사자의 계약해지

익명조합의 존속기간을 정하지 않았거나 또는 어느 당사자의 종신까지 존속할 것을 약정한 때에는 각 당사자는 6월 전에 상대방에게 예고하고 영업연도 말에 한하여 계약을 해지할 수 있다(제83조 제1항).

다만, 부득이한 사정이 있는 때에는 각 당사자는 언제든지 계약을 해지할 수 있다(제83조 제2항). '부득이한 사정'이란 익명조합원의 출자의 해태나 불능, 영업자의 이익분배나 업무집행의 해태 및 불능, 영업자의 중대한 질병 등을 말한다.

2) 법정사유에 의한 종료

익명조합계약은 당사자의 의사와 관계없이 영업을 폐지 또는 양도한 경우, 영업자가 사망하거나 성년후견개시 심판을 받은 경우, 영업자 또는 익명조합원이 파산한 경우에는 종료하게 된다(제84조). 익명조합원의 성년후견개시·사망은 당연한 종료사유가 아니다(이에 대해서는 종료사유가 된다는 견해도 있다). 한편, 영업자인 회사의 해산이 법정종료사유에 해당하는지에 대해서는 학설의 대립이 있다.[1]

2. 종료의 효과

1) 출자가액의 반환

익명조합이 종료하면 영업자는 익명조합원에게 출자가액을 반환하여야 하며, 다만 익명조합원이 손실을 분담하는 때에는 출자가 손실로 인하여 감소하면 그 잔액을 반환하면 된다

1) 【학설】 회사의 해산이 법정종료사유에 해당하는지 여부에 관한 학설
회사의 해산 후 청산의 목적범위 내에서 존속하며 회사의 계속이 있을 수 있으므로 종료사유가 되지 않는다는 견해와, 청산의 목적범위 내에서 존속하더라도 익명조합의 본질적 목적인 영업을 계속할 수 없고 회사의 계속은 통상 기대할 수 없으므로 법정종료사유에 해당한다는 견해가 있다.

(제85조 단서). 그러나 잔액이 없거나 오히려 손실분담액이 출자액을 초과하는 때에는 반환의무가 없다.

2) 현물출자 또는 물건의 사용권출자의 경우

익명조합원이 현물출자를 한 경우에는 금전으로 평가하여 그 가액을 반환하면 되고 목적물을 반환할 필요가 없다. 그러나 물건의 사용권을 출자한 경우 익명조합원은 소유권에 의한 반환청구권을 갖는다.

3) 영업자의 파산

영업자의 파산에 의하여 익명조합계약이 종료한 경우에 익명조합원은 영업자의 다른 채권자와 동등한 지위에서 출자반환청구권을 갖는다.

4) 손해배상청구

익명조합원과 영업자 중 1인의 책임 있는 사유로 익명조합계약이 종료한 때에는 상대방은 책임 있는 당사자에 대하여 손해배상청구를 할 수 있다.

제 3 절 합자조합

I. 합자조합의 의의 및 법적 성질

1. 의 의

합자조합은 조합의 업무집행자로서 조합의 채무에 대하여 무한책임을 지는 조합원과 출자가액을 한도로 하여 유한책임을 지는 조합원이 상호출자하여 공동사업을 경영할 것을 약정함으로써 그 효력이 생긴다(제86조 의2). 합자조합은 법인격이 없고 상행위편에 그 규정을 두고 있다는 점, 조합계약에 따라 유한책임조합원의 지분의 양도가 가능한 점 등에서 합자회사와 차이가 있다.

이러한 합자조합제도는 기업의 설립과 운영 및 해산과 관련하여 사적 자치를 폭넓게 인정하면서도 참여자의 유한책임이 인정되기 때문에 주식회사와 조합의 장점을 살릴 수 있다는 점에 그 의의가 있다.

표 2-3 ▶ 합자조합과 합자회사의 비교

구분	합자조합	합자회사
법률관계	조합원간의 계약관계	법인
권리·의무의 주체	조합원	회사
지분양도	유한책임조합원의 지분양도는 조합계약으로 정함	유한책임사원의 지분양도는 무한책임사원 전원동의 필요
설립등기	사후적 선언등기(조합계약으로 조합 성립)	회사의 성립요건

2. 법적 성질

합자조합의 법적 성질은 민법상 조합에 해당한다. 따라서 합자조합에 관하여 상법 또는 조합계약에서 달리 정한 것을 제외하고는 민법 중 조합에 관한 규정이 준용된다(제86조의8 제4항 본문). 다만, 민법 제712조(조합원에 대한 채권자의 권리행사)와 민법 제713조(무자력조합원의 채무와 타 조합원의 변제책임)는 유한책임조합원에 대하여는 준용되지 않는다(제86조의8 제4항 단서).

Ⅱ. 합자조합의 설립

1. 조합계약

합자조합의 설립을 위해서는 조합원(반드시 무한책임조합원과 유한책임조합원 1명씩은 존재하여야 한다) 간의 조합계약이 체결되고, 조합계약체결시 조합이 성립되며, 조합계약체결시에는 조합계약서가 작성되고 총조합원의 기명날인 또는 서명이 있어야 한다(제86조의3).

조합계약서의 기재사항 ① 목적, ② 명칭, ③ 업무집행조합원의 성명 또는 상호 및 주소와 주민등록번호, ④ 유한책임조합원의 성명 또는 상호 및 주소와 주민등록번호, ⑤ 주된 영업소의 소재지, ⑥ 조합원의 출자에 관한 사항, ⑦ 조합원의 손익분배에 관한 사항, ⑧ 유한책임조합원의 지분의 양도에 관한 사항, ⑨ 둘 이상의 업무집행조합원이 공동으로 합자조합의 업무를 집행하거나 대리할 것을 정한 경우에는 그 규정, ⑩ 업무집행조합원 중 일부 업무집행조합원만 합자조합의 업무를 집행하거나 대리할 것을 정한 경우에는 그 규정, ⑪ 조합의 해산시 잔여재산분배에 관한 사항, ⑫ 조합의 존속기간이나 그 밖의 해산사유에 관한 사항, ⑬ 조합계약의 효력 발생일

2. 설립등기

업무집행조합원은 합자조합 설립 후 2주 내에 조합의 주된 영업소에서 일정한 사항을

등기하여야 한다(제86조의4 제1항). 이러한 등기사항에 변경이 있는 때에는 2주 내에 변경등기를 하여야 한다(제86조의4 제2항).

한편, 본점을 이전하는 경우에는 2주간 내에 구소재지에서는 신소재지와 이전 연월일을, 신소재지에서는 설립등기사항을 등기하여야 한다(제86조의8 제1항, 제182조 제1항).

설립시 등기할 사항 ① 목적, ② 명칭, ③ 업무집행조합원의 성명 또는 상호 및 주소와 주민등록번호, ④ 유한책임조합원이 업무를 집행하는 경우에는 유한책임조합원의 성명 또는 상호 및 주소와 주민등록번호, ⑤ 주된 영업소의 소재지, ⑥ 둘 이상의 업무집행조합원이 공동으로 합자조합의 업무를 집행하거나 대리할 것을 정한 때에는 그 규정, ⑦ 조합원의 출자의 목적, 재산출자에는 그 가액과 이행한 부분, ⑧ 존속기간 기타 해산사유를 정한 때에는 그 기간 또는 사유, ⑨ 조합계약의 효력 발생일.

Ⅲ. 합자조합의 법률관계

1. 내부관계

1) 출 자

업무집행조합원(무한책임조합원)은 조합계약에 다른 정함이 없으면 금전 기타 재산이나 노무·신용의 출자가 가능하지만, 유한책임조합원은 조합계약에 다른 정함이 없으면 노무·신용의 출자가 가능하지 않다(제86조의8 제3항, 제272조). 조합원의 출자의무 불이행이 있는 때에는 채무불이행의 일반적인 효과만 발생할 뿐이며, 합자회사와 같이 사원의 제명, 업무집행권 상실, 대리권 상실 등의 원인으로 인정되지 않는다.

2) 업무집행

(1) 업무집행자: 조합계약에 다른 규정이 없는 때에는 업무집행조합원(다른 정함이 없는 경우 무한책임조합원이 업무집행을 하지만, 유한책임조합원이 업무집행을 하는 경우 이를 등기하도록 되어 있으므로(제86조의4 제1항 1호) 유한책임조합원도 업무집행을 할 수 있다)은 각자가 합자조합의 업무를 집행하고 대리할 권리와 의무가 있다(제86조의5 제1항). 그리고 조합계약에 의하여 공동업무집행조합원을 둘 수 있다(제86조의3 제9호). 한편, 둘 이상의 업무집행조합원이 있는 경우에 조합계약에 다른 규정이 없으면 그 각 조합원의 업무집행에 관한 행위에 대하여 다른 업무집행조합원의 이의가 있는 때에는 그 행위를 중지하고 업무집행조합원 과반수의 결의에 따라야 한다(제86조의5 제3항).

(2) 선관의무: 업무집행조합원은 선량한 관리자의 주의로써 업무집행을 하여야 한다(제86조의5 제2항).

(3) 업무집행정지 및 업무집행의 감시: 업무집행조합원의 업무집행정지 및 직무대행자의 선임가처분에 따른 등기 및 직무대행자의 권한에 관하여는 각각 상법 제183조의2와 상법 제200

조의2의 규정이 준용된다(제86조의8 제2항). 유한책임조합원이 업무집행을 하지 못하는 경우 자신의 이익을 지킬 수 있도록 하기 위하여 합자회사 유한책임사원의 업무감시권(상법 제277조)의 규정을 준용한다(제86조의8 제3항).

3) 지분의 양도

업무집행조합원은 다른 조합원 전원의 동의를 얻지 아니하면 그 지분의 전부 또는 일부를 타인에게 양도하지 못한다(제86조의7 제1항). 유한책임조합원의 지분은 조합계약에서 정한 바에 따라 양도할 수 있으며(제86조의7 제2항), 유한책임조합원의 지분을 양수한 자는 양도인의 조합에 대한 권리와 의무를 승계한다(제86조의7 제3항).

4) 손익의 분배

조합계약에 정하는 바에 따라 조합원에 대한 손익분배에 관한 사항을 정할 수 있고, 이익이 없음에도 이익의 분배가 가능할 수 있다(제86조의6 제2항).

5) 기 타

(1) 업무집행조합원의 지위: 업무집행조합원에는 조합계약에 다른 규정이 없는 한 합명회사사원의 경업금지의무(제198조)와 자기거래제한(제199조)에 관한 규정이 준용된다(제86조의8 제2항).

(2) 유한책임조합원의 지위: 유한책임조합원에는 조합계약에 다른 규정이 없는 한 합명회사사원의 자기거래제한(제199조), 합자회사의 유한책임사원의 출자(제272조), 경업의 자유(제275조), 대표행위의 제한(제278조)의 규정이 준용된다(제86조의8 제3항).

2. 외부관계

1) 조합의 대리

합자조합의 대리권은 업무집행조합원이 행사하며, 유한책임조합원은 대리행위를 할 수 없다(제86조의8 제3항, 제278조). 업무집행조합원은 조합의 모든 영업에 관한 재판상·재판외의 행위를 할 수 있으며, 이를 제한하더라도 선의의 제3자에게 대항하지 못한다(제86조의8 제2항, 제209조). 한편, 공동업무집행조합원을 둔 경우에 공동업무집행조합원 1인에 대한 제3자의 의사표시는 합자조합에 효력이 있다(제86조의8 제2항, 제208조 제2항).

2) 조합원의 책임

(1) 업무집행조합원의 책임: 업무집행조합원은 합명회사의 사원과 같이 합자조합의 재산

으로 채권자에게 완제할 수 없는 때에는 연대하여 변제할 책임이 있고, 다만 조합에 변제의 자력이 있으며 집행이 용이한 것을 증명한 때에는 그러하지 아니하다(제86조의6 제2항, 제212조).

(2) 유한책임조합원의 책임: 유한책임조합원은 조합계약에서 정한 출자가액에서 이미 이행한 부분을 뺀 가액을 한도로 하여 조합채무를 변제할 책임이 있다(제86조의6 제1항). 이 경우 합자조합에 이익이 없음에도 불구하고 배당을 받은 금액은 변제책임을 정할 때에 변제책임의 한도액에 더한다(제86조의6 제2항). 유한책임조합원의 책임은 분할책임이므로 다른 조합원이 무자력이 되더라도 연대책임을 지지 않는다(이철송, 「상법총칙·상행위」, 제10판, 410면).

Ⅳ. 조합원의 가입·탈퇴

1. 조합원의 가입

조합원의 가입은 합자조합의 조합원 전원과 가입하려는 조합원 간의 가입계약에 의하고, 가입한 조합원은 계약에서 정한 바에 따른 출자의무를 부담한다(제86조의3 6호 참조).

2. 조합원의 탈퇴

1) 임의 탈퇴

조합계약으로 존속기간을 정하지 아니하거나 조합원의 종신까지 존속할 것을 정한 때에는 각 조합원은 언제든지 탈퇴할 수 있는데, 부득이한 사유 없이 조합에 불리한 시기에 탈퇴하지 못한다(제86조의8 제4항; 민법 제716조 제1항). 다만, 부득이한 사유가 있는 때에는 조합의 존속기간을 정한 때에도 탈퇴할 수 있다(제86조의8 제4항; 민법 제716조 제1항).

2) 당연 탈퇴

합자조합의 무한책임조합원은 사망·파산·성년후견개시·제명에 의하여 탈퇴되지만(제86조의8 제4항; 민법 제717조), 유한책임조합원은 사망·성년후견개시의 경우 탈퇴하지 않는다(제86조의8 제3항, 제283조, 제284조).

3) 탈퇴 효과

합자조합의 조합원의 탈퇴의 경우 탈퇴한 조합원과 다른 조합원 간의 계산은 탈퇴 당시의 조합재산 상태에 의하고, 탈퇴조합원의 지분은 금전으로 반환할 수 있다(제86조의8 제4항; 민법 제719조 제1항, 제2항). 그리고 탈퇴조합원에 대한 지분의 환급에 대하여 탈퇴 당시에 완결되지 아니한 사항에 대하여는 완결 후에 계산할 수 있다(제86조의8 제4항; 민법 제719조 제3항).

V. 합자조합의 해산 및 청산

합자조합의 해산에 관하여는 합자회사의 해산 및 계속규정(제285조) 및 합명회사의 해산등기규정(제228조)이 준용되고, 청산에 관하여는 합명회사의 청산인의 등기규정(제253조), 청산종결의 등기규정(제264조)과 합자회사의 청산인선임규정(제287조)이 준용된다(제86조의8 제1항부터 제3항까지 참조).

보충 합자조합의 업무집행조합원, 직무대행자 또는 청산인의 등기를 게을리한 경우에는 500만원 이하의 과태료를 부과한다(제86조의9).

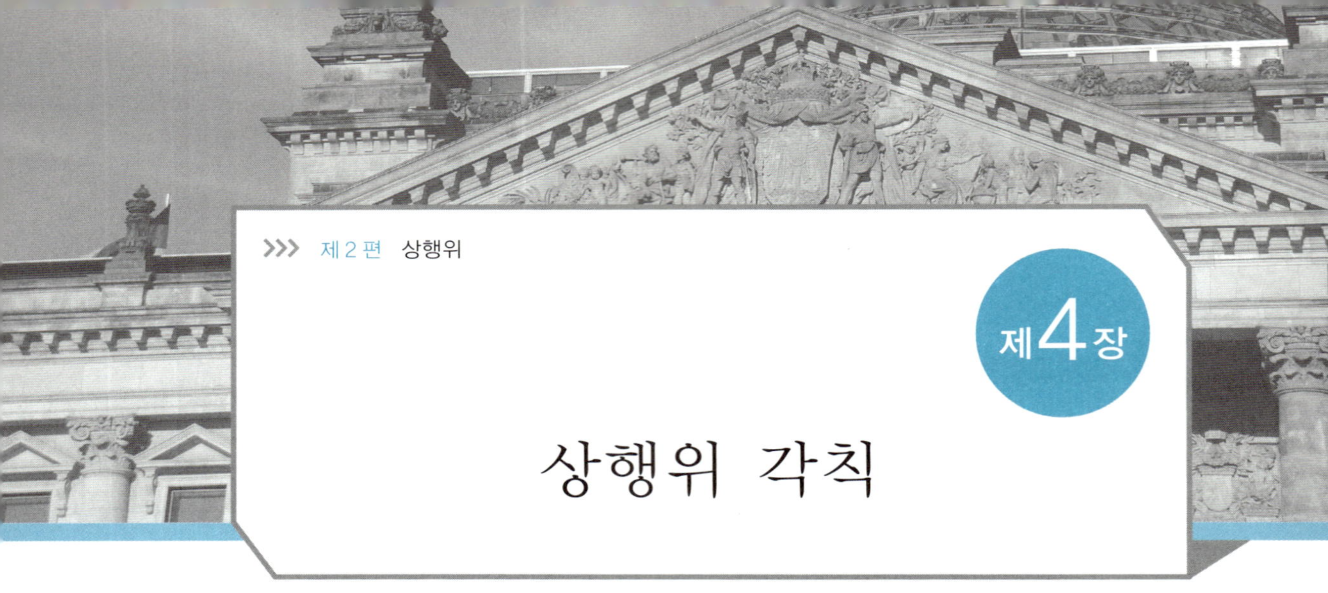

상행위 각칙

제1절 대리상

Ⅰ. 대리상의 개념 및 법적 성질

1. 대리상의 개념

1) 의 의

대리상이란 일정한 상인을 위하여 상업사용인이 아니면서 상시 그의 영업부류에 속하는 거래의 대리 또는 중개를 영업으로 하는 자를 말한다(제87조). 대리상 중에 본인인 상인의 명의와 계산으로 계약을 체결하는 자를 체약대리상이라 하고, 주로 거래의 중개를 영업으로 하는 자를 중개대리상이라 한다. 대리상은 기업조직의 외부에서 본인의 영업을 보조한다는 점에서 기업조직의 내부에서 본인과 종속관계를 갖는 상업사용인과 구별된다.

상품의 공급자로부터 제공된 상품을 매입하여 이것을 자기의 명의와 계산으로 판매하는 특약점(대리점)이나, 상품의 공급자로부터 제공된 상품을 자기의 명의로 상품공급자의 계산으로 판매하는 대리점(위탁매매에 해당)은 상법상 대리상의 영업소에 해당하지 않는다.

2) 내 용

일정한 상인을 위하여 상업사용인이 아니면서 상시 그의 영업부류에 속하는 거래의 대리 또는 중개를 영업으로 하는 대리상에 대해 분설하면 다음과 같다.

첫째, 대리상은 '일정한 상인'을 위하여 그 영업거래를 보조한다. 따라서 대리상이 보조하는 상인은 특정되어야 한다. 특정된 자이면 1인이든 수인이든 관계가 없다. 이러한 점에서 불특정 다수인의 상인을 보조하는 중개인·위탁매매인과 다르다.

둘째, '상업사용인이 아니면서'라는 의미는 대리상은 독립된 상인이라는 것을 의미한다.

셋째, '상시'라는 의미는 대리상은 일정한 상인을 계속적으로 보조하는 자를 뜻하며, 따라서 1회 또는 일시적으로 대리행위를 하는 상행위의 대리인과 다르다.

넷째, '영업부류'에 속하는 거래의 대리 또는 중개를 하여야 하므로, 그 상인의 기본적 영업활동이 아닌 보조적 상행위를 대리 또는 중개하는 자는 대리상이 아니다.

다섯째, 대리상은 반드시 대리상이라는 명칭을 사용하여야 하는 것은 아니며, 실질적으로 행위의 전체적 성질에 따라 판단하여야 한다. 즉, 어떤 자가 제조자나 공급자와 사이에 대리점계약이라고 하는 명칭의 계약을 체결하였다고 하여 곧바로 상법 제87조의 대리상으로 되는 것은 아니고, 그 계약 내용을 실질적으로 살펴 대리상에 해당하는지 여부를 판단하여야 한다(대법원 2013.2.14.선고 2011다28342판결).

참조판례 ① 선박대리점이 선박소유자 등을 대리하여 선박의 항해에 필요한 계약을 체결하는 것은 통상 상법 제87조 소정의 대리상의 지위에서 하는 것이다. 그러나 선박대리점이 선박소유자 등과 사이에 그러한 계약으로부터 발생한 채무를 선박소유자 등을 대신하여 자신의 재산을 출연하여 변제하기로 한 경우 그 법적 성질은 특별한 사정이 없는 한 이행인수약정으로 보아야 한다(대법원 2012.7.16.자 2009마461결정).
② 원고와 피고가 이른바 '메가대리점계약'을 체결하면서, 피고가 원고에게 제품을 공급하면 원고는 피고에게 해당 제품의 대금을 지급하고 제품 공급 이후 제품과 관련된 일체의 위험과 비용을 부담하여 자신의 거래처에 제품을 재판매하기로 약정한 후, 실제 피고가 기준가격에서 일정한 할인율을 적용하여 제품을 원고에게 매도하면, 원고가 자신의 판단 아래 거래처에 대한 판매가격을 정하여 자신의 명의와 계산으로 제품을 판매한 경우, 원고가 피고의 상법상의 대리상에 해당하는 것으로 볼 수 없다(대법원 2013.2.14.선고 2011다28342판결).
③ 제조회사가 신문에 자사 제품의 전문취급점 및 A/S센터 전국 총판으로 위 대리점을 기재한 광고를 한 번 실었다고 하더라도, 전문취급점이나 전국 총판의 실질적인 법률관계는 대리상인 경우도 있고 특약점인 경우도 있으며 위탁매매업인 경우도 있기 때문에, 위 광고를 곧 제조회사가 제3자에 대하여 위 대리점에게 자사 제품의 판매에 관한 대리권을 수여함을 표시한 것이라고 보기 어렵다(대법원 1999.2.5.선고 97다26593판결).

표 2-4 ▶ 대리상과 상업사용인의 차이

구분	대리상	상업사용인
상인성	독립된 상인	상인에 종속된 비상인
보수의 성질	수수료	급료
보조하는 상인의 수	1인 또는 수인	1인
겸직금지의 범위	동종의 영업부류에 속하는 다른 회사	동종·이종영업의 다른 회사
자격	자연인 또는 법인	자연인
통지의무	부담	부담 않음

2. 법적 성질

대리상계약은 영업자가 독립된 상인인 대리상에 대하여 계속적으로 그 거래의 대리 또는 중개를 위탁하는 것을 내용으로 하는 점에서 그 성질은 위임계약이다.

Ⅱ. 법률관계

1. 내부관계

1) 대리상의 권리

(1) 보수청구권: 대리상의 보수는 통상 대리상계약에 의해 정해진다. 보수에 관한 약정이 없더라도 상법 제61조에 따라 대리상은 당연히 보수(수수료)를 청구할 수 있으며, 보수를 얻기 위해서는 대리상의 대리·중개로 계약이 성립되어야 한다.

(2) 유치권: 대리상은 거래의 대리 또는 중개로 인한 채권이 변제기에 있는 때에는 그 변제를 받을 때까지 본인을 위하여 점유하는 물건 또는 유가증권을 유치할 수 있다(제91조 본문). 대리상의 유치권은 유치의 목적물이 반드시 채무자 소유의 물건 또는 유가증권일 필요가 없고, 채무자와의 상행위로 인하여 점유하는 것이 아니어도 된다는 점에서 일반 상사유치권과는 차이가 있다. 대리상의 유치권은 당사자 사이의 특약으로 배제할 수 있다(제91조 단서).

(3) 보상청구권

① 의의: 대리상의 활동으로 본인이 새로운 고객을 획득하거나 영업상의 거래가 현저히 증가한 시점에서 대리상관계가 종료하고, 이로 인하여 본인이 계약종료 후에도 이익을 얻고 있는 경우에 본인에 대하여 상당한 보상을 청구할 수 있다(제92조 의2).

【판례】 대법원 2013.2.4.선고 2011다28342판결

상법 제92조의 제1항은, 대리상의 활동으로 본인이 새로운 고객을 획득하거나 영업상의 거래가 현저하게 증가하고 이로 인하여 계약의 종료 후에도 본인이 이익을 얻고 있는 경우에는 대리상은 본인에 대하여 상당한 보상을 청구할 수 있다고 규정함으로써, 대리상이 계약 존속 중에 획득하거나 현저히 증가시킨 고객관계로 인하여 계약 종료 후에도 본인은 이익을 얻게 되나 대리상은 더 이상 아무런 이익을 얻지 못하게 되는 상황을 염두에 두고, 형평의 원칙상 대리상의 보호를 위하여 보상청구권을 인정하고 있다. 한편 대리상의 보상청구권에 관한 위와 같은 입법 취지 및 목적 등을 고려할 때, 제조자나 공급자로부터 제품을 구매하여 그 제품을 자기의 이름과 계산으로 판매하는 영업을 하는 자에게도, 예를 들어 특정한 판매구역에서 제품에 관한 독점판매권을 가지면서 제품판매 등을 부담하는 경우처럼 계약을 통하여 사실상 제조자나 공급자의 판매조직에 편입됨으로써 대리상과 동일하거나 유사한 업무를 수행하였고, 자신이 획득하거나 거래를 현저히 증가시킨 고객에 관한 정보를 제조자나 공급자가 알 수 있도록 하는 등 고객관계를 이전하여 제조자나 공급자가 계약 종료 후에도 곧바로 그러한 고객관계를 이용할 수 있게 할 계약상 의무를 부담하였으며, 아울러 계약체결 경위, 영업을 위하여 투입한 자본과 그 회수 규모 및 영업 현황 등 제반 사정에 비추어 대리상과 마찬가지의 보호필요성이 인정된다는 요건을 모두 충족하는 때에는, 상법상 대리상이 아니더라도 대리상의 보상청구권에 관한 상법 제92조의2를 유추적용할 수 있다고 보아야 한다.

② 법적 성질: 보상청구권은 대리상계약이 종료한 후에 청구할 수 있는 것으로서 보수청구권은 아니다.

③ 발생요건: 대리상의 보상청구권이 인정되기 위해서는 다음과 같은 요건을 갖추어야 한다.

㉠ 대리상계약의 종료: 유효하게 계속된 대리상관계가 종료되었어야 한다.

㉡ 본인의 이익: 대리상관계 종료 후에도 본인이 종래 대리상의 활동에 따른 파급이익을 얻었어야 한다. 본인의 이익에 대해서는 대리상이 입증하여야 한다.

㉢ 보수의 상실: 대리상계약의 존속으로 받을 수 있었던 보수가 대리상계약의 종료로 인하여 상실되었어야 한다. 이 경우 대리상계약 관계의 종료와 보수의 상실은 인과관계가 있어야 한다.

㉣ 형평성: 전반적인 사정을 종합하여 대리상에게 보상금을 지급함이 형평에 부합하여야 한다.

④ 보상청구금액: 보상의 최고한도액은 대리상계약의 종료 전 5년의 평균연보수액을 초과할 수 없고, 다만 계약기간이 5년 미만인 때에는 그 활동기간의 평균연보수액을 기준으로 한다(제92조의2 제2항).

⑤ 보상청구권의 배제: 보상청구권은 대리상계약의 종료가 대리상의 책임 있는 사유(예 대리상의 경업피지의무위반 등)로 인한 경우에는 인정되지 않는다. 그러나 대리상이 대리상계약의 해약고지를 하였더라도 해약고지가 본인의 행위가 그 원인이 되었거나 대리상의 고령 또는 질병으로 인한 경우에는 보상청구권은 배제되지 않는다.[1]

---

1) 【학설】 특약에 의한 보상청구권의 배제 여부에 관한 학설
보상청구권은 법정청구권으로서 본인과 대리상 간의 이익분배의 형평을 기하고자 하는 제도이므로 당사자의 특약으로 배제하지 못한다는 견해와, 명문규정이 없는 우리 상법에서는 특약에 의하여 보상청구권을 배제할

⑥ 보상청구권의 행사기간: 보상청구권은 대리상계약이 종료한 날로부터 6월 내에 행사하여야 하며, 이 기간은 제척기간이다.

2) 대리상의 의무

(1) 주의의무: 대리상은 본인에 대하여 위임관계에 있으므로, 선량한 관리자로서의 주의의무를 다하여야 한다.

(2) 통지의무: 대리상이 거래의 대리 또는 중개를 한 때에는 지체없이 본인에게 그 통지를 발송하여야 한다(제88조). 통지에 대해서는 발신주의를 택하고 있으므로, 통지의 도달 여부에 대한 위험은 본인이 부담한다.

(3) 경업피지의무: 대리상은 본인의 허락 없이 자기나 제3자의 계산으로 본인의 영업부류에 속하는 거래를 하거나 동종영업을 목적으로 하는 회사의 무한책임사원 또는 이사가 되지 못한다(제89조 제1항).[1)] 대리상의 경업금지의무 위반에 대한 효과는 상업사용인의 경업금지에 관한 규정이 준용된다(제89조 제2항, 제17조 제2항 내지 제4항).

(4) 영업비밀준수의무: 대리상은 계약의 종료 후에도 계약과 관련하여 알게 된 본인의 영업상의 비밀을 준수하여야 한다(제92조의3). 즉, 대리상은 계약의 종료 후에도 거래의 대리 또는 중개를 통하여 알게 된 본인의 영업상의 비밀을 이용하거나 누설하여서는 아니된다. 여기서 '영업상의 비밀'이란 일정한 제한된 범위의 사람들만 알고 있고 공연히 알려지지 아니한 독립된 경제적 가치를 가지는 것으로서 상당한 노력에 의하여 비밀로 유지된 생산방법·판매방법·기타 영업활동에 유용한 기술상 또는 경영상의 정보를 말한다(부정경쟁방지법 제2조 제2호).

2. 외부관계

1) 대리권

대리상이 제3자에 대하여 어떠한 범위 내에서 본인을 위하여 행위를 할 수 있는가에 대해서는 대리상계약의 내용에 의한다. 체약대리상은 본인을 대리하여 제3자와 계약을 체결하는 자이므로 위임된 행위를 함에 있어서 필요하다고 인정되는 범위 내에서 대리권이 인정된다. 그러나 중개대리상은 거래의 중개를 할 뿐이고 대리권이 없다.

수 있다는 견해가 있다.

1) 【학설】 대리상이 다른 상인의 상업사용인이 될 수 있는가에 대한 학설
대리상의 경업피지의무는 상업사용인의 경업피지의무와 달리 다른 상인의 상업사용인이 될 수 없다는 금지규정이 없으므로 다른 상인의 상업사용인이 될 수 있다는 견해와, 대리상의 경우에도 회사의 이사가 되는 것을 금지하면서 다른 상인의 상업사용인이 되는 것은 허용할 이유가 없다고 하는 견해가 있다.

2) 통지수령권

체약대리상은 본인을 대리하여 제3자와 계약을 체결하므로 거래상대방으로부터 매매의 이행 등에 대한 통지를 받을 권한이 있다. 그러나 중개대리상에게는 거래의 대리권이 없기 때문에 중개대리상의 거래상대방은 직접 본인에 대하여 통지를 하여야 하는 불편이 있을 수 있다. 그래서 우리 상법은 물건의 판매대리상뿐만 아니라 중개의 위탁을 받은 대리상에게도 매매의 목적물의 하자 또는 수량부족 기타 매매의 이행에 관한 통지를 받을 권한을 부여하고 있다(제90조). 그러나 특별한 사정이 없는 한 대금의 수령이나 계약해제의 통지를 수령할 권한은 없다(대법원 1997.3.25. 선고 96다51271판결).

3) 대리상의 의무·책임

제3자와의 법률행위에 대하여 대리상은 아무런 의무와 책임을 부담하지 않는다. 그러나 대리상이 업무수행 중 제3자에게 불법행위를 한 경우에는 보험대리점의 경우를 제외하고는(보험업법 제165조) 본인은 책임을 부담하지 않고, 대리상만이 책임을 진다.

Ⅲ. 대리상관계의 종료

1. 일반적 종료사유

대리상관계는 위임계약에 해당하므로 대리상의 사망·파산·성년후견개시, 본인의 파산, 본인 또는 대리상의 영업의 폐지[1] 등에 의하여 대리상관계는 종료된다(민법 제690조). 다만, 본인이 사망하는 경우에는 종료하지 않는다(제50조).

2. 계약의 해지

민법은 위임계약의 경우 언제든지 당사자가 계약을 해지할 수 있도록 하고 있지만(민법 제689조), 상법은 당사자 간에 계약의 존속기간을 정하지 아니한 경우에 각 당사자는 2월 전에 예고를 하고 계약을 해지할 수 있도록 하고 있다(제92조 제1항). 2개월의 예고기간은 당사자의 합의에 의해 단축할 수 있다. 그러나 부득이한 사유가 있는 때에는 언제든지 해지할 수 있다(제92조 제2항). 부득이한 사유가 없이 계약을 해지하면 손해배상책임을 부담한다.

---

1) 【학설】 영업양도가 종료사유에 해당하는가에 대한 학설
영업이 양도되면 대리상계약이 종료한다는 견해(다수설), 원칙적으로 종료하지 않는다는 견해, 대리상계약의 해지사유(부득이한 사정에 해당하므로)가 된다는 견해가 있다.

제2절 중개업

I. 중개인의 개념

1. 의 의

중개업이란 타인간(적어도 타인의 일방은 상인이어야 한다)의 상행위의 중개를 인수하는 것을 목적으로 하는 영업을 가리키며, 타인간의 상행위의 중개를 영업으로 하는 자를 중개인이라 한다(제93조). 따라서 중개인은 독립된 상인이다.

보충 민사중개인과의 구별 : 상행위가 아닌 행위의 중개를 하는 자, 예를 들어 결혼중매업자나 부동산중개업자는 민사중개인이라 하고, 민사중개인도 영업을 목적으로 하므로 상인이지만 상법상 중개인은 아니다(제江頭憲治郎, 「商取引法(上)」, 167면). 민사중개인에 대해 별도의 규정이 없으므로 상법상 중개인에 관한 규정이 유추적용된다.

중개인은 불특정 타인 간의 중개를 영업으로 하는 자라는 점에서 일정한 상인을 위하여 계속적으로 상행위의 중개를 하는 중개대리상과 다르다.

표 2-5 ▶ 중개인과 중개대리상의 차이

구분	중개인	중개대리상
대리권	거래의 대리권 없음	거래의 대리권 없음(중개의 위임받음)
지위	불특정인을 위한 중개행위를 하는 자	특정 상인을 위한 중개행위를 하는 자
하자통지 수령권	하자통지 수령권 규정 없음(해석상 상대방 묵비시 인정)	하자통지 수령권 규정 있음

2. 성 질

중개의 인수계약의 법적 성질에 대하여는 위임계약이라는 견해와 특수한 계약으로 보는 견해의 대립이 있다.[1)]

---

1) 【학설】 중개계약의 법적 성질에 관한 학설
① 위임설: 중개계약은 원칙적으로 당사자의 일방이 상행위의 중개를 상대방에게 위탁하고 상대방이 이를 승낙함으로써 그 효력이 생기는 낙성계약으로서 위임이라고 보는 견해이다(판례·다수설). 이 견해에 의할 경우에도 중개인이 적극적으로 중개할 의무가 있는 경우를 쌍무적 중개계약(위임)이라 하고, 적극적 중개

3. 내 용

1) '중개'의 의미

중개인은 중개를 영업으로 하여야 한다. 이때 '중개'란 계약을 맺고자 하는 당사자 쌍방 사이에 계약이 성립되도록 진력하는 사실행위로서 중개인의 보조적 상행위에 해당한다. 따라서 중개인은 특약이나 상관습이 없는 한 계약을 체결하기 위한 대리권이 없다. 중개행위란 중개업자가 거래의 쌍방 당사자로부터 중개의뢰를 받은 경우뿐만 아니라 거래의 일방 당사자의 의뢰에 의하여 중개대상물의 매매·교환·임대차 기타 권리의 득실변경에 관한 행위를 알선, 중개하는 경우도 포함하며(대법원 1995.9.29.선고 94다47261판결), 중개행위 해당 여부는 사회통념을 기준으로 객관적으로 판단하여야 한다.

2) '상행위'의 중개

중개인은 타인간의 상행위를 중개하는 자이며, 상행위는 쌍방적 상행위든 일방적 상행위든 관계없다.[1)]

3) 중개를 '영업'으로 할 것

중개업의 요건으로서 알선·중개를 영업으로 한다고 함은 반복·계속하여 영업으로 알선·중개를 하는 것을 가리키는 것이므로, 이러한 반복·계속성이나 영업성이 없이 우연한 기회에 타인 간의 거래행위를 중개한 것에 불과한 경우는 중개업에 해당하지 않는다(대법원 1991.7.23.선고 91도1274판결).

Ⅱ. 중개인의 권리·의무

1. 중개인의 권리

1) 보수청구권

(1) 보수청구권의 발생: 중개인은 보수의 약정이 없더라도 계약이 성립하면 당연히 보수

의무가 없는 경우를 일방적 중개계약(도급)이라 한다.

② 특수한 계약설: 중개계약을 고용 또는 도급에 유사한 특수한 계약'이라는 견해이다. 이 견해에 의할 경우 일방적 중개계약의 경우에도 중개인은 적극적으로 중개하여야 할 의무를 진다고 한다.

1) 【학설】 중개행위에 보조적 상행위의 포함 여부에 관한 학설
상법 제93조의 '타인간의 상행위'에 대해 중개로 맺어지는 법률관계가 당사자에게 상행위가 되면 충분하고, 그에게 반드시 계속적으로 반복되는 행위일 것을 요하지 않는다는 점을 들어 보조적 상행위도 포함된다는 견해와, 상법상 중개인은 영업으로 행해지는 상행위만을 중개하는 자로 예정되어지므로 보조적 상행위는 포함되지 않는다는 견해(다수설)가 있다.

청구권을 갖는다. 중개인의 보수를 중개료라 한다. 중개료를 청구하기 위해서는 중개에 의하여 계약이 유효하게 성립하여야 하고, 계약과 중개인의 중개 사이에 상당인과관계가 있어야 한다. 그리고 중개료의 청구는 특약이 없는 한 결약서의 교부의무를 이행한 때에 할 수 있다(제100조 제1항).

(2) 중개료의 산정 및 부담: 중개료는 정액 또는 거래가액의 일정비율로 약정하며, 원칙적으로 당사자 쌍방이 균분하여 부담한다(제100조 제2항). 그러므로 당사자 간에 보수의 분담에 관하여 다른 약정을 하더라도 이로써 중개인에게 대항할 수 없다.

2) 비용상환청구권·급여수령권한의 불인정

중개인의 중개료에는 거래성립을 위해 지출할 비용(예 신문광고료나 교통비 등)을 포함하고 있으므로 특약이나 관습이 없는 한 별도의 비용상환청구권을 인정하지 않는다. 또한 중개인은 중개라는 사실행위를 할 수 있을 뿐이므로 특별한 약정이나 관습이 없는 한 자신이 중개한 행위에 관하여 당사자를 대리하여 지급 기타의 이행을 받지 못한다(제94조).

2. 중개인의 의무

1) 주의의무

중개인과 중개의뢰인의 법률관계는 민법상 위임관계와 같으므로 민법 제681조에 의하여 중개인은 중개의뢰의 본지에 따라 선량한 관리자의 주의로써 의뢰받은 중개업무를 처리하여야 할 주의의무가 있다(대법원 1992.2.11.선고 91다36239판결). 그러나 중개인은 특약이 없는 한 위임인에 대하여 중개를 위하여 진력할 의무는 없다.

2) 견품보관의무

중개인은 그 중개한 행위에 관하여 견품을 받은 때에는 그 행위가 완료될 때까지 이를 보관하여야 한다(제95조). 이 의무는 목적물의 품질이 견품과 동일한 것을 담보하는, 이른바 견품매매에 있어서만 발생한다. 견품보관기간은 목적물의 품질에 관하여 분쟁이 일어나지 않을 것이 확실시되는 때까지 하여야 한다. 구체적으로는 급여에 대한 상대방의 승인, 이의제기기간의 경과, 계약의 해제, 검사통지의무의 해태, 시효기간이 만료된 때를 들 수 있다.

보관의무기간이 종료한 때에는 중개인은 원칙적으로 견품을 제공자에게 반환하여야 한다. 견품보관에 대해서는 보수를 청구할 수 없으며, 선량한 관리자의 주의로써 보관하여야 한다. 중개인이 이에 위반한 때에는 손해배상책임을 진다.

3) 결약서 교부의무

당사자 간에 계약이 성립된 때에는 중개인은 지체없이 각 당사자의 성명 또는 상호, 계약 연월일과 그 요령을 기재한 서면을 작성하여 기명날인 또는 서명한 후 각 당사자에게 교부하여야 한다(제96조 제1항). 그러나 계약이 즉시 이행되지 않을 때에는 중개인은 각 당사자로 하여금 결약서에 기명날인 또는 서명하게 한 후 상대방에게 교부하여야 한다(제96조 제2항). 결약서는 당사자 간에 계약이 성립한 후에 작성하는 것이므로 계약서가 아니며, 결약서 작성·교부는 계약성립요건도 아니다.

결약서작성의무는 견품보관의무와 같이 당사자 간의 분쟁에 대비하여 계약한 사실 및 그 내용에 관한 증거를 보전하기 위해 중개인에게 부과된 의무이다. 당사자의 일방이 결약서의 수령을 거부하거나 기명날인 또는 서명을 거절한 때에는 중개인은 지체없이 상대방에게 통지를 발송하여야 한다(제96조 제3항). 만약 중개인이 통지의무를 해태한 때에는 손해배상책임을 진다.

4) 장부작성 및 등본교부의무

중개인은 계약당사자의 성명 또는 상호, 계약 연월일 및 계약의 요령을 기재한 장부(일기장)를 작성하여야 하고, 각 당사자의 청구가 있는 때에는 장부의 관계부분의 등본을 교부하여야 한다(제97조 제1항, 제2항). 중개인이 작성하는 장부는 타인간의 거래내용을 기지한 것이므로 재산 및 영업상황을 기재하는 상업장부와는 다르다.

5) 성명·상호묵비의무

당사자의 일방이 자기의 이익을 위하여 그 성명 또는 상호를 상대방에게 표시하지 아니할 것을 중개인에게 요구한 때에는, 중개인은 그 상대방에게 교부할 결약서와 일기장의 등본에 그 성명 또는 상호를 기재하지 못한다(제98조). 이러한 의무를 지우는 것은 거래당사자 중 일방이 자신의 신분노출로 거래 자체가 불가능해지거나 조건이 크게 불리해질 위험에서 벗어나 원활하게 상거래가 이루어지도록 하기 위한 것이다.

6) 개입의무

중개인이 당사자 일방의 요구에 의해 또는 임의로 그 당사자의 성명 또는 상호를 상대방에게 표시하지 아니한 때에는 상대방에 대하여 중개인 자신이 이행할 책임을 진다(제99조). 중개인의 이러한 의무는, 거래의 상대방은 현실적으로 이행을 청구할 반대당사자를 알지 못하고 또 그 상대방은 중개인을 신뢰하여 계약을 체결하였으므로, 상대방을 보호하기 위해 둔 특별한 법정의 담보책임이다.

중개인이 당사자의 일방의 성명·상호를 묵비한 채 계약이 성립한 후 상대방이 묵비된 당사자의 성명·상호를 알게 되었다 하더라도 중개인의 개입의무는 소멸되지 않는다. 중개인이 개입의무를 이행하였다 하더라도 당사자의 지위를 차지하는 것은 아니며, 이행책임을 면한 묵비요구 당사자에 대해 구상권을 가지게 된다.

제3절 위탁매매업

Ⅰ. 위탁매매인의 개념

1. 의 의

자기 명의로써 타인의 계산으로 물건 또는 유가증권의 매매를 영업으로 하는 자를 위탁매매인이라 한다(제101조). 자기 명의로 영업을 하는 자이므로 위탁매매인은 상인이다.

위탁매매라 함은 자기의 명의로 타인의 계산에 의하여 물품을 구입 또는 판매하고 보수를 받는 것으로서 명의와 계산이 분리되는 것을 본질로 하는 것이므로, 어떠한 계약이 일반 매매계약인지 위탁매매계약인지는 계약의 명칭 내지 형식적인 문언을 떠나 그 실질을 중시하여 판단하여야 한다(대법원 2008.5.29.선고 2005다6297판결). 이는 자기명의로써 타인의 계산으로 매매 아닌 행위를 영업으로 하는, 이른바 준위탁매매(제113조)에 있어서도 마찬가지이다(대법원 2011.7.14.선고 2011다31645판결).

준위탁매매업

물건 또는 유가증권의 매매를 주선하는 위탁매매인과 물건의 운송을 주선하는 운송주선인을 제외한 출판·광고·보험계약·여객운송 등을 주선하는 것을 영업으로 하는 자를 준위탁매매인이라 하고, 이들에 대해서는 위탁매매인에 관한 규정이 준용된다(제113조). 다만, 제107조(위탁매매인의 개입권)·제108조(위탁물의 훼손, 하자 등의 효과)·제109조(매수위탁의 경우 공탁·경매권)·제110조(매수위탁자가 상인인 경우)는 준위탁매매인에게 적용되지 않는다.

2. 내 용

1) 자기 명의와 타인의 계산

위탁매매인은 자기 명의로 물건 또는 유가증권의 매매의 주선을 영업으로 하는 자이므로, 매매의 당사자로서 권리·의무의 주체가 된다(제102조).

그러나 계산은 타인의 계산으로 하므로 위탁매매인과 제3자 간의 거래로 인한 경제적 이익은 위탁자에게 귀속된다.

> **【판례】 대법원 2016.8.24.선고 2014다80839판결**
>
> 도매시장법인인 피고는 출하자로부터 위탁받은 농수산물을 당해 도매시장에 상장하여 자기의 명의로 그리고 출하자의 계산으로 매매하는 것을 영업으로 하는 자로서 상법상 위탁매매인에 해당한다. 따라서 피고는 상법 제102조에 따라 이 사건 당근을 매수한 원고에 대하여 직접 권리를 취득함과 아울러 의무를 부담하고, 매매 목적물인 당근에 하자가 있다면 직접 담보책임을 부담하며, 나아가 원·피고 모두 상법상 상인에 해당하므로 그 거래에 민법상 담보책임의 특칙인 상법 제69조가 우선 적용된다.

2) 매매의 목적물

위탁매매인이 주선하는 거래의 대상은 물건 또는 유가증권이다. 거래대상 중 물건에는 부동산은 제외된다는 견해도 있으나 부동산도 포함된다고 본다.

Ⅱ. 위탁매매계약의 법률관계

1. 내부관계(위탁자와 위탁매매인의 관계)

1) 위탁매매계약

위탁자와 위탁매매인 사이에는 위탁매매계약이 존재한다. 즉, 위탁매매인이 위탁자를 위하여 물건이나 유가증권의 매매를 주선하기로 하는 계약이 체결된다. 이러한 계약은 유상의 위임계약이므로(통설), 위탁자와 위탁매매인 간의 관계에는 위임에 관한 규정을 적용한다(제112조).

> **【판례】 대법원 1994.4.29.선고 94다2688판결**
>
> 증권매매거래의 위탁의 성립시기는 위탁금이나 위탁증권을 받을 직무상 권한이 있는 직원이 증권매매거래를 위탁한다는 의사로 이를 위탁하는 고객으로부터 금원이나 주식을 수령하면 곧바로 위탁계약이 성립한다고 할 것이고, 그 이후에 그 직원의 금원수납에 관한 처리는 위 계약의 성립에 영향이 없다.

2) 목적물의 귀속

위탁매매인이 위탁자로부터 받은 물건 또는 유가증권이나 위탁매매로 인하여 취득한 물건, 유가증권 또는 채권은 위탁자와 위탁매매인 또는 위탁매매인의 채권자 간의 관계에서 이를 위탁자의 소유 또는 채권으로 본다(제103조). 따라서 위탁매매에 있어서 위탁물의 소유권은 위탁자에게 속하고 그 판매대금은 다른 특약이나 특별한 사정이 없는 한 이를 수령함과 동시에 위탁자에게 귀속한다 할 것이므로 위탁매매인이 이를 사용, 소비한 때에는 횡령죄가 성립한다(대법원 1982.2.23.선고 81도2619판결).

【판례】 대법원 2011.7.14.선고 2011다31645판결

위탁매매인이 그가 제3자에 대하여 부담하는 채무를 담보하기 위하여 그 채권자에게 위탁매매로 취득한 채권을 양도한 경우에 위탁매매인은 위탁자에 대한 관계에서는 위탁자에 속하는 채권을 무권리자로서 양도한 것이고, 따라서 그 채권양도는 무권리자의 처분 일반에서와 마찬가지로 양수인이 그 채권을 선의취득하였다는 등의 특별한 사정이 없는 한 위탁자에 대하여 효력이 없다. 이는 채권양수인이 양도의 목적이 된 채권의 귀속 등에 대하여 선의였다거나 그 진정한 귀속을 알지 못하였다는 점에 과실이 없다는 것만으로 달라지지 아니한다.

그리고 위탁매매인이 파산하더라도 위탁매매인이 매수위탁의 경우에 취득한 물건 또는 유가증권, 매도위탁의 경우에 매도 전에 보유한 위탁매매의 목적물, 매도위탁의 경우에 목적물의 매도로 인해 받을 대금채권에 대해서 위탁자는 대상적 환취권을 행사할 수 있다(대법원 2008.5.29.선고 2005다6297판결).

보충 금전은 위탁매매인의 일반재산에 혼용되어 특정할 수 없기 때문에, 위탁자가 매수위탁을 하면서 맡긴 금전이나 매도위탁의 경우 목적물의 매도로 인해 받은 대금은 상법 제103조의 대상에서 제외된다(김성태, 「상법(총칙·상행위)강론」, 594면).

3) 매수위탁자가 상인인 경우

매수위탁자가 상인인 경우에는 위탁매매인과 위탁자의 관계는 상사매매에 관한 상법 제68조부터 제71조까지의 규정이 준용된다(제110조).

2. 외부관계(위탁매매인과 제3자 또는 위탁자와 제3자의 관계)

1) 위탁매매인과 제3자의 관계

위탁매매인은 자기 명의로 매매를 하는 자이므로 위탁자를 위한 매매로 인하여 상대방인 제3자에 대하여 권리를 취득하고 의무를 부담한다(제102조). 따라서 매매관계에 영향을 미치는 사유는 모두 위탁매매인과 제3자 사이에 존재하는 사유만을 고려하면 된다.

2) 위탁자와 제3자의 관계

위탁자와 위탁매매인의 거래상대방인 제3자 간에는 아무런 법률관계가 존재하지 못한다. 따라서 위탁자는 제3자에 대하여 권리를 행사하거나 의무의 이행을 요구할 수 없다. 뿐만 아니라 제3자가 계약의 이행을 하지 않은 때 채권을 양도받은 경우가 아니면 직접 제3자에 대하여 손해배상을 청구하지 못한다. 다만, 위탁자는 위탁매매인에게 제3자의 채무불이행에 따른 이행담보책임을 물을 수 있을 뿐이다(제105조). 한편, 위탁자와 제3자 간에 존재하는 항변사유로서 위탁매매인이 상대방인 제3자에게 대항할 수 없다.

Ⅲ. 위탁매매인의 권리 · 의무

1. 위탁매매인의 권리

1) 보수청구권, 비용상환청구권

(1) 보수청구권: 위탁매매인은 특약이 없더라도 매매행위의 실행이 완료된 때에는 위탁자에 대하여 당연히 보수를 청구할 수 있다(제61조). 즉, 위탁매매인의 보수청구권은 거래가 이행된 때에 성립한다.

(2) 비용상환청구권: 위탁매매인은 위탁매매의 실행을 위하여 비용이 필요한 경우에는 위탁자에게 그 선급을 청구할 수 있다. 또 위탁매매인이 필요한 비용을 체당(替當)한 때에는 그 체당금과 체당한 날 이후의 법정이자를 청구할 수 있다(제55조 지2항).

2) 개입권

(1) 의 의: 위탁매매인이 거래소의 시세가 있는 물건 또는 유가증권의 매매를 위탁받은 경우에는 직접 그 매도인 또는 매수인이 될 수 있으며(제107조 제1항), 이를 위탁매매인의 개입권이라 한다.

(2) 법적 성질: 개입권은 위탁매매인의 일방적 의사표시에 의하여 효력이 발생하는 형성권의 성질을 가지며, 개입권의 행사로 매매와 동일한 효력이 생기고 또 위탁도 실행한 것이 되는 상법상 특수한 제도이다.

(3) 행사요건

① 개입금지의 특약이 없을 것: 개입금지에 대한 명시적 또는 묵시적인 특약이 없어야 개입권을 행사할 수 있으며, 또한 개입금지특약의 입증책임은 위탁자가 부담한다.

② 거래소의 시세가 있는 물건 또는 유가증권일 것: 개입권 행사의 대상이 되는 목적물은 거래소의 시세가 있는 물건 또는 유가증권이어야 한다. 이것은 위탁자를 보호하기 위한 요건이다. 거래소란 지정된 때에는 지정된 곳(예 농수산물도매시장, 증권선물거래소 등), 지정되지 않은 때에는 위탁매매인의 영업소가 있는 소재지의 거래소를 말한다.

③ 위탁자에게 개입통지가 도달할 것: 위탁매매인이 위탁자에게 개입의 뜻을 통지하여야 하며, 그 통지가 도달한 때에 개입의 효과가 발생한다. 한편 통지의 방법에는 제한이 없다.

④ 개입시기·매매대금: 개입의 시기에 대해서는 특별한 규정이 없으나 선량한 관리자로서의 주의로써 적당한 시기를 택하여야 한다. 개입권 행사시의 매매대금은 위탁매매인이 매매의 통지를 발송할 때의 거래소의 시세에 의한다(제107조 제1항 제2문).

⑤ 매매계약이 성립되지 않았을 것: 위탁매매인이 거래상대방과의 사이의 매매계약의 체결을 하지 않았어야 한다. 매매계약이 체결된 경우 위탁매매인은 매매의 실행행위를 하여야 하며, 실행된 때에는 위탁매매인이 상대방에 대해 갖는 권리는 위탁자에게 귀속되어야 하기 때문에 개입권을 행사할 여지가 없게 된다.

(4) 행사의 효과: 위탁매매인은 개입권을 행사함으로 인하여, 위탁매매인의 지위와 매매계약의 당사자로서의 지위를 모두 갖는다. 따라서 위탁매매인은 개입권을 행사한 경우에도 위탁매매인으로서의 비용상환청구권과 보수청구권을 행사할 수 있고(제107조 제2항), 보수에 관하여 유치권을 행사할 수 있다.

3) 매수물의 공탁·경매권

위탁매매인이 매수의 위탁을 받은 경우에 위탁자가 매수한 물건의 수령을 거부하거나 수령할 수 없을 때에는 상법 제67조(매도인의 목적물 공탁·경매권)의 규정이 준용된다. 따라서 위탁매매인은 매수한 물건을 공탁 또는 경매할 수 있다. 경매하는 경우에는 상당한 기간을 정하여 최고한 후 경매할 수 있으며, 이때 상당한 기간은 위탁자가 매수한 물건을 수령할 것인지의 고려를 위해 필요한 기간을 말한다.

4) 유치권

위탁매매인에게는 대리상의 유치권(제91조)에 관한 규정이 준용되므로(제111조), 위탁매매인은 특별한 약정이 없는 한 위탁자를 위한 물건의 매매로 인하여 생긴 채권이 변제기에 있을 때에는 변제를 받을 때까지 위탁자를 위하여 점유하고 있는 물건 또는 유가증권을 유치할 수 있다.

2. 위탁매매인의 의무

1) 주의의무

위탁매매인과 위탁자 사이의 위탁매매계약은 위임이므로, 위탁매매인은 선량한 관리자로서의 주의의무를 진다.

2) 통지의무·계산서제출의무

위탁매매인이 위탁받은 매매를 실행한 때에는 지체없이 위탁자에 대하여 그 계약의 요령과 상대방의 주소, 성명의 통지를 발송하여야 하며 계산서를 제출하여야 한다(제104조).

3) 지정가액준수의무

① 위탁자가 매매의 가액을 지정한 때에는 위탁매매인은 위탁의 본지에 따라 선량한 관리자의 주의로써 위탁사무를 처리하여야 하므로, 이를 준수하여야 할 의무를 부담한다. 위탁매매인이 지정가액을 준수하지 않은 때에는 위탁자는 위탁의 실행으로 인정하지 않을 수 있고, 위탁매매인이 지정가액준수의무를 위반하여 위탁자에게 손해가 있는 때에는 위탁매매인에 대하여 그 배상을 청구할 수 있다(다수설).

② 위탁자가 지정한 가액보다 염가로 매도하거나 고가로 매수한 경우에도 특약이 없는 한 위탁매매인이 그 차액을 부담한 때에는 그 매매는 위탁자에 대하여 효력이 있다(제106조 제1항). 즉, 위탁매매인이 위탁자에게 불리한 가액으로 매도 또는 매수계약을 하는 경우 그 차액을 부담하지 아니하면 위탁자에 대하여 효력이 없다. 차액부담의 의사표시는 매매의 통지와 동시에 위탁자에게 도달하여야 한다.

③ 위탁자가 지정한 가액보다 고가로 매도하거나 염가로 매수한 경우에는 그 차액은 다른 약정이 없으면 위탁자의 이익으로 한다(제106조 제2항).

4) 이행담보책임

위탁매매인은 위탁자를 위한 매매에 관하여 상대방이 채무를 이행하지 아니하는 경우에는 다른 약정이나 관습이 없는 한 위탁자에 대하여 이를 이행할 책임이 있다(제105조). 이것은 위탁자를 보호하기 위한 특수한 법정책임이며, 위탁매매인의 무과실책임에 해당한다. 계약해제 등으로 인하여 상대방의 채무가 소멸하거나 상대방이 동시이행의 항변권을 행사할 수 있는 경우에는 위탁매매인의 이행담보책임은 인정되지 않는다.

위탁매매인의 이행담보책임은 위탁자가 위탁매매인의 상대방에 대한 채권을 양수한 경우에도 소멸하지 않는다. 위탁매매인의 이행담보책임은 5년의 상사소멸시효가 적용된다(대법원 1996.1.23.선고 95다39854판결). 위탁매매인이 위탁자에 대하여 이행담보책임을 부담하는 경우에도 선관주의의무의 위반이 있고 이로 인하여 위탁자에게 손해가 발생한 경우에는 위탁매매인은 위탁자에 대해 손해배상책임을 진다.

【판례】 대법원 1991.5.24.선고 90다14416판결

(위탁자와 증권회사 사이에 증권매매위탁약정이 성립된 경우에) 피고(증권회사)가 위탁받은 주식에 관한 이익배당금의 수령이나 무상증자에 의한 신주의 인수를 이행하지 아니하였다면 이는 특단의 사정이 없는 한 위 위탁약정에 관한 채무불이행이 된다고 할 것이므로 피고(증권회사)는 원고(위탁자)에게 이로 인한 손해를 배상하여야 할 의무가 있을 것이다.

5) 위탁물에 대한 하자 등의 통지 및 처분의무

위탁매매인이 위탁매매의 목적물을 인도받은 후에 그 물건의 훼손 또는 하자를 발견하거나 그 물건이 부패할 염려가 있는 때 또는 가격저락의 상황(商況)을 안 때에는 지체없이 위탁자에게 그 통지를 할 의무가 있다(제108조 제1항). 상법 제108조를 선량한 관리자의 주의의무의 주의적 규정이라는 견해도 있으나 위탁매매인에 대한 특별한 법정의무에 해당한다고 본다.

그러나 위탁자에게 통지하여 그 지시를 받을 수 없거나 지시가 지연되어 손해가 발생할 위험이 있는 때에는 위탁매매인은 위탁자의 이익을 위하여 적당한 처분을 할 수 있다(제108조 제2항). 여기서 '적당한 처분'이란 상거래의 통념에 부합하는 범위에서 공탁 또는 경매 등의 응급조치를 취하는 것을 말한다.

제4절 운송주선업

I. 운송주선인의 개념

1. 의 의

운송주선인이란 자기의 명의와 타인의 계산으로 물건운송의 주선을 영업으로 하는 독립된 상인이다(제114조). 운송주선인은 위탁자의 위탁을 받고 자기 명의와 위탁자의 계산으로 운송계약을 체결하는 자이다. 운송주선인이 주선하는 운송의 종류에는 제한이 없다. 즉, 육상은 물론 해상·항공운송을 주선하는 것도 운송주선인의 영업범위에 포함된다. 운송주선이란 운송인과 운송계약을 체결하는 이외의 운송을 위한 준비행위(예 운송물의 포장·계량, 운송에 필요한 서류의 작성, 운송의 경로 등의 선택, 운송인에 대한 지시 등)도 포함된다.

【판례】 대법원 2018.12.13.선고 2015다246186판결

운송주선인은 위탁자를 위하여 물건운송계약을 체결할 것 등의 위탁을 인수하는 것을 본래적인 영업 목적으로 하나, 이러한 운송주선인이 다른 사람의 운송목적의 실현에 도움을 주는 부수적 업무를 담당할 수도 있는 것이어서 상품의 통관절차, 운송물의 검수, 보관, 부보, 운송물의 수령·인도 등의 업무를 담당하고 있는 것이 상례이다.

2. 운송주선계약의 성질

운송주선의 경우 위탁자와 운송주선인 사이에는 운송주선계약이 성립하고, 운송주선인과 운송인 사이에는 운송계약이 존재하게 된다. 위탁자와 운송주선인 사이의 운송주선계약의 성질은 위임계약이며, 운송주선인과 운송인 사이의 운송계약은 도급계약에 해당한다(판례·통설).

【판례】 대법원 1987.10.13.선고 85다카1080판결

가. 상법 제46조 제12호, 제114조에 의하여 자기의 명의로 물건운송의 주선을 영업으로 하는 상인을 운송주선인이라고 하고 여기서 '주선'(周旋)이라고 함은 자기의 이름으로 타인의 계산 아래 법률행위를 하는 것을 의미하는 것이므로 운송주선계약은 운송주선인이 그 위탁자를 위하여 물건운송계약을 체결할 것 등의 위탁을 인수하는 계약으로 민법의 위임의 일종이기 때문에 운송주선업에 관한 상법의 규정이 적용되는 외에 민법의 위임에 관한 규정이 보충 적용된다.
나. 운송주선인은 자기의 이름으로 주선행위를 하는 것을 영업으로 하는 것이지만 하주나 운송인의 대리인이 되기도 하고 위탁자의 이름으로 운송계약을 체결하는 경우에도 운송주선인임에는 변함이 없다.

3. 위탁매매인에 관한 규정의 준용

운송주선인에 대하여는 위탁매매인에 관한 규정이 준용되고(제123조), 민법의 위임에 관한 규정이 보충적으로 적용된다(제112조). 위탁매매인에 관한 규정 중에서 이행담보책임(제105조), 개입권(제107조), 매수위탁자가 상인인 경우 상사매매규정의 준용(제110조), 유치권(제111조)은 운송주선인에게 적용되지 않는다.

표 2-6 ▶ 위탁매매인과 운송주선인의 비교

구분		위탁매매인	운송주선인
차이점	주선	물건 또는 유가증권의 매매 주선	물건운송의 주선
	손해배상책임	특별규정 없음	특별규정을 두고 있음
	개입권 행사	거래소의 시세 필요	거래소의 시세 불요
	유치권의 목적물	위탁자를 위하여 점유하는 물건 또는 유가증권(개별적 관련성 불요)	운송물(개별적 관련성 필요)
공통점		자기 명의로 위탁자를 위한 주선행위를 함	

Ⅱ. 운송주선인의 권리 · 의무

1. 운송주선인의 권리

1) 보수청구권

운송주선인도 상인이므로 주선계약을 이행하면 위탁자와 보수를 약정하지 않더라도 주선계약에 따라 운송계약을 체결하고 운송인에게 운송물을 인도한 때에 즉시 상당한 보수를 청구할 수 있다(제119조 제1항). 그러나 운송주선계약에서 운임까지 정한 경우(확정운임운송주선계약)에는 다른 약정이 없는 한 운송주선인은 따로 보수를 청구하지 못한다(제119조 제2항).

확정운임운송주선계약[1]으로 볼 수 있기 위해서는 주선인에게 운송수행을 위한 재산적 바탕이 있어야 하고, 정해진 운임의 금액이 운임뿐만 아니라 운송물이 위탁자로부터 수하인에게 도달될 때까지의 액수가 정해진 경우라야 한다(대법원 1987.10.13.선고 85다카1080판결).

예외 운송주선인이 다수의 위탁자로부터 동일한 운송경로를 거치는 동종의 운송물을 일괄하여 자기의 계산으로 하나의 혼재운송계약(混載運送契約)을 체결한 경우에는 운임의 확정이 없더라도 운송주선인은 운송인의 지위를 갖게 되므로 운임 이외의 보수를 청구할 수 없다.

2) 비용상환청구권

운송주선인은 위탁사무의 처리에 비용이 소요되면 그 선급을 청구할 수 있고, 운송인에게 운임 기타 운송을 위한 비용을 지급한 때에는 그 상환을 위탁자에게 청구할 수 있다(제123조, 제112조).

3) 유치권

운송주선인은 운송물에 관하여 받을 보수, 운임 기타 위탁자를 위한 체당금이나 선대금에 관하여서만 운송물을 유치할 수 있다(제120조). 운송주선인의 유치권은 일반상사유치권과는 는 달리 피담보채권과 유치물 사이에 개별적 견련관계가 있어야 하며, 위탁자가 상인이 아니라도 행사할 수 있다. 위탁자가 상인인 경우에는 상법 제58조의 상사유치권을 행사할 수 있다. 운송주선인이 유치권을 행사하기 위해서는 피담보채권이 변제기에 있지 않아도 행사할 수 있다는 견해가 있으나 그 성질상 당연히 변제기에 있는 때에만 인정된다고 본다.

---

1) 【학설】 운임확정의 운송주선계약의 성질에 관한 학설
운임확정의 운송주선계약은 개입권을 행사한 경우라는 견해(판례)와, 운송주선인의 지위가 법률의 규정에 의하여 운송인으로 변경되어 당사자 간에는 운송계약이 성립하는 것이라는 견해(다수설)가 있다.

4) 개입권

(1) 의 의: 운송주선인은 다른 약정이 없으면 직접 운송을 할 수 있다(제116조 제1항). 운송주선인의 개입권을 인정하는 것은 위탁자에게 불이익을 당하게 하지 않을 뿐만 아니라, 운송주선인으로서는 운송실행에 따른 보수를 얻을 수 있으므로 위탁매매인과 같이 개입권을 인정하고 있다.

(2) 행사요건 및 방법: 개입권의 행사는 특약이 없는 한 위탁자에 대한 명시 또는 묵시의 의사표시에 의하며, 특별한 방식을 요하지 않는다.

운송주선인의 개입권은 위탁매매인과 달리 반드시 목적물이 거래소의 시세가 있어야 함을 요하지 않는다.

(3) 개입의 의제: ① 운송주선인이 위탁자의 청구에 의하여 화물상환증을 작성한 때에는 개입권을 행사한 것으로 본다(제116조 제2항). 운송주선인의 개입권이 의제되기 위해서는 운송주선인이 화물상환증을 자기 명의로 발행한 경우에 한하며, 타인의 대리인으로 발행한 경우에는 운송주선인이 작성한 증권으로 볼 수 없으므로 개입이 의제되지 않는다(정찬형, 「상법강의(상)」, 305면; 대법원 1987.10.13.선고 85다카1080판결). ② 운송주선계약에서 운임의 액을 정하는 확정운임운송주선계약의 경우에는 운송인으로서의 지위를 취득한다(제119조 제2항 참조).

【판례】 대법원 2007.4.27.선고 2007다4943판결

운송주선인이 상법 제116조에 따라 위탁자의 청구에 의하여 화물상환증을 작성하거나 같은 법 제119조 제2항에 따라 운송주선계약에서 운임의 액을 정한 경우에는 운송인으로서의 지위도 취득할 수 있지만, 운송주선인이 위 각 조항에 따라 운송인의 지위를 취득하지 않는 한 운송인의 대리인으로서 운송계약을 체결하였더라도 운송의뢰인에 대한 관계에서는 여전히 운송주선인의 지위에 있다.

(4) 개입의 효과: 운송주선인이 개입을 하는 경우에는 운송주선인과 운송인의 지위를 모두 갖게 되므로 운송주선인으로서의 보수와 비용뿐만 아니라 운송인으로서의 운임도 청구할 수 있다(제123조, 제107조 제2항).

5) 채권의 시효

운송주선인의 위탁자나 수하인에 대한 채권은 1년의 시효로 소멸한다(제122조). 시효의 기산점은 위탁자 또는 수하인에 대하여 채권을 행사할 수 있는 때이다.

2. 운송주선인의 의무

1) 주의의무

운송주선인과 위탁자의 관계는 기본적으로 위임관계이므로(제123조, 제112조), 운송주선인은 수임인으로서의 선량한 관리자의 주의를 다하여 운송주선계약의 이행을 하여야 한다.

2) 기 타

운송주선인에게는 위탁매매인의 의무에 관한 규정이 준용된다(제123조). 즉, 위탁매매인의 통지 및 계산서제출의무(제104조), 지정가액준수의무(제106조), 위탁물 하자 통지 및 처분의무(제108조) 등이 운송주선인에게도 인정된다.

【판례】 대법원 1987.10.13.선고 85다카1080판결

운송주선인은 위탁자를 위하여 물건운송의 주선을 하는 것이기 때문에 운송인과의 사이에 물건운송계약을 체결했을 때에는 상법 제123조, 제104조에 의하여 그 구체적 내용에 관한 통지를 해야 하고 이 경우에는 위탁자와의 내부관계에 있어서는 운송주선인이 체결한 운송계약상의 권리·의무는 주선인에 의한 양도 등 특별한 이전절차 없이도 위탁자에 귀속되는 것이지만 위탁자가 그 권리를 운송인에게 주장할 수 있기 위하여는 민법 제450조 내지 제452조에 따른 채권양도의 통지가 필요하고 다만, 지시식이나 무기명식의 선하증권이 발행되어 있을 때에는 민법 제508조, 제523조에 의하여 운송주선인이 이를 위탁자에게 배서 또는 교부함으로써 그러한 절차를 이행하는 것이 된다.

Ⅲ. 손해배상책임

1. 의 의

운송주선인은 자기나 그 사용인이 운송물의 수령·인도·보관, 운송인이나 다른 운송주선인의 선택 기타 운송에 관하여 주의를 해태하지 아니하였음을 증명하지 아니하면 운송물의 멸실·훼손 또는 연착으로 인한 손해를 배상할 책임을 면하지 못한다(제115조). 이 책임은 채무불이행책임이며 과실책임이다.

상법 제115조가 적용되는 손해의 발생사유에 대해 멸실·훼손·연착 이외의 유형의 경우에도 적용된다고 하는 견해(다수설)도 있으나, 특별한 약정이 없는 경우에는 운송물의 멸실·훼손·연착으로 인한 경우에 한한다고 본다.

2. 손해배상책임의 내용

1) 주의의무위반

운송물의 수령·인도·보관, 운송인이나 다른 운송주선인의 선택 기타 운송에 관하여 주의를 해태한 경우뿐만 아니라 기타 선량한 관리자로서의 주의의무를 해태한 경우에도 책임이 발생한다.

2) 자기나 이행보조자의 고의·과실

운송주선인은 자기나 그 이행보조자인 사용인의 고의·과실로 인하여 발생한 손해에 대해 책임을 진다.

3) 손해배상액

운송주선인은 원칙적으로 채무불이행과 상당인과관계가 있는 손해의 전부를 배상하여야 한다(민법 제393조 제1항). 특별손해는 상법 제137조의 규정이 준용된다는 견해가 있으나 운송주선인이 그 사정을 알았거나 알 수 있었을 때에 한하여 배상책임을 진다(민법 제393조 제2항).

4) 입증책임

운송주선인은 자기나 그 사용인이 운송물의 수령, 인도, 보관, 운송인이나 다른 운송주선인의 선택 기타 운송에 관하여 주의를 게을리하지 않았음을 증명하여야 한다(대법원 2007.4.27.선고 2007다4943판결). 운송주선인이 운송인이나 다른 운송주선인의 선택에 과실이 없음을 증명하면 손해배상책임을 지지 않지만, 이행보조자의 선택에 과실이 없다는 증명만으로는 손해배상책임을 면할 수 없다.

5) 고가물에 대한 책임

고가물에 대한 운송인의 손해배상책임을 완화하는 상법 제136조의 규정이 준용된다(제124조). 따라서 운송주선인은 위탁자가 운송의 주선을 위탁할 재에 고가물에 대해서 그 종류와 가액을 명시하지 않으면 손해배상책임을 지지 않는다.

6) 면책특약

운송주선인의 손해배상책임은 고의가 있는 경우를 제외하고는 특약에 의하여 경감 또는 면제할 수 있다.

3. 청구권 경합

운송주선인의 귀책사유로 주선계약상의 채무를 이행하지 못한 경우 채무불이행에 의한 손해배상책임과 동시에 불법행위에 의한 손해배상책임이 발생할 수 있다. 이에 대해 송하인이 2개의 청구권을 임의로 선택할 수 있는가에 대해 학설의 대립이 있으나, 청구권경합설이 통설의 입장이다.

4. 손해배상책임의 시효

운송주선인의 손해배상책임은 운송주선인 또는 그의 이행보조자에게 악의가 없는 한 수하인이 운송물을 수령한 때에는 수령한 날로부터, 운송물이 전부 멸실한 경우에는 그 운송물을 인도할 날로부터 1년이 경과하면 소멸시효가 완성된다(제121조 제1항·제2항). 1년의 단기소멸시효기간은 당사자의 약정으로 배제하거나 연장할 수 없으며, 운송주선계약에 의하여 운송물이 멸실·훼손 또는 연착으로 인한 손해에 한하여 적용된다(통설).

운송주선인이나 그의 이행보조자의 '악의'의 경우에는 일반상사채권의 소멸시효기간인 5년이 적용된다(제121조 제3항 참조). '악의'란 적극적으로 운송물의 멸실·훼손·연착을 초래하거나 은폐한 경우뿐만 아니라 소극적으로 이를 알면서 수하인에게 알리지 않고 인도한 경우를 포함한다(대법원 1987.6.23.선고 86다카2107판결).

IV. 수하인의 지위·의무

운송인에 관한 규정 중 수하인의 지위에 관한 규정(제140조)과 수하인의 의무에 관한 규정(제141조)은 운송주선인에게도 준용된다(제124조). 따라서 운송물이 도착지에 도착한 때에는 수하인은 송하인과 동일한 지위에 서며, 수하인이 운송물의 인도를 청구하면 수하인의 권리가 송하인의 권리에 우선하게 된다.

그리고 수하인이 운송물을 수령한 때에는 운송인에 대하여 운임 기타 운송에 관한 비용과 체당금을 지급할 의무를 부담한다.

V. 순차운송주선

1. 순차운송주선의 형태

1) 부분운송주선

송하인이 운송구간별로 수인의 운송주선인에게 각각 운송주선을 위탁하는 형태를 말한다. 이 경우에는 각 운송주선인 상호간에는 아무런 법률관계가 생기지 않고, 수개의 독립된 운송주선계약이 병존한다.

2) 하수(下受)운송주선

최초의 운송주선인이 전 구간에 걸쳐 운송주선을 인수하고 주선업무의 일부 또는 전부를 다른 운송주선인으로 하여금 수행케 하는 형태를 말한다. 이때 최초의 운송주선인만이 주선계약의 당사자이며, 다른 운송주선인은 최초의 운송주선인의 이행보조자일 뿐이다.

> **【판례】 대법원 1987.10.13.선고 85다카1080판결**
>
> 운송주선인이라 불려지고 있어도 발송지운송주선인의 위탁을 받고 하는 도착지운송주선인이나 중간운송주선인의 행위 등은 특별한 사정이 없는 한 상법상의 운송주선행위가 아니다.

3) 중간운송주선

발송지의 제1의 운송주선인이 위탁자(송하인)의 위탁에 따라 최초의 운송주선을 인수하고, 그 이하의 구간에서의 운송은 제1의 운송주선인이 자기의 명의로 위탁자(송하인)의 계산으로 제2의 운송주선인을 선임하는 경우로 제2 이하의 운송주선을 중간운송주선이라 한다. 상법상의 순차운송주선인은 중간운송주선인의 경우를 말한다.

2. 순차운송주선인의 의무·권리

1) 전자의 권리를 행사할 의무

수인이 순차로 운송주선을 하는 경우에는 후자는 전자에 갈음하여 그 권리를 행사할 의무를 부담한다(제117조 제1항). 여기서 전자란 자기에 대한 위탁자인 직접의 전자를 말하며, 후자에게 전자의 법정대리인의 지위를 인정하고 있다.

2) 전자의 권리의 취득

순차운송주선인의 경우에 후자가 전자에게 변제하였을 때에는 전자의 권리를 승계취득한다(제117조 제2항). 여기서 전자란 자기의 직접의 전자뿐만 아니라 자기의 모든 전자를 말한다. 운송주선인이 운송인에게 변제한 때에는 운송인의 권리를 취득한다(제118조). 여기서 운송주선인이란 최초의 운송주선인이 아니라 그 다음 중간운송주선인을 의미한다.

제 5 절 운송업

I. 운송업의 개념

1. 운송업의 의의 및 종류

1) 운송업의 의의

운송업이란 물건 또는 여객의 장소적 변동에 의하여 타인의 영업을 보조하는 영업을 말한다.

2) 운송의 종류

(1) 운송의 객체에 의한 분류: 운송의 목적물을 표준으로 하여 물건운송·여객운송·통신운송으로 분류할 수 있다. 물건운송은 화물의 수송을 목적으로 하는 운송이며, 여객운송은 사람의 수송을 목적으로 하는 운송이고, 통신운송은 전신 및 전화 등의 통신업을 말한다.

(2) 운송의 지역에 의한 분류: 운송의 지역에 따라 육상운송·해상운송·항공운송으로 구분할 수 있다. 호천·항만에서의 운송은 육상운송에 포함되고, 해상운송은 상법 제5편의 해상편에서 별도로 규정하고 있다. 항공운송에 대해서는 상법 제6편에 규정을 두고 있다.

2. 운송인의 의의

육상운송인이란 육상 또는 호천·항만에서 물건·여객의 운송을 영업으로 하는 자를 말한다(제125조). 상행위편 제9장에서 규정하는 운송업은 육상운송만을 의미한다. 육상운송은 철도나 자동차·지하철 등에 의한 운송의 형태가 기본이며, 이 외에도 일시 공중을 운행하는 케이블카 등에 의한 운송도 포함된다. 호천·항만의 범위에 대해서는 「상법시행령」 제4조에서 규정하고 있다.

3. 운송계약

1) 의 의

운송계약이란 당사자의 일방(운송인)이 물건 또는 여객을 한 장소에서 다른 장소로 이동할 것을 약속하고, 상대방(송하인)은 이에 대하여 보수를 지급할 것을 약속함으로써 성립하는 계약이다.

2) 법적 성질

운송계약의 법적 성질은 낙성·쌍무·유상·불요식의 계약이며, 운송이라는 일의 완성을 목적으로 하는 일종의 도급계약이라는 것이 통설·판례의 입장이다.

【판례】 대법원 1983.4.26.선고 82누92판결[동지: 대법원 2007.4.27.선고 2007다4943판결]

물품운송계약이란 당사자의 일방이 물품을 한 장소로부터 다른 장소로 이동할 것을 약속하고 상대방이 이에 대하여 일정한 보수를 지급할 것을 약속함으로써 성립하는 계약을 말하며, 일의 완성을 목적하는 것이므로 도급계약에 속한다.

운송계약은 불요식의 계약이므로, 운송장이나 화물상환증 또는 승차권의 발행은 계약성립의 요건이 아니다.

Ⅱ. 물건운송

1. 물건운송인의 권리

1) 운송물 인도청구권

운송계약의 체결 후 운송인은 운송을 준비하고 운송의 실행을 위하여 송하인에게 운송물을 적당한 상태로 인도하여 줄 것을 청구할 수 있다.

2) 화물명세서 교부청구권

(1) 화물명세서의 의의: 운송인은 계약성립 후 송하인에 대하여 화물명세서(운송장)를 작성하여 교부할 것을 청구할 수 있다(제126조 제1항). 화물명세서는 유가증권이 아니며, 송하인이 운송계약에 관한 중요사항(제126조 제2항)을 기재하고 기명날인 또는 서명한 서면으로서 증거증권에 해당한다.

(2) 화물명세서의 부실기재의 효과: 송하인이 화물명세서에 허위 또는 부정확한 기재를 한 때에는 이로 인하여 발생한 손해에 대하여 운송인에게 배상할 책임이 있다(제127조 제1항). 이때 송하인에게 고의·과실이 있는 경우에만 책임을 진다는 견해도 있으나, 상법 제127조의 송하인은 고의·과실이 없어도 책임을 진다(다수설). 그러나 운송인이 악의인 경우에는 송하인은

손해배상책임을 지지 않는다(제127조 제2항). 운송인의 과실로 운송물에 손해가 난 경우에는 과실상계가 가능하다.

3) 운임 기타 비용청구권

(1) 운임청구권: 수하인이 운송물을 수령한 때에는 운송인에 대하여 운임을 지급할 의무가 있다(제141조). 따라서 운송인은 운송을 완료할 때, 즉 운송물을 인도한 후에 운임 등의 청구권을 갖게 된다. 여기서 인도는 현실적 인도가 아니라 운송물을 인도할 수 있는 상태를 갖추면 된다(대법원 1993.3.12.선고 92다32906판결). 수하인은 운송물을 수령함으로써 운임에 관하여 송하인과 함께 부진정 연대채무자가 된다. 화물상환증이 작성된 경우에는 그 소지인이 운임지급의무자가 된다. 송하인이나 화물상환증소지인이 운송물의 운송중지·운송물반환 등을 청구하여 처분권을 행사한 때에는 운송을 완료하지 않았다 하더라도 운송의 비율에 따른 비율운임을 청구할 수 있다(제139조 제1항). 당사자 간에 특별한 약정이 없는 한 운송물의 전부나 일부가 송하인의 책임 없는 사유로 멸실한 경우에는 운송인은 운임을 청구할 수 없고, 이미 운임의 전부 또는 일부를 선급받은 때에는 그 금액을 반환하여야 한다(제134조 제1항). 그러나 운송물의 성질상 하자나 송하인의 과실로 운송물이 전부 또는 일부 멸실된 경우에는 운임의 전액을 청구할 수 있다(제134조 제2항).

(2) 기타 비용청구권: 운송인은 수하인에게 운송물을 인도한 때에는 운임 외에 운송에 관한 비용(예 통관비용, 보험료 등)과 체당금을 청구할 수 있다(제141조).

(3) 채권의 소멸시효: 운송인의 송하인 또는 수하인에 대한 채권은 1년간 행사하지 아니하면 소멸시효가 완성된다(제147조, 제122조).

4) 유치권

운송인은 운송주선인과 마찬가지로 운송물에 관하여 받을 보수·운임, 기타 송하인을 위한 체당금이나 선대금에 관하여서만 그 운송물을 유치할 수 있다(제147조, 제120조). 유치목적물과 피담보채권의 개별적 관련성이 있어야 한다(대법원 1993.3.12.선고 92다32906판결).

5) 운송물의 공탁·경매권

(1) 공탁권: 수하인을 알 수 없거나 또는 수하인이 운송물의 수령을 거부하거나 수령할 수 없는 때에 운송인은 운송물을 공탁할 수 있으며(제142조 제1항, 제143조 제1항), 공탁한 때에는 지체없이 송하인(수하인을 알 수 없는 경우) 또는 수하인(운송물의 수령을 거부하거나 수령할 수 없는 경우)에게 통지하여야 한다(제142조 제3항). 여기서 '수하인'이란 송하인이 지정한 수하인은 물론 널리 운송물을 수령할 권한이 있는 자를 가리킨다. '수하인을 알 수 없을 때'라 함은 송하인이 수하인을 지정하였으나, 수하인을 특정할 수 없거나 소재가 불명한 때를 의미한다. '수령을 거부한 때'라 함은 수하인 등이 정당한 사유 없이

수령을 거절한 때를 말한다. '수령할 수 없을 때'라 함은 수하인의 질병이나 여행 등 주관적 사정 또는 천재지변 등의 객관적 사정으로 장기간 수령이 불가능한 때를 의미한다.

(2) 경매권

① 수하인불명의 경우의 경매: 수하인을 알 수 없는 때에는 운송인은 송하인에 대하여 상당한 기간을 정하여 운송물의 처분에 관한 지시를 최고하고, 최고하였음에도 그 기간 내에 지시가 없으면 운송물을 경매할 수 있다(제142조 제2항). 경매한 때에는 지체없이 송하인에게 통지를 발송하여야 한다(제142조 제3항).

② 수하인의 수령거부나 수령불능의 경우의 경매: 수하인이 운송물의 수령을 거부하거나 또는 수하인이 운송물을 수령할 수 없는 경우에는 먼저 수하인에 대해 상당한 기간 내에 운송물의 수령을 최고하고, 그 기간 내에 지시가 없는 경우에는 송하인에게 상당한 기간을 정하여 처분지시의 최고를 하고 송하인의 처분지시가 없는 때에는 운송물을 경매할 수 있다(제142조 제2항). 경매를 한 때에는 지체없이 수하인에게 통지를 발송하여야 한다(제143조 제1항, 제142조 제3항).

③ 공시최고에 의한 경매: 송하인·수하인 모두를 알 수 없을 경우에는 공시최고에 의하여 경매할 수 있다(제144조). 공시최고는 운송인이 6월 이상의 기간을 정하여 그 기간 내에 권리를 주장할 것을 관보나 일간신문에 2회 이상 공고하고, 이 기간 내에 권리를 주장하는 자가 없는 때에는 운송물을 경매할 수 있다.

④ 경매대금의 처리: 경매한 후에는 경락대금에서 경매비용을 공제한 잔액을 공탁해야 하나, 그 전부 또는 일부를 운임 등 운송인의 채권변제에 충당할 수 있다(제145조, 제67조 제3항).

2. 물건운송인의 의무

1) 운송의무·주의의무

운송인은 운송계약이 성립한 후 일정한 장소에서 송하인으로부터 운송물을 인도받아 이를 목적지까지 운송하고, 인도할 날에 수하인 기타 운송물을 수령할 권한이 있는 자에게 운송물을 인도하여야 한다. 그리고 운송물을 수령한 때로부터 인도할 때까지 선량한 관리자로서의 주의의무를 진다.

2) 화물상환증 발행·교부의무

운송인은 송하인의 청구가 있는 때에는 일정한 사항(제128조 제2항 제1호 내지 제4호)을 기재하여 화물상환증을 발행·교부 하여야 한다(제128조 제1항).

3) 운송물 처분에 응할 의무

(1) 의무의 내용: 운송인은 송하인 또는 화물상환증소지인이 운송의 중지, 운송물의 반환 기타의 처분을 청구하는 때에는 그의 지시에 따라야 한다(제139조 제1항 제1문). 송하인 또는 화물상환증소지인의 처분청구권은 형성권으로서, 운송의 특수성으로 인하여 송하인 등이 계약을 해제하지도 않고 또 손해배상책임을 부담하지도 않고도 행사하는 법정의 효력으로 인정된 권리이다. '운송의 중지'란 현 소재지에서 운송물의 운송을 중단하는 것을 의미하고, 또 '운송물의 반환'이란 현 소재지에서 반환함을 의미한다. 그리고 '기타의 처분'이란 양도·입질 등의 법률상의 처분이 아니라 수하인이나 운송로(運送路)의 변경과 같은 사실상의 처분을 의미한다. 송하인 또는 화물상환증소지인의 처분권행사는 운송인에게 부담을 주는 운송노선의 연장, 추가운송 등에는 적용되지 않는다.

(2) 처분에 따른 운송인의 권리: 운송인이 송하인 또는 화물상환증소지인의 지시에 따라 운송물을 처분한 때에는 이미 운송한 비율에 따른 운임, 체당금과 처분으로 인한 비용의 지급을 청구할 수 있다(제139조 제1항 제2문).

(3) 송하인 등의 처분권의 소멸: 운송물이 목적지에 도착한 후 수하인이 그 인도를 청구한 때에는 수하인의 권리가 송하인의 권리에 우선하므로(제140조 제2항), 수하인이 운송물의 인도를 청구한 후에는 송하인은 처분권을 행사할 여지가 없다. 다만, 수하인이 인도를 청구한 때라도 그 후 운송물의 수령을 거부 또는 포기하거나 수령할 수 없는 경우에는 송하인의 처분권은 부활한다. 화물상환증이 발행된 경우에는 상법 제140조 제2항이 적용되지 않는다.

4) 운송물 인도의무

(1) 화물상환증이 발행되지 않은 경우: 운송물이 도착지에 도착한 때에는 수하인은 송하인과 동일한 권리를 가진다(제140조 제1항). 그러므로 수하인은 운송인에 대하여 운송물의 인도를 청구할 수 있고, 수하인의 청구시에 운송인은 운송물을 인도하여야 할 의무를 진다.

(2) 화물상환증이 발행된 경우

① 화물상환증소지인에의 인도: 운송인이 화물상환증을 발행한 경우에는 그 소지인만이 운송물인도청구권을 갖는다. 운송인과 화물상환증소지인 간의 운송에 관한 사항은 화물상환증에 기재된 바에 의한다(제131조 제2항 참조). 화물상환증에 의하지 않고는 운송물의 처분을 청구할 수 없고(제132조), 운송인은 화물상환증과 상환하지 않고는 운송물을 인도할 의무가 없다(제129조).

② 보증도·가인도: 화물상환증이 발행된 경우에는 증권과 상환하지 않고는 운송물의 인도를 청구할 수 없으나, 예외적으로 실무상 보증도와 가인도가 인정된다. 보증도란 운송물을 화물상환증과 상환함이 없이 인도함으로써 생기는 결과에 대하여 책임을 진다는 보증은행의

보증서를 받고 운송물을 인도하는 방법이고, 가인도란 화물상환증과 상환하지 않고도 운송물을 인도하는 방법이다.

다만, 보증도 또는 가인도에 의한 운송물의 인도 후 화물상환증소지인이 운송물의 반환을 청구하는 경우 화물상환증소지인에게 채무불이행에 의한 손해배상책임을 진다.

【판례】 대법원 1992.2.25.선고 91다30026판결

보증도의 상관습은 운송인 또는 운송취급인의 정당한 선하증권소지인에 대한 책임을 면함을 목적으로 하는 것이 아니고 오히려 보증도로 인하여 정당한 선하증권소지인이 손해를 입게 되는 경우 운송인 또는 운송취급인이 그 손해를 배상하는 것을 전제로 하고 있는 것이므로, 운송인 또는 운송취급인이 보증도를 한다고 하여 선하증권과 상환함이 없이 운송물을 인도함으로써 선하증권소지인의 운송물에 대한 권리를 침해하는 행위가 정당한 행위로 되거나 운송취급인의 주의의무가 경감 또는 면제된다고 할 수 없고, 보증도로 인하여 선하증권의 정당한 소지인의 운송물에 대한 권리를 침해하였을 때에는 고의 또는 중대한 과실에 의한 불법행위의 책임을 진다는 것이 당원의 견해이다(당원 1989.3.14.선고 87다1791판결; 1991.12.10.선고 91다14123판결 참고).

3. 운송인의 손해배상책임

1) 상법의 규정

운송인은 자기 또는 운송주선인이나 사용인, 그 밖에 운송을 위하여 사용한 자가 운송물의 수령·인도·보관과 운송에 관하여 주의를 게을리하지 아니하였음을 증명하지 아니하면 운송물의 멸실, 훼손 또는 연착으로 인한 손해를 배상할 책임이 있다(제135조). 따라서 운송인의 책임에 관하여는 과실책임주의를 택하고 있고, 과실이 없음에 대한 입증책임은 운송인이 부담한다.

보충 '연착'이란 운송물을 인도할 날에 인도하지 못하고 그 날 이후에 인도하는 경우를 의미하고, '멸실'이란 운송물이 물리적으로 멸실되어 인도할 수 없게 되는 경우뿐만 아니라 운송물이 수령권 없는 자에게 인도되고 그 반환이 불능하게 되는 경우 등 사회통념상 인도가 불가능하게 된 경우를 모두 포함한다(이철송, 「상법총칙·상행위」, 419면).

2) 책임의 원인

(1) 자기 또는 이행보조자의 과실: 운송인은 자기 또는 자신이 선임한 운송주선인이나 사용인, 그 밖에 운송을 위하여 사용한 자의 운송물 수령·인도·보관·운송행위에 대하여도 책임을 진다.

운송인이 책임을 면하기 위해서는 이행보조자의 선임·감독에 과실이 없다는 것만 입증하는 것으로는 부족하고 이행보조자의 고의·과실이 없음을 입증하여야 한다.

【판례】 대법원 2001.1.16.선고 99다67192판결

일반적으로 보세창고업자는 운송인과의 임치계약에 따라 운송인 또는 그가 지정하는 자에게 화물을 인도할 의무가 있고, 한편 운송인은 수하인이나 그가 지정하는 자에게 화물을 인도할 의무가 있으므로, 보세창고업자가 화물을 보관하고 이를 인도하는 것은 수하인에 대한 관계에서는 운송인의 이행보조자 또는 피용자의 지위에서 하는 것이고, 따라서 보세창고업자가 화물을 수하인의 지시 없이 수하인이 아닌 사람에게 인도함으로써 수하인의 인도청구권을 침해한 경우에는 운송인은 보세창고업자의 사용자로서 불법행위책임을 져야 한다.

(2) 손해의 유형: 운송인은 운송물의 멸실·훼손·연착으로 인하여 손해가 생긴 경우에 책임을 진다(제135조). 그러나 이러한 상법 제135조의 손해의 유형에 관해서는 학설의 대립이 있다.[1)]

(3) 손해발생의 입증책임: 운송물의 멸실·훼손·연착으로 인하여 손해가 생겼다는 것은 수하인 또는 화물상환증소지인이 입증하여야 한다.

3) 손해배상액

(1) 배상액 산정기준: 운송물이 전부멸실되거나 연착한 경우의 손해배상액은 인도할 날의 도착지의 가격에 의하고, 운송물이 일부멸실 또는 훼손된 경우의 손해배상액은 인도한 날의 도착지의 가격에 의한다(제137조 제1항, 제2항).[2)]

여기서 '인도할 날'이란 운송계약에 의하여 인도하기로 예정된 날 또는 화물상환증에 인도하기로 기재된 날을 의미하고, '도착지의 가격'은 도착지에서 형성되는 시장가격을 말한다.

(2) 배상액제한원칙 배제: 운송물의 멸실·훼손·연착이 운송인의 고의나 중대한 과실로 인한 때에는 운송인은 상당인과관계가 있는 모든 손해뿐만 아니라 운송인이 알았거나 알 수 있었을 특별한 사정으로 인한 손해까지도 배상하여야 한다(제137조 제3항; 민법 제393조 제1항 및 제2항. 이에 대해 운송인이 알 수 없었거나 알지 못한 특별한 사정으로 인한 손해까지 모두 배상해야 한다는 견해도 있다). 다만, 운송물의 멸실 또는 훼손으로 인하여 지급을 요하지 아니하는 운임 기타 비용은 상법 제137조 제3항에 정한 배상액에서 공제하여야 한다(제137조 제4항).

(3) 상법 제137조의 적용범위: 상법 제137조의 특칙[3)]은 운송물의 멸실·훼손·연착의 경우

1) 【학설】 제135조의 손해의 유형에 관한 학설
상법 제135조의 운송인의 책임은 운송물의 멸실·훼손·연착의 사유로 인한 손해에 대해서만 인정되고 기타의 손해는 민법의 일반원칙에 따라 책임이 인정된다는 견해와, 상법 제135조에서 규정한 멸실·훼손·연착은 예시적인 것에 불과하다는 견해(다수설)가 있다.

2) 【학설】 운송물의 연착의 경우 손해배상액 산정기준에 관한 학설
연착의 경우에 인도한 날의 운송물의 가격이 인도할 날의 운송물의 가격보다 높은 경우에는 운송인은 채무불이행의 일반원칙에 의하여 손해배상책임을 부담해야 한다는 견해와, 상법 제137조 제1항의 규정에 따라 해석해야 하지만 입법론상 연착의 경우에 대해서는 별도로 규정해야 한다는 견해가 있다.

3) 【학설】 운송인의 운송물에 대한 청구권자의 권리대위 가능 여부에 관한 학설
운송인이 상법 제137조에 의한 손해배상액을 청구권자에게 지급한 경우, 민법 제399조에 의해서 운송인은 운송

에만 적용되고, 기타 유형의 손해에 대해서는 민법의 일반원칙(민법 제393조)이 적용된다. 그리고 불법행위로 인한 책임에는 적용되지 않는다.

4) 고가물에 대한 특칙

(1) 고가물임을 명시한 경우: 화폐, 유가증권 기타의 고가물에 대하여는 송하인이 운송을 위탁할 때에 그 종류와 가액을 명시한 경우(고가물의 명시는 계약성립시까지 하여야 한다는 견해도 있으나, 인도시까지 명시하면 족하다는 것이 다수설의 입장이다.)에 한하여 운송인이 그 손해의 배상을 할 책임이 있다(제136조). '고가물'이란 상법 제136조에서 예시한 화폐, 유가증권 이외에 귀금속, 보석, 골동품 등을 들 수 있다.

상법 제136조는 일반적으로 운송인의 운송계약상의 채무불이행으르 인한 청구에만 적용되고, 고가물의 멸실·훼손이 운송인 또는 그의 사용인의 불법행위에 기인한 때에는 적용되지 않으므로, 운송인의 사용인이 운송과 관련하여 고의 또는 과실로 송하인에게 손해를 가한 때에는 운송인은 민법 제756조에 따른 사용자 배상책임을 부담한다(대법원 1991.8.23.선고 91다15409판결).

(2) 고가물임을 명시하지 않은 경우: 고가물임을 명시하지 아니한 경우[1]에는 그 고가물이 멸실·훼손되더라도 운송인은 손해배상책임을 지지 않는다. 운송물이 고가물이라는 점과 그 종류·가액을 송하인이 명시하지 않았다는 점은 운송인이 입증하여야 한다.

5) 손해배상책임의 소멸

(1) 특별소멸사유: 운송인의 손해배상책임은 수하인 또는 화물상환증소지인이 유보 없이 운송물을 수령하고 운임 기타 비용을 지급한 때에는 소멸하지만, 운송물에 즉시 발견할 수 없는 훼손 또는 일부멸실이 있을 경우에는 운송물을 수령한 날로부터 2주간 내에 운송인에게 그 통지를 발송한 때에는 운송인의 책임이 소멸하지 않는다(제146조 제1항). 또한 운송인 또는 그 사용인이 악의인 경우에는 수하인 또는 화물상환증소지인의 유보 여부에 관계없이 운송인의 책임은 소멸하지 않는다(제146조 제2항).

(2) 단기소멸시효: 운송인의 손해배상책임은 전부멸실의 경우에는 운송물을 인도할 날로부터, 기타 손해의 경우에는 수령권자가 운송물을 수령한 날로부터 1년이 경과하면 소멸한

물에 대하여 청구권자의 권리를 대위할 수 있는가에 대해 이를 인정하는 견해와 대위를 부정하는 견해가 있다.

1) 【학설】 명시하지 않은 고가물에 대한 책임범위에 관한 학설

① 고가물임을 명시하지 않아 운송인이 보통물로서의 주의도 기울이지 않음으로써 손해가 발생한 경우: 송하인에게 고가물의 명시를 촉구하고자 하는 상법 제136조의 입법취지에서 본다면 보통물로서의 책임도 지지 않는다는 견해(다수설), 고가물로서의 책임을 면할 수 없다는 견해, 보통물로서의 책임을 져야 한다는 견해가 있다.

② 고가물임을 명시하지 않았지만 운송인이 우연히 고가물임을 안 경우: 운송인의 책임을 인정하지 않는다는 견해, 운송인이 보통물로서의 주의도 기울이지 않았다면 고가물로서의 책임을 져야 한다는 견해(다수설), 고가물로서의 주의의무를 해태한 경우에는 고가물로서의 책임을 져야 한다는 견해가 있다.

③ 고가물임을 명시하지 않았으나 운송인이 중과실로 알지 못한 경우: 고가물임을 안 경우와 동일하게 보아야 한다는 견해와 고가물임을 모른 경우와 동일시하여야 한다는 견해가 있다.

다(제147조, 제121조). 다만, 악의의 경우에는 5년의 일반상사소멸시효가 적용된다.

6) 불법행위책임과의 경합과 면책특약

(1) 불법행위책임과의 경합: 상법 제135조 이하의 운송인의 손해배상책임은 채무불이행책임이며, 운송인의 주의의무위반으로 인한 책임은 불법행위책임이 될 수 있다. 이와 같은 불법행위책임과의 경합의 경우에 운송인이 불법행위책임도 지는가에 대하여는 학설의 대립이 있다.[1] 판례(대법원 1983.3.22.선고 82다카1533판결)는 「해상운송인이 운송 도중 운송인이나 그 사용인 등의 고의 또는 과실로 인하여 운송물을 멸실·훼손시킨 경우, 선하증권 소지인은 운송인에 대하여 운송계약상의 채무불이행으로 손해배상청구권과 아울러 소유권 침해의 불법행위로 인한 손해배상청구권을 취득하여 그중 어느 쪽의 손해배상청구권이라도 선택적으로 행사할 수 있다」고 하여 청구권 경합설을 취하고 있다.

(2) 면책특약: 운송인의 손해배상책임규정은 임의규정이므로 당사자 간의 특약에 의하여 책임의 경감 또는 가중이 가능하다. 책임을 경감하는 면책특약은 고의로 인한 손해배상책임에까지 인정되는 것은 아니다. 또한 채무불이행책임과 불법행위책임이 경합하는 경우 불법행위책임에 당연히 면책특약이 적용되는가에 대하여는 학설의 대립이 있으며[2], 판례는 부정설을 취하고 있다.

【판례】 대법원 2004.7.22.선고 2001다58269판결

운송계약상의 채무불이행책임과 불법행위로 인한 손해배상책임은 병존하고, 운송계약상의 면책특약은 일반적으로 이를 불법행위책임에도 적용하기로 하는 명시적 또는 묵시적 합의가 없는 한 당연히 불법행위책임에 적용되지 않는다.

4. 수하인의 지위

운송물의 도착 전·후에 따라 수하인의 지위가 변동되며, 이러한 수하인의 지위의 법적 성질에 대해서는 학설의 대립이 있다.[3]

---

1) 【학설】 불법행위책임과의 경합에 관한 학설
① 청구권경합설: 채무불이행책임과 불법행위책임은 그 요건과 효과를 달리하므로 양 책임은 청구권경합의 관계에 있다고 보고 송하인은 양 책임 중 어느 하나를 선택할 수 있다는 견해이다(통설·판례).
② 법조경합설: 불법행위책임은 계약책임과 경합할 경우에는 불법행위로서의 위법성이 조각되어 양 책임은 법조경합의 관계에 있게 되므로 송하인은 운송계약상의 손해배상책임만을 청구할 수 있다는 견해이다.

2) 【학설】 불법행위책임에 면책특약 적용 가능 여부에 관한 학설
불법행위책임에도 면책특약을 적용하는 것이 당사자의 의사에 합치한다는 견해와, 면책특약은 채무불이행책임에 관한 것이므로 당사자 간에 명시적 또는 묵시적 합의가 없는 한 청구원인을 달리하는 불법행위책임에는 면책특약이 적용되지 않는다는 견해(판례)가 있다.

1) 운송물의 도착 전

운송물이 도착지에 도착하기 전에는 송하인의 권리만 존재하며 수하인은 운송물에 대하여 아무런 권리가 인정되지 않는다(제139조).

2) 운송물의 도착 후

(1) 수하인의 인도청구 전: 운송물이 도착지에 도착한 후에는 수하인은 송하인과 동일한 권리를 취득한다(제140조 제1항). 즉, 수하인이 송하인과 동일한 지위에 있게 되므로, 누구든 먼저 권리를 행사하는 자의 권리가 우선한다.

(2) 수하인의 인도청구 후: 운송물이 도착지에 도착한 후에 수하인이 운송물의 인도를 청구한 때에는 수하인의 권리가 송하인의 권리에 우선한다(제140조 제2항). 수하인이 운송물을 수령한 때에는 운임 기타 비용의 지급의무를 진다(제141조).

5. 화물상환증

1) 의의 및 법적 성질

화물상환증이란 운송물의 수령을 증명하고 운송인에 대한 운송물인도청구권을 표창하는 유가증권으로서, 요식증권성(제128조 제2항) · 요인(要因)증권성(제128조 제1항) · 문언증권성(제131조) · 지시증권성(제130조) · 제시증권성(제129조) · 상환증권성(제129조) · 인도증권성(제133조) · 처분증권성(제132조)을 갖는다.

2) 화물상환증의 발행

화물상환증은 송하인의 청구에 의해 운송인이 발행한다(지128조 제1항). 화물상환증에는 ① 운송물의 종류, 중량 또는 용적, 포장의 종별, 개수와 기호, ② 도착지, ③ 수하인과 운송인의 성명 또는 상호, 영업소 또는 주소, ④ 송하인의 성명 또는 상호, 영업소 또는 주소, ⑤ 운임 기타 운송물에 관한 비용과 그 선급 또는 착급의 구별, ⑥ 화물상환증의 작성지와 작성연월일, ⑦ 운송인의 기명날인 또는 서명이 기재되어야 한다.

---

3) 【학설】 수하인의 지위의 법적 성질에 관한 학설
운송물이 도착지에 도착한 후 수하인이 송하인의 권리를 취득하고 일정한 의무를 부담하는 점에 대해 송하인대리설, 사무관리설, 제3자를 위한 계약설, 송하인과 수하인의 인격융합이라는 설, 법률상 특별히 인정된 지위라는 설(다수설) 등이 있다.

3) 화물상환증의 양도

화물상환증은 법률상 당연한 지시증권이므로 기명식으로 발행된 경우에도 배서에 의해 양도할 수 있으나(제130조 본문), 배서를 금지한 때에는 지명채권양도의 방법과 효력에 따라서만 양도할 수 있다(제130조 단서).

화물상환증의 배서는 어음·수표의 배서와 달리 자격수여적 효력과 권리이전적 효력만 인정되고, 담보적 효력은 없다.

4) 화물상환증의 효력

(1) 채권적 효력

① 의의: 채권적 효력이란 증권소지인과 운송인 사이의 채권적 관계에 관한 효력을 말한다. 화물상환증이 발행된 경우에 송하인과 화물상환증을 발행한 운송인 간에는 화물상환증에 적힌 대로 운송계약이 체결되고 운송물을 수령한 것으로 추정하고(제131조 제1항), 화물상환증을 선의로 취득한 소지인에 대하여 운송인은 화물상환증에 적힌 대로 운송물을 수령한 것으로 보고 화물상환증에 적힌 바에 따라 운송인으로서 책임을 진다(제131조 제2항).

화물상환증의 채권적 효력에 관한 규정은 선의취득자를 보호하고자 하는 취지에서 두어진 규정으로서 부실기재가 된 경우에도 운송인은 선의취득자에 대하여 그 문언에 따라 책임을 진다.

② 악의취득자에 대한 효력: 화물상환증의 채권적 효력은 악의취득자에게는 인정되지 않는다.

보충 채권적 효력은 선의의 증권소지인을 보호하는 데 있으므로, 운송인이 화물상환증의 기재문언을 자기의 이익을 위하여 원용할 수는 없다(정찬형, 「상법 강의(상)」, 360면).

③ 공권 등의 발행의 효력: 운송물을 인도받지 않고 발행한 화물상환증이나 기재내용과 계약내용이 다른 화물상환증의 채권적 효력에 대하여는 문언증권성을 중시하는 견해와 요인증권성을 중시하는 견해의 대립이 있었으나 상법 제131조의 개정으로 입법적으로 해결하였다.

④ 채권적 효력의 제한: 증권작성행위에 관한 하자, 증권의 성질에서 생기는 사유, 운송인이 증권소지인에게 직접 대항할 수 있는 사유 등으로 인하여 항변을 주장할 수 있는 범위 내에서는 채권적 효력이 제한된다.

(2) 물권적 효력

① 의의: 화물상환증에 의하여 운송물을 받을 수 있는 자에게 화물상환증을 교부한 때에는 운송물 위에 행사하는 권리의 취득에 관하여 운송물을 인도한 것과 동일한 효력이 있다

(제133조). 이를 화물상환증의 물권적 효력이라 한다.

② 요건: ㉠ 물권적 효력은 운송물이 실물로 존재하고, 그것이 운송인의 점유하에 있으면 인정된다. 따라서 현실적으로 운송물을 직접 점유하지 않고 있는 간접점유상태(언제든지 운송물을 인도받아 화물상환증 소지인에게 반환할 수 있는 상태)에서도 물권적 효력이 인정된다.

㉡ 화물상환증에 의하여 운송물을 받을 수 있는 화물상환증의 정당한 소지인에 대하여 물권적 효력이 인정된다. 따라서 배서연속에 의해 화물상환증을 취득한 자, 선의취득자,[1] 포괄승계인(상속·합병 등에 의해 화물상환증을 취득한 자) 등에게는 물권적 효력이 인정되지만, 증권의 단순한 점유자에게는 물권적 효력이 인정되지 않는다.

③ 효과: 화물상환증이 발행된 경우에는 제3자에 대한 운송물에 관한 처분(제132조), 운송인에 대한 처분권행사(제139조), 운송물인도청구권행사(제129조)는 반드시 화물상환증에 의하여야 한다.

보충 운송물이 운송인의 점유를 이탈하거나 운송인의 횡령에 의해 이전되다가 제3자에 의해 선의취득이 된 경우, 화물상환증의 물권적 효력은 소멸하고, 화물상환증소지인은 채권적 효력에 의해 운송인에게 손해배상을 청구할 수 있다(이철송, 「상법총칙·상행위」, 제10판, 502면).

【판례】 대법원 1991.12.20.선고 91다14128판결

상법 제820조(현행법 제861조). 제129조의 규정은 운송인에게 선하증권의 제시가 없는 운송물인도청구를 거절할 수 있는 권리와 선하증권의 제시가 없는 경우 운송물의 인도를 거절해야할 의무가 있음을 규정하고 있다고 봄이 상당하다.

④ 물권적 효력의 법률구성: 민법 제190조에서는 「간접점유자가 목적물을 양도하고자 할 때에는 그가 직접점유자에게 갖는 목적물반환청구권을 양수인에게 양도함으로써 목적물을 인도한 것으로 본다」고 규정하고 있다. 한편 상법 제133조는 화물상환증의 인도는 운송물의 인도와 동일한 효력이 있다고 규정하고 있다. 이러한 두 개의 규정의 관계에서 상법 제133조를 민법 제190조와 관련하여 어떻게 이론구성을 할 것인가에 대하여서는 견해의 대립이 있다.[2]

---

1) 【학설】 운송물의 선의취득과 물권적 효력의 관계에 관한 학설
운송물 자체를 제3자가 선의취득한 경우에는 거래안전을 위하여 운송물이 멸실된 경우와 같이 물권적 효력이 발생하지 않고 선의취득자가 우선한다는 견해(통설)와, 화물상환증 등 인도증권의 효용을 높이기 위해 운송물을 인도하면 물권적 효력은 인정되지만 동시에 증권을 인도하지 않는 한 소유권이전의 효력이 생기지 않기 때문에 물권적 효력을 인정할 실익이 없다고 보는 견해가 있다.

2) 【학설】 물권적 효력의 법률구성에 관한 학설
① 절대설: 화물상환증의 인도는 민법상의 목적물반환청구권의 양도에 의한 인도방법과는 관계없이 운송물의 점유를 절대적으로 이전시키는 방법이라고 하여, 상법 제133조를 민법 제190조의 특칙으로 보는 견해이다. 이 견해는 증권소지인의 지위를 강화하고 증권의 유통 보호를 중시하는 견해이다.
② 엄정상대설: 증권교부를 인도의 특수한 방법이 아니라 민법상의 목적물반환청구권의 양도에 의한 인도의 한 방법에 지나지 않는다고 하여, 상법 제133조를 민법 제190조의 예시규정으로 보는 견해이다. 이 견해

【판례】 대법원 1998.9.4.선고 96다6240판결

선하증권은 해상운송인이 운송물을 수령한 것을 증명하고 양륙항에서 정당한 소지인에게 운송물을 인도할 채무를 부담하는 유가증권으로서, 운송인과 그 증권소지인 간에는 증권 기재에 따라 운송계약상의 채권관계가 성립하는 채권적 효력이 발생하고, 운송물을 처분하는 당사자 간에는 운송물에 관한 처분은 증권으로서 하여야 하며 운송물을 받을 수 있는 자에게 증권을 교부한 때에는 운송물 위에 행사하는 권리의 취득에 관하여 운송물을 인도한 것과 동일한 물권적 효력이 발생하므로, 운송물의 권리를 양수한 수하인 또는 그 이후의 자는 선하증권을 교부받음으로써 그 채권적 효력으로 운송계약상의 권리를 취득함과 동시에 그 물권적 효력으로 양도목적물의 점유를 인도받은 것이 되어 그 운송물의 소유권을 취득한다.

6. 순차운송

1) 운송의 형태

(1) 부분운송: 동일한 운송물을 수인의 운송인이 각 구간별로 독립하여 운송하는 형태이다.

(2) 하수운송: 최초의 운송인이 전 구간에 대한 운송을 인수하고, 그 전부 또는 일부 구간에 대해 이행보조자로서의 다른 운송인을 이용하는 형태이다.

(3) 동일운송: 수인의 운송인이 송하인과 전 구간에 대한 운송계약을 체결하고 내부적으로 구간별 운송을 분담하는 형태이다.

(4) 공동운송: 최초의 운송인이 전 구간의 운송을 인수하여 일부 구간만의 운송을 실행하고, 그 나머지 구간의 운송을 자기의 명의로 송하인의 계산으로 제2 이하의 운송인에게 위임하는 형태이다. 상법상 인정되는 순차운송은 공동운송을 말한다고 보는 것이 통설의 입장이다(이에 대해 동일운송도 순차운송에 해당한다는 견해도 있다; 이철송, 「상법총칙·상행위」, 제10판, 503면).

2) 순차운송인의 지위

(1) 순차운송인의 책임: 수인이 순차로 운송할 경우에는 각 운송인은 운송물의 멸실·훼손·연착으로 인한 손해를 연대하여 배상할 책임이 있다(제138조 제1항). 다만, 손해발생과 무관한 운

에 의하면 상법 제133조에 의한 증권의 교부에는 운송인이 운송물을 직접 점유하고 있어야 하고, 민법 제450조에 의한 대항요건을 갖출 것을 요한다.

③ 대표설: 화물상환증이 운송물을 대표하고 증권의 교부만으로 운송물의 간접점유를 이전하는 효과가 생긴다고 하여, 상법 제133조를 민법 제190조에 근거한 규정이라고 하는 견해이다(다수설). 이 견해에 의하면 운송인이 운송물을 직접점유하고 있을 것을 원칙으로 하지만, 예외적으로 운송인이 일시 직접점유를 상실한 경우에도 운송인이 점유회수의 소권(민법 제204조)을 가지고 있는 동안에는 운송인이 운송물을 직접점유하고 있는 것으로 본다.

④ 수정상대설: 상법 제133조는 화물상환증에 표창된 운송물반환청구권을 유가증권법적으로 양도하는 특별한 방식을 규정한 것이며, 증권의 교부를 운송물의 인도로 보는 인도의 대용물을 규정하는 것으로 보는 견해이다.

⑤ 물권적 효력 부인설: 화물상환증의 물권적 효력을 명쾌하게 설명하기 어렵기 때문에 화물상환증의 물권적 효력을 부인하는 견해이다.

송인이 손해배상을 한 때에는 그 손해원인이 된 행위를 한 운송인에 대하여 구상권을 행사할 수 있다(제138조 제2항). 손해원인이 된 운송인을 알 수 없을 때에는 각 운송인은 운임액의 비율에 따라 손해액을 분담하지만, 손해가 자기의 운송구간에서 발생하지 아니하였음을 증명한 운송인은 손해분담의 책임을 면한다(제138조 제3항).

(2) 순차운송인의 대위: 후자인 운송인은 전자인 운송인의 권리를 행사할 의무가 있고, 순차운송인 가운데 후자가 미리 전자에게 변제를 한 때에는 후자는 전자가 수하인에게 갖는 권리를 취득한다(제147조, 제117조).[1)]

 여객운송

1. 의 의

여객운송이란 육상 또는 호천, 항만에서 자동차·철도 등에 의하여 여객을 일정한 장소에서 다른 장소로 운반하는 행위를 말한다(제125조). 여객운송은 여객의 생명이나 신체의 안전이 중요하기 때문에 물건운송에서보다 고도의 주의가 요구된다.

2. 여객운송계약

1) 계약의 당사자

여객운송계약은 일정한 지점에서 다른 지점으로 자연인(여객)의 이동을 목적으로 하는 계약으로서, 통상 여객과 운송인 간에 계약이 이루어진다. 그러나 타인을 운송의 객체로 하여 여객 아닌 자가 운송계약을 체결하는 것도 가능하다.

2) 계약의 성질

여객운송계약은 여객의 청약과 운송인의 승낙에 의하여 성립하며, 물건운송계약과 마찬가지로 도급계약이다.

---

1) 【학설】 순차운송인의 대위가 인정되는 범위에 관한 학설

① 후자가 대위할 전자의 범위: 순차운송인의 대위는 자기와 전전자(前前者)와는 아무런 법률관계가 없기 때문에 인정되지 않고 자신의 전자에 대해서만 인정된다는 견해(통설)와, 순차운송인의 대위의무규정은 선운송인을 보호하기 위한 법정의무이므로 자신의 모든 전자에 대해 인정된다는 견해가 있다.

② 대위가 인정되는 범위: 순차운송인의 대위가 인정되는 범위에 대하여 공동(연대)운송 외에도 모든 순차운송에 대하여 적용하여야 한다는 견해(다수설), 공동(연대)운송에 대해서만 적용하여야 한다는 견해, 동일운송과 공동(연대)운송에 대해서만 적용하여야 한다는 견해가 있다.

3) 승차권의 성질

계약체결의 방식은 자유이지만, 통상 승차권이 이용된다. 그러나 승차권의 발행은 계약 성립의 요건이 아니다. 승차권은 여객운송인이 여객운송의 편의를 도모하기 위하여 여객에게 발행하는 증권이다. 이러한 승차권의 유가증권성에 관해서는 승차권의 종류에 따라 견해가 나누어지고 있다.[1]

3. 여객운송인의 권리

1) 운임청구권

여객운송인은 특별한 약정이 없더라도 당연히 보수청구권을 가진다. 그렇지만 운송계약은 도급계약이므로 운송이 완료되어야 보수를 청구할 수 있다. 따라서 운송이 중도에 종료된 때에는 원칙상 운임을 청구하지 못한다.

2) 유치권

수하물을 인도받은 경우(탁송 수하물), 여객운송인은 그 수하물의 운임과 여객의 운임에 관하여 유치권을 행사할 수 있다.[2]

4. 여객운송인의 책임

1) 여객의 손해에 대한 책임

(1) 의 의: 여객운송인은 자기 또는 사용인이 운송에 관한 주의를 해태하지 않았음을 증명하지 않으면 여객이 운송으로 인하여 받은 손해를 배상할 책임을 면하지 못한다(제148조 제1항). 여기서 '여객'이란 운송계약의 당사자이거나 운송계약에 의하여 여객으로 지정된 자를 말한다.

---

1) 【학설】 승차권의 형태에 따른 법적 성질에 관한 학설

① 무기명식 승차권: 개찰 전에는 유가증권임에 이론(異論)이 없으나, 개찰 후의 무기명식 승차권에 대해 증거증권에 불과하다는 견해(다수설)와 유가증권성을 잃지 않는다는 견해가 있다.

② 기명식 승차권: 양도성이 없는 운송계약상의 권리를 증명하는 증거증권에 불과하다는 견해와, 권리의 행사에 증권의 제시를 필요로 하므로 유가증권이라는 견해가 있다.

③ 무기명식 회수승차권: 유가증권이라는 견해와 운임의 선급을 증명하는 단순한 표권에 불과하다는 견해(다수설)가 있다.

④ 정기승차권: 포괄적 운송채권을 표창하는 유가증권성을 인정하지만 양도성이 없다고 하는 견해와 유가증권성을 부정하는 견해가 있다.

2) 【학설】 여객운임에 관한 유치권의 행사에 관한 학설

여객운송인이 유치권을 행사하는 경우 물건운송인의 유치권에 관한 규정이 유추적용된다는 견해(다수설)와, 민법상의 일반유치권에 관한 규정을 적용해야 한다는 견해가 있다.

여객운송인은 자기와 사용인의 무과실을 입증하지 않는 한 책임을 면하지 못하며, 운송인의 주의의무는 차량 등의 운행에만 국한되지 않고 차량 내 설비의 안전점검 기타 승무원의 관리범위에 속하는 사항에 이르기까지 폭넓은 주의를 인정하는 것이 판례의 입장이다(대법원 1979.11.27.선고 79다628판결 등).

이러한 운송인의 책임을 인정하기 위해서는 여객과 운송인 간에 적법한 운송계약이 체결되었어야 한다. 따라서 피해자가 운송계약상의 여객이 아닌 자(단지 입장권을 소지한 자)인 때에는 그자가 입은 손해에는 운송인의 상법상 책임은 인정될 수 없다(대법원 1991.11.8.선고 91다20623판결).

(2) 손해배상의 범위: 여객의 손해는 여객의 사상으로 인한 정신적 또는 재산적 손해만을 포함하므로 여객운송인은 여객의 생명·신체에 받은 손상으로 인한 재산상의 손해(예 치료비·장례비 등) 뿐만 아니라 상실된 장래의 기대이익(일실이익)도 배상하여야 하고(대법원 1982.7.13.선고 82다카278판결), 여객의 정신적 손해(위자료)도 배상하여야 한다.

그리고 상법 제148조의 손해배상책임은 채무불이행에 의한 책임이므로 여객운송계약의 당사자가 아닌 여객의 가족 등이 입은 정신적 손해인 위자료는 손해배상액의 범위에 포함되지 않는다(대법원 1982.7.13.선고 82다카278판결 등). 그러므로 여객의 가족 등이 입은 정신적 손해에 대한 위자료청구를 하려면 불법행위 법리에 의할 수밖에 없다(민법 제751조 제1항).

(3) 배상액의 산정: 손해액을 산정함에 있어서는 피해자와 그 가족의 정상을 참작하여야 한다(제148조 제2항). 다만, 손해액산정에 있어서 법원은 직권으로 피해자의 과실이 있는 경우 과실상계를 하여야 한다. 정상을 참작하는 것은 생명이나 신체에 관한 손해의 경우만을 의미하고 그 이외의 여객의 손해(예 여객의 피복 등에 발생한 손해, 연착에 따른 손해)의 경우에는 상법 제148조 제2항이 적용되지 않고 민법의 일반원칙에 의한다.

(4) 손해배상청구권의 승계: 여객이 사망하였을 때에는 손해배상청구권은 상속인이 승계하여 청구할 수 있고, 피해자의 위자료청구권도 포기의 의사표시가 없는 한 상속인이 승계하여 청구할 수 있다(통설).

한편, 여객이 즉사한 경우에 여객의 위자료청구권의 인정여부와 상속인이 위자료 청구권을 승계할 수 있는지에 대해서는 학설의 대립이 있다.[1]

(5) 청구권경합: 물건운송에서와 같이 여객운송에서도 채무불이행책임과 불법행위책임의 관계에서 통설은 청구권경합설을 취하고 있다.

1) 【학설】 여객이 즉사(卽死)한 경우의 위자료청구권 인정 여부에 관한 학설
① 부정설: 여객인 사자(死者)는 권리·의무의 주체가 될 수 없으므로 위자료청구권을 취득할 수 없고, 그 상속인도 운송계약의 당사자가 아니므로 채무불이행에 기한 위자료청구권을 행사할 수 없다는 견해이다.
② 긍정설: 여객이 상해를 입은 경우보다 사망의 경우 피해자측을 더 보호하여야 하므로, 여객의 위자료청구권을 인정하고 즉사한 여객의 상속인이 그 위자료청구권을 승계한다는 견해이다(통설).
※ 민법 제752조와 관련하여 「여객이 즉사한 경우에도 '시간적 간격설'에 의해 사자의 의자료청구권을 인정할 수 있고, 상속인이 그 권리를 상속한다」는 것이 판례의 일관된 견해이다.

(6) 책임의 소멸시효: 여객의 손해에 대한 운송인의 책임은 5년의 소멸시효의 완성으로 소멸하며, 물건운송인의 경우와 같은 특칙은 인정되지 않는다.

2) 여객의 수하물에 대한 책임

(1) 탁송수하물에 대한 책임: 여객운송인은 여객으로부터 인도받은 수하물에 관해서는 운임을 받지 않은 경우에도 물건운송인과 동일한 책임을 진다(제149조 제1항).

수하물이 도착지에 도착한 날로부터 10일 내에 여객이 인도를 청구하지 아니한 때에는 운송인은 수하물을 공탁 또는 경매할 수 있으며(제149조 제2항 본문), 여객의 주소 또는 거소를 알지 못하는 때에는 최고와 통지를 하지 않고도 경매할 수 있다(제149조 제2항 단서).

(2) 휴대수하물에 대한 책임: 여객운송인은 여객으로부터 인도받지 않은 수하물에 대해서는 자기 또는 사용인의 과실이 없으면 수하물의 멸실·훼손에 대하여 손해를 배상할 책임이 없다(제150조). 운송인 또는 사용인의 과실은 여객이 입증하여야 한다.

(3) 책임의 소멸시효: 상법에 특별한 규정은 없으나, 물건운송인의 책임과 동일하게 보아 운송인과 그의 사용인이 선의인 경우에는 1년, 악의인 경우에는 5년의 소멸시효가 적용된다고 본다.

제 6 절 공중접객업

I. 공중접객업의 개념

1. 의 의

공중접객업이란 극장·여관·목욕탕·음식점 등 공중이 이용하는 시설에 의한 거래를 영업으로 하는 것을 말하며, 이러한 행위를 영업으로 하는 자를 공중접객업자라 한다(제151조).

「공중이 이용하는 시설」이란 불특정 다수인이 모여 이용하기에 적합한 물적·인적 시설을 말한다.

2. 공중접객계약의 법적 성질

공중접객업자와 고객 사이에 이루어지는 계약의 법적 성질은 영업의 종류에 따라 다르다. 즉, 이·미용업은 도급계약, 숙박업은 임대차의 성질을 갖고, 기타의 경우 혼합계약의 성질을 갖는다.

Ⅱ. 공중접객업자의 책임

1. 임치를 받은 물건에 대한 책임

1) 원 칙

공중접객업자는 자기 또는 그 사용인이 고객으로부터 임치받은 물건의 보관에 관하여 주의를 게을리하지 아니하였음을 증명하지 아니하면 그 물건의 멸실·훼손에 관하여 그 손해를 배상할 책임이 있다(제152조 제1항).

제152조 제1항에서의 '고객'이란 공중접객업자의 시설을 이용하는 자와 이용을 위하여 대기 중인 자를 말하며, 반드시 공중접객업자와 이용계약을 체결한 자만을 말하는 것은 아니다. 그리고 '임치'란 공중접객업자와 고객 사이의 임치계약과 임치물 수령의 사실을 말한다. 임치계약의 경우 임치가 성립하려면 공중접객업자와 고객 사이에 목적물 보관에 관한 명시적 또는 묵시적 합의가 있음을 필요로 한다(대법원 1992.2.11.선고 91다21800판결). 다만, 묵시적 임치계약의 경우 그 성부에 관해서는 학설의 대립이 있다.[1)]

【판례】 대법원 1998.12.8.선고 98다37507판결

[1] 공중접객업자와 (고)객 사이에 임치관계가 성립하려면 그들 사이에 공중접객업자가 자기의 지배영역 내에 목적물 보관의 채무를 부담하기로 하는 명시적 또는 묵시적 합의가 있음을 필요로 한다고 할 것이고, 여관 부설주차장에 시정장치가 된 출입문이 설치되어 있거나, 출입을 통제하는 관리인이 배치되어 있는 등 여관측에서 그 주차장의 출입과 주차시설을 통제하거나 확인할 스 있는 조치가 되어 있다면, 그러한 주차장에 여관투숙객이 주차한 차량에 관하여는 명시적인 위탁의 의사표시가 없어도 여관업자와 투숙객 사이에 임치의 합의가 있는 것으로 볼 수 있다.

[2] 공중접객업자가 이용객들의 차량을 주차할 수 있는 주차장을 설치하면서 그 주차장에 차량출입을 통제할 시설이나 인원을 따로 두지 않았다면, 그 주차장은 단지 이용객의 편의를 위한 주차장소로 제공된 것에 불과하고, 공중접객업자와 이용객 사이에 통상 그 주차차량에 대한 관리를 공중접객업자에게

---

1) 【학설】 묵시적 임치계약의 성부 여부를 판단하는 기준에 관한 학설
묵시적 임치계약의 성부 여부를 판단하는 기준으로 사용료를 기준으로 하는 견해, 물건의 점유를 기준으로 하는 견해, 공중접객업자의 경제적 이해관계를 고려하여 임치계약의 인정 여부를 판단하여야 한다는 견해 등이 있다.

맡긴다는 의사까지는 없다고 봄이 상당하므로, 공중접객업자에게 차량시동열쇠를 보관시키는 등의 명시적이거나 묵시적인 방법으로 주차차량의 관리를 맡겼다는 등의 특수한 사정이 없는 한, 공중접객업자에게 선량한 관리자의 주의로써 주차차량을 관리할 책임이 있다고 할 수 없다.

참고판례 여관이나 음식점 등의 공중접객업소에서 주차 대행 및 관리를 위한 주차요원을 일상적으로 비치하여 이용객으로 하여금 주차요원에게 자동차와 시동 열쇠를 맡기도록 한 경우에 위 자동차는 공중접객업자가 보관하는 것으로 보아야 하고 위 자동차에 대한 자동차 보유자의 운행지배를 떠난 것으로 볼 수 있다. 그러나 자동차보유자가 공중접객업소의 일반적 이용객이 아니라 공중접객업자와의 사업·친교 등 다른 목적으로 공중접객업소를 방문하였음에도 호의적으로 주차의 대행 및 관리가 이루어진 경우, 일상적으로 주차대행이 행하여지지 않는 공중접객업소에서 자동차보유자의 요구에 의하여 우발적으로 주차의 대행 및 관리가 이루어진 경우 등 자동차보유자가 자동차의 운행지배와 운행이익을 완전히 상실하지 아니하였다고 볼 만한 특별한 사정이 있는 경우에는 달리 보아야 한다(대법원 2009.10.15.선고 2009다42703·42710판결).

2) 무과실의 입증으로 인한 면책

공중접객업자가 임치한 물건의 멸실·훼손의 경우 보관에 주의를 게을리하지 아니하였음을 증명한 때에는 그 책임을 면한다(제152조 제1항). 공중접객업자의 책임도 운송주선인·운송인과 같이 무과실입증책임·과실책임에 해당한다.

3) 책임의 면제

공중접객업자의 책임규정은 강행규정이 아니므로, 공중접객업자와 고객 간의 약정에 의하여 공중접객업자의 책임을 감면할 수 있다(통설). 그러나 공중접객업자가 고객의 휴대물에 대하여 책임이 없음을 게시한 것만으로는 책임이 면제되지 않는다(제152조 제3항).

2. 임치를 받지 않은 물건에 대한 책임

공중접객업자는 고객으로부터 임치받지 않은 경우에도 그 시설 내에서 고객이 휴대한 물건이 자기 또는 사용인의 과실로 인하여 멸실 또는 훼손된 때에는 그 손해를 배상할 책임이 있다(제152조 제2항). 이러한 책임은 상법이 인정하는 특별책임이다(통설).

공중접객업자나 사용인의 과실에 대해서는 고객이 입증책임을 부담한다. 상법 제152조 제2항의 규정은 임의규정이므로 당사자 간의 특약에 의해 그 책임을 감경 또는 면제할 수 있다. 그러나 단순히 휴대물에 대하여 책임을 지지 않는다고 알린 경우에도 공중접객업자는 그 책임을 면하지 못한다(제152조 제3항).

3. 고가물에 대한 책임

화폐, 유가증권, 그 밖의 고가물에 대하여는 고객이 그 종류와 가액을 명시하여 임치하지 아니하면 공중접객업자는 그 물건의 멸실 또는 훼손으로 인한 손해를 배상할 책임이 없다(제153조). 고가물에 대한 책임의 내용은 물건운송인에 있어서의 고가물의 책임에 대한 특칙과 동일하다.

4. 책임의 소멸시효

공중접객업자의 책임은 공중접객업자나 그 사용인에게 악의(공중접객업자나 그의 사용인의 악의란 고객의 물건을 멸실 또는 훼손케 하거나 고의로 멸실 또는 훼손을 은폐한 것을 말한다)가 없는 한 공중접객업자가 임치물을 반환하거나 고객이 휴대물을 가져간 후 6월이 경과하면 소멸시효가 완성되며, 이 시효기간의 기산점은 임치물이 전부멸실한 경우에는 고객이 그 시설을 퇴거한 날이다(제154조). 그러나 공중접객업자나 그의 사용인이 악의인 경우에는 일반상사소멸시효인 5년이 적용된다.

5. 인명손해에 대한 책임

공중접객업소의 시설을 이용하는 중에 발생한 고객의 생명·신체에 대한 손해에 관해서는 공중접객업자의 책임규정을 두고 있지 않으므로 그 손해보상의 법리에 대해 논란이 있을 수 있다. 손해보상의 법리는 공중접객업자의 불법행위책임을 묻는 것과 채무불이행책임을 묻는 것이 있을 수 있다. 전자에 의할 경우에는 고객이 손해의 증명과 함께 공중접객업자의 귀책사유를 입증하여야 하므로 책임추궁이 쉽지 않고, 후자에 의할 경우에는 불법행위책임을 물을 때와 달리 가족의 위자료 청구가 인정되지 않는 점(대법원 2000.6.14.선고 99나2251·6409판결 등)에 각각 문제가 있다. 이러한 점에서 상법 제148조와 같은 특칙을 명문으로 규정하는 것이 바람직하다고 보는 견해가 있다(이철송, 「상법총칙·상행위」, 465면).

보충판례 ① 공중접객업인 숙박업을 경영하는 자가 투숙객과 체결하는 숙박계약은 숙박업자가 고객에게 숙박을 할 수 있는 객실을 제공하여 고객으로 하여금 이를 사용할 수 있도록 하고 고객으로 부터 그 대가를 받는 일종의 일시사용을 위한 임대차 계약으로서, 여관의 객실 및 관련시설, 공간은 오로지 숙박업자의 지배 아래 놓여 있는 것이므로 숙박업자는 통상의 임대차와 같이 단순히 여관의 객실 및 관련시설을 제공하여 고객으로 하여금 이를 사용수익하게 할 의무를 부담하는 것에서 한걸음 더 나아가 고객에게 위험이 없는 안전하고 편안한 객실 및 관련시설을 제공함으로써 고객의 안전을 배려하여야 할 보호의무를 부담하며, 이러한 의무는 숙박계약의 특수성을 고려하여 신의칙상 인정되는 부수적인 의무로서 숙박업자가 이를 위반하여 고객의 신병, 신체를 침해하여 손해를 입힌 경우 불완전이행으로 인한 채무불이행책임을 부담한다(대법원 1994.1.28.선고 93다43590판결).

② 고객이 숙박계약에 따라 객실을 사용·수익하던 중 발생원인이 밝혀지지 않은 화재로 인하여 객실에 발생한 손해는 특별한 사정이 없는 한 숙박업자의 부담으로 귀속된다고 보아야 한다(대법원 2023.11.2.선고 2023다244895판결).

제 7 절 창고업

I. 창고업의 개념

1. 의 의

창고업이란 타인을 위하여 창고에 물건을 보관함을 영업으로 하는 것을 말하며, 이러한 영업을 하는 자를 창고업자라 한다(제155조).

여기서 '물건'이란 타인의 물건으로 보관에 적합한 동산이어야 한다. '보관'이란 임치물을 자기가 직접 점유하여 현상을 유지하는 것을 말하며 소유권은 이전되지 않는다. 즉, 임치인이 물건을 간접점유하는 형태를 취한다.

'창고'는 반드시 물건의 보관에 사용되는 건물을 말하는 것은 아니며, 임치물의 종류에 따라 물건의 보관을 위하여 적합하면 야적장도 창고로 볼 수 있다.

2. 창고임치계약

창고임치계약은 창고업자가 물건을 창고에 장치·보관할 것을 인수하고 상대방이 이에 대하여 보수를 지급하기로 하는 계약으로, 낙성·불요식의 유상계약이다. 창고임치계약은 계약기간의 만료, 목적물 멸실 등 일반적 사유에 의해 종료한다.

임치기간을 정하지 않은 경우 임치인은 언제든지 계약을 해지할 수 있다. 그러나 창고업자는 임치기간을 정하지 않은 경우 임치물을 받은 날로부터 6월이 경과하여야 임치계약을 해지할 수 있고(제163조 제1항), 이 경우 2주간 전에 예고하여야 한다(제163조 제2항).

다만, 부득이한 사유가 있으면 창고업자도 언제든지 임치물을 반환할 수 있다(제164조). '부득이한 사유'란 임치물이 부패하여 다른 재고품에 손해가 생길 우려가 있는 경우, 임치물이 위험물로서 창고업자에게 손해나 위험한 사고를 발생시킬 염려가 있는 경우 등을 들 수 있다.

Ⅱ. 창고업자의 권리·의무

1. 창고업자의 권리

1) 보수청구권, 비용상환청구권

창고업자는 특약이 없는 한 상당한 보수(보관료) 기타의 비용과 체당금의 지급을 청구할 수 있다(제162조 제1항 본문). 보관료의 청구는 임치물을 출고한 때에 할 수 있으나, 보관기간이 경과한 후에는 출고 전이라도 보관료를 청구할 수 있다(제162조 제1항 단서). 일부 출고의 경우에는 그 비율에 따라 보관료의 지급을 청구할 수 있다(제162조 제2항). 다만, 기타의 비용과 체당금은 일부출고의 경우 임치물이 동일한 물건인 때에는 그 비율에 따라 청구할 수 있으나, 기타의 비용과 체당금이 그 출고하는 임치물에 대하여서만 지출된 경우에는 그 전억의 상환을 청구할 수 있다.

보관료를 지급해야 할 의무자는 원칙적으로 임치인이지만, 창고증권의 소지인도 임치물의 반환을 받은 때에는 지급의무자가 된다. 창고업자의 보관료 등의 채권은 출고한 날로부터 1년간 행사하지 아니하면 소멸시효가 완성한다(제167조).

2) 유치권

창고업자의 유치권에 대해서는 특별한 규정을 두고 있지 않지만, 민법상 유치권(임치인이 비상인인 경우) 또는 상법상의 유치권(임치인이 상인인 경우)을 행사할 수 있다.

3) 공탁권·경매권

임치계약의 소멸 등 일정한 경우에 창고업자는 임치물을 반환할 수 있고, 이때 임치인이나 창고증권소지인이 임치물의 수령을 거부하거나 수령할 수 없으면, 상사매매에 있어서의 매도인의 공탁권·경매권에 관한 규정이 준용된다(제165조, 제67조 제1항·제2항). 다만 이 경우에도 상법 제67조 제3항은 준용되지 아니하므로 경매대금에서 경매비용을 공제한 금액으로 변제의 전부 또는 일부에 충당할 수 없다.

2. 창고업자의 의무

1) 보관의무·주의의무

창고업자는 임치계약에 따라 선량한 관리자의 주의로써 임치물을 보관하여야 한다(제62조). 이 경우 '주의'는 전문적인 지식이 있는 창고업자가 할 수 있는 주의로서 임치물의 종류에 따라 주의는 다를 수 있다.

2) 창고증권 교부의무

임치물을 수령한 후 창고업자는 임치인의 청구가 있는 때에는 창고증권을 교부할 의무를 진다(제156조 제1항).

3) 임치물의 검사·견품적취·보존처분에 응할 의무

창고업자는 임치인이나 창고증권소지인이 임치물의 검사 또는 견품의 적취(摘取)를 희망하거나 또는 임치물의 보존에 필요한 처분을 하려고 할 때에는 이에 응할 의무가 있다(제161조). 상법 제161조에 따른 창고업자의 의무는 당사자 간의 특약에 의해 제한하거나 배제할 수 있다. 창고업자가 임치인의 검사·적취·보존에 응할 의무에 위반하여 임치물이 멸실된 때에는 손해배상책임을 진다.

4) 임치물에 대한 하자통지·처분의무

창고업자가 임치물을 받은 후 그 물건의 멸실 또는 훼손을 발견하거나 부패할 염려가 있는 때에는 지체없이 임치인에게 통지를 발송하여야 한다(제168조, 제108조 제1항).[1] 이 경우 임치인의 지시를 받을 수 없거나 그 지시가 지연되는 때에는 창고업자는 임치인의 이익을 위하여 적당한 처분을 할 수 있다(제168조, 제108조 제2항).

5) 임치물의 반환의무

창고업자는 보존기간의 약정과 상관없이 임치인의 청구에 따라 임치물을 반환하여야 한다. 창고증권이 발행된 경우에는 창고증권소지인의 청구가 있는 때에만 임치물을 반환할 수 있고, 반환장소는 원칙적으로 보관장소이다.

3. 손해배상책임

1) 책임의 내용

창고업자는 자기 또는 사용인이 임치물의 보관에 관하여 주의를 해태하지 아니하였음을 증명하지 아니하면 임치물의 멸실 또는 훼손에 대하여 손해배상책임을 면하지 못한다(제160조).[2] 여기서 '멸실'이란 물리적 멸실과 상대적 멸실(예 정당한 권리자가 임치물의 반환을 받지 못하게 된 경우)을 모두 포함한

1) 【학설】 가격하락에 대한 통지의무에 관한 학설
임치인은 임치물의 매매를 목적으로 한 자에 한정되는 것이 아니므로 창고업자에게 임치물의 가격하락에 대한 통지의무는 없다는 견해(다수설)와 통지의무가 있다는 견해가 있다.

2) 【학설】 손해배상액의 범위에 관한 학설
창고업자에 대해서는 고가물특칙이나 정액배상특칙에 관한 규정은 없으나, 상법 제153조(공중접객업자의 고

다(대법원 1981.12.23. 선고 80다1609판결).

2) 책임의 소멸

(1) 특별소멸사유: 창고업자의 손해배상책임은 임치인 또는 창고증권소지인이 유보 없이 임치물을 수령하고 보관료를 지급한 때에 소멸한다(제168조, 제146조 제1항 본문). 그러나 임치물에 즉시 발견할 수 없는 훼손 또는 일부멸실이 있는 경우에 임치인 또는 창고증권소지인이 임치물의 수령일로부터 2주간 내에 창고업자에게 통지를 발송한 때에는 소멸하지 않는다(제168조, 제146조 제1항 단서). 이러한 특별소멸사유는 창고업자나 그 사용인에게 악의가 없는 때에만 적용된다(제168조, 제146조 제2항).

(2) 단기소멸시효: 임치물의 멸실 또는 훼손으로 인하여 생긴 창고업자의 손해배상책임은 임치물을 출고한 날로부터 1년이 경과하면 소멸시효가 완성된다(제166조 제1항).

이 기간은 임치물이 전부멸실한 경우에는 임치인과 알고 있는 창고증권소지인에게 그 멸실의 통지를 발송한 날로부터 기산한다(제166조 제2항). 다만, 창고업자나 그의 사용인에게 악의가 있는 때에는 5년의 상사채권의 소멸시효가 적용되고, 1년의 단기소멸시효는 적용되지 않는다(제166조 제3항). 악의에 대한 입증책임은 원칙적으로 상대방에게 있지만, 정당한 권리자가 아닌 자에게 임치물을 인도함으로써 정당한 권리자가 그 반환을 받지 못하게 된 경우에는 창고업자 또는 그 사용인이 악의가 아니었다는 점을 입증해야 한다(대법원 1978.9.26. 선고 78다1376판결).

이와 같은 상법 제166조 소정의 창고업자의 책임에 관한 단기소멸시효는 창고업자의 계약상대방인 임치인의 청구에만 적용되며 임치물이 타인 소유의 물건인 경우에 소유권자인 타인의 청구에는 적용되지 아니한다(대법원 2004.2.13.선고 2001다75318판결).

Ⅲ. 창고증권

1. 의 의

창고증권이란 창고업자에 대한 임치물반환청구권을 표창하는 유가증권으로, 임치인의 청구가 있는 때에 창고업자는 소정의 사항을 기재하고(기재사항: 제156조 제2항) 창고증권을 교부하여야 한다(제156조 제1항).

창고증권의 소지인이 대량의 임치물을 분할하여 수인에게 양도·입질하려고 할 때에는 창고업자에 대하여 그 증권을 반환하고 임치물을 분할하여 각 부분에 대한 창고증권의 교부를 청구할 수 있다(제158조 제1항).

가물에 대한 책임)와 상법 제137조(운송인의 손해배상액)의 규정이 유추적용될 수 있다는 견해(소수설)와, 특칙규정이 없으므로 일반원칙에 따라 모든 손해를 배상하여야 한다는 견해(다수설)가 있다.

2. 창고증권의 효력

1) 화물상환증에 관한 규정의 준용

창고증권의 효력에 관해서는 화물상환증에 관한 상법 제129조 내지 제133조의 규정이 준용된다(제157조).

2) 창고증권에 의한 입질

창고증권소지인이 증권에 의하여 임치물을 입질(入質)하려고 하면 창고증권을 질권자에게 교부하여야 한다(제157조, 제133조). 창고증권을 제공하지 않고는 임치물의 반환을 청구할 수 없는 것이 원칙이지만, 질권자의 승낙이 있으면 임치인은 채권의 변제기 전이라도 임치물의 일부 반환을 청구할 수 있다(제159조 제1문).

다만, 이 때에는 창고업자가 반환할 임치물의 종류·품질과 수량을 창고증권에 기재하여야 한다(제159조 제2문).

제8절 금융리스업

I. 금융리스업의 개념

1. 리스의 의의

리스(lease)는 새로운 합리적인 설비조달 수단으로, 그 의의에 대해서는 여신전문금융업법 제2조 제10호에서 「시설대여란 이용자가 선정한 특정 물건을 리스회사가 새로이 취득하거나 대여받아 거래상대방에게 일정기간 동안 사용하게 하고, 그 기간에 걸쳐 일정한 대가를 정기적으로 분할하여 지급받으며 그 기간 종료 후의 물건의 처분에 관하여는 당사자 간의 약정으로 정하는 금융」을 말한다. 상법 제46조 제19호에서는 「기계·시설 그 밖의 재산의 물융(物融)에 관한 행위」라고 규정하고 있다.

2. 금융리스의 의의 및 법적 성질

1) 의 의

금융리스업자란 금융리스이용자가 선정한 기계, 시설, 그 밖의 재산(이하 "금융리스물건"이라 한다)을 제3자(이하 "공급자"라 한다)로부터 취득하거나 대여받아 금융리스이용자에게 이용하게 하는 것을 영업으로 하는 자를 말한다(제168조의2).

여기서 금융리스는 리스이용자가 선정한 특정 물건을 리스회사가 새로이 취득하거나 대여받아 리스물건에 대한 직접적인 유지·관리책임을 지지 아니하면서 리스이용자에게 일정기간 사용하게 하고 대여기간 중에 지급받는 리스료에 의하여 리스물건에 대한 취득자금과 이자, 기타 비용을 회수하는 거래관계로서, 그 본질적 기능은 리스이용자에게 리스물건의 취득자금에 대한 금융편의를 제공하는 데에 있다(대법원 2013.7.12.선고 2013다20571판결).

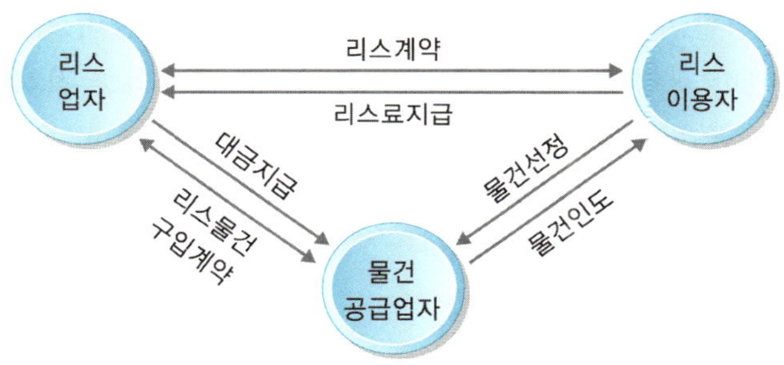

2) 법적 성질

금융리스계약의 법적 성질에 대하여는 학설의 대립이 있다.[1)]

【판례】 대법원 1994.11.8.선고 94다23388판결

시설대여는 시설대여회사가 대여시설이용자가 선정한 특정 물건을 새로이 취득하거나 대여받아 이를 일정기간 사용하게 하고 그 기간에 걸쳐 일정대가를 분할지급받는 계약으로서, 형식에 있어서는 임대차계약과 유사하나 그 실질은 물적금융이고 임대차계약과는 여러 가지 다른 특질이 있기 때문에 시설대여계약은 비전형계약이고, 따라서 이에 대하여는 민법의 임대차에 관한 규정이 바로 적용되지 아니한다.

---

1) 【학설】 금융리스계약의 법적 성질에 대한 학설
① 특수임대차계약설: 리스계약을 임대인이 특정한 임차인에게 특정한 물건을 일정한 기간 유상으로 사용시킬 목적으로 그 물건의 점유를 임차인에게 점유시키는 특별한 임대차계약으로 보는 견해이다.
② 무명계약(비전형계약)설: 리스계약의 법적 성질이 우리 민법상 전형계약 가운데 꼭 맞는 것이 없다는 점에 착안하여, 임대차·소비대차·매매 등의 요소가 혼합된 특수한 내용의 무명계약이라는 견해이다(판례).
③ 특수소비대차설: 리스는 이용자가 공급자로부터 물건을 공급받고 리스업자가 그 물건의 소유권을 담보로 하여 자금을 대여하는 거래라고 보는 견해이다.

보충 운용리스와의 차이: 운용리스는 금융리스 이외의 것을 총칭하는 것으로 범용(汎用)될 수 있는 물품의 서비스 제공적 성격이 강하다(예 컴퓨터나 정수기의 임시대여 등). 금융리스와는 달리 일반적으로 리스회사가 리스물건의 하자담보책임·위험부담을 지고, 리스물건의 관리·수리를 담당한다. 운용리스의 리스이용자는 리스기간 중 리스계약을 해지할 수 있고, 리스료는 리스물건의 구입가격의 일부이다.

Ⅱ. 금융리스업자 등의 의무

1. 금융리스업자의 의무

1) 리스계약이행의무

금융리스업자는 금융리스이용자가 금융리스계약에서 정한 시기에 금융리스계약에 적합한 금융리스물건을 수령할 수 있도록 하여야 한다(제168조의3 제1항). 금융리스계약은 비전형계약으로서 민법의 임대차에 관한 규정이 적용되지 않고, 금융리스제도의 본질적 기능(금융리스이용자에게 리스물건의 취득자금에 대한 금융 편의 제공) 등에 비추어, 금융리스계약에서 금융리스물건의 하자에 대하여 금융리스업자의 하자담보책임을 배제하는 특약은 약관의 규제에 관한 법률 제7조 제2호, 제3호에 해당하지 아니하므로(대법원 1996.8.23.선고 95다51915판결), 유효하다고 본다.

2) 협력의무

금융리스업자는 금융리스이용자가 공급자에 대하여 손해배상청구를 하거나 공급계약의 내용에 적합한 금융리스물건의 인도를 청구하는 경우 이에 필요한 협력을 하여야 한다(제168조의4 제3항). 판례(대법원 2019.2.14.선고 2016다245418·245425·245432판결)도 「금융리스계약의 법적 성격에 비추어 보면, 금융리스계약 당사자 사이에 금융리스업자가 직접 물건의 공급을 담보하기로 약정하는 등의 특별한 사정이 없는 한, 금융리스업자는 금융리스이용자가 공급자로부터 상법 제168조의3 제1항에 따라 적합한 금융리스물건을 수령 할 수 있도록 협력할 의무를 부담할 뿐이고, 이와 별도로 독자적인 금융리스물건인도의무 또는 검사·확인의무를 부담한다고 볼 수는 없다」고 하고 있다.

2. 금융리스이용자의 의무

1) 리스료의 지급의무

금융리스이용자는 금융리스업자로부터 금융리스물건을 수령함과 동시에 금융리스료를 지급하여야 한다(제168조의3 제2항).

금융리스료는 금융리스업자가 금융리스이용자에게 제공하는 취득자금의 금융편의에 대한 원금의 분할변제 및 이자·비용 등을 변제하게 하는 기능을 갖는 것은 물론이고, 이 외에도 금융리스업자가 금융리스이용자에게 제공하는 이용의 편익을 도함하여 거래관계 전체에 대한 대가로서의 의미를 지닌다(대법원 2004.9.13.선고 2003다57208판결).

【판례】 대법원 2001.6.12.선고 99다1949판결

이른바 금융리스에 있어서 리스료는, 리스회사가 리스이용자에게 제공하는 취득자금의 금융편의에 대한 원금의 분할변제 및 이자·비용 등의 변제의 기능을 갖는 것은 물론이거니와 그 외에도 리스회사가 리스이용자에게 제공하는 이용상의 편익을 포함하여 거래관계 전체에 대한 대가로서의 의미를 지닌다. 따라서 리스료 채권은, 그 채권관계가 일시에 발생하여 확정되고 다만 그 변제방법만이 일정 기간마다의 분할변제로 정하여진 것에 불과하기 때문에(기본적 정기금채권에 기하여 발생하는 지분적 채권이 아니다) 3년의 단기 소멸시효가 적용되는 채권이라고 할 수 없고, 한편 매회분의 리스료가 각 시점별 취득원가분할액과 그 잔존액의 이자조로 계산된 금액과를 합한 금액으로 구성되어 있다 하더라도, 이는 리스료액의 산출을 위한 계산방법에 지나지 않는 것이므로 그 중 이자부분만이 따로 3년의 단기 소멸시효에 걸린다고 할 것도 아니다.

참고판례 갑 주식회사와 을이 체결한 정수기 대여계약에 기한 월 대여료 채권의 소멸시효 기간이 문제 된 사안에서, 위 대여계약은 갑 회사가 보유하는 정수기를 그 사용을 원하는 을 등 불특정 다수를 대상으로 대여하기 위하여 체결한 것으로서 본질이 리스물건의 취득 자금에 대한 금융 편의 제공이 아니라 리스물건의 사용 기회 제공에 있는 점, 위 대여계약에서 월 대여료는 갑 회사가 을에게 제공하는 취득 자금의 금융 편의에 대한 원금의 분할변제와 이자·비용 등의 변제 성격을 가지는 것이 아니라 정수기의 사용 대가인 점 등에 비추어 위 대여계약은 금융리스에 해당한다고 볼 수 없으므로, 위 대여계약에 기한 월 대여료 채권은 민법 제163조 제1호에 정한 '사용료 기타 1년 이내의 기간으로 정한(즉, 1년 이내의 정기로 지급되는) 금전의 지급을 목적으로 한 채권'으로서 소멸시효 기간은 3년이라는 이유로, 이와 달리 소멸시효 기간이 5년이라고 본 원심판결을 파기한 사례(대법원 2013.7.12.선고 2013다20571판결).

2) 금융리스물건수령증 발급의무

금융리스물건을 수령한 후 금융리스이용자가 금융리스업자에게 금융리스물건의 수령증을 발급한 경우에는 금융리스계약 당사자 사이에 적합한 금융리스물건이 수령된 것으로 추정한다(제168조의3 제3항). 금융리스물건수령증은 금융리스이용자로부터 물건의 공급에 관한 계약에 따른 물건의 공급이 제대로 이행되었음을 증명하는 것에 불과하므로(대법원 1997.11.14.선고 97다6193판결), 금융리스물건수령증의 교부가 없었다 하여도 금융리스업자가 금융리스물건이 공급되었고 이용자가 정당한 사유 없이 금융리스물건수령증을 교부하지 않고 있다는 것을 알고 있다면 금융리스업자는 공급자에게 공급된 금융리스물건의 대금지급을 거절할 수 없다(대법원 1998.4.14.선고 98다6165판결).

그리고 금융리스에 있어 리스물건수령증의 발급 또는 교부가 반드시 리스물건의 인도를 전제로 하고 있는 것이 아닐 뿐만 아니라 리스이용자는 경우에 따라 리스물건을 인도받기 전에도 그 수령증을 리스회사에 교부할 수 있고 이 경우 설령 리스이용자가 리스물건을 인도받지 못하였다 하더라도 수령증을 리스회사에 교부한 이상 특별한 사정이 없는 한 그 리스료의 지급을 거절할 수 없다(대법원 1990.11.13.선고 90다카17924판결).

참고판례 "리스물건수령증의 교부"를 "리스물건의 현실적 인도"와 같은 뜻이라고 볼 수는 없다 할 것인바, 리스이용자가 대한보증보험으로부터 발급받아 리스회사에 교부한 리스보증보험증권의 보험기간란에 "리스물건수령증서 발급일로부터 3년 183일간"이라고 기재되어 있고 특기사항란에서 다시 "리스물건수령증서 발급일 이전에 발생된 채무는 담보치 않음"이라고 명기하고 있는 경우, 특기사항란 기재 중 "리스물건수령증서 발급일 이전"을 "리스 물건 인도 전"을 뜻하는 것이라고 해석하여 이를 보험회사를 위한 면책특약으로 보아서는 아니되므로 리스이용자가 실제로는 리스물건을 인도받지 아니한 채 가공의 리스물건수령증을 작성하여 위 보험증권과 함께 리스회사에 교부하고 리스대금을 편취한 경우에도 보험회사는 보험금지급책임을 면할 수 없다(대법원 1990.11.13.선고 90다카17924판결).

3) 금융리스물건의 유지 및 관리의무

금융리스물건은 리스기간의 존속 중에는 리스업자의 소유물이고, 리스이용자는 단지 사용권만 가질 뿐이므로 금융리스이용자는 금융리스물건을 수령한 이후에는 선량한 관리자의 주의로 금융리스물건을 유지 및 관리하여야 한다(제168조의3 제4항). 이 의무에 위반한 경우 금융리스업자는 금융리스이용자에 대하여 손해배상청구권, 계약해지권을 갖는다.

보충판례 리스회사가 리스물건인 자동차의 구입대금 중 일부를 리스이용자에게 금융리스의 형태로 제공하고 리스회사 명의로 자동차소유권 등록을 해 둔 다음 공여된 리스자금을 리스료로 분할회수하는 리스계약관계에서, 리스이용자가 그 자동차를 제3자에게 매도하고 리스계약관계를 승계하도록 하면서 매매대금과 장래 리스료 채무의 차액 상당을 매수인으로부터 지급받은 경우, 그 리스이용자는 리스회사와의 리스계약관계에서는 탈퇴하지만 매수인에 대한 소유권이전의무 및 매도인으로서의 담보책임은 여전히 부담한다(대법원 2013.6.13.선고 2012다100890판결).

3. 공급자의 의무

1) 물건인도의무

금융리스물건의 공급자는 공급계약에서 정한 시기에 그 물건을 금융리스이용자에게 인도하여야 한다(제168조의4 제1항).

2) 손해배상책임 또는 적합물건의 인도의무

금융리스물건이 공급계약에서 정한 시기와 내용에 따라 공급되지 아니한 경우 금융리스이용자는 공급자에게 직접 손해배상을 청구하거나 공급계약의 내용에 적합한 금융리스물건의 인도를 청구할 수 있다(제168조의4 제2항).

Ⅲ. 금융리스계약의 해지와 그 효과

1. 금융리스업자의 계약해지

금융리스이용자의 책임 있는 사유로 금융리스계약을 해지하는 경우에는 금융리스업자는 잔존 금융리스료 상당액의 일시 지급 또는 금융리스물건의 반환을 청구할 수 있다(제168조의5 제1항). 이에 따른 금융리스업자의 청구는 금융리스업자의 금융리스이용자에 대한 손해배상청구에 영향을 미치지 않는다(제168조의5 제2항).

2. 금융리스이용자의 계약해지

금융리스이용자는 중대한 사정변경으로 인하여 금융리스물건을 계속 사용할 수 없는 경우에는 3개월 전에 예고하고 금융리스계약을 해지할 수 있다. 이 경우 금융리스이용자는 계약의 해지로 인하여 금융리스업자에게 발생한 손해를 배상하여야 한다(제163조의5 제3항).

제 9 절 가맹업

가맹업의 개념

1. 가맹업의 의의

가맹업(프랜차이즈: franchise)이란 수수료 등의 대가를 지급하고 타인의 상호·상표·서비스표 등의 상업적 징표 및 경영노하우를 자기 사업운영에 이용할 수 있는 허가와 더불어 그 제공자의 통제하에서 영업을 할 것을 내용으로 하는 독립된 상인간의 유상·쌍무계약을 말한다. 상법 제46조 제20호에서는 「상호·상표 등의 사용허락에 의한 영업에 관한 행위」라고 규정하고 있다.

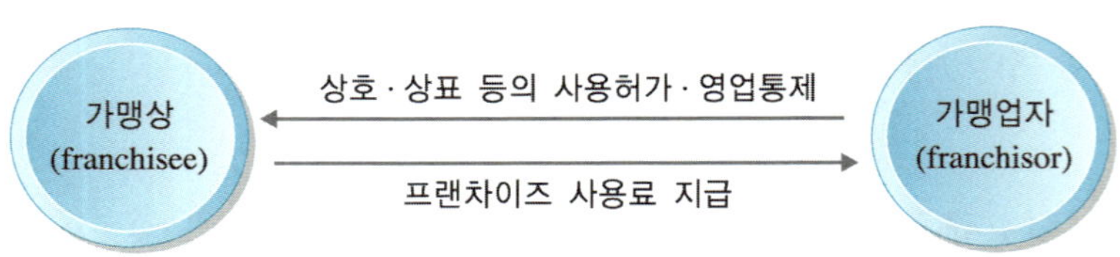

2. 가맹업의 법적 성질

가맹업의 법적 성질에 대해서는 학설의 대립이 있다.[1] 판례(대법원 1998.4.14.선고 98도292판결)에 따르면 「가맹점계약을 독립된 상인간에 일방이 타방의 상호, 상표 등의 영업표지를 이용하고 그 영업에 관하여 일정한 통제를 받으며 이에 대한 대가를 타방에게 지급하기로 하는 특수한 계약의 형태인 이른바 '프랜차이즈 계약'」이라고 한다.

【판례】 대법원 1996.3.4.선고 95도2608판결

이른바 '프랜차이즈계약'의 그 기본적 성격은 각각 독립된 상인으로서의 본사 및 가맹점주 간의 계약기간 동안의 계속적인 물품공급계약이고, …(중략)… 가맹점계약을 동업관계로 볼 수 없으며, 따라서 피고인들이 판매하여 보관 중인 이 사건 물품판매대금은 피고인의 소유라 할 것이어서 이를 임의소비한 행위는 프랜차이즈계약상의 채무불이행에 지나지 아니하므로, 결국 횡령죄는 성립하지 아니한다.

3. 가맹업의 종류

가맹업은 제공자가 개발한 독특한 제조방법을 이용자가 이용하여 상품을 제조해서 제공자의 상표로 판매하는 제조프랜차이즈, 제공자가 자사상품을 판매하기 위하여 계속적인 상품공급계약을 맺고 이용자로 하여금 판매케 하는 판매프랜차이즈, 제공자가 개발한 상호·경영노하우 등을 사용하여 이용자가 소비자에게 상품 또는 서비스를 제공하는 소매연쇄점프랜차이즈 등이 있다.

Ⅱ. 가맹상의 의의

가맹상이란 자기의 상호·상표 등(이하 "상호 등"이라 한다)을 제공하는 것을 영업으로 하는 자(이하 "가맹업자"라 한다)로부터 그의 상호 등을 사용하는 것을 허락받아 가맹업자가 지칭하는 품질기준이나 영업방식에 따라 영업을 하는 자를 말한다(제168조 의6).

1) 【학설】 가맹업의 법적 성질에 관한 학설
가맹업의 법적 성질에 대해서는 특약점관계에 유사하다는 견해, 상품판매 또는 권리용익임대차로 보는 견해, 새로운 유형의 비전형계약으로 보는 견해(다수설)가 있다.

Ⅲ. 가맹업자 및 가맹상의 의무

1. 가맹업자의 의무

1) 영업지원의무

가맹업자는 가맹상의 영업을 위하여 필요한 지원(예 간판설치, 원자재공급, 경영지도, 품질관리와 판매기법 개발 노력 등)을 하여야 한다(제168조의7 제1항).

2) 경업금지의무

가맹업자는 다른 약정이 없으면 가맹상의 영업지역 내에서 동일 또는 유사한 업종의 영업을 하거나 동일 또는 유사한 업종의 가맹계약을 체결할 수 없다(제168조의7 제2항).

2. 가맹상의 의무

1) 권리침해금지의무

가맹상은 가맹업자의 영업에 관한 권리가 침해되지 않도록 하여야 한다(제168조의8 제1항). 이는 가맹상이 가맹업자의 명성을 유지할 의무가 있다는 것을 의미한다.

2) 영업비밀준수의무

가맹상은 계약이 종료한 후에도 가맹계약과 관련하여 알게 된 가맹업자의 영업상의 비밀을 준수하여야 한다(제168조의8 제2항).

Ⅳ. 가맹상의 영업양도

가맹상은 가맹업자의 동의를 받아야 그 영업을 양도할 수 있으며(제168조의9 제1항), 이것은 가맹상의 영업양도로써 가맹업자의 명성이 떨어지는 상황이 올 수 있으므로 이를 방지하기 위하여 입법된 내용이다.

한편, 가맹업자는 특별한 사유가 없으면 가맹상의 영업양도에 동의하여야 한다(제168조의9 제2항). 가맹업자가 특별한 사유 없이 영업양도에 동의하지 아니하는 경우 가맹상은 가맹업자에 대하여 손해배상을 청구할 수 있다.

V. 가맹계약의 종료

1. 종료 사유

1) 존속기간의 만료

가맹계약에서 정한 존속기간이 만료하면 가맹계약은 종료하게 된다.

2) 해 지

가맹계약상 존속기간에 대한 약정의 유무와 관계없이 부득이한 사정이 있으면 각 당사자는 상당한 기간을 정하여 예고한 후 가맹계약을 해지할 수 있다(제168조의10).

참고판례 존속기간의 정함이 있는 계속적 계약관계는 그 기간이 만료되면 종료한다. 한편 그 계약에서 계약의 갱신 또는 존속기간의 연장에 관하여 별도의 약정이 있는 경우에는 그 약정이 정하는 바에 따라 계약이 갱신되거나 존속기간이 연장되고, 그러한 약정이 없는 경우에는 법정갱신 등에 관한 별도의 법 규정이 없는 한 당사자가 새로이 계약의 갱신 등에 관하여 합의하여야 한다. 이는 계속적 계약관계에 해당하는 가맹점(프랜차이즈)계약관계에서도 다를 바 없다. 따라서 법 규정 또는 당해 가맹점계약의 해석에 좇아 가맹점사업자가 가맹본부에 대하여 갱신을 청구할 권리를 가지거나, 가맹본부의 갱신 거절이 당해 가맹점계약의 체결 경위·목적이나 내용, 그 계약관계의 전개 양상, 당사자의 이익 상황 및 가맹점계약 일반의 고유한 특성 등에 비추어 신의칙에 반하여 허용되지 아니하는 등의 특별한 사정이 없는 한, 가맹본부는 가맹점사업자의 갱신 요청을 받아들여 갱신 등에 합의할 것인지 여부를 스스로 판단·결정할 자유를 가지며, 그에 있어서 정당한 사유 또는 합리적 사유가 있는 경우에 한하여 갱신을 거절할 수 있는 것은 아니다(대법원 2010.7.15.선고 2010다30041판결).

2. 종료의 효과

1) 가맹금의 반환

가맹계약의 종료시 가맹상이 가맹업자에게 예치한 가맹금이 있을 경우 가맹업자는 가맹상에게 이를 반환하여야 한다.

2) 상호 등의 폐기

가맹상은 가맹계약이 종료한 때에는 더 이상 가맹업자의 상호 등을 사용할 수 없으며, 다른 약정이 없으면 가맹상은 자신이 사용하던 가맹업자의 상호 등을 폐기하여야 한다.

제10절 채권매입업

I. 채권매입업의 개념

1. 의 의

채권매입업(팩터링 : factoring)이란 채권매입업자가 거래상인(client)으로부터 외상매출채권을 매입하고 채무자(customer)에게 양도를 통지하여 채권의 관리·회수 및 장부작성을 행하며, 거래상인의 요청이 있는 때에는 선급금융을 해주는 한편 상대방의 거래선의 신용조사, 경영상담 및 컴퓨터서비스 등과 같은 서비스를 제공하는 것을 말한다.

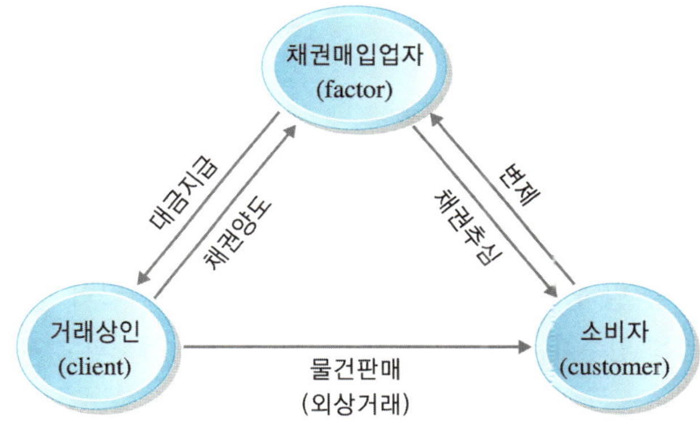

2. 법적 성질

채권매입거래에 있어서는 채권매입업자(factor)와 거래상인 사이에 기본계약으로서 채권매입계약이 체결되고, 이 채권매입계약에 기하여 거래상인의 개개의 채권이 채권매입업자에게 양도된다.

채권매입계약(기본계약)의 성질에 대해서는 특수한 내용의 혼합계약으로 볼 수 있으나, 채권양도의 계약에 대해서는 논란이 되고 있다.[1)]

---

1) 【학설】 채권양도의 법적 성질에 관한 학설
① 매매계약설: 기본계약에 의한 개개의 채권의 양도를 매매라고 보는 견해이다.
② 소비대차계약설: 팩터링의 금융기능을 중시하여 채권양도를 소비대차로 보는 견해이다.
③ 팩터링구별설: 진정팩터링과 비진정팩터링으로 구별하여 전자는 채권의 매매, 후자는 소비대차로 보는 견해(유력설)이다.

3. 채권매입거래의 당사자

채권매입거래는 채권매입업자·거래상인·소비자(제3채무자)의 세 당사자 사이에서 이루어진다. 채권매입업자란 타인이 물건·유가증권의 판매, 용역의 제공 등에 의하여 취득하였거나 취득할 영업상의 채권(이하 이 장에서 "영업채권"이라 한다)을 매입하여 회수하는 것을 영업으로 하는 자를 말한다(제168조의11).

즉, 채권매입업자는 거래상인으로부터 영업채권을 매입하고 이를 채무자로부터 추심하는 자로 주로 금융기관이다. 거래상인은 상거래로 인하여 발생한 영업채권의 채권자로서 이 영업채권을 채권매입업자에게 매각하는 자이다. 소비자는 거래상인으로부터 외상으로 물건을 매수하거나 용역을 제공받은 자로서 거래상인에 대한 채무를 채권매입업자에 대하여 지급할 의무를 진다.

Ⅱ. 채권매입업의 종류

1. 상환청구권의 유무에 따른 분류

상환청구권의 유무에 따라 상환청구권이 있는 팩터링(비진정팩터링)과 상환청구권이 없는 팩터링(진정팩터링)으로 나눌 수 있다. 전자는 채권매입업자가 매수자의 신용위험을 인수하지 않은 채 영업채권을 매입하는 것을 말하고, 후자는 채권매입업자가 상인기업의 영업채권을 매입함에 있어서 채무자의 신용위험을 인수하는 것을 말한다. 현행 상법은 전자의 경우를 기본으로 하고 있다.

2. 채권양도 통지의 유무에 따른 분류

채권양도통지의 유무에 따라 통지팩터링과 비통지팩터링으로 구분된다. 전자는 거래기업이 팩터에게 채권을 양도할 때 그 뜻을 채무자에게 통지하는 것이고, 후자는 통지하지 않는 것이다.

3. 채권매입대금 선급의 유무에 따른 분류

채권매입대금 선급의 유무에 따라 선급팩터링과 만기팩터링으로 구분된다. 전자는 채권매입업자가 매입한 영업채권의 변제기 전에 거래상인에게 영업채권의 대가를 지급하는 것이고, 후자는 채권의 변제기에 이르러 그 대가를 지급하는 것이다.

Ⅲ. 법률관계

(1) 채권매입계약에서 다르게 정한 경우를 제외하고는 영업채권의 채무자가 그 채무를 이행하지 아니하는 경우 채권매입업자는 채권매입계약의 채무자인 거래상인에게 그 영업채권액의 상환을 청구할 수 있다(제168조의12).

(2) 채권매입거래의 대상이 되는 채권은 양도 가능하여야 하며, 양도되는 경우에도 지명채권양도의 대항요건을 갖추어야 한다. 이러한 대항요건을 갖추지 못할 경우에는 거래상인이 채권을 이중으로 양도하여 채권매입업자가 채권을 상실할 위험이 있다.

(3) 채무자가 이의 없이 채권양도를 승낙한 경우에는 채무자는 거래기업에 대하여 대항할 수 있는 사유로서 채권매입업자에 대항하지 못한다(민법 제451조 제1항). 거래상인은 채권매입업자에 대하여 영업채권이 유효하게 성립한 점 및 상품위험을 담보하며, 따라서 채권매입업자는 채무자로부터 이에 대한 항변을 받지 않는다.

제3편 회 사

Commercial Law

제1장 회사법 총론
제2장 회사법 통칙
제3장 합명회사
제4장 합자회사
제5장 유한책임회사
제6장 주식회사
제7장 유한회사
제8장 외국회사

제 1 절 회사법의 의의 및 특성

I. 회사법의 의의

회사법은 실질적 의의의 회사법과 형식적 의의의 회사법으로 구분된다. 실질적 의의의 회사법은 회사라고 하는 형태의 공동기업의 조직과 경영을 규율하는 법을 말한다. 형식적 의의의 회사법은 상법 중 「제3편 회사」를 말한다.

II. 회사법의 특성

1. 단체법적 성질

회사법은 대부분이 회사라는 단체의 조직과 이를 중심으로 한 법률관계에 관한 규정으로 되어 있다. 따라서 개인 상호간의 대등관계를 정하는 개인법과 달리 단체법상의 원리, 즉 다수결원칙, 사원평등의 원칙, 법률관계의 획일적 확정 등의 원리에 의해 법률관계가 이루어진다.

2. 영리단체적 성질

회사는 사원의 경제적 이익을 도모하는 영리의 목적을 달성하기 위한 수단인 단체로서의 성질을 가지고 있다. 따라서 회사법은 공동사회적 단체에 관한 법적 성질과는 달리 이익사회적 단체에 관한 법으로서의 성질을 가지고 있다.

3. 거래법적 성질

회사법 중에는 회사와 제3자의 거래, 사원과 회사채권자의 관계와 같은 거래법적 성질을 띠는 규정이 있다.

이러한 법률관계는 개인법상의 거래와 마찬가지로 사적 자치, 거래안전의 보호와 같은 개인법상의 원리가 적용된다.

4. 강행법적 성질

회사법은 대부분의 규정이 단체법적 성질을 가지고 있기 때문에 대부분이 강행법적 성질을 가지고 있다.

거래법적 성질을 갖는 규정이라도 회사 채권자의 보호 또는 거래안전의 보호를 위한 규정은 강행법적 성질을 갖는다.

제 2 절 회사법의 법원

I. 종 류

1. 제정법

제정법의 기본적인 법원으로는 상법「제3편 회사」및 부속법령, 상법시행령, 그 밖에 각종의 상사특별법령이 있다. 상사특별법령은 주식회사의 외부감사에 관한 법률과 같이 법령의 전부가 회사법의 법원을 이루는 것과 은행법, 보험업법, 신탁업법, 자본시장과 금융투자업에 관한 법률 등과 같이 법령의 일부가 회사법의 법원을 이루는 것이 있다.

2. 관습법

관습법은 상법의 일반적 법원으로서는 중요성을 갖지만, 회사법에 있어서는 회사제정법이 강행법규적 성질을 갖기 때문에 그 의의가 크지 못하다. 다만, 기업회계기준과 같은 것은 상법의 보충적 규정으로서의 큰 역할을 하고 있다.

3. 자치법규

자치법규의 대표적인 것은 정관이다. 정관은 이를 작성한 당사자와 사원의 지위를 취득하는 자 등 내부관계자에 대하여 구속력을 갖는다.

Ⅱ. 법규의 적용순서

회사의 법률관계에 대해서는 가장 먼저 자치법규인 정관이 적용되고, 다음은 「특별법이 일반법에 우선한다」는 원칙에 따라 상사특별법이 적용되고, 다음으로 상법전이 적용된다. 관습법은 상법전보다 후순위로 적용된다. 이러한 순서대로의 적용법규가 없는 경우에 한해 민법이 적용된다(제1조).

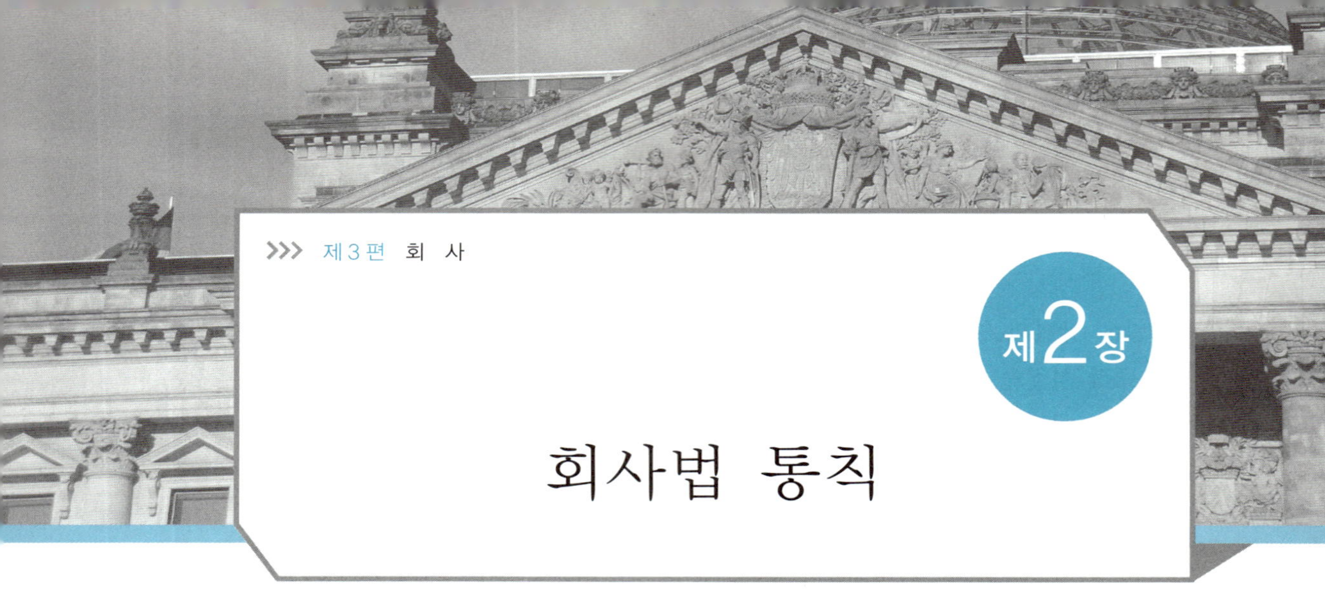

제2장 회사법 통칙

제1절 회사의 개념

I. 회사의 의의

회사의 의의에 대해 상법 제169조에서는 「회사라 함은 상행위 그 밖의 영리를 목적으로 하여 설립한 법인을 말한다」고 규정하고 있다. 이러한 회사의 영리단체성 · 법인성을 회사 개념의 요소라 할 수 있다.

1. 영리단체성

1) 상사회사, 민사회사

회사는 상행위 그 밖의 영리를 목적으로 하는 법인이다. 회사가 상행위를 할 때에는 당연상인으로서의 회사(상사회사), 상행위 이외의 행위를 영업으로 하는 때에는 의제상인으로서의 회사(민사회사)라 한다. 양자 모두 상인이라는 점에서는 차이가 없으므로 상법 제1편 상법총칙과 제2편 상행위편이 일반적으로 적용된다.

2) 영리성의 의의

회사가 영리를 목적으로 한다는 것은 회사가 대외적인 영리행위를 목적으로 할 뿐만 아니라 그 영리행위에 의하여 얻은 이익을 그 사원에게 분배하는 것까지를 그 목적으로 하여야 한다는 것이 통설(이익분배설)의 입장이다. 영리성을 갖는 회사가 그 영리행위로 얻은 이익을 사원에게 분배하여야 하지만, 그 분배방법에 대해서는 특별한 제한이 없으므로 이익배당에 의하든 잔여재산분배에 의하든 관계없다. 또 일시적으로 이익배당을 제한하거나 정지하더라도 영리성은 유지된다. 반면에 상호보험회사 · 협동조합 · 마을금고 등은 일종의 법인이지만 단순히 단체의 내부활동을 통해 그 구성원에게 경제적 이익을 주는 것을 독적으로 하기 때문에 회사가 아니며, 국가나 지방자치단체 등의 공법인 또는 비영리법인[1]인 재단법인도 영리행위로 얻은 이익의 분배를 목적으로 하지 않으므로 회사가 아니다.

3) 1인회사

(1) 의 의: 회사는 영리단체에 해당한다(회사는 민법상 순수한 사단과 같지 않지만 사단의 성질을 가지고 있다. 주식회사의 경우에는 자본단체적 성격을 가졌지만 사단성을 가지고 있다. 그러나 1인회사가 인정됨으로 법상 '사단'이란 명문규정을 삭제하였다; 江頭憲治郎, 株式會社法(第9版), 2024, 29면). 그래서 합명회사와 합자회사는 회사의 성립 또는 존속요건으로서 2인 이상의 사원의 존재를 필요로 한다(합명회사· 합자회사· 유한책임회사도 사단성을 가지고 있으나 조합적 실질을 갖고 있기 때문에 상법 제195조를 두고 있다). 그러나 회사 중에서 유한책임회사와 주식회사 및 유한회사의 경우에는 1인회사의 설립이 인정되고, 사원이 1인이 되더라도 해산사유가 되지 않는다. 1인회사의 설립을 인정하게 된 것은 자본단체로서 사원의 수가 중요하지 않고, 실제에 있어서 1인의 발기인(또는 사원)이 형식상 타인의 명의를 차용하여 발기인(또는 사원) 수의 요건을 갖추고 출자도 1인의 발기인(또는 사원)이 하는 사례가 많음에 따라 현실의 추세를 반영한 것이다. 이와 같이 1인의 주주 또는 사원이 회사가 발행한 주식 또는 지분의 전부를 소유하는 회사를 1인회사라 한다. 1인회사의 경우 다수의 사원(주주)의 존재를 전제로 하는 회사법의 규정을 적용하는 데에는 문제가 있게 되므로 이에 대해 검토한다.

보충 1인회사라 하더라도 상법상 회사이므로 상법이 적용된다. 따라서 1인 주식회사의 경우에도 주주총회·이사회·감사 등의 회사의 조직은 갖추어야 하며, 1인 유한회사의 경우에도 사원총회·이사 등의 회사의 조직을 갖추어야 한다.

(2) 1인 주식회사의 법률관계

① 주주총회의 운영: 판례는 주주총회의 소집에 관한 상법규정에 위반하여 소집권한 없

---

1) 【학설】 비영리법인의 회사성에 관한 학설
정관의 목적사업은 영리사업이지만 실질적으로 비영리사업을 목적으로 하는 경우에도 회사로 인정하는 견해와, 비영리법인은 영리성이라는 회사의 본질을 갖지 못하므로 회사로 인정할 수 없다는 견해가 있다. 후자의 견해에 의하면 부수적으로 비영리사업을 경영하는 것은 허용된다고 한다.

는 자가 소집하거나 소집결정을 위한 이사회결의에 하자가 있더라도 1인주주가 참석하여 이의 없이 결의하였다면 주주총회의 결의가 있었다고 본다(대법원 1966.9.20.선고 66다1187·1188판결 등). 실제로 주주총회를 개최한 사실이 없더라도 1인주주에 의하여 결의가 있었던 것으로 주주총회 의사록이 작성되었다면 특별한 사정이 없는 한 결의가 있었던 것으로 볼 수 있다(대법원 1976.4.13.선고 74다1955판결).

【판례】 대법원 1993.6.11.선고 93다8702판결[동지: 대법원 2004.12.10.선고 2004다25123판결]

주식회사에 있어서 회사발행의 총주식을 한 사람이 소유하고 있는 1인회사의 경우에는 그 주주가 유일한 주주로서 주주총회에 출석하면 전원총회로서 성립하고, 그 주주의 의사대로 결의될 것임이 명백하므로 따로 총회소집절차가 필요 없다 할 것이고, 실제로 총회를 개최한 사실이 없다 하더라도 그 1인주주에 의하여 의결이 있었던 것으로 주주총회 의사록이 작성되었다면 특별한 사정이 없는 한 그 내용의 결의가 있었던 것으로 볼 수 있어 형식적인 사유에 의하여 결의가 없었던 것으로 다툴 수는 없다 할 것이다.

주주총회의 결의시에는 의사록의 작성이 있어야 하나, 1인주주에 의하여 결의가 있었다면 의사록의 작성을 해태하였더라도 결의의 효력에는 영향이 없다(대법원 2004.12.10.선고 2004다25123판결).

【판례】 대법원 2020.6.4.선고 2016다241515,241522판결[동지: 대법원 2023.12.28.선고 2023다269818판결]

주식회사의 총주식을 한 사람이 소유하는 이른바 1인회사의 경우에는 그 주주가 유일한 주주로서 주주총회에 출석하면 전원 총회로서 성립하고 그 주주의 의사대로 결의가 될 것이 명백하다. 이러한 이유로 주주총회 소집절차에 하자가 있거나 주주총회의사록이 작성되지 않았더라도, 1인주주의 의사가 주주총회의 결의내용과 일치한다면 증거에 의하여 그러한 내용의 결의가 있었던 것으로 볼 수 있다. 그러나 이는 주주가 1인인 1인회사에 한하여 가능한 법리이다. 1인회사가 아닌 주식회사에서는 특별한 사정이 없는 한, 주주총회의 의결정족수를 충족하는 주식을 가진 주주들이 동의하거나 승인하였다는 사정만으로 주주총회에서 그러한 내용의 결의가 이루어질 것이 명백하다거나 또는 그러한 내용의 주주총회 결의가 있었던 것과 마찬가지라고 볼 수는 없다.

② 이사의 보수결정: 이사의 보수는 정관 또는 주주총회결의로 정하고(제388조), 정관 또는 주주총회의 결의가 없으면 이사의 보수청구권은 인정되지 않는다. 그런데 임원퇴직금지급규정에 관하여 주주총회결의가 있거나 주주총회의사록이 작성된 적은 없으나 위 규정에 따른 퇴직금이 사실상 1인회사의 실질적 1인주주의 결재승인을 거쳐 관행적으로 지급되었다면 위 규정에 대하여 주주총회의 결의가 있었던 것으로 볼 수 있다(대법원 2004.12.10.선고 2004다25123판결).

③ 영업양도시 주주총회의 특별결의를 흠결한 경우: 회사가 영업의 전부 또는 중요한 일부를 양도하는 경우에는 주주총회의 특별결의를 얻어야 하며(제374조 제1항 제1호), 주주총회 특별결의 없는 영업양도계약은 무효이다. 그러나 1인 주식회사에 있어서 1인주주이자 대표이사인 사람의 동의가 있었다면 주주총회의 특별결의를 얻지 않았다 하더라도 유효하다는 것이 판례의 입장이다(대법원 1976.5.11.선고 73다52판결; 대법원 1974.4.23.선고 73도2611판결 참고).

④ 이사의 자기거래: 1인 주식회사의 이사의 자기거래에 대해 이사회의 승인을 얻지 않

은 경우 그 효력에 관해서는 학설이 나누어지고 있다.[1)]

【판례】 대법원 1992.3.31.선고 91다16310판결

회사의 이사에 대한 채무부담행위가 상법 제398조 소정의 이사의 자기거래에 해당하여 이사회의 승인을 요한다고 할지라도, 위 규정의 취지가 회사 및 주주에게 예기치 못한 손해를 끼치는 것을 방지함에 있다고 할 것이므로, 그 채무부담행위에 대하여 사전에 주주 전원의 동의가 있었다면 회사는 이사회의 승인이 없음을 이유로 책임을 회피할 수 없다.

⑤ 1인 주식회사와 업무상 배임 · 횡령: 판례는 1인 주식회사의 1인주주 겸 대표이사가 회사에 손해를 가한 경우에 배임죄의 성립을 인정하며(대법원 1983.12.13.선고 83도2330판결), 1인회사에 있어서도 행위의 주체와 1인주주는 분명히 별개의 인격이므로 1인주주가 회사재산을 불법영득의 의사로 사용하였다면 횡령죄가 성립한다고 본다(대법원 2005.4.28.선고 2005도741판결; 대법원 2007.6.1.선고 2005도5772판결).

【판례】 대법원 2005.4.28.선고 2005도741판결

1인회사의 주주 겸 대표이사가 회사의 상가분양사업을 수행하면서 수분양자들을 기망하여 편취한 분양대금은 회사의 소유로 귀속되는 것이므로, 대표이사가 그 분양대금을 횡령하는 것은 사기 범행이 침해한 것과는 다른 법익을 침해하는 것이어서 회사를 피해자로 하는 별도의 횡령죄가 성립되는 것이다.

⑥ 주식병합의 통지 · 공고절차 흠결의 경우: 「주식병합절차 중에 1인회사에서는 회사가 반드시 통지 · 공고 등의 절차를 통하여 신주권을 수령할 자를 파악하거나 구주권을 회수하여야 할 필요성이 있다고 보기는 어려우므로, 주식병합에 관한 주주총회의 결의에 따라 그 변경등기가 경료되었다면 통지 · 공고절차를 거치지 않았다고 하더라도 그 변경등기 무렵에 주식병합의 효력이 발생한다」고 본다(대법원 2005.12.9.선고 2004다40306판결).

⑦ 주식의 양도제한에 관한 정관규정의 효력: 주식의 양도를 정관에 의하여 이사회의 승인을 얻도록 한 경우(제335조 제1항 단서), 1인 주식회사의 1인주주가 소유주식의 전부를 양도할 때에는 다른 주주가 존재하지 않으므로 이사회의 승인을 받을 필요가 없다.

⑧ 의결권의 제한: 주주총회의 의안에 특별이해관계에 있는 주주는 의결권을 행사할 수 없고(제368조 제4항), 감사선임시에 의결권 없는 주식을 제외한 발행주식총수의 100분의 3 이상을 가진 주주는 그 초과하는 주식에 대해 의결권을 행사할 수 없다(제409조 제2항). 이러한 의결권 제한내용은 1인회사에서는 적용에 의미가 없으므로 적용되지 않는다고 본다.

---

1) 【학설】 1인 주식회사의 이사의 자기거래에 대한 학설
이사의 자기거래 제한은 회사의 이익을 보호하기 위한 규정이지만 1인회사의 경우 회사의 이익과 1인주주의 이익이 일치하므로 이사회의 승인이 없더라도 1인주주의 동의가 있으면 유효하다는 견해(소수설·판례)와, 기관의 분화를 본질로 하는 주식회사제도의 이념에 반하고 회사의 이익과 1인주주의 이익을 동일시할 수 없다 할 것이므로 1인회사라 하더라도 상법 제398조의 예외가 될 수 없다는 견해(다수설)가 있다.

⑨ 소수주주권: 일정수의 주식을 가진 주주에게 인정되는 권리인 소수주주권에 관한 내용은 1인주주만 존재하는 1인회사에는 적용의 여지가 없다.

⑩ 법인격부인론과의 관계: 1인 주식회사는 특정인이 개인적으로 부담하는 채무를 면탈하기 위하여 설립하는 경우가 많고, 회사의 법인격이 형해화(形骸化)하는 경우가 많으므로 법인격부인론을 적용할 여지가 많다.

2. 법인성

1) 의 의

상법상 모든 회사는 법인이다(제169조). 회사는 설립등기를 함으로써 법인격을 취득하고 청산절차를 종료함으로써 법인격을 상실하게 된다. 따라서 존립 중의 회사는 사원으로부터 독립하여 권리·의무를 취득할 수 있으며, 사원은 회사의 재산에 대하여 직접 권리를 갖지 못한다.

그러므로 조합적 성질을 갖는 합명회사와 합자회사 및 유한책임회사의 내부관계에 대해서는 예외적으로 민법상 조합에 관한 규정을 보충적용할 수 있도록 하고 있지만(제195조, 제267조, 제287조의18), 대외적으로는 회사에 대한 법률관계의 귀속을 명확히 하고 회사가 소송관계에 있어서 당사자능력을 갖도록 하며, 이사나 업무집행사원이 회사의 대표가 되도록 하기 위해 법인성을 인정하고 있다. 또한 법인성을 인정함으로써 회사 자체에 대한 집행권원에 의해서만 회사재산에 대해 강제집행을 할 수 있고, 회사의 채권자에 대하여는 회사 자체의 재산만이 책임재산이 되며, 회사 구성원 개인의 채권자에 의하여 회사 재산이 강제집행의 대상이 되지 않는다.

2) 법인격부인론

(1) 의 의: 회사의 법인격이 인정되는 것은 법률관계의 간명, 회사기업의 영속적인 독립성을 기할 수 있다는 장점이 있는 반면에, 경제적·실제적으로는 개인기업이면서 기업상의 책임을 면탈하거나 제한하기 위하여 형식상 회사제도를 남용하는 예가 적지 않다. 이러한 문제를 해결하기 위해 회사가 사원으로부터 독립된 실체를 갖지 못한 경우에 회사의 특정한 법률관계에 있어서만은 회사의 법인격을 인정하지 아니하고 회사와 사원을 동일시하여 회사의 책임을 사원에게 묻도록 하는 이론을 인정하고 있으며, 이를 법인격부인론이라 한다.

【판례】 대법원 2019.12.13.선고 2017다271643판결[동지: 대법원 2021.3.25.선고 2020다275942판결]

기존회사가 채무를 면탈할 의도로 기업의 형태·내용이 실질적으로 동일한 신설회사를 설립한 경우 이는 기존회사의 채무면탈이라는 위법한 목적을 달성하기 위하여 회사제도를 남용한 것에 해당한다. 기존회사의 채권자에 대하여 위 두 회사가 별개의 법인격을 갖고 있다고 주장하는 것은 신의성실의 원칙상 허용되지 않는다. 기존회사의 채권자는 위 두 회사 어느 쪽에 대해서도 채무의 이행을 청구할 수 있다(대법원

2004.11.12.선고 2002다66892판결 등 참조). 이러한 법리는 어느 회사가 이미 설립되어 있는 다른 회사 가운데 기업의 형태·내용이 실질적으로 동일한 회사를 채무를 면탈할 의도로 이용한 경우에도 적용된다. 여기에서 기존회사의 채무를 면탈할 의도로 다른 회사의 법인격을 이용하였는지는 기존회사의 폐업 당시 경영상태나 자산상황, 기존회사에서 다른 회사로 유용된 자산의 유무와 그 정도, 기존회사에서 다른 회사로 자산이 이전된 경우 그 정당한 대가가 지급되었는지 여부 등 여러 사정을 종합적으로 고려하여 판단하여야 한다(대법원 2008.8.21.선고 2006다24438판결; 대법원 2011.5.13.선고 2010다94472판결 등 참조).
이때 기존회사의 자산이 기업의 형태·내용이 실질적으로 동일한 다른 회사로 바로 이전되지 않고, 기존회사에 정당한 대가를 지급한 제3자에게 이전되었다가 다시 다른 회사로 이전되었다고 하더라도, 다른 회사가 제3자로부터 자산을 이전받는 대가로 기존회사의 다른 자산을 이용하고도 기존회사에 정당한 대가를 지급하지 않았다면, 이는 기존회사에서 다른 회사로 직접 자산이 유용되거나 정당한 대가 없이 자산이 이전된 경우와 다르지 않다. 이러한 경우에도 기존회사의 채무를 면탈할 의도나 목적, 기존회사의 경영상태, 자산상황 등 여러 사정을 종합적으로 고려하여 회사제도를 남용한 것으로 판단된다면, 기존회사의 채권자는 다른 회사에 채무이행을 청구할 수 있다.

보충 법인격부인론은 19세기 후반부터 미국의 판례에 의하여 형성·발전되어 왔는데, 현재에는 이 이론이 미국에만 한정되어 있지 않고 영국·독일·일본 등 회사에 대하여 사원과 별개의 법인격을 부여하고 있는 모든 나라에서 공통적으로 인정되고 있다(정찬형, 「상법강의(上)」, 419면).

(2) 적용근거: 법인격부인의 법리를 적용하기 위한 근거로 법인격의 개념에 내재하는 한계(제169조)에서 그 근거를 찾는 견해(정찬형, 「상법강의(上)」, 421면)도 있지만, 대부분의 학설은 신의성실의 원칙 위반과 권리남용 금지를 들고 있고, 대법원 판례도 신의성실의 원칙 위반과 법인격남용을 들고 있다(대법원 1988.11.22.선고 87다카1671판결).

보충 이러한 법리는 특히 소규모주식회사가 파산할 때 그 실질적 1인 주주의 개인책임을 묻기 위해 인정될 수 있고, 외국에 설립된 자회사의 채권자가 모회사에 대해 채무의 변제를 청구하는 등 국제적 국면에서 주장될 수도 있다(江頭憲治郎, 株式會社法, 43면).

【판례】 대법원 2001.1.19.선고 97다21604판결

회사가 외형상으로는 법인의 형식을 갖추고 있으나, 이는 법인의 형태를 빌리고 있는 것에 지나지 아니하고 그 실질에 있어서는 완전히 그 법인격의 배후에 있는 타인의 개인기업에 불과하거나 그것이 배후자에 대한 법률적용을 회피하기 위한 수단으로 함부로 쓰여지는 경우에는, 비록 외견상으로는 회사의 행위라 할지라도 회사와 그 배후자가 별개의 인격체임을 내세워 회사에게만 그로 인한 법적 효과가 귀속됨을 주장하면서 배후자의 책임을 부정하는 것은 신의성실의 원칙에 위반되는 법인격의 남용으로서 심히 정의와 형평에 반하여 허용될 수 없고, 따라서 회사는 물론 그 배후자인 타인에 대하여도 회사의 행위에 관한 책임을 물을 수 있다고 보아야 한다.

(3) 적용범위: ① 법인격부인론은 사원유한책임제도가 확립되고 소유와 경영이 분리된 주식회사에 관하여 발전된 이론으로 유한책임회사나 유한회사에서도 인정된다. 그러나 합명회사나 합자회사는 소유와 경영이 분리되지 않으므로 법인격부인론 적용의 여지가 거의 없다.

② 법인격부인론의 적용범위에 대해서는 계약에서의 적용에는 이설이 없으나 불법행위나 사법(私法)이론에서 규율될 수 있는 경우의 적용에 대해서는 학설의 대립이 있다.[1] ③ 사원이 자신의 개인채무를 면탈할 목적으로 회사를 설립한 경우에 회사 사원 개인의 채권자가 법인격부인을 주장할 수 있는가에 대하여 논란이 되고 있다.[2]

보충판례 개인이 회사를 설립하지 않고 영업을 하다가, 그와 영업목적이나 물적 설비, 인적 구성원 등이 동일한 회사를 설립하였다고 하더라도 그가 새로 설립한 회사를 자기 마음대로 이용할 수 있는 지배적 지위에 있지 않는 한, 회사가 법인격의 배후에 있는 타인의 개인기업에 불과하거나 배후자에 대한 법적 책임을 회피하기 위한 수단으로 회사 형태를 함부로 이용하고 있다고 할 수 없으므로, 이러한 경우 개인의 채권자는 법인격 남용을 이유로 개인에 대한 채무의 이행을 회사에 청구할 수 없다.(대법원2008.8.21.선고 2006다62829판결).

【판례】 대법원 2023.2.2.선고 2022다276703판결

[1] 주식회사는 주주와 독립된 별개의 권리주체이므로 그 독립된 법인격이 부인되지 않는 것이 원칙이다. 그러나 개인이 회사를 설립하지 않고 영업을 하다가 그와 영업목적이나 물적 설비, 인적 구성원 등이 동일한 회사를 설립하는 경우에 그 회사가 외형상으로는 법인의 형식을 갖추고 있으나 법인의 형태를 빌리고 있는 것에 지나지 않고, 실질적으로는 완전히 그 법인격의 배후에 있는 개인의 개인기업에 불과하거나, 회사가 개인에 대한 법적 책임을 회피하기 위한 수단으로 함부로 이용되고 있는 예외적인 경우까지 회사와 개인이 별개의 인격체임을 이유로 개인의 책임을 부정하는 것은 신의성실의 원칙에 반하므로, 이러한 경우에는 회사의 법인격을 부인하여 그 배후에 있는 개인에게 책임을 물을 수 있다.
[2] 그 개인과 회사의 주주들이 경제적 이해관계를 같이하는 등 개인이 새로 설립한 회사를 실질적으로 운영하면서 자기 마음대로 이용할 수 있는 지배적 지위에 있다고 인정되는 경우로서, 회사 설립과 관련된 개인의 자산 변동 내역, 특히 개인의 자산이 설립된 회사에 이전되었다면 그에 대하여 정당한 대가가 지급되었는지 여부, 개인의 자산이 회사에 유용되었는지 여부와 그 정도 및 제3자에 대한 회사의 채무 부담 여부와 그 부담 경위 등을 종합적으로 살펴보아 회사와 개인이 별개의 인격체임을 내세워 회사 설립 전 개인의 채무 부담행위에 대한 회사의 책임을 부인하는 것이 심히 정의와 형평에 반한다고 인정되는 때에는 회사에 대하여 회사 설립 전에 개인이 부담한 채무의 이행을 청구하는 것도 가능하다고 보아야 한다.
[3] <u>개인의 채무부담행위에 대한 회사의 책임을 부인하는 것이 심히 정의와 형평에 반한다고 인정되어 회사에 대하여 개인의 부담한 채무의 이행을 청구하는 법리는 채무면탈을 목적으로 회사가 새로 설립된 경</u>

1) 【학설】 법인격부인 법리의 적용범위에 관한 학설
① 보충성: 법인격부인의 법리가 다른 사법상의 법리로 해결할 수 없는 경우에 보충적으로 적용된다는 견해(다수설: 이 견해에 의하면 법인격부인론의 이론적 근거를 신의칙 또는 권리남용에서 찾는다)와, 다른 사법이론과 명백히 상충되지 않는 한 병존적으로 적용되어야 한다는 견해(이 견해에 의하면 법인격부인론의 인정근거를 상법 제169조의 회사의 법인성에서 찾는다), 법인격부인 문제는 일반사법이론에 의하여 해결될 수 있다고 하여 법인격부인론 자체를 부인하는 견해가 있다.
② 불법행위책임: 법인격부인의 법리의 근거를 신의칙에서 찾으면서 불법행위의 경우에는 적용할 수 없다는 견해와, 위험도가 높은 사업을 소자본의 회사로 수행하는 자에 대하여 일반대중의 신뢰를 보호할 필요가 있기 때문에 불법행위책임의 추궁에 있어서도 법인격부인의 법리를 적용할 수 있다고 하는 견해(다수설)가 있다.

2) 【학설】 법인격부인 법리의 역적용에 관한 학설
법인격부인의 법리가 회사의 책임을 주주에게 묻기 위하여 적용된다는 것 이외에 주주 개인의 책임을 면탈할 목적으로 회사를 설립하고 이에 출자한 경우에 주주 개인의 책임을 회사에 묻기 위해서도 적용될 수 있는가에 대해, 회사의 법인격을 부인하고 회사의 재산을 주주의 재산으로 간주하여 강제집행을 할 수 있을 것이므로 적용될 수 있다는 견해(판례)와, 주주의 소유주식에 대한 강제집행으로 충분히 책임을 물을 수 있으므로 적용되지 않는다는 견해가 있다.

> 우 뿐 아니라 같은 목적으로 기존 회사의 법인격이 이용되는 경우에도 적용 되는데, 여기에는 회사가 이름뿐이고 실질적으로는 개인기업에 지나지 않는 상태로 될 정도로 형해화된 경우와 회사의 법인격이 형해화될 정도에 이르지 않더라도 개인이 회사의 법인격을 남용하는 경우가 있을 수 있다. 이때 회사의 법인격이 형해화되었다고 볼 수 있는지 여부는 원칙적으로 문제가 되고 있는 법률행위나 사실행우를 할 시점을 기준으로, 회사의 법인격이 형해화될 정도에 이르지 않더라도 개인이 회사의 법인격을 남용하였는지 여부는 채무면탈 등의 남용행위를 한 시점을 기준으로 각 판단하여야 한다.

(4) 적용요건: 법인격부인론을 적용하기 위해서는 ① 특정 주주가 회사를 완전히 지배하고, ② 회사는 형식에 불과하고(법인격의 형해화) 회사의 사업은 실질적으로 주주 개인의 사업에 지나지 않아야 하며, ③ 채무면탈의 목적으로 법인격을 남용하고, ④ 회사의 무자력으로 인해 회사채권자가 변제받지 못하는 손실을 입어야 한다.

> **【판례】 대법원 2006.8.25.선고 2004다26119판결**
>
> 친자회사는 상호간에 상당 정도의 인적·자본적 결합관계가 존재하는 것이 당연하므로, 자회사의 임·직원이 모회사의 임·직원 신분을 겸유하고 있었다거나 모회사가 자회사의 전 주식을 소유하여 자회사에 대해 강한 지배력을 가진다거나 자회사의 사업규모가 확장되었거나 자본금의 규모가 그에 상응하여 증가하지 아니한 사정 등만으로는 모회사가 자회사의 독자적인 법인격을 주장하는 것이 자회사의 채권자에 대한 관계에서 법인격의 남용에 해당한다고 보기에 부족하고, 적어도 자회사가 독자적인 의사 또는 존재를 상실하고 모회사가 자신의 사업의 일부로서 자회사를 운영한다고 할 수 있을 정도로 완전한 지배력을 행사하고 있을 것이 요구되며, 구체적으로는 모회사와 혼용되어 있다는 등의 객관적 징표가 있어야 하며, 자회사의 법인격이 모회사에 대한 법률적용을 회피하기 위한 수단으로 사용되거나 채무면탈이라는 위법한 목적 달성을 위하여 회사제도를 남용하는 등의 주관적 의도 또는 목적이 인정되어야 한다.

(5) 적용효과

① 실체법상의 효과: 법인격부인의 법리를 적용하더라도 회사의 법인격 자체가 소멸되는 것이 아니라(따라서 회사의 책임이 소멸되는 것은 아니다), 특정한 법률관계에 대해서만 인격이 부인되는 것으로 취급된다. 이 경우 회사의 독립적 존재가 부인되고 회사와 사원(또는 기존회사와 신설회사)은 동일한 실체로 취급되어, 회사의 행위로 인한 책임은 사원(또는 신설회사)에게 귀속된다. 따라서 기존회사가 채무면탈을 목적으로 기업의 형태 · 내용이 실질적으로 동일한 신설회사를 설립하였다면 기존회사의 채권자에 대하여 두 회사가 별개의 법인격을 갖고 있다고 주장하는 것은 신의성찰의 원칙상 허용될 수 없고 기존회사의 채권자는 두 회사 어느 쪽에 대하여도 채무이행을 청구할 수 있다(대법원 2010.1.14.선고 2009다77327판결; 대법원 2024.3.28.선고 2023다265700판결). 그리고 기존회사에 대한 소멸시효가 완성되지 않은 상태에서 신설회사가 기존회사와 별도로 자신에 대한 소멸시효가 완성되었다고 주장하는 것 역시 별개의 법인격을 갖고 있음을 전제로 하는 것이어서 신의성실의 원칙상 허용될 수 없다(대법원 2024.3.28.선고 2023다265700판결).

② 소송법상의 효과: 회사의 배후에 있는 사원과 회사, 또는 구회사와 신회사가 사실상 동일체인 경우에도 소송 및 강제집행절차에 있어서는 명확성과 안정성을 중시하여야 하므로,

전자(회사 또는 구회사)에 대한 판결의 기판력 및 집행력의 범위를 후자(사원 또는 신회사)에까지 확장하는 것은 허용되지 않는다는 것이 통설·판례(대법원 1995.5.12.선고 93다44531판결)의 입장이다. 따라서 통설·판례에 의할 경우 위의 후자에 대하여 강제집행을 하고자 한다면 후자에 대하여 다시 집행권원을 얻어야 한다.

3) 법인격 박탈

회사의 법인격을 완전히 박탈하여 회사를 소멸시키는 것으로서, 회사의 설립 무효·취소, 해산명령·해산판결, 휴면회사의 해산의제 등의 제도가 있다.

3. 회사설립의 준칙성

회사는 회사편의 규정에 따라 설립되어야 한다. 즉, 영리를 목적으로 하는 사단은 상법 회사편의 규정에 따라 설립된 때에 법인격을 취득하고 회사가 되는 것이다.

Ⅱ. 회사의 능력

1. 권리능력

회사는 법인이므로 일반적으로 권리·의무의 주체가 될 수 있는 능력이 있지만, 자연인이 아니고 법률정책적으로 인정된 인격체이므로 다음과 같은 제한을 받는다.

1) 성질에 의한 제한

회사는 자연인이 아니므로 자연인임을 전제로 하는 친족권, 생명권, 신체상의 자유권, 상속권 등을 향유할 수는 없다.

또 직접적인 노무의 제공을 요구하는 상업사용인은 될 수 없다. 그러나 회사도 수유자(受遺者)의 자격에서 유증을 받을 수 있으며, 명예권·상호권·사원권과 같은 인격권과 재산권도 향유할 수 있다. 한편, 회사가 발기인 또는 이사가 될 수 있는가에 대하여는 학설의 대립이 있다.[1)]

---

1) 【학설】 회사가 발기인 또는 다른 회사의 이사가 될 수 있는가에 대한 학설

① 발기인 지위: 발기인의 자격에 특별한 제한이 없으므로 회사가 발기인이 될 수 있다는 견해(다수설)와, 발기인은 실제로 회사설립사무에 종사하는 자여야 하므로 회사는 발기인이 될 수 없다는 견해가 있다.

② 이사·감사의 지위: 회사도 다른 회사의 이사나 감사가 되는 것에 대해 제한 없이 인정된다는 견해, 업무집행을 담당하지 않는 이사나 감사는 될 수 있다는 견해, 이사회의 구성원으로서 개성이 요구되는 이사 또는 감독기관으로서의 감사가 될 수 없다는 견해(다수설)가 있다.

2) 법률에 의한 제한

회사는 법률에 의하여 법인격이 부여되고 있으므로, 법률에 의하여 법정책적으로 권리능력을 제한할 수 있다.[1)]

상법 제173조는 「회사는 다른 회사의 무한책임사원이 될 수 없다」고 하여 회사의 권리능력을 제한하고 있다.

또 회사가 해산한 경우에는 청산의 목적범위 내에서만 권리능력이 인정되고(제245조), 파산회사가 파산의 목적범위 내에서만 존속하는 것도 법률에 의한 제한의 한 일환이다(채무자회생 및 파산에 관한 법률 제328조).

3) 목적에 의한 제한

민법 제34조는 「법인은 법률의 규정에 좇아 정관으로 정한 목적의 범위 내에서 권리와 의무의 주체가 된다」고 규정하여 법인의 권리능력을 목적에 의해 제한하고 있다. 그러나 상법에서는 회사의 정관에는 목적을 기재하여야 하고(제179조 제1호, 제269조, 제289조 제1항 제1호, 제543조 제2항 제1호), 또 이를 등기하여야 한다(제180조, 제317조 제2항 제1호, 제549조 제2항 제1호)고 하고 있을 뿐, 정관상 회사의 목적에 의한 권리능력의 제한에 대해 명문규정을 두고 있지 않으므로 논란이 되고 있다.[2)]

【판례】 대법원 1999.10.8.선고 98다2488판결
[동지: 대법원 2013.11.28.선고 2010다91831판결; 대법원 2024.6.17.선고 2020다291531판결]

회사의 권리능력은 회사의 설립근거가 된 법률과 회사의 정관상의 목적에 의하여 제한되나 그 목적범위 내의 행위라 함은 정관에 명시된 목적 그 자체에 국한되는 것은 아니라, 그 목적을 수행하는 데 있어 직

---

1) 【학설】 특정 회사의 권리능력 제한에 관한 학설
특정 회사는 각종의 특별법령에 의하여 겸업 또는 특정 행위가 제한되는 경우가 있는데, 이러한 규정을 효력법규로 보고 특별법에 의한 권리능력의 제한이라고 설명하는 견해와, 단속법규로 보아 특별법에 의한 권리능력의 제한이라고 볼 수 없다는 견해, 일률적으로 판단할 것이 아니라 제한규정의 취지와 일반공중의 이익을 고려하여 개별적으로 판단해야 한다는 견해가 있다.
※ 판례는 개별 규정의 취지를 고려하여 제한규정의 성격으로 판단하고 있는 것으로 보인다(예 대법원 1985.11.26.선고 85다카122판결 등).

2) 【학설】 정관상 회사의 목적에 의한 제한에 관한 학설
① 제한긍정설: 민법 제34조를 유추적용하여 제한을 인정하는 견해이다(소수설·판례). 다만, 판례는 목적범위 내의 행위를 정관에 명시된 목적 자체에 국한되는 것이 아니고 그 목적을 수행하는 데 직·간접으로 필요한 행위는 모두 포함한다고 함으로써 목적범위를 넓게 해석하고 있다. 이 견해에 의하면 목적에 위반한 행위는 회사에 대하여 효력이 없다.
② 제한부정설: 상법에 민법 제34조를 준용하는 명문의 규정이 없는 한 목적에 의한 제한을 받지 않는다고 보는 것이 해석상 자연스럽고, 거래의 안전을 중시하는 회사관계에 있어서는 목적을 제한하지 않는 것이 타당하다는 근거를 들어 목적에 의한 제한을 부정하고 있다(다수설). 이 견해에 의하면 정관의 목적은 회사기관의 권한을 내부적으로 제한하는 기능을 한다고 해석하고 있다. 이에 의하면 목적에 위반한 행위를 한 경우 합명회사나 합자회사 및 유한책임회사의 경우에는 업무집행사원의 업무집행권상실선고의 사유나 제명의 사유가 되고, 주식회사나 유한회사의 경우에는 이사의 해임, 손해배상책임, 위법행위유지의 청구 등의 사유가 된다.

접, 간접으로 필요한 행위는 모두 포함되고, 목적수행에 필요한지의 여부는 행위의 객관적 성질에 따라 추상적으로 판단할 것이지 행위자의 주관적, 구체적 의사에 따라 판단할 것은 아니다.

4) 기부행위와 권리능력

회사가 재해에 대한 구호금, 학술연구 또는 육영사업을 위한 자금 기타 사회사업 등의 기부는 합리적인 범위 내에서 허용된다(통설). 또한 정치자금의 부담에 대해 일반기부행위와 같이 인정될 수 있다고 본다(다수설).

2. 의사능력과 행위능력

법인의제설에서는 회사 자체의 의사능력과 행위능력을 부정하여 법인의 조직의 일부를 구성하는 자는 법인의 대리인이라고 하지만, 법인실재설(통설)은 회사의 대표기관은 법인의 대표기관이며 대표기관이 하는 행위는 법률상 당연히 회사의 행위가 되므로 회사의 의사능력과 행위능력이 인정된다고 한다.

3. 불법행위능력

법인의제설에 따르면 회사의 불법행위능력을 부정하게 되지만, 회사가 대표기관을 통해서 스스로 행위능력을 갖는 것으로 보는 법인실재설에 따르면 행위능력의 다른 측면인 불법행위능력도 갖는다고 할 수 있다. 상법은 회사를 대표하는 사원 또는 회사의 대표이사가 업무집행상 타인에게 손해를 가한 때에는 회사는 그 대표기관과 연대하여 배상할 책임이 있다고 규정하고 있고(제210조, 제269조, 제287조의20, 제389조 제3항, 제567조), 이와 같이 회사의 연대책임을 인정하고 있는 것은 회사의 불법행위능력을 인정한 것이라 할 것이다. 또한 대표기관 이외의 임원 또는 사용인이 회사의 업무집행과 관련하여 불법행위를 한 때에는 회사가 사용자 배상책임(민법 제756조 제1항)을 지기 때문에 불법행위능력이 인정된다.

4. 공법상의 능력

회사는 민사소송법상의 원고 또는 피고가 될 능력이 있고(민사소송법 제47조, 제60조), 회사의 보통재판적은 그 주된 사무소에 의한다(민사소송법 제4조). 또 회사는 납세의무를 부담한다. 그리고 형사소송법상 당사자능력과 소송능력이 인정되고(형사소송법 제27조), 청원권(청원법 제6조 제1항) 및 상공회의소위원의 선거권이 있다(상공회의소법 제13조). 그러나 회사는 일반적으로 형법상의 범죄능력은 없다.

【판례】 대법원 1982.3.23.선고 81도1450판결

회사가 해산 및 청산등기 전에 재산형에 해당하는 사건으로 소추당한 후 청산종결의 등기가 경료되었다고 하여도 그 피고사건이 종결되기까지는 청산사무는 종료되지 아니하고 형사소송법상 당사자능력도 존속한다고 할 것이다.

Ⅲ. 회사의 종류

1. 상법상의 회사

상법상 회사는 합명회사 · 합자회사 · 유한책임회사 · 주식회사 · 유한회사의 5종류로 분류되고 있다(제170조). 각 회사의 가장 큰 구분기준은 사원의 책임이다. 사원의 책임에 있어서 합명회사는 직접 · 무한 · 연대책임사원 2인 이상으로 구성된 회사이고, 합자회사는 직접 · 무한 · 연대책임사원과 직접 · 유한 · 연대책임사원 각 1인 이상이 필요한 회사이다. 유한책임회사 · 주식회사 · 유한회사의 사원은 간접 · 유한책임을 진다. 다만, 유한책임회사와 유한회사의 사원은 자본전보책임을 지는 점에서 주식회사의 사원과 차이가 있다(제287조의7, 제331조, 제553조 참조).

표 3-1 ▶ 상법상 회사의 구분

구분	합명회사·합자회사·유한책임회사	주식회사·유한회사
사원의 출자	• 무한책임사원: 금전 기타 재산, 노무, 신용의 출자 가능 • 유한책임사원: 금전 기타 재산의 출자만 가능	금전 기타 재산의 출자만 가능
사원의 출자시기	• 합명회사·합자회사: 정관의 정함에 따라 또는 회사의 청구가 있는 때 • 유한책임회사: 회사설립 전 출자 완료	회사설립 전 출자 완료
사원의 책임	• 무한책임사원: 직접·무한·연대책임 • 합자회사 유한책임사원: 직접·유한·연대책임 • 유한책임회사 사원: 간접·유한책임	간접·유한책임(유한회사 사원은 추가 출자의무를 부담함)
회사의 기관성	• 사원이 직접 회사의 업무집행과 대표를 맡는 자기 기관 중심 • 유한책임회사: 사원 또는 사원 아닌 자가 업무집행 가능	회사의 업무집행과 대표는 사원 이외의 자가 맡는 타인 기관 중심
사원의 지분양도	• 무한책임사원의 지분양도는 다른 사원 전원의 동의, 유한책임사원의 지분양도는 무한책임사원 전원의 동의를 요함 • 유한책임회사 사원: 다른 사원 전원 동의	지분양도는 정관 또는 법률의 제한이 없는 한 자유
의결권	1인 1의결권(두수주의)	1주(또는 1좌) 1의결권(지분복수주의)
입사와 퇴사제도	인정	불인정
회사의 청산	• 합명회사·합자회사: 법정청산과 임의청산이 인정됨 • 유한책임회사: 법정청산만 인정	법정청산만 인정됨

2. 인적회사 · 물적회사

1) 구별의 기준

인적회사와 물적회사의 구분은 강의학상의 구분이다. 인적회사는 인적 신뢰관계에 있는 구성원만으로 이루어진 기업형태로서 사원의 개성을 중심으로 하는 회사이고, 물적회사는 각 사원이 단순히 그 출자를 매개로 하여 결합한 자본 중심의 회사를 말한다. 인적회사는 개인주의적 회사로서 합명회사 · 합자회사를 들 수 있고(유한책임회사는 내부적으로 인적회사적 성질을 가지고 있다), 물적회사는 단체주의적 회사로서 주식회사 · 유한회사를 들 수 있다.

2) 인적회사와 물적회사의 차이

인적회사와 물적회사는 사원의 출자목적 · 출자시기, 사원의 책임, 회사의 기관성 등에서 차이를 두고 있다(「상법상의 회사」 구분내용과 같다).

3. 기 타

1) 일반법상의 회사 · 특별법상의 회사

상법전을 근거로 하여 성립 · 존속하는 회사를 상법상의 회사 또는 일반법상의 회사라 하고, 은행법 · 보험업법 · 신탁업법 등의 특별법에 의하여 인정되는 회사를 특별법상의 회사라 한다.

2) 민사회사 · 상사회사

상법 제46조의 각호에 해당하는 상행위를 영리목적으로 하는 회사를 상사회사라 하고, 제46조의 상행위를 제외한 기타의 행위를 영리의 목적으로 하는 회사를 민사회사라 한다.

3) 내국회사 · 외국회사

이 구분은 설립절차를 어느 나라의 법에 의했는가에 따른 것이다. 내국회사는 국내법에 의하여 설립된 회사, 외국회사는 외국법에 의하여 설립된 회사를 말한다.

4) 상장회사 · 비상장회사

회사가 발행한 주식이 거래소에서 거래될 수 있는 회사, 즉 증권시장에 상장된 주권을 발행한 회사(제542조의2)를 상장회사, 그렇지 않은 회사를 비상장회사라 한다.

5) 지배회사·종속회사

1개의 회사가 다른 회사에 대하여 상당한 비율의 주식을 가지고 자본참가를 하여 사실상 다른 회사를 지배하는 경우, 지배하는 회사를 지배회사라 하고 지배당하는 회사를 종속회사라 한다. 상법상으로는 어떤 회사가 다른 회사의 발행주식총수의 100분의 50을 초과하여 주식을 취득하고 있는 경우, 어떤 회사를 모회사라 하고 다른 회사를 자회사라 한다(제342조의2 제1항).

6) 개인주의적 회사·단체주의적 회사

사원자격과 업무집행기관의 자격이 동일한 자기기관을 갖는 회사를 개인주의적 회사라 하고, 사원자격과 업무집행기관의 자격이 분리된 제3자 기관을 갖는 회사를 단체주의적 회사라 한다.

제 2 절 회사의 설립

I. 설립에 대한 입법주의

회사발달의 초기부터 지금까지 회사설립에 대한 입법주의는 여러 변천과정을 거쳤다. 연역적으로 살펴보면, 회사를 설립하고자 하는 자들이 모여 사단의 실체만 형성하면 회사가 성립하는 것으로 보는 자유설립주의, 회사의 설립이 군주나 국가의 특별입법이 있어야만 인정되는 특허주의, 회사설립에 관한 성문법규를 두고 이에 근거한 면허·허가와 같은 행정처분을 설립의 요건으로 하는 면허주의, 성문법규로서 일반적인 회사설립의 요건규정을 두고 이 요건을 구비하면 당연히 법인격을 취득하게 하는 준칙주의가 있다. 우리나라에서는 설립시 설립등기를 하도록 하여 최소한의 행정관청의 감독을 받도록 되어 있는 엄격준칙주의를 택하고 있다.

II. 설립행위의 의의와 성질

회사의 설립이란 사단의 형성과 법인격을 취득하기 위한 일정한 행위인 법률요건으로서 정관의 작성으로부터 설립등기에 이르는 모든 행위를 말하며, 이들 중 특히 사원이 될 자의 법률행위를 설립행위라고 한다(통설). 따라서 인적회사의 설립행위는 정관의 작성, 물적회사의 설립행위는 정관의 작성과 출자의무의 이행을 들 수 있다. 이러한 회사의 설립행위의 성질에 대해서는 학설의 대립이 있다.[1]

Ⅲ. 정관의 개념과 효력

1. 정관의 개념 및 성질

정관의 실질적 의의는 사원들의 법률행위에 의하여 성립되어 회사의 조직이나 활동 등의 단체법적 법률관계를 규율하는 규범을 총칭하는 것이지만, 형식적으로는 그 규범을 기재한 서면을 말한다. 정관은 성문법의 보충적 또는 보완적 효력을 가지고 있다. 이러한 정관의 법적 성질에 대해서는 학설의 대립이 있다.[2]

2. 정관의 효력

정관은 강행법규에 위반되지 않는 한 정관을 작성한 사원이나 발기인은 물론이고, 그 이후에 가입한 사원 · 주주 · 회사기관도 당연히 구속한다. 회사의 대내 · 외적 행위가 정관에 위반한 경우 자치법규에 위반한 행위이므로 무효원인이 된다. 다만, 제3자의 보호를 위해 대외적 행위는 제3자가 선의이고 중과실이 없는 경우에는 정관에 위반한 행위라도 무효주장이 제한될 경우가 있다.

---

1) 【학설】 설립행위의 성질에 관한 학설

① 회사설립행위는 복수인의 일방적 의사표시가 결합된 합동행위라고 하는 견해(다수설), 인적회사는 합동행위이고 물적회사는 합동행위(정관작성)와 계약(주식인수)이 병존한다는 견해, 설립절차를 이루는 개개의 행위의 성질을 음미하면 되고 설립행위 일반의 성질을 논하는 것은 별 의미가 없다는 견해가 있다.

② 설립행위에 관해 다수설을 취하는 견해도 주식회사의 설립행위의 일부라고 하는 주식인수의 성질에 대해서 발기인의 주식인수는 합동행위라는 견해(다수설)와 설립 중의 회사에의 입사계약이라는 견해로 나누어지고, 모집주주의 주식인수는 설립 중의 회사에의 입사계약이라는 견해(다수설)와, 장래 성립할 회사에의 입사계약이라는 견해, 합동행위라는 견해 등이 있다.

③ 설립행위를 합동행위라고 할 때 민법 제107조 제1항 단서(비진의표시), 민법 제108조 제1항(통정허위표시)의 규정이 적용되는가에 대해 합동행위는 상대방이 없으므로 적용되지 않는다는 견해와, 합동행위도 계약과 마찬가지로 당사자 간의 의사의 합치를 요하므로 적용된다는 견해(다수설)가 있다.

2) 【학설】 정관의 법적 성질에 대한 학설

① 자치법설: 정관이 그것을 작성한 설립자 또는 발기인뿐만 아니라 회사의 기관, 그리고 새로이 회사의 조직에 가입한 자까지 당연히 구속한다는 점을 들어 자치법규로서의 성질을 가진다고 보는 견해이다(다수설 · 판례).

② 계약설: 정관의 구속력은 사원의 자유로운 의사에 의한 것이며, 정관은 계약적 성질을 갖는다는 견해이다.

Ⅳ. 설립등기

회사는 본점소재지에서 설립등기를 함으로써 비로소 법인격을 취득하게 된다. 설립등기의 등기사항은 회사의 종류에 따라 각각 다르게 법정하고 있다(제180조, 제271조, 제287조의5 제1항, 제317조 제2항, 제549조 제2항). 합명회사와 합자회사, 유한책임회사는 등기기간에 대해 아무런 규정을 두고 있지 않지만, 주식회사와 유한회사는 설립절차가 종료한 때로부터 2주간 내에 하여야 한다(제317조 제1항, 제549조 제1항). 법정기간 내에 등기를 하지 않을 때에는 일정한 자에 대하여 과태료의 제재가 있다(제635조 제1항 제1호).

Ⅴ. 설립의 무효 또는 취소

1. 무효 또는 취소의 소(訴)제기

1) 소의 원인

(1) 합명회사 · 합자회사 · 유한책임회사 · 유한회사: 정관의 절대적 기재사항의 흠결 등의 객관적 하자와 의사무능력 등의 주관적 하자[1]가 있는 경우에는 설립무효의 소의 원인이 되고, 미성년자 등 제한능력자가 법정대리인의 동의를 얻지 않고 설립행위를 하거나 사원이 사기 · 강박 · 착오로 인하여 설립행위를 하거나 사원이 채권자를 해할 것을 알고 회사를 설립하는 경우와 같은 주관적 하자가 있는 경우에는 설립취소의 소의 원인이 된다.

(2) 주식회사: 정관작성에 흠결이 있는 경우나 창립총회를 소집하지 않는 경우 등과 같은 객관적 하자의 경우에는 설립무효의 소의 원인이 된다. 주식회사의 경우에는 설립취소의 소가 인정되지 않는다. 그 이유는 주식회사의 설립절차상에서는 사원의 개성이 중요시되지 않기 때문에 주관적 하자가 있는 경우 주식인수의 무효나 취소의 사유가 될 뿐이다.

2) 당사자

(1) 원 고: 회사설립의 하자가 있는 경우 법률관계의 획일적 처리를 위하여 설립의 무효 또는 취소는 반드시 소에 의하여 주장할 수 있도록 하고 있다.

무효의 소제기권자는 합명회사 · 합자회사는 사원, 유한책임회사는 사원 및 업무집행자, 주식회사와 유한회사는 사원 · 이사 · 감사에 한한다. 반면에 취소의 소제기권자는 취소권이

---

1) 【학설】 주관적 하자에 의한 설립무효의 가능 여부에 관한 학설
민법 제107조 제1항 단서의 상대방이 아는 비진의표시, 민법 제108조 제1항의 통정허위표시의 경우에도 주식회사를 제외하고는 회사설립무효의 소를 제기할 수 있다는 견해와, 합동행위의 성질상 무효주장을 할 수 없다는 견해가 있다.

있는 자(예 제한능력자의 법정대리인, 사기·강박·착오의 의사표시를 한 자, 사해행위를 한 사원의 채권자 등)이다.

(2) 피 고: 피고에 대해서는 특별한 법규정은 없으나, 회사를 피고로 한다는 데에 이론(異論)이 없다. 다만, 사해행위(詐害行爲)에 의한 설립취소의 경우에는 회사와 그 사원을 공동피고로 한다(제185조).

3) 소의 성질

회사의 설립무효 또는 취소의 소는 형성의 소이다.

4) 소제기 절차

(1) 제기기간: 회사설립의 무효 또는 취소의 소제기기간은 회사가 성립한 날로부터 2년 내에 한한다(제184조, 제269조, 제287조의6, 제328조 제1항, 제552조 제1항). 이 기간은 제척기간에 해당한다.

(2) 관 할: 회사설립의 무효 또는 취소의 소는 본점소재지의 지방법원의 관할에 전속한다(제186조, 제269조, 제287조의6, 제328조 제2항, 제552조 제2항).

(3) 소제기의 공고: 설립무효 또는 취소의 소가 제기된 때에는 회사는 지체없이 이를 공고 하여야 한다(제187조, 제269조, 제287조의6, 제328조 제2항, 제552조 제2항).

(4) 소의 병합: 수개의 소가 제기된 때에는 법원은 이를 병합심리하여야 한다(제188조, 제269조, 제287조의6, 제328조 제2항, 제552조 제2항).

(5) 법원의 자유재량권: 설립무효 또는 취소의 소가 계속 중 그 원인이 된 하자가 보완되고 회사의 현황과 제반 사정을 참작하여 설립을 무효 또는 취소로 하는 것이 부적당하다고 인정할 때에는 법원은 그 청구를 기각할 수 있다(제189조, 제269조, 제287조의6, 제328조 제2항, 제552조 제2항).

2. 무효 또는 취소의 판결의 효력

1) 원고승소의 효력

(1) 등 기: 설립무효 또는 취소의 판결이 확정되면 본점소재지에서 이를 등기하여야 한다(제192조, 제269조 제287조의6, 제328조 제2항, 제552조 제2항).

(2) 불소급효: 판결의 효력은 소급하여 효력이 발생하지 않으며(제190조 단서, 제269조, 제287조의6, 제328조 제2항, 제552조 제2항), 따라서 회사는 해산에 준하여 청산하여야 한다. 이와 같은 상태를 사실상의 회사라 한다.

(3) 대세적 효력: 판결의 효력은 원고와 피고인 회사뿐만 아니라 제3자에 대해서도 미친다(제190조 본문, 제269조, 제287조의6, 제328조 제2항, 제552조 제2항). 따라서 설립무효 또는 취소의 판결확정 후에는 누구도 설립의

유효를 주장할 수 없다.

(4) 청산절차의 개시: 설립무효 또는 취소의 판결이 확정된 때에는 해산의 경우에 준하여 청산하여야 하며, 이 경우에는 법원은 사원 기타의 이해관계인의 청구에 의하여 청산인을 선임할 수 있다(제193조 제1항, 제2항, 제269조, 제287조의6, 제328조 제2항, 제552조 제2항).

(5) 회사의 계속: 합명회사와 합자회사, 유한책임회사에서는 설립이 무효 또는 취소되더라도 무효 또는 취소의 사유가 특정 사원에 한정된 경우에는 다른 사원 전원의 동의로 회사를 계속할 수 있다(제194조 제1항, 제269조, 제287조의6).

그러나 상법 제194조 제1항에 의한 회사의 계속은 주식회사나 유한회사에서는 인정되지 않는다.

2) 원고패소의 효력

원고패소의 경우 그 효력은 원고에게만 효력이 미치므로, 다른 이해관계인은 다시 무효 또는 취소의 소를 제기할 수 있다.

원고가 패소한 경우 그 원고에게 악의 또는 중대한 과실이 있는 때에는 원고는 회사에 대해 손해배상책임을 진다(제191조, 제269조, 제287조의6, 제328조 제2항, 제552조 제2항).

Ⅵ. 사실상의 회사

1. 의 의

사실상의 회사란 회사의 설립과정에서 법률적으로 유효하게 성립된 회사가 아님에도 불구하고 일정한 범위 내에서 마치 유효하게 성립된 것으로 취급되는 실체를 말한다. 즉, 사실상의 회사란 회사의 성립시부터 설립무효·취소의 판결이 확정될 때까지 존속하는 회사를 말하며 표현회사라고도 한다. 사실상의 회사를 인정하는 것은 법률관계의 안정과 거래안전을 기하기 위함이다.

2. 요 건

사실상 회사는 ① 정관이 작성되고, ② 설립등기와 실체회사의 활동이 있고, ③ 설립무효·취소의 판결이 확정되었어야 한다.

3. 효 과

사실상의 회사로서의 요건을 갖춘 때에는 하자가 있는 회사는 설립무효 · 취소의 판결이 확정되기 이전에는 그 내부관계나 외부관계에서 유효하게 성립된 회사와 같이 취급되고, 설립무효 · 취소의 판결이 확정된 후에는 해산에 준하여 청산절차를 밟아야 한다(제193조 제1항, 제269조, 제287조의6, 제328조 제2항, 제552조 제2항).

제3절 회사의 조직변경

I. 개 념

1. 의 의

조직변경이란 회사가 영업에 적합하도록 하기 위하여 그 인격의 동일성을 유지하면서 다른 종류의 회사로 조직을 변경하는 것을 말한다(대법원 2012.2.9.선고 2010두6731판결). 조직변경은 변경 전의 회사와 변경 후의 회사가 동일성을 갖기 때문에 법률상의 권리 · 의무가 승계되는 것이 아니라 그대로 존속한다는 점에서 다른 회사가 법률상의 권리 · 의무를 포괄적으로 승계하는 회사의 합병과 다르고, 회사를 해산하여 청산절차를 밟고 그 회사의 사원과 재산으로 다른 종류의 회사를 신설하는 사실상의 조직변경과도 다르다.

2. 조직변경의 유형

인적회사와 물적회사는 사원의 책임과 내부조직이 전혀 다르므로 인적회사를 물적회사로, 물적회사를 인적회사로 조직변경을 허용하는 것은 그 동일성을 유지하는 데 무리가 있다. 따라서 합명회사는 합자회사로, 합자회사는 합명회사로만 조직변경을 할 수 있다. 주식회사는 유한책임회사 또는 유한회사로, 유한책임회사나 유한회사는 주식회사로만 조직변경을 할 수 있다.

3. 조직변경의 등기

조직변경의 경우 편의상 등기의 기술적 처리를 위해 조직변경 전의 회사는 본점소재지에서 2주일 내에 해산등기, 조직변경 후의 회사는 설립등기를 하게 하고 있다(제243조, 제285조 제3항, 제287조의44, 제606조, 제607조 제5항). 조직변경의 효력발생시기에 대하여는 학설의 대립이 있다.[1)]

반면에 조직변경을 하는 회사가 소유하는 부동산에 대해서는 조직변경의 등기와 달리 이전등기가 아니라 변경등기만 하면 된다.

Ⅱ. 각 회사의 조직변경

1. 합명회사의 합자회사로의 조직변경

합명회사는 총사원의 동의로 합자회사로 조직을 변경할 수 있으며, 이때 일부 사원을 유한책임사원으로 하거나 새로이 유한책임사원을 가입시키는 방법으로 한다(제242조 제1항). 조직변경으로 인해 무한책임사원이 유한책임사원이 되었을 때에는 종전의 회사 채무에 대하여 조직변경등기 후 2년 내에는 무한책임사원으로서의 책임을 진다(제244조).

2. 합자회사의 합명회사로의 조직변경

합자회사는 총사원의 동의로 합명회사로 조직을 변경할 수 있으며(제286조 제1항), 이때 유한책임사원은 무한책임사원이 된다. 무한책임사원이 된 유한책임사원은 종전의 회사 채무에 대하여 조직변경등기 후에는 무한책임을 진다. 무한책임사원만 잔존하게 된 경우에는 그 사원들의 동의에 의해 합명회사로 조직을 변경할 수 있다(제286조 제2항).

3. 주식회사의 조직변경

1) 유한회사로의 조직변경

주식회사는 총주주의 동의로 유한회사로의 조직변경이 가능하지만(제604조 제1항), 주식회사는 사채를 상환하기 전에는 유한회사로 조직을 변경하지 못한다(제604조 제1항 단서). 조직변경 전 회사의

1) 【학설】 조직변경의 효력발생시기에 관한 학설
조직변경의 효력발생시기에 대해서는 상법 제244조가 책임변경사원이 무한책임을 지는 기간의 기산점을 등기시로 하고 있는 것은 등기시에 조직변경의 효력이 발생함을 전제로 한 것으로 볼 수 있으므로 조직변경의 등기시라는 견해(통설)와 현실적으로 조직이 변경되었을 때라는 견해가 있다.

순재산액보다 많은 금액을 변경 후의 회사의 자본금의 총액으로 하지 못하며(제604조 제2항), 조직변경을 함에는 채권자보호절차를 거쳐야 한다(제608조, 제232조). 총주주의 동의를 얻지 않았거나 미상환 사채가 남은 경우에는 조직변경무효가 되지만, 자본금총액의 제한을 위반하거나 채권자보호절차를 거치지 않은 경우에는 무효가 되지 않는다. 자본금총액의 제한을 위반한 경우에는 조직변경 결의 당시의 주주와 이사가 자본전보책임을 진다(제605조). 이때 이사의 책임은 총사원의 동의로 면제할 수 있으나(제605조 제2항, 제551조 제3항) 주주의 책임을 면제할 수 없다(제605조 제2항, 제551조 제3항). 주식회사를 유한회사로 조직변경하는 경우 종전의 주식에 대하여 설정된 질권은 물상대위가 인정된다(제604조 제4항, 제601조).

2) 유한책임회사로의 조직변경

주식회사는 총주주의 동의로 유한책임회사로의 조직변경이 가능하다(제287조의43 제1항). 이 경우 유한회사로의 조직변경에 관한 규정(제604조부터 606조까지)이 준용되고, 채권자보호절차에 관한 제232조가 준용된다(제287조의44).

보충 주식회사를 유한회사로 조직변경을 하는 경우에는 유한회사의 사채발행이 인정되지 않으므로 소멸하는 주식회사의 사채상환이 완료되어야 하고, 주식회사를 유한책임회사로 조직변경을 하는 경우에도 유한회사로의 조직변경에 관한 규정이 준용되므로 소멸하는 주식회사의 사채상환이 완료되어야 한다.

4. 유한회사의 주식회사로의 조직변경

유한회사는 총사원의 동의로 주식회사로 조직변경을 할 수 있으나(제607조 제1항 본문), 정관에 정함이 있는 경우에는 사원총회의 특별결의로도 가능하다(제607조 제1항 단서). 한편 유한회사의 조직변경은 법원의 인가를 얻지 않으면 그 효력이 없다(제607조 제3항).

조직변경 후 회사가 발행하는 주식의 발행가액의 총액은 회사에 현존하는 순재산을 초과하지 못하며(제607조 제2항), 채권자보호절차를 거쳐야 한다(제608조, 제232조). 총사원의 동의를 얻지 않았거나 법원의 인가를 얻지 않은 경우에는 무효가 되지만, 자본금총액의 제한을 위반하거나 채권자보호절차를 거치지 않은 경우에는 무효가 되지 않는다. 자본금총액의 제한을 위반한 경우에는 조직변경 당시의 이사·감사·사원이 자본전보책임을 진다(제607조 제4항 본문). 이때 이사·감사의 책임은 총주주의 동의로 면제할 수 있으나, 사원의 책임은 면제할 수 없다(제607조 제4항 단서, 제550조 제2항과 제551조 제2항, 제3항).

유한회사를 주식회사로 조직변경하는 경우 유한회사의 사원의 지분에 대한 등록질권자는 주권교부청구권을 가지며(제607조 제5항, 제340조 제3항), 종전의 지분에 대하여 설정된 질권은 물상대위가 인정된다(제607조 제5항, 제601조 제1항).

보충판례 유한회사가 주식회사로 조직변경을 하더라도 법인격의 동일성이 유지되는 바, 이와 같은 사유로는 소송절차가 중단되지 아니하므로 조직이 변경된 주식회사가 소송절차를 수계할 필요는 없다(대법원 2021.12.10.선고 2021후10855판결).

5. 유한책임회사의 주식회사로의 변경

유한책임회사는 총사원의 동의로 주식회사로의 조직변경이 가능하다(제287조의43 제2항). 이 경우 유한회사의 조직변경에 관한 제607조와 채권자보호절차에 관한 제232조가 준용된다(제287조 의44).

Ⅲ. 조직변경의 무효

조직변경의 무효에 관해 아무런 규정이 없으나, 회사설립의 무효나 취소의 소에 관한 규정이 준용되어야 한다는 점에 이론(異論)이 없다.

제 4 절 회사의 합병

Ⅰ. 회사합병의 개념

1. 회사합병의 의의

회사의 합병이란 상법상의 일정한 절차에 따라 2개 이상의 회사의 일부 또는 전부가 소멸하고, 소멸하는 회사의 모든 권리 · 의무를 존속회사 또는 신설회사가 포괄적으로 승계하고 사원을 수용하는 회사법상의 법률요건이다.

> **【판례】 대법원 2003.2.11.선고 2001다14351판결**
>
> 회사의 합병이라 함은 두 개 이상의 회사의 계약에 의하여 신회사를 설립하거나 또는 그 중의 한 회사가 다른 회사를 흡수하고, 소멸회사의 재산과 사원(주주)이 신설회사 또는 존속회사에 법정절차에 따라 이전 수용되는 효과를 가져오는 것으로서, 소멸회사의 사원(주주)은 합병에 의하여 1주 미만의 단주만을 취득하게 되는 경우나 혹은 합병에 반대한 주주로서의 주식매수청구권을 행사하는 경우 등과 같은 특별한 경우를 제외하고는 원칙적으로 합병계약상의 합병비율과 배정방식에 따라 존속회사 또는 신설회사의 사원권(주주권)을 취득하여 존속회사 또는 신설회사의 사원(주주)이 된다.

이러한 합병은 경제적인 측면에서는 기업경영의 합리화, 경쟁력 확보, 규모의 경제 실현, 기업의 유지를 위한 기업결합의 방법으로 이용되고 있다. 회사의 합병은 단체법상의 행위에 해당한다.

보충 사실상의 합병: 사실상의 합병이란 상법상 합병규정에 의하지 않고 회사재산을 사원에게 분배하고 사원은 분배받은 재산을 출자하여 신회사를 설립하거나 일회사의 영업 전부를 다른 회사에 현물출자하여 신주를 발행받고 그 회사의 전부 또는 일부를 해산하여 청산하는 것을 말한다.

2. 회사합병의 법적 성질

회사의 합병의 법적 성질에 대하여는 인격합일설, 현물출자설, 사원현물출자설, 재산합일설 등의 학설의 대립이 있다.[1]

보충 무증자합병: 존속회사가 채무초과회사를 소멸회사로 할 경우 무증자합병을 인정할 필요가 있고, 합병의 법적 성질을 인격합일로 본다면 당연히 인정된다. 실제 무증자합병이 이루어진 경우가 있고(한국문화방송주식회사가 경향신문사와 문화방송광고를 흡수합병하였을 때), 등기실무(대법원 2002.1.2. 등기선례 200201-17)도 가능한 것으로 취급하고 있다. 2015년 개정 법률에서는 자본금이 증가하지 않는 합병이 원칙적인 형태인 것으로 규정함으로써 무증자합병이 인정됨을 명문화하였다(제523조 제2호 참조).

3. 회사합병의 종류

1) 일반적 형태의 합병

일반적으로 합병은 흡수합병과 신설합병의 2가지 방법이 있다.

(1) 흡수합병: 흡수합병은 수개의 합병당사회사 중 하나의 회사만 존속하고 나머지 회사는 모두 소멸하며, 존속회사가 소멸회사의 권리·의무를 포괄적으로 승계하고 사원을 수용하는 방법이다.

---

1) 【학설】 합병의 법적 성질에 관한 학설

① 인격합일설: 합병은 복수의 회사가 단체법상의 계약에 의하여 합체가 되어 단일회사가 되는 것이라고 하는 견해이다(통설). 여기서 복수의 회사가 합하여 단일회사로 된다는 것은 인격의 합일화 내지는 인격합병을 하는 것이다.

② 현물출자설: 흡수합병의 경우 해산회사의 영업 전부를 존속회사에 현물출자하는 것으로 보고, 신설합병의 경우 해산회사의 영업 전부를 현물출자하여 회사를 설립하는 것이라고 하는 견해이다. 이 견해에 의하면 증자 없는 합병이나 채무초과회사의 합병을 설명할 수 없다.

③ 사원현물출자설: 합병의 본질을 소멸회사의 전 사원이 그 지분(주식)을 존속회사 또는 신설회사에 현물출자하는 데 있다고 하는 견해이다.

④ 재산합일설: 합병의 본질은 소극재산을 포함하는 재산의 합일에 있다는 견해이다.

(2) 신설합병: 신설합병은 합병당사회사가 모두 소멸하고, 새로운 하나의 회사가 신설되어 소멸회사의 권리 · 의무를 포괄적으로 승계하고 사원을 수용하는 방법이다.

2) 특수한 형태의 합병

주식회사간의 흡수합병의 경우에는 합병절차를 간소화하기 위한 합병의 방법으로 간이합병과 소규모합병을 인정하고 있고, 조직재편 수단으로 기업편의를 도모하고 자회사를 통한 M&A를 허용하는 삼각합병을 인정하고 있다.

(1) 간이합병: 간이합병이란 소멸하는 회사의 총주주의 동의가 있거나 그 회사의 발행주식총수의 100분의 90 이상을 존속회사가 소유하는 경우 소멸회사의 주주총회의 승인을 이사회의 승인으로 갈음할 수 있는 합병을 말한다(제527조의2 제1항). 이 경우 소멸회사는 총주주의 동의가 있는 경우가 아닌 한 합병계약서를 작성한 날로부터 2주 내에 주주총회의 승인을 얻지 않고 합병을 한다는 뜻을 공고하거나 주주에게 통지하여야 한다(제527조의2 제2항).

총주주의 동의가 있는 경우가 아닌 한 주주는 공고 또는 통지를 한 날로부터 2주 내에 회사에 대하여 합병반대의사를 통지하고, 그 2주가 경과한 날로부터 20일 내에 자기가 소유하는 주식의 매수를 청구할 수 있다(제522조의3 제2항).

(2) 소규모합병: 소규모합병은 존속회사가 합병을 함에 있어서 발행하는 신주 및 이전하는 자기주식의 총수가 그 회사의 발행주식총수의 100분의 10을 초과하지 않고, 소멸회사의 주주에게 제공할 금전이나 그 밖의 재산을 정한 경우에 그 금액 및 그 밖의 재산의 가액이 존속회사의 최종의 대차대조표상으로 현존하는 순재산액의 100분의 5를 초과하지 않는 경우 존속회사의 주주총회의 승인을 이사회의 승인으로 갈음할 수 있는 합병의 방법이다(제527조의3 제1항).

이 때에는 합병계약서에 주주총회의 승인을 받지 않는다는 뜻을 기재하여야 하며(제527조의3 제2항), 존속회사는 합병계약서를 작성한 날로부터 2주간 내에 소멸회사의 상호 · 본점소재지, 합병을 할 날, 주주총회의 승인결의 없이 합병을 한다는 뜻을 공고하거나 주주에게 통지하여야 한다(제527조의3 제3항).

다만, 이러한 소규모합병의 절차의 간소화는 존속회사가 소규모합병을 한다는 공고 또는 통지를 한 날로부터 2주 내에 회사에 대하여 서면으로 발행주식총수의 100분의 20 이상에 해당하는 주식을 소유한 주주가 소규모합병의 반대의사를 통지한 때에는 인정되지 않는다(제527조의3 제4항). 소규모합병의 경우에는 존속회사의 반대주주의 주식매수청구권은 인정하지 않는다(제527조의3 제5항).

(3) 삼각합병: 삼각합병이란 회사가 합병대상회사를 흡수합병하고자 하는 경우 자회사를 설립하여 자회사가 합병대상회사를 흡수합병하도록 하고 흡수합병으로 소멸하는 합병대

상회사의 주주에게 모회사의 주식을 교부하는 형태의 합병을 말한다.

이러한 삼각합병을 인정하기 위해 상법에서는 흡수합병의 존속회사는 신주배정 또는 자기주식을 이전하는 대신에 합병의 대가의 전부 또는 일부를 금전이나 기타의 재산으로 제공할 수 있도록 하고 있고(제523조 제4호), 이에 따라 소멸하는 회사의 주주에 제공하는 재산이 존속하는 회사의 모회사 주식을 포함하는 경우에는 존속하는 회사는 그 지급을 위하여 모회사 주식을 취득할 수 있다(제523조의2 제1항). 존속하는 회사가 삼각합병을 위해 취득한 모회사의 주식을 합병 후에도 계속 보유하는 경우에는 합병의 효력이 발생하는 날부터 6개월 이내에 그 주식을 처분하여야 한다(제523조의2 제2항).

4. 회사의 합병과 영업양도

합병과 영업양도는 기업의 유지나 자본의 집중이라는 특성을 갖지만, 여러 가지 면에서 차이가 있다.

보충 영업양도와 합병의 차이 비교:

① 영업양도는 모든 상인에게 인정되는 개인법상의 거래행위이지만, 합병은 회사에서만 인정되는 단체법상의 법률행위에 해당한다. 따라서 영업양도는 재산의 이전을 위해 개별적 이전절차를 밟아야 하지만, 합병은 권리·의무가 포괄적으로 이전하게 된다.

② 영업양도의 양도인이 영업을 양도한 후에도 상인자격을 상실하지 않지만, 합병 후 해산회사는 청산절차를 거치지 않고 소멸하므로 상인자격을 상실한다.

③ 영업양도의 경우 사원의 지위에는 변동이 없으나, 합병의 경우에는 사원이 존속회사 또는 신설회사에 포괄적으로 승계된다.

④ 영업양도의 경우 채권자보호절차를 별도로 필요로 하지 않지만, 합병의 경우에는 채권자보호절차를 필요로 한다.

⑤ 영업양도는 특별한 절차를 필요로 하지 않지만, 합병은 반드시 법정절차를 거쳐야 한다.

⑥ 영업양도는 자체의 등기가 필요 없으나, 합병의 경우에는 합병등기가 합병의 효력발생요건에 해당한다.

⑦ 영업양도는 일반 거래법상의 원칙에 따라 무효주장이 가능하지만, 합병의 무효는 반드시 소송에 의하여야 한다.

⑧ 영업양도의 경우 양도인은 경업금지의무를 부담하지만, 합병의 경우에는 소멸회사의 법인격이 소멸하므로 경업금지의무가 존재하지 않는다.

⑨ 영업양도는 영업의 일부의 양도가 가능하지만, 합병의 경우에는 일부합병이 인정되지 않는다.

Ⅱ. 회사합병의 자유와 제한

1. 회사합병의 자유

회사는 원칙적으로 상법상의 어떤 종류의 회사와도 합병할 수 있다. 즉, 합병할 수 있는 회사의 종류에 제한이 없으며, 목적이 다른 회사 간에도 합병할 수 있다. 그러나 외국회사와 내국회사의 합병은 인정되지 않으며, 또한 상법과 특별법은 합병의 제한에 관한 규정을 두고 있다.

2. 회사합병의 제한

1) 상법상의 제한

(1) 물적회사의 합병: 종류가 다른 회사끼리도 합병할 수 있지만, 합병당사회사 중 일방 또는 쌍방이 주식회사, 유한회사 또는 유한책임회사인 때에는 합병 후 존속하는 회사 또는 신설되는 회사는 주식회사, 유한회사 또는 유한책임회사여야 한다(제174조 제2항).

(2) 미상환사채를 가진 주식회사의 합병: 유한회사와 주식회사가 합병할 경우 주식회사가 사채의 상환을 완료하지 않으면 유한회사를 존속회사나 신설회사로 하지 못한다(제600조 제2항). 이것은 유한회사가 사채를 발행할 수 없다는 제한 때문이다.

(3) 법원의 인가를 요하는 합병: 유한회사와 주식회사가 합병하여 주식회사가 존속회사 또는 신설회사로 될 때에는 법원의 인가를 얻지 아니하면 합병의 효력이 없다(제600조 제1항). 이것은 현물출자에 의한 주식회사의 설립이나 증자의 경우 법원의 감독을 받도록 되어 있는데, 이러한 법원의 감독을 피하기 위한 편법적인 방법으로 주식회사가 되는 것을 방지하기 위한 것이다.

(4) 해산회사의 합병: 해산 후 청산 중에 있는 회사는 존립 중의 회사를 존속회사로 하는 경우에만 합병할 수 있다(제174조 제3항).

2) 특별법에 의한 제한

독점규제 및 공정거래에 관한 법률(제7조, 제12조), 은행법(제55조), 금융산업의 구조개선에 관한 법률(제4조, 제5조), 보험업법(제139조, 제151조부터 제154조까지), 자본시장과 금융투자업에 관한 법률(제116조), 산업발전법(제21조) 등에서는 합병에 대해 일정한 절차를 요구하고 있다.

Ⅲ. 회사합병의 절차

1. 합병계약

1) 합병계약서의 작성

합병당사회사의 대표기관에 의해 합병계약이 체결되고, 합병계약시 합병조건, 합병방식, 존속회사 또는 신설회사의 정관의 내용, 기타 합병에 필요한 사항이 합의되어야 한다. 이러한 합병계약을 기초로 하여 합병당사회사는 상법규정에 따른 제절차를 밟아야 한다. 합명회사나 합자회사, 유한책임회사가 합병하여 신설회사 또는 존속회사가 합명회사나 합자회사, 유한책임회사가 되는 경우에는 합병계약에 관해 특별한 방식을 요하지 않으나, 주식회사나 유한회사가 합병하는 경우 또는 합병 후 존속회사 또는 신설회사가 주식회사인 경우에 합병할 회사의 일방 또는 쌍방이 합명회사 또는 합자회사인 경우에는 법정기재사항이 기재된 합병계약서를 작성하여야 한다(제523조, 제524조, 제525조, 제603조). 합병계약서의 법정기재사항의 흠결은 합병무효의 사유가 되며, 이는 합병승인결의로 그 흠결이 치유되지 않는다.

주식회사의 합병계약서의 기재사항

① 흡수합병의 합병계약서의 기재사항
- ㉠ 존속하는 회사가 합병으로 인하여 그 발행할 주식의 총수를 증가하는 때에는 그 증가할 주식의 총수, 종류와 수
- ㉡ 존속하는 회사의 자본금 또는 준비금이 증가하는 경우에는 증가할 자본금 또는 준비금에 관한 사항
- ㉢ 존속하는 회사가 합병을 하면서 신주를 발행하거나 자기주식을 이전하는 경우에는 발행하는 신주 또는 이전하는 자기주식의 총수, 종류와 수 및 합병으로 인하여 소멸하는 회사의 주주에 대한 신주의 배정 또는 자기주식의 이전에 관한 사항
- ㉣ 존속하는 회사가 합병으로 인하여 소멸하는 회사의 주주에게 신주를 배정함에도 불구하고 그 대가의 전부 또는 일부로서 금전이나 그 밖의 재산을 제공하는 경우에는 그 내용 및 배정에 관한 사항
- ㉤ 각 회사에서 합병의 승인결의를 할 사원 또는 주주의 총회의 기일
- ㉥ 합병을 할 날
- ㉦ 존속하는 회사가 합병으로 인하여 정관을 변경하기로 정한 때에는 그 규정
- ㉧ 각 회사가 합병으로 이익배당을 할 때에는 그 한도액
- ㉨ 합병으로 인하여 존속하는 회사에 취임할 이사와 감사 또는 감사위원회의 위원을 정한 때에는 그 성명 및 주민등록번호

② 신설합병의 합병계약서의 기재사항
- ㉠ 설립되는 회사에 대하여 제289조 제1항 제1호부터 제4호까지에 규정된 사항과 종류주식을 발행할 때에는 그 종류, 수와 본점소재지
- ㉡ 설립되는 회사가 합병 당시에 발행하는 주식의 총수와 종류, 수 및 각 회사의 주주에 대한 주식의 배정에 관한 사항
- ㉢ 설립되는 회사의 자본금과 준비금의 총액
- ㉣ 각 회사의 주주에게 제524조 제2호에도 불구하고 금전이나 그 밖의 재산을 제공하는 경우에는 그

내용 및 배정에 관한 사항
ⓜ 각 회사에서 합병의 승인결의를 할 사원 또는 주주의 총회의 기일
ⓑ 합병을 할 날
ⓢ 합병으로 인하여 설립되는 회사의 이사와 감사 또는 감사위원회의 위원을 정한 때에는 그 성명 및 주민등록번호

보충 존속회사의 정관변경: 존속회사가 소멸회사의 사업을 승계함에 따라 사업목적이나 상호를 변경할 필요가 있는 경우 이를 합병계약서에 기재하고(제523조 제7호) 정관변경절차를 거쳐야 하지만, 존속회사에서 합병계약서를 승인하면 그로써 정관변경의 결의를 겸한 것으로 보아야 한다.

2) 합병계약의 법적 성질

합병계약의 법적 성질 및 합병과 합병계약의 관계에 대해서는 학설의 대립이 있다.[1)]

2. 합병대차대조표 등의 공시

주식회사와 유한회사는 합병계약서, 합병을 위하여 신주를 발행하거나 자기주식을 이전하는 경우에는 합병으로 인하여 소멸하는 회사의 주주에 대한 신주의 배정 또는 자기주식의 이전에 관하여 그 이유를 기재한 서면, 각 회사의 최종의 합병대차대조표와 손익계산서를 주주총회 또는 사원총회의 2주간 전부터 합병 후 6월이 경과할 때까지 공시해야 한다(제522조의2, 제603조). 주주 및 회사채권자는 영업시간 내에는 언제든지 서류의 열람을 청구하거나, 회사가 정한 비용을 지급하고 그 등본 또는 초본의 교부를 청구할 수 있다.

3. 회사합병의 결의

회사의 합병은 합병당사회사의 사원들의 이해관계에 중대한 영향을 미치므로 반드시 합

1) 【학설】 합병계약의 법적 성질에 관한 학설
① 합병계약의 법적 성질: 합병계약은 인적회사의 총사원의 동의 또는 물적회사의 주주총회나 사원총회의 결의를 정지조건으로 하는 합병의 예약 또는 본 계약이라 하면서 이 경우에 계약은 단체법상의 채권계약이라는 견해(다수설), 합병계약은 단체법상의 채권계약이지만 총사원의 동의 또는 주주총회나 사원총회의 결의를 정지조건으로 하는 것은 아니라는 견해, 합병계약은 독립된 계약이고 독자적으로 효력이 발생하고 그 해석은 계약의 일반원칙에 따라 하면 된다는 견해가 있다.
② 합병과 합병계약의 관계: 합병계약은 합병과 동일한 것이라는 견해와 합병계약은 합병을 이루는 절차 중의 하나로서 합병과 구별된다는 견해(통설)가 있다. 합병과 합병계약을 구별하는 견해의 경우에도, 합병과 합병계약은 별개의 계약으로 보는 견해(합병도 계약이고 합병계약드 합병을 위한 계약이라고 설명한다), 합병은 여러 가지 행위로 이루어지는 법률요건이고 합병계약은 단체법상에서만 생길 수 있는 특별한 계약이라는 견해, 합병은 단체법상의 특수한 법률사실이며 이것을 요건으로 하여 소정의 효과가 발생하는 것이고 합병계약은 개인법상의 일반채권계약과 구별되는 단체법상의 채권계약이라는 견해가 있다.

병결의[1)]가 있어야 한다.

1) 합명회사·합자회사·유한책임회사의 경우

합명회사나 합자회사 또는 유한책임회사에서는 해산 전후를 불문하고 총사원의 동의가 있어야 한다(제230조, 제269조, 제287조의41).

2) 주식회사의 경우

(1) 결의요건: 주식회사에서는 출석주주 의결권의 3분의 2 이상의 수와 발행주식 총수의 3분의 1 이상의 수로 하는 주주총회의 특별결의가 있어야 한다(제522조 제3항, 제434조). 그리고 합병으로 인하여 어느 종류의 주주에게 손해를 미치게 될 경우에 별도로 그 종류의 주주의 총회의 결의를 요한다(제436조).

그러나 간이합병의 경우에는 소멸회사의 주주총회의 승인을 이사회의 승인으로 갈음할 수 있고(제527조의2 제1항), 소규모합병의 경우에는 존속회사의 주주총회의 승인은 이를 이사회의 승인으로 갈음할 수 있다(제527조의3 제1항).

(2) 합병반대주주의 주식매수청구권: 합병결의에 반대하는 주주(의결권 없는 또는 제한된 주주 포함)는 주주총회 전에 회사에 대하여 서면으로 그 결의에 반대하는 의사를 통지하고, 그 총회의 결의일로부터 20일 이내에 주식의 종류와 수를 기재한 서면으로 회사에 대하여 자기가 소유하는 주식의 매수를 청구할 수 있다(제522조의3 제1항). 주식매수청구권은 주주의 형성권에 해당하며, 주식매수청구가 있는 경우 청구기간이 종료하는 날로부터 회사는 2월 내에 주식을 매수하여야 한다(제374조의2 제2항).

【판례】 대법원 2011.4.28.선고 2009다72667판결

합병에 반대하는 주주(이하 '합병 반대주주'라고 한다)의 주식매수청구권에 관하여 규율하고 있는 상법 제522조의3 제1항, 상법 제530조 제2항에 의하여 준용되는 상법 제374조의2 제2항 내지 제4항의 규정취지에 비추어 보면, 합병 반대주주의 주식매수청구권은 이른바 형성권으로서 그 행사로 회사의 승낙 여부와 관계없이 주식에 관한 매매계약이 성립하고, 상법 제374조의2 제2항의 '회사가 주식매수청구를 받은 날(현행법: 매수청구기간이 종료하는 날)로부터 2월'은 주식매매대금 지급의무의 이행기를 정한 것이라고 해석된다. 그리고 이러한 법리는 위 2월 이내에 주식의 매수가액이 확정되지 아니하였다고 하더라도 다르지 아니하다.

한편, 간이합병의 경우 합병의 공고 또는 통지가 있은 때로부터 2주 내에 합병반대의사를 통지한 주주는 주식매수청구권을 행사할 수 있다. 그러나 간이합병의 경우 소멸회사의 총

---

1) 【학설】 합병계약과 합병결의의 선후에 관한 학설
합병계약과 합병결의의 선후에 관해 반드시 합병결의보다 합병계약이 선행되어야 한다는 견해(다수설)와, 합병결의가 합병계약보다 먼저 이루어지는 것도 관계없다는 견해가 있다.

주주의 동의에 의한 경우에는 주식매수청구권 규정이 적용될 여지가 없다. 소규모합병의 경우에는 존속회사의 합병반대주주에게는 주식매수청구권이 인정되지 않는다(제527조의2 제5항).

3) 유한회사의 경우

유한회사에서는 총사원의 반수 이상이며 총사원 의결권의 4분의 3 이상의 동의에 의한 사원총회의 특별결의가 있어야 한다(제598조, 제585조). 유한회사 사원의 합병 반대시 지분매수청구권에 관해서는 상법상 그 규정이 없으므로 인정되지 않는다(제603조 참조).

4. 채권자보호절차

회사는 합병결의가 있은 후 2주간 내에 회사채권자에 대하여 합병에 이의가 있으면 1월 이상의 일정한 기간 내에 이의를 제출할 것을 공고하고, 알고 있는 채권자에 대하여는 따로따로 이를 최고하여야 한다(제232조 제1항, 제269조, 제287조의41, 제527조의5 제1항, 제603조). 채권자가 이 기간 내에 이의를 제출하지 아니한 때에는 합병을 승인한 것으로 본다(제232조 제2항, 제269조, 제287조의41, 제527조의5 제3항, 제603조).

이의를 제출한 채권자가 있는 때에는 회사는 그 채권자에 대하여 변제하거나 상당한 담보를 제공하거나, 이를 목적으로 상당한 재산을 신탁회사에 신탁하여야 한다(제232조 제3항, 제269조, 제287조의41, 제527조의5 제3항, 제603조).

주식회사에서 사채권자가 이의를 제출하는 경우에는 사채권자집회의 결의가 있어야 하며, 이 경우 법원은 사채권자만을 위해 이해관계인의 청구에 의해 이의기간을 연장할 수 있다(제530조 제2항, 제439조 제3항). 채권자의 이의제출은 서면이나 구두로도 가능하다.

5. 신설합병의 경우 설립위원의 선임

합명회사 · 합자회사 · 유한책임회사는 총사원의 동의로, 주식회사 · 유한회사는 주주총회 또는 사원총회의 특별결의로 당사회사에서 설립위원을 선임하여야 하며(제175조 제2항), 설립위원의 자격에는 제한이 없다. 정관작성 기타 설립에 관한 행위는 이 설립위원이 공동으로 하여야 한다(제175조 제1항). '공동으로 한다'는 것은 설립위원 전원의 승인이 있어야 한다는 뜻이다.

6. 창립총회 또는 보고총회의 소집

(1) 창립총회: 주식회사와 유한회사의 신설합병의 경우에 설립위원은 설립에 관한 절차가 완료된 때(채권자보호절차 종료 후, 합병으로 인한 주식의 병합이 있을 때에는 그 효력이 생긴 후, 단주가 발생한 때에는 그 처분 후) 지체없이 창립총회를 소집하여 필요한 사항(이사 · 감사의 선임 등)을 결의하여야 한다(제527조 제1항, 제603조). 이 때에는 합병계약의 취지에 위반하지

않는 정관변경의 결의를 할 수 있다(제527조 제2항).

창립총회에는 주식회사 설립시의 창립총회에 관한 상법 제308조 제2항, 상법 제309조, 상법 제311조, 상법 제312조와 상법 제316조 제2항이 준용된다(제527조 제3항). 한편, 창립총회에 대한 보고는 이사회의 공고(상법은 신설합병의 창립총회에 갈음하는 이사회 공고의 방식에 관하여 특별한 규정을 두고 있지 아니하므로, 이 경우 이사회 공고는 상법 제289조 제1항 제7호에 의하여 합병당사회사의 정관에 규정한 일반적인 공고방식에 의하여 할 수 있다: 대법원 2009.4.23.선고 2005다22701·22718판결)로 갈음할 수 있다(제527조 제4항).

【판례】 대법원 2009.4.23.선고 2005다22701 · 22718판결

상법 제527조 제4항은 신설합병의 경우 이사회의 공고로써 신설합병의 창립총회에 대한 보고에 갈음할 수 있다고 규정하고 있고, 상법 제528조 제1항은 신설합병의 창립총회가 종결한 날 또는 보고에 갈음하는 공고일로부터 일정기간 내에 합병등기를 하도록 규정하고 있으므로, 상법 제527조 제4항은 신설합병의 창립총회 자체를 이사회의 공고로써 갈음할 수 있음을 규정한 조항이라고 해석된다. 한편, 상법 제527조 제2항은 신설합병의 창립총회에서 정관변경의 결의를 할 수 있되 합병계약의 취지에 위반하는 결의는 하지 못하도록 규정하고 있는바, 정관변경은 창립총회에서 할 수 있다는 것이지 반드시 하여야 하는 것은 아니고, 주식회사를 설립하는 창립총회에서는 이사와 감사를 선임하여야 한다는 상법 제312조의 규정이 상법 제527조 제3항에 의해서 신설합병의 창립총회에 준용되고 있다 하더라도 상법 제524조 제6호에 의하면 합병으로 인하여 설립되는 회사의 이사와 감사 또는 감사위원회 위원을 정한 때에는 신설합병의 합병계약서에 그 성명 및 주민등록번호를 기재하게 되어 있고, 그 합병계약서가 각 합병당사회사의 주주총회에서 승인됨으로써 합병으로 인하여 설립되는 회사의 이사와 감사 등의 선임이 이루어지는 만큼, 이러한 경우에는 굳이 신설합병의 창립총회를 개최하여 합병으로 인하여 설립되는 회사의 이사와 감사 등을 선임하는 절차를 새로이 거칠 필요가 없고 이사회의 공고로 갈음할 수 있다.

(2) 보고총회: 흡수합병의 경우에 존속하는 주식회사나 유한회사의 이사는 채권자보호절차가 종료한 후, 합병으로 인하여 주식병합이 있을 때에는 그 효력이 생긴 후, 병합에 적당하지 않은 주식이 있을 때에는 합병 후 존속하는 회사에 있어서는 단주 처리 후, 소규모합병의 경우에는 상법 제527조의3 제3항 및 제4항의 절차를 종료한 후 지체없이 합병에 관한 보고총회를 소집하여 합병에 관한 사항을 보고하여야 한다(제526조 제1항, 제603조).

보고총회에서는 합병 당시에 발행하는 신주의 인수인은 주주와 동일한 권리가 있다(제526조 제2항). 주식회사의 보고총회에 대한 보고는 이사회의 공고로써 갈음할 수 있다(제526조 제3항, 제527조 제4항).

7. 회사합병의 등기 및 효력발생

합병절차가 끝난 때에는 합병등기를 하여야 한다. 본점소재지에서 2주일 내에 존속회사는 변경등기, 소멸회사는 해산등기, 신설회사는 설립등기를 하여야 한다(제233조, 제528조 제1항). 존속회사의 본점소재지에서 변경등기를 한 때 또는 신설회사의 본점소재지에서 설립등기를 한 때 그 합병의 효력이 발생한다(제234조, 제269조, 제287조의41, 제530조 제2항, 제603조).

이 기간은 합명회사와 합자회사 및 유한책임회사에서는 합병절차가 끝난 때로부터 기산한다(제233조, 제269조, 제287조의41). 주식회사가 합병한 때에는 흡수합병의 경우에는 보고총회가 종결한 날 또는 이사회의 공고일, 신설합병의 경우에는 창립총회가 종결한 날 또는 이사회의 공고일로부터 기산한다(제528조 제1항). 유한회사의 경우에는 사원총회가 종결한 날로부터 기산한다(제602조).

주식회사의 경우 합병으로 인하여 전환사채 또는 신주인수권부사채를 승계한 때에는 합병등기와 동시에 그 승계에 대해서도 등기하여야 한다(제528조 제2항).

8. 합병에 관한 서류의 사후공시

주식회사의 경우에 이사는 채권자의 이의절차의 결과, 합병을 한 날, 합병으로 인하여 소멸하는 회사로부터 승계한 재산의 가액과 채무액, 기타 합병에 관한 사항 등을 기재한 서면을 합병을 한 날로부터 6월간 본점에 비치하여야 한다(제527조의6 제1항).

Ⅳ. 회사합병의 효과

1. 회사의 소멸과 신설

합병을 해산사유의 하나로 규정하고 있기 때문에(제227조 제4호, 제269조, 제287조의38, 제517조 제1호, 제609조 제1항 제1호), 흡수합병의 경우에는 존속회사 이외의 당사회사, 신설합병의 경우에는 모든 당사회사가 합병등기 후 소멸한다. 회사는 합병 후 소멸하더라도 청산절차를 거치지 않는다.

2. 권리·의무의 포괄적 승계

존속회사 또는 신설회사는 소멸하는 회사의 모든 권리·의무를 포괄적으로 승계한다(제235조, 제269조, 제287조의41, 제530조 제2항, 제603조). 승계되는 권리·의무에는 사법상의 권리·의무뿐만 아니라 공법상의 권리·의무도 포함된다(대법원 1980.3.25.선고 77누265판결).

그러나 그 성질상 이전을 허용하지 않는 것은 승계의 대상에서 제외되어야 할 것인바, 합병으로 인하여 소멸한 법인이 그 종업원 등의 위법행위에 대해 양벌규정에 따라 부담하던 형사책임은 그 성질상 이전을 허용하지 않는 것으로서 합병으로 인하여 존속하는 법인에 승계되지 않는다(대법원 2007.8.23.선고 2005도4471판결).

【판례】 대법원 2022.5.12.선고 2022두31433판결

회사합병이 있는 경우에는 피합병회사의 권리·의무는 사법상의 관계 혹은 공법상의 관계를 불문하고 그 성질상 이전이 허용되지 않는 것을 제외하고는 모두 합병으로 인하여 존속한 회사에 승계되는 것으로 보아야 한다.

포괄승계의 경우 권리 · 의무의 이전을 위하여 특별한 행위가 필요 없으나, 제3자에 대하여 이전의 대항요건을 필요로 하는 권리(예 선박 · 기명주식 · 기명사채 등)는 그 절차를 밟아야 한다. 소멸하는 회사의 주식이 정관에 의하여 그 양도가 제한되는 주식이라도 양도의 승인을 청구할 필요가 없고, 근로계약상의 지위도 원칙적으로 승계한다(대법원 1994.3.8.선고 93다1589판결).

3. 사원의 수용

합병에 의해 소멸회사의 사원은 존속회사나 신설회사의 사원이 된다. 다만, 소멸회사의 주주 중에서 단주로 인하여 제외되거나(제530조 제3항, 제443조) 합병교부금을 받은 경우(제523조 제4호), 주식매수청구권을 행사한 경우(제522조 의3)에는 주주는 존속회사 또는 신설회사의 사원이 될 수 없다(대법원 2003.2.11.선고 2001다14351판결). 사원의 지위는 합병계약에 따라 정해진다.

4. 이사 및 감사의 임기

합병 후 존속하는 주식회사의 이사 및 감사(또는 감사위원)로서 합병 전에 취임한 자는 합병계약서에 다른 정함이 있는 경우를 제외하고는 합병 후 최초로 도래하는 결산기의 정기총회가 종료한 때에 퇴임한다(제527조 의4).[1)]

5. 법정준비금의 승계

주식회사 또는 유한회사의 합병의 경우에 소멸된 회사로부터 승계한 재산가액이 그 회사로부터 승계한 채무액, 그 회사의 주주에게 지급한 금액과 합병 후 존속하는 회사의 자본금 증가액 또는 합병으로 인하여 설립된 회사의 자본금액을 초과한 때에는 그 초과금액 중 소멸되는 회사의 이익준비금 기타 법정준비금은 존속회사 또는 신설회사가 그러한 사업을 승계함에 따라 존속시킬 필요가 있으므로 이를 승계할 수 있고(제459조 제2항, 제58조), 존속회사는 종래의 법정준비금을 보존하여야 한다.

---

1) 【학설】 제527조의4의 의미에 관한 학설
상법 제527조의4는 존속회사의 이사 또는 감사의 임기가 합병 후 최초의 정기총회일 전에 종료할 경우에 최초의 정기총회일까지 임기가 연장된다는 뜻으로 보는 견해와, 합병 전에 선임된 이사와 감사는 소멸회사의 주주들의 의사에 기하지 않고 선임된 자들이므로 그 지위를 계속하는 것이 적절하지 않다는 고려하에 합병 후 첫 정기총회에서 퇴임시키기 위한 것이라는 견해가 있다.

6. 질권의 물상대위

주식회사의 합병시에는 주식의 병합을 하지 아니하는 경우에 합병으로 인하여 소멸하는 회사의 주식을 목적으로 하는 질권은 신설회사 또는 존속회사로부터 발행되는 주식에 물상대위가 인정되며, 등록질권자는 주권의 교부를 청구할 수 있다(제530조 제4항, 제339조, 제340조 제3항). 또한 유한회사가 주식회사와 합병하는 경우에 합병 후 존속하는 회사 또는 합병으로 인하여 설립되는 회사가 유한회사인 때에는 상법 제339조는 종전의 주식을 목적으로 하는 질권에 준용한다(제601조 제1항).

7. 자기주식의 취득과 모회사주식의 취득 및 처분

1) 자기주식의 취득

흡수합병의 경우 소멸회사가 존속회사의 주식을 보유하고 있는 경우, 소멸회사의 재산이 포괄적으로 이전하므로 존속회사는 자기주식을 취득하게 된다(제341조 제1호, 제523조, 제3호).

2) 모회사주식의 취득 및 처분

존속회사가 합병을 하면서 신주의 배정 또는 자기주식의 이전의 대가의 전부 또는 일부를 금전 기타 재산으로 지급하는 경우, 그 재산이 존속하는 회사의 모회사주식을 포함하는 경우에 존속하는 회사는 그 지급을 위하여 모회사주식을 취득할 수 있고, 합병 후에도 모회사주식을 계속 보유하는 경우에는 합병의 효력이 발생하는 날부터 6개월 이내에 처분하여야 한다(제523조의 2 제1항, 제2항).

8. 특별법상의 효과

1) 소송법상 효과

소송당사자인 회사가 합병으로 인하여 소멸할 경우 소송절차가 중단되고 존속회사 또는 신설회사가 이 소송절차를 수계한다(민사소송법 제234조).

2) 세법상 효과

소멸회사의 납세의무는 존속회사 또는 신설회사가 이를 승계한다.

V. 회사합병의 무효

1. 무효의 원인

합병은 단체법상의 행위이므로 법률관계의 획일적 처리를 위해 합병에 하자가 있는 경우 반드시 소(訴)에 의해서만 무효를 주장할 수 있다. 합병무효가 되는 원인[1]으로는 ① 합병의 제한에 관한 규정 위반, ② 합병계약서의 법정요건의 흠결, ③ 합병결의의 하자, ④ 채권자보호절차의 불이행, ⑤ 창립총회·보고총회의 흠결 등을 들 수 있다.

【판례】 대법원 2008.1.10.선고 2007다64136판결[동지: 대법원 2009.4.23.선고 2005다22701·22718판결]

합병비율을 정하는 것은 합병계약의 가장 중요한 내용이고, 그 합병비율은 합병한 각 회사의 재산 상태와 그에 따른 주식의 실제적 가치에 비추어 공정하게 정함이 원칙이며, 만일 그 비율이 합병할 각 회사의 일방에게 불리하게 정해진 경우에는 그 회사의 주주가 합병 전 회사의 재산에 대하여 가지고 있던 지분비율을 합병 후에 유지할 수 없게 됨으로써 실질적으로 주식의 일부를 상실케 되는 결과를 초래하므로, 현저하게 불공정한 합병비율을 정한 합병계약은 사법관계를 지배하는 신의성실의 원칙이나 공평의 원칙 등에 비추어 무효이고, 따라서 합병비율이 현저하게 불공정한 경우 합병할 각 회사의 주주 등은 상법 제529조에 의하여 소로써 합병의 무효를 구할 수 있다.

2. 소의 당사자

1) 원 고

합병무효의 소제기권자는 각 회사마다 규정을 두고 있다. 합명회사, 합자회사 또는 유한책임회사에 있어서는 각 회사[2]의 사원·청산인·파산관재인·합병을 승인하지 않은 회사채권자에 한하며(제236조 제1항, 제269조, 제287조의41), 주식회사 또는 유한회사에 있어서는 각 회사의 사원(주주)·이사·감사(감사위원)·청산인·파산관재인·합병을 승인하지 않은 회사채권자이다(제529조 제1항, 제603조).

공정거래법을 위반한 경우 공정거래위원회도 합병무효의 소를 제기할 수 있다(독점규제법 제16조 제2항).

---

1) 【학설】 합병무효사유의 해당 여부에 관한 학설

① 주식매수청구절차 불이행: 합병에 관한 주주의 이해에 중대한 의미를 지니므로 무효가 된다는 견해와, 주식매수청구권은 결의에 반대한 주주의 이익을 보호하고자 하는 것이지 합병 자체의 효력을 다루는 것은 아니므로 합병무효사유는 아니라는 견해(다수설)가 있다.

② 합병비율의 불공정: 합병비율은 주주들에게 있어서 합병의 대가를 의미하는 것으로 합병의 가장 본질적인 것이므로 합병비율이 현저히 불공정한 경우 합병무효의 사유가 된다는 견해(다수설·판례)와, 합병비율의 불공정만을 이유로 합병에 무효사유가 있다고 볼 수 없다는 견해가 있다.

2) 【학설】 소제기권자 중 '각 회사'의 범위에 관한 학설

'각 회사'란 존속회사 또는 신설회사를 가리킨다는 견해와 합병계약의 당사회사 및 신설회사를 말한다는 견해(다수설)가 있다.

2) 피 고

피고는 존속회사 또는 신설회사이다.

3. 소의 절차

합병무효의 소는 합병등기 후 6월 내에 제기하여야 한다(제236조 제2항, 제269조, 제287조의41, 제529조 제2항, 제603조). 그러나 공정거래위원회가 소를 제기하는 경우에는 제소기간의 제한이 없다. 기타 관할, 소 제기의 공고, 소의 병합심리, 하자가 보완된 경우의 법원의 자유재량권 등은 회사설립무효의 소에 관한 규정이 준용된다(제240조, 제530조 제2항, 제186조 내지 제189조). 그리고 원고에 대한 담보제공명령청구에 대해서는 해산명령의 규정이 준용된다(제237조, 제530조 제2항, 제176조 제3항·제4항).

4. 무효판결의 효과

1) 원고 승소의 경우

(1) 대세적 효력: 합병무효의 판결은 원고는 물론 피고뿐만 아니라 제3자에게도 효력이 미친다(제240조, 제268조, 제287조의41, 제530조 제2항, 제190조 본문). 따라서 무효판결이 확정된 후에는 누구도 새로이 그 효력을 다투지 못한다.

(2) 불소급효: 합병무효의 판결은 소급효가 제한되고 장래에 대해서만 그 효력이 있다. 즉, 무효판결 확정 전의 회사와 사원 및 제3자 간의 권리·의무에는 영향을 미치지 않는다(제240조, 제268조, 제287조의41, 제530조 제2항, 제190조 단서). 이는 합병무효의 효력의 소급에 따른 법률관계의 혼란을 방지하기 위해 인정되는 효력이다.

(3) 합병 전의 상태로의 환원: 합병무효판결이 확정되면 당사회사들은 합병 전의 상태로 환원된다.

① 존속회사 또는 신설회사는 소멸회사로부터 승계한 권리·의무가 당연히 부활된 소멸회사에 복귀한다. 그러나 합병무효판결의 소급효가 제한되므로 합병 이후 존속회사나 신설회사가 권리를 처분하였거나 의무를 이행한 때에는 그 가액에 따른 현존가치로 환산하여 청산하여야 한다.

② 소멸회사의 주주는 부활한 소멸회사의 주주가 되지만, 단주처리에 의해 대가를 지급받은 주주, 주식매수청구권을 행사한 주주는 당연히 부활한 회사의 주주가 되지 못한다.

③ 합병 후 존속회사나 신설회사가 부담한 채무에 대해서는 합병당사회사가 연대책임을 부담하고, 합병 후 존속회사나 신설회사가 취득한 재산은 합병당사회사의 공유로 한다(제239조, 제269조, 제287조의41, 제530조, 제603조).

④ 합병무효의 등기: 합병무효의 판결이 확정되면 본점에서 존속회사는 변경등기, 신설회사는 해산등기, 소멸회사는 회복등기를 하여야 한다(제238조, 제530조). 이 등기는 수소법원(受訴法院)의 촉탁에 의한다(비송사건절차법 제99조, 제98조).

참조판례 갑 유한회사가 을 유한회사에 강제집행 인낙의 취지가 포함된 준소비대차 공정증서를 작성해준 후 병 유한회사가 갑 회사를 흡수합병하고 등기까지 마치자, 을 회사가 공정증서에 관하여 병 회사에 대한 강제집행을 실시하기 위한 승계집행문을 부여받았는데, 승계집행문이 부여되기 전에 합병무효판결이 선고되어 확정된 사안에서, 병 회사가 제기한 승계집행문 부여에 대한 이의의 소에서 승계사실의 존부는 병 회사와 갑 회사의 합병 사실의 존부에 달려있는데, 병 회사가 갑 회사를 흡수합병하고 합병등기를 마치기는 하였으나 그 후 합병에 관하여 상법 제240조, 제190조에 따라 판결 당사자가 아닌 제3자에 대하여도 일반적인 효력이 있는 합병무효판결이 확정되었으므로, 더 이상 합병 사실을 전제로 병 회사가 공정증서에 기한 채무자 갑 회사의 승계인이라고 볼 수는 없고, 승계집행문 부여에 대한 이의의 소에서 합병 사실의 존부를 판단할 때 일반에 대한 공시를 위한 합병무효등기가 마쳐졌는지는 아무런 영향을 미칠 수 없는데도, 승계집행문 부여 당시까지 합병무효판결 확정으로 인한 변경등기가 마쳐지지 아니하였다는 등의 이유로 병 회사가 을 회사에 대하여 합병무효를 주장하지 못한다고 본 원심판결에 법리오해의 위법이 있다(대법원2016.6.23.선고 2015다52190판결).

2) 원고 패소의 경우

합병무효의 소를 제기한 자가 패소한 경우에 악의 또는 중대한 과실이 있는 때에는 회사에 대하여 연대하여 손해를 배상할 책임이 있다(제240조, 제530조 제2항, 제191조).

제 5 절 회사의 분할

I. 회사분할의 개념

1. 회사분할의 의의

회사분할이라 함은 하나의 회사의 영업을 둘 이상으로 분리하고 분리된 영업재산을 자본으로 하여 회사를 신설하거나 다른 회사와 합병시키는 조직법적 행위를 말한다. 상법은 회사가 분할하여 1개 또는 수개의 회사를 신설하는 경우를 분할이라 하고(제530조의2 제1항), 회사가 분할하여 1개 또는 수개의 회사와 합병하는 경우를 분할합병이라고 하고 있으나(제530조의2 제2항), 보통은 이들 양자를 모두 포함하여 회사의 분할이라 한다.

회사의 분할은 품질향상을 통한 경쟁력 강화, 경영의 전문화와 효율화 도모, 경영의 위험부담범위 한정, 특정한 영업부문의 타 기업과의 제휴, 불필요한 영업부문의 분리, 기업구조조정 등의 경제적 효용성을 갖는다.

보충 사실상의 분할: 일반적으로 양도회사의 영업재산에 대한 포괄방식을 취하지 않으면서 양도회사의 적극재산과 소극재산 및 사원이 하나 또는 둘 이상의 양수회사로 이전됨으로써, 부분적 포괄승계를 본질로 하는 회사법상의 분할과 동일한 경제적 효과를 거둘 수 있는 우회적인 방법의 회사분할형태를 강학상 사실상의 분할이라 한다.

2. 회사분할의 법적 성질

회사분할의 법적 성질에 대하여는 학설의 대립이 있다.[1)]

Ⅱ. 회사분할의 방법

1. 단순분할과 분할합병

1) 단순분할

단순분할은 분할회사의 영업을 분할하고 이를 출자하여 2개 이상의 회사를 신설하면서 분할회사는 해산하는 소멸분할과, 분할회사의 영업 중 일부를 신설회사에 출자하고 분할회사는 나머지 영업을 가지고 존속하는 존속분할이 있다.

2) 분할합병

분할합병에는 분할회사가 자신의 영업을 존속 중인 2개 이상의 회사에 출자하고 분할회사는 해산하는 소멸분할합병과, 분할회사가 자신의 영업의 일부를 다른 회사에 출자하고 자신은 나머지 영업으로 존속하는 존속분할합병이 있다. 또한 분할회사의 영업의 일부를 다른 기존의 회사에 출자하여 그 다른 회사의 일부로 만들어 자기 사업을 분할하는 흡수분할합병

---

1) 【학설】 회사분할의 법적 성질에 대한 학설

① 인격분할설: 회사의 합병에 반대되는 현상이며, 수혜회사의 주식이 피분할회사의 사원에게 귀속되는 인적 분할이 원칙이므로 인격의 분할이라고 보는 견해이다.

② 현물출자설: 피분할회사의 권리·의무 및 영업재산은 수혜회사에 포괄적으로 이전되므로, 인적 분할은 주주에 의한 현물출자이고 물적 분할은 회사에 의한 현물출자라는 견해이다.

③ 특별제도설: 상법상 기업의 조직재편을 위하여 특별히 인정되는 특별제도라는 견해와, 회사의 영업을 분리하여 그 주체인 법인격을 달리하는 동시에 분할되는 영업에 상응하여 회사의 주식소유관계를 분리하는 회사법적 법률사실이라는 견해가 있다.

과, 분할회사의 영업의 일부와 다른 기존 회사의 영업의 전부 또는 일부를 합하여 새로운 회사를 설립하는 신설분할합병이 있다.

표 3-2 ▶ 단순분할과 분할합병 비교

구분		단순분할	분할합병
당사회사		피분할회사	피분할회사 외 분할합병 당사회사 필요
설립회사	검사인의 조사보고(제299조)	요구되지 않음	요구됨
	분할승인서류	분할계획서	분할합병계약서
주주보호(주식매수청구권)		인정되지 않음	인정됨
피분할회사의 분할 전 채무에 대해 분할 후 회사가 연대책임을 지는 경우 채권자보호(채권자의 이의권)		인정되지 않음	인정됨
무효판결의 효력(불소급효 문제)		분할 후 취득한 채무·채권은 분할 전 회사에 귀속	분할합병 후 취득한 재산은 공유, 채무는 연대책임

2. 인적 분할과 물적 분할

인적 분할은 분할하는 회사의 주주가 분할 후에 신설되는 회사 또는 출자를 받는 기존회사의 주식을 배정받는 경우를 말하고, 물적 분할은 분할회사가 자신이 분할 후에 신설되는 회사 또는 출자를 받는 기존회사의 주식을 모두 취득하는 경우(물적 분할의 경우에는 존속분할만 가능하다)를 말한다. 물적 분할에 대해서는 상법 제3편 회사편의 제11절(인적 분할)의 규정을 준용한다(제530조 의12).

Ⅲ. 회사분할의 제한

회사의 분할은 주식회사에서만 인정되며, 합명회사 · 합자회사 · 유한책임회사 · 유한회사에서는 인정되지 않는다. 그리고 해산 후의 회사는 존립 중의 회사를 존속하는 회사로 하여 합병하거나 새로 회사를 설립하는 경우에만 분할할 수 있다(제530조의2 제4항). 즉, 해산회사는 소멸분할과 흡수분할합병만이 가능하다.

Ⅳ. 회사분할의 절차

1. 분할계획서 및 분할합병계약서의 작성·공시

1) 분할계획서 등의 작성

회사가 분할하기 위해서는 먼저 일정한 법정기재사항(제530조의5, 제530조의6)을 기재한 분할계획서 또는 분할합병계약서를 작성하여야 한다(제530조의3 제1항).

분할계획서의 기재사항

① 완전분할(소멸분할)의 경우 기재사항
- ㉠ 분할에 의하여 설립되는 회사의 상호, 목적, 본점의 소재지 및 공고의 방법,
- ㉡ 단순분할신설회사가 발행할 주식의 총수 및 액면주식·무액면주식의 구분,
- ㉢ 단순분할신설회사가 분할 당시에 발행하는 주식의 총수, 종류 및 종류별 주식의 수, 액면주식·무액면주식의 구분,
- ㉣ 분할회사의 주주에 대한 단순분할신설회사의 주식의 배정에 관한 사항 및 배정에 따른 주식의 병합 또는 분할을 하는 경우에는 그에 관한 사항,
- ㉤ 분할회사의 주주에게 제4호에도 불구하고 금전이나 그 밖의 재산을 제공하는 경우에는 그 내용 및 배정에 관한 사항,
- ㉥ 단순분할신설회사의 자본금과 준비금에 관한 사항,
- ㉦ 단순분할신설회사에 이전될 재산과 그 가액,
- ㉧ 제530조의9 제2항의 정함이 있는 경우에는 그 내용,
- ㉨ 분할을 할 날,
- ㉩ 단순분할신설회사의 이사와 감사를 정한 경우에는 그 성명과 주민등록번호,
- ㉪ 단순분할신설회사의 정관에 기재할 그 밖의 사항,

② 불완전분할(존속분할)의 경우 기재사항
- ㉠ 감소할 자본금과 준비금의 액,
- ㉡ 자본금 감소의 방법,
- ㉢ 분할로 인하여 이전할 재산과 그 가액,
- ㉣ 분할 후의 발행주식의 총수,
- ㉤ 회사가 발생할 주식의 총수를 감소하는 경우에는 그 감소할 주식의 총수, 종류 및 종류별 주식의 수,
- ㉥ 정관변경을 가져오게 하는 그 밖의 사항,

분할합병계약서의 기재사항

① 흡수분할합병의 경우 기재사항
- ㉠ 분할합병의 상대방 회사로서 존속하는 회사(분할승계회사)가 분할합병으로 인하여 발행할 주식의 총수를 증가하는 경우에는 증가할 주식의 총수, 종류 및 종류별 주식의 수,
- ㉡ 분할승계회사가 분할합병을 하면서 신주를 발행하거나 자기주식을 이전하는 경우에는 그 발행하는 신주 또는 이전하는 자기주식의 총수, 종류 및 종류별 주식의 수,
- ㉢ 분할승계회사가 분할합병을 하면서 신주를 발행하거나 자기주식을 이전하는 경우에는 분할회사의 주주에 대한 분할승계회사의 신주의 배정 또는 자기주식의 이전에 관한 사항 및 주식의 병합 또는

분할을 하는 경우에는 그에 관한 사항,
㉣ 분할승계회사가 분할회사의 주주에게 제3호에도 불구하고 그 대가의 전부 또는 일부로서 금전이나 그 밖의 재산을 제공하는 경우에는 그 내용 및 배정에 관한 사항,
㉤ 분할승계회사의 자본금 또는 준비금이 증가하는 경우에는 증가할 자본금 또는 준비금에 관한 사항,
㉥ 분할회사가 분할승계회사에 이전할 재산과 그 가액,
㉦ 제530조의9 제3항의 정함이 있는 경우에는 그 내용,
㉧ 각 회사에서 제530조의3 제2항의 결의를 할 주주총회의 기일,
㉨ 분할합병을 할 날,
㉩ 분할승계회사의 이사와 감사를 정한 경우에는 그 성명과 주민등록번호,
㉪ 분할승계회사의 정관변경을 가져오게 하는 그 밖의 사항,

② 신설분할합병의 경우 기재사항
㉠ 제530조의5 제1항 제1호·제2호·제6호 내지 제10호에 규정된 사항,
㉡ 분할합병에 의하여 설립되는 회사(분할합병신설회사)가 분할합병을 하면서 발행하는 주식의 총수, 종류 및 종류별 주식의 수,
㉢ 각 회사의 주주에 대한 주식의 배정에 관한 사항과 배정에 따른 주식의 병합 또는 분할을 하는 경우에는 그 규정,
㉣ 각 회사가 분할합병신설회사에 이전할 재산과 그 가액,
㉤ 각 회사의 주주에게 지급할 금액을 정한 때에는 그 규정,
㉥ 각 회사에서 제530조의3 제2항의 결의를 할 주주총회의 기일,
㉦ 분할합병을 할 날,

2) 분할계획서 등의 공시 및 열람

(1) 분할계획서 또는 분할합병계약서, 분할되는 부분의 대차대조표, 분할합병의 경우 분할승계회사의 대차대조표, 분할 또는 분할합병을 하면서 신주를 발행하는 경우에는 분할회사의 주주에 대한 주식의 배정에 관하여 그 이유를 기재한 서면도 주주총회일의 2주 전부터 분할의 등기를 한 날 또는 분할합병을 한 날 이후 6월간 본점에 비치하여야 한다(제530조의7 제1항).

(2) 분할합병승계회사의 이사는 분할합병계약서, 분할회사의 분할되는 부분의 대차대조표, 분할합병의 경우 분할합병의 상대방 회사의 대차대조표, 분할합병을 하면서 신주를 발행하거나 자기주식을 이전하는 경우에는 분할회사의 주주에 대한 신주의 배정 또는 자기주식의 이전에 관하여 그 이유를 기재한 서면을 분할합병을 승인하는 주주총회일의 2주 전부터 분할합병의 등기를 한 후 6개월간 본점에 비치하여야 한다(제530조의7 제2항).

(3) 주주 및 회사채권자는 영업시간 내에는 언제든지 위의 서류의 열람을 청구할 수 있고, 회사가 정한 비용을 지급하고 그 등본 또는 초본의 교부를 청구할 수 있다(제530조의7 제3항, 제522조의2 제2항).

2. 분할결의

1) 주주총회의 특별결의

회사의 분할은 주주총회의 특별결의에 의한 승인을 얻어야 한다(제530조의3 제1항, 제2항). 주주총회의

특별결의에는 의결권이 배제되는 주식을 가진 주주도 의결권을 행사할 수 있다(제530조의3 제3항). 이를 위한 주주총회를 소집할 때에는 분할계획 또는 분할합병계약의 요령을 소집통지에 기재하여야 한다(제530조의3 제4항).

다만, 간이분할합병의 경우 분할회사의 주주총회를 분할회사의 이사회의 결의로 갈음할 수 있다(제530조의11 제2항, 제527조의2). 소규모분할합병의 경우 분할합병승계회사의 주주총회의 결의는 존속회사의 이사회의 결의로 갈음할 수 있다(제530조의11 제2항, 제527조의3).

2) 종류주주총회

분할회사가 종류주식을 발행한 경우, 분할로 인하여 어느 종류의 주주에게 손해를 미치게 될 때에는 종류주주총회의 결의를 얻어야 한다(제436조).

3) 주주의 부담을 가중시키는 경우의 특수결의

분할 또는 분할합병으로 인하여 분할에 관련된 각 회사의 주주의 부담이 가중되는 경우[1]에는 주주총회의 특별결의와 종류주주총회 이외에 그 주주 전원의 동의를 얻어야 한다(제530조의3 제6항).

4) 반대주주의 주식매수청구권

단순분할의 경우에는 반대주주에게 주식매수청구권을 인정하지 않지단, 분할합병의 경우에는 반대주주의 주식매수청구권을 인정하고 있다(제530조의11 제2항, 제522조의3). 반대주주의 주식매수청구권이 인정되는 범위에 있어서 의결권 없는 주식을 가진 주주도 의결권이 있으므로 주식매수청구권이 인정된다. 다만, 소규모분할합병의 경우에는 분할합병승계회사의 반대주주의 주식매수청권이 인정되지 않는다(제530조의11 제2항, 제527조의3 제5항).

3. 채권자보호절차

1) 단순분할의 경우

단순분할의 경우에는 분할회사의 재산의 일부가 분할회사에 남고 일부가 단순분할신설회사에 옮겨지거나 분할회사의 재산이 2개 이상의 단순분할신설회사로 나누어져 전부 옮겨지게 되므로, 분할회사의 채권자를 위한 책임재산이 줄어드는 것 같지만, 단순분할신설회사

1) 【학설】 주주의 부담이 가중되는 경우의 의미에 관한 학설
주주의 부담이 가중되는 경우의 의미에 대해 회사가 주주들에게 새로운 출자를 받고자 할 경우에는 주주들 전원의 동의를 얻어야 한다는 의미로 해석하는 견해, 회사의 분할로 인하여 특정 주주의 지위가 종전보다 불리해지는 경우로서 그 부담의 정도가 심하여 이에 대한 보상을 전제로 당해 주주의 동의를 받지 않았다면 그 주주에게 특히 불리한 결과를 초래하는 경우라는 견해, 분할과 동시에 주식의 액면가의 인상을 통하여 증자를 하는 경우를 의미한다는 견해가 있다. 한편 주주의 부담이 가중되는 경우란 불필요한 규정이라는 견해도 있다.

들이 분할회사의 채권자에 대해 원칙적으로 연대책임을 지므로(제530조의9 제1항) 채권자보호절차가 필요하지 않다. 그러나 단순분할신설회사가 분할회사의 채무에 대해 출자한 재산에 관한 채무만을 부담하기로 정한 경우(제530조의9 제2항) 또는 분할회사의 주주에게 교부금을 지급하는 경우(제530조의5 제1항 제5호)에는 채권자보호절차가 필요하다(제530조의9 제4항, 제527조의5).

2) 분할합병의 경우

분할합병의 경우에는 분할합병의 당사회사의 채권자가 책임재산을 공유하게 되므로 분할회사의 채권자에게 있어서는 담보재산과 책임주체에 중대한 변화를 가져온다. 따라서 당사회사의 채권자보호절차가 필요하다(제530조의11 제2항, 제527조의5). 사채권자의 보호절차에 관해서는 상법 제439조 제3항이 준용된다(제530조의11 제2항).

【판례】 대법원 2011.9.29.선고 2011다38516판결

[1] 분할되는 회사와 수혜회사가 분할 전 회사의 채무에 대하여 연대책임을 지지 않는 경우에는 채무자의 책임재산에 변동이 생기게 되어 채권자의 이해관계에 중대한 영향을 미치므로 채권자 보호를 위하여 분할되는 회사가 알고 있는 채권자에게 개별적으로 이를 최고하도록 규정하고 있는 것이고, 따라서 분할되는 회사와 수혜회사의 채무관계가 분할채무관계로 바뀌는 것은 분할되는 회사가 자신이 알고 있는 채권자에게 개별적인 최고절차를 제대로 거쳤을 것을 요건으로 하는 것이라고 보아야 하며, 만약 그러한 개별적인 최고를 누락한 경우에는 그 채권자에 대하여 분할채무관계의 효력이 발생할 수 없고 원칙으로 돌아가 수혜회사와 분할되는 회사가 연대하여 변제할 책임을 지게 된다.

[2] 분할 또는 분할합병으로 인하여 회사의 책임재산에 변동이 생기게 되는 채권자를 보호하기 위하여 상법이 채권자의 이의제출권을 인정하고 그 실효성을 확보하기 위하여 알고 있는 채권자에게 개별적으로 최고하도록 한 입법 취지를 고려하면, 개별 최고가 필요한 '회사가 알고 있는 채권자'란 채권자가 누구이고 채권이 어떠한 내용의 청구권인지가 대체로 회사에게 알려져 있는 채권자를 말하는 것이고, 회사에 알려져 있는지 여부는 개개의 경우에 제반 사정을 종합적으로 고려하여 판단하여야 할 것인데, 회사의 장부 기타 근거에 의하여 성명과 주소가 회사에 알려져 있는 자는 물론이고 회사 대표이사 개인이 알고 있는 채권자도 이에 포함된다고 봄이 타당하다.

4. 기타 절차

분할 후 신설 또는 존속하게 되는 수혜회사(受惠會社: 분할 후의 신설회사)의 창립총회와 보고총회는 합병의 규정(제527조, 제526조 제3항)이 준용된다(제530조의11 제1항).

단순분할에 의하여 설립되는 신설회사는 주식회사의 설립에 관한 규정이 준용되지만, 분할회사의 영업재산의 출자만으로도 설립할 수 있는데 이 경우에는 상법 제299조의 검사인의 설립조사 및 법원에 대한 보고절차는 배제된다(제530조의4).[1)]

---

1) 【학설】 현물출자 이외의 변태설립사항의 조사에 관한 학설
현물출자 이외의 변태설립사항의 조사절차를 생략할 수 있는가에 대해 상법 제530조의4 제2항은 현물출자의 경우만을 의식한 규정이므로 기타의 변태설립사항은 검사인의 조사절차를 생략할 수 없다는 견해와 생략할 수 있다는 견해가 있다.

그러나 분할합병의 경우에는 특별규정이 없기 때문에 검사인의 조사 및 법원에 대한 보고가 있어야 한다. 검사인의 조사·보고는 감정인의 감정·보고로 갈음할 수 있다. 회사분할 또는 분할합병에 따라 주식분할·병합 및 단주처리가 필요한 때에는 각각 상법 제329조의2 및 상법 제440조부터 상법 제443조까지가 준용된다(제530조의11 제1항).

V. 회사분할의 등기

회사분할의 효력은 분할등기를 함으로써 발생한다(제530조의11 제1항, 제234조).

분할당사회사의 등기에 관해서는 회사의 합병등기에 관한 규정(제528조 제1항)이 준용된다(제530조의11 제1항). 따라서 신설되는 회사는 설립등기, 분할회사는 존속분할의 경우 변경등기, 소멸분할의 경우 해산등기, 흡수분할합병의 경우 상대방회사는 변경등기를 하여야 한다. 또한 회사의 분할 이후에 존속하는 회사나 설립되는 회사가 회사의 분할 또는 분할합병으로 인하여 전환사채나 신주인수권부사채를 승계한 때에는 분할등기와 동시에 사채의 등기를 하여야 한다(제530조의11 제1항, 제528조 제2항).

VI. 회사분할의 효과

1. 법인격의 동일성 상실

회사의 합병의 경우에는 법인격이 합일(合一)되므로 합병 전의 회사의 법인격은 합병 후의 회사에서 그 동일성이 유지되지만, 회사의 분할의 경우에는 분할 후의 회사에 의한 분할 전의 회사의 법인격의 승계라는 것은 생기지 않는다.

2. 권리·의무의 포괄적 이전

1) 권리의 이전

단순분할신설회사, 분할합병승계회사 또는 분할합병신설회사는 분할회사의 권리와 의무를 분할계획서 또는 분할합병계약서에서 정하는 바에 따라 승계한다(제530조의10). 따라서 분할회사의 재산은 별도의 이전행위나 공시방법을 요하지 않고 분할로 인한 등기를 한 때에 이전되는 것으로 본다.[1] 이러한 점에서 영업양도와 구별된다.

---

1) 【학설】 경업피지의무의 발생에 관한 학설
회사의 분할에 의해 영업이 이전되면 동일한 분할회사를 모체로 한 수개의 신설회사 사이에, 그리고 동일한 분할회사에 의해 신설된 회사와 흡수분할합병의 상대방회사 간에 경업피지의무를 부담하는가에 대해 부담한다는 견해(다수설)와 부담하지 않는다는 견해가 있다.

보충판례 회사분할로 인하여 설립되는 회사는 분할회사의 권리와 의무를 분할계획서가 정하는 바에 따라 승계한다고 규정하고 있으므로, 분할하는 회사의 근로관계는 승계의 대상에 포함될 수 있다. 회사분할에 따른 근로관계의 승계는 근로자의 이해와 협력을 구하는 절차를 거치는 등 절차적 정당성을 갖춘 경우에 한하여 허용되고, 해고의 제한 등 근로자 보호를 위한 법령규정을 잠탈하기 위한 방편으로 이용되는 경우라면 그 효력이 부정될 수 있어야 한다(대법원 2013.12.12.선고 2011두4282판결).

【판례】 대법원 2017.7.18.선고 2016두41781판결

구 상법(2015.12.1. 법률 제13523호로 개정되기 전의 것) 제530조의10은 "분할 또는 분할합병으로 인하여 설립되는 회사 또는 존속하는 회사는 분할하는 회사의 권리와 의무를 분할계획서 또는 분할합병계약서가 정하는 바에 따라서 승계한다."라고 규정하고 있고, 채무자 회생 및 파산에 관한 법률(이하 '채무자회생법'이라 한다) 제272조 제1항은 회생계획에 의하여 주식회사인 채무자가 분할되거나 주식회사인 채무자 또는 그 일부가 다른 회사 또는 다른 회사의 일부와 분할합병할 것을 정한 때에는 회생계획에 의하여 분할 또는 분할합병할 수 있다고 하면서 제4항은 그 경우에 구 상법 제530조의10의 적용을 배제하고 있지 않으므로, 회생회사의 분할로 인하여 설립되는 신설회사는 회생계획이 정하는 바에 따라서 회생회사의 권리와 의무를 승계한다.

2) 채무의 승계

(1) 회사분할의 경우에는 상법 제530조의10의 규정에 따라 신설회사 또는 흡수분할합병의 상대방회사는 분할계획 또는 분할합병계약에 의해 특정된 채무(분할 또는 분할합병 당시에 존재하는 채무여야 한다; 대법원 2011.5.26.선고 2008두18335판결)만을 인수할 뿐이다. 분할합병의 경우 채권자 이의절차를 거치므로 이의하지 않는 채권자는 채무자의 변경을 승낙한 것으로 볼 수 있다.

(2) 단순분할의 경우에는 분할 전의 회사 채무에 관하여 원칙적으로 신설회사가 연대책임을 부담하므로(제530조의9 제1항), 채권자는 채무의 승계로 인하여 특별히 불이익을 받지 않기 때문에 채권자의 승낙을 요하지 않는다. 그리고 소멸분할의 경우에는 채무의 승계에 채권자가 승낙한다는 것은 무의미하므로 회사분할로 인한 채무의 승계는 채권자의 승낙을 요하지 않는다. 다만, 단순분할의 경우에도 주주총회 특별결의로 신설회사가 분할되는 회사의 채무만을 승계할 수 있도록 정한 경우(제530조의9 제2항)에는 채권자가 불이익을 받기 때문에 채권자의 승낙을 요한다.

【판례】 대법원 2004.7.9.선고 2004다17191판결

회사분할에 있어서 분할계획서상 분할기준일 이전의 분할 전의 회사채무에 관하여 신설회사의 연대책임원칙을 배제하는 규정을 두고 있음에도, 분할기준일 후의 분할 전의 회사채무에 대하여 분할계획서에 특별한 규정을 두고 있지 아니하는 경우, 회사분할에 있어서 신설회사는 원칙적으로 분할 전의 회사채무에 관하여 연대하여 변제할 책임이 있고(상법 530조의9 제1항), 회사가 상법 제530조의3 제2항의 규정에 의한 특별결의로 분할에 의하여 회사를 설립하면서, 신설회사가 분할되는 회사의 채무 중에서 출자한 재산에 관한 채무만을 부담할 것을 정함으로써 출자한 재산에 관한 채무 외의 채무에 대하여는 부담하지 아니할 것을 정할 수 있으나(상법 제530조의9 제2항), 출자한 재산에 관한 채무에 관하여는 위 규정에 의하더라도 신설회사가 그 책임을 면할 수 없는 것이 원칙이므로, 특별한 사정이 없는 한 신설회사에 출자한 재산에 관한 채무는 그것이 분할기준일 후부터 분할 전까지 발생한 것이라도 신설회사에 승계되는 것으로 보아야 한다.

3. 분할 후 회사의 책임

1) 연대책임

(1) 분할회사, 단순분할신설회사, 분할합병승계회사 또는 분할합병신설회사는 분할 또는 분할합병 전의 회사채무에 관하여 연대하여 변제할 책임이 있다(제530조의9 제1항; 그 법적 성질은 부진정연대책임 관계로 본다; 대법원 2010.8.26.선고 2009다95769판결). 이러한 부진정연대책임을 인정하는 이유는 분할로 인하여 분할회사의 적극재산과 소극재산이 승계회사에 임의로 배정되어 그 채무자와 책임재산이 변경됨으로써 분할회사의 기존 채권자에게 불리한 영향이 미칠 수 있기 때문이고(대법원 2016.2.18.선고 2015다10858판결), 이러한 부진정연대책임은 채권회수에 불리한 영향을 받는 채권자를 보호하기 위하여 부과된 법정책임을 정한 것이다(대법원 2017.5.30.선고 2016다34687판결).

【판례】 대법원 2017.5.30.선고 2016다34687판결

부진정연대채무에서는 채무자 1인에 대한 이행청구 또는 채무자 1인이 행한 채무의 승인 등 소멸시효의 중단사유나 시효이익의 포기가 다른 채무자에게 효력을 미치지 않는다. 따라서 채권자가 분할 또는 분할합병이 이루어진 후에 분할회사를 상대로 분할 또는 분할합병 전의 분할회사 채무에 관한 소를 제기하여 분할회사에 대한 관계에서 시효가 중단되거나 확정판결을 받아 소멸시효 기간이 연장된다고 하더라도 그와 같은 소멸시효 중단이나 연장의 효과는 다른 채무자인 분할 또는 분할합병으로 인하여 설립되는 회사 또는 존속하는 회사에 효력이 미치지 않는다.

(2) 상법 제530조의9 제1항에 따라 단순분할신설회사, 분할합병승계회사, 분할합병신설회사가 회사채권자에게 연대하여 변제할 책임이 있는 분할 또는 분할합병 전의 회사 채무에는 회사 분할 또는 분할합병의 효력발생 전에 발생하였으나 분할 또는 분할합병 당시에는 아직 그 변제기가 도래하지 않은 채무도 포함된다(대법원 2008.2.14.선고 2007다73321판결). 그러나 분할 또는 분할합병 후에 확정 또는 발생된 채무는 포함되지 않는다(대법원 2007.11.29.선고 2006두18928판결).

(3) 제530조의9 제1항에 따라 채권자가 연대책임을 물을 수 있는 기간이나 금액에 대해서 아무런 제한규정을 두고 있지 않지만 채권자를 분할 또는 분할합병 이전의 상태보다 더욱 두텁게 보호할 필요는 없다. 분할 또는 분할합병으로 인하여 설립되는 회사 또는 존속하는 회사(이하 '수혜회사'라 한다)가 채권자에게 연대하여 변제할 책임을 부담하는 채무는 분할 또는 분할합병 전의 회사가 채권자에게 부담하는 채무와 동일한 채무이다. 따라서 수혜회사(단순분할신설회사, 분할합병승계회사, 분할합병신설회사를 말한다)가 채권자에게 부담하는 연대채무의 소멸시효 기간과 기산점은 분할 또는 분할합병 전의 회사가 채권자에게 부담하는 채무와 동일한 것으로 봄이 타당하다. 결국, 채권자는 해당 채권의 시효기간 내에서 분할로 인하여 승계되는 재산의 가액과 무관하게 연대책임을 물을 수 있다(대법원 2017.5.30.선고 2016다34687판결).

2) 분할책임

(1) 단순분할의 경우에 분할회사가 상법 제530조의3 제2항의 규정에 의한 결의로 분할에 의하여 회사를 설립하는 경우 단순분할신설회사가 분할회사의 채무 중에서 분할계획서에 승계하기로 정한 채무에 대한 책임만을 부담하게 할 수 있다(제530조의9 제2항 1문). 이 경우 분할회사가 분할 후에 존속하는 경우에는 단순분할신설회사가 부담하지 아니하는 채무에 대한 책임만을 부담한다(제530조의9 제2항 2문). 단순분할신설회사가 분할계획서에 승계하기로 정한 채무에 대한 책임만을 부담하는 경우에는 분할회사와 단순분할신설회사가 연대책임을 부담하는 경우와 달리 채권자보호절차를 거쳐야 한다(제530조의9 제4항, 제527조의5). 만약 이를 위반한 경우에는 분할 무효의 사유가 되며, 일부의 채권자보호절차를 거치지 않은 경우(예 알고 있는 채권자(채권자가 누구이고 그 채권이 어떠한 내용의 청구권인지가 대체로 회사에게 알려져 있는 채권자를 말하며, 회사에 알려져 있는 자는 물론이고 회사 대표이사 개인이 알고 있는 채권자도 포함됨)에게 개별적 최고절차를 거치지 않은 경우)에는 단순분할신설회사는 분할회사와 연대하여 분할 전 회사의 채무를 이행할 책임이 있다(대법원 2011.9.29.선고 2011다38516판결).

> **【판례】 대법원 2010.2.25.선고 2008다74963판결**
>
> <u>분할되는 회사와 신설회사가 분할 전 회사의 채무에 대하여 연대책임을 지지 않는 경우</u>에는 채무자의 책임재산에 변동이 생기게 되어 채권자의 이해관계에 중대한 영향을 미치므로 채권자의 보호를 위하여 분할되는 회사가 알고 있는 채권자에게 개별적으로 이를 최고하고 만약 그러한 <u>개별적인 최고를 누락한 경우에는 그 채권자에 대하여 신설회사와 분할되는 회사가 연대하여 변제할 책임을 지게 된다</u>고 할 것이나, 채권자가 회사분할에 관여되어 있고 회사분할을 미리 알고 있는 지위에 있으며, 사전에 회사분할에 대한 이의제기를 포기하였다고 볼 만한 사정이 있는 등 예측하지 못한 손해를 입을 우려가 없다고 인정되는 경우에는 개별적인 최고를 누락하였다고 하여 그 채권자에 대하여 신설회사와 분할되는 회사가 연대하여 변제할 책임이 되살아난다고 할 수 없다.

(2) 분할합병의 경우에 분할회사가 상법 제530조의3 제2항에 따른 결의로 분할합병에 따른 출자를 받는 분할합병승계회사 또는 분할합병신설회사가 분할회사의 채무 중에서 분할합병계약서에 승계하기로 정한 채무에 대한 책임만을 부담하는 것으로 정할 수 있고, 이 경우 분할회사가 분할 후에 존속하는 경우에는 분할합병승계회사 또는 분할합병신설회사가 부담하지 아니하는 채무에 대한 책임만을 부담한다(제530조의9 제3항).

(3) 회사가 분할 또는 분할합병되고 분할회사가 분할 후에도 존속하는 경우, 단순분할신설회사 또는 분할합병승계회사나 분할합병신설회사가 분할 또는 분할합병 전의 회사채무를 전혀 승계하지 않기로 하는 내용의 합의는 상법 제530조의9에 위반한 것이어서 상법 제527조의5에서 정한 채권자보호절차를 거쳤는지 여부를 불문하고 채권자에 대한 관계에서는 아무런 효력이 없다(대법원 2006.10.12.선고 2006다26380판결).

4. 이사·감사의 선임 및 정관변경

단순분할의 경우 또는 신설분할합병의 경우에는 각각 분할계획서 또는 분할합병계약서에 신설회사의 이사와 감사를 정할 수 있다(제530조의5 제1항 제9호, 제530조의6 제2항 제1호). 흡수분할합병의 경우에는 분할합병계약서에 상대방회사의 이사와 감사를 정할 수 있다(제530조의6 제1항 제10호). 또한 흡수분할합병계약서에 상대방회사의 정관변경사항을 기재할 수 있다(제530조의6 제1항 제11호).

5. 주식의 귀속

1) 인적 분할

인적 분할의 경우에는 분할회사의 주주들은 분할계획서 또는 분할합병계약서에서 정한 바에 따라 신설회사의 신주 또는 흡수분할합병의 상대방회사의 신주 또는 자기주식을 교부받게 된다. 다만, 흡수분할합병의 상대방회사(분할합병 승계회사)는 분할회사의 주주에게 신주 또는 자기주식을 이전하는 대신에 그 대가의 전부 또는 일부를 금전이나 그 밖의 재산(분할합병승계회사의 모회사주식 포함)으로 제공할 수 있다(제530조의6 제4항). 분할합병승계회사가 상법 제530조의6 제4항에 따라 취득한 모회사의 주식을 분할합병 후에도 계속 보유하고 있는 경우 분할합병의 효력이 발생하는 날부터 6개월 이내에 그 주식을 처분하여야 한다(제530조의6 제5항).

분할회사가 소멸하는 완전분할이나 분할과 함께 분할회사의 자본금 감소가 행해지는 불완전분할의 경우에는 분할회사의 주식과 수혜회사(분할 후 신설회사)의 주식의 교환이 이루어지고, 자본금 감소 없이 행해지는 분할의 경우에는 수혜회사의 주식만을 발행받게 된다.

보충 분할회사의 주식에 질권을 갖는 자는 회사의 분할로 인해 그 주식의 주주가 취득하는 신설회사의 주식 또는 흡수분할합병의 분할합병승계회사의 주식에 대해 물상대위권을 행사할 수 있다(상법 제339조).

2) 물적 분할

물적 분할의 경우에는 신설회사 또는 기존회사의 증가된 자본금에 해당하는 주식은 분할회사 자신이 발행받게 된다.

6. 법정준비금의 승계

단순분할신설회사, 분할합병신설회사, 분할합병승계회사에 출자된 재산의 가액이 출자한 회사로부터 승계한 채무액, 출자한 회사의 주주에게 지급한 금액과 설립된 회사의 자본금액 또는 존속하는 회사의 자본금 증가액을 초과한 때에는 그 초과금액 중 분할되는 회사의 이익준비금 기타 법정준비금은 분할 · 분할합병 후 존속 또는 신설되는 회사가 이를 승계할 수 있다(제459조 제2항).

7. 소송법상의 효력

기존의 존속회사로부터 신설회사가 분할되어 새로 설립되는 방식으로 회사를 분할한 경우 존속회사에 관하여 진행 중인 소송에서 신설된 분할회사로 소송의 당연승계가 인정된다(민사소송법 제234조, 제243조; 대법원 2002.11.26.선고 2001다44352판결).

 회사분할의 무효

1. 무효의 원인

회사분할의 무효에 관해서는 합병무효의 소에 관한 규정이 준용되며(제530조의11 제1항, 제529조), 그 원인으로는 분할계획서 또는 분할합병계약서의 내용이 강행법규에 위반되거나 현저하게 불공정한 경우, 분할 또는 분할합병절차의 하자, 분할 또는 분할합병제한의 위반 등을 들 수 있다.

참고판례 주주가 회사를 상대로 제기한 분할합병무효의 소에서 당사자 사이에 분할합병계약을 승인한 주주총회결의 자체가 있었는지 및 그 결의에 이를 부존재로 볼 만한 중대한 하자가 있는지 등 주주총회결의의 존부에 관하여 다툼이 있는 경우 주주총회결의 자체가 있었다는 점에 관해서는 회사가 증명책임을 부담하고 그 결의에 이를 부존재로 볼 만한 중대한 하자가 있다는 점에 관해서는 주주가 증명책임을 부담하는 것이 타당하다(대법원 2010.7.22.선고 2008다37193판결).

2. 소의 당사자

1) 원 고

분할무효의 소는 분할절차에 중대한 하자가 있는 경우에 각 회사의 주주 · 이사 · 감사 · 파산관재인 및 분할을 승인하지 않은 채권자가 제기할 수 있다. 여기서 주주 · 이사는 존속하는 분할회사나 단순분할신설회사 또는 분할합병신설회사, 분할합병승계회사의 주주 · 이사를 말한다.

2) 피 고

분할무효판결의 효력은 회사조직의 변동을 초래하므로 당연히 회사를 피고로 하여야 하며, 회사는 분할 및 분할합병으로 인해 신설된 회사, 존속하는 회사 모두를 공동피고로 하는 필수적 공동소송이 되어야 한다.

3. 기타의 소송절차

기타 소제기절차, 즉 소의 전속관할, 소제기의 공고, 소의 병합심리, 법원의 자유재량권에 대해서는 회사설립무효의 소에 관한 규정이 준용된다(제530조의11 제1항, 제240조, 제186조 내지 제189조).

다만, 회사채권자가 분할무효의 소를 제기한 때에는 회사가 채권자의 악의를 소명하고 채권자에게 담보를 제공할 것을 법원에 청구할 수 있고, 이때 법원은 담보제공명령을 할 수 있다(제530조의11 제1항, 제237조, 제176조 제3항·제4항).

4. 무효판결의 효력

분할무효판결의 효력은 당사자 이외에 제3자에 대해서도 효력이 있고(대세적 효력), 판결의 효력은 소급하지 않는다(제530조의11 제1항, 제240조, 제190조). 그 이외의 무효판결의 효력은 합병무효판결의 효력에 관한 규정(제239조)을 준용하고 있다.

그리고 단순분할의 경우 무효판결은 바로 분할에 의해 신설된 회사의 설립이 무효로 되어 분할당사회사 간의 법률관계가 회복된다.

또한 분할합병의 무효의 경우 신설회사가 분할회사 및 상대방회사로부터 승계한 재산과 채무는 각기 분할 전의 상태로 복귀한다. 따라서 분할 후에 신설회사가 취득한 재산은 분할회사 및 그 상대방회사의 공유로 하고, 분할 후의 회사가 부담한 채무는 쌍방회사의 연대채무로 한다(제530조의11 제1항, 제239조).

제6절 회사의 해산

I. 회사의 해산의 의의 및 사유

1. 회사의 해산의 의의

회사의 해산이란 회사의 법인격을 소멸시키는 원인이 되는 법률요건을 말한다. 해산에 의해 회사는 청산의 목적범위 내에서 존속하게 되고, 청산절차가 종료한 때에 법인격을 소멸하게 된다.

해산 후의 회사의 법적 성질에 대해서는 해산 전의 회사와 동일성을 갖는다는 견해(동일회사의 존속설)가 통설이다.

2. 회사의 해산사유

회사의 해산사유에 대해서는 회사의 종류에 따라 각기 다르게 규정하고 있다.

1) 합명회사

① 존립기간의 만료 기타 정관으로 정한 사유의 발생, ② 총사원의 동의, ③ 사원이 1인이 된 때, ④ 합병, ⑤ 파산, ⑥ 법원의 해산 명령 또는 판결을 해산사유로 하고 있다(제227조).

2) 합자회사

합명회사의 해산사유(① 내지 ⑥)와 무한책임사원 또는 유한책임사원 중 어느 한쪽의 사원의 전원이 퇴사한 때를 해산사유로 하고 있다(제269조, 제285조).

3) 유한책임회사

유한책임회사는 합명회사의 해산사유 중 ①, ②, ④, ⑤, ⑥과 사원이 없게 된 경우를 해산사유로 하고 있다(제287조의38).

4) 주식회사

주식회사는 합명회사의 해산사유 중 ①, ④, ⑤, ⑥과 분할 또는 분할합병, 주주총회의 특별결의에 의한 임의해산 등을 해산사유로 하고 있다(제517조). 그리고 주식회사에서는 휴면회사의 해산의제제도(제520조의2)를 두고 있다.

5) 유한회사

유한회사는 합명회사의 해산사유 중 ①, ④, ⑤, ⑥과 사원총회의 특별결의에 의한 임의해산을 해산사유로 하고 있다(제609조).

Ⅱ. 해산명령과 해산판결

1. 해산명령

1) 의 의

모든 회사에 공통적으로 적용되는 해산사유로서 법원의 해산명령제도가 있다. 이 제도는 회사제도가 남용되어 공익을 해(害)하게 되어 회사의 존속을 허용할 수 없을 때 그 법인격을 박탈하기 위해 인정된 것이다. 해산명령은 이해관계인(회사의 존립에 직접 법률상 이해관계가 있는 자를 말한다; 대법원 1995.9.12.선고 95마686결정)이나 검사의 청구 또는 법원의 직권으로 할 수 있다(제176조 제1항). 이러한 해산명령제도는 회사 제도가 남용되는 등 공익적 견지에서 회사의 존속을 허용할 수 없는 경우에 회사의 법인격을 박탈하는 제도이다(대법원 2023.6.15.자 2023마5434결정).

2) 사 유

(1) 회사의 설립목적이 불법인 경우(제176조 제1항 제1호): 정관에 기재된 목적 자체가 불법한 경우 또는 설립의 배후 기도가 불법인 경우를 포함한다(예 정관에 숙박업으로 되어 있으나, 실제로는 도박업을 목적으로 하는 경우).

(2) 회사가 정당한 사유 없이 설립 후 1년 내에 영업을 개시하지 아니하거나 1년 이상 영업을 휴지한 때(제176조 제1항 제2호): 정당한 사유 없이 영업을 하지 않을 경우 해산시킬 수 있으므로 '정당한 사유'의 유무를 판단하는 것이 중요한 문제이다. 사업자금의 부족, 영업실적의 부진과 같은 내부적 여건은 정당한 사유가 있다고 할 수 없고, 개업준비에 1년 이상 소요되거나 영업의 성질로 보아 장기간 준비가 불가피하다면 정당한 사유가 있다고 보아야 한다. '영업의 개시'는 회사의 목적인 사업 자체를 개시하는 것을 말하며, 영업의 전부를 개시하지 않더라도 중요한 일부를 개시한 때에는 해산명령의 사유가 되지 않는다.

보충판례 ① 정당한 사유가 있다고 본 판례: 신축 중인 건물의 소유권을 둘러싸고 분쟁이 발생하여 그 때부터 앞서와 같은 본원의 확정판결이 있을 때까지 사건 본인회사는 그 기능을 사실상 상실하고 시장경영, 점포임대와 그 차임징수, 납세 등 정상적인 업무수행을 하지 못하였으나 이제 위 확정판결에 기하여 위 신축건물을 회수하고 그 기능을 회복하여 위 상인들과의 거래관계를 정산하는 등 정상적인 업무수행을 할 수 있는 위치로 복귀하였음을 인정할 수 있으므로 사건 본인회사가 과거 수년 동안 위와 같은 특별한 사정 때문에 그 정상적인 업무수행을 하지 못한 것을 가리켜 상법 제176조 제1항 제2호 후단 소정의 회사해산명령의 사유인 정당한 사유 없이 1년 이상 영업을 휴지한 때에 해당한다고 볼 수 없다(대법원 1978.7.26.자 78마106결정).
② 정당한 사유가 없다고 본 판례: 회사의 기본재산인 동시에 영업의 근간이 되는 부동산의 소유권귀속과 등기절차 등에 관련된 소송이 계속되었기 때문에 부득이 영업을 계속하지 못하였다고 하여 회사해산 명령 결정을 다투는 경우에 위 소송이 부당하게 제기한 것이였다면 그 영업휴지는 상법 제176조 제1항 제2호

소정의 영업휴지에 정당한 사유가 있는 경우에 해당하지 아니한다(대법원 1979.1.3.자 78마56결정).

(3) 이사 또는 회사의 업무를 집행하는 사원이 법령 또는 정관에 위반하여 회사의 존속을 허용할 수 없는 행위를 한 때(제176조 제1항 제3호): 이사 등의 기관의 지위에서 법령 또는 정관에 위반되는 행위를 한 경우뿐만 아니라 그 지위를 남용하여 회사재산을 처분하여 자기의 채무변제를 하는 경우와 같이 자기의 이익을 위하여 법령 또는 정관에 위반하는 행위를 한 경우도 포함된다. 그러나 법령 · 정관 위반행위를 한 이사나 업무집행사원을 교체함으로써 시정할 수 있는 경우에는 '회사의 존속을 허용할 수 없는 때'에 해당하지 않는다고 본다.

회사의 대표이사가 주금납입을 가장하고 약정한 투자도 하지 않을 뿐만 아니라, 회사 건축물공사에 따른 공사보증금까지 횡령하는 등의 행위를 하고, 또 자본을 끌어들이는 과정에서 사해행위를 하여 형사처벌을 받는 등의 행위를 한 경우에는 상법 제176조 제1항 제3호에 해당한다(대법원 1987.3.6.자 87마1결정).

3) 절 차

법원은 이해관계인이나 검사의 청구에 의하여 또는 직권으로 해산을 명할 수 있다. 여기서 이해관계인이란 사원 · 임원 · 회사채권자 · 이사 등의 위법행위로 피해를 입은 자 등 회사존립에 직접 법률상 이해관계가 있는 자를 말한다(대법원 1995.9.12.선고 95마686판결).

이해관계인의 청구에 의하여 진행되는 절차는 비송사건절차법(제72조 제1항, 제90조, 제91조 참조)에 의한다. 해산명령의 청구가 있는 경우 법원은 회사의 청구에 의하여 해산청구인인 이해관계인에게 상당한 담보의 제공을 명할 수 있다(제176조 제3항). 이때 회사는 이해관계인의 청구가 악의임을 소명(疏明)하여야 한다(제176조 제4항).

그리고 해산명령의 청구가 있는 때에는 법원은 이해관계인이나 검사의 청구에 의하여 또는 직권으로 관리인의 선임 기타 회사재산의 보전에 필요한 처분을 할 수 있다(제176조 제2항).

4) 효 과

해산명령재판의 확정으로 회사는 해산하여 청산절차에 들어가며, 소정기간 내에 해산등기를 하여야 한다(제228조, 제269조, 제521조의2, 제613조 제1항). 해산명령에 의하여 해산하는 경우에는 회사의 계속이 인정되지 않는다.

2. 해산판결

1) 의 의

해산판결제도는 사원의 이익을 보호하기 위하여 인정되고, 사원에 한하여 청구할 수 있고, 일반 소송사건으로서 판결에 의하는 점에서 해산명령제도와 다르다.

2) 사 유

(1) 합명회사 · 합자회사 · 유한책임회사: 합명회사와 합자회사 및 유한책임회사의 사원은 부득이한 사유가 있는 때에 법원에 회사의 해산을 청구할 수 있다(제241조 제1항, 제269조, 제287조의42). 여기서 '부득이한 사유'란 사원 간의 불화가 극심하여 더 이상 업무집행이 이루어질 수 없는 상태에 있는 등 회사의 목적을 달성할 수 없거나 회사의 존속이 불가능한 경우라고 할 수 있다.

(2) 주식회사 · 유한회사: 주식회사와 유한회사는 회사의 업무가 현저한 정돈상태를 계속하여 회복할 수 없는 손해가 생긴 때 또는 생길 염려가 있는 때(예 이사들 간의 심각한 불화로 회사업무가 정체된 경우), 회사재산의 관리 또는 처분의 현저한 실당(失當; 이치에 맞지 아니하고 당연한 도리에 맞지 아니함)으로 인하여 회사의 존립을 위태롭게한 때(예 이사가 회사재산을 부당히 유용처분한 때) 등 부득이한 사유가 있는 때에는 발행주식총수의 100분의 10 이상의 주식을 가진 주주 또는 자본금총액의 100분의 10 이상의 출자좌수를 가진 사원은 법원에 회사의 해산을 청구할 수 있다(제520조, 제613조 제1항). '부득이한 사유'란 모든 사정을 고려하여 회사를 해산하는 것이 회사 및 사원의 이익을 보호할 수 있는 최선의 방법으로 인정되는 경우를 말한다.

> **【판례】 대법원 2015.10.29.선고 2013다53175판결**
>
> '회사의 업무가 현저한 정돈상태를 계속하여 회복할 수 없는 손해가 생긴 때 또는 생길 염려가 있는 때'란 이사 간, 주주 간의 대립으로 회사의 목적사업이 교착상태에 빠지는 등 회사의 업무가 정체되어 회사를 정상적으로 운영하는 것이 현저히 곤란한 상태가 계속됨으로 말미암아 회사에 회복할 수 없는 손해가 생기거나 생길 염려가 있는 경우를 말하고, 부득이한 사유가 있는 때'란 회사를 해산하는 것 외에는 달리 주주의 이익을 보호할 방법이 없는 경우를 말한다.

3) 절 차

해산판결청구사건은 소송사건으로 형성의 소에 해당하며, 회사의 본점소재지를 관할하는 지방법원에 전속한다.

4) 효 과

원고가 승소하면 회사는 해산하여 청산절차에 들어가며, 원고가 패소한 경우 악의 또는 중대한 과실이 있는 때에는 회사에 대하여 손해배상책임을 진다(제242조 제2항, 제269조, 제287조의42, 제520조 제2항, 제613조, 제191조). 원고승소에 의하여 해산한 경우 회사의 계속은 인정되지 않는다.

표 3-3 ▶ 해산명령과 해산판결 비교

목적	해산명령	해산판결
	공익	사원의 이익
요건	① 목적 불법 ② 정당한 사유없이 1년이상 영업을 개시하지 않거나 휴지하는 때 ③ 이사나 업무집행사원의 법령정관위반으로 회사의 존속을 허용할 수 없을 때	회사를 해산하는 이외에 더 이상의 방법이 없는 부득이한 사유가 있는 때 (주식회사: 정돈상태, 현저한 실당)
청구권자	이해관계인이나 검사, 법원 직권 가능	합명·합자·유한책임회사 : 각 사원 주식·유한회사 : 100분의 10이상의 주식 또는 지분을 가진 자
절차	비송사건 절차법	일반 소송법

Ⅲ. 휴면회사의 해산의제

1. 의 의

휴면회사란 사실상 영업을 폐쇄하고 존재하지 않는 회사로서 해산등기를 하지 않고 방치하여 등기부상으로만 존재하는 회사를 말한다.

이러한 휴면회사는 타인의 상호사용을 제한하거나, 등기업무의 번잡 등의 폐해를 가져올 수 있고, 휴면회사를 매매의 대상으로 하는 등 회사범죄의 수단으로 이용되기 쉽기 때문에 거래안전과 주식회사제도의 신용유지를 목적으로 상법은 해산 또는 청산을 의제하고 있다.

2. 해산의제 · 청산의제

1) 해산의제

법원행정처장이 최후의 등기 후 5년을 경과한 회사는 본점의 소재지를 관할하는 법원에 아직 영업을 폐지하지 아니하였다는 뜻의 신고를 할 것을 관보로 공고한 경우에, 그 공고한 날에 이미 최후의 등기 후 5년을 경과한 회사로서 공고한 날로부터 2월 이내에 대통령령이 정하는 바에 의하여 신고하지 아니한 때에는 그 회사는 신고기간이 만료하면 해산한 것으로 본다(제520조의2 제1항 본문).

그러나 그 기간 내에 등기를 하는 것은 신고한 것과 같은 효력이 있다(제520조의2 제1항 단서). 공고가 있는 때에는 법원은 해당 회사에 대하여 공고가 있었다는 뜻의 통지를 하여야 한다(제520조의2 제2항).

2) 청산의제

휴면회사가 해산의제가 된 날로부터 3년 이내에 회사의 계속결의에 의해 계속할 수 있으며, 회사를 계속하지 않는 이상 그 회사는 해산의제 이후 3년이 경과하면 청산이 종결된 것으로 본다(제520조의2, 제3항, 제4항).

【판례】 대법원 2019.10.23.선고 2012다46170 전원합의체 판결

상법 제520조의2에 따라서 주식회사가 해산되고 그 청산이 종결된 것으로 보게 되는 회사라도 어떤 권리관계가 남아 있어 현실적으로 정리할 필요가 있으면 그 범위에서는 아직 완전히 소멸하지 않고, 이러한 경우 그 회사의 해산 당시의 이사는 정관에 다른 정함이 있거나 주주총회에서 따로 청산인을 선임하지 않은 경우에 당연히 청산인이 되며, 그러한 청산인이 없는 때에 비로소 이해관계인의 청구에 따라 법원이 선임한 자가 청산인이 되어 청산 중 회사의 청산사무를 집행하고 대표하는 유일한 기관이 된다.

IV. 해산등기 및 해산의 공시

1. 해산등기

회사가 해산된 경우에는 합병과 파산의 경우 외에는 그 해산사유가 있은 날부터 2주일 내에 본점의 소재지에서 해산등기를 하여야 한다(제228조, 제269조, 제287조의39, 제521조의2, 제613조).

2. 주식회사의 해산의 공시

주식회사의 해산의 경우에는 파산의 경우 외에는 이사는 지체없이 주주에 대하여 그 통지를 하여야 한다(제521조).

제7절 회사의 계속

Ⅰ. 회사계속의 의의

회사의 계속이란 일단 해산된 회사가 청산 중에 해산 전의 상태로 복귀하여 해산 전의 회사와 동일성을 유지하면서 존속 중의 회사로서 존속하는 것을 말한다.[1)]

Ⅱ. 각 회사의 계속형태

1. 합명회사

1) 사원의 동의에 의한 계속

회사의 존립기간 만료시 또는 정관의 사유가 발생하여 해산한 경우, 총사원의 동의로 해산한 경우에는 사원의 전부 또는 일부의 동의로 회사를 계속할 수 있고, 이때 동의하지 아니한 사원은 퇴사한 것으로 본다(제229조 제1항).

그리고 회사설립의 무효 또는 취소판결이 확정된 경우에는 무효·취소의 원인이 있는 특정 사원을 제외한 다른 사원 전원의 동의로써 회사를 계속할 수 있고, 무효·취소원인이 있는 사원은 퇴사한 것으로 본다(제194조).

2) 사원의 가입에 의한 계속

사원이 1인이 되어 해산한 때에는 새로운 사원을 가입시켜 회사를 계속할 수 있고(제229조 제2항), 유한책임사원을 가입시켜 합자회사로 조직변경을 하여 계속할 수도 있다(제242조 제2항).

3) 회생절차개시 및 파산폐지결정에 의한 계속

회사가 파산선고에 의하여 해산한 경우 회생절차개시의 신청을 한 때에는 계속할 수 있고(채무자회생 및 파산에 관한 법률 제35조 제2항), 파산폐지결정이 있으면 정관의 변경에 관한 규정에 따라 회사를 계속할 수 있다(채무자회생 및 파산에 관한 법률 제540조 참조).

---

1) 【학설】 회사계속의 가능 시기에 관한 학설
회사계속에 관하여 잔여재산의 분배가 개시되면 회사계속결의를 할 수 없다는 견해와, 청산종료시까지 회사계속결의를 할 수 있다는 견해가 있다.

2. 합자회사

합자회사가 해산한 경우에도 합명회사의 계속사유인 사원의 동의에 의한 계속, 회생절차 개시신청 또는 파산폐지결정에 의한 계속이 준용된다(제269조).

그리고 합자회사는 무한책임사원과 유한책임사원 중 어느 한 종류의 사원이 전원 퇴사하여 해산한 경우(제285조 제1항)에는 잔존한 사원들은 다른 종류의 사원을 새로 가입시킴으로써 회사를 계속할 수 있고(제285조 제2항), 무한책임사원만 존재하는 경우에는 전원의 동의로 합명회사로 조직을 변경하여 회사를 계속할 수 있다(제286조 제2항).

【판례】 대법원 2017.8.23.선고 2015다70341판결

합자회사가 정관으로 정한 존립기간의 만료로 해산한 경우에도(상법 제269조, 제227조 제1호), 사원의 전부 또는 일부의 동의로 회사를 계속할 수 있다(상법 제269조, 제229조 제1항). 이 경우 존립기간에 관한 정관의 규정을 변경 또는 폐지할 필요가 있는데, 특별한 사정이 없는 한 합자회사가 정관을 변경함에는 총사원의 동의가 있어야 할 것이나(상법 제269조, 제204조), 합자회사가 존립기간의 만료로 해산한 후 사원의 일부만 회사계속에 동의하였다면 그 사원들의 동의로 정관의 규정을 변경하거나 폐지할 수 있다. 그리고 회사계속 동의 여부에 대한 사원 전부의 의사가 동시에 분명하게 표시되어야만 회사계속이 가능한 것은 아니므로, 일부 사원이 회사계속에 동의하였다면 나머지 사원들의 동의 여부가 불분명하더라도 회사계속의 효과는 발생한다.

3. 유한책임회사

유한책임회사의 계속에 대하여는 합명회사의 계속에 관한 규정(제229조 제1항, 제3항)을 준용한다(제287조 의40). 다만, 합명회사와 달리 1인회사가 인정되므로 사원가입에 의한 회사계속규정(제229조 제2항)은 적용되지 않는다.

4. 주식회사

주식회사가 잔존기간 만료나 기타 정관에 정한 사유의 발생, 주주총회의 결의에 의하여 해산한 경우에는 주주총회의 특별결의에 의해 계속할 수 있다(제519조). 또 휴면회사로 의제된 회사도 3년 내에 주주총회의 특별결의에 의해 계속할 수 있다(제520조의2 제3항). 회사의 파산으로 인한 경우에는 합명회사와 같이 회생절차의 개시신청 · 파산폐지결정에 의해 계속할 수 있다.

5. 유한회사

유한회사가 존립기간의 만료나 기타 정관에 정한 사유의 발생, 사원총회의 특별결의에 의하여 해산한 경우에는 사원총회의 특별결의에 의해 회사를 계속할 수 있으며(제610조 제1항), 파산의 경우에는 합명회사와 같이 회생절차의 개시신청 · 파산폐지결정에 의해 계속할 수 있다.

Ⅲ. 회사계속의 등기

회사의 해산등기를 하고 사원 또는 주주의 결의에 의해 회사를 계속할 경우에는 본점소재지에서 2주일 내에 계속등기를 하여야 한다(제229조 제3항, 제285조 제3항, 제287조의40, 제530조 제1항, 제611조).

Ⅳ. 회사계속의 효과

회사의 계속으로 해산 전의 회사로 복귀하더라도 그 효과는 소급하지 않기 때문에 청산 중에 한 청산인의 행위는 효력을 상실하지 않는다.

또한 회사계속의 결과 청산인은 지위를 잃고 해산 전의 기관(회사대표 및 업무집행기관)은 그 권한을 회복한다. 이때 해산할 때 이사였던 자가 당연히 이사로 복귀하는 것은 아니므로 계속결의 총회에서 다시 이사를 선임하여야 한다. 그러나 감사는 해산 후에도 그 지위를 잃지 아니하므로 다시 선임할 필요가 없다.

제 8 절 회사의 청산

Ⅰ. 인적회사의 청산

합명회사와 합자회사의 청산에는 임의청산과 법정청산이 있으며, 임의청산을 원칙으로 한다. 해산한 회사의 재산처분방법을 정관 또는 총사원의 동의로 정한 경우에는 임의청산을 할 수 있다(제247조 제1항 1문). 합명회사와 합자회사는 회사재산처분방법을 정하지 아니한 때, 사원이 1인이 된 때, 해산명령 · 해산판결의 경우는 법정청산에 의하여야 한다.

유한책임회사는 임의청산이 인정되지 아니하며, 법정청산만 인정된다(제287조의45).

그림 3-1 ▶ 인적회사의 청산

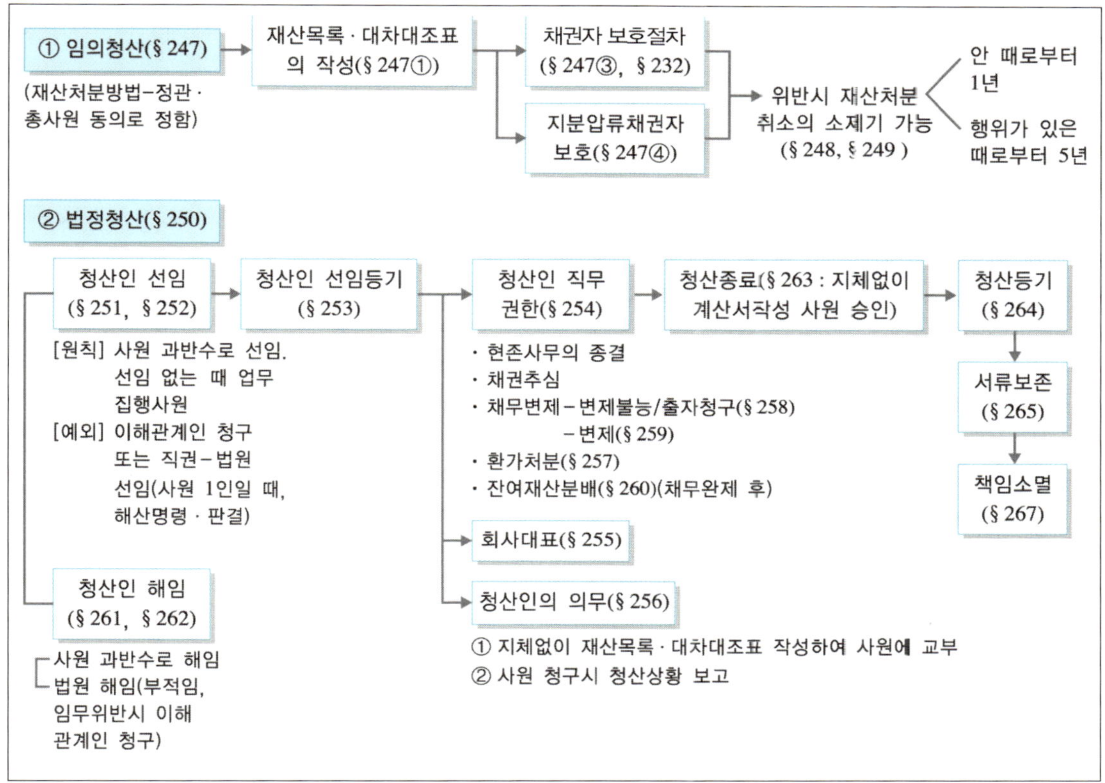

1. 임의청산

1) 재산목록 등의 작성

임의청산을 하는 경우에는 해산사유가 있는 날로 부터 2주간 내에 재산목록과 대차대조표를 작성하여야 한다(제247조 제1항 1문).

2) 일반채권자의 보호절차

임의청산을 하는 경우 재산의 처분이 불공정하게 행하여질 우려가 있기 때문에 상법은 채권자보호절차를 요구하고 있다. 회사는 해산사유가 있은 날로부터 2주간 내에 채권자에 대하여 이의가 있으면 1월 이상의 일정한 기간 내에 이의를 제출할 것을 공고하고, 회사가 알고 있는 채권자에 대하여는 각별로 최고하여야 한다(제247조 제3항, 제232조 제1항). 채권자가 이의를 제출한 경우에는 변제 또는 상당한 담보를 제공하거나 이를 목적으로 하여 상당한 재산을 신탁회사에 신탁하여야 한다(제247조 제3항, 제232조 제3항).

이러한 절차에 위반하여 회사재산을 처분함으로써 회사채권자를 해(害)한 때에는 회사채권자는 그 위반함을 안 날로부터 1년 내, 그 처분이 있은 날로부터 5년 내에 재산처분취소를 법원에 청구할 수 있다(제248조 제1항).

3) 지분압류채권자의 보호절차

사원의 지분을 압류한 채권자가 있을 경우에는 압류채권자의 동의를 얻어야 하며(제247조 제4항), 회사가 동의를 얻지 않고 재산을 처분한 때에는 압류채권자는 회사에 대하여 그 지분에 상당하는 금액의 지급을 청구할 수 있으며, 또한 상법 제248조에 의하여 재산처분의 취소를 청구할 수 있다(제249조).

4) 청산등기

회사는 그 재산의 처분을 완료한 날로부터 2주일 내에 본점소재지에서 청산종결의 등기를 하여야 한다(제247조 제5항).

5) 장부 등의 보존

회사의 장부와 영업 및 청산에 관한 중요서류는 청산등기 후 10년간 보존하여야 하고, 전표 기타 서류는 5년간 보존하여야 하며, 보존인과 보존방법은 총사원의 과반수로 정한다(제266조).

2. 법정청산

1) 사 유

합명회사와 합자회사의 법정청산은 청산인이 법정절차에 따라서 하는 청산으로, 사원이 1인이 된 경우나 법원의 해산명령 또는 해산판결을 받은 경우에는 반드시 법정청산에 의하여야 한다(제247조 제2항, 제269조). 또한 정관이나 총사원의 동의로 재산의 처분방법을 정하지 아니한 때에도 법정청산에 의하여야 한다(제250조, 제269조). 유한책임회사의 청산은 합명회사에 관한 규정이 준용된다(제287조의45).

2) 청산인

(1) 청산인의 선임: 청산인은 법정청산절차에 있어서 청산사무를 집행하고 청산 중의 회사를 대표하는 자를 말한다. 청산인은 총사원의 과반수(합자회사는 무한책임사원 과반수)의 결의로 선임하며(제251조, 제287조 제1항), 별도의 선임절차가 없는 경우 업무집행사원이 청산인이 된다(제251조 제2항, 제287조). 그러나 회사가 사원이 1인이 된 때와 해산명령 · 해산판결에 의하여 해산한 때에는 반드시 법원

은 사원 기타 이해관계인이나 검사의 청구 또는 직권으로 청산인을 선임한다(제252조). 청산인이 선인된 때에는 그 선임이 된 날부터, 업무집행사원이 청산인이 된 때에는 해산된 날부터 2주일 내에 본점소재지에서 일정한 법정사항을 등기하여야 한다(제253조 제1항).

(2) 청산인의 해임: 법원에서 선임된 경우를 제외하고 사원에 의해 선임된 청산인은 총사원의 과반수 결의로 해임할 수 있으며(제261조), 청산인이 그 직무를 집행함에 현저하게 부적임하거나 중대한 임무에 위반한 행위가 있는 때에는 법원은 사원 기타 이해관계인의 청구에 의하여 청산인을 해임할 수 있다(제262조). 청산인의 해임시 변경등기를 하여야 한다(제253조 제2항).

(3) 청산인의 권한: 청산인은 청산사무를 집행하며, 청산인이 수인이면 과반수 결의로 청산사무를 집행한다(제254조 제1항, 제2항). 청산인은 청산사무에 관하여 재판상·재판외의 모든 행위를 할 수 있다(제254조 제3항). 수인의 청산인이 있는 경우 대표청산인을 정하거나 공동대표청산인으로 할 수 있다(제255조 제2항). 대표청산인의 권한에 대한 제한은 선의의 제3자에게 대항할 수 없다(제265조, 제209조 제2항).

(4) 청산인의 의무: 청산인은 취임 후 지체없이 회사의 재산상태를 조사하고 재산목록과 대차대조표를 작성하여 각 사원에게 교부하여야 한다(제256조 제1항). 그리고 청산인은 사원의 청구가 있는 때에는 언제든지 청산의 상황을 보고하여야 한다(제256조 제2항).

(5) 청산인의 책임: 청산인이 임무해태로 인하여 회사에 손해를 가하거나 제3자에게 손해가 발생한 때에는 손해배상책임을 진다. 또한 대표청산인이 청산사무집행으로 제3자에게 손해를 가한 때에는 회사와 연대하여 손해배상책임을 진다(제265조, 제210조).

(6) 청산인의 직무

① 현존 사무의 종결: 회사의 해산 전부터 계속되고 있는 모든 사무를 종결하여야 하며, 새로운 행위를 할 수 없다. 그러나 청산사무 종결을 위해서는 새로운 법률행위를 할 수 있다.

② 채권의 추심: 회사의 채권을 추심하여야 하며, 회사에 현존하는 재산이 회사의 채무를 변제함에 부족한 경우에는 청산인은 각 사원에 대하여 그의 지분에 비례하여 출자를 청구할 수 있다(제258조).

③ 채무의 변제: 청산사무 종결을 위해 변제기가 도래하지 않은 채무도 변제할 수 있다(제259조 제1항). 이 경우 이자 없는 채권에 관하여는 변제기까지의 법정이자를 가산하여 그 채권액에 달할 금액을 변제하면 되고(제259조 제2항), 이자 있는 채권으로서 그 이율이 법정이율에 달하지 못하는 것에 대하여는 법정이자와 약정이자의 차액도 가산하여 그 채권액에 달할 금액을 변제하여야 한다(제259조 제3항). 그리고 조건부채권이나 존속기간이 불명확한 채권 또는 가액이 불확정한 채권에 대하여는 법원이 선임한 감정인의 평가에 의하여 변제하여야 한다(제259조 제4항).

④ 재산의 환가처분: 청산인은 채무의 변제와 잔여재산분배를 위하여 회사재산을 처분하거나 총사원의 과반수의 결의로 영업의 전부 또는 일부를 일괄하여 양도할 수 있다(제257조).

⑤ 잔여재산의 분배: 청산인은 회사채무를 완제(完濟)한 후 사원에게 회사재산을 분배할 수 있으며, 다툼이 있는 채무가 있을 때에는 그 변제에 필요한 재산을 유보하고 분배하여야 한다(제260조).

(7) 청산인의 직무정지: 청산인의 직무정지와 직무대행자의 선임에 관해서는 상법 제183조의2와 상법 제200조의2의 규정이 준용된다(제265조).

(8) 청산의 종결: 청산인은 그 임무가 종료한 때에는 지체없이 계산서를 작성하여 각 사원에게 교부하고 총사원의 승인을 얻어야 한다(제263조 제1항). 사원이 계산서를 받은 날로부터 1월 내에 이의를 하지 않은 때에는 부정행위가 없는 한 그 계산을 승인한 것으로 본다(제263조 제2항). 계산서의 승인이 있은 때에는 승인한 날로부터 2주일 내에 본점소재지에서 청산종결의 등기를 하여야 한다(제264조).

(9) 장부 · 서류의 보존: 총사원의 과반수의 결의로 회사의 장부와 영업 및 청산에 관한 중요한 서류의 보존인과 보존방법을 정하고, 청산등기 후 장부는 10년간 보존하여야 하고, 전표 또는 이와 유사한 서류는 5년간 보존하여야 한다(제266조).

Ⅱ. 물적회사의 청산

물적회사인 주식회사와 유한회사는 반드시 법정청산에 의하여 회사를 청산하여야 한다. 법정청산은 법정절차에 따라 청산인에 의하여 청산사무가 집행되고, 주주총회 또는 사원총회의 청산승인으로 사실상 청산이 종료하게 된다.

1. 총 설

주식회사가 해산하면 합병 · 파산 · 분할 · 분할합병의 경우를 제외하고는 청산을 하여야 한다(제531조 제1항). 주식회사에 있어서의 청산의 의의, 청산 중의 회사의 성질은 합명회사에서 본 바와 같으며, 청산절차에 관해서는 합명회사의 청산규정이 준용된다(제542조 제1항, 제245조, 제252조 내지 255조, 제259조, 제260조와 제264조). 유한회사의 청산은 주식회사의 규정이 준용(제613조 참조)되므로 별도로 설명하지 않기로 한다.

2. 청산인

1) 의 의

주식회사가 청산에 들어가면 업무집행과 관계없는 주주총회와 감사는 그대로 존속하지만,

그림 3-2 ▶ 물적회사의 청산

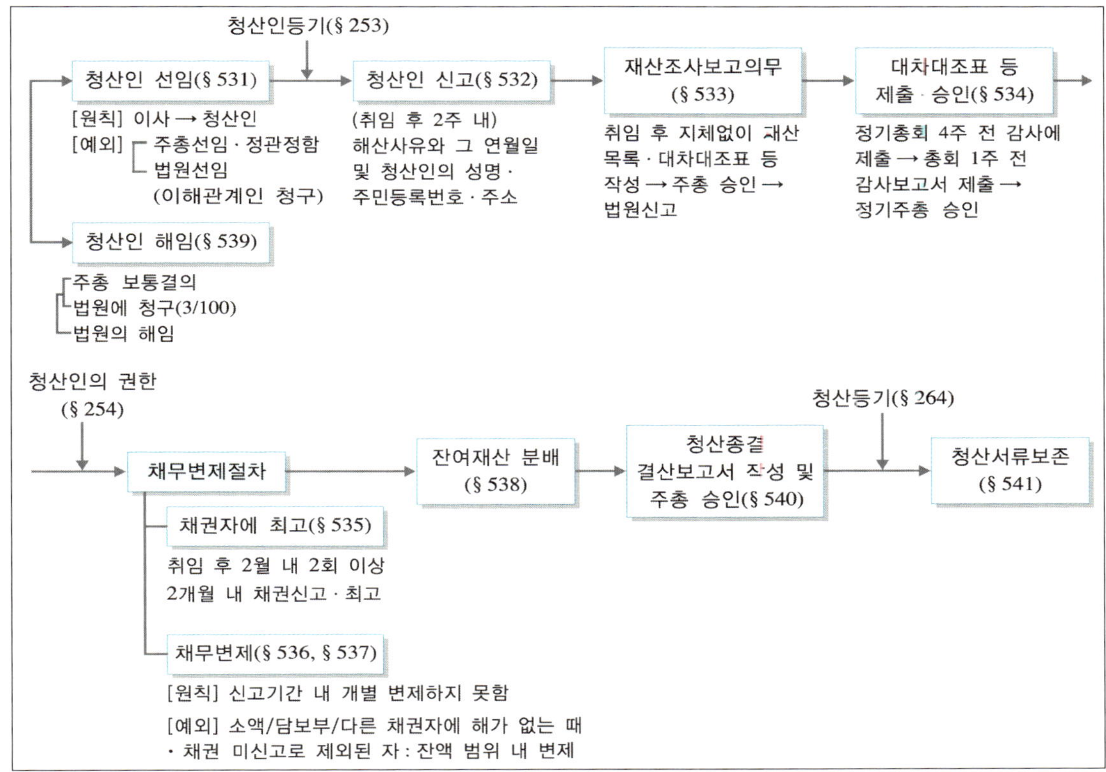

이사 · 이사회 · 대표이사는 그 지위를 상실하고 청산인 · 청산인회 · 대표청산인이 각각 이에 갈음하여 청산업무를 행한다.

2) 청산인의 선임 · 해임

원칙적으로 합병 · 분할 또는 분할합병 · 파산의 경우 외에는 이사가 청산인이 되지만, 정관 또는 주주총회의 결의로 이사 이외의 자를 청산인으로 정할 수 있다(제531조 제1항). 그러나 청산인이 될 자가 없는 때에는 법원이 이해관계인의 청구에 의하여 청산인을 선임한다(제531조 제2항). 청산인은 법원이 선임한 경우를 제외하고는 언제든지 주주총회의 보통결의에 의해 해임할 수 있으며(제539조 제1항), 발행주식총수의 100분의 3 이상을 가진 주주(상장회사는 발행주식총수의 1단분의 50(자본금 1천억원 이상의 회사는 1만분의 25) 이상의 주식을 보유한 주주)는 본점소재지를 관할하는 지방법원에 청산인 해임청구를 할 수 있다(제539조 제2항 · 제3항). 청산인의 선임과 해임은 등기사항이다(제542조 제1항, 제253조).

【판례】 대법원 1981.9.8.선고 80다2511판결[동지: 대법원 1991.11.22.선고 91다22131판결]
상법 제531조에 의하면 회사가 해산한 경우(합병 또는 파산의 경우 제외) 정관에 다른 규정이 있거나 주주총회에서 타인을 선임한 때를 제외하고 해산 당시의 이사는 청산인이 되는 것으로 규정하고 있는바, 여기에 이사라 함은 상법 제386조·제389조에 의하여 선임된 일시이사 등도 포함된다고 해석된다. 왜냐하면 이 일시이사 등은 상법 제407조에 의한 직무대행자와는 달리 본래의 이사나 대표이사와 똑같은 권한을 가지며, 회사의 상무에 속하지 아니하는 행위도 할 수 있기(당원 1968.5.22.자 68마119결정 참조) 때문이다.

3) 원수·자격·임기

청산인은 이사와는 달리 법률상 정원에 관한 규정이 없으므로 청산인 수에 대해서는 학설의 대립이 있다.[1] 청산인이 1인인 경우에는 그 1인의 청산인이 당연히 대표청산인이 된다(대법원 1989.9.12.선고 87다카2691판결). 청산인의 결원시의 퇴임청산인의 권리·의무 및 청산인의 직무를 행할 자의 선임은 이사의 경우와 같다(제542조 제2항, 제386조, 제407조, 제408조). 청산인의 자격에는 특별한 제한이 없으며 자연인뿐만 아니라 법인도 될 수 있다. 청산인의 임기에 관해서도 특별한 규정이 없으나 청산이 종료할 때까지 존재하는 것이라고 본다.

4) 이사에 관한 규정의 준용

청산인에 대하여 상법 제398조부터 제406조까지, 제406조의2, 제407조, 제408조의 이사에 관한 규정이 준용된다(제542조 제2항).

3. 청산인회·대표청산인

청산인회는 청산사무의 집행에 대한 의사결정을 하고(제542조 제2항, 제393조), 대표청산인이 청산인회의 의사결정에 따라 청산사무에 관한 재판상·재판외의 일체의 집행을 담당한다(제542조 제2항, 제389조 제3항, 제209조). 이사가 법정청산인이 되는 경우는 해산 전의 대표이사가 대표청산인이 되며, 법원이 청산인을 정한 경우에는 법원이 대표청산인을 정하고, 기타의 경우는 청산인회의 결의로써 대표청산인을 정한다(제542조 제2항, 제389조 제1항). 청산 및 대표청산인의 선임은 등기하여야 하며, 이는 대항요건에 불과하다(대법원 1981.9.8.선고 80다2511판결).

---

1) 【학설】 청산인의 수에 관한 학설
청산인의 수에 관해서는 상법에 규정이 없으나 청산인회와 관계상 원칙적으로 2인 이상이어야 한다는 견해(통설)와 1인이어도 무방하다는 견해(판례·소수설)가 있다. 2인 이상을 원칙으로 하는 견해도 자본금 10억원 미만의 회사는 1인의 청산인을 두어도 무방하다고 한다.

4. 청산사무

1) 주된 사무

청산인이 해야 할 청산사무 중 주된 사무는 현존 사무의 종결, 채권의 추심과 채무의 변제, 재산의 환가처분, 잔여재산의 분배로서 합명회사와 같으나(제542조 제1항, 제254조 제1항), 다만 채무의 변제와 잔여재산의 분배에 관해 특별규정을 두고 있다.

(1) 채권자에 대한 최고: 청산인은 취임한 날로부터 2월 내에 회사채권자에 대하여 일정한 기간 내에 채권을 신고할 것과 그 기간 내에 신고하지 아니하면 청산에서 제외된다는 뜻을 2회 이상 공고로써 최고하여야 한다(제535조 제1항 본문).

신고기간은 2월 이상으로 하여야 한다(제535조 제1항 단서). 회사가 알고 있는 채권자에 대하여는 각별로 채권신고를 최고하여야 하며, 그 채권자가 신고하지 아니한 때에도 이를 청산에서 제외하지 못한다(제535조 제2항).

(2) 신고기간 내의 변제금지: 채권자의 채권신고기간 내에는 변제기가 도래한 채권이라도 변제하지 못한다(제536조 제1항 본문). 그러나 그 변제의 지연으로 인한 손해배상책임은 면하지 못한다. 한편, 소액의 채권, 담보 있는 채권, 기타 변제로 인하여 다른 채권자를 해할 염려가 없는 채권에 대하여는 신고기간 내라도 법원의 허가를 얻어 이를 변제할 수 있다(제536조 제2항).

(3) 제외된 채권자의 권리: 채권신고기간 내에 신고하지 아니하여 청산에서 제외된 채권자는 주주에게 분배되지 않은 재산의 범위 내에서만 변제를 청구할 수 있다(제537조 제1항). 그러나 이미 일부의 주주에게 재산의 분배를 한 경우에는 그와 동일한 비율로 다른 주주에게 분배하는 데 필요한 재산을 잔여재산에서 공제하고 남는 재산이 있을 때에만 변제를 청구할 수 있다(제537조 제2항).

(4) 잔여재산분배: 채무를 완제하고 남은 재산은 주주에게 분배하여야 하며, 이 경우 주주평등의 원칙에 따라 주식수에 비례하여 분배한다(제538조 본문). 그러나 잔여재산분배에 관하여 내용이 다른 주식을 발행한 경우에는 그에 따른다(제538조 단서).

보충판례 동업약정에 따라 주식회사가 설립되어 그 실체가 갖추어진 이상, 주식회사의 청산에 관한 상법의 규정에 따라 청산절차가 이루어지지 않는 한 일방당사자가 잔여재산을 분배받을 수 없고, 이러한 법리는 동업약정에 따라 주식회사가 설립된 후 당사자 일방이 동업관계에서 탈퇴를 주장하여 정산을 구하는 경우에도 그대로 적용된다(대법원 2022.10.27.선고 2018다273530판결; 대법원 2024.6.27.선고 2022다302022판결; 대법원 2024.7.11.선고 2022다307379판결).

【판례】 대법원 2024.6.27.선고 2022다302022판결

동업약정 당사자들의 공동사업이 주식회사 명의로 운영되고 대내관계 및 대외관계에서 주식회사의 법리에 따르기 위해서는 동업약정 당사자들이 출자한 자금으로 주식회사의 주식을 인수하여 주식회사의 주주가 되는 것이 전제되어야 한다. 당사자 일부는 주식회사 주식을 취득하였지만 다른 일부가 주식을 취득하지 않아 당사자들 모두가 주주가 되지는 않은 동업약정의 경우, 주주가 되지 않은 동업약정 당사자들의 자금이 주식회사에 투자되었다고 하더라도 이러한 동업약정의 당사자들이 공동으로 주식회사를 설립하거나 운영한다고 볼 수 없고, 주식회사 주식이나 주식회사 소유의 재산도 동업약정의 재산이 될 수 없다.

2) 부수적 사무

(1) 청산인의 신고: 청산인은 취임한 날로부터 2주간 내에 해산의 사유와 그 연월일, 청산인의 성명과 주민등록번호 및 주소를 법원에 신고하여야 한다(제532조).

(2) 청산재산보고: 청산인은 취임 후 지체없이 회사의 재산상태를 조사하여 재산목록과 대차대조표를 작성하고, 이를 주주총회에 제출하여 승인을 얻은 후 지체없이 법원에 제출하여야 한다(제533조).

(3) 청산대차대조표 등의 제출: 청산인은 정기총회일로부터 4주간 전에 대차대조표 및 그 부속명세서와 사무보고서를 작성하여 감사에게 제출하여야 한다(제534조 제1항). 감사는 이 서류에 관한 감사보고서를 정기총회일 1주간 전에 청산인에게 제출하여야 한다(제534조 제2항). 청산인은 정기총회일 1주간 전부터 대차대조표 · 부속명세서 · 사무보고서 · 감사보고서를 본점에 비치하여야 한다(제534조 제3항). 주주와 회사채권자는 이러한 서류를 열람할 수 있고 등 · 초본의 교부를 청구할 수 있다(제534조 제4항). 청산인은 대차대조표 및 사무보고서를 정기총회에 제출하여 그 승인을 요구하여야 한다(제534조 제5항).

5. 청산의 종결

1) 결산보고서의 제출, 청산종결의 등기

청산사무가 종결한 때에는 청산인은 지체없이 결산보고서를 작성하고 이를 주주총회에 제출하여 그 승인을 얻어야 한다(제540조 제1항). 승인을 한 때에는 부정행위가 없는 한 청산인의 책임을 해제한 것으로 본다(제540조 제2항). 청산인은 승인을 받은 후 청산종결의 등기를 하여야 한다(제542조 제1항, 제264조). 청산종결의 등기를 하였더라도 채권이 있는 이상 청산은 종료되지 않으므로 그 한도에서 청산법인은 당사자능력이 있다(대법원 1968.6.18.선고 67다2528판결). 따라서 청산종결의 등기 후에도 회사채권자는 청산법인을 상대로 소송을 제기할 수 있다(대법원 1982.3.23.선고 81도1450판결).

2) 서류의 보존

회사의 장부 기타 영업과 청산에 관한 서류는 청산인 기타 이해관계인의 청구에 의하여 법원이 정하는 보존인과 보존방법에 따라(제541조 제2항) 청산종결의 등기 후 10년간 보존하여야 하지만, 전표 기타 이와 유사한 서류는 5년간 보존하여야 한다(제541조 제1항).

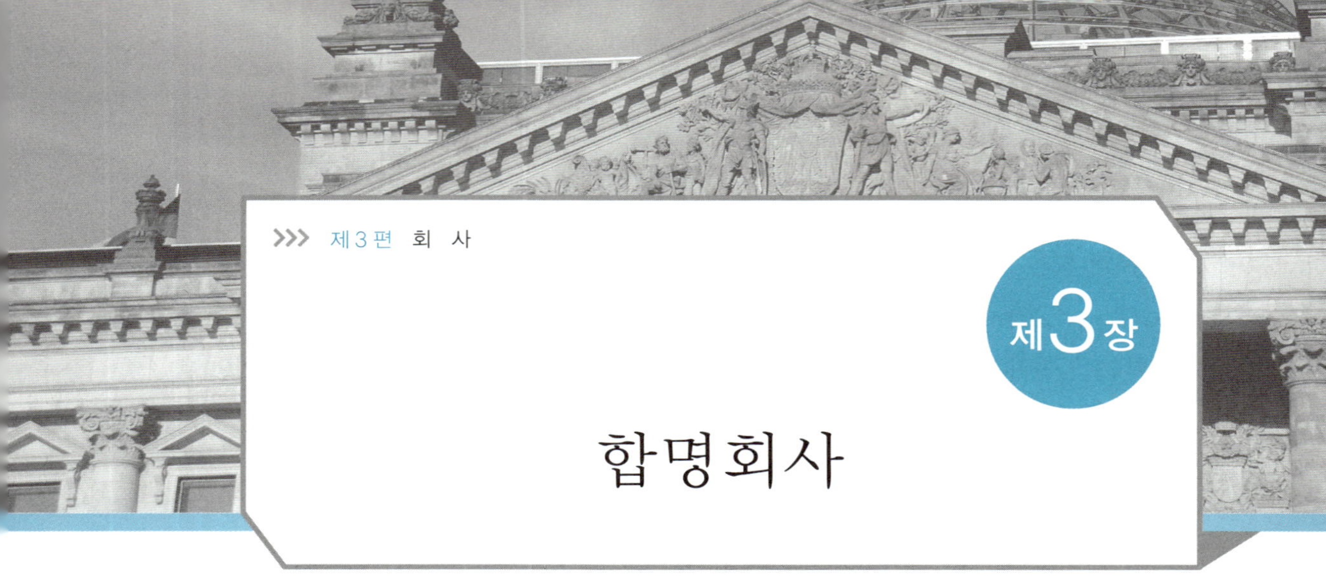

제3장 합명회사

제1절 합명회사의 의의와 법률관계

I. 합명회사의 의의

합명회사란 회사의 채무에 관해 직접 · 무한 · 연대책임을 지는 사원(무한책임사원)들로만 구성되는 회사이다. 그 결과 사원 개개인의 신용은 회사채권자와 사원 상호간에 중대한 영향을 미치게 된다.

따라서 합명회사는 소수의 사원으로 구성되며, 사원 상호간은 신뢰관계를 바탕으로 결합된다. 그리고 사원이 직접 업무집행을 하는 기관(자기기관)을 구성하게 된다.

II. 법률관계

합명회사의 법률관계에 대해서는 내부관계와 외부관계로 나누어 규정하고 있다. 내부관계는 사원과 사원 간 및 사원과 회사의 관계를 말하며, 사원들의 이익과 관련되기 때문에 임의법규의 성질이 강하고 또한 조합적 성질을 갖고 있기 때문에 민법의 조합에 관한 규정이 준용된다(제195조).

그러나 외부관계는 회사와 제3자 및 사원과 제3자의 관계를 말하며, 거래안전을 위하여 강행법규의 성질을 갖는다.

제 2 절 합명회사의 설립

I. 설립의 특색

합명회사의 사원은 무한책임을 지기 때문에 설립의 절차가 간단하다. 사원이 되고자 하는 자 2인 이상이 정관을 작성하고, 설립등기를 함으로써 회사는 성립한다(제172조).

보충 회사설립에 있어 주식회사와의 차이

① 합명회사의 사원은 정관에 의해 특정되지만, 주식회사의 사원은 정관에 의해 특정되지 않는다.
② 합명회사의 사원은 자연인이어야 하지만, 주식회사의 사원은 법인이라도 관계없다.
③ 합명회사는 설립무효 및 취소의 소가 인정되지만, 주식회사의 경우에는 설립취소의 소가 인정되지는 않는다.
④ 합명회사는 설립시 자본형성의 절차를 반드시 필요로 하지 않지만, 주식회사는 설립시 반드시 자본형성의 절차를 거쳐야 한다.
⑤ 합명회사 사원은 노무·신용의 출자가 가능하나, 주식회사의 주주는 노무·신용의 출자가 인정되지 않는다.
⑥ 합명회사의 설립에 대해서는 법원에 의한 검사가 필요 없으나, 주식회사는 현물출자 등 변태설립사항에 있어서 법원에 의한 검사가 필요하다.
⑦ 합명회사의 사원은 스스로 업무집행기관이 되지만, 주식회사는 소유와 경영이 분리되어 업무집행기관을 별도로 구성하여야 한다.

II. 설립절차

1. 정관의 작성

합명회사의 정관은 법정기재사항을 기재하고 총사원의 기명날인 또는 서명에 의하여 효력이 발생하며(제179조), 주식회사의 경우와 달리 공증인의 인증을 필요로 하지 않는다.

정관의 법정기재사항에는 절대적 기재사항, 상대적 기재사항, 임의적 기재사항이 있다.

1) 절대적 기재사항

정관에는 목적, 상호, 사원의 성명·주민등록번호 및 주소, 사원의 출자의 목적과 그 가격 또는 평가의 표준, 본점소재지, 정관의 작성연월일을 기재하여야 한다(제179조).

2) 상대적 기재사항

일부 사원의 업무집행권 제한, 회사의 존립기간, 퇴사사유, 해산사유, 공동대표, 대표사원의 특정, 임의청산 등은 정관에 기재함으로써 그 효력이 있는 상대적 기재사항에 해당한다.

3) 임의적 기재사항

합명회사의 본질 및 강행법규 또는 사회질서에 반하지 않는 사항 등은 정관에 기재할 수 있다.

2. 설립등기

정관의 작성이 완료된 후 언제든지 본점소재지에서 설립등기를 함으로써 회사가 성립된다(제172조). 설립등기는 사원의 대표자의 신청으로 하며 ① 목적, ② 상호, ③ 사원의 성명과 주민등록번호 및 주소, ④ 본점 및 지점소재지, ⑤ 사원의 출자의 목적, ⑥ 재산출자에는 그 가격과 이행한 부분, ⑦ 존립기간 기타 해산사유를 정한 때에는 그 기간 또는 사유, ⑧ 회사를 대표할 사원을 정한 때에는 그 성명과 주소 및 주민등록번호, ⑨ 수인의 사원이 공동으로 회사를 대표할 것을 정한 때에는 그 규정을 등기하여야 한다(제180조). 다만, 대표사원을 둔 때에는 그 밖의 사원의 주소는 등기할 필요가 없다(제180조 제1호 단서).

3. 지점설치의 등기

회사가 지점을 설치하는 경우에는 본점소재지에서 2주일 내에 그 지점의 소재지와 설치연월일을 등기하여야 한다(제181조).

보충 ① 본점·지점의 이전등기: 본점 이전의 경우에는 종전소재지 또는 새소재지에서 2주일 내에 새소재지와 이전연월일을 등기하여야 한다(제182조 제1항). 그리고 지점 이전의 경우에는 본점소재지에서 2주일 내에 새소재지와 이전연월일을 등기하여햐 한다.(제182조 제2항).
② 변경등기: 상법 제180조에 게기한 사항에 변경이 있는 때에는 본점소재지에서 2주일 내에 변경등기를 하여야 한다(제183조).

Ⅲ. 설립의 무효와 취소

1. 설립의 무효

1) 무효원인

설립무효의 원인으로는 설립에 관한 객관적 하자, 설립행위를 한 각 사원의 의사무능력, 상대방이 알고 있는 비진의표시 · 허위표시 등의 주관적 하자 등을 들 수 있다.

2) 소의 절차 및 효과

설립무효는 사원만이 회사가 성립한 날로부터 2년 내에 소에 의하여 주장할 수 있다(기타 절차 및 효과에 대해서는 회사법 총론에 서술하였음).

2. 설립의 취소

설립취소의 원인으로는 피성년후견인이 설립행위를 한 때, 미성년자가 법정대리인의 동의를 얻지 않고 설립행위를 한 때, 사기 · 강박 · 착오에 의해 의사표시를 한 때, 사원이 채권자를 해할 것을 알고 의사표시를 한 때 등이 있다. 취소의 소제기권자는 취소권이 있는 자로서 제한능력자, 사기 · 강박 · 착오에 의해 의사표시를 한 자, 사해행위를 한 사원의 채권자이다(제184조, 제185조). 채권자를 해할 목적으로 설립행위를 한 때에는 채권자는 회사와 사원을 피고로 하여 설립취소의 소를 제기할 수 있다(제185조). 설립취소의 소절차와 효과는 무효의 경우와 같다.

제 3 절 합명회사의 내부관계

합명회사의 내부관계에 관하여는 정관 또는 상법에 다른 규정이 없으면 조합에 관한 민법의 규정을 준용한다(제195조). 상법 제195조에 비추어 볼 때, 합명회사의 내부관계에 관한 상법규정은 원칙적으로 임의규정이고, 정관에서 상법규정과 달리 정하는 것이 허용된다. 이와 같이 합명회사의 정관에서 내부관계에 관하여 상법과 달리 정한 경우, 해당 정관규정이 관련 상법규정의 적용을 배제하는지는 해당 정관규정의 내용, 관련 상법규정의 목적, 합명회사의 특징 등 여러 사정을 종합적으로 고려하여 판단하여야 한다(대법원 2015.5.29.선고 2014다51541판결).

I. 출 자

1. 출자의 의의 및 종류

사원은 정관에 의해 정해진 출자액의 이행책임을 진다(제179조 제4호). 출자란 사원이 회사의 목적사업을 운영하는 데 필요한 재산을 출연(出捐)하는 것으로, 금전 기타 재산뿐만 아니라 노무·신용을 출자할 수 있다. 여기서 노무출자는 회사를 위하여 정신노동이든 육체노동이든 사원이 노무를 제공하는 것을 말하며, 신용의 출자는 사원이 자기의 신용을 회사로 하여금 이용케 하는 것(예 회사채무보증, 어음담보배서 등)을 말한다.

2. 출자의무의 발생과 소멸

1) 추상적 출자의무

사원의 출자의무는 추상적 출자의무와 구체적 출자의무로 나눌 수 있다. 추상적 출자의무는 회사의 설립계약 또는 입사계약에 의하여 발생하고, 이 의무는 사원의 자격에서 회사에 대해 부담하는 것이다. 따라서 출자청구권은 양도 또는 강제집행의 목적이 될 수 없다. 추상적 출자의무는 의무이행 또는 사원자격의 상실에 의해 소멸한다.

2) 구체적 출자의무

구체적 출자의무는 회사의 청구 또는 회사정관에 의한 출자기한의 도래에 의하여 구체화된 하나의 채무이다. 이 의무는 사원의 자격으로부터 독립하여 존재하므로, 양도할 수 있고 강제집행의 목적이 될 수 있다. 구체적 출자의무는 사원이 퇴사한 후에도 존속한다. 사원의 구체적 출자의무는 상계로 회사에 대항할 수 있다.

3. 출자의 이행

1) 이행시기

출자의무의 이행은 정관에 정한 때에는 그에 따르고 정관에 정함이 없는 때에는 회사의 청구에 의해 이행하여야 한다. 이행의 청구는 업무집행의 방법으로 자유로이 정하고, 이행은 사원평등의 원칙에 따라야 한다. 회사가 청산할 경우에 회사에 현존하는 재산이 회사채무를 완제하기 불가능할 때에는 청산인은 이행기가 도래하기 전이라도 사원으로 하여금 출자하게 할 수 있다(제258조).

2) 출자이행 방법

출자이행의 방법은 출자 종류에 따라 다르다. 금전출자의 경우는 실제도 납입하여야 하며, 현물출자에 있어서는 목적물의 권리를 회사에 이전하여야 하며, 하자담보 · 위험부담에 대해서는 민법의 규정이 준용된다(민법 제567조, 제570조 등). 노무는 제공되어야 하며, 신용출자는 필요에 따라 회사채무보증행위나 어음담보배서 등 소정의 행위를 하여야 한다.

3) 이행의무위반의 효과

출자의무의 불이행은 일반채무불이행의 효과를 발생시키는 동시에 당해 사원의 제명, 업무집행권 및 대표권 상실의 원인이 된다(제220조 제1항 제1호, 제205조 제1항, 제216조).

Ⅱ. 업무집행 및 의사결정

1. 업무집행

1) 의 의

업무집행이란 회사의 목적이 되는 사업을 수행하기 위하여 직접 또는 간접으로 관련되는 모든 활동을 말하며, 법률행위나 사실행위 또는 대내적 행위나 대외적 행위도 포함된다. 그러나 업무집행은 영업의 존재를 전제로 하여 영업상의 사무를 집행하는 것이므로, 정관변경 · 영업양도 · 해산 · 조직변경 등 회사의 존립의 기초에 영향을 주는 행위는 제외된다.

2) 업무집행기관

합명회사의 각 사원은 정관에 다른 정함이 없거나 업무집행권이 박탈되는 경우가 아닌 한 회사의 업무를 집행할 권리와 의무가 있다(제200조 제1항). 즉, 각 사원은 별도로 선임행위를 거치지 않고 당연히 업무집행기관을 구성한다. 따라서 정관의 구정이나 총사원의 동의가 있더라도 사원 아닌 자에게 업무집행을 맡길 수 없다. 그러나 청산 중의 회사는 사원이 아닌 자를 청산인으로 선임할 수 있다(제251조 제1항).

3) 업무집행권의 제한과 상실

(1) 업무집행권의 제한: 각 사원은 업무집행권을 갖지만, 정관으로 특히 어떤 사원을 업

무집행사원으로 제한할 수 있다(제200조 제1항). 업무집행권이 없는 사원이라 하더라도 정관에 다른 정함이 없는 한 지배인의 선임과 해임의 결의에는 참가할 수 있다(제203조 참조).

그리고 정관으로 모든 사원 또는 수인의 사원이 그 전원의 동의로만 업무를 집행하도록 할 수 있다(제202조).

(2) 업무집행권의 상실: 사원이 업무를 집행함에 있어서 현저하게 부적임하거나 중대한 의무에 위반한 행위가 있는 때에는 법원(본점소재지를 관할하는 지방법원:제206조, 제186조)은 사원의 청구에 의하여 업무집행권의 상실을 선고할 수 있고(제205조 제1항), 이 경우 판결이 확정된 때에는 본점소재지에서 등기하여야 한다.

【판례】 대법원 2015.5.29.선고 2014다51541판결

상법상 합명회사의 사원 또는 업무집행사원의 업무집행권한을 상실시키는 방법으로는 다음의 두 가지를 상정할 수 있다. 첫째, 상법 제205조 제1항에 따라 다른 사원의 청구에 의하여 법원의 선고로써 권한을 상실시키는 방법이다. 둘째, 상법 제195조에 의하여 준용되는 민법 제708조에 따라 법원의 선고절차를 거치지 않고 총사원이 일치하여 업무집행사원을 해임함으로써 권한을 상실시키는 방법이다. 위 두 가지 방법은 요건과 절차가 서로 다르므로, 상법 제205조 제1항이 민법 제708조의 준용을 배제하고 있다고 보기 어렵다. 따라서 정관에서 달리 정하고 있지 않는 이상, 합명회사의 사원은 두 가지 방법 중 어느 하나의 방법으로 다른 사원 또는 업무집행사원의 업무집행권한을 상실시킬 수 있다.

(3) 업무집행정지 가처분: 사원의 업무집행을 정지하거나 직무대행자를 선임하는 가처분을 하거나 그 가처분을 변경·취소하는 경우에는 본점이 있는 곳의 등기소에서 이를 등기하여야 한다(제183조의2). 직무대행자는 가처분명령에 다른 정함이 있는 경우와 법원의 허가를 얻은 경우 외에는 법인의 통상업무에 속하지 아니하는 행위는 할 수 없다(제200조의2 제1항). 직무대행자가 이에 위반한 행위를 하더라도 회사는 선의의 제3자에게 책임을 진다(제200조의2 제2항).

4) 업무감시권

업무집행권이 없는 사원은 회사의 업무와 재산상태를 언제든지 검사할 수 있는 업무감시권이 있다(제195조; 민법 제710조).[1]

2. 업무집행의 의사결정

원칙적으로 각 사원이 업무를 집행하지만, 다른 사원의 이의가 있는 때에는 곧 그 행위를 중지하고 총사원의 과반수의 결의에 의하여 결정하며(제200조 제2항), 수인의 업무집행사원이 있는 경우 다른 업무집행사원이 이의를 제기할 때에는 그 행위를 중지하고 업무집행사원 과반수의 결의에 의하여 결정한다(제201조 제2항).

1) 【학설】 업무감시권 규정의 성질에 관한 학설
업무감시권 규정은 강행규정으로 정관에 의해서도 박탈할 수 없는 권리라는 견해(통설)와, 내부관계에 속하는 임의규정이므로 정관에 의해 제한할 수 있다는 견해가 있다.

다만, 지배인의 선임과 해임은 정관에 다른 정함이 없으면 업무집행사원이 있는 경우에도 총사원 과반수의 결의에 의하여야 한다(제203조). 이 경우 사원의 의결권은 정관에 다른 정함이 없는 한 1인 1의결권주의(두수주의)에 의한다.

합명회사는 사원총회를 요구하지 않지만, 정관의 정함으로 사원총회를 운영할 수 있다. 사원총회의 결의에 흠이 있으면 일반 무효확인소송에 의해 효력을 다투어야 할 것이다.

【판례】 대법원 1991.6.25.선고 90다14058판결

합명회사나 합자회사의 사원총회결의는 회사의 의사결정으로서 그로 인한 법률관계의 주체는 회사이므로 회사를 상대로 하여 사원총회결의의 부존재나 효력 유무의 확인판결을 받음으로써만 그 결의로 인한 원고의 권리 또는 법률상 지위에 대한 위험이나 불안을 유효적절하게 제거할 수 있는 것이고, 회사가 아닌 사원 등 개인을 상대로 한 확인판결은 회사에 그 효력이 미치지 아니하여 즉시 확정의 이익이 없으므로 그러한 확인판결을 구하는 소송은 부적합하다고 보아야 할 것이다.

Ⅲ. 경업피지의무 · 자기거래제한

1. 경업피지의무

사원은 다른 사원의 동의가 없으면 자기 또는 제3자의 계산으로 회사의 영업부류에 속하는 거래를 할 수 없으며, 동종영업을 목적으로 하는 다른 회사의 무한책임사원 또는 이사가 되지 못한다(제198조 제1항).

다른 사원의 동의는 다른 사원 전원의 동의를 말하며, 사전동의를 원칙으로 한다. 경업피지의무에 관한 규정은 회사의 내부관계에 속하는 사항이므로 정관으로 배제 · 제한 · 강화할 수 있다는 것이 통설의 입장이다. 경업금지의무에 위반한 경우에는 회사는 사원 과반수의 결의로 개입권을 행사할 수 있고(제198조 제2항, 제3항, 제4항), 또 회사는 다른 사원의 과반수의 결의로써 위반행위를 한 사원의 제명의 선고나 업무집행권 또는 대표권의 상실선고를 법원에 청구할 수 있다.

2. 자기거래제한

사원은 다른 사원 과반수의 결의가 있는 때에 한하여 자기 또는 제3자의 계산으로 회사와 거래를 할 수 있다(제199조).

이 경우 제한되는 거래는 직접거래뿐만 아니라 회사에 의한 사원의 채무보증과 같은 간접거래도 포함된다. 이 제한에 위반한 사원은 손해배상의 책임을 지고, 업무집행권 또는 대표권의 상실선고청구의 대상이 된다. 그리고 자기거래제한 위반의 경우는 경업금지의무 위반과 달리 상법 제220조 제1항에 규정이 없으므로 제명대상이 되지 않는다는 견해가 있으나 기타 중요한 사유에 해당하므로 제명대상이 된다고 본다.

Ⅳ. 손익분배

1. 손익의 의의

대차대조표상 순재산액으로부터 채무를 공제한 잔여의 순재산액을 회사의 자본금액인 사원의 재산출자의 총액과 비교하여 전자가 후자를 초과하는 경우를 이익이라 하고, 후자가 전자를 초과하는 경우를 손해라 한다.

2. 손익분배의 기준

손익분배의 기준은 정관이나 총사원의 동의로써 정할 수 있으나, 정함이 없는 때에는 각 사원은 이행한 출자가액에 비례하여 분배를 받으며, 이익 또는 손실에 대하여 분배의 비율을 정한 때에는 그 비율은 이익과 손실에 공통된 것으로 추정한다.

3. 손익분배의 시기와 방법

손익분배의 시기에 관해서는 정관에 정한 바가 있으면 이에 따르고, 없으면 회사는 매 결산기에 대차대조표를 작성하여야 하므로, 이 시기에 분배하는 것으로 볼 수 있다. 손익분배의 방법에 대해서는 정관에 특별한 정함이 없는 한 매 결산기에 금전으로 한다. 손익분배에 있어 특히 회사는 사원이 무한·연대책임을 지므로 이익이 없어도 배당할 수 있다.

Ⅴ. 정관변경

정관은 회사의 본질 또는 강행법규에 위반하지 않는 한 자유로이 변경할 수 있다. 그 변경에는 정관에 다른 규정이 없는 한 총사원의 동의를 요한다(제204조). 정관변경 결의 요건은 정관의 규정으로 완화할 수 있다. 정관변경은 결의로써 그 효력이 발생하지만, 정관변경사항이 등기사항일 때에는 변경등기를 하지 않으면 선의의 제3자에게 대항하지 못한다(제37조 제1항).

Ⅵ. 지분의 변경

1. 지분의 의의

지분이란 첫째로 사원의 지위를 뜻하는 사원권을 의미하며, 둘째로 사원이 퇴사하거나 회사가 해산하는 경우에 사원자격에 기하여 회사로부터 환급받거나 회사에 지급할 금전적인 수액(數額)을 의미한다. 지분이 사원권을 의미하는 점에서 사원은 업무집행권·대표권·감시권 등 공익권과 이익배당청구권·잔여재산분배청구권 등 자익권을 갖는다.

2. 지분의 양도

지분은 사원권을 의미하므로, 그 일부 또는 전부를 양도할 수 있다. 지분의 양도는 다른 사원 전원의 동의를 얻어야 한다(제197조).[1] 지분의 전부를 양도한 때에는 사원자격을 상실하고, 일부를 양도한 경우에는 그 양도인의 지분이 감소된다. 지분의 양도에 의해 사원이 변경된 때에는 이미 지분양도에 다른 사원 전원의 동의를 얻었으므로, 별도로 정관변경 결의를 필요로 하지 않는다. 그러나 사원변경의 등기(즉, 정관변경등기)를 하여야 선의의 제3자에게 대항할 수 있다(제37조 제1항 참조).

지분의 이중양도가 된 경우에는 먼저 등기한 자가 지분을 취득한다(대법원 1996.12.29.선고 96다19321판결). 또한 지분의 전부를 양도한 사원은 지분양도에 따른 변경등기가 됨으로써 회사채무에 대해 등기 후 2년이 경과하면 책임을 면한다(제225조 제2항).

3. 지분의 입질

지분의 입질에 대해 상법은 규정을 두고 있지 않지만, 통설·판례는 입질을 인정하고 있다.[2] 지분의 입질이 있는 경우 그 질권은 이익배당청구권·지분환급청구권·잔여재산분배청구권에는 그 효력을 갖지만, 지분에 대한 질권자의 경매권은 인정되지 않는다.

---

1) 【학설】 지분양도 규정의 완화 가능 여부에 관한 학설
지분의 양도에 다른 사원 전원의 동의를 요하는 상법 제197조는 임의규정으로 보아 정관으로 요건을 완화할 수 있다는 견해(통설)와, 법적 근거가 없으며 지분양도는 다른 사원의 책임에 영향을 주므로 다수결로 허용할 수 없다는 견해가 있다.

2) 【학설】 지분입질에 대한 사원동의에 관한 학설
지분의 입질은 양도규정을 유추하여 다른 사원 전원의 동의가 있어야 한다는 견해(다수설)와, 전원의 동의를 필요로 하지 않고 자유롭게 허용하여야 한다는 견해가 있다.

4. 지분의 압류

사원의 채권자는 지분의 압류가 가능하며, 특히 상법은 압류채권자를 보호하기 위하여 지분의 압류는 사원이 장래에 갖는 이익배당청구권 · 지분환급청구권에 대하여도 그 효력이 있는 것으로 하고 있다(제223조).

보충판례 무한책임사원의 지분은 압류될 수 있으므로 그 지분이 사원의 의사에 반하여 타인에게 양도된 것으로 등기된 경우에는 그 사원은 회복을 위하여 말소등기를 청구할 수 있는 동시에, 사원의 채권자도 채권을 확보하기 위하여 채무자인 사원의 위의 말소청구권을 대위행사할 수 있다(대법원 1971.10.25.선고 71다1931판결).

5. 지분의 상속

합명회사는 사원의 개성이 중시되므로 원칙적으로 지분의 상속은 인정되지 않고, 사망은 퇴사의 원인이 된다(제218조 제3호). 다만, 정관으로 지분을 상속할 수 있음을 정한 때에는 상속인이 사원의 지분을 승계할 수 있으며, 이 경우 상속인은 상속개시일로부터 3월 내에 회사에 대하여 승계 또는 포기의 통지를 발송하여야 한다(제219조 제1항). 3월 내에 통지를 발송하지 않은 경우에는 상속을 포기한 것으로 본다(제219조 제2항). 그러나 청산 중에 사원이 사망한 경우에는 사원의 지분에 대한 지분환급청구권이 인정되므로, 그 권리는 당연히 상속된다(제246조).

제 4 절 합명회사의 외부관계

I. 회사의 대표

1. 대표권자

각 사원은 원칙적으로 회사를 대표할 수 있으나, 정관으로 업무집행사원을 정한 경우에는 대표권에 관한 정함이 없더라도 업무집행사원이 당연히 회사를 대표한다(제207조 본문). 업무집행사원이 수인인 경우 원칙적으로 각자 회사 대표권을 가지며, 정관 또는 총사원의 동의에 의해 회사를 대표할 자를 정할 수 있다(제207조 단서). 이 경우 대표사원은 등기하여야 한다(제180조 제4호).

2. 대표권의 범위 및 제한

회사의 대표사원은 회사의 영업에 관하여 재판상·재판외의 모든 행위를 할 수 있다(제209조 제1항). 그러나 정관 또는 총사원의 동의로써 대표권을 제한할 수 있으며, 대표권의 제한으로 선의의 제3자에게 대항하지 못한다(제209조 제2항). 회사와 사원 간의 소송에 대해서는 회사를 대표할 사원이 없을 때 다른 사원 과반수의 결의로 회사를 대표할 자를 선정하여야 한다(제211조). 업무집행권 없는 사원과 대표권상실선고를 받은 사원은 대표권이 없다. 대표사원이 그 업무를 집행함에 있어서 타인에게 손해를 가했을 때에는 회사는 그 사원과 연대하여 배상책임을 진다(제210조).

3. 공동대표

정관 또는 총사원의 동의로 수인의 사원이 공동으로 회사를 대표할 것을 정할 수 있다(제208조 제1항). 이 경우 대표행위는 대표사원 공동의 의사로 하여야 하며, 단독으로 한 행위는 권한 없는 대표행위가 된다. 그러나 회사에 대한 상대방의 의사표시는 대표사원 1인에 대하여 하더라도 회사에 대하여 효력이 있다(제208조 제2항). 공동대표를 두는 경우에는 등기하여야 한다(제180조 제5호).

【판례】 대법원 2014.5.29.선고 2013다212295판결

정관으로 수인의 사원이 공동으로 회사를 대표할 것을 정하고도 이를 등기하지 아니한 경우, 공동대표사원 중 1인이 단독으로 회사를 대표하여 행위하였더라도 그 대표행위가 정관에 위배된다는 점을 들어 위 대표행위의 유효를 주장하는 선의의 제3자에게 대항하지 못한다.

4. 대표권의 상실

대표사원이 업무집행을 함에 현저하게 부적임하거나 중대한 의무에 위반한 행위가 있는 때에는 법원은 사원의 청구에 의하여 대표권의 상실을 선고할 수 있고(제216조, 제205조 제1항), 다른 사원 전원의 동의에 의해 해임할 수 있다(제195조; 민법 제708조).

Ⅱ. 사원의 책임

1. 의 의

합명회사의 사원은 회사채권자에 대하여 직접·무한·연대책임을 진다(제212조).[1] 여기서 직접이란 채권자가 회사를 거치지 않고 사원에게 바로 변제를 청구할 수 있다는 뜻이며, 연대란 사원들 간의 연대를 말하고, 무한이란 출자액에 관계없이 회사채무의 전액을 변제할 책임이 있다는 뜻이다.

2. 책임의 발생시기와 성질

1) 책임의 발생시기

합명회사는 실질적으로 조합적 공동기업체여서 회사의 채무는 실질적으로 각 사원의 공동채무이므로, 합명회사 사원의 책임은 회사가 채무를 부담하면 법률의 규정에 기해 당연히 발생하는 것이고, '회사의 재산으로 회사의 채무를 완제할 수 없는 때' 또는 '회사재산에 대한 강제집행이 주효하지 못한 때'에 비로소 발생하는 것은 아니다(대법원 2009.5.28.선고 2006다65903판결). 따라서 회사의 채무가 발생하면 회사채권자의 합명회사 사원에 대한 채권은 채권자 취소권의 피보전채권이 될 수 있다.

2) 책임의 성질

사원의 책임은 회사의 재산으로 회사의 채무를 완제할 수 없는 때와 회사재산에 대한 강제집행이 주효하지 못한 때(예 채권자가 회사재산에 대하여 강제집행을 하였음에도 결국 채권의 만족을 얻지 못한 경우)에 하게 되는 것으로(제212조 제1항, 제2항), 보증채무와 유사하다. 따라서 사원은 회사에 변제의 자력이 있으며 집행이 용이한 것을 증명하여 그 변제를 거부할 수 있고(제212조 제3항), 변제의 청구를 받은 사원은 회사가 갖는 항변권으로 회사채권자에 대항할 수 있으며, 이러한 항변권을 이유로 채권자에 대하여 이행을 거절할 수 있다(제214조). 상법 제212조의 규정은 회사채권자가 그와 같은 경우에 해당함을 증명하여 합명회사의 사원에게 보충적으로 책임의 이행을 청구할 수 있다는 책임이행의 요건을 정한 것으로(대법원 2012.4.12.선고 2010다27847판결), 회사채권자를 보다 폭넓게 보호하려는 데 그 취지가 있다(대법원 2011.3.24.선고 2010다99453판결).

---

1) 【학설】 정관에 의한 책임의 제한 가능 유무에 관한 학설
사원의 책임에 대해 사원간에 다른 약정을 하더라도 제3자에게 아무런 효력이 없다는 견해(다수설)와, 사원의 책임은 사원간의 약정에 의해 배제할 수 없다는 견해가 있다.

【판례】 대법원 2012.4.12.선고 2010다27847판결

상법 제212조 제1항에서 정한 "회사의 재산으로 회사의 채무를 완제할 수 없는 때"란 회사의 부채총액이 회사의 자산총액을 초과하는 상태, 즉 채무초과 상태를 의미하는데, 이는 회사가 실제 부담하는 채무총액과 실제가치로 평가한 자산총액을 기준으로 판단하여야 하고, 대차대조표 등 재무제표에 기재된 명목상 부채 및 자산총액을 기준으로 판단할 것은 아니며, 나아가 회사의 신용·노력·기능(기술)·장래 수입 등은 원칙적으로 회사의 자산총액을 산정하면서 고려할 대상이 아니다.

한편, 회사가 사원에게 부담하는 채무에 대해서도 상법 제212조가 적용될 수 있는가에 대하여는 학설의 대립이 있다.[1]

3. 책임의 내용

사원의 책임의 대상이 되는 회사의 채무는 계약상의 채무이든, 불법행위로 인한 손해배상책임과 같은 법정채무이든, 조세나 공법상의 채무이든 발생원인을 묻지 아니하고 모든 채무가 포함된다. 다만, 그 성질상 대체성 있는 채무이어야 한다(대법원 1956.7.5.선고 1956민상147판결).

4. 책임이행의 효과

사원이 회사채권자에게 채무를 변제한 경우에는 회사채무는 소멸하므로 회사에 대해 구상권을 갖고, 회사채권자를 대위한다. 변제를 한 사원은 다른 사원에 대해서도 그 부담부분에 대하여 구상권을 갖는다.

5. 책임의 소멸

사원의 책임은 해산의 경우에는 그 등기 후 5년이 경과하면 소멸하며(제267조 제1항), 이 기간이 경과한 후의 채권자는 분배하지 않은 잔여재산에 대하여만 변제를 청구할 수 있다(제267조 제2항). 또한 퇴사 또는 지분의 전부를 양도한 경우에는 퇴사등기 또는 정관변경등기 후 2년이 경과하면 소멸한다(제225조).

1) 【학설】 회사의 사원에 대한 책임에 관한 학설
회사가 사원에게 부담하는 채무에 대해서는 상법 제212조의 적용을 부정하고 각 사원은 그 손실분담의 비율에 따라 그 사원에게 변제하면 충분하다는 견해(다수설)와, 사원관계와 무관한 원인에 의하여 발생한 채권에 대하여는 제212조를 적용하여 다른 사원이 책임을 져야 하며 사원관계를 원인으로 한 채권에 대해서는 제212조가 적용되지 않는다는 견해(유력설)가 있다.

6. 자칭사원의 책임

사원이 아닌 자가 타인에게 자기를 사원으로 오인시키는 행위를 하였을 때에는 오인으로 인하여 회사와 거래를 한 자에 대하여 사원과 동일한 책임을 진다(제215조). 자칭사원은 회사의 채무변제에 있어 회사가 갖는 항변권으로 대항할 수 있으나, 다른 사원이 갖는 항변으로는 연대관계가 없기 때문에 대항할 수 없다.

제5절 사원의 입사와 퇴사

I. 사원의 입사

사원이 되고자 하는 자는 회사와의 입사계약에 의하여 입사하게 되며, 입사는 정관의 절대적 기재사항의 변동을 가져오므로 총사원의 동의가 있어야 한다. 새로이 입사한 사원은 기존의 회사채무에 대하여 다른 사원과 동일하게 직접·무한·연대책임을 부담한다(제213조).

II. 사원의 퇴사

1. 의 의

퇴사는 주식회사와 유한회사에는 없는 제도로, 「회사의 존속 중」에 특정 사원이 일정한 원인에 의하여 그 사원으로서의 지위를 절대적으로 상실하는 것을 말한다. 회사가 해산한 후에는 사원의 퇴사가 인정되지 않는다. 사원의 퇴사는 지분의 환급이 이루어지는 일부청산에 해당하며, 회사가 해산한 때에는 전부청산이 개시되므로 회사의 일부청산이 있을 수 없기 때문이다(정찬영, 상법 강의(상), 563면). 따라서 회사의 청산 시 사원이 사망한 때에는 퇴사하는 것이 아니라 그의 상속인이 지분환급금청구권을 승계하게 되는 것이다(제246조).

2. 퇴사원인

1) 임의퇴사

정관으로 회사의 존립기간을 정하지 않았거나 어느 사원의 종신까지 존립하도록 한 경우에는 사원의 자유를 속박하지 않도록 사원의 자유의사에 의해 퇴사할 수 있으며, 이 경우 원칙적으로 6월 전에 예고를 하고 영업연도 말에 한하여 퇴사할 수 있다(제217조 제1항).

다만, 사원으로 계속 회사에 관여하기 어려운 개인사정 등 부득이한 사유가 있는 경우에는 언제든지 퇴사할 수 있다(제217조 제2항).

2) 당연퇴사

당연퇴사 사유에 대해서는 상법 제218조 각호에서 다음과 같은 것을 들고 있다. 즉, 정관에 정한 사유의 발생(제1호), 총사원의 동의가 있는 때(제2호), 사원이 사망한 때(제3호), 사원이 성년후견개시의 심판[1]을 받은 때(제4호), 사원이 파산선고를 받은 때(제5호) 등이다. 다만, 사원이 사망한 경우 정관에 정함이 있는 경우에는 퇴사하지 않을 수 있다(제219조).

3) 제명에 의한 퇴사

(1) 의 의: 제명[2]이란 어느 사원이 그의 의사에 반하여 강제적으로 지위를 박탈당하는 것을 말한다. 제명은 회사의 존속을 전제로 하여 인정되므로 사원이 2인인 경우에는 제명이 있을 수 없다(사원이 2안안 경우라도 임의퇴사가 인정되는 점에서 차이가 있다).

(2) 사 유: 제명은 타인의 의사에 반하여 지위를 박탈하는 것이므로, 그 사유가 한정된다. 즉, ① 사원이 출자의무를 이행하지 아니한 때, ② 경업피지의무를 위반한 때, ③ 회사의 업무집행 또는 대표행위에 관하여 부정한 행위가 있는 때, ④ 기타 중요한 사유가 있는 때이다(제220조 제1항).

(3) 절 차: 제명은 다른 사원의 과반수의 결의에 의하여 법원에 제명의 선고를 청구할 수 있다(제220조 제1항 본문). 수인의 사원이 제명대상이 되는 경우에는 사원의 개인적 특질이 고려되어야 하므로 각 사원에 대하여 개별적으로 결의하여야 하며, 이때 사원 과반수는 제명대상인 사원 1인을 제외한 나머지 사원 과반수라고 보아야 한다(대법원 1976.6.22.선고 75다1503판결).

(4) 효 과: 법원의 판결에 의해 제명의 효과가 발생하고, 퇴사하게 된다.

---

1) 【학설】 성년후견개시의 심판의 퇴사원인 여부에 관한 학설
성년후견개시의 심판을 받은 자는 법문의 규정에 따라 퇴사한다는 견해와, 합명회사의 정관의 규정으로 성년후견개시의 심판을 받은 자도 사원이 될 수 있다는 견해가 있다. 후설에 의할 때 사원으로서의 행위는 대리인의 대리에 의한다고 한다.

2) 【학설】 제명에 대한 학설
① 제명사유의 정관 배제: 상법 제220조는 임의규정으로 정관에 의하여 법정제명사유를 배제 또는 제한할 수 있다는 견해와, 상법 제220조를 강행법규로 보아 배제 또는 제한할 수 없다는 견해가 있다.
② 수인의 사원을 제명하는 경우: 수인의 사원을 제명하는 경우에는 개개인에 대해 개별적 결의가 있어야 한다는 견해(판례·다수설)와 일괄하여 제명결의가 가능하다는 견해가 있다.

4) 채권자에 의한 퇴사

사원의 지분을 압류한 채권자는 회사와 채무자인 사원에 대하여 6월 전에 예고하고 그 사원을 영업연도 말에 퇴사시킬 수 있다(제224조 제1항). 그러나 채무자인 사원이 변제를 하거나 상당한 담보를 제공한 때에는 그 예고는 효력을 잃는다(제224조 제2항). '담보를 제공한 때'라 함은 압류채권자와의 사이에서 담보물권을 설정하거나 보증계약을 체결한 때를 말하는 것이므로, 실질적으로 보증과 같은 채권확보와 효력이 있는 중첩적 채무인수계약이 압류채권자와의 사이에서 체결되거나 또는 압류채권자가 위 채무인수를 승낙한 때에는 퇴사예고는 그 효력을 잃는다(대법원 1989.5.23.선고 88다카13516판결).

【판례】 대법원 2014.5.29.선고 2013다212295판결

상법 제269조에 의하여 합자회사에 준용되는 상법 제224조 제1항은 "사원의 지분을 압류한 채권자는 영업연도말에 그 사원을 퇴사시킬 수 있다. 그러나 회사와 그 사원에 대하여 6월 전에 그 예고를 하여야 한다"라고 규정하고 있고, 제2항은 "전항 단서의 예고는 사원이 변제를 하거나 상당한 담보를 제공한 때에는 그 효력을 잃는다"라고 규정하고 있다. 상법 제224조 제1항의 규정 취지는, 사원의 채권자가 사원의 지분을 압류하여도 상법 제197조의 규정에 따라 다른 사원의 동의를 얻어야만 이를 환가할 수 있는 점 등을 감안하여, 사원의 지분을 압류한 채권자에게 퇴사청구권을 인정하고 지분환급에 의하여 채권의 변제를 받을 수 있게 한 것으로서, 위 퇴사청구권은 사원 지분의 압류채권자가 직접 일방적 의사표시로 사원을 퇴사시킬 수 있도록 한 형성권이다. 이에 따라 채권자가 예고기간을 정하여 예고를 한 이상 다른 의사표시 없이도 영업연도말에 당연히 퇴사의 효력이 발생하고, 사원이 이를 저지하기 위하여서는 영업연도말이 되기 전에 변제를 하거나 상당한 담보를 제공하여야 하며, 변제 또는 담보제공이 없이 영업연도말이 도래하여 일단 퇴사의 효력이 발생하였다면 그 후 사원 또는 채권자가 일방적으로 위 퇴사의 의사표시를 철회할 수 없고, 이는 퇴사의 효력이 발생한 후 사원이 채권자에게 채무를 변제한 경우에도 마찬가지이다.

5) 기타 퇴사원인

설립무효·취소의 판결이 확정된 후 회사계속의 결의를 하는 경우 설립무효·취소의 원인이 있던 사원(제194조 제2항), 회사 해산 후 사원의 동의로 회사 계속을 결의하는 경우 동의하지 않은 사원(제229조 제1항 단서)은 퇴사한 것으로 본다.

3. 퇴사의 효과

1) 지분환급청구권

퇴사원은 회사에 대해 지분환급청구권을 가지며, 노무나 신용을 출자한 자도 정관에 다른 정함이 없는 한 금전으로 지분환급을 받을 수 있다(제222조). 이때 지분계산은 정관의 정함에 의하나, 정관의 정함이 없으면 퇴사일의 재산상태를 기준으로 계산을 한다. 다만, 제명의 경우에는 제명의 소를 제기한 날의 재산상태를 기준으로 계산을 하고 그 때부터의 이자를 붙인다(제221조). 그러나 만약 지분환급의 계산에서 채무가 더 많은 경우에는 회사에 대해 그 전액을 납입하여야 한다.

2) 상호변경청구권

회사상호 중에 퇴사원의 성명이 사용된 경우에는 그 사원은 회사에 대하여 그 사용의 폐지를 청구할 수 있다(제226조).

3) 회사채권자에 대한 책임

퇴사원은 본점소재지에서 퇴사등기를 한 후 2년 내에는 퇴사등기 전의 회사채무에 대하여 다른 사원과 동일한 책임을 진다(제225조 제1항).

제4장 합자회사

제1절 합자회사의 의의

합자회사는 기능자본가인 무한책임사원과 지분자본가인 유한책임사원으로 구성되는 회사를 말한다(제268조). 따라서 합자회사는 합명회사에 자본적 결합성이 가미된 회사라 할 수 있다. 합자회사는 합명회사의 조직을 기초로 하여 유한책임사원을 가미한 것으로 2원적 조직을 가지고 있기 때문에, 약간의 특별규정을 두고 있을 뿐이며 그 이외에는 합명회사에 관한 규정이 준용된다(제269조). 회사는 다른 회사의 무한책임사원이 될 수 없으므로(제173조) 무한책임사원은 자연인이어야 하지만, 유한책임사원은 회사 기타 법인도 될 수 있다.

제2절 합자회사의 설립

합자회사는 무한책임사원이 될 자 1인 이상과 유한책임사원이 될 자 1인 이상이 정관을 작성하고 설립등기를 함으로써 성립한다. 정관의 기재사항은 합명회사와 같으나, 사원이 무한책임사원인가 유한책임사원인가를 기재하고 등기하여야 하는 점에서 다르다(제270조, 제271조 제1항). 기타 내용은 합명회사에 관한 규정이 준용된다(제269조).

제 3 절 합자회사의 내부관계

I. 출 자

무한책임사원은 합명회사와 같이 금전 기타 재산뿐만 아니라 노무 · 신용의 출자가 가능하지만, 유한책임사원은 금전 기타 재산의 출자만 가능하다(제272조).

II. 업무집행

1. 업무집행권자

합자회사의 업무집행은 정관에 다른 정함이 없는 한 각 무한책임사원에게 그 권리와 의무가 있다(제273조). 지배인의 선임과 해임은 업무집행사원이 있는 경우에도 무한책임사원 과반수의 결의로 한다(제274조). 유한책임사원은 원칙적으로 회사의 업무집행권이 없으나(제278조), 업무집행에 관여할 수 있는가에 대하여는 학설의 대립이 있다.[1]

2. 업무집행권의 상실

업무집행사원의 권한상실선고는 유한책임사원도 청구할 수 있으며(대법원 2012.12.13.선고 2010다82189판결), 무한책임사원이 1인뿐인 경우에도 유한책임사원이 업무집행사원의 권한상실선고를 청구할 수 있는가에 대해서는 학설의 대립이 있다.[2]

1) 【학설】 유한책임사원의 업무집행권에 관한 학설
유한책임사원의 업무집행권 제한에 관한 상법 제278조는 임의규정이므로 정관 또는 총사원의 동의로 유한책임사원도 업무집행에 관여할 수 있다는 견해(다수설)와, 상법 제278조는 강행규정이므로 유한책임사원은 업무집행에 관여할 수 없다는 견해가 있다.

2) 【학설】 1인뿐인 무한책임사원의 업무집행권상실선고에 대한 학설
1인뿐인 무한책임사원의 업무집행권상실선고는 회사의 대표사원이 없는 상태가 되므로 인정되지 않는다는 견해(판례 · 다수설)와, 무한책임사원이 1인인 경우에도 그의 업무집행권한상실선고가 가능하다는 견해가 있다.

이에 대해 판례(대법원 1977.4.26.선고 75다1341판결)는 「상법 제205조가 규정하고 있는 합자회사의 업무집행사원의 권한상실선고제도는 회사의 운영에 있어서 장애사유를 제거하는 데 목적이 있고 회사를 해산상태로 몰고 가자는 데 목적이 있는 것이 아니므로 무한책임사원이 1인뿐인 합자회사에서 업무집행사원에 대한 권한상실선고는 회사의 업무집행사원 및 대표사원이 없는 상태로 돌아가게 되어 권한상실제도의 취지에 어긋나게 되어 회사를 운영할 수 없으므로 이를 할 수 없다」고 한다.

【판례】 대법원 2021.7.8.선고 2018다225289판결

[1] 합자회사에서 업무집행권한 상실선고제도(상법 제269조, 제205조)의 목적은 업무를 집행함에 현저하게 부적임하거나 중대한 의무위반행위가 있는 업무집행사원의 권한을 박탈함으로써 그 회사의 운영에 장애사유를 제거하려는 데 있다. 업무집행사원의 권한상실을 선고하는 판결은 형성판결로서 그 판결 확정에 의하여 업무집행권이 상실되면 그 결과 대표권도 함께 상실된다. 합자회사에서 무한책임사원이 업무집행권한의 상실을 선고하는 판결로 인해 업무집행권 및 대표권을 상실하였다면, 그 후 어떠한 사유 등으로 그 무한책임사원이 합자회사의 유일한 무한책임사원이 되었다는 사정만으로는 형성판결인 업무집행권한의 상실을 선고하는 판결의 효력이 당연히 상실되고 해당 무한책임사원의 업무집행권 및 대표권이 부활한다고 볼 수 없다.

[2] 합자회사에서 업무집행권한의 상실을 선고받은 무한책임사원이 다시 업무집행권이나 대표권을 갖기 위해서는 정관이나 총사원의 동의로 새로 그러한 권한을 부여받아야 한다(상법 제273조, 제269조, 제201조 제1항, 제207조). 합자회사에서 무한책임사원들만으로 업무집행사원이나 대표사원을 선임하도록 정한 정관의 규정은 유효하고, 그 후의 사정으로 무한책임사원이 1인이 된 경우에도 특별한 사정이 없는 한 여전히 유효하다. 다만 유한책임사원의 청구에 따른 법원의 판결로 업무집행권한의 상실을 선고받아 업무집행권 및 대표권을 상실한 무한책임사원이 이후 다른 무한책임사원이 사망하여 퇴사하는 등으로 유일한 무한책임사원이 된 경우에는 업무집행권한을 상실한 무한책임사원이 위 정관을 근거로 단독으로 의결권을 행사하여 자신을 업무집행사원이나 대표사원으로 선임할 수는 없다고 봄이 옳다. 이렇게 해석하는 것이 판결에 의한 업무집행권한 상실선고제도의 취지와 유한책임사원의 업무감시권의 보장 및 신의칙 등에 부합한다. 결국 이러한 경우에는 유한책임사원을 포함한 총사원의 동의에 의해서만 해당 무한책임사원이 업무집행사원이나 대표사원으로 선임될 수 있을 뿐이다.

3. 유한책임사원의 업무감시권

유한책임사원은 회사의 업무집행에서 배제되므로 업무감시권을 갖는다. 유한책임사원은 영업연도 말에 있어서의 영업시간 내에 회사의 회계장부, 대차대조표, 기타의 서류를 열람할 수 있고 회사의 업무와 재산상태를 검사할 수 있다(제277조 제1항). 다만, 중요한 사유가 있는 때에는 언제든지 법원의 허가를 얻어 열람과 검사를 할 수 있다(제277조 제2항).

Ⅲ. 경업피지의무와 자기거래제한

무한책임사원은 경업피지의무를 부담하지만(제269조, 제198조) 유한책임사원은 업무집행권을 갖지 못하므로 경업피지의무를 부담하지 않는다(제275조). 다만, 정관에 정함에 의하여 경업피지의무를 지울 수 있다. 한편, 무한책임사원은 자기거래제한을 받지만(제269조, 제199조), 유한책임사원도 회사와의 거래에 대해 제한을 받게 되는가에 대해서는 학설의 대립이 있다.[1]

Ⅳ. 손익의 분배

정관에 다른 정함이 없으면 손익은 합명회사와 같이 출자억에 비례하여 분배한다. 다만, 유한책임사원은 출자액을 한도로 하여 손실을 분담할 수 있다.

Ⅴ. 지분의 변동

무한책임사원의 지분양도는 다른 사원 전원의 동의를 요한다(제269조, 제197조). 그러나 유한책임사원의 지분양도는 무한책임사원 전원의 동의만 얻으면 되고, 지분의 양도에 따라 정관을 변경하여야 할 경우에도 같다(제276조). 유한책임사원이 한 지분양도가 합자회사의 정관에 규정하고 있는 요건을 갖추지 못한 경우에는 그 지분양도는 무효이다(대법원 2010.9.30. 선고 2010다21337판결). 무한책임사원이 유한책임사원이 되거나, 유한책임사원이 무한책임사원이 되는 경우에는 정관의 변경이 필요하므로 총사원의 동의를 얻어야 한다. 사원의 제명선고의 청구를 위해서는 어떤 사원의 제명이든 다른 무한책임사원과 유한책임사원 전원의 과반수의 결의를 요하며, 특정 부류의 사원 전원에 대한 제명결의는 인정되지 않는다(대법원 1991.7.26. 선고 90다19206판결 참조).

---

1) 【학설】 유한책임사원의 자기거래제한 가능 여부에 관한 학설
유한책임사원에게 자기거래를 인정하는 명문규정이 없으므로 상법 제269조에 따라 자기거래제한을 받는다는 견해와, 자기거래제한은 업무집행권을 전제로 하므로 업무집행권이 없는 유한척임사원에게는 자기거래제한 규정이 적용되지 않는다는 견해가 있다.

제4절 합자회사의 외부관계

I. 회사의 대표

무한책임사원으로서 업무집행권을 갖는 사원이 원칙적으로 대표권을 가지며(제269조, 제207조), 유한책임사원은 회사의 대표권을 갖지 못한다(제278조). 상법 제278조는 강행법규로서 정관 또는 총사원의 동의로도 유한책임사원의 대표권을 인정할 수 없다(대법원 1966.1.25.선고 65다2128판결). 사원의 대표권의 제한과 상실은 합명회사의 경우와 같다. 대표사원과 회사 간의 소에서 회사를 대표할 자는 다른 사원 과반수의 결의로 선정한다(제269조, 제211조).

II. 사원의 책임

(1) 사원의 책임: 합자회사의 무한책임사원의 책임은 합명회사의 사원과 같으나(제269조, 제212조), 유한책임사원은 출자가액을 한도로 하여 회사채권자에게 직접·연대책임을 진다(제279조 제1항). 다만, 회사에 이익이 없음에도 불구하고 배당을 받은 경우에는 변제책임을 정함에 있어 그 금액을 가산한다(제279조 제2항).

(2) 유한책임사원의 출자액 감소: 정관변경에 의해 유한책임사원의 출자액이 감소되었다 하더라도 본점소재지에서 등기하기 전에 생긴 회사채무에 대하여 등기 후 2년 내에는 감소 전의 출자액에 따른 책임을 진다(제280조).

(3) 자칭 무한책임사원의 책임: 유한책임사원이 타인에게 자기를 무한책임사원이라고 오인시키고 행위를 한 때에는 오인으로 인하여 회사와 거래를 한 자에 대하여 무한책임사원과 동일한 책임을 지며(제281조 제1항), 유한책임사원이 그 책임의 한도를 오인시키는 행위를 한 경우에도 오인시킨 범위에서 책임을 진다(제281조 제2항).

(4) 사원의 책임 변경: 유한책임사원이 무한책임사원으로 된 경우에는 입사원의 책임에 관한 상법 213조, 무한책임사원이 유한책임사원으로 된 경우에는 퇴사원의 책임에 관한 상법 제225조의 규정을 준용한다(제282조).

【판례】 대법원 2010.9.30.선고 2010다21337판결

상법 제270조는 합자회사 정관에는 각 사원이 무한책임사원인지 또는 유한책임사원인지를 기재하도록 규정하고 있으므로, 정관에 기재된 합자회사 사원의 책임 변경은 정관변경의 절차에 의하여야 하고, 이를 위해서는 정관에 그 의결정족수 내지 동의정족수 등에 관하여 별도로 정하고 있다는 등의 특별한 사정이 없는 한 상법 제269조에 의하여 준용되는 상법 제204조에 따라 총 사원의 동의가 필요하다.

제 5 절 사원의 입사와 퇴사

(1) 유한책임사원의 사망 또는 성년후견개시: 사원의 입사와 퇴사에 대하여는 상법 제269조에 따라 합명회사에 관한 규정이 준용된다. 다만, 유한책임사원에 대해서는 예외적 규정을 두고 있다. 유한책임사원의 사망은 퇴사의 원인이 되지 않으며, 그 상속인이 지분을 승계한다(제283조 제1항). 유한책임사원의 상속인이 수인인 때에는 사원의 권리를 행사할 1인을 정하여야 하며, 정하지 아니한 때에는 회사의 통지 또는 최고는 그 중의 1인에 대하여 하면 전원에 대하여 효력이 있다(제283조 제2항). 유한책임사원의 성년후견개시도 퇴사의 원인이 되지 않는다(제284조).

(2) 제명의 제한: 무한책임사원 1인과 유한책임사원 각 1인만으로 된 합자회사에 있어서 각 사원의 임의퇴사는 인정되지만, 제명은 제명대상인 사원 이외에 2인 이상의 다른 사원의 존재를 전제로 하므로, 무한책임사원과 유한책임사원 각 1인만으로 된 합자회사에 있어서는 한 사원의 의사에 의하여 다른 사원의 제명을 할 수는 없다(대법원 1991.7.26.선고 90다19206판결).

(3) 퇴사원의 책임: 상법 제269조, 제225조에 의하여 합자회사에서 퇴사한 무한책임사원은 본점소재지에서 퇴사등기를 하기 전에 발생한 회사의 채무에 대하여는 등기 후에 2년 이내에는 다른 무한책임사원과 동일한 책임이 있으므로 합자회사에 변제의 자력이 있으며 집행이 용이하다는 사실을 주장 입증하지 못하는 한 책임을 면할 수 없다(대법원 1975.2.10.선고 74다1727판결).

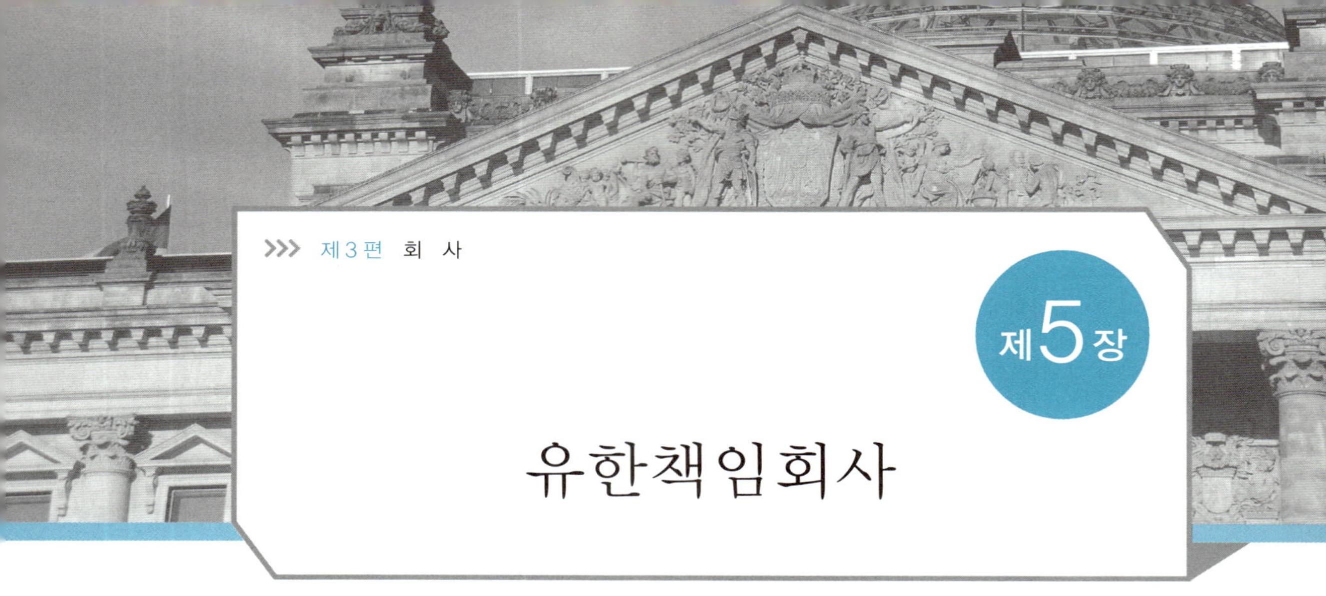

제5장 유한책임회사

제1절 유한책임회사의 의의

유한책임회사란 유한책임사원만으로 구성되는 회사라는 점에서는 주식회사나 유한회사와 같다. 그러나 주식회사나 유한회사와 달리 타인기관의 구성을 필요로 하지 않고, 회사의 설립이나 운영 등의 면에서 유한회사보다 사적 자치가 폭넓게 인정되는 형태의 회사이다.

유한책임회사는 현행법상의 합명회사 · 합자회사 · 주식회사 · 유한회사의 특성을 조합한 형태의 회사로서, 부동산 · 첨단기술 · 외국과의 합작투자사업뿐만 아니라 컨설팅 · 회계법인 · 법무법인 · 사모펀드 등 전문서비스 업종인 소규모기업에 많이 활용될 수 있는 형태의 회사에 해당한다.

유한책임회사는 출자지분의 양도제한규정을 두고 있고, 정관변경은 총사원의 동의를 얻어야 하며, 업무집행자는 원칙적으로 각 사원이라는 점에서 인적회사에 가깝고 유한회사와 차이가 있다.

보충 유한책임회사는 유한회사와 달리 사채의 발행이 가능한가에 대해서는 법규정이 없기 때문에 논란이 될 수 있다. 유한책임회사의 법적 성질로 본다면 사채발행이 가능할 수 있으나, 현행법상으로는 상법 제287조의44에 따라 상법 제604조의 규정을 준용하고 있으므로 사채발행이 인정되지 않는다고 본다. 참고로 일본 회사법(제676조)에서는 유한책임회사의 사채발행이 가능하다는 규정을 두고 있다.

제 2 절 유한책임회사의 설립

I. 설립 절차

1. 정관 작성

유한책임회사를 설립함에 있어서 사원은 정관을 작성하여야 한다(제287조의2). 설립시 사원의 수에는 제한이 없으므로, 1인 이상이면 가능하며, 1인설립이 인정된다. 이러한 점에서 합명회사나 합자회사와 차이가 있다.

정관에는 목적, 상호, 사원의 성명과 주소 및 주민등록번호, 본점소재지, 정관작성연월일, 사원의 출자목적 및 가액, 자본금의 액, 업무집행자의 성명(법인인 경우에는 명칭)과 주소를 기재하여야 한다(제287조의3). 자본금의 액을 기재하는 점에서 주식회사와 차이가 있다. 자본금의 액은 사원이 출자한 금전 그 밖의 재산의 가액으로 한다(제287조의35).

2. 출자의 이행

1) 출자목적물

유한책임회사의 사원은 신용 또는 노무를 출자의 목적으로 하지 못한다(제287조의4 제1항). 따라서 유한책임회사의 사원은 금전 그 밖의 재산의 출자만이 가능하다.

2) 출자시기

사원은 정관의 작성 후 설립등기를 하는 때까지 금전 그 밖에 재산의 출자를 전부 이행하여야 한다(제287조의4 제2항). 사원이 현물출자를 하는 경우에는 주식회사의 설립시 현물출자와 같이 납입기일에 지체없이 유한책임회사에 출자의 목적인 재산을 인도하고, 등기나 등록 그 밖의 권리의 설정이나 이전이 필요한 경우에는 이를 위한 서류를 모두 갖추어 교부하여야 한다(제287조의4 제3항). 유한책임회사 사원의 현물출자의 경우에는 주식회사와는 달리 검사인의 조사절차를 필요로 하지 않는다.

3) 출자의 불이행

유한책임사원이 출자의무를 이행하지 아니하는 경우에 대해서는 특별한 규정이 없다.

그러나 사원이 정관에 기재되므로 주식회사의 설립시 주식인수의 실효절차규정이 준용될 수 없다. 따라서 회사는 민법상 채무불이행에 따른 강제집행을 할 수 있고, 이것이 불가능하다면 회사불성립이 된다고 본다.

3. 설립등기

사원의 출자의 이행이 완료된 후에는 설립등기를 함으로써 유한책임회사가 성립한다(제287조의5 제1항).

설립등기를 함에는 ① 목적, ② 상호, ③ 본점소재지, ④ 지점을 둔 때에는 그 소재지, ⑤ 존립기간 기타 해산사유를 정한 때에는 그 기간 또는 사유, ⑥ 자본금의 액, ⑦ 업무집행자의 성명과 주소(유한책임회사를 대표할 업무집행자를 정한 경우에는 그 외의 업무집행자의 주소는 제외된다) 및 주민등록번호(법인인 경우에는 명칭, 주소 및 법인등록번호), ⑧ 유한책임회사를 대표할 자를 정한 때에는 그 성명과 주소 및 주민등록번호(법인인 경우에는 명칭, 주소 및 법인등록번호), ⑨ 정관으로 공고방법을 정한 때에는 그 공고방법, ⑩ 둘 이상의 업무집행자가 공동으로 회사를 대표할 것을 정한 경우에는 그 규정 등을 본점소재지에서 등기하여야 한다(제287조의5 제1항). 등기기간에는 제한이 없다.

4. 지점의 설치 등의 등기

유한책임회사의 지점의 설치 및 본점·지점의 이전등기에 관해서는 합명회사의 지점의 설치(제181조) 및 본점·지점의 이전(제182조)에 관한 등기규정이 준용된다(제287조의5 제2항, 제3항). 등기사항의 변경등기는 본점소재지에서 2주일 내에 하여야 한다(제287조의5 제4항). 유한책임회사의 업무집행자의 업무집행을 정지하거나, 직무대행자를 선임하는 가처분을 하거나 그 가처분을 변경 또는 취소하는 경우에 본점의 등기소에서 등기여야 한다(제287조의5 제5항).

Ⅱ. 설립무효와 취소

설립무효와 취소에 관해서는 합명회사의 설립무효와 취소에 관한 상법 제184조부터 상법 제194조까지의 규정이 준용된다(제287조의6). 다만, 설립무효의 소를 제기할 수 있는 자에는 사원뿐만 아니라 업무집행자도 포함이 된다.

제 3 절 유한책임회사의 내부관계

유한책임회사의 내부관계에 대해서는 정관 또는 법률에 다른 규정이 없으면 합명회사에 관한 규정이 준용된다(제287조의18).

I. 사원의 책임

사원은 법에 다른 규정이 있는 경우 외에는 그 출자가액의 범위 내에서만 책임을 진다(제287조의7).

II. 지 분

1. 지분의 양도

사원의 지분의 전부 또는 일부의 양도는 정관에 다른 정함이 없는 한 다른 사원 전원의 동의를 얻어야 한다(제287조의8 제1항 및 제3항). 다만, 업무집행을 하지 아니하는 사원은 업무를 집행하는 사원 전원의 동의가 있으면 지분의 전부 또는 일부를 타인에게 양도할 수 있으나, 업무를 집행하는 사원이 없는 경우에는 사원 전원의 동의를 얻어야 한다(제287조의8 제2항). 이에 대해서 정관으로 달리 정할 수 있다(제287조의8 제3항).

2. 자기지분의 취득금지

유한책임회사는 그 지분의 전부 또는 일부를 양수할 수 없으며, 지분을 취득하는 경우에 그 지분은 취득한 때에 소멸한다(제287조의9 제1항, 제2항).

3. 지분의 압류

사원의 지분은 압류할 수 있고, 지분의 압류는 잉여금의 배당을 청구하는 권리에 대하여도 그 효력이 있다(제287조의37 제6항).

4. 지분의 상속

사원의 사망은 퇴사 사유에 해당하므로, 사원의 지분은 원칙적으로 상속이 인정되지 않는다(제287조의25, 제218조). 다만, 정관에 정함이 있는 때에는 상속이 가능하다(제287조의26, 제219조).

Ⅲ. 업무집행자의 경업피지의무

업무집행자는 사원 전원의 동의를 받지 아니하고는 자기 또는 제3자의 계산으로 회사의 영업부류에 속한 거래를 하지 못하며, 같은 종류의 영업을 목적으로 하는 다른 회사의 업무집행자 · 이사 또는 집행임원이 되지 못한다(제287조의10 제1항). 업무집행자가 경업피지의무를 위반한 경우에는 합명회사 사원의 경업피지의무위반에 관한 규정(제198조 제2항부터 제4항까지)이 준용된다(제287조의10 제2항).

Ⅳ. 업무집행자의 자기거래

업무집행자는 다른 사원 과반수의 결의가 있는 경우에만 자기 또는 제3자의 계산으로 회사와 거래할 수 있으며, 이 경우 민법 제124조(자기계약, 쌍방대리의 금지)는 적용하지 아니한다(제287조의11).

Ⅴ. 업무집행

1. 업무집행자의 선임

정관으로 사원 또는 사원이 아닌 자를 업무집행자로 정하여야 한다(제287조의12 제1항). 업무집행권이 없는 사원은 합자회사 유한책임사원의 업무감시권에 관한 규정(제277조)이 준용된다(제287조의14).

2. 업무집행권 행사

1명 또는 둘 이상의 업무집행자를 정한 경우에는 업무집행자 각자가 회사의 업무를 집행할 권리와 의무가 있다(제287조의12 제2항 본문). 다만, 다른 업무집행자의 이의가 있는 때에는 업무집행을 중단하고, 업무집행자의 과반수의 결의로 결정하여야 한다(제287조의12 제2항 단서, 제201조 제2항).

3. 공동업무집행자

정관에서 둘 이상의 공동업무집행자를 정할 수 있고, 이때에는 그 전원의 동의가 없으면 업무집행에 관한 행위를 하지 못한다(제287조의12 제3항).

4. 업무집행자가 법인인 경우 직무수행자 선임

법인이 업무집행자인 경우에는 당해 법인은 당해 업무집행자의 직무를 행할 자를 선임하여야 하고, 그 자의 성명과 주소를 다른 사원에게 통지하여야 한다(제287조의15 제1항). 직무수행자의 업무집행에 관하여는 상법 제287조의12의 규정이 준용되며(제287조의15 제2항), 직무수행자에 대해서는 업무집행자와 같이 자기거래제한이 인정된다(제287조의15 제2항, 제287조의11).

5. 업무집행권의 상실 및 정지가처분

(1) 업무집행자의 업무집행권의 상실에 관해서는 합명회사의 사원의 업무집행권 상실에 규관한 규정(제205조)이 준용된다(제287조의17 제1항). 업무집행권 상실의 소를 제기하는 때 그 소는 본점소재지를 관할하는 지방법원의 관할에 전속한다(제287조의17 제2항).

(2) 업무집행자의 업무집행을 정지하거나 직무대행자를 선임하는 가처분을 하거나 그 가처분을 변경 또는 취소하는 경우에는 본점이 있는 곳의 등기소에 등기하여야 한다(제287조의5 제5항). 업무집행자의 선임무효나 업무집행권 상실의 소가 제기되어 업무집행자의 직무집행정지 가처분 및 직무대행자선임가처분이 있는 경우의 직무대행자의 권한에 대해서는 합명회사의 규정(제200조의2)이 준용된다(제287조의13).

VI. 정관변경

정관에 다른 정함이 없으면 총사원의 동의가 있어야 정관을 변경할 수 있다(제287조의16).

제 4 절 유한책임회사의 외부관계

I. 회사의 대표

업무집행자는 회사를 대표하며(제287조의19 제1항), 업무집행자가 둘 이상인 경우 정관 또는 총사원의 동의로 회사를 대표할 업무집행자를 정할 수 있다(제287조의19 제2항). 회사는 정관 또는 총사원의 동의로 둘 이상의 업무집행자가 공동으로 회사를 대표할 것을 정할 수도 있다(제287조의19 제3항).

공동대표를 정한 경우에도 제3자의 회사에 대한 의사표시는 공동대표의 권한이 있는 자 1인에 대하여 이를 함으로써 그 효력이 생긴다(제287조의19 제4항). 대표업무집행자의 대표권에 대해서는 합명회사의 규정(제209조)이 준용된다(제287조의19 제5항).

II. 제3자에 대한 책임

유한책임회사를 대표하는 업무집행자가 그 업무집행으로 인하여 타인에게 손해를 입힌 경우에는 회사와 그 업무집행자가 연대하여 손해를 배상할 책임이 있다(제287조의20).

III. 유한책임회사와 사원 간의 소송

유한책임회사와 사원 간 또는 유한책임회사와 업무집행자 간의 소에 대해서는 유한책임회사를 대표할 사원이 없을 때에는 다른 사원 과반수의 결의로 대표할 사원을 선정하여야 한다(제287조의21).

IV. 대표소송

사원은 회사에 대하여 업무집행자의 책임을 추궁하는 소의 제기를 청구할 수 있고(제287조의22 제1항), 이에 대해 회사가 업무집행자의 책임을 추궁하는 소를 제기하지 아니하는 경우 사원은 대표소송을 제기할 수 있다. 이러한 대표소송에 대해서는 주식회사의 대표소송에 관한 규정(제403조 제2항부터 제4항까지, 제6항, 제7항 및 제404조부터 제406조까지)이 준용된다(제287조의22 제2항).

제 5 절 사원의 가입 및 탈퇴

Ⅰ. 사원의 가입

정관을 변경하여 새로운 사원을 가입시킬 수 있다(제287조의23 제1항). 따라서 사원 전원의 동의가 있어야 사원으로 가입이 가능하다. 그리고 사원의 가입은 정관을 변경한 때에 효력이 발생한다(제287조의23 제2항 본문). 다만, 정관을 변경한 때에 당해 사원이 출자에 관한 납입 또는 재산의 전부 또는 일부의 출자를 이행하지 아니한 경우에는 당해 납입 또는 이행을 완료한 때에 사원이 된다(제287조의23 제2항 단서). 사원으로 가입하는 자의 현물출자의 경우에는 직접 이행을 하여야 하나, 등기나 등록 기타 권리의 설정 또는 이전이 필요한 경우에는 그 서류를 제출하면 된다(제287조의23 제3항, 제287조의4 제3항).

Ⅱ. 사원의 탈퇴

1. 퇴사사유

1) 사원의 임의퇴사

사원은 정관에 다른 정함이 없는 경우 임의퇴사할 수 있으며, 이때에는 합명회사의 규정(제217조 제1항)이 준용된다(제287조의24).

2) 당연퇴사

사원은 정관의 규정에 의한 경우 등 합명회사의 당연퇴사규정(제218조)이 준용된다(제287조의25). 사원의 사망은 퇴사의 원인에 해당하지만, 정관의 정함이 있는 경우에는 퇴사사유에서 제외할 수 있으며, 권리승계에 관해서는 합명회사의 규정(제219조)이 준용된다(제287조의26).

3) 제 명

사원은 제명에 의하여 퇴사할 수 있으며, 이때에는 합명회사 사원의 제명규정(제220조)이 준용된다. 다만, 사원의 제명에 필요한 결의는 정관에서 달리 정할 수 있다(제287조의27).

4) 지분압류채권자에 의한 퇴사

사원의 지분을 압류한 채권자가 그 사원을 퇴사시키는 경우에는 합명회사의 규정(제224조)이 준용된다(제287조의29).

2. 퇴사효과

1) 퇴사원의 지분환급

퇴사사원은 정관에 다른 정함이 없는 한 그 지분의 환급을 금전으로 받을 수 있으며(제287조의28 제1항, 제3항), 이때 퇴사사원에 대한 환급금액은 퇴사시의 회사의 재산상황에 따라 정한다(제287조의28 제2항).

2) 채권자의 이의

회사의 채권자는 퇴사하는 사원에게 환급하는 금액이 대차대조표상의 순자산액으로부터 자본금의 액을 공제한 잉여금을 초과한 때에는 그 환급에 대하여 회사에 이의를 제기할 수 있다(제287조의30 제1항, 제287조의37).

채권자의 이의제기에 대해서는 합명회사의 채권자이의규정(제232조)이 준용된다(제287조의30 제2항 본문).

다만, 지분을 환급하더라도 채권자를 해할 우려가 없는 경우에는 채권자를 보호하기 위한 담보제공이나 신탁을 할 필요는 없다(제287조의30 제2항 단서).

3) 퇴사원의 상호변경청구권

퇴사한 사원의 성명이 유한책임회사의 상호 중에 사용된 경우에는 그 사원은 유한책임회사에 대하여 그 사용의 폐지를 청구할 수 있다(제287조의31).

제 6 절 회계 등

I. 회계원칙

유한책임회사의 회계는 법률과 대통령령으로 규정한 것을 제외하고는 일반적으로 공정타당한 회계관행에 의한다(제287조의32).

Ⅱ. 재무제표의 작성 및 보존

업무집행자는 매 결산기에 대차대조표, 손익계산서 그 밖에 유한책임회사의 재무상태와 경영성과를 표시하는 것으로서 대통령령에서 정하는 서류를 작성하여야 한다(제287조의33). 업무집행자는 재무제표 등의 서류를 본점에 5년간, 그 등본을 지점에 3년간 갖추어 두어야 하고(제287조의34 제1항), 사원과 유한책임회사의 채권자는 회사의 영업시간 내에는 언제든지 열람과 등사를 청구할 수 있다(제287조의34 제2항).

Ⅲ. 자본금의 감소

유한책임회사의 자본금은 사원이 출자한 금전이나 그 밖의 재산의 가액이며(제287조의35), 회사는 정관변경의 방법으로 자본금을 감소할 수 있다(제287조의36 제1항).

자본금을 감소하는 경우에는 채권자보호절차를 거쳐야 한다(제287조의36 제2항 본문). 다만, 자본금의 감소 후에도 자본금의 액이 순자산액에 미달하지 않는 경우에는 채권자보호절차를 요하지 않는다(제287조의36 제2항 단서).

Ⅳ. 잉여금의 분배

1. 분배금액의 한도 및 위법분배

회사는 대차대조표상의 순자산액으로부터 자본금의 액을 뺀 액을 한도로 하여 잉여금의 분배를 할 수 있다(제287조의37 제1항). 이에 위반하여 잉여금을 분배한 때에는 회사채권자는 이를 회사에 반환할 것을 청구할 수 있고(제287조의37 제2항), 반환청구의 소를 제기하는 경우에는 본점소재지를 관할하는 지방법원에 하여야 한다(제287조의37 제3항).

2. 잉여금 분배의 기준

잉여금은 정관에 달리 정함이 없으면 각 사원이 출자한 가액에 비례하여 분배한다(제287조의37 제4항).

3. 분배청구의 방법

잉여금의 분배를 청구하는 방법이나 그 밖에 잉여금의 분배에 관한 사항은 정관에서 정할 수 있다(제287조의37 제5항).

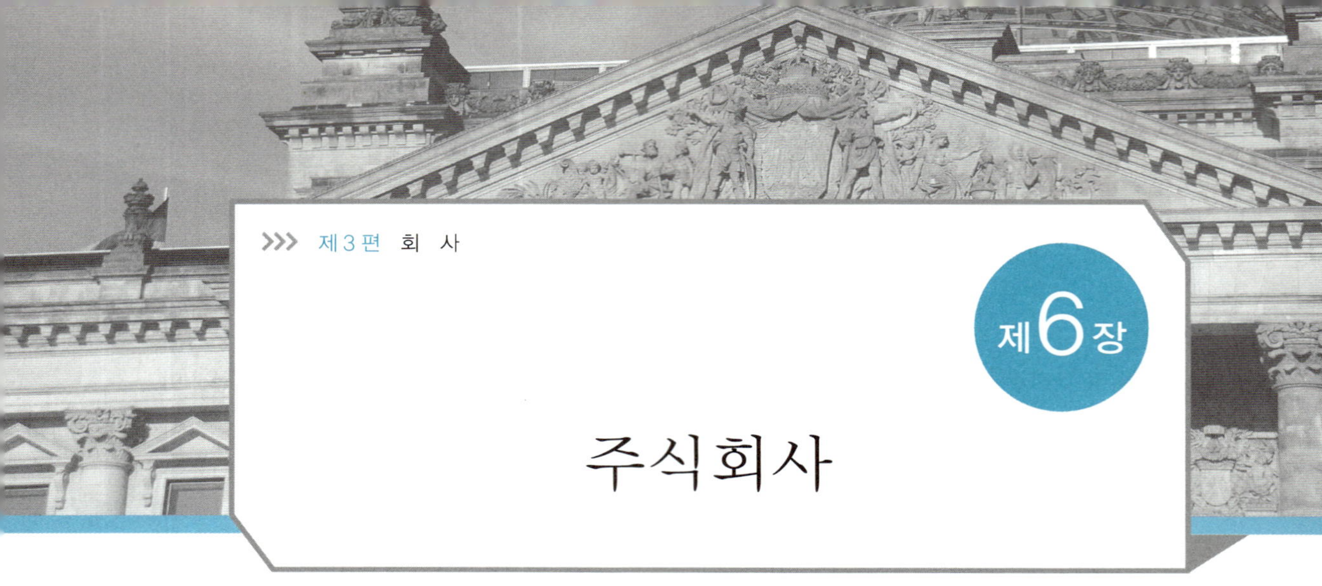

주식회사

제1절 총 설

I. 주식회사의 의의와 본질

1. 의 의

주식회사란 일정한 자본금을 중심으로 하고, 자본금이 주식으로 세분화되어 있으며, 주식인수가액을 한도로 출자의무를 이행할 뿐 회사채권자에 대해 직접 책임을 지지 않는 사원(주주)으로 구성된 회사를 말한다. 따라서 주식회사는 자본금, 주식, 주주의 유한책임 등 3가지를 본질로 하는 회사이다.

2. 본 질

1) 자본금

(1) 의 의: 자본금이란 액면주식을 발행하는 경우에는 회사가 발행한 주식의 액면총액을 의미하며, 무액면주식을 발행하는 경우에는 주식의 발행가액의 2분의 1 이상의 금액으로서 이사회에서 자본금으로 계상하기로 한 금액을 의미한다(제451조 제1항·제2항). 자본금은 회사채권자

를 보호하기 위하여 회사가 보유해야 하는 책임재산의 최저한도를 말한다. 회사채권자의 담보가 되는 회사의 재산은 회사에 속하는 자산으로 일정한 시점에서 회사가 갖고 있는 적극재산을 말하며, 회사의 경영상태에 따라 변동이 있다. 이에 대해 자본금은 증감절차를 밟기 전에는 불변이고 회사가 보유해야 할 기준재산을 의미한다.

따라서 회사채권자를 보호하기 위한 최소한도의 담보액인 자본금에 대하 주식회사의 경우 3가지 원칙을 두고 있다.[1)]

(2) 자본금 3원칙

① 자본금 확정의 원칙: 회사설립시에 자본금이 정관으로 확정되고 자본금의 총액 전부에 대한 주식인수가 확정되어야 한다는 원칙이다.

현행상법은 수권자본제도(수권자본제도는 정관에 기재한 발행예정주식의 총수 범위 내에서 이사회가 필요에 따라 신주를 발행함으로써 회사의 자기자본을 조달할 수 있는 제도이다)를 채택하고 있기 때문에 자본금 확정의 원칙은 사실상 폐기되었다고 할 수 있다. 그러나 액면주식을 발행하는 설립의 경우에는 정관에 설립시 발행주식총수와 액면주식 1주의 금액이 기재되고, 발행주식총수의 전부가 인수되어야 하므로 이 한도 내에서는 설립시에는 자본금 확정의 원칙이 존속한다고 할 수 있지만, 신주발행의 경우에는 논란이 된다.[2)]

② 자본금 유지의 원칙: 회사는 자본액에 상당하는 순재산을 실질적으로 유지하여야 한다는 원칙으로 자본금 구속의 원칙 또는 자본금 충실의 원칙이라고도 한다.

자본금 유지의 원칙은 주주의 유한책임제도하에서 채권자보호를 위한 중요한 원칙이므로 상법상 이 원칙을 반영한 규정이 많다. 그 규정은 주금액의 전액납입주의(제295조, 제305조, 제421조), 변태설립사항에 대한 엄격한 절차(제299조, 제310조, 제314조 등), 발기인과 이사의 자본충실의 책임(제321조, 제428조), 액면미달발행의 제한(제417조), 자기주식취득의 제한(제341조 등), 주금납입의 상계제한(제421조 제2항), 법정준비금제도(제458조 등), 이익배당의 제한 및 위법배당금의 반환청구(제462조) 등이 있다.

③ 자본금 불변(자본금 감소제한)의 원칙: 일단 확정된 자본금을 엄격한 법정절차(제438조, 제439조)에 의하지 않고는 감소시키지 못하도록 하는 원칙이다.

2) 주 식

주식회사의 자본금은 주식으로 분할되며, 주식은 주식회사의 사원인 주주의 출자단위가

---

1) 【학설】 자본금에 관한 원칙에 대한 학설

① 자본금 3원칙 유지설: 우리 상법은 수권자본제도를 채택하고 있지만 자본금 3원칙이 유지되고 있다는 견해이다(다수설).

② 자본금 3원칙 폐기설: 우리 상법상 주식회사의 자본금에 관한 원칙은 자본금 유지의 원칙만이 있다는 견해이다.

③ 형식적 원칙과 실질적 원칙 구분설: 형식적 원칙은 자본금 유지의 원칙과 자본금 불변의 원칙을 말하고, 실질적 원칙은 자본금 충분의 원칙을 말한다는 견해이다.

2) 【학설】 신주발행시의 자본금 확정의 원칙 적용 여부에 관한 학설

신주발행의 경우에는 발행예정주식의 전부에 대한 인수와 납입이 없더라도 납입된 부분에 대해 신주발행의 효력이 발생하기 때문에 자본금 확정의 원칙이 적용되지 않는다는 견해(다수설)와 자본금 확정의 원칙이 적용된다고 보는 견해가 있다.

된다. 이러한 주식은 첫째 자본금의 구성단위를 의미하고, 둘째 권리발생의 기초인 독립된 사원의 지위 또는 자격을 의미한다.

3) 주주의 유한책임

주식회사의 사원인 주주는 회사에 대하여 주식의 인수가액을 한도로 출자의무를 부담할 뿐 회사채무에 대하여 아무런 책임도 부담하지 않는다(간접유한책임).

주주의 유한책임제도는 주식회사의 본질적인 요소로서 정관이나 주주총회의 결의로도 가중시킬 수 없다. 그러나 주주 전원의 동의를 얻은 경우에는 주주부담이 가중될 수 있고, 주주의 자발적인 급여나 계약에 의한 의무의 성립은 인정될 수 있다.

Ⅱ. 주식회사의 특성

1. 강행법규성

주식회사는 주주 · 이사 · 채권자 · 사회공공(社會公共) 등의 각 이익이 서로 대립하게 되므로 그들 사이의 법률관계를 방임할 때에는 다른 자의 이익을 해(害)하여서까지 자기 이익만을 추구할 염려가 있다.

따라서 이러한 폐해를 방지하기 위하여 법은 간섭을 강화하고 있다. 즉, 외부적으로는 회사채권자와 공공의 이익을 보호하고, 내부적으로는 이사의 전횡 · 배임행위 또는 대주주의 권한남용 등으로부터 회사와 일반주주를 보호하기 위하여 외부관계나 내부관계에 대한 규정은 강행법규성을 갖는다.

2. 공시주의

회사에 관한 중요한 사항을 공개함으로써 이해관계인들의 이익을 보호하도록 공시주의를 채택하고 있다. 즉, 정관이나 주주총회 의사록을 공시하도록 하고(제396조), 재무제표 등의 공시를 강화하며(제448조), 대차대조표를 공고토록 하고 있다(제449조 제3항).

3. 법률관계의 획일성

주식회사는 다수의 주주로써 구성되므로 법률관계의 집단적 · 획일적 처리가 요구된다. 이를 위해 회사의 설립, 주주총회의 결의, 신주발행, 자본금 감소, 회사의 합병 및 분할 등의 무효주장에 대해서는 반드시 소(訴)에 의하도록 하고 있다(제328조, 제376조 이하, 제429조 이하, 제445조, 제529조).

4. 벌칙의 강화

주식회사의 발기인 · 이사 등이 그의 임무를 해태하였거나 위법행위를 함으로써 회사 또는 제3자에게 손해를 가한 때에는 손해배상책임을 부담하도록 하고, 또 그 위반행위에 대해서는 엄중한 형벌규정을 두고 있다(제622조 이하).

제 2 절 주식회사의 설립

제1관 총 설

I. 주식회사 설립절차의 특색

합명회사나 합자회사는 사원이 직접 · 무한 · 연대책임(무한책임사원) 또는 직접 · 유한 · 연대책임(유한책임사원)을 부담하므로 설립시 정관의 작성으로 사원이 확정되고 회사의 실체가 형성되어 설립등기만 하면 법인격을 취득하게 된다. 또한 유한책임회사나 유한회사의 경우에도 정관의 작성으로 사원이 확정된다.

그러나 주식회사는 사원이 정관에 의해 확정되는 것이 아니기 때문에 주주확정을 위한 주식인수절차를 필요로 하고, 또 회사재산이 회사채권자의 유일한 담보가 되므로 설립 전에 담보재산의 확보를 위한 출자의 이행과 회사기관의 구성 등이 필요하다. 이와 같이 주식회사는 정관의 작성 이외에 실체형성의 절차를 필요로 한다.

II. 설립의 방법

1. 발기설립

발기설립은 발기인들에 의해서만 회사가 만들어지고, 발기인들만으로 주주를 구성하는 설립방법이다. 따라서 발기인들이 발행주식의 전부를 인수하고 납입하며, 발기인들에 의해 이사 · 감사가 선임된다. 또 선임된 이사 · 감사에 의해 설립경과에 대한 조사가 이루어지고 조사내용은 발기인에게 보고한다.

2. 모집설립

모집설립은 발기인들이 주식의 일부를 인수하고 나머지는 모집주주로 하여금 인수하도록 하여 회사를 성립시키는 방법이다. 모집설립에 의해 설립된 회사는 발기인과 모집주주들로 구성된다.

그리고 인수주식의 주금액납입이 완료된 후에 바로 주식인수인들로 구성되는 창립총회를 소집해 이사 · 감사를 선임하고, 이들로 하여금 설립경과 조사 · 보고를 받는다.

표 3-4 ▶ 발기설립과 모집설립의 차이

구분	발기설립	모집설립
주식인수	발기인만이 주식인수	발기인 이외의 제3자 모집
주금납입장소 지정·변경	발기인 지정, 납입장소 변경시 법원 허가 불요	주식청약서에 기재, 납입장소 변경시 법원의 허가 필요
주금납입의 해태	채무불이행의 원칙적용(강제집행 가능)	제3주식인수인의 경우 실권(발기인은 발기설립과 동일)
기관구성(이사·감사 선임)	발기인 의결권 과반수로 선임	창립총회에서 선임
설립경과 조사·보고	• 이사·감사의 조사 • 발기인에 보고	• 이사·감사의 조사 • 창립총회에 보고
변태설립사항 조사를 위한 검사인 선임청구	이사가 법원에 검사인 선임청구	발기인이 법원에 검사인 선임청구
창립총회	창립총회 없음	창립총회 결의 있음
변태설립사항의 조사·보고 및 변경	법원에 보고, 법원에서 변경	창립총회에 보고, 창립총회에서 변경
원시정관의 변경	• 발기인 전원 동의 • 공증인의 인증 필요	• 창립총회결의만으로 가능 • 공증인의 인증 불요
설립등기기간의 기산점	변태설립사항에 대한 법원의 통고절차 종료의 날로부터(변태설립사항이 없을 때에는 이사·감사의 설립경과 조사·보고 절차 종료의 날로부터)	창립총회의 종결의 날 또는 변태설립사항의 변경절차 종료의 날로부터

Ⅲ. 발기인·발기인조합

1. 발기인

1) 의 의

발기인이란 실질적으로 회사설립을 기획하고 그 절차를 담당하는 자를 달하지만, 법률적으로는 정관에 발기인으로서 기재되고 정관에 기명날인 또는 서명한 자를 말한다. 따라서 실제 회사설립에 참여하고 있지만 정관에 기명날인 또는 서명하지 않은 자는 발기인은 아니지만, 발기인으로 오인하게 한 자는 유사발기인으로서 발기인과 동일한 책임을 진다(제327조). 유사발기인제도는 간접적으로 주식회사의 설립을 촉진시키는 의미를 갖는다.

발기인은 설립 중의 회사의 기관으로서 설립사무를 관장하고, 설립에 대한 엄격한 책임을 진다(제321조 등).

2) 자격과 수

(1) 자 격: 발기인의 자격에는 제한이 없으므로 법인이든 자연인이든 발기인이 될 수 있고, 제한능력자도 발기인이 될 수 있다(이에 대해 발기인은 완전한 행위능력이 있는 자연인에 한한다는 견해가 있다; 정찬형, 「상법강의(상)」, 579면). 그러나 합명회사 또는 합자회사의 무한책임사원은 회사와 독립하여 발기인이 될 수 없고, 민법상의 조합이나 권리능력 없는 사단도 발기인이 될 수 없다.

보충 「자본시장과 금융투자업에 관한 법률」 제194조 제1항에서는 미성년자·피한정후견인·피성년후견인은 투자회사의 발기인이 될 수 없다고 규정하고 있다.

(2) 수: 발기인의 수에는 제한이 없다(제288조). 즉, 발기인은 1인 이상이면 된다. 따라서 주식회사는 1인 설립이 가능하다.

3) 의 무

발기인이 된 자는 적어도 1주 이상의 주식을 인수하여야 한다(제293조). 발기인의 주식인수는 발기인이 되기 위한 요건이 아니라 발기인의 의무이다.

4) 지 위

발기인은 대외적으로는 설립 중의 회사의 업무집행기관에 해당하며, 대내적으로는 발기인조합의 구성원으로서 설립사무에 종사한다. 발기인의 지위는 양도될 수가 없으며, 상속이 될 수 없다.

5) 발기인의 존속

발기인의 존속기간은 정관작성시부터 회사의 실체가 완성될 때까지로 볼 수 있다. 즉, 발기설립의 경우에는 설립경과에 관한 조사절차가 종료할 때까지이고, 모집설립의 경우에는 창립총회가 종료할 때까지이다.

2. 발기인조합

발기인들 간에는 설립을 목적으로 하는 계약을 체결하고, 그의 이행으로서 정관의 작성 등 설립에 관한 행위를 하게 된다. 이 경우에 발기인들 간에 조합이 성립한다. 발기인이 1인인 경우에는 그 성질상 발기인조합이 있을 수 없다. 발기인조합은 민법상의 조합으로서 조합에 관한 민법규정의 적용을 받으며, 정관작성 · 주식인수 등 설립에 필요한 발기인의 일련의 행위는 발기인조합계약의 이행으로서 행해진다는 것이 통설의 입장이다. 발기인조합으로 부터의 탈퇴는 민법상 조합규정(민법 제716조부터 제719조까지)에 의하지만, 주식청약서의 작성교부 후 또는 주식인수인과의 관계가 생긴 때에는 주식인수인 전원의 동의와 발기인 전원의 동의가 있어야 탈퇴할 수 있다.

보충 발기인조합과 설립 중의 회사의 비교:

① 발기인조합은 발기인 상호간의 내부적인 계약관계에 의하여 형성되지만, 설립 중의 회사는 사단적 계약에 의하여 성립된다.

② 발기인의 행위는 조합계약의 이행행위가 되는 동시에 설립 중인 회사의 기관으로서의 업무집행활동이 된다.

③ 발기인은 대내적으로는 발기인조합의 구성원으로서 회사의 설립사무에 종사하지만, 대외적으로는 설립중의 회사의 기관으로 활동하게 된다.

④ 발기인조합은 설립 중의 회사의 창립 전에 이미 존재하게 되고, 발기인 조합의 설립행위가 일정한 단계에 이르게 되면 설립 중의 회사가 창립된다.

* 발기인조합과 설립 중의 회사는 형식적으로 별개의 존재이므로 양자는 병존하게 된다(통설). 이에 대해 발기인조합은 설립 중의 회사의 이사·감사가 선임될 때까지 존재한다는 견해와 특약에 의해 정관의 작성·인증시까지만 존재할 수 있다는 견해가 있다.

IV. 설립 중의 회사

1. 의의 및 법적 성질

회사는 설립등기에 의하여 성립하지만, 회사설립에 착수하여 어느 정도 회사의 실체가 이루어졌을 때부터 설립등기에 이르기까지의 단계에 대해 사회적 실재성을 인정하는 미완성의 회사로서 강의학상 설립 중의 회사라는 개념이 인정된다(대법원 1970.8.31.선고 70다357판결 참조). 설립 중의 회사는 주로 주식회사의 설립과정에서 발기인이 회사설립을 위하여 취득한 권리·의무가 발기인 등 출자자에게 귀속되지 않고 성립 후의 회사에 귀속되는 관계를 설명하기 위해 인정된다(대법원 1994.1.28.선고 93다50215판결). 이러한 설립 중의 회사의 법적 성질에 대하여는 학설의 대립이 있다.[1)]

보충 설립 중의 회사는 대륙법계에서 인정되는 개념이고 영미법계에서는 인정되지 않는다. 즉, 영미법계에서는 회사성립 전에는 발기인의 행위만이 있을 뿐이고 이러한 발기인의 행위의 효력은 원칙적으로 성립 후의 회사에 미치지 않는다(정찬형, 「상법 강의(상)」, 586면).

2. 창립시기

설립 중의 회사의 창립시기를 언제로 볼 것인지에 대하여는 학설의 대립이 있다.[2)]

【판례】 대법원 1994.1.28.선고 93다50215판결[동지: 대법원 2000.1.28.선고 99다35733판결; 대법원 2008.2.28.선고 2007다37394·37400판결]

설립중의 회사라 함은 주식회사의 설립과정에서 발기인이 회사의 설립을 위하여 필요한 행위로 인하여 취득하게 된 권리의무가 회사의 설립과 동시에 그 설립된 회사에 귀속되는 관계를 설명하기 위한 강의학상의 개념으로서 정관이 작성되고 발기인이 적어도 1주 이상의 주식을 인수하였을 때 비로소 성립하는 것이고, 이러한 설립중의 회사로서의 실체가 갖추어지기 이전에 발기인이 취득한 권리·의무는 구체적 사정에 따라 발기인 개인 또는 발기인조합에 귀속되는 것으로서 이들에게 귀속된 권리·의무를 설립 후의 회사에 귀속시키기 위하여는 채권양도나 채무인수 등의 특별한 이전행위가 있어야 한다.

3. 설립 중의 회사의 법률관계

1) 설립 중의 회사로서의 실체가 갖추어지기 이전

발기인이 자기 개인명의로 행위를 하거나 발기인조합명의로 행위를 한 경우에는

1) 【학설】 설립 중의 회사의 법적 성질에 관한 학설
설립 중의 회사는 그 자체가 일정한 목적을 가진 단체가 아니므로 조합이나 사단이 아닌 회사법상의 특수한 성질을 갖는 단체라는 견해와, 회사설립을 목적으로 하는 권리능력 없는 사단으로서 설립된 회사와 동일성을 갖는 존재라는 견해(판례·통설)가 있다.

2) 【학설】 설립 중의 회사의 창립시기에 관한 학설
① 정관작성시설: 설립 중의 회사를 인정하는 실익이 설립등기 전 발기인의 활동에 의해 생긴 권리·의무가 설립 후의 회사에 귀속하는 관계를 설명하기 위한 것이라면, 이러한 필요성은 정관작성 후 발기인의 주식인수 전에도 존재할 것이며, 정관작성에 의해 바로 단체법적 규율이 개시되므로 정관작성시에 설립 중의 회사가 성립한다는 견해이다.
② 주식의 일부인수시설: 정관작성만으로는 구성원의 일부도 확정되지 않았으므로 권리능력 없는 사단이라고 보기 어렵고 발기인이 주식을 인수함으로써 구성원의 일부라도 확정되어야 장차 주식회사로 발전할 단체형식이 인정되기 때문에, 적어도 발기인이 주식을 1주 이상 인수한 때에 설립 중의 회사가 성립한다는 견해이다(다수설·판례).
③ 주식총수의 인수시설: 주식총수의 인수가 있었을 때에 설립 중의 회사가 성립한다는 견해이다.

그 행위의 효력은 양수나 계약자지위인수 등의 별도의 이전행위가 없이는 성립 후의 회사에 귀속하지 않는다(대법원 1998.5.12.선고 97다56020판결).

【판례】 대법원 2007.9.7.선고 2005다18740판결

설립중의 회사로서의 실체가 갖추어지기 이전에 발기인이 취득한 권리·의무는 구체적 사정에 따라 발기인 개인 또는 발기인 조합에 귀속되는 것인바, 발기인이 개인 명의로 금원을 차용한 경우 이는 발기인 개인에게 귀속됨이 원칙이고, 위 채무가 발기인 조합에게 귀속되려면 위 금원의 차용행위가 조합원들의 의사에 기해 발기인 조합을 대리하여 이루어져야 한다고 할 것이다.

2) 설립 중의 회사의 실체가 갖추어진 후

발기인이 회사설립을 위해 수행한 행위로 인하여 설립 중의 회사가 권리 · 의무를 취득하고, 이것이 설립 중의 회사에 총유적으로 귀속하였다가(민법 제275조, 제278조) 회사가 성립하면 특별한 이전행위를 요하지 않고 회사에 귀속된다(동일 성설).

이러한 효과가 발생하는 것은 발기인이 설립 중의 회사의 명의로 설립 중의 회사의 기관으로서 한 행위에 한한다(통설). 따라서 설립 중의 회사의 실질적인 권리능력의 범위는 발기인이 회사설립을 위해 할 수 있는 행위의 범위와 일치한다.

보충판례 발기인 중 1인이 회사의 설립을 추진 중에 행한 불법행위가 외형상 객관적으로 설립 후 회사의 대표이사로서의 직무와 밀접한 관련이 있다고 보아 회사의 불법행위책임을 인정하였다(대법원 2000.1.28.선고 99다35737판결).

한편, 설립 중의 회사에 귀속된 권리와 의무가 성립 후의 회사에 별도의 이전절차 없이 포괄적으로 승계되는 경우, 회사의 채무가 회사의 재산을 초과하는 경우 채권자보호를 위하여 초과부분에 대하여 발기인에게 책임을 물을 수 있는가에 대하여는 학설의 대립이 있다.[1)]

4. 설립 중의 회사의 능력

설립 중의 회사는 권리능력이 없는 사단이지만 독립된 권리능력과 민사소송법상 소송상의 당사자능력이 인정되고(동법 제52조), 부동산등기법상 등기능력(동법 제26조; 대법원 1988.3.22.선고 85다카1489판결)뿐만 아니라 예금거래능력 · 어음능력 등이 인정된다.

---

1) 【학설】 회사성립시 회사의 채무가 회사의 재산을 초과하는 경우의 책임에 관한 학설
회사성립시 회사의 채무가 회사의 재산을 초과하는 경우, 차액책임이론(즉, 회사설립등기시에 회사의 자본금과 실제의 재산 사이에 차이가 발생한 경우에는 회사의 구성원이 그 차액에 대하여 지분의 비율에 따라 책임을 져야 한다는 이론)을 인정하여 발기인에게 차액책임을 지울 수 있다는 견해와, 실정법상 명문규정이 없고 주주의 유한책임을 인정하는 주식회사의 본질면에서 차액책임을 지우는 것은 무리다라는 견해가 있다.

5. 설립 중의 회사의 기관

1) 의사결정기관

창립총회는 모집설립에만 있는 의사결정기관으로, 회사의 설립에 관한 모든 사항을 결의할 수 있다. 창립총회의 소집절차 및 의결권행사, 결의하자 등에 관하여는 주주총회에 관한 규정이 준용된다(제308조 제2항).

2) 업무집행기관

설립 중의 회사의 업무집행기관은 발기인이며, 발기인의 업무집행권한에 대하여는 그 범위에 관하여 학설의 대립이 있다.[1] 판례는 발기인은 그의 권한범위 내에서 설립행위뿐만 아니라 개업준비행위를 할 권한을 갖는다고 한다. 판례(대법원 1970.8.31.선고 70다1357판결)에 따르면 「발기인 대표가 성립 후의 회사를 위하여 자동차조립계약을 체결한 것은 발기인 대표로서 회사설립사무의 집행인으로서 체결한 것으로 회사의 책임이 있다」고 하여 개업준비행위를 발기인의 권한에 포함시키고 있다.

3) 감독기관

설립 중의 회사의 감독기관은 설립시 선임된 이사와 감사이며, 이들은 설립에 관한 사항을 조사하여 발기설립의 경우에는 발기인에게, 모집설립의 경우에는 창립총회에 보고하게 된다. 회사설립시 변태설립사항의 조사를 위하여 법원에서 선임된 검사인의 기관성에 대하여는 학설의 대립이 있다.[2]

---

1) 【학설】 발기인의 권한에 관한 학설

① 권한범위에 관한 학설: ㉠ 발기인은 회사의 설립 자체를 위한 행위만을 할 수 있고, 개업준비행위는 예외적으로 법정의 요건을 구비한 경우에만 할 수 있다는 견해, ㉡ 발기인은 회사의 설립을 위하여 법률상·경제상 필요로 하는 행위를 할 수 있고 개업준비행위는 제외되지만 예외적으로 법정의 요건을 갖춘 재산인수만은 인정된다는 견해(다수설), ㉢ 발기인은 회사의 설립을 위하여 법률상·경제상 필요로 하는 모든 행위를 할 수 있으며 이에는 재산인수를 포함한 일반적 개업준비행위도 포함된다는 견해(판례·소수설)로, 이 견해에 의하면 재산인수행위는 발기인의 권한남용을 방지하기 위하여 상법이 제한하고 있다고 한다.

② 권한범위를 넘는 행위의 효력에 관한 학설: 발기인이 권한범위 외의 행위를 한 경우, 이 행위는 무효로서 성립 후의 회사가 추인하지 못한다는 견해(다수설)와, 회사가 추인하면 상대방이 추인 전에 무효를 주장하지 않는 한 그 효과가 회사에 귀속된다는 견해가 있다. 추인을 인정하는 견해도 성립 후의 회사는 발기인의 무권대리를 명시적·묵시적으로 추인할 수 있다는 견해와, 사후설립에 관한 규정을 유추적용하여 주주총회의 특별결의로써 추인할 수 있다는 견해로 나누어지고 있다.

2) 【학설】 검사인의 기관성 여부에 관한 학설

회사설립시 변태설립사항의 조사를 위하여 법원으로부터 선임되는 검사인은 회사와 공법상 위임관계가 있을 뿐 설립 중의 회사의 기관으로 볼 수 없다는 견해와 설립 중의 회사의 임시기관이라는 견해가 있다.

4) 대표기관

설립 중의 회사의 대표기관은 발기인이며, 원칙적으로 모든 발기인은 각자 설립 중의 회사를 대표할 권한을 갖는다. 그러나 발기인조합계약 등에 의해 대표발기인을 정할 수 있다.

6. 설립 중의 회사의 존속시기

설립 중의 회사는 설립등기에 의하여 회사가 성립될 때까지 존속하며, 회사가 불성립하는 경우에는 설립 중의 회사가 해산하여 청산이 종결될 때까지 존속한다.

7. 제3자에 대한 책임

설립 중의 회사가 제3자에게 부담하는 채무에 대해서는 설립 중의 회사는 법인격이 없으므로 주식인수인과 발기인이 책임을 부담하여야 한다. 주식인수인은 주식의 인수가액의 범위 내에서, 그리고 발기인은 개인적으로 연대하여 무한책임을 진다.

제2관 정관의 작성

I. 정관의 의의 및 효력

정관이란 회사가 제정한 자치법규로서 회사의 조직 및 활동에 관한 단체법상의 근본규칙을 정한 서면을 말한다(판례·다수설).

> **【판례】 대법원 2024.7.11.선고 2020다258824판결**
>
> 주식회사의 정관은 이를 작성한 발기인뿐 아니라 회사의 기관, 정관 작성 이후 주식을 취득한 주주나 정관 변경에 반대한 주주까지 구속한다는 점에서 <u>그 법적 성질을 자치법규로 보는 것이 타당하므로</u>, 이는 어디까지나 객관적인 기준에 따라 그 규범적인 의미 내용을 확정하는 법규해석의 방법으로 해석되어야 한다.

회사설립의 첫 단계로 각 발기인이 정관(원시정관)을 작성하고, 기명날인 또는 서명하고(제289조 제1항), 공증인의 인증을 받음으로써 효력이 생긴다(제292조 본문). 다만, 자본금총액이 10억원 미만인 회사를 발기설립하는 경우에는 각 발기인이 정관에 기명날인 또는 서명함으로써 효력이 생긴다(제292조 단서).

정관은 발기인뿐만 아니라 회사의 사원·기관을 구속하는 효력이 있으나, 제3자에 대하여는 효력이 미치지 않는다.

Ⅱ. 정관의 기재사항

정관의 기재사항은 절대적 기재사항, 상대적 기재사항, 임의적 기재사항으로 구분할 수 있다.

1. 절대적 기재사항

정관의 절대적 기재사항은 상법이 정관의 유효요건으로 정한 사항으로서, 하나라도 기재하지 않거나 내용이 위법하면 정관이 무효가 되고 회사설립의 무효사유가 된다.

1) 목 적

목적은 회사가 존재이유로 삼아 수행하고자 하는 사업을 말하며, 목적은 불법하지 않아야 한다(목적이 불법한 경우에는 해산명령의 사유가 되기 때문이다). 목적은 제3자에 대해서는 회사를 상대로 거래함에 있어서 회사에 대해 기대할 수 있는 반대급부의 범위를 예측하는 기준이 된다.

회사의 권리능력이 목적범위 내로 제한된다는 견해에 따르면 정관상의 목적은 회사의 권리능력범위를 정하는 기준이 되고, 제한을 부정하는 견해에 따르면 회사대표의 대표행위를 제한하는 기준이 된다.

2) 상 호

상호는 회사를 나타내는 명칭이며, 상호에 주식회사라는 문자를 사용하여야 한다(제19조). 회사는 수개의 영업을 하더라도 1개의 상호만을 사용할 수 있을 뿐이다(제21조 제1항).

3) 회사가 발행할 주식의 총수

수권자본제도를 도입함으로써 회사가 발행할 주식의 총수(발행예정주식총수)를 기재하여야 한다.

4) 액면주식을 발행하는 경우 1주의 금액

액면주식을 발행하는 경우 1주의 금액을 기재하여야 하며, 1주의 금액은 100원 이상으로 균일하여야 한다(제329조 제2항·제3항). 회사는 자본유지의 원칙상 상법 제417조의 경우를 제외하고는 액면가 이하로 주식을 발행할 수 없다(제330조). 액면주식을 발행하는 경우 액면가액에 발행주식총수를 곱하면 자본금이 된다(제451조 제1항).

5) 회사가 설립시에 발행하는 주식의 총수

설립시에 발행하는 주식의 총수를 정관에 기재하여야 하며, 발행하는 주식의 전부에 대해 인수가 확정되어야 한다.

6) 본점의 소재지

본점은 주된 영업소를 말하며, 회사의 주소가 있는 곳이다(제171조). 본점은 최소행정구역 단위와 지번으로 특정되어야 한다.

7) 회사가 공고하는 방법

주식회사는 특히 공시해야 할 사항들이 많으며, 주주와 회사채권자 등 이해관계인을 보호하기 위하여 공고는 관보 또는 일간신문에 하여야 한다. 따라서 방송이나 일정한 장소에 게시하는 것은 공고방법이 될 수 없다. 다만, 회사는 그 공고를 정관에서 정하는 바에 따라 전자적 방법으로 공고할 수 있다(제289조 제3항). 이 때에는 회사의 인터넷 홈페이지 주소를 등기하여야 한다(상법시행령 제6조 제2항).

보충 전자적 방법에 의한 공고: 회사는 정관에서 정하는 바에 따라 전자적 방법으로 공고할 경우 대통령령으로 정하는 기간(상법시행령 제6조 제5항)까지 계속 공고하고, 재무제표를 전자적 방법으로 공고하는 경우에는 제450조에서 정한 기간(재무제표 승인 후 2년)까지 계속 공고하여야 하며, 공고기간 이후에도 누구나 그 내용을 열람할 수 있도록 하여야 한다(제289조 제4항). 회사가 전자적 방법으로 공고를 할 경우에는 게시기간과 게시내용에 대하여 증명하여야 한다(제289조 제5항). 회사의 전자적 방법으로 하는 공고에 관하여 필요한 사항은 대통령령으로 정한다(제289조 제6항; 상법시행령 제6조).

8) 발기인의 성명·주민등록번호·주소

발기인은 정관을 작성하고 기명날인 또는 서명하여야 하므로 기명날인 또는 서명한 발기인의 성명·주민등록번호·주소를 정관에 기재하게 하는 것이다.

2. 상대적 기재사항

상대적 기재사항은 정관에 기재하지 아니하더라도 정관의 효력에는 영향이 없다. 다만, 정관에 기재하지 않은 경우에는 그러한 행위를 하더라도 그 효력이 없다.

1) 변태설립사항

변태설립사항은 회사설립 당시에 발기인에 의해 남용되어 자본충실을 해칠 우려가 있는 사항으로서, 특별히 이러한 사항을 실행하고자 하는 경우에는 정관에 기재하고 주식청약서에 기재하여야 하며(제290조, 제302조 제2항), 별도의 엄격한 검사절차를 받도록 하고 있다(제299조, 제310조). 변태설립사항을 정관에 기재하지 아니하고 실행한 경우에는 무효이다. 뿐만 아니라 정관에는 기재되어 있지만 필요한 검사절차를 거치지 않은 때에는 강행법규위반으로 설립무효가 된다는 견해가 있으나 변태설립사항이 불공정한 경우가 아니면 설립무효가 되지 않는다고 본다.

(1) 발기인이 받을 특별이익과 이를 받을 자의 성명(제290조 제1호)

① 특별이익의 의의: 회사설립의 발기인으로서 위험을 부담하고 활동한 공로에 대한 보상으로 특정한 발기인 또는 그 전원에게 인정하는 이익을 말한다.

② 특별이익의 범위: 자본충실의 원칙에 위배되는 이익(예 무상주 교브나 납입의무의 면제 등), 주주평등의 원칙에 반하는 이익(예 발기인의 주식에 복수의 의결권을 부여하는 것 등), 단체법적 질서에 위배되는 이익(예 이사나 감사 등 일정 지위를 약속하는 것 등)의 경우에는 인정되지 않는다. 특별이익의 예로는 이익배당 · 신주발행 등의 경우에 우선권 부여, 회사설비의 무상이용권, 회사의 지역총판권 부여 등을 들 수 있다.

③ 특별이익의 성질과 양도: 특별이익은 발기인이었던 자에 대해 인정하는 채권자적 권리로서 회사의 성립과 동시에 인정되고, 그 성질에 반하지 않는 한 특별이익만의 양도나 상속이 인정된다.

(2) 현물출자: 현물출자를 하는 자의 성명과 그 목적인 재산의 종류 · 수량 · 가격과 이에 대하여 부여할 주식의 종류와 수를 변태설립사항으로 하고 있다(제290조 제2호).

① 현물출자의 의의: 현물출자는 금전 이외의 재산으로 하는 출자를 말한다. 현물출자는 단체법상의 유상 · 쌍무계약이라 할 수 있다. 따라서 현물출자에는 위험부담 · 하자담보책임에 관한 민법규정(민법 제537조, 제570조 이하)이 적용 또는 유추적용될 수 있다.

② 현물출자의 목적물: 현물출자의 목적물은 경제적 가치를 확정할 수 있고 양도가 가능하며 대차대조표의 자산의 부(部)에 계상할 수 있는 재산이면 가능하다. 동산 · 부동산 · 채권 · 유가증권 · 무체재산권 · 다른 회사의 주식 · 영업상의 비결 등 재산적 가치가 있는 사실관계와 영업의 전부 또는 일부도 될 수 있다. 그러나 노무와 신용은 출자의 목적물이 될 수 없다.

③ 현물출자자: 정관에 의하여 정하여지는 자는 누구나 현물출자자가 될 수 있으므로 반드시 발기인에 한하여 현물출자자가 될 수 있는 것은 아니다. 즉, 발기인이 아닌 자라도 정관의 정함에 의하여 현물출자자가 될 수 있다. 그러나 발기설립의 경우에는 발기인들에 의하여만 회사가 설립되므로 발기설립시 현물출자자가 될 수 있는 자는 발기인으로서 정관에 의해 정하여지는 자여야 한다.

④ 현물출자의 부당평가: 현물출자가 과대평가된 경우 이를 시정하지 않은 채 설립등기를 한 경우, 그 정도가 경미하다면 발기인과 임원의 손해배상책임의 추궁으로 해결하고 그 정도가 큰 경우 현물출자를 무효로 보아야 한다.

⑤ 현물출자의 이행불능 · 이행지체: 이행불능의 경우 정관을 변경하여 설립절차를 속행할 수 있으며, 이행지체의 경우 강제집행을 하거나 정관변경으로 설립절차를 속행할 수 있다.

(3) 재산인수: 발기인이 특정 재산의 소유자와 회사성립 후에 회사가 그 재산을 양수할

것을 약정하는 경우 그 재산의 종류·수량·가격과 그 양도인의 성명을 정관에 기재하여야 한다(제290조 제3호).

【판례】 대법원 1992.9.14.선고 91다33087판결

상법 제290조 제3호는 변태설립사항의 하나로서 회사성립 후에 양수할 것을 약정한 재산의 종류, 수량, 가격과 그 양도인의 성명은 정관에 기재함으로써 그 효력이 있다고 규정하고 있고, 이때에 회사의 성립 후에 양수할 것을 약정한다 함은 이른바 재산인수로서 발기인이 회사의 성립을 조건으로 다른 발기인이나 주식인수인 또는 제3자로부터 일정한 재산을 매매의 형식으로 양수할 것을 약정하는 계약을 의미한다고 할 것이고, 아직 원시정관의 작성 전이어서 발기인의 자격이 없는 자가 장래 성립할 회사를 위하여 위와 같은 계약을 체결하고 그 후 그 회사의 설립을 위한 발기인이 되었다면 위 계약은 재산인수에 해당하고 정관에 기재가 없는 한 무효라고 할 것이다.

참조판례 甲과 乙이 공동으로 축산업 등을 목적으로 하는 회사를 설립하기로 합의하고 甲은 부동산을 현물로 출자하고 乙은 현금을 출자하되, 현물출자에 따른 번잡함을 피하기 위하여 회사의 성립 후 회사와 甲 간의 매매계약에 의한 소유권이전등기의 방법에 의하여 위 현물출자를 완성하기로 약정하고 그 후 회사설립을 위한 소정의 절차를 거쳐 위 약정에 따른 현물출자가 이루어진 것이라면, 위 현물출자를 위한 약정은 그대로 상법 제290조 제3호가 규정하는 재산인수에 해당한다고 할 것이어서 정관에 기재되지 아니하는 한 무효라고 할 것이나, 위와 같은 방법에 의한 현물출자가 동시에 상법 제375조가 규정하는 사후설립에 해당하고 이에 대하여 주주총회의 특별결의에 의한 추인이 있었다면 회사는 유효하게 위 현물출자로 인한 부동산의 소유권을 취득한다(대법원 1992.9.14.선고 91다33087판결).

① 재산인수의 의의: 발기인이 설립될 회사를 위하여 회사의 성립을 조건으로 다른 발기인이나 다른 주식인수인 또는 제3자로부터 일정한 재산을 매매의 형식으로 회사가 양수하기로 약정하는 계약을 체결하는 개인법상의 계약이다(대법원 1994.5.13.선고 94다323판결). 발기인의 재산인수행위는 개업준비행위로서 성립 후의 회사의 영업개시를 위한 준비행위에 속한다. 재산인수계약은 발기인이 설립 중의 회사의 대표로서 체결하므로, 회사성립 전이라도 발기인이 아니고 이사 또는 대표이사가 체결하였다면 그 인수계약은 재산인수에 해당하지 않는다(대법원 1989.2.14.선고 87다카1128판결).

② 변태설립사항으로 정한 취지[1]: 상법이 재산인수를 회사의 변태설립사항의 하나로 정하여 엄격하게 규제하고 있는 취지는, 재산인수의 목적인 재산의 가격을 과대하게 평가하게 되면 회사의 자본충실을 해하는 결과가 초래되고 현물출자의 엄격한 규제를 잠탈하는 수단으로 악용될 수 있으므로, 이를 정관에 기재하게 함으로써 회사의 주주와 회사채권자 등 이해관계인의 이익을 해할 위험을 방지하려는 것이다(대법원 2015.3.20.선고 2013다88829판결).

③ 재산인수의 목적물: 현물출자와 같이 대차대조표의 자산의 부에 계상할 수 있는 목적

1) 【학설】 재산인수를 변태설립사항으로 규정한 이유에 관한 학설
발기인의 권한에 개업준비행위를 포함시키는 견해에서는 재산인수를 변태설립사항으로 규정한 이유는 현물출자와 같은 재산에 대한 과대평가로 인하여 자본유지를 해할 염려 등의 폐단을 고려한 것이라고 하고, 개업준비행위를 발기인의 권한에 포함시키지 않는 견해에서는 재산인수를 상법이 규정하고 있는 것은 성립 후의 회사가 공백 없이 목적사업을 수행할 수 있도록 하기 위하여 예외적으로 허용한 규정이라고 한다.

물이면 모두 가능하다.

④ 재산인수의 양도인: 재산인수의 양도인에는 제한이 없으므로, 설립 중의 회사의 대표인 발기인과 인수계약을 하는 자라면 발기인, 주식인수인, 기타 제3자 등 누구나 양도인이 될 수 있다.

⑤ 재산인수의 효력: 재산인수가 정관에 기재되고 검사인의 조사가 이루어진 때에는 설립 중의 회사의 행위가 되고 성립 후의 회사가 계약상의 지위를 취득한다. 원시정관에 기재되지 않은 재산인수는 무효로서(대법원 1994.5.13. 선고 94다323판결),[1] 회사가 성립하여도 발기인이 한 행위의 효과는 당연히 회사에 귀속되지 않는다. 이 무효는 회사뿐만 아니라 양도인도 주장할 수 있다.

참조판례 갑이 을이 장래 설립·운영할 병 주식회사에 토지를 현물로 출자하거나 매도하기로 약정하고 병 회사 설립 후 소유권이전등기를 마쳐 준 다음 회장 등 직함으로 장기간 병 회사의 경영에 관여해 오다가, 병 회사가 설립된 때부터 약 15년이 지난 후에 토지 양도의 무효를 주장하면서 소유권이전등기의 말소를 구한 사안에서, 위 약정은 상법 제290조 제3호에서 정한 재산인수로서 정관에 기재가 없어 무효이나, 병 회사로서는 병 회사의 설립에 직접 관여하여 토지에 관한 재산인수를 위한 약정을 체결하고 이를 이행한 다음 설립 후에는 장기간 병 회사의 경영에까지 참여하여 온 갑이 이제 와서 병 회사의 설립을 위한 토지 양도의 효력을 문제삼지 않을 것이라는 정당한 신뢰를 가지게 되었고, 갑이 을과 체결한 사업양도양수계약에 따른 양도대금채권이 시효로 소멸하였으며, 갑이 병 회사 설립 후 15년 가까이 지난 다음 토지의 양도가 정관의 기재 없는 재산인수임을 내세워 자신이 직접 관여한 회사설립행위의 효력을 부정하면서 무효를 주장하는 것은 회사의 주주 또는 회사채권자 등 이해관계인의 이익 보호라는 상법 제290조의 목적과 무관하거나 오히려 이에 배치되는 것으로서 신의성실의 원칙에 반하여 허용될 수 없다(대법원 2015.3.20.선고 2013다88829판결).

(4) 회사가 부담할 설립비용과 발기인이 받을 보수액(제290조 제4호)

① 설립비용: 설립비용이란 회사설립절차의 실행에 소요되는 비용을 말한다. 예를 들면 사무실의 임차비용, 통신비, 정관이나 주식청약서의 인쇄비, 광고비, 납입금 취급은행의 수수료 등을 들 수 있다. 그러나 설립 후의 회사사업상 필요한 공장·건물·집기·원료 등의 구입비는 개업준비비로서 설립비용에 포함되지 않고, 개업준비를 위한 금전차입비용도 설립비용에 포함되지 않는다(대법원 1965.4.13.선고 64다1940판결). 정관에 기재하지 않고 지출한 비용은 회사에 대하여 부당이득이나 사무관리의 법리에 의하여 구상할 수 없고, 발기인 개인이 책임을 져야 한다(통설). 정관에 기재된 설립비용의 지출이 위법·부당하다면 발기인이 손해배상책임을 진다. 한편, 정관에 정한 설립비용의 부담에 대해 설립 전에는 발기인이 부담하고 이를 부당이득 또는

1) 【학설】 정관에 규정이 없는 재산인수의 추인에 관한 학설
정관에 규정이 없는 재산인수의 무효를 회사가 추인하는 것은 상법 제290조의 취지를 무의미하게 하므로 인정될 수 없다는 견해(다수설)와 추인을 인정하는 견해가 있다. 추인을 인정하는 견해는 발기인의 무권대리를 명시적·묵시적으로 추인할 수 있다는 견해와, 사후설립에 준하여 주주총회의 특별결의에 의해 추인이 가능하다는 견해(판례·소수설)로 나누어진다.

사무관리의 법리에 의하여 회사에 구상할 수 있다는 것에 이론(異論)이 없다. 그러나 설립비용이 지급되기 전에 회사가 성립된 경우에 있어서의 설립비용의 부담에 관하여는 논란이 있다.[1]

② 발기인의 보수: 발기인이 설립사무를 위하여 제공한 노무의 대가를 말한다. 발기인의 보수는 설립 중의 회사의 기관으로서 제공한 노무의 대가이므로 설립 전에 그 원인이 발생하고 설립 중의 회사가 부담해야 한다.

2) 기타 상대적 기재사항

기타 상대적 기재사항은 상법전 전반에 걸쳐 산재해 있으나, 대표적인 예를 들면 무액면주식의 발행(제329조 제1항), 주식매수선택권의 부여(제340조의2 제1항), 종류주식의 발행(제344조 제2항), 전환주식의 발행(제346조 제1항), 서면결의의 채택(제368조의3 제1항), 감사위원회 등 이사회 내 위원회의 설치(제393조의2, 제415조의2), 자격주(제387조), 이사회소집기간의 단축(제390조 제3항), 제3자의 신주인수권(제418조 제2항), 중간배당(제462조의3 제1항), 현물배당(제462조의4) 등을 들 수 있다.

3. 임의적 기재사항

주식회사의 본질에 반하지 않고 강행법규에 위반되지 않는 사항이라면 상법이 허용하는 범위 내에서 필요한 사항을 기재할 수 있다. 이러한 예로는 영업연도, 주주총회 의장, 의결권의 대리행사, 이익처분의 방법, 이사·감사의 수, 주식명의개서 절차 등을 들 수 있다.

---

1) 【학설】 정관에 정한 설립비용의 부담에 관한 학설
회사와 발기인 간의 외부관계에 속하는 사항으로 설립비용이 지급되기 전에 회사가 성립된 경우에 있어서의 설립비용 부담에 대해서는 견해가 나누어지고 있다.
① 발기인이 전액을 부담하고 정관의 규정에 따라 회사에 구상할 수 있다는 견해(전액발기인부담설)로 정관에 기재된 금액을 초과하는 부분은 발기인만이 부담하고 회사에 구상할 수 없다고 한다.
② 정관에 정한 비용범위를 초과하더라도 설립 중의 회사의 채무는 성립 후의 회사의 채무가 된다는 점(동일성설)과 제3자 보호라는 점에서 회사가 전액을 부담해야 하고 그 초과분에 대해 발기인에게 구상할 수 있다는 견해(전액회사부담설)가 있다(통설).
③ 설립비용에 대해 회사와 발기인이 중첩적으로 부담해야 한다는 견해, 설립비용에 대해 회사와 발기인이 분담한다는 견해가 있다.

제3관 자본금 형성 및 기관의 구성

I. 주식발행사항 결정

회사가 설립시에 발행하는 주식의 총수와 액면주식의 발행의 경우 1주의 금액은 정관에 기재하여야 하는 필요적 기재사항이므로 이미 정해지지만 주식발행을 실천하기 위해서는 발기인들이 주식발행에 대한 구체적인 계획을 결정하여야 한다. 이러한 사항 중에서 주식의 종류와 수, 액면주식의 경우에 액면 이상의 주식을 발행할 때에는 그 수와 금액(액면주식의 경우에는 원칙적으로 발행가액은 액면이상의 가액으로 하여야 한다:제330조), 무액면주식을 발행하는 경우에는 주식의 발행가액과 주식의 발행가액 중 자본금으로 계상되는 금액(발기인 전원의 동의로 납입된 발행가액의 2분의 1을 초과하지 않는 금액을 자본금으로 계상하지 않고, 자본준비금으로 계상할 수 있도록 정할 수 있다; 江頭憲治郎, 「株式會社法」, 有斐閣, 2024, 81面)의 결정은 정관에 다른 정함이 없는 한 발기인 전원의 동의를 요하며(제291조), 나머지 사항(예 주식의 청약기간, 납입기일, 납입취급금융기관의 결정 등)에 대해서는 발기인 과반수의 결의에 의한다.

발기인의 동의 방법에는 제한이 없으므로 서면에 의하든 구두에 의하든 또는 명시적이든 묵시적이든 관계없다. 발기인의 동의는 적어도 설립등기 전에 있는 경우에 한하여 유효하며(회사 설립등기 후라도 전원의 동의가 있으면 하자가 보완된다는 견해도 있다), 이에 흠결이 있는 경우 회사설립무효의 사유가 된다.

II. 발기설립

1. 발기인의 주식인수와 출자의 이행

1) 발기인의 주식인수

발기설립은 발기인들만으로 주주를 구성하는 설립방법이므로 발기인들이 설립시에 발행할 주식의 총수를 인수하여야 하며(제295조 제1항), 주식의 인수는 서면으로 하여야 한다(제293조). 서면에 의하지 않은 주식인수는 무효이다(통설). 발기인의 주식인수를 회사성립 후에는 사기 · 강박 · 착오의 이유로 취소하지 못한다(제320조 제1항). 기타 발기인의 주식인수에 관하여는 인수의 시기나 인수의 법적 성질에 관하여 논란이 있다.[1)]

---

1) 【학설】 발기설립시 주식인수와 관련한 학설

① 주식인수의 시기: 주식인수의 시기에 관해 정관의 작성과 동시 또는 그 이후에만 가능하다는 견해(소수설)와, 정관작성과 동시 또는 전후라도 무방하지만 적어도 주식인수가액의 납입기일까지는 인수하여야 한다는 견해(다수설)가 있다.

② 주식인수의 법적 성질: 발기인의 주식인수는 설립행위이고 설립행위는 합동행위라는 전제하에서 발기인의 주식인수는 발기인의 일방적 의사표시의 합치에 의하여 그 효력이 생기는 합동행위라는 견해(다수설)와, 발기인의 주식인수는 정관작성 후 설립 중의 회사를 상대로 하는 계약, 즉 설립 중의 회사의 입사계약이라는 견해가 있다.

2) 출자의 이행

(1) 금전납입: 발기인이 설립시에 발행하는 주식의 총수를 인수한 때에는 지체없이 각 주식에 대하여 그 인수가액의 전액을 납입하여야 한다(제295조 제1항). 납입은 발기인들에 의해 정해진 은행 기타 금융기관에 하여야 한다(제302조 제2항 제9호). 발기인이 납입을 하지 않은 경우에는 실권제도가 없으므로 강제집행을 하거나, 그렇지 않은 경우에는 회사불성립에 그치게 된다.

보충 주금액의 미납입의 경우를 간과하고 설립등기가 이루어진 때에는 납입불이행 부분이 근소하면 발기인 전원이 연대하여 납입담보책임을 지고, 상당부분이 납입되지 않은 경우라면 설립무효의 사유가 된다는 견해가 있다(이철송, 「회사법」, 199면).

(2) 현물출자: 현물출자를 하는 경우에도 납입기일에 지체없이 현물출자를 이행하여야 한다(제295조 제2항, 제305조 제3항). 현물출자의 이행이 있기 위해서는 재산의 종류별로 권리이전 방식에 의한 재산권의 이전이 있어야 한다. 그러나 등기 · 등록 기타 권리의 설정 또는 이전을 요할 경우에는 이에 관한 서류를 완비하여 교부하면 된다(제295조 제2항). 이 경우 회사는 성립 후에 등기 · 등록을 할 수 있다(현물출자는 현물출자가에게 주주로서의 권리·의무를 대가로 지급하고 현물을 취득하는 유상승계취득에 해당하므로 그 대가를 지급하여 현물을 사실상 취득하거나 현물에 관한 소유권이전등기·등록을 한 때를 취득시기로 보아야 한다; 대법원 2016.11.9.선고 2016두45318판결).

【판례】 대법원 2000.6.23.선고 98두7558판결

주식회사의 발기설립의 경우에 현물출자에 의한 주식의 인수로써 주식인수인이 된 자는 현물출자이행의 의무를 부담하는 한편 설립중의 회사의 사원이 되었다가 현물출자가 이행되고 현물출자에 관한 사항과 현물출자의 이행에 관하여 검사인의 검사를 받는 등 제반 절차를 마쳐 설립등기를 하였을 때에 주주의 지위로 전환되는바, 주식회사 발기설립시의 현물출자는 궁극적으로 주주의 지위의 취득을 반대급부를 하는 것으로서 주주의 지위를 취득하게 되는 설립등기시에 반대급부의 전부이행이 있다고 볼 수 있(다).

현물출자의 불이행이 있는 경우에는 실권절차가 인정되지 않으므로 강제집행을 할 수밖에 없으며, 그렇지 않으면 회사불성립의 결과가 된다. 다만, 정관변경에 의해 설립절차를 속행할 수 있다(제300조 제2항 참조). 한편 현물출자의 이행불능의 경우에는 손해배상을 청구할 수 있을 뿐만 아니라 현물출자의 불이행의 경우와 같이 정관을 변경하여 설립절차를 속행할 수 있다.

2. 이사 · 감사의 선임 및 의사록 작성

발기인이 인수한 주식에 대하여 출자가 이행되면 발기인은 지체없이 의결권의 과반수로 이사와 감사를 선임하여야 한다(제296조 제1항). 의결권은 인수주식 1주에 대하여 1개씩 인정된다

(제296조 제2항). 여기서 선임된 이사·감사는 설립 중의 회사의 감독기관이 되고 설립등기와 더불어 바로 회사의 기관이 된다. 한편, 대표이사의 성명·주소 등은 설립등기시 등기사항이므로(제317조 제2항 제9호), 설립등기 전에 선임되어야 한다. 설립등기 전의 대표이사는 정관에 달리 정함이 없는 때에는 이사들이 이사회를 개최하여 선임한다.

발기인은 의사록을 작성하여 의사의 경과와 그 결과를 기재하고 기명날인 또는 서명하여야 한다(제297조).

3. 설립경과의 조사

이사와 감사는 취임 후 지체없이 회사의 설립에 관한 모든 사항이 법령 또는 정관의 규정에 위반되지 아니하는지의 여부를 조사하여 발기인에게 보고하여야 한다(제298조 제1항). 이사와 감사 중 발기인이었던 자, 현물출자자, 회사성립 후 양수할 재산의 계약당사자인 자는 설립경과의 조사·보고에 참가하지 못한다(제298조 제2항). 만일 이사와 감사 전원이 이러한 제척사유에 해당하는 때에는 이사가 공증인으로 하여금 조사·보고하게 하여야 한다(제298조 제3항).

4. 변태설립사항의 조사

정관에 변태설립사항이 있는 경우에 상법 제299조 제2항의 경우를 제외하고 이사는 지체없이 이에 관한 조사를 하게 하기 위하여 검사인의 선임을 법원에 청구하여야 한다(제298조 제4항 본문). 법원에서 선임된 검사인은 변태설립사항과 현물출자의 이행에 관한 사항을 조사하여 서면으로 법원에 보고하여야 한다(제299조 제1항). 검사인의 조사·보고서의 등본을 지체없이 각 발기인에게 교부하여야 한다(제299조 제3항). 이 보고서에 사실과 상위한 사항이 있을 때에는 발기인은 그에 대한 설명서를 법원에 제출할 수 있다(제299조 제4항).

법원에 대한 검사인의 조사·보고는 발기인에게 특별이익을 부여하는 경우와 설립비용 또는 발기인의 보수에 관해서는 공증인의 조사·보고로, 현물출자와 재산인수에 관해서는 감정인의 감정·보고로 갈음할 수 있다(제298조 제4항 단서, 제299조의2).

보충 조사·보고 제외: ① 상법 제290조 제2호 및 제3호의 재산총액이 자본금의 5분의 1을 초과하지 아니하고 대통령령으로 정한 금액(5천만원: 상법시행령 제7조 제1항)을 초과하지 아니하는 경우, ② 상법 제290조 제2호 또는 제3호의 재산이 거래소에서 시세가 있는 유가증권인 경우로서 정관에 적힌 가격이 대통령령으로 정한 방법으로 산정된 시세를 초과하지 아니하는 경우, ③ 그 밖에 앞의 두 가지에 준하는 경우로서 대통령령으로 정하는 경우에는 상법 제299조 제1항의 조사·보고가 필요하지 않다(제299조 제2항; 상법시행령 제7조).

5. 법원의 변경처분

법원은 검사인의 보고 또는 공증인의 보고나 감정인의 감정결과, 발기인의 설명서를 심사하여 변태설립에 관한 사항이 부당하다고 인정한 때에는 이를 변경하여 각 발기인에게 통고할 수 있다(제300조 제1항). 이러한 변경에 불복하는 발기인은 법원의 변경결정에 대하여 즉시항고하거나 그 주식의 인수를 취소할 수 있다(제300조 제2항 제1문).

주식인수를 취소한 발기인이 있더라도 다른 발기인이 이를 인수하거나 정관을 변경하여 설립절차를 계속할 수 있다(제300조 제2항 제2문). 그러나 법원의 통고가 있은 후 2주간 내에 주식의 인수를 취소한 발기인이 없는 때에는 정관은 통고에 따라 변경된 것으로 본다(제300조 제3항).

 모집설립

1. 발기인의 주식인수와 주주모집

발기인은 반드시 회사가 설립시에 발행하는 주식 중 일부를 서면으로 인수하여야 한다(제293조). 발기인이 인수한 주식 이외의 주식에 대해서는 주주를 모집하여야 한다(제301조). 주주의 모집방법에는 제한이 없으며, 공모에 의하든 연고모집에 의하든 관계없다. 주주모집의 경우에는 주식청약서주의를 택하고 있으므로, 주식청약서에 의하지 않은 주식의 인수의 청약은 무효이다. 한편, 발기인이 주식청약서에 의하여 주식인수의 청약을 한 경우 발기인은 주식청약서에 의한 청약을 하지 못하므로 주식인수인이 될 수 없다는 견해가 있으나, 발기인이라도 주주모집에서 제외할 필요가 없으므로 주식의 인수인이 될 수 있다고 본다.

2. 주식의 인수와 출자의 이행

1) 주식의 인수

(1) 주식인수의 성질[1]: 모집주주의 주식인수는 주식을 인수하고자 하는 자가 주식인수의 청약을 하고 발기인이 배정함으로써 이루어진다. 이러한 주식인수의 계약에 대해서는 민법의 계약에 관한 규정이 적용되며, 주식인수로 인한 주식인수인에 대한 회사의 주금액채권은 10년의 민사채권 소멸시효가 적용된다.

1) 【학설】 모집설립시 주식인수의 성질에 관한 학설
모집설립에 있어서의 주식인수의 법적 성질에 관하여는 합동행위라는 견해, 단독행위가 집합한 것이라는 견해, 장래 성립할 회사에의 입사계약이라는 견해, 합동행위와 입사계약이 병존한다는 견해, 설립 중의 회사에 대한 입사계약으로 보는 견해(다수설)가 있다.

(2) 주식인수의 청약: 주주모집시 주식인수의 청약자는 주식청약서 2통에 인수할 주식의 종류 및 수와 주소를 기재하고 기명날인 또는 서명하여(제302조 제1항) 발기인에게 청약하여야 한다(주식청약서 1통에 의한 청약이 무효라는 견해가 있으나 무효가 되지는 않는다고 본다).

주식청약서에는 정관의 절대적 기재사항, 변태설립사항, 회사설립의 개요를 알 수 있는 사항을 기재하여야 한다(제302조 제2항).

보충 주식청약서의 기재사항: 주식청약서에는 ① 정관의 인증연월일과 공증인의 성명, ② 제289조 제1항과 제290조에 게기한 사항, ③ 회사의 존립기간 또는 해산사유를 정한 때에는 그 규정, ④ 각 발기인이 인수한 주식의 종류와 수, ⑤ 제291조에 게기한 사항, ⑥ 주식의 양도에 관하여 이사회의 승인을 얻도록 정한 때에는 그 규정, ⑦ 주주에게 배당할 이익으로 주식을 소각할 것을 정한 때에는 그 규정, ⑧ 일정한 시기까지 창립총회를 종결하지 아니한 때에는 주식의 인수를 취소할 수 있다는 뜻, ⑨ 납입을 맡을 은행 기타 금융기관과 납입장소, ⑩ 명의개서 대리인을 둔 때에는 그 성명·주소 및 영업소를 기재하여야 한다.

주식인수의 청약에 있어서는 비진의표시의 무효에 관한 일반원칙(민법 제107조 제1항 단서)은 적용되지 않는다(제302조 제3항). 그러나 허위표시에 의한 주식인수청약이나 의사무능력에 의한 주식인수의 청약은 무효가 된다.

(3) 주식의 배정·인수: ① 주식인수의 청약이 이루어진 후 발기인이 이에 대해 주식을 배정한다. 배정은 발기인들의 자유배정에 의하고, 배정에는 특별한 방법을 필요로 하지 않으며 구두로 하여도 관계없다. 배정이 이루어진 경우 발기인은 주식청약인에 대한 배정결과를 통지하고 주식인수인에 대해 납입을 최고하며, 창립총회의 소집을 통지하여야 한다. 이 통지·최고는 주식청약서에 기재된 주소 또는 청약인이 회사에 통지한 주소로 하면 되고(제304조 제1항), 그 통지·최고는 보통 도달할 시기에 도달한 것으로 본다(제304조 제2항).

② 발기인의 배정에 의하여 주식청약인은 주식인수인으로 확정되어 배정된 주식에 대하여 납입의무를 부담한다(제303조).

③ 타인의 명의로 주식인수의 청약을 한 경우 누가 주식인수인이 되는가에 대해서는 학설의 대립이 있다.[1)]

---

1) 【학설】 타인의 명의를 청약에 사용한 경우에 대한 학설
타인의 명의를 주식인수의 청약에 사용한 경우에 누가 주식인수인이 되는가에 대해서는 크게 세 가지의 학설로 나누어진다.
① 형식설: 이 견해는 명의대여자가 주식인수인의 권리를 취득하고 명의차용자는 납입책임을 질 뿐이라고 한다. 이 견해에 의할 경우 제3자에 대해 주주인 자격을 주장하는 경우에 명의차용자가 명의대여자로부터 그 권한을 수여받은 경우에만 무권리자가 주권을 소지한 때에 그 주권의 인도를 청구할 수 있게 된다.
② 실질설: 이 견해는 사실상의 청약자인 명의차용자가 주식인수인이고 명의대여자는 납입의 연대책임을 질 뿐이라고 한다. 이 견해에 의한다면 무권리자가 주권을 소지한 때에 실제로 주금납입을 한 자라는 입증만으로 그 주권의 인도를 청구할 수 있게 된다.
③ 절충설: 가설인의 명의나 타인의 승낙 없이 그 명의로 주식을 인수하는 약정을 한 경우에는 실제 출자자가

【판례】 대법원 2017.12.5.선고 2016다265351판결

상법 제332조 제1항은 가설인(假設人)의 명의로 주식을 인수하거나 타인의 승낙 없이 그 명의로 주식을 인수한 자는 주식인수인으로서의 책임이 있다고 정하고, 제2항은 타인의 승낙을 얻어 그 명의로 주식을 인수한 자는 그 타인과 연대하여 납입할 책임이 있다고 정한다. 이처럼 상법은 가설인(이는 현실로는 존재하지 않고 외형만을 꾸며낸 사람을 가리킨다)이나 타인의 이름으로 주식을 인수할 수도 있다는 것을 전제로 그 납입책임을 부과하고 있지만, 누가 주주인지에 관해서는 규정을 두고 있지 않다.

타인의 명의로 주식을 인수한 경우에 누가 주주인지는 결국 주식인수를 한 당사자를 누구로 볼 것인지에 따라 결정하여야 한다. 발기설립의 경우에는 발기인 사이에, 자본의 증가를 위해 신주를 발행할 경우에는 주식인수의 청약자와 회사 사이에 신주를 인수하는 계약이 성립한다. 이때 누가 주식인수인이고 주주인지는 결국 신주인수계약의 당사자 확정 문제이므로, 원칙적으로 계약당사자를 확정하는 법리를 따르되, 주식인수계약의 특성을 고려하여야 한다.

발기인은 서면으로 주식을 인수하여야 한다(상법 제293조). 주식인수의 청약을 하고자 하는 자는 주식청약서 2통에 인수할 주식의 종류·수와 주소를 기재하고 기명날인하거나 서명하여야 한다(상법 제302조 제1항, 제425조). 이와 같이 상법에서 주식인수의 방식을 정하고 있는 이유는 회사가 다수의 주주와 관련된 법률관계를 형식적이고도 획일적인 기준으로 처리할 수 있도록 하여 이와 관련된 사무처리의 효율성과 법적 안정성을 도모하기 위한 것이다. 주식인수계약의 당사자를 확정할 때에도 이러한 특성을 충분히 반영하여야 한다.

타인 명의로 주식을 인수하는 경우에 주식인수계약의 당사자 확정 문제는 다음과 같이 두 경우로 나누어 살펴보아야 한다.

첫째, 가설인 명의로 또는 타인의 승낙 없이 그 명의로 주식을 인수하는 약정을 한 경우이다. 가설인은 주식인수계약의 당사자가 될 수 없다. 한편 타인의 명의로 주식을 인수하면서 그 승낙을 받지 않은 경우 명의자와 실제로 출자를 한 자(이하 '실제 출자자'라 한다) 중에서 누가 주식인수인인지 문제되는데, 명의자는 원칙적으로 주식인수계약의 당사자가 될 수 없다. 자신의 명의로 주식을 인수하는 데 승낙하지 않은 자는 주식을 인수하려는 의사도 없고 이를 표시한 사실도 없기 때문이다. 따라서 실제 출자자가 가설인 명의나 타인의 승낙 없이 그 명의로 주식을 인수하기로 하는 약정을 하고 출자를 이행하였다면, 주식인수계약의 상대방(발기설립의 경우에는 다른 발기인, 그 밖의 경우에는 회사)의 의사에 명백히 반한다는 등의 특별한 사정이 없는 한, 주주의 지위를 취득한다고 보아야 한다.

둘째, 타인의 승낙을 얻어 그 명의로 주식을 인수하기로 약정한 경우이다. 이 경우에는 계약 내용에 따라 명의자 또는 실제 출자자가 주식인수인이 될 수 있으나, 원칙적으로는 명의자를 주식인수인으로 보아야 한다. 명의자와 실제 출자자가 실제 출자자를 주식인수인으로 하기로 약정한 경우에도 실제 출자자를 주식인수인이라고 할 수는 없다. 실제 출자자를 주식인수인으로 하기로 한 사실을 주식인수계약의 상대방인 회사 등이 알고 이를 승낙하는 등 특별한 사정이 없다면, 그 상대방은 명의자를 주식인수계약의 당사자로 이해하였다고 보는 것이 합리적이기 때문이다.

(4) 주식인수의 무효·취소: ① 주식인수인은 창립총회에 출석하여 권리를 행사한 후 또는 회사성립 후에는 주식청약서의 요건흠결에 의한 주식인수의 무효를 주장하거나 사기·강박 또는 착오를 이유로 하여 주식인수를 취소하지 못한다(제320조 제1항, 제2항). 따라서 창립총회 전이나 회사성립 전에는 주식인수의 무효 또는 취소를 주장할 수 있다.

② 제한능력자가 법정대리인의 허락 없이 한 주식인수의 취소나 무권대리인에 의한 주식인수무효에 관해서는 명문의 규정은 없지만, 본인의 보호를 위해 언제든지 취소 또는 무효

주식인수계약의 당사자가 되어 주주의 지위를 취득하고, 타인의 승낙을 얻어 그 명의로 주식을 인수하기로 약정한 경우에는 실제 출자자를 주식인수인으로 하기로 한 사실을 주식인수계약의 상대방인 회사 등이 이를 알고 승낙하는 등 특별한 사정이 없으면 실제 출자자를 주식인수인이라고 할 수 없고 그 명의자가 주주의 지위를 갖는다고 한다(판례).

의 주장이 가능하다. 다만, 무권대리의 경우 본인이 추인하거나 창립총회에서 의결권을 행사한 경우에는 주식인수가 무권대리행위임을 주장할 수 없다.

③ 통정허위표시에 의한 주식인수의 무효나 의사무능력자의 주식인수의 무효주장이 가능하고, 채무자의 사해행위에 대한 채권자취소권의 행사도 인정되므로 채권자를 해할 목적으로 한 채무자의 주식인수도 채권자가 취소할 수 있다.

2) 출자의 이행

(1) 납입의무: 주식인수인은 배정된 주식의 수에 따라 인수가액을 납입할 의무를 지며, 발기인은 주식의 총수가 인수된 때에는 지체없이 각 주식에 대한 인수가액의 전액을 납입시켜야 한다(제305조 제1항). 주식인수인의 납입의 경우 상계금지규정은 삭제되었지만, 주식인수인이 일방적으로 상계를 통해 채권을 주식으로 전환하는 것은 허용되지 않는다(제421조 제2항 참조). 또한 대물변제나 경개(更改) 등은 허용되지 않는다. 어음·수표에 의한 납입의 경우에도 실제 지급인에 의하여 지급되어야만 유효하게 납입이 이루어진 것이 된다(대법원 1977.4.12.선고 76다943판결). 현물출자의 경우에는 발기설립의 경우와 같다(제305조 제3항).

한편, 주식인수의 청약시 가설인의 명의나 타인의 승낙 없이 그의 명의로 주식인수의 청약을 하는 경우에는 실제의 인수인이 주식인수인으로서의 책임을 지며(제332조 제1항), 타인의 승낙을 얻어 그의 명의로 주식인수의 청약을 한 경우에는 그 명의를 대여한 자는 실제의 인수인과 연대하여 납입할 책임을 진다(제332조 제2항).

보충 ① 판례 중에 「주금납입에 있어 단순한 현금수수의 수고를 생략하는 의무의 대물변제나 상계는 회사측에서 이에 합의한 이상 절대로 무효로 할 이유는 없다」고 한 것(대법원 1960.11.24.선고 4239민상874·875판결)이 있으나, 이는 자본충실을 해할 우려가 있으므로 문제가 있다고 본다(최기원, 「상법학신론(상)」, 576면).
② 납입의 책임을 면하기 위하여 타인 또는 가설인 명의로 주식을 인수한 자는 1년 이하의 징역 또는 300만원 이하의 벌금에 처한다(제634조).

(2) 납입장소와 납입금보관은행의 의무 및 책임

① 납입장소: 발기인은 주식청약서에 주금액을 납입할 은행 기타 금융기관을 기재하여야 한다(제302조 제2항 제9호). 주식인수인은 납입장소에서 납입하여야 한다(제305조 제2항). 납입금보관자 또는 납입장소를 변경할 때에는 법원의 허가를 얻어야 한다(제306조).

② 납입금보관은행의 의무 : 납입금을 보관한 은행이나 그 밖의 금융기관은 발기인 또는 이사의 청구를 받으면 그 보관금액에 관하여 증명서를 발급하여야 한다(제318조 제1항). 그러나 자본금총액이 10억원 미만인 회사를 발기설립하는 경우에는 납입증명서를 은행이나 그밖의 금융기관의 잔고증명서로 대체할 수 있다(제318조 제3항).

③납입금보관은행의 책임 : 주금의 납입취급은행은 증명한 보관금액에 대하여는 납입의

부실 또는 그 금액의 반환에 관하여 제한이 있다는 이유로 회사에 대항할 수 없다(제318조 제2항). 따라서 납입취급은행은 무조건의 지급의무를 지며,[1] 이러한 책임은 상사채무의 이행책임으로서 회사성립일로부터 5년의 시효에 의하여 소멸한다.

(3) 납입의 불이행: 주식인수인이 납입하지 아니한 때에는 발기인은 일정한 기일을 정하여 그 기일 내에 납입하지 아니하면 그 권리를 잃는다는 뜻을 기일의 2주간 전에 그 주식인수인에게 통지하여야 한다(제307조 제1항). 이 통지를 받은 주식인수인이 그 기일 내에 납입의 이행을 하지 아니한 때에는 그 권리는 당연히 실권하며, 실권된 주식에 대하여 발기인은 주주를 재모집할 수 있고(제307조 제2항), 실권된 주식을 발기인이 인수할 수도 있다. 그러나 주식인수인의 현물출자의 불이행은 사실상 재모집이 불가능하므로 강제집행의 방법을 취할 수밖에 없으며, 회사불성립의 결과가 될 수 있다. 납입의 불이행시 주식인수인에 대하여 손해배상을 청구할 수 있다(제307조 제3항).

3) 가장납입

(1) 가장납입의 의의: 가장납입이란 주금을 실제 납입함이 없이 납입된 것으로 가장하고 설립등기를 마치는 것을 말한다.

(2) 가장납입의 유형: 납입가장행위는 납입취급은행과의 공모에 의하여 하는 가장납입(예합)과 발기인이 의도적으로 납입취급은행 이외의 제3자로부터 납입금 전액을 차입하여 주금을 납입하여 회사를 설립한 다음 납입금 전액을 인출하여 반환하는 일시차입금에 의한 가장납입이 있다.

(3) 가장납입의 효과

① 공모에 의한 가장납입: 이 경우에는 주금의 현실적 납입이 없고 설립 후에 납입금의 사용이 제한되므로 납입의 효력이 없다. 그런데 상법은 납입금보관은행 기타 금융기관은 납입금보관증명을 발급하여 증명한 보관금액에 대하여는 납입의 부실 또는 그 금액의 반환에 제한이 있음을 이유로 하여 회사에 대항하지 못한다고 규정하고 있으므로(제318조 제2항), 사실상 공모에 의한 가장납입은 거의 이루어지기 어렵다.

보충판례 회사가 제3자에게 주식인수대금 상당의 대여를 하고 제3자는 그 대여금으로 주식인수대금을 납입한 경우에, 회사가 처음부터 제3자에 대하여 대여금 채권을 행사하지 아니하기로 약정되어 있는 등으로 대여금을 실질적으로 회수할 의사가 없었고 제3자도 그러한 회사의 의사를 전제로 하여 주식인수청약을 한 때에는, 그 제3자가 인수한 주식의 액면금액에 상당하는 회사의 자본금이 증가되었다고 할

1) 【학설】 납입취급은행의 납입금의 반환시기에 관한 학설
납입취급은행의 주금납입금의 반환시기에 관하여 설립비용의 조속한 변제를 위해 창립총회의 종료 후이어야 한다는 견해와, 회사재산으로서의 출자는 회사설립시에 확실하게 존재하여야 하며 납입금의 보관증명서는 설립등기신청의 첨부서류이므로 회사의 설립 후이어야 한다는 견해가 있다.

수 없으므로 위와 같은 주식인수대금의 납입은 단순히 납입을 가장한 것에 지나지 아니하여 무효이다(대법원 2003.5.16.선고 2001다44109판결).

② 일시차입금에 의한 가장납입 : ㉠ 납입의 효력: 일시차입금으로 납입한 경우의 효력에 관해서는 학설의 대립이 있으며[1], 판례는 유효설을 취하고 있다.

【판례】 대법원 1983.5.24.선고 82누522판결[동지: 대법원 2016.9.23.선고 2016두40573판결]

회사의 설립이나 증자의 경우에 당초부터 진정한 주금의 납입으로서 회사자금을 확보할 의도 없이 일시적인 차입금으로 단지 주금납입의 외형을 갖추고 회사설립이나 증자절차 후 곧바로 그 납입금을 인출하여 차입금을 변제하는 주금의 가장납입, 소위 「견금」에 의한 주금납입의 경우에도 금원의 이동에 따른 현실의 불입이 있는 것이고, 설령 그것이 실제로는 납입의 가장수단으로 이용된 것이라 하더라도, 이는 당해 납입을 하는 발기인 등의 주관적 의도의 문제에 불과하고 회사가 관여하는 바는 아니므로, 이러한 발기인 등의 내심적 사정에 의하여 회사의 설립이나 증자와 같은 집단적 절차의 일환을 이루는 주금납입의 효력을 좌우함은 타당하지 아니하다.

㉡ 가장납입 주주의 지위: 일시차입금에 의한 가장납입이 유효하다는 판례의 견해에 따르면 가장납입을 한 주주도 주주의 지위를 갖게 되며(대법원 1998.12.23.선고 97다20649판결) 회사가 주주의 납입금을 체당한 것으로 보아 회사는 주주에 대해 납입금의 상환을 청구할 수 있다(대법원 1985.1.29.선고 84다카1823·1824판결). 이에 반해, 가장납입을 무효라고 보는 견해에 의하면 가장 납입한 주주는 주식인수인의 지위를 잃게 되므로 주주로서의 지위가 인정되지 않는다.

【판례】 대법원 1998.12.23.선고 97다20649판결

주식회사를 설립하면서 일시적인 차입금으로 주금납입의 외형을 갖추고 회사설립절차를 마친 다음 그 납입금을 인출하여 차입금을 변제하는, 이른바 가장납입의 경우에도 회사설립 당시 원래 주주들이 주식인수인으로서 주식을 인수하고 가장납입의 형태로 주금을 납입한 이상 그들이 바로 회사의 주주이고 그 후 그들이 회사가 청구한 주금 상당액을 납입하지 아니하였다 하더라도 이는 회사에 대한 채무불이행에 불과할 뿐 이러한 사유만으로 주주의 지위를 상실한다고 할 수 없다.

㉢ 발기인 등의 책임: ⓐ 납입가장행위를 한 발기인이나 이사는 공동불법행위자로써 회사에 대해 손해배상책임을 부담하고, 악의 또는 중대한 과실이 있는 때에는 제3자에 대해서도 손해배상책임을 진다.

---

1) 【학설】 일시차입금에 의한 가장납입의 효력에 관한 학설
① 유효설: 진실한 납입의사의 유무는 주관적인 문제에 불과하고 실제 돈의 이동에 따른 현실의 납입이 있으므로 유효하다라는 견해이다(판례·소수설).
② 무효설: 형식상으로는 주금의 납입이 있으나 실질적인 자본구성이 없고, 납입금의 차입과 반환은 하나의 계획된 납입가장행위이므로 무효라고 하는 견해이다(다수설). 이 견해에 의하면 가장납입주주는 주식인수인의 지위를 상실하고 그가 인수했던 부분의 자본결함은 발기인들의 인수·납입담보책임에 의해 보완된다고 한다.

【판례】 대법원 1989.9.12.선고 89누916판결

발기인인 갑·을이 주식인수대금을 가장납입하는 방법으로 회사를 설립하기로 공모하고, 회사설립과 동시에 납입하였던 주식인수대금을 인출하였다면 갑과 을은 회사의 설립에 관하여 자본충실의무 등 선량한 관리자로서의 임무를 다하지 못한 발기인들로서 또는 회사의 소유재산인 주식인수납입금을 함부로 인출하여 회사에 대하여 손해를 입힌 공동불법행위자로서의 책임을 면할 수 없으므로 회사에 그 손해를 연대하여 배상할 책임이 있(다).

ⓑ 가장납입은 회사의 자본충실을 기하려는 법의 취지를 유린하는 행위에 해당하므로(대법원 2023.1.12.선고 2017도14104판결) 이를 단속하려는 목적에 따른 상법 제628조 제1항의 납입가장죄가 성립할 수 있고, 가장납입은 이를 숨기고 주식인수인에 의한 납입이 완료된 것처럼 등기공무원에 대하여 허위신고를 하여 증자를 한 취지의 등기신청을 함으로써 상업등기부원본에 그 기재를 하게 하였다면 이는 형법상 공정증서원본부실기재죄와 동행사죄(형법 제228조 제1항, 제229조)가 성립할 수 있다(대법원 1987.11.10.선고 87도2072판결).

보충 납입금을 회사설립 후 바로 인출하였어도 회사가 납입금에 상당하는 자산을 갖게 되었고 그 인출금을 그 자산의 취득과정에서 발생한 대차관계를 정산하는 데 사용한 경우에는 납입가장죄가 성립하지 않는다(대법원 1999.10.12.선고 99도3057판결).

【판례】 대법원 2006.6.9.선고 2005도8498판결

상법 제628조 제1항 소정의 납입가장죄는 회사의 자본충실을 기하려는 법의 취지를 유린하는 행위를 단속하려는 데 그 목적이 있는 것이므로, 당초부터 진실한 주금납입으로 회사의 자금을 확보할 의사 없이 형식상 또는 일시적으로 주금을 납입하고 이 돈을 은행에 예치하여 납입의 외형을 갖추고 주금납입증명서를 교부받아 설립등기나 증자등기의 절차를 마친 다음 바로 그 납입한 돈을 인출한 경우에는, 실제로 이를 회사를 위하여 사용하였다는 특별한 사정이 없는 한 실질적으로 회사의 자본이 늘어난 것이 아니어서 납입가장죄가 성립하고, 또한 회사의 설립등기 직후 납입된 주금을 인출하여 회사의 영업양수대금 명목으로 영업양도인에게 지급하였다고 하더라도 그 영업양수가 가장된 것이고 실제로는 주금의 제공자에게 주금을 반환한 것에 불과하다면 이는 회사를 위하여 사용되었다고 할 수 없어 납입가장죄가 성립한다.

ⓒ 가장납입의 경우 주식인수인이 주식인수대금을 실제로 회사에 납부하지 아니하고 있더라도 그로 인하여 주식인수대금 상당의 자본금이 감소하는 등의 재산상의 손해가 발생한 것으로 보기 어려우므로, 가장납입행위가 업무상배임죄에 해당하지 않는다(대법원 2007.9.6.선고 2005도1847판결). 뿐만 아니라 제3자로부터 금원을 차용하여 가장납입을 하고 이를 인출하여 그 채무변제에 사용하더라도 이는 불법영득의 의사를 인정할 수 없으므로 업무상횡령죄가 성립하지 않는다(대법원 2003.8.22.선고 2003도2807판결).

【판례】 대법원 2011.9.8.선고 2011도7262판결

주식회사의 설립업무 또는 증자업무를 담당한 자와 주식인수인이 사전 공모하여 주금납입취급은행 이외의 제3자로부터 납입금에 해당하는 금액을 차입하여 주금을 납입하고 납입취급은행으로부터 납입금보관증명서를 교부받아 회사의 설립등기절차 또는 증자등기절차를 마친 직후 이를 인출하여 위 차용금채무의 변제에 사용하는 경우, 위와 같은 행위는 실질적으로 회사의 자본을 증가시키는 것이 아니고 등기를 위하여 납입을 가장하는 편법에 불과하여 주금의 납입 및 인출의 전 과정에서 회사의 자본금에는 실제 아무런 변동이 없다고 보아야 한다. 따라서 그들에게 회사의 돈을 임의로 유용한다는 불법영득의 의사가 있다고 보기 어렵고, 회사 자본이 실질적으로 증가됨을 전제로 한 업무상횡령죄가 성립한다고 할 수 없다. 그리고 납입된 주금이 회사에 일단 귀속되어 회사 자본이 실질적으로 증가한 것으로 볼 수 있는지 여부는 그 주금의 납입 경위, 납입된 주금의 보관 및 인출 형태와 경위 등 제반 사정을 종합하여 판단하여야 한다.

ⓓ 발기인의 자본충실책임: 가장납입의 경우에 발기인의 자본충실책임이 인정되는가에 대해서는 학설의 대립이 있다.[1)]

【판례】 대법원 2004.3.26.선고 2002다29138판결

주식회사의 자본충실의 요청상 주금을 납입하기 전에 명의대여자 및 명의차용자 모두에게 주금납입의 연대책임을 부과하는 규정인 상법 제332조 제2항은 이미 주금납입의 효력이 발생한 주금의 가장납입의 경우에는 적용되지 않는다.

3. 변태설립사항의 조사

정관에 변태설립사항이 기재된 때에는 발기인은 이에 관한 조사를 하기 위하여 법원에 검사인의 선임을 청구하여야 하고, 선임된 검사인은 조사보고서를 창립총회에 제출하여야 한다(제310조 제1항, 제2항). 발기인은 검사인의 조사·보고에 갈음하여 변태설립사항 중 발기인의 특별이익과 발기인의 보수·설립비용에 관한 사항은 공증인의 조사·보고로, 현물출자와 재산인수에 관해서는 감정인의 감정·보고로 갈음할 수 있다(제310조 제3항, 제299조의2).

4. 창립총회

1) 의 의

창립총회는 회사설립의 최종적 단계에서 주식인수인으로 구성된 설립 중의 회사의 최고 의사결정기관이며, 주주총회의 전신이다. 따라서 창립총회의 소집, 의결권, 결의하자 등에

1) 【학설】 가장납입과 발기인의 자본충실책임 인정 여부에 관한 학설
① 부정설: 가장납입의 경우에도 주금납입의 효력을 부인할 수 없으므로 발기인의 자본충실책임을 인정하지 않는다는 견해로써, 상법 제332조 제2항이 적용되지 않는다고 한다.
② 긍정설: 가장납입의 경우에도 발기인이 자본충실책임을 이행하여 부족된 부분이 전보된다면 구태여 가장납입을 무효로 하고 회사설립무효사유가 된다고 볼 것은 아니다라는 견해이다.

대해서는 주주총회에 관한 규정이 준용된다(제308조 제2항 참조).

2) 소집·결의

발기인은 주금의 납입과 현물출자의 이행을 완료한 때에 지체없이 소집하여야 한다(제308조 제1항). 창립총회의 결의는 출석한 주식인수인의 의결권의 3분의 2 이상이며 인수된 주식총수의 과반수에 해당하는 다수로 한다(제309조). 창립총회의 결의요건에 있어서 인수된 주식총수 또는 출석한 주식인수인의 의결권에는 의결권 없는 주식도 산입한다.

3) 권 한

(1) 발기인의 회사창립에 관한 보고: 발기인은 주식인수와 납입에 관한 제반 사항 및 변태설립사항에 관한 실태를 명확히 기재한 서면에 의하여 회사창립에 관한 사항을 창립총회에 보고하여야 한다(제311조 제1항, 제2항).

(2) 이사 · 감사의 선임: 창립총회에서는 장래에 설립될 회사의 기관이며, 설립 중의 회사의 설립경과를 조사할 이사와 감사를 선임하여야 한다(제312조). 한편, 대표이사의 성명·주민등록번호·주소는 설립등기사항이므로(제317조 제2항 제9호) 창립총회에서 선임된 이사들은 정관에 다른 정함이 없는 때에는 이사회를 개최하여 대표이사를 선임하여야 한다. 창립총회에서 선임된 이사 · 감사는 설립 중의 회사의 기관이 아니라는 견해가 있으나 설립 중의 회사의 감독기관이 된다고 본다.

(3) 설립경과의 조사: 이사와 감사는 취임 후 지체없이 회사의 설립에 관한 모든 사항이 법령 또는 정관의 규정에 위반되지 아니하는지의 여부를 조사하여 창립총회에 보고하여야 한다(제313조 제1항). 이때 이사와 감사가 발기인이나 현물출자자 또는 재산인수의 당사자인 때에는 설립경과 조사 · 보고에 참가하지 못한다. 특히 이사와 감사 전원이 이 제척사유에 해당될 때에 이사는 공증인으로 하여금 설립경과를 조사 · 보고하게 하여야 한다(제313조 제2항).

(4) 변태설립사항의 변경: 창립총회에서는 법원에서 선임된 검사인 또는 공증인의 조사 · 보고나 감정인의 감정 · 보고된 변태설립사항이 부당하다고 인정한 때에는 이를 변경할 수 있다(제314조 제1항).

변경에 불복하는 발기인은 주식인수를 취소할 수 있고, 이 경우에 정관을 변경하여 설립절차를 속행할 수 있다(제314조 제2항, 제300조 제2항). 변경결의가 있은 후 2주 내에 주식의 인수를 취소한 발기인이 없는 때에는 정관은 결의에 따라 변경된 것으로 본다(제314조 제2항, 제300조 제3항). 그러나 발기인 및 현물출자자 이외의 주식인수인은 주식의 인수를 취소할 수 없다. 변태설립사항의 부당함에 의해 창립총회에서 변경결의를 하더라도 발기인에 대한 손해배상청구에 영향을 미치지 않는다(제315조).

(5) 정관변경 · 설립폐지: 창립총회에서는 정관변경[1] 또는 설립폐지의 결의를 할 수 있다(제316조 제1항). 창립총회소집통지서에 이런 뜻의 기재가 없는 경우에도 가능하다(제316조 제2항). 정관변경의 경우에는 공증인의 인증은 필요 없다.

제4관 설립등기

I. 등기시기

회사는 설립등기에 의해 성립하므로(제172조), 발기설립의 경우 법원의 변경처분절차가 끝난 때로부터, 모집설립의 경우 창립총회가 종료한 때 또는 변태설립사항의 변경절차가 종료한 때로부터 본점소재지에서 2주간 내에 대표이사는 상법 제317조 제2항의 소정의 사항들을 등기하여야 한다(제317조 제1항).

II. 등기사항

1. 설립시 등기사항

본점에서의 설립등기사항은 상법 제317조 제2항에서 규정하고 있다.

설립등기사항

① 목적, 상호, 발행예정주식총수, 액면주식을 발행하는 경우 1주의 금액, 본점의 소재지, 회사가 공고하는 방법, ② 자본금의 총액, ③ 발행주식의 총수, 그 종류와 각종 주식의 내용과 수, ④ 주식의 양도에 관하여 이사회의 승인을 얻도록 정한 때에는 그 규정, ⑤ 주식매수선택권을 부여하도록 정한 때에는 그 규정, ⑥ 지점의 소재지, ⑦ 회사의 존립기간 또는 해산사유를 정한 때에는 그 규정, ⑧ 주주에게 배당할 이익으로 주식을 소각할 것을 정한 때에는 그 규정, ⑨ 전환주식을 발행하는 경우에는 상법 제347조 소정의 사항(주식을 다른 종류의 주식으로 전환할 수 있다는 뜻, 전환의 조건, 전환으로 인하여 발행할 주식의 내용, 전환을 청구할 수 있는 기간), ⑩ 사내이사·사외이사·비상근이사와 감사 및 집행임원의 성명·주민등록번호, ⑪ 회사를 대표할 이사 및 집행임원의 성명·주민등록번호·주소, ⑫ 공동대표이사 또는 공동대표집행임원을 둘 때에는 그 규정, ⑬ 명의개서대리인을 둔 때에는 그 상호 및 본점소재지, ⑭ 감사위원회를 설치할 때에는 감사위원회 위원의 성명 및 주민등록번호이다.

---

1) 【학설】 창립총회에서 정관상 목적 변경 가능 여부에 관한 학설
창립총회에서 정관을 변경하는 경우에 정관상의 목적의 변경이 가능하다는 견해와 목적의 변경은 허용되지 않는다는 견해가 있다.

2. 지점설치 등의 등기

지점설치의 등기나 본점과 지점의 이전등기 및 등기사항의 변경등기에 대해서는 상법 제181조 내지 상법 제183조의 규정이 준용된다(제317조 제4항).

Ⅲ. 등기의 효력

1. 본래적 효력

설립등기로 인하여 회사는 법인격을 취득하고 권리능력을 갖게 된다. 따라서 설립 중의 회사의 기관으로서의 발기인이 설립을 위하여 한 행위에 의하여 취득 또는 부담한 권리 · 의무는 당연히 회사에 귀속하게 되고, 주식인수인은 주주가 된다.

2. 부수적 효력

설립등기를 하여 회사가 성립하면 주식인수인은 주식청약서의 요건흠결에 따른 주식인수의 무효주장이나 사기·강박 또는 착오를 이유로 한 주식인수의 취소를 하지 못한다(제320조 제1항). 창립총회에 출석하여 그 권리를 행사한 주식인수인은 회사성립의 전후를 불문하고 주식청약서의 요건흠결에 따른 주식인수의 무효주장이나 사기·강박·착오를 이유로 한 주식인수의 취소를 하지 못한다(제320조 제2항).

또한 권리주란 상태가 종식되므로 권리주의 양도제한에 관한 규정이 적용되지 않고(제319조 참조), 회사는 주권을 발행할 수 있으며(제355조 제2항), 등기상호로서의 효력(등기배척권·부정목적추정·상호양도의 등기)이 인정된다. 그리고 발기인의 자본충실의 책임(제321조), 손해배상책임(제322조) 문제가 제기될 수 있다.

제5관 설립에 관한 책임

I. 발기인의 책임

1. 회사성립의 경우

1) 회사에 대한 책임

(1) 자본충실의 책임

① 인수담보책임: 회사설립시에 발행한 주식으로서 회사성립 후에 아직 인수되지 아니한 주식이 있거나 주식인수의 청약이 취소된 때에는 발기인이 이를 공동으로 인수한 것으로 본다(제321조 제1항). 그 예로는 허위표시 또는 무권대리에 의한 주식인수의 무효, 의사무능력자의 주식인수의 무효, 제한능력자가 한 주식인수의 취소를 들 수 있다. 설립등기 후에는 주식인수인의 사기·강박·착오에 의한 주식인수의 취소(제320조 제1항) 또는 주식인수인의 비진의표시에 대해 발기인이 악의인 경우의 주식인수의 무효(제302조 제3항)나 주식청약서의 요건흠결에 따른 주식인수의 무효(제320조 제1항)는 주장할 수 없으므로, 이 경우에는 발기인의 인수담보책임이 발생하지 않는다.

㉠ 책임의 성질: 상법이 인정하는 특수한 법정책임으로서 무과실책임에 해당하므로 발기인의 과실을 요하지 않는다.

㉡ 책임의 형태: 발기인이 공동으로 인수한 것으로 본다. 따라서 발기인 간에서는 인수가 간주된 주식에 관하여 공유관계가 성립한다.

㉢ 책임의 효과: 발기인이 주식을 인수한 것으로 보기 때문에 발기인의 인수행위를 별도로 요하지 않고, 발기인의 의사와 관계없이 발기인이 주식을 인수한 것으로 의제되고 그 결과 납입의무를 진다. 이러한 납입을 완료한 발기인은 인수된 주식에 대해 주주의 자격을 갖게 된다.

㉣ 설립무효와의 관계: 설립무효판결이 확정되더라도 발기인의 인수담보책임은 소멸하지 않는다. 무효판결을 받은 사실상의 회사의 청산을 위해서는 자본충실이 요구되기 때문이다.

② 납입담보책임: 회사성립 후 납입이 완료되지 않은 주식이 있는 때에는 발기인이 연대하여 납입하여야 한다(제321조 제2항).

㉠ 책임의 성질: 상법이 인정하는 특수한 법정책임으로서 무과실책임이다.

㉡ 책임의 형태: 주식의 인수는 있었으나 설립등기 후에도 납입되지 않은 주식이 있는 경우에는 이에 대해 연대하여 납입할 책임을 진다. 발기인 각자의 부담부분은 균등한

것으로 추정해야 할 것이다.

ⓒ 책임의 효과: 발기인이 납입담보책임을 이행하더라도 주주가 되는 것이 아니고 주식인수인의 채무를 이행한 결과가 될 뿐이다. 따라서 발기인은 주식인수인에 대하여 회사를 대위하여 변제를 청구할 수 있다.

③ 자본충실책임과 설립의 효력: 발기인의 자본충실책임을 인정하는 경우에도 회사 설립무효가 될 수 있는가와 현물출자의 불이행의 경우 발기인의 자본충실책임이 인정되는지에 대해 학설이 나누어지고 있다.[1)]

(2) 손해배상책임: 발기인이 회사의 설립에 관하여 그 임무를 해태한 때에는 그 발기인은 회사에 대하여 연대하여 손해를 배상할 책임을 진다(제322조 제1항).

① 책임의 성질: 발기인의 손해배상책임은 계약상의 책임이 아니고 상법이 인정하는 특수한 손해배상책임으로서 과실책임이다. 발기인이 설립 중의 회사의 기관으로서 선량한 관리자의 주의의무를 위배하여 설립 중의 회사에 손해를 가하였을 경우에는 설립 중의 회사가 발기인에 대하여 손해배상청구권을 가지며, 성립 후의 회사가 이를 승계한다.

② 책임의 범위: 임무해태로 인하여 발생한 상당인과관계가 있는 모든 손해에 대하여 배상책임을 진다.

보충 발기인의 손해배상책임의 예: 발기인이 주식인수대금을 가장납입하고 회사의 성립과 동시에 이를 인출한 경우, 주식을 공모하면 액면초과액을 얻을 수 있었음에도 불구하고 액면가액으로 가족에게 배정한 경우, 발기인 중의 일부가 스스로 설립사무를 이행하지 않고 발기인대표에게 그 업무를 일임하고 그 발기인 대표가 임무를 해태한 경우 등이 발기인의 회사에 대한 손해배상책임의 예에 해당한다(정찬형, 「상법강의(상)」, 665면).

③ 설립무효와의 관계: 회사가 성립한 후 회사설립이 무효가 되더라도 사실상의 회사가 존재하므로 발기인의 손해배상책임은 소멸하지 않는다.

(3) 책임의 추궁 · 소멸 · 면제

① 책임의 추궁: 회사가 발기인에 대한 자본충실의 책임과 손해배상책임을 묻지 않는 경우, 대표이사나 대표집행임원이 그 이행을 청구할 수 있고, 발행주식총수의 100분의 1 이상을

---

1) 【학설】 자본충실의 책임과 설립의 효력에 관한 학설

① 설립시 발행주식총수에 대한 인수·납입이 흠결된 경우 설립무효: 인수 또는 납입의 흠결이 근소한 경우에만 발기인의 자본충실책임이 인정되고 현저한 경우에는 설립무효가 되어야 한다는 견해(다수설)와, 자본충실의 책임은 회사의 설립무효 여부와 관계없이 생긴다고 하는 견해가 있다.

② 현물출자를 불이행한 경우 발기인의 자본충실의 책임: 현물출자의 불이행의 경우에는 출자의 개성 때문에 발기인의 납입담보책임을 부정하여 원칙적으로 자본충실의 책임에 의해 설립무효가 구제될 수 없다는 견해(다수설)와, 현물출자의 불이행의 경우에도 현물출자도 대체 가능한 경우가 있고 또 대체 불가능한 경우에도 그 가액에 해당하는 금전을 출자시켜 사업을 하는 것이 가능하므로 다른 주주나 채권자 보호를 위해 자본충실의 책임이 인정된다는 견해, 현물출자의 불이행의 경우에는 사업목적의 수행과 관련하여 그 효력을 다투는 것이 합리적이라는 견해가 있다.

가진 소수주주(상장회사의 경우에는 발행주식총수의 1만분의 1 이상의 주식을 보유한 주주)가 회사를 위하여 대표소송을 제기하여 책임을 추궁할 수 있다(제324조, 제403조 내지 제406조). 한편, 모회사의 발행주식총수의 100분의 1 이상의 주식을 가진 주주(상장회사의 경우에는 발행주식총수의 1만분의 50 이상의 주식을 보유한 주주)는 자회사의 설립시 발기인의 책임에 대하여 대표소송을 제기하여 책임을 추궁할 수 있다(제324조, 제406조의2 제1항).

② 책임의 소멸과 면제: 발기인의 책임은 10년의 소멸시효기간 경과로 소멸한다. 발기인의 손해배상책임은 총주주의 동의로 면제할 수 있으나(제324조, 제400조 제1항), 자본충실의 책임은 총주주의 동의로도 면제할 수 없다.

2) 제3자에 대한 책임

(1) 의의 · 성질: 회사의 설립에 관하여 악의 또는 중대한 과실로 인하여 그 임무를 해태한 발기인은 제3자에 대하여 연대하여 손해배상책임을 진다(제322조 제2항). 따라서 경과실로 인한 제3자의 손해에 대해서는 책임을 지지 않는다. 이러한 책임의 성질에 대해서는 학설의 대립이 있다.[1)]

보충 제3자에 대한 책임의 예: 발기인이 정관의 기재 없이 재산인수계약을 체결하였는데 그 계약이 무효가 되어 제3자가 손해를 입은 경우, 주식의 일부에 대하여 납입이 없음에도 불구하고 설립등기를 하여 그러한 회사와 거래한 제3자가 손해를 입은 경우 등이다(정찬형, 「상법강의(상)」, 618면).

(2) 책임의 요건: 발기인에게 회사에 대한 임무해태가 있고, 이로 인하여 제3자[2)]에게 손해가 발생하여야 한다. 발기인의 악의 또는 중과실은 임무를 해태한 데에 있으면 족하고 제3자의 손해에 대하여 있을 필요는 없다.

(3) 이사 · 감사와의 연대책임: 발기인과 더불어 이사 · 감사도 제3자에 대해 손해배상책임을 지는 경우에는 발기인은 이들과 연대하여 배상할 책임이 있다(제323조).

---

1) 【학설】 제3자에 대한 책임의 성질에 관한 학설
제3자에 대한 책임의 성질은 특수한 불법행위책임이라는 견해와 회사설립과 관련된 제3자의 보호를 강화하기 위하여 법이 인정한 특별책임이라는 견해(다수설)가 있다. 다수설에 따르면 제3자에 대해 직접적인 가해행위를 요하지 않고 회사에 대한 임무해태가 책임의 발생원인이 되므로 불법행위책임으로 볼 수 없으나, 발기인의 행위가 동시에 불법행위의 요건을 충족하면 불법행위로 인한 손해배상책임과 경합하게 된다고 한다.

2) 【학설】 제3자의 범위에 관한 학설
제3자의 손해가 간접손해인 경우에는 발기인이 책임을 져야 할 제3자에 주주는 포함되지 않는다는 견해와, 간접손해의 경우 주주의 대표소송으로 구제될 수 있으나 대표소송의 제소요건이 제한되고 담보가 요구될 수 있으므로 주주가 별도로 손해배상을 청구할 실익이 있는 때에는 간접손해의 경우에도 주식인수인·주주가 제3자에 포함된다는 견해가 있다.

2. 회사불성립의 경우

회사의 불성립이란 설립절차에 착수하였으나 설립등기에 이르지 못할 것으로 확정된 것을 말한다. 따라서 회사설립등기 후 설립무효판결이 난 경우에는 회사가 성립한 경우의 책임을 지는 것이지, 불성립의 책임을 지는 것은 아니다.

회사의 불성립에 관한 발기인의 책임[1)]은 법정 · 무과실책임이며, 불성립에 관하여 발기인의 고의 · 과실을 요하지 않는다.

회사불성립의 경우에는 발기인은 그 설립에 관한 행위에 대하여 연대하여 책임을 지며, 회사의 설립에 관하여 지급한 설립비용[2)]을 부담한다(제326조 제1항, 제2항). 여기서 '설립에 관한 행위'에 대한 책임이란 주로 주식인수인에 대한 주금액의 반환을 말하며, '설립비용'은 설립사무와 관련하여 지출한 비용으로서, 변태설립사항으로 정관에 기재된 것에 한하지 않고 광고비, 사무실 임차비, 사무원의 고용비용 등을 말한다.

회사불성립의 경우에 발기인은 임무해태로 인한 책임은 지지 않는다.

Ⅱ. 이사 · 감사, 검사인 · 공증인 · 감정인의 책임

1. 이사 · 감사의 책임

이사 및 감사는 설립절차에 대한 조사 · 보고의무를 게을리한 경우 회사 또는 제3자에게 손해배상책임을 부담하며, 발기인도 책임을 질 때에는 연대하여 손해를 배상하여야 한다(제323조). 이사 · 감사의 회사에 대한 손해배상책임은 총주주의 동의로 면제할 수 있다(제324조, 제400조 제1항). 이사 · 감사의 제3자에 대한 책임은 발기인의 경우와의 균형상 악의 또는 중대한 과실이 있는 때에만 진다고 본다. 이사와 감사의 임무해태로 인한 손해의 발생에 대한 입증책임은 회사 또는 제3자가 부담한다.

1) 【학설】 발기인의 회사불성립에 대한 책임의 근거에 관한 학설
발기인의 회사불성립에 대한 책임에 대해, 회사가 성립하지 않은 경우에는 설립 중의 회사가 법적으로는 처음부터 존재하지 않은 것으로 되어 발기인이 형식적으로나 실질적으로나 권리·의무의 주체가 되기 때문이라는 견해와, 주식인수인과 채권자보호를 위하여 특별히 발기인에게 부담시키는 것이라는 견해(다수설)가 있다.

2) 【학설】 설립비용의 차입행위에 대한 발기인의 책임에 관한 학설
설립비용의 차입행위는 설립사무소의 임차행위와 차이가 없기 때문에 발기인이 책임을 진다는 견해와, 설립비용의 차입행위나 개업준비행위에 대하여는 발기인이 책임을 지지 않는다는 견해가 있다.

2. 검사인 · 공증인 · 감정인의 책임

검사인이 변태설립사항의 조사 · 보고에 있어 악의 또는 중대한 과실이 있었을 때에는 회사 또는 제3자에 대하여 손해배상책임을 진다(제325조).

검사인에 갈음하여 공증인 또는 감정인이 변태설립사항의 조사 · 평가에 있어서 임무를 해태한 경우의 책임에 대해서는 명문규정은 없으나, 법원에서 선임되는 검사인과는 달리 공증인 · 감정인은 회사에 의하여 선임되어 회사와 위임관계에 있으므로 이사 · 감사의 손해배상책임에 관한 상법 제323조를 유추적용하여 책임을 물어야 한다.

Ⅲ. 유사발기인의 책임

주식청약서 기타 주식모집에 관한 서면에 성명과 회사의 설립에 찬조한다는 뜻의 기재를 승낙한 자는 발기인은 아니지만, 실질적으로 설립에 관여한 외관을 갖추었기 때문에 그 외관을 신뢰한 자를 보호하기 위하여 발기인과 동일한 책임을 부담한다(제327조). 이러한 책임을 지는 자를 유사발기인이라 하고, 금반언(禁反言)의 원칙에 다라 인정한 책임이다.

유기발기인의 책임은 외관을 믿고 행위를 한 주식인수인 등을 보호하기 위하여 상법이 인정한 특별한 법정책임에 해당한다.

유사발기인은 회사성립의 경우 자본충실의 책임을 지고, 회사불성립의 경우 주식인수인에 대하여 납입금의 반환 및 설립비용에 관하여 발기인과 동일한 책임을 지지만, 발기인으로서의 직무권한이 없기 때문에 임무해태로 인한 손해배상책임은 지지 않는다.

유사발기인의 책임추궁을 위하여 소수주주의 대표소송 또는 다중대표소송이 인정되며, 자본충실의 책임은 총주주의 동의로 면제될 수 없다.

제6관 설립의 무효

Ⅰ. 무효의 원인

주주의 주관적 하자는 설립무효의 사유가 될 수 없고, 객관적 하자만이 무효의 사유가 될 수 있다. 이러한 설립무효의 원인으로는 정관의 절대적 기재사항의 하자, 설립목적이 위법하거나 사회질서에 어긋날 때, 정관에 발기인의 기명날인 또는 서명이 없거나 공증인의 인증이 없는 때, 주식발행사항의 결정이 없거나 위법한 때, 창립총회를 소집하지 않은 때, 설립등기가 무효인 때 등 설립절차상에 하자가 있거나 강행법규에 위반된 경우 또는 주식회사의 본질에 반하는 경우이다.

보충판례 주식회사의 경우 설립취소의 소에 관한 규정을 두지 않았는데, 이는 물적회사로서 주주 개인의 개성이 중시되지 않는 주식회사에 있어서는 취소사유에 해당하는 하자를 이유로 해서는 회사 설립의 효력을 다툴 수 없도록 정한 것이다. 주식회사의 설립과 관련된 주주 개인의 의사무능력이나 의사표시의 하자는 설립무효의 사유가 되지 못하고, 주식회사의 설립 자체가 강행규정에 반하거나 선량한 풍속 기타 사회질서에 반하는 경우 또는 주식회사의 본질에 반하는 경우 등에 한하여 회사설립무효의 사유가 된다고 봄이 타당하다(대법원 2020.5.14.선고 2019다299614판결).

Ⅱ. 무효의 소

회사설립무효의 소는 회사가 성립한 날로부터 2년 내에 주주·이사·감사만이 제기할 수 있다(제328조 제1항). (기타 소제기절차와 판결의 효과에 관해서는 회사법 통칙의 「설립의 하자」에 관해 기술한 내용 참조)

제7관 회사의 부존재·사후설립

Ⅰ. 회사의 부존재

회사의 부존재란 설립등기만 있고 설립절차가 전혀 없는 경우를 말하며, 이러한 경우에는 누구든지 언제라도 어떠한 방법으로든 회사의 부존재를 주장할 수 있다.

회사부존재는 설립무효와 같은 사실상의 회사 존재를 인정할 여지가 없다.

Ⅱ. 사후설립

회사가 성립 후 2년 내에 그 성립 전부터 존재하는 재산으로서 영업을 위하여 계속하여 사용하여야 할 것을 자본금의 100분의 5 이상에 해당하는 대가로 취득하는 계약을 하는 경우에는 주주총회의 특별결의가 있어야 한다(제375조).

여기서 사후설립의 규제대상인 재산은 회사성립 전부터 존재하는 것이어야 하지만 회사성립 후에 창설이 예정된 재산도 포함된다. 사후설립은 회사성립 후의 계약으로 회사성립 전의 계약인 변태설립사항으로서의 재산인수가 탈법적으로 악용되는 것을 방지하기 위한 제도이다. 재산인수는 정관의 기재로써 효력이 있다면, 사후설립은 주주총회의 특별결의만 얻으면 된다는 점에서 차이가 있다.

제 3 절 주식 · 주주 · 주권 · 주주명부

제1관 주 식

I. 주식의 개념 및 법적 성질

1. 주식의 개념

1) 자본금의 구성단위

주식회사의 사원인 주주가 회사에 갖는 출자지분을 주식이라고 한다. 주식은 출자지분이므로 자본금의 구성분자로서의 의미를 가지며, 액면주식의 경우 발행주식의 액면총액이 자본금이 되고, 무액면주식의 경우 주식의 발행가액 중 회사가 자본금으로 계상하기로 한 금액의 총액이 자본금이 된다(제451조 제1항, 제2항). 이 점에서 주식은 인적회사에 있어서의 지분과 그 뜻이 같다. 그러나 주식은 지분복수주의를 취하고 있기 때문에 인적회사의 지분과 그 성격을 달리하고 있다.

2) 사원권의 의미

주식은 회사에 대한 권리 · 의무의 기초인 사원의 지위 또는 자격을 의미한다(사원권). 따라서 주주는 회사에 대해 자익권과 공익권을 가지고 있다.

3) 주식의 불가분성

주식은 불가분성을 가지므로 단위 미만(1주 미만)으로 세분할 수 없고, 사원권을 주식과 분리하여 따로 양도 · 압류 · 입질 등의 처분을 할 수 없다. 구체화되지 않은 이익배당청구권이나 의결권 등 주식이 표창하는 권리만을 별도로 타인에게 양도할 수 없다. 다만, 구체화된 신주인수권이나 이익배당청구권은 주식과 별도의 권리로서 양도될 수 있다.

2. 주식의 법적 성질

주식의 법적 성질에 대해서는 학설의 대립이 있으나,[1] 주주권 또는 주주의 지위를 뜻하

1) 【학설】 주식의 법적 성질에 관한 학설

는 사원권으로 보는 것이 통설의 입장이다.

Ⅱ. 주식의 종류

1. 기명주식 · 무기명주식

기명주식은 주주의 성명이 주권과 주주명부에 표시되는 주식이며, 무기명주식은 주주의 성명이 주권과 주주명부에 표시되지 않는 주식이다. 상법상으로 기명주식만을 발행할 수 있고, 무기명주식은 발행할 수 없다(제352조 제1항 참조).

2. 액면주식 · 무액면주식

액면주식은 1주의 금액이 정관에 정해지고 또 그것이 주권에 표시되는 주식을 말하며, 무액면주식은 1주의 금액이 표시되지 않고 주권에는 주식수만이 기재되는 주식(자본에 대한 비율로 표시되는 주식)이다.

상법은 액면주식의 발행을 원칙으로 하고, 정관의 정함이 있는 때에는 주식의 전부를 무액면주식으로 발행할 수 있다(제329조 제1항 본문). 무액면주식을 발행하는 경우에는 액면주식을 발행할 수 없다(제329조 제1항 단서). 정관에 정함이 있는 때에는 무액면주식은 언제든지 액면주식으로, 액면주식은 언제든지 무액면주식으로 전환할 수 있다(제329조 제4항). 이러한 전환은 주식병합절차를 따르므로 주권제출 기간이 만료한 때 효력이 발생한다(제329조 제5항, 제441조).

액면주식이 발행되는 경우 액면주식의 1주의 금액은 100원 이상 균일하여야 한다(제329조 제2항·제3항). 액면주식을 발행하는 경우에는 원칙적으로 액면미달 발행을 금지하고 있으며(제330조), 예외적으로 엄격한 제한하에 액면미달 발행을 허용하고 있다(제417조).

회사의 자본금은 액면주식을 무액면주식으로 전환하거나 무액면주식을 액면주식으로 전환함으로써 변경할 수 없다(제451조 제3항).

보충 액면주식의 발행시에만 인정되는 제도: 상법규정상 액면미달발행의 제한에 관한 규정(제417조), 주식의 액면분할규정(제329조 의2), 자본금 감소를 위한 주식의 소각 또는 병합규정(제343조, 제440조), 주식배당규정(제462조 의2)은 액면주식에만 인정되고, 무액면주식의 경우에는 적용되지 않는다.

주식의 법적 성질에 대해 우리나라에서는 주장되지 않지만 회사재산에 대한 권리의 단위로 보아 물권이라는 견해, 주주가 회사에 대해 갖는 각종의 청구권에 중점을 두어 채권이라는 견해, 사원권이라는 개념을 부인하고 주식회사를 자본금으로 구성된 재단으로 보는 견해 등이 있다.

3. 단 주

단주란 1주 미만의 주식을 말하며 주식배당, 준비금의 자본금전입에 따른 무상주의 교부, 주식의 병합, 회사 합병의 경우 각각 단주처리방법이 법정되어 있으므로 그에 의하고(제462조의2 제3항, 제461조 제2항, 제443조 제1항, 제530조 제3항), 신주발행의 경우에는 단주처리 규정이 없으나 주식병합의 경우와 동일한 방법으로 처리하여야 한다.

4. 종류주식

1) 총 설

종류주식이란 상법 제344조 제1항이 정하고 있는 바와 같이 「이익의 배당, 잔여재산의 분배, 주주총회에서의 의결권의 행사(의결권 배제·제한 주식을 말하며, 거부권부주식·복수의결권주식·의결권수량제한주식 등은 인정되지 않는다), 상환 및 전환 등에 관하여 내용이 다른 종류의 주식」을 말한다. 종류주식을 발행하기 위해서는 정관에서 각 종류주식의 내용과 수를 정하여야 한다(제344조 제2항). 그리고 종류주식을 발행하는 경우에는 이를 등기하여야 하고(제317조 제2항 제3호), 주주명부(제352조 제1항 제2호) 및 주권(제356조 제6호)에 기재하여야 한다. 종류주식이 발행된 경우 이익배당이나 잔여재산의 분배 등의 경우에 종류주식 간에는 주주평등의 원칙의 예외가 인정된다(제464조, 제538조). 종류주식을 발행한 때에는 주식의 종류에 따라 신주의 인수, 주식의 병합·분할·소각 또는 회사의 합병·분할로 인한 주식의 배정에 관하여 회사는 정관에 다른 정함이 없는 경우에도 특수한 정함을 할 수 있다(제344조 제3항). 종류주식을 발행한 경우 특수한 정함에 의하여 어느 종류의 주주에게 손해를 미치게 될 때에는 종류주주총회의 결의가 있어야 한다(제435조 제2항, 제344조 제4항).

2) 이익배당·잔여재산분배의 종류주식

(1) 의 의: '이익의 배당 또는 잔여재산의 분배에 관하여 내용이 다른 종류주식'을 뜻한다(제342조의2 제1항·제2항). 재산적 내용이 다른 주식을 말하며, 주주가 받는 자익권의 내용에 차등을 두는 주식(예 배당재산액의 차이, 배당순서의 차이가 있는 주식)을 말한다. 이러한 주식을 발행할 수 있도록 한 것은 주식에 투자유인동기를 부여하여 주주의 모집을 쉽게 하고, 자금운용의 기동성을 꾀하기 위하는데 그 취지가 있다. 통상적으로 배당이나 분배에 관하여 내용이 다른 종류주식은 그 배당이나 분배의 순서에 따른 종류주식으로 발행하며, 이러한 주식으로는 보통주·우선주·후배주·혼합주가 있다.

(2) 유 형

① 보통주: 이익배당 또는 잔여재산의 분배에 있어서 어떠한 제한이나 우선권도 주어지지 않는 주식을 말한다.

② 우선주: 이익배당 또는 잔여재산의 분배에 있어서 다른 주주에 비해 우선적으로 소정의 배당 또는 분배를 받을 수 있는 주식이다.

㉠ 누적적 · 비누적적 우선주: 이익이 없는 결산기에 소정의 배당금을 충족시키지 못한 경우 다음 기의 배당금에 합산하여 받게 하는 누적적 우선주와 당기의 배당이 부족하더라도 이월시키지 않는 비누적적 우선주가 있다.

㉡ 참가적 · 비참가적 우선주: 우선주로서 자신의 소정의 배당을 받고 다시 잔여이익의 배당에 참가할 수 있는 참가적 우선주와 잔여이익의 배당에 참여할 수 없는 비참가적 우선주가 있다.

㉢ 조건부 · 기한부 우선주: 조건이 성취되거나 기한이 도래하면 우선권이 자동적으로 소멸되어 보통주가 되는 우선주를 말한다.

③ 후배주: 이익배당 또는 잔여재산의 분배에 있어서 보통주보다 불리한 지위를 갖는 주식이다.

④ 혼합주: 어떤 권리에 있어서는 우선적 지위가 인정되고, 다른 권리에서는 열후적 지위를 갖는 주식이다.

(3) 발　행: 회사는 정관에 이익배당에 관하여 내용이 다른 종류주식을 발행하는 경우에는 정관에 그 종류주식의 주주에게 교부하는 배당재산의 종류(예 금전 또는 현물), 배당재산의 가액의 결정방법, 이익을 배당하는 조건 등 이익배당에 관한 내용을 정해야 한다(제344조의2 제1항). 잔여재산의 분배에 관하여 내용이 다른 종류주식을 발행하는 경우에는 정관에 잔여재산의 종류, 잔여재산의 가액의 결정방법, 그 밖에 잔여재산분배에 관한 내용을 정하여야 한다(제344조의2 제2항).

3) 의결권 배제·제한의 종류주식

(1) 의　의: 의결권이 없는 종류주식과 의결권이 제한되는 종류주식을 말한다(제344조의3 제1항).

① 의결권 없는 주식이라도 의결권만 부여되지 않았을 뿐 기타 주주권은 인정된다. 따라서 주주총회결의 취소 · 무효 · 부존재의 소제기권, 신주인수권, 대표소송제기권, 위법행위유지청구권, 주식매수청구권, 이사 · 감사 · 청산인의 해임청구권, 회계장부열람청구권 등은 행사할 수 있다. 다만, 의결권이 없는 주식의 의결권행사와 관련한 주주권의 인정범위에 관하여는 학설의 대립이 있다.[1]

② 의결권이 제한되는 종류주식은 이사의 선임, 정관변경 등과 같은 특정한 사항에 한하여 의결권이 없는 것으로 하는 주식을 말한다.

---

1) 【학설】 의결권 없는 주식의 주주권 범위에 관한 학설

① 의결권 없는 주식의 주주는 총회에 참석하여 의견을 진술하거나 토론에 참가할 수 없다는 견해와, 총회참석·의견진술·토론참가가 가능하지만 의결권만 없다는 견해가 있다.

② 주주총회 소집청구권 등 의결권과 관련된 권리의 일체를 부정하는 견해(다수설)와, 개별적 권리에 따라 인정 여부가 판단되어야 한다는 견해(이 견해에 의하면 주주총회 소집청구권, 주주총회 결의하자의 소권, 이사·감사의 해임청구권 등을 인정한다)가 있다.

③ 의결권없는 주식 또는 의결권이 제한되는 주식의 발행은 다수주주가 의결권이 있는 주식을 보유하여 자기의 회사 지배권을 유지하면서 의결권이 없거나 의결권이 제한되는 주식을 타인에게 발행함으로써 적대적 매수합병(M&A)을 예방할 수 있다는 데 그 의의가 있다.

(2) 발행조건: 회사가 의결권 없는 주식이나 의결권이 제한되는 종류주식을 발행하는 경우에는 정관에 의결권을 행사할 수 없는 사항과 의결권 행사 또는 부활의 조건을 정한 경우에는 그 조건 등을 정하여야 한다(제344조의3 제1항).

(3) 의결권이 인정되는 경우: 의결권 없는 주식에 대해서도 다음과 같은 경우에는 예외적으로 의결권이 인정된다.

① 창립총회에서는 의결권을 행사할 수 있다(제308조, 제2항 참조).

② 회사가 정관의 변경에 의하여 의결권 없는 주식의 양도를 제한하는 등과 같이 불이익이 되는 경우 또는 회사의 합병이나 주식의 포괄적 교환·이전의 경우에 불이익을 받을 염려가 있는 의결권 없는 주식을 가진 주주들의 종류주주총회의 결의에서 의결권을 행사할 수 있다(제435조 제1항·제3항, 제436조 참조).

③ 회사의 분할계획서·분할합병계약서 승인결의에서는 의결권을 행사할 수 있다(제530조의3 제3항).

④ 조직변경결의나 이사·감사 등의 회사에 대한 손해배상책임면제와 같이 총주주의 동의를 요하는 경우에는 의결권을 갖는다(제604조 제1항, 제400조 제1항).

⑤ 정관으로 의결권의 부활의 조건을 정한 경우에 그 조건에 의하여 의결권이 인정된다(제344조의3 제1항).

(4) 발행의 제한 등: 의결권 없는 주식 또는 의결권이 제한되는 주식의 발행을 무제한으로 허용하면 소수의 의결권 있는 주식을 가진 주주에 의해 회사의 운영이 좌우될 수 있으므로, 의결권 없는 주식 또는 의결권이 제한되는 주식의 총수는 발행주식총수의 4분의 1을 초과하지 못한다(제344조의3 제2항 제1문).

만일 의결권 없는 주식이나 의결권이 제한되는 주식이 발행주식총수의 4분의 1을 초과하여 발행된 경우에는 회사는 지체없이 그 제한을 초과하지 아니하도록 하기 위하여 필요한 조치(예 의결권 있는 주식을 새로이 발행하는 방법)를 하여야 한다(제344조의3 제2항 제2문).

한편, 주주총회의 결의에 관하여 의결권 없는 주식을 가진 주주가 소유하는 주식의 수는 발행주식총수에 산입하지 않는다(제371조 제1항).

4) 주식의 상환에 관한 종류의 주식

(1) 의 의: 상환주식이란 정관의 정함에 따라 발행시부터 장래의 이익에 의하여 회사가 상환하거나 주주의 상환청구에 의하여 소멸시킬 것이 예정되어진 종류주식을 말한다(제345조 제1항·제3항). 상환주식은 경제적으로 상환이 예정된 점에서 사채와 유사하지만, 이익이 있는 경우에만 상

환이 가능하므로 사채와는 다르다.

(2) 발행조건

① 발행의 결정 및 제한: 회사는 정관에서 정하는 바에 따라 회사의 이익으로써 소각할 수 있는 종류주식, 즉 상환에 관한 종류주식을 발행할 수 있고(제345조 제1항 제1문), 상환주식의 발행에 관하여 정관에 규정이 있는 한 신주발행의 절차에 따라 이사회의 결의로 발행할 수 있다. 상환주식은 상환과 전환에 관한 종류주식을 제외한 종류주식(이익배당·잔여재산분배 종류주식, 의결권 배제·제한 종류주식)에 한정하여 발행할 수 있다(제345조 제5항).

② 정관에의 기재: 회사가 회사의 이익으로써 소각할 수 있는 종류주식을 발행하는 경우에는 정관에 상환가액, 상환기간, 상환방법(임의상환 또는 강제상환, 일시상환 또는 분할상환 등)과 상환할 주식의 수를 정하여야 한다(제345조 제1항 제2문). 이에 대해, 주주가 회사에 대하여 상환을 청구할 수 있는 종류주식을 발행하는 경우에는 정관에 주주가 회사에 대하여 상환을 청구할 수 있다는 뜻, 상환가액, 상환청구기간, 상환의 방법을 정하여야 한다(제345조 제3항).

③ 주식청약서 등에의 기재 및 등기: 상환주식을 발행하는 경우에는 주식청약서·주권 등에 이를 기재하여야 하고(제302조 제2항 제7호, 제356조 제6호), 등기하여야 한다(제317조 제2항 제3호).

(3) 상 환

① 상환은 배당 가능한 이익이 있을 때에만 가능하며(제345조 제4항 단서), 정관 소정의 방법에 의하여 상환하여야 한다(제345조 제1항·제3항). 상환은 정관의 규정에 따르는 한 이사회의 결의만으로 할 수 있다. 상환주식의 상환은 주주평등의 원칙이 적용되며, 주금액의 일부에 대한 상환은 인정되지 않는다.

② 회사가 상환하는 종류주식을 발행한 경우에 회사는 상환대상인 주식의 취득일로부터 2주 전에 회사의 이익으로써 소각할 수 있다는 사실을 그 주식의 주주 및 주주명부에 적힌 권리자에게 따로 통지하여야 하며, 이는 공고로 갈음할 수 있다(제345조 제2항).

③ 상환의 방법으로는 주식의 취득의 대가로 현금 이외의 유가증권(다른 종류주식은 제외함)이나 그 밖의 자산(발행회사의 사채, 모회사 또는 자회사의 주식이나 사채 등이 이에 해당하고, 발행회사의 자기주식인 보통주식으로 상환이 허용된다; 이철송, 「회사법강의」, 제20판, 291면)을 교부할 수 있다(제345조 제4항 본문). 다만, 이 경우에는 그 자산의 장부가액이 상법 제462조 제1항에 따른 배당가능이익을 초과하여서는 아니된다(제345조 제4항 단서).

(4) 상환의 효력발생시기: 정관에 정한 상환방법 중 임의상환(회사가 상환권을 갖는 상환주식의 상환방법을 임의상환으로 정한 경우)의 경우에는 정관에 정한 상환기간이 만료한 때에 상환주식을 취득하여 주식실효절차가 종료한 때에 그 효력이 발생하고, 강제상환(주주가 상환권을 갖는 경우 또는 회사가 상환권을 갖는 상환주식의 상환방법을 강제상환으로 정한 경우)의 경우에는 정관에 정한 상환청구기간이 만료한 때에 그 효력이 발생한다(제345조 제1항, 제3항 참조).

보충판례 주주가 상환을 청구할 수 있는 종류주식을 발행한 경우, 주주가 상환권을 행사하면 회사는 주식 취득의 대가로 주주에게 상환금을 지급할 의무를 부담하고, 주주는 상환금을 지급받음과 동시에 회사에게 주식을 이전할 의무를 부담한다. 따라서 정관이나 상환주식인수계약 등에서 특별히 정한 바가 없으면 주주가 회사로부터 상환금을 지급받을 때까지는 상환권을 행사한 이후에도 여전히 주주의 지위에 있다(대법원 2020.4.9.선고 2017다251564판결).

(5) 상환의 효과: 상환주식은 이익으로 상환하므로 발행주식수가 감소하더라도 자본금의 변경은 가져오지 않는다. 따라서 주식수가 감소하더라도 채권자보호절차를 필요로 하지 않는다. 상환주식의 상환으로 발행주식총수의 변경이 있으므로 변경등기를 하여야 한다(제317조 제2항 제3호 참조, 제183조). 그리고 상환에 의하여 상환된 주식의 수만큼에 대해서 재발행이 가능한가에 관해서는 학설의 대립이 있다.[1)]

5) 주식의 전환에 관한 종류주식

(1) 의 의: 전환주식이란 주주의 청구에 의하여 인수한 주식을 다른 종류의 주식으로 전환할 수 있는 주식 또는 회사가 정관에 정한 일정한 사유가 발생할 때 주주의 인수주식을 다른 종류주식으로 전환할 수 있는 주식을 말한다(제346조 제1항, 제2항).

보충 전환주식의 전환은 새로운 주식이 주어지는 특수한 신주발행에 해당한다. 정관의 규정으로 일정한 기한의 도래, 조건의 성취로 다른 종류의 주식으로 자동전환되는 주식은 상법상 전환주식이 아니다.

(2) 발행조건

① 발행의 결정: 전환주식의 발행에 관하여 정관에 정함이 있는 경우에는 이사회의 결의로 발행할 수 있으며, 정관에 정함이 없는 전환주식의 발행은 무효이다.

② 정관에의 기재: 주주에게 전환권이 주어지는 전환주식을 발행하는 경우에는 정관으로 전환조건, 전환을 청구할 수 있는 기간, 전환으로 인하여 발행할 주식의 내용과 수를 정하여야 한다(제346조 제1항). 그리고 회사가 전환권을 갖는 전환주식을 발행하는 경우에는 전환의 사유, 전환조건, 전환기간, 전환으로 인하여 발행할 주식의 수와 내용을 정하여야 한다(제346조 제2항).

---

1) 【학설】 상환된 상환주식의 재발행에 대한 학설

① 정관의 규정이 없는 경우: 회사는 상환된 부분에 대하여 신주의 재발행이 가능하다는 견해와 우선주나 보통주로도 재발행을 할 수 없다는 견해(통설)가 있다.

② 정관의 규정이 있는 경우: 상환된 주식에 대하여 정관으로 재발행할 수 있다는 규정을 두는 경우에 정관에 규정이 없는 경우에도 재발행이 가능하다는 견해에 따르면 정관의 규정은 당연한 사항을 규정한 것으로 본다. 그러나 정관에 규정이 없는 경우에 재발행을 할 수 없다는 견해의 경우에는 정관의 규정은 무효라는 견해와 유효로 보는 견해로 나누어지고 있다. 유효로 보는 견해도 상환된 주식수만큼 상환주식이나 보통주의 발행권한을 인정하는 것이 가능하다는 견해와 보통주의 발행만이 인정된다는 견해(다수설)로 나누어지고 있다.

③ 주식청약서 등에의 기재 및 등기: 전환주식을 발행할 때에는 주식청약서 · 주권 · 신주인수권증서 · 주주명부에 ㉠ 주식을 다른 종류의 주식으로 전환할 수 있다는 뜻, ㉡ 전환의 조건, ㉢ 전환으로 인하여 발행할 주식의 내용, ㉣ 전환을 청구할 수 있는 기간 또는 전환기간을 기재하여야 하고(제347조, 제352조 제3항, 제420조 제1호; 제402조의2), 등기하여야 한다(제317조 제2항 제7호).

(3) 전환절차

① 주주가 전환권을 갖는 주식의 전환절차: 전환주식의 전환을 청구하고자 하는 자는 청구서 2통에 주권을 첨부하여 회사에 제출하여야 한다(제349조 제1항). 청구서에는 전환하고자 하는 주식의 종류 · 수와 청구연월일을 기재하고 기명날인 또는 서명하여야 한다(제349조 제2항). 전환청구기간 내에 회사는 미발행주식을 보유하고 있어야 한다. 즉, 회사가 발행할 종류의 주식 중 주식의 전환에 의하여 발행할 주식의 수는 전환청구기간 내에는 그 발행을 유보하여야 한다(제346조 제4항). 미발행주식을 보유하지 못한 경우에 전환주식의 전환은 효력이 없다.

② 회사가 전환권을 갖는 주식의 전환절차: 회사는 정관으로 정한 사유(예 회사의 경영권 방어의 필요, 회사의 재무적 상황 등)가 발생한 때 한하여 전환할 수 있고, 이때 이사회의 결의로 전환을 결정하여 전환을 하게 된다. 전환기간 내에 회사는 미발행주식을 보유하고 있어야 한다(제346조 제4항). 그리고 이사회는 그 주식의 주주 및 주주명부에 적힌 권리자에게 전환할 주식, 2주 이상의 일정한 기간 내에 그 주권을 회사에 제출하여야 한다는 뜻, 그 기간 내에 주권을 제출하지 아니할 때에는 그 주권은 무효로 된다는 뜻을 따로 통지하여야 하고, 다만 공고로 갈음할 수 있다(제346조 제3항).

(4) 전환에 의한 신주의 발행가액: 전환으로 인하여 발행하는 신주의 발행가액은 전환 전 주식의 발행가액으로 한다(제348조). 이러한 조건을 둔 것은 전환주식의 발행에 의하여 자본금 충실을 해하는 것을 막기 위한 데 있다.

(5) 전환의 효력발생시기: 주주가 전환을 청구한 경우에는 전환청구를 한 때, 회사가 전환을 한 경우에는 전환기간이 끝난 때에 전환의 효력이 발생한다(제350조 제1항).

(6) 전환의 효과: 주주명부의 폐쇄기간 중에 전환된 주식의 주주는 그 기간 중 총회의 결의에 관하여는 전환된 주식에 의한 의결권을 행사할 수 없다(제350조 제2항). 전환주식을 목적으로 하는 질권은 전환에 의하여 발행되는 신주식에 존재하게 되고(제339조), 전환주식의 등록질권자는 회사에 대하여 신주권의 교부를 청구할 수 있다(제340조 제3항).

보충 전환주식의 전환으로 인하여 자본금의 변동을 가져오는 경우, 자본금이 증가하는 전환(하향전환)은 당연히 가능하다. 그러나 자본금 감소를 가져오는 전환(상향전환)은 자본금 충실의 원칙상 인정되지 않는다고 본다(이에 대해 채권자보호절차를 거치면 상향전환도 가능하다는 견해도 있다). 한편 자본금의 변동이 없는 전환(1:1 전환)은 이론상 생각할 수 있으나 실제 거의 발생하지 않는다.

한편, 전환 후에 소각된 전환 전의 주식수만큼을 재발행할 수 있는가에 대하여는 학설의 대립이 있다.[1)]

(7) 변경등기: 전환의 결과 회사발행주식총수가 변경되거나 자본금이 증가하는 경우에는 본점소재지에서 전환을 청구한 날 또는 회사의 전환기간이 끝난 날이 속하는 달의 마지막 날부터 2주 내에 변경등기를 하여야 한다(제351조).

제2관 주 주

I. 총 설

1. 주주의 권리 취득과 상실

1) 취 득

주주란 주식회사의 사원을 말하며, 주식의 원시취득 또는 승계취득에 의하여 주주자격을 취득하게 된다. 이에 대한 예외는 있을 수 없으며, 이와 다른 약정은 무효이다(대법원 1967.6.13. 선고 67다302판결).

타인의 승낙을 얻어 그 명의로 주식을 인수하여 그 대금을 납입한 때에는 명의차용자가 회사에 대하여 주주권을 행사하려면 실질적인 주식인수인임을 입증하여 명의개서를 하여야 한다. 만일 타인의 명의로 주주명부에 기재가 된 때에는 그 타인이 의결권 등의 주주권을 행사할 수 있고, 실질주주는 특별한 사정(회사가 부당하게 명의개서를 거부하는 경우 등)이 없는 한 주주권을 행사할 수 없다.

보충판례 주주명부상의 주주가 아닌 제3자가 주식을 인수하고 그 대금을 납입한 경우 그 제3자를 실질상의 주주로 보기 위해서는 단순히 제3자가 주식인수대금을 납입하였다는 사정만으로는 부족하고 제3자와 주주명부상 주주 사이의 내부관계, 주식 인수와 주주명부 등재에 관한 경위 및 목적, 주주명부 등재 후 주주로서의 권리행사 내용 등을 종합하여 판단해야 한다(대법원 2019.5.16.선고 2016다240338판결).

2) 상 실

주주의 지위는 사망, 주식의 양도, 주식의 소각, 단주의 처리, 해산 등에 의하여 상실하며, 주식인수인은 실권절차에 의하여 그 지위를 상실하게 된다(제307조). 그러나 주주가 주권을

---

1) 【학설】 전환된 주식의 재발행에 대한 학설

① 재발행가능설: 전환된 주식의 재발행이 가능하다는 설의 경우 전환의 결과 발행되는 주식의 수는 미발행주식의 수를 감소시키지만, 이는 다른 종류의 주식으로의 교체에 불과하므로 소멸된 주식수만큼 전환권이 해제된 상태로 부활한다는 견해(다수설)와 보통주로의 재발행이 가능하다는 견해, 전환권이 있는 주식으로 부활한다는 견해가 있다.

② 재발행불능설: 전환된 주식만큼에 대해 어떤 형태의 주식으로도 재발행을 인정할 수 없다는 견해이다.

멸각하거나 회사에 주식포기의 의사표시를 하고 주권을 반환하였더라도 주주의 지위를 상실하지 않는다(대법원 1991.4.30.선고 90마672판결). 합명회사 · 합자회사의 사원제명에 관한 규정을 주식회사에 유추적용하여 주주의 제명을 할 수 없으며, 주주를 제명하고 회사가 그 주주에게 출자금 등을 환급하도록 하는 내용을 규정한 정관이나 내부규정은 주식회사의 본질에 반하므로 무효이다(대법원 2007.5.10.선고 2005다60147판결).

【판례】 대법원 2024.7.11.선고 2020다258824판결

[1] 주주권은 주식의 양도나 소각 등 법률에 정하여진 사유에 의하여서만 상실되고, 단순히 당사자 사이의 특약이나 주주권 포기의 의사표시만으로 주식이 소멸되거나 주주의 지위가 상실되지 않는다(대법원 1999.7.23.선고 99다14808판결, 대법원 2002.12.24.선고 2002다54691판결 등 참조).

[2] 합명회사, 합자회사 등과는 달리 주식회사에서는 사원의 퇴사가 인정되지 않으므로(위 99다14808판결 참조), 정관에서 정한 일정한 사유가 발생할 경우 해당 주주의 주식 양도에 관한 의사와 관계없이 주주로서의 지위를 상실시키고, 회사가 그 주주에게 출자금 등을 환급하도록 하는 내용의 정관 조항은 사실상 주주의 퇴사에 관한 내용을 정한 것이어서 물적 회사로서의 주식회사의 본질에 반하여 효력이 없다. 이는 회사의 주주 구성이 소수에 의하여 제한적으로 이루어져 있다거나 주주 상호간의 신뢰관계를 기초로 하고 있다는 등의 사정이 있더라도 마찬가지이다(대법원 2007.5.10.선고 2005다60147판결 등 참조).

2. 공유주주

공유주주란 일정한 주식을 수인이 공유하는 경우를 말한다. 이러한 주식공유가 발생하는 경우로는 수인이 일정한 주식을 공동으로 인수하거나 양수하는 경우 또는 주식의 상속인이 수인인 경우 등을 들 수 있다.

수인이 공동으로 주식을 인수한 경우에는 수인이 연대하여 납입책임을 지고(제333조 제1항), 공유주식에 대한 권리는 공유주주들이 직접 공동으로 행사할 수는 없으며 이들을 위하여 권리를 행사할 자를 정하여야 한다(제333조 제2항). 권리행사자가 없는 때에는 공유자에 대한 회사의 통지나 최고는 그 1인에게 하면 된다(제333조 제3항).[1)]

3. 주주의 자격 · 수

주주의 자격에는 제한이 없으므로 자연인이나 법인도 주주가 될 수 있고, 능력자나 제한능력자 및 외국인과 외국법인도 주주가 될 수 있다. 주주의 수에는 아무런 제한이 없으므로, 1인이 되더라도 무방하다.

1) 【학설】 공유의 해석에 대한 학설
공유주주에 관한 상법 제333조 제2항과 제3항은 주식 공유의 경우에만 적용된다는 견해와, 공유뿐만 아니라 합유나 총유에도 적용된다는 견해가 있다.

Ⅱ. 주주평등의 원칙

1. 의 의

주주평등의 원칙이란, 주주는 회사와의 법률관계에서 그가 가진 주식의 수에 따라 평등한 취급을 받아야 함을 의미한다. 따라서 주주와 회사의 다른 주주사이의 계약에는 주주평등의 원칙이 직접 적용되지 않는다(대법원 2023.7.27.선고 2022다290778판결).

보충판례 주주평등원칙은 주주의 법률상의 지위가 균등한 주식으로 단위화되어 있으므로 주주를 그 보유주식의 수에 따라 평등하게 취급하여야 한다는 것으로, 형식적으로는 회사와 주주 간 법률관계에 있어서 주주를 그 지위에 따라 평등하게 취급하여야 한다는 것이고, 실질적으로는 각 주주의 회사에 대한 권리·의무가 그 보유주식의 수에 비례하여 정해져야 한다는 것이다(제주지법 2008.6.12.선고 2007가합1636판결).

【판례】 대법원 2023.7.27.선고 2022다290778판결

주주평등의 원칙은 주주와 회사의 법률관계에 적용되는 원칙이고, 주주가 회사와 계약을 체결할 때 회사의 다른 주주 내지 이사 개인이 함께 당사자로 참여한 경우 주주와 다른 주주 사이의 계약은 주주평등과 관련이 없으므로, 주주와 회사의 다른 주주 내지 이사 개인의 법률관계에는 주주평등의 원칙이 직접 적용되지 않는다. 주주는 회사와 계약을 체결하면서 사적자치의 원칙상 다른 주주 내지 이사 개인과도 회사와 관련한 계약을 체결할 수 있고, 그 계약의 효력은 특별한 사정이 없는 한 주주와 회사가 체결한 계약의 효력과는 별개로 보아야 한다(대법원 2023.7.13.선고 2022다224986 판결 참조).

2. 내용과 예외

(1) 주주평등의 원칙의 내용: 주주평등의 원칙은 이를 선언하는 일반적 규정은 없으나, 이익배당이나 잔여재산분배에 있어서의 평등(제464조 본문, 제538조), 의결권의 평등(제369조 제1항), 주주의 신주인수권의 평등(제418조 제1항)에 있어서 구체화된다.

(2) 주주평등의 원칙의 예외: 주주평등의 원칙도 법률의 규정에 의하여 예외가 있을 수 있다. 즉, 종류주식의 이익배당(제464조 단서)·의결권배제 또는 제한주식(제344조 의3)·상환주식(제345조)·전환주식(제346조)·감사의 선임(제409조)·소수주주권(제363조 의2 등)·단주의 처리(제443조) 등에 관해서는 주주평등의 원칙이 적용되지 않는다. 그리고 회사가 일부주주에게 우월한 권리나 이익을 부여하여 다른 주주들과 다르게 대우하는 경우에도 법률이 허용하는 절차와 방식에 따르거나 그 차등적 취급을 정당화할 수 있는 특별한 사정이 있는 경우에는 이를 허용할 수 있다(대법원 2023.7.13.선고 2022다224986판결).

3. 위반효과

주주평등의 원칙은 강행법적 성격을 갖기 때문에 이에 위반되는 정관의 규정이나 주주총회 또는 이사회의 결의는 무효이다. 다만, 주주 전원의 동의에 따라 이루어진 차등적 취급 약정이 상법 등 강행규정에 위반하지 않고 법질서가 허용하는 범위 내의 것이라면 사안에 따라서 그 효력을 인정할 여지가 있다(대법원 2023.7.27.선고 2022다290778판결).

【판례】 대법원 2023.7.27.선고 2022다290778판결

회사가 신주를 인수하여 주주의 지위를 갖게 되는 사람에게 금전 지급을 약정한 경우, 그 약정이 실질적으로는 신주인수대금으로 납입한 돈을 전액 보전해 주기로 한 것이거나 상법 제462조 등 법률의 규정에 의한 배당 외에 다른 주주들에게는 지급되지 않는 별도의 수익을 지급하기로 한 것이라면, 이는 회사가 해당 주주에 대하여만 투하자본의 회수를 절대적으로 보장함으로써 다른 주주들에게 인정되지 않는 우월한 권리를 부여하는 것으로서 주주평등의 원칙을 위반하여 무효이다(위 대법원 2018다236241 판결 등 참조).
회사가 주주평등의 원칙을 위반하여 일부 주주에게 우월한 권리나 이익을 부여하는 내용의 약정을 체결하면서 주주 전원으로부터 동의를 받은 경우 그 효력에 관해서는, 위에서 본 주주평등의 원칙 및 그 위반에 따른 무효 취급과 예외적 허용의 취지, 즉 일부 주주에게 우월적 권리나 이익을 부여하여 주주를 차등 취급하는 것이 주주와 회사 전체의 이익 및 정의와 형평의 관념에 부합하는 것인지 여부를 살펴 신중하게 판단하여야 하므로, 주주 전원의 동의에 따라 이루어진 차등적 취급 약정이 상법 등 강행법규를 위반하지 않고 법질서가 허용하는 범위 내의 것이라면 사안에 따라서 그 효력을 인정할 여지가 있다. 그러나 주주에게 투하자본의 회수를 절대적으로 보장하는 취지의 금전지급약정은 회사의 자본적 기초를 위태롭게 하고 주주로서 부담하는 본질적 책임에서조차 벗어나게 하여 특정 주주에게 상법이 허용하는 범위를 초과하는 권리를 부여하는 것으로서 법질서가 허용하지 않는 강행법규 위반에 해당하므로, 이에 대하여 주주 전원의 동의를 받았다고 하더라도 예외적으로 효력을 얻을 수 있는 경우에 해당하지 않는다.

주주에게 투하자본의 회수를 절대적으로 보장하는 취지의 금전지급약정은 무효이며(대법원 2023.7.27.선고 2022다290778판결), 주주평등의 원칙을 위반하여 회사가 일부 주주에게만 우월한 권리나 이익을 부여하기로 하는 약정(예 신주를 인수한 자에게 신주인수대금으로 납입한 돈을 전액 보전해 주기로 약정, 법률규정에 의한 배당 외에 다른 주주들에게 지급되지 않은 별도의 수익을 지급하기로 하는 등 약정)은 특별한 사정이 없는 한 무효이다(대법원 2018.9.13.선고 2018다9920·9937판결; 대법원 2020.8.13.선고 2018다236241판결). 이러한 약정은 주주의 자격을 취득하기 이전에 체결된 경우 또는 주식인수계약과 별도의 계약으로 체결되는 형태를 취한 경우도 포함된다(대법원 2020.8.13.선고 2018다236241판결).

【판례】 대법원 2023.7.13.선고 2023다210670판결; 대법원 2023.7.23.선고 2022다290778판결

주주평등의 원칙이란, 주주가 회사와의 법률관계에서 그가 가진 주식의 수에 따라 평등한 취급을 받아야 함을 의미한다. 이를 위반하여 회사가 일부 주주에게만 우월한 권리나 이익을 부여하기로 하는 약정은 특별한 사정이 없는 한 무효이다(대법원 2020. 8. 13. 선고 2018다236241 판결 등 참조). 다만 회사가 일부 주주에게 우월한 권리나 이익을 부여하여 다른 주주들과 다르게 대우하는 경우에도 법률이 허용하는 절차와 방식에 따르거나 그 차등적 취급을 정당화할 수 있는 특별한 사정이 있는 경우에는 이를 허용할 수 있다.
나아가 차등적 취급을 허용할 수 있는지 여부는, 차등적 취급의 구체적 내용, 회사가 차등적 취급을 하게 된 경위와 목적, 차등적 취급이 회사 및 주주 전체의 이익을 위해 필요하였는지 여부와 정도, 일부 주주에 대한 차등적 취급이 상법 등 관계 법령에 근거를 두었는지 아니면 강행법규에 저촉되거나 채권자보다 후순위에 있는 주주의 본질적 지위를 부정하는지 여부, 일부 주주에게 회사의 경영참여 및 감독과 관련하여 특별한 권한을 부여함으로써 회사의 기관이 가지는 의사결정 권한을 제한하여 종국적으로 주주의 의결권이 침해되는지 여부를 비롯하여 차등적 취급에 따라 다른 주주가 입는 불이익의 내용과 정도, 개별 주주가 처분할 수 있는 사항에 관한 차등적 취급으로 불이익을 입게 되는 주주의 동의 여부와 전반적인 동의율, 그 밖에 회사의 상장 여부, 사업목적, 지배구조, 사업현황, 재무상태 등 제반 사정을 고려하여 일부 주주에게 우월적 권리나 이익을 부여하여 주주를 차등 취급하는 것이 주주와 회사 전체의 이익에 부합하는지를 따져서 정의와 형평의 관념에 비추어 신중하게 판단하여야 한다.

참조판례 甲 주식회사와 그 경영진 및 우리사주조합이 甲 회사의 운영자금을 조달하기 위하여 乙과 '乙은 우리사주조합원들이 보유한 甲 회사 발행주식 중 일부를 액면가로 매수하여 그 대금을 甲 회사에 지급하고, 이와 별도로 甲 회사에 일정액의 자금을 대여하며, 甲 회사 임원 1명을 추천할 권리를 가진다'는 내용의 주식매매약정을 체결하였고, 그 후 甲 회사가 乙과 '乙이 위 임원추천권을 행사하는 대신 甲 회사가 乙 및 그의 처인 丙에게 매월 약정금을 지급한다'는 내용의 약정을 체결하여 乙 등에게 매월 약정금을 지급하였는데, 甲 회사가 위 약정금 지급약정이 주주평등의 원칙에 반하여 무효라고 주장하면서 약정금의 지급을 중단하고 부당이득반환을 구한 사안에서, 乙이 임원추천권을 가지게 된 것은 자금난에 처한 甲 회사에 주식매매약정에 따라 주식매매대금과 대여금으로 운영자금을 조달해 준 대가이므로, 임원추천권 대신 乙 등에게 약정금을 지급하기로 한 위 지급약정도 그러한 운용자금 조달에 대한 대가라고 볼 수 있고, 이와 같이 乙 등이 지급약정에 기해 매월 약정금을 받을 권리는 주주 겸 채권자의 지위에서 가지는 계약상 특수한 권리인 반면, 乙 등은 주식매매대금을 지급하고 주식을 매수한 때부터 현재까지 甲 회사의 주주이고, 이러한 주주로서의 권리는 주식을 양도하지 않는 이상 변함이 없으므로, 乙 등이 甲 회사로부터 적어도 운영자금을 조달해 준 대가를 전부 지급받으면 甲 회사 채권자로서의 지위를 상실하고 주주로서의 지위만을 가지게 되는데, 채권자의 지위를 상실하여 주주에 불과한 乙 등에게 甲 회사가 계속해서 지급약정에 의한 돈을 지급하는 것은 甲 회사가 다른 주주들에게 인정되지 않는 우월한 권리를 주주인 乙 등에게 부여하는 것으로 주주평등의 원칙에 위배된다(대법원 2018.9.13.선고 2018다9920·9937판결).

Ⅲ. 주주의 권리

1. 의 의

주주의 권리란 주주가 회사에 대하여 가지는 권리로서 주주권을 의미하며, 이러한 권리는 포괄적이고 추상적인 권리로서 주식과 분리하여 그 자체로서 주주의 자격과 분리하여 양도·입질·압류할 수 없고 시효에 걸리지도 않는다.

주주는 회사에 대하여 여러 가지 구체적이고 개별적인 권리를 갖는다. 즉, 경제적 이익의 확보를 위한 재산적 권리인 자익권과 업무집행에 대한 행정적 권리인 공익권을 갖는다. 이러한 주주의 권리는 주주의 회사에 대한 일반채권자로서의 권리인 채권자적 권리와는 다르다. 주주는 주주권에 기하여 회사가 제3자에 대하여 갖는 특정물에 대한 물권적 청구권 등의 재산상의 청구권을 직접 또는 대위행사할 수 없고(대법원 1998.3.24.선고 95다6885판결), 회사 소유의 부동산에 대한 어떠한 청구권도 가질 수 없다(대법원 1998.9.18.선고 96다44136판결).

【판례】 대법원 2022.6.9.선고 2018다228462, 228479판결

[1] 주식회사의 주주는 주식의 소유자로서 회사의 경영에 이해관계를 가지고 있기는 하지만, 직접 회사의 경영에 참여하지 못하고 주주총회의 결의를 통해서 이사를 해임하거나 일정한 요건에 따라 이사를 상대로 그 이사의 행위에 대하여 유지청구권을 행사하여 그 행위를 유지시키고 대표소송에 의하여 그 책임을 추궁하는 소를 제기하는 등 회사의 영업에 간접적으로 영향을 미칠 수 있을 뿐이다. 그러므로 주주가 회사의 재산관계에 대하여 법률상 이해관계를 가진다고 평가할 수 없고, 주주는 직접 제3자와의 거래관계에 개입하여 회사가 체결한 계약의 무효 확인을 구할 이익이 없다. 이러한 법리는 회사가 영업의 전부 또는 중요한 일부를 양도하는 계약을 체결하는 경우에도 마찬가지이다.

[2] 주식회사의 채권자는 회사가 제3자와 체결한 계약이 자신의 권리나 법적 지위를 구체적으로 침해하거나 이에 직접적으로 영향을 미치는 경우에는 그 계약의 무효 확인을 구할 수 있으나, 그 계약으로 인하여 회사의 변제 자력이 감소되어 그 결과 채권의 전부나 일부가 만족될 수 없게 될 뿐인 때에는 채권자의 권리나 법적 지위가 그 계약에 의해 구체적으로 침해되거나 직접적으로 영향을 받는다고 볼 수 없으므로 직접 그 계약의 무효 확인을 구할 이익이 없다.

2. 권리의 분류

1) 자익권

주주가 회사로부터 경제적 이익이나 기타 편익을 받는 것을 목적으로 하는 권리를 자익권이라 하며, 자익권에는 이익배당청구권·주권교부청구권·주식전환청구권·명의개서청구권·신주인수권·준비금의 자본금전입시 신주배정청구권·잔여재산분배청구권 등이 있다.

2) 공익권

공익권은 회사의 운영에 참가하는 것을 목적으로 하거나 이와 관련하여 행사하는 권리로서, 크게 단독주주권과 소수주주권으로 구분된다.

(1) 단독주주권: 1주를 소유하고 있는 주주라도 행사할 수 있는 권리를 말하며 의결권, 각종의 소제기권, 신주발행유지청구권, 주주명부·사채명부·정관·재무제표 등의 열람청구권 등이 있다.

【판례】 대법원 2023.5.23.자 2022마6500결정

상법이 주주에게 회사에 대한 각종 서류 등 열람·등사 청구권을 부여하는 규정을 둔 취지와 체계, 상법 제396조 문언의 내용, 명의개서대리인의 지위와 업무내용 등을 종합적으로 고려하면, 주주는 회사를 상대로 상법 제396조 제2항에 따라 주주명부 열람·등사를 청구할 수 있고, 회사의 이행보조자 또는 수임인에 불과한 명의개서대리인에게 직접 주주명부 열람·등사를 청구할 수는 없다.

(2) 소수주주권: 일정수의 주식 소유를 권리행사의 요건으로 하는 주주의 권리를 말한다. 소수주주의 요건은 1인의 주주가 소수주주의 요건을 갖추거나 수인의 주주들이 소유하는 주식을 합하여 소수주주의 요건을 갖추면 된다. 이러한 소수주주의 요건은 재판상 행사될 때에는 판결이 확정될 때까지 유지되어야 하지만, 대표소송의 경우에는 예외적으로 제소 후에는 그 요건을 갖추지 못하더라도 제소의 효력에 영향이 없다(제403조 제5항).

소수주주권의 분류(비상장회사의 경우)

① 발행주식총수의 100분의 1 이상을 가진 주주에게 인정되는 권리: 이사의 위법행위에 대한 유지청구권, 대표소송제기권, 자회사의 이사 등에 대한 다중대표소송제기권, 총회 소집절차나 결의방법의 적법성 조사를 위한 검사인 선임청구권
② 발행주식총수의 100분의 3 이상을 가진 주주에게 인정되는 권리: 주주총회 소집청구권, 주주제안권, 집중투표청구권, 이사·감사·청산인의 해임청구권, 회계장부 열람청구권, 회사의 업무와 재산상태의 검사를 위한 검사인선임청구권
③ 발행주식총수의 100분의 10 이상을 가진 주주에게 인정되는 권리: 회사의 해산판결청구권
* 상장회사의 소수주주권(제542조의6)에 관해서는 제11절 「상장회사의 특례」에서 설명하고자 한다.

3) 고유권·비고유권

주주의 동의가 없는 한 정관 또는 주주총회의 결의로도 박탈할 수 없는 권리를 고유권이라 하고, 박탈할 수 있는 권리를 비고유권이라 한다. 주주권에 관한 규정은 모두 강행법규로서 이를 다른 주주 전원의 일치로도 박탈할 수 없으므로 고유권과 비고유권의 구분은 논의의 실익이 없다.

Ⅳ. 주주의 의무

1. 주주의 출자의무

상법상 주주의 의무는 주금액의 납입의무뿐이다(제331조). 그러나 실질적으로 납입의무는 주식인수인의 의무에 불과하므로 실질적으로는 주주의 의무는 아니다. 주주(주식인수인)가 주식인수시 구체적 출자의무를 부담하는 경우 회사는 구체적 출자이행청구권을 갖고, 이 권리는 양도할 수 있다. 그리고 회사 채권자는 이를 압류하거나 대위행사할 수 있다. 그러나 주주가 추상적 출자의무만을 부담하는 경우에는 회사 채권자가 이를 압류하거나 대위행사할 수 없다(대법원 1969.8.19.선고 68다2421판결).

2. 주주의 유한책임의 원칙과 예외

주주는 원칙적으로 출자가액(인수가액)의 범위 내에서 유한책임을 부담한다(제331조). 그러나 주주는 유한책임의 원칙을 포기하고 회사채무를 부담하거나 추가출자를 할 수 있고, 법인격부인론이 적용되는 경우 지배주주에게 회사채무에 대한 책임을 물을 수도 있다(최준선, 「회사법」, 216면).

 지배주주의 책임: 우리나라의 대부분의 회사에 지배주주가 존재하는 점을 고려할 때 소수주주의 보호를 위하여 대주주는 소수주주의 이익을 부당하게 해(害)하여서는 아니된다는 충실의무를 인정하는 것이 타당하다. 상법 제401조의2에서 이사에게 업무집행을 지시한 자의 책임을 묻도록 하고 있는 바, 이는 특히 지배주주의 지위남용의 책임을 묻기 위한 제도이다.

V. 실질주주

1. 의 의

실질주주란 주주명부에 기재되지 아니한 자로서 실질적인 주식의 소유자를 말한다. 실질주주로는 명의차용자, 명의개서미필주주, 증권투자신탁을 한 위탁자, 주권예탁자를 들 수 있다. 이들 중 「자본시장과 금융투자업에 관한 법률」(이하 「자본시장법」이라 한다)의 주권예탁자만을 보통 협의의 실질주주라 한다.

2. 권리행사

실질주주가 주주로서 권리행사를 함에 있어서는 예탁주권의 공유지분에 상당하는 주식을 가진 것으로 본다(자본시장법 제315조 제1항). 따라서 예탁결제원에 예탁된 상장주식 등에 관하여 작성된 실질주주명부에의 기재는 주주명부에의 기재와 같은 효력을 가지므로(자본시장법 제316조 제2항), 실질주주명부상의 주주는 주주로서 일정한 예외를 제외하고 원칙적으로 모든 주주권을 행사할 수 있다(대법원 2017.3.23.선고 2015다248342 전원합의체 판결). 주주권을 행사할 수 없는 예외로는 주권불소지신고, 주주명부에의 기재, 주권에 관한 권리행사 등을 들 수 있다.

예탁결제원은 예탁주권에 대하여 자기 명의로 명의개서를 청구할 수 있으며(자본시장법 제314조 제2항), 명의개서에 의해 명의주주가 된다. 예탁결제원은 원칙적으로 예탁자(실질주주)의 신청에 의하여 예탁증권 등에 관한 권리(주주권)를 행사할 수 있으나(자본시장법 제314조 제1항), 주권불소지신고 · 주주명부에의 기재 · 주권에 관한 권리행사는 예탁자(실질주주)의 신청이 없는 경우에도 직접 권리행사를 할 수 있다(자본시장법 제314조 제3항). 또한 예탁자(실질주주)가 주주총회 회일의 5일 전까지 예탁결제원에 그 의결권의 직접행사 또는 불행사의 뜻을 표시하지 아니하는 경우에는 원칙적으로 예탁결제원이 의결권을 행사할 수 있다(자본시장법 제314조 제5항).

제3관 주권과 주주명부

I. 주 권

1. 주권의 의의 및 성질

주권이란 주식(사원권)을 표창하는 유가증권이다. 주권은 이미 발생한 사원권을 표창하는 것으로, 비설권증권이며, 비문언증권이고, 요인증권이고, 요식증권이자 비상환증권으로서 불완전유가증권에 해당한다.

2. 주권의 종류

1) 기명주권·무기명주권

주주의 성명이 표시되어 있는 주권을 기명주권, 성명이 표시되지 않은 주권을 무기명주권이라 한다. 우리 상법상 주식회사는 기명주권만 발행할 수 있고, 두기명주식이 발행되지 않으므로 무기명주권은 발행할 수 없다.

2) 단일주권·병합주권

한 개의 주식을 표창하는 주권을 단일주권이라 하고, 수개의 주식을 표창하는 주권을 병합주권이라 한다. 회사는 정관의 규정으로 1주권, 10주권, 100주권 등을 발행할 수 있다.

3. 주권의 발행

1) 주권의 기재사항 및 기재흠결

(1) 주권은 요식증권이므로, 주권에는 ① 회사의 상호, ② 회사의 성립연월일, ③ 회사가 발행할 주식의 총수, ④ 액면주식을 발행하는 경우 1주의 금액, ⑤ 회사의 성립 후 발행된 주식에 관하여는 발행연월일, ⑥ 종류주식이 있는 때에는 그 주식의 종류와 내용, ⑦ 주식의 양도에 관하여 이사회의 승인을 얻도록 정한 때에는 그 규정과 주권의 번호를 기재하고 대표이사

가 기명날인 또는 서명하여야 한다(제356조).

(2) 주권에 법정기재사항을 기재하지 아니하거나 부실한 기재를 한 경우에는 이사는 회사 및 제3자에 대하여 손해배상책임을 지며, 과태료의 제재를 받는다(제635조 제1항 제6호). 그러나 이러한 기재사항 중 본질적인 것이 아닌 한 일부를 결(缺)하더라도 유효하므로, 주주의 성명은 기재하지 않았다 하더라도 주권의 효력에는 영향이 없다(대법원 1996.1.26.선고 94다24039판결).

2) 주권의 발행의무·제한 및 전자등록

(1) 주권의 발행의무: 회사는 성립 후 또는 신주의 납입기일 후 지체없이 주권을 발행하여야 한다(제355조 제1항). 여기서 '지체없이'란 상법 제335조 제3항 단서와 관련하여 볼 때 회사 성립 후 또는 신주의 납입기일 후 6월 이내라고 볼 수 있다. 회사의 주권발행의무에 관한 상법 제355조 제1항은 보통의 신주발행뿐만 아니라 주식배당, 준비금의 자본금전입 등 특수한 신주발행의 경우에도 적용된다. 회사의 주권발행의무는 곧 주주의 주권교부청구권에 해당하고, 주권교부청구권은 대리행사 또는 채권자의 대위행사가 가능하다(대법원 1982.9.28.선고 82다카21판결). 주주의 주권교부청구권 행사가 있는 때에 회사가 주권을 발행하지 않은 경우 이사는 회사 및 주주에 대하여 손해배상책임을 지고(제399조, 제401조), 과태료의 제재를 받는다(제635조 제1항 제19호).

(2) 주권의 발행제한: 회사 성립 전 또는 신주의 납입기일 전에는 주권을 발행하지 못한다(제355조 제2항). 이에 위반하여 발행한 주권은 무효이다(제355조 제3항).[1] 상법 제355조 제2항에 위반하여 주권을 발행한 발기인·이사는 그 주권이 무효가 됨으로 인해 손해를 입은 자에 대하여 손해배상책임을 지며, 과태료의 제재를 받는다(제635조 제1항 제19호).

(3) 주권의 발행권자: 주권의 발행은 대표이사의 권한에 해당하므로(제356조), 주주총회나 이사회의 결의 없이 단독으로 주권을 발행할 수 있고, 정관에 규정된 병합주권의 종류와 다른 주권을 발행하였더라도 주권의 무효사유가 되지 않는다(대법원 1996.1.26.선고 94다24039판결).

(4) 전자등록부의 등록: 회사는 주권을 발행하는 대신 정관에서 정하는 바에 따라 전자등록기관의 전자등록부에 주식을 등록할 수 있다(제356조의2 제1항). 전자등록의 절차·방법 및 효과, 전자등록기관의 지정·감독 등 주식의 전자등록에 관하여 필요한 사항은 대통령령으로 정한다(제356조의2 제4항). 전자등록부에 주식을 등록한 자는 그 등록된 주식에 대한 권리를 적법하게 보유하는 것으로 추정하며, 이러한 전자등록부를 선의로 그리고 중대한 과실 없이 신뢰하고 전자등록부의 등록에 따라 권리를 취득한 자는 그 권리를 적법하게 취득한다(제356조의2 제3항).

---

1) 【학설】 회사성립 전 또는 신주납입기일 전에 발행되어 무효가 된 주권의 회사성립 후 또는 신주납입기일 후의 효력에 관한 학설
회사성립 전 또는 신주납입기일 전에 발행되어 무효가 된 주권은 회사성립 후 또는 신주의 납입기일 후에 무효가 치유되지는 않으나 회사가 그 주권의 효력을 인정할 수 있다는 견해, 회사성립 또는 신주의 효력 발생과 동시에 주권이 유효로 된다는 견해, 무효가 치유되지도 않으며 회사도 이러한 주권의 효력을 인정할 수 없다는 견해(다수설)가 있다.

3) 주권의 효력 발생시기

주권의 효력발생시기에 관해서는 교부시설 · 발행시설 · 작성시설 · 절충설 등의 학설이 대립되고 있으며,[1)] 판례는 교부시설을 취하고 있다.

> **【판례】 대법원 1977.4.12.선고 76다2766판결[동지: 대법원 2000.3.23.선고 99다67529판결]**
>
> 상법 제355조 규정의 주권발행은 동법 제356조 소정의 형식을 구비한 문서를 작성하여 이를 주주에게 교부하는 것을 말하고, 위 문서가 주주에게 교부된 때에 비로소 주권으로서의 효력을 발성한다고 해석되므로 피고 회사가 주주권을 표징(表徵)하는 문서를 작성하여 이를 주주가 아닌 제3자에게 교부하여 주었다 하더라도 위 문서는 아직 피고 회사의 주권으로서의 효력을 갖지 못한다고 보아야 할 것이다.

4. 주권불소지제도

1) 취 지

주주는 회사에 주권의 불소지를 신고할 수 있다(제358조의2 제1항). 이러한 불소지제도를 인정하는 것은 주권을 분실하거나 도난당할 우려가 있는 경우에 주권을 재발행받는 데 번거로울 뿐만 아니라 주주로서의 권리를 잃을 위험성이 있기 때문이다.

2) 불소지신고

(1) 허용요건: 주권불소지는 정관에 이를 금하는 규정이 없어야 한다(제358조의2 제1항 제1문).

(2) 신고자격: 주주뿐만 아니라 회사설립 중이나 신주발행의 효력발생 전의 신주인수인도 불소지신고를 할 수 있다. 또한 주주는 일부 주식에 대해서만 불소지신고를 할 수도 있다. 「자본시장법」상 예탁결제원도 주권불소지신고를 할 수 있다(동법 제314조 제3항).

(3) 신고방법: 주권이 발행되지 않은 경우에 주주는 회사에 주권의 불소지를 신고하기만

---

1) 【학설】 주권의 효력발생시기에 관한 학설
- ① 교부시설: 진정한 주주의 보호를 위해 회사가 그 의사에 의하여 주권을 주주에게 교부한 때에 주권으로서의 효력이 발생한다는 견해이다(통설·판례). 이 견해에 의하면 주권이 주주에게 교부되기 전에는 주권의 선의취득·압류·제권판결 등이 불가능하다.
- ② 발행시설: 회사가 주권을 작성하고 주주에게 교부한다는 의사로서 누구에게든 교부하면 주권으로서의 효력이 생긴다는 견해이다. 이 견해에 의하면 회사의 의사에 따라 교부되었다면 주주가 주권을 취득하기 전이라도 주권의 선의취득·압류·제권판결 등이 가능하다.
- ③ 작성시설: 주권을 작성하면 그 시점에서 주주권을 표창하는 유가증권으로서 성립하고 주주에 대한 교부는 권리자에 대한 인도에 지나지 않는다는 견해이다. 이 견해에 의하면 주권이 작성된 후에는 주주에게 주권이 교부되기 전이라도 주권의 선의취득·압류·제권판결 등이 가능하다.
- ④ 절충설: 원칙적으로는 교부시설에 따르지만, 회사가 주주 아닌 자에게 주권을 교부하고 그 자가 타인에게 주권을 양도한 경우 그 타인이 선의·무중과실인 때에는 예외적으르 주권의 효력이 발생하고 그 타인은 주권을 선의취득하게 된다는 견해이다(과거 판례).

하면 되고, 주권이 발행된 경우에는 이를 회사에 제출하여 주권불소지를 신고할 수 있다(제358조의2 제3항). 따라서 주권의 제출은 신고를 위한 효력요건이다. 회사가 명의개서대리인을 둔 경우에는 그에 대해서도 불소지신고를 할 수 있다.

(4) 신고시기: 회사가 주권을 발행하기 전이든 후이든 불소지신고를 할 수 있으며, 주주명부폐쇄기간 중이라도 불소지신고할 수 있다.

3) 신고의 효력

주권발행 전에 불소지신고를 한 경우에 회사는 지체없이 주권을 발행하지 아니한다는 뜻을 주주명부와 그 복본에 기재하고 그 사실을 주주에게 통지하여야 하며, 이에 의해 회사는 불소지신고된 주식에 관하여 주권을 발행하지 못한다(제358조의2 제2항).

주권발행 후에 불소지신고를 한 경우에 회사는 제출된 주권을 무효로 하거나 명의개서대리인을 둔 경우에는 그에게 임치하여야 한다(제358조의2 제3항). 주권을 무효로 하는 경우에는 주주명부에 주권을 발행하지 아니한다는 뜻을 기재하여 한다. 그러나 명의개서대리인에게 주권을 임치하는 경우에는 주주명부에 주권을 발행하지 아니한다는 뜻을 기재할 수 없다. 주권을 임치하는 경우에 임치된 주권이 유통된다면 선의취득하는 것이 가능하지만, 회사에 제출된 주권을 무효로 한 경우에는 그 주권이 유통되더라도 선의취득이 인정되지 않는다.

4) 주권의 발행·반환청구

주권불소지를 신고한 주주는 주식의 양도나 입질을 위하여 주권이 필요한 경우에는 언제든지 회사에 대하여 주권의 발행 또는 반환을 청구할 수 있다(제358조의2 제4항). 주권의 발행 · 반환의 청구는 주주명부폐쇄기간 중에도 할 수 있다. 한편 주권이 회사에 맡겨진 이상 임치로 인한 비용은 회사가 부담하고, 주권의 발행비용은 정관에 다른 정함이 없는 이상 주주가 부담한다고 본다.

5. 주권의 선의취득

1) 의 의

주권에 관하여 수표법 제21조의 규정을 준용하여, 주권의 양수인이 양도의 하자에 관하여 악의 또는 중대한 과실이 없는 한 주권의 선의취득을 인정하고 있다(제359조). 주권의 선의취득은 주권의 소지라는 권리외관을 신뢰하여 거래한 사람을 보호하는 제도이다.

2) 요 건

주권의 선의취득이 인정되기 위해서는 다음과 같은 요건을 갖추어야 한다.

(1) 주권을 교부에 의하여 취득하였어야 하며, 상속 · 유증 · 합병 등의 프괄적 승계취득은 선의취득이 인정되지 않는다.

(2) 양도인이 무권리자여야 한다.[1] 이 이외에 양도인이 무처분권자 · 무권대리인인 경우에도 인정된다는 것이 판례의 입장이다(대법원 1997.12.12.선고 95다49646판결).

(3) 주권의 취득시에 주식양수인에게 악의 또는 중대한 과실이 없어야 한다(제359조; 수표법 제21조). 여기서 악의 또는 중대한 과실이 있는지는 그 취득시기를 기준으로 결정하여야 한다(대법원 2000.9.8.선고 99다58471판결). '악의'란 교부계약에 하자가 있다는 것을 알고 있었던 경우, 즉 종전소지인이 무권리자 또는 제한능력자라거나 대리권이 흠결되었다는 등의 사정을 알고 취득한 것을 말하고, '중대한 과실'이란 거래에서 필요로 하는 주의의무를 현저히 결여한 것을 말한다(주권을 취득하면서 통상적인 거래기준으로 판단하여 볼 때 양도인이 무권리자임을 의심할 만한 사정이 있음에도 불구하고 이에 대하여 상당하다고 인정될 만한 조사를 하지 아니한 채 만연히 주권 등을 양수한 경우에는 양수인에게 중대한 과실이 있다고 보아야 한다; 대법원 2018.7.12.선고 2015다251812판결).

(4) 주권이 유효하여야 한다. 따라서 주식소각을 위하여 회사에 제출된 주권, 제권판결을 받은 주권, 주주에게 교부되기 이전의 발행주권, 상환주식의 상환에 의하여 회사에 제출된 주권은 선의취득이 인정되지 않는다.

3) 효 과

주권의 소지인이 선의취득을 하게 되면 주권을 유효하게 취득하므로 주주의 지위를 취득하게 된다. 따라서 주권의 소지인은 주권을 반환할 필요가 없다(제359조, 수표법 제21조). 주권의 선의취득자라도 기명주식의 경우에는 명의개서를 하여야 주주로서의 권리를 행사할 수 있게 되고, 회사에 대한 대항력이 생긴다.

6. 주권의 상실

1) 개 설

주권이 도난 · 분실 · 멸실 등에 의하여 상실되더라도 주주의 지위는 반드시 소멸하지 않으므로 주권의 재발행이 요청되지만, 회사가 상실의 사실을 확인하지 않고 주권을 재발행한다면 동일한 주식에 대해 복수의 주권이 유통될 위험이 있다. 따라서 상법은 민사소송법에

---

1) 【학설】 무권리자의 범위에 관한 학설
양도행위에 관하여 의사표시의 하자가 있는 경우 또는 제한능력자인 경우도 선의취득이 인정된다는 견해와, 제한능력자인 경우 또는 의사표시의 하자의 경우에는 선의취득을 인정하지 않는 견해가 있다.

의하여 공시최고절차에 따라 상실한 주권을 무효로 하는 제권판결을 얻은 다음에 회사에 대하여 그 주권의 재발행을 청구할 수 있도록 하고 있다(제360조 제1항, 제2항).

2) 공시최고

공시최고는 멸실·분실된 주권을 무효로 하는 절차이며, 공시최고신청은 회사의 본점소재지를 관할하는 지방법원에 하여야 한다(민사소송법 제476조 제1항). 신청받은 관할법원은 3월 이상의 기간을 정하여 권리의 신고를 최고하고 그 기간 내에 신고가 없을 때에는 주권에 대하여 제권판결을 선고하여야 한다(민사소송법 제487조 제1항).

3) 제권판결

(1) 제권판결의 효력: 제권판결에서는 주권의 무효를 선고하고, 이로써 주권은 효력을 상실하게 된다. 그러나 제권판결은 주권의 점유에 대신하여 효력을 주는 데 그치고 실체적 권리관계까지 창설 또는 확정하는 효력은 없으므로 신청인이 정당한 소지인이라거나 주권 또는 그 표창하는 주식의 내용까지 확정하는 것은 아니다. 그리고 제권판결의 경우 상실된 주권의 선의취득과의 관계에 대해서는 학설의 대립이 있다.[1]

【판례】 대법원 2013.12.12.선고 2011다112247·112254판결

상법 제360조 제1항은 "주권은 공시최고의 절차에 의하여 이를 무효로 할 수 있다"라고 정하고, 같은 조 제2항은 "주권을 상실한 자는 제권판결을 얻지 아니하면 회사에 대하여 주권의 재발행을 청구하지 못한다"라고 정하고 있다. 이는 주권은 주식을 표창하는 유가증권이므로 기존의 주권을 무효로 하지 아니하고는 동일한 주식을 표창하는 다른 주권을 발행할 수 없다는 의미로서, 위 규정에 반하여 제권판결 없이 재발행된 주권은 무효라고 할 것이다. 한편 증권이나 증서의 무효를 선고한 제권판결의 효력은 공시최고 신청인에게 그 증권 또는 증서를 소지하고 있는 것과 동일한 지위를 회복시키는 것에 그치고 공시최고 신청인이 실질적인 권리자임을 확정하는 것은 아니다. 따라서 증권이나 증서의 정당한 권리자는 제권판결이 있더라도 실질적 권리를 상실하지 아니하고, 다만 제권판결로 인하여 그 증권 또는 증서가 무효로 되었으므로 그 증권 또는 증서에 따른 권리를 행사할 수 없게 될 뿐이다.

(2) 제권판결에 대한 불복: 주권의 제권판결이 있는 경우 이에 대한 불복(제권판결의 취소)은 반드시 소에 의해서만 가능하다(민사소송법 제490조, 제491조). 제권판결에 대한 불복의 소가 제기되어 제권판

1) 【학설】 제권판결과 선의취득의 관계에 관한 학설
① 제권판결취득자 우선설: 신고기간 내에 신고하지 않은 경우, 제권판결에 의하여 선의취득자는 주권소지의 형식적 자격뿐만 아니라 실질적 권리도 상실하게 되어 주권에 의한 권리의 행사를 할 수 없게 된다고 하여 제권판결취득자의 보호를 우선시킨다는 견해이다(판례·소수설).
② 선의취득자 우선설: 공시최고의 절차진행 중에 주권의 선의취득자가 있는 때에는 공시최고의 신청자는 제권판결을 받더라도 권리를 회복하지 못한다는 견해이다(다수설).
③ 절충설: 선의취득자가 명의개서를 하지 않은 때에는 제권판결 후 제권판결취득자가 우선하지만, 제권판결 이전에 선의취득자가 주권의 명의개서를 한 때에는 선의취득자의 권리가 우선적으로 보호되어야 한다는 견해이다.

결이 취소하는 판결이 확정되면 제권판결은 소급하여 효력을 잃고 정당한 권리자가 소지하고 있던 증권 또는 증서도 소급하여 그 효력을 잃게 된다.

보충판례 제권판결이 취소된 경우에도 그 취소 전에 제권판결에 기초하여 재발행된 주권이 여전히 유효하여 그에 대한 선의취득이 성립할 수 있다면, 그로 인하여 정당한 권리자는 권리를 상실하거나 행사할 수 없게 된다. 이는 실제 주권을 분실한 적이 없을 뿐 아니라 부정한 방법으로 이루어진 제권판결에 대하여 적극적으로 불복의 소를 제기하여 이를 취소시킨 정당한 권리자에게 가혹한 결과이고, 정당한 권리자를 보호하기 위하여 무권리자가 거짓 또는 부정한 방법으로 제권판결을 받은 때에는 제권판결에 대한 불복의 소를 통하여 제권판결이 취소될 수 있도록 한 민사소송법의 입법 취지에도 반한다. 또한 민사소송법이나 상법은 제권판결을 취소하는 판결의 효력을 제한하는 규정을 두고 있지도 아니하다. 따라서 기존 주권을 무효로 하는 제권판결에 기하여 주권이 재발행되었다고 하더라도 제권판결에 대한 불복의 소가 제기되어 제권판결을 취소하는 판결이 선고·확정되면, 재발행된 주권은 소급하여 무효로 되고, 그 소지인이 그 후 이를 선의취득할 수 없다고 할 것이다(대법원 2013.12.12.선고 2011다112247·112254판결).

【판례】 대법원 2003.3.28.선고 2002다73920판결

제권판결은 선고와 동시에 형식적 확정력이 생기는 것이고 신청인이 정당한 소지인의 존재를 알면서도 공시하고 절차를 거쳐 제권판결을 구하였던 경우에도 일단 제권판결이 선고되고 나면 그 판결은 당연무효로 되는 것이 아니어서 그 증서의 실질적 권리자가 제권판결의 효력을 소멸시키기 위하여는 불복의 소를 제기하여 그의 취소판결을 얻어야 하는 것이며(대법원 1990.4.27.선고 89다카16215판결 참조), 제권판결의 효력은 그 판결 이후에 당해 증서를 무효로 하고 공시최고 신청인에게 그 증서를 소지한 것과 동일한 지위를 회복시키는 것에 그치는 것일 뿐 공시최고 신청인이 실질적 권리자임을 확정하는 것은 아니다. 또한 제권판결 선고 당시의 그 증서의 소지인이 그 공시최고 전에 그 증서를 선의취득하였다고 하더라도 그 소지인은 제권판결의 소극적 효과로 인하여 그 증서의 효력을 잃게 되는 것이어서 그 소지인은 그 증서의 유효를 주장할 수 없는 것이다(대법원 1994.10.11.선고 94다18614판결 참조).

4) 주권의 재발행

주권을 상실한 자는 제권판결을 얻지 않은 때에는 회사에 대하여 주권의 재발행을 청구할 수 없다(제360조 제2항). 따라서 제권판결을 얻지 않은 때에는 주권을 상실한 자가 재발행을 청구할 수 없으며 회사가 이를 승인하여도 재발행하는 것은 허용되지 않는다. 또 주주가 주권을 분실한 것이 아니고 회사가 주권을 보관하던 중 분실하였다 하더라도 제권판결이 없는 한 주주는 재발행을 청구할 수 없다(대법원 1981.9.8.선고 81다141판결).

Ⅱ. 주주명부

1. 의의 및 취지

1) 의 의

주주명부란 주주 및 주식에 관한 현황을 나타내기 위하여 작성 · 비치하는 장부이다(제396조 제1항). 따라서 회사의 영업 및 재산의 상황을 나타내는 것이 아니므로 상업장부는 아니다. 정관의 정함이 있는 때에는 전자주주명부를 작성할 수 있다(제352조의2 제1항).

보충 전자주주명부: 회사가 정관의 정함에 의하여 전자주주명부를 작성하는 경우에 회사의 본점 또는 명의개서대리인의 영업소에서 전자주주명부의 내용을 서면으로 인쇄할 수 있으면 상법 제396조 제1항에 따라 주주명부를 갖추어 둔 것으로 본다(상법시행령 제11조 제1항). 주주와 회사채권자는 영업시간 내에 언제든지 서면 또는 파일의 형태로 전자주주명부에 기록된 사항의 열람 또는 복사를 청구할 수 있다(상법시행령 제11조 제2항).

2) 취 지

상법이 주주명부제도를 둔 이유는, 주식의 발행 및 양도에 따라 주주의 구성이 계속 변화하는 단체법적 법률관계의 특성상 회사가 다수의 주주와 관련된 법률관계를 외부적으로 용이하게 식별할 수 있는 형식적이고도 획일적인 기준에 의하여 처리할 수 있도록 하여 이와 관련된 사무처리의 효율성과 법적 안정성을 도모하기 위함이다. 이는 회사가 주주에 대한 실질적인 권리관계를 따로 조사하지 않고 주주명부의 기재에 따라 주주권을 행사할 수 있는 자를 획일적으로 확정하려는 것으로서, 주주권의 행사가 회사와 주주를 둘러싼 다수의 이해관계인 사이의 법률관계에 중대한 영향을 줄 수 있음을 고려한 것이며, 단지 해당 주주의 회사에 대한 권리행사 사무의 처리에 관한 회사의 편의만을 위한 것이라고 볼 수 없다(대법원 2017.3.23.선고 2015다248342 전원합의체 판결).

2. 작성 · 비치 · 공시 및 열람 · 등사 청구

1) 작성 · 비치 · 공시

이사는 주주명부를 작성하여 본점에 비치하여야 하며, 명의개서대리인을 둔 때에는 대리인의 영업소에 주주명부 또는 복본을 둘 수 있다(제396조 제1항). 주주명부를 명의개서대리인의 영업소에 두기로 한 때에는 본점에 비치하지 않아도 된다.

2) 열람 · 등사 청구

주주 및 회사채권자는 영업시간 내에는 언제든지 회사에 주주명부 또는 그 복본의 열람 또는 등사를 청구할 수 있다(제396조 제2항). 그러나 회사의 이행보조자 또는 수임인에 불과한 명의개서 대리인에게는 열람 · 등사를 청구할 수 없으며(대법원 2023.5.23.자 2022 마6500결정), 주주명부의 열람 · 등사 청가 부당한 목적을 위한 것으로 권리남용으로 인정되는 경우에 회사는 목적의 부당함을 입증하고 청구를 거절할 수 있다(대법원 2010.7.22.선고 2008다37193판결; 대법원 2017.11.9.선고 2015다235841판결).

3. 기재사항

1) 기명주식을 발행한 경우

주주명부에 ① 주주의 성명과 주소, ② 각 주주가 가진 주식의 종류와 수, ③ 각 주주가 가진 주식의 주권을 발행한 때에는 그 주권의 번호, ④ 각 주식의 취득연월일을 기재한다(제352조 제1항). 전자주주명부를 작성하는 경우에는 상법 제352조 제1항의 기재사항 이외에 전자우편주소를 적어야 한다(제352조의2 제2항).

2) 전환주식을 발행한 경우

주주명부에 ① 주식을 다른 종류의 주식으로 전환할 수 있다는 뜻, ② 전환의 조건, ③ 전환으로 인하여 발행할 주식의 내용, ④ 전환을 청구할 수 있는 기간 또는 전환기간을 기재하여야 한다(제352조 제2항, 제347조).

3) 기 타

주주명부에는 질권의 등록, 신탁재산의 표시, 주식공유의 경우 주주권행사자의 표시, 기명주식의 주권불소지신고 등을 기재할 수 있다.

4. 주주명부의 효력

1) 권리추정력

주주명부에 명의개서를 한 자(예 주주, 등록질권자 등)는 그 기재의 자격수여적 효력에 의하여 권리자로 추정되어 실질적인 권리를 증명하지 않고도 권리행사가 가능하다. 따라서 주주명부에 주주로 등재되어 있는 이는 그 회사의 주주로 추정되며 이를 번복하기 위하여는 그 주주권을 부인하는 측에 입증책임이 있다(대법원 2010.3.11.선고 2007다51505판결). 주주명부의 권리추정력이 인정되더라도 주주명부에 주주로 등재되어 있다는 사실 자체는 주주권을 주장하는 자가 입증해야 한다(대법원 1993.1.26.선고 92다11008판결).

【판례】 대법원 2020.6.11.자 2020마5263결정

채무자가 채무담보 목적으로 주식을 채권자에게 양도하여 채권자가 주주명부상 주주로 기재된 경우, 그 양수인이 주주로서 주주권을 행사할 수 있고 회사 역시 주주명부상 주주인 양수인의 주주권 행사를 부인할 수 없다.

2) 회사의 면책력

주주 또는 질권자에 대한 회사의 통지 또는 최고는 주주명부에 기재한 주소 또는 그 자로부터 회사에 통지한 주소로 하면 된다(제353조 제1항). 또한 회사는 주주명부에 기재된 자를 주주로 취급하여 그 자에게 배당금청구권·의결권·신주인수권 등의 권리를 인정하면, 그 자가 진정한 주주가 아니더라도 회사는 주주명부에 기재된 자를 주주로 취급함으로써 그 책임을 면한다(대법원 2017.3.23.선고 2015다248342 전원합의체 판결).

보충 주주 또는 질권자에게 대한 통지 또는 최고는 보통 그 도달할 시기에 도달한 것으로 본다(제353조 제2항, 제304조 제2항)

3) 회사에 대한 대항력

주식양수인은 주주명부에 명의개서를 하지 않으면 회사에 대항하지 못한다(제337조 제1항). 즉, 주주명부에 명의개서를 함으로써 주주의 자격에서 권리를 행사할 수 있는 자격수여적 효력이 인정되는 것일 뿐 창설적 효력을 인정하는 것은 아니다(대법원 2006.9.14.선고 2005다45537판결).

【판례】 대법원 1989.7.11.선고 89다카5345판결

상법의 규정상 주권의 점유자는 이를 적법한 소지인으로 추정하고 있으나(제336조 제2항) 이는 주권을 점유하는 자는 반증이 없는 한 그 권리자로 인정된다는 것, 즉 주권의 점유에 자격수여적 효력을 부여한 것이므로 이를 다투는 자는 반대사실을 입증하여 반증할 수 있는 것이며, 또한 기명주식의 이전은 취득자의 성명과 주소를 주주명부에 기재하여야만 회사에 대하여 대항할 수 있는바(제337조 제1항), 이 역시 <u>주주명부에 기재된 명의상의 주주는 실질적 권리를 증명하지 않아도 주주의 권리를 행사할 수 있게 한 자격수여적 효력만을 인정한 것뿐이지 주주명부의 기재에 창설적 효력을 인정하는 것이 아니(다)</u>.

4) 기타의 효력

(1) 주권불소지신고의 효력: 주주의 주권불소지신고에 의해 회사가 주주명부에 주권을 발행하지 아니한다는 뜻을 기재하면 주권을 발행할 수 없고, 주주가 제출한 주권은 명의개서대리인에게 임치하는 경우를 제외하고 무효가 된다(제358조의2 제3항).

(2) 등록질의 효력: 기명주식의 경우 질권설정자의 청구로 질권자의 성명과 주소를 주주명부에 기재하고, 그 성명을 주권에 기재한 때에는 등록질의 효력이 생긴다(제340조 제1항).

5. 주주명부의 폐쇄와 기준일

1) 주주명부의 폐쇄

(1) 의 의: 주주명부의 폐쇄[1]란 회사가 의결권을 행사하거나 이익배당을 받을 주주 또는 질권자로서 권리를 행사할 자를 정하기 위하여 일정기간 주주명부의 기재를 정지하는 것을 말한다.

(2) 폐쇄기간: 주주명부의 폐쇄기간은 3월을 초과하지 못한다(제354조 제2항). 초과하는 폐쇄기간은 무효이며, 폐쇄의 시기가 분명하지 않은 때에는 그 전부가 무효가 된다. 폐쇄기간을 정한 때에는 그 기간의 2주간 전에 이를 공고하여야 하나, 정관으로 폐쇄기간을 정한 때에는 공고는 필요하지 않다(제354조 제4항).

(3) 폐쇄의 효력: 주주명부의 폐쇄에 의하여 폐쇄 직전에 주주명부에 기재된 자가 주주권을 행사할 자로 확정된다. 그리고 주주명부의 폐쇄기간 중에는 명의개서나 질권의 등록·말소와 신탁재산의 표시·말소 등 주주 또는 질권자의 권리를 변동시키는 기재는 할 수 없으나, 주주변동사항과 관계없는 주권불소지나 주소변경, 회사상호 변경 등의 사항은 기재할 수 있다. 주주명부의 폐쇄기간 중에도 전환주식 또는 전환사채의 전환청구와 신주인수권부사채의 신주인수권행사 또는 주식매수선택권의 행사는 인정되지만, 폐쇄기간 중의 주주총회 결의에 관하여는 의결권을 행사할 수 없다(제350조 제2항, 제516조 제2항, 제516조의 11, 제340조의 5).

2) 기준일

회사는 일정한 날을 정하여 그 날에 주주명부에 기재되어 있는 주주 또는 질권자를 권리행사자로서 일률적으로 확정할 수 있는데, 그 날을 기준일 또는 등록일이라 한다(제354조 제1항). 기준일은 주주 또는 질권자로서 권리를 행사할 날에 앞선 3월 내의 날로 정하여야 한다(제354조 제3항).

회사가 기준일을 정한 경우에는 기준일과 그 설정의 목적을 기준일의 2주간 전에 공고하여야 하지만, 정관에 기준일을 정한 경우에는 공고할 필요가 없다(제354조 제4항). 기준일은 주주명부의 폐쇄와 병용할 수 있다.

---

1) 【학설】 주주명부폐쇄와 관련된 학설

① 정관에 주주명부의 폐쇄에 관하여 아무런 규정이 없는 때: 이사회의 결의 또는 대표이사가 일정한 기간을 정하여 주주명부의 기재변경을 정지시킬 수 있다는 견해와, 주주명부의 폐쇄는 이사회의 결의가 반드시 있어야 한다는 견해가 있다.

② 폐쇄기간의 공고일수가 부족한 때: 폐쇄의 효력이 없다는 견해와, 폐쇄기간이나 공고기간의 경미한 위반은 효력에 영향이 없다는 견해(다수설)가 있다.

③ 폐쇄기간 중 명의개서의 효력: 주주명부 폐쇄기간 중 임의로 회사가 한 명의개서는 무효라는 견해(다수설)와, 명의개서 자체는 유효하지만 그 효력은 폐쇄기간 경과 후에 발생한다는 견해가 있다.

6. 실질주주명부

상장주식의 거래를 빈번하게 하는 증권회사 등 증권관계기관은 자기가 보유하는 대부분의 주권 또는 증권회사의 고객이 증권회사에 예탁한 주권을 예탁결제원에 예탁한다. 예탁결제원은 이와 같이 예탁된 주권들을 가지고 자기의 이름으로 명의개서를 하게 된다(자본시장법 제314조 제2항).

그리고 예탁결제원은 그 주식의 예탁자(실질주주) 명단을 발행회사에 통지하고, 발행회사는 이에 근거하여 실질주주명부를 작성하여야 한다(자본시장법 제316조 제1항). 실질주주명부에의 기재는 주주명부에의 기재와 동일한 효력을 갖는다(자본시장법 제316조 제2항).

제4관 주식의 양도

I. 주식양도의 개념

1. 의 의

주식의 양도란 사원의 지위인 주식을 법률행위에 의하여 이전하는 것을 뜻한다. 주식의 양도로 인해 양수인은 양도인으로부터 주주권을 특정 승계한다. 따라서 선의취득 · 신주인수와 같은 원시적 취득과 구별되고, 상속이나 합병과 같은 포괄승계와 구별된다.

보충판례 발행주식의 전부 또는 지배주식의 양도와 함께 경영권이 주식양도인으로부터 주식양수인에게 이전하는 경우 경영권의 이전은 발행주식 전부 또는 지배주식의 양도에 따른 부수적인 효과에 지나지 않아 주식양도의무와 독립적으로 경영권 양도의무를 인정하기 어렵다(대법원 2021.7.29. 선고 2017다3222, 3239판결).

2. 성 질

주식의 양도는 그 원인행위인 매매 · 증여 등 채권계약의 이행행위로서 하는 이전행위이며 그 성질은 준물권행위이다(통설).

참조판례 일반적으로 주식양도청구권의 압류나 가압류는 주식 자체의 처분을 금지하는 대물적 효력은 없고 채무자가 제3채무자에게 현실로 급부를 추심하는 것을 금지할 뿐이다. 따라서 채무자는 제3채무자를 상대로 그 주식의 양도를 구하는 소를 제기할 수 있고 법원은 가압류가 되어 있음을 이유로 이를 배척할 수 없다. 다만 주권발행 전이라도 회사성립 후 또는 신주의 납입기일 후 6개월이 지나면 주권의 교부 없이 지명채권의 양도에 관한 일반원칙에 따라 당사자의 의사표시만으로 주식을 양도할 수 있으므로, 주권발행 전 주식의 양도를 명하는 판결은 의사의 진술을 명하는 판결(참고: 민사집행법 제263조 제1항)에 해당한다. 이러한 주식의 양도를 명하는 판결이 확정되면 채무자는 일방적으로 주식 양수인의 지위를 갖게 되고, 제3채무자는 이를 저지할 방법이 없으므로, 가압류의 해제를 조건으로 하지 않는 한 법원은 이를 인용해서는 안 된다. 이는 가압류의 제3채무자가 채권자의 지위를 겸하는 경우에도 동일하다(대법원 2021.7.29.선고 2017다3222, 3239판결).

주식의 양도로 주주가 갖는 공익권 · 자익권은 포괄적으로 양수인에게 귀속된다. 사원의 지위는 원칙적으로 불가분의 관계에 따라 자익권(예 이익배당 청구권 등)과 공익권(예 의결권 등)을 분리하여 양도할 수 없다. 그러나 배당금지급청구권 · 신주인수권 등이 구체화되는 경우 독립적 성질에 의하여 특약이 없는 한 주식의 양도와 함께 이전하지 않는다(제464조의2 제2항, 제420조의3 제1항).

3. 주식양도자유의 원칙과 제한

1) 주식양도의 자유

상법 제335조 제1항 본문은 「주식은 타인에게 양도할 수 있다」고 규정하여 주식양도의 자유를 원칙적으로 인정하고 있고, 주식양도자유의 원칙은 주식회사의 중요한 특성 중 하나라 할 수 있다.

2) 주식양도의 금지 및 제한

주식의 양도는 법령에 의하여 금지하거나 제한할 수 있다. 그리고 주식의 양도를 정관에 의해 제한할 수 있다. 정관에 의한 제한을 인정하는 이유는 회사의 경영자들이 주주의 인적 구성을 폐쇄적으로 유지할 수 있게 하기 위함에 있다. 즉, 회사경영의 안전을 도모하기 위해서 인정된 것이다. 그러나 주주의 투하자본 회수가 불가능하게 정관으로 주식의 양도를 전면적으로 금지할 수는 없다(대법원 2000.9.26.선고 99다48429판결).

【판례】 대법원 2000.9.26.선고 99다48429판결

[1] 상법 제335조 제1항 단서는 주식의 양도를 전제로 하고, 다만 이를 제한하는 방법으로서 이사회의 승인을 요하도록 정관에 정할 수 있다는 취지이지 주식의 양도 그 자체를 금지할 수 있음을 정할 수 있다는 뜻은 아니기 때문에 정관의 규정으로 주식의 양도를 제한하는 경우에도 주식양도를 전면적으로 금지하는 규정을 둘 수 없다.

[2] 회사와 주주들 사이에서, 혹은 주주들 사이에서 회사의 설립일로부터 5년 동안 주식의 전부 또는 일부를 다른 당사자 또는 제3자에게 매각·양도할 수 없다는 내용의 약정을 한 경우, 그 약정은 주식양도에 이사회의 승인을 얻도록 하는 등 그 양도를 제한하는 것이 아니라 설립 후 5년간 일체 주식의 양도를 금지하는 내용으로 이를 정관으로 규정하였다고 하더라도 주주의 투하자본회수의 가능성을 전면적으로 부정하는 것으로서 무효라는 이유로 정관으로 규정하여도 무효가 되는 내용을 나아가 회사와 주주들 사이에서 혹은 주주들 사이에서 약정하였다고 하더라도 이 또한 무효라고 할 것이다.

한편, 주주들 사이에서 주식의 양도를 일부 제한하는 내용의 약정을 하는 경우라도 그 약정이 주주의 투하자본 회수의 가능성을 전면적으로 부정하는 것이 아니고, 공서양속에 반하지 않는다면 당사자 사이에서는 원칙적으로 유효하다(대법원 2008.7.10.선고 2007다14193판결; 대법원 2022.3.31.선고 2019다274639판결).

Ⅱ. 정관에 의한 주식양도의 제한

1. 양도제한의 요건

1) 정관의 규정

주식의 양도제한은 주주의 권리에 대한 중대한 단체법적 구속을 가하는 것이므로 반드시 정관에 규정을 두어야 한다(제355조 제1항 단서).

2) 양도제한의 공시

주주와 주식거래를 하는 자들에게 중대한 이해관계가 있으므로 다수인에게 양도제한사실을 공시하여야 한다. 따라서 주식의 양도제한은 등기하여야 한다(제317조 제2항 제3호의2). 정관에 규정을 두더라도 등기하지 않은 경우에는 선의의 제3자에게 대항하지 못한다(제37조 제1항).

양도제한사실은 주식의 취득 당시부터 공시되어야 할 것이므로 주식청약서에 기재하여야 하고(제302조 제2항 제5호의2), 주권에도 기재하여야 한다(제356조 제6호의2). 그리고 전환사채와 신주인수권부사채의 청약서, 채권(債券), 사채원부 그리고 신주인수권증권에도 기재하여야 한다(제514조 제1항 제5호, 제516조의4 제4호, 제516조의5 제5호). 주식청약서에 주식양도제한의 사항을 기재하지 않은 경우에는 주식청약서의 요건흠결로서 주식인수의 무효주장사유가 된다. 주식양도제한의 사항을 주권에 기재하지 않은 경우의 대항력에 관하여는 학설의 대립이 있다.[1)]

2. 양도제한의 방법

주식의 양도는 이사회의 승인을 얻도록 정관에 정할 수 있다(제335조 제1항 단서). 그 밖의 다른 제한방법은 인정되지 않는다. 즉, 주식을 양도하는 경우 이사회 이외의 주주총회 결의나 대표이사의 승인을 요구하는 것은 인정되지 않는다. 다만, 주식의 양도에 대하여 정관으로 이사회의 승인을 얻도록 정하였으나 이사회가 존재하지 않는 경우, 즉 이사가 1명 또는 2명인 경

1) 【학설】 주권에 양도제한의 기재가 없는 경우의 대항력에 관한 학설
주식양도제한에 관하여 등기하였으나 주권에 기재하지 않은 경우 그 주권의 선의의 양수인에 대하여도 양도제한으로 대항할 수 있다고 보는 견해와 대항할 수 없다는 견해, 주권의 기재의 유무를 기준으로 대항력의 유무를 결정하여야 한다는 견해가 있다.

우에는 주주총회의 승인을 얻어야 한다(제383조 제3항, 제335조 제1항 단서).

특정 주주 또는 특정 부류의 주주에 국한하여 양도제한을 하는 것은 주주평등의 원칙에 어긋나므로 무효이다. 1인회사의 주주가 주식을 양도하는 경우에도 이사회의 승인을 얻어야 한다는 견해가 있으나, 1인회사의 주주의 주식양도는 정관에 의한 주식양도의 제한취지와 무관하므로 이사회의 승인을 얻지 않고 주식을 양도하더라도 회사에 대하여 효력이 있다고 본다(다수설).

3. 적용범위

정관에 의한 주식양도 제한규정은 주식의 양도에 한해 적용되며, 상속·합병과 같은 포괄승계나 입질 등 담보제공행위에 대해서는 적용되지 않는다. 주주의 채권자가 주식을 압류할 때에도 이사회의 승인을 요하지 않지만, 담보권자나 압류채권자가 채권의 실현을 위해 주식을 경매할 때에는 이사회의 승인을 얻어야 한다. 한편, 주권상장회사에서는 주식양도가 제한될 수 없으며, 상장회사가 주식양도를 제한하면 상장폐지의 사유가 된다(유가증권상장규정 제37조 제7호).

4. 승인 없는 양도의 효력

주식양도시에 이사회의 승인을 얻도록 정관에 정한 경우에 이사회의 승인이 없이 한 주식의 양도는 회사에 대하여 효력이 없지만(제335조 제2항), 주주 사이의 주식양도계약 자체가 무효라고 할 수 없다(대법원 2008.7.10.선고 2007다14193판결). 당사자 간에 주식양도가 유효하더라도 회사에 대해서는 효력이 없으므로, 회사는 양수인에게 권리행사를 하게 할 수 없다.

이사회의 승인이 없는 주식양도는 대표이사(또는 회사)가 이를 승인(또는 추인)하더라도 효력이 없다. 다만, 이사회의 승인 결의가 없거나 하자가 있음에도 대표이사가 이사회의 승인이 있는 것으로 당사자에게 통지한 경우에 양도인은 악의이고 양수인이 선의인 경우에는 양수인의 보호를 위해 승인의 효과가 있다고 할 것이고, 양도인은 선의이나 양수인이 악의인 경우에는 양수인에 대해서는 승인의 효과가 없고 양수인이 회사에 대하여 양수의 승인을 청구하여야 한다고 할 것이다(제335조의7 제1항).

한편, 이사회의 결의 없이 또는 하자 있는 결의에 의해 양도의 승인을 거절한 경우라도 거부통지기간 내에 다시 적법한 거부의 통지가 없는 한 양도를 승인한 것으로 볼 수 있다(제335조의2 제3항 참조). 그리고 총주주의 동의가 있는 경우에는 이사회의 승인이 없더라도 주식의 양도는 유효하다.

5. 양도승인절차

1) 양도의 승인청구

주식의 양도를 하고자 하는 주주는 회사에 대하여 양도의 상대방 및 양도하려는 주식의 종류와 수를 기재한 서면으로 양도의 승인을 청구할 수 있다(제335조의2 제1항).

양도승인청구는 서면에 의하여야 하지만, 구두에 의한 승인청구에 대해 회사가 양도의 승인을 하는 것은 무방하다. 양도승인의 청구는 주주명부의 폐쇄기간 중이라도 가능하나, 명의개서는 폐쇄기간이 종료한 후에 하여야 한다.

한편, 주식의 양도담보의 경우 이사회의 승인시기에 관하여는 주식의 양도담보의 경우 주식의 소유권이 담보권자에게 있다는 이유로 양도담보의 설정시에 이사회의 승인이 필요하다는 견해도 있으나, 담보권을 실행하는 때에 담보권자가 양수인으로서 이사회의 승인을 청구하면 된다고 본다.

2) 승인의 시기

회사는 승인청구가 있는 날로부터 1월 이내에 양도주주 또는 주식의 양수인에게 그 승인 여부를 서면으로 통지하여야 하며(제335조의2 제2항, 제335조의7 제2항), 위 기간 내에 양도주주 또는 주식의 양수인에게 거부의 통지를 하지 아니한 때에는 주식의 양도를 승인한 것으로 본다(제335조의2 제3항, 제335조의7 제2항).

3) 양도승인 거부시 절차

(1) 양도상대방의 지정청구·매도청구권 행사

① 지정청구와 지정[1]: 양도승인의 거부통지를 받은 양도주주 또는 주식의 양수인은 통지를 받은 날로부터 20일 내에 회사에 대하여 양도상대방을 지정해 줄 것을 청구할 수 있다(제335조의2 제4항, 제335조의7 제2항). 양도상대방의 지정청구는 서면이나 구두로도 가능하다.

회사는 이러한 청구가 있은 날로부터 2주간 내에 이사회의 결의로 상대방을 지정하고, 양도주주 또는 주식의 양수인 및 지정된 상대방에게 서면으로 이를 통지하여야 한다(제335조의3 제1항, 제335조의7 제2항). 이 기간 내에 청구인에게 양도상대방 지정의 통지를 하지 않은 때에는 주식의 양도에 관하여

---

1) 【학설】 양도상대방의 지정청구 및 지정에 관한 학설
① 지정청구기간의 해태
㉠ 양도인이 지정청구기간을 준수하지 않은 경우에는 양도상대방의 지정 또는 매수청구를 할 수 없다. 그러나 양도인이 다시 양도승인청구를 하고 거절시에는 상대방지정청구 또는 매수청구를 할 수 있다는 견해와 양도인은 다시 양도승인청구를 할 수 없다는 견해가 있다.
㉡ 양수인이 지정청구기간을 준수하지 않은 경우에 대해서는 양수인이 다시 승인을 청구하고 거절시에는 양도상대방의 지정청구 또는 매수청구를 할 수 있다는 견해와 다시 양도승인청구가 불가능하다는 견해가 있다.
② 양도상대방 지정방법: 정관에 양도상대방의 지정방법에 관한 규정이 없으면, 이사회는 현재의 주주들을 각자의 주식수에 비례하여 양수할 주식을 안분한 채 양도상대방을 지정해야 한다는 견해와, 주주들이 반드시 주식수에 비례하여 양수할 주식을 안분하여 주주들을 양도상대방으로 지정할 필요가 없다는 견해가 있다.

이사회의 승인이 있는 것으로 본다(제335조의3 제2항).

② 지정상대방의 매도청구권: 이사회의 결의에 의해 양도상대방으로 지정된 자는 지정통지를 받은 날로부터 10일 내에 지정청구인에 대해 서면으로 당해 주식을 자기에게 매도할 것을 청구할 수 있다(제335조의4 제1항, 제335조의7 제2항). 이러한 매도청구권은 형성권이며, 따라서 지정청구권자의 승낙을 요하지 않는다. 지정상대방이 소정의 기간 내에 주주에 대하여 주식매도를 청구한 때에는 주주와의 사이에 매매계약이 성립하고, 주주는 지정상대방에게 주식을 양도해야 할 의무를 부담한다. 지정상대방은 매도청구권을 포기할 수 있고, 이로 인해 지정통지를 받은 날로부터 10일 내에 청구자에게 통지하지 못한 경우에는 매도청구권을 상실하고 회사가 양도를 승인한 것으로 간주된다(제335조의4 제2항).

③ 매도가액의 결정: 주식의 매도가액은 양도주주와 매도청구인 간의 합의에 의해 결정한다(제335조의5 제1항). 매도청구를 한 때로부터 30일 내에 협의가 이루어지지 않은 때에는 법원에 매수가액의 결정을 청구할 수 있고, 이때 법원은 회사의 재산상태 기타의 사정을 참작하여 공정한 가액으로 이를 산정하여야 한다(제335조의5 제2항, 제374조의2 제4항·제5항).

(2) 주식의 매수청구

① 매수청구: 회사가 주식양도의 승인을 거부한 경우에, 양도주주나 주식의 양수인은 회사에 대하여 그 주식의 매수를 청구할 수 있다(제335조의7 제2항, 제335조의2 제4항). 회사는 청구를 받은 날로부터 2월 내에 그 주식을 매수하여야 한다(제335조의6, 제374조의2 제2항). 한편, 회사가 주식양도의 승인을 거부하는 경우에 상대방지정과 주식매수의 선택권을 회사가 갖는다는 견해도 있으나, 그 선택권은 양도승인청구권자인 주주가 갖는다고 본다.

② 매수가액의 결정: 주식매수청구의 경우 회사와 주주 간의 협의에 의해 매수가액을 결정한다. 매수청구 후 30일 내에 그 협의가 이루어지지 않는 경우에는 회사 또는 주식의 매수를 청구한 주주는 법원에 매수가액의 결정을 청구할 수 있다(제335조의6, 제374조의2 제4항). 법원이 매수가액을 결정하는 경우에는 회사의 재산상태 그 밖의 사정을 참작하여 공정한 가액으로 이를 산정하여야 한다(제335조의6, 제374조의 제5항).

【판례】 대법원 2019.7.10.선고 2018다292975판결

주식의 양도에 관하여 이사회의 승인을 얻어야 하는 경우에 주식을 취득한 자는 회사에 대하여 그 주식의 종류와 수를 기재한 서면으로 그 취득의 승인을 청구할 수 있다(상법 제335조의7 제1항). 회사가 주식취득 승인을 거부한 경우, 주식을 취득한 자는 취득승인거부의 통지를 받은 날부터 20일 내에 회사에 대하여 그 주식의 매수를 청구할 수 있다(상법 제335조의7 제2항, 제335조의2 제2항, 제4항). 여기에서의 주식매수청구권은 형성권이어서 곧바로 그 행사에 따라 회사의 승낙 여부와 관계없이 주식에 관한 매매계약이 성립한다(대법원 2011.4.28.선고 2010다94953판결 참조). 그리고 주주의 지위는 주식매수청구권을 행사한 때가 아니라 회사로부터 그 주식의 매매대금을 지급받은 때에 이전된다고 보아야 한다(대법원 2018.2.28.선고 2017다270916판결 참조).

6. 양수인의 취득승인 청구

주식의 양도에 관하여 정관의 규정에 따라 이사회의 승인을 얻어야 하는 경우에 이사회의 승인 없이 주식을 취득한 양수인도 회사에 대하여 주식의 종류와 수를 기재한 서면으로 양수의 승인청구를 할 수 있다(제335조의7 제1항). 승인청구절차는 양도인의 양도승인청구의 절차가 준용된다(제335조의7 제2항).

보충판례 주식의 양도에 관하여 이사회의 승인을 얻어야 하는 경우에 주식을 취득하였으나 회사로부터 양도승인 거부의 통지를 받은 양수인은 상법 제335조의7에 따라 회사에 대하여 주식매수청구권을 행사할 수 있다. 이러한 주식매수청구권은 주식을 취득한 양수인에게 인정되는 이른바 형성권으로서 그 행사로 회사의 승낙 여부와 관계없이 주식에 관한 매매계약이 성립하게 되므로, 주식을 취득하지 못한 양수인이 회사에 대하여 주식매수청구를 하더라도 이는 아무런 효력이 없고, 사후적으로 양수인이 주식취득의 요건을 갖추게 되더라도 하자가 치유될 수는 없다(대법원 2014.12.24.선고 2014다221258·221265판결).

Ⅲ. 법률에 의한 주식양도의 제한

1. 권리주 양도의 제한

1) 제한내용

회사설립시의 설립등기 전 또는 신주발행시의 납입기일까지는 주주란 있을 수 없고 주식의 인수로 인한 주식인수인으로서의 지위를 가질 뿐이다. 이러한 주식인수인의 지위를 권리주라 한다. 상법 제319조에서는 회사설립시 「주식의 인수로 인한 권리의 양도는 회사에 대하여 효력이 없다」고 규정하고, 신주발행에 관하여도 상법 제425조 제1항에서 상법 제319조의 규정을 준용하고 있다.

2) 제한이유

권리주 양도제한의 이유는 기업의 영업과 이윤에는 관심 없이 단기차익을 노리는 투기적 행위를 억제하고, 회사설립절차나 신주발행절차가 권리주의 양도로 인해 혼잡해지는 것을 방지하며, 회사설립시 회사불성립으로 인한 위험으로부터 양수인을 보호하고자 하는 정책적인 고려에 있다고 본다.

3) 양도의 효과

권리주의 양도는 당사자 간에는 유효하지만, 회사에 대해서는 효력이 없다. 따라서 양도인과 양수인은 회사에 대하여 양도의 효력을 주장할 수 없고, 양수인이 주주권을 행사할 수 없다. 권리주양도에 대하여 회사의 추인이 인정되는가에 대하여는 학설의 대립이 있다.[1)]

2. 주권발행 전 주식양도의 제한

1) 주권발행 전 주식의 의의

주권발행 전의 주식이란 회사설립시에는 설립등기를 마친 대로부터 주권을 발행할 때까지, 그리고 신주발행시에는 신주의 납입기일의 다음 날로부터 주권을 발행할 때까지 주권이 발행되지 않은 상태에 있는 주식을 말한다.

2) 회사의 성립 후 또는 신주의 납입기일 후 6월이 경과하기 전의 양도

(1) 양도의 효력: 회사의 성립 후 또는 신주의 납입기일 후 회사가 주권을 발행하지 않은 경우에는 6월이 경과하기 전에 한 주식의 양도는 회사에 대하여 효력이 없다(제335조 제3항 본문). 이러한 규정의 취지는 주식양도에는 주권의 교부가 필요하므로 주권이 발행되기 전에는 적법한 양도방법이 있을 수 없고, 적절한 공시방법이 없으므로 거래안전을 해칠 우려가 있기 때문이다.

따라서 주권발행 전 주식양도에 대해 회사가 이러한 양도를 승인하고 명의개서까지 하더라도 그 양도는 무효이고, 양수인은 회사에 대하여 주권의 발행 · 교부를 청구할 수 없으며, 회사가 양수인에게 주권을 발행하더라도 이는 주권으로서의 효력이 없다(대법원 1987.5.26.선고 86다카982 · 983판결). 다만, 양수인은 주식양도인의 주권발행 및 주권교부청구권을 대위행사할 수 있다(대법원 1982.9.28.선고 82다카21판결).

한편, 주권의 발행이 없는 주식의 양수인이 주주총회를 개최하여 새로운 이사를 선임하더라도 그 결의는 효력이 없고(대법원 1974.12.10.선고 74다428판결 참조), 이러한 주주총회는 결의부존재의 사유가 된다(대법원 1977.6.7.선고 77다54판결).

주권발행 전의 주식양도가 회사에 대해 효력이 없다고 하더라도 양도당사자 간에는 양도의 효력이 있다(대법원 1983.2.22.선고 82다15 판결).

(2) 하자의 치유: 회사성립 또는 신주발행의 효력이 발생한 날로부터 6월 내에 주권이 발행되지 않은 상태에서 주식양도를 하였지만 6월이 경과하였으나 여전히 주권이 발행되지 않은 경우에는 6월이 경과함으로써 하자가 치유되어 회사에 대하여도 유효한 양도가 된다(통설: 대법원 2002.3.15. 선고 2000두1850판결).

---

1) 【학설】 권리주양도에 대한 회사 승인의 효력에 관한 학설
권리주양도는 회사에 대해 효력이 없을 뿐만 아니라 회사가 권리주양도의 승인을 하더라도 효력이 없다는 견해(통설: 대법원 1965.12.7.선고 65다2069판결)와, 회사가 권리주의 양도를 자발적으로 인정하는 것을 금지할 이유가 없다는 견해가 있다.

보충 주권발행 전 주식의 명의신탁 해지: 주권발행 전 주식에 관하여 주주명의를 신탁한 사람이 수탁자에 대하여 명의신탁계약을 해지하면 그 주식에 대한 주주의 권리는 해지의 의사표시만으로 명의신탁자에게 복귀하는 것이고, 이러한 경우 주주명부에 등재된 형식상 주주명의인과 실질적인 주주의 주주권을 다투는 경우에 실질적인 주주가 주주명부상 주주명의인을 상대로 주주권의 확인을 구할 이익이 있다(대법원 2013.2.14.선고 2011다109708판결).

3) 회사의 성립 후 또는 신주의 납입기일 후 6월이 경과한 후의 양도

(1) 양도의 효력: 회사의 성립 후 또는 신주의 납입기일 후 6월이 경과하도록 회사가 주권을 발행하지 않을 경우에는 주권 없이 주식을 양도할 수 있다(제335조 제3항 단서). '6월'은 회사가 주권을 발행·교부하는 데 필요한 합리적 기간으로 보고 입법상의 편의로 설정한 기간이다. 회사가 6월이 경과하도록 주권을 발행하지 않았다고 하더라도 주식의 양도일 현재 주권을 발행한 상태라면 주권 없이 주식을 양도할 수 없다(대법원 1993.12.28. 선고 93다8719판결). 주권발행 전의 주식양도는 당사자 간에서 뿐만 아니라 회사에 대해서도 효력이 있다(대법원 1988.10.11. 선고 87누841판결). 따라서 양수인은 자신이 적법하게 주식을 양수하였다는 것을 증명하고 회사에 대해 주권발행 및 주권교부청구권을 행사할 수 있다.

(2) 양도방법: 주권발행 전의 양도방법은 지명채권양도의 일반원칙에 따라 당사자의 의사표시에 의해 양도할 수 있고(대법원 1995.5.23.선고 94다36421판결 등), 그 주식양도계약이 해제되면 계약의 이행으로 이전된 주식은 당연히 양도인에게 복귀한다(대법원 2002.9.10.선고 2002다29411판결).

> **【판례】 대법원 2012.2.9.선고 2011다62076·62083(병합)판결**
>
> 주식병합이 있어 구주권이 실효되었음에도 주식병합 후 6월이 경과할 때까지 회사가 신주권을 발행하지 않은 경우에는 주권의 교부가 없더라도 당사자의 의사표시만으로 주식양도의 효력이 생긴다고 볼 것이다. 그리고 이는 당사자 사이의 주식양도에 관한 의사표시가 주권의 발행 후 주식병합이 있기 전에 있었다고 하더라도 마찬가지로서, 주식병합으로 실효되기 전에 구주권의 교부가 없는 상태에서 주식병합이 이루어지고 그로부터 6월이 경과할 때까지 회사가 신주권을 발행하지 않았다면 주식병합 후 6월이 경과한 때에 주식병합 전의 당사자 사이의 의사표시만으로 주식양도의 효력이 생긴다고 보아야 할 것이다.

(3) 양도의 대항요건: 주권발행 전의 주식의 주식양수인이 회사에 대하여 계속적으로 주주권을 행사하기 위해서는 명의개서를 하여야 하고, 회사 및 제3자에게 대항력을 갖기 위해서는 회사에 대한 확정일자 있는 양도의 통지(예 양도인이 회사에 확정일자 있는 양도증서를 제출하거나 양도인과 양수인이 함께 회사에 주식양도사실을 신고하는 것)를 하거나 또는 회사의 승낙(예 대표이사가 주식 양도를 승낙하는 것)을 얻어야 한다(민법 제450조 제2항).

(4) 주권발행전 주식의 이중양도: ① 주권발행전의 2중양도로 인해 확정일자가 있는 통지가 수개인 경우에는 회사에 최초로 도달한 통지가 우선한다(대법원 2006.9.14.선고 2005다45537판결). 즉, 이중양수인 상호간의 우열은 확정일자 있는 양도통지가 회사에 도달한 일시 또는 확정일자 있는 승

낙의 일시의 선후에 의하여 결정하는 것이 원칙이다.

② 2중으로 양도받은 2인 이상의 양수인이 확정일자 없이 회사에 대한 통지·승낙의 요건을 구비한 경우에는 회사에 먼저 확정일자 있는 증서에 의해 통지하거나 승낙을 받아 명의개서를 한 자가 우선한다(대법원 2010.4.29.선고 2009다88631판결).

【판례】 대법원 2012.11.29.선고 2012다38780판결

주식 양도의 원인이 된 매매·증여 기타의 채권계약에서 다른 약정이 없는 한 양도인은 그 채권계약에 기하여 양수인이 목적물인 주식에 관하여 완전한 권리 내지 이익을 누릴 수 있도록 할 의무를 진다고 할 것이다. 그러므로 양도인은 이미 양도한 주식을 제3자에게 다시 양도 기타 처분함으로써 양수인의 주주로서의 권리가 침해되도록 하여서는 아니된다. 나아가 회사 이외의 제3자에 대하여 주식의 양도를 대항하기 위하여는 지명채권의 양도에 준하여 확정일자 있는 증서에 의한 양도의 통지 또는 그와 같은 승낙(이하 단지 '제3자대항요건'이라고 한다)이 있어야 하므로, 양도인은 위와 같은 의무의 일환으로 양수인에 대하여 회사에 그와 같은 양도통지를 하거나 회사로부터 그러한 승낙을 받을 의무를 부담한다. 따라서 양도인이 제1양수인에 대하여 앞서 본 바와 같은 원인계약상의 의무를 위반하여 이미 자신에 속하지 아니하게 된 주식을 다시 제3자에게 양도하고 제2양수인이 주주명부상 명의개서를 받는 등으로 제1양수인이 회사에 대한 관계에서 주주로서의 권리를 제대로 행사할 수 없게 되었다면, 이는 그 한도에서 이미 제1양수인이 적법하게 취득한 주식에 관한 권리를 위법하게 침해하는 행위로서 양도인은 제1양수인에 대하여 그로 인한 불법행위책임을 진다고 할 것이다. 이러한 양도인의 책임은 주식이 이중으로 양도되어 주식의 귀속 등에 관하여 각 양수인이 서로 양립할 수 없는 이해관계를 가지게 됨으로써 이들 양수인이 이른바 대항관계에 있게 된 경우에 앞서 본 대로 그들 사이의 우열이 이 중 누가 제3자대항요건을 시간적으로 우선하여 구비하였는가에 달려 있어서 그 여하에 따라 제1양수인이 제2양수인에 대하여 그 주식의 취득을 대항할 수 없게 될 수 있다는 것에 의하여 영향을 받지 아니한다.

③ 회사성립 후 6월이 경과한 후에 이루어진 주권발행 전의 주식양도의 경우, 그 주식양도사실을 통지받은 바 있는 회사가 그 주식에 관하여 주주가 아닌 제3자에게 주주명부상의 명의개서절차를 마치고 나아가 그에게 주권을 발행하였다 하더라도, 그로써 그 제3자가 주주가 되는 것은 아니며, 주식양수인이 주주권을 상실한다고 볼 수 없다(대법원 2000.3.23.선고 99다67529판결).

【판례】 대법원 2018.10.12.선고 2017다221501판결

주주의 지위는 인적회사 사원의 지위와는 달리 주식양도의 방법으로 자유로이 이전할 수 있다. 주식을 양도하려면 주권을 교부하여야 한다(상법 제336조 제1항). 그러나 주권이 발행되기 전에는 당사자 사이에서 의사표시만으로 유효하게 주식을 양도할 수 있고, 다만 회사성립 후 또는 신주의 납입기일 후 6월이 지나기 전에 회사가 주권을 발행하지 않아서 주권 없이 주식을 양도한 때에는 회사에 대해 그 효력을 주장할 수 없을 뿐이다(상법 제335조 제3항).

상법은 주식의 유통성으로 인해 주주가 계속 변동되는 단체적 법률관계의 특성을 고려하여 주주들과 회사 간의 권리관계를 획일적이고 안정적으로 처리할 수 있도록 명의개서제도를 마련해 두고 있다. 즉, 주식을 양수하여 기명주식을 취득한 자가 회사에 대하여 주주의 권리를 행사하려면 자기의 성명과 주소를 주주명부에 기재하여야 한다(상법 제337조 제1항). 주주명부에 명의개서를 한 주식양수인은 회사에 대하여 자신이 권리자라는 사실을 따로 증명하지 않고도 의결권, 배당금청구권, 신주인수권 등 주주로서의 권리를 적법하게 행사할 수 있다. 회사로서도 주주명부에 기재된 자를 주주로 보고 주주로서의 권리를 인정한 경우 주주명부상 주주가 진정한 주주가 아니더라도 책임을 지지 않는다. 그러나 상법은 주주명부의 기재를 회사에 대한 대항요건(제337조 제1항)으로 정하고 있을 뿐 주식 이전의 효력발생요건으로 정하고 있지 않으므로 명의개서가 이루어졌다고 하여 무권리자가 주주가 되는 것은 아니고, 명의개서가 이루어지지 않았다고 해서 주주가 그 권리를 상실하는 것도 아니다.

④ 제3자에 대한 대항요건과 관련하여 특히 주식의 이중양도가 있는 경우 누가 우선적 지위를 갖는지에 대한 논란이 있을 수 있지만, 판례(대법원 2006.9.14.선고 2005다45537판결)는 「주주명부에 기재된 명의상의 주주는 회사에 대한 관계에 자신의 실질적 권리를 증명하지 않아도 주주의 권리를 행사할 수 있는 자격수여적 효력을 인정받을 뿐이지 주주명부의 기재에 의하여 창설적 효력을 인정받는 것은 아니므로, 실질상 주식을 취득하지 못한 사람이 명의개서를 받았다고 하여 주주의 권리를 행사할 수 있는 것은 아니다. 따라서 주권발행 전 주식의 이중양도가 문제될 경우, 그 이중양수인 중 일부에 대해서 이미 명의개서가 경료되었는지 여부를 불문하고 누가 우선순위자로서 권리취득자인지를 가려야 한다」고 한다.

【판례】 대법원 2010.4.29.선고 2009다88631판결

주권발행 전 주식이 양도된 경우 그 주식을 발행한 회사가 확정일자 있는 증서에 의하지 아니한 주식의 양도 통지나 승낙의 요건을 갖춘 주식양수인(이하 '제1 주식양수인'이라 한다)에게 명의개서를 마쳐 준 경우, 그 주식을 이중으로 양수한 주식양수인(이하 '제2 주식양수인'이라 한다)이 그 후 회사에 대하여 양도 통지나 승낙의 요건을 갖추었다 하더라도, 그 통지 또는 승낙 역시 확정일자 있는 증서에 의하지 아니한 것이라면 제2 주식양수인으로서는 그 주식양수로써 제1 주식양수인에 대한 관계에서 우선적 지위에 있음을 주장할 수 없으므로, 회사에 대하여 제1 주식양수인 명의로 이미 적법하게 마쳐진 명의개서를 말소하고, 제2 주식양수인 명의로 명의개서를 하여 줄 것을 청구할 권리가 없다고 할 것이다. 따라서 이러한 경우 회사가 제2 주식양수인의 청구를 받아들여 그 명의로 명의개서를 마쳐 주었다 하더라도 이러한 명의개서는 위법하므로 회사에 대한 관계에서 주주의 권리를 행사할 수 있는 자는 여전히 제1 주식양수인이라고 봄이 타당하다.

3. 자기주식취득의 제한

1) 자기주식의 의의 및 취득제한

상법상 자기주식이란 주식회사가 이미 발행한 주식을 그 발행회사가 다시 일정한 사유로 취득하여 보유하는 주식을 말한다. 이러한 자기주식의 취득은 주주평등의 원칙의 위반, 자본충실의 원칙의 위반, 회사 지배관계의 왜곡 등의 문제로 인하여 금지되어 왔다. 그러나 2012년 4월 시행법률에서는 세계적 추세를 감안하고 주식시장의 활성화 등의 이유에서 자기주식의 취득을 허용하고 있다. 다만, 자기주식취득의 폐해를 줄이기 위해 배당가능이익의 한도에서 자기주식의 취득이 가능하도록 하거나(제341조), 특정한 목적에 의한 경우에 한하여 자기주식을 취득할 수 있도록 하여(제341조의2), 자기주식취득에 일정한 제한을 두고 있다.

보충 자기주식의 취득의 제한과 관련하여 회사의 신주인수와 신주인수권증서 또는 신주인수권증권의 취득은 가장납입이 될 수 있으므로 금지되고, 신주인수권부사채나 전환사채의 취득은 인정되지만 신주인수권행사나 전환권의 행사는 할 수 없다(이철송, 「회사법」, 제20판, 383~384면).

2) 자기주식의 취득

(1) 배당가능이익에 의한 자기주식의 취득

① 취득의 방법: 회사는 상법 제462조 제1항에 의한 배당가능이익(직전 영업연도의 결산기의 대차대조표의 순자산액으로부터 자본금의 액, 그 결산기까지 적립된 자본준비금과 이익준비금의 합계액, 대통령령으로 정하는 미실현이익을 공제한 액)의 범위 내에서 자기의 명의와 계산으로 자기주식을 취득할 수 있다(제341조 제1항; 회사가 배당가능이익으로써 타인의 명의와 회사의 계산으로 취득하는 것은 허용되지 않는다). 이러한 취득은 거래소의 시세 있는 주식의 경우에는 거래소에서 취득하는 방법, 거래소의 시세없는 주식의 경우에는 주식의 상환에 관한 종류의 주식(상환주식)의 경우를 제외하고 각 주주가 가진 주식 수에 따라 균등한 조건으로 취득하는 것으로서 대통령령이 정하는 방법(회사가 모든 주주에게 자기 주식취득의 통지 또는 공고를 하여 주식을 취득하는 방법, 자본시장법상의 공개매수방법; 상법시행령 제9조 제1항)에 의한다(제341조 제1항 제1호 및 제2호). 이러한 방법에 위반하여 자기주식을 취득한 경우에는 상대방이 선의인 경우 유효라는 견해도 있으나, 주주평등의 원칙에 반하는 행위이고 강행법규의 위반행위이므로 상대방의 선의·악의를 불문하고 무효라 본다.

> **【판례】 대법원 2021.7.29.선고 2017두63337판결**
>
> 배당가능이익은 채권자의 책임재산과 회사의 존립을 위한 재산적 기초를 확보하기 위하여 직전 결산기상의 순자산액에서 자본금의 액, 법정준비금 등을 공제한 나머지로서 회사가 당기에 배당할 수 있는 한도를 의미하는 것이지 회사가 보유하고 있는 특정한 현금을 의미하는 것이 아니다. 또한 회사가 자기주식을 취득하는 경우 당기의 순자산이 그 취득가액의 총액만큼 감소하는 결과 배당가능이익도 같은 금액만큼 감소하게 되는데, 이는 회사가 자금을 차입하여 자기주식을 취득하더라도 마찬가지이다. 따라서 상법 제341조 제1항 단서는 자기주식 취득가액의 총액이 배당가능이익을 초과하여서는 안 된다는 것을 의미할 뿐 차입금으로 자기주식을 취득하는 것이 허용되지 않는다는 것을 의미하지는 않는다.

② 취득의 절차: 배당가능이익의 범위 내에서 자기주식을 취득하고자 하는 회사는 미리 주주총회의 결의로 취득할 수 있는 주식의 종류 및 수, 취득가액의 총액의 한도, 1년을 초과하지 않는 범위에서 자기주식을 취득할 수 있는 기간을 결정하여야 한다(제341조 제2항 본문). 다만, 이사회의 결의로 이익배당을 할 수 있다고 정관에서 정하고 있는 경우에는 이사회의 결의로 주주총회의 결의를 갈음할 수 있다(제341조 제2항 단서). 주주총회 결의나 이사회 결의의 하자로 인하여 자기주식을 취득한 경우의 사법상의 효력은 대표이사의 위법행위의 효력의 문제가 될 것이다.

③ 취득의 제한: 회사는 해당 영업연도의 결산기에 대차대조표상의 순자산액이 상법 제462조 제1항 각호의 금액의 합계액에 미치지 못할 우려가 있는 경우에는 배당가능이익에 의한 자기주식취득이 인정되지 않는다(제341조 제3항).

해당 영업연도의 결산기에 대차대조표상 배당가능이익이 예상되지 않음에도 불구하고 회사가 자기주식을 취득한 경우 이사는 회사에 대하여 그 미치지 못한 금액을 연대하여 배상할 책임을 진다(제341조 제4항 본문). 다만, 이사가 해당 영업연도의 결산기에 대차대조표상의 순자산액에서 상법 제462조 제1항의 각 호의 금액의 합계액에 미치지 못할 우려가 없다고 판단하는 때에 주의를 게을리하지 아니하였음을 증명한 경우에는 책임이 없다(제341조 제4항 단서). 한편 이사는 취득제한에 위반한 경우 제3자에 대한 손해배상책임을 부담하며(제401조), 형벌의 제재를 받게 된다(제625조 제2호).

④ 위법한 자기주식의 취득의 효과: 배당가능이익이 없음에도 불구하고 자기주식을 취득한 경우에 대하여는 위법배당이 무효인 것과 같이 자기주식의 취득도 무효라는 견해(과거 자기주식취득금지의 규정이 있는 때에는 판례는 일관되게 위법한 자기주식의 취득을 무효로 보았다)도 있으나, 자기주식의 취득을 원칙적으로 허용하고 있는 현행상법의 취지에서 본다면 사법상의 효력은 유효하다고 하는 것이 타당하다고 본다(동지: 임재연, 「자본시장법」, 박영사, 611면).

(2) 특정 목적에 의한 자기주식의 취득: 회사는 배당가능이익에 의한 자기주식의 취득(신주인수권증서나 신주인수권증권의 취득을 포함한다)이 허용되는 경우를 제외하고, ① 회사의 합병 또는 다른 회사의 영업전부의 양수로 인한 경우(예 합병시 소멸회사가 존속회사의 주식을 보유한 경우 또는 합병 당시에 존속회사가 소멸회사 주식을 보유하고 있는 경우; 양도회사가 양수회사의 주식을 보유하고 있는 경우), ② 회사의 권리를 실행함에 있어 그 목적을 달성하기 위하여 필요한 경우(예 회사의 채권을 실행하려 하나 채무자에게 회사발행의 주식 이외에 다른 재산이 없으므로 대물변제를 받거나, 강제집행에 의해 주식이 경매될 때 경락을 받는 경우: 대법원 1977.3.8.선고 76다1292판결), ③ 단주처리를 위하여 필요한 경우, ④ 주주가 주식매수청구권을 행사한 경우에는 배당가능이익의 범위와 관계없이 자기주식의 취득이 가능하다(제341조의2).

보충 ① 주식의 포괄적 교환의 경우 완전모회사가 되는 회사가 주식의 교환을 위하여 자기주식을 취득할 수 있고(제360조의2 제2항, 제360조의3 제3항 제2호), 합병이나 분할합병을 하면서 자기주식을 이전하기 위하여 자기주식을 취득할 수도 있다(제522조의2, 제523조 제3호 제530조의6 제1항 제2호).
② 주주간의 분쟁 등 일정한 사유가 발생할 경우 어느 주주를 제명시키되 회사가 그 주주에게 출자금 등을 환급해 주기로 하는 내용의 규정을 회사의 정관이나 내부규정에 두는 것은 물적회사로서의 주식회사의 본질에 반하고 자기주식취득을 금지하는 상법의 규정에도 위반되어 무효이다(대법원 2007.5.10.선고 2005다60147판결).

【판례】 대법원 2011.4.28.선고 2009다23610판결

상법 제341조(현 341조의2)는, 회사는 같은 조 각 호에서 정한 경우 외에는 자기의 계산으로 자기의 주식을 취득하지 못한다고 규정하고 있다. 이 규정은 회사가 자기 계산으로 자기의 주식을 취득할 수 있다면 회사의 자본적 기초를 위태롭게 할 우려가 있어 상법 기타의 법률에서 규정하는 예외사유가 없는 한 원칙적으로 이를 금지하기 위한 것으로서, 회사가 직접 자기 주식을 취득하지 아니하고 제3자 명의로 회사 주식을 취득하였을 때 그것이 위 조항에서 금지하는 자기주식의 취득에 해당한다고 보기 위해서는, 주식취득을 위한 자금이 회사의 출연에 의한 것이고 주식취득에 따른 손익이 회사에 귀속되는 경우이어야 한다.

상법 제341조의 2에 위반하여 취득한 자기주식(예 경영권방어 목적으로 자기주식을 취득하는 경우)의 사법상의 효력에 관하여는 절대적 무효설(판례)·상대적 무효설(원칙적으로 무효이나 선의의 제3자에게 대항하지 못한다는 견해)·유효설(제341조의2를 단속규정으로 보는 견해)이 있으나, 자본금충실의 원칙을 지키려는 상법 제341조의2의 입법취지에서 볼 때 양도인의 선의·악의를 불문하고 무효로 보는 것이 타당하다(대법원 2021.10.28.선고 2020다208058판결).

【판례】 대법원 2021.10.28.선고 2020다208058판결

2011. 4. 14. 법률 제10600호로 개정되어 2012. 4. 15.부터 시행된 개정 상법은 종래 자기주식 취득을 엄격히 불허하였던 것에서 이를 완화하여, 제341조에서 회사가 배당가능이익의 한도 내에서 거래소에서 취득하는 방법 등으로 자기의 명의와 계산으로 자기주식을 취득할 수 있도록 허용하고, 제341조의2에서는 각호에서 규정한 특정한 목적이 있는 경우에는 구 상법(2011. 4. 14. 법률 제10600호로 개정되기 전의 것)과 마찬가지로 배당가능이익이나 취득 방법 등의 제한 없이 자기주식을 취득할 수 있도록 허용하면서, 제4호에서 주주가 주식매수청구권을 행사한 경우를 들고 있다. 따라서 개정 상법 제360조의5 제1항, 제374조의2 제1항, 제522조의3 제1항 등에 따라 주주가 주식매수청구권을 행사하는 경우에는 개정 상법 제341조의2 제4호에 따라 회사가 제한 없이 자기주식을 취득할 수 있으나, 회사가 특정 주주와 사이에 특정한 금액으로 주식을 매수하기로 약정함으로써 사실상 매수청구를 할 수 있는 권리를 부여하여 주주가 그 권리를 행사하는 경우는 개정 상법 제341조의2 제4호가 적용되지 않으므로, 개정 상법 제341조에서 정한 요건하에서만 회사의 자기주식취득이 허용된다.
다만 이와 같이 개정 상법이 자기주식취득 요건을 완화하였다고 하더라도 여전히 법이 정한 경우에만 자기주식취득이 허용된다는 원칙에는 변함이 없고 따라서 위 규정에서 정한 요건 및 절차에 의하지 않은 자기주식취득 약정은 효력이 없다.

(3) 해석상의 자기주식의 취득: 배당가능이익에 의한 자기주식의 취득의 허용이나 특정목적에 의한 자기주식의 취득의 경우 외에 회사의 자본적 기초를 위태롭게 할 염려가 없는 무상행위에 의하여 자기주식을 취득하는 경우(대법원 1996.6.25.선고 96다12726판결), 자기채권의 담보를 위한 점유의 경우, 위탁매매업을 하는 회사가 위탁의 실행으로 타인의 계산으로 자기주식을 취득하는 경우(대법원 2003.5.16.선고 2001다44109판결), 신탁회사가 자기주식의 신탁을 받는 경우 등의 경우에는 배당가능이익의 범위와 관계없이 자기주식의 취득이 인정된다.

(4) 자본시장법상의 자기주식의 취득: 자본시장법상 주권상장법인은 해당 법인의 명의와 계산으로 자기주식을 취득할 수 있다(자본시장법 제165조의2 제1항). 또한 투자회사 등은 담보권의 실행 등 권리행사에 필요한 경우, 주식투자자로부터 투자회사 등이 집합투자증권을 환매하는 경우, 정관변경이나 합병 등에 대한 투자회사의 반대주주의 주식매수청구에 따라 주식을 매수하는 경우에는 자기의 계산으로 자기가 발행한 집합투자증권을 취득할 수 있다(자본시장법 제186조 제1항).

3) 자기주식의 지위

회사가 유효하게 취득한 자기주식은 의결권이 없다(제369조 제2항). 그 이외의 이익배당청구권이나 잔여재산분배청구권, 주식배당청구권, 신주인수권, 준비금의 자본금전입시 신주배정을 받을 권리 등이 인정되는가에 대해서는 학설의 대립이 있으나, 자기주식에는 그러한 권리가 인정되지 않는다는 것이 통설적 입장이다.

보충 회사에 이익배당청구권이 인정되더라도 결국 그 이익은 주주에게 배당되어야 할 것이고, 이를 회사의 이익으로 계상하면 그 부분은 배당가능이익으로서 자기의 수취배당금으로 이중계상되어 투자자에게 오해를 일으킬 수 있고, 잔여재산배당청구권을 인정하는 경우 소멸하는 회사가 잔여재산의 배당을 받는 것이 되어 무의미할 뿐이다. 신주인수권을 인정하면 회사가 다시 자기의 구성원이 되는 것으로 문제가 있다(정동윤, 「상법(상)」, 2008, 477~478면).

4) 자기주식의 처분 및 소각

(1) 자기주식의 처분: 회사가 보유하는 자기주식을 처분하는 경우(여기에는 배당가능이익으로 취득한 자기주식과 상법 제341조의2에 따라 특정 목적에 의하여 취득한 자기주식이 포함된다. 정찬형, 「상법강의(상)」, 제15판, 736면)에는 처분할 주식의 종류와 수, 처분할 주식의 처분방법과 납입기일, 주식을 처분할 상대방 및 처분방법을 정관으로 정하여야 하며, 정관에 그 규정이 없는 때에는 이사회가 결정한다(제342조). 이 규정에 의해 회사는 자기주식을 곧바로 처분하지 않고 보유하고 있다가 필요한 경우에 처분할 수 있게 되어 회사는 합병, 회사분할, 주식의 포괄적 교환 등 구조조정의 경우나 주식매수선택권이 행사된 때에 신주발행에 대신하여 자기주식을 교부하는 것이 가능하게 되고, 그 결과 신주발행에 따르는 배당압력이나 기존주주의 지분비율의 저하를 피하면서 구조조정 등을 실시할 수 있는 효과가 발생하게 된다.

(2) 자기주식의 소각: 상법 제341조에 따라 취득하여 회사가 보유하는 자기주식은 이사회(이사가 1인 또는 2인인 때에는 각 이사)의 결의로 소각할 수 있다(제343조 제1항 단서). 이 경우 발행주식총수는 감소하지만 자본금은 감소하지 않는다. 따라서 채권자보호절차를 필요로 하지 않는다. 발행주식총수가 감소하므로 변경등기는 하여야 한다.

보충 이사회의 결의만으로 자기주식을 소각할 수 있는 경우는 배당가능이익에 의한 자기주식취득의 경우에 한정되며, 특정 목적에 의한 자기주식취득에 관한 상법 제341조의2의 규정의 경우에는 적용되지 않는다고 본다. 왜냐하면 만약 특정 목적에 의한 자기주식취득의 경우에도 이사회의 결의에 의한 자기주식소각이 가능하다고 한다면 자본금 감소의 엄격한 절차를 회피하여 자본금을 감소시키는 결과를 가져올 수 있기 때문이다.

4. 주식의 상호보유 규제

1) 의 의

주식의 상호보유란 두 개의 독립된 회사가 상대방회사에 대해 출자하고 교환적으로 주식을 취득하고 있는 것을 말한다.

2) 자회사의 모회사주식 취득금지

(1) 원 칙: 자회사가 모회사의 주식을 취득하는 것은 자기주식성이 특히 농후하여 실질적으로 자기주식취득과 동일한 성질을 갖는 것이므로 상법 제342조의2 제1항에서 자회사는 모회사의 주식을 취득할 수 없다고 규정하였다. 여기서 어떤 회사가 다른 회사의 발행주식총수 중 100분의 50[1)]을 초과하여 주식을 취득하고 있는 경우 어떤 회사를 모회사, 다른 회사를 자회사라 한다. 자회사가 모회사주식취득금지규정에 위반하여 모회사주식을 취득한 경우의 효과에 관해서는 무효설, 상대적 무효설, 유효설의 대립이 있으나, 강행법규 위반으로 무효라고 보는 것이 타당하다고 본다.

보충 모·자회사관계: 모·자회사관계는 어떤 회사(A)가 다른 회사(B)의 발행주식총수 중 100분의 50을 초과하여 취득하는 경우뿐만 아니라, 어떤 회사(A)의 자회사가 다른 회사(C)의 발행주식총수 중 100분의 50을 초과하여 취득하는 경우에도 어떤 회사(A)는 다른 회사(C)의 모회사가 되고, 어떤 회사(A)와 그의 자회사가 합하여 다른 회사(D)의 발행주식총수 중 100분의 50을 초과하여 취득하는 경우에도 다른 회사(D)는 어떤 회사(A)의 자회사가 된다(제342조의2 제3항).

(2) 예외적 취득: 자회사는 주식의 포괄적 교환이나 주식의 포괄적 이전을 하는 때(예 완전자회사가 되는 회사가 자기주식을 보유하고 있는 경우), 회사의 합병 또는 다른 회사의 영업 전부를 양수하는 때, 회사의 권리실행을 함에 있어서 그 목적을 달성하기 위하여 필요한 때 모회사의 주식을 취득할 수 있다(제342조의2 제1항). 예외적으로 취득한 모회사의 주식은 취득한 날로부터 6월 내에 처분하여야 한다(제342조의2 제2항).

또한, 상법 제342조의2 제1항에도 불구하고 주식의 포괄적 교환, 회사의 흡수합병 또는 회사의 분할합병의 경우 소멸하는 회사의 주주에게 신주배정에도 불구하고 그 대가의 전부 또는 일부로서 금전이나 그 밖의 재산을 제공하는 경우에 제공하는 재산이 존속하는 회사의 모회사주식을 포함하는 경우에는 존속하는 회사는 그 지급을 위하여 모회사주식을 취득할 수 있다(제360조의3 제6항, 제523조의2 제1항, 제530조의6 제1항). 다만, 주식교환 후, 합병 후, 분할합병 후에도 계속 보유하고 있는 경우에는 교환의 효력이 발생하는 날, 합병의 효력이 발생하는 날, 분할합병의 효력이 발생하는 날부터 6개월 이내에 처분하여야 한다(제360조의3 제7항, 제523조의2 제2항, 제530조의6 제2항). 예외적으로 취득한 모회사의 주식의 지위는 자기주식의 지위와 같다.

---

1) 【학설】 발행주식총수의 100분의 50의 기준에 대한 학설
발행주식총수의 100분의 50을 초과하여 취득하는 경우 모·자회사관계를 인정하고 있는데, 이때 발행주식총수에는 의결권 없는 주식도 포함된다는 견해와 의결권 없는 주식은 포함되지 않는다는 견해가 있다.

3) 비모 · 자회사 간의 주식상호보유 규제

어떤 회사(A)가 다른 회사(B)의 발행주식총수의 10분의 1을 초과하여 취득한 경우, 다른 회사(B)가 가진 어떤 회사(A)의 주식은 의결권이 없으며(제369조 제3항), 취득한 후 지체없이 그 다른 회사(B)에 통지하여야 한다(제342조 의3). 취득사실을 통지함에는 특별한 제한이 없으며 어떤 방법으로든 취득한 주식의 종류와 수를 알려 주면 되나, 통지와 관련한 입증책임은 주식을 취득한 회사가 부담한다. 이러한 통지를 위반한 경우에 대해서는 특별한 규정을 두고 있지 않다.

양 당사회사가 서로 상대방회사의 발행주식총수의 10분의 1을 초과하여 취득하고 있는 경우에는 서로 의결권을 행사할 수 없다. 이러한 규제의 주된 목적은 상호주를 통해 출자 없는 자가 의결권을 행사함으로써 주주총회 결의와 회사의 지배구조가 왜곡되는 것을 방지하기 위한 것이다.

【판례】 대법원 2001.5.15.선고 2001다12973판결

상법 제342조의3에는 "회사가 다른 회사의 발행주식총수의 10분의 1을 초과하여 취득한 때에는 그 다른 회사에 대하여 지체없이 이를 통지하여야 한다"라고 규정되어 있는 바, 이는 회사가 다른 회사의 발행주식총수의 10분의 1 이상을 취득하여 의결권을 행사하는 경우 경영권의 안정을 위협받게 된 그 다른 회사는 역으로 상대방회사의 발행주식총수의 10분의 1 이상을 취득함으로써 이른바 상호보유주식의 의결권제한 규정(상법 제369조 제3항)에 따라 서로 상대회사에 대하여 의결권을 행사할 수 없도록 방어조치를 취하여 다른 회사의 지배가능성을 배제하고 경영권의 안정을 도모하기 위한 것으로서, 특정 주주총회에 한정하여 각 주주들로부터 개별 안건에 대한 의견을 표시하게 하여 의결권을 위임받아 대리행사하는 경우에는 회사가 다른 회사의 발행주식총수의 10분의 1을 초과하여 의결권을 대리행사할 권한을 취득하였다 하더라도 위 규정이 유추적용되지 않는다고 할 것이다.

상법 제369조 제3항에서 규정한 발행주식총수의 10분의 1을 계산하는 때에는 당사회사의 자회사가 취득한 주식도 포함된다. 회사, 모회사 및 자회사 또는 자회사가 다른 회사 발행주식총수의 10분의 1을 초과하는 주식을 가지고 있는지 여부는, 주주총회에서 주주로서의 권리를 행사할 자를 확정하기 위한 기준일이 아니라 실제로 의결권이 행사되는 주주총회일을 기준으로 판단하여야 하고, 또한 실제로 소유하고 있는 주식수를 기준으로 판단하여야 할 것이며 그에 관하여 주주명부의 명의개서를 하였는지 여부와는 관계없다(대법원 2009.1.30.선고 2006다31269판결).

한편, 비모 · 자회사 간의 주식상호보유 규제와 관련하여 의결권 이외의 권리인정 여부 및 통지의무의 범위에 대하여 두 가지 내용에 있어 학설의 대립이 있다.[1)]

---

1) 【학설】 비모 · 자회사 간의 주식상호보유 규제에 관한 학설

① 의결권 이외의 권리 인정 여부: 비모·자회사 간의 상호보유 규제에 의하여 상호보유주식의 의결권 이외의 권리를 갖는가에 대해 자익권을 갖는 것은 당연히 인정된다는 데 이설이 없다. 그러나 공익권에 대해서는 의결권을 제외한 모든 공익권을 인정하는 견해, 모든 공익권을 부정하는 견해, 의결권 및 의결권을 전제로 하는 공익권만을 부정하는 견해가 있다.

② 통지의무의 범위에 관한 학설: 타인의 신탁을 받은 경우나 의결권의 대리권을 취득한 경우에는 의결권의 행사가 가능하므로 통지대상이 된다는 견해와, 의결권대리행사의 경우에는 통지의무가 없다는 견해(판례)가 있다.

Ⅳ. 주식의 양도방법 및 대항요건

1. 주식의 양도방법

1) 주권발행 전의 주식양도

(1) 양도방법: 회사성립 후 또는 신주의 납입기일 후 6월이 경과한 후에 회사가 주권을 발행하지 않았기 때문에 주권 없이 한 주권발행 전 주식의 양도는 지명채권 양도에 관한 일반원칙에 따라 당사자 간의 의사표시만으로 효력이 발생하고(대법원 1995.5.23.선고 94다36421판결), 그 효력은 당사자 간에서뿐만 아니라 회사에 대해서도 효력이 있다(대법원 1998.10.11.선고 87누841판결).

(2) 양도의 대항요건: 주권발행 전 주식양도의 회사 또는 제3자에 대한 대항요건에 대해서는 학설의 대립이 있다.[1)]

【판례】 대법원 2006.9.14.선고 2005다45537판결[동지: 대법원 2008.10.23.선고 2007다72274 · 72281판결]

[1] 주권발행 전 주식의 양도는 당사자의 의사표시만으로 효력이 발생하고, 주권발행 전 주식을 양수한 사람은 특별한 사정이 없는 한 양도인의 협력을 받을 필요 없이 단독으로 자신이 주식을 양수한 사실을 증명함으로써 회사에 대하여 그 명의개서를 청구할 수 있지만, 회사 이외의 제3자에 대하여 양도 사실을 대항하기 위하여는 지명채권의 양도에 준하여 확정일자 있는 증서에 의한 양도통지 또는 승낙을 갖추어야 한다는 점을 고려할 때, <u>양도인은 회사에 그와 같은 양도통지를 함으로써 양수인으로 하여금 제3자에 대한 대항요건을 갖출 수 있도록 해 줄 의무를 부담한다</u>. 따라서 양도인이 그러한 채권양도의 통지를 하기 전에 제3자에게 이중으로 양도하고 회사에게 확정일자 있는 양도통지를 하는 등 대항요건을 갖추어 줌으로써 양수인이 그 제3자에게 대항할 수 없게 되었고, 이러한 양도인의 배임행위에 제3자가 적극 가담한 경우라면, 제3자에 대한 양도행위는 사회질서에 반하는 법률행위로서 무효이다.

[2] 양도통지가 확정일자 없는 증서에 의하여 이루어짐으로써 제3자에 대한 대항력을 갖추지 못하였더라도 확정일자 없는 증서에 의한 양도통지나 승낙 후에 그 증서에 확정일자를 얻은 경우 그 일자 이후에는 제3자에 대한 대항력을 취득하는 것인바, <u>확정일자 제도의 취지에 비추어 볼 때 원본이 아닌 사본에 확정일자를 갖추었다 하더라도 대항력의 판단에 있어서는 아무런 차이가 없다</u>.

2) 주권발행 후의 주식양도

주권발행 후의 주식양도는 주식양도의 합의와 주권의 교부에 의하여야 한다(제336조 제1항). 여기서 주권의 교부란 주권의 점유를 이전하는 인도를 말하는데, 현실의 인도 이외에 간이인

---

1) 【학설】 주권발행 전 주식양도의 대항요건에 관한 학설

① 회사에 대한 주식소유관계의 대항요건: 주권발행 전 주식양도의 대항요건으로 회사의 승낙 또는 회사에 대한 통지를 필요로 한다는 견해(통설)와, 명의개서만으로 대항요건이 갖추어지는 것이고 따로 지명채권 양도의 절차를 요하지 않는다는 견해가 있다.

② 제3자에 대한 대항요건: 주식의 이중양도·압류·담보 등 양립할 수 없는 권리를 주장하는 자와의 사이에 그 우열을 결정하기 위해서는 확정일자 있는 증서에 의한 회사에 대한 통지 또는 회사의 승낙이 필요하며 그 통지나 승낙의 일시의 선후에 의하여 우열을 결정함이 원칙이다라는 견해(대법원 2006.9.14.선고 2005다45537판결)와, 실질적인 양도사실로서 제3자에게 대항할 수 있다는 견해가 있다.

도 · 점유개정[1] · 반환청구권의 양도에 의한 방법으로도 가능하다(대법원 2014.12.24.선고 2014다221258 · 221265판결; 대법원 2018.6.19.선고 2015도3483판결).

> **【판례】 대법원 2000.9.8.선고 99다58471판결**
>
> 주권의 점유를 취득하는 방법에는 현실의 인도(교부) 외에 간이인도, 반환청구권의 양도가 있으며, 양도인이 소유자로부터 보관을 위탁받은 주권을 제3자에게 보관시킨 경우에 반환청구권의 양도에 의하여 주권의 선의취득에 필요한 요건인 주권의 점유를 취득하였다고 하려면, 양도인이 그 제3자에 대한 반환청구권을 양수인에게 양도하고 지명채권양도의 대항요건을 갖추어야 한다.

주권의 교부는 주식양도의 효력발생요건이며(성립요건이라는 견해가 있다; 이철송, 「회사법」, 282면), 대항요건이 아니다. 그러나 상속이나 합병과 같은 포괄승계의 경우에는 주권의 교부가 없더라도 주식이 이전되며, 유증에 의한 이전도 양도가 아니므로 주권의 교부를 요하지 않는다.

타인에게 주식을 명의신탁하였다가 그 명의신탁을 해지한 경우에는 주주권이 바로 신탁자에게 회복되고 양도의 합의나 주권의 교부를 요하지 않는다(대법원 1992.10.27.선고 92다16386판결). 주식 양도 · 양수계약이 적법하게 해제되었다면 종전의 주식양수인은 주주로서의 지위를 상실하였으므로 주권을 점유하고 있다고 하더라도(주주명부에 주주로 기재되어 있는 경우를 제외하고) 주주로서의 권리를 행사할 수 없다(대법원 1994.6.28.선고 93다4906판결).

주식양도는 주권교부만으로 그 효력이 발생하므로, 주권의 점유자는 점유 자체만으로 권리자로서의 외관을 갖게 되어 적법한 소지인으로 추정된다(제336조 제2항).

3) 전자등록부에 등록된 주식양도

전자등록부에 등록된 주식의 양도는 전자등록부에 등록하여야 효력이 발생한다(제356조의2 제2항). 전자등록부에 주식을 등록한 자는 그 등록된 주식에 대한 권리를 적법하게 보유한 것으로 추정하며, 이러한 전자등록부를 선의로 중대한 과실 없이 신뢰하고 전자등록부의 등록에 따라 권리를 취득한 자는 그 권리를 적법하게 취득한다(제356조의2 제3항).

2. 주식양도의 대항요건

주식의 양도는 주권의 교부에 의하여 그 효력이 발생하고, 이를 회사 및 제3자에 대항하기 위해서는 대항요건을 갖추어야 한다. 제3자에 대항하기 위해서는 주권의 점유로 충분하지만(제336조 제2항), 회사에 대항하기 위해서는 명의개서가 있어야 한다(제337조 제1항).

---

1) 【학설】 점유개정에 의한 주권점유의 이전 가능 여부에 관한 학설
점유개정의 방법에 의한 주권교부(점유 · 이전)를 인정한다는 견해(통설 · 판례)와 인정하지 않는다는 견해(소수설)가 있다.

1) 명의개서

(1) 의 의: 주식양수인이 회사에 대해 주주의 권리를 행사하려면 주주명부에 자기의 성명과 주소 등을 기재하여야 하며, 이를 명의개서라 한다. 주식의 이전은 명의개서를 하지 않으면 회사에 대항하지 못한다(제337조 제1항). 따라서 주주명부상의 명의개서는 주주의 권리를 행사하기 위한 대항요건에 지나지 않는다(대법원 2003.10.24.선고 2003다29661판결).

【판례】 대법원 2025.6.5.선고 2024다202652판결

특별한 사정이 없는 한, 주주명부에 적법하게 주주로 기재되어 있는 자는 회사에 대한 관계에서 그 주식에 관한 의결권 등 주주권을 행사할 수 있고, 회사 역시 주주명부상 주주 외에 실제 주식을 인수하거나 양수하고자 하였던 자가 따로 존재한다는 사실을 알았든 몰랐든 간에 주주명부상 주주의 주주권 행사를 부인할 수 없으며, 주주명부에 기재를 마치지 아니한 자의 주주권 행사를 인정할 수도 없다(대법원 2017.3.23.선고 2015다248342 전원합의체 판결 등 참조). 그러나 상법은 주주명부의 기재를 회사에 대한 대항요건(제337조 제1항)으로 정하고 있을 뿐 주식 이전의 효력발생요건으로 정하고 있지 않으므로 명의개서가 이루어졌다고 하여 무권리자가 주주가 되는 것은 아니고, 명의개서가 이루어지지 않았다고 해서 주주가 그 권리를 상실하는 것도 아니다(대법원 2018.10.12.선고 2017다221501 판결 참조). 이와 같이 주식의 소유권 귀속에 관한 권리관계와 주주의 회사에 대한 주주권 행사국면은 구분되는 것이고, 회사와 주주 사이에서 주주권의 귀속이 다투어지는 경우 역시 주식의 소유권 귀속에 관한 권리관계로서 회사에 대한 주주권의 행사와는 별도로 판단되어야 한다(대법원 2020.6.11.선고 2017다278385, 278392 판결 참조).
따라서 회사가 주주명부상 주주에 대하여 그 주주권의 귀속을 부인할 가능성이 없다고 단정할 수 없으므로, 주주명부상 주주라는 이유만을 들어 회사에 대하여 주주권 확인을 구할 이익이 없다고 할 수 없다. 따라서 회사가 주주명부상 주주 외에 다른 자에게 명의개서 절차를 이행해 줄 것 같은 태세를 보이거나 주주명부상 주주의 주주권 행사를 정당한 이유 없이 거절하였는지 등의 사정을 종합하여 확인의 이익이 인정되는지를 판단하여야 한다.

(2) 명의개서의 청구절차와 효력

① 명의개서의 청구: 명의개서를 청구하는 자(주식을 취득한 자)는 실질적 권리를 증명할 필요 없이 점유하고 있는 주권의 제시 등의 방법으로 자신이 주식을 취득한 사실을 증명함으로써 회사에 대하여 단독으로 그 명의개서를 청구할 수 있다(대법원 2019.5.16.선고 2016다240338판결).[1] 반면에 주권발행을 하여야 할 때로부터 6월이 경과한 이후의 주권발행 전 주식양도의 경우에는 주식을 양수한 자는 특별한 사정이 없는 한 양도인의 협력을 받을 필요 없이 단독으로 주식을 양수한 사실을 증명함으로써 회사에 대하여 명의개서를 청구할 수 있다(대법원 1995.5.23.선고 94다36421판결; 대법원 2016.3.24.선고 2015다71795판결; 대법원 2019.4.25.선고 2017다21176판결). 주식의 취득자는 원칙적으로 취득한 주식에 관하여 명의개서를 할 것인지, 아니면 명의개서 없이 타인에게 처분할 것인지 등에 관하여 자유로이 결정할 권리가 있으므로, 주식양도인(또는 전자등록부 등록주주인 양도인)

---

1) 【학설】 명의개서의 청구에 관한 학설
① 상속 또는 합병의 경우: 그 사실만 입증하면 주권의 제시 없이 명의개서를 할 수 있다는 견해와, 주권이 발행되지 않은 경우가 아닌 한 주권을 제시하여야 한다는 견해가 있다.
② 주주명부 폐쇄기간 중의 명의개서 청구: 주주명부 폐쇄기간 중에도 회사가 임의로 명의개서를 하는 것은 무방하다는 견해, 주주명부의 폐쇄취지와 주주평등의 원칙에 반하게 되므로 무효라는 견해, 폐쇄기간 중에도 명의개서 자체는 유효하나 폐쇄기간의 경과를 기다려 그 효력이 발생한다는 견해가 있다.

은 다른 특별한 사정이 없는 한 회사에 대하여 주식양수인 명의로 명의개서를 하여 달라고 청구할 권리가 없다(대법원 2010.10.14.선고 2009다89665판결).

보충 명의개서 청구시 양도인의 인감증명 등의 기타 서류를 요구하는 제한은 구속력이 없으며(대법원 1995.3.24.선고 94다47728판결), 주권의 제시 없이 단순히 주식을 양수한 사실의 통지만으로는 적법한 명의개서 청구가 될 수 없다(대법원 1995.7.28.선고 94다25735판결). 한편, 주권의 상실에 따른 공시최고절차가 진행 중이라 하더라도 회사는 청구자가 무권리자임을 증명하지 못하는 한 명의개서를 거절할 수 없다.

【판례】 대법원 2012.11.29.선고 2012다38780판결

주권발행 전 주식의 양도는 양도인과 양수인 사이의 주식 양도에 관한 의사의 합치, 즉 주식양도계약만으로 그 효력이 발생하므로, 주식양도계약이 체결됨으로써 바로 양도인은 양도의 목적이 된 주식을 상실하고 양수인이 이를 이전받아 그 주주가 된다. 그와 같이 하여 주권발행 전 기명주식을 양도받은 사람은 다른 특별한 사정이 없는 한 양도인의 협력 없이도 그 주식을 발행한 회사에 대하여 자신이 주식을 취득한 사실을 증명함으로써 명의개서를 청구할 수 있고, 그 명의개서로써 회사에 대한 관계에서 주주로서의 권리를 행사할 자격을 갖추게 된다.

② 회사의 심사권: 명의개서청구자가 실질적 권리자인가에 대한 실질적 심사권이나 의무가 있는가에 대해 학설의 대립이 있으나, 주권을 점유한 자는 적법한 소지인으로 추정되므로(제336조 제2항), 진정한 주주인가의 실질적 자격을 심사할 권한이나 의무는 없고 진정한 주권을 점유하고 있는가에 대한 형식적 자격을 심사할 의무만 있다고 본다(대법원 2019.8.14.선고 2017다231980판결). 따라서 회사는 명의개서의 청구가 있는 때에 주식양도의 적법성을 형식적으로 심사하여 (예 주권의 제시를 받아 주권 자체의 진정 여부만 조사하는 경우) 명의개서를 하였을 때에는 그 청구자가 실질적인 권리자가 아닌 경우라도 악의 또는 중대한 과실이 없는 한 회사는 책임을 면한다(정찬형, 「상법강의(상)」, 제14판, 762면).

보충판례 주식이 발행되는 경우에 회사가 인수인의 청약에 상응하는 주식의 배정이 이루어졌는데, 인수인의 법률상의 의무가 이행되었는지 등을 확인한 후 그 인수인을 주주로 기재하였다면 특별한 사정이 없는 한 그 주주명부의 기재는 적법한 것으로 보아야 한다(대법원 2024.6.13.선고 2018다261322판결).

【판례】 대법원 2019.8.14.선고 2017다231980판결 [동지: 대법원 2024.6.13.선고 2018다261322판결]

주권의 점유자는 적법한 소지인으로 추정되므로(상법 제336조 제2항), 주권을 점유하는 자는 반증이 없는 한 그 권리자로 인정되고 이를 다투는 자는 반대사실을 입증하여야 한다. 주권이 발행되어 있는 주식을 양도할 때에는 주권을 교부하여야 하고(상법 제336조 제1항), 주권이 발행되어 있는 주식을 양수한 자는 주권을 제시하여 양수사실을 증명함으로써 회사에 대해 단독으로 명의개서를 청구할 수 있다. 이때 회사는 청구자가 진정한 주권을 점유하고 있는가에 대한 형식적 자격만을 심사하면 족하고, 나아가 청구자가 진정한 주주인가에 대한 실질적 자격까지 심사할 의무는 없다. 따라서 주권이 발행되어 있는 주식을 취득한 자가 주권을 제시하는 등 그 취득사실을 증명하는 방법으로 명의개서를 신청하고, 그 신청에 관하여 주주명부를 작성할 권한 있는 자가 형식적 심사의무를 다하였으며, 그에 따라 명의개서가 이루어졌다면, 특별한 사정이 없는 한 그 명의개서는 적법한 것으로 보아야 한다.

(3) 명의개서의 효력: 회사가 명의개서 청구를 수리하여 주주명부에 그 취득자의 성명과 주소가 기재되면 명의개서의 효력이 발생하고, 주식양수인 등 취득자는 명의개서를 함으로써 회사에 대하여 주주권을 행사할 수 있다. 명의개서를 한 경우 주주명부의 효력과 같이 대항력·권리추정력·회사의 면책력 등이 인정된다. 한편, 명의개서를 하지 않은 주식취득자를 회사가 주주로 인정할 수 있는가에 대해서는 학설의 대립이 있으나[1], 판례는 원칙적으로 부정설을 취하고 있다.

【판례】 대법원 2017.3.23.선고 2015다248342 전원합의체 판결
[동지: 대법원 2024.6.13.선고 2018다261322판결]

주주명부상의 주주만이 회사에 대한 관계에서 주주권을 행사할 수 있다는 법리는 주주에 대하여만 아니라 회사에 대하여도 마찬가지로 적용되므로, 회사는 특별한 사정이 없는 한 주주명부에 기재된 자의 주주권 행사를 부인하거나 주주명부에 기재되지 아니한 자의 주주권 행사를 인정할 수 없다.
상법은 주식발행의 경우 주식인수인이 성명과 주소를 기재하고 기명날인 또는 서명한 서면에 의하여 주식을 인수한 후 그 인수가액을 납입하도록 하면서, 회사로 하여금 주주명부에 주주의 성명과 주소, 각 주주가 가진 주식의 수와 종류 등을 기재하고 이를 회사의 본점에 비치하여 주주와 회사채권자가 열람할 수 있도록 하고 있다(제352조 제1항, 제396조). 이는 회사가 발행한 주식에 관하여 주주권을 행사할 자를 확정하여 주주명부에 주주로 기재하여 비치·열람하도록 함으로써 해당 주주는 물론이고 회사 스스로도 이에 구속을 받도록 하기 위한 것이다.
주식양도의 경우에는 주식발행의 경우와는 달리 회사 스스로가 아니라 취득자의 청구에 따라 주주명부의 기재를 변경하는 것이기는 하나, 회사가 주식발행 시 작성하여 비치한 주주명부에의 기재가 회사에 대한 구속력이 있음을 전제로 하여 주주명부에의 명의개서에 대항력을 인정함으로써 주식양도에 있어서도 일관되게 회사에 대한 구속력을 인정하려는 것이므로, 상법 제337조 제1항에서 말하는 대항력은 그 문언에 불구하고 회사도 주주명부에의 기재에 구속되어, 주주명부에 기재된 자의 주주권 행사를 부인하거나 주주명부에 기재되지 아니한 자의 주주권 행사를 인정할 수 없다는 의미를 포함하는 것으로 해석함이 타당하다.
따라서 특별한 사정이 없는 한, 주주명부에 적법하게 주주로 기재되어 있는 자는 회사에 대한 관계에서 주식에 관한 의결권 등 주주권을 행사할 수 있고, 회사 역시 주주명부상 주주 외에 실제 주식을 인수하거나 양수하고자 하였던 자가 따로 존재한다는 사실을 알았든 몰랐든 간에 주주명부상 주주의 주주권 행사를 부인할 수 없으며, 주주명부에 기재를 마치지 아니한 자의 주주권 행사를 인정할 수도 없다. 주주명부에 기재를 마치지 않고도 회사에 대한 관계에서 주주권을 행사할 수 있는 경우는 주주명부에의 기재 또는 명의개서청구가 부당하게 지연되거나 거절되었다는 등의 극히 예외적인 사정이 인정되는 경우에 한한다.

명의개서에 따른 주주명부의 기재가 적법하다고 볼 수 없는 경우 명의개시 직전에 작성된 주주명부가 존재하고, 그 주주명부의 기재가 적법하게 이르어진 것으로 볼 수 있다면 그 주주명부상의 주주가 회사에 대한 관계에서 주주권을 행사할 수 있다(대법원 2024.6.13.선고 2018다261322판결).

(4) 명의개서의 부당거부: 회사는 명의개서청구자의 실질적 무권리를 입증하지 못하는 한 명의개서를 거절할 수 없다. 주권의 상실로 공시최고절차가 진행 중인 경우도 같다. 회사

1) 【학설】 명의개서를 하지 않은 주식취득자의 지위에 관한 학설
명의개서를 하지 않은 경우 주식취득자가 주주임을 주장할 수 없을 뿐이고 회사가 스스로 주주임을 인정하는 것은 명의개서는 단순한 대항요건에 불과하다는 법의(法意)에 어긋하는 것이 아니므로 무방하다는 견해(편면적 구속설: 다수설)와, 취득자가 주주임을 주장하지 못할 뿐만 아니라 거래안전과 주주평등의 원칙에 어긋나므로 회사도 이를 주주로 인정하지 못한다는 견해(쌍면적 구속설: 판례)가 있다.

가 주권소지인의 명의개서를 부당하게 거절한 경우나 지연되는 등의 극히 예외적인 사정이 인정되는 경우에 한하여 신의칙상 예외적으로 주식양수인은 명의개서와 관계없이 주주의 권리를 행사할 수 있다(대법원 2017.3.23.선고 2016다251215 전원합의체 판결; 대법원 2019.2.14.선고 2015다255258판결; 대법원 2024.6.13.선고 2018다261322판결).

【판례】 대법원 1993.7.13.선고 92다40952판결

주식을 양도받은 주식양수인들이 명의개서를 청구하였는데도 위 주식양도에 입회하여 그 양도를 승낙하였고 더구나 그 후 주식양수인들의 주주로서의 지위를 인정한 바 있는 회사의 대표이사가 정당한 사유 없이 그 명의개서를 거절한 것이라면 회사는 그 명의개서가 없음을 이유로 그 양도의 효력과 주식양수인의 주주로서의 지위를 부인할 수 없다.

또한 회사는 명의개서를 청구한 자에게 손해배상책임을 지고, 회사의 이사 등은 일정한 과태료의 제재를 받는다(제635조 제1항 제7호).

(5) 실기주: 주식양수인이 명의개서를 하지 않은 상태에서 신주발행이나 배당금 또는 청산금에 대해 권리행사를 하지 못하는 주식을 실기주(失期株) 또는 실념주(失念株)라 한다. 이러한 경우 명의개서를 하지 않은 양수인은 주주권을 행사할 수 없고 양도인이 권리를 행사할 수 있으며, 주식양도계약의 내용에 따라 양수인은 양도인에 대해 권리행사의 결과를 이전해 줄 것을 청구할 수 있는 채권자로서의 지위를 가질 뿐이다(대법원 1991.5.28.선고 90다6774판결).

보충판례 ① 준비금의 자본전입시 신주배정: 상법 제461조에 의하여 주식회사가 이사회의 결의로 준비금을 자본에 전입하여 주식을 발행할 경우에는 회사에 대한 관계에서는 이사회의 결의로 정한 일정한 날에 주주명부에 주주로 기재된 자만이 신주의 주주가 된다고 할 것이므로 갑(甲)이 병(丙)주식회사의 기명주식을 실질적으로 취득하였으나 병(丙)주식회사의 이사회가 신주를 발행하면서 정한 기준일 현재 갑(甲)이 기명주주의 명의개서를 하지 아니하여 을(乙)이 그 주주로 기재되어 있다면 병(丙)주식회사에 대한 관계에서는 신주의 주주는 을(乙)이라 할 것이다(대법원 1988.6.14.선고 87다카2599·2600판결).
② 신주발행의 경우 신주인수권의 귀속: 상법 제416조에 의하여 주식회사가 주주총회나 이사회의 결의로 신주를 발행할 경우에 발생하는 구체적 신주인수권은 주주의 고유권에 속하는 것이 아니고 위 상법의 규정에 의하여 주주총회나 이사회의 결의에 의하여 발생하는 구체적 권리에 불과하므로, 그 신주인수권은 주주권의 이전에 수반되어 이전되지 아니한다고 할 것인 바, 회사가 신주를 발행하면서 그 권리의 귀속자를 일정한 시점에서의 주주명부에 기재된 주주로 한정할 경우 그 신주인수권은 그 일정시점에 있어서의 실질상의 주주인가의 여부와 관계없이 회사에 대하여 법적으로 대항할 수 있는 주주, 즉 주주명부에 기재된 주주에게 귀속된다(대법원 1995.7.28.선고 94다25735판결).

그렇다면 회사는 주주명부에 아직 주주로 기재되어 있는 주식양도인에게 신주배정을 하거나 배당금 또는 청산금을 지급하게 될 것이다. 양도인에게 신주를 배정하거나 이익배당금 또는 청산금이 지급된 경우, 당사자 간에 있어서는 이미 주주권이 양수인에게 이전된 것이므로 그 권리는 양수인에게 귀속되어야 할 것이다. 따라서 주식양수인은 양도인이 신주의 배정을 받은 주식에 대하여는 납입된 주금액을 지급하고 신주의 반환을 청구하거나 차액의 반환을 청구할 수 있고, 이익배당 등의 경우에는 이익배당금 또는 청산금의 반환을 청구할 수 있다. 이때 반환을 청구할 수 있는 근거에 관하여는 학설의 대립이 있다.[1)]

(6) 주식매매계약의 무효와 명의개서: 무효인 주식매매계약에 따라 매수인에게 명의개서절차가 이행되었더라도, 매도인은 특별한 사정이 없는 한 매수인의 협력을 받을 필요 없이 단독으로 매매계약이 무효임을 증명함으로써 회사에 대해 명의개서를 청구할 수 있다(대법원 2018.10.25.선고 2016다42800판결).

2) 명의개서대리인

(1) 자격: 명의개서는 회사가 함이 원칙이나, 정관이 정하는 바에 의하여 명의개서대리인을 둘 수 있다(제337조 제2항). 명의개서대리인은 회사와의 관계에서 위임관계에 있으므로, 쌍방의 계약에 의해 선임된다. 명의개서대리인은 한국예탁결제원 및 자본시장법 제365조 제1항에 따라 금융감독위원회에 등록된 주식회사로 한다(상법시행령 제8조).

(2) 공시: 명의개서대리인을 둔 때에는 그 성명 · 주소 · 영업소를 등기하여야 하고(제317조 제2항 제11호), 주식청약서 · 신주인수권증서 · 사채청약서 등에도 기재하여야 한다(제320조 제2항 제10호, 제420조 제2호, 제420조의2, 제474조 제2항 제15호).

(3) 권한: 명의개서대리인의 영업소에 주주명부나 사채원부 또는 그 복본을 비치할 수 있고(제396조 제1항), 명의개서대리인이 주주명부의 복본에 명의개서를 한 때에는 그의 원본에 한 것과 동일한 효력이 있다(제337조 제2항).

명의개서대리인은 명의개서의 대행뿐만 아니라(제337조 제2항 후단), 질권의 등록(제340조 제1항) 및 사채원부에의 명의개서를 할 수 있다(제479조 제2항). 또한 배당금지급 · 상환금지급의 대행, 주권 · 채권 등 유가증권의 발행을 대행하는 업무를 영위할 수 있다(자본시장법 제366조).

(4) 의무와 책임: 명의개서대리인은 회사에 대한 관계에서 선량한 관리자로서의 주의의무를 다해야 한다. 명의개서대리인이 정당한 사유 없이 명의개서를 하지 않거나 주주명부 또는 그 복본에 기재할 사항을 기재하지 않거나 또는 부실기재를 한 때에는 500만원 이하의 과태료적용을 받는다(제635조 제1항 제7호 · 제9호).

---

1) 【학설】 실기주에 대한 신주발행시 양수인이 양도인에 반환을 청구할 수 있는 근거에 대한 학설
양도인이 배정받은 주식의 반환을 청구할 수 있는 근거에 대해 권리자인 양수인의 사무관리자로서 이익 또는 신주를 취득한 것이므로 사무관리라는 견해, 부당이득이론에 따라 반환해야 한다는 견해, 양도인에게 사무관리의 의사가 없어서 민법상 사무관리로 볼 수 없으나 양도인은 양수인을 위하여 신주청약을 한 것으로 의제하는 준사무관리로 보아 사무관리규정이 유추적용된다는 견해가 있다.

V. 주식매수선택권

1. 의의 및 법적 성질

주식매수선택권이란 정관에 정한 바에 따라 주주총회의 특별결의에 의하여 회사의 설립 · 경영 및 기술혁신 등에 기여하거나 기여할 수 있는 회사의 이사 · 집행임원 · 감사 또는 피용자에게 미리 정한 가액으로 신주를 인수하거나 자기의 주식을 매수할 권리를 부여하는 것을 말한다(제340조의2 제1항). 이러한 주식매수선택권 제도는 회사의 설립 · 경영과 기술혁신 등에 기여하거나 기여할 수 있는 임직원에게 장차 주식매수로 인한 이득을 유인동기로 삼아 직무에 충실하도록 유도하기 위한 일종의 성과보상제도이다(대법원 2018.7.26.선고 2016다237714판결).

주식매수선택권을 부여받은 임 · 직원은 주식매수선택권 행사기간 내에 주가가 행사가격보다 상승하는 경우에 권리를 행사하여 주식을 취득하고, 이후 매각함으로써 주가의 상승에 의한 이익을 얻을 수 있다.

주식매수선택권은 주식매수선택권자의 일방적 의사표시에 의하여 행사할 수 있는 형성권에 해당하는 권리이며, 주식매수선택권이 부여되었다고 하여 반드시 행사하여야 할 의무는 없으며 포기할 수도 있다.

참고 상장회사의 주식매수선택권제도(제542조 의3)는 제11절 「상장회사의 특례」에서 설명하기로 한다.

2. 주식매수선택권자

회사의 설립과 경영, 기술혁신 등에 기여하였거나 기여할 능력을 갖춘 당해 회사(상장회사의 경우에는 대통령령으로 정하는 관계회사도 포함됨)의 이사 · 집행임원 · 감사 또는 피용자에게 주식매수선택권을 부여할 수 있다(제340조의2 제1항).

그러나 의결권 없는 주식을 제외한 발행주식총수의 100분의 10 이상의 주식을 가진 주주와 이사 · 집행임원 · 감사의 선임과 해임 등 회사의 주요 경영사항에 대하여 사실상 영향력을 행사하는 자 및 이들의 배우자와 직계존 · 비속에 대하여는 주식매수선택권을 부여할 수 없다(제340조의2 제2항).

3. 주식매수선택권의 부여절차

1) 정관의 규정

이사 · 집행임원 · 감사 또는 피용자에게 주식매수선택권을 부여하기 위해서는 정관에 일정한 경우 주식매수선택권을 부여할 수 있다는 뜻, 주식매수선택권의 행사로 발행하거나 양도할 주식의 종류와 수, 주식매수선택권을 부여받을 자의 자격요건, 행사기간, 일정한 경우 이사회의 결의로 주식매수선택권의 부여를 취소할 수 있다는 뜻에 관한 구정이 있어야 한다(제340조의3 제1항).

2) 주주총회의 특별결의

이사 · 집행임원 · 감사 또는 피용자에게 주식매수선택권을 부여하려면 정관의 규정 이외에 주주총회의 특별결의가 있어야 하며, 이로써 주식매수선택권을 부여받을 자가 확정된다(제340조의2 제1항). 주주총회의 결의에서는 주식매수선택권을 부여받을 자의 성명, 주식매수선택권의 부여방법, 주식매수선택권의 행사가액과(행사가액을 증액하거나 감액할 것에 대한) 조정에 관한 사항, 행사기간, 주식매수선택권을 부여받을 자 각각에 대하여 주식매수선택권의 행사로 발행하거나 양도할 주식의 종류와 수 등을 결정하여야 한다(제340조의3 제2항). 주주총회에서 이러한 사항을 결정하도록 한 것은 이해관계를 가지는 기존 주주들로 하여금 회사의 의사결정 단계에서 중요 내용을 정하도록 함으로써 주식매수선택권의 행사에 관한 예측가능성을 도모하기 위한 것이다. 그러나 주주총회 결의 시 해당 사항의 세부적인 내용을 빠짐없이 정하도록 예정한 것으로 보기는 어렵다. 이후 회사가 주식매수선택권 부여에 관한 계약을 체결할 때 주식매수선택권의 행사기간 등을 일부 변경하거나 조정한 경우 그것이 주식매수선택권을 부여받은 자, 기존 주주 등 이해관계인들 사이의 균형을 해치지 않고 주주총회 결의에서 정한 본질적인 내용을 훼손하는 것이 아니라면 유효하다고 보아야 한다(대법원 2018.7.26.선고 2016다237714판결).

3) 부여계약

회사는 주식매수선택권을 부여받을 자와 계약을 체결하고 상당한 기간 내에 계약서를 작성하여야 하며(제340조의3 제3항), 이를 주식매수선택권의 행사기간이 종료할 때까지 본점에 비치하고 주주가 영업시간 내에 열람할 수 있도록 하여야 한다(제340조의3 제4항).

【판례】 대법원 2018.7.26.선고 2016다237714판결

주식매수선택권 부여에 관한 주주총회 결의는 회사의 의사결정절차에 지나지 않고, <u>특정인에 대한 주식매수선택권의 구체적 내용은 일반적으로 회사가 체결하는 계약을 통해서 정해진다</u>. 주식매수선택권을 부여받은 자는 계약에서 주어진 조건에 따라 계약에서 정한 기간 내에 선택권을 행사할 수 있다.
상법은 주식매수선택권을 부여하기로 한 주주총회 결의일(상장회사에서 이사회 결의로 부여하는 경우에는 이사회 결의일)부터 2년 이상 재임 또는 재직하여야 주식매수선택권을 행사할 수 있다고 정하고 있다(상법 제340조의4 제1항, 제542조의3 제4항, 상법 시행령 제30조 제5항). 이와 같이 상법은 주식매수선택권을 행사할 수 있는 시기(시기)만을 제한하고 있을 뿐 언제까지 행사할 수 있는지에 관해서는 정하지 않고 회사의 자율적인 결정에 맡기고 있다. 따라서 회사는 주식매수선택권을 부여받은 자의 권리를 부당하게 제한하지 않고 정관의 기본 취지나 핵심 내용을 해치지 않는 범위에서 주주총회 결의와 개별 계약을 통해서 주식매수선택권을 부여받은 자가 언제까지 선택권을 행사할 수 있는지를 자유롭게 정할 수 있다고 보아야 한다.

4) 등 기

회사가 주식매수선택권을 부여할 것을 정한 때에는 그 회사의 등기부에 이에 관한 사항을 등기하여야 한다(제317조 제2항 제3의3호).

4. 주식매수선택권의 부여방법

1) 부여방식

(1) 자기주식양도방식: 회사가 보유하는 자기주식을 주식매수선택권자가 예정된 가격으로 양수할 수 있는 권리를 부여하는 방식이다(제340조의2 제1항 본문).

(2) 신주발행방식: 주식매수선택권의 행사에 응하여 행사가액으로 회사가 신주를 발행하는 방식이다(제340조의2 제1항 본문). 이 경우에는 임·직원이 주식매수선택권을 행사하여 행사가액을 납입한 경우에는 회사는 그만큼의 신주를 발행하여 교부하여야 한다.

2) 차액정산

자기주식양도방식과 신주발행방식 중 어느 방식으로 주식매수선택권을 부여하든 주식매수선택권의 행사에 응한 회사는 자기주식양도나 신주발행에 갈음하여 주식의 실질가액과 행사가액의 차액을 정산하는 방법을 취할 수 있다. 즉, 주식매수선택권의 행사시점에서 주식의 실질가액이 행사가액을 상회할 경우, 그 차액을 회사가 주식매수선택권자에게 금전으로 지급하거나 차액상당액의 자기주식을 이전해 주는 것이다(제340조의2 제1항 단서). 이때 이전해 주는 자기주식은 주식매수선택권의 행사시점에서의 실질가액으로 평가하여야 한다(제340조의2 제1항 후단).

5. 주식매수선택권의 부여한도

회사가 주식매수선택권을 부여할 수 있는 신주 또는 양도할 자기주식은 회사의 발행주식총수(「주식매수선택권의 행사로 발행하거나 양도할 주식수」를 정관에 규정할 당시의 발행주식총수, 매수선택권 부여시점의 발행주식총수를 기준으로 함)의 100분의 10(상장회사의 경우에는 발행주식총수의 100분의 20 범위 내 대통령령으로 정하는 한도(100분의 15)까지 부여 가능; 제542조의3 제2항)을 초과할 수 없다(제340조의2 제3항).

6. 주식매수선택권의 취소

회사는 정관의 정함에 따라 일정한 경우(상장회사의 경우에는 본연의 의사에 따라 사임하거나 사직한 경우, 고의 또는 과실로 회사에 중대한 손해를 입힌 경우, 회사파산 등으로 주식매수선택권행사에 응할 수 없는 경우, 부여계약에서 정한 취소사유가 발생한 경우: 상법시행령 제30조 제6항)에는 이사회의 결의(1인회사를 둔 회사는 주주총회의 결의)로 주식매수선택권의 부여를 취소할 수 있다(제340조의3 제1항 제5호).

7. 주식매수선택권의 양도와 상속

주식매수선택권은 양도할 수 없다(제340조의4 제2항 본문). 그러나 주식대수선택권을 행사할 수 있는 자가 사망한 경우에는 그 상속인이 주식매수선택권을 행사할 수 있다(제340조의4 제2항 단서).

8. 주식매수선택권의 행사

1) 행사기간

주식매수선택권자가 주식매수선택권을 행사하기 위해서는 주식매수선택권을 부여하는 주주총회 결의일로부터 2년 이상 재임 또는 재직하여야 한다(제340조의4 제1항). 2년의 기간은 정관이나 주주총회의 특별결의로도 단축(완화)할 수 없으며, 본인의 귀책사유가 있는 경우뿐만 아니라 귀책사유 없이 2년 내에 퇴임 또는 퇴직한 경우에도 주식매수선택권을 행사할 수 없다(대법원 2011.3.24.선고 2010다85027판결).

2) 행사가액

주식매수선택권의 행사가액은 신주를 발행하는 경우에는 주식매수선택권의 부여일을 기준으로 한 주식의 실질가액과 주식의 권면액(다만, 무액면주식을 발행한 경우에는 자본금으로 계상되는 금액 중 1주에 해당하는 금액) 중 높은 금액 이상으로 하고, 자기주식을 양도하는 경우에는 주식매수선택권의 부여일을 기준으로 한 주식의 실질가액 이상이어야 한다(제340조의2 제4항).

3) 행사절차

(1) 청 구: 주식매수선택권을 행사하려는 자는 청구서 2통에 주식매수선택권을 행사할 주식의 종류와 수를 기재하고 기명날인 또는 서명하여 회사에 제출하여야 한다(제340조의5, 제516조의9 제1항·제3항).

(2) 회사의 결정: 회사는 주식매수선택권의 행사에 대해 자기주식 또는 신주를 발행할 것인지, 아니면 이에 갈음하여 차액을 정산할 것인지를 결정하여야 한다.

(3) 납 입: 회사의 결정에 의해 주식매수선택권의 행사가 자기주식양도청구권 또는 신주인수권으로 확정된 경우 주식매수선택권자는 행사가액 전액을 납입하여야 한다(제340조의5, 제516조의9 제1항·제3항).

4) 행사효과

(1) 주식의 교부: 회사는 주식매수선택권의 행사에 따라 임·직원이 그 대금을 납입기일까지 납입한 경우에는 지체없이 신주 또는 자기주식을 교부하여야 하며, 주식매수선택권의 행사가격과 시가의 차액을 현금으로 교부하는 경우에는 신속하게 이를 교부하여야 한다.

(2) 주주명부 폐쇄기간 중의 선택권 행사: 주주명부 폐쇄기간 중에 주식매수선택권을 행사한 경우에는 폐쇄기간 중의 주주총회 결의에 관하여는 의결권이 없다(제340조의5, 제350조 제2항).

(3) 주주가 되는 시기: 신주발행방식의 경우에는 주식매수선택권을 행사하고 행사가액을 납입한 때 주주가 되며(제340조의5, 제516조의10 전단), 자기주식양도방식의 경우에는 행사가액을 납입하고 주권의 교부가 된 때 주주가 된다. 그리고 차액정산의 경우에는 차액을 현금으로 지급할 때 또는 자기주식교부의 경우 주식매수선택권을 행사한 때에 주주가 된다.

(4) 변경등기: 신주발행방식의 경우 주식매수선택권의 행사로 인하여 발행주식수와 자본금이 변동된다. 따라서 주식매수선택권을 행사한 날이 속한 달의 말일로부터 2주간 내에 그 변경등기를 하여야 한다(제340조의5, 제351조).

제5관 주식의 담보

I. 주식담보의 자유와 제한

주식양도와 같이 주식담보도 원칙적으로 자유이다. 권리주의 담보설정과 주권발행 전 주식의 담보설정에 대해서는 학설의 대립이 있다.[1] 판례(대법원 2000.8.16.자 9921결정)는 「주권발행 전 주식의 담보제공을 금하는 법률규정이 없으므로 주권발행 전 주식에 대한 질권설정도 가능하다고 볼 것이므로, 이 경우에는 권리질권설정의 일반원칙인 민법 제346조로 돌아가 그 권리의 양도방법에 의하여 질권을 설정할 수 있다」고 한다.

1) 【학설】 주식담보제한에 관한 학설
권리주나 주권발행 전 주식의 담보설정은 회사에 대하여 효력이 없다는 견해와, 권리주나 주권발행 전 주식의 담보설정은 가능하나 회사에 대하여 등록을 청구할 수 없다는 견해가 있다.

Ⅱ. 주식의 입질

1. 의 의

주식은 재산적 가치를 가지며 양도 가능하므로 당연히 채권의 담보가 될 수 있으며, 상법이 정하는 바에 따라 질권의 목적으로 할 수 있다.[1)]

2. 자기주식의 질취제한

1) 질취제한

회사는 발행주식총수의 20분의 1을 초과하지 않는 범위 내에서 자기주식의 질취를 인정하고 있다(제341조의3 본문).[2)] 다만, 회사합병 또는 다른 회사의 영업 전부를 양수하는 경우나 회사의 권리를 실행함에 있어서 그 목적을 달성하기 위하여 필요한 때에는 제한 없이 자기주식의 질취가 인정된다(제341조의3 단서).

2) 질취제한 위반의 효과

자기주식의 질취제한 규정에 위반한 질취의 효력에 관하여는 학설의 대립이 있다.[3)] 질취제한의 위반으로 인하여 회사에 손해가 발생한 때에는 이사는 연대하여 손해배상책임을 지고(제399조 제1항), 고의 또는 중대한 과실로 인하여 제3자에게 손해가 발생한 때에는 이사는 연대하여 손해배상책임을 진다(제401조 제1항).

3) 질취한 자기주식의 지위

회사가 자기주식을 질취한 경우에도 주주권인 공익권은 질권설정자인 주주가 행사한다. 다만, 회사는 질권자가 갖는 일반적 권리인 우선변제권·전질권을 행사할 수 있고, 물상대위가 인정된다. 또한 회사는 장래에 지급되는 이익배당이나 잔여재산분배에도 질권자로서의 권리를 행사할 수 있다.

---

1) 【학설】 입질의 성질에 관한 학설
주식의 입질에 대해 권리질이라는 견해, 채권질이라는 견해, 유가증권의 입질이라는 견해가 있다.

2) 【학설】 자회사의 모회사주식 질취에 대한 학설
자기주식질취의 제한규정은 자회사의 모회사주식에 대한 질취에도 자기주식의 질취와 같이 적용된다는 견해와, 명문의 규정이 없으므로 적용되지 않는다는 견해(다수설)가 있다.

3) 【학설】 자기주식 질취제한규정에 위반한 경우의 효력에 대한 학설
질취제한을 초과한 주식의 질취도 유효하다는 견해, 선의의 질권자에 대하여는 무효를 주장할 수 없다는 견해, 초과하는 질취는 무효라는 견해(다수설)가 있다.

3. 입질방법

1) 약식질

질권설정의 합의와 주권의 교부에 의하여 그 효력이 발생한다(제338조 제1항). 주권의 교부는 현실의 인도뿐만 아니라 간이인도 · 반환청구권의 양도에 의한 방법으로 가능하나(대법원 2012.8.23.선고 2012다34764판결), 점유개정에 의한 인도는 민사질에 관하여 이를 금하는 민법상의 원칙을 유추적용하여 인정되지 않는다고 본다(제338조 제2항; 이기수 등 공저, 「회사법」, 276면). 제3자에 대한 대항요건으로서는 주권을 계속하여 점유하고 있어야 한다(제338조 제2항). 다만, 반환청구권의 양도의 경우 이에 대한 대항요건으로서 질권설정자는 점유매개자인 제3자에 대한 통지나 그 제3자의 승낙을 얻어야 한다(대법원 2012.8.23.선고 2012다34764판결).

2) 등록질

등록질이란 질권설정자인 주주의 청구에 따라 질권자의 성명과 주소를 주주명부에 덧붙여 쓰고 또 그 성명을 주권에 적는 방법의 입질이다(제340조 제1항). 이 경우 제3자에 대한 대항요건으로서는 주권을 계속하여 점유하고 있어야 한다(제338조 제2항). 등록질권자는 회사에 대한 관계에서 주권을 제시하거나 그 밖의 방법으로 권리를 입증할 필요 없이 질권자로서의 권리를 행사할 수 있다.

3) 전자등록부에의 등록

전자등록부에 등록된 주식의 입질은 전자등록부에 등록하여야 효력이 있고(제356조의2 제2항), 전자등록부를 선의로 그리고 중대한 과실 없이 신뢰하고 전자등록부의 등록에 따라 권리를 취득한 자는 그 권리를 적법하게 취득한다(제356조의2 제3항).

4. 질권의 효력

1) 물상대위

질권자는 주식의 소각 · 병합 · 전환이 있는 때에는 이로 인하여 종전의 주주가 받을 금전이나 주식에 대하여도 종전의 주식을 목적으로 한 질권을 행사할 수 있다(제339조).

보충 물상대위의 범위: 준비금의 자본금 전입에 의한 신주, 신주발행무효로 환급되는 납입금, 합병으로 지급되는 합병교부금이나 신주, 주식의 포괄적 교환·이전의 무효로 반환되는 주식, 주식회사의 분할시 주주에게 지급되는 분할교부금이나 신주, 주식매수청구로 지급되는 주식의 대금, 주식의 포괄적 교환·이전으로 지급되는 주식 또는 교부금 등에 물상대위가 인정된다.

(1) 등록질권자의 물상대위권: 등록질의 경우에는 주주가 회사로부터 받을 이익배당, 잔여재산의 분배 그리고 현물배당 · 주식배당에 관해 물상대위가 인정된다. 이때 등록질권자는 물상대위의 대상이 주식인 때에는 압류할 필요 없이 회사에 대해 주권의 교부를 청구할 수 있고(제340조 제3항), 금전인 때에는 직접 지급받아 채권의 변제에 충당할 수 있다(제340조 제1항).

(2) 약식질권자의 물상대위권: 약식질의 경우에도 물상대위권이 인정되므로, 상법 제339조에 따라 약식질권자는 주식의 소각 · 병합 · 전환으로 인하여 주주가 받을 금전이나 주식에 대하여 질권을 행사할 수 있다. 그러나 약식질권자는 주식 또는 금전에 대해 그 교부 또는 지급 전에 압류하여야 한다(통설: 이에 대해 주권의 제출 또는 교환으로 지급되는 경우에는 압류를 필요로 하지 않는다는 견해도 있다(이철송, 「회사법」, 제20판, 423면)).

약식질권자의 잔여재산분배청구권에 대한 물상대위는 당연 인정되지만, 이익배당(주식배당)청구권과 신주인수권에 대한 물상대위의 효력에 관하여는 학설이 대립하고 있다.[1]

2) 우선변제권

질권이 설정된 주식을 경매하여 우선변제를 받을 수 있고, 물상대위의 목적물이 금전일 때에는 그 변제기가 도래하고 질권자의 채권이 변제기가 도래하지 않은 때라도 그 금전의 공탁을 청구할 수 있고 이때 공탁금에 질권의 효력이 미치므로 그 금전으로 우선변제에 충당할 수 있다(제340조 제2항; 민법 제353조 제2항).

3) 기 타

질권자는 주주권을 취득하는 것은 아니므로 의결권 등 주주의 권리를 행사하지 못한다(대법원 1992.5.12.선고 90다8862판결).

【판례】 대법원 2014.1.23.선고 2013다56839판결

상행위로 인하여 생긴 채권을 담보하기 위하여 주식에 대하여 질권이 설정된 경우에 질권자가 가지는 권리의 범위 및 그 행사 방법은 원칙적으로 질권설정계약 등의 약정에 따라 정하여질 수 있고(상법 제59조 참조), 위와 같은 질권 등의 담보권의 경우에 담보제공자의 권리를 형해화하는 등의 특별한 사정이 없는 이상 담보권자가 담보물인 주식에 대한 담보권 실행을 위한 약정에 따라 그 재산적 가치 및 권리의 확보 목적으로 담보제공자인 주주로부터 의결권을 위임받아 그 약정에서 정한 범위 내에서 의결권을 행사하는 것도 허용될 것이다.

---

1) 【학설】 약식질권자의 주주의 권리에 대한 물상대위 여부에 관한 학설
① 이익배당(주식배당)청구권: 약식질의 경우 회사와 무관하게 설정되고 또 주식 자체의 재산적 가치만이 담보의 목적이라는 점, 등록질을 피해 약식질을 택하는 질권자는 이익배당청구권에까지 권리를 행사할 의사가 없다고 보는 점에서 이익배당청구권에 질권의 효력이 미치지 않는다는 견해와, 이익배당은 과실에 준하는 것이므로 이익배당청구권에 질권의 효력이 미친다고 하면서, 다만 약식질권자가 이익배당청구권에 대해 권리를 행사하려면 배당금을 지급하기 전에 압류하여야 한다는 견해가 있다.
② 신주인수권: 신주인수권에 대해서 신주인수권은 입질된 주식의 변형물로 볼 수 없으며 질권설정자에게 추가담보를 강요하는 것이 되므로 질권의 효력이 미치지 않는다는 견해와, 신주가 발행되는 경우 입질된 주식의 담보가치가 하락하므로 신주인수권에 대해서 질권의 효력이 미친다는 견해로 나누어지고 있다.

회사는 질권자가 적시에 권리를 행사할 수 있도록 물상대위할 사항이 발생한 경우에는 회사로 하여금 질권자(등록질의 경우)에게 통지하도록 규정하고 있다(제343조 제2항, 제345조 제2항, 제346조 제3항, 제360조의24 제5항, 제440조, 제431조 제2항, 제461조 제5항, 제462조의2 제5항 등).

 주식의 양도담보

1. 의 의

양도담보란 채무의 담보를 위해 채무자가 주식을 양도한 후 채무를 변제하면 채권자가 주식을 반환하고, 채무를 변제하지 않을 경우에는 채권자가 확정적으로 주식을 취득하기로 약정하는 경우를 말한다. 주식의 양도담보는 주식의 양도의 경우와 마찬가지로 주권발행 후 뿐만 아니라 주권이 발행되어야 할 때로부터 6개월이 경과하였음에도 주권이 발행되지 않은 때에는 주권발행 전에도 가능하다(대법원 1995.7.28.선고 93다61338판결).

주식의 양도담보에는 주권을 교부하고 명의개서는 하지 않는 약식양도담보와 명의개서까지 마치는 등록양도담보가 있다. 양도담보에 의한 소유권의 이전은 이른바 신탁형 양도이므로 목적물의 소유권을 취득하는 유담보(流擔保)는 허용되지 않는다. 약식양도담보의 의사가 명확하지 않은 경우 양도담보로 볼 것인가는 학설의 대립이 있다.[1]

2. 양도담보의 효력

1) 약식양도담보의 경우

약식양도담보의 경우 당사자 간의 양도담보의 합의와 주권의 교부에 의하여 그 효력이 발생하고, 담보권자가 주권을 계속 점유하는 경우에 회사 및 제3자에게 대항할 수 있다(제338조 제2항 참조). 약식양도담보의 경우 채권이 존속하는 한 담보권자는 의결권 등을 행사할 수 없고 주주명부상의 주주인 담보권설정자가 의결권을 행사하여야 한다는 견해가 있으나, 약식양도담보권자는 명의개서를 하고 주주권을 행사할 수 있다고 본다.

2) 등록양도담보의 경우

등록양도담보권자가 대외적으로 주식의 소유자이므로, 그가 담보된 주식을 제3자에게 양도한 경우에는 선의의 제3자는 정당하게 주주권을 취득하고 양도담보권설정자는 주주권을

---

1) 【학설】 약식질과 양도담보의 의사가 명확하지 않은 경우에 관한 학설
기명주식의 약식질과 약식양도담보에 대해 당사자의 의사가 명확하지 않은 때에는 담보권자를 위하여 유리한 양도담보가 설정된 것으로 추정하는 견해와 채무자의 보호를 위하여 입질로 본다는 견해가 있다.

상실한다(대법원 1995.7.28.선고 93다61338판결).

그리고 양도담보권자는 채권이 존재하지 않는 한 주식에 대한 의결권 등 공익권을 행사할 수 없다는 견해(정찬형, 「상법강의(상)」, 723면)도 있으나, 명의개서를 마친 등록양도담보권자는 모든 주주권을 행사할 수 있다고 본다(대법원 1993.12.28.선고 93다8719판결).

【판례】 대법원 1995.7.28.선고 93다61338판결

[1] 채권담보의 목적으로 이루어진 주식양도 약정 당시에 회사의 성립 후 이미 6개월이 경과하였음에도 불구하고 주권이 발행되지 않은 상태에 있었다면, 그 약정은 바로 주식의 양도담브로서의 효력을 갖는다.

[2] 주식 양도담보의 경우 양도담보권자가 대외적으로 주식의 소유자라 할 것이므로, 양도담보설정자로서는 그 후 양도담보권자로부터 담보주식을 매수한 자에 대하여는 특별한 사정이 없는 한 그 소유권을 주장할 수 없는 법리라 할 것이고, 설사 그 양도담보가 정산형으로서 정산문제가 남아 있다 하더라도 이는 담보 주식을 매수한 자에게 대항할 수 있는 성질의 것이 아니다.

제6관 주식의 소각 · 병합 · 분할

I. 주식의 소각

1. 의 의

주식의 소각이란 회사의 존속 중에 발행주식의 일부를 절대적으로 소각시키는 회사의 행위를 말한다. 주식 자체가 소각된다는 점에서 주식에는 영향이 없고 그를 표창하는 주권만을 무효화시키는 제권판결과는 다르다.

2. 소각의 종류

1) 임의소각과 강제소각

주식의 소각이 주주의 의사에 의하는 경우(예 소각을 동의한 주주에 대해서만 매입소각하는 경우)를 임의소각, 주주의 의사에 관계없이 회사의 일방적 행위에 의하는 경우를 강제소각이라 한다.

강제소각의 경우에는 당연히 주주평등의 원칙에 따라야 하고, 임의소각의 경우에도 소각하여야 할 주식수보다 소각을 희망하는 주식이 많을 때에는 소각을 원하는 주식수에 비례하여 소각하여야 하므로 주주평등의 원칙에 따라야 한다.

2) 유상소각과 무상소각

주식의 소각에 대한 대가를 지급하는 경우를 유상소각, 아무런 대가를 지급하지 않는 경우를 무상소각이라 한다.

소각의 대가인 재원은 상환주식의 소각이나 배당가능이익으로 취득한 자기주식의 소각과 같이 소각의 재원이 이익인 경우(제302조 제2항 제7호 참조)와 자본금감소에 의한 소각과 같이 소각의 재원이 자본금인 경우가 있다.

3. 소각의 방법

1) 자본금감소규정에 의한 소각

자본금감소규정에 의한 주식소각의 경우에는 원칙적으로 주주총회의 특별결의와 채권자보호절차를 거쳐야 한다(제438조 제1항 본문, 제439조 제2항).

자본금감소에 관한 규정에 따라 주식을 소각하는 경우에는 그 뜻과 기간 내에 주권을 회사에 제출할 것을 공고하고 주주명부에 기재된 주주와 질권자에 대하여 각별로 그 통지를 하여야 한다(제343조 제2항, 제440조).

2) 자기주식의 소각

회사가 주주에게 배당할 이익으로 주식을 소각할 것을 정한 때(제302조 제2항 제7호; 제317조 제2항 제6호)에는 이익소각이 가능하다. 회사가 배당가능이익으로 취득하여 보유하는 자기주식을 소각하는 경우에는 이사회의 결의(이사회가 없는 경우에는 각 이사가 결정)로 가능하다(제343조 제1항 단서).

배당가능이익에 의하여 취득한 자기주식의 소각의 경우에는 상환주식의 상환에 따른 소각의 경우와 같이 자본금의 감소를 가져오지 않으며, 채권자보호절차를 필요로 하지 않는다.

보충 자기주식의 소각규정은 배당가능이익으로 취득하든 특정 목적에 의하여 취득하든 불문하고 무액면주식을 취득하여 소각하는 경우에 적용되는 것이며, 액면주식으로서 배당가능이익으로 취득하든 특정목적을 위해 취득하든 구별하지 않고 자본금감소규정에 의한 소각규정이 적용된다는 견해도 있다(이철송, 「회사법」, 제20판, 430면).

4. 소각의 효력발생시기

주식의 소각은 강제소각의 경우에는 주권제출기간이 만료한 때에(제441조 본문), 임의소각의 경우에는 회사가 일시적으로 자기주식을 취득한 다음에 주식 실효절차를 밟은 때에 효력이 발생한다(대법원 2008.7.10.선고 2005다24981판결). 다만, 자본금감소의 경우에 채권자보호절차를 거쳐야 하는 때에는 채권자보호절차가 종료한 때에 그 효력이 생긴다(제441조 단서).

5. 소각의 효과

자본금감소의 규정에 의한 주식소각의 경우에는 발행주식수가 감소하면서 자본금도 감소하게 되므로 변경등기를 하여야 한다. 배당가능이익으로 취득하여 보유하는 자기주식을 소각하는 경우에는 자본금이 감소하지 않지만 회사가 발행한 주식수의 감소를 가져오므로 역시 변경등기를 하여야 하고, 액면주식의 경우 자본금과 주식의 관계(제451조 제1항)는 예외적으로 끊어지게 된다. 한편, 주식의 소각에 의한 자본금감소의 경우 소각된 주식 수만큼 재발행할 수 있는가에 대해서는 학설의 대립이 있다.[1)]

Ⅱ. 주식의 병합

1. 의 의

주식의 병합이란 수개의 주식을 합하여 그보다 적은 수의 주식으로 하는 것으로 자본금감소의 경우, 합병시 당사회사의 재산상태가 다른 경우, 1주의 권면액을 인상하는 경우 등을 위해서 하게 된다.

2. 병합의 절차

1) 구주권 제출의 통지·공고 등

주식을 병합하는 경우에 회사는 1월 이상의 기간을 정하여 그 뜻과 그 기간 내에 주권을 회사에 제출할 것을 공고하고, 주주명부에 기재된 주주와 등록질권자에 대하여 각별로 통지를 하여야 한다(제440조). 회사는 이 기간 내에 제출된 구주권에 대해서는 신주권을 교부한다. 다만, 구주권을 회사에 제출할 수 없는 자가 있는 때에는 회사는 그 자의 청구에 의하여 3월 이상의 기간을 정하고, 이해관계인에 대하여 그 주권에 대한 이의가 있으면 그 기간 내에 제출

---

1) 【학설】 주식소각에 의한 자본금감소의 경우 소각주식의 재발행 가능 여부에 관한 학설
발행주식 중 감소된 주식수만큼 미발행주식이 회복되고 발행주식총수는 이미 발행한 적이 있는 주식의 총수를 의미하는 것이 아니고 현재 발행한 주식의 총수를 의미하는 것으로 해석되므로 소각된 주식은 재발행이 가능하다는 견해와, 감소된 주식도 이미 주식의 발행권한이 행사되었으므로 그만큼 미발행주식이 부활되는 것이 아니며 재발행이 가능하게 되면 이사회가 소각과 발행을 되풀이하여 주주의 권리를 침해할 수 있으므로 소각된 주식수만큼의 재발행은 인정되지 않는다는 견해(다수설)가 있다.

할 뜻을 청구자의 부담으로 공고하고, 그 기간이 경과한 후에 신주권을 청구자에게 교부할 수 있다(제442조).

한편, 주주가 주권제출기간 내에 주권을 제출하지 않은 때에는 주주명부에 근거하여 병합함으로써 신주식과 단주금액이 계산되므로 추후 주권과 이를 계산할 수 있다.

2) 단주의 처리

병합에 적당하지 아니한 수의 주식이 있는 때에는 그 부분에 대하여 발행한 주식을 경매하여 각 주수에 따라 그 대금을 종전의 주주에게 지급하여야 한다.

그러나 거래소의 시세 있는 주식은 거래소를 통하여 매각하고, 거래소의 시세 없는 주식은 법원의 허가를 얻어 경매 이외의 방법으로 임의매각할 수 있다(제443조 제1항). 이 경우 병합에 적당하지 아니한 구주권을 제출할 수 없는 자에게는 이의최고절차(제442조)가 끝난 다음에 대금을 지급하면 된다(제443조 제2항).

3) 등 기

주식병합의 결과 회사의 발행주식총수가 변경되므로 회사는 이에 관한 변경등기를 하여야 한다(제317조 제2항 제3호, 제4항, 제183조).

3. 병합의 효력 · 효과

주식병합의 효력은 주권제출기간이 만료한 때에 그 효력이 생기지만(제441조 본문), 채권자보호를 위한 절차가 종료하지 않은 때에는 그 절차가 종료한 때에 효력이 생긴다(제441조 단서). 주식병합으로 인해 회사가 발행한 주식총수는 감소하고, 주권을 제출한 주주는 신주권을 교부받고, 구주식의 권리는 신주식에 존속하게 된다. 그리고 구주식을 목적으로 하는 질권은 신주식과 금전에 존속하게 된다(제339조).

Ⅲ. 주식의 분할

1. 의 의

주식의 분할이란 주식의 병합에 반대되는 것으로, 회사의 자본금이나 자산의 변경 없이 기존의 주식을 세분화하여 발행주식총수를 증가시키는 것이다.

주식분할은 주가의 상승으로 인해 주식의 유통성이 둔화되는 경우 그 유통성을 원활히 하기 위하여 인정된 제도이다.

2. 분할의 요건 · 절차

주식의 분할은 주금액의 변동을 가져오게 되므로 정관변경절차를 거쳐야 한다. 더불어 주식분할시에는 주주총회의 특별결의(정관변경을 위한 특별결의와 별도로 주식분할을 위한 특별결의)가 있어야 한다(제329조의2 제1항). 주식분할의 절차는 주식병합의 절차에 관한 상법 제440조부터 상법 제443조까지가 준용된다(제329조의2 제3항).

주식을 분할하더라도 그 액면가는 100원 미만으로 하는 것은 불가능하다. 주식분할로 인하여 발행주식총수와 1주금액의 변경을 가져오므로 변경등기를 하여야 한다(제317조 제4항, 제183조).

3. 분할의 효과

주식분할의 효력은 주식병합과 마찬가지로 주권제출기간이 만료된 때에 발생하고(제329조의2 제3항, 제441조 본문), 주식분할로 인하여 발행주식총수의 증가를 가져온다. 그러나 자본금 · 재산에는 변동이 없고, 구주식에 대한 질권은 물상대위에 의하여 신주식에 대하여 행사할 수 있다(제339조).

주식분할이 위법인 때에는 신주발행유지청구권과 신주발행무효의 소에 관한 규정이 유추적용될 수 있다.

제7관 주식의 포괄적 교환 및 이전

I. 주식의 포괄적 교환

1. 의 의

상법 제360조의2 제1항은 「회사는 주식의 포괄적 교환에 의하여 다른 회사(완전자회사)의 발행주식의 총수를 소유하는 회사(완전모회사)가 될 수 있다」고 규정하여, 주식의 포괄적 교환에 의한 완전모 · 자회사 관계를 형성할 수 있도록 하고 있다.

즉, 주식의 포괄적 교환에 의하여 완전자회사가 되는 회사의 주주가 가지는 그 회사의 주식은 주식을 교환하는 날에 주식교환에 의하여 완전모회사가 되는 회사에 이전하고, 그 완전자회사가 되는 회사의 주주는 그 완전모회사가 되는 회사가 주식교환을 위하여 발행하는 신주의 배정을 받거나 그 회사의 자기주식의 이전을 받음으로써 그 회사의 주주가 된다(제360조의2 제2항).

【판례】 대법원 2018.3.29.선고 2012두27787판결

상법상 주식의 포괄적 교환은 완전자회사가 되는 회사의 주식이 완전모회사가 되는 회사에 이전되는 거래와 완전자회사가 되는 회사의 주주가 완전모회사가 되는 회사로부터 완전자회사가 되는 회사의 주식과 대가관계가 있는 신주를 배정받아 완전모회사가 되는 회사의 주주가 되는 거래가 결합하여 일체로 이루어진다.

2. 법적 성질

주식의 포괄적 교환은 회사의 합병에 유사한 완전자회사와 완전모회사 간의 조직법상 특수한 계약에 해당한다.

3. 주식교환의 절차

1) 주식교환계약서의 작성

주식교환을 함에는 주식교환의 날 등 일정한 기재사항(제360조의3 제3항 각호)을 적은 주식교환계약서를 작성하여야 한다(제360조의3 제1항). 소규모주식교환의 경우에는 주식교환계약서에 완전모회사가 되는 회사에 관해서 주주총회의 승인을 얻지 아니하고 주식교환을 할 수 있다는 뜻을 적어야 한다(제360조의10 제3항).

주식교환계약서의 기재사항

① 완전모회사가 되는 회사가 주식교환으로 인하여 정관을 변경하는 경우에는 그 규정
② 완전모회사가 되는 회사가 주식교환을 위하여 신주를 발행하거나 자기주식을 이전하는 경우에는 발행하는 신주 또는 이전하는 자기주식의 총수·종류와 종류별 주식의 수 및 완전자회사가 되는 회사의 주주에 대한 신주의 배정 또는 자기주식의 이전에 관한 사항
③ 완전모회사가 되는 회사의 자본금 또는 준비금이 증가하는 경우에는 증가할 자본금 또는 준비금에 관한 사항
④ 완전자회사가 되는 회사의 주주에게 제2호에도 불구하고 그 대가의 전부 또는 일부로서 금전이나 그 밖의 재산을 제공하는 경우에는 그 내용 및 배정에 관한 사항
⑤ 각 회사가 제1항의 결의를 할 주주총회의 기일
⑥ 주식교환의 날
⑦ 각 회사가 주식교환을 할 날까지 이익배당을 할 때에는 그 한도액
⑧ 완전모회사가 되는 회사에 취임할 이사와 감사 또는 감사위원회의 위원을 정한 때에는 그 성명 및 주민등록번호

2) 주식교환계약서 등의 비치

이사는 주식교환을 위한 주주총회의 회일의 2주간 전부터 주식교환의 날 이후 6월이 경과하는 날까지 ① 주식교환계약서, ② 완전모회사가 되는 회사가 주식교환을 위하여 신주를

발행하거나 자기주식을 이전하는 경우에는 완전자회사가 되는 회사의 주주에 대한 신주의 배정 또는 자기주식의 이전에 관하여 그 이유를 기재한 서면, ③ 주식교환을 위한 주주총회의 회일 전 6개월 내의 날에 작성한 주식교환을 하는 각 회사의 대차대조표와 손익계산서 또는 최종의 대차대조표 및 손익계산서를 본점에 비치하여야 한다(제360조의4 제1항). 주주는 영업시간 내에 이러한 서류의 열람 또는 등사를 청구할 수 있다(제360조의4 제2항, 제391조의3 제3항).

3) 주주총회 소집시 통지사항

주식교환을 위한 주주총회의 소집통지를 하는 때에는 ① 주식교환계약서의 주요 내용, ② 반대주주의 주식매수청구권(제360조의5 제1항)의 내용 및 행사방법, ③ 일방회사의 정관에 주식의 양도에 관하여 이사회의 승인을 요한다는 뜻의 규정이 있고 다른 회사의 정관에 그 규정이 없는 경우 그 뜻을 통지하여야 한다(제360조의3 제4항).

4) 주주총회의 결의

주식교환계약서의 작성 후 주주총회의 승인을 얻어야 하며, 승인은 주주총회의 특별결의로 한다(제360조의3 제2항). 특정 종류의 주주에게 손해를 미치게 될 경우에는 종류주주총회를 거쳐야 한다(제436조). 그러나 간이주식교환의 경우에는 완전자회사가 되는 회사 그리고 소규모주식교환의 경우에는 완전모회사가 되는 회사의 주주총회의 특별결의를 이사회의 승인으로 갈음할 수 있다(제360조의9 제1항, 제360조의10 제1항).

주식교환으로 인하여 주식교환에 관련되는 각 회사의 주주의 부담이 가중되는 경우에는 주주총회의 특별결의 및 종류주주총회 결의 외에 그 주주 전원의 동의가 있어야 한다(제350조의3 제5항).

보충 완전모회사는 자본금이 증가하고 완전자회사는 주주의 변동만이 있을 뿐 자본금의 변동이 없으므로 회사채권자의 이해관계에 영향을 미치지 않으므로, 주식의 포괄적 교환의 경우에는 채권자보호절차를 필요로 하지 않는다.

5) 반대주주의 주식매수청구권

주주총회의 결의시 주식교환에 반대한 주주(의결권이 없거나 제한된 주주를 포함한다)는 총회결의일로부터 20일 이내에 주식매수청구권을 행사할 수 있다(제360조의5 제1항). 주식매수청구권의 행사는 매수청구하는 주식의 종류와 수를 기재한 서면에 의하여야 한다.

간이주식교환의 경우 총주주의 동의를 얻은 경우를 제외하고는 완전자회사가 되는 회사의 반대주주는 주식매수청구권을 행사할 수 있으나(제360조의5 제2항), 소규모주식교환의 경우에는 완전모회사가 되는 회사의 반대주주에게는 주식매수청구권을 인정하지 않는다(제360조의10 제7항).

6) 주권의 실효절차 및 단주처리

(1) 주권제출의 공고 및 통지: 주식교환에 의하여 완전자회사가 되는 회사는 주식교환의 날의 1월 전에 ① 주주총회의 특별결의를 한 때에는 그 뜻, ② 주식교환의 날의 전날까지 주권을 회사에 제출하여야 한다는 뜻, ③ 주식교환의 날에 주권이 무효가 된다는 뜻을 공고하고, 주주명부에 기재된 주주와 질권자에 대하여 각별로 그 통지를 하여야 한다(제360조의8 제1항).

(2) 신주권의 교부: 주권제출이 완료된 때에는 신주권을 교부하여야 한다. 그러나 주식교환의 날의 전날까지 주권을 회사에 제출할 수 없는 자가 있는 때에는 회사는 그 자의 청구에 의하여 3개월 이상의 기간을 정하고, 이해관계인에 대하여 그 주권에 대한 이의가 있으면 그 기간 내에 제출할 뜻을 공고하고, 그 기간이 경과한 후에 신주권을 청구자에게 교부할 수 있다(제360조의8 제2항, 제442조).

(3) 신주권의 교부에 갈음한 자기주식 또는 모회사주식의 이전: 완전모회사는 주식교환을 함에 있어서 신주발행에 의하여 신주를 완전자회사의 주주에게 교부할 수 있지만, 이에 갈음하여 회사가 소유하는 자기주식을 완전자회사가 되는 회사의 주주에게 이전할 수 있다(제360조의3 제3항 제2호).

한편, 완전자회사가 되는 회사의 주주에게 신주나 자기주식의 이전의 대가의 전부 또는 일부를 금전이나 그 밖의 재산으로 제공할 수 있고, 이때 제공하는 재산에는 완전모회사가 되는 회사의 모회사주식이 포함될 수 있다(제360조의3 제6항 참조).

(4) 단주처리 등의 절차: 신주배정시 단주가 발생하는 경우에는 자본금감소를 위한 주식병합의 경우의 단주처리방법이 준용된다(제360조의11 제1항; 제443조).

(5) 질권자의 권리: 질권자는 주식교환으로 인해 주주에게 발행되는 신주나 자기주식에 대해 그리고 단주처리로 인한 대금에 대해 물상대위권을 행사할 수 있고(제360조의11 제2항, 제339조), 주식교환으로 주주에게 신주를 발행하는 때에는 회사에 대하여 신주권의 교부를 청구할 수 있다(제360조의11 제2항, 제340조 제3항).

7) 주식교환사항의 사후공시

이사는 주식교환의 날로부터 6월간 ① 주식교환의 날, ② 주식교환의 날에 완전자회사가 되는 회사에 현존하는 순자산액, ③ 주식교환으로 인하여 완전모회사에 이전한 완전자회사의 주식의 수, ④ 기타 주식교환에 관한 사항을 기재한 서면을 본점에 비치하여야 한다(제360조의12 제1항). 주주는 영업시간 내 이러한 서류의 열람 및 등사청구를 할 수 있다(제360조의12 제2항, 제391조의3 제3항).

4. 주식교환의 효력발생시기

주식교환은 '주식교환을 할 날', 즉 주식교환의 날(주권제출기간 만료일)에 그 효력이 발생한다(제360조의3 제3항 제6호).

5. 주식교환의 효과

1) 완전모·자회사 관계 성립

주식교환에 의하여 다른 회사의 발행주식총수를 소유하는 회사는 완전모회사가 되고, 다른 회사는 완전자회사가 된다.

2) 주식의 귀속

완전자회사가 되는 회사의 주주는 주식교환에 의하여 그 회사의 주식을 완전모회사가 되는 회사에 이전하고, 완전모회사의 주식을 교부받아 완전모회사의 주주가 된다(제360조의2 제2항 후단).

참고판례 주식의 명의신탁을 받은 자가 상법상 주식의 포괄적 교환에 의하여 완전자회사가 되는 회사의 주주로서 그 주식을 완전모회사가 되는 회사에 이전하는 대가로 그의 명의로 완전모회사의 신주를 교부받아 명의개서를 마친 경우, 신주에 관하여는 명의신탁자와 명의수탁자 사이에 종전의 명의신탁관계와는 다른 새로운 명의신탁관계가 형성(된다)(대법원 2018.3.29.선고 2012두27787판결).

3) 완전모회사의 자본금증가액의 한도액

완전모회사가 되는 회사의 자본금은 주식교환의 날에 완전자회사가 되는 회사에 현존하는 순자산액에서 완전자회사가 되는 회사의 주주에게 지급할 금전이나 그 밖의 재산의 가액과 완전자회사가 되는 회사의 주주에게 이전하는 자기주식의 장부가액의 합계액을 공제한 금액을 초과하여 증가시킬 수 없다(제360조의7 제1항).

또한 완전모회사가 되는 회사가 주식교환 이전에 완전자회사가 되는 회사의 주식을 이미 소유하고 있는 경우에는 완전모회사가 되는 회사의 자본금은 주식교환의 날에 완전자회사가 되는 회사에 현존하는 순자산액에 그 회사의 발행주식총수에 대한 주식교환으로 인하여 완전모회사가 되는 회사에 이전하는 주식의 수의 비율을 곱한 금액에서 상법 제360조의7 제1항 각호의 금액을 공제한 금액의 한도를 초과하여 증가시킬 수 없다(제360조의7 제2항).

4) 이사 및 감사의 임기

주식교환에 의하여 완전모회사가 되는 회사의 이사 및 감사로서 주식교환 전에 취임한 자는 주식교환계약서에 다른 정함이 있는 경우를 제외하고는 주식교환 후 최초로 도래하는 결산기에 관한 정기총회가 종료하는 때에 퇴임한다(제360조 의13).

6. 주식교환의 무효

1) 소의 제기

주식교환무효는 소에 의해서만 주장할 수 있으며, 소는 주주 · 이사 · 감사나 감사위원회의 위원 · 청산인에 한하여 제기할 수 있다. 주식교환의 무효는 주식교환의 날로부터 6월 내에만 이를 주장할 수 있다(제360조의14, 제1항).

2) 소의 절차

주식교환무효의 소는 완전모회사가 되는 회사의 본점소재지의 지방법원의 관할에 전속하고(제360조의14 제2항), 소제기의 공고, 수개의 소가 제기된 경우의 병합심리, 법원의 자유재량권, 제소주주의 담보제공의무에 관해서는 상법 제187조부터 상법 제189조까지와 상법 제377조가 준용된다(제360조의14 제4항).

3) 소의 효과

(1) 원고승소

① 대세적 효력 및 불소급효: 원고승소의 판결은 원고 이외의 제3자에 대해서도 그 효력이 미치고(제360조의14 제3항, 제190조 본문), 원고승소의 판결은 장래에 대하여 그 효력이 발생한다(제360조의14 제4항, 제431조 제1항).

② 원상회복: 완전모회사가 되는 회사는 주식교환을 위하여 발행한 신주 또는 이전한 자기주식의 주주에 대하여 자기가 소유하였던 완전자회사가 된 회사의 주식을 이전하여야 한다(제360조의14 제3항). 이 경우 질권자의 물상대위권과 주권교부청구권이 인정된다(제339조, 제340조 제3항).

③ 주식교환무효의 등기: 주식교환무효의 판결이 확정된 때에는 본점의 소재지에서 등기하여야 한다(제360조의14 제4항, 제192조).

(2) 원고패소: 원고패소의 효력은 당사자에 대해서만 미치고, 원고가 악의 또는 중대한 과실이 있는 경우에는 회사에 대하여 연대하여 손해배상책임을 진다(제360조의14 제4항, 제191조).

7. 특수한 주식교환

1) 간이주식교환

(1) 의 의: 완전자회사가 되는 회사의 총주주의 동의가 있거나 그 회사의 발행주식총수

의 100분의 90 이상을 완전모회사가 되는 회사가 소유하고 있는 경우 완전자회사가 되는 회사의 주주총회 특별결의를 이사회결의로 갈음하는 주식교환을 말한다(제360조의9 제1항).

(2) 공고 및 통지: 완전자회사가 되는 회사는 주식교환계약서를 작성한 날로부터 2주 내에 주주총회의 승인을 얻지 아니하고 주식교환을 한다는 뜻을 공고하거나 주주에게 통지하여야 하지만, 총주주의 동의가 있는 때에는 공고 또는 통지를 요하지 않는다(제360조의9 제2항).

2) 소규모주식교환

(1) 의 의: 완전모회사가 되는 회사가 주식교환을 위하여 발행하는 신주 및 이전하는 자기주식의 총수가 그 회사의 발행주식총수의 100분의 10을 초과하지 아니하는 경우 완전모회사가 되는 회사의 주주총회 특별결의를 이사회결의로 갈음할 수 있는 주식교환을 말한다(제360조의10 제1항). 다만, 완전자회사가 되는 회사의 주주에게 제공할 금전이나 그 밖의 재산을 정한 경우에 그 금액 및 그 밖의 재산의 가액이 완전모회사가 되는 회사에 현존하는 순자산액의 100분의 5를 초과하는 때나(제360조의10 제1항 단서), 완전모회사가 되는 회사의 발행주식총수의 100분의 20 이상에 해당하는 주식을 가진 주주가 주주총회 결의 없이 주식교환을 한다는 뜻 등의 공고 또는 통지를 한 날부터 2주 내에 회사에 대하여 서면으로 주식교환에 반대하는 의사를 통지한 때(제360조의10 제5항)에는 이사회의 결의에 의한 주식교환을 할 수 없다(제360조의10 제5항).

(2) 주식교환계약서의 기재: 소규모주식교환의 경우에 주식교환계약서에 완전모회사가 되는 회사에 관하여는 주주총회의 승인을 얻지 아니하고 주식교환을 할 수 있다는 뜻을 기재하여야 하며, 상법 제360조의3 제3항 제1호의 사항(완전모회사가 되는 회사가 주식교환으로 인하여 정관을 변경하는 경우에는 그 규정)은 기재하지 못한다(제360조의10 제3항).

(3) 공고 및 통지: 완전모회사가 되는 회사는 주식교환계약서를 작성한 날로부터 2주간 내에 완전자회사가 되는 회사의 상호와 본점, 주식교환의 날, 주주총회의 승인을 얻지 아니하고 주식교환을 한다는 뜻을 공고하거나 주주에게 통지하여야 한다(제350조의10 제4항).

3) 삼각주식교환

상법에서는 주식교환에 의해 완전모회사가 되는 회사는 완전자회사가 되는 회사의 주주에게 신주배정 또는 자기주식을 이전하는 대신에 그 대가의 전부 또는 일부로서 금전이나 그 밖의 재산을 제공할 수 있고(제360조의3 제3항 제4호), 완전자회사가 되는 회사의 주주에게 제공하는 재산에 완전모회사가 되는 회사의 모회사 주식을 포함하는 경우에는 예외적으로 완전모회사가 되는 회사는 그 지급을 위하여 그 모회사의 주식을 취득할 수 있다(제360조의3 제6항). 다만, 완전모회사가 되는 회사는 그 취득주식을 주식교환 후에는 계속 보유하고 있는 경우 주식교환의 효력이 발생하는 날로부터 6개월 이내에 그 주식을 처분하여야 한다(제360조의3 제7항).

Ⅱ. 주식의 포괄적 이전

1. 의 의

상법 제360조의15 제1항에서 「회사는 주식의 포괄적 이전에 의하여 완전모회사를 설립하고 완전자회사가 될 수 있다」고 규정하여, 주식의 포괄적 이전에 의한 완전모·자회사 관계를 형성할 수 있도록 하고 있다. 즉, 완전자회사가 되는 회사의 주주가 소유하는 그 회사의 주식은 주식이전에 의하여 완전모회사에 이전하고, 그 완전자회사가 되는 회사의 주주는 그 완전모회사가 주식이전을 위하여 발행하는 주식을 배정받음으로써 그 완전모회사의 주주가 된다(제360조의15 제2항).

2. 법적 성질

주식이전의 법적 성질은 기존의 회사(완전자회사)가 신설되는 회사(완전모회사)에 대한 현물출자로 볼 수 있다.

3. 주식이전의 절차

1) 주식이전계획서의 작성

이사는 설립하는 완전모회사의 정관의 규정 등 일정사항을 적은 주식이전계획서를 작성하여야 한다(제360조의16 제1항).

주식이전계획서의 기재사항

① 설립하는 완전모회사의 정관의 기재사항
② 설립하는 완전모회사가 주식이전에 있어서 발행하는 주식의 종류와 수 및 완전자회사가 되는 회사의 주주에 대한 주식의 배정에 관한 사항
③ 설립하는 완전모회사의 자본금의 액 및 자본준비금에 관한 사항
④ 완전자회사가 되는 회사의 주주에게 제2호에도 불구하고 금전이나 그 밖의 재산을 제공하는 경우에는 그 내용 및 배정에 관한 사항
⑤ 주식이전을 할 시기
⑥ 완전자회사가 되는 회사가 주식이전의 날까지 이익을 배당하거나 제462조의3(중간배당)의 규정에 의하여 금전으로 이익배당을 할 때에는 그 한도액
⑦ 설립하는 완전모회사의 이사와 감사 또는 감사위원회의 위원의 성명 및 주민등록번호
⑧ 회사가 공동으로 주식이전에 의하여 완전모회사를 설립하는 때에는 그 뜻

2) 주식이전계획서 등의 서류의 공시

주주총회의 회일의 2주간 전부터 주식이전의 날 이후 6월을 경과하는 날까지 ① 주식이전계획서, ② 완전자회사가 되는 회사의 주주에 대한 주식의 배정에 관하여 그 이유를 기재한 서면, ③ 주주총회의 회일의 이전 6월 내의 날에 작성한 완전자회사가 되는 회사의 대차대조표 및 손익계산서 또는 최종의 대차대조표 및 손익계산서 등을 본점에 비치하여야 한다(제360조의17 제1항). 주주는 영업시간 내에는 언제든지 이러한 서류의 열람 또는 등사를 청구할 수 있다(제360조의17 제2항, 제391조의3 제3항).

3) 주주총회 소집시 통지사항

주식이전을 위한 주주총회를 소집하는 때에는 ① 주식이전계획서의 주요 내용, ② 반대주주의 주식매수청구권(제360조의5 제1항)의 내용 및 행사방법, ③ 일방회사의 정관에 주식의 양도에 관하여 이사회의 승인을 요한다는 뜻의 규정이 있고 다른 회사의 정관에 그 규정이 없는 경우 그 뜻을 통지에 기재하여야 한다(제360조의16 제3항, 제360조의3 제4항).

4) 주주총회의 승인

회사는 주식이전을 위해서 일정사항(제360조의16 제1항 각호)을 기재한 주식이전계획서에 대한 주주총회의 특별결의에 의한 승인을 얻어야 하며(제360조의16 제2항, 제434조), 이에 반대하는 주주에게는 주식매수청구권이 인정된다(제360조의22, 제360조의5). 어느 종류의 주주에게 손해가 발생할 염려가 있는 때에는 종류주주총회 결의가 있어야 한다(제436조). 주식이전으로 인하여 주식이전에 관련되는 각 회사의 주주의 부담이 가중되는 경우에는 주주총회 특별결의와 종류주주총회 결의 외에 주주 전원의 동의가 있어야 한다(제360조의16 제4항).

5) 주권의 실효절차 및 단주처리

(1) 주권제출의 공고 및 통지: 주식이전에 의하여 완전자회사가 되는 회사는 ① 상법 제360조의16 제1항의 규정에 의한 주주총회의 결의를 한 때에는 그 뜻, ② 1월을 초과하여 정한 기간 내에 주권을 회사에 제출하여야 한다는 뜻, ③ 주식이전의 날에 주권이 무효가 된다는 뜻을 공고하고, 주주명부에 기재된 주주와 질권자에 대하여 따르 따로 그 통지를 하여야 한다(제360조의19 제1항).

(2) 신주권의 교부: 주권제출이 완료된 때에는 신주권을 교부하여야 하지만, 주권제출을 할 수 없는 자가 있는 때에는 회사는 그 자의 청구에 의하여 3월 이상의 기간을 정하고 이해관계인에 대하여 그 주권에 대하여 이의가 있으면 그 기간 내에 제출할 뜻을 공고하고 그 기간이 경과한 후에 신주권을 청구자에게 교부할 수 있다(제360조의19 제2항, 제442조).

(3) 단주처리: 주식이전의 경우 발생하는 단주에 대해서는 자본금 감소를 위한 주식병합에 있어서의 단주처리에 관한 규정이 준용된다(제360조의22, 제360조의11 제1항, 제443조).

6) 주식이전사항의 사후공시

이사는 주식이전의 날 등의 일정사항을 기재한 서면을 주식이전의 날로부터 6월간 본점에 비치하여야 한다(제360조의22, 제360조의12).

4. 주식이전의 등기 및 효력발생시기

1) 주식이전의 등기

주식이전을 한 때에는 설립한 완전모회사의 본점소재지에서 2주일 내에 상법 제317조 제2항에서 정하는 사항을 등기하여야 한다(제360조의20, 제317조 제2항 참조).

2) 주식이전의 효력발생시기

주식이전은 이로 인하여 설립한 완전모회사가 그 본점소재지에서 주식이전의 등기(설립등기 사항의 등기)를 함으로써 그 효력이 발생한다(제360조의21).

5. 주식이전의 효과

1) 완전모·자회사 관계 성립

새로 설립된 회사는 주식의 이전으로 완전모회사가 되고, 주식의 포괄적 이전을 한 회사는 완전자회사가 된다.

2) 주식의 귀속

완전자회사가 되는 회사의 주주는 주식이전을 위해 발행하는 완전모회사의 주식의 배정을 받음으로써 완전모회사의 주주가 된다.

3) 완전모회사의 자본금의 한도액

설립하는 완전모회사의 자본금은 주식이전의 날에 완전자회사가 되는 회사에 현존하는 순자산액에서 그 회사의 주주에게 제공할 금전 및 그 밖의 재산의 가액을 공제한 액을 초과하지 못한다(제360조의18).

6. 주식이전의 무효

1) 소의 제기

주식이전의 무효는 각 회사의 주주 · 이사 · 감사 · 감사위원회의 위원 또는 청산인에 한하여, 주식이전의 날로부터 6월 내에 소만으로 주장할 수 있다(제360조의23 제1항).

2) 소의 절차

주식이전무효의 소는 완전모회사가 되는 회사의 본점소재지의 지방법원의 관할에 전속한다(제360조의23 제2항).

기타 소제기의 공고, 소의 병합심리, 법원의 자유재량권, 제소주주의 담보제공의무에 관해서는 상법 제187조부터 상법 제189조까지와 상법 제377조가 준용된다(제360조의23 제4항).

3) 소의 효과

(1) 원고승소의 경우

① 대세적 효력 및 불소급효: 판결의 효력은 제3자에 대해서도 그 효력이 있으며, 장래에 대해서만 그 효력이 있다(제360조의23 제4항, 제190조).

② 원상회복: 주식이전을 무효로 하는 판결이 확정된 때에는 완전모회사가 된 회사는 주식이전을 위하여 발행한 주식의 주주에 대하여 자기가 소유하였던 완전자회사가 된 회사의 주식을 이전하여야 한다(제360조의23 제3항). 이 경우 질권자의 물상대위권과 주권교부청구권이 인정된다.

③ 주식이전무효의 등기: 주식이전무효의 판결이 확정된 때에는 본점소재지에서 이를 등기하여야 한다(제360조의23 제4항, 제192조).

표 3-5 ▶ 포괄적 교환과 포괄적 이전의 차이점

구분	포괄적 교환	포괄적 이전
서류작성	교환계약서의 작성	이전계획서의 작성
특수교환·이전	간이주식교환·소규모주식교환 인정	간이주식이전·소규모주식이전은 있을 수 없음
자기주식교부	신주교부에 갈음하여 자기주식교부 가능	자기주식교부는 있을 수 없음
자본금	완전모회사의 자본금 증가의 한도	완전도회사의 자본금의 한도
효력발생시기	주식교환의 날	주식이전의 날(이전등기시)
이사·감사 임기제한	주식교환 후 최초로 도래하는 정기총회 종료일에 이사·감사 퇴임	임기제한 규정 없음
무효의 불소급효	완전모회사는 신주발행 무효 준용	완전모회사는 설립 무효 준용

(2) 원고패소: 원고패소의 효력은 당사자에 대해서만 미치고, 원고에게 악의 또는 중대한 과실이 있는 경우에는 회사에 대하여 연대하여 손해배상책임을 진다(제360조의23 제4항, 제191조).

제8관 지배주주에 의한 소수주식 전부 취득

I. 지배주주의 소수주주에 대한 주식매도청구권

1. 지배주주의 주식매도청구권의 의의

회사의 발행주식총수의 100분의 95 이상을 자기의 계산으로 보유하고 있는 지배주주는 회사의 경영상 목적을 달성하기 위하여 필요한 경우(예 다른 소수주주가 회사의 원만한 운영을 의도적으로 방해하는 경우)에는 회사의 다른 소수주주에게 그 보유하는 주식의 매도를 청구할 수 있다(제360조의24 제1항). 이러한 지배주주의 매도청구권은 엄격한 요건하에서 지배주주에게 법이 인정한 권리로 반드시 지배주주가 이를 행사하여야 하는 것은 아니다(대법원 2020.11.26.선고 2018다283315판결).

【판례】 대법원 2020.6.11.선고 2018다224699판결

상법 제360조의24 제1항은 회사의 발행주식총수의 100분의 95 이상을 자기의 계산으로 보유하고 있는 주주(이하 '지배주주'라고 한다)는 회사의 경영상 목적을 달성하기 위하여 필요한 경우에는 회사의 다른 주주(이하 '소수주주'라고 한다)에게 그 보유하는 주식의 매도를 청구할 수 있다고 규정하고 있다. 이는 95% 이상의 주식을 보유한 지배주주가 소수주주에게 공정한 가격을 지급한다면, 일정한 요건하에 발행주식 전부를 지배주주 1인의 소유로 할 수 있도록 함으로써 회사 경영의 효율성을 향상시키고자 한 제도이다. 이러한 입법 의도와 목적 등에 비추어 보면, 지배주주가 본 조항에 따라 매도청구권을 행사할 때에는 반드시 소수주주가 보유하고 있는 주식 전부에 대하여 권리를 행사하여야 한다.

여기서 보유하는 주식수를 산정함에 있어서는 모회사와 자회사가 보유한 주식(여기에는 자회사가 취득한 자기 주식도 포함된다)을 합산한다.

【판례】 대법원 2017.7.14.자 2016마230결정

자회사의 소수주주가 상법 제360조의25 제1항에 따라 모회사에게 주식매수청구를 한 경우에 모회사가 지배주주에 해당하는지 여부를 판단함에 있어, 상법 제360조의24 제1항은 회사의 발행주식총수를 기준으로 보유주식의 수의 비율을 산정하도록 규정할 뿐 발행주식총수의 범위에 제한을 두고 있지 않으므로 자회사의 자기주식은 발행주식총수에 포함되어야 한다. 또한 상법 제360조의24 제2항은 보유주식의 수를 산정할 때에는 모회사와 자회사가 보유한 주식을 합산하도록 규정할 뿐 자회사가 보유한 자기주식을 제외하도록 규정하고 있지 않으므로 자회사가 보유하고 있는 자기주식은 모회사의 보유주식에 합산되어야 한다.

이 경우 회사가 아닌 주주가 발행주식총수의 100분의 50을 초과하는 주식을 가진 회사가 보유하는 주식도 그 주주가 보유하는 주식과 합산한다(제360조의24 제2항).

2. 매도청구의 절차

1) 주주총회의 승인

지배주주가 주식매도청구권을 행사하기 위해서는 주주총회의 승인을 얻어야 한다(제360조의24 제3항). 주주총회의 소집을 통지할 때에는 지배주주의 회사 주식의 보유현황, 매도청구의 목적, 매매가액의 산정근거와 적정성에 관한 공인된 감정인의 평가 및 매매가액의 지급보증 등에 관한 사항을 기재하여야 한다(제360조의24 제4항).

2) 지배주주의 매도청구내용 설명

지배주주는 매도청구권을 행사하기 위한 주주총회에서 소집통지에 기재한 사항들을 설명하여야 한다(제360조의24 제4항).

3) 주주와 질권자에 대한 통지 및 공고

지배주주는 매도청구의 날 1개월 전까지 소수주주는 매매가액의 수령과 동시에 주권을 지배주주에게 교부하여야 한다는 뜻, 교부하지 않을 경우 매매가액을 수령하거나 지배주주가 매도가액을 공탁한 날에 주권은 무효가 된다는 뜻을 공고하여야 하고, 주주명부에 적힌 주주와 질권자에게 따로 그 통지를 하여야 한다(제360조의24 제5항).

4) 소수주주의 주식매도

지배주주의 매도청구를 받은 소수주주는 매도청구를 받은 날로부터 2개월 내에 지배주주에게 그 주식을 매도하여야 한다(제360조의24 제5항).

3. 매도가액의 결정

지배주주의 매도청구가 있는 경우 그 매매가액은 매도청구를 받은 소수주주와 매도를 청구한 지배주주의 협의로 결정한다(제360조의24 제7항). 그러나 매도청구를 받은 날로부터 30일 내에 매도가격에 대한 협의가 이루어지지 아니한 경우에는 매도청구를 받은 소수주주 또는 매도청구를 한 지배주주는 법원에 매도가액의 결정을 청구할 수 있고(제360조의24 제8항), 법원은 회사의 제반 사정을 참작하여 공정한 가액으로 매도가액을 산정하여야 한다(제360조의24 제9항).

Ⅱ. 소수주주의 지배주주에 대한 주식매수청구권

1. 소수주주의 주식매수청구권의 의의

회사의 발행주식총수의 100분의 95 이상을 자기의 계산으로 보유하는 지배주주가 있는 회사의 소수주주는 언제든지 지배주주에게 그 보유주식의 매수를 청구할 수 있고(제360조의25 제1항), 이 경우 매수청구를 받은 지배주주는 매수를 청구한 날을 기준으로 2개월 내에 매수를 청구한 주주로부터 그 주식을 매수하여야 한다(제360조의25 제2항).

2. 매수청구의 절차

소수주주가 지배주주에 대하여 매수청구를 하는 경우에 대해서는 특별한 절차의 규정이 없으므로, 소수주주의 매수청구의 의사표시만 있으면 된다.

3. 매매가액의 결정

소수주주가 지배주주에 대하여 매수를 청구한 경우, 그 매매가액은 매수를 청구한 주주와 매수청구를 받은 지배주주 간의 협의로 이를 결정한다(제360조의25 제3항). 그러나 지배주주가 매수청구를 받은 날부터 30일 내에 매매가액에 대한 협의가 이루어지지 아니한 경우에는 매수청구를 받은 지배주주 또는 매수청구를 한 소수주주는 법원에 대하여 매매가액의 결정을 청구할 수 있다(제360조의25 제4항). 이때 법원은 회사의 재산상태와 그 밖의 사정을 고려하여 공정한 가액으로 매매 가액을 산정하여야 한다(제360조의25 제5항).

Ⅲ. 지배주주의 주식취득과 주식의 이전의 효력발생

소수주주에 대한 지배주주의 주식매도청구나 지배주주에 대한 소수주주의 주식매수청구에 의하여 주식을 취득한 지배주주가 매매가액을 소수주주에게 지급한 때 주식의 이전이 이루어진 것으로 본다(제360조의26 제1항). 매매가액을 지급할 소수주주를 알 수 없거나 소수주주가 수령을 거부할 경우에는 지배주주는 그 가액을 공탁할 수 있다. 이 경우 주식은 공탁한 날에 지배주주에게 이전된 것으로 본다(제360조의26 제2항).

【판례】 대법원 2020.6.11.선고 2018다224699판결

상법 제360조의26 제1항은 상법 제360조의24에 따라 주식을 취득하는 지배주주는 대매가액을 소수주주에게 지급한 때에 주식이 이전된 것으로 본다고 규정하고, 같은 조 제2항은 제1항의 매매가액을 지급할 소수주주를 알 수 없거나 소수주주가 수령을 거부할 경우에는 지배주주는 그 가액을 공탁할 수 있다고 규정하고 있다. 이 때의 '매매가액'은 지배주주가 일방적으로 산정하여 제시한 가액이 아니라 소수주주와 협의로 결정된 금액 또는 법원이 상법 제360조의24 제9항에 따라 산정한 공정한 가액으로 보아야 한다. 이유는 다음과 같다.

① 지배주주의 일방적인 매도청구권 행사로 소수주주가 그 의사에 반하여 회사로부터 축출될 수 있기 때문에, 공정한 가격을 지급함으로써 소수주주를 보호할 필요성이 인정된다. 상법에서 '지배주주의 매도청구권이 주주총회에서 승인된 때' 또는 '소수주주가 매도청구권의 통지를 수령한 때'가 아니라 '지배주주가 매매가액을 지급한 때'에 비로소 주식이 이전된다고 규정하고, 또 지배주주의 매도청구권에 대응하는 권리로 상법 제360조의25에서 소수주주에게도 매수청구권을 부여한 점에 비추어 보더라도 그러하다.

② 상법 제360조의26은 상법 제360조의24에 따라 지배주주가 매도청구권을 행사한 경우뿐 아니라 상법 제360조의25에 따라 지배주주가 있는 회사의 소수주주가 지배주주를 상대로 매수청구권을 행사한 경우에도 동일하게 적용된다. 그런데 후자의 경우, 지배주주가 일방적으로 산정하여 제시하는 매매가액이라는 개념은 상정하기 어렵다.

제4절 주식회사의 기관

제1관 기관의 구조

I. 기관의 구성

1. 기관의 의의

회사의 의사를 결정하고 행위를 실천하는 회사조직상의 지위를 기관이라 한다. 주식회사는 회사의 대내적 의사를 결정하는 의사결정기관으로서 주주총회와 업무집행의 의사결정기관으로서의 이사회, 업무집행 및 대표기관으로서 대표이사(또는 집행임원), 감독기관으로서 감사(또는 감사위원회)등의 필요적 기관으로 분화되고, 임시기관으로서 검사인을 선임할 수 있다.

이 점에서 각 사원이 업무집행권과 대표권을 가지고, 업무집행자와 대표자를 별도로 두더라도 사원 중에서 선임하여 기관자격과 사원자격이 분리되지 않는 합명회사나 합자회사와 다르다. 사원 또는 사원 아닌 자가 업무집행기관이자 대표기관이 되는 유한책임회사와 다르며, 이사와 사원총회만이 필요적 기관인 유한회사와 다르다.

2. 기관의 분화와 기능

1) 주주총회

주주총회는 주주들로 구성되며 주주의 이해에 중요한 영향을 미칠 사항 즉, 이사 · 감사의 선임, 정관변경 등 법정 주요 사항에 관하여 최고의 의사결정을 하는 기관이다(제361조).

2) 이사 · 이사회 · 대표이사 · 집행임원

주주총회에서 선임되는 이사들로 구성된 이사회는 회사의 업무집행에 관한 의사결정권을 갖는다(제393조 제1항). 이러한 이사회의 결정사항을 집행하는 기관이 대표이사이다. 즉, 대표이사는 대외적으로 회사를 대표하여 조직법적 및 거래법적 법률관계를 형성한다. 이사회는 업무집행의 결정을 하는 권한이 있으므로, 대표이사의 집행행위를 감독한다(제393조 제2항).

대표이사에 갈음하여 업무집행과 대표행위를 하는 집행임원을 둘 수 있다(제408조의2 제1항).

3) 감사 · 감사위원회 · 검사인 · 외부감사인

감사 및 감사위원회는 이사회 및 대표이사의 업무집행을 감사하는 기관이다. 감사는 주주총회가 선임하는 기관이며, 감사위원회는 이사회 내부에 두어 이사들로 구성되는 회의체이다. 따라서 감사는 독립된 감독기관이지만, 감사위원회는 이사회의 감독하에 기능하는 기관이다. 검사인은 회사설립시 현물출자 등 변태설립사항의 검사(제299조 제4항), 주주총회소집절차나 결의방법의 적법성 조사(제367조), 주주총회에 제출된 서류와 감사의 보고서를 조사하기 위한 경우(제366조 제3항), 회사의 재산 및 영업상태 조사(제467조 제1항) 등의 경우에 필요에 따라 선임되는 임시 감독기관이다.

그리고 외부감사인은 자산총액이 일정액 이상인 회사의 회계감사를 위해 선임되는 임시 감독기관이다.

Ⅱ. 소유와 경영의 분리

주식회사는 주주들이 유한책임을 지므로 회사에 현존하는 재산만이 회사채권자에 대한 담보가 될 뿐이다. 따라서 회사채권자를 보호하고 회사재산을 건전하게 유지하도록 하기 위해 회사경영의 객관성을 유지하고 재산을 독립적으로 관리할 수 있도록 소유와 경영이 분리되어 있다. 또한 소유와 경영을 분리하여 전문경영인에게 경영을 위임함으로써 경영의 효율을 기할 수 있다.

제2관 주주총회

I. 의 의

주주총회[1]란 회사의 기본조직과 경영에 관한 중요사항에 관하여 주주들이 의사를 표시함으로써 회사의 의사를 결정하는 필요기관이다. 주주총회는 법률 또는 정관에 정하여진 사항에 한하여 결의할 수 있는 최고의사결정기관이다(제361조).

II. 주주총회의 권한

1. 의 의

상법 제361조에서 「주주총회는 본법 또는 정관에 정하는 사항에 한하여 결의할 수 있다」고 규정하고 있다.

상법이 규정하고 있는 주주총회의 권한은 그 중요도에 따라 특별결의사항 · 보통결의사항 · 특수결의사항으로 나누어지며, 정관의 정함에 따라 주주총회의 권한은 추가된다. 법령이나 정관에 의해 주주총회의 권한으로 되어 있는 것은 반드시 주주총회에서 결의하여야 하며 다른 기관이나 개인에게 위임할 수 없다.

2. 법령에 의해 주어진 권한

1) 특별결의사항과 요건

(1) 특별결의사항: 정관의 변경(제434조), 영업의 전부 또는 중요한 일부의 양도 · 영업 전부의 임대 또는 경영위임 · 회사의 영업에 중대한 영향을 미치는 다른 회사의 영업 전부 또는 일부의 양수 · 주주간 손익공동계약 등의 체결 및 변경 또는 해약(제374조 제1항), 이사 또는 감사의 해임(제385조 제1항, 제415조), 자본금 감소(제438조 제1항), 사후설립(제375조), 임의해산(제518조), 회사의 계속(제519조), 주식의 분할(제329조의2 제1항), 주식의 액면미달발행(제417조 제1항), 주주 이외의 자에 대한 전환사채 및 신주인수권부사채의 발행(제513조 제4항, 제516조의2 제5항), 신설합병의 경우 설립위원의 선임(제174조 제2항), 합병계약서

---

1) 【학설】 주주총회의 의의에 관한 학설

① 상설기관 여부: 주주총회를 회의체로서 상설기관이라는 견해와 상설기관이 아니라 임시기관이라는 견해가 있다.

② 주주총회 구성원의 범위: 주주총회의 구성원에 관하여 의결권 없는 주식을 가진 주주도 구성원이 된다는 견해와 구성원에서 제외된다는 견해가 있다.

의 승인(제522조 제1항), 분할계획서 및 분할합병계약서의 승인(제530조의3 제2항), 휴면회사의 계속(제520조의2 제3항), 주식매수선택권의 부여(제340조의2 제1항), 주식의 포괄적 교환·이전(제360조의3 제2항, 제360조의16 제2항) 등이 있다.

(2) 특별결의요건: 출석한 주주의 의결권의 3분의 2 이상의 수와 발행주식총수의 3분의 1 이상의 수로 한다(제434조). 특별결의요건은 정관규정으로도 완화할 수 없으나 가중은 가능하다.

2) 보통결의사항과 요건

(1) 보통결의사항: 자기주식의 취득(제341조 제2항), 지배주주의 소수주식 전부 취득(제360조의24 제3항), 이사·감사의 선임(제382조 제1항, 제409조 제1항), 청산인의 선임·해임(제531조 제1항, 제539조 제1항), 이사·감사·청산인의 보수결정(제388조, 제415조, 제542조), 재무제표의 승인(제449조 제1항), 이익배당(제462조 제2항), 주식배당(제462조의2 제1항), 배당금지급시기의 특정(제464조의2 제1항), 총회의 연기 또는 속행의 결정(제372조), 총회의장의 선임(제336조의2 제1항), 청산인의 청산종료의 승인(제540조), 검사인의 선임(제367조 제1항) 등이 있다.

(2) 보통결의요건: 출석한 주주의 의결권의 과반수와 발행주식총수의 4분의 1 이상의 수로써 한다(제368조 제1항).[1)]

【판례】 대법원 2017.1.12.선고 2016다217741판결

상법 제368조 제1항은 주주총회의 보통결의요건에 관하여 "총회의 결의는 이 법 또는 정관에 다른 정함이 있는 경우를 제외하고는 출석한 주주의 의결권의 과반수와 발행주식총수의 4분의 1 이상의 수로써 하여야 한다"라고 규정하여 주주총회의 성립에 관한 의사정족수를 따로 정하고 있지는 않지만, 보통결의요건을 정관에서 달리 정할 수 있음을 허용하고 있으므로, <u>정관에 의하여 의사정족수를 규정하는 것은 가능하다</u>.

한편, 총회의 표결결과 가부동수가 되는 경우에는 부결이며, 이에 반하는 정관의 정함은 효력이 없다.

3) 특수결의사항

총주주의 동의가 필요한 결의사항으로 이사·감사·집행임원·발기인의 회사에 대한 손해배상책임면제(제400조 제1항, 제324조, 제415조), 주식회사의 유한책임회사 또는 유한회사로의 조직변경(제287조의43 제1항; 제604조 제1항), 주주의 부담을 가중시키는 회사의 분할·분할합병(제530조의3 제6항), 주주의 부담을 가중시키는 주식의 포괄적 교환·이전(제360조의3 제5항, 제360조의16 제4항) 등이 있다.

---

1) 【학설】 보통결의요건의 완화와 가중에 관한 학설
보통결의요건에 대해 정관에 다른 정함을 함으로써 요건의 완화와 가중이 가능하다는 견해(소수설)와, 완화는 할 수 없고 가중만이 가능하다는 견해(다수설)가 있다. 가중의 경우에도 특별결의요건의 한도로 해서만 가능하다는 견해와, 주주 전원의 동의를 요한다는 정함도 가능하다는 견해로 나누어진다.

3. 정관에 의한 권한

정관의 규정에 의하여 이사회의 결의사항을 주주총회의 권한으로 추가할 수 있다(단, 주주총회 소집청구권은 제외된다). 다만, 정관으로 주주총회의 권한으로 할 수 있는 범위에 대해서는 학설의 대립이 있다.[1] 이러한 결의사항에 대한 결의요건에 대해 정관에 아무런 정함이 없는 때에는 보통결의에 의한다.

보충 ① 이사회 결의사항이지만 정관으로 주주총회의 결의사항으로 할 수 있음을 명문으로 규정하고 있는 경우: 대표이사의 선임·해임(제389조 제1항), 신주발행사항의 결정(제416조), 준비금의 자본금전입 결정(제461조 제1항), 주주에 대한 전환사채발행사항 또는 신주인수권부사채의 발행사항 결정(제513조 제2항, 제516조의2 제2항) 등의 경우이다.
② 주주총회의 결의사항이지만 정관으로 이사회의 결의사항으로 할 수 있음을 명문으로 규정하고 있는 경우: 재무제표의 승인(제449조의2 제1항), 이익배당의 결정(제462조 제2항 단서), 자기주식의 취득결정(제341조 제2항 단서) 등의 경우이다.

4. 주주총회 주요 특별결의사항

1) 영업의 양도와 양수

회사 영업의 전부 또는 중요한 일부를 양도하는 때에는 주주총회의 특별결의를 요한다(제374조 제1항 제1호). 이는 주식회사가 주주의 이익에 중대한 영향을 미치는 계약을 체결할 때에는 주주총회의 특별결의를 얻도록 하여 그 결정에 주주의 의사를 반영하도록 함으로써 주주의 이익을 보호하려는 것이다. 그리고 이 규정은 강행법규이므로, 주식회사가 영업의 전부 또는 중요한 일부를 양도한 후 주주총회의 특별결의가 없었다는 이유를 들어 스스로 그 약정의 무효를 주장하더라도 주주 전원이 그와 같은 약정에 동의한 것으로 볼 수 있는 등 특별한 사정이 인정되지 않는다면 위와 같은 무효 주장이 신의성실 원칙에 반한다고 할 수는 없다(대법원 2018.4.26.선고 2017다288757판결).

'영업의 양도'란 회사의 사업목적을 위하여 조직화되고 유기적 일체로서 기능하는 재산 전부를 총체적으로 유상으로 이전함과 아울러 영업활동의 승계가 이루어지는 계약을 말한다(대법원 1994.5.10.선고 93다47615판결). '영업의 중요한 일부'란 주주들의 출자동기에 영향을 미치는 정도를 고려하여 판단하여야 하며, 양도로 인해 회사의 기본적인 사업목적을 변경시킬 정도에 이를 경우

1) 【학설】 정관에 의한 주주총회의 권한으로 할 수 있는 범위에 대한 학설
① 제한설: 다른 기관의 권한에 속하는 사항이라도 주주총회의 권한으로 할 수 있다는 상법에 명문의 규정이 있는 경우에 한하여 정관의 정함으로 주주총회의 권한으로 할 수 있다는 견해(이 견해에 의하면 명문규정이 없으면 주주총회의 권한으로 할 수 없다)이다.
② 확장설: 주주총회의 최고기관성 및 권한분배의 자율성을 근거로 명문의 규정이 없더라도 주주총회 소집권한을 제외하고 그 성질이 허용하는 한 정관의 정함으로 주주총회의 권한으로 할 수 있다는 견해(통설)이다.
③ 절충설: 다른 기관의 권한에 속하는 사항에 대해서는 명문규정이 주어진 경우에는 주주총회의 권한으로 할 수 없으나 권한귀속에 관한 규정이 없는 사항은 주주총회의 권한으로 할 수 있다는 견해이다.

를 말한다.

영업양도[1]의 양도인은 회사이고 양수인은 회사와는 별도의 영업주체라는 점에서 회사의 영업이나 재산에는 아무런 변동이 없는 지배주주 개인과 양수인 간의 주식양도인 지배주식의 양도와는 구별된다(대법원 1999.4.23.선고 98다45546판결).

【판례】 대법원 2004.7.8.선고 2004다13717판결[동지: 대법원 2014.10.15.선고 2013다38633판결]

주주총회의 특별결의가 있어야 하는 상법 제374조 제1항 제1호 소정의 '영업의 전부 또는 중요한 일부의 양도'라 함은 일정한 영업목적을 위하여 조직되고 유기적 일체로 기능하는 재산의 전부 또는 중요한 일부를 총체적으로 양도할 것을 의미하는 것으로서, 이에는 양수회사의 영업적 활동의 전부 또는 중요한 일부분의 승계가 수반되어야 하는 것이므로 단순한 영업용 재산의 양도는 이에 해당하지 않으나, 다만 영업용 재산의 처분으로 말미암아 회사 영업의 전부 또는 일부를 양도하거나 폐지할 것과 같은 결과를 가져오는 경우에는 주주총회의 특별결의가 필요하다.

2) 영업 전부의 임대·경영위임 등

영업 전부의 임대 또는 경영위임, 타인과 영업의 손익 전부를 같이하는 계약 및 기타 이에 준할 계약의 체결·변경 또는 해약의 경우에는 주주총회의 특별결의를 요한다(제374조 제1항 제2호).

영업의 전부임대는 회사의 전재산이 제3자의 점유하에 놓이게 되어 회사의 재산적 기초를 불안하게 하므로 주주총회의 특별결의를 요하나, 일부의 임대는 주주총회의 특별결의를 요하지 않는다. 경영의 전부위임은 주주총회의 특별결의를 요하지만, 일부의 위임은 주주총회의 특별결의를 요하지 않는다.

3) 다른 회사의 영업의 양수

회사의 영업에 중대한 영향을 미치는 다른 회사의 영업의 전부 또는 일부 양수의 경우에는 주주총회의 특별결의를 요한다(제374조 제1항 제3호).

'다른 회사의 영업의 양수'에 있어서 영업 전부의 양도 또는 영업의 중요한 일부를 양도하는 경우에는 양도회사의 주주총회 특별결의를 요하고, 영업의 전부 또는 일부 양수가 회사의 영업에 중대한 영향을 미치는 경우에는 양수회사의 주주총회 특별결의가 필요하다.

---

1) 【학설】 영업양도의 의미에 관한 학설

① 형식설: 주주총회의 특별결의를 요하는 영업양도의 의의에 대하여 상법총칙의 영업양도의 의의와 동일하게 해석하는 견해이다(판례의 기본적 입장). 이 견해에 의하면 단순한 영업재산만의 양도는 설혹 회사의 유일한 재산일지라도 특별결의를 요하지 않고, 양도회사의 영업활동의 전부 또는 일부가 양수회사에 승계되어야 영업양도에 해당한다고 한다.

② 실질설: 주주총회의 특별결의를 요하는 영업양도를 상법총칙의 영업양도와 달리 해석하는 견해(실질설)이다. 실질설에 따르면 중요자산의 처분을 포함하여 개개의 재산양도는 상법 제374조 제1항의 주주총회의 특별결의를 필요로 한다고 한다.

③ 절충설: 영업의 전부 또는 중요한 일부가 아닌 회사의 중요재산 처분이 사실상 영업의 폐지나 중단을 초래할 수 있는 회사 존속의 기초가 되는 영업용 재산일 때에는 상법 제347조 제1항의 주주총회의 특별결의를 요한다는 견해이다(판례의 예외적 입장).

4) 간이영업양도 · 양수 · 임대 등의 특칙

회사의 영업양도, 영업의 임대, 경영위임, 다른 회사의 영업양수 등 주주총회 특별결의를 요하는 상법 제374조 제1항의 사항에 대하여 양도회사의 총주주의 동의가 있거나 그 회사의 발행주식총수의 100분의 90 이상을 상대방이 소유하고 있는 경우에는 그 회사의 주주총회의 승인은 이를 이사회의 승인으로 갈음할 수 있다(제374조의3 제1항). 이 경우 양도회사는 영업양도 · 양수 · 임대 등의 계약서의 작성일부터 2주 이내에 주주총회의 승인을 얻지 아니하고 영업양도 · 양수 · 임대 등을 한다는 뜻을 공고하거나 주주에게 통지하여야 하지만, 총주주의 동의가 있는 경우에는 통지를 하지 아니하여도 무방하다(제374조의3 제2항). 회사의 공고 또는 통지가 있은 날부터 2주 이내에 회사에 대하여 서면으로 영업양도 · 양수 · 임대 등에 반대하는 통지를 한 주주는 그 기간이 경과한 날부터 20일 이내에 주식의 종류와 수를 기재한 서면으로 회사에 대하여 자기가 소유하는 주식의 매수를 청구할 수 있다(제374조의3 제3항).

Ⅲ. 주주총회의 소집

1. 소집결정

1) 이사회의 결의

주주총회의 소집은 상법에 다른 규정이 있는 경우를 제외하고는 이사회(청산 중의 회사는 청산인회)가 이를 결정한다(제362조, 제542조 제2항). 이사회는 주주총회의 일시 · 장소 · 의안 등을 정하며, 그 소집 결정의 집행은 업무집행권을 가진 대표이사가 한다. 그러나 이사가 1인 또는 2인인 소규모 주식회사(자본금 10억원 미만의 주식회사)의 경우에는 이사가 결정하여 집행한다(제383조 제6항). 이사회의 소집결정 없이 대표이사에 의해 소집된 주주총회의 결의는 취소의 사유가 되며(대법원 1980.10.27.선고 79다1264판결), 이사회의 소집결정 없이 소집권한이 없는 이사나 감사에 의하여 소집된 주주총회의 결의는 그 성립과정에 중대한 하자가 있어 부존재의 사유가 된다(대법원 1987.4.28.선고 86다카553판결; 대법원 2010.6.24.선고 2010다13541판결).

2) 소수주주에 의한 소집

발행주식총수의 100분의 3 이상의 주식을 가진 주주(상장회사는 발행주식총수의 1천분의 15 이상의 주식을 보유한 주주; 이하 '소수주주'라 한다)[1)]는

1) 【학설】 소수주주의 의의에 관한 학설
주주총회소집청구권을 갖는 소수주주에는 상법 제371조 제1항에 근거하여 의결권 없는 주식과 자기주식이 포함되지 않는다는 견해와, 제371조 제1항을 총회 결의의 성립에 필요한 정족수의 계산에 관한 것으로 소수주주권에 관하여 당연히 적용될 수 없다고 하면서 의결권 없는 주식과 자기주식·자회사 소유의 모회사주식·비모자회사 간의 상호소유주식도 소수주주에 포함된다는 견해(다수설)가 있다.

회의의 목적사항과 소집의 이유를 기재한 서면 또는 전자문서(전자우편은 물론 휴대전화, 문자메시지, 모바일메시지 등까지 포함된다; 대법원 2022.12.16.자 2022그734결정)를 이사회('이사회'는 원칙적으로 대표이사를 의미하고, 예외적으로 대표이사 없이 이사의 수가 1인 또는 2인인 소규모회사의 경우에는 각 이사를 말한다; 대법원 2022.12.16.자 2022그734결정)에 제출하여 주주총회의 소집을 청구할 수 있다(제366조 제1항). 주주총회는 상법 또는 정관이 정한 사항에 한하여 결의할 수 있으므로(상법 제361조), 소수주주가 상법 제366조에 따라 주주총회소집허가 신청을 하는 경우 주주총회 결의사항이 아닌 것을 회의목적사항으로 할 수 없다. 따라서 대표이사는 정관에 특별한 정함이 없는 한 이사회 결의로 선임되므로(상법 제389조), 정관에서 주주총회 결의사항으로 '대표이사의 선임 및 해임'을 규정하지 않은 경우에는 이를 회의목적사항으로 삼아 상법 제366조에서 정한 주주총회소집허가 신청을 할 수 없다(대법원 2022.4.19.자 2022그501결정).

【판례】 대법원 2022.9.7.자 2022마5372결정

일반적으로 주주총회는 이사회의 결의로 소집하지만(상법 제362조), 예외적으로 소수주주가 법원의 허가를 얻어 소집할 수도 있다. 즉 발행주식총수의 100분의 3 이상에 해당하는 주식을 가진 주주는 회의의 목적사항과 소집의 이유를 적은 서면(이하 '임시총회소집청구서'라 한다)을 이사회에 제출하여 임시총회의 소집을 청구할 수 있고, 위 청구가 있은 후 지체 없이 총회소집의 절차가 진행되지 않은 때에는 법원의 허가를 받아 직접 총회를 소집할 수 있다(상법 제366조). 이러한 임시총회소집청구권은 주주의 공익권 중 하나로서, 소수주주의 이익을 보호하고 특히 지배주주의 지지를 받는 이사가 주주총회의 소집을 미루고 있는 경우 이를 견제하기 위한 것이다. 이와 같은 절차를 통하여 소수주주는 자신이 제안하는 안건을 주주총회의 결의에 부의할 수 있게 된다.

소수주주가 상법 제366조에 따라 <u>임시총회 소집에 관한 법원의 허가를 신청할 때 주주총회의 권한에 속하는 결의사항이 아닌 것을 회의 목적사항으로 할 수는 없다</u>. 이때 임시총회소집청구서에 기재된 회의의 목적사항과 소집의 이유가 이사회에 먼저 제출한 청구서와 서로 맞지 않는다면 법원의 허가를 구하는 재판에서 그 청구서에 기재된 소집의 이유에 맞추어 회의의 목적사항을 일부 수정하거나 변경할 수 있고, 법원으로서는 위와 같은 불일치 등에 관하여 석명하거나 지적함으로써 신청인에게 의견을 진술하게 하고 회의 <u>목적사항을 수정·변경할 기회를 주어야 한다</u>.

한편 정관에 다른 규정이 없으면 대표이사는 이사회 결의로 이사 중에서 선임되므로(상법 제389조), 대표이사가 이사직을 상실하면 자동적으로 대표이사직도 상실한다. 따라서 대표이사는 이사회 결의로 대표이사직에서 해임되는 경우뿐만 아니라 주주총회 결의로 이사직에서 해임되는 경우에도 대표이사직을 상실하게 된다. 그렇다면 소수주주가 제출한 임시총회소집청구서에 회의의 목적사항이 '대표이사 해임 및 선임'으로 기재되었으나 소집의 이유가 현 대표이사의 '이사직 해임'과 '후임 이사 선임'을 구하는 취지로 기재되어 있고, 회사의 정관에 '대표이사의 해임'이 주주총회 결의사항으로 정해져 있지 않다면, 회의의 목적사항과 소집의 이유가 서로 맞지 않으므로 법원으로서는 소수주주로 하여금 회의의 목적사항으로 기재된 <u>'대표이사 해임 및 선임'의 의미를 정확하게 밝히고 그에 따른 조치를 취할 기회를 갖도록 할 필요가 있다</u>.

소수주주의 청구가 있을 때에는 이사회는 지체없이 주주총회소집의 절차를 밟아야 한다(제366조 제2항). 소수주주의 청구가 있음에도 불구하고 소집절차를 밟지 않을 때에는 소집을 청구한 주주는 법원의 허가를 얻어 직접 총회를 소집할 수 있으며(제366조 제2항), 이러한 임시주주총회 소집청구권은 주주의 공익권의 하나로서 소수주주의 이익을 보호하고 특히 지배주주의 지지를 받는 이사가 주주총회의 소집을 미루고 있는 경우 이를 견제하기 위한 것이다(대법원 2022.9.7.자 2022마5372결정).

【판례】 대법원 2018.3.15.선고 2016다275679판결

법원은 상법 제366조 제2항에 따라 총회의 소집을 구하는 소수주주에게 회의의 목적사항을 정하여 이를 허가할 수 있다. 이때 법원이 총회의 소집기간을 구체적으로 정하지 않은 경우에도 소집허가를 받은 주주는 소집의 목적에 비추어 상당한 기간 내에 총회를 소집하여야 한다. 소수주주에게 총회의 소집권한이 부여되는 경우, 총회에서 결의할 사항은 이미 정해진 상태이고, 일정기간이 경과하면 소집허가결정의 기초가 되었던 사정에 변경이 생길 수 있기 때문이다. 소수주주가 아무런 시간적 제약 없이 총회를 소집할 수 있다고 보는 것은, 이사회 이외에 소수주주가 총회의 소집권한을 가진다는 예외적인 사정이 장기간 계속되는 상태를 허용하는 것이 되고, 이사회는 소수주주가 소집청구를 한 경우 지체 없이 소집절차를 밟아야 하는 것에 비해 균형을 상실하는 것이 된다. 따라서 총회소집허가결정일로부터 상당한 기간이 경과하도록 총회가 소집되지 않았다면, 소집허가결정에 따른 소집권한은 특별한 사정이 없는 한 소멸한다. 소집허가결정으로부터 상당한 기간이 경과하였는지는 총회소집의 목적과 소집허가결정이 내려진 경위, 소집허가결정과 총회소집 시점 사이의 기간, 소집허가결정의 기초가 된 사정의 변경 여부, 뒤늦게 총회가 소집된 경위와 이유 등을 고려하여 판단하여야 한다.

소수주주가 주주총회를 소집한 때에는 법원은 이해관계인의 청구나 직권으로 의장을 선임할 수 있다(제366조 제2항). 법원은 주주총회소집 허가신청에 대하여 이유를 붙인 결정으로써 재판을 하여야 하며, 신청을 인용한 재판에 대하여는 불복을 신청할 수 없다(비송사건절차법 제81조 제1항·제2항). 소수주주의 청구 또는 법원의 허가를 얻어 소수주주에 의하여 총회가 소집된 경우 총회는 회사의 업무와 재산상태를 검사하기 위하여 검사인을 선임할 수 있다(제366조 제3항).

3) 감사 또는 감사위원회에 의한 소집

감사 또는 감사위원회는 회의의 목적사항과 소집의 이유를 기재한 서면을 이사회에 제출하여 주주총회의 소집을 청구할 수 있고, 이사회가 소집을 게을리하는 때에는 법원의 허가를 얻어 직접 주주총회를 소집할 수 있다(제412조의3, 제366조 제2항).

4) 법원의 명령에 의한 소집

발행주식총수의 100분의 3 이상의 주식을 가진 주주(상장회사는 발행주식총수의 1천분의 15 이상의 주식을 보유한 주주)는 회사의 업무집행에 관하여 부정행위 또는 법령이나 정관에 위반한 중대한 사실이 있음을 의심할 사유가 있음을 이유로 회사의 업무와 재산상태를 조사하게 하기 위하여 법원에 검사인의 선임을 청구할 수 있고(제467조 제1항), 이 검사인의 조사·보고에 의해 필요하다고 인정될 때에는 법원은 주주총회의 소집을 명할 수 있다(제467조 제3항). 이때에는 대표이사가 바로 소집하여야 한다. 대표이사가 법원의 명령에 의한 주주총회 소집을 하지 아니하는 때에는 과태료의 제재를 받는다(제635조 제1항 제20호).

2. 주주총회의 시기

주주총회는 정기주주총회와 임시주주총회로 나누어진다. 정기주주총회와 임시주주총회는 소집시기에서만 차이가 있을 뿐 권한이나 소집절차 등에 차이가 없다(통설).

정기주주총회는 매 결산기마다 일정한 시기에 소집하여야 하고, 매년 1회는 반드시 소집하여야 한다(제365조 제1항, 제2항). 이에 위반하여 총회를 소집하지 아니하는 때에는 500만원 이하의 과태료에 처한다(제635조 제1항 제20호). 정기주주총회는 소집시기를 정관에 규정하지만, 규정이 없는 때에는 매 결산기 후 3월 내에 소집되어야 한다(제354조 제2항·제3항 참조). 한편, 임시주주총회는 필요에 따라 수시로 소집할 수 있다(제365조 제3항). 임시총회에서는 재무제표의 승인을 할 수 없다.

보충 정기총회가 어떠한 사유로 인하여 정관에 정한 총회시기보다 늦게 개최된 경우에도 그 총회는 임시총회가 되는 것은 아니므로 재무제표의 승인 등을 할 수 있다. 그러나 상당히 지연되어 개최된 경우에는 임시총회의 성격을 갖지만, 이 총회에서 재무제표의 승인이 무효가 되는 것은 아니라고 본다.

3. 소집의 통지

1) 통지의 기간 및 방법과 내용

(1) 통지의 기간 및 방법: 주주총회를 소집하기 위해서는 주주에게는 개별적으로 서면으로 통지를 발송하거나 각 주주의 동의를 받아 전자문서에 의해 총회일의 2주간 전에 통지를 발송 하여야 한다(제363조 제1항). 이 기간은 정관의 규정으로 늘릴 수는 있으나 줄일 수는 없다. 주주총회소집 통지의 불도달로 인한 불이익은 주주의 부담으로 하지만, 통지 자체 및 기간준수 여부에 관한 입증책임은 회사가 부담한다.

한편, 자본금 총액이 10억원 미만인 회사가 주주총회를 소집하는 경우에는 주주총회일의 10일 전에 각 주주에게 서면으로 통지를 발송하거나 각 주주의 동의를 받아 전자문서로 통지를 발송할 수 있다(제363조 제3항).

(2) 통지의 내용: 총회일·총회장소·회의의 목적사항을 통지하여야 한다(제363조 제2항). 소집통지서에 주주가 무엇을 결의하는지를 알 수 있을 정도로만 목적사항을 기재하여도 충분하지만, 정관변경이나 자본금감소, 회사합병, 회사의 분할 또는 분할합병, 제3자에 대한 전환사채나 신주인수권부사채의 발행사항 결정 등의 결의시에는 그 의안의 요령(변경할 규정이나 변경될 내용 등)도 기재하여야 한다(제433조 제2항, 제438조 제3항, 제522조 제2항, 제530조의11 제1항, 제513조 제4항, 제516조의2 제5항). 통지된 회의의 목적사항은 주주총회 결의사항의 범위를 제약하므로, 목적 이외의 결의는 참석주주 전원의 동의를 얻더라도 허용될 수 없고(대법원 1979.3.27.선고 79다19판결), 주주총회 결의 취소의 사유가 된다.

한편, 상법 제374조 제1항의 영업양도 등에 관한 주주총회의 소집통지를 하는 때에는 상법 제374조의2 제1항 및 제2항의 반대주주의 주식매수청구에 관한 구체적 내용 및 행사방법을 명시하여야 한다(제374조 제2항).

참고 상장회사의 주주총회 소집통지·공고에 관한 특례(제542조의4, 제542조의5)는 제11절 「상장회사의 특례」에서 설명하기로 한다.

2) 통지의 해태

회사가 주주총회소집의 통지를 게을리하거나 부적법하게 한 때에는 소집절차가 법령 또는 정관에 위반한 것이 되어 결의취소의 사유가 되고(제376조 제1항), 소집통지를 일부 주주에게만 한 경우 즉, 대부분의 주주에게 소집통지를 발송하지 않는 경우 그 주주총회는 그 성립과정의 하자가 너무나도 중대하여 결의부존재의 사유가 된다(대법원 2024.6.13.선고 2018다261322판결; 다만, 소집통지의 하자에 대하여 해당 주주의 동의가 있는 때에는 하자가 치유된다고 본다는 견해가 있다(이철송, 「회사법」, 제20판, 503면)). 그리고 이사 또는 청산인은 과태료의 처분을 받는다(제635조 제1항 제2호).

【판례】 대법원 1981.7.28.선고 80다2745 · 2746판결[동지: 대법원 1993.10.12.선고 92다21692판결]

적법한 소집권자에 의하여 소집된 주주총회에서 총주식의 과반수를 넘는 주식을 소유한 주주가 참석하여 참석주주 전원의 찬성으로 결의가 있었으나 일부 주주에게 소집통지를 하지 아니하였거나 법정기간을 준수한 서면통지를 하지 아니하여 그 소집절차에 하자가 있다면 이 하자는 동 결정의 무효사유가 아니라 취소사유에 해당한다.

3) 소집통지의 생략

(1) 회사는 의결권 없는 주식을 가진 주주에 대해서는 통지를 할 필요가 없다(제363조 제7항 본문). 다만, 주주총회소집통지서에 적은 목적사항에 주식의 포괄적 교환, 주식의 포괄적 이전, 영업양도, 회사의 합병 또는 회사분할 결의에 따라 반대주주의 주식매수청구권이 인정되는 사항이 포함된 경우에는 의결권 없는 주식을 가진 주주에게도 소집통지를 하여야 한다(제363조 제7항 단서).

(2) 회사가 주주에게 주주총회의 소집을 통지하는 경우 주주명부에 기재된 주소 혹은 주주가 회사에 통지한 주소에 3년간 도달하지 아니한 때에는 회사는 당해 주주에게 총회소집의 통지를 하지 않아도 된다(제363조 제1항 단서). 소집통지의 불도달에 대한 입증책임은 회사가 부담한다.

(3) 1인회사의 주주가 출석한 경우나 회사의 모든 주주가 총회를 개최할 것을 동의하여 출석한 전원출석총회의 경우에는 소집통지를 하지 않은 때 또는 소집절차를 거치지 않을 때에도 총회는 유효하게 성립한다는 것이 통설·판례(대법원 2002.7.23.선고 2002다15733판결)의 입장이다. 전원출석총회는 주주의 대리인이 출석한 경우도 포함된다(대법원 1993.2.26.선고 92다48727판결).

보충 ① 정관의 규정이 있는 경우 서면에 의한 의결권 행사가 인정되는 것을 근거로 하여 총주주의 동의가 있으면 그 회의 주주총회에 한하여 소집절차를 생략할 수 있다고 본다(정찬형, 「상법강의(상)」, 767면).
② 자본금 총액이 10억원 미만인 회사는 주주 전원의 동의가 있을 경우에는 소집절차 없이 주주총회를 개최할 수 있다. 그리고 서면에 의한 결의로써 주주총회의 결의를 갈음할 수 있다. 결의의 목적사항에

대하여 주주 전원이 서면으로 동의를 한 때에는 서면에 의한 결의가 있는 것으로 본다(제363조 제4항). 서면에 의한 결의는 주주총회의 결의와 같은 효력이 있으며(제363조 제5항), 서면에 의한 결의에 대하여는 주주총회에 관한 규정을 준용한다(제363조 제6항).

4. 소집지·소집장소

(1) 소집지: 주주총회는 정관에 다른 정함이 없는 한 본점소재지 또는 이에 인접한 지에서 소집하여야 한다(제364조). 본점소재지란 최소행정구역단위(시·군·구)를 말하고, 인접지란 본점소재지와 인접하고 있는 최소행정구역단위를 말한다.

(2) 소집장소: 소집장소는 소집지 내에 있는 총회소집장소로서 회사의 본점의 소집장소를 말한다. 따라서 총회소집을 소집지를 벗어난 장소에서 한다면 결의취소의 사유가 된다. 소집통지에 소집장소의 기재가 없으면 본점이 소집장소가 된다.

5. 주주제안권

1) 상법의 규정

상법 제363조의2 제1항은 「의결권 없는 주식을 제외한 발행주식총수의 100분의 3 이상에 해당하는 주식을 가진 주주는 이사에 대하여 일정한 사항을 주주총회의 목적사항으로 할 것을 제안할 수 있다」고 규정하여 주주제안권을 인정하고 있다. 주주제안권은 주주의 공익권에 해당한다.

2) 제안내용

주주제안권은 이미 소집이 결정된 주주총회의 안건에 관하여 행사하므로 이사회에서 정한 회의의 목적사항에 안건을 추가할 것을 요구하는 것으로, 일정한 사항을 주주총회의 의제로 할 것을 제안할 수 있는 의제제안권(예 정관의 내용변경이라는 제안)과 총회의 목적사항에 추가하여 의안을 제출할 수 있는 의안제안권(예 정관 제○조의 내용을 변경하는 구체적 사항 제안)이 있다.

3) 제안권행사의 절차

의결권 없는 주식을 제외한 발행주식총수의 100분의 3 이상에 해당하는 주식을 가진 주주(상장회사는 1천분의 10(자본금 1천억원 이상의 회사는 1천분의 5) 이상의 주식을 보유한 주주)는 총회일의 6주 전까지 이사에게 서면 또는 전자문서로 제안내용을 제출하여야 하며, 의안제안을 하는 경우에는 회의의 목적으로 할 사항에 추가하여 당해 주주가 제출하는 의안의 요령을 소집통지에 기재할 것을 청구할 수 있다(제363조의2 제2항). 이사회는 주주제안이 있는 경우 제안내용이 법령·정관에 위반되는 경우 또는 대통령령으로 정하는 일정한 경우(예 주주 개인의 고충에 관한 제안, 소수주주권에 관한 사항, 임기 중에 있는 임원의 해임에 관한 사항(상장회사의 경우에만 인정), 주주총회에서 의결권의 100분의 10 미만의 찬성밖에 얻지 못하여 부결된 내용과 동일한 의안을 부결된 날부터 3년 내에 다시 제안하는 경우, 회사가 실현할 수 없는 사항 또는 제안 이유가 명백히 거짓이거나 특정인의 명예를 훼손하는 사항; 상법시행령 제12조)를 제외하고는 주주총회의 목적사항으로 상정하여야 하며, 제안한 자의 요청이 있을 경우에는 주주총회에서 당해 의안을 설명할 수 있는 기회를 주어야 한다(제363조의2 제3항).

4) 주주제안을 무시한 결의의 효력

회사가 주주의 의안제안을 무시한 경우, 제안된 의안과 대응하는 결의가 이루어진 경우에는 그 결의는 결의방법에 하자가 있는 것으로 보아 주주총회 결의취소의 사유가 된다. 그러나 의제제안권에 위반한 경우에는 결의취소의 대상이 존재하지 않으므로 주주총회 결의취소의 소를 제기할 수 없다. 다만, 이사의 주주에 대한 손해배상책임이 성기고, 과태료의 제재를 받게 된다(제635조 제1항 19의3).

6. 총회의 연기와 속행

주주총회에서는 회의의 속행 또는 연기를 결의할 수 있고(제372조 제1항), 이 경우에는 주주총회 소집의 통지의 절차를 요하지 않는다(제372조 제2항). 그러나 속행 또는 연기의 기일과 장소의 정함이 없는 결의가 있었던 때에는 그 후에 기일과 장소의 통지를 하여야 하며, 이러한 통지는 주주가 출석이 가능한 정도의 시간적 여유를 가질 수 있을 정도로 통지하면 된다(대법원 1989.2.14.선고 87다카3200 판결). 총회의 연기, 속행의 결의 후 연기회나 계속회에서 당초 총회의 의결권 대리행사의 대리인은 별도의 수권 없이 대리권을 행사할 수 있고, 원래의 총회에 결석했던 주주라도 계속회, 연기회에 출석하여 의결권을 행사할 수 있다(이철송, 「회사법」, 제20판, 507면).

보충판례 ① 총회에서 회의의 속행 또는 연기를 결의하여 총회의 속행 또는 연기를 하는 점에서 처음부터 총회가 성립되지도 아니하는 철회 또는 총회개최 자체의 연기와 구별된다. 회사는 총회를 소집하는 통지·공고를 행한 후에도 그 소집을 철회하거나 회일을 연기할 수 있고, 이때에는 총회의 소집에 준하는 소집절차를 밟아야 한다(대법원 2009.3.26.선고 2007도8195판결). 소집철회 또는 총회 연기의 통지나 공고는 이미 통지·공고된 회일 이전에 도달하여야 한다(최준선, 「회사법」, 328면).

② 주식회사 대표이사가 이사회결의를 거쳐 주주들에게 임시주주총회 소집통지서를 발송하였다가 다시 이를 철회하기로 하는 이사회결의를 거친 후 총회 개최장소 출입문에 총회소집이 철회되었다는 취지의 공고문을 부착하고, 이사회에 참석하지 않은 주주들에게는 퀵서비스를 이용하여 총회소집이 철회되었다는 내용의 소집철회통지서를 보내는 한편, 전보와 휴대전화(직접통화 또는 메시지 녹음)로도 같은 취지의 통지를 한 사안에서, 임시주주총회 소집을 철회하기로 하는 이사회결의를 거친 후 주주들에게 소집통지와 같은 방법인 서면에 의한 소집철회통지를 한 이상 임시주주총회 소집이 적법하게 철회되었다고 본다(대법원 2011.6.24.선고 2009다35033판결).

IV. 주주의 의결권

1. 의결권의 의의·성질

의결권이란 주주가 주주총회에 출석하여 의사표시를 통하여 주주 공동의 의사결정의 표결에 참가할 수 있는 권리를 말한다. 그러므로 의결권은 주주의 가장 중요한 공익권이며, 고유권의 일종으로서 정관의 정함으로 이를 박탈하거나 제한할 수 없다. 그리고 주주도 주식과 분리하여 이를 포기하지 못하며, 주식과 분리하여 양도하는 것이 불가능하다. 다른 주주 또는 제3자가 의결권의 행사를 방해한 때에는 불법행위에 해당하고, 회사가 의결권의 행사를 방해한 때에는 결의하자를 주장하거나 이사의 책임추궁이 가능할 수 있다.

2. 의결권의 수

주주의 의결권은 주주평등의 원칙에 따라 1주마다 1개만이 주어진다(제369조 제1항). 이러한 1주 1의결권의 원칙은 강행법규이므로 법이 특별히 인정하는 예외의 경우를 제외하고는 정관 또는 주주총회의 결의로도 이에 반하는 규정을 두지 못하며, 주주 간에 1주 1의결권에 대한 다른 합의를 하더라도 이는 무효가 된다(대법원 2009.11.26.선고 2009다51820판결). 다만, 법에 의하여 의결권행사가 제한될 수 있다.

3. 의결권의 제한

1) 의결권 없는 주식

의결권 없는 주식은 회사분할의 경우 등 특별한 경우를 제외하고는 의결권이 없으며, 의결권제한주식도 주주총회의 일정한 결의사항에 대해 의결권이 제한된 경우 그 제한된 사항에 대해서는 의결권을 행사할 수 없다(제344조의3 제1항). 의결권 없는 주식 또는 의결권제한 주식은 주주총회의 결의에 있어서 발행주식총수에 산입되지 않는다(제371조 제1항).

2) 자기주식

회사가 가진 자기주식은 의결권이 없고(제369조 제2항), 주주총회의 결의에 있어서 발행주식총수에 산입되지 않는다(제371조 제1항).

3) 상호보유주식

자회사가 예외적으로 취득한 모회사주식은 의결권이 없고 주주총회 결의에 있어서 발행주식총수에 산입되지 않는다(제371조 제1항). 또한 어떤 회사가 다른 회사의 발행주식총수 중 10분의 1을 초과하여 보유하는 경우, 다른 회사가 가진 어떤 회사의 주식은 의결권이 없다(제369조 제3항). 쌍방이 서로 10분의 1을 초과하여 보유한다면 양쪽이 다 의결권을 행사할 수 없다.

4) 특별한 이해관계인의 소유주식

주주총회의 결의에 관하여 특별한 이해관계[1]가 있는 자는 의결권을 행사하지 못한다(제368조 제3항). 특별한 이해관계에 있는 자의 의결권의 수는 주주총회의 결의에 있어서 발행주식총수에는 산입되나 출석한 주주의 의결권에는 산입되지 않는다(제371조 제2항). 특별한 이해관계에 있는 자가 의결권을 행사한 때에는 주주총회 결의취소의 사유가 된다(제376조 제1항).

특별한 이해관계에 있는 자가 특별한 이해관계 없는 대리인을 통하여 의결권을 행사할 경우에도 주주의 이해관계가 대리의사에 화체된다고 보아 상법 제368조 제3항이 적용된다. 한편, 의결권 대리행사의 경우에 주주는 특별한 이해관계가 없으나 대리인이 특별한 이해관계를 갖는 때에도 대리인의 이해관계가 반영될 수 있으므로 상법 제368조 제3항이 적용된다.

통설에 따르면 특별한 이해관계가 있다고 볼 수 있는 주주는 발기인·이사·감사의 책임을 면제하는 결의를 할 때의 발기인·이사·감사인 주주, 영업양도·영업양수·경영위임 등의 결의를 할 때의 거래상대방인 주주(부산고법 2004.1.16.선고 2003나12328판결), 이사의 보수를 결정할 때의 이사인 주주(이사의 보수를 주주총회에서 정하고, 개별 이사의 보수지급액의 결정을 이사회에 위임한 경우 이사회 결의에서는 당해 이사는 특별한 이해관계가 없다) 등이다.

그러나 주주인 지위에서 회사지배와 관련되는 결의(예 이사·감사의 선임 또는 해임결의)에서 당사자이며 주주인 이사·감사인 경우, 합병에서 일방당사자인 회사가 타방회사의 주주인 경우, 재무제표의 승인결의에 있어서 이사가 주주인 경우에는 특별한 이해관계인이라 할 수 없다.

5) 감사선임시의 제한

감사를 선임하는 결의에서는 의결권 없는 주식을 제외한 발행주식총수의 100분의 3을 초과하는 수의 주식(정관으로 법정비율보다 낮은 비율을 정하는 경우에는 그 비율로 한다)을 가진 주주는 그 초과하는 수의 주식에 대해서는 의결권을 행사하지 못한다(제409조 제2항). 정관으로 이 비율을 높게 정하는 것은 허용되지 않는다. 의결권행사가 제한되는 주식은 주주총회 결의시 출석주주의 의결권 수에 산입하지 않는다(제371조 제2항).

---

1) 【학설】 특별한 이해관계의 의미에 관한 학설
특별한 이해관계란 결의에 의해 권리·의무의 득실이 생기는 등 법률상 특별한 이해관계가 생길 때를 뜻한다는 견해, 모든 주주에게 관계되지 않고 특정 주주의 이해에 관계될 때를 뜻한다는 견해, 특정한 주주가 주주로서의 지위와 관계없이 개인적으로 이해관계를 가질 때를 뜻한다는 견해(통설)가 있다.

6) 주주명부 폐쇄기간 내에 전환된 주식

주주명부의 폐쇄기간 중에 전환된 주식의 주주는 그 기간 중의 총회의 결의에 관하여는 의결권을 행사하지 못한다(제350조 제2항). 주주명부의 폐쇄기간 중의 전환사채의 전환권행사나 신주인수권부사채의 신주인수권행사의 경우에도 같다(제 516조 제1항, 제516조의10, 제350조 제2항).

7) 의결권행사정지 가처분이 된 주식

주식의 효력에 관하여 다툼이 있어 주주의 의결권행사정지의 가처분이 있는 때에는 의결권의 행사가 제한된다. 의결권행사정지 가처분의 결정에 의하여 의결권행사가 금지된 주식이라도 주주총회 결의시 발행주식총수에 산입된다(대법원 1998.4.10.선고 97다50619판결).

8) 명의개서 미필 주주의 주식

주식을 양수한 후 주주명부에 명의개서를 하지 않은 경우, 명의개서 미필 주주는 주주총회에서 의결권을 행사할 수 없다.

9) 상장회사의 감사 또는 감사위원회 위원의 선·해임시

최근 사업연도 말 현재 자산총액이 2조원 이상인 상장회사의 감사위원회 위원을 선임 또는 해임하거나 또는 싱장회사의 감사를 선임 또는 해임할 때에는 의결권 없는 주식을 제외한 발행주식총수의 100분의 3(정관에서 더 낮은 주식보유비율을 정할 수 있으며, 정관에서 더 낮은 주식보유비율을 정한 경우에는 그 비율로 한다)을 초과하는 주식을 가진 주주(최대주주인 경우에는 사외이사가 아닌 감사위원회 위원을 선임 또는 해임할 때에 그의 특수관계인, 그 밖의 대통령령으로 정하는 자가 소유하는 주식을 합산한다)는 그 초과하는 주식에 관하여는 의결권을 행사하지 못한다(제542조의12 제4항, 제7항). 의결권이 제한되는 주식은 주주총회결의시 출석주주의 의결권 수에 산입하지 않는다(제371조 제2항).

10) 특별법상 의결권제한 주식

주식의 취득에 관하여 특별법상 금지 또는 제한규정을 위반하여 취득하였거나 제한을 초과하여 취득한 주식에 대하여는 의결권을 행사하지 못한다(독점규제법 제11조·제18조; 은행법 제17조의3 제2항).

4. 의결권의 행사

1) 주주의 의결권행사

(1) 주주는 자기의 의사에 의하여 자유로이 의결권을 행사할 수 있으며, 주주총회 당시에 주주명부상의 주주임이 확인되면 주권을 제시할 필요 없이 의결권을 행사할 수 있다. 따라서 주식의 양수인이라도 주주명부에 명의개서를 하지 않으면 의결권을 행사할 수 없다(대법원 1996.12.23.선고 96다32768·32782판결).

(2) 주주명부에 주주로 등재되어 있는 이는 주주로서 주주총회에서 의결권을 행사할 자격이 있다고 추정되므로, 특별한 사정이 없는 한 주주명부상의 주주는 회사에 대한 관계에서 그 주식에 관한 의결권을 적법하게 행사할 수 있다(대법원 2010.3.11.선고 2007다51505판결).

【판례】 대법원 2002.12.24.선고 2002다54691판결

[1] 주주권은 주식의 양도나 소각 등 법률에 정하여진 사유에 의하여서만 상실되고 단순히 당사자 사이의 특약이나 주주권 포기의 의사표시만으로 상실되지 아니하며 다른 사정이 없는 한, 그 행사가 제한되지도 아니한다.

[2] 주주가 일정기간 주주권을 포기하고 타인에게 주주로서의 의결권 행사권한을 위임하기로 약정한 사정만으로는 그 주주가 주주로서의 의결권을 직접 행사할 수 없게 되었다고 볼 수 없다.

[3] 기명주식이 양도된 후 주식회사의 주주명부상 양수인 명의로 명의개서가 이미 이루어졌다면 그 후 그 주식양도약정이 해제되거나 취소되었다 하더라도 주주명부상의 주주명의를 원래의 양도인 명의로 복구하지 않는 한 양도인은 주식회사에 대한 관계에 있어서는 주주총회에서 의결권을 행사하기 위하여 주주로서 대항할 수 없다.

(3) 주식에 대한 질권이 설정되었다고 하더라도 질권설정계약 등에 따라 질권자가 담보제공자인 주주로부터 의결권을 위임받아 직접 의결권을 행사하기로 약정하는 등의 특별한 약정이 있는 경우를 제외하고 질권설정자인 주주는 여전히 주주로서의 지위를 가지고 의결권을 행사할 수 있다(대법원 2017.8.18.선고 2015다5569판결).

(4) 주주 사이에 체결된 이른바 의결권구속약정, 즉 주주의 주주총회 의결권 행사를 제한하는 내용의 약정은 계약의 일반원칙에 따라 그 내용이나 목적이 강행규정 또는 사회질서 등에 반하지 않는 한 계약의 당사자 사이에서는 원칙적으로 유효하다. 그러나 의결권구속약정의 효력은 주주권의 내용 등 회사의 단체법적 질서에는 영향을 미칠 수 없으므로, 의결권구속약정의 당사자가 약정을 위반하여 주주총회 의결권을 행사함에 따라 주주총회 결의가 성립된 경우 약정의 다른 당사자는 회사를 상대로 약정 위반을 주장하며 주주총회 결의의 하자를 다툴 수 없고, 다만 약정을 위반한 당사자를 상대로 계약에 근거한 권리를 행사할 수 있을 뿐이다(대법원 2025.6.12.선고 2020다219577판결).

2) 의결권 대리행사

(1) 의 의: 주주는 의결권을 대리인으로 하여금 행사하게 할 수 있다(제368조 제2항). 이는 주주권행사의 편의를 보장해 주는 동시에 주식이 널리 분산된 회사에서 의결정족수의 확보를 용이하게 해주는 의미도 있다. 그러므로 정관으로도 의결권의 대리행사를 금지할 수 없다. 그러나 의결권의 대리행사로 말미암아 주주총회의 개최가 부당하게 저해되거나 혹은 회사의 이익이 부당하게 침해될 염려가 있는 등의 특별한 사정이 있는 경우에는 주주의 의결권 행사를 위한 대리인선임이 무제한적으로 허용될 수 없으므로 회사는 의결권 대리행사를 거부할 수 있다(대법원 2001.9.7.선고 2001도2917판결; 대법원 2009.4.23.선고 2005다22701·22718판결).

(2) 대리인의 자격 · 수: 대리인의 자격에 대해서는 특별한 제한을 받지 않고, 무능력자나 법인도 대리인이 될 수 있다. 주주는 수인의 대리인을 선임하여 각자에게 일부씩 대리권을 행사시킬 수 있고, 또 의결권 불통일 행사의 요건을 갖춘 경우에는 주주 자신이 일부 주식의 의결권을 행사하고 나머지 일부는 대리인에게 행사시킬 수도 있다. 이와 관련하여는 학설의 대립내용이 있다.[1)]

(3) 대리행사의 증명: 의결권을 대리행사하고자 하는 대리인은 대리권을 증명하는 서면(2027년 1월 1일 시행: 서면 또는 전자문서)을 총회에 제출하여야 한다(제368조 제2항 후단).[2)] 대리권을 증명하는 서면은 위조나 변조 여부를 쉽게 식별할 수 있는 원본이어야 하고 특별한 사정이 없는 한 사본은 인정되지 않는다. 원본에 의하여 대리권이 증명된 이상 기타 신분증의 제시나 신원 확인을 요구하는 것은 위법하다(대법원 2005.4.27.선고 2003다29616판결).

【판례】 대법원 2009.5.28.선고 2008다85147판결

상법 제368조 제2항이 규정하는 '대리권을 증명하는 서면'이라 함은 위임장을 일컫는 것으로서 회사가 위임장과 함께 인감증명서, 참석장 등을 제출하도록 요구하는 것은, 대리인의 자격을 보다 확실하게 확인하기 위하여 요구하는 것일 뿐, 이러한 서류 등을 지참하지 아니하였다 하더라도 주주 또는 대리인이 다른 방법으로 위임장의 진정성 내지 위임의 사실을 증명할 수 있다면 회사는 그 대리권을 부정할 수 없다. 한편, 회사가 주주 본인에 대하여 주주총회 참석장을 지참할 것을 요구하는 것 역시 주주 본인임을 보다 확실하게 확인하기 위한 방편에 불과하므로, 다른 방법으로 주주 본임임을 확인할 수 있는 경우에는 회사는 주주 본인의 의결권 행사를 거부할 수 없다.

(4) 의결권 대리행사에 관한 그 밖의 내용:

① 의결권 대리행사를 할 수 있는 대리인의 자격에 관하여는 학설의 대립이 있다.[3)]

【판례】 대법원 2009.4.23.선고 2005다22701 · 22718판결

상법 제368조 제2항의 규정은 주주의 대리인의 자격을 제한할 만한 합리적인 이유가 있는 경우 정관의 규정에 의하여 상당하다고 인정되는 정도의 제한을 가하는 것까지 금지하는 취지는 아니라고 해석되는 바, 대리인의 자격을 주주로 한정하는 취지의 주식회사의 정관규정은 주주총회가 주주 이외의 제3자에 의하여 교란되는 것을 방지하여 회사 이익을 보호하는 취지에서 마련된 것으로서 합리적인 이유에 의한 상당

---

1) 【학설】 대리인의 수에 관한 학설
증권회사와 같이 실질상 다수인의 주식을 소유하는 경우 외에는 주주가 가진 전 주식에 관해 하나의 대리인을 선임해야 한다는 견해와, 일반적으로 공동대리가 허용되는 한 의결권의 공동대리를 부정할 이유가 없다는 견해가 있다.

2) 【학설】 위임장의 제출에 관한 학설
의결권 대리행사의 위임을 받은 경우 회의 총회마다 위임장을 제출하여야 한다는 견해와, 1장의 위임장의 제출로 이후의 의결권 대리행사가 가능하다는 견해(포괄위임장 가능설)가 있다.

3) 【학설】 정관에 대리인의 자격을 주주로 제한하는 경우의 효력에 관련된 학설
대리인의 자격을 주주로 제한하는 정관규정의 효력에 관하여 유효라는 견해(판례 · 다수설), 일반적으로 무효이나 주주인 공익단체나 법인이 직원을 대리인으로 선임하거나 개인주주가 질병 · 노령 등으로 가족을 대리인으로 선임하는 것은 가능하다는 견해, 획일적 무효라는 견해가 있다.

한 정도의 제한이라고 볼 수 있으므로 이를 무효라고 볼 수는 없다. 그런데 위와 같은 정관규정이 있다 하더라도 주주인 국가, 지방공공단체 또는 주식회사 등이 그 소속의 공무원, 직원 또는 피용자 등에게 의결권을 대리행사하도록 하는 때에는 특별한 사정이 없는 한 그들의 의결권행사에는 주주 내부의 의사결정에 따른 대표자의 의사가 그대로 반영된다고 할 수 있고 이에 따라 주주총회가 교란되어 회사 이익이 침해되는 위험은 없는 반면에, 이들의 대리권행사를 거부하게 되면 사실상 국가, 지방공공단체 또는 주식회사 등의 의결권행사의 기회를 박탈하는 것과 같은 부당한 결과를 초래할 수 있으므로, 주주인 국가, 지방공공단체 또는 주식회사 소속의 공무원, 직원 또는 피용자 등이 그 주주를 위한 대리인으로서 의결권을 대리행사하는 것은 허용되어야 하고 이를 가리켜 정관규정에 위반한 무효의 의결권대리행사라고 할 수는 없다.

② 의결권의 대리행사의 경우 대리인의 수권범위에 관하여는 학설의 대립이 있다.[1)]

【판례】 대법원 1969.7.8.선고 69다688판결[동지: 대법원 2014.1.23.선고 2013다56839판결]

주식회사에 있어서 주주권의 행사를 위임함에는 구체적이고 개별적인 사항에 국한한다고 해석하여야 할 근거가 없고, 주주권행사를 포괄적으로 위임할 수 있다고 하여야 할 것이며, 포괄적으로 위임을 받은 자는 그 위임자나 회사재산에 불리한 영향을 미칠 사항이라고 하여 그 위임된 주주권행사를 할 수 없는 것은 아니다.

③ 주주는 대리권을 수여한 후 총회의 결의 전에는 언제든지 수권행위를 철회하고 직접 의결권을 행사할 수 있다.

④ 대리인은 주주로부터 수권을 받은 대로 의결권을 행사하여야 하며, 이에 위반하여 기권하거나 주주의 명시된 의사와 달리 행사하더라도 내부적으로 주주에 대해 손해배상책임을 질 뿐 결의의 효력에는 영향이 없다(대법원 1969.7.8.선고 69다688판결).

⑤ 의결권 대리행사를 위임받은 대리인은 본인의 반대의 의사표시가 없는 한 제3자에게 의결권 행사를 재위임할 수 있다(대법원 2009.4.23.선고 2005다22701·22718판결).

(5) 의결권 대리행사의 권유

① 의의: 이사, 대주주 또는 새로이 경영권을 쟁취하고자 하는 자 등이 대리인이 되고자 주주들에게 집단적으로 의결권의 위임을 권유하는 제도로서, 사장된 의결권을 발굴하여 주주총회 정족수를 유지하고 주주의사의 반영을 극대화하는 한편, 경영권의 다툼과 연결되어 의결권의 효용을 높이는 데 그 의의가 있다(이철송, 「회사법」, 441면).

② 법적 성질: 권유자가 주주에게 위임장을 보내 위임을 권유하고, 주주가 위임장에 기명날인 또는 서명하여 대리권을 수여하는 뜻으로 위임장을 권유자에게 반송함으로써 의결권의 대리행사를 목적으로 하는 위임계약이 성립하고(민법 제680조), 이 때부터 권유자에게 수임인으로서의 의무가 발생한다고 본다.

---

1) 【학설】 대리인의 수권범위에 관한 학설
대리권은 총회별로 수여되고 증명되어야 한다는 견해와, 1회의 대리권수여로 수회의 총회에 관한 포괄적인 대리권의 수여가 가능하다는 견해(판례·다수설)가 있다.

③ 절차: 권유자는 피권유자에게 주주총회의 목적사항 각 항목에 대하여 찬부를 명기할 수 있게 된 위임장 용지의 송부에 의하여 권유하여야 한다(자본시장법 제152조 제1항, 제4항). 주주가 찬반의 판단을 위한 정확한 정보를 이용할 수 있도록 하기 위해, 권유자는 권유에 앞서 피권유자에게 금융위원회가 정하는 참고서류를 송부하여 필요한 사항을 게시하여야 한다(자본시장법 제152조). 권유자가 이러한 요건에 위반하여 권유한 경우에는 벌칙이 적용된다(자본시장법 제145조 제21호).

④ 절차위반의 효과: 자본시장법상 절차를 위반하더라도 주주총회의 결의에는 영향이 없고, 대리행사를 권유한 대리인이 주주의 의사에 반하여 의결권을 행사한 경우 손해배상책임을 진다. 회사가 권유자인 경우에는 의결권행사는 무효가 되고 주주총회 결의취소의 사유가 된다고 본다(이철송, 「회사법」, 442면).

3) 서면에 의한 의결권행사 및 전자적 방법에 의한 의결권행사

(1) 서면에 의한 의결권행사

① 의의: 주주는 정관에 규정이 있는 경우에 한하여 총회에 출석하지 아니하고 서면에 의하여 의결권을 행사할 수 있다(제368조의3 제1항).

② 소집통지시 서면첨부: 서면에 의한 의결권행사가 인정되는 경우 회사는 소집통지서에 서면에 의한 의결권행사에 필요한 서면과 참고자료를 첨부하여야 한다(제368조의3 제2항).

③ 서면의 제출: 서면에 의하여 의결권을 행사하려는 주주는 회사가 소집통지를 하면서 첨부한 서면에 필요한 사항을 기재하고 총회 회일의 전일까지 회사에 제출하여야 한다.

④ 효력발생: 서면에 의한 의결권행사의 효력은 총회에서 표결에 의하여 결의가 성립한 때에 발생한다.

보충 서면에 의한 의결권행사의 철회·번복은 주주가 총회에 출석하여 할 수 있으며, 기타 수단에 의한 철회·번복은 결의의 정형성에 반하므로 정관에 특별한 규정이 없는 한 허용되지 않는다.

(2) 전자적 방법에 의한 의결권 행사

① 의의: 이사회의 결의(이사가 1인 또는 2인인 경우에는 각 이사가 결정)로 정한 때에는 주주는 주주총회에 출석하지 아니하고 전자적 방법으로 의결권을 행사할 수 있다(제368조의4 제1항).

② 절차 및 기록 보존

㉠ 소집통지의 기재: 전자적 방법으로 의결권행사를 할 수 있다는 내용을 주주총회 소집통지에 기재하여야 한다(제368조의4 제2항)

㉡ 주주확인절차 등: 전자적 방법으로 의결권행사를 정한 경우에 주주는 주주확인절차 등 대통령령으로 정하는 바에 따라 행사하여야 하며, 이 경우 회사는 의결권행사에 필요한 양식과 참고자료를 주주에게 전자적 방법으로 제공하여야 한다(제368조의4 제3항). 주주확인

절차 등 전자적 방법에 의한 의결권행사의 절차와 그 밖에 필요한 사항은 대통령령으로 정한다(제368조의4 제6항).

보충 전자적 방법으로 의결권을 행사할 수 있음을 정한 회사는 주주총회 소집의 통지나 공고에 전자투표를 할 인터넷 주소, 전자투표를 할 기간(전자투표 종료일은 주주총회의 전날까지로 한다), 그 밖에 주주의 전자투표에 필요한 기술적인 사항을 주주총회 소집의 통지나 공고에 포함하여야 한다(상법시행령 제13조 제2항). 그리고 회사는 전자투표의 효율성과 공정성을 확보하기 위하여 전자투표를 관리하는 기관을 지정하여 주주확인절차 등 의결권 행사절차의 운영을 위탁할 수 있고(상법시행령 제13조 제4항), 회사나 전자투표를 관리하는 기관 및 전자투표의 운영을 담당하는 자는 주주총회에서 개표가 있을 때까지 전자투표의 결과를 누설하거나 직무상 목적 외로 사용해서는 아니된다(상법시행령 제13조 제5항).

㉢ 의결권 행사: 전자적 방법으로 행사(전자투표)하는 경우 주주는 전자서명법 제2조 제3호에 따른 공인전자서명을 통하여 주주확인 및 전자투표를 하여야 하며, 전자투표를 한 주주는 해당 주식에 대하여 그 의결권행사를 철회하거나 변경하지 못한다(상법시행령 제13조 제1항, 제3항).

㉣ 기록 보존: 회사는 의결권행사에 관한 전자적 기록을 주주총회가 끝난 날부터 3개월간 본점에 갖추어 두어 열람하게 하고, 주주총회가 끝난 날부터 5년간 보존하여야 한다(제368조의4 제5항).

(3) 서면 또는 전자적 방법의 선택: 동일한 주식에 관하여 서면에 의하여 의결권을 행사하거나 전자적 방법에 의하여 의결권을 행사하는 경우 어느 하나의 방법으로 할 것인가를 선택하여야 한다(제368조의4 제4항).

5. 의결권의 불통일행사

1) 의 의

주주가 2개 이상의 의결권을 가지고 있는 때에는 이를 통일하지 아니하고 행사할 수 있다(제368조의2 제1항 전단). 의결권 불통일행사는 서면에 의한 의결권행사의 경우에도 인정된다.

2) 절 차

(1) 회사에 대한 통지: 주주가 의결권을 불통일행사하기 위하여는 주주총회일의 3일 전에 회사에 대하여 서면 또는 전자문서로 그 뜻과 이유를 통지[1]하여야 한다(제368조의2 제1항 후단). 통지는 3일 전에 회사에 도달하여야 한다(대법원 2009.4.23.선고 2005다22701판결). 불통일행사를 통지하더라도 통일행사하는 것은 무방하다.

---

1) 【학설】 불통일행사의 통지에 관한 학설
불통일행사의 통지는 실질주주를 확정하는 의미가 있으므로 주주총회 때마다 통지하여야 한다는 견해와, 1회의 불통일행사의 통지로 수회의 주주총회에 걸쳐 포괄적으로 불통일행사를 할 수 있다는 견해(다수설)가 있다.

【판례】 대법원 2009.4.23.선고 2005다22701판결

상법 제368조의2 제1항은 "주주가 2 이상의 의결권을 가지고 있는 때에는 이를 통일하지 아니하고 행사할 수 있다. 이 경우 회일의 3일 전에 회사에 대하여 서면(또는 전자문서)으로 그 뜻과 이유를 통지하여야 한다"고 규정하고 있는 바, 여기서 3일의 기간이라 함은 의결권의 불통일행사가 행하여지는 경우에 회사측에 그 불통일행사를 거부할 것인가를 판단할 수 있는 시간적 여유를 주고, 회사의 총회 사무운영에 지장을 주지 아니하도록 하기 위하여 부여된 기간으로서 그 불통일행사의 통지는 주주총회 회일의 3일 전에 회사에 도달할 것을 요한다. 다만, 위와 같은 3일의 기간이 부여된 취지에 비추어 보면 비록 불통일행사의 통지가 주주총회 회일의 3일 전이라는 시한보다 늦게 도착하였다고 하더라도 회사가 스스로 총회 운영에 지장이 없다고 판단하여 이를 받아들이기로 하고 이에 따라 의결권의 불통일행사가 이루어진 것이라면, 그것이 주주평등의 원칙을 위반하거나 의결권행사의 결과를 조작하기 위하여 자의적으로 이루어진 것이라는 등의 특별한 사정이 없는 한, 그와 같은 의결권의 불통일행사를 위법하다고 볼 수는 없다.

(2) 회사의 불통일행사 거부: 회사는 주주가 의결권 불통일행사의 통지를 한 경우 주주가 주식의 신탁을 인수하였거나 기타 타인을 위하여 주식을 가지고 있는 경우를 제외하고는 이를 거부할 수 있다(제368조의2 제2항). '타인을 위하여 주식을 가지고 있는 경우'란 위탁매매인이 위탁자의 주식을 가지고 있는 경우, 예탁기관이 주식예탁증서를 발행한 경우, 공유자 1인이 공유주식을 가지고 의결권을 행사하는 경우 등을 말한다. 회사의 불통일행사의 거부는 주주총회일 전에 하여야 하며, 이때 회사는 불통일행사의 요건에 해당하지 않음을 입증하여야 한다.

【판례】 대법원 2001.9.7.선고 2001도2917판결

주주의 자유로운 의결권 행사를 보장하기 위하여 주주가 의결권의 행사를 대리인에게 위임하는 것이 보장되어야 한다고 하더라도 주주의 의결권 행사를 위한 대리인 선임이 무제한적으로 허용되는 것이 아니고, 그 의결권의 대리행사를 말미암아 주주총회의 개최가 부당하게 저해되거나 혹은 회사의 이익이 부당하게 침해될 염려가 있는 등의 특별한 사정이 있는 경우에는 회사는 이를 거절할 수 있다고 보아야 할 것이며, 주주가 자신이 가진 복수의 의결권을 불통일행사하기 위하여는 회일의 3일 전에 회사에 대하여 서면으로 그 뜻과 이유를 통지하여야 할 뿐만 아니라, 회사는 주주가 주식의 신탁을 인수하였거나 기타 타인을 위하여 주식을 가지고 있는 경우 외에는 주주의 의결권 불통일행사를 거부할 수 있는 것이므로, 주주가 위와 같은 요건을 갖추지 못한 채 의결권 불통일행사를 위하여 수인의 대리인을 선임하고자 하는 경우에는 회사는 이를 거절할 수 있다.

3) 효 과

불통일행사된 의결권은 각기 전부 유효한 찬부의 표가 되어 정족수 계산에 산입된다. 주주가 불통일행사의 통지를 하지 않고 의결권을 불통일행사한 경우 회사는 불통일행사를 승인할 수 없으며, 주주가 통지 없이 의결권을 불통일행사하여 이루어진 결의는 주주총회 결의 취소의 원인이 된다.

V. 주주총회의 의사(議事)진행과 결의

1. 주주총회의 의사진행

1) 의사의 방법과 공정질서

주주총회의 의사방법에 관해 명문의 규정이 없으므로, 주주총회 의사의 운영은 회의의 관행과 일반원칙에 따른다.

2) 의 장

(1) 의장의 선임: 주주총회에는 의사진행을 맡을 의장이 있어야 하며, 정관의 규정이 없으면 주주총회에서 주주들이 의장을 선출하여야 한다(제366조의2 제1항). 의장의 선임은 보통결의에 의한다. 그러나 법원의 허가를 받아 소수주주가 소집한 주주총회의 의장은 법원이 이해관계인의 청구나 직권으로 선임할 수 있다(제366조 제2항 제2문).

(2) 의장의 의사정리권: 의장은 주주총회의 질서를 유지하고 의사를 정리한다(제366조의2 제2항). 즉, 의장은 출석주주의 확인, 개회의 선언, 의사진행에 필요한 각종의 발언의 정리, 표결의 실시, 폐회의 선언 등 주주들의 단체의사의 수렴을 위해 필요한 일체의 절차를 관장하게 된다. 의장은 의사진행에 대한 권한만 가질 뿐, 가부동수인 의안의 결정권을 행사하는 등으로 결의에 관여할 수는 없다.

(3) 의장의 질서유지권: 주주총회의 의장은 총회장에서 고의로 의사진헝을 방해하기 위한 언동을 하는 등 현저히 질서를 문란케 하는 자에 대하여 그 발언의 정지 또는 퇴장을 명할 수 있다(제366조의2 제3항).

(4) 의장의 의사록 작성의무: 의장은 주주총회의 의사(議事)에 관하여 의사록을 작성하고(제373조 제1항), 이 의사록에는 의사의 경과요령과 그 결과를 기재하고, 의장과 출석한 이사가 기명날인 또는 서명하여야 한다(제373조 제2항). 의사록은 본점과 지점에 비치하여야 하며(제396조 제1항), 주주와 채권자는 영업시간 내에는 언제든지 의사록의 열람 또는 등사를 청구할 수 있다(제396조 제2항).

2. 주주총회의 결의

주주총회의 결의[1]는 주주들의 표결을 통해 형성된 주주총회의 의사표시이다. 따라서 결

1) 【학설】 주주총회 결의와 관련된 학설
① 법적 성질: 주주총회의 결의는 사단법상의 합동행위에 속한다는 견해(이 견해에 의하면 민법의 의사표시에 관한 규정들이 적용된다)와, 결의는 전통적 법률행위의 어느 것에도 속하지 않는 독자적 성질의 법률

의의 구성요소인 주주의 의결권행사와는 구별해야 한다. 주주총회의 결의는 결의시로부터 효력이 발생하며, 주주 개개인의 의사와는 관계없이 주주 전원을 구속함은 물론 회사의 각 기관 등 관계자 전원을 법적으로 구속한다.

3. 검사인의 선임

주주총회는 이사가 제출한 서류와 감사의 보고서를 조사하게 하기 위하여 검사인을 선임할 수 있다(제367조 제1항).

또한, 회사 또는 발행주식총수의 100분의 1 이상에 해당하는 주식을 가진 주주는 주주총회의 소집절차나 결의방법의 적법성을 조사하기 위하여 주주총회 전에 법원에 검사인의 선임을 청구할 수 있다(제367조 제2항).

Ⅵ. 반대주주의 주식매수청구권

1. 의 의

반대주주의 주식매수청구권이란 주주의 이해관계에 중대한 영향을 미치는 일정한 의안(영업양도·합병·분할합병·주식 포괄적 교환 및 이전)이 주주총회에서 결의되었을 때, 그 결의에 반대했던 주주(의결권이 없거나 제한되는 주식의 주주 포함)가 자신의 소유주식을 회사로 하여금 매수하게 할 수 있는 권리를 말한다.

보충 주주총회 특별결의 사항 중 회사의 단순분할·정관변경·자본금감소·해산 후의 영업양도의 경우에는 반대주주의 주식매수청구권이 인정되지 않는다.

2. 주식매수청구의 요건

1) 주주의 반대

주식매수청구권은 주주총회의 결의에 반대한 주주에게 그 반대에도 불구하고 가결되었을 때에만 주어진다(제374조의2 제1항, 제530조). 반대의 의사를 통지한 주주가 주주총회에 출석하여 그 결의에 찬성한 때에는 주식매수청구권 행사를 철회한 것으로 볼 수 있다.

행위로 보는 견해(이 견해에 의하면 원칙적으로 민법의 의사표시에 관한 규정들이 적용되지 않는다)가 있다. 후자의 견해에 따르면 주주총회의 결의는 허위표시에 따른 무효주장이나 사기·강박·착오에 의한 취소주장이 인정될 수 없다.

② 결의방법: 표결방법으로 무기명투표가 가능하다는 견해와, 각 주주가 가진 주식수가 균일하지 않은 한 무기명투표는 허용될 수 없다는 견해가 있다.

2) 반대주주의 자격

(1) 영업양도의 경우: 영업의 전부 또는 중요한 일부를 양도하는 경우에는 양도회사에서는 주주총회 결의를 요하므로 양도회사의 반대주주는 주식매수청구권을 행사할 수 있다.

그리고 다른 회사의 영업의 일부를 양수하는 경우 양수회사의 영업에 중대한 영향이 있는 때에는 그 회사의 주주총회 특별결의를 요하므로 양수회사의 반대주주에게는 주식매수청구권이 인정된다. 또한 간이영업양도 등의 이사회 결의에 반대하는 주주에게도 주식매수청구권이 인정된다(제374조의3 제3항, 제374조의2 제2항부터 제5항까지).

(2) 회사합병 등의 경우: 회사의 합병이나 분할합병의 경우에는 소멸회사의 주주이든 존속회사의 주주이든 모두 주식매수청구권이 인정된다. 또한 주식의 포괄적 교환이나 포괄적 이전의 경우 완전모회사의 주주이든 완전자회사의 주주이든 모두 주식매수청구권이 인정된다.

그러나 소규모합병의 존속회가 되는 회사의 주주(제527조의 3 제5항), 소규모 분할합병의 존속회사가 되는 회사의 주주(제538조의 11 제2항) 또는 소규모 주식의 포괄적 교환의 완전모회사가 되는 회사의 주주(제360조의 10 제7항)에게는 반대주주의 주식매수청구권이 인정되지 않는다.

(3) 영업양도 등의 계획이 공포된 이후 주식을 취득한 경우: 영업양도 등의 계획이 공포된 이후의 취득 주식에 대해서도 매수청구권이 인정되는가에 대하여는 학설의 대립이 있다.[1)]

3. 주주의 반대절차

영업양도 등의 결의를 하는 경우 주주총회 소집의 통지 또는 공고에서는 주식매수청구권의 내용 및 행사방법을 명시하여야 한다(제374조 제2항). 이를 게을리한 때에는 벌칙이 적용된다(제635조 제1항 23호). 그리고 결의에 반대하는 주주는 주주총회 전에 당해 회사에 대하여 서면으로 그 결의에 반대하는 의사를 통지하여야 한다(제360조의5 제1항, 제374조의2 제1항, 제522조의3 제1항). 사전반대의 통지는 주주총회일 전에 회사에 도달하여야 하며, 통지사실은 주주가 입증하여야 한다. 회사가 주주에게 주주총회의 소집을 통지하면서 주식매수청구권의 내용 및 행사방법을 명시하지 않은 경우에는 주주의 사전반대가 어려울 수 있으므로 주주는 사전반대의 통지 없이도 매수청구권을 행사할 수 있다고 본다(대법원 2011.12.9.자 2012마11결정). 반대주주가 주주총회에 참석하여 반대의 표결을 하지 아니하더라도 사전에 반대의 통지만 있으면 주식매수청구권이 인정되며, 반대주주의 주식수는 주주총회의 결의시 참석하지 아니하더라도 반대의 주식수에 산입하여야 한다고 본다.

---

1) 【학설】 영업양도 등의 계획이 공포된 이후 취득 주식에 대한 주식매수청구권의 인정 여부에 대한 학설
이사회에서 영업양도 등의 결의가 있고 그 계획이 공포된 후 주식을 취득한 주주는 그 계획을 알고 취득하였으므로 매수청구권을 부여할 수 없다는 견해와, 명문규정도 없고 계획이 공포되었다고 하여 모든 주주가 안다고 의제할 수 없으므로 주식매수청구권을 부여할 수 있다는 견해가 있다.

4. 주주의 매수청구

주주총회 결의 전에 반대의 통지를 한 주주는 주주총회의 결의 후 20일 내에 주식의 종류와 수를 기재한 서면으로 주식매수를 청구할 수 있다(제374조의2 제1항). 반대주주의 매수청구주식은 소유주식의 전부든 일부든 가능하다. 주주가 주식매수청구권을 행사할 경우 회사는 매수청구기간이 종료하는 날부터 2월 이내에 당해 주식을 매수하여야 한다(제374조의2 제2항). 매수청구권은 형성권으로서 「매수하여야 한다」라는 것은 2월 이내에 매수대금의 지급을 하여야 한다는 뜻으로 해석하여야 한다(대법원 2011.4.28.선고 2009다72667판결; 이에 대해 회사에 매수가격을 협의할 의무를 생기게 할 뿐이라는 견해도 있다).

보충 주식매수청구와 함께 주주총회 결의 하자의 소를 제기한 경우, 주식대금의 지급 전에 원고승소의 판결이 확정된 때에는 주식매수청구의 원인이 없게 되어 주주는 주식대금의 지급을 받을 수 없고, 반대로 판결이 확정되기 전에 주주가 주식대금의 지급을 받으면 원고는 주주의 지위를 상실하였으므로 그가 제기한 결의하자의 소는 당사자적격의 흠결로 인하여 각하되어야 한다(정찬형, 「상법 강의(상)」, 797면).

【판례】 대법원 2011.4.28.선고 2010다94953판결

[1] 영업양도에 반대하는 주주의 주식매수청구권에 관하여 규율하고 있는 상법 제374조의2 제1항 내지 제4항의 규정 취지에 비추어 보면, 영업양도에 반대하는 주주의 주식매수청구권은 이른바 형성권으로서 그 행사로 회사의 승낙 여부와 관계없이 주식에 관한 매매계약이 성립하고, 상법 제374조의2 제2항의 '회사가 주식매수청구를 받은 날로부터 2월'은 주식매매대금 지급의무의 이행기를 정한 것이라고 해석된다. 그리고 이러한 법리는 위 2월 이내에 주식의 매수가액이 확정되지 아니하였다고 하더라도 다르지 아니하다.

[2] 영업양도에 반대하는 주주들의 주권이 금융기관에 예탁되어 있었는데 반대주주들이 주식매수청구권을 행사하면서 회사가 공정한 매매대금을 지급함과 동시에 언제든지 자신들이 소지하고 있는 주권을 인도하겠다는 취지의 서면을 회사에 제출한 사안에서, 반대주주들이 주식매수청구권을 행사한 날부터 2월이 경과하였을 당시 회사에 주식매수대금 지급과 동시에 주권을 교부받아 갈 것을 별도로 최고하지 않았더라도 주권 교부의무에 대한 이행제공을 마쳤다고 보아 회사의 동시이행 항변을 배척한(다).

5. 매수청구의 포기·철회

주식매수청구권은 주주의 권리이고 그 일부나 전부의 포기는 주주의 자유라 할 것이므로, 매수청구권은 포기할 수 있다. 또한 매수청구권은 주주의 이익을 보호하기 위한 제도이므로 매수청구권의 행사·불행사에 관해 회사가 반대의 이해를 갖는다고 볼 수 없으므로, 주주는 주식매수청구를 철회할 수 있다.

6. 매수가액의 결정

주식매수가액의 결정은 주주와 회사 간의 협의에 의함을 원칙으로 하고, 매수청구기간이 종료하는 날로부터 30일 이내에 협의가 이루어지지 아니한 경우에는 회사 또는 주식의 매수를 청구한 주주는 법원에 대하여 매수가액의 결정을 청구할 수 있다(제374조의2 제3항·제4항). 이때 법원은 회사의 재산상태 그 밖의 사정을 참작하여 공정한 가액으로 산정하여야 한다(제374조의2 제5항).

참조판례 영업양도에 반대하는 주주들이 주식매수청구권을 행사하였으나 2월의 매수기간 내에 주식대금을 지급하지 않은 회사에 지체책임을 인정한 사안에서, 반대주주들이 주식매수가액 결정에서 자신들의 희망 매수가액을 주장하는 것은 상법에 의하여 인정된 권리이고, 법원의 주식매수가액 결정에 대하여 항고 및 재항고를 하는 것 역시 비송사건절차법에 의하여 인정되는 권리이므로, 반대주주들이 위와 같은 권리를 남용하였다는 특별한 사정이 인정되지 않는 한 반대주주들이 법원의 주식매수가액 결정에 대하여 항고 및 재항고를 거치면서 상당한 기간이 소요되었다는 사정만으로 지연손해금에 관하여 감액이나 책임제한을 할 수 없(다)(대법원 2011.4.28.선고 2010다94953판결).

Ⅶ. 종류주주총회

회사가 종류주식을 발행하고 있는 경우에 주주총회와는 별도로 개최되는 일정한 종류의 주식을 가진 주주들의 총회를 종류주주총회라고 말한다. 종류주주총회는 상법 제344조 제3항에 규정된 종류주식에 대하여 신주인수나 주식병합 등의 경우에 있어서 주식의 배정에 관하여 특수한 정함을 하는 경우와 정관변경, 회사의 합병·분할, 주식의 포괄적 교환·이전, 자본금감소 등의 경우에 특정 종류의 주주에게 손해를 미치게 될 때 필요로 한다(제436조: 종류주주총회는 주주총회 결의나 이사회 결의에 의해 어느 특정 종류주주에게 손해가 발생할 염려가 있는 경우 인정된다). 종류주주총회의 결의는 출석한 주주의 의결권의 3분의 2 이상의 수와 그 종류의 발행주식의 총수의 3분의 1 이상의 수로써 하여야 한다(제435조 제2항). 종류주주총회의 소집 등에 대해서는 주주총회에 관한 규정이 준용된다(제435조 제3항).

종류주주총회의 결의를 요하는 사항에 대하여 종류주주총회의 결의가 없는 경우, 일반주주총회의 효력에 대하여는 학설의 대립이 있다.[1)]

【판례】 대법원 2006.1.27.선고 2004다44575 · 44582판결

[1] 상법 제435조 제1항은 "회사가 종류주식을 발행한 경우에 정관을 변경함으로써 어느 종류의 주주에게 손해를 미치게 될 때에는 주주총회의 결의 외에 그 종류의 주주의 총회의 결의가 있어야 한다"고 규정

---

1) 【학설】 종류주주총회 없는 일반주주총회 결의의 효력에 관한 학설
종류주주총회의 결의를 요하는 사항에 대하여 종류주주총회의 결의가 없는 대에 일반주주총회의 결의의 효력에 대해서는 무효로 보는 견해(무효설), 일반주주총회의 결의는 유효하지만 취소사유가 된다는 견해(취소사유설·유효설), 종류주주총회의 결의 없는 주주총회의 결의에 대하여는 상법상 규정이 유추적용되지 않고 민사소송법상 주주총회 결의 불발효확인의 소를 제기할 수 있다는 견해(불발효확인소송설), 일반주주총회의 결의의 효력은 무효도 아니고 취소할 수 있는 것도 아닌 부동적 상태에 있다가 후에 종류주주총회의 결의를 얻으면 확정적으로 유효가 되고 이를 얻지 못하면 확정적으로 무효가 된다는 견해(부동적 무효설·결의불발효설; 판례)로 나누어지고 있다.

하고 있는바, 위 규정의 취지는 주식회사가 보통주 이외의 수종의 주식을 발행하고 있는 경우에 보통주를 가진 다수의 주주들이 일방적으로 어느 종류의 주식을 소수주주들에게 손해를 미치는 내용으로 정관을 변경할 수 있게 할 경우에 그 종류의 주식을 가진 소수주주들이 부당한 불이익을 받게 되는 결과를 방지하기 위한 것이므로, 여기서의 '어느 종류의 주주에게 손해를 미치게 될 때'라 함에는, 어느 종류의 주주에게 직접적으로 불이익을 가져오는 경우는 물론이고, 외견상 형식적으로는 평등한 것이라고 하더라도 실질적으로는 불이익한 결과를 가져오는 경우도 포함되며, 나아가 어느 종류의 주주의 지위가 정관의 변경에 따라 유리한 면이 있으면서 불이익한 면을 수반하는 경우도 이에 해당된다.

[2] 어느 종류주주에게 손해를 미치는 내용으로 정관을 변경함에 있어서 그 정관변경에 관한 주주총회의 결의 외에 추가로 요구되는 종류주주총회의 결의는 정관변경이라는 법률효과가 발생하기 위한 하나의 특별요건이라고 할 것이므로, 그와 같은 내용의 정관변경에 관하여 종류주주총회의 결의가 아직 이루어지지 않았다면 그러한 정관변경의 효력이 아직 발생하지 않는 데에 그칠 뿐이고, 그러한 정관변경을 결의한 주주총회결의 자체의 효력에는 아무런 하자가 없다.

[3] 정관의 변경결의의 내용이 어느 종류의 주주에게 손해를 미치게 될 때에 해당하는지 여부에 관하여 다툼이 있는 관계로 회사가 종류주주총회의 개최를 명시적으로 거부하고 있는 경우에, 그 종류의 주주가 회사를 상대로 일반 민사소송상의 확인의 소를 제기함에 있어서는, 정관변경에 필요한 특별요건이 구비되지 않았음을 이유로 하여 정면으로 그 정관변경이 무효라는 확인을 구하면 족한 것이지, 그 정관변경을 내용으로 하는 주주총회 결의 자체가 아직 효력을 발생하지 않고 있는 상태(이른바 불발효 상태)라는 관념을 애써 만들어서 그 주주총회 결의가 그러한 '불발효 상태'에 있다는 것을 확인을 구할 필요는 없다.

 주주총회 결의의 하자

1. 결의취소의 소

1) 취소의 원인

주주총회의 소집절차 또는 결의방법이 법령·정관에 위반하거나 현저히 불공정한 경우 또는 결의내용이 정관에 위반한 경우에는 주주총회 결의취소의 소를 제기할 수 있다(제376조 제1항).

결의취소의 소제기 원인에 대한 판례의 사례

① 소집절차의 하자의 예: 이사회의 소집결의의 하자가 있는 경우, 이사회결의 없이 대표이사가 소집한 경우, 이사회결의는 있었으나 대표이사 아닌 자가 소집한 경우, 일부 주주에게 소집통지를 하지 않은 경우, 소집통지기간을 준수하지 않은 경우, 구두에 의한 소집통지의 경우, 소집통지사항(목적사항·의사·일정·의안의 요령)이 미비한 경우, 총회의 개최시기나 총회장소가 적합하지 않은 경우, 소집목적 이외의 사항에 대한 결의 등

② 결의방법의 하자의 예: 주주 아닌 자가 결의에 참가한 경우, 의결권이 제한되는 주주가 의결권을 행사한 경우, 정족수에 미달한 결의가 이루어진 경우, 정족수·의결권의 계산이 위법한 경우, 의장자격이 없는 자의 의사진행 등

③ 결의방법이 현저히 불공정한 경우의 예: 부당하게 주주의 발언을 제한하거나 주주를 퇴장시키는 경우, 총회꾼을 동원하여 결의하는 경우, 결의에 반대가 예상되는 주주의 출석을 지연시키는 경우 등

④ 결의내용의 정관위반의 예: 정관이 정한 이사의 자격에 미달하는 자를 이사로 선임하는 경우, 정관이 정하는 정원을 초과하여 이사를 선임하는 경우, 정관에 정한 이사의 보수액 이상을 지급하는 결의의 경우 등

2) 소의 성질

주주총회 결의취소의 소는 형성의 소(訴)라는 데 이설(異說)이 없다.

3) 소제기권자

주주총회 결의취소의 소제기권자는 주주(의결권 없는 주식을 가진 주주는 포함되지 않는다는 것이 다수설의 입장이다) · 이사(청산인) · 감사에 한한다(제376조 제1항).

(1) 주주: 주주는 결의 당시의 주주임을 요하지 않으며 제소 당시의 주주명부상의 주주이면 된다. 따라서 주주명부상 주주 외에 실제 주식을 인수하거나 양수하고자 하였던 자가 따로 존재한다는 사실이 증명되었다고 하더라도 주주명부상의 주주는 회사를 상대로 주주총회결의 취소의 소를 제기할 수 있고, 회사는 특별한 사정이 없는 한 주주명부상의 주주의 이러한 주주권행사를 부인하지 못한다(대법원 2017.3.23.선고 2015다248342 전원합의체 판결). 그리고 주주는 다른 주주에 대한 소집절차의 하자를 이유로 주주총회결의의 취소의 소를 제기할 수 있다(대법원 2003.7.11.선고 2001다45584판결). 주주총회결의 취소소송의 계속 중 원고가 주주로서의 지위를 상실하면 원고는 상법 제376조에 따라 그 취소를 구할 당사자적격을 상실하며, 원고가 자신의 의사에 반하여 주주의 지위를 상실하더라도 마찬가지다(대법원 2016.7.22.선고 2015다66397판결). 소송계속 중에 원고인 주주가 사망한 경우에는 그 상속인이 소송을 승계한다.

보충판례 신주발행무효의 소 계속 중에 제소주주가 주식을 양도한 경우 그 양수인은 제소기간 등의 요건이 충족된다면 새로이 주주의 지위에서 새로이 소송을 제기할 수 있을 뿐만 아니라, 양도인이 이미 제기한 기존의 소송을 적법하게 승계할 수 있다(대법원 2003.2.26.선고 2000다42786판결).

(2) 이사 · 감사: 이사 · 감사는 제소 당시의 이사 · 감사여야 한다. 제소권자는 소제기 후 변론종결시까지 그 자격을 유지하여야 한다. 이사가 그 지위에 기하여 주주총회결의 취소의 소를 제기하였다가 소송계속 중에 사망하였거나 사실심 변론종결 후에 사망하였다면, 그 소송은 이사의 사망으로 중단되지 않고 그대로 종료된다(대법원 2019.2.14.선고 2015다255258판결).

4) 소의 제기

(1) 피 고: 결의취소의 소의 경우 피고는 명문의 규정은 없으나 취소판결의 대세적 효력이 있으므로 그 성질상 피고가 될 수 있는 자는 회사로 한정된다(통설).

(2) 제소기간: 결의취소의 소는 결의가 있은 날로부터 2월 내에 제기하여야 한다(제376조 제1항).

【판례】 대법원 2010.3.11.선고 2007다51505판결

주주총회결의 취소의 소는 상법 제376조 제1항에 따라 그 결의의 날로부터 2개월 내에 제기하여야 하고, 이 기간이 지난 후에 제기된 소는 부적법하다. 그리고 주주총회에서 여러 개의 안건이 상정되어 각기 결의가 행하여진 경우 위 제소기간의 준수 여부는 각 안건에 대한 결의마다 별도로 판단되어야 한다.

(3) 합병무효의 소, 감자(減資)무효의 소와의 관계: 회사의 합병이나 자본금 감소의 결의에 관하여 절차상의 하자가 있는 때에는 합병이나 자본금 감소의 등기 전에는 결의취소의 소를 제기할 수 있으나, 등기일 이후에는 합병무효 또는 자본금감소무효의 소에 흡수되어 별도로 제기할 수 없다.

(4) 소의 관할 등의 절차: 결의취소의 소는 본점소재지의 지방법원의 관할에 전속하고, 소가 제기된 때에는 회사는 지체없이 공고하여야 하며, 수개의 소가 제기된 때에는 법원은 이를 병합심리하여야 한다(제376조 제2항, 제186조 내지 제188조).

법원은 회사의 청구에 의하여 제소주주에게 상당한 담보를 제공할 것을 명할 수 있다(제377조 제1항 본문). 이때 회사는 제소주주가 악의임을 소명하여야 한다. 제소주주가 이사나 감사인 경우에는 담보제공의무를 지지 않는다(제377조 제1항 단서). 이사·감사는 그 직무에 의하여 소송을 제기하는 것이기 때문이다.

(5) 법원의 자유재량권: 결의취소의 소가 제기된 경우 결의의 내용 및 회사의 현황과 제반 사정을 참작하여 그 취소가 부적당한 때에는 법원은 그 청구를 기각할 수 있다(제379조). 이는 회사설립무효의 소 제기시 법원은 '그 심리 중에 원인이 된 하자가 보완된' 때에도 재량으로 기각할 수 있는 것(제189조)과 차이가 있다.

보충 재량기각이 가능한 경우로는 하자의 정도가 경미한 경우, 결의취소가 주주나 회사에게 아무런 이익이 되지 않는 경우, 원고의 의결권이 결의의 결과에 영향을 미치지 않는 경우, 결의취소의 소제기가 신의성실의 원칙에 반하여 남용된 경우 등을 들 수 있다(최준선, 「회사법」, 376~377면 참조).

【판례】 대법원 2003.7.11.선고 2001다45584판결

주주총회 결의취소의 소에 있어 법원의 재량에 의하여 청구를 기각할 수 있음을 밝힌 상법 제379조는, 결의의 절차에 하자가 있는 경우에 결의를 취소하여도 회사 또는 주주에게 이익이 되지 않든가 이미 결의가 집행되었기 때문에 이를 취소하여도 아무런 효과가 없든가 하는 때에 결의를 취소함으로써, 회사에 손해를 끼치거나 일반거래의 안전을 해치는 것을 막고 결의취소의 소의 남용을 방지하려는 취지이며, 또한 위와 같은 사정이 인정되는 경우에는 당사자의 주장이 없더라도 법원이 직권으로 재량에 의하여 취소청구를 기각할 수도 있다.

5) 판결의 효력

(1) 원고승소의 경우: 결의취소의 효력이 당사자 이외의 제3자에 대해서도 미치는 대세적 효력이 인정되고(제367조 제2항, 제190조 본문) 소급효(遡及效)가 인정된다(이에 더해 취소판결의 경우에 제190조 본문만을 적용하므로 소급효를 인정하는 것이 아니라 판결의 소급효 인정 여부는 여러 가지 사정을 종합하여 판단하여야 한다는 견해가 있다; 최준선, 「회사법」, 374면). 결의취소의 판결이 확정된 때에는 본점소재지에서 등기하여야 한다(제378조).

보충판례 ① 주주총회 결의의 부존재·무효를 확인하거나 결의를 취소하는 판결이 확정되면 당사자 이외의 제3자에게도 그 효력이 미쳐 제3자도 이를 다툴 수 없게 되므로, 주주총회 결의의 하자를 다투는 소에 있어서 청구의 인낙이나 그 결의의 부존재·무효를 확인하는 내용의 화해·조정은 할 수 없고, 가사 이러한 내용의 청구인낙 또는 화해·조정이 이루어졌다 하여도 그 인낙조서나 화해·조정조서는 효력이 없다(대법원 2004.9.24.선고 2004다28047판결).
② [다수의견] 주주총회결의의 부존재 또는 무효 확인을 구하는 소의 경우, 상법 제380조에 의해 준용되는 상법 제190조 본문에 따라 청구를 인용하는 판결은 제3자에 대하여도 효력이 있다. 이러한 소를 여러 사람이 공동으로 제기한 경우 당사자 1인이 받은 승소판결의 효력이 다른 공동소송인에게 미치므로 공동소송인 사이에 소송법상 합일확정의 필요성이 인정되고, 상법상 회사관계소송에 관한 전속관할이나 병합심리 규정(상법 제186조, 제188조)도 당사자 간 합일확정을 전제로 하는 점 및 당사자의 의사와 소송경제 등을 함께 고려하면, 이는 민사소송법 제67조가 적용되는 필수적 공동소송에 해당한다(대법원 2021.7.22.선고 2020다284977 전원합의체 판결).

(2) 원고패소의 경우: 원고패소의 경우에는 대세적 효력이 없으며, 원고에게 악의 또는 중대한 과실이 있는 경우에는 회사에 대하여 연대하여 손해배상책임을 진다(제376조 제2항, 제191조).

2. 결의무효·부존재의 소

1) 무효·부존재의 원인

주주총회 결의의 내용이 법령에 위반하는 경우 주주총회 결의무효가 되며, 주주총회 소집절차나 결의방법에 총회결의가 존재한다고 볼 수 없을 정도의 중대한 하자가 있는 경우 실제의 소집절차와 회의절차를 거치지 아니한 채 주주총회 의사록을 허위로 작성하는 등 도저히 그 결의가 존재한다고 볼 수 없을 정도로 중대한 하자가 있는 경우(대법원 2004.8.16.선고 2003다9636판결)에는 주주총회 결의부존재의 사유가 된다(제380조).

결의무효·부존재의 소제기 원인에 대한 판례의 사례

① 무효의 원인: 주주유한책임의 원칙에 위반한 결의의 경우, 회사채권자의 이익에 반하는 결의의 경우, 주주평등의 원칙에 위반한 경우, 결의내용이 선량한 풍속 기타 사회질서에 위반하는 경우 등

② 부존재의 원인: 이사회 결의 없이 소집권한이 없는 이사 또는 감사에 의한 총회의 소집, 총회의 산회선언 후 일부 주주들이 별도의 장소에서 한 결의의 경우, 전혀 소집절차를 거치지 않은 경우, 대부분의 주주 아닌 자들로 이루어져 결의한 경우, 대부분의 주주에게 소집통지를 하지 않은 경우 등

보충판례 ① 주주총회의 결의의 효력이 그 회사 아닌 제3자 사이의 소송에 있어서 선결문제로 된 경우에는 당사자는 언제든지 당해 소송에서 주주총회 결의가 처음부터 무효 또는 부존재하다고 다투어 주장할 수 있는 것이고, 반드시 먼저 회사를 상대로 제소하여야만 하는 것은 아니며, 이와 같이 제3자간의 법률관계에 있어서는 상법 제380조·제190조가 적용되지 아니한다(대법원 1998.3.24.선고 95다6885판결; 대법원 1992.9.22.선고 91다5365판결).

② 주주총회를 소집할 권한이 없는 자가 이사회의 주주총회 소집결정도 없이 소집한 주주총회에서 이루어진 결의는 특별한 사정이 없는 한 총회 및 결의라고 볼 만한 것이 사실상 존재한다고 하더라도 그 성립과정에 중대한 하자가 있어 법률상 존재하지 않는다고 보아야 한다(대법원 2010.6.24.선고 2010다13541판결; 대법원 2022.11.10.선고 2021다271282판결).

③ 총회가 적법한 소집권자에 의하여 소집되지 않았을 뿐만 아니라 정당한 사원이 아닌 자들이 모여서 개최한 집회에 불과하며 법률상 부존재로 볼 수 밖에 없는 총회의 결의에 대하여는 결의무효 확인을 청구하고 있다고 하여도 이는 부존재 확인의 의미로 무효확인을 청구하는 취지라고 풀이함이 타당함으로 적법하다고 할 것 이다(대법원 1983.3.22.선고 82다카1810 전원합의체 판결).

④ 주식회사가 적법한 절차에 따라 소집, 의결한 주주총회에서 하자있는 종전의 결의를 그대로 추인하거나 재차 동일한 안건에 대한 결의를 한 경우에는, 그 새로운 주주총회의 결의가 다른 절차상, 내용상의 하자로 인하여 부존재 또는 무효임이 인정되거나 그 결의가 취소되는 등의 특별한 사정이 없는 한, 설령 종전의 결의에 어떠한 하자가 있었다고 할 지라도 종전의 하자 있는 결의에 대하여 부존재나 무효확인 또는 그 취소를 구할 소의 이익이 없다(대법원 2024.7.11.선고 2024다222861판결).

2) 소의 성질

주주총회 결의무효 또는 부존재의 소의 성질에 대해서는 형성소송설과 확인소송설(다수설·판례)로 나누어지고 있다. 형성소송설에 의하면 결의무효 또는 부존재는 반드시 소의 방법으로만 주장할 수 있으나, 확인소송설에 의할 경우 소 이외의 방법으로도 무효를 주장할 수 있게 된다(대법원 1962.5.17.선고 4294민상1114판결).

【판례】 대법원 2024.6.13.선고 2018다261322판결

주주총회결의 부존재확인의 소에서 확인의 이익은 주주총회 결의의 존재나 외관으로 인하여 회사를 둘러싼 현재의 권리 또는 법률관계에 장애가 생겨 그 부존재의 확인을 구함으로써 그 존재나 외관을 제거할 필요가 있는 경우 인정될 수 있다. 또한 확인의 소에서 확인의 이익이 있는지 여부는 직권조사사항이므로 당사자의 주장 여부에 관계없이 법원이 직권으로 판단하여야 한다.

3) 소의 당사자

(1) 원 고: 주주총회 결의의 무효 또는 부존재의 소를 제기할 수 있는 제소권자에는 제한이 없으며, 소의 이익이 있는 자는 소를 제기할 수 있다. 따라서 의결권 없는 주식을 가진 주주나 주주총회 결의에 찬성한 주주도 제소권을 갖는다(대법원 1977.4.26.선고 76다1440·1441판결).

그러나 명의개서를 하지 않은 주주는 소제기권이 없다(대법원 1991.5.28.선고 90다6774판결). 회사의 채권자는 이사의 선임이나 정관에 사업목적을 추가하는 것과 같은 회사의 대내적 사항에 관한 결의에 대해서는 부존재의 소를 제기할 수 없으나(대법원 1992.8.14.선고 91다45141판결), 소의 이익이 있다면 소를 제기할 수 있다. 부존재인 결의에 의해 해임된 이사는 그 결의의 부존재를 주장할 수 있으나, 사임한 이사는 결의무효 또는 부존재의 소를 주장할 이익이 없다(대법원 1982.9.14.선고 80다2425판결). 법원의 해산판결로 해산등기가 마쳐졌고 법원이 선임한 청산인의 취임등기까지 종료된 경우, 해산 당시의 이사는 청산인의 지위에 이를 방도가 없으므로 해산판결 전에 이루어진 주주총회 결의무효의 소제기를 할 수 없다(대법원 1991.11.22.선고 91다22131판결).

(2) 피 고: 피고에 대해 상법의 규정은 없으나 회사로 한정된다(대법원 1982.4.27.선고 81다638판결 참조). 주식회사의 이사선임결의무효확인을 구하는 소송에서 회사를 대표할 자는 현재 대표이사로 등기되어 그 직무를 행하는 자이므로, 동 결의에 의해 선임된 이사는 그 소송에서 회사를 대표할 수 있다(대법원 1983.3.22.선고 82다카1810 전원합의체 판결).

4) 소의 절차

(1) 제소기간: 제소기간의 제한이 없다.

(2) 소의 절차: 주주총회 결의무효 또는 부존재의 소의 제기절차에 대해서는 결의취소에 관한 규정이 그대로 준용된다. 다만, 결의무효 또는 부존재의 소의 경우에는 상법 제379조의 자유재량권에 관한 규정이 준용되지 않는다.

(3) 합병무효의 소, 감자(減資)무효의 소와의 관계: 합병등기나 자본금 변경등기 전에는 주주총회 결의무효의 소를 제기할 수 있으나, 등기 후에는 합병무효의 소나 감자무효의 소에 흡수되어 독립적인 소를 제기할 수 없다.

(4) 판결의 효력: 결의무효판결의 효력은 결의취소판결의 원고승소 또는 원고패소판결의 효력과 같다.

【판례】 대법원 2014.11.13.선고 2009다71312판결

이사선임의 주주총회결의에 대한 부존재확인 판결이 확정된 경우 그 결의에 의하여 이사르 선임된 이사들에 의하여 구성된 이사회에서 선정된 대표이사는 소급하여 자격을 상실하고, 그 대표이사가 이사선임의

> 주주총회결의에 대한 부존재확인 판결이 확정되기 전에 한 행위는 대표권이 없는 자가 한 행위로서 무효로 된다(상법 제380조, 제190조 본문).

한편, 주주총회결의 무효판결이 있은 후 이에 대해 사후에 적법하게 추인하는 경우에 달리 소급효를 인정하는 법률규정이 없는 한 새로운 법률행위를 한 것으로 보아야 한다(대법원 2011.6.24.선고 2009다35033판결).

3. 부당결의 취소 · 변경의 소

주주총회결의에 관하여 특별한 이해관계가 있는 주주가 그 결의에 의결권을 행사하지 못하여 현저하게 부당한 결의가 되었고, 그 주주가 의결권을 행사하였더라면 이를 저지할 수 있었을 때에는 그 결의의 날로부터 2월 내에 결의의 취소 또는 변경의 소를 제기할 수 있다(제381조 제1항).

부당결의 취소 · 변경의 소는 형성의 소이며, 제소권자는 특별이해관계인으로서 의결권을 행사하지 못한 주주에 한한다. 이 소의 절차와 효력에 관해서는 결의취소의 내용과 같다(제381조 제2항). 다만, 부당결의 취소 · 변경의 소에는 결의취소의 소에서 인정되는 법원의 재량기각(제379조)이 인정되지 않는다.

표 3-6 ▶ 주주총회 결의 하자에 대한 각 소(訴)의 비교

구분	결의취소의 소	결의무효의 소	결의부존재의 소	부당결의 취소·변경의 소
소제기 원인	• 결의방법 · 소집절차가 법령 · 정관에 위반하거나, 현저하게 불공정한 경우 • 결의내용이 정관에 위반되는 경우	결의내용이 법령에 위반되는 경우	결의가 존재한다고 볼 수 없는 정도의 중대한 하자가 있는 경우	특별이해관계있는 주주가 의결권을 행사하지 못함으로써 현저히 부당하게 결의되었을 경우
청구권자	주주 · 이사 · 감사	정당한 법률상의 이익이 있는 이해관계인		특별이해관계있는 주주
소제기 기간	결의시로부터 2월 내	언제든지		결의시로부터 2월 내
소의 성질	형성의 소	확인의 소(다수설)		형성의 소
자유재량권	인정	불인정		불인정
담보제공명령 청구	인정, 주주가 이사 또는 감사인 경우 불인정	인정		인정
판결의 대세효	인정	인정		인정
판결의 소급효	인정	인정		인정
패소한 원고의 손해배상책임	악의 · 중과실이 있는 때 인정	악의 · 중과실이 있는 때 인정		악의 · 중과실이 있는 때 인정

제3관 이사 · 이사회 · 대표이사

I. 이 사

1. 의 의

이사란 회사의 수임인으로서의 지위를 가지며, 이사회의 구성원으로서 회사의 업무집행의 의사결정에 참여하는 자이므로 회사의 필요적 상설기관이라는 견해도 있으나, 회사의 기관성을 부정하는 것이 다수의 입장이다(1인 이사를 둔 회사의 경우에는 이사가 업무집행기관 및 대표기관이 된다). 이사는 주주총회에서 선임하며, 회사와 이사의 관계에 대해서는 민법상의 위임에 관한 규정을 준용한다(제382조 제2항). 이사는 주주총회 또는 주주의 대리인이나 사용인이 아니고 회사의 수임인이지만 일정한 경우 근로자의 지위가 인정될 수 있다(대법원 2019.3.7.선고 2017두46899판결).

【판례】 대법원 2017.9.7.선고 2017두46899판결

회사나 법인의 이사 또는 감사 등 임원이라도 그 지위 또는 명칭이 형식적·명목적인 것이고 실제로는 매일 출근하여 업무집행권을 갖는 대표이사나 사용자의 지휘·감독 아래 일정한 근로를 제공하면서 그 대가로 보수를 받는 관계에 있다거나 또는 회사로부터 위임받은 사무를 처리하는 외에 대표이사 등의 지휘·감독 아래 일정한 노무를 담당하고 그 대가로 일정한 보수를 지급받아 왔다면 그러한 임원은 근로기준법상의 근로자에 해당한다.

2. 이사의 선임과 종임

1) 이사의 선임

(1) 선임기관: 이사는 주주총회에서 보통결의에 의하여 선임한다(제382조 제1항). 이사의 선임절차를 거치지 아니한 채, 다만 회사로부터 이사라는 직함을 형식적·명목적으로 부여받은 것에 불과한 자는 상법상의 이사로서의 직무권한을 행사할 수 없다(대법원 2003.9.26.선고 2002다64681판결).

이사의 선임은 주주총회의 전속권한이며 정관의 규정 또는 주주총회의 특별결의로도 제3자나 다른 기관에 위임할 수 없다. 회사설립 전의 이사선임의 경우에는 발기설립시에는 발기인의 의결권의 과반수에 의하며(제296조), 모집설립시에는 창립총회에서 선임한다(제312조). 이사의 선임은 주주총회의 결의에 의해 그 효력이 발생하고 이사선임결의 후 이사로 될 자의 동의가 있으면 그 지위를 취득한다(대법원 2017.3.23.선고 2016다251215 전원합의체 판결).

예외 상장회사의 이사의 선임(제542조의5) 및 사외이사의 선임(제542조의8)에 관해서는 제11절 「상장회사의 특례」에서 설명하기로 한다.

【판례】 대법원 2017.3.23.선고 2016다251215 전원합의체 판결

이사·감사의 지위가 주주총회의 선임결의와 별도로 대표이사와 사이에 임용계약이 체결되어야만 비로소 인정된다고 보는 것은, 이사·감사의 선임을 주주총회의 전속적 권한으로 규정하여 주주들의 단체적 의사결정 사항으로 정한 상법의 취지에 배치된다. 또한 상법상 대표이사는 회사를 대표하며, 회사의 영업에 관한 재판상 또는 재판 외의 모든 행위를 할 권한이 있으나(제389조 제3항, 제209조 제1항), 이사·감사의 선임이 여기에 속하지 아니함은 법문상 분명하다. 그러므로 이사·감사의 지위는 주주총회의 선임결의가 있고 선임된 사람의 동의가 있으면 취득된다고 보는 것이 옳다.

상법상 이사는 이사회의 구성원으로서 회사의 업무집행에 관한 의사결정에 참여할 권한을 가진다(제393조 제1항). 상법은 회사와 이사의 관계에 민법의 위임에 관한 규정을 준용하고(제382조 제2항), 이사에 대하여 법령과 정관의 규정에 따라 회사를 위하여 그 직무를 충실하게 수행하여야 할 의무를 부과하는 한편(제382조의3), 이사의 보수는 정관에 그 액을 정하지 아니한 때에는 주주총회의 결의로 이를 정한다고 규정하고 있는데(제388조), 위 각 규정의 내용 및 취지에 비추어 보아도 이사의 지위는 단체법적 성질을 가지는 것으로서 이사로 선임된 사람과 대표이사 사이에 체결되는 계약에 기초한 것은 아니다. 또한 주주총회에서 새로운 이사를 선임하는 결의는 주주들이 경영진을 교체하는 의미를 가지는 경우가 종종 있는데, 이사선임결의에도 불구하고 퇴임하는 대표이사가 임용계약의 청약을 하지 아니한 이상 이사로서의 지위를 취득하지 못한다고 보게 되면 주주로서는 효과적인 구제책이 없다는 문제점이 있다.

(2) 이사자격: 이사의 자격[1]에 관해 상법은 특별한 제한을 두고 있지 않으며, 감사는 이사를 겸임하지 못한다는 정도의 규정을 두고 있을 뿐이다(제411조). 그러나 정관으로 이사의 자격을 제한하는 것은 그 내용이 사회질서에 반하지 않는 한 유효하다(통상 이사는 주주여야 한다는 제한을 둔다). 정관으로 이사가 가져야 할 주식(자격주)의 수를 정한 때에는 다른 규정이 없는 한 이사는 주권을 감사(또는 감사위원회)에게 공탁하여야 한다(제387조). 파산선고를 받은 자는 이사가 될 수 없다.

보충 투자회사의 이사에 관해서는 법인이사 1인과 감독이사 2인 이상을 선임하도록 자본시장법 제197조 제2항에서 규정하고 있다.

(3) 사외이사: 사외이사란 전문적인 지식과 능력을 갖추고 경영실무를 담당하지 않으면서 업무집행기관으로부터 독립적인 지위에서 이사회의 구성원으로서 활동하는 이사를 말한다. 즉, 당해 회사의 상무에 종사하지 아니하는 이사를 사외이사라 하며 사외이사의 자격에 대한 제한 규정을 두고 있다(제382조 제3항).

보충 사외이사가 될 수 없는 자

① 회사의 상무에 종사하는 이사·집행임원 및 피용자 또는 선임된 날로부터 2년 이내에 회사의 상무에

---

1) 【학설】 이사자격에 관한 학설

① 법인이사의 인정 여부: 이사는 실제 회사의 업무집행에 관여하는 자여야 하고 또 자연인이어야 함에 이론이 없으므로 대표이사로의 피선자격을 갖추어야 하기 때문에 법인은 이사가 될 수 없다는 견해(다수설)와, 법인이 발기인이나 회사정리법상의 관리인이 될 수 있음에 비추어 법인도 이사가 될 수 있다는 견해, 법인은 업무를 담당하지 않는 이사는 될 수 있다는 견해가 있다.

② 이사의 행위능력 여부: 제한능력자는 이사가 될 수 없다는 견해와 제한능력자라도 이사가 될 수 있다는 견해(통설)가 있다.

종사한 이사·집행임원 및 피용자
② 최대 주주가 자연인인 경우 본인·배우자 및 직계존·비속
③ 최대주주가 법인인 경우 그 법인의 이사·감사·집행임원 및 피용자
④ 이사·감사 및 집행임원의 배우자 및 직계존·비속
⑤ 회사의 모회사 또는 자회사의 이사·감사·집행임원 및 피용자
⑥ 회사와 거래관계 등 중요한 이해관계에 있는 법인의 이사·감사·집행임원 및 피용자
⑦ 회사의 이사·집행임원 및 피용자가 이사·집행임원으로 있는 다른 회사의 이사·감사·집행임원 및 피용자 등

감사위원회를 설치하는 경우에는 그 위원의 3분의 2 이상은 사외이사여야 한다(제415조의2 제2항). 사외이사도 상법상 이사이므로 이사의 의무와 책임에 관한 규정의 적용을 받는다.

보충 상장회사의 사외이사제도(제542조의8)에 관하여는 제11절 「상장회사의 특례」에서 설명하기로 한다.

(4) 이사의 수 · 임기

① 이사의 수: 이사는 원칙적으로 3인 이상이어야 하나, 자본금의 총액이 10억원 미만의 회사는 1인 또는 2인의 이사를 둘 수 있다(제383조 제1항).

② 이사의 임기: 이사의 임기는 3년을 초과하지 못하지만(제383조 제2항), 정관의 규정으로 임기 중의 최종의 결산기에 관한 정기주주총회의 종결에 이르기까지 연장할 수 있다(제383조 제3항). 여기서 '임기 중의 최종의 결산기에 관한 정기주주총회'라 함은 임기 중에 도래하는 최종의 결산기에 관한 정기주주총회를 말하고, 임기만료 후 최초로 도래하는 결산기에 관한 정기주주총회 또는 최초로 소집되는 정기주주총회를 의미하는 것은 아니다(대법원 2010.6.24.선고 2010다13541 판결). 이사의 임기개시의 시일에 대하여는 학설의 대립이 있다.[1)]

【판례】 대법원 2001.6.15.선고 2001다23928판결

상법 제385조 제1항에 의하면 "이사는 언제든지 주주총회의 특별결의로 해임할 수 있으나, 이사의 임기를 정한 경우에 정당한 이유 없이 그 임기만료 전에 이를 해임한 때에는 그 이사는 회사에 대하여 해임으로 인한 손해의 배상을 청구할 수 있다"고 규정하고 있는 바, 이때 이사의 임기를 정한 경우라 함은 정관 또는 주주총회의 결의로 임기를 정하고 있는 경우를 말하고, 이사의 임기를 정하지 않은 때에는 이사의 임기의 최장기인 3년을 경과하지 않는 동안에 해임되더라도 그로 인한 손해의 배상을 청구할 수 없다고 할 것이고, 회사의 정관에서 상법 제383조 제2항과 동일하게 "이사의 임기는 3년을 초과하지 못한다"고 규정한 것이 이사의 임기를 3년으로 정하는 취지라고 해석할 수는 없다.

1) 【학설】 이사의 임기개시에 관한 학설
이사의 임기개시일에 대해서는 ① 이사의 임기개시일을 선임결의시에 정한 때에는 그날부터, 정하지 않은 경우에는 선임결의를 한 날로부터 개시한다는 견해, ② 이사가 취임한 날(동의한 날)로부터 개시한다는 견해, ③ 임용계약의 효력발생시(선임결의 후 임용계약이 체결되면 그 임용계약 체결시에 임기가 개시되고, 선임결의 전 임용계약이 체결되면 선임결의시 또는 그 선임결의에서 정한 임기개시일)에 개시한다는 견해가 있다.

(5) 집중투표제도

① 의의: 집중투표란 이사선임에 있어 1주당 선임하고자 하는 이사의 수에 상당하는 복수의 의결권을 부여하는 방법을 말한다. 즉, 2인 이상의 이사의 선임에서 각 주주가 1주마다 선임할 이사의 수와 동일한 의결권(1주 1의결권의 원칙에 대한 예외가 된다는 견해가 있으나 타당하지 않다고 본다)을 갖고, 이 의결권을 이사후보자 1인 또는 수인에게 집중하여 투표하는 방법을 집중투표라 한다.

보충 상장회사의 집중투표제도(제542조의7)는 제11절 「상장회사의 특례」에서 설명 하기로 한다.

② 요건: 집중투표제도는 2인 이상의 이사를 선임할 때에 비상장회사의 경우(자산 2조원 이상의 상장회사는 정관으로 집중 투표제를 배제할 수 없다; 제524조의7 제3항)에는 정관에 다른 정함이 없는 경우에 한하여 채택할 수 있다(제382조의2 제1항). 의결권 없는 주식을 제외한 발행주식총수의 100분의 3 이상(자산2조원 이상의 상장회사는 100분의 1이상)에 해당하는 주식을 가진 주주가 주주총회일의 7일 전(상장회사의 경우에는 6주전)까지 서면 또는 전자문서로 집중투표를 청구할 수 있다(제382조의2 제2항). 집중투표를 청구할 수 있는 소수주주의 지주요건은 그 청구 시로부터 선임결의를 할 때까지는 유지되어야 한다. 집중투표의 청구가 있으면 의장은 이사선임의 결의에 앞서 그러한 청구가 있다는 취지를 알려야 하며(제382조의2 제5항), 집중투표의 청구서면은 주주총회가 종결될 때까지 본점에 비치하고 주주로 하여금 열람할 수 있게 하여야 한다(제382조의2 제6항).

③ 집중투표의 예외: 집중투표의 청구는 회사성립 후 주주총회에서 2인 이상의 이사를 선임하는 경우에만 인정되고, 회사설립시에 발기인 또는 창립총회에 의하여 선임되는 최초의 이사에 대하여는 집중투표가 인정되지 않는다.

④ 이사선임방법: 주주는 소유주식수에 선임하고자 하는 이사의 수를 곱한 수의 의결권을 가지고 동일한 이사후보에게 투표할 수도 있고, 분산하여 수인의 이사후보에게 투표할 수도 있다(제382조의2 제3항). 그 결과 최다수의 표를 얻은 자의 순으로 이사가 된다(제382조의2 제4항).

【판례】 대법원 2017.1.12.선고 2016다217741판결

상법 제382조의2에 정한 집중투표란 2인 이상의 이사를 선임하는 경우에 각 주주가 1주마다 선임할 이사의 수와 동일한 수의 의결권을 가지고 이를 이사 후보자 1인 또는 수인에게 집중하여 투표하는 방법으로 행사함으로써 투표의 최다수를 얻은 자부터 순차적으로 이사에 선임되는 것으로서, 이 규정은 어디까지나 주주의 의결권 행사에 관련된 조항이다.

따라서 주식회사의 정관에서 이사의 선임을 발행주식총수의 과반수에 해당하는 주식을 가진 주주의 출석과 출석주주의 의결권의 과반수에 의한다고 규정하는 경우, 집중투표에 관한 위 상법조항이 정관에 규정된 의사정족수 규정을 배제한다고 볼 것은 아니므로, 이사의 선임을 집중투표의 방법으로 하는 경우에도 정관에 규정한 의사정족수는 충족되어야 한다.

2) 이사의 종임

(1) 종임사유: 이사는 위임의 일반적 종료사유(이사의 사망·파산·성년후견 개시·회사의 해산·회사의 파산)에 의해 종임하며, 또 임기의 만료, 정관소정의 자격상실, 주주총회의 해임결의, 발행주식총수의 100분의 3 이상의 주식을 가진 주주(상장회사는 1만분의 50(자본금 1천억원 이상의 회사는 1만분의 25) 이상의 주식을 가진 주주)의 청구에 의한 법원의 해임판결 등에 의해 종임한다.

(2) 이사의 해임결의: 주주총회는 언제든지 정당한 이유가 없는 경우에도 주주총회의 특별결의로써 이사를 해임할 수 있다(제385조 제1항 본문). 해임의 효력발생시기에 대해서는 학설의 대립이 있다.[1)]

① 상법 제385조 제1항에서 규정하는 '정당한 이유'란 주주와 이사 사이에 불화 등 단순히 주관적인 신뢰 관계가 상실된 것만으로는 부족하고, 해임이 합리적이고 상당하다고 인정되는 경우로서 불법행위나 법령·정관에 위반한 중대한 사실(예 납입 또는 현물출자의 이행을 가장하는 행위; 대법원 2010.9.30.선고 2010다35985판결)뿐만 아니라 직무의 현저한 부적임, 회사의 중요한 사업계획의 수립이나 그 추진에 실패함으로써 경영능력에 대한 근본적인 신뢰 관계가 상실된 경우 등과 같이 당해 이사가 경영자로서 업무를 집행할 때 장애가 될 객관적 상황이 발생한 경우를 말한다(대법원 2004.10.15.선고 2004다25611판결; 대법원 2023.8.31.선고 2023다220639판결).

② 이사의 임기를 정한 경우에 회사가 정당한 이유 없이(이에 대한 입증책임은 이사가 부담한다; 대법원 2006.11.23.선고 2004다49570판결) 임기만료 전에 주주총회의 결의로 이사를 해임한 때에는 그 이사는 회사에 대하여 해임으로 인한 손해의 배상을 청구할 수 있다(제385조 제1항 단서).

이는 주주총회에 의한 이사 해임의 자유를 보장하는 한편, 임기가 정하여진 이사의 임기에 대한 기대를 보호하기 위하여 정당한 이유 없이 임기만료 전에 이사를 해임한 때에는 회사가 손해배상책임을 부담하도록 함으로써, 주주의 회사에 대한 지배권 확보와 경영자 지위의 안정이라는 주주와 이사의 이익을 조화시키려는 규정이다(대법원 2023.8.31.선고 2023다220639판결).

회사가 이사에 대하여 부담하는 손해배상책임은 회사의 고의나 과실을 묻지 않고 그 책임을 인정하는 법정책임에 해당한다(대법원 2023.8.31.선고 2023다220639판결).

③ 이사의 임기를 정하지 아니한 경우에는 해임되더라도 손해배상을 청구할 수 없다. 이사의 해임에 따른 손해배상청구는 주주총회의 적극적인 결의로 해임한 경우에 한하며, 이사가 사임의 의사표시를 하여 이를 수리하라는 뜻으로 해임한 경우에는 손해배상을 청구할 수 없다(대법원 1993.8.24.선고 92다3298판결).

④ 임기만료 후 이사로서의 권리의무를 행사하고 있는 퇴임이사는 상법 제385조 제1항의 이사에 포함되지 않는다(대법원 2021.8.19.선고 2020다285406판결).

---

1) 【학설】 해임의 효력발생시기에 대한 학설
이사의 해임결의는 단체법상의 행위로서 상대방에 대한 해임고지에 의하여 효력이 발생한다는 견해(다수설)와, 해임고지를 요하지 않고 해임의 효력이 발생한다는 견해가 있다.

【판례】 대법원 2021.8.19.선고 2020다285406판결

주식회사의 이사는 임기가 만료됨에 따라 이사의 지위를 상실하는 것이 원칙이지만, 소유와 경영의 분리를 원칙으로 하는 주식회사에 있어 경영자 지위의 안정이라는 이사의 이익뿐만 아니라 주주의 회사에 대한 지배권 확보라는 주주의 이익 또한 보호되어야 하므로, 위와 같은 주주와 이사의 이익을 조화시키기 위해 상법 제385조 제1항은 회사가 언제든지 주주총회의 결의로 이사를 해임할 수 있도록 하는 한편 이사를 선임할 때와 달리 이사를 해임할 때에는 주주총회의 특별결의를 거치도록 하고, 임기가 정해진 이사가 임기만료 전에 정당한 이유 없이 해임된 때에는 회사에 대하여 손해배상을 청구할 수 있도록 하고 있다. 한편 임기만료로 퇴임한 이사라 하더라도 상법 제386조 제1항 등에 따라 새로 선임된 이사의 취임 시까지 이사로서의 권리의무를 가지게 될 수 있으나(이하 '퇴임이사'라고 한다), 그와 같은 경우에도 새로 선임된 이사가 취임하거나 상법 제386조 제2항에 따라 일시 이사의 직무를 행할 자가 선임되면 별도의 주주총회 해임결의 없이 이사로서의 권리의무를 상실하게 된다. 이러한 상법 제385조 제1항의 입법 취지, 임기만료 후 이사로서의 권리의무를 행사하고 있는 퇴임이사의 지위 등을 종합하면, 상법 제385조 제1항에서 해임대상으로 정하고 있는 '이사'에는 '임기만료 후 이사로서의 권리의무를 행사하고 있는 퇴임이사'는 포함되지 않는다고 보아야 한다.

(3) 소수주주의 이사해임청구: 이사가 그 직무에 관하여 불법행위 또는 법령이나 정관에 위반한 중대한 사실이 있음에도 불구하고 주주총회에서 그 해임을 부결한 때에는 발행주식총수의 100분의 3 이상을 가진 주주(상장회사의 경우에는 1만분의 50[지본금 1천억원 이상의 회사는 1만분의 25] 이상을 가진 주주)는 주주총회 결의가 있은 날로부터 1월 내에 그 이사의 해임을 법원에 청구할 수 있다(제385조 제2항). 해임청구의 대상이 되는 이사는 임기 중의 이사에 한하고, 퇴임 후 이사의 권리·의무를 갖는 자는 대상이 아니다(대법원 2009.10.29.자 2009마1311결정). 소수주주의 이사해임청구와 관련하여 몇 가지 내용에 대해서는 학설의 대립이 있다.[1)]

(4) 사 임: 이사는 언제든지 사임할 수 있으며, 사임은 단독행위로서 회사에 대한 일방적 의사표시에 의하여 효력이 발생한다. 사임은 회사 또는 주주총회의 승낙을 요하지 않으며 변경등기를 하지 않더라도 자격을 상실한다. 사임의 의사표시는 대표이사에게 하여야 하며, 대표이사에게 도달함으로써 그 효력이 발생한다. 사임의 의사표시는 철회할 수 없다. 다만, 이사가 대표이사에게 사임의 의사표시에 관한 대리권을 수여한 경우에는 대표이사가 사표를 수리함으로써 사임의 효력이 발생한다(대법원 1998.4.28.선고 98다8615판결).

1) 【학설】 소수주주의 해임청구의 소에 관한 학설

① 소수주주의 요건: 소수주주에 의결권 없는 주식을 소유하는 주주는 의결권이 없다고 하여 해임청구를 할 수 있는 소수주주에서 제외된다는 견해와, 의결권 없는 주식을 제외할 필요가 없다는 견해가 있다.

② 청구상대방: 해임청구의 소에 있어서 피고는 회사라는 견해, 이사라는 견해, 이사와 회사를 공동피고로 본다는 견해(다수설)가 있다.

③ 이사재임결의 후의 소의 이익: 이사의 해임의 소의 계속 중에 그 이사가 임기만료에 의하여 퇴임하고 다시 이사로 재임된 경우 해임의 소는 소의 이익을 잃는다는 견해와, 재임의 결의는 이사해임의 안을 부결시킨 것과 다름없다는 점에서 소의 이익을 상실하지 않는다는 견해가 있다.

【판례】 대법원 2006.6.15.선고 2004다10909판결

법인의 이사를 사임하는 행위는 상대방 있는 단독행위라 할 것이어서 그 의사표시가 상대방에게 도달함과 동시에 그 효력이 발생하고 그 의사표시가 효력을 발생한 후에는 마음대로 이를 철회할 수 없음이 원칙이나, 사임서 제시 당시 즉각적인 철회권유로 사임서 제출을 미루거나, 대표자에게 사표의 처리를 일임하거나, 사임서의 작성일자를 제출일 이후로 기재한 경우 등 사임의사가 즉각적이라고 볼 수 없는 특별한 사정이 있을 경우에는 별도의 사임서 제출이나 대표자의 수리행위 등이 있어야 사임의 효력이 발생하고, 그 이전에 사임의사를 철회할 수 있다 할 것이다.

3) 등 기

이사의 선임과 종임은 등기하여야 한다. 즉, 선임시에는 이사의 성명과 주민등록번호를 등기하여야 하며(제317조 제2항 제8호), 종임시에는 등기사항의 변동을 가져오므로 본점소재지에서 2주일 내에 변경등기를 하여야 한다(제183조).

보충판례 퇴임이사의 퇴임등기 기산: 임기만료나 사임으로 퇴임한 이사의 퇴임등기는 원칙적으로 퇴임일로부터 본점소재지에서는 2주일 내에 하여야 하며 이를 해태한 때에는 과태료에 처한다. 그러나 이사의 퇴임으로 인하여 이사의 결원이 생기는 때에는 그 퇴임이사는 새로이 이사가 선임될 때까지 이사로서의 권리·의무가 있으므로, 퇴임이사의 퇴임등기의 기산일은 새로운 이사가 취임한 날이 되며, 후임이사가 취임하기 전에는 퇴임한 이사의 퇴임등기만을 따로 신청할 수 없다고 봄이 상당하다(대법원 2005.3.8.자 2004마800 전원합의체 결정 참조).

4) 이사의 결원

(1) 퇴임이사·가이사(假理事)

① 법률 또는 정관에 정한 이사의 원수를 결한 경우에는 임기의 만료 또는 사임으로 인하여 퇴임한 이사는 새로 선임된 이사가 취임할 때까지 이사의 권리·의무가 있다(제386조 제1항). 수인의 이사가 동시에 임기만료나 사임에 의하여 퇴임함으로 말미암아 법률 또는 정관에 정한 이사의 최저인원수 또는 특정 인원수를 채우지 못하게 되는 결과가 일어나는 경우, 특별한 사정이 없는 한 그 퇴임한 이사 전원은 새로 선임된 이사가 취임할 때까지 이사로서의 권리·의무가 있다고 봄이 상당하다(대법원 2006.3.29.선고 2006다83697판결).

② 이사의 사망·파산 등에 의해 이사의 정원을 결(缺)한 경우 법원이 필요하다고 인정할 때에는 이사·감사 기타 이해관계인의 청구에 의하여 일시 이사의 직무를 행할 자를 선임할 수 있다(제386조 제2항). 일시이사로 선임되는 자의 자격에는 제한이 없으므로 회사와 이해관계 있는 자만이 일시이사로 선임될 자격이 있는 것은 아니다(대법원 1981.9.8.선고 80다2511판결). 퇴임이사나 가이사(일시이사)는 정상적인 이사의 모든 권리·의무에 미친다(대법원 1968.5.22.자 68마119결정).

(2) 직무집행정지 가처분 및 직무대행자

① 이사의 직무집행정지 가처분: 이사선임결의의 무효나 취소 또는 이사해임의 소가 제기된 경우에는 법원은 당사자의 신청(피신청인은 신청인의 주장에 의해 지위가 다투어지는 자이며, 회사는 피신청인이 될 수 없다; 대법원 1982.2.9.선고 80다2424판결)에 의하여 가처분으로서 이사의 직무집행을 정지하거나 직무대행자를 선임할 수 있다(제407조 제1항). 이사의 직무집행정지 가처분신청이 있는 때 그 이사는 가처분시까지 지위를 유지하여야 하며, 가처분 전에 이사가 사임하거나 퇴임하면 가처분신청은 피보전권리가 없게 되므로 각하된다. 마찬가지로 사임한 후 새로이 주주총회에서 이사로 다시 선임되었다 하더라도 본안소송과 관련하여 피보전권리가 없으므로 가처분신청을 각하하여야 한다(대법원 1982.2.9.선고 80다2424판결). 특히 이사의 직무집행이 계속되는 경우에 회사재산의 상실이 우려되는 등 급박한 사정이 있는 때에는 본안소송의 제기 전이라도 법원은 가처분을 할 수 있다(제407조 제1항). 법원은 당사자의 신청에 의하여 이러한 가처분을 변경 또는 취소할 수 있다(제407조 제2항). 직무집행정지 가처분은 기간을 정하지 아니한 때에는 이사선임 무효나 취소 또는 이사 해임의 본안소송의 판결이 확정됨과 동시에 효력을 상실하고, 기간을 정한 때에는 그 기간이 만료됨으로써 효력을 상실한다(대법원 1989.5.23.선고 88다카9883판결). 당사자의 신청에 의하여 법원으로부터 가처분 또는 그 변경이나 취소의 처분이 있는 때에는 본점소재지에서 등기를 하여야 한다(제407조 제3항).

보충판례 주식회사의 이사나 감사를 피신청인으로 하여 그 직무집행을 정지하고 직무대행자를 선임하는 가처분이 있는 경우 가처분결정은 이사 등의 직무집행을 정지시킬 뿐 이사 등의 지위나 자격을 박탈하는 것이 아니므로, 특별한 사정이 없는 한 가처분결정으로 인하여 이사 등의 임기가 당연히 정지되거나 가처분결정이 존속하는 기간만큼 연장된다고 할 수 없다. 나아가 위와 같은 가처분결정은 성질상 당사자 사이뿐만 아니라 제3자에 대하여도 효력이 미치지만, 이는 어디까지나 직무집행행위의 효력을 제한하는 것일 뿐이므로, 이사 등의 임기 진행에 영향을 주는 것은 아니다(대법원 2020.8.20.선고 2018다249148판결).

② 직무대행자의 선임과 권한

㉠ 직무대행자의 선임: 법원은 이사의 직무집행정지 가처분과 함께 직무대행자를 선임할 수 있고(제407조 제1항), 일단 직무대행자를 선임하면 이사의 직무집행이 정지된다. 직무집행이 정지된 이사가 퇴임하고 후임이사가 선임되더라도 가처분이 취소되기까지는 직무대행자의 권한이 존속한다. 즉, 대표이사의 직무집행정지 및 직무대행자선임의 가처분이 이루어진 이상 그 후 대표이사가 해임되고 새로운 대표이사가 선임되었다 하더라도 가처분결정이 취소되지 아니하는 한 직무대행자의 권한은 유효하게 존속하는 반면 새로이 선임된 대표이사는 그 선임결의의 적법 여부에 관계없이 대표이사로서의 권한을 가지지 못한다 할 것이다(대법원 1992.5.12.선고 92다5638판결).

【판례】 대법원 2014.3.27.선고 2013다39551판결

주식회사 이사의 직무집행을 정지하고 직무대행자를 선임하는 가처분은 성질상 당사자 사이뿐만 아니라 제3자에 대한 관계에서도 효력이 미치므로 가처분에 반하여 이루어진 행위는 제3자에 대한 관계에서도 무효이므로 가처분에 의하여 선임된 이사직무대행자의 권한은 법원의 취소결정이 있기까지 유효하게 존속한다. 또한 등기할 사항인 직무집행정지 및 직무대행자선임 가처분은 상법 제37조 제1항에 의하여 이를 등기하지 아니하면 위 가처분으로 선의의 제3자에게 대항하지 못하지만 악의의 제3자에게는 대항할 수 있고, 주식회사의 대표이사 및 이사에 대한 직무집행을 정지하고 직무대행자를 선임하는 법원의 가처분결정은 그 결정 이전에 직무집행이 정지된 주식회사 대표이사의 퇴임등기와 직무집행이 정지된 이사가 대표이사로 취임하는 등기가 경료되었다고 할지라도 직무집행이 정지된 이사에 대하여는 여전히 효력이 있으므로 가처분결정에 의하여 선임된 대표이사 및 이사 직무대행자의 권한은 유효하게 존속하고, 반면에 가처분결정 이전에 직무집행이 정지된 이사가 대표이사로 선임되었다고 할지라도 그 선임결의의 적법 여부에 관계없이 대표이사로서의 권한을 가지지 못한다.

따라서 (대표이사의 직무집행정지 및 직무대행자 선임의) 가처분은 그 성질상 당사자 사이에서뿐만 아니라 제3자에게도 효력이 미치므로, 새로이 선임된 대표이사가 위 가처분에 반하여 회사 대표자의 자격에서 한 법률행위는 결국 제3자에 대한 관계에서도 무효이고, 이때 위 가처분에 위반하여 대표권이 없는 대표이사와 법률행위를 한 거래상대방은 자신이 선의였음을 들어 위 법률행위의 유효를 주장할 수 없다 할 것이다(대법원 1997.9.9.선고 97다12167판결).

【판례】 대법원 2008.5.29.선고 2008다4537판결

법원의 직무집행정지 가처분결정에 의해 회사를 대표할 권한이 정지된 대표이사가 그 정지기간 중에 체결한 계약은 절대적으로 무효이고, 그 후 가처분신청의 취하에 의해 보전집행이 취소되었다 하더라도 집행의 효력은 장래에 향하여 소멸할 뿐 소급적으로 소멸하는 것은 아니라 할 것이므로, 가처분신청이 취하되었다 하여 무효인 계약이 유효하게 되지는 않는다.

한편, 직무대행자가 선임된 후 회사가 해산하면 그 직무대행자가 바로 청산인의 직무대행자가 되고, 그 직무대행자의 선임이 취소되지 않는 한 새로이 청산인의 직무대행자를 선임할 수 없다(대법원 1991.12.24.선고 91다4355판결).

㉡ 직무대행자의 권한: 이사의 직무집행정지가처분에 따라 선임된 직무대행자는 가처분명령에 다른 정함이 있거나 법원의 허가를 얻은 경우(법원이 주식회사의 이사직무대행자에 대하여 상법 제408조 제1항에 따라 상무 외의 행위를 허가할 것인지 여부는 일반적으로 당해 상무 외 행위의 필요성과 회사의 경영과 업무 및 재산에 미치는 영향 등을 종합적으로 고려하여 결정하여야 한다: 대법원 2008.4.14.자 2008마277결정)가 아니면 회사의 상무에 속하지 아니한 행위를 하지 못한다(제408조 제1항). 그러나 상법 제408조 제1항이 규정하는 회사의 '상무'라 함은 일반적으로 회사에서 일상 행해져야 하는 사무, 회사가 영업을 계속함에 있어서 통상 행하는 영업범위 내의 사무 또는 회사경영에 중요한 영향을 주지 않는 통상의 업무 등을 의미하고, 어느 행위가 구체적으로 이 상무에 속하는가 하는 것은 당해 회사의 기구, 업무의 종류·성질, 기타 제반 사정을 고려하여 객관적으로 판단되어야 할 것이다(대법원 2007.6.28.선고 2006다62362판결). 그러나 회사는

이를 위반한 직무대행자의 행위에 대해서도 선의의 제3자에 대하여 책임을 진다(제408조 제2항).

보충판례 ① 상무에 속하는 행위: 판례에 따르면 「회사의 상무」란 회사의 영업을 계속함에 있어 통상의 업무범위 내의 사무, 즉 회사의 경영에 중대한 영향을 미치지 않는 보통의 업무로서(대법원 1991.12.24.선고 91다4355판결), 변호사에게 소송대리를 위임하고 그 보수계약을 체결하는 행위는 상무에 속한다(대법원 1970.4.14.선고 69다1613판결). 그리고 정기주주총회 소집(결의)은 회사에 현실적인 이해를 미치는 것이 아니므로 상무에 속하는 것으로 본다(이철송, 「회사법」, 654~655면). 그러나 직무대행자가 정기주주총회를 소집함에 있어서도 그 안건에 이사회의 구성 자체를 변경하는 행위나 상법 제374조의 특별결의사항에 해당하는 행위 등 회사의 경영 및 지배에 영향을 미칠 수 있는 것이 포함되어 있다면 그 안건의 범위에서 정기총회의 소집이 상무에 속하지 않는다고 할 것이다(대법원 2007.6.28.선고 2006다62368판결).
② 상무에 속하지 않는 행위: 가처분결정에 의하여 선임된 청산인 직무대행자가 그 가처분의 본안소송인 주주총회결의 무효확인의 제1심 판결에 대한 항소를 취하하는 행위(대법원 1982.4.27.선고 81다358판결), 가처분결정에 의하여 선임된 직무대행자가 그 가처분의 본안소송인 이사회결의 무효확인의 제1심 판결에 대하여 항소권을 포기하는 행위(대법원 2005.1.26.선고 2003다36225판결), 회사를 대표하여 소송상의 인낙을 하는 것, 대표이사 직무대행자가 그 권한의 전부를 가처분을 신청한 사람에게 위임하는 것, 대표이사 직무대행자가 회사에 관한 소송에서 상대방 당사자의 변호사의 보수지급에 관하여 약정하는 것 등은 상무에 속하지 않는다고 한다(대법원 1989.9.12.선고 87다카2691판결 등). 한편, 신주발행·사채발행·영업양도와 같은 조직법적 변경을 가져오는 행위나 중요재산의 처분, 목적사업의 변경과 같은 비일상적인 위험을 수반하는 행위는 할 수 없다. 그리고 신주발행결의, 사채발행결의, 대표이사선임결의 등의 이사회 결의에서 의결권을 행사할 수 없다.

3. 이사의 보수

1) 보수의 의의

이사는 회사로부터 일정한 사무처리의 위임을 받고 있는 것이고 근로를 제공하고 소정의 임금을 받는 고용관계에 있는 것이 아니므로 이사의 보수란 근로기준법에서 정한 임금이라 할 수 없으며(대법원 2013.9.26.선고 2012도6537판결), 그 명칭이나 형식과는 관계없이 이사의 직무집행의 대가(직무수행의 보상으로 지급되는 대가)로 정기적이든 부정기적이든 불문하고 지급되는 금전이나 현물급여를 모두 포함한다(대법원 2020.6.4.선고 2016다241515,241522 판결 참조). 그러므로 급여·각종수당·퇴직금(대법원 2022.7.28.선고 2022다223273판결)·퇴직위로금(대법원 2022.7.28.선고 2022다223273판결)·실적금(대법원 2004.12.10.선고 2004다 25123판결; 대법원 2006.5.25.선고 2003다16092·16108(병합)판결; 대법원 2010.12.9.선고 2009다59237판결)과 해직보상금(대법원 2006.11.23.선고 2004다49570판결)도 보수에 속한다. 또한 회사가 성과급, 특별성과급 등의 명칭으로 경영성과에 따라 지급하는 금원이나 성과달성을 위한 동기를 부여할 목적으로 지급하는 금원도 마찬가지이다(대법원 2020.4.9.선고 2018다290436판결).

그 밖에 상여금 등이 보수범위에 포함되는가에 대해서는 학설의 대립이 있다.[1)]

---

1) 【학설】 보수의 범위에 관한 학설
① 상여금을 보수에 포함시키는가에 대한 학설: 상여금은 이사의 직무집행에 대한 대가로서 지급되는 것이므로 보수에 포함된다고 하는 견해(판례)와, 상여금의 지급은 이익처분방법으로 보아 보수에 포함시키지 않는다고 하는 견해가 있다.
② 이사가 사용인을 겸직한 경우 사용인으로서 받는 급여가 제388조의 보수범위에 포함되는가에 대한 학설:

【판례】 대법원 2018.5.30.선고 2015다51968판결

상법 제388조가 정하는 '이사의 보수'에는 월급·상여금 등 명칭을 불문하고 이사의 직무수행에 대한 보상으로 지급되는 대가가 모두 포함되고, 퇴직금 또는 퇴직위로금도 그 재직 중의 직무수행에 대한 대가로 지급되는 급여로서 상법 제388조의 '이사의 보수'에 해당한다. 주식회사의 이사, 대표이사(이하 '이사 등'이라고 한다)의 보수청구권(퇴직금 등의 청구권을 포함한다)은, 그 보수가 합리적인 수준을 벗어나서 현저히 균형을 잃을 정도로 과다하거나, 이를 행사하는 사람이 법적으로는 주식회사 이사 등의 지위에 있으나 이사 등으로서의 실질적인 직무를 수행하지 않는 이른바 명목상 이사 등에 해당한다는 등의 특별한 사정이 없는 이상 민사집행법 제246조 제1항 제4호 또는 제5호가 정하는 압류금지채권에 해당한다고 보아야 한다.

2) 보수의 결정·분배의 위임

(1) 이사의 보수는 그 금액을 정관에서 정하지 않은 때에는 주주총회의 결의로 정한다(제388조). 이는 이사가 자신의 보수와 관련하여 개인적 이익을 도모하는 폐해를 방지하여 회사와 주주 및 회사채권자의 이익을 보호하기 위한 강행규정이다(대법원 2020.4.9.선고 2018다290436판결; 대법원 2023.12.28.선고 2023다269818판결). 따라서 정관 또는 주주총회의 결의가 없는 한 보수청구권을 행사할 수 없고(대법원 1992.12.22. 선고 92다28228판결), 정관에서 이사의 보수에 관하여 주주총회의 결의로 정한다고 규정한 경우 그 금액·지급방법·지급시기 등에 관한 주주총회의 결의가 있었음을 인정할 증거가 없는 한 이사는 보수청구권을 행사할 수 없다(대법원 2020.4.9.선고 2018다290436판결).

【판례】 대법원 2015.9.10.선고 2015다213308 판결(1)

주식회사의 주주총회에서 이사로 선임된 사람이 주식회사와 계약을 맺고 이사로 취임한 경우에, 상법 제388조에 따라 정관 또는 주주총회 결의에서 정한 금액·지급시기·지급방법에 의하여 보수를 받을 수 있다. 이에 비추어 보면, 주주총회에서 선임된 이사가 회사와의 명시적 또는 묵시적 약정에 따라 업무를 다른 이사 등에게 포괄적으로 위임하고 이사로서의 실질적인 업무를 수행하지 않는 경우라 하더라도 이사로서 상법 제399조, 제401조 등에서 정한 법적 책임을 지므로, 이사를 선임하거나 보수를 정한 주주총회 결의의 효력이 무효이거나 또는 소극적인 직무 수행이 주주총회에서 이사를 선임하면서 예정하였던 직무 내용과 달라 주주총회에서 한 선임 결의 및 보수지급 결의에 위배되는 배임적인 행위에 해당하는 등의 특별한 사정이 없다면, 소극적인 직무 수행 사유만을 가지고 이사로서의 자격을 부정하거나 주주총회 결의에서 정한 보수청구권의 효력을 부정하기는 어렵다.

(2) 이사의 보수청구권에 해당하는 퇴직금청구권은 이사가 퇴직할 때 유효하게 적용되는 정관의 퇴직금 규정에 의하거나 주주총회의 퇴직금 지급결의가 있을 때에 비로소 발생한다(대법원 2006.5.25.선고 2003다16092·16108(병합)판결). 그런데, 퇴직금의 중간정산금 지급에 관한 사항은 정관에 규정이 없다면 별도의 주주총회결의가 있어야 한다(대법원 2019.7.4.선고 2017다17436판결).

사용인에게 지급되는 급여가 포함되지 않는다면 상법 제388조의 탈법을 허용하게 되므로 이사의 보수에 포함시켜야 한다는 견해, 사용인에게 지급되는 급여는 근로계약의 대가로서 이사의 보수와는 법적 성질을 달리하는 것이므로 포함되지 않는다는 견해, 사용인에게 지급되는 급여는 이사의 보수에 포함되지 않지만 이사의 보수결정시 사용인에게 지급되는 금액이 주주총회에 보고되어야 한다는 견해로 나누어지고 있다.

【판례】 대법원 2019.7.4.선고 2017다17436판결

이사의 퇴직금은 상법 제388조에 규정된 보수에 포함되고, 퇴직금을 미리 정산하여 지급받는 형식을 취하는 퇴직금 중간정산금도 퇴직금과 성격이 동일하다. 다만 이사에 대한 퇴직금은 성격상 퇴직한 이사에 대해 재직 중 직무집행의 대가로 지급되는 보수의 일종이므로, 이사가 재직하는 한 이사에 대한 퇴직금 지급의무가 발생할 여지가 없고 이사가 퇴직하는 때에 비로소 지급의무가 생긴다. 그런데 퇴직금 중간정산금은 지급시기가 일반적으로 정해져 있는 정기적 보수 또는 퇴직금과 달리 권리자인 이사의 신청을 전제로 이사의 퇴직 전에 지급의무가 발생하게 되므로, 이사가 중간정산의 형태로 퇴직금을 지급받을 수 있는지 여부는 퇴직금의 지급시기와 지급방법에 관한 매우 중요한 요소이다.
따라서 정관 등에서 이사의 퇴직금에 관하여 주주총회의 결의로 정한다고 규정하면서 퇴직금의 액수에 관하여만 정하고 있다면, 퇴직금 중간정산에 관한 주주총회의 결의가 있었음을 인정할 증거가 없는 한 이사는 퇴직금 중간정산금 청구권을 행사할 수 없다.

(3) 주주총회에서 개개의 이사에 대하여 개별적으로 보수액을 정하지 않고 총액 또는 최고액만을 정하고 그 분배는 이사회에 위임할 수 있다. 그러나 보수액의 결정 및 지급을 전적으로 이사회나 대표이사에게 위임하는 내용의 주주총회의 결의는 무효이다(대법원 1979.11.27.선고 79다1599판결).

【판례】 대법원 2020.6.4.선고 2016다241515, 241522판결

상법 제361조는 "주주총회는 본법 또는 정관에 정하는 사항에 한하여 결의할 수 있다."라고 규정하고 있는데, 이러한 주주총회 결의사항은 반드시 주주총회가 정해야 하고 정관이나 주주총회의 결의에 의하더라도 이를 다른 기관이나 제3자에게 위임하지 못한다. 따라서 정관 또는 주주총회에서 임원의 보수 총액 내지 한도액만을 정하고 개별 이사에 대한 지급액 등 구체적인 사항을 이사회에 위임하는 것은 가능하지만, 이사의 보수에 관한 사항을 이사회에 포괄적으로 위임하는 것은 허용되지 아니한다. 그리고 주주총회에서 이사의 보수에 관한 구체적 사항을 이사회에 위임한 경우에도 이를 주주총회에서 직접 정하는 것도 상법이 규정한 권한의 범위에 속하는 것으로서 가능하다.

(4) 회사의 대부분의 주식(전체주식의 80%)을 가진 주주인 대표이사가 이사에게 보수를 지급하기로 약정한 경우에 주주총회에서 같은 내용의 결의가 이루어질 것이 당연하므로 비록 주주총회 결의는 없었다 하더라도 그 약정은 유효하고(대법원 1978.1.10.선고 77다1788판결), 임원퇴직금 지급규정에 관하여 주주총회결의가 있거나 주주총회의사록이 작성된 적은 없으나 위 규정에 따른 퇴직금이 사실상 1인 회사의 실질적 1인 주주의 결제·승인을 거쳐 관행적으로 지급되었다면 위 규정에 대하여 주주총회의 결의가 있었던 것으로 볼 수 있다(대법원 2004.12.10.선고 2004다25123판결).

【판례】 대법원 2023.12.28.선고 2023다269818판결

[1] 상법 제388조는 "이사의 보수는 정관에 그 액을 정하지 아니한 때에는 주주총회의 결의로 이를 정한다."라고 규정하고 있고, 위 규정의 보수에는 연봉, 수당, 상여금 등 명칭을 불문하고 이사의 직무수행에 대한 보상으로 지급되는 모든 대가가 포함된다. 이는 이사가 자신의 보수와 관련하여 개인적 이익을 도모하는 폐해를 방지하여 회사와 주주 및 회사채권자의 이익을 보호하기 위한 강행규정이다(대법원 2020.4.9.선고 2018다290436판결 등 참조).

[2] 주식회사의 총 주식을 한 사람이 소유하는 이른바 1인회사의 경우에는 그 주주가 유일한 주주로서 주주총회에 출석하면 전원 총회로서 성립하고 그 주주의 의사대로 결의가 될 것이 명백하다. 이러한 이유로 주주총회 소집절차에 하자가 있거나 주주총회의사록이 작성되지 않았더라도, 1인주주의 의사가 주주총회의 결의내용과 일치한다면 증거에 의하여 그러한 내용의 결의가 있었던 것으로 볼 수 있다. 그러나 1인회사가 아닌 주식회사에서는 특별한 사정이 없는 한, 주주총회의 의결정족수를 충족하는 주식을 가진 주주들이 동의하거나 승인하였다는 사정만으로 주주총회에서 그러한 내용의 결의가 이루어질 것이 명백하다거나 또는 그러한 내용의 주주총회 결의가 있었던 것과 마찬가지라고 볼 수는 없다(대법원 2020.6.4.선고 2016다241515, 241522판결, 대법원 2022.7.14.선고 2022다217513판결 등 참조).

3) 보수의 감액제한과 과다지급금의 반환

(1) 일단 정관이나 주주총회에서 보수가 결정되면 선임행위의 내용을 이룬다고 보아야 할 것이므로 동일이사에 관한 한 정관변경이나 주주총회의 결의에 의하여 보수를 박탈하거나 감액하지 못한다(대법원 1977.11.22.선고 77다1742판결).

【판례】 대법원 1977.11.22.선고 77다1742판결

이사의 퇴직위로금은 상법 388조에 규정된 보수에 포함된다 할 것이므로 위 법조에 근거하여 정관이나 주주총회결의로 그 액이 결정되었다면 주주총회에서 퇴임한 특정이사에 대하여 그 퇴직위로금을 박탈하거나 이를 감액하는 결의를 하였다 하여도 그 효력이 없다.

(2) 상법이 정관 또는 주주총회의 결의로 이사의 보수를 정하도록 한 것은 이사들의 고용계약과 관련하여 사익 도모의 폐해를 방지함으로써 회사와 주주 및 회사채권자의 이익을 보호하기 위한 것이므로, 비록 보수와 직무의 상관관계가 상법에 명시되어 있지 않더라도 이사가 회사에 대하여 제공하는 직무와 지급받는 보수 사이에는 합리적 비례관계가 유지되어야 하며, 회사의 채무 상황이나 영업실적에 비추어 합리적인 수준을 벗어나서 현저히 균형성을 잃을 정도로 과다하여서는 아니 된다.

따라서 회사에 대한 경영권 상실 등으로 퇴직을 앞둔 이사가 회사에서 최대한 많은 보수를 받기 위하여 그에 동조하는 다른 이사와 함께 이사의 직무내용, 회사의 재무상황이나 영업실적 등에 비추어 지나치게 과다하여 합리적 수준을 현저히 벗어나는 보수 지급 기준을 마련하고 지위를 이용하여 주주총회에 영향력을 행사함으로써 소수주주의 반대에 불구하고 이에 관한 주주총회결의가 성립되도록 하였다면, 이는 회사를 위하여 직무를 충실하게 수행하여야 하는 상법 제382조의3에서 정한 의무를 위반하여 회사재산의 부당한 유출을 야기함으로써 회사와 주주의 이익을 침해하는 것으로서 회사에 대한 배임행위에 해당하므로, 주주총회 결의를 거쳤다 하더라도 그러한 위법행위가 유효하다 할 수는 없다(대법원 2016.1.28.선고 2014다11888판결).

보충 이사의 소극적인 직무 수행에 대하여 보수청구권이 인정된다 하더라도, 이사의 보수는 직무 수행에 대한 보상으로 지급되는 대가로서 이사가 회사에 대하여 제공하는 반대급부와 지급받는 보수 사이에는 합리적 비례관계가 유지되어야 하므로 보수가 합리적인 수준을 벗어나서 현저히 균형성을 잃을 정도로 과다하거나, 오로지 보수의 지급이라는 형식으로 회사의 자금을 개인에게 지급하기 위한 방편으로 이사로 선임하였다는 등의 특별한 사정이 있는 경우에는 보수청구권의 일부 또는 전부에 대한 행사가 제한되고 회사는 합리적이라고 인정되는 범위를 초과하여 지급된 보수의 반환을 구할 수 있다. 이때 보수청구권의 제한 여부와 제한 범위는, 소극적으로 직무를 수행하는 이사가 제공하는 급부의 내용 또는 직무 수행의 정도, 지급받는 보수의 액수와 회사의 재무상태, 실질적인 직무를 수행하는 이사 등의 보수와의 차이, 소극적으로 직무를 수행하는 이사를 선임한 목적과 선임 및 자격 유지의 필요성 등 변론에 나타난 여러 사정을 종합적으로 고려하여 판단하여야 한다(대법원 2015.9.10.선고 2015다213308판결).

Ⅱ. 이사회

1. 의 의

이사회는 회사의 업무집행에 관한 의사결정을 위해 전원의 이사로 구성되는 회사의 필요적 독립기관[1]이다(제393조 제1항 참조). 이사회는 회의체기관이며, 업무집행에 관해 의사를 결정하고 그 구체적인 실천은 대표이사가 행한다. 다만, 업무집행의 적정을 기하기 위하여 이사회는 대표이사를 포함한 모든 이사의 직무집행을 감독한다(제393조 제2항). 이사회는 독립된 기관이므로 이사회가 결의한 사항을 주주총회의 결의로 번복하거나 무효로 할 수 없다(대법원 1991.5.28.선고 90다20084판결).

2. 이사회의 권한

1) 업무집행에 대한 의사결정권

(1) 상법 제393조 제1항은 「중요한 자산의 처분 및 양도, 대규모 재산의 차입, 지배인의 선임과 해임, 지점의 설치 · 이전 또는 폐지 등 회사의 업무집행은 이사회의 결의로 한다」고 정함으로서 주식회사의 이사회는 회사의 업무집행에 관한 의사결정권한이 있음을 명시하고 있다.

주식회사가 중요한 자산을 처분하거나 대규모 재산을 차입하는 등의 업무집행을 할 경우에 이사회가 직접 결의하지 않고 대표이사에게 일임할 수 없다. 즉, 이사회가 일반적·구체적으로 대표이사에게 위임하지 않은 업무로서 일상 업무에 속하지 않은 중요한 업무의 집행

1) 【학설】 이사회의 기관성에 관한 학설
① 이사회는 업무집행의 의사결정기관이라는 견해, 업무집행기관이면서 의사결정기관이라는 견해, 의사결정기관이면서 이사의 직무를 감독하는 기관이라는 견해가 있다.
② 이사회는 필요적 기관이면서 상설기관이라는 견해와 비상설기관이라는 견해로 나누어지는 것은 주주총회의 기관성에 관한 논의와 같다.

은 반드시 이사회의 결의가 있어야 한다(대법원 2021.8.26.자 2020마5520 결정).

【판례】 대법원 2005.7.28.선고 2005다3649판결[동지: 대법원 2010.1.14.선고 2009다55808판결; 대법원 2011.4.28.선고 2009다47791판결]

상법 제393조 제1항은 주식회사의 중요한 자산의 처분 및 양도는 이사회의 결의로 한다고 규정하고 있는바, 여기서 말하는 중요한 자산의 처분에 해당하는가 아닌가는, 당해 재산의 가액, 총자산에서 차지하는 비율, 회사의 규모, 회사의 영업 또는 재산의 상황, 경영상태, 자산의 보유목적, 회사의 일상적 업무와의 관련성, 당해회사에서의 종래의 취급 등에 비추어 대표이사의 결정에 맡기는 것이 상당한지 여부에 따라 판단하여야 할 것이고, 중요한 자산의 처분에 해당하는 경우에는 이사회가 그에 관하여 직접 결의하지 아니한 채 대표이사에게 그 처분에 관한 사항을 일임할 수 없는 것이므로, 이사회규정상 이사회 부의사항으로 정해져 있지 아니하더라도 반드시 이사회의 결의를 거쳐야 한다.

대표이사가 제393조 제1항에 위반하여 중요한 자산의 처분 및 양도, 대규모 재산의 차입과 같은 대외적 대표행위를 한 경우에는 제209조 제2항의 대표이사의 대표권제한을 위반한 행위와 같이 제3자에게 악의 또는 중대한 과실이 있는 경우에는 무효가 된다(대법원 2021.2.18.선고 2015다45451 전원합의체 판결).

(2) 업무집행이란 회사의 운영에 관련되는 모든 사무를 말하지만, 이사회는 정관 또는 법령에 의하여 주주총회의 결의사항으로 하는 것을 제외한 사항을 결의할 수 있다.

법정된 권한사항은 대표이사의 선임과 공동대표의 결정(제389조 제1항·제2항), 집행임원의 선임과 대표집행임원의 결정(제408조의2 제3항), 신주의 발행사항의 결정(제416조), 사채의 발행(제469조 제1항), 주주총회의 소집결정(제362조), 이사에 대한 경업승인(제397조 제1항), 이사의 회사의 기회 및 자산 이용승인(제397조의2 제1항), 이사 등과 회사 간의 거래의 승인(제398조), 준비금의 자본금전입(제461조 제1항), 간이합병이나 소규모합병의 승인(제527조의2 제1항, 제527조의3 제1항), 중간배당의 결정(제462조의3 제1항), 주주에 대한 전환사채나 신주인수권부사채의 발행사항결정(제513조 제2항, 제516조의2 제2항) 등이 있다.

【판례】 대법원 2021.8.26.자 2020마5520결정

주식회사 이사회의 역할과 주식회사에 대한 회생절차 개시결정의 효과 등에 비추어 주식회사가 회생절차 개시신청을 하는 것은 대표이사의 업무권한인 일상업무에 속하지 않는 중요한 업무에 해당하여 이사회 결의가 필요하다. 회생절차개시신청에 관한 이러한 법리는 파산신청의 경우에도 유사하게 적용할 수 있다. … (중략) … 주식회사 이사회의 역할, 파산이 주식회사에 미치는 영향, 회생절차개시신청과의 균형, 파산신청권자에 대한 규정의 문언과 취지 등에 비추어 보면, 주식회사의 대표이사가 회사를 대표하여 파산신청을 할 경우 대표이사의 업무권한인 일상 업무에 속하지 않는 중요한 업무에 해당하여 이사회 결의가 필요하다고 보아야 하고, 이사에게 별도의 파산신청권이 인정된다고 해서 달리 볼 수 없다.
그러나 자본금 총액이 10억 원 미만으로 이사가 1명 또는 2명인 소규모 주식회사에서는 대표이사가 특별한 사정이 없는 한 이사회 결의를 거칠 필요 없이 파산신청을 할 수 있다. 소규모 주식회사는 각 이사(정관에 따라 대표이사를 정한 경우에는 그 대표이사를 말한다)가 회사를 대표하고 상법 제393조 제1항에 따른 이사회의 기능을 담당하기 때문이다(상법 제383조 제6항, 제1항 단서).

보충 자본금 10억원 미만인 회사에 있어서 이사가 1인 또는 2인인 경우 이사회권한사항의 결정

① 이사회의 결의사항 중 신주발행, 사채발행, 이사에 대한 경업 승인, 이사와 회사 간의 거래승인, 전환사채의 발행, 준비금의 자본금전입 등은 주주총회의 결의에 의하여 결정한다(제383조 제4항).

② 이사회의 결의사항 중 중요한 자산의 처분 및 양도, 대규모 재산의 차입, 지배인의 선임과 해임, 지점의 설치와 이전 및 폐지, 주주총회의 소집결정, 주주제안의 채택결정, 전자적 방법에 의한 의결권 행사의 채택결정, 중간배당의 결정, 전환주식에 관한 통지결정, 자기주식소각의 결정 등은 1인 또는 2인의 각 이사가 이를 결정한다(제383조 제6항).

③ 이사회의 소집 등 이사회와 관계된 규정과 간이합병·소규모합병의 승인, 재무제표의 사전승인 등의 규정은 이사가 1인 또는 2인인 회사에는 적용되지 않는다(제383조 제5항).

2) 이사의 직무집행 감독권

이사회는 이사의 직무의 집행을 감독한다(제393조 제2항). 이사회는 업무집행에 관한 의사 결정권(집행임원을 두는 경우에는 업무집행 결정권을 집행임원에게 위임할 수 있다)을 가지고, 그 집행을 대표이사 또는 업무담당이사에게 맡기는 것이므로 이사회는 당연히 이사의 업무집행을 감독할 권한을 갖는다(집행임원을 설치한 회사의 경우 업무집행은 집행임원이 하고 이사회는 집행임원의 업무집행을 감독하는 권한을 갖는 기능을 갖게 된다). 감독의 주된 대상은 대표이사의 행위가 되고, 감독권은 위법·부당한 행위의 견제와 같은 소극적인 시정목적에서 뿐만 아니라 합목적성·능률성을 이유로 한 경영정책 목적에서도 행사할 수 있다. 이사회는 업무집행이사(집행임원 설치회사의 경우 집행임원) 등의 업무집행을 감독할 권한이 있으므로, 이사회의 구성원인 이사들은 그 직무상 당연히 다른 이사(집행임원 설치회사의 경우 집행임원)들의 업무집행을 감시할 감시의무가 있다(대법원 1985.6.25.선고 84다카1954판결).

3) 대표이사 및 이사·집행임원의 업무보고

이사는 대표이사로 하여금 다른 이사 또는 피용자의 업무에 관하여 이사회에 보고할 것을 요구할 수 있고(제393조 제3항), 이사 또는 집행임원은 3월에 1회 이상 업무의 집행상황을 이사회에 보고하여야 한다(제393조 제4항; 제408조의6 제1항). 집행임원을 설치한 회사의 경우 이사회의 요구가 있으면, 집행임원은 언제든지 이사회에 출석하여 요구한 사항을 보고하여야 하고(제408조의6 제2항), 이사는 대표집행임원으로 하여금 다른 집행임원 또는 피용자의 업무에 관하여 이사회에 보고할 것을 요구할 수 있다(제408조의6 제3항).

3. 이사회의 소집

1) 소집권자

(1) 이 사: 이사회의 소집은 원칙적으로 각 이사가 하지만, 이사회의 결의로 소집할 이사를 정한 때에는 그 이사가 소집한다(제390조 제1항). 그러나 다른 이사가 소집권자인 이사에게 이

사회의 소집을 요구할 수 있고, 이를 정당한 이유 없이 거절한 때에는 다른 이사도 이사회를 소집할 수 있다(제390조 제2항; 대법원 1976.2.10.선고 74다2255판결).

참조판례 임기만료로 퇴임한 이사 甲이 소집한 이사회에 甲과 임기만료로 퇴임한 이사 乙 및 이사 丙이 참석하여 丁을 대표이사에서 해임하고 甲을 대표이사로 선임하는 결의를 한 다음, 甲이 곧바로 소집한 주주총회에 甲, 乙, 丙이 주주로 참석하여 丁을 이사에서 해임하고 甲과 戊를 이사로 선임하는 결의를 한 사안에서, 위 이사회결의는 소집권한 없는 자가 소집하였을 뿐 아니라 이사가 아닌 자를 제외하면 이사 1인만 참석하여 이루어진 것이 되어 정관에 정한 소집절차 및 의결정족수에 위배되어 무효이고, 위 주주총회 결의는 소집권한 없는 자가 이사회의 소집결정 없이 소집한 주주총회에서 이루어진 것으로 그 하자가 중대하여 법률상 존재하지 않는다고 보아야 한다(대법원 2010.6.24.선고 2010다13541판결).

(2) 집행임원: 집행임원은 필요하면 회의의 목적사항과 소집이유를 적은 서면을 이사(소집권자가 있는 경우 소집권자)에게 제출하여 이사회 소집을 청구할 수 있고(제408조의7 제1항), 이러한 청구를 한 후 이사가 지체없이 이사회 소집절차를 밟지 아니하면 소집을 청구한 집행임원은 법원의 허가를 받아 이사회를 소집할 수 있다(제408조의7 제2항).

(3) 감 사: 감사는 필요하면 회의의 목적사항과 소집이유를 서면에 적어 이사(소집권자가 있는 경우 소집권자)에게 제출하여 이사회 소집을 청구할 수 있고, 이러한 청구를 하였는데도 이사가 지체없이 이사회를 소집하지 아니하면 그 청구한 감사가 이사회를 소집할 수 있다(제412조의4 제2항).

2) 소집절차

이사회를 소집함에는 소집권자가 회일의 1주간 전에 각 이사에 대하여 통지를 발송하여야 하며 이 기간은 정관으로 단축할 수 있다(제390조 제3항). 감사를 둔 경우에는 감사도 이사회에 출석할 권한이 있으므로 감사에게도 소집통지를 하여야 한다(제391조의2, 제390조 제3항). 그러나 일체 경영에 참가한 일이 없는 이사에게 항상 소집통지를 하지 않고 개최한 이사회라도 유효하다(대법원 1992.4.14.선고 90다22698판결). 소집통지에는 목적사항을 기재하여야 한다는 견해가 있으나, 회사의 정관에 이사들에게 회의의 목적사항을 함께 통지하도록 정하고 있거나 회의의 목적사항을 함께 통지하지 아니하면 이사회에서의 심의·의결에 현저한 지장을 초래하는 등의 특별한 사정이 없는 한, 회의의 의안(목적사항)을 기재할 필요가 없다고 본다(대법원 2011.6.24.선고 2009다35033판결). 한편, 이사회는 이사 및 감사 전원의 동의가 있는 때에는 소집절차 없이 언제든지 회의를 개최할 수 있다(제390조 제4항). 이사회 소집통지의 방법은 구두에 의하든 서면에 의하든 관계없으며, 이사회의 소집시기에 관해서도 특별한 규정이 없다.

4. 이사회의 결의

1) 결의요건

이사회의 결의는 총이사 과반수의 출석(직무집행이 정지된 이사는 재임이사에서 제외된다. 그러나 직무대행자·임시이사는 재임이사에 포함된다: 정찬형, 「상법강의(상)」, 840면 참조)과 출석이사의 과반수로 하여야 한다(제391조 제1항 본문).[1] 이사회의 결의요건을 충족하는지 여부는 결의대상인 행위가 실제로 이루어진 날을 기준으로 판단하는 것이 아니라 이사회 결의 당시를 기준으로 판단하여야 한다(대법원 2003.1.24.선고 2000다20670판결). 이사회의 결의요건은 정관으로 가중할 수 있으나, 완화하지 못한다(제391조 제1항 단서). 이사의 회사사업기회 이용을 위한 승인, 이사 등의 자기거래의 승인, 감사위원회 위원의 해임은 총이사의 3분의 2 이상의 결의로 하여야 한다(제397조의2 제1항; 제398조; 제415조의2 제3항).

【판례】 대법원 1995.4.11.선고 94다33903판결

재적 6명의 이사 중 3인이 참석하여 참석이사의 전원의 찬성으로 연대보증을 결의하였다면 이사회의 결의는 과반수에 미달하는 이사가 출석하여 상법 제391조 제1항 본문 소정의 의사정족수가 충족되지 아니한 이사회에서 이루어진 것으로 무효라고 할 것이다.

2) 의결권 행사 및 제한

(1) 의결권 행사: 이사회는 회사가 기대하는 이사 개개인의 능력과 고도의 신뢰관계에 기초해서 구체적인 업무집행의 결정을 하는 기관이므로 이사는 직접 의결권을 행사하여야 하고 그 대리행사는 허용되지 않는다(대법원 1982.7.13.선고 80다2441판결). 이사는 1인 1의결권이 인정되므로 주주총회의 경우와 달리 의결권 불통일행사가 인정되지 않는다. 이사는 이사회에서 의결권을 행사한 때에는 그에 대해 회사에 무과실의 책임을 져야 한다(제399조 제2항).

(2) 의결권 제한: 이사회의 결의에 대해 특별한 이해관계를 갖는 이사는 의결권을 행사할 수 없다(제391조 제3항, 제368조 제3항). 특별이해관계를 갖는 이사는 이사회에서 의결권을 행사할 수는 없으나, 이사회의 소집통지를 받고 이사회에 출석하여 의견을 진술할 수 있다. 따라서 특별이해관계에 있는 이사는 의결정족수 산정의 기초가 되는 이사의 수(총이사 과반수의 출석: 출석정족수)에는 포함되고, 다만 의결성립에 필요한 출석이사(출석이사 과반수의 결의: 의결정족수)에는 산입되지 않는다(제391조 제3항, 제371조 제2항; 대법원 1991.5.28.선고 90다20084판결; 대법원 2009.4.9.선고 2008다1521판결). 특별이해관계의 예로는 경업승인을 구하는 이사, 자기거래의 당사자, 정

1) 【학설】 이사회 결의요건과 관련한 학설

① 결의요건의 가중: 중요한 의안에 대해 과반수를 초과하는 결의요건을 정할 수 있으나 일부이사에게 거부권을 주는 것과 같은 정도로 강화할 수 없다면서 '이사 전원의 6분의 5의 동의'나 '과반수출석에 전원 동의' 등은 무효라는 견해와 유효라는 견해가 있다.

② 가부동수: 가부동수의 경우 정관으로 의장에게 결정권을 인정할 수 있다는 견해와, 1인 1의결권의 원칙에 반하므로 인정되지 않는다는 견해(판례)가 있다.

관에 의하여 제한된 주식양도의 승인을 청구한 이사 등을 들 수 있다. 그러나 보수의 분배결정시에는 특별이해관계가 없다고 본다. 한편, 대표이사의 선임·해임의 경우 당해 이사는 특별이해관계인에 해당하는가에 대하여는 학설의 대립이 있으나 기관구성의 문제이므로 부정하는 것이 타당하다고 본다.

3) 결의방법

이사회는 적법하게 개최된 회의에서 결의하여야 하며, 서면결의는 인정되지 않는다. 최근 회사의 규모가 커지면서 이사의 수가 많아져 이사들이 일시에 한 장소에서 회의가 어렵기 때문에 정관에 다른 정함이 없는 한 음성을 동시에 송수신하는 원격통신수단에 의한 회의를 허용하고 있다(제391조 제2항).

5. 이사회의 의사록 작성과 공시의 제한

이사회의 의사에 관하여 의사록을 작성하여야 하며(제391조의3 제1항) 의사록에는 의사의 안건, 경과요령, 그 결과, 반대하는 자와 그 반대이유를 기재하고 출석한 이사 및 감사가 기명날인 또는 서명하여야 한다(제391조의3 제2항). 주주는 영업시간 내에 이사회 의사록의 열람 또는 등사를 청구할 수 있다(제391조의3 제3항). 이사회 결의 등을 위하여 이사회에 제출된 관련 서류라도 그것이 이사회 의사록에 첨부되지 않았다면 이는 이사회 의사록 열람 청구의 대상에 해당하지 않으나, 이사회 의사록에 '별첨', '별지' 또는 '첨부' 등의 용어를 사용하면서 내용을 인용하고 있는 첨부자료는 해당 이사회 의사록의 일부를 구성하는 것으로서 이사회 의사록 열람·등사 청구의 대상에 해당한다(대법원 2014.7.21.자 2013마657결정).

보충 이사회 의사록은 주주총회 의사록과 달리 회사의 영업기밀에 속하는 사항에 관한 내용이 기재되어 있으므로, 이를 공시하게 한다면 회사에 큰 손해를 입힐 수 있다. 이러한 이유에서 이사회 의사록의 비치의무는 없으며, 주주들의 열람·등사 청구에도 제한을 두고 있는 것이다.

주주의 이사회 의사록 열람 또는 등사청구에 대하여 회사는 이유를 붙여 이를 거절할 수 있다. 회사의 거절에는 정당한 이유가 있어야 한다. 회사가 이사회 의사록의 열람 또는 등사를 거부하는 경우에는 주주는 법원의 허가(이사회 의사록의 열람 등 허가사건은 비송사건절차법 제72조 제1항에 규정된 비송사건이므로 민사소송의 방법으로 이사회 의사록의 열람 또는 등사를 청구하는 것은 허용되지 않는다; 대법원 2013.11.28.선고 2013다50367판결)를 얻어 이사회 의사록을 열람 또는 등사할 수 있다(제391조의3 제4항).

【판례】 대법원 2014.7.21.자 2013마657결정

상법 제391조의3 제3항, 제466조 제1항에서 규정하고 있는 주주의 이사회 의사록 또는 회계장부와 서류 등에 대한 열람·등사청구가 있는 경우, 회사는 청구가 부당함을 증명하여 이를 거부할 수 있는데, 주주의 열람·등사권 행사가 부당한 것인지는 행사에 이르게 된 경위, 행사의 목적, 악의성 유무 등 제반 사정을 종합적으로 고려하여 판단하여야 하고, 특히 주주의 이와 같은 열람·등사권 행사가 회사업무의 운영 또는 주주 공동의 이익을 해치거나 주주가 회사의 경쟁자로서 취득한 정보를 경업에 이용할 우려가 있거나, 또는 회사에 지나치게 불리한 시기를 택하여 행사하는 경우 등에는 정당한 목적을 결하여 부당한 것이라고 보아야 한다.

6. 이사회 결의의 하자

1) 하자 있는 결의의 효력

이사회의 결의에 관하여 소집절차·결의방법이 법령 또는 정관에 위반하거나 현저하게 불공정한 때 또는 결의내용이 법령·정관·사회질서에 반하거나 불공정한 때(예 이사가 주주의 의결권 행사를 불가능하게 하거나 현저히 곤란하게 하는 것을 내용으로 하는 이사회 결의)에는 그 결의에 하자가 있는 것이지만, 주주총회의 경우와 달리 그 하자 주장방법이 상법상 규정이 없다. 따라서 이사회 결의의 하자에 대해서는 일반무효의 법리에 따라 해결하여야 한다. 즉, 이사회의 결의에 하자가 있는 때에는 이해관계인은 그 무효를 언제든지 항변이나 결의무효확인의 소로 주장할 수 있다. 이사회 결의 무효판결의 효력은 대세적 효력이 없고(대법원 1988.4.25.선고 87누399판결), 소급효가 제한되지 않는다.

【판례】 대법원 1982.7.13.선고 80다2441판결

주식회사 이사회는 주주총회의 경우와는 달리 원칙적으로 소집권 있는 이사가 다른 이사 전원에 대하여 이사회의 소집통지를 하여야 하고, 이사 자신이 이사회에 출석하여 결의에 참가하여야 하며, 대리인에 의한 출석은 인정되지 않고, 따라서 이사 개인이 타인에게 출석과 의결권을 위임할 수도 없는 것이니 이에 위배된 이사회의 결의는 무효라고 할 것이고 또한 그 무효임을 주장하는 방법에는 아무런 제한이 없으며 이해관계인은 언제든지 또 어떠한 방법에 의하든 그 무효를 주장할 수 있다.

2) 결의의 하자와 대표행위의 효력

무효인 이사회의 결의에 의하여 한 대표이사의 행위의 효력에 관해서 상법상 아무런 규정이 없다. 해석상 대표이사의 선임이나 지배인의 선임·해임 등 내부적 문제에 그치는 행위는 무효가 되지만, 신주발행에 관하여는 학설의 대립이 있다.[1)]

1) 【학설】 신주발행시 이사회 결의하자가 있는 경우의 효력에 관한 학설
신주발행의 경우 이사회의 결의를 흠결한 경우에 거래의 안전을 위하여 신주발행은 제3자의 선의·악의에 관계없이 유효하다는 견해(유효설)와, 이사회의 결의를 신주발행의 유효요건이라고 보아 이를 흠결한 신주발행은 제3자의 선의·악의를 불문하고 무효라는 견해(무효설)가 있다.

보충판례 신주발행무효의 소와 같이 별개로 후속행위의 효력을 다투는 소가 상법상 존재하는 경우에는 이사회결의의 흠결은 후속행위의 효력을 다투는 소로 흡수되어 신주발행무효의 소만 인정된다(대법원 2004.8.16. 선고 2003다9636판결).

그리고 사채의 발행, 제3자와의 거래행위 등 대외적 거래행위는 상대방이 선의(선의에 과실이 없어야 한다는 견해가 있으나 중과실이 없어야 한다고 본다)인 경우에는 유효하고, 상대방이 당해 거래가 이사회의 결의를 한다는 사실과 이사회의 결의가 없었거나 무효라는 사실을 알았거나 중대한 과실로 알지 못한 경우(악의 · 중과실이 있는 경우)에는 무효라는 것이 통설 · 판례(대법원 2021.2.18. 선고 2015다45451 전원합의체 판결)의 입장이다. 이때 상대방이 알았거나 중대한 과실로 알지 못했다는 것은 거래행위의 무효를 주장하는 자(회사)가 입증하여야 한다(대법원 1998.3.24. 선고 95다6885판결; 대법원 2005.7.28. 선고 2005다3649판결).

7. 이사회 내 위원회

1) 위원회의 구성

이사회는 정관이 정하는 방법에 의하여 위원회를 둘 수 있다(제393조의2 제1항). 위원회는 2인 이상의 이사로 구성되며(제393조의2 제3항), 1인 또는 2인의 이사를 두고 있는 자본금 10억원 미만의 주식회사는 성질상 위원회를 설치할 수 없다. 반면에 감사위원회는 3인 이상의 이사로 구성되고, 감사위원의 3분의 2이상는 사외이사이어야 한다(제415조의2 제2항).

2) 위원회의 권한

위원회는 이사회로부터 위임받은 사항에 대하여 결정할 권한을 갖는다. 그러나 주주총회의 승인을 요하는 사항의 제안, 대표이사의 선임 및 해임, 위원회의 설치와 그 위원의 선임 및 해임, 정관에서 이사회의 결의사항으로 정한 사항 등은 위원회에 위임할 수 없다(제393조의2 제2항).

3) 위원회의 소집과 결의

위원회의 소집과 결의에 관해서는 이사회의 소집과 결의에 관한 절차가 준용된다(제393조의2 제5항). 위원회의 결의는 이사회의 결의와 동일한 효력이 있다. 그러므로 모든 이사에게 주지시키기 위하여 위원회는 결의된 사항을 각 이사에게 통지하여야 한다(제393조의2 제4항 전단). 이 경우 통지를 받은 각 이사는 이사회의 소집을 요구할 수 있고, 이사회는 감사위원회를 제외한 위원회가 결의한 사항에 대하여 다시 결의할 수 있다(제393조의2 제4항 후단, 제415조의2 제6항). 이사회의 다른 결의가 있으면 위원회의 결의는 효력을 잃는다.

4) 부당결의의 감독책임

위원회의 결의를 통지받은 이사가 위원회 결의가 부당함에도 불구하고 이사회의 소집을 게을리하거나 소집된 이사회에서 이사들이 위원회결의와 다른 결의를 하는 데 반대하는 것은 임무해태에 해당하므로 회사 또는 제3자에 대하여 손해배상책임을 진다(제399조 제1항, 제401조 제1항).

Ⅲ. 대표이사

1. 의 의

대표이사는 회사를 대표하고 대내적으로는 회사의 업무를 집행하는 권한을 가진 이사이며, 주식회사의 필요적 상설기관이다.[1] 회사는 집행임원을 둘 수 있고, 이 경우 집행임원을 둔 회사는 대표이사를 두지 못한다(제408조의2 제1항).

2. 선임과 종임

1) 선 임

대표이사는 이사 중에서 선임하며, 정관으로 주주총회에서 선임할 것을 정하지 않은 때에는 이사회에서 선임한다(제389조 제1항). 주주총회에서 선임하는 경우에는 보통결의에 의한다. 대표이사는 이사회 또는 주주총회의 결의에 의하지 않는 다른 방법으로는 선임할 수 없다. 그러나 이사가 1인 또는 2인인 회사에서는 각 이사(정관에 따라 대표이사를 정한 경우에는 그 대표이사)가 회사를 대표한다(제383조 제6항).

어느 이사가 장기간 사실상 대표이사의 직무를 수행하더라도 그것을 대표이사의 행위로 볼 수 없으며(대법원 1989.10.24.선고 89다카14714판결), 유상거래를 통해 회사의 경영권을 인수한 자라 하더라도 대표이사의 선정절차를 거치지 않은 한 대표이사가 아니다(대법원 1994.12.2.선고 94다7591판결). 지배주식의 양도와 함께 경영권이 주식양도인으로부터 주식양수인에게 이전하는 경우 그와 같은 경영권의 이전은 지배주식의 양도에 따른 부수적 효과에 불과하므로(대법원 2014.10.27.선고 2013다29424판결) 주식양수인이 당연히 대표이사가 되는 것은 아니다. 다만, 상법 제395조의 요건을 갖춘 경우에는 표현대표이사 책임을 물을 수는 있다.

---

1) 【학설】 대표이사의 기관성에 관한 학설
대표이사는 이사회와는 별개의 독립된 기관이라는 견해(독립기관설)와, 이사회에서 파생된 하부기관이라는 견해(파생기관설)가 있다.

2) 대표이사의 원수·임기·자격

대표이사의 원수(員數)에는 특별한 제한이 없으며,[1] 임기에 대해서도 별도의 규정이 없다. 그러나 대표이사는 이사이어야 하므로, 이사의 임기를 초과할 수 없다. 대표이사의 자격에도 특별한 규정이 없으나 이사이어야 한다. 그러나 정관으로 대표이사의 자격을 제한하는 것은 가능하다.

3) 종 임

대표이사는 이사임을 전제로 하므로, 이사의 임기만료·해임·사임 등의 원인에 의해 이사의 자격이 종임됨으로써 당연히 대표이사의 지위도 상실한다(대법원 2022.9.7.자 2022마5372 결정 참조). 대표이사는 그 선임기관에 의해 언제든지 해임될 수 있다. 주주총회에서 대표이사를 해임하는 경우 이사자격까지 포함하여 해임하는 경우에는 특별결의를 요하지만, 대표권만을 박탈하는 경우에는 보통결의에 의한다. 대표이사의 해임의 경우 그 효력발생시기에 대하여 학설의 대립이 있다.[2]

그리고 대표이사의 해임의 경우 상법 제385조 제1항이 유추적용될 수 있는가에 대해서도 학설의 대립이 있으나[3], 판례는 부정하고 있다.

【판례】 대법원 2024.9.13.선고 2020다245552판결

임기를 정한 이사를 정당한 사유 없이 주주총회 특별결의로 해임하는 경우 이사가 회사에 대하여 해임으로 인한 손해배상을 청구할 수 있다고 정한 상법 제385조 제1항 단서는 이사회가 대표이사를 해임하는 경우에 유추적용할 것이 아니고, 이는 상법 제389조 제1항 단서에 따라 정관으로 주주총회에서 대표이사를 선정할 것을 정하여 주주총회가 대표이사를 해임하는 경우에도 마찬가지다. 그 이유는 다음과 같다.

① 주식회사의 이사는 주주총회가 선임·해임하고 회사의 의사결정기관의 하나인 이사회의 구성원으로서 3년을 초과하지 아니하는 임기를 정할 수 있지만, 대표이사는 이사회가 이사 중에서 선정·해임하는 것이 원칙이고 회사의 업무를 집행하고 회사를 대표하는 기관으로서 통상 별도의 임기를 정하지 아니하는 점에서 이사와 대표이사는 그 지위와 성질·권한이 다르다.

② 이사는 언제든지 해임될 수 있으나 주주총회 특별결의를 거쳐야 하고, 주주총회에서 이사 해임의 특별

---

1) 【학설】 이사 전원의 대표이사선임 가부에 관한 학설
이사의 지위와 대표이사의 지위는 엄연히 구별되므로 이사회에 대표이사의 감독권을 준 제도의 취지에 반한다고 할 수 없으므로 이사 전원을 대표이사로 선임하는 것도 무방하다는 견해와, 이사 전원을 대표이사로 하는 것은 위법은 아니지만 이사회는 대표이사의 업무집행을 감독하는 지위에 있는데, 이러한 제도의 취지에서 볼 때 이사 전원을 대표이사로 할 수 없다는 견해가 있다.

2) 【학설】 대표이사의 해임의 효력발생시기에 관한 학설
대표이사의 해임의 효력은 해임결의가 있으면 즉시 발생한다는 견해와, 이사 해임의 경우와 마찬가지로 피해임자에 대한 고지에 의하여 효력이 생긴다는 견해가 있다.

3) 【학설】 대표이사의 해임시 상법 제385조 제1항 단서의 유추적용 여부에 관한 학설
정당한 사유 없이 임기만료 전에 해임된 대표이사는 제385조 제1항 단서를 유추적용하여 해임으로 인한 손해배상청구를 할 수 있다는 견해와 대표이사의 지위에서 해임되더라도 이사의 지위는 유지되므로 제385조 제1항 단서를 유추적용할 수 없다는 견해(판례)가 있다.

결의가 성립된 경우 곧바로 이사로서의 지위가 상실된다. 반면 대표이사는 이사회의 경영판단 등에 따라 언제든지 이사회 결의로 해임될 수 있고, 정관 규정에 따라 주주총회에서 선정되는 경우에도 정관에 특별한 정함이 없는 한 언제든지 주주총회 보통결의로 해임될 수 있으며, 다만 이사로서의 지위는 유지된다. 이러한 해임절차와 해임에 따른 효과를 고려할 때, 주주총회의 이사 해임과 이사회 또는 주주총회의 대표이사 해임이 유사하다고 볼 수 없다.
③ 상법 제385조 제1항은 주주총회 특별결의로 언제든지 이사를 해임할 수 있게 하는 한편 임기가 정하여진 이사가 그 임기 만료 전에 정당한 이유 없이 해임당한 경우에는 회사에 대하여 손해배상을 청구할 수 있게 함으로써 주주의 회사에 대한 지배권 확보와 경영자 지위의 안정이라는 주주와 이사의 이익을 조화시키려는 규정이다. 이러한 입법 취지에 비추어 볼 때, 대표이사가 그 지위에서 해임되었을 뿐 이사에서 해임되지 않은 경우 여전히 이사로서의 지위와 권한을 가지고 있으므로 상법 제385조 제1항 단서와 같은 손해배상청구권이 당연히 인정되어야 하는 것은 아니다. 이러한 사정은 정관으로 주주총회에서 대표이사를 선정할 것을 정하여 주주총회가 대표이사를 해임하는 경우에도 마찬가지다.
④ 주주총회 특별결의로 주주총회에서 선정된 대표이사를 해임함과 동시에 이사에서도 해임하거나 대표이사에서 해임하지 않은 채 이사에서 해임함으로써 대표이사 지위를 상실하여 대표이사와 이사의 지위를 모두 상실한 경우에도, 그 이사는 상법 제385조 제1항 단서에 따라 이사 해임으로 인한 손해배상청구를 할 수 있으므로, 대표이사 해임에 상법 제385조 제1항 단서를 유추적용할 필요가 있다고 보기 어렵다.

대표이사는 언제든지 사임할 수 있으며, 대표이사의 사임의 의사표시는 이사회를 소집하고 이사회에 대해 사임의 의사표시를 하거나 이사 전원에게 사임의 통지를 하여야 한다. 회사에 불리한 시기에 사임하는 때에는 손해배상책임을 진다.

4) 선임·종임 등기

대표이사는 선임의 경우에 그 성명 · 주소 · 주민등록번호를 등기하여야 하며, 종임의 경우에도 회사는 이를 등기하여야 한다(제317조 제2항 제9호).

5) 대표이사의 결원

대표이사의 종임으로 대표이사가 없게 되거나 정관상의 정원을 결한 경우에 종임된 대표이사는 새로운 대표이사가 취임할 때까지 대표이사로서의 권리 · 의무가 있고, 법원이 필요하다고 인정할 때에는 이해관계인의 청구로 대표이사의 직무를 행할 자(일시 대표이사)를 선정할 수 있음은 이사의 경우와 같다(제389조 제3항, 제386조 제1항 · 제2항).

3. 대표이사의 권한

1) 업무집행권

대표이사는 대내적으로뿐만 아니라 대외적으로 이사회가 결의한 사항을 집행하고, 이사회가 구체적으로 위임한 사항과 일상적인 회사의 업무를 집행할 권한을 갖는다.

(1) 일상적 회사업무의 집행권: 대표이사의 직무는 주권과 채권(債券)상의 기명날인 또는 서명, 본점에 정관 · 주주총회 의사록 · 주주명부 · 사채원부의 비치, 주식청약서 · 사채청약서의 작성, 신주인수권증서의 발행, 신주인수권증권의 발행, 재무제표와 그 부속명세서의 작성 · 비치 · 공시 · 제출, 영업보고서의 작성 · 제출 · 보고, 대차대조표의 공고 등이다.

(2) 이사회 위임사항과 위임받지 않은 사항의 집행권: 대표이사의 업무집행에 대한 의사결정권은 이사회로부터 위임받은 일반적 · 구체적 사항에 대해서는 당연히 인정된다는 데 이설이 없으나, 일상업무에 속하지 않는 사항(예 주식회사의 회생절차개시신청 등)에 관하여는 학설의 대립이 있다.[1)]판례(대법원 1997.6.13.선고 96다48282판결; 대법원 2019.8.14.선고 2019다204463판결)는 이사회의 권한사항에서 언급한 바와 같이 「법률 또는 정관 등의 규정에 의하여 주주총회 또는 이사회의 결의를 필요로 하는 것으로 되어 있지 아니한 업무 중 이사회가 일반적·구체적으로 대표이사에게 위임하지 않은 업무로서 일상업무에 속하지 않는 중요한 업무에 대하여는 이사회에게 그 의사결정권한이 있다」고 한다.

2) 대표권

(1) 범 위: 대표이사는 회사의 영업에 관하여 재판상 또는 재판외의 모든 행위를 할 권한이 있다(제389조 제3항, 제209조 제1항). 따라서 대표이사의 대표권은 회사의 권리능력의 범위와 일치한다. 영업에 관한 행위는 주관적으로 판단할 것이 아니고 객관적으로 판단하여야 하며, '재판상의 행위'란 소송행위를 말하고, '재판외의 행위'란 재판상의 행위를 제외한 벌률행위 또는 준법률행위이든 유상 또는 무상행위이든 이를 묻지 않고 사법상의 적법행위를 달한다. 대표이사의 대표권은 대리와 달리 사실행위 · 불법행위에도 미친다. 대표이사의 대표권은 재판상 또는 재판외의 모든 행위를 할 수 있는 포괄적 권한이라는 점에서는 지배인의 대리권과 같다.

보충 지배인과 대표이사의 차이

① 유사성: 양자는 모두 영업에 관하여 재판상 또는 재판외의 모든 행위를 할 수 있다는 점과 양자의 선임과 해임은 이사회의 권한에 속하고 등기사항인 점에서 유사성을 갖는다.

② 차이점

㉠ 지배인의 권한은 상업사용인으로서의 개인법상의 대리권이지만, 대표이사의 권한은 회사의 기관으로서의 단체법상의 고유한 권한이다.

---

1) 【학설】 대표이사의 일상의 업무 또는 일상업무에 속하지 않는 사항에 대한 의사결정권 인정 여부에 관한 학설

① 독립기관설: 대표이사는 구체적인 사항의 업무결정권은 이사회로부터 일반적·구체적인 위임에 의하여 갖게 되며, 일상업무의 결정권은 선임할 때 그 위임까지 하는 것으로 본다. 그리고 위임받지 않은 업무로서 일상업무에 속하지 않는 중요한 업무(예 고가의 고정자산의 처분행위, 거액의 자산의 증여행위, 파격적인 거래조건으로 회사에 손실을 초래할 경업행위 등)에 대해서는 이사회에 업무결정권이 있고, 다만 이사회의 위임이 있는 경우에만 대표이사가 업무집행에 관한 의사결정권이 있다고 한다(판례·다수설).

② 파생기관설: 일단 위임받은 대표권의 범위 내에서는 법률상 당연히 그 집행에 필요한 결정권을 가지며 세부적인 일상업무의 결정권도 당연히 갖는다고 보고, 위임받지 않는 업무로서 일상업무에 속하지 않는 중요한 업무에 대해서도 대표이사에게 업무결정권이 있다고 한다.

㉡ 지배인의 권한은 원칙적으로 특정한 영업소의 영업에 한정되지만, 대표이사의 경우는 회사의 영업 전반에서 인정된다.

㉢ 지배인의 경우는 임기의 제한이 없지만 대표이사의 경우에는 이사의 임기의 제한을 받는다.

㉣ 지배인의 겸직금지의무는 다른 모든 영업에 걸쳐 인정되지만, 대표이사는 동종의 영업의 범위 내에서 겸직금지의무를 부담한다.

㉤ 지배인의 불법행위에 대하여는 영업주는 사용자로서의 손해배상책임을 지지만, 대표이사의 불법행위에 대하여는 회사는 그 대표이사와 연대하여 손해배상책임을 진다.

(2) 제 한: 대표권은 법률에 의해 제한되는 경우와 회사 내부적으로 제한하는 경우가 있다.

① 법률상 제한: ㉠ 회사와 이사 간의 소송에 있어서는 어느 쪽이 원고인가 피고인가를 불문하고 감사 또는 감사위원회가 회사를 대표한다(제394조 제1항 1문). 이는 이사와 회사 양자 간에 이해의 충돌이 있기 쉬우므로, 그 충돌을 방지하고 공정한 소송수행을 확보하기 위한 것이다(대법원 2018.3.15.선고 2016다275679판결).

참조판례 甲 주식회사의 일시대표이사인 乙이 甲 회사를 대표하여 甲 회사의 소수주주가 소집한 주주총회에서 이사로 선임된 丙을 상대로 이사선임결의의 부존재를 주장하며 이사 지위의 부존재 확인을 구하자, 丙이 회사와 이사 사이의 소는 상법 제394조 제1항에 따라 감사가 회사를 대표하여야 한다고 주장한 사안에서, 소 제기 전 甲 회사의 주주가 甲 회사를 적법하게 대표할 사람이 없다는 이유로 일시대표이사 및 이사의 선임을 구하는 신청을 하여 변호사인 乙이 甲 회사의 일시대표이사 및 이사로 선임된 것이어서 일시대표이사인 乙로 하여금 甲 회사를 대표하도록 하였더라도 그것이 공정한 소송수행을 저해하는 것이라고 보기는 어려우므로, 위 소에 상법 제394조 제1항은 적용되지 않는(다)(대법원 2018.3.15.선고 2016다275679판결).

㉡ 발행주식총수의 100분의 1 이상의 주식을 보유한 주주로부터 이사의 책임을 추궁할 것을 청구받는 때(모회사의 소수주주로부터 자회사가 자회사의 이사의 책임을 추궁할 것을 청구받는 때도 포함)에도 회사는 대표이사가 아니라 감사가 대표한다(제394조 제1항 2문, 제406조의2 제1항).

보충판례 ① 이사와 회사 간의 소송에 있어서 대표권이 제한되는 경우는 이사가 현재 재임 중인 경우에 한하며, 이미 이사의 직을 물러난 전(前)이사와의 소송에는 상법 제394조 제1항이 적용되지 않는다. 따라서 소송의 목적이 되는 권리관계가 이사의 재직중에 일어난 사유로 인한 것이라 하더라도 회사가 전(前)이사들을 상대로 제소하는 경우나 전이사들을 상대로 하는 주주대표소송에 회사가 참가하는 경우 회사를 대표하는 자는 감사가 아니라 대표이사이다(대법원 2002.3.15.선고 2000다9086판결).
② 회사의 이사로 등기되어 있던 사람이 회사를 상대로 사임을 주장하면서 이사직을 사임한 취지의 변경등기를 구하는 소에서 상법 제394조 제1항은 적용되지 아니하므로 그 소에 관하여 회사를 대표할 사람은 감사가 아니라 대표이사가 된다(대법원 2013.9.9.자 2013마1273결정).

㉢ 감사위원회의 위원이 회사와의 소의 당사자인 경우에는 감사위원회 또는 이사가 법

원에 회사를 대표할 자를 선임해 줄 것을 신청하여야 한다(제394조 제2항).

㉣ 자본금의 총액이 10억원 미만인 회사로서 감사를 선임하지 아니한 회사가 이사에 대하여 또는 이사가 그 회사에 대하여 소를 제기하는 경우에 회사, 이사 또는 이해관계인은 법원에 회사를 대표할 자를 선임하여 줄 것을 신청하여야 하고(제409조 제5항), 이 경우 법원이 대표이사를 소송에서 회사를 대표할 자로 선임하였다는 등의 특별한 사정이 없는 이상 대표이사는 그 소송에 관하여 대표할 권한이 없다.

㉤ 대표이사는 영업양도 · 사후설립 등 주주총회 결의사항과 신주발행 · 사채발행 · 이사의 자기거래 등 이사회 결의사항에 관하여는 주주총회나 이사회의 결의가 있는 경우에만 회사를 대표할 수 있다.

② 내부적 제한: 정관이나 기타 사규, 주주총회나 이사회의 결의에 의해 대표이사의 대표권을 제한할 수 있으나, 이러한 제한으로는 선의의 제3자에게는 대항하지 못한다(제389조 제3항, 제209조 제2항). 대표권의 제한은 등기할 수 없으며 등기하였더라도 선의의 제3자에게 대항할 수 없다. 대표이사가 제한에 위반하여 제3자와 거래행위를 한 경우 제3자에게 악의 또는 중대한 과실이 있는 경우에는 제3자의 신뢰를 보호할 만한 가치가 없다고 브아 거래행우는 무효가 되며(대법원 2021.2.18.선고 2015다45451 전원합의체 판결), 이 때 무효를 주장하는 회사가 상대방의 악의를 입증하여야 한다(대법원 1993.6.25.선고 93다13391판결).

(3) 대표권의 남용

① 의의: 대표권의 남용이란 외관상으로는 대표이사의 권한 내의 적법한 행위이지만, 실제로는 자기 또는 제3자의 이익을 위하여 하는 행위(예 대표이사가 자기개인의 채무를 변제하기 위하여 회사 명의로 어음을 발행하거나, 대표이사가 자기의 친지가 발행한 어음을 회사 명의로 보증하는 경우)로서 회사에 손실을 가져오는 것을 말하므로, 회사에 손해가 발생하지 아니하는 행위는 대표권의 남용에 해당하지 않는다(대법원 2006.9.14.선고 2005다45537판결).

② 대내적 효력: 대표이사의 대표권의 남용행위는 무효이며, 이로 인하여 대내적으로 회사에 손해를 준 때에는 회사에 대하여 손해배상책임을 진다.

③ 대외적 효력: 대표권의 남용행위는 상대방이 남용행위임을 알았거나 알 수 있었을 때에는 회사는 무효를 주장할 수 있지만, 알지 못한 때에는 유효하다는 것이 통설과 판례(대법원 1997.8.29.선고 97다18059판결)의 일치된 견해이다. 어음행위의 남용의 경우에도 같다. 다만, 어음행위 이후의 취득자와의 관계에서는 대표권의 남용은 인적 항변사유가 되므로 선의의 소지인에게 대항하지 못한다(대법원 2013.2.14.선고 2011도10302판결). 회사가 대표권 남용행위를 무효로 주장하는 경우 그 이론적 근거에 대해서는 학설의 대립이 있다.[1)]

1) 【학설】 대표권남용행위의 효력의 근거에 관한 학설(대표권남용이론)

① 비진의표시설(심리유보설): 대표권의 남용행위를 일종의 비진의표시로 보아 상대방이 이를 알았거나 알 수 있었을 때에는 민법 제107조 제1항 단서를 유추적용하여 예외적으로 무효라는 견해이다(최근의 판례).

② 권리남용설: 대표이사의 권한남용행위에 대해 상대방이 악의인 경우에도 그 행위 자체는 유효하지만, 악의 또는 중대한 과실 있는 상대방이 이에 의해 얻은 권리를 회사에 대해 행사하는 것은 권리남용이 되거

【판례】 대법원 2021.4.15.선고 2017다253829판결

주식회사의 대표이사가 상법 제393조 제1항에서 정한 '중요한 자산의 처분 및 양도, 대규모 재산의 차입 등의 행위'에 관하여 이사회의 결의를 거치지 않고 한 거래행위는 무효이지만, 거래 상대방이 이사회 결의가 없었다는 점을 알지 못하였거나 알지 못한 데에 중대한 과실이 없다면 상법 제389조 제3항, 제209조 제2항에 따라 보호된다(대법원 2021.2.18.선고 2015다45451 전원합의체 판결 참조). 한편 주식회사의 대표이사가 회사의 영리목적과 관계없이 자기 또는 제3자의 이익을 도모할 목적으로 그 권한을 행사하였다면 이는 대표권을 남용한 행위가 되고, 그 거래행위의 상대방이 대표이사의 진의를 알았거나 알 수 있었을 때에는, 그 거래행위는 회사에 대하여 무효가 된다(대법원 1997.8.29.선고 97다18059판결 등 참조). 이러한 대표권 남용에 관한 법리는 앞서 본 대표권 제한에 관한 법리와 양립할 수 있다. 즉 대표이사가 대표권 제한을 위반하여 한 거래행위가 상법 제209조 제2항에 의해 유효한 경우에 해당하더라도 그 거래행위가 대표권을 남용한 행위로서 상대방이 그러한 대표이사의 진의를 알았거나 알 수 있었다면 회사에 대하여 무효가 될 수 있다.

④ 입증책임: 대표권남용을 이유로 대표행위의 무효를 주장할 때에는 그 무효를 주장하는 자(회사)가 대표권의 남용이라는 사실과 상대방이 알았거나 알 수 있었다는 사실을 입증하여야 한다(대법원 1997.8.29.선고 97다18059판결).

(4) 위법한 대표행위의 효력

① 대내적 행위: 주주총회나 이사회의 결의를 얻어야 하는 경우에 이것을 얻지 않고 한 대표이사의 행위 또는 결의가 있는 경우에도 그 결의에 위반하여 한 대표이사의 행위에 있어서, 그 행위가 대내적 행위(예 준비금의 자본금전입, 지배인의 선임·해임 등)일 경우에는 언제나 무효이다(통설·판례).

② 대외적 행위: 위법한 대표행위가 제3자와 관계되는 대외적 행위(예 자금차입, 영업양도 등)인 때에는 거래안전과 관련하여 그 효력이 문제된다.[1] 판례(대법원 2021.2.18.선고 2015다45451 전원합의체 판결)는 「회사의 정관과

나 신의칙(信義則)에 위반하므로 허용될 수 없다는 견해이다(다수설).

③ 이익형량설(상대적 무효설): 대표권의 남용행위는 법상의 의무를 위반한 행위이므로 기본적으로는 무효이지만, 거래의 안전을 위해 선의의 상대방에 대해서는 무효를 주장할 수 없다고 하는 견해이다.

④ 내부적 권한제한설: 대표권의 남용행위를 대표권에 대한 회사의 내부적 제한을 위반한 행위로 보아, 상대방이 권한남용에 대하여 악의 또는 중대한 과실이 있는 경우 회사는 책임을 면한다는 견해이다.

1) 【학설】 위법한 대외적 대표행위의 효력에 관한 학설

① 유효설: 주주총회 또는 이사회의 결의 없는 대표이사의 대외적 행위는 거래안전을 위해 일률적으로 유효로 보아야 한다는 견해이다.

② 무효설: 주주총회 또는 이사회의 결의 없는 대표이사의 대외적 행위의 효력은 회사의 이익보호를 중시하여 무효로 보아야 한다는 견해이다.

③ 효력구분설: 법률에 의하여 주주총회 결의를 얻어야 하는 행위를 주주총회 결의 없이 대표이사가 행한 경우에는 회사이익을 위하여 중요하므로 무효이며, 법률에 의하여 이사회 결의를 얻어야 하는 행위나 정관 등에 의하여 이사회나 주주총회의 결의를 얻어야 하는 행위는 결의 없이 이루어지더라도 거래의 안전의 고려에서 상대방이 대표이사의 진의를 알았거나 중대한 과실로 알지 못한 때에는 무효이나 제3자가 선의인 한 제3자의 보호가 이익형량면에서 타당하므로 유효라고 보아야 한다는 견해(판례)이다.

④ 제한적 무효설: 대표이사의 대외적 행위가 개별적인 거래행위일 때에는 대표이사와 거래한 상대방이 이사회의 결의의 흠결에 관하여 악의 또는 중대한 과실이 있는 때에는 행위의 무효를 주장할 수 있지만, 신주발행이나 사채발행과 같은 집단적 행위는 일률적으로 그 효력이 결정되어야 하므로 제3자의 선의·악의를 불문하고 언제나 유효하다는 견해이다.

사규에 회사업무집행에 관한 중요사항과 중요한 회사재산의 처분에 관한 사항은 이사회의 결의를 거치도록 되어 있는 경우에, 이사회의 결의를 거치지 않고 한 대외적 거래행위는 상대방이 그와 같은 이사회 결의가 없음을 알았거나 중대한 과실로 알지 못한 경우에는 무효가 되며, 제3자가 회사 대표이사와 거래행위를 하면서 회사의 이사회 결의가 없었다고 의심할 만한 특별한 사정이 없다면, 일반적으로 이사회 결의가 있었는지를 확인하는 등의 조치를 취할 의무는 없다」고 한다.

다만, 대외적 행위 중에 신주발행이나 사채발행과 같은 집단적 행위에 대해서는 무효라는 견해가 있지만, 획일적으로 처리하여야 하기 때문에 이는 유효하다고 본다.

보충판례 제3자의 '중대한 과실'이란 제3자가 조금만 주의를 기울였더라면 이사회 결의가 없음을 알 수 있었는데도 만연히 이사회 결의가 있었다고 믿음으로써 거래통념상 요구되는 주의의무를 현저히 위반하는 것으로, 거의 고의에 가까운 정도로 주의를 게을리하여 공평의 관점에서 제3자를 구태여 보호할 필요가 없다고 볼 수 있는 상태를 말하며, 제3자에게 중과실이 있는지는 이사회 결의가 없다는 점에 대한 제3자의 인식가능성, 회사와 거래한 제3자의 경험과 지위, 회사와 제3자의 종래 거래관계, 대표이사가 한 거래행위가 경험칙상 이례에 속하는 것인지 등 여러 가지 사정을 종합적으로 고려하여 판단하여야 한다(대법원 2021.2.18.선고 2015다45451 전원합의체 판결).

4. 대표이사의 불법행위

대표이사가 업무집행으로 인하여 타인에게 손해를 가한 때에는 회사는 대표이사와 연대하여 배상할 책임이 있다(제389조 제3항, 제210조). 여기서 '업무집행으로 인하여'란 '대표행위로 인하여'라는 뜻으로 해석할 수 있다. 그러므로 대표이사가 아닌 이사의 행위로 인하여 발생한 회사의 불법행위란 것이 있을 수 없으므로 대표이사가 아닌 이사에 관하여는 상법 제210조가 준용될 수 없다. 한편, 타인에게 악의 또는 중대한 과실이 있는 때에는 회사의 손해배상책임은 발생하지 않는다.

【판례】 대법원 2017.9.26.선고 2014다27425판결

상법 제389조 제3항, 제210조에 의하여 주식회사가 대표이사의 불법행위로 손해배상책임을 지는 것은 대표이사가 '업무집행으로 인하여' 타인에게 손해를 입힌 경우이어야 한다. 여기에서 '업무집행으로 인하여'라는 것은 대표이사의 업무 그 자체에는 속하지 않으나 행위의 외형으로부터 관찰하여 마치 대표이사의 업무 범위 안에 속하는 것으로 보이는 경우도 포함한다. 행위의 외형상 주식회사의 대표이사의 업무집행이라고 인정할 수 있는 것이라면 설령 그것이 대표이사의 개인적 이익을 도모하기 위한 것이거나 법령의 규정에 위배된 것이라고 하더라도 주식회사의 손해배상책임을 인정하여야 한다.

5. 공동대표이사

1) 공동대표이사의 선임 및 등기

원칙적으로 대표이사가 수인인 경우에도 1인인 경우와 마찬가지로 각자가 단독으로 업무집행권을 행사하고 각자가 회사를 대표한다. 그러나 이사회의 결의(또는 주주총회 결의)로 공동대표이사를 정한 때에는 수인의 대표이사가 공동의 의사표시로써만 회사를 대표하여야 한다(제389조 제2항; 공동대표이사를 정함에는 정관의 규정을 필요로 하지 않는다).[1] 따라서 공동대표이사란 2인 이상이 공동으로써만 회사를 대표할 수 있는 대표이사를 말한다. 그런데 3인의 이사가 있는 경우 그 전원을 공동대표이사로 하거나(진정 공동대표), 1인은 단독대표이사로 하고 나머지 2인은 공동대표이사로 정할 수도 있다(부진정 공동대표).

공동대표이사를 정한 때에는 그 내용을 등기하여야 한다(제317조 제2항 제10호). 이를 등기하지 아니하면 이로써 선의의 제3자에게 대항하지 못한다(제37조 제1항).

2) 공동대표이사의 지위

(1) 능동대표: 회사가 제3자에게 하는 의사표시, 즉 능동대표행위는 대표이사들이 공동으로만 회사를 대표할 수 있다(제389조 제2항). 따라서 공동대표이사 중 1인이 다른 공동대표이사의 동의 없이 단독으로 대표행위를 한 경우에는 그 대표행위는 무효가 된다.

(2) 수동대표: 거래상대방이 회사에 대하여 하는 의사표시는 공동대표이사 중 1인에게만 하여도 효력이 있다(제389조 제3항, 제208조 제2항). 즉, 수동대표행위는 공동대표이사가 각자 할 수 있는 것이다.

(3) 불법행위: 공동대표이사제도는 거래행위에만 적용되고 불법행위에는 적용되지 않는다. 따라서 공동대표이사 중 1인의 불법행위라 하더라도 업무집행으로 인하여 제3자에게 손해가 생긴 때에는 회사의 업무집행이 아니고 실질적으로 개인적 행위라 하더라도 회사는 연대하여 책임을 진다(제389조 제3항, 제210조; 이철송, 「회사법」, 제20판, 694면).

(4) 대내적 업무집행: 공동대표이사는 대내적인 업무집행도 공동으로 행하는 것이 원칙이지만, 순수한 대내적 업무집행이라면 단독으로 하더라도 문제가 없다.

---

1) 【학설】 공동대표의 본질에 관한 학설

① 행사방법 공동설: 수인의 공동대표이사는 단독대표의 원칙에 따라 각자 대표기관을 구성하고 단지 권한행사를 공동으로 하는 것이라는 견해이다. 이 견해에 의하면 공동대표이사 수만큼의 대표이사 및 대표행위가 내용을 같이하면서 공동으로 행해짐으로써 유효한 대표행위가 된다고 한다. 그리고 공동대표이사 중 1인이 퇴임 등의 사유로 결원이 된 경우 나머지 대표이사의 대표권은 소멸되지 않지만 공동행사가 불가능하다고 한다.

② 대표권합유설: 수인의 공동대표이사는 공동으로써만 1개의 대표기관을 구성하고 1개의 대표권이 그들 간에 합유적으로 귀속한다는 견해이다. 이 견해에 의하면 수인의 공동대표이사의 의사가 합치되어 하나의 대표행위를 구성하게 된다고 한다. 그리고 공동대표이사 중 1인이 퇴임 등의 사유로 결원이 된 경우 공동대표이사 전원의 대표권이 소멸한다고 한다.

3) 대표권의 위임

공동대표이사의 경우 대표권의 위임에 대해서는 학설의 대립이 있다.[1] 판례는 일반적이고 포괄적으로 대표권의 행사를 위임하는 것은 허용되지 않는다고 하고 있지만(대법원 1989.5.23.선고 89다카3677판결), 개별적 위임의 경우에는 대표권의 위임이 인정된다고 한다(대법원 1996.10.25.선고 95누14190판결).

> **【판례】 대법원 1996.10.25.선고 95누14190판결**
>
> 회사의 공동대표이사 2명 중 1명이 단독으로 동의한 것이라면 특별한 사정이 없는 한 이를 회사의 동의라고 볼 수 없으나, 다만 나머지 1명의 대표이사가 그로 하여금 건물의 관리에 관한 대표행위를 단독으로 하도록 용인 내지 방임하였고 또한 상대방이 그에게 단독으로 회사를 대표할 권한이 있다고 믿은 선의의 제3자에 해당한다면 이를 회사의 동의로 볼 수 있다.

4) 공동대표이사 중 1인의 단독대표행위

(1) 단독대표행위의 추인: 공동대표이사 중 1인의 단독대표행위는 무효이지만 이를 추인할 수 있다. 추인은 나머지 공동대표이사가 하여야 하며, 추인의 의사표시는 거래상대방뿐만 아니라 단독의 대표행위를 한 대표이사에게 할 수도 있다(대법원 1991.11.12.선고 91다19111판결 및 대법원 2010.12.23.선고 2009다37718판결 참조).

(2) 제3자의 보호: 상법 제395조의 해석상 대표권이 없는 보통의 이사는 물론, 이사가 아닌 자의 표현대표행위에 대하여도 회사의 책임을 인정하고 있는데, 이들보다 광범위한 권한을 가진 공동대표이사의 행위에 대하여는 책임을 물을 수 없다고 한다면 형평에 어긋나므로, 공동대표이사 1인이 단독으로 대표권이 있는 듯한 직함을 사용하여 거래하고 그 직함 사용에 회사가 책임이 있는 경우에는 표현대표이사의 요건을 충족하게 되어 회사에 대해 거래책임을 물을 수 있다(다수설·판례; 이에 대해 단순히 대표이사라는 명칭만 사용한 경우 그 대표이사라는 명칭 자체가 법률이 인정한 것이므로 공동대표이사라는 명칭을 사용하지 않는 것에 회사의 귀책사유가 있다고 할 수 없으므로 상법 제395조가 유추적용되지 않는다는 견해도 있다(최준선, 「회사법」, 441면 참조)).

한편, 공동대표이사 1인의 행위가 표현대표이사의 요건을 충족하지 못하게 되는 경우 상대방은 그 1인의 대표이사의 개인적인 불법행위책임을 물어 손해배상을 청구할 수 있고, 상법 제401조에 따른 손해배상 청구를 할 수 있다.

---

1) 【학설】 대표권의 위임에 관한 학설

① 포괄적 위임: 일정한 사항에 관하여 이사 전원의 동의가 있으면 그 결정과 집행을 일부의 자에게 포괄적으로 위임할 수 있다는 견해(긍정설)와, 포괄적 위임을 인정하는 것은 실질적으로 단독대표를 가능하게 하는 것으로 공동대표의 취지에 어긋나기 때문에 인정되지 않는다는 견해(부정설: 다수설·판례)가 있다.

② 엄격한 형식을 요하는 법률행위의 개별적 위임: 소송행위나 어음행위와 같이 엄격한 형식을 요하는 법률행위에서는 반드시 대내외적으로 공동명의에 의한 의사표시를 하여야 하며 다른 대표이사에게 대표권을 개별적으로도 위임할 수 없다는 견해(소극설)와, 공동대표이사 간에 내부적인 의사합치만 있으면 개별적 위임이 가능하고 어음·수표행위도 거래상대방에게 공동대표이사 전원이 의사표시를 같이 할 필요는 없다는 견해(적극설: 다수설)가 있다. 한편, 적극설 중에는 대외적인 의사표시를 하는 것을 위임할 수 있을 뿐만 아니라 거래내용까지도 위임할 수 있다는 견해, 개별적 위임이 가능하지만 위임관계를 행위시에 현명하여야 한다는 견해도 있다.

6. 표현대표이사

1) 의의 및 취지

(1) 의 의: 상법 제395조에서는 「사장, 부사장, 전무, 상무 기타 회사를 대표할 권한이 있는 것으로 인정할 만한 명칭을 사용한 이사의 행위에 대하여는 그 이사가 회사를 대표할 권한이 없는 경우에도 회사는 선의의 제3자에 대하여 그 책임을 진다」고 규정하고 있으며, 이 규정은 법일반에 공통되는 거래의 안전의 보호와 금반언의 원칙에서 나온 것이다(대법원 1985.6.11.선고 84다카963판결).

(2) 취 지: 대표이사의 대외적 행위만이 회사의 행위가 되고, 대표이사만이 회사를 대표할 수 있다. 그러나 실제로는 대표이사가 아닌 자가 대표이사로 오인할 만한 명칭을 사용하여 대표행위를 하는 경우에, 이에 대하여 회사에게 귀책사유가 있는 경우에 그 외관을 믿은 선의의 제3자를 보호함으로써 상거래의 신뢰와 안전을 도모하기 위해 특칙으로 표현대표이사 제도를 두고 있다(대법원 1988.10.11.선고 86다카2936판결).

2) 다른 제도와의 관계

(1) 상업등기와의 관계: 상법 제37조에서는 등기사항이 등기된 후에는 그 사항에 관해 제3자의 악의가 의제된다. 그렇다면 대표이사에 대해서도 등기사항이므로 회사에서 대표이사를 등기한 경우 제3자의 악의가 의제되어 제3자는 보호를 받을 수 없다. 이는 상법 제395조와 차이가 있고, 이와 같은 상법 제395조와 상법 제37조의 관계에 대해서는 학설이 대립되고 있다.[1)]

【판례】 대법원 1979.2.13.선고 77다2436판결

상법 제395조와 상업등기와의 관계를 헤아려 보면, 본조는 상업등기와는 다른 차원에서 회사의 표현책임을 인정한 규정이라고 해야 옳으리니 이 책임을 물음에 상업등기가 있는 여부는 고려의 대상에 넣어서는 아니된다고 하겠다. 따라서 원판결이 피고회사의 상호변경등기로 말미암아 피고의 상호 변경에 대하여 원고의 악의를 간주한 판단은 당원이 인정치 않는 법리 위에 선 것이라 하겠다.

---

1) 【학설】 상업등기제도와의 관계에 대한 학설

① 상업등기의 일반적 효력과의 관계: 표현대표이사제도와 상업등기제도는 각기 그 보호법익을 달리하기 때문(상업등기제도는 기업관계가 외부에 공시된 후에는 상대방의 희생 아래 공시자의 면책을 보장함으로써 당사자의 이해를 조정하려는 제도이며, 표현대표이사제도는 표현적 명칭이라는 부진정한 외관 작출에 유책인 자를 희생시키는 외관대로의 법효과를 인정함으로써 상거래의 신속과 안전을 도모하려는 제도이다)에 제395조는 제37조의 예외로 볼 것이 아니라 특칙으로 보아야 한다는 견해(특칙설: 판례), 회사가 회사를 대표할 이사를 등기하였을 때에는 기타의 이사는 대표권이 없다는 것을 선의의 제3자에게 대항할 수 있지만, 회사가 스스로 만든 외관에 대하여 책임을 져야 하는 경우에는 이 범위에서 상법 제37조는 적용이 배제된다고 하여 제395조는 제37조의 예외적 규정이라는 견해(예외설: 다수설)가 있다.

② 부실등기의 공신력과의 관계: 대표이사를 선임하지도 않고 선임한 것으로 등기하거나 퇴임대표이사의 퇴임등기를 하지 않은 경우에, 그 자에 의하여 대표행위가 이루어졌다면 회사는 선의의 제3자에 대하여 상법 제39조 또는 상법 제395조에 따른 책임을 부담하게 된다. 그런데 등기신청권자에게 고의·과실이 없이 이사 또는 감사가 주주총회 또는 이사회의 의사록을 위조하여 대표이사의 변경등기를 하였고 그 대표이사가 제3자와 거래행위를 한 경우에는 제39조는 적용할 수 없고 제395조를 유추적용할 수 있다는 견해(과거의 판례)와, 제395조를 적용할 것이 아니라 제39조를 적용하여야 한다는 견해(현재 판례)가 있다.

(2) 민법상 표현대리와의 관계: 표현대표이사에 관해 규정한 상법 제395조는 민법상 표현대리에 관한 민법 제125조 · 제126조 · 제129조의 특칙규정에 해당한다. 따라서 상법 제395조가 적용되면 민법의 표현대리규정은 적용될 여지가 없다.

(3) 표현지배인과의 관계: 본점 또는 지점의 지점장 · 본부장 등 지배인으로 인정될 만한 명칭을 사용한 자의 재판외 행위에 대해서는 지배인과 동일한 권한이 있는 것으로 보고(제14조 제1항) 이사의 자격이 없는 회사의 사용인이 회사를 대표할 권한이 있는 것으로 인정될 만한 명칭을 사용한 경우 상법 제395조를 유추적용할 수 있다(통설 · 판례). 따라서 회사는 회사의 사용인이 사용하는 명칭 및 이에 대한 회사의 귀책사유에 의하여 표현지배인으로서의 책임 또는 표현대표이사로서의 책임을 부담할 수 있다.

3) 적용요건

(1) 외관의 존재: 대표이사가 아닌 이사가 회사를 대표할 만한 권한이 있는 것으로 인정할 만한 외관을 갖추었어야 한다. 외관이란 대표권이 존재하는 것과 같은 명칭(그 명칭이 표현대표이사의 명칭에 해당하는지 여부는 사회일반의 거래통념에 따라 결정하여야 한다: 대법원 2023.2.11.선고 2002다62029판결)을 말하며, 사장 · 부사장 · 전무 · 상무 기타 회장 · 부회장 같은 명칭 등을 들 수 있다. 표현대표이사가 되기 위해서는 이사의 자격이 있어야 하지만, 이사의 자격이 없는 자의 행위라도 상법 제395조가 유추적용된다(통설 · 판례). 다만, '경리담당이사'는 회사를 대표할 권한이 있는 것으로 인정될 만한 명칭에 해당한다고 볼 수 없다(대법원 2003.2.11.선고 2002다62029판결).

(2) 외관에 대한 회사의 귀책사유

① 명칭사용의 허용: 표현대표이사가 성립하기 위해서는 회사가 명시적 또는 묵시적으로 표현대표이사의 명칭사용을 허락했어야 한다(대법원 1994.12.27.선고 94다7621 · 94다7638판결). 그러므로 표현대표이사의 명칭을 임의로 사용한 때에는 상법 제395조가 적용되지 않는다(대법원 1975.5.27.선고 74다1366판결). 표현대표이사가 한 계약을 이의 없이 이행한다든지 또는 명칭사용의 사실을 알고도 제지하지 않고 방치한 경우 또는 적법한 대표이사가 장기간 회사업무를 방치하고 이사 1인이 실질적으로 대표이사로서 대외거래를 한 경우 등은 묵시적으로 승인한 것으로 보아야 한다(대법원 1988.10.11.선고 86다카2936판결).

【판례】 대법원 1985.6.11.선고 84다카963판결[동지: 대법원 1998.3.27.선고 97다34709판결]

상법 제395조는 외부에서 회사의 대표권이 있다고 오인할 염려가 있는 명칭을 사용한 이사가 한 행위에 대하여 회사책임을 규정한 것으로서 표현대표이사가 이사의 자격을 갖출 것을 형식상의 요건으로 하고 있음은 소론과 같으나, 위 규정은 법 일반에 공통되는 거래의 안전의 보호와 금반언의 원칙에서 나온 것으로서 이사의 자격이 없는 자에게 회사의 표현대표이사의 명칭을 사용케 한 경우나 이사자격 없이 표현대표이사의 명칭을 사용하는 것을 회사가 알고도 그대로 두거나 아무런 조치도 쓰지 않고 용인상태에서 놓아둔 경우에도 위 규정이 유추적용되는 것으로 해석함이 상당하다.

또한 특별한 명칭사용을 허락하지 않더라도 지배주주 겸 대표이사가 타인에게 주식을 양도함과 동시에 경영을 위임하여 그 타인이 수개월간 사실상 경영권을 행사하였다면 역시 회사가 명칭의 사용을 허락한 것이다(대법원 1994.12.2.선고 94다7591판결).

② 명칭사용의 허용기관: 회사가 허용하였다고 보기 위하여는 주주총회나 이사회에서 결의하거나 진정한 대표이사가 이를 허용하거나 이사 전원이 아닐지라도 적어도 이사회의 결의의 성립을 위하여 회사의 정관에서 정한 이사의 수, 그와 같은 정관의 규정이 없다면 최소한 이사 전원의 과반수의 이사가 적극적·묵시적으로 표현대표를 허용한 경우이어야 할 것이다(대법원 1992.9.22.선고 91다5365판결).

(3) 외관의 사용: 상법 제395조가 적용되기 위해서는 표현대표이사가 대표이사의 권한 내에 속하는 대표행위를 하였어야 하므로 계약·단독행위·합동행위 등의 법률행위와 준법률행위 등에 적용된다. 대표이사의 권한 내의 행위여야만 상법 제395조가 적용되므로, 대표이사로서도 할 수 없는 행위에는 적용되지 않는다.

(4) 외관에 대한 제3자의 신뢰

① 선의의 제3자의 범위: 상법 제395조가 적용되는 것은 '선의의 제3자'에 대해서만이다. 여기에서 '선의'란 표현대표이사가 대표권을 갖지 않음을 알지 못한 것(다만, 표현대표이사가 대표이사의 명의로 대표행위를 하는 경우에는 대리권이 없음을 알지 못한 것을 의미한다)을 말하고, 반드시 형식상 대표이사가 아니라는 것을 알지 못한 것에 한정할 필요가 없다(대법원 1998.3.27.선고 97다34709판결). '제3자'란 표현대표이사의 행위의 직접의 상대방뿐만 아니라 그 행위와 관련하여 표현적 명칭을 신뢰한 당사자를 모두 포함한다(대법원 1998.3.27.선고 97다34709판결). 따라서 표현대표이사가 한 어음행위를 믿고 직접 어음을 취득한 상대방뿐만 아니라 그로부터 이 어음을 다시 취득한 제3자도 보호된다(대법원 2003.9.26.선고 2002다65073판결; 대법원 1988.10.25.선고 86다카1228판결).

【판례】 대법원 2004.2.27.선고 2003다49399판결[동지: 대법원 2005.9.9.선고 2004다17702판결]

상법 제395조는 표시에 의한 금반언의 법리나 외관이론에 따라 대표이사로서의 외관을 신뢰한 제3자를 보호하기 위하여 그와 같은 외관의 존재에 대하여 귀책사유가 있는 회사로 하여금 선의의 제3자에 대하여 그들의 행위에 관한 책임을 지도록 하려는 것이므로, 회사가 이사의 자격이 없는 자에게 표현대표이사의 명칭을 사용하게 허용한 경우는 물론, 이사의 자격이 없는 사람이 임의로 표현대표이사의 명칭을 사용하고 있는 것을 회사가 알면서도 아무런 조치를 취하지 아니한 채 그대로 방치하여 소극적으로 묵인한 경우에도 위 규정이 유추적용되는 것으로 해석함이 상당하나(대법원 1998.3.27.선고 97다34709판결 등 참조), 위 상법규정에 의하여 회사가 표현대표자의 행위에 대하여 선의의 제3자에게 책임을 지는 것은 회사가 사장, 부사장, 전무, 상무 기타 회사를 대표할 권한이 있는 것으로 인정될 만한 표현대표자의 명칭사용을 명시적으로나 묵시적으로 승인 또는 용인하거나 방임하는 등으로 그와 같은 외관의 존재에 대하여 귀책사유가 있는 경우에 한하고, 나아가 위 상법소정의 '선의'란 표현대표이사가 대표권이 없음을 알지 못한 것을 말한다(대법원 1999.2.26.선고 98다55529판결 등 참조).

② 제3자의 무과실 여부: 제3자가 대표이사가 아닌 이사에게 그 거래행위를 함에 있어 회사를 대표할 권한이 있다고 믿었다 하더라도 제3자가 중대한 과실로 인하여 대표권의 흠결을 알지 못한 때에는 악의인 경우에 준하여 회사는 책임을 지지 않는다(제3자가 그 명칭(사장·부사장·전무·상무 등)을 사용한 대표할 권한이 있다고 믿었는지 여부, 그와 같이 믿음에 있어서 중과실이 있는지 여부 등은 거래통념에 비추어 개별적·구체적으로 결정하여야 할 것이다; 대법원 1999.11.12.선고 99다19797판결). 그러나 제3자가 선의이지만 경과실이 있는 경우에는 회사가 책임을 진다.

보충 표현대표이사의 행위가 이사회의 결의가 필요한 행위이고, 거래의 상대방인 제3자가 이사회의 결의가 없었음을 알았거나 중대한 과실로 알지 못한 때에는 회사는 그 행위에 대한 책임을 면한다.

【판례】 대법원 2003.7.22.선고 2002다40432판결[동지: 대법원 2003.9.26.선고 2002다65073판결; 대법원 2013.2.14.선고 2010다91985판결]

상법 제395조가 규정하는 표현대표이사의 행위로 인한 주식회사의 책임이 성립하기 위하여는 법률행위의 상대방이 된 제3자의 선의 이외에 무과실까지도 필요로 하는 것은 아니지만, 설령 제3자가 회사의 대표이사가 아닌 이사가 그 거래행위를 함에 있어서 회사를 대표할 권한이 있다고 믿었다 할지라도 그와 같이 믿음에 있어서 중대한 과실이 있는 경우에는 회사는 그 제3자에 대하여는 책임을 지지 아니하고, 여기서 제3자의 중대한 과실이라 함은 제3자가 조금만 주의를 기울였더라면 표현대표이사의 행위가 대표권에 기한 것이 아니라는 사정을 알 수 있었음에도 만연히 이를 대표권에 기한 행위라고 믿음으로써 거래통념상 요구되는 주의의무에 현저히 위반하는 것으로, 공평의 관점에서 제3자를 구태여 보호할 필요가 없다고 봄이 상당하다고 인정되는 상태를 말한다(금융기관이 표현대표이사와 근질권설정계약을 체결함에 있어 여신업무처리지침에 따라 그 이사의 직무권한서를 제출받거나 대표이사에게 문의를 하는 등의 방법으로 위와 같은 근질권설정계약을 체결할 권한이 있는지를 확인하지 아니한 것만으로는 그 금융기관에 중대한 과실이 있다고 보기 어렵다는 이유로 원심을 파기한 사례).

③ 제3자의 악의 또는 중대한 과실에 대한 입증책임은 회사에 있다는 것이 통설·판례(대법원 1971.6.29.선고 71다946판결)의 입장이다.

4) 적용범위

(1) 공동대표와 표현대표이사: 공동대표이사 중 1인이 사장 등 단독으로 대표할 권한이 있는 듯한 명칭(예 대표이사 사장)을 회사로부터 허락받아 사용하면서 단독으로 회사를 대표하여 행위한 때에는 이를 표현대표이사의 행위로 보아야 하는가에 대해 학설이 대립되고 있다.[1]

---

1) 【학설】 공동대표이사 중 1인의 단독대표행위에 대한 상법 제395조의 적용 여부에 관한 학설
① 긍정설: 상법 제395조는 상업등기와는 관계없이 외관을 야기한 데 대하여 회사의 책임을 인정하는 규정이며, 회사의 대표는 단독대표가 원칙이고 공동대표는 예외적인 경우에 속하며, 대표이사란 명칭은 어떠한 명칭보다도 대표권이 있는 외관이 뚜렷하므로 거래의 안전을 위하여 동조가 유추적용되어야 한다는 견해이다(다수설·판례).
② 부정설: 대표이사란 명칭은 법이 인정하는 것인데, 공동대표이사라고 명시하지 않았다 하여 회사의 귀책사유가 될 수 없으므로 적용될 수 없다는 견해이다.

【판례】 대법원 1992.10.27.선고 92다19033판결

회사가 공동대표이사에게 단순한 대표이사라는 명칭을 사용하여 법률행위를 하는 것을 용인 내지 방임한 경우에도 회사는 상법 제395조에 의한 표현책임을 면할 수 없다.

(2) 선임이 무효 · 취소된 대표이사의 행위: 이사선임에 관한 주주총회의 결의가 무효 또는 취소된 경우에는 회사가 그에 대해 귀책사유가 있는 때에는 선임이 무효 · 취소된 대표이사가 제3자와 한 거래행위에 대해 상법 제395조가 적용 또는 유추적용될 수 있다는 견해(통설·과거 판례)가 있으나 상법 제39조의 부실등기의 책임에 관한 규정이 적용된다(최근의 판례)고 본다.

【판례】 대법원 2004.2.27.선고 2002다19797판결

[1] 이사선임의 주주총회 결의에 대한 취소판결이 확정된 경우 그 결의에 의하여 이사로 선임된 이사들에 의하여 구성된 이사회에서 선정된 대표이사는 소급하여 그 자격을 상실하고, 그 대표이사가 이사선임의 주주총회 결의에 대한 취소판결이 확정되기 전에 한 행위는 대표권이 없는 자가 한 행위로서 무효가 된다.

[2] 이사선임의 주주총회 결의에 대한 취소판결이 확정되어 그 결의가 소급하여 무효가 된다고 하더라도 그 선임결의가 취소되는 대표이사와 거래한 상대방은 상법 제39조의 적용 내지 유추적용에 의하여 보호될 수 있으며, 주식회사의 법인등기의 경우 회사는 대표자를 통하여 등기를 신청하지만, 등기신청권자는 회사 자체이므로 취소되는 주주총회 결의에 의하여 이사로 선임된 대표이사가 마친 이사선임 등기는 상법 제39조의 부실등기에 해당된다.

또한, 주주총회에서 이사를 선임한 결의에는 하자가 없으나, 이사회에서 대표이사를 선임한 결의에 하자가 있었고 그 선임결의 무효확인의 소제기로 대표이사 선임이 무효가 된 경우에 무효판결 전의 사실상의 대표이사가 한 행위에 대하여 대표이사로의 등기가 되어 있는 경우에는 상법 제39조에 의하여 제3자는 보호받을 수 있다고 본다.

(3) 표현대표이사가 진정한 대표이사의 이름으로 한 행위: 일단 표현대표이사로서의 요건을 갖춘 자가 정작 대표행위는 자기의 이름으로 하지 않고 진정한 대표이사의 이름으로 한 경우(무권대행)에 회사가 이를 알고도 방치한 경우에는 상법 제395조가 적용되는가에 대해 학설이 대립하고 있다.[1)]

【판례】 대법원 2011.3.10.선고 2010다100339판결

[1] 표현대표이사의 행위로 인한 주식회사의 책임에 대하여 정한 상법 제395조는 표현대표이사가 자신의 이름으로 행위한 경우는 물론이고 대표이사의 이름(또는 대표이사의 대리인)으로 행위한 경우에도 적용된다. 그리고 이 경우에 상대방의 악의 또는 중대한 과실은 표현대표이사의 대표권(저자주: 대표권

1) 【학설】 무권대행에 대한 제395조의 적용 여부에 관한 학설
표현대표이사가 대행권한 없이 대표이사의 명의로 한 행위는 무권대행이 되고 이때에 회사에게 무권대행에 대한 귀책사유가 있다면 민법상 표현대리에 관한 규정을 유추적용하여 회사의 책임을 인정해야 한다는 견해(과거 판례)와, 상법 제395조를 적용하여 회사의 책임을 인정해야 한다는 견해(최근 판례)가 있다.

의 존부에 대한 것)이 아니라 대표이사를 대리하여 행위를 할 권한이 있는지에 관한 것이다.
[2] 표현대표이사가 대표이사의 이름으로 법률행위를 한 경우에 행위자가 표현대표이사에 해당하는 한 그에게 대표권 등 권한이 있는지를 당연히 의심하여 보아야 하는 객관적 사정이 있는 등의 경우가 아닌 이상 표현대표이사가 대표이사를 대리하여 법률행위를 할 권한이 있는지 여부에 관하여 확인하지 아니하였다는 사정만으로 상대방의 악의 또는 중과실을 섣사리 인정할 수는 없다.

(4) 이사의 자격이 없는 사용인이나 사임이사의 행위: 이사의 자격이 없는 회사의 사용인이나 이사직을 사임한 이사가 표현대표이사로서의 요건을 갖추고 표현대표이사의 명칭을 사용하고 있는 것을 회사가 알면서도 소극적으로 묵인한 경우 그 자의 대표행위에 대하여도 상법 제395조가 유추적용된다는 것이 통설·판례(대법원 1992.7.28.선고 91다35816판결)의 입장이다.

【판례】 대법원 2005.9.9.선고 2004다17702판결

상법 제395조의 규정에 의하여 회사가 표현대표자의 행위에 대하여 책임을 지는 것은 회사가 표현대표자의 명칭사용을 명시적으로나 묵시적으로 승인함으로써 대표자격의 외관 현출에 책임이 있는 경우에 한하는 것이나(대법원 1995.11.21.선고 94다50908판결 참조), 이사 또는 이사의 자격이 없는 자가 임의로 표현대표자의 명칭을 사용하고 있는 것을 회사가 알면서도 이에 동조하거나 아무런 조치를 취하지 아니한 채 그대로 방치한 경우도 회사가 표현대표자의 명칭사용을 묵시적으로 승인한 경우에 해당한다고 봄이 상당하다(대법원 1992.7.28.선고 91다35816판결 참조).

(5) 적용이 배제되는 행위: 상법 제395조의 표현대표이사제도는 불법행위·소송행위(대법원 1970.6.30.선고 70후7판결은 소송행위에 대해 제395조가 적용된다고 한다)와 공법관계(조세의 부과 및 징수의 경우 등)에는 적용되지 않는다는 것이 통설의 입장이다.

5) 적용효과

회사는 표현대표이사의 행위에 대해 대표이사가 한 행위와 마찬가지로 제3자에 대하여 책임을 진다(제395조). 표현대표이사의 행위로 인하여 회사가 책임을 진 결과 손해를 입은 경우에 회사는 당해 표현대표이사에 대하여 손해배상청구권을 행사할 수 있다. 한편, 표현대표이사의 행위에 대해 민법의 무권대리에 관한 규정을 적용할 수 있는가에 대하서는 학설의 대립이 있다.[1)]

1) 【학설】 무권대리에 관한 규정의 적용 여부에 관한 학설
① 소극설: 상법 제395조를 적용하는 경우에는 무권대리에 관한 민법의 규정은 적용될 여지가 없다. 다만, 표현대표이사의 어음행위에 대해서는 회사뿐만 아니라 표현대표이사도 어음상의 권리자에 대해 어음채무를 부담한다고 하는 견해이다.
② 적극설: 표현대표이사의 행위에 대해서 민법의 무권대리에 관한 규정을 적용할 수 있으므로 제3자는 철회권, 회사는 추인권을 갖는다고 하는 견해이다.

Ⅳ. 이사의 의무

1. 선관의무 · 충실의무 등

이사는 회사와 위임관계에 있으므로 회사에 대해 선량한 관리자로서의 주의의무를 다해 회사의 사무를 처리하여야 한다. 그리고 회사 및 주주의 이익을 보호하기 위하여 법령과 정관의 규정에 따라 회사 및 주주를 위하여 직무를 충실하게 수행하여야 하며(제382조의3 제1항; 대법원 2013.9.12. 선고 2011다57869판결), 이사는 그 직무를 수행함에 있어 총주주의 이익을 보호하여야 하고, 전체 주주의 이익을 공평하게 대우하여야 한다(제382조의3 제2항).

대표이사가 대표이사로서의 업무 일체를 다른 이사 등에게 위임하고 대표이사로서의 직무를 전혀 집행하지 않는 것은 이사의 직무상 충실 및 선관의무를 위반한 행위에 해당한다(대법원 2003.4.11.선고 2002다70044판결).

보충판례 회사에 대한 경영권 상실 등으로 퇴직을 앞둔 이사가 회사에 대하여 최대한 많은 보수를 받기 위하여 그에 동조하는 다른 이사와 함께 이사의 직무내용, 회사의 재무상황이나 영업실적 등에 비추어 지나치게 과다하여 합리적 수준을 현저히 벗어나는 보수지급 기준을 마련하고 지위를 이용하여 주주총회에 영향력을 행사함으로써 소수주주의 반대에도 불구하고 이에 관한 주주총회 결의가 성립되도록 하였다면, 이는 회사를 위하여 직무를 충실하게 수행하여야 하는 상법 제382조의3에서 정한 의무를 위반하여 회사 재산의 부당한 유출을 야기함으로써 회사와 주주의 이익을 침해하는 것으로서 회사에 대한 배임행위에 해당하므로, 주주총회 결의를 거쳤다 하더라도 그러한 위법행위가 유효하다고 할 수는 없다.(대법원 2016.1.28.선고 2014다11888판결).

선관의무와 충실의무의 관계에 대해서는 충실의무는 선관의무와 동질적인 의미를 갖는다는 견해와 선관의무와는 그 근본이 다른 의무라는 견해로 학설의 대립이 있다.[1)]

1) 【학설】 선관의무와 충실의무의 관계에 관한 학설

① 선관의무설: 충실의무는 선관의무와 동질적인 의미이며 선관의무를 구체화한 표현에 불과하다는 견해이다. 이 견해에 의하면 이사의 경업피지의무나 자기거래제한은 이사의 회사에 대한 선관의무를 구체화한 것이라고 한다.

② 충실의무설: 충실의무는 선관의무와 그 근본이 다른 의무라고 보는 견해로서 이사가 회사를 위하여 직무를 집행하는 기관관계적 측면에서 요구되는 의무는 선관의무이고, 이사가 그 지위를 이용하여 자기 또는 제3자의 이익을 위하여 행동하는 개인관계적 측면에서 요구되는 의무를 충실의무라고 한다. 따라서 이사의 경업피지의무나 자기거래제한은 선관의무가 아닌 충실의무의 하나라고 보고 있다.

2. 경업피지의무

1) 의의 및 취지

(1) 의　의: 이사는 이사회의 승인이 없으면 자기 또는 제3자의 계산으로 회사의 영업부류에 속하는 거래를 하거나 동종영업을 목적으로 하는 다른 회사의 무한책임사원(또는 업무집행자)이나 이사(또는 집행임원)가 되지 못한다(제397조 제1항). 이를 이사의 경업피지의무라고 하며, 이것은 이사가 영업상의 지식과 비밀을 이용하여 회사의 이익을 희생시키면서 자기 또는 제3자의 이익을 추구하는 것을 방지함으로써 회사를 보호하기 위하여 법정한 규정이다(대법원 1990.11.2.자 90마745결정).

(2) 취　지: 상법 제397조 제1항의 취지는, 이사가 그 지위를 이용하여 자신의 개인적 이익을 추구함으로써 회사의 이익을 침해할 우려가 큰 경업을 금지하여 이사로 하여금 선량한 관리자의 주의로써 회사를 유효적절하게 운영하여 그 직무를 충실하게 수행하여야 할 의무를 다하도록 하려는 데 있다.

2) 이사회의 승인

이사는 사전에 이사회에 대하여 승인의 대상인 사항에 관하여 중요한 사실을 밝히고 승인을 얻어야 한다. 경업적 거래의 승인은 원칙적으로 구체적인 거래에 대하여 개별적으로 하여야 한다. 경업의 승인을 구하는 이사는 이사회의 경업승인결의에서 특별이해관계가 있으므로 그의 의결권을 행사하지 못한다. 한편, 이사의 경업적 거래에 대한 이사회의 사후승인(추인)이 가능한가에 대하여는 학설의 대립이 있다.[1)]

3) 금지내용

(1) 경업금지: 자기 또는 제3자의 계산으로 회사의 영업부류에 속하는 거래를 하는 것을 말한다. 영업부류에 속하는 거래란 회사의 정관상의 사업목적에 국한하지 않고 사실상 회사의 영리활동의 대상이 되어 있는 것을 모두 포함한다. 거래는 일회적이든 계속적이든 묻지 않으며, 회사의 사업과 시장에서 경합관계가 생겨 이사와 회사 간에 이익이 충돌되는 거래를 말한다.

보충판례 ① 어떤 회사가 이사가 속한 회사의 영업부류에 속한 거래를 하고 있다면 그 당시 서로 영업지역을 달리하고 있다고 하여 그것만으로 두 회사가 경업관계에 있지 아니하다고 볼 것은 아니지만, 두 회사의 지분소유 상황과 지배구조, 영업형태, 동일하거나 유사한 상호나 상표의 사용 여부, 시장에서

1) 【학설】 경업적 거래의 사후승인의 효력 인정 여부에 관한 학설
추인은 이사회의 승인을 얻지 않고 한 법률행위의 하자가 치유될 뿐이고 이사의 손해배상책임이 면제되는 것은 아니므로 이사회의 사후추인도 가능하다는 견해와, 사후의 추인은 일종의 책임면제와 같은 효과를 가져오므로 상법 제400조에서 이사의 책임면제에 총주주의 동의를 요하는 것과의 균형을 이유로 사후의 추인은 인정되지 않는다는 견해가 있다.

두 회사가 경쟁자로 인식되는지 여부 등 거래 전반의 사정에 비추어 볼 때 경업 대상 여부가 문제되는 회사가 실질적으로 이사가 속한 회사의 지점 내지 영업부문으로 운영되고 공동의 이익을 추구하는 관계에 있다면 두 회사 사이에는 서로 이익충돌의 여지가 있다고 볼 수 없고, 이사가 위와 같은 다른 회사의 주식을 인수하여 지배주주가 되려는 경우에는 상법 제397조가 정하는 바와 같은 이사회의 승인을 얻을 필요가 있다고 보기 어렵다(대법원 2013.9.12.선고 2011다57869판결).

② 이사는 경업 대상 회사의 이사, 대표이사가 되는 경우뿐 만 아니라 그 회사의 지배주주가 되어 그 회사의 의사결정과 업무집행에 관여할 수 있게 되는 경우에도 자신이 속한 회사 이사회의 승인을 얻어야 한다(대법원 2018.10.25.선고 2016다16191판결).

③ 어떤 회사가 이사가 속한 회사의 영업부류에 속한 거래를 하고 있다면 당시 서로 영업지역을 달리하고 있다고 하여 그것만으로 두 회사가 경업관계에 있지 아니하다고 볼 것은 아니다(대법원 2025.6.12.선고 2021다256696, 256702판결).

(2) 겸직금지: 이사는 동종영업을 목적으로 하는 다른 회사의 무한책임사원(또는 업무집행자) 또는 이사(또는 집행위원)가 되지 못한다. 동종영업을 목적으로 한다는 것은 경업에서의 회사의 영업부류와 같이 해석한다. 따라서 상업사용인의 겸직금지의무(제17조 제1항)보다 범위가 좁다. 동종영업을 목적으로 하는 다른 회사란 반드시 실제 영업을 수행하는 회사여야 하는 것은 아니고, 아직 개업을 준비하는 단계에 있는 회사의 이사를 겸하더라도 겸직금지의무를 위반한 것이 된다(대법원 1993.4.9.선고 92다53583판결).

4) 위반의 효과

(1) 손해배상책임: 경업 또는 겸직금지의무 위반으로 회사에 손해가 발생한 경우에 이사는 회사에 대하여 손해배상책임을 진다(제399조).

(2) 해　임: 경업 또는 겸직금지의무 위반은 이사해임의 사유가 되며, 소수주주가 법원에 해임을 청구할 수 있는 사유가 된다.

【판례】 대법원 1993.4.9.선고 92다53583판결

회사의 이사가 회사와 동종영업을 목적으로 하는 다른 회사를 설립하고 다른 회사의 이사 겸 대표이사가 되어 영업준비작업을 하여 오다가 영업활동을 개시하기 전에 그 회사의 이사 및 대표이사직을 사임하였다고 하더라도 이는 상법 제397조 제1항 소정의 경업금지의무를 위반한 행위로서 특별한 다른 사정이 없는 한 이사의 해임에 관한 상법 제385조 제2항 소정의 "법령에 위반한 중대한 사실"이 있는 경우에 해당한다.

(3) 거래의 효과: 경업금지에 위반한 거래도 제3자의 이익을 고려하여 거래행위 그 자체는 유효하다.

(4) 개입권

① 의의: 이사가 경업을 한 경우에만 인정되는 회사의 권리이다. 회사는 경업거래가 이사 자신의 계산으로 한 것인 경우 이를 회사의 계산으로 한 것으로 볼 수 있고, 제3자의 계산

으로 한 것인 때는 그 이사에 대하여 이로 인한 이득의 양도를 청구할 수 있다(제397조 제2항).

② 성질 및 행사기간: 개입권은 형성권이며, 개입권은 거래가 있은 날로쿠터 1년을 경과하면 소멸한다(제397조 제3항).

③ 행사결정: 개입권 행사의 결정은 이사회의 결의에 의한다(제397조 제2항). 개입권행사는 대표이사가 하여야 하며, 이를 게을리하는 때에는 주주는 대표소송을 제기할 수 있다.

④ 내용: 개입권을 행사하더라도 그 효과는 회사와 이사 간의 관계에만 미치고 이사와 제3자간의 법률관계를 변경시키거나 회사가 제3자에 대하여 거래의 당사자가 되는 것은 아니며, 상대방에 대한 계산의 주체는 여전히 이사이다. 회사가 개입권을 행사하면 이사가 자기의 계산으로 한 경우에는 이사는 그 거래의 경제적 효과를 회사에 귀속시켜야 하고, 제3자의 계산으로 한 경우에는 이사는 회사에 그 거래로 인하여 취득한 이득, 즉 제3자로부터 받은 보수를 인도하여야 한다.

3. 이사의 기회 및 자산의 유용금지의무

1) 의의 및 취지

(1) 의 의: 상법은「이사는 이사회의 승인 없이 현재 또는 장래에 회사의 이익이 될 수 있는 회사의 사업기회를 자기 또는 제3자의 이익을 위하여 이용하여서는 아니된다」고 규정하고 있다(제397조의2 제1항 전문). 이를 이사의 기회 및 자산의 유용금지의무라 한다. 여기서 사업기회의 유용이란 회사에 대하여 충실의무를 부담하는 이사나 임원이 정당하게 회사에 귀속되어야 할 장래의 영업기회를 이사나 임원 또는 제3자의 이익을 위하여 편취하는 것을 말한다. 회사의 사업기회 유용으로 인하여 회사에 손해를 끼치는 것뿐만 아니라 대표이사나 지배주주들이 지배권을 강화하거나 경영권을 승계하는 방법으로 악용하는 것을 방지하기 위하여 이사의 의무로서 규정한 것이다.

(2) 취 지: 이사는 회사에 대하여 선량한 관리자의 주의의무를 지므로, 법령과 정관에 따라 회사를 위하여 그 의무를 충실히 수행해야 한다. 따라서 이사는 회사에 이익이 될 수 있는 여지가 있는 사업기회가 있으면 이를 회사에 제공하여 회사로 하여금 이를 이용할 수 있도록 하여야 하고, 회사의 승인 없이 이를 자기 또는 제3자의 이익을 위하여 이용하여서는 아니된다(대법원 2013.9.12.선고 2011다57869판결; 대법원 2018.10.25.선고 2016다16191판결).

【판례】 대법원 2013.9.12.선고 2011다57869판결[동지: 대법원 2017.9.12.선고 2015다70044판결]

이사는 이익이 될 여지가 있는 사업기회가 있으면 이를 회사에 제공하여 회사로 하여금 이를 이용할 수 있도록 하여야 하고, 회사의 승인 없이 이를 자기 또는 제3자의 이익을 위하여 이용하여서는 아니된다. 그러나 회사의 이사회가 그에 관하여 충분한 정보를 수집·분석하고 정당한 절차를 거쳐 회사의 이익을 위하여 의사를 결정함으로써 그러한 사업기회를 포기하거나 어느 이사가 그것을 이용할 수 있도록 승인하였다면 그 의사결정에 현저한 불합리가 없는 한 그와 같이 결의한 이사들의 경영판단은 존중되어야 할 것이므로, 이 경우에는 어느 이사가 그러한 사업기회를 이용하게 되었더라도 그 이사나 이사회의 승인결의에 참여한 이사들이 이사로서 선량한 관리자의 주의의무 또는 충실의무를 위반하였다고 할 수 없다.

2) 금지의무의 내용

(1) 이사회의 승인: 이사가 회사의 사업기회를 이용하기 위해서는 '사전'[1]에 이사회의 승인(이사회가 없는 경우 주주총회의 보통결의)을 얻어야 한다. 이 경우 이사회의 승인은 이사 3분의 2 이상의 수로써 하여야 한다(제397조의2 제1항 후문).

보충 회사의 기회 및 자산 이용 승인기관은 이사회에 한하여 가능하고, 정관으로 주주총회의 결의사항으로 할 수 없고 총주주의 동의에 의하여 이사회 승인을 갈음할 수 없다는 견해가 있다(정찬형, 「상법강의(상)」, 제17판, 976면).

(2) 사업기회: 이사회의 승인이 없이 이사는 회사의 사업기회를 이용하여서는 아니된다. 사업기회에 관하여 상법은 현재 또는 장래에 회사의 이익이 될 수 있는 ① 회사의 비용으로 얻은 회사의 영업부류와 관계없는 사업기회로서 직무를 수행하는 과정에서 알게 되거나 회사의 정보를 이용한 사업기회(예 금융회사의 이사가 대출을 집행하면서 담보로 확보한 부동산의 소유자가 매우 저렴한 가격으로 양도할 의사가 있음을 알고 취득하는 경우; 이철송, 「회사법」, 2012, 731면), ② 회사의 영업부류에 속하는 사업기회로서 회사가 수행하고 있거나 수행할 사업(정관상의 사업목적에 국한하지 않고 사실상 회사의 영리활동의 대상이 되는 것)과 밀접한 관계가 있는 사업기회를 예시하고 있다(제397조의2 제1항 제1호·제2호). 그러나 여기서 사업기회는 구체적으로 어떠한 것인지 그 개념이 애매모호하다는 점에서 논란이 있을 수 있으나, 각 회사의 구체적 경영상황에 따라 개별적으로 판단하여 해석하여야 할 것이다.

보충 사업기회 이용의 유형: 이사가 그 사업기회를 이용하여 회사와 거래관계에 있게 되는 '자기거래형'(자동차를 제조하는 Y회사의 A이사가 그가 100% 출자한 X회사를 설립하여 X회사는 Y회사가 생산한 자동차와 부품 등의 운송 및 물류업을 거의 전적으로 영위하는 행위), 회사의 사업과 경쟁관계에 있게 되는 '경업형'(백화점을 영위하는 Y회사의 이사 A가 그가 100% 출자한 X회사를 설립하여 X회사는 다른 지방도시 백화점을 영위하는 경우)등이 있다(정찬형, 「상법강의(상)」, 제17판, 975면).

(3) 자기 또는 제3자의 이익: 이사는 자기 또는 제3자의 이익을 위하여 이용하여서는 아니 된다. 이사가 회사의 사업기회의 이용으로 얻은 자기 또는 제3자의 이익은 곧 회사의 손해

1) 【학설】 사업기회 이용의 추인 가능 여부
이사의 사업기회 이용을 위해서는 사전에 이사회 승인을 얻어야 하지만 사후승인(추인)이 가능한가에 대하여는 긍정설과 부정설의 대립이 있다.

로 추정되어(제397조의2 제2항), 회사는 손해배상청구를 할 수 있다.

3) 의무위반의 효과

이사회의 승인을 얻지 않고 사업기회를 이용하더라도 그 이용행위는 무효가 되지 않는다. 다만, 이로 인하여 회사에 손해를 발생시킨 이사는 손해배상책임을 지며, 이사회에서 승인을 얻어 사업기회를 이용하더라도 회사에 손해가 있는 때에는 그 이사와 이사회에서 승인한 이사는 연대하여 손해를 배상할 책임을 부담한다(제399조 제2항: 선관주의의무와 충실의무 위반이 없으면 경영판단의 법칙에 따라 책임을 지지 않는다).

한편, 경업금지의무 위반의 경우에는 개입권이나 이익반환청구권이 인정되지만, 회사의 기회 및 자산의 유용금지의무 위반의 경우에는 개입권이나 이익반환청구권이 인정되지 않는다.

4. 이사 등의 자기거래금지의무

1) 의의 및 취지

(1) 의 의: 이사 등은 이사회의 승인 없이 자기 또는 제3자의 계산으로 회사와 거래를 할 수 없다(제398조). 이사 등의 자기거래금지는 거래시 명의는 문제되지 않으며, 자기 또는 제3자의 계산이라면 명의에 관계없이 자기거래금지의무가 적용된다.

참고 주요 주주 등 이해관계자와의 거래에 관한 상장회사의 특례(제542조의9)는 제11절 「상장회사의 특례」에서 설명하기로 한다.

(2) 취 지: 제398조가 이사 등과 회사 간의 거래에 대하여 이사회의 승인을 받도록 정한 취지는 이사 등이 그 지위를 이용하여 회사와 직접 거래를 하거나 이사 자신의 이익을 위하여 회사와 제3자 간에 거래를 함으로써 이사 자신의 이익을 도모하고 회사 또는 주주에게 손해를 입히는 것을 방지하고자 하는 것이다(대법원 2013.9.12.선고 2011다57869판결). 즉, 이사 등의 자기거래는 불공정하게 이루어질 우려가 크므로 일단 이사회의 승인을 얻도록 함으로써 자기거래임을 공개하고, 이에 대해 이사회의 사전적 감시 및 사후의 책임추궁을 용이하게 하는 것이다.

2) 자기거래금지의무 부담자

자기거래금지의무를 부담하는 자는 이사와 그의 배우자 및 직계존·비속 등 제398조에서 정하는 자(이사 및 제542조의8 제2항 제6호에 따른 주요주주, 이사 또는 주요주주의 배우자 및 직계존·비속, 이사 또는 주요주주의 배우자의 직계존·비속, 이상에 해당하는 자가 단독 또는 공동으로 의결권 있는 발행주식총수의 100분의 50 이상을 가진 회사)를 말한다.

이사의 경우 자기거래의 금지는 비상근이사든 상근이사든 모든 이사에게 적용된다. 이때 이사라 함은 거래 당시의 이사를 말하므로 이사였던 자나 사실상의 이사는 자기거래의 금지의무를 부담하지 않는다(대법원 1981.4.14.선고 80다2950판결 참조).

3) 적용범위

(1) 직접거래와 간접거래: 금지되는 거래는 이사와 회사의 이해가 상충되어 회사의 이익을 해할 염려가 있는 모든 재산적 거래이다. 이사와 회사 간의 직접거래(이사가 회사로부터 증여를 받거나 회사와 매매계약을 체결하는 경우와 같이 이사가 직접 회사의 상대방이 된 경우)뿐만 아니라 간접거래(이사의 제3자에 대한 채무에 대해 회사가 보증을 서는 경우와 같이 회사의 거래로 인한 결과적인 이득이 이사에 귀속되는 경우)도 자기거래에 포함된다.

【판례】 대법원 1965.1.22.선고 65다734판결(간접거래의 자기계약의 형태에 관한 판례)

상법 제398조 소정의 거래 가운데는 이사와 주식회사 간에 성립될 이익상반의 행위뿐만 아니라, 이사 개인채무에 관하여 채권자에게 면책적이던 중첩적이던 채무인수를 하는 것과 같은 결국 이사에게는 이로웁고 회사에게는 불이익한 것으로 인정되는 행위가 포함된다 할 것이(다).

(2) 어음행위: 이사와 회사 간의 어음행위도 자기거래제한을 받는가에 대해서는 학설의 대립이 있으나,[1] 판례(대법원 1989.1.31.선고 87누760판결)는 어음행위도 자기거래의 범위에 포함된다고 한다.

【판례】 대법원 1989.1.31.선고 87누760판결

주식회사 대표이사가 그의 개인적인 용도에 사용할 목적으로 회사명의의 수표를 발행하거나 타인이 발행한 약속어음에 회사명의의 배서를 해주어 회사가 그 지급책임을 부담하고 이를 이행하여 손해를 입은 경우에는, 당해 주식회사는 대표이사의 위와 같은 행위가 상법 제398조 소정의 이사와 회사 간의 이해상반하는 거래행위에 해당한다 하여 이사회의 승인 여부에도 불구하고 같은 법 제399조 소정의 손해배상청구권을 행사할 수 있음은 물론이고 대표권의 남용에 따른 불법행위를 이유로 한 손해배상청구권도 행사할 수 있다.

(3) 기 타: 이사가 제3자의 대리인으로 또는 제3자의 위탁을 받아 회사와 거래하는 것, 이사가 제3자와 회사의 거래를 중개하는 것, 이사가 제3자에게 위탁하여 회사와 거래하는 것 등은 자기거래가 된다. 그리고 2개 회사의 대표이사를 겸하면서 이해관계가 상반된 양 회사의 대표이사로서 쌍방대리(대표)행위(예 甲, 乙 두 회사의 대표이사를 겸하고 있던 자에 의하여 甲회사와 乙회사 사이에 토지 및 건물에 대한 매매계약이 체결되고 그 회사 명의로 소유권이전 등기가 경료된 경우)를 한 경우에도 자기거래가 된다(대법원 1996.5.28.선고 95다12101·12118판결).

【판례】 대법원 1984.12.11.선고 84다카1591판결(간접거래의 쌍방대표 형태에 관한 판례)

상법 제398조에서 말하는 거래에는 이사와 회사 사이에 직접 성립하는 이해상반하는 행위뿐만 아니라 이

1) 【학설】 어음행위의 포함 여부에 관한 학설
① 포함부정설: 어음행위는 거래의 수단인 행위일 뿐이지 이해의 충돌을 초래하는 행위가 아니므로 자기거래의 제한의 범위에서 제외된다는 견해이다.
② 포함긍정설: 어음행위로 인하여 원인관계와 별개의 새로운 채무를 부담하게 된 때에는 어음행위도 제한을 받는 거래에 포함된다는 견해이다(다수설·판례).

사가 회사를 대표하여 자기를 위하여 자기 개인채무의 채권자인 제3자와의 사이에 자기 개인채무의 연대보증을 하는 것과 같은 이사 개인에게 이익이 되고 회사에 불이익을 주는 행위도 포함하는 것이라 할 것이므로 별개 두 회사의 대표이사를 겸하고 있는 자가 어느 일방 회사의 채무에 관하여 나머지 회사를 대표하여 연대보증을 한 경우에도 역시 상법 제398조의 규정이 적용되는 것으로 보아야 한다.

(4) 적용의 제외: 형식상은 이사와 회사 간의 거래라도 실질상의 이해충돌을 가져올 염려가 없는 거래(예 회사에 대하여 개인적인 채권을 가지고 있는 대표이사가 회사를 위하여 보관하고 있는 회사 소유의 금전으로 자신의 채권의 변제에 충당하는 행위) 또는 행위의 성질상 회사에 불이익이 생길 염려가 없는 거래, 즉 회사에 대한 무이자 · 무담보의 자금대여(대법원 2010.1.14.선고 2009다55808판결), 회사채무의 보증, 회사의 명의로 해 두었던 명의신탁의 해지, 회사가 부담 없이 무상증여를 받는 계약, 상계, 채무의 이행, 보통거래약관에 의한 거래 등과 같은 거래는 자기거래에 포함되지 않는다.

【판례】 대법원 2013.9.12.선고 2011다57869판결

구 상법(2011.4.14. 법률 제10600호로 개정되기 전의 것, 이하 '구 상법'이라 한다) 제398조가 적용되기 위하여는 이사 또는 제3자의 거래상대방이 이사가 직무수행에 관하여 선량한 관리자의 주의의무 또는 충실의무를 부담하는 당해 회사이어야 한다. 한편 자회사가 모회사의 이사와 거래를 한 경우에는 설령 모회사가 자회사의 주식 전부를 소유하고 있더라도 모회사와 자회사는 상법상 별개의 법인격을 가진 회사이고, 그 거래로 인한 불이익이 있더라도 그것은 자회사에 돌아갈 뿐 모회사는 간접적인 영향을 받는 데 지나지 아니하므로, 자회사의 거래를 곧바로 모회사의 거래와 동일하게 볼 수는 없다. 따라서 모회사의 이사와 자회사의 거래는 모회사와의 관계에서 구 상법 제398조가 규율하는 거래에 해당하지 아니하고, 모회사의 이사는 그 거래에 관하여 모회사 이사회의 승인을 받아야 하는 것이 아니다.

4) 이사회의 승인

(1) 승인기관: 자기거래의 승인은 이사회의 결의에 의하여야 하지만, 이 때의 승인은 이사 3분의 2 이상의 수로써 하여야 한다(제398조). 그런데, 이사가 1인 또는 2인인 회사의 경우는 주주총회의 결의에 의한다(제383조 제4항). 그리고, 총주주의 사전동의가 있더라도 회사채권자의 이익을 고려하여 이사회의 승인이 있어야 한다는 견해가 있으나 이사회의 승인이 없더라도 유효하다고 본다. 판례(대법원 1992.3.31.선고 91다16310판결; 대법원 2002.7.12.선고 2002다20544판결; 대법원 2017.8.18.선고 2015다5569판결)도 「회사의 이사에 대한 채무부담 행위가 상법 제398조 소정의 이사의 자기거래에 해당하여 이사회의 승인을 요한다고 할지라도 위 규정의 취지가 회사 및 주주에게 예기치 못한 손해를 끼치는 것을 방지함에 있다고 할 것이므로 그 채무부담행위에 대하여 사전에 주주 전원의 동의가 있었다면 회사는 이사회의 승인이 없었음을 이유로 그 책임을 회피할 수 없다」고 한다.

【판례】 대법원 2020.7.9.선고 2019다205398판결

상법 제398조는 이사 등이 그 지위를 이용하여 회사와 거래를 함으로써 자기 또는 제3자의 이익을 도모하고 회사와 주주에게 예기치 못한 손해를 끼치는 것을 방지하기 위한 것으로, 이사와 지배주주 등의 사익추구에 대한 통제력을 강화하고자 적용대상을 이사 외의 주요주주 등에게까지 확대하고 이사회 승인을 위한 결의요건도 가중하여 정하였다. 다만 상법 제383조에서 2인 이하의 이사만을 둔 소규모회사의 경우 이사회의 승인을 주주총회의 승인으로 대신하도록 하였다. 이 규정을 해석·적용하는 과정에서 이사 등의 자기거래를 제한하려는 입법 취지가 몰각되지 않도록 해야 한다.
일반적으로 주식회사에서 주주총회의 의결정족수를 충족하는 주식을 가진 주주들이 동의하거나 승인하였다는 사정만으로 주주총회에서 그러한 내용의 주주총회 결의가 있는 것과 마찬가지라고 볼 수 없다. 따라서 자본금 총액이 10억원 미만으로 이사가 1명 또는 2명인 회사의 이사가 자기 또는 제3자의 계산으로 회사와 거래를 하기 전에 주주총회에서 해당 거래에 관한 중요사실을 밝히고 주주총회의 승인을 받지 않았다면, 특별한 사정이 없는 한 그 거래는 무효라고 보아야 한다.

자기거래의 승인에 대해 정관으로 주주총회 결의사항으로 할 수 있는가에 대하여 이사의 자기거래에 대해 주주총회에서 부당하게 승인결의가 된 경우 책임추궁이 불가능하므로 정관으로 주주총회 결의사항으로 하는 것은 인정되지 않는다는 견해가 있으나 정관으로 주주총회의 결의사항으로 할 수 있다고 본다.

(2) 승인시기: 이사회의 승인은 '사전'에 하여야 한다. 사전에 승인을 얻지 않은 자기거래에 대해 사후승인(추인)이 인정되는가에 대해서는 견해의 대립이 있었으나, 상법 제398조에서 명문으로 「미리」 이사회의 승인을 얻도록 정함에 따라 입법적으로 해결되었다.

판례(대법원 2023.6.29.선고 2021다291712판결)도 「사전에 이사회의 승인을 받지 않았다면 특별한 사정이 없는 한 그 거래는 무효라고 보아야하고, 사후에 그 거래행위에 대하여 이사회 승인을 받았다고 하더라도 특별한 사정이 없는 한 무효인 거래행위가 유효로 되는 것은 아니다」고 하고 있다.

(3) 승인절차: 이사 등이 회사와의 거래에 관하여 이사회 승인을 받기 위하여는 이사회에서 해당 거래에 관한 중요한 사실을 밝혀야 한다. 만일 중요한 사실을 밝히지 아니한 채 그 거래가 이익상반거래로서 공정한 것인지에 관한 심의가 이루어진 것이 아니라 통상의 거래로서 이를 허용하는 이사회의 결의가 이루어진 것에 불과한 경우 등에는 상법 제398조가 정하는 이사회의 승인이 있다고 할 수 없다(대법원 2007.5.10.선고 2005다4248판결; 대법원 2023.6.29.선고 2021다291792판결). 그러므로 이사는 이사회의 승인결의 전에 이사회에서 그 거래에 관한 자기의 이해관계 및 그 거래에 관한 중요한 사실을 개시하여야 할 의무가 있다(대법원 2017.9.12.선고 2015다70044판결)고 본다.

(4) 승인방법: 이사회의 승인은 개개의 거래에 대하여 이루어져야 하고, 포괄적인 승인은 허용되지 않는다(통설). 다만, 반복적으로 이루어지는 동종·동일형태의 거래에 관해서는 기간·한도 등을 합리적인 범위로 정하여 포괄적으로 승인하는 것도 무방하다. 승인방법은 이사회의 회의의 방법에 의하는 것뿐만 아니라 회의 없이 나머지 이사들의 합의가 있으면 된다고 본다(대법원 1967.3.21.선고 66다2436판결).

(5) 이사회의 승인과 이사의 책임: 이사회의 승인을 얻어 하는 거래의 내용과 절차는 공정하여야 한다(제398조). 이사회의 승인을 얻어 거래한 결과 거래의 내용과 절차가 불공정하여

그 거래이사가 회사에 손해를 가했을 때에는 그 이사는 회사에 대해 손해배상책임을 지며(제399조 제1항; 대법원 1989.1.31.선고 87누760판결), 이사회에서 승인결의에 찬성한 이사도 연대하여 책임을 진다(제399조 제2항). 다만, 이사 이외의 자기거래금지의 주체가 되는 자들의 불공정거래에 대한 책임규정이 없다는 점에 문제가 있다.

5) 위반거래의 효과

(1) 대내적 효과: 이사 등이 이사회의 승인 없이 자기거래를 한 경우에 그 효력에 대해서는 학설이 대립하고 있으나,[1] 회사의 이익보호를 위해 무효가 된다고 본다(동지: 대법원 1973.10.31. 선고 73다954판결). 이사회의 승인을 받지 않고 이사가 회사와 자기거래를 한 경우 그 이사는 회사에 대하여 손해배상책임을 진다(제399조). 이러한 손해배상책임은 상법 제400조 제1항에 따라 총주주의 동의로 면제될 수 있으나(제398조를 강행규정으로 보면 총주주의 동의로 면제할 수 없다는 견해도 있다; 정찬형, 「상법강의(상)」, 제17판, 989면), 정관의 규정에 의한 책임감면은 인정되지 않는다(제400조 제2항).

한편, 이사 등의 자기거래금지의무의 위반에 따른 무효주장은 회사만이 할 수 있고, 특별한 사정이 없는 한 거래의 상대방인 이사는 무효를 주장할 수 없다(대법원 2012.12.27.선고 2011다67651판결).

(2) 제3자에 대한 효과: 이사회의 승인 없는 자기거래행위와 관련되는 제3자에 대한 효과에 대하여 판례는 상대적 무효설을 취하고 있다. 즉, 자기거래는 회사와 이사 등 간에는 무효이나, 자기거래에 관련되는 선의(악의 또는 중과실이 없어야 한다)의 제3자(이사의 자기거래 중 간접거래의 경우 드는 이사회 승인 없는 자기거래에 의해 이사가 취득한 권리를 제3자가 전득하는 경우)와의 사이에서는 유효하다고 본다. 그리고 제3자의 선의에 관련되는 입증책임(즉, 제3자가 악의임을 입증하는 책임)은 회사가 부담한다(다수설; 대법원 1973.10.31. 선고 73다954판결).

【판례】 대법원 2004.3.25.선고 2003다64688판결(제3자의 악의 또는 중대한 과실을 인정하여 대표이사의 자기거래행위를 무효로 본 판례)[동지: 대법원 2014.6.26.선고 2012다73530판결]

회사의 대표이사가 이사회의 승인 없이 한, 이른바 자기거래행위는 회사와 이사 간에서는 무효이지만, 회사가 위 거래가 이사회의 승인을 얻지 못하여 무효라는 것을 제3자에 대하여 주장하기 위해서는 거래의 안전과 선의의 제3자를 보호할 필요상 이사회의 승인을 얻지 못하였다는 것 외에 제3자가 이사회의 승인 없음을 알았다는 사실을 입증하여야 할 것이고, 비록 제3자가 선의였다 하더라도 이를 알지 못한 데 중대한 과실이 있음을 입증한 경우에는 악의의 경우와 마찬가지라고 할 것이며, 이 경우 중대한 과실이라 함은 제3자가 조금만 주의를 기울였더라면 그 거래가 이사와 회사 간의 거래로서 이사회의 승인이 필요하다는 점과 이사회의 승인을 얻지 못하였다는 사정을 알 수 있었음에도 불구하고, 만연히 이사회의 승인을 얻은 것으로 믿는 등 거래통념상 요구는 주의의무에 현저히 위반하는 것으로서 공평의 관점에서 제3자를 구태여 보호할 필요가 없다고 봄이 상당하다고 인정되는 상태를 말한다.

---

1) 【학설】 자기거래금지의무 위반(이사회 승인 없는) 거래의 효력에 관한 학설
① 유효설: 상법 제398조는 효력규정이 아니고 업무집행의 결정방법을 정한 명령적 규정이라고 해석하여 이에 위반한 거래도 유효하고, 다만 이사의 대내적 책임문제만 생긴다고 하는 견해이다. 이 견해에 의하면 회사의 이익은 이사에게 손해배상책임을 물음으로써 보호된다고 한다.
② 무효설: 회사의 이익보호에 역점을 두어 이사회의 승인 없는 자기거래는 무효라는 견해이다.

5. 보고의무

1) 각 기관에 대한 보고

(1) 이사회에 대한 보고의무: 업무집행이사는 3월에 1회 이상 업무의 집행상황을 이사회에 보고하여야 할 의무를 부담한다(제393조 제4항). 보고방법은 구두에 의하든 서면에 의하든 관계없다.

(2) 감사 또는 감사위원회에 대한 보고의무: 이사는 회사에 현저하게 손해를 미칠 염려가 있는 사실을 발견한 때에는 이를 즉시 감사 또는 감사위원회에 보고하여 이에 대한 감사 또는 감사위원회의 감사(監査)를 촉구함으로써 회사의 손해를 가급적 미연에 방지하도록 하여야 한다(제412조의2 참조). 보고방법에는 제한이 없으며, 수인의 감사 또는 감사위원이 있는 경우 그 중 1인에게 보고하면 충분하다.

(3) 주주총회에 대한 보고의무

① 상법 제467조 제1항 및 제2항에 따라 법원이 선임한 검사인이 회사의 업무와 재산상태를 조사하여 법원에 보고하고, 이에 대해 법원이 필요하다고 인정하여 대표이사에게 주주총회의 소집을 명할 때에는 이사는 검사인의 보고서를 조사하여 주주총회에서 보고하여야 한다(제467조 제3항).

② 이사는 정기주주총회에 재무제표와 영업보고서를 작성하여 제출하고, 재무제표는 주주총회의 승인을 얻어야 하며(제449조 제1항), 영업보고서는 주주총회에 그 내용을 보고하여야 한다(제449조 제2항).

2) 보고의무위반의 효과

이사가 이러한 보고의무를 위반한 때에는 그로 인하여 생긴 회사의 손해를 배상할 책임을 면하지 못한다(제399조 제1항).

6. 기업비밀준수의무

이사들은 회사의 최고경영자들로서 항상 기업비밀에 접근할 수 있고, 때로는 기업비밀을 창출하기도 한다. 그러므로 이사가 회사의 일반재산을 관리함에 있어 지켜야 할 선관의무의 일부로서 기업비밀을 관리할 의무를 인정할 수 있다. 이에 우리 상법 제382조의4는 「이사는 재임 중뿐만 아니라 퇴임 후에도 직무상 알게 된 회사의 영업상 비밀을 누설하여서는 아니 된다」고 규정하고 있다. 따라서 이사는 기업비밀을 지킬 의무와 기업비밀을 개인적 이익을 위해 사용하지 않을 의무를 진다. 여기서 '기업비밀'이란 기업조직 또는 사업에 관한 공지(公知)되지 아니한 정보로서 당해 기업이 배타적으로 관리할 수 있고, 그 기업 또는 제3자가 경제적 가치를 가지고 이용할 수 있는 것을 의미한다. 기업비밀유지의무는 회사에 존재하는 적법한 권리·사실관계에 대해서만 발생한다.

7. 감시의무

1) 의무의 내용

이사의 감시의무는 실정법상의 개념은 아니지만, 이사의 선관의무에 따른 각종 구체적인 의무의 하나로서 이사들은 상호 다른 이사의 업무집행을 감시할 권한과 의무가 있다(통설·판례).

보충판례 이사의 감시의무의 구체적인 내용은 회사의 규모나 조직, 업종, 법령의 규제, 영업상황과 재무상태에 따라 크게 달라질 수 있다. 고도로 분업화되고 전문화된 대규모 회사에서 대표이사와 업무담당이사가 내부적인 사무분장에 따라 각자의 전문 분야를 전담하여 처리하는 것이 불가피한 경우라고 할지라도 그러한 사정만으로 다른 대표이사나 이사들의 업무집행에 관한 감시의무를 면할 수 없다. 그러한 경우 합리적인 정보·보고시스템과 내부통제시스템(이하 '내부통제시스템'이라 한다)을 구축하고 그것이 제대로 작동하도록 노력을 다해야 한다. 이러한 내부통제시스템은 회사가 사업운영상 준수해야 하는 제반 법규를 체계적으로 파악하여 그 준수 여부를 관리하고, 위반사실을 발견한 경우 즉시 신고 또는 보고하여 시정조치를 강구할 수 있는 형태로 구현되어야 한다(대법원 2022.7.28.선고 2019다202146판결).

【판례】 대법원 2022.7.28.선고 2019다202146판결

이사는 다른 업무담당이사가 법령을 준수하여 업무를 수행하도록 감시·감독할 의무를 진다. 특히 대표이사는 회사의 영업에 관하여 재판상 또는 재판 외의 모든 행위를 할 권한이 있으므로(상법 제389조 제3항, 제209조 제1항), 모든 직원의 직무집행을 감시할 의무를 부담함은 물론, 이사회의 구성원으로서 다른 대표이사를 비롯한 업무담당이사의 전반적인 업무집행을 감시할 권한과 책임이 있다. 다라서 <u>대표이사는 다른 대표이사나 업무담당이사의 업무집행으로 작성된 재무제표의 중요사항에 허위기재 등을 의심할 만한 사유가 있는데도 적절한 조치를 취하지 않고 방치해서는 안 된다</u>.

2) 감시의무의 부담자

(1) 업무담당이사나 대표이사: 업무담당이사는 대표이사의 감시업무와 같은 맥락에서 다른 이사의 직무집행에 대해 감시의무를 진다(대법원 2004.12.10. 판결; 대법원 2007.12.13. 선고 2002다60467 선고 2007다60080판결). 대표이사는 다른 이사의 직무집행을 감시할 의무가 있고(대법원 2022.7.28.선고 2019다202146판결), 공동대표이사의 경우 각 대표이사는 다른 대표이사의 직무집행을 상호 감시하여야 할 의무가 있다.

보충판례 ① 회사 업무의 전반을 총괄하여 다른 이사의 업무집행을 감시·감독해야 할 지위에 있는 대표이사는 회계부정이나 오류를 사전적으로 예방하고 사후적으로 적발·시정할 수 있는 내부통제시스템을 구축하고 그것이 제대로 작동하도록 노력을 다해야 한다. 만일 대표이사가 이러한 노력을 전혀 하지 않거나 위와 같은 시스템을 통한 감시·감독의무의 이행을 의도적으로 외면한 결과 다른 이사 등의 회계업무에 관한 위법한 업무집행을 방지하지 못하였다면, 대표이사로서 감시의무를 게을리하였다고 볼 수 있다.(대법원 2022.7.28.선고 2019다202146판결).

② 합리적인 정보 및 보고시스템과 내부통제시스템(이하 '내부통제시스템'이라고 한다)을 구축하고 그것이 제대로 작동되도록 하기 위한 노력을 전혀 하지 않거나 위와 같은 시스템이 구축되었다 하더라도 회사 업무 전반에 대한 감시·감독의무를 이행하는 것을 의도적으로 외면한 결과 다른 이사의 위법하거나 부적절한 업무집행 등 이사들의 주의를 요하는 위험이나 문제점을 알지 못하였다면, 이사의 감시의무 위반으로 인한 손해배상책임을 진다. 이러한 내부통제시스템은 비단 회계의 부정을 방지하기 위한 회계관리제도에 국한되는 것이 아니라, 회사가 사업운영상 준수해야 하는 제반 법규를 체계적으로 파악하여 그 준수 여부를 관리하고, 위반사실을 발견한 경우 즉시 신고 또는 보고하여 시정조치를 강구할 수 있는 형태로 구현되어야 한다. 특히 회사 업무의 전반을 총괄하여 다른 이사의 업무집행을 감시·감독하여야 할 지위에 있는 대표이사가 회사의 목적이나 규모, 영업의 성격 및 법령의 규제 등에 비추어 높은 법적 위험이 예상되는 경우임에도 이와 관련된 내부통제시스템을 구축하고 그것이 제대로 작동되도록 하기 위한 노력을 전혀 하지 않거나 위와 같은 시스템을 통한 감시·감독의무의 이행을 의도적으로 외면한 결과 다른 이사 등의 위법한 업무집행을 방지하지 못하였다면, 이는 대표이사로서 회사 업무 전반에 대한 감시의무를 게을리한 것이라고 할 수 있다(대법원 2021.11.11.선고 2017다222368판결).

【판례】 대법원 2023.3.30.선고 2019다280481판결

이사는 대표이사나 다른 이사가 선량한 관리자의 주의로써 직무를 수행하는지, 법령과 정관의 규정에 따라 회사를 위하여 직무를 충실하게 수행하는지를 감시·감독하여야 할 의무를 부담한다. 특정 이사가 대표이사나 다른 이사의 업무집행으로 인해 이익을 얻게 될 가능성이 있는 경우에도 그 이사는 이러한 감시·감독의무를 부담한다. 따라서 이사가 대표이사나 다른 이사의 업무집행이 위법하거나 이들이 선관주의의무나 충실의무를 위반하였다고 의심할 만한 사유가 있음에도 고의 또는 과실로 감시의무를 위반하여 이를 방치한 때에는 이로 말미암아 회사가 입은 손해에 대하여 상법 제399조 제1항에 따른 배상책임을 진다.

(2) 업무집행권이 없는 이사: 업무집행권이 없는 평이사에게도 감시의무가 인정되는가에 대해서는 학설의 대립이 있다.[1] 판례는 평이사의 감사의무를 인정하고 있다.

보충판례 회사의 업무집행을 담당하지 않는 사외이사 등은 내부통제시스템이 전혀 구축되어 있지 않는데도 내부통제시스템 구축을 촉구하는 등의 노력을 하지 않거나 내부통제시스템이 구축되어 있더라도 제대로 운영되지 않는다고 의심할 만한 사유가 있는데도 이를 외면하고 방치하는 등의 경우에 감시의무 위반으로 인정될 수 있다(대법원 2022.5.12.선고 2021다279347판결).

1) 【학설】 업무담당권이 없는 평이사의 감시의무 인정 여부에 관한 학설
① 부정설: 이사의 직무집행에 대한 감독 및 이사의 의무위반에 대한 책임에 관한 상법의 규정을 엄격히 해석하여 평이사에게는 감시의무가 없다고 하는 견해이다.
② 긍정설: 이사는 회사에 대하여 개인적으로 선관의무 및 충실의무를 부담하고 이사의 직무집행에 대한 이사회의 감독기능의 효율성을 높인다는 점에서 평이사의 감시의무를 인정하는 견해이다(판례). 긍정설의 경우 평이사가 어느 정도까지 감시활동을 하여야 하는가에 대해서는 평이사는 업무담당이사와는 달리 회사의 경영 전반에 관해 적극적으로 부단의 주의를 기울여야 할 임무까지는 부담하지 않는다는 견해(소극설), 평이사가 타 이사의 직무위반을 알게 된 경우뿐만 아니라 회사의 업무집행상황을 파악하고 회사의 업무집행이 위법 또는 부당하게 이루어질 위험이 있는 경우 이를 시정할 조치를 할 의무를 부담한다는 견해(적극설), 평이사가 업무담당이사의 부정을 의심할 만한 사유가 있고 이를 알 수 있었음에도 불구하고 방치한 때에는 감시의무를 위반한 것이라는 견해(절충설·판례)가 있다.

【판례】 대법원 2019.11.28.선고 2017다244115판결

주식회사의 이사는 선량한 관리자의 주의로써 대표이사 및 다른 이사들의 업무집행을 전반적으로 감시할 권한과 책임이 있고, 주식회사의 이사회는 중요한 자산의 처분 및 양도, 대규모 재산의 차입 등 회사의 업무집행사항에 관한 일체의 결정권을 갖는 한편, 이사의 직무집행을 감독할 권한이 있다. 따라서 이사는 이사회의 일원으로서 이사회에 상정된 안건에 관해 찬부의 의사표시를 하는 데 그치지 않고, 이사회 참석 및 이사회에서의 의결권 행사를 통해 대표이사 및 다른 이사들의 업무집행을 감시·감독할 의무가 있다. 이러한 의무는 사외이사라거나 비상근이사라고 하여 달리 볼 것이 아니다.

3) 감시의무 위반의 효과

감시의무를 위반한 이사는 회사에 대하여 손해배상책임을 지며(제399조 제1항), 그의 또는 중과실이 있는 경우에는 제3자에 대하여도 손해배상책임을 진다(제401조 제1항).

【판례】 대법원 2022.5.12.선고 2021다279347판결

이사가 고의 또는 과실로 법령 또는 정관에 위반한 행위를 하거나 그 임무를 게을리한 경우에는 그 이사는 회사에 대하여 연대하여 손해를 배상할 책임이 있다(상법 제399조 제1항). 주식회사의 이사는 담당업무는 물론 대표이사나 업무담당이사의 업무집행을 감시할 의무가 있으므로 스스로 법령을 준수해야 할 뿐 아니라 대표이사나 다른 업무담당이사도 법령을 준수하여 업무를 수행하도록 감시·감독하여야 할 의무를 부담한다. 이러한 감시·감독 의무는 사외이사 등 회사의 상무에 종사하지 않는 이사라고 하여 달리 볼 것이 아니다. 따라서 주식회사의 이사가 대표이사나 업무담당이사의 업무집행이 위법하다고 의심할 만한 사유가 있음에도 고의 또는 과실로 인하여 감시의무를 위반하여 이를 방치한 때에는 이로 말미암아 회사가 입은 손해에 대하여 상법 제399조 제1항에 따른 배상책임을 진다.

V. 이사의 책임

1. 이사의 회사에 대한 책임

1) 손해배상책임

(1) 의의 및 법적 성질: 이사가 고의 또는 과실로 법령 또는 정관에 위반한 행위를 하거나 그 임무를 해태한 때에는 회사에 대하여 연대하여 손해를 배상할 책임을 진다(제399조 제1항). 이사의 회사에 대한 손해배상책임의 법적 성질에 대해서는 학설의 대립이 있으나,[1] 판례는 위임관계로 인한 채무불이행책임으로 본다(대법원 2021.5.7.선고 2018다275888판결).

---

1) 【학설】 상법상 이사의 책임규정의 성질에 관한 학설
상법이 이사의 책임을 규정한 것은 위임계약의 불이행으로 인한 채무불이행책임이라는 견해(통설·판례)와, 이사의 지위의 특수성을 감안하여 민법상의 채무불이행책임이나 불법행위책임과 다른 특수한 책임을 인정한 것이라는 견해가 있다.

【판례】 대법원 2021.5.7.선고 2018다275888판결

채무이행의 기한이 없는 경우 채무자는 이행청구를 받은 때부터 지체책임이 있다(민법 제387조 제2항). 채무불이행으로 인한 손해배상채무는 특별한 사정이 없는 한 이행 기한의 정함이 없는 채무이므로 채무자는 채권자로부터 이행청구를 받은 때부터 지체책임을 진다(대법원 2017.5.31.선고 2015다22496판결 참조).
상법 제399조 제1항에 따라 주식회사 이사가 회사에 대한 임무를 게을리 하여 발생한 손해배상책임은 위임관계로 인한 채무불이행책임이다(대법원 1985.6.25.선고 84다카1954판결, 대법원 2008.12.11.선고 2005다51471판결 참조). 따라서 주식회사의 이사가 회사에 대하여 위 조항에 따라 손해배상채무를 부담하는 경우 특별한 사정이 없는 한 이행청구를 받은 때부터 지체책임을 진다.

이사는 자기의 고의·과실에 대해서는 책임을 지지만, 기타 이행보조자의 행위에 대하여 그 감독에 과실이 있는 경우가 아니면 책임을 지지 않는다.

(2) 책임의 원인

① 법령 또는 정관의 위반: 법령 또는 정관에 위반한 행위는 이사가 단독으로 법령 또는 정관에 위반한 행위(예 이사회의 승인 없이 경업을 하거나 자기거래를 한 경우, 이사가 회사의 자금으로 뇌물을 공여한 경우, 주식소각과정에서 법령을 위반하여 회사에 손해를 끼친 사실이 인정될 때 등), 이사들이 이사회에서 법령 또는 정관에 위반한 결의를 한 경우(예 당기순손실을 배당가능이익이 없음에도 분식회계로 배당금이 지급된 경우, 위법한 신주발행을 결의한 경우, 법정한도를 넘는 사채발행을 결의한 경우 등), 대표이사가 법령 또는 정관에 위반하여 업무집행 또는 대표행위를 한 경우(예 자기주식을 취득하거나 주주의 출자의무의 상계를 허용하는 것, 정관상의 제한을 위반하여 업무집행을 한 경우, 공동대표가 단독으로 대표하는 것, 대표권을 남용한 경우, 주주총회결의 없이 영업양도를 한 경우 등)의 세 가지 형태로 나누어질 수 있다.

【판례】 대법원 2021.7.15.선고 2018다298744판결

이사가 고의 또는 과실로 법령 또는 정관에 위반한 행위를 하거나 그 임무를 게을리한 경우에는 그 이사는 회사에 대하여 연대하여 손해를 배상할 책임이 있다(상법 제399조 제1항). 이사가 임무를 수행함에 있어서 법령을 위반한 행위를 한 때에는 그 행위 자체가 회사에 대하여 채무불이행에 해당하므로, 그로 인하여 회사에 손해가 발생한 이상 특별한 사정이 없는 한 손해배상책임을 면할 수 없다.
자본금 감소를 위한 주식소각 절차에 하자가 있다면, 주주 등은 자본금 감소로 인한 변경등기가 된 날부터 6개월 내에 소로써만 무효를 주장할 수 있다(상법 제445조). 그러나 이사가 주식소각 과정에서 법령을 위반하여 회사에 손해를 끼친 사실이 인정될 때에는 감자무효의 판결이 확정되었는지 여부와 관계없이 상법 제399조 제1항에 따라 회사에 대하여 손해배상책임을 부담한다.

② 임무해태: 임무해태란 이사가 직무수행과 관련하여 선량한 관리자로서의 주의의무를 게을리함으로써 회사에 손해를 가하거나 손해를 방지하지 못한 경우를 뜻한다. 예를 들어, 이사가 이사회의 승인을 얻고 거래하였으나 거래가 불공정하여 회사에 손해가 생겼다면 법령이나 정관에 위반한 것은 아니지만 임무해태에는 해당된다. 평이사가 업무담당이사의 위법행위에 대해 감시의무를 위반한 경우(대법원 1985.6.25.선고 84다카1954판결), 주식회사의 이사 내지 대표이사가 개인적으로 지급의무를 부담하여야 할 사저근무자들의 급여를 회사의 자금으로 지급하도록 한 경우(대법원 2007.10.11.선고 2007다34749판결), 주식회사의 대표이사가 이사회 결의 등 적법한 절차를 거치지 않고

제3자의 회사에 대한 채무를 면제한 경우(대법원 2012.7.12.선고 2012다20475판결) 등도 임무해태에 해당한다.

【판례】 대법원 2021.11.11.선고 2017다222368판결

이사가 고의 또는 과실로 법령 또는 정관에 위반한 행위를 하거나 그 임무를 게을리한 경우에는 그 이사는 회사에 대하여 연대하여 손해를 배상할 책임이 있다(상법 제399조 제1항). 주식회사의 이사는 담당업무는 물론 다른 업무담당이사의 업무집행을 감시할 의무가 있으므로 스스로 법령을 준수해야 할 뿐 아니라 다른 업무담당이사들도 법령을 준수하여 업무를 수행하도록 감시·감독하여야 할 의무를 부담한다. 특히 대표이사는 회사의 영업에 관하여 재판상 또는 재판 외의 모든 행위를 할 권한이 있으므로(상법 제389조 제3항, 제209조 제1항), 모든 직원의 직무집행을 감시할 의무를 부담함은 물론, 이사회의 구성원으로서 다른 대표이사를 비롯한 업무담당이사의 전반적인 업무집행을 감시할 권한과 책임이 있다. 따라서 다른 대표이사나 업무담당이사의 업무집행이 위법하다고 의심할 만한 사유가 있음에도 고의 또는 과실로 인하여 감시의무를 위반하여 이를 방치한 때에는 이로 말미암아 회사가 입은 손해에 대하여 상법 제399조 제1항에 따른 배상책임을 진다.

한편, 이사의 임무해태에 따른 손해배상책임의 경우 임무해태에 대한 입증책임(임무해태의 사실, 회사의 손해, 임무해태와 손해의 인과관계)과 관련하여는 학설의 대립이 있으나,[1] 손해배상책임을 면하고자 하는 이사 등이 이를 증명해야 한다(대법원 2022.7.28.선고 2019다202146판결).

(3) 공동행위자의 책임형태: 고의 또는 과실에 의한 법령 또는 정관에 위반한 행위 또는 임무해태가 수인의 이사에 의하여 이루어진 경우에는 연대책임을 지며(제399조 제1항), 감사도 책임질 경우에는 이사와 연대책임을 진다(제414조 제3항). 이들의 연대책임은 부진정연대책임이다.

(4) 찬성이사의 책임: 고의 또는 과실에 의한 법령 또는 정관에 위반한 행위 또는 임무해태가 이사회의 결의에 의한 것인 때에는 그 결의에 찬성한 이사도 연대하여 책임을 진다(제399조 제2항). 이는 임무해태로 인하여 감시의무를 게을리하여 그 결의에 찬성한 것이라 할 것이다(대법원 2007.5.31.선고 2005다56995판결).

【판례】 대법원 2019.5.16.선고 2016다260455판결

주식회사 이사들이 이사회에서 회사의 주주 중 1인에 대한 기부행위를 결의하면서 기부금의 성격, 기부행위가 회사의 설립 목적과 공익에 미치는 영향, 회사 재정상황에 비추어 본 기부금 액수의 상당성, 회사와 기부상대방의 관계 등에 관해 합리적인 정보를 바탕으로 충분한 검토를 거치지 않았다면, 이사들이 결의에 찬성한 행위는 이사의 선량한 관리자로서의 주의의무에 위배되는 행위에 해당한다.

이사회의 결의에 참가한 이사로서 이의를 한 기재가 의사록에 없는 자는 그 결의에 찬성한 것으로 추정한다(제399조 제3항). 상법 제399조 제3항은 같은 조 제2항을 전제로 하면서, 이사의

---

1) 【학설】 임무해태에 대한 입증책임에 관한 학설
임무해태에 대한 입증책임은 일반원칙에 따라 이사의 책임을 주장하는 자에게 있다는 견해(다수설)와, 이사가 과실이 없음을 주장하지 못하는 한 그 책임을 면하지 못한다는 견해(판례)가 있다.

책임을 추궁하는 자로서는 어떤 이사가 이사회 결의에 찬성하였는지를 알기 어려워 증명이 곤란한 경우가 있음을 고려하여 증명책임을 이사에게 전가하는 규정이다. 그렇다면 이사가 이사회에 출석하여 결의에 기권하였다고 의사록에 기재된 경우에 그 이사는 "이의를 한 기재가 의사록에 없는 자"라고 볼 수 없으므로, 상법 제399조 제3항에 따라 이사회 결의에 찬성한 것으로 추정할 수 없고, 따라서 같은 조 제2항의 책임을 부담하지 않는다고 보아야 한다(대법원 2019.5.16.선고 2016다260455판결).

(5) 책임의 범위 및 제한

① 책임의 범위: 이사는 손해배상의 일반원칙에 따라 법령 또는 정관의 위반이나 임무해태와 상당인과관계가 있는 손해에 한하여 책임을 진다(대법원 2007.7.26.선고 2006다33609판결; 대법원 2018.10.25.선고 2016다16191판결). 이때 상당인과관계의 유무는 결과발생의 개연성, 위배된 법의 입법목적, 법령위배행위의 모습 및 피침해이익의 성질 등을 종합적으로 고려하여 판단하여야 한다(대법원 2018.10.25.선고 2016다16191판결).

② 책임의 제한: 이사의 손해배상의 범위를 정함에 있어서는 당해 사업의 내용과 성격, 당해 이사의 임무위반의 경위 및 임무위반행위의 태양, 회사의 손해 발생 및 확대에 관여된 객관적 사정이나 그 정도, 평소 이사의 회사에 대한 공헌도, 업무위반행위로 인한 당해 이사의 이득 유무, 회사의 조직체계의 흠결 유무나 위험관리 체제의 구축 여부 등 제반 사정을 참작하여 손해분담의 공평이라는 손해배상제도의 이념에 비추어 그 손해배상액을 제한할 수 있다(대법원 2004.12.10.선고 2002다60467·60464(병합)판결; 대법원 2005.10.28.선고 2003다69638판결; 대법원 2018.10.25.선고 2016다16191판결; 대법원 2019.5.16.선고 2016다260455판결; 대법원 2025.6.12.선고 2021다256696, 256702판결). 이때에 손해배상액 제한의 참작 사유에 관한 사실인정이나 그 제한의 비율을 정하는 것은 그것이 형평의 원칙에 비추어 현저히 불합리한 것이 아닌 한 사실심의 전권사항이다(대법원 2022.5.12.선고 2021다279347판결). 그리고 이사가 회사의 업무를 집행하면서 고의·과실로 법령을 위반한 경우에 설령 그 법령위반행위로 인하여 회사에 어떠한 이득이 발생하였다 하더라도, 이러한 이득을 손익상계의 대상으로 삼는 것을 허용될 수 없다(대법원 2025.6.12.선고 2021다256696, 256702판결).

(6) 경영판단의 원칙

① 의 의: 경영판단의 원칙이란 「이사 또는 임원이 성실하게 그리고 자신의 독자적이고 합리적인 판단에 의해 회사에 최선의 이익이라고 생각되는 방법으로 임무를 수행했다면, 비록 회사에 손해가 있더라도 법원은 그 판단의 잘못을 탓할 수 없다」는 이론이다. 이러한 경영판단과정 자체에 과실이 없다면(신의성실에 따랐다면) 이사의 신상품 개발에 대한 투자, 금융기관 임원의 자금대출 등의 업무집행에 대해 임무 해태로 볼 수 없다(대법원 2002.6.14.선고 2001다52407판결 참조).

【판례】 대법원 2023.3.30.선고 2019다280481판결

이사는 법령 또는 정관에 정해진 목적 범위 내에서 회사의 경영에 관한 판단을 할 재량권을 가지고 있다. 기업의 경영은 장래의 불확실한 상황을 전제로 이루어지는 경우가 많으므로 거기에는 다소의 모험과 그에 따른 위험이 수반될 수밖에 없다. 따라서 이사가 법령에 위반됨이 없이 임무를 수행하는 과정에서 합리적으로 이용가능한 범위 내에서 필요한 정보를 충분히 수집·조사하고 검토하는 절차를 거친 다음, 이를 근거로 회사의 최대 이익에 부합한다고 합리적으로 신뢰하고 신의성실에 따라 경영상의 판단을 내렸고, 그 내용이 현저히 불합리하지 않은 것으로서 통상의 이사를 기준으로 할 때 합리적으로 선택할 수 있는 범위 안에 있는 것이라면, 비록 사후에 회사가 예상했던 이익을 얻지 못하고 손해를 입게 되는 결과가 발생하였다 하더라도 이사의 행위는 허용되는 경영판단의 재량 범위 내에 있는 것이어서 해당 회사에 대하여 손해배상책임을 부담한다고 할 수 없다. 이사가 임무를 수행하면서 검토할 사항은 거래를 하는 목적이나 동기, 거래의 종류와 내용, 상대방과의 관계, 소속 회사의 재무적 상황 등에 따라 달라지므로, 사안마다 개별적으로 판단되어야 한다. 또한 이사의 경영판단을 정당화할 수 있는 이익은 원칙적으로 회사가 실제로 얻을 가능성이 있는 구체적인 것이어야 하고, 일반적이거나 막연한 기대에 불과하여 회사가 부담하는 비용이나 위험에 상응하지 않는 것이어서는 아니 된다.

② 적용범위: 경영판단의 원칙은 성질상 임무해태에 국한하여 적용할 수 있고, 법령에 위반한 행위는 그 자체가 회사에 대한 채무불이행에 해당하므로 그로 인하여 회사에 손해가 발생한 이상 특별한 사정이 없는 한 손해배상책임을 면할 수 없기 때문에 원칙적으로 경영판단의 원칙이 적용될 수 없다(대법원 2005.10.28.선고 2003다69638판결; 대법원 2007.10.11.선고 2006다33333판결; 대법원 2008.4.10.선고 2004다68519판결).

【판례】 대법원 2021.5.7.선고 2018다275888판결

금융기관의 이사가 이러한 과정을 거쳐 임무를 수행한 것이 아니라 단순히 회사의 영업에 이익이 될 것이라고 기대하고 일방적으로 임무를 수행하여 회사에 손해를 입게 한 경우에는 필요한 정보를 충분히 수집·조사하고 검토하는 절차를 거친 다음 이를 근거로 회사의 최대 이익에 부합한다고 합리적으로 신뢰하고 신의성실의 원칙에 따라 경영상의 판단을 한 것이라고 볼 수 없으므로, 그와 같은 이사의 행위는 허용되는 경영판단의 재량범위에 있다고 할 수 없다.

2) 자본충실책임

이사는 신주발행의 경우에 설립시의 발기인의 책임과 같은 자본충실의 책임을 진다. 그 결과 신주의 발행으로 인한 변경등기가 있은 후에 아직 인수하지 아니한 주식이 있거나 주식인수의 청약이 취소된 주식이 있는 때에는 이사가 이를 공동으로 인수한 것으로 본다(제428조 제1항). 발기인의 자본충실의 책임과 달리 이사는 납입담보책임은 부담하지 않는다(신주발행의 경우에는 납입된 부분에 대서만 자본금의 변경등기를 하기 때문이다). 이사의 자본충실의 책임은 총주주의 동의로도 면제되지 않는다. 이러한 자본충실의 책임은 무과실책임이며, 회사채권자의 보호를 위하여 법정한 특별책임이다.

3) 책임의 추궁

이사의 회사에 대한 손해배상책임과 자본충실의 책임은 회사가 추궁하여야 하지만 발행주식총수의 100분의 1 이상의 주식을 가진 소수주주(상장회사는 발행주식총수의 1만분의 1 이상의 주식을 보유한 주주)도 대표소송에 의하여 이를 추궁할 수 있다(제403조).

4) 책임의 소멸

(1) 책임의 면제: 이사의 회사에 대한 손해배상책임은 총주주의 동의(여기서 주주에는 의결권 없는 주식을 가진 주주도 포함된다: 통설)가 없으면 면제하지 못한다(제400조 제1항). 총주주의 동의는 명시적 · 적극적으로 이루어질 필요는 없으며 묵시적 의사표시의 방법으로도 할 수 있다(대법원 2002.6.14.선고 2002다11441판결).

이사의 임무해태가 동시에 불법행위의 요건을 충족하는 경우에 있어서, 총주주의 동의로 이사의 책임을 면제하더라도 이는 상법상의 책임을 면제하는 것이고, 불법행위책임에 따른 손해배상책임까지 면제하는 것은 아니므로, 불법행위책임을 면제하려면 일반 채무면제의 절차를 밟아야 한다(대법원 1989.1.31.선고 87누760판결). 사실상의 1인 주주라 하더라도 이사의 회사에 대한 불법행위책임은 면제할 수 없다(대법원 1996.4.9.선고 95다56316판결).

(2) 책임의 감경: 회사는 정관에서 정하는 바에 따라 상법 제399조에 따른 이사의 회사에 대한 손해배상책임을 이사가 불법행위를 한 날 이전 최근 1년간의 보수액(상여금, 주식매수선택권의 행사로 인한 이익 등 포함)의 6배(사외이사의 경우는 3배)를 초과하는 금액에 대하여 면제할 수 있다(제400조 제2항 본문). 다만, 이사가 고의 또는 중대한 과실로 손해를 발생시킨 경우, 경업금지의무 위반, 회사의 기회 및 자산의 유용금지의무위반, 자기거래금지의무 위반의 경우에는 이사의 책임을 감경할 수 없다(제400조 제2항 단서).

(3) 책임의 해제: 정기주주총회에서 재무제표를 승인한 때에는 이사 · 감사의 부정행위가 있는 경우를 제외하고는 2년 내에 다른 결의가 없으면 이사와 감사의 책임은 해제된다(제450조).

이사 · 감사의 책임이 해제되는 사항은 재무제표 등에 기재되어 정기총회의 승인을 얻은 사항에 한정된다(대법원 2002.2.26.선고 2001다76854판결).

보충 여기서 '부정행위'란 반드시 악의의 가해행위뿐만 아니라 불법행위 이외에 이사의 권한 내의 행위라 할지라도 당해 사정하에서 이를 행함이 정당시될 수 없는 모든 경우를 의미하며, '2년 내에 다른 결의'라 함은 반드시 주주총회의 결의만이 아니라 이사회 결의나 회사의 제소행위 등을 의미한다(정찬형, 「상법강의(상)」, 893면).

(4) 책임의 소멸시효: 이사의 책임을 법정책임 또는 위임계약의 불이행책임으로 본다면 채권의 일반시효인 10년의 소멸시효가 적용된다(대법원 1985.6.25.선고 84다카1954판결). 상법 제399조 제1항에 따른 이사의 회사에 대한 손해배상채무는 채무불이행으로 인한 손해배상채무로서 이행 기한의 정함이 없는 채무이므로 이사는 이행청구를 받은 때부터 지체책임을 진다(대법원 2021.7.15.선고 2018다298744판결). 즉, 이사가 회사로 부터 손해배상청구를 받은 때부터 소멸시효가 진행된다.

보충판례 채권자가 동일한 목적을 달성하기 위하여 복수의 채권을 가지고 있는 경우, 채권자로서는 그 선택에 따라 권리를 행사할 수 있다. 그 중 어느 하나의 청구를 한 것만으로는 다른 채권 그 자체를 행사한 것으로 볼 수 없으므로, 특별한 사정이 없는 한 다른 채권에 대한 소멸시효 중단의 효력을 없다고 할 것인바, 원고가 피고를 상대로 상법 제399조에 기한 손해배상청구의 소를 제기하였다고 하여 원고의 피고에 대한 일반 불법행위로 인한 손해배상청구권에 대한 소멸시효의 중단의 효력은 없다(대법원 2002.6.14.선고 2002다11441판결).

2. 이사의 제3자에 대한 책임

1) 의의 및 법적 성질

(1) 의 의: 이사가 고의 또는 중대한 과실로 그 임무를 해태하여 제3자에게 손해가 생긴 때에는 그 이사는 제3자에 대하여 연대하여 손해를 배상할 책임이 있다(제401조 제1항). 이사의 직무수행이 제3자에게까지 영향을 미치는 경우가 많음을 고려하여 제3자를 보호하고, 또 이사가 직무수행을 함에 있어 신중을 기하게 하는 의미에서 이사의 제3자에 대한 책임을 인정한 것이다. 또한 이사의 제3자에 대한 책임은 지배주주인 이사가 개인기업처럼 운영하는 소규모회사에 있어서 회사재산으로 채권자의 채권을 만족시킬 수 없는 경우에 법인격부인의 대체적 기능을 하게 된다.

보충 대표이사의 제3자에 대한 책임과의 관계

① 대표이사의 제3자에 대한 손해배상책임은 상법 제389조 제3항(제210조의 준용)과 상법 제401조에 의하여 부담하고, 대표이사 이외의 이사의 제3자에 대한 손해배상책임은 상법 제401조에 의하여 부담한다.

② 대표이사의 제3자에 대한 불법행위에 대하여 회사가 그 책임을 부담하는 것은 상법 제389조 제3항(제210조의 준용)에 의해서이고, 대표이사 이외의 이사 등의 제3자에 대한 불법행위에 대하여 회사가 책임을 부담하는 것은 민법 제756조에 의해서이다(정찬형, 「상법 강의(상)」, 895면).

(2) 법적 성질: 이사의 제3자에 대한 책임의 법적 성질에 관하여는 법정책임설, 불법행위특칙설, 특수한 불법행위설 등으로 견해가 나누어지고 있으나,[1] 판례는 상법이 인정하는 특수한 책임으로 본다(대법원 2006.12.23.선고 2004다63354판결).

---

1) 【학설】 이사의 제3자에 대한 책임의 법적 성질에 관한 학설

① 법정책임설: 이사는 제3자에 대하여 원래 아무런 직접적 법률관계를 갖지 않으므로 이사는 당연히 타인자격으로 제3자에 대하여 책임을 지는 것은 아니지만, 불법행위와 무관하게 제3자의 보호를 위하여 특별히 상법에서 이사의 제3자에 대한 책임을 인정한 법정책임이라는 견해이다(판례·다수설). 민법상 불법행위요건을 구비한 경우 민법상 불법행위책임과의 경합을 인정한다. 이 견해는 다시 이사는 제3자에 대하여 직접손해이든 간접손해이든 모든 손해배상책임을 진다는 견해(다수설)와, 이사는 회사에 생긴 손해 때문에 간접적으로 제3자에게 생긴 손해를 배상할 책임을 진다는 견해가 있다.

② 불법행위특칙설: 이사의 제3자에 대한 책임은 민법 제750조의 불법행위책임에 해당하지만, 상법 제401조는 불법행위의 요건 중에서 경과실로 인한 책임을 면제한 불법행위책임이라고 하는 견해이다. 이 견해에 의하면 일반불법행위책임과의 경합을 부정한다. 한편, 이 견해에 따르면 제3자의 손해는 직접손해에 한하고, 제3자에는 주주가 포함된다고 한다.

③ 특수한 불법행위설: 상법이 인정한 특수한 불법행위책임으로서 일반불법행위의 경우와 달리 위법행위의 요건을 필요로 하지 않고, 다만 악의 또는 중대한 과실로 임무를 해태한 때에 성립하는 책임이라는 견해이다. 이 견해 중에는 일반불법행위의 요건이 충족되면 그 경합을 인정하는 것이 다수의 입장이다.

2) 책임의 원인

이사는 고의 또는 중대한 과실로 인하여 그 임무를 해태(임무해태는 회사의 기관으로서 인정되는 직무상 충실 및 선관의무 위반의 행위로서 위법한 사정이 있어야 한다)하여 제3자에게 손해가 생긴 때(예 대표이사가 대표이사로서의 업무 일체를 다른 이사들에게 위임하고 대표이사로서의 직무를 전혀 집행하지 않은 경우, 회사의 대규모 분식회계에 가담한 경우, 다른 이사의 업무집행이 위법하다고 의심할 만한 사유가 있음에도 이를 방치한 경우)에는 연대하여 손해배상책임을 진다. 여기서 고의 또는 중대한 과실은 임무에 관하여 요구되는 것이냐, 제3자의 손해에 관하여 요구되느냐에 관해 견해가 나누어진다.[1)]

참조판례 부동산의 매수인인 주식회사의 대표이사가 매도인과의 사이에 매매잔여금의 지급방법으로 매수부동산을 금융기관에 담보로 제공하여 그 대출금으로 잔금을 지급하기로 약정하였으나, 대출이 이루어진 후 해당 대출금 중 일부만을 매매잔대금으로 지급하고 나머지는 다른 용도로 사용한 후, 나머지 잔금이 지급되지 않은 상태에서 피담보채무도 변제하지 아니하여 그 부동산이 경매절차에서 경락되어 결과적으로 매도인이 손해를 입은 경우, 그 주식회사의 대표이사가 악의 또는 중대한 과실로 인하여 그 임무를 해태한 경우에 해당한다고 볼 여지가 있다(대법원 2002.3.29.선고 2000다47316판결).

이사가 통상 거래행위로 인하여 부담하는 회사의 채무를 이행할 능력이 있었음에도 단순히 그 이행을 지체하여 상대방에게 손해를 끼치는 사실만으로는 제3자에 대한 책임을 지지 아니한다(대법원 2006.8.25.선고 2004다26119판결).

【판례】 대법원 2002.3.29.선고 2000다47316판결[동지: 대법원 2006.8.25.선고 2004다26119판결]

상법 제401조 제1항에 규정된 주식회사의 이사의 제3자에 대한 손해배상책임은 이사가 악의(「고의」로 조문 개정됨) 또는 중대한 과실로 인하여 그 임무를 해태한 것을 요건으로 하는 것이어서 단순히 통상의 거래행위로 인하여 부담하는 회사의 채무를 이행하지 않는 것만으로는 악의 또는 중대한 과실로 그 임무를 해태한 것이라고 할 수 없지만, 이사의 직무상 충실 및 선관의무 위반의 행위로서 위법성이 있는 경우에는 악의 또는 중대한 과실로 그 임무를 해태한 경우에 해당한다.

3) 손해의 범위

이사의 임무해태로 인한 손해는 직접손해(직접 제3자가 입은 손해)와 간접손해(회사가 입은 손해로 인해 다시 제3자가 입은 손해)가 있을 수 있는 바, 이들 중 이사가 책임져야 하는 손해의 범위에 대해서는 학설의 대립이 있다.[2)]

---

1) 【학설】 고의·중과실의 범위에 관한 학설
① 법정책임설·불법행위특칙설: 고의 또는 중과실은 회사의 임무에 관해서 요구된다고 하는 견해이다(판례). 이 견해에 따르면 이사의 직무상 충실 및 선관의무 위반의 행위로서 위법한 사정이 있는 경우 임무해태에 해당한다고 한다.
② 특수불법행위책임설: 고의 또는 중과실은 회사의 임무에 관해서가 아니라 피해자인 제3자의 손해에 관하여 있어야 한다는 견해이다.

2) 【학설】 손해의 범위에 대한 학설
제401조 제1항에 규정된 주식회사 이사의 제3자에 대한 손해배상책임에서 손해란 이사의 임무해태로 인하여

4) 제3자의 범위

이사가 책임을 지는 제3자는 회사와 책임을 지는 이사 이외의 자를 말하며, 이 경우 주주도 제3자에 포함되는가에 대해 이사가 책임져야 하는 손해의 범위에 직접손해와 간접손해가 모두 포함된다는 다수설의 견해에 따르면 직접손해를 입은 주주는 제3자에 포함된다고 본다.

보충판례 회사의 재산을 횡령한 이사가 악의 또는 중대한 과실로 부실공시를 하여 재무구조의 악화사실이 증권시장에 알려지지 아니함으로써 회사 발행주식의 주가가 정상주가보다 높게 형성되고, 주식매수인이 그러한 사실을 알지 못한 채 주식을 취득하였다가 그 후 그 사실이 증권시장에 공표되어 주가가 하락한 경우에는 주주는 이사의 부실공시로 인하여 정상주가보다 높은 가격에 주식을 매수하였다가 주가가 하락함으로써 직접 손해를 입은 것이므로, 이사에 대하여 상법 제401조 제1항의 손해배상을 청구할 수 있다(대법원 2012.12.13.선고 2010다77743판결).

그러나 이사의 임무해태로 생긴 간접손해의 경우에도 주주가 제3자에 포함되는가 하는 점에 대해서는 학설의 대립이 있으나,[1] 판례(대법원 1993.1.26.선고 91다36093판결)는 부정설을 취하고 있다.

【판례】 대법원 1993.1.26.선고 91다36093판결[동지: 대법원 2003.10.24.선고 2003다29661판결; 대법원 2012.12.13.선고 2010다77743판결]

주주가 대표이사의 악의 또는 중대한 과실로 인한 임무해태행위로 직접손해를 입은 경우에는 이사와 회사에 대하여 상법 제401조, 제389조 제3항, 제210조에 의하여 손해배상을 청구할 수 있으나, 대표이사가 회사재산을 횡령하여 회사재산이 감소함으로써 회사가 손해를 입고 결과적으로 주주의 경제적 이익이 침해되는 손해와 같은 간접적인 손해는 같은 법 제401조 제1항에서 말하는 손해의 개념에 포함되지 아니하므로 이에 대하여는 위 법조항에 의한 손해배상을 청구할 수 없다고 봄이 상당하다.

한편, 상법 제401조는 공법관계에는 적용되지 않으므로, 공법관계인 국가나 지방자치단체는 제3자에 포함되지 않는다(대법원 1983.7.12.선고 82누537판결 등).

직접 제3자가 입은 손해(예 이사가 작성한 허위의 주식청약서를 믿고 제3자가 주식을 인수하였다가 손해를 입은 경우)만을 말한다는 견해와, 직접손해뿐만 아니라 이사의 임무해태로 인하여 회사가 입은 손해로 인해 다시 제3자가 입은 간접손해(예 이사가 임무해태로 회사재산을 감소시켜 회사채권자의 채권회수를 어렵게 한 경우)도 포함된다는 견해(다수설)가 있다.

1) 【학설】 간접손해를 입은 주주의 제3자 포함 여부에 대한 학설

① 포함설: 주주는 직접손해의 경우는 물론이고 간접손해의 경우에도 제3자에 포함된다는 견해(다수설)이다. 이 견해에 의하면 불포함설이 대표소송을 통해 주주의 손해가 전보될 수 있다고 하고 있으나, 대표소송은 제소요건에 의한 제한이 있고 담보가 요구될 수 있으므로 대표소송과는 별도로 주주의 손해배상청구를 인정할 실익이 있다고 한다.

② 불포함설: 주주가 간접손해를 받은 경우는 회사가 배상을 받음으로써 주주의 손해는 간접적으로 보상되는 것이므로 주주는 제3자에 포함되지 않는다는 견해(판례·소수설)이다. 이 견해에 의하면 간접손해는 회사가 이사에 대해 상법 제399조에 의한 손해배상청구를 할 수 있고 주주가 대표소송을 제기할 수 있으므로 주주의 손해가 전보될 수 있다고 하고, 또 주주가 입은 손해 중 간접손해를 포함시킨다면 주주가 회사채권자에 우선하여 변제를 받는 결과가 되므로 주주는 제3자의 범위에 포함되지 않는다고 한다.

5) 입증책임

이사의 임무해태에 관한 고의 또는 중대한 과실은 손해배상을 청구하는 제3자가 입증하여야 한다.

6) 책임의 소멸

이사의 제3자에 대한 책임은 그 이행과 소멸시효의 완성에 의하여 소멸될 뿐, 책임의 해제나 면제는 인정되지 않는다. 한편, 이사의 제3자에 대한 손해배상책임의 소멸시효에 관하여는 학설의 대립이 있다.[1]

> **【판례】 대법원 2006.12.22.선고 2004다63354판결[동지: 대법원 2008.1.18.선고 2005다65579판결]**
>
> 상법 제401조에 기한 이사의 제3자에 대한 손해배상책임은 상법이 인정하는 특수한 책임이라는 점을 감안할 때, 일반 불법행위책임의 단기소멸시효를 규정한 민법 제766조 제1항은 적용될 여지가 없고, 달리 별도로 시효를 정한 규정이 없는 이상 일반채권으로서 민법 제162조 제1항에 따라 그 소멸시효 기간은 10년이라고 봄이 상당하다.

7) 책임의 부담자

고의 또는 중대한 과실로 인하여 임무해태를 한 이사뿐만 아니라 이사회의 승인을 요하는 사항인 경우 승인에 찬성한 이사도 연대하여 책임을 부담한다(제401조 제2항 제399조 제2항). 또한 이사회 의사록에 이의의 기재가 없는 이사는 이사회에서 찬성한 것으로 추정되어 연대책임을 진다(제401조 제2항 제399조 제3항).

3. 업무집행지시자 등의 책임

1) 의의 및 법적 성질

(1) 의 의: 우리나라에서는 대부분의 회사에 지배주주가 존재하고, 이러한 지배주주가 기관이 아니면서 이사에 대해 갖는 사실상의 영향력을 행사하여 적정하지 않은 방법으로 업무를 집행하게 하고, 이로 인해 회사에 손해를 끼치는 경우가 많다.

이와 같이 회사에 대한 영향력을 기화로 회사의 업무집행에 관여하는 자에 대해 상법 제401조의2는 상법 제399조, 상법 제401조, 상법 제403조, 상법 제406조의2의 적용에 있어서 이사로 본다고 규정하였다. 이는 주식회사의 이사가 아니지만 이사에게 업무집행을 지시하거나

1) 【학설】 소멸시효에 관한 학설
이사의 제3자에 대한 책임의 소멸시효에 관해 이사의 제3자에 대한 책임의 성질에 대한 견해 중 법정책임설에 의하면 일반채권과 같이 10년으로 보고(판례), 불법행위특칙설과 특수불법행위책임설에 의하면 불법행위책임(민법 제766조 참조)과 같이 3년이라고 한다.

이사처럼 업무를 집행하는 등으로 회사의 업무에 관여한 자에 대하여 그에 상응하는 책임을 묻기 위함이다(대법원 2023.10.26.선고 2020다236848판결).

(2) 법적 성질: 이러한 상법 제401조의2의 법적 성질에 대하여는 학설의 대립이 있다.[1)]

2) 책임자의 유형

(1) 업무집행지시자: 회사에 대한 자신의 영향력을 이용하여 이사에게 업무집행을 지시한 자는 그 지시한 업무에 관하여 이사로 본다(제401조의2 제1항 제1호). 이 규정이 적용되기 위한 요건은 다음과 같다.

첫째로, 회사에 대한 자신의 영향력을 이용하여야 한다. '회사에 대한 영향력'이란 이사가 아니면서 회사의 의사결정을 자신이 의도하는 바대로 유도할 수 있는 힘을 말하며, 업무를 집행하는 이사와 개인적인 이해관계에 의한 영향력행사(예를 들어, 이사의 개인적인 채권자가 이사에게 일정한 업무집행을 강요하는 경우)는 포함되지 않는다. 그리고 영향력의 행사란 직접적이든 간접적이든 불문한다.

둘째로, 자신의 영향력을 이용하여 대표이사나 이사에게 업무집행을 지시하였어야 한다. '업무집행의 지시'는 적극적으로 행하여져 회사 및 이사나 사용인 등에 대해 구속력을 가지는 경우를 말한다. '지시한 자'에는 자연인뿐만 아니라 법인인 지배회사(예를 들어, 회사의 모회사 혹은 지배적 지분을 가진 회사, 회사에 대해 거액의 채권을 가진 은행 등)도 포함된다(대법원 2006.8.25.선고 2004다26119판결). 한편, 주주 외의 금융기관 등이 업무집행지시자에 포함되는가에 대하여는 학설의 대립이 있다.[2)]

(2) 이사의 이름으로 직접 회사의 업무를 집행한 자: 이사의 이름으로 직접 회사의 업무를 집행한 자(제401조의2 제1항 제2호)란 명목상의 이사를 두고 특정인이 그 이사의 명의로 실제의 업무집행을 하는 자를 말하며, 무권대행자라고도 한다. 이러한 자에 대해서도 업무집행지시자와 마찬가지로 상법 제399조, 상법 제401조, 상법 제403조, 상법 제406조의2의 적용에 있어서 이사로 간주된다.

(3) 표현이사: 이사가 아니면서 명예회장, 회장, 사장, 부사장, 전무, 상무, 이사 기타 회사의 업무를 집행할 권한이 있는 것으로 인정될 만한 명칭을 사용하는 자가 회사의 업무를 집행한 때에는 그 집행한 업무에 관하여는 이사와 같은 책임을 진다(제401조의2 제1항 제3호). 이러한 책임을 지는 자를 표현이사라 한다.

---

1) 【학설】 업무집행지시자 등의 책임의 성질에 관한 학설
업무집행지시자 등의 책임은 회사에 대한 임무해태로 인한 책임은 부담하지 않는다는 견해(불법행위책임설)와, 실질적으로 이사와 같이 업무를 집행한 데 대한 책임이므로 이사의 지위에 기한 임무해태로 인한 책임을 부담한다는 견해(기관책임설)가 있다.

2) 【학설】 업무집행지시자의 범위에 관한 학설
업무집행지시자의 범위에 대해 주주 외의 금융기관·노동조합·도급업체와 공법적 또는 정치적으로 우월한 힘을 가진 자에게까지 확대하여 넓게 보려는 견해와, 주주 외의 금융기관 등의 자는 제외된다고 하여 좁게 보려는 견해(다수설)가 있다.

표 3-7 ▶ 표현대표이사와 사실상 이사(표현이사)의 차이

구분	표현대표이사	표현이사
책임주체의 차이	회사	표현이사 개인
제3자의 외관신뢰 여부	신뢰가 있어야 한다.	신뢰가 없어도 된다.
명칭사용의 허락	사용허락이 있어야 한다.	사용허락이 없어도 된다.
이사요건	이사이어야 한다(법문규정상).	이사일 필요는 없다.
책임추궁	대표소송에 의한 추궁이 인정되지 않는다.	대표소송에 의한 추궁이 가능하다.

3) 책 임

회사에 대한 자신의 영향력을 이용하여 업무를 집행한 자 등은 상법 제399조, 상법 제401조 및 상법 제403조, 상법 제406조의2의 적용에 있어서 이사로 간주되므로, 임무해태로 인한 이사의 손해배상책임, 제3자에 대한 손해배상책임에 있어서 이사와 연대책임을 부담하게 된다(제401조의2 제2항). 즉 상법 제401조의2 제1항 각호에 해당하는 자는 회사의 이사는 아니지만 상법 제399조에서 정한 손해배상책임을 적용함에 있어 그가 관여한 업무에 관하여 법령준수의무를 비롯하여 이사와 같은 선관주의의무와 충실의무를 부담하고, 이를 게을리하였을 경우 회사에 대하여 그로 인한 손해배상책임을 지게 되는 것이다. 이와 같이 상법 제401조의2 제1항이 정한 손해배상책임은 상법에 의하여 이사로 의제되는데 따른 책임이므로 그에 따른 손해배상채권에는 일반 불법행위책임의 단기소멸시효(그 손해 및 가해자를 안 날로 부터 3년)를 규정한 민법 제766조 제1항이 적용되지 않는다(대법원 2023.10.26.선고 2020다236848판결).

VI. 주주의 이사견제와 책임추궁

1. 이사의 위법행위 유지청구권

1) 의 의

이사의 법령 또는 정관에 위반한 행위로 인하여 회사에 회복할 수 없는 손해가 생길 염려가 있는 경우에 감사(감사위원회를 두는 경우에는 감사위원회) 또는 발행주식총수의 100분의 1 이상을 가진 소수주주는 회사를 위하여 이사에 대하여 그 행위를 유지할 것을 청구할 수 있다(제402조). 이사의 위법행위 유지청구권은 주주의 공익권에 해당한다. 유지청구는 손해발생의 염려가 있는 경우 사전적 예방수단으로 인정되는 점에서 이미 발생한 손해의 회복을 위한 사후적 구제수단인 대표소송과 차이가 있다.

2) 유지청구의 당사자

유지청구를 할 수 있는 자는 감사(또는 감사위원회) 또는 발행주식총수의 100분의 1 이상에 해당 하는 주식을 가진 소수주주(상장회사는 10만분의 50(자본금 1천억원 이상의 회사는 10만분의 25) 이상의 주식을 보유한 주주)에 한한다. 소수주주에는 의결권 없는 주식을 가진 주주도 포함된다(통설). 유지청구의 상대방은 법령 또는 정관에 위반한 행위를 하려는 이사이다.

3) 유지청구의 요건

(1) 법령 또는 정관에 위반한 행위: 이사가 법령 또는 정관에 위반한 행위로, 그 행위는 목적범위 내·외를 불문하며 불법행위·법률행위·준법률행위·사실행위도 포함된다. 또한 행위는 법령 또는 정관에 위반하면 충분하고, 이사의 고의나 과실 또는 이사의 권한 내·외를 불문한다. 그러나 법령 또는 정관에 위반되지 않는 한 임무해태가 있더라도 유지청구의 원인이 될 수 없다. 한편, 원인행위와 이행행위가 분리되어 있는 경우에도 유지청구가 인정되는가에 대하여는 학설의 대립이 있다.[1)]

(2) 회복할 수 없는 손해의 발생 염려: 회복할 수 없는 손해의 여부는 사회통념에 따라 판단할 문제이다. 회복은 법률적으로 불가능한 것만을 말하는 것이 아니며, 회복을 위한 비용이나 절차 등으로 보아 회복이 곤란하거나 상당한 시일을 요하는 경우에도 유지청구가 가능하다.

4) 유지청구의 방법

유지청구는 반드시 소송에 의할 필요는 없으며, 위법행위를 하는 이사에 대하여 그 행위를 중지할 것을 재판 외의 방법으로 청구할 수 있다. 그러나 재판 외의 청구에도 불구하고 이사가 그 행위를 중지하지 않는 경우 유지청구의 소를 제기할 수 있다. 소를 제기하는 경우에는 '이행의 소' 또는 '장래의 이행의 소'가 된다. 더불어 가처분으로 이사의 행위를 중지시킬 수도 있다. 유지청구를 위한 소는 회사를 위하여 제기된 것이므로 판결의 효과는 당연히 회사에 미친다.

5) 유지청구의 소의 절차

유지청구의 소(訴)는 대표소송과 마찬가지로 주주가 회사의 대표기관적 지위에서 제기하는 것이므로 소의 관할, 회사의 참가, 승소주주의 권리, 패소주주의 책임 등에 관하여 대표소송에 관한 규정을 유추적용할 수 있다.

---

1) 【학설】 원인행위와 이행행위가 분리되어 있는 경우의 유지청구에 관한 학설
원인행위와 이행행위가 분리되어 있는 경우에는 원인행위의 유지를 청구할 수 있음은 물론 원인행위가 이루어진 이후에는 그 이행행위의 유지청구도 가능하다는 견해와, 유지청구의 대상인 행위가 거래법상 유효한 행위인 경우에는 제3자와의 사이에 이미 적법하게 발생한 법률관계를 해할 수 없으므로 원인행위가 일단 행해진 후에는 이행행위의 유지청구를 할 수 없다는 견해가 있다.

6) 유지청구의 효과

유지청구를 소에 의하는 때에는 판결에 따라 효과가 주어지지만, 소에 의하지 않는 경우에는 이사는 자신의 행위를 유지할 것인가에 대해 선량한 관리자의 주의로 결정하여야 한다. 이사가 유지청구를 받고도 법령 또는 정관에 위반한 행위를 유지하지 않음으로 인하여 회사에 손해가 생기면 임무해태로 인한 손해배상책임을 지게 된다(제399조 제1항). 이사가 유지청구를 무시하고 한 행위의 효과에 있어서 신주발행이나 사채발행과 같은 단체법적 행위는 상대방이 유지청구의 사실을 알든 모르든 유효하다는 데 이론(異論)이 없으나, 개인법적 행위에 대해서는 학설이 대립되고 있다.[1)]

2. 대표소송 및 다중대표소송

1) 의 의

(1) 대표소송: 대표소송이란 회사가 이사에 대한 책임추궁을 게을리할 경우에 주주가 회사를 위하여 이사의 회사에 대한 책임을 추궁하기 위하여 제기하는 소송이다(제403조). 주주의 대표소송은 발기인(제324조), 집행임원(제408조의9), 감사(제415조), 청산인(제542조 제2항), 불공정한 가액의 신주인수인(제424조의2 제2항), 회사로부터 이익공여를 받은 자(제467조의2 제4항) 등의 책임에 대해서도 준용된다.

(2) 다중대표소송: 자회사가 자회사의 이사에 대한 책임추궁을 게을리할 경우에 모회사의 주주가 자회사의 이사의 자회사에 대한 책임을 추궁하기 위하여 제기하는 소송이다(제406조의2 제1항).

2) 성 질

대표소송 및 다중대표소송은 회사의 채무자가 이사라는 특수한 관계로 인해 회사의 권리구제가 소홀해질 염려가 있으므로 특히 인정되는 대위소송에 해당한다. 대표소송 및 다중대표소송은 주주의 개별적 이익을 위한 것이 아니고 회사와 주주 전체의 이익을 위한 것이므로 주주의 공익권에 해당한다.

참고 상법상의 주주대표소송은 주주들 모두가 필수적으로 공동원고가 되어야 하는 고유필수적 공동소송은 아니고 단지 공동소송인이 된 원고들 사이에 그 승패를 일률적으로 하여야 할 필요성이 있는 유사필수적 공동소송의 성격을 갖는다(서울중앙지법 2008.6.20.선고 2007가합43745판결).

---

1) 【학설】 유지청구를 무시한 이사의 개별적 거래행위의 효과에 관한 학설
매매나 대차(貸借)와 같은 개인법적 거래행위는 상대방이 유지청구의 사실을 안 경우 회사가 무효를 주장할 수 있다는 견해, 유지청구의 유무 및 상대방의 선의 여부는 행위의 효력에 영향을 주지 않는다는 견해, 상대방이 재산상의 가처분이 있음을 알고 거래를 한 때에는 회사가 그 무효를 주장할 수 있다는 견해가 있다.

3) 소제기 당사자

(1) 제소권자

① 대표소송: 의결권 없는 주식을 포함한 발행주식총수의 100분의 1 이상의 주식을 가진 소수주주(상장회사는 발행주식총수의 1만분의 1 이상의 주식을 보유한 주주)에 한하여 제소권을 갖는다(제403조 제1항). 상법상 제소요건주식은 회사에 대하여 이사의 책임을 추궁할 소의 제기를 청구할 때와 회사를 위하여 대표소송을 제기하는 소제기시점에서 보유하면 족하고, 제소 후에는 지주수(持株數)가 100분의 1 미만으로 감소하여도 제소의 효력에는 영향이 없다(제403조 제5항). 그러나 주주가 소송의 계속 중에 발행주식을 보유하지 않게 되어 주주의 지위를 상실하면(그 주주가 자산의 의사에 반하여 주주의 지위를 상실한 경우도 달리 볼 것은 아니다; 대법원 2018.11.29.선고 2017다35717판결), 특별한 사정이 없는 한 그 주주는 당사자적격이 없으므로 그가 제기한 소는 부적합하게 되어 소는 각하된다(수인이 공동으로 대표소송을 제기한 후 일부의 원고가 주식을 전혀 보유하지 않게 된 경우에는 전혀 보유하지 않게 된 자는 당사자적격을 상실하여 그가 제기한 부분의 소는 부적합하게 되고, 이는 함께 대표소송을 제기한 다른 원고들이 주주의 지위를 유지한다고 하여 달리 볼 것은 아니다; 대법원 2013.9.12.선고 2011다57869판결).

② 다중대표소송: 모회사의 발행주식총수의 100분의 1 이상에 해당하는 주식을 가진 주주가 자회사에 대하여 자회사 이사의 책임추궁을 위하여 소를 재기할 것을 청구할 수 있고(제406조의2 제1항), 이 경우에도 제403조 제5항이 준용된다(제406조의2 제3항, 제403조 제5항). 모회사의 주주가 자회사의 이사를 상대로 대표소송을 제기한 후에는 모회사가 보유한 자회사의 주식이 자회사 발행주식총수의 100분의 50 이하로 감소한 경우(발행주식을 보유하지 아니하게 된 경우를 제외한다)에도 소송에는 영향을 미치지 않는다(제406조의2 제4항).

참고 상장회사의 경우에는 요건주식(대표소송: 발행주식총수의 1만분의 1 이상, 다중대표소송: 발행주식총수의 1만분의 50 이상)을 제소 전에 6월간 보유하여야 한다(제542조의6 제6항). 다만, 정관으로 주식보유기간을 단축하거나 주식보유비율을 낮출 수 있다(제542조의6 제7항).

(2) 피 고: 대표소송의 피고는 회사에 대하여 책임이 있는 이사 또는 이사이었던 자이며, 다중대표소송의 피고는 자회사에 대하여 책임이 있는 이사 또는 이사이였던 자이다.

4) 대표소송 및 다중대표소송의 제기전 절차

(1) 대표소송: 소수주주는 먼저 대표소송을 제기하기 전에 이유를 기재한 서면으로 회사에 대하여 이사의 책임을 추궁할 소를 제기할 것을 청구할 수 있다(제403조 제1항, 제2항). '이유를 기제한 서면'에는 책임추궁 대상이사, 책임발생 원인사실에 관한 내용이 포함되어야 하며, 대표소송제기시에 이러한 서면을 제출하지 아니한 때에는 대표소송은 부적법하게 된다.

【판례】 대법원 2021.7.15.선고 2018다298744판결

[1] 만약 회사가 이사의 책임을 추궁하지 않는다면, 발행주식의 총수의 100분의 1 이상에 해당하는 주식을 가진 주주는 회사를 위하여 직접 이사의 책임을 추궁할 소를 제기할 수 있다(상법 제403조 제3항). 주주는 소를 제기하기 전에 먼저 회사에 대하여 소의 제기를 청구해야 하는데, 이 청구는 이유를 기재한 서면(이하 '제소청구서'라 한다)으로 하여야 한다(상법 제403조 제1항, 제2항).
제소청구서에 기재되어야 하는 '이유'에는 권리귀속주체인 회사가 제소 여부를 판단할 수 있도록 책임추궁 대상 이사, 책임발생 원인사실에 관한 내용이 포함되어야 한다. 다만 주주가 언제나 회사의 업무 등에 대해 정확한 지식과 적절한 정보를 가지고 있다고 할 수는 없으므로, 제소청구서에 책임추궁 대상 이사의 성명이 기재되어 있지 않거나 책임발생 원인사실이 다소 개략적으로 기재되어 있더라도, 회사가 제소청구서에 기재된 내용, 이사회의사록 등 회사 보유 자료 등을 종합하여 책임추궁 대상 이사, 책임발생 원인사실을 구체적으로 특정할 수 있다면, 그 제소청구서는 상법 제403조 제2항에서 정한 요건을 충족하였다고 보아야 한다.

[2] 주주가 아예 상법 제403조 제2항에 따른 서면(이하 '제소청구서'라 한다)을 제출하지 않은 채 대표소송을 제기하거나 제소청구서를 제출하였더라도 대표소송에서 제소청구서에 기재된 책임발생 원인사실과 전혀 무관한 사실관계를 기초로 청구를 하였다면 그 대표소송은 상법 제403조 제4항의 사유가 있다는 등의 특별한 사정이 없는 한 부적법하다. 반면 주주가 대표소송에서 주장한 이사의 손해배상책임이 제소청구서에 적시된 것과 차이가 있더라도 제소청구서의 책임발생 원인사실을 기초로 하면서 법적 평가만을 달리한 것에 불과하다면 그 대표소송은 적법하다. 따라서 주주는 적법하게 제기된 대표소송 계속 중에 제소청구서의 책임발생 원인사실을 기초로 하면서 법적 평가만을 달리한 청구를 추가할 수도 있다.

소수주주의 청구에 의하여 회사가 이사에 대하여 소를 제기할 것을 청구받는 때에는 감사가 회사를 대표한다(제394조 제1항 제2문). 소수주주의 청구가 있은 날로부터 30일 내에 회사가 소를 제기하지 아니한 때에 비로소 소수주주가 직접 소를 제기할 수 있다(제403조 제3항). 그 취지는 주주가 회사를 위해 회사의 권리를 행사하여 이사의 책임을 추궁할 수 있는 대표소송을 인정함으로써 회사의 이익보호를 도모하면서도, 주주의 대표소송이 회사가 가지는 권리에 바탕을 둔 것임을 고려하여 제소요건을 마련함으로써 주주에 의한 남소(濫訴)를 방지하고자 함에 있다(대법원 2021.5.13.선고 2019다291399판결).

【판례】 대법원 2025.6.12.선고 2024다216743판결

상법 제403조 제1항, 제2항, 제3항에 따르면, 발행주식 총수의 100분의 1 이상에 해당하는 주식을 가진 주주는 그 이유를 기재한 서면으로 회사에 대하여 이사의 책임을 추궁할 소의 제기를 청구할 수 있고, 회사가 그 청구를 받은 날로부터 30일 내에 소를 제기하지 아니한 때에는 위 주주가 즉시 회사를 위하여 소를 제기할 수 있다. 이는 주주가 회사를 위하여 회사의 권리를 행사하여 이사의 책임을 추궁할 수 있는 대표소송을 인정함으로써 회사의 이익보호를 도모하면서도, 주주의 대표소송이 회사가 가지는 권리에 바탕을 둔 것임을 고려하여 제소요건을 마련함으로써 주주에 의한 남소를 방지하고자 함에 있다(대법원 2021.5.13.선고 2019다291399판결 등 참조).
따라서 상법 제403조 제1항, 제2항, 제3항에서 규정하는 주주의 대표소송이 제소요건을 갖추지 못한 채 소가 제기되었다고 하더라도, 주주로부터 소의 제기를 청구받은 회사가 이사의 책임을 추궁할 소를 제기하지 않을 의사를 명시적으로 밝히는 등 주주의 제소 청구에 응하지 않으리라는 특별한 사정이 인정된다면, 이러한 경우까지 그 주주대표소송이 부적법하다고 보는 것은 소송경제에 반하므로 그 하자가 치유된다고 봄이 타당하다.

그러나 이 기간의 경과로 인하여 회사에 회복할 수 없는 손해(예 시효의 완성, 이사의 도피나 재산의 은닉 등)가 생길 염려가 있는 경우에는 회사에 대해 청구하지 아니하고, 또 청구를 했더라도 30일을 기다릴 필요 없이 즉시 소를 제기할 수 있다(제403조 제4항).

【판례】 대법원 2010.4.15.선고 2009다98058판결

상법 제403조 제1항, 제3항, 제4항에 의하면, 발행주식총수의 100분의 1 이상에 해당하는 주식을 가진 주주는 회사에 대하여 이사의 책임을 추궁할 소의 제기를 청구할 수 있는데, 회사가 위 청구를 받은 날로부터 30일 내에 소를 제기하지 아니하거나 위 기간의 경과로 인하여 회사에 회복할 수 없는 손해가 생길 염려가 있는 경우에는 발행주식총수의 100분의 1 이상에 해당하는 주식을 가진 주주가 즉시 회사를 위하여 소를 제기할 수 있다는 취지를 규정하고 있는 바, 이는 주주의 대표소송이 회사가 가지는 권리에 바탕을 둔 것임을 고려하여 주주에 의한 남소를 방지하기 위해서 마련된 제소요건에 관한 규정에 해당한다. 따라서 회사에 회복할 수 없는 손해가 생길 염려가 없음에도 불구하고 회사에 대하여 이사의 책임을 추궁할 소의 제기를 청구하지 아니한 채 발행주식총수의 100분의 1 이상에 해당하는 주식을 가진 주주가 즉시 회사를 위하여 소를 제기하였다면 그 소송은 부적법한 것으로서 각하되어야 한다. 여기서 회복할 수 없는 손해가 생길 염려가 있는 경우라 함은 이사에 대한 손해배상청구권의 시효가 완성된다든지 이사가 도피하거나 재산을 처분하려는 때와 같이 이사에 대한 책임추궁이 불가능 또는 무익해질 염려가 있는 경우 등을 의미한다.

(2) 다중대표소송: 모회사의 소수주주는 자회사에 대하여 자회사 이사의 책임을 추궁하는 소의 제기를 청구할 수 있고(제406조의2 제1항), 이때 자회사가 모회사 소수주주의 청구를 받은 날로부터 30일 내에 소를 제기하지 아니한 때에는 즉시 모회사의 소수주주는 자회사를 위하여 소를 제기할 수 있다(제406조의2 제2항). 그러나 이 기간의 경과로 인하여 회복할 수 없는 손해가 생길 염려가 있는 때에는 즉시 소를 제기할 수 있다(제406조의2 제3항, 제403조 제4항).

5) 대표소송 및 다중대표소송에 의한 책임추궁의 범위

대표소송에 의하여 추궁할 수 있는 이사의 책임의 범위에 대하여는 학설의 대립이 있다.[1)]

대표소송은 이사의 회사에 대한 책임을 추궁하는 것이므로 이사의 제3자에 대한 책임추궁이나 주주 자신의 손실회복을 위한 때에는 제기할 수 없다. 대표소송은 이사의 지위에 있는 동안에 발생한 책임에 대해 가능하며, 이사가 퇴임하더라도 시효가 완성되기 전의 책임은 대표소송에 의한 추궁이 가능하다. 회사가 파산절차 중에는 주주의 대표소송은 인정되지 않다(대법원 2002.7.12.선고 2001다2617판결).

6) 대표소송 및 다중대표소송의 절차

(1) 관 할: 대표소송은 회사의 본점소재지의 지방법원의 관할에 전속한다(제403조 제7항, 제186조). 한편, 모회사의 소수주주가 자회사의 이사에 대하여 대표소송을 제기하는 경우에는 자회사의

1) 【학설】 대표소송의 대상이 되는 이사의 책임범위에 관한 학설
상법 제399조의 회사에 대한 손해배상책임과 상법 제428조의 자본충실의 책임으로 한정한다는 견해와, 이러한 채무 이외에 책임의 범위는 회사의 이익과 관련되는 한 계약에 의한 채무불이행 등 일반거래로 인한 채무도 포함하여 이사의 회사에 대하여 부담하는 모든 채무도 포함된다는 견해(다수설)가 있다.

본점소재지의 지방법원의 관할에 전속한다(제406조의2 제5항).

(2) 소송의 고지와 참가: ① 소송의 고지: 주주가 대표소송을 제기한 때에는 지체없이 회사에 대하여 소송의 고지를 하여야 하며(제404조 제2항, 제406조의2 제3항), 대표소송을 제기한 사실을 회사에 고지하지 않은 경우 주주는 회사에 대하여 손해배상책임을 지며, 고지하지 아니한 경우 대표소송의 판결의 효력과 관련하여 그 판결의 효력이 회사에 미치지 않는다는 견해가 있으나, 대표소송 및 다중대표소송판결의 효력에는 영향이 없다고 본다.

② 소송의 참가: 회사는 주주의 대표소송 및 다중대표소송에 참가할 수 있다(제404조 제1항, 제406조의2 제3항). 회사의 소송참가는 공동소송참가에 해당된다(대법원 2002.3.15.선고 2000다9086판결).

(3) 주주의 담보제공: 피고인 이사는 제소주주가 악의임을 소명하고 주주로 하여금 상당한 담보를 제공할 것을 법원에 청구할 수 있다(제403조 제7항, 제406조의2 제3항, 제176조 제3항·제4항).

(4) 소의 취하 · 청구의 포기 · 화해 등: 대표소송 및 다중대표소송이 제기된 경우 당사자는 소송물에 관한 처분권이 없으므로 법원의 허가를 얻지 아니하고는 소의 취하, 청구의 포기 · 인낙(認諾), 소송상의 화해 등을 할 수 없다(제403조 제6항, 제406조의2 제3항).

7) 판결의 효과

(1) 원고승소의 경우: 대표소송 및 다중대표소송에 의한 판결의 효과는 회사에 대하여 그 효력이 미친다. 대표소송에서 승소한 주주는 패소한 피고로부터 소송비용을 청구할 수 있고, 회사에 대해 피고인 이사로부터 보상받지 못한 소송비용 및 이외의 소송으로 인한 실비액의 범위에서 상당한 금액의 지급을 회사에 대하여 청구할 수 있다(제405조 제1항 전단, 제406조의2 제3항). 이 경우 소송비용을 지급한 회사는 이사에 대하여 구상권이 있다(제405조 제1항 후단, 제406조의2 제3항).

보충판례 주주대표소송의 주주와 같이 다른 사람을 위하여 원고가 된 사람이 받은 확정판결의 집행력은 확정판결의 당사자인 원고가 된 사람과 다른 사람 모두에게 미치므로 주주대표소송의 주주는 집행채권자가 될 수 있다(대법원 2014.2.19.자 2013마2316결정).

(2) 원고패소의 경우: 주주가 패소한 때에는 악의가 있는 경우에 한하여 회사에 대해 손해를 배상할 책임을 진다(제405조 제2항, 제406조의2 제3항). 악의란 회사에 손해를 끼칠 목적이나 회사를 해(害)하려는 고의가 있는 것을 말한다.

8) 재심의 소

대표소송 및 다중대표소송에서 원고와 피고의 공모로 인하여 소송의 목적인 회사의 권리를 사해(詐害)할 목적으로서 판결을 하게 한 때에는 회사 또는 주주는 확정된 종국판결에 대하여 재심의 소를 제기할 수 있다(제406조, 제406조의2 제3항).

재심의 소를 제기할 수 있는 주주는 소수주주가 아니라도 무방하며 재심청구 당시의 주주이면 족하다. 판결확정 후 재심의 사유를 안 때로부터 30일 내, 판결확정 후 5년 내에 재심의 소를 제기하여야 한다(민사소송법 제456조 제1항, 제3항).

제4관 집행임원

I. 집행임원의 의의

집행임원이란 이사회에서 선임되어 이사회의 경영방침에 다라 업무집행을 맡는 회사의 집행기관으로서, 경영·재무·기술 등 분야별 집행임원이 경영 전반에 권한을 갖고 책임을 지는 자로서 흔히 CEO(최고경영 집행임원), CFO(최고재무 집행임원), CTO(최고기술 집행임원), COO(최고운영 집행임원) 등이 있다.

회사는 집행임원을 둘 수 있고, 집행임원을 둔 회사는 대표이사를 둘 수 없다(제408조의2 제1항). 집행임원을 둔 회사와 집행임원의 관계는 민법 중 위임에 관한 규정이 준용된다(제408조의2 제2항).

보충 집행임원제도를 도입한 취지: 대규모 상장회사가 이사의 수를 대폭 축소하고, 정관이나 내규 등으로 집행임원(비등기임원)을 다수 운영하는 실정이어서 이를 법제화하는 한편, 현행 이사회제도는 업무집행기능과 감독기능이 함께 부여되어 있어서 이사회의 감독기능이 미약한 상태이므로 이를 분리하여 집행임원에게 업무집행을 담당하게 함으로써 이사회의 감독기능을 제고하고자 하는 것이 도입취지이다. 즉, 현행 회사법상 대표이사가 업무집행권과 대표권을 가지고 이사회는 대표이사의 업무집행을 감독하는 구조이나 대표이사 등의 최고경영자가 이사회도 지배하고 있는 실정이므로 이사회가 대표이사 등 경영진의 경영활동을 적절하게 감시하기 어려운 구조적인 문제를 해결하기 위한 데 그 도입의 이유가 있다.
더욱이 이사회의 기능 중 업무집행기능을 분리하여 집행임원에게 전담하게 하고, 이사회는 중요한 전략적 의사결정과 업무집행에 관한 감독기능만을 담당하는 효율적인 지배구조로 개선하고자 하는 데 있다.

II. 집행임원의 선임과 종임

1. 선 임

집행임원은 이사회에서 선임한다(제408조의2 제3항 제1호). 집행임원의 성명 및 주민등록번호는 등기하여야 한다(제317조 제2항 제8호).

2. 종 임

집행임원 설치회사와 집행임원의 관계에는 위임에 관한 규정이 준용되므로(제408조의2 제1항), 집행임원의 사망·성년후견개시·파산과 회사의 해산 및 파산에 의하여 종임한다. 또한 사임이나 이사회의 해임에 의하여 종임한다(제408조의2 제3항 제1호; 집행임원의 안정적 지위를 인정하기 위해서는 이사의 해임에 관한 제385조의 준용이 되어야 하나 입법상 미비라는 주장이 강하다). 집행임원의 선임 무효나 취소 또는 해임의 소가 제기된 경우에는 이사의 직무집행정지 가처분 및 직무대행자의 직무에 관한 규정이 준용된다(제408조의9, 제407조, 제408조).

Ⅲ. 집행임원의 수와 임기 및 자격

1. 집행임원의 수와 임기

1) 집행임원의 수

집행임원의 수에는 특별한 제한이 없으므로, 1인 이상의 집행임원을 둘 수 있다(집행임원의 수에 관해서는 이사회에서 정할 수 있다; 상장회사표준정관 제3항 참조).

2) 집행임원의 임기

집행임원의 임기는 정관에 다른 규정이 없으면 2년을 초과하지 못한다(제408조의3 제1항). 다만, 정관으로 그 임기 중의 최종 결산기에 관한 정기주주총회가 종결한 후 가장 먼저 소집하는 이사회의 종결시까지로 정할 수 있다(제408조의3 제2항).

2. 집행임원의 자격

집행임원의 자격에 관하여 특별한 규정이 없으므로, 자연인이면 가능하다. 집행임원의 기능상 법인은 집행임원이 될 수 없다고 본다. 집행임원은 회사나 자회사의 감사를 겸직할 수 없음에는 이설(異說)이 없고, 사외이사 아닌 업무집행이사가 집행임원이 될 수 있는가에 대해서는 논란이 있을 수 있으나 겸직이 가능하다고 본다. 다만, 집행임원은 사외이사가 될 수 없고, 집행임원이 되는 경우 사외이사의 직을 상실한다(제382조 제3항 제1호).

Ⅳ. 집행임원의 보수

집행임원의 보수는 정관에 규정이 없거나 주주총회의 승인이 없는 경우에는 이사회에서 결정한다(제408조의2 제3항 제6호). 이 점에서 정관이나 주주총회의 승인으로 정하는 이사와 감사의 보수결정과 차이가 있다.

Ⅴ. 집행임원 설치회사의 이사회

1. 이사회의 권한

집행임원을 설치한 회사의 이사회는 ①집행임원과 대표집행임원의 선임 및 해임, ②집행임원의 업무감독, ③집행임원과 집행임원 설치회사의 소송에서 집행임원 설치회사를 대표할 자의 선임, ④집행임원에게 업무집행에 관한 의사결정의 위임(상법에서 이사회 권한사항으로 정한 경우는 제외한다), 집행임원이 여러명인 경우 집행임원의 직무 분담 및 지휘·명령관계, ⑤그 밖에 집행임원의 상호관계에 관한 사항의 결정, ⑥정관에 규정이 없거나 주주총회의 승인이 없는 경우 집행임원의 보수결정 등의 권한을 갖는다(제408조의2 제3항).

2. 이사회의 의장

집행임원 설치회사는 이사회의 회의를 주관하기 위하여 이사회 의장을 두어야 한다. 이 경우 이사회의 의장은 정관에 정함이 없으면 이사회 결의로 선임한다(제408조의2 제4항). 다만, 집행임원이 법원의 허가를 받아 이사회를 소집하는 경우에는 법원이 이해관계인의 청구 또는 직권으로 이사회 의장을 선임할 수 있다(제408조의7 제2항 후문).

Ⅵ. 대표집행임원

1. 대표집행임원의 선임

2명 이상의 집행임원이 선임된 경우에는 이사회의 결의로 집행임원 설치회사를 대표할 집행임원을 선임하여야 한다. 다만, 집행임원이 1명인 경우에는 그 집행임원이 대표집행임원이 된다(제408조의5 제1항). 대표집행임원이 선임되는 경우 그 대표집행임원의 성명과 주민등록번호 및 주소를 등기하여야 한다(제317조 제2항 제9호).

2. 대표집행임원의 지위

대표집행임원에 관하여 상법에 다른 규정이 없으면 주식회사의 대표이사에 관한 규정이 준용되고(제408조의5 제2항), 표현대표이사에 관한 규정(제395조)도 준용된다(제408조의5 제3항).

3. 공동대표집행임원

대표집행임원 2명 이상이 공동대표집행임원으로 선임될 수 있고, 공동대표집행임원이 공동으로 회사를 대표할 것을 정한 경우에는 이를 등기하여야 한다(제317조 제2항 제10호). 공동대표집행임원의 권한에 대해서는 공동대표이사의 규정이 준용된다(제408조의5 제2항).

Ⅶ 집행임원의 권한, 의무와 책임

1. 집행임원의 권한

1) 업무집행에 관한 의사결정권

집행임원은 집행임원 설치회사의 업무집행과 정관이나 이사회의 결의에 의하여 위임받은 업무집행에 관한 의사결정을 할 권한을 갖는다(제408조의4). 이사회는 집행임원에 대하여(경업승인·신주발행의 결정·재무제표의 승인·사채발행의 결정 등 상법에서 이사회 권한사항으로 정한 사항을 제외하고는) 업무집행에 관한 의사결정권을 포괄적·일반적으로 위임할 수 있다. 이 경우 이사회는 집행임원의 업무집행을 감독하는 기능을 갖는다.

2) 이사회소집청구권

집행임원은 필요하면 회의의 목적사항과 소집이유를 서면에 적어 이사(소집권자가 있는 경우에는 소집권자)에게 제출하여 이사회의 소집을 청구할 수 있다(제408조의7 제1항). 집행임원이 이사회의 소집 청구를 한 후 이사가 지체없이 이사회 소집의 절차를 밟지 아니하면 소집을 청구한 집행임원은 법원의 허가를 받아 이사회를 소집할 수 있다(제408조의7 제2항 전문).

2. 집행임원의 의무 및 책임

1) 집행임원의 의무

(1) 이사회에 대한 보고의무: 집행임원은 3개월에 1회 이상 업무의 집행상황을 이사회에 보고하여야 한다(제408조의6 제1항). 집행임원은 이사회의 요구가 있으면 언제든지 이사회에 출석하여

요구한 사항을 보고하여야 한다(제408조의6 제2항). 이사는 대표집행임원으로 하여금 다른 집행임원 또는 피용자의 업무에 관하여 이사회에 보고할 것을 요구할 수 있다(제408조의6 제3항).

(2) 기 타: 집행임원에게는 이사의 충실의무(제382조의3), 기업비밀유지의무(제382조의4), 경업금지의무(제397조), 회사의 기회 및 자산유용금지의무(제397조의2), 자기거래제한(제398조)에 관한 규정이 준용된다(제408조의9). 그리고 정관 등의 비치·공시의무(제396조)의 규정이 준용된다(제408조의9).

2) 집행임원의 책임

(1) 회사에 대한 책임: 집행임원이 고의 또는 과실로 법령이나 정관을 위반한 행위를 하거나 그 임무를 게을리한 경우에는 그 집행임원은 집행임원 설치회사에 손해를 배상할 책임이 있다(제408조의8 제1항). 이때 다른 집행임원·이사 또는 감사도 그 책임이 있으면 이들과 연대하여 배상할 책임이 있다(제408조의8 제3항). 회사에 대한 책임은 총주주의 동의로 면제할 수 있고(제408조의9, 제400조 제1항), 정관으로 손해배상책임 범위를 제한하여 초과금액에 대한 면제를 할 수 있다(제408조의9, 제400조 제2항). 집행임원의 책임에 대해서는 대표소송 또는 다중대표소송에 의하여 추궁할 수 있다(제408조의9, 제403조 내지 제406조, 제406조의2).

(2) 제3자에 대한 책임: 집행임원이 고의 또는 중대한 과실로 그 임무를 게을리한 경우에는 그 집행임원은 제3자에게 손해를 배상할 책임이 있다(제408조의8 제2항). 이에 다른 집행임원·이사 또는 감사도 책임이 있으면 이들도 연대하여 배상할 책임이 있다(제408조의8 제3항).

(3) 업무집행지시자 등의 책임: 집행임원에 대하여 업무집행을 지시하거나 집행임원의 명의로 업무집행을 한 자 또는 집행임원으로 오인할 수 있는 일정한 명칭(예 회장, 부회장 등)을 사용하는 자의 업무집행에 대해서는 업무집행지시자 등의 책임에 관한 규정이 준용된다(제408조의9, 제401조의2).

Ⅷ 기타 준용규정

집행임원에 대하여도 이사의 위법행위에 대한 유지청구권에 관한 규정(제402조), 감사의 업무감사권에 관한 규정(제412조), 이사의 감사에 대한 보고의무에 관한 규정(제412조의2)을 준용한다(제408조의9). 따라서 집행임원의 위법행위에 대한 유지청구가 인정된다. 또한 집행임원의 업무에 대한 감사의 업무감사권이 인정되고, 집행임원은 회사에 현저한 손해가 생길 염려가 있는 때에는 즉시 감사에게 이를 보고하여야 한다.

제5관 감사 · 감사위원회 · 검사인 · 외부감사인

I. 감 사

1. 의 의

감사(監事)란 회사의 회계 및 이사의 업무집행의 감사(監査)를 직무로 하는 주식회사의 필요적 상설기관이다. 감사는 감사위원회를 두지 않는 경우에만 둘 수 있으며(제415조의2 제1항), 자본금의 총액이 10억원 미만인 소규모회사의 경우에는 감사를 선임하지 않을 수 있다(제409조 제4항).

참고 총자산 1천억원 이상의 상장회사는 감사위원회를 설치하지 않는 한 주주총회 결의에 의하여 회사에 상근하면서 감사업무를 수행하는 상근감사 1인 이상을 두어야 한다(제542조의10 제1항). 한편 총자산 2조원 이상인 상장회사의 경우에는 감사위원회를 설치하여야 하므로(제542조의11 제1항), 감사를 둘 수 없다.

2. 선임 · 종임 등

1) 선임 및 종임

(1) 선 임: ① 감사는 주주총회에서 보통결의로 선임한다(제409조 제1항). 다만, 회사가 제368조의4 제1항에 따라 전자적 방법으로 의결권을 행사할 수 있도록 한 경우에는 제368조 제1항에도 불구하고 출석한 주주의 의결권의 과반수로써 감사의 선임을 할 수 있다(제409조 제3항).

② 의결권 없는 주식을 제외한 발행주식총수의 100분의 3(정관에서 더 낮은 주식보유비율을 정할 수 있으며, 정관에서 더 낮은 주식보유비율을 정한 경우에는 그 비율로 한다)을 초과하는 수의 주식을 가진 주주는 그 초과하는 주식에 관하여는 감사의 선임 결의에서 의결권을 행사하지 못한다(제409조 제2항). 감사선임시 의결권제한 비율을 초과하는 주식으로써 의결권을 행사할 수 없는 주식수는 출석주주의 의결권 수에 산입하지 아니한다(제371조 제2항). 이에 대해 판례(대법원 2016.8.17.선고 2016다222996판결)는 「어느 한 주주가 발행주식총수의 78%를 초과하여 취득하는 경우 감사선임결의에 있어 '발행주식총수의 4분의 1 이상의 수'라는 요건을 충족시키는 것이 원천적으로 불가능하게 되므로, 감사선임에서 3% 초과주식은 상법 제368조 제1항에서 말하는 '발행주식총수'에 산입되지 않는다」고 한다.

③ 감사의 경우에도 이사선임의 경우와 같이 주주총회에서 선임결의를 하고, 피선임자의 승낙만 있으면 감사의 지위를 취득한다(대법원 2017.3.23.선고 2016다251215전원합의체판결).

(2) 종 임: 감사는 위임의 종료사유로 퇴임한다. 또한 임기만료나 사임, 특별결의에 의한 감사의 해임 등에 의해 종임하는 것은 이사의 경우와 같다(제415조, 제385조 제1항). 그러나 회사가 해산

하여도 이사의 경우와는 달리 그 자격을 잃지 않는다. 감사의 경우에도 소수주주의 이사해임 청구와 직무집행정지가처분에 관한 규정이 준용된다(제415조, 제385조 제2항, 제407조).

(3) 선임 · 종임의 등기: 감사의 선임절차가 끝나면 감사의 성명과 주민등록번호를 등기하여야 하며, 종임의 경우에도 그 사실을 등기하여야 한다(제317조 제2항 제8호).

2) 자 격

감사의 자격[1]에는 제한이 없으나, 다만 감사는 당해 회사 및 자회사의 이사, 지배인 또는 그 밖의 사용인을 겸하지 못한다(제411조). 그러나 모회사의 이사 등이 자회사의 감사는 될 수 있다.

보충판례 감사가 회사 또는 자회사의 이사 또는 지배인 기타의 사용인에 선임되거나 반대로 회사 또는 자회사의 이사 또는 지배인 기타의 사용인이 회사의 감사에 선임된 경우에는 그 선임행위는 각각의 선임 당시에 있어 현직을 사임하는 것을 조건으로 하여 효력을 가지고 피선임자가 새로이 선임된 지위에 취임할 것을 승낙한 때에는 종전의 직을 사임하는 의사를 표시한 것으로 해석하여야 한다(대법원 2007.12.13.선고 2007다60080판결).

3) 감사의 수와 임기

감사의 수에는 제한이 없으므로 1인 또는 수인을 둘 수 있다. 감사의 임기는 취임 후 3년 내의 최종의 결산기에 관한 정기주주총회의 종결일까지이다(제410조). 임기는 취임을 한 때로부터 기산한다.

4) 보 수

감사의 보수도 이사의 보수와 같이 정관으로 정하거나 주주총회에서 정하여야 한다(제415조, 제388조). 이사와 달리 감사를 위한 보수총액만 정관 또는 주주총회에서 결정하고 그 배분을 이사회에 위임하는 것은 인정되지 않는다.

3. 감사의 권한

1) 회계 및 업무감사권

감사는 회계감사의 업무 이외에 이사 또는 집행임원의 직무의 집행을 감사(監査)한다

---

1) 【학설】 법인감사 인정 여부에 관한 학설
법인도 감사가 될 수 있는가에 대해 긍정하는 견해와 직무의 성질상 법인은 감사가 될 수 없고 자연인에 한하여 가능하다는 견해가 있다.

(제412조 제1항; 제408조의9). 감사를 선임하지 않은 소규모 회사의 경우에는 주주총회가 업무감사권을 갖는다(제409조 제6항). 감사는 언제든지 이사 또는 집행임원에 대하여 영업에 관한 보고를 요구하거나 회사의 업무와 재산상태를 조사할 수 있으며(제412조 제2항; 제408조의9), 이때 회사의 비용으로 전문가의 도움을 구할 수 있다(제412조 제3항).

한편, 감사의 업무감사의 범위에 관하여는 학설의 대립이 있다.[1)]

2) 자회사의 감사권

모회사의 감사는 그 직무를 수행하기 위하여 필요한 때에는 자회사에 대하여 영업의 보고를 요구할 수 있다(제412조의5 제1항). 이러한 권리는 모회사의 감사(監査)를 위하여 필요한 때에만 행사할 수 있다. 모회사의 감사가 자회사에 대하여 영업에 관한 보고를 요구하였으나, 자회사가 지체없이 보고를 하지 않거나, 보고를 하였더라도 보고의 전부를 확인할 필요가 있는 때에는 자회사의 업무와 재산상태를 조사할 수 있다(제412조의5 제2항). 자회사는 정당한 사유가 없는 한 감사의 보고요구 및 조사를 거부할 수 없다(제412조의5 제3항). 감사를 선임하지 않은 자본금 10억원 미만의 주식회사의 경우에는 주주총회가 자회사의 감사권을 갖는다(제409조 제6항).

3) 이사회소집권

감사는 필요하면 회의의 목적사항과 소집이유를 서면으로 적어 이사(소집권자가 있는 경우에는 소집권자)에게 제출하여 이사회 소집을 청구할 수 있고(제412조의4 제1항), 이러한 청구에도 불구하고 소집하지 아니하면 그 청구한 감사가 이사회를 소집할 수 있다(제412조의4 제2항).

4) 이사회출석권·의견진술권

감사는 이사회에 출석하여 의견을 진술할 수 있다(제391조의2 제1항). 감사는 직무의 행사와 관련하여 선량한 관리자의 주의의무를 지므로 이사회에 출석할 의무가 있다는 견해가 있으나, 감사의 출석의무는 감사의 지위를 약화시킬 수도 있으므로 감사의 출석의무는 없다고 본다. 감사의 이사회출석권이 인정되므로 이사회를 소집할 때에는 감사에게도 소집통지를 하여야 하며(제390조 제3항), 소집통지를 생략하고자 할 때에는 감사의 동의도 얻어야 한다(제390조 제4항).

5) 이사회 의사록의 기명날인 또는 서명권

이사회에 출석한 감사는 이사회의 의사록에 기명날인 또는 서명하여야 한다(제391조의3 제2항).

---

1) 【학설】 업무감사의 범위에 관한 학설
업무감사(業務監査)의 범위에 관해서는 적법성에 대한 감사권만이 있고 타당성 감사는 명문규정이 있는 경우에만 할 수 있다는 견해(다수설), 적법성에 한정되지만 이사의 업무집행이 현저하게 부당한 경우에는 타당성의 감사를 할 수 있다는 견해, 감사는 회사의 감사기관이므로 감사를 함에 있어서는 그 적법성뿐만 아니라 회사에 중대한 영향을 미치는 사항에 대해서는 그 타당성도 감사하여야 한다는 견해가 있다.

이것은 감사의 출석을 보장하고 의사록 작성의 공정·정확을 기하기 위함이다.

6) 이사 및 집행임원의 보고수령권

이사 또는 집행임원은 회사에 현저한 손해를 미칠 염려가 있는 사실을 발견한 때에는 즉시 감사에게 이를 보고하여야 한다(제412조의2; 제408조의9). 감사는 보고받은 사실을 조사하고 이사회와 주주총회에 의견을 진술하여야 한다. 감사를 선임하지 아니한 자본금 10억원 미만의 회사의 경우에는 이사 또는 집행임원은 주주총회에 이를 보고하여야 한다(제409조 제6항).

7) 주주총회소집청구권

감사는 회의의 목적사항과 소집의 이유를 기재한 서면을 이사회에 제출하여 임시총회의 소집을 청구할 수 있다(제412조의3 제1항).

감사가 주주총회의 소집을 청구할 수 있는 경우로는 감사의 업무와 관련해서 필요한 때에 한한다는 견해가 있으나, 이사는 회사에 현저한 손해가 발생할 염려가 있는 때에 즉시 감사에게 보고하여야 하고, 이 경우 감사가 주주총회에 의견을 진술하여야 하는 때와 같이 필요한 때에는 반드시 감사의 업무와 관련되지 않더라도 주주총회의 소집청구가 가능하다고 본다.

8) 감사해임에 관한 의견진술권

감사는 주주총회에서 감사의 해임에 관하여 의견을 진술할 수 있다(제409조 의2). 감사는 자신의 해임에 관해서는 물론 다른 감사의 해임에 관해서도 의견을 진술할 수 있다.

9) 회사와 이사 간의 소송시 회사대표권

회사가 이사에 대하여 또는 이사가 회사에 대하여 소송을 제기하는 경우 감사는 그 소에 관하여 회사를 대표한다(제394조 제1항). 대표이사가 회사를 대표하여야 하지만, 소송수행의 공정을 위해 객관적·중립적 기구로서의 감사에게 소(訴)대표권을 부여한 것이다.

감사는 단독으로 소제기의 결정권을 행사할 수 있다. 감사의 대표권에 관한 규정은 효력규정으로서, 이에 위반하여 대표이사가 회사를 대표하여 행한 소송행위는 무효이다.

10) 이사 및 집행임원의 위법행위 유지청구권

이사 또는 집행임원이 법령 또는 정관에 위반한 행위로 회사에 회복할 수 없는 손해를 끼칠 염려가 있는 때에는 감사도 이사나 집행임원의 위법행위의 유지를 청구할 수 있다(제402조; 제408조의9).

11) 기 타

감사에게는 각종의 소제기권이 인정된다. 즉, 설립무효의 소(제328조 제1항), 주식의 포괄적 교환 및 이전무효의 소(제360조의14, 제360조의23), 주주총회결의취소의 소(제376조), 신주발행무효의 소(제429조), 자본금감소무효의 소(제445조), 합병무효의 소(제529조 제1항), 분할무효의 소(제530조의11, 제529조) 등에 있어 원고가 될 수 있다.

4. 감사의 의무

1) 이사회에 대한 보고의무

감사는 이사가 법령 또는 정관에 위반한 행위를 하거나 그 행위를 할 염려가 있다고 인정한 때에는 이사회에 이를 보고하여야 한다(제391조의2 제2항).

2) 주주총회에서의 의견진술의무

감사는 이사가 주주총회에 제출하는 의안 및 서류를 조사하여 법령 또는 정관에 위반하거나 현저하게 부당한 사항이 있는지의 여부에 관하여 주주총회에서 그 의견을 진술하여야 한다(제413조).

3) 감사록의 작성의무

감사는 감사(監査)에 관하여 감사록을 작성하여야 한다(제413조의2 제1항). 감사록에는 감사의 실시요령과 그 결과를 기재하고 감사(監査)를 실시한 감사(監事)가 기명날인 또는 서명하여야 한다(제413조의2 제3항).

4) 감사보고서의 작성 · 제출의무

감사는 이사로부터 정기총회일의 6주간 전에 재무제표와 그 부속명세서 및 영업보고서를 제출받아, 이를 받은 날로부터 4주간 내에 감사보고서를 작성하여 이사에게 제출하여야 한다(제447조의4 제1항). 감사보고서의 기재사항에 대해서는 상법 제447조의4 제2항 각호에서 규정하고 있다.

5) 기 타

감사는 회사와 위임관계에 있으므로 선관주의의무를 부담하고, 이사회에 출석권이 있으므로 기업비밀유지의무를 진다(제415조, 제382조의4). 그러나 감사는 업무집행을 하는 자가 아니므로 경업금지의무와 회사의 기회 및 자산의 유용금지의무를 부담하지 않고, 자기거래제한은 받지 않는다.

【판례】 대법원 2007.12.13.선고 2007다60080판결

상법이 감사를 상임감사와 비상임감사로 구별하며 비상임감사는 상임감사에 비해 그 직무와 책임이 경감되는 것으로 규정하고 있지도 않을 뿐 아니라, 우리나라의 회사들이 비상임감사를 두어 비상임감사는 상임감사의 유고시에만 감사의 직무를 수행하도록 하고 있다는 상관습의 존재도 인정할 수 없으므로 비상임감사는 감사로서의 선관주의의무 위반에 따른 책임을 지지 않는다는 주장은 허용될 수 없다.

5. 감사의 책임

1) 회사에 대한 책임

감사는 그 임무를 해태한 때에는 회사에 대하여 연대하여 손해를 배상할 책임이 있다(제414조 제1항). 감사의 회사에 대한 손해배상책임은 총주주의 동의로 면제할 수 있고(제415조, 제400조 제1항), 이사의 경우와 같이 대표소송 및 다중대표소송에 의한 책임추궁이 인정된다(제415조, 제403조 내지 제406조, 제406조의2). 감사의 불법행위책임은 총주주가 면제의 의사표시를 하여도 면제되지 않는 점은 이사의 경우와 같다(대법원 1996.4.9.선고 95다56316판결).

【판례】 대법원 2019.11.28.선고 2017다244115판결

주식회사의 감사는 회사의 필요적 상설기관으로서 회계감사를 비롯하여 이사의 업무집행 전반을 감시할 권한을 갖는 등 상법 기타 법령이나 정관에서 정한 권한과 의무가 있다. 감사는 이러한 권한과 의무를 선량한 관리자의 주의의무를 다하여 이행하여야 하고, 이에 위반하여 그 임무를 해태한 때에는 그로 인하여 회사가 입은 손해를 배상할 책임이 있다.

2) 제3자에 대한 책임

감사가 직무를 수행함에 있어서 악의 또는 중대한 과실이 있는 때에는 제3자에 대하여 연대하여 손해배상책임을 부담한다(제414조 제2항). 이 경우 이사도 책임이 있는 때에는 감사와 이사는 연대하여 손해배상책임을 진다(제414조 제3항). 감사의 제3자에 대한 손해배상책임은 일반채권으로서 민법 제162조 제1항에 따라 그 소멸시효기간은 10년이다(대법원 2008.1.18.선고 2005다65579판결).

【판례】 대법원 2008.2.14.선고 2006다82601판결

[1] 주식회사의 감사가 실질적으로 감사로서의 직무를 수행할 의사가 전혀 없으면서도 자신의 도장을 이사에게 맡기는 등의 방식으로 그 명의만을 빌려줌으로써 회사의 이사로 하여금 어떠한 간섭이나 감독도 받지 않고 재무제표 등에 허위의 사실을 기재한 다음 그와 같이 분식된 재두제표 등을 이용하여 거래 상대방인 제3자에게 손해를 입히도록 묵인하거나 방치한 경우, 감사는 악의 또는 중대한 과실로 인하여 임무를 해태한 때에 해당하여 그로 말미암아 제3자가 입은 손허를 배상할 책임이 있다.

[2] 주식회사의 감사가 감사로서 결산과 관련한 업무 자체를 수행하기는 하였으나 재무제표 등이 허위로 기재되었다는 사실을 과실로 알지 못한 경우에는, 문제된 분식결산이 쉽게 발견 가능한 것이어서 조금

만 주의를 기울였더라면 허위로 작성된 사실을 알아내 이사가 허위의 재무제표 등을 주주총회에서 승인받는 것을 저지할 수 있었다는 등 중대한 과실을 추단할 만한 사정이 인정되어야 비로소 제3자에 대한 손해배상의 책임을 인정할 수 있다.

참조판례 감사가 회사의 사정에 비추어 회계감사 등의 필요성이 있음을 충분히 인식하고 있었고, 또 경리업무담당자의 부정행위의 수법이 교묘하게 저질러진 것이 아닌 것이어서 어음용지의 수량과 발행매수를 조사하거나 은행의 어음결제량을 확인하는 정도의 조사만이라도 했다면 위 경리업무담당자의 부정행위를 쉽게 발견할 수 있었을 것인데도 아무런 조사도 하지 아니하였다면 위 경리업무담당자의 부정행위로 발행된 어음을 취득함으로써 손해를 입은 어음소지인들에 대하여 위 감사는 상법 제414조 제2항·제3항에 의한 손해를 배상할 책임이 있다(대법원 1988.10.25.선고 87다카1370판결).

Ⅱ. 감사위원회

1. 의 의

회사는 정관의 정하는 바에 따라 감사에 갈음하여 이사회 내의 위원회로서 감사위원회를 둘 수 있고, 감사위원회를 설치하는 경우에는 감사를 둘 수 없다(제415조의2 제1항). 감사위원회는 감사의 권한을 행사한다(제415조의2 제7항).

2. 감사위원회의 설치와 구성

1) 설 치

회사는 정관의 정하는 바에 따라 '이사회 내 위원회'의 하나로서 감사에 갈음하여 감사위원회를 설치할 수 있다(제415조의2 제1항).

참고 상장회사의 감사위원회 설치와 구성(제542조의11, 제542조의12)에 관해서는 제11절 「상장회사의 특례」에서 설명하기로 한다.

2) 감사위원회의 원수와 자격

감사위원회는 3인 이상의 이사로 구성된다. 따라서 감사위원회를 두기 위해서는 최소한 4인 이상의 이사가 존재하는 경우에만 인정된다. 감사위원회의 감사위원의 자격에 관해서는 특별한 규정을 두고 있지 않다. 다만, 감사위원회의 중립성과 객관성을 확보하기 위하여 사외이사가 감사위원의 3분의 2 이상이어야 한다(제415조의2 제2항).

3) 감사위원의 선임 · 해임

감사위원은 정관에 다른 정함이 없는 한 이사회의 결의로 선임하며, 감사위원의 해임은 이사총수의 3분의 2 이상의 결의로 하여야 한다(제415조의2 제3항). 정관 또는 이사회의 정함이 없는 한 감사위원의 임기는 이사의 지위의 종료와 함께 종료된다.

3. 감사위원회의 운영

감사위원회는 회의체기관이므로 권한행사는 위원회의 결의를 통하여 한다. 감사위원회의 소집 등 운영은 이사회 내 위원회의 운영방법에 따라야 한다(제393조의2 참조). 감사위원회의 대표는 감사위원회의 결의로 선정하며, 수인을 대표위원으로 선정하여 공동으로 대표하게 할 수 있다(제415조의2 제4항). 감사위원회는 회사의 비용으로 전문가의 조력을 구할 수 있다(제415조의2 제5항).

4. 감사위원회의 권한과 책임

감사위원회는 감사와 동등한 권한과 의무를 부담한다(제415조의2 제7항). 감사위원회의 감사(監査)의 범위에 대해서도 감사의 경우와 같이 다툼이 있다. 감사위원도 회사와 제3자에 대하여 감사와 동일한 책임을 진다(제415조의2 제7항). 감사위원의 회사에 대한 책임을 면제하는 데는 총주주의 동의가 필요하다(제415조의2 제7항, 제400조).

【판례】 대법원 2017.11.23.선고 2017다251694판결[동지: 대법원 2020.5.28.선고 2016다243399판결]

주식회사의 감사위원회는 이사의 직무집행을 감사하고, 이사가 법령 또는 정관에 위반한 행위를 하거나 그러한 행위를 할 염려가 있다고 인정한 때에는 이사회에 이를 보고하여야 하며, 이사가 법령 또는 정관에 위반한 행위를 하여 이로 인하여 회사에 회복할 수 없는 손해가 생길 염려가 있는 경우에는 그 행위에 대한 유지청구를 하는 등의 의무가 있다(상법 제415조의2 제7항, 제412조 제1항, 제391조의2, 제402조). 감사위원회의 위원은 상법상 위와 같은 의무 또는 기타 법령이나 정관에서 정한 의무를 선량한 관리자의 주의의무를 다하여 이행하여야 하고, 고의·과실로 선량한 관리자의 주의의무를 위반하여 그 임무를 해태한 때에는 그로 인하여 회사가 입은 손해를 배상할 책임이 있다(상법 제415조의2 제7항, 제414조 제1항, 제382조 제2항).

Ⅲ. 검사인

1. 의 의

검사인은 일정한 법정사항(예 회사설립시의 변태설립사항과 현물출자의 이행, 존속 중의 회사의 업무와 재산상태 등)을 조사하기 위하여 선임되는 회사의 임시기관이다.

2. 지위 · 자격

주주총회에서 선임하는 검사인은 회사와 위임관계에 있으므로 회사에 대해 선량한 관리자의 주의의무를 진다. 법원에서 선임되는 검사인은 회사와 위임관계가 없고, 권한도 법률의 규정에 의해 정해진다. 검사인의 자격에는 제한이 없으나 직무의 성질상 자연인이어야 하며, 당해 회사의 이사 · 감사 · 사용인은 검사인이 될 수 없다.

3. 선임 · 종임

1) 선 임

(1) 법원이 선임하는 경우: 회사설립시 변태설립사항(제290조)이 있을 경우(제298조 제4항), 액면미달의 신주발행을 하는 경우에 법원이 최저발행가액을 변경할 경우(제417조 제3항), 신주발행시 현물출자가 있는 경우(제422조 제1항), 회사의 업무집행에 관하여 부정행위 또는 법령 · 정관에 위반한 중대한 사실이 있음을 의심할 만한 사유가 있는 때(제467조 제1항), 주주총회의 소집절차나 결의방법의 적법성을 조사하기 위한 경우(제367조 제2항)에는 법원이 검사인을 선임한다.

(2) 주주총회가 선임하는 경우: 소수주주의 청구에 의하여 소집된 주주총회에서 회사의 업무와 재산상태를 조사하게 하기 위한 경우(제366조 제3항), 주주총회에서 이사가 제출한 서류와 감사의 보고서를 조사하게 하기 위한 경우(제367조 제1항), 그리고 청산 중의 회사의 주주총회에서 이사가 제출한 서류와 감사의 보고서를 조사하기 위한 경우(제542조 제2항, 제366조 제3항)에는 주주총회에서 검사인을 선임한다.

2) 종 임

검사인의 지위는 임시적이므로 통상 직무의 종료로 그 지위가 소멸한다. 그러나 직무의 종료 전이라도 주주총회에서 선임한 때에는 주주총회의 해임결의로, 법원이 선임한 경우에는 법원의 해임으로 그 지위가 소멸한다.

4. 책 임

주주총회에서 선임된 검사인은 회사와 위임관계에 있으므로 임무해태를 한 때에는 회사에 대해 채무불이행책임을 진다. 그러나 제3자에 대하여는 직접적인 법률관계가 없으므로 책임을 지지 않는다. 한편, 법원이 설립경과를 조사하게 하기 위하여 선임한 검사인은 악의 또는 중대한 과실로 인하여 그 임무를 해태한 때에는 회사 또는 제3자에 대하여 손해를 배상할 책임이 있다(제325조).

IV. 외부감사인

「주식회사의 외부감사에 관한 법률」(이하 「외감법」이라 한다)에 의하여 직전사업연도 말을 기준으로 자산총액이 대통령령으로 정하는 범위(120억원 이상)인 회사는 외부감사인을 선임하여 외부감사를 받아야 한다(외감법 제2조). 외부감사인이 될 수 있는 자는 회계법인, 한국공인회계사회에 등록된 감사반에 한한다(외감법 제3조 제1항). 외부감사인은 일반적으로 공정타당한 회계감사기준에 따라 감사를 실시하고, 이러한 직무수행을 위하여 회계장부열람권 · 회계자료제출요구권 등을 갖는다(외감법 제6조). 한편, 외부감사인은 감사보고서를 작성하여 일정기간 내에 회사 · 증권선물위원회 · 공인회계사회에 제출할 의무를 진다(외감법 제7조).

외부감사인과 그에 속하는 공인회계사는 그 직무상 알게 된 비밀을 엄수하여야 한다(외감법 제9조). 외부감사인도 감사와 같이 회사 및 제3자에 대한 손해배상책임을 부담한다. 다만, 외부감사인의 책임은 청구권자가 그 사실을 안 날로부터 1년, 감사보고서를 제출한 날로부터 3년이 경과하면 소멸한다(외감법 제17조).

제5절 신주의 발행

제1관 신주발행의 개념과 종류

I. 신주발행의 개념

1. 자본금조달 방법

주식회사의 자본금조달의 방법은 신주를 발행하여 자기자본을 조달하는 방법과 사채를 발행하여 타인자본을 조달하는 방법이 있다. 신주발행은 회사가 주식을 소각하지 않는 한 반환의 부담이 없고 이익이 없을 때에는 배당을 하지 않아도 되지만, 사채의 발행은 상환의 기일이 도래하면 반드시 상환하여야 하고 이익이 없어도 일정한 이자를 지급하여야 한다는 점에 차이가 있다.

2. 신주발행의 의의

신주의 발행이란 발행예정주식총수(수권자본의 범위) 내에서 이미 발행하고 남은 미발행주식 중에서 주식을 발행하여 회사의 자본금을 증가시키는 것을 말한다. 미발행주식 중에서 새로이 주식을 발행하는 것은 원칙적으로 이사회의 권한사항이므로 이사회의 의사결정만으로 신속하게 자본을 조달할 수 있다(제416조 본문).

보충 신주발행과 모집설립의 비교

① 인수와 납입: 신주발행의 경우에는 발행이 결정된 신주의 전부에 대하여 인수와 납입이 없더라도 납입과 이행이 된 범위 내에서만 신주의 효력이 생기지만, 모집설립의 경우에는 발행이 결정된 주식수만큼에 대해서는 반드시 인수와 납입이 있어야 한다.

② 주식발행사항의 결정: 신주발행은 원칙적으로 이사회의 결의에 의하지만, 모집설립의 경우 기본적인 사항은 정관에 정하고 기타 사항은 정관에 정함이 없으면 발기인의 동의에 의해 결정한다.

③ 현물출자: 신주발행의 경우에는 정관에 규정이 없으면 이사회의 결의사항이지만, 모집설립의 경우는 원시정관의 상대적 기재사항이다.

④ 실권주 처리: 신주발행의 경우 실권된 주식에 대한 이사회의 결정이 없는 한 미발행주식으로 돌아가지만, 모집설립의 경우에는 실권된 주식에 대해 주주의 재모집을 하여야 한다.

⑤ 주주가 되는 시기: 신주발행의 경우에는 납입기일의 다음 날이지만, 모집설립의 경우에는 설립등기를 한 때이다.
⑥ 주식배정: 신주발행의 경우에는 주주평등의 원칙이 지켜져야 하지만, 모집설립의 경우에는 발기인의 자유배정이 가능하다.
⑦ 주식인수의 하자: 신주발행의 경우 신주발행의 변경등기 후 1년이 경과하였거나 주식에 대해 주주권을 행사한 때에는 주식청약서 또는 신주인수권증서의 요건의 흠결을 이유로 하여 주식인수의 무효를 주장하거나 사기·강박·착오를 이유로 한 인수의 취소를 주장할 수 없다. 그러나 모집설립의 경우에는 설립등기 후 또는 창립총회에서 그 권리를 행사한 후에는 무효를 주장하거나 인수의 취소를 주장할 수 없다.

Ⅱ. 신주발행의 종류

1. 통상의 신주발행

통상의 신주발행이란 상법 제416조 이하의 규정에 따라서 신주를 발행하는 것을 말한다. 통상의 신주발행은 미발행주식 중에서 유상으로 신주를 발행하는 것으로, 발행되는 주식의 수만큼의 자본금이 증가하고, 그에 따라 순재산도 증가한다. 그리고 통상의 신주발행은 주식인수인을 정하는 방법에 따라 주주배정 · 제3자배정으로 구분할 수 있다.

2. 특수한 신주발행

특수한 신주발행은 전환주식 또는 전환사채의 전환, 신주인수권부사채의 신주인수권의 행사, 준비금의 자본금전입, 주식배당, 주식의 병합 · 분할, 회사의 흡수합병, 회사의 분할 등의 경우에 신주를 발행하는 것이다.

보충 통상의 신주발행과 특수한 신주발행의 비교

① 자산의 변동: 통상의 신주발행은 언제나 자산이 증가하지만, 특수한 신주발행의 경우 자산의 변동이 없는 경우가 대부분이다.
② 자본금의 변동: 통상의 신주발행은 언제나 자본금의 증가를 가져오지만, 특수한 신주발행은 경우에 따라 다르다. 즉, 자본금의 증가를 가져오거나(전환사채의 전환이나 신주인수권부사채의 신주인수권 행사), 자본금의 감소를 가져오거나(주식의 병합에 의한 실질적 자본금 감소) 또는 자본금의 변동이 없는 경우(주식 분할)가 있다.
③ 신주발행의 결정: 통상의 신주발행은 정관으로 주주총회의 결의사항으로 하지 않는 경우에는 이사회의 결의사항이지만, 특수한 신주발행의 경우 결정기관이 다르다. 즉, 주주총회의 결의가 원칙인 경우(주식 배당)와 이사회의 결의가 원칙인 경우(준비금의 자본금전입) 또는 주주총회의 특별결의를 요하는 경우(자본금 감소를 위한 주식의 병합 또는 주식분할), 신주발행 이전에 그 조건이 정하여지는 경우(전환주식과 전환사채, 신주인수권부사채)로 나누어진다.

④ 효력발생시기: 통상의 신주발행은 납입기일 다음 날 신주의 효력이 발생하지만, 특수한 신주발행의 경우에는 효력발생시기가 다르다. 즉, 준비금의 자본금전입은 신주배정일 또는 주주총회의 결의시, 주식배당은 주주총회가 종결한 때, 주식의 분할·소각·병합은 주권의 제출기간이 만료한 때, 전환사채나 전환주식은 그 전환의 청구가 있은 때, 신주인수권부사채는 주금을 납입한 때이다.

제2관 신주인수권

I. 의 의

신주인수권이란 회사가 신주를 발행하는 경우에 그 신주를 타인에 우선하여 인수할 수 있는 권리를 말한다. 신주인수권은 신주인수에 있어 우선적으로 인수권을 갖는 것일 뿐 발행가액이나 기타 인수조건에서 우대받을 수 있는 권리는 아니다. 회사가 신속하게 거액의 자금을 조달할 수 있도록 하기 위해 주주뿐만 아니라 제3자에게도 신주인수권을 부여하고 있다.

II. 주주의 신주인수권

1. 의의 및 성질

주주의 신주인수권이란 주주가 소유주식의 수에 비례하여 우선적으로 신주의 배정을 받을 수 있는 권리를 말한다(제418조 제1항). 주주의 신주인수권에는 추상적 신주인수권과 구체적 신주인수권이 있다. 추상적 신주인수권은 주주의 자격에서 당연히 갖는 권리로 주식과 불가분의 관계에 있지만, 구체적 신주인수권은 이사회의 결의로 신주배정일 이후에 주주가 취득한 권리로서 주식과 별개의 독립된 권리(채권적 권리)이다.

【판례】 대법원 2010.2.25.선고 2008다96963 · 96970판결[동지: 대법원 2016.8.29.선고 2014다53745판결]

상법 제461조에 의하여 주식회사가 이사회의 결의로 준비금을 자본에 전입하여 주식을 발행할 경우 또는 상법 제416조에 의하여 주식회사가 주주총회나 이사회의 결의로 신주를 발행할 경우에 발생하는 구체적 신주인수권은 주주의 고유권에 속하는 것이 아니고 위 상법의 규정에 의하여 주주총회나 이사회의 결의에 의하여 발생하는 구체적 권리에 불과하므로 그 신주인수권은 주주권의 이전에 수반되어 이전되지 아니한다. 따라서 회사가 신주를 발행하면서 그 권리의 귀속자를 주주총회나 이사회의 결의에 의한 일정시점에 있어서의 주주명부에 기재된 주주로 한정할 경우 그 신주인수권은 위 일정시점에 있어서의 실질상의 주주인가의 여부와 관계없이 회사에 대하여 법적으로 대항할 수 있는 주주, 즉 주주명부에 기재된 주주에게 귀속된다.

2. 신주인수권의 제한

상법 제418조 제1항의 규정에 따라 주주의 신주인수권은 당연히 보장된다. 다만 정관으로 정함에 의하여 「신기술의 도입 · 재무구조의 개선 등 회사의 경영상의 목적을 달성하기 위하여 필요한 경우」에 한하여 주주의 신주인수권은 제한될 수 있으며(제418조 제2항, 제420조 제5호), 박탈이 가능한가에 대하여는 학설의 대립이 있다.[1)]

3. 신주인수권과 주주평등의 원칙

모든 주주는 원칙적으로 그가 소유하는 주식의 수에 비례하여 평등하게 신주인수권이 인정된다. 그러나 종류주식 간에는 신주의 인수에 관하여 정관에 특수한 정함을 둘 수 있고(제344조 제3항), 자기주식은 원칙적으로 신주인수권이 없다. 정관에 주주평등의 원칙에 위반하여 신주인수권을 부여하거나 제한하는 규정을 두는 경우에는 그 규정은 무효이고, 그 규정에 따라 신주를 발행하는 경우에는 신주발행유지청구와 신주발행무효의 원인이 된다.

【판례】 대법원 2023.7.27.선고 2022다290778판결

회사가 신주를 인수하여 주주의 지위를 갖게 되는 사람에게 금전 지급을 약정한 경우, 그 약정이 실질적으로는 신주인수대금으로 납입한 돈을 전액 보전해 주기로 한 것이거나 상법 제462조 등 법률의 규정에 의한 배당 외에 다른 주주들에게는 지급되지 않는 별도의 수익을 지급하기로 한 것이라면, 이는 회사가 해당 주주에 대하여만 투하자본의 회수를 절대적으로 보장함으로써 다른 주주들에게 인정되지 않는 우월한 권리를 부여하는 것으로서 주주평등의 원칙에 위반하여 무효이다(위 대법원 2018다236241 판결 등 참조). 회사가 주주평등의 원칙에 위반하여 일부 주주에게 우월한 권리나 이익을 부여하는 내용의 약정을 체결하면서 주주 전원으로부터 동의를 받은 경우 그 효력에 관해서는, 위에서 본 주주평등의 원칙 및 그 위반에 따른 무효 취급과 예외적 허용의 취지, 즉 일부 주주에게 우월적 권리나 이익을 부여하여 주주를 차등 취급하는 것이 주주와 회사 전체의 이익 및 정의와 형평의 관념에 부합하는 것인지 여부를 살펴 신중하게 판단하여야 하므로, 주주 전원의 동의에 따라 이루어진 차등적 취급 약정이 상법 등 강행법규에 위반하지 않고 법질서가 허용하는 범위 내의 것이라면 사안에 따라서 그 효력을 인정할 여지가 있다. 그러나 주주에게 투하자본의 회수를 절대적으로 보장하는 취지의 금전지급약정은 회사의 자본적 기초를 위태롭게 하고 주주로서 부담하는 본질적 책임에서조차 벗어나게 하여 특정 주주에게 상법이 허용하는 범위를 초과하는 권리를 부여하는 것으로서 법질서가 허용하지 않는 강행법규 위반에 해당하므로, 이에 더하여 주주 전원의 동의를 받았다고 하더라도 예외적으로 효력을 얻을 수 있는 경우에 해당하지 않는다.

---

1) 【학설】 주주의 신주인수권 박탈에 대한 학설
주주의 신주인수권은 정관의 정함으로 완전히 박탈할 수 있다는 견해(통설), 정관에 의하더라도 주주의 신주인수권의 제한·박탈은 합리적인 이유가 있어야 한다는 견해, 법률상 명문규정이 없는 한 주주의 신주인수권을 완전히 박탈하는 것은 원칙적으로 부정하여야 한다는 견해가 있다.

4. 현물출자와 신주인수권

현물출자를 받을 때에는 실무적으로 각 주주의 신주인수권에 따른 주식수를 정확히 안배하기 어렵고, 또 때로는 회사가 특정인으로부터 특정 재산을 출자받기 위한 목적으로 신주발행을 하기 때문에 다른 주주에게는 일체 신주를 배정하지 아니하는 수도 있다. 그래서 현물출자에 대해 배정하는 주식의 일부 또는 전부는 부득이 주주의 신주인수권의 예외를 이루게 된다.

【판례】 대법원 1989.3.14.선고 88누889판결

주주의 신주인수권은 주주가 종래 가지고 있던 주식의 수에 비례하여 우선적으로 신주의 배정을 받을 수 있는 권리로서 주주의 자격에 기하여 법률상 당연히 주주에게 인정되는 것이긴 하나, 다만 현물출자자에 대하여 발행하는 신주에 대하여는 일반주주의 신주인수권은 미치지 않는다.

한편, 신주발행시 현물출자자를 결정하는 기관에 관하여는 학설의 대립이 있다.[1]

5. 주주의 신주인수권의 무시와 그 효력

주주에게 신주인수권이 있음에도 이를 무시하고 회사가 신주를 발행하려고 하는 때에는 주주는 신주발행유지청구권을 행사할 수 있다. 주주의 신주인수권을 무시하고 신주발행이 이루어진 경우의 효력에 대해서는 학설이 대립되고 있다.[2]

---

1) 【학설】 현물출자자를 결정하는 기관에 관한 학설
신주발행시 현물출자자의 자격제한이 없으며 상법 제416조 제4호가 현물출자에 관하여 이사회가 결정하도록 하고 있으므로 정관에 별도의 규정이 없어도 이사회의 결의만으로도 현물출자자를 결정할 수 있다는 견해와, 이사회 결의만으로 현물출자자를 결정할 수 있다면 주주의 신주인수권을 침해하는 문제가 있으므로 정관규정 또는 주주총회 특별결의로 현물출자자가 결정되어야 한다는 견해가 있다. 전자는 회사의 자금조달의 필요성을 중시하고 있으며, 후자는 주주의 신주인수권을 중시하고 있다.

2) 【학설】 주주의 신주인수권을 무시한 신주발행의 효력에 관한 학설
신주발행이 무효라는 견해, 주주의 신주인수권을 일반적으로 무시한 때에 무효가 된다는 견해, 신주인수권의 전부 또는 대부분을 무시한 경우는 무효이지만 그 정도가 근소한 때에는 신주발행은 무효가 되지 않고 이사의 손해배상책임만이 발생한다는 견해, 지배권에 영향을 미치는 때에는 무효라는 견해가 있다.

Ⅲ. 제3자의 신주인수권

1. 의의 및 성질

1) 의 의

제3자의 신주인수권이란 주주 이외의 자가 신주발행의 경우에 일정한 신주에 대하여 우선적으로 배정받을 수 있는 권리를 말한다. 주주라도 자기가 가진 주식수에 따라서 갖는 신주인수권 외에 추가로 신주를 인수할 권리를 갖는다면 이것도 제3자의 신주인수권이다(대법원 2009.5.29.선고 2008도9436판결 참조).

보충판례 주주배정방식과 제3자배정방식 구별 기준: 회사가 신주 등을 발행함에 있어서 주주들에게 그들의 지분비율에 따라 신주 등을 우선적으로 인수할 기회를 부여하였는지 여부에 따라 객관적으로 결정되어야 하고, 신주 등의 인수권을 부여받은 주주들이 실제로 인수권을 행사함으로써 신주 등을 배정받았는지 여부에 좌우되는 것은 아니다(대법원 2009.5.29.선고 2007도4949 전원합의체 판결).

2) 성 질

제3자의 신주인수권의 성질에 대하여 정관의 규정만으로 생기는 권리라는 견해가 있으나 제3자의 신주인수권은 회사와의 계약에 의한 권리에 해당한다고 본다(통설). 이러한 성질에 관한 견해에 따라 제3자의 신주인수권의 양도에 관하여는 학설의 대립이 있다.[1)]

2. 신주인수권의 부여요건

1) 정관의 규정·공시

(1) 정관의 규정: 제3자에게 신주인수권이 주어지기 위해서는 정관의 규정이 있어야 하며, 제3자에게 신주인수권을 부여하는 것은 신기술의 도입, 재무구조의 개선 등 회사의 경영상 목적을 달성하기 위하여 필요한 경우에 한한다(제418조 제2항). 이러한 제한은 기존 주주의 신주인수권에 대한 보호를 강화하고자 하는 데 그 취지가 있다(대법원 2009.1.30.선고 2008다50776판결).

1) 【학설】 제3자의 신주인수권의 양도가능성에 대한 학설
제3자의 신주인수권은 계약상의 권리이므로 양도 가능하다는 견해, 회사가 승인하면 양도 가능하다는 견해, 제3자의 신주인수권은 계약상의 권리이지만 회사와 제3자 간의 특별한 관계에서 인정되는 권리로서 양도할 수 없다는 견해(다수설), 정관에서 정한 제3자에게만 부여되는 것이므로 정관에서 정한 제3자 이외의 자에게 양도할 수 없다는 견해가 있다.

【판례】 대법원 2022.10.27. 선고 2021다201054판결

상법 제418조 제1항, 제2항은 회사가 신주를 발행하는 경우 원칙적으로 기존 주주에게 배정하되 정관에 정한 경우에만 제3자에게 신주배정을 할 수 있게 하면서 그 사유도 신기술의 도입이나 재무구조의 개선 등 경영상 목적을 달성하기 위하여 필요한 경우에 한정함으로써 기존 주주의 신주인수권을 보호하고 있다. 따라서 주식회사가 신주를 발행할 때 회사의 경영상 목적을 달성하기 위하여 필요한 범위 안에서 정관이 정한 사유가 없는데도, 회사의 경영권 분쟁이 현실화된 상황에서 대주주나 경영진 등의 경영권이나 지배권 방어라는 목적을 달성하기 위하여 제3자에게 신주를 배정하는 것은 상법 제418조 제2항을 위반하여 주주의 신주인수권을 침해하는 것이고, 그로 인하여 회사의 지배구조에 심대한 변화가 초래되고 기존 주주들의 회사에 대한 지배권이 현저하게 약화되는 중대한 결과가 발생하는 경우에는 그러한 신주 발행은 무효이다. 이러한 법리는 신주인수권부사채를 제3자에게 발행하는 경우에도 마찬가지로 적용된다(상법 제516조의2 제4항 후문, 제418조 제2항 단서).

(2) 공 시: 제3자에게 신주인수권을 부여하는 경우에는 주식청약서에 그 뜻을 기재하여야 한다(제420조 제5호).

2) 제3자의 구체성

제3자에게 신주인수권이 부여되기 위해서는 정관에 구체적으로 제3자의 범위를 설정하여야 한다. 즉, 임원 · 발기인 · 종업원 · 공모 등으로 그 범위가 명확하여야 한다. 따라서 제3자배정의 구체적 합리성을 보장할 수 없는 정관의 정함은 무효가 된다.

3. 제3자의 신주인수권의 무시와 효과

회사가 제3자의 신주인수권을 무시하고 신주발행을 하더라도 신주발행의 유지를 청구하거나 신주발행의 무효를 주장할 수 없으며, 단지 회사에 대해 채무불이행에 따른 손해배상을 청구할 수 있을 뿐이다. 그리고 제3자의 신주인수권을 무시하고 신주를 발행한 대표이사가 고의 또는 중대한 과실로 그 임무를 해태한 때에는 제3자는 대표이사에 대하여 손해배상청구를 할 수 있다(제401조 제1항).

Ⅳ. 주주의 신주인수권의 양도

1. 양도요건

주주의 신주인수권의 양도는 이에 관해 정관에 규정이 있는 경우 또는 정관으로 주주총회에서 결정하기로 정한 경우가 아니면 이사회의 결의에 의하여 인정할 수 있다(제416조 제5호; 신주인수권부사채의 신주인수권은

(이사회가 정한 발행조건에 따라, 신주인수권증권의 교부에 의하여 양도할 수 있다(제516조의6 제1항)). 신주인수권의 양도에 관하여 정관에 규정이 없는 경우 또는 이사회의 결의가 없는 경우의 신주인수권양도의 효력에 대하여는 견해의 대립이 있다.[1)]

> **【판례】 대법원 1995.5.23.선고 94다36421판결**
>
> 상법 제416조 제5호에 의하면, 회사의 정관 또는 이사회의 결의로 주주가 가지는 신주인수권을 양도할 수 있는 것에 관한 사항을 결정하도록 되어 있는바, 신주인수권의 양도성을 제한할 필요성은 주로 회사측의 신주발행의무의 편의를 위한 것에서 비롯된 것으로 볼 수 있고, 또 상법이 주권발행 전 주식의 양도는 회사에 대하여 효력이 없다고 엄격하게 규정한 것과는 달리 신주인수권의 양도에 대하여는 정관이나 이사회의 결의를 통하여 자유롭게 결정할 수 있도록 한 점에 비추어 보면, 회사가 정관이나 이사회의 결의로 신주인수권의 양도에 관한 사항을 결정하지 아니하였다 하여 신주인수권의 양도가 전혀 허용되지 아니하는 것은 아니고, 회사가 그와 같은 양도를 승낙한 경우에는 회사에 대하여도 효력이 있다.

그리고 신주인수권의 이중양도의 효력에 관하여는 정관에 규정이 없는 또는 이사회 결의 없는 신주인수권의 양도의 효력 여부의 견해에 따라 차이가 있다.[2)]

2. 양도방법

1) 총 설

신주인수권의 양도를 정관 또는 이사회의 결의로 정한 때에는 신주인수권증서의 교부에 의해서만 가능하게 된다(제420조의3 제1항). 신주인수권증서의 점유자는 적법한 권리자로 추정되며, 이러한 소지인으로부터 악의 또는 중대한 과실이 없이 신주인수권증서를 양수한 경우에는 선의취득이 인정된다(제420조의3 제2항, 제336조 제2항). 신주인수권증서가 발행되지 아니한 때에는 주권발행 전 주식양도와 마찬가지로 지명채권 양도의 일반원칙에 따르며, 신주인수권 양도의 대항요건으로는 지명채권의 양도와 마찬가지로 확정일자 있는 증서에 의한 양도통지 또는 회사의 승낙이라고 본다(대법원 1995.5.23.선고 94다36421판결). 한편, 전자등록부에 신주인수권을 등록한 때에는 전자등록부의 등록에 의하여 양도의 효력이 인정된다(제420조의4, 제356조의2 제2항).

---

1) 【학설】 정관의 규정 또는 이사회의 결의가 없는 경우 양도에 대한 학설
상법 제416조 제5호, 제420조의2, 제420조의3을 통일적으로 해석하여 정관이나 이사회의 결의로 신주인수권의 양도에 관하여 아무런 정함을 하지 않은 경우나 그 양도를 금지한 대에는 신주인수권을 양도하더라도 회사에 대하여 효력이 없다는 견해(다수설)와, 상법 제416조 제5호는 양도에 대한 절차규정에 불과하므로 이사회의 정함이 없더라도 지명채권양도의 방법과 효력으로 양도할 수 있다는 견해(판례·소수설)가 있다.

2) 【학설】 이중양도의 효력에 관한 학설
이사회 결의 없는 신주인수권의 양도는 효력이 없다는 견해에 의할 경우에는 문제가 되지 않으나, 이사회 결의 없는 신주인수권의 양도는 효력이 있다는 견해에 의할 경우에는 논란이 있을 수 있다. 즉, 유효설에 의할 때 신주인수권 양도에 의해 확정일자 있는 증서에 의한 회사의 승낙 또는 회사에 대한 통지를 한 자와 먼저 주주명부에 명의개서를 한 자 간에 누가 주주권을 갖는가에 대한 문제이다. 이에 대해 확정일자 있는 증서에 의한 회사의 승낙 또는 회사에 대한 통지를 한 자가 우선한다는 견해(판례)와, 주주명부에 명의개서를 먼저 한 자가 우선한다는 견해가 있다(참고: 上柳克郎, 「新版注釋會社法(3)」, 77면).

2) 신주인수권증서

(1) 의 의: 신주인수권증서란 주주의 신주인수권을 표창한 유가증권으로서, 주주의 신주인수권에 대해서만 발행할 수 있고 제3자의 신주인수권에 대해서는 발행할 수 없다(제420조의2 제1항 참조).

(2) 성 질: 신주인수권증서는 유가증권이며, 요식증권 · 비설권증권 · 무기명증권이다.

(3) 발 행: 이사회가 신주의 발행사항으로 신주인수권을 양도할 수 있음을 정한 경우에 한하여 발행할 수 있다. 신주인수권증서의 청구기간을 정한 때에는 그 기간 내에 청구한 주주에 대하여 신주인수권증서를 발행하여야 하며, 그 청구기간을 정하지 아니한 때에는 신주청약기일의 2주간 전에 주주의 청구와 관계없이 신주인수권증서를 발행하여야 한다(제420조의2 제1항). 회사는 신주인수권증서를 발행하는 대신 정관에서 정하는 바에 따라 전자등록기관의 전자등록부에 신주인수권을 등록할 수 있다(제420조의2 제1항).

(4) 기재사항: 신주인수권증서에는 신주인수권증서라는 뜻의 표시, 주식청약서 소정의 사항, 신주인수권의 목적인 주식의 종류와 수, 일정기일까지 주식의 청약을 하지 아니할 때에는 그 권리를 잃는다는 뜻, 신주인수권증서의 번호를 기재하고, 이사가 기명날인 또는 서명하여야 한다(제420조의2 제1항, 제2항).

(5) 상 실: 신주인수권증서는 주식의 청약을 위하여 약 2주간 정도 단기간에 유통되는 증권이므로 신주인수권증서를 상실하더라도 공시최고절차에 의한 제권판결을 인정하는 것이 부적당하다.

제3관 신주발행의 절차

I. 신주발행사항의 결정

1. 결정기관

발행예정주식의 범위 내에서의 신주발행, 즉 통상의 신주발행사항으로서 정관에 규정이 없는 것은 정관에서 주주총회의 결의사항으로 하지 않는 한 이사회에서 결정한다(제416조). 이사회는 신주발행의 결정을 대표이사나 기타에 위임할 수 없다.

2. 결정사항

1) 신주의 종류와 수(제416조 제1호)

정관으로 종류주식의 발행을 예정하고 있는 경우 보통주·우선주 등의 발행할 주식을 결정하여야 한다. 그 종류와 수는 정관에 정해진 발행예정주식 중 미발행주식 수의 범위 내에서 정하여야 한다.

2) 신주의 발행가액과 납입기일(제416조 제2호)

신주발행시 발행가액(액면주식을 발행하는 경우 에는 액면 이상의 금액)을 정하여야 한다. 발행가액은 종류가 다른 주식은 가치가 다르므로 각기 발행가액을 달리 정할 수 있다. 주금의 납입 또는 현물출자의 이행을 위한 납입기일을 정하여야 한다.

3) 무액면주식의 경우에는 신주의 발행가액 중 자본금으로 계상하는 금액(제416조 제2호의2)

무액면주식을 발행하는 경우 자본금은 주식발행가액의 2분의 1 이상의 금액으로서 이사회에서 자본금으로 계상하기로 한 금액의 총액이 되므로(제451조 제2항), 그 자본금으로 계상할 금액을 정하여야 한다.

4) 신주의 인수방법(제416조 제3호)

주식의 청약단위와 실권주나 단주의 처리방법을 정하고, 정관에 의해 제3자가 신주를 인수할 수 있는 경우에는 그 인수권을 주는 방법을 정하여야 한다. 한편, 주주에 대하여 발행되는 주식의 수에 1주 미만의 단주가 생기는 경우 그 처리에 관하여는 학설의 대립이 있다.[1)]

5) 현물출자에 관한 사항(제416조 제4호)

현물출자를 받을 경우 출자자의 성명과 그 목적인 재산의 종류·수량·가액과 이에 대하여 부여할 주식의 종류와 수를 정하여야 한다.

6) 주주의 신주인수권을 양도할 수 있는 것에 관한 사항(제416조 제5호)

주주의 신주인수권의 양도를 인정하는 경우에는 이에 관한 사항을 정하여야 한다. 이는 회사가 임의로 정하는 것이므로 신주인수권이 양도되는 것을 원하지 않을 경우에는 이를 정

---

1) 【학설】 단주의 처리에 관한 학설
주주에 대하여 발행되는 주식의 수에 1주 미만의 단주(端株)가 생기는 경우 이를 공정한 방법으로 처리하여 그 대금을 단주의 신주인수권을 갖는 주주에게 분배하여야 한다는 견해(다수설)와, 단주에 대하여는 실무의 관행상 이사회가 그 처분을 결정할 수 있고 주주의 신주인수권이 배제된다는 견해가 있다.

하지 않을 수 있다.

7) 주주의 청구가 있는 때에만 신주인수권증서를 발행한다는 것과 그 청구기간(제416조 제6호)

신주인수권을 양도할 수 있게 하는 경우 그 양도는 신주인수권증서를 교부하는 방법에 의하여야 하므로(제420조의3 제1항), 회사는 신주인수권증서를 발행한다는 것과 그 청구기간을 정하여야 한다. 그리고 신주인수권증서는 청구기간 중에 청구를 한 주주에게만 발행한다. 그러나 이사회가 신주인수권증서의 발행에 관하여 아무런 정함을 하지 않은 때에는 신주청약기일의 2주 전에 모든 주주에게 신주인수권증서를 발행하여야 한다(제420조의2 제1항).

8) 신주배정일

회사는 일정한 날을 정하여 그 날에 주주명부에 기재된 주주를 그가 가진 주식수에 따라서 주식의 배정을 받을 수 있는 신주인수권자로 확정하기 위하여 배정기준일을 정하여야 한다(제418조 제3항 본문).

Ⅱ. 기타 발행절차

1. 신주배정일의 공고

신주배정일을 정하여 그 배정일의 2주간 전에 공고하여야 한다(제418조 제3항 본문). 이때 신주배정일 날에 주주명부에 기재된 주주가 그가 가진 주식수에 따라서 신주의 배정을 받을 권리를 가진다는 뜻과 신주인수권을 양도할 수 있을 경우에는 그 뜻을 공고하여야 한다.

신주배정일이 주주명부의 폐쇄기간 중인 때에는 그 기간의 초일의 2주간 전에 공고하여야 한다(제418조 제3항 단서). 이사가 배정일의 공고를 해태한 때에는 손해배상책임을 진다(제399조, 제401조).

한편, 정관의 정하는 바에 따라 주주 외의 자에게 신주를 배정하는 경우 회사는 발행주식의 종류와 수, 발행가액과 납입기일, 무액면 주식을 발행하는 경우 자본금으로 계상하는 금액, 인수방법, 현물출자에 관한 사항을 그 납입기일의 2주 전까지 주주에게 통지하거나 공고하여야 한다(제418조 제4항).

보충 주주에게 신주의 인수기회를 부여하였으나 그 인수를 하지 않아 발생한 실권주를 제3자에게 재배정하여 신주를 발행하는 경우, 신주발행의 변경등기신청서에 상법 제418조 제4항에 따른 통지·공고(납입기일의 2주전까지 주주에게 통지하거나 공고하여야 한다)하였음을 증명하는 서면을 첨부할 것은 아니다(2012.8.20.[상업등기선례 제2-57호] 사법등기심의관-2458 질의응답).

【판례】 대법원 2025.2.20.선고 2022다282746판결

주주명부에 적법하게 주주로 기재되어 있는 자는 주주명부에의 기재 또는 명의개서청구가 부당하게 지연되거나 거절되었다는 등의 특별한 사정이 없는 한 회사에 대한 관계에서 주주권을 행사할 수 있고, 회사 역시 주주명부상 주주 외에 실제 주주권을 행사하기로 약정한 자가 따로 존재한다는 사실을 알았든 몰랐든 간에 주주명부상 주주에게 주주권을 행사할 수 있게 해야 한다. 자본시장법에 다라 한국예탁결제원(이하 '예탁결제원'이라 한다)에 예탁된 주식의 경우 명의개서대리인이 작성·비치하는 실질주주명부의 기재가 주주명부의 기재와 같은 효력을 가지므로(자본시장법 제316조 제2항), 실질주주명부상 주주가 주주권 행사의 주체가 된다(대법원 2017. 3. 23. 선고 2015다248342 전원합의체 판결 등 참조). 따라서 회사가 상법 제418조가 정하는 바에 따라 신주를 발행하는 경우 주주에 대한 통지 내지 공고 절차를 이행하였는지 여부, 신주발행이 주주의 신주인수권을 침해하였는지 여부는 주주명부상 주주를 기준으로 판단해야 하고, 자본시장법에 따라 예탁결제원에 예탁된 주식에 대하여는 주주명부와 동일한 효력을 가지는 실질주주명부상 주주를 기준으로 삼아야 한다.

2. 신주인수권자에 대한 최고

회사는 일정한 기일(청약기일)을 정하고 그 기일의 2주간 전에 신주인수권자에게 그가 인수권을 가지는 신주의 종류와 수, 그 기일까지 주식인수의 청약을 하지 다니하면 그 권리를 잃는다는 뜻, 신주인수권의 양도를 인정한 때에는 그 뜻과 주주의 청구가 있는 때에만 신주인수권증서를 발행한다는 것과 그 청구기간을 통지하여야 한다(제419조 제1항, 제2항).

회사가 통지를 해태한 때에는 과태료의 제재를 받게 되지만(제635조 제1항 제2호), 신주인수권에는 영향을 미치지 않는다.

3. 주식인수

1) 청 약

현물출자의 경우를 제외하고 주식인수의 청약을 하고자 하는 자는 주식발행의 결의연월일 등 법정사항(제420조 제1호 내지 제6호 참조)을 기재한 주식청약서 2통에 인수할 주식의 종류와 수 및 주소 기타 소정의 사항을 기재하고 기명날인 또는 서명하여야 한다(제425조, 제302조 제1항). 그러나 신주인수권증서를 발행한 경우에는 이에 의하여 청약하여야 한다(제420조의5 제1항 2문). 다만, 신주인수권증서를 상실한 경우에는 주식청약서에 의하여 청약할 수 있으나, 주식청약서에 의한 청약과 신주인수권증서에 의한 청약이 중복되는 경우에는 주식청약서에 의한 청약은 효력을 잃는다(제420조의5 제2항).

2) 배정·인수

신주인수의 청약에 대하여 이사가 배정하고, 주주이든 제3자이든 신주인수권을 가지는 자에 대한 배정에 있어서는 이사의 재량이 있을 수 없다. 즉, 신주인수권자에 대해서 이사는 배정의무를 지게 된다. 배정에 의하여 신주인수는 완결되고 신주인수인은 납입의 의무를 부담한다(제425조, 제303조). 주식인수의 청약과 배정에 의하여 성립하는 주식청약자와 회사의 입사계약에 의해 주식인수는 이루어진다.

> **【판례】 대법원 2019.5.16.선고 2016다240338판결**
>
> 주주명부상의 주주가 아닌 제3자가 주식을 인수하고 그 대금을 납입한 경우 그 제3자를 실질상의 주주로 보기 위해서는 단순히 제3자가 주식인수대금을 납입하였다는 사정만으로는 부족하고 제3자와 주주명부상 주주 사이의 내부관계, 주식 인수와 주주명부 등재에 관한 경위 및 목적, 주주명부 등재 후 주주로서의 권리행사 내용 등을 종합하여 판단해야 한다.

신주발행으로 자본금변경 등기를 한 후 1년이 경과하거나 주식에 대하여 주주권을 행사한 신주인수인은 주식청약서 또는 신주인수권증서의 요건의 흠결을 이유로 하여 그 인수의 무효를 주장하거나 사기·강박·착오를 이유로 하여 주식의 인수를 취소하지 못한다(제427조).

3) 납 입

신주인수인은 인수가액을 납입할 의무를 지며, 이사는 신주인수인으로 하여금 그 배정한 주식수에 따라 납입기일에 그 인수한 각 주식에 대한 인수가액의 전액을 납입시켜야 한다(제421조 제1항). 신주의 인수인은 회사의 동의가 있으면 주금액의 납입채무와 회사에 대한 채권을 상계할 수 있다(제421조 제2항). 현물출자자는 납입기일에 출자의 목적인 재산을 인도하고 등기·등록 기타 권리의 설정 또는 이전을 필요로 할 경우에는 그에 필요한 서류를 완비하여 교부하여야 한다(제425조, 제305조 제3항, 제295조 제2항).

납입장소 등에 관한 절차는 모집설립시와 같으나 다만, 신주인수권증서에 의한 청약의 경우에 납입은 신주인수권증서에 기재된 납입장소에서 하여야 한다. 인수인이 납입기일에 납입 또는 현물출자를 하지 아니한 때에는 인수인으로서의 권리를 잃게 된다(제423조 제2항). 납입 또는 현물출자를 하지 아니하여 실권한 신주인수인에 대하여는 손해배상을 청구할 수 있다(제423조 제3항).

4) 현물출자의 검사

현물출자가 있는 경우에는 현물출자의 목적인 재산의 가액이 자본금의 5분의 1을 초과하지 아니하고 대통령령으로 정한 금액(5천만원)을 초과하지 아니하는 경우 등의 일정한 경우를 제외하고(제422조 제2항 참조), 이사는 이를 조사하게 하기 위하여 법원에 검사인의 선임을 청구할 수 있으나, 공인된 감정인의 감정으로 갈음할 수 있다(제422조 제1항). 법원은 검사인의 조사보고서 또는 감정인의 감정결과를 심사하여 현물출자가 부당하다고 인정한 때에는 이를 변경하여 이사와 현물출자자에게 통고할 수 있다(제422조 제3항). 현물출자자는 이에 불복하여 주식의 인수를 취소할 수 있고, 통고 후 2주간 내에 취소가 없으면 통고한 내용대로 변경된 것으로 본다(제422조 제4항, 제5항).

보충판례 현물출자에 관하여 이와 같은 검사절차를 거치지 않은 경우라도 신주발행은 무효가 되는 것은 아니다(대법원 1980.2.12.선고 79다509판결).

5) 실권주의 처리

신주인수권자가 청약을 하지 않았거나 신주인수인이 납입기일에 납입하지 않음으로써 신주인수권자는 신주인수권을 상실하게 되어 실권주가 생긴다. 실권주는 미발행주식 부분으로 유보된다. 그러나 실권주에 대해서는 이사회의 결의를 통하여 제3자에게 처분할 수 있다(대법원 2012.11.15.선고 2010다49380판결).

【판례】 대법원 2012.11.15.선고 2010다49380판결

회사가 주주배정방식에 의하여 신주를 발행하려는 데 주주가 인수를 포기하거나 청약을 하지 아니함으로써 그 인수권을 잃은 때에는(상법 제419조 제4항) 회사는 이사회 결의로 인수가 없는 부분에 대하여 자유로이 이를 제3자에게 처분할 수 있고, 이 경우 실권된 신주를 제3자에게 발행하는 것에 관하여 정관에 반드시 근거 규정이 있어야 하는 것은 아니다.

6) 신주발행의 효력발생시기

신주인수인이 납입 또는 현물출자의 이행을 한 때에는 이사회가 정한 납입기일의 다음 날로부터 신주의 효력이 발생한다(제423조 제1항 본문).

7) 변경등기

신주의 효력이 발생하게 되면 회사의 발행주식총수와 자본금총액이 증가하므로 회사는 납입기일로부터 2주일 내에 본점소재지에서 변경등기를 하여야 한다(제317조 제4항, 제183조).

Ⅲ. 신주의 액면미달발행

1. 의 의

액면미달의 신주발행은 자본충실을 해(害)하게 되고 채권자의 이익을 해할 우려가 있으므로, 액면주식의 경우 신주발행은 원칙적으로 액면 이상의 가액이어야 한다(제330조). 그러나 회사의 실적부진 등으로 신주에 대한 투자자들의 수요가 낮거나 현재의 주가가 액면가액을 하회(下廻)하는 경우에는 액면가액 이상으로 발행한다는 것은 현실적으로 불가능하게 되고, 회사의 자본조달에 차질을 가져오게 된다. 따라서 상법은 일정한 요건하에서 액면미달발행을 예외적으로 인정하고 있다(제417조).

2. 액면미달발행의 요건

신주의 액면미달발행은 다음과 같은 요건하에서만 인정된다. ① 회사가 성립한 날로부터 2년이 경과한 경우에만 발행할 수 있다(제417조 제1항). ② 액면미달발행은 주주총회의 특별결의가 있어야 하고, 여기서는 최저발행가액을 정하여야 한다(제417조 제2항). ③ 법원의 인가를 얻어야 한다. 법원은 회사의 현황과 제반 사정을 참작하여 최저발행가액을 변경하여 인가할 수 있으며, 이 경우 법원은 회사의 재산상태 기타 필요한 사항을 조사하기 위하여 검사인을 선임할 수 있다(제417조 제3항). ④ 법원의 인가를 얻은 날로부터 1월 내에 발행하여야 하나, 법원은 이 기간을 연장하여 인가할 수 있다(제417조 제4항).

3. 미상각액의 공시

액면미달발행의 경우에 주식청약서에는 발행조건과 그 미상각액을 기재하여야 하며(제420조 제4호), 액면미달발행의 변경등기에는 미상각액도 등기하여야 한다(제426조).

Ⅳ. 신주발행과 이사의 책임

1. 자본충실책임

신주의 발행으로 인한 변경등기가 있은 후에 인수되지 아니한 주식이 있거나 주식인수의 청약이 취소된 때에는 이사가 이를 공동으로 인수한 것으로 본다(제428조 제1항). 따라서 이사는 공동인수인으로서 연대하여 납입할 책임을 진다. 이사의 자본충실의 책임은 모집설립의 경우와 달리 납입담보책임은 없다. 그 이유는 신주발행시에는 납입기일 내에 납입된 부분만 신주의 효력이 인정되고, 납입되지 않은 주식은 실권되어 미발행주식으로 유보되기 때문이다(제423조 제1항 참조).

이사의 자본충실의 책임은 법정특별책임으로서 무과실책임이며, 총주주의 동의로도 면제할 수 없다.

2. 손해배상책임

이사가 연대하여 인수담보책임을 지는 것과는 별도로 회사에 손해가 발생하면 회사는 이사에 대하여 손해배상을 청구할 수 있다(제428조 제2항). 이사의 손해배상책임은 과실책임이며, 총주주의 동의로 면제할 수 있다.

제4관 신주발행의 불공정과 무효

I. 신주발행유지청구

1. 의 의

회사가 법령 또는 정관에 위반하거나 현저하게 불공정한 방법에 의하여 주식을 발행함으로써 주주가 불이익을 받을 염려가 있는 때에는 그 주주는 회사에 대하여 그 발행을 유지할 것을 청구할 수 있다(제424조).

보충 이사의 위법행위유지청구권과 신주발행유지청구권의 비교

① 이사의 위법행위유지청구권은 소수주주권자(비상장회사는 발행주식총수의 100분의 1 이상을 가진 주주)가 행사할 수 있으나, 신주발행유지청구권은 신주발행으로 인하여 개인적으로 불이익을 받을 염려가 있는 개별 주주가 행사할 수 있는 단독주주권에 해당한다.
② 이사의 위법행위유지청구권은 당해 이사에게 청구하는 것이지만, 신주발행유지청구권은 회사에 대하여 청구하는 것이다.
③ 이사의 위법행위유지청구권은 회사의 이익과 관련한 것이지만, 신주발행유지청구권은 주주 개인의 이익과 관련한 것이다.
④ 이사의 위법행위유지청구권은 공익권이라는 데 이설이 없으나, 신주발행유지청구권은 공익권에 해당한다는 견해(다수설)와 자익권이라는 견해의 대립이 있다.

2. 유지청구원인

회사가 법령 또는 정관에 위반하거나 현저하게 불공정한 방법에 의하여 주식을 발행하였어야 한다(제424조).

법령 또는 정관의 위반 및 현저하게 불공정한 발행의 예

① 법령위반의 경우의 예: 이사회의 결의가 없는 경우 또는 위법한 결의에 의한 경우, 주주의 신주인수권을 무시하고 제3자에게 배정하거나 주주 간에 불공평하게 주식을 배정한 경우, 현물출자에 대한 검사 또는 감정의 해태 등
② 정관의 위반의 경우의 예: 정관에 정한 발행예정주식을 초과하여 신주를 발행한 경우, 종류주식에 대하여 정관에 정한 규정과 달리 신주를 배정한 경우 등
③ 현저하게 불공정한 경우의 예: 특정한 자에게만 부당하게 많은 주식을 배정한 경우, 현물출자를 과대하게 평가한 경우 등

3. 신주발행유지청구의 절차

1) 청구권자

신주발행으로 불이익을 받을 염려가 있는 주주(의결권 없는 주식을 보유한 주주 포함)가 회사에 대하여 청구할 수 있다. 제3자는 신주인수권이 있어도 신주발행유지청구를 할 수 없다.

2) 청구방법·청구시기

특별한 규정이 없으므로, 주주는 재판 외의 방법으로 신주발행 유지를 청구하거나, 필요에 따라 회사를 피고로 하여 신주발행 유지의 소를 제기할 수 있다. 신주발행유지청구는 신주의 발행의 효력이 발생한 다음에도 행사할 수 있다는 견해도 있으나, 신주의 효력이 발생하기 전인 납입기일까지 하여야 한다고 본다(다수설).

4. 유지청구를 무시한 신주발행의 효력

신주발행의 유지청구가 재판 외의 방법에 의한 경우에는 이를 무시하더라도 신주발행 그 자체는 유효하며, 다만 이사의 책임이 생길 뿐이라는 것이 통설이다. 그러나 신주발행유지 가처분과 함께 유지청구의 소를 제기한 경우에 대해서는 이를 무시한 신주발행은 무효의 소의 원인이 된다는 견해도 있으나, 유지청구의 소에서 원고가 승소한 경우에 신주발행은 무효가 된다고 본다.

Ⅱ. 불공정발행가액에 대한 신주인수인의 책임

1. 책임발생의 요건

신주인수인이 이사와 통모하여 현저하게 불공정한 발행가액으로 주식을 인수한 때에는 회사에 대하여 공정한 발행가액과의 차액에 해당하는 금액을 지급할 의무[1]가 있다(제424조의2 제1항). 따라서 신주인수인의 책임이 인정되기 위해서는 이사와 통모하여 현저하게 불공정한 발행가액으로 주식을 인수하였어야 한다. 이사와의 통모와 발행가액이 현저하게 불공정한 경우에 대해서는 회사 또는 주주가 입증책임을 진다.

이사와 통모하였으나 공정한 발행가액으로 인수한 경우 또는 불공정한 발행가액이라도 통모를 하지 않은 경우에는 주식인수인은 차액지급의무를 부담하지 않는다.

2. 책임의 내용 · 성질

신주인수인은 공정한 발행가액과의 차액에 해당하는 금액을 지급하여야 할 의무를 지며, 신주인수인이 지급한 차액은 자본준비금으로 적립하여야 한다. 신주인수인의 책임[2]은 회사가 추궁하는 것이 원칙이지만 회사가 이를 게을리하는 경우에는 주주가 대표소송을 제기할 수 있다(제424조의2 제2항). 한편, 통모한 이사도 주주 또는 회사에 대하여 손해배상책임을 진다(제424조의2 제3항).

Ⅲ. 신주발행의 무효

1. 무효원인

신주발행의 무효사유에 대해 상법은 규정을 두고 있지 않다. 따라서 신주발행이 법령 · 정관에 위반하였거나 현저하게 불공정하게 이루어진 경우에도 일괄적으로 무효라고 할 수 없고, 신주발행이 무효가 되었을 때의 거래의 안전과 법적 안정성을 해칠 위험이 큰 점을 고려할

---

1) 【학설】 책임의 범위와 관련한 학설
발행주식 전부를 특정 주주가 전부 인수하는 경우에 있어서 이 경우에도 신주인수인의 차액지급의무에 관한 규정의 적용을 긍정하는 견해와, 발행가액이 액면주식의 경우 액면가액 이상으로 결정되었다면 자본금 충실에 반하지 아니하는 것이므로 차액지급의무에 관한 규정의 적용을 부정하는 견해가 있다.

2) 【학설】 신주인수인의 책임의 내용 · 성질과 관련된 학설
① 책임의 성질: 차액지급의무가 있는 신주인수인의 책임의 성질을 주주의 추가출자의무라는 견해와 유한책임원칙의 예외라는 견해(다수설)가 있다.
② 이사의 책임과의 관계: 이사의 손해배상책임과 신주인수인의 지급책임은 부진정연대책임의 관계에 있다는 견해(통설)와 양자의 책임은 상호 독립된 책임이라는 견해가 있다.

때 가급적 무효원인을 엄격하게 인정하여야 할 것이다(대법원 2010.4.29.선고 2008다65860판결). 판례(대법원 2009.1.30.선고 2008다50776판결)는 「신주발행에 법령 · 정관의 위반이 있고 그것이 주식회사의 본질 또는 회사법의 기본원칙에 반하거나 기존 주주들의 이익과 회사의 경영권 내지 지배권에 중대한 영향을 미치는 경우로서 주식에 관련된 거래의 안전, 주주 기타 이해관계인의 이익 등을 고려하더라도 도저히 묵과할 수 없는 정도라고 평가되는 경우에는 그 신주발행을 무효로 보지 않을 수 없다」고 한다. 신주발행의 경우에 있어서는 각종의 무효원인에 대해서 학설이 대립되고 있다.[1)]

참조판례 회사가 주주에게 상법 제418조 제1항 소정의 주주의 신주인수권을 배제한 바 없고 오히려 그 주주가 회사로부터 신주배정통지를 받고도 그 주식대금을 납입하지 아니하여 실권된 경우 가사 발행주식의 총수를 증가시키는 정관변경의 주주총회결의 이전에 그 주주와 회사의 대표이사 사이에 회사의 경영권에 관하여 분쟁이 있었고, 그 주주가 자기 소유 주식을 그 대표이사에게 양도하고 회사경영에서 탈퇴하려고 하였지만 그 양도대금에 관한 합의가 이루어지지 않은 상태에서 발행주식총수를 현저하게 증가시키는 신주발행이 이루어짐으로써 회사에 대한 그 주주의 지배력이 현저하게 약화되고 그로 인하여 그 주주가 대표이사에게 적정한 주식대금을 받고 주식을 양도하는 것이 더욱 어려워지게 되었다고 하더라도 그러한 사유만으로는 그 신주발행이 현저하게 불공정한 방법에 의한 것으로서 무효라고 볼 수 없다.(대법원 1995.2.28.선고 94다34579판결).

2. 무효의 소

1) 제소기간

신주발행의 무효는 신주를 발행한 날로부터 6월 내에 소만으로 주장할 수 있다(제429조).

---

1) 【학설】 신주발행 무효원인에 대한 학설
① 발행예정주식총수를 초과한 경우: 초과부분만 무효라는 견해와 전체가 무효라는 견해가 있다.
② 이사회의 결의 없는 신주발행의 경우: 거래안전을 중시하여 유효하다는 견해(판례)와 이사회의 결의라는 절차적 신중을 위반한 것으로 무효라는 견해(다수설)가 있다.
③ 액면미달발행의 경우 필요절차를 거치지 않은 경우: 무효라는 견해(통설)와 근소한 미달금액의 경우에는 유효라는 견해가 있다.
④ 주주의 신주인수권을 무시한 경우: 그 자체로 무효라는 견해, 근소한 일부만이 무시된 경우에는 유효라는 견해, 회사지배에 대한 영향력에 변동을 줄 정도인 경우 무효라는 견해가 있다.
⑤ 현물출자의 경우 검사인을 선임하지 않은 경우: 이 경우에는 무효라는 견해, 당연히 무효가 되는 것은 아니라는 견해(판례), 현물출자의 평가가 부당하지 않은 경우에는 유효라는 견해가 있다.
⑥ 이사회가 정한 발행가액은 공정한데, 실제의 발행가액이 불공정한 경우: 이 경우에는 무효이고 신주발행의 효력이 생긴 때에는 신주발행무효의 사유가 된다는 견해와, 이 경우에도 신주인수인의 차액지급의무를 인정하는 견해가 있다.
⑦ 신주발행유지의 가처분에 위반한 신주발행의 경우: 법률관계의 안정성을 위하여 신주발행 그 자체는 유효하고, 다만 이사의 책임이 생길 뿐이라는 견해와, 유지가처분을 무시한 신주발행은 무효로 보는 견해(다수설)가 있다.
⑧ 현저하게 불공정한 신주발행의 경우: 이 경우 신주발행은 무효의 사유가 된다는 견해, 거래안전을 위해 유효하다는 견해, 회사지배권에 영향을 미치는 경우에만 무효사유가 된다는 견해가 있다.

【판례】 대법원 2012.11.15.선고 2010다49380판결

상법 제429조는 신주발행의 무효는 주주·이사 또는 감사에 한하여 신주를 발행한 날부터 6월 내에 소만으로 주장할 수 있다고 규정하고 있는데, 이는 신주발행에 수반되는 복잡한 법률관계를 조기에 확정하고자 하는 것으로서, 새로운 무효사유를 출소기간 경과 후에도 주장할 수 있도록 하면 법률관계가 불안정하게 되어 위 규정의 취지가 몰각된다는 점에 비추어, 위 규정은 무효사유의 주장시기도 제한하고 있는 것이라고 해석함이 타당하므로, 신주발행 무효의 소에서 신주를 발행한 날부터 6월의 출소기간이 경과한 후에는 새로운 사유를 추가하여 주장할 수 없다.

2) 제소권자 및 상대방

신주발행무효의 소제기권자는 주주 · 이사 · 감사에 한하고, 제3자는 포함되지 않는다. 소의 피고는 회사이다. 제소권자로서의 주주는 주주명부에 기재된 자에 한정되며(대법원 2003.2.26.선고 2000다42786판결), 제소 후 변론종결시까지 주주 등의 자격을 유지하여야 하지만, 주식의 양도 등으로 주주가 변동되는 경우에는 새로운 주주가 소송을 수계하거나 요건을 충족하는 한 새로운 소를 제기할 수도 있다(대법원 2003.2.26.선고 2000다42786판결).

3) 소의 절차

소의 관할, 소의 공고, 소의 병합심리, 청구의 기각 등에 대하여서는 설립무효의 소의 규정이 준용되고(제430조, 제186조 내지, 제189조), 제소주주의 담보제공의무는 주주총회 결의취소의 소에 관한 규정이 준용된다(제430조, 제377조).

4) 다른 소송과의 관계

신주발행을 위한 이사회의 결의 또는 주주총회의 결의에 하자가 있을 경우에는 그 하자는 신주발행의 하자에 흡수되어 신주발행무효의 소만을 제기할 수 있다(대법원 2004.8.16.선고 2003다9636판결).

5) 무효판결의 효력

(1) 원고승소의 경우

① 대세적 효력: 신주발행의 무효판결은 법률관계의 획일적 확정을 위해 제3자에 대하여도 그 효력이 미친다(제430조, 제190조 본문).

② 불소급효: 신주발행은 무효판결이 확정된 때로부터 장래에 대하여 그 효력을 잃는다(제431조 제1항).

③ 등기의 경정: 신주발행무효로 인해 자본금액이 감소하고 미발행주식수가 증가하게 되므로 등기의 경정을 하여야 한다. 그 등기에 관해서는 상법 제192조가 준용된다(제430조).

④ 신주권의 회수: 무효판결이 확정된 때에는 회사는 지체없이 그 뜻과 3월 이상의 일정한 기간 내에 신주의 주권을 회사에 제출할 것을 공고하고, 주주명부에 기재된 주주와 질

권자에 대하여는 각별로 통지하여야 한다(제431조 제2항).

⑤ 주금액의 반환: 회사는 신주의 주주에 대하여 그 납입한 금액을 반환하여야 한다(제432조 제1항). 현물출자자에 대해서는 그 평가액을 금전으로 반환하여야 한다. 그러나 회사가 반환할 금액이 판결확정시에 회사의 재산상태에 비추어 현저하게 부당한 때에는 법원은 회사 또는 신주의 주주의 청구에 의하여 그 금액의 증감을 명할 수 있다(제432조 제2항).

⑥ 질권의 물상대위: 신주발행무효로 주금액의 반환이 있게 되는 경우에 실효한 신주의 질권자는 주금액에 대해 물상대위권을 갖는다(제432조 제3항, 제339조, 제340조 제1항·제2항).

(2) 원고패소의 경우: 원고에게 악의 또는 중대한 과실이 있는 때에는 회사에 대하여 손해배상책임을 진다(제430조, 제191조).

Ⅳ. 신주발행의 부존재

신주발행의 절차가 전혀 취해진 바가 없이 신주가 발행된 것 같은 외관만 존재하는 경우에는 신주발행의 부존재를 주장할 수 있다. 신주발행의 부존재는 누구든지 언제나 어떤 방법으로든 주장할 수 있다. 신주발행 부존재확인의 소를 제기한 경우 그 판결의 효력은 대세적 효력이 없고 소급효가 제한되지 않는다.

보충판례 신주발행의 부존재의 경우(예 주주가 아니면서도 위조된 주권을 소유한 자들이 대다수 참석하여 개최된 주주총회에서 이사들이 새로이 선임되고, 그 이사들로 구성된 이사회의 결의에 의해서 신주발행이 이루어진 경우)에는 처음부터 신주발행의 절차적·실체적 하자가 극히 중대하여 그 효력이 없으므로 신주인수인의 주금납입의무도 발생하지 않으며 증자로 인한 자본충실의 문제도 생기지 않는 것이어서 그 주금의 납입을 가장하였더라도 납입가장죄가 성립하지 아니한다(대법원 2006.6.2.선고 2006도48판결).

【판례】 대법원 1989.7.25.선고 87다카2316판결

부존재한 주주총회에서 선임된 이사들로 구성된 부존재한 이사회의 신주발행결의에 의한 신주발행은 피고회사를 대표할 권한이 없는 자에 의하여 이루어진 것으로서, 그 발행에 있어 절차적·실체적 하자가 극히 중대하여 신주발행이 존재하지 아니한다고 볼 수밖에 없으므로 신주발행에 관한 이사회결의에 대하여 그 신주발행무효의 소의 제기기간에 구애되거나 신주발행무효의 소에 의하지 아니하고 부존재확인의 소를 제기할 수 있다.

제 6 절 정관의 변경

I. 정관변경의 개념

1. 정관변경의 의의

정관의 기재사항을 추가하거나 삭제하거나 수정하는 것을 정관변경이라 한다. 정관의 간단한 자구나 구두점의 수정 · 가감도 정관변경이며, 절대적 기재사항이든 상대적 기재사항이든 또는 임의적 기재사항이든 정관에 기재된 사항의 변경은 모두 정관변경에 해당한다. 정관변경은 실질적 의의의 정관의 변경을 말한다.

2. 정관변경의 범위

정관변경의 범위에는 특별한 제한이 없다. 따라서 목적 · 상호 등 어떠한 사항도 변경할 수 있다. 원시정관에 정관변경을 금지하고 있는 경우에도 이 규정을 변경하여 정관변경을 할 수 있다. 그런데 정관변경을 하더라도 사회질서나 강행법규에 위반한 내용으로의 변경은 인정되지 않으며, 주주의 고유권을 침해하거나 주주평등의 원칙에 반하는 정관변경은 인정되지 않는다.

보충 정관의 기재사항이 어떠한 사실에만 기초를 두고 있는 경우에는 그 사실의 변경에 의하여 총회결의 없이 정관은 변경된다(예 회사의 본점소재지의 지명변경이나 회사가 공고하는 일간신문의 명칭의 변경 등). 또한 법령의 개정으로 인하여 정관의 규정이 변경 또는 실효되는 경우에도 총회의 결의는 필요하지 않다(최기원, 「회사법」, 707면). 그리고 정관의 기재사항 중 하나의 역사적 사실에 불과한 사항(예 발기인의 성명·주민등록번호·주소, 설립시 발행할 주식의 수, 설립시 변태설립사항)은 정관의 변경사항에 해당하지 않는다.

II. 정관변경의 절차

1. 주주총회의 특별결의

정관변경은 출석한 주주의 의결권의 3분의 2 이상의 수와 발행주식총수의 3분의 1 이상의 수로써 하여야 한다. 즉, 정관변경은 주주총회의 특별결의사항이다(제433조 제1항, 제434조). 정관변경을 위한 주주총회를 소집할 경우에는 정관변경에 관한 의안의 요령을 기재하여 통지하여야 한다(제433조 제2항). 이에 위반한 경우에는 주주총회 결의취소의 소의 원인이 된다.

2. 종류주주총회

회사가 종류주식을 발행한 경우에 정관을 변경함으로써 어느 종류주식의 주주에게 손해를 미치게 될 때에는 주주총회의 결의 외에 그 종류주식의 주주총회의 결의가 있어야 한다(제435조 제1항). 종류주주총회의 결의는 출석한 주주의 의결권의 3분의 2 이상의 수와 그 종류의 발행주식총수의 3분의 1 이상의 수로써 하여야 한다(제435조 제2항).

3. 변경등기

정관변경 자체는 등기를 필요로 하지 않지만, 정관변경으로 등기사항이 변동되는 때에는 변경등기를 하여야 한다(제317조 제4항, 제183조).

Ⅲ. 정관변경의 주요 내용

1. 발행예정주식총수의 변경

회사설립 후에 정관변경으로 발행예정주식총수를 증가시키는 경우 그 수에 제한이 없다. 정관변경으로 발행예정주식총수를 감소시키는 것도 가능하지만, 발행예정주식총수의 감소의 경우에는 발행주식총수 이하로는 감소시킬 수 없다.

2. 주금액의 변경

1) 주금액의 인하

정관의 절대적 기재사항 중 하나인 '1주의 금액'을 인하하는 경우에 있어서, 주식을 분할하여 주금액을 인하하는 경우에는 자본금의 변동이 없으므로 주주총회의 정관변경결의만으로 가능하지만, 주식수의 변동이 없이 1주의 금액만을 인하하여 자본금이 감소하는 경우에는 정관변경과 함께 자본금감소의 절차가 필요하다.

2) 주금액의 인상

주금액의 인상으로 주주에게 추가출자의무를 부담시키는 것은 주주의 유한책임의 원칙에 반하므로 총주주의 동의를 필요로 하지만, 주식의 병합에 의한 주금액의 인상의 경우에는 주주총회의 특별결의에 의해 가능하다.

Ⅳ. 정관변경의 효력발생

정관변경은 주주총회의 결의로 효력이 발생하며, 변경된 내용을 문서화하거나 등기할 때에 효력이 생기는 것은 아니다. 종류주주총회의 결의를 요하는 경우에는 종류주주총회의 결의가 있어야 정관변경의 효력이 발생한다. 정관의 변경이 등기사항의 변경을 생기게 하는 경우에도 변경등기가 효력발생요건이 아니며, 원시정관과 달리 공증인의 인증을 요하지 않는다(대법원 2007.6.28.선고 2006다62362판결 참조).

주주총회에서 정관변경의 소급적용을 결의하는 경우에도 그 소급효는 인정되지 않는다고 봄이 타당하다. 정관변경의 효력발생의 시기 또는 종기를 정하는 기한부변경 또는 조건부변경이 가능하다는 것이 통설의 입장이다(이에 대해 기한부변경은 허용되나 조건부변경은 허용할 수 없다는 견해도 있다; 이철송, 「회사법」, 737면).

제 7 절 자본금의 감소

Ⅰ. 자본금감소의 의의

자본금감소란 회사자본금의 금액을 일정한 방법에 의하여 감소시키는 것을 말한다. 자본금액의 감소에 따른 순재산의 감소 여부를 기준으로 통상 실질적 자본금감소와 명목상의 자본금감소로 분류한다. 실질적 자본금감소란 감소된 자본금을 실제로 주주에게 반환하고 그 남은 금액으로서 새로운 주금액으로 하는 것(환급의 방법)을 말하고, 명목상의 자본금감소는 주주에게 감소된 자본금을 현실로 반환하지 않고 주금액의 일부를 주주의 손실로 주금액에서 삭제하여(절기의 방법) 계산상으로만 자본금을 감소시키는 것을 말한다.

Ⅱ. 자본금감소의 방법

1. 주금액의 감소

주금액의 감소에 의한 자본금의 감소는 발행주식수를 줄이지 않고 주식의 액면가액을 낮추는 방법이다. 이 방법은 주금액이 100원 이상인 경우에만 가능하다. 감소되는 금액은 자본금감소의 목적에 따라 주주에게 환급하거나 주주의 손실로 처리될 수 있다.

2. 주식수의 감소

1) 주식의 소각

주식의 소각이란 회사가 일정한 주식을 절대적으로 소멸시키는 것을 말한다. 주식의 소각은 동의한 주주의 주식에 대해서만 소각할 수 있는 임의소각과 주주의 의사와 관계없이 주식을 소멸시킬 수 있는 강제소각(예 모든 주주의 주식을 안분비례방법으로 소각하는 경우)이 있다. 강제소각의 방법으로 추첨에 의한 방법은 주주평등의 원칙에 반하므로 무효라는 견해가 있으나 일반적으로 추첨에 의한 강제소각이 인정된다고 본다(다수설). 또 주식의 소각으로 주주에게 주금(株金)을 지급하는 유상소각과 지급하지 않는 무상소각이 있다. 주주총회에서 정한 자본금감소의 방법이 주주평등의 원칙에 위반하는 때에는 무효이다.

2) 주식의 병합

주식병합은 여러 주식을 합하여 그보다 적은 수의 주식을 발행하는 것을 말한다. 이 경우 회사는 1월 이상의 기간을 정하여 그 뜻과 그 기간 내에 주권을 회사에 제출할 것을 공고하고 주주명부에 기재된 주주와 질권자에게 각별로 그 통지를 하여야 한다(제440조). 주권제출기간이 만료한 때에는 주권을 회사에 제출한 자에 대해서 신주권을 교부한다. 그러나 병합에 적당하지 않은 단주의 부분에 대해서는 발행한 신주를 경매하여 각 주식수에 따라 그 대금을 종전의 주주에게 지급하여야 한다(제443조 제1항 본문). 다만, 거래소의 시세가 있는 주식은 거래소를 통하여 매각하고, 거래소의 시세가 없는 주식은 법원의 허가를 받아 경매 이외의 방법으로 매각할 수 있다(제443조 제1항 단서).

Ⅲ. 자본금감소의 절차

1. 주주총회의 특별결의

자본금감소는 회사의 자본금구조의 변화를 초래하고 주주의 이해관계에 중대한 영향을 미치므로 주주총회의 특별결의를 요한다(제438조 제1항). 다만, 결손의 보전(補塡)을 위한 자본금의 감소의 경우에는 주주총회의 보통결의에 의한다(제438조 제2항). 자본금감소를 위한 주주총회의 소집시에는 의안의 요령도 통지하여야 한다(제438조 제3항).

한편, 1주의 금액을 감소시키는 방법으로 자본금감소를 할 때에는 자본금감소결의 외에 정관변경의 결의도 필요한가에 대해 양 결의의 방식이 동일하므로 정관변경의 결의는 자본금감소의 결의로 갈음할 수 있으며 정관변경의 결의는 별도로 필요 없다는 견해도 있지만, 하나의 특별결의로 각각의 의안을 동시에 처리하면 된다고 본다.

2. 종류주주총회의 결의

회사가 종류주식을 발행하고 있는 경우에 어느 종류의 주주에게 손해를 미치게 될 때에는 주주총회의 결의 외에 그 종류주주총회의 결의가 있어야 한다(제436조).

3. 채권자보호절차

자본금감소는 회사채권자를 위한 담보액의 감소를 초래하므로 회사는 자본금감소의 결의일로부터 2주간 내에 회사채권자에 대하여 자본금감소에 이의가 있으면 1월 이상의 일정한 기간 내에 이의를 제출할 것을 공고하고, 알고 있는 채권자에 대하여는 각별로 최고하여야 한다(제439조 제2항 본문, 제232조 제1항).

일반채권자의 이의제출에는 특별한 방식을 필요로 하지 않는다. 그러나 사채권자가 이의를 함에는 사채권자집회의 결의가 있어야 하며, 이 경우 법원은 이해관계인의 청구로 이의기간을 연장할 수 있다(제439조 제3항). 이의를 제기한 채권자에 대하여 회사는 채무를 변제하거나, 상당한 담보를 제공하거나, 또는 이를 목적으로 하여 상당한 재산을 신탁회사에 신탁하여야 한다(제439조 제2항, 제232조 제3항).

한편, 결손의 보전을 위한 자본금감소의 경우에는 채권자보호절차를 필요로 하지 않는다(제439조 제2항 단서).

4. 기타 절차

1) 주식병합절차

주식병합에 의한 자본금감소의 경우에는 회사는 1월 이상의 기간을 정하여 그 기간 내에 주권을 회사에 제출할 것을 공고하고 주주명부에 기재된 주주와 질권자에 대해서는 각별로 통지하여야 한다(제440조). 주권제출기간이 만료한 때에 주식병합의 효력이 발생한다(제441조 본문). 그러나 채권자의 이의기간 및 이의에 따른 변제 등의 조치가 종료하지 않은 때에는 그 기간 또는 절차가 종료한 때에 효력이 발생한다(제441조 단서).

2) 주식소각절차

주식소각절차에 대해 별도의 규정을 두고 있지 않고 주식병합절차에 관한 규정을 준용하고 있다(제342조 제2항, 제440조, 제441조).

3) 변경등기

자본금감소로 인해 등기사항에 변동이 생기므로 본점소재지에서 2주일 내에 변경등기를 하여야 한다(제317조 제4항, 제183조).

Ⅳ. 자본금감소의 효과

주식의 소각이나 병합으로 인해 받는 주식이나 금액에 대해 질권의 물상대위권이 인정된다(제339조). 주식소각이나 병합에 의해 자본금감소가 되는 경우 감소된 주식수만큼 재발행이 가능한가에 대해서는 학설의 대립이 있다.[1)]

Ⅴ. 자본금감소의 무효

1. 무효원인

자본금감소를 위한 주주총회 결의의 하자, 채권자보호절차의 흠결, 자본금감소의 방법

1) 【학설】 자본금감소와 수권자본의 관계에 관한 학설
주식의 소각이나 병합에 의해 발행주식총수가 감소되는 경우 이미 수권자본으로 발행권한이 행사되었으므로 감소한 주식수만큼 재발행을 하지 못한다는 견해(다수설)와, 감소된 주식수만큼 미발행주식수가 회복된다는 견해가 있다.

기타 절차에 있어 주주평등의 원칙 위반, 법령 · 정관에 위반하거나 현저하게 불공정한 자본금감소는 무효의 원인이 된다.

【판례】 대법원 2020.11.26.선고 2018다283315판결

주식병합을 통한 자본금감소에 이의가 있는 주주·이사·감사·청산인·파산관재인 또는 자본금의 감소를 승인하지 않은 채권자는 자본금감소로 인한 변경등기가 된 날부터 6개월 내에 자본금감소 무효의 소를 제기할 수 있다(상법 제445조). 상법은 자본금감소의 무효와 관련하여 개별적인 무효사유를 열거하고 있지 않으므로, 자본금감소의 방법 또는 기타 절차가 주주평등의 원칙에 반하는 경우, 기타 법령·정관에 위반하거나 민법상 일반원칙인 신의성실의 원칙에 반하여 현저히 불공정한 경우에 무효소송을 제기할 수 있다. 즉 주주평등의 원칙은 그가 가진 주식의 수에 따른 평등한 취급을 의미하는데, 만일 주주의 주식수에 따라 다른 비율로 주식병합을 하여 차등감자가 이루어진다면 이는 주주평등의 원칙에 반하여 자본금감소 무효의 원인이 될 수 있다. 또한 주식병합을 통한 자본금감소가 현저하게 불공정하게 이루어져 권리남용금지의 원칙이나 신의성실의 원칙에 반하는 경우에도 자본금감소 무효의 원인이 될 수 있다.

참조판례 ① 우리 상법이 2011년 상법 개정을 통해 소수주식의 강제매수제드를 도입한 입법 취지와 그 규정의 내용에 비추어 볼 때, 엄격한 요건 아래 허용되고 있는 소수주주 축출제도를 회피하기 위하여 탈법적으로 동일한 효과를 갖는 다른 방식을 활용하는 것은 위법하다. 그러나 소수주식의 강제매수제도는 지배주주에게 법이 인정한 권리로 반드시 지배주주가 이를 행사하여야 하는 것은 아니고, 우리 상법에서 소수주식의 강제매수제도를 도입하면서 이와 관련하여 주식병합의 목적이나 요건 등에 별다른 제한을 두지 않았다. 또한 주식병합을 통해 지배주주가 회사의 지배권을 독점하려면, 단주로 처리된 주식을 소각하거나 지배주주 또는 회사가 단주로 처리된 주식을 취득하여야 하고 이를 위해서는 법원의 허가가 필요하다. 주식병합으로 단주로 처리된 주식을 임의로 매도하기 위해서는 대표이사가 사유를 소명하여 법원의 허가를 받아야 하고(비송사건절차법 제83조), 이때 단주 금액의 적정성에 대한 판단도 이루어지므로 주식가격에 대해 법원의 결정을 받는다는 점은 소수주식의 강제매스제도와 유사하다. 따라서 결과적으로 주식병합으로 소수주주가 주주의 지위를 상실했다 할지라도 그 자체로 위법이라고 볼 수는 없다(대법원 2020.11.26.선고 2018다283315판결).

② 주주총회의 감자결의에 결의방법상의 하자가 있으나 그 하자가 감자결의의 결과에 아무런 영향을 미치지 아니하였고, 감자결의를 통한 자본감소 후에 이를 기초로 채권은행 등에 대하여 부채의 출자전환 형식으로 신주발행을 하고 수차례에 걸쳐 제3자에게 영업을 양도하는 등의 사정이 발생하였다면, 자본(금)감소를 무효로 할 경우 부채의 출자전환 형식으로 발행된 신주를 인수한 채권은행 등의 이익이나 이익이나 거래의 안전을 해할 염려가 있으므로 자본(금)감소를 무효로 하는 것이 부적당하다고 볼 사정이 있다(대법원 2004.4.27.선고 2003다29616판결).

2. 무효의 소

1) 당사자

자본금감소무효의 소제기권자는 주주 · 이사 · 감사 · 청산인 · 파산관재인 · 자본금감소를 승인하지 않은 채권자에 한하며(제445조), 회사를 피고로 한다.

2) 제소기간

자본금감소무효의 소는 자본금감소로 인한 변경등기가 있은 날로부터 6월 내에만 제기할 수 있다(제445조). 법률관계의 안정성을 위하여 이 기간이 경과한 후에는 새로운 무효사유를 추가하여 무효를 주장할 수 없다(대법원 2010.4.29.선고 2007다12012판결).

3) 소의 절차

자본금감소무효의 소에 관한 절차에 대해서는 설립무효에 관한 규정을 준용하며(제186조 내지 제189조), 채권자나 주주가 소를 제기한 경우의 담보제공의무에 관하여는 주주총회 결의취소의 소에 관한 규정(제377조)을 준용한다.

【판례】 대법원 2004.4.27.선고 2003다29616판결

법원이 감자무효의 소를 재량 기각하기 위해서는 원칙적으로 그 소제기 전이나 그 심리 중에 원인이 된 하자가 보완되어야 한다고 할 수 있을 것이지만, 하자가 추후 보완될 수 없는 성질의 것으로서 자본감소결의의 효력에는 아무런 영향을 미치지 않는 것인 경우 등에는 그 하자가 보완되지 아니하였다 하더라도 회사의 현황 등 제반사정을 참작하여 자본감소를 무효로 하는 것이 부적당하다고 인정한 때에는 법원은 그 청구를 기각할 수 있다.

4) 다른 소(訴)와의 관계

자본금감소의 효력이 발생하기 전에는 주주총회 결의취소·무효확인 또는 부존재의 소를 제기할 수 있으나, 자본금감소의 효력이 발생한 후에는 자본금감소무효의 소에 흡수된다.

【판례】 대법원 2010.2.11.선고 2009다83599판결

상법 제445조는 자본감소의 무효는 주주 등이 자본감소로 인한 변경등기가 있은 날로부터 6월 내에 소만으로 주장할 수 있다고 규정하고 있으므로, 설령 주주총회의 자본감소 결의에 취소 또는 무효의 하자가 있다고 하더라도 그 하자가 극히 중대하여 자본감소가 존재하지 아니하는 정도에 이르는 등의 특별한 사정이 없는 한 자본감소의 효력이 발생한 후에는 자본감소무효의 소에 의해서만 다툴 수 있다.

5) 판결의 효력

(1) 원고승소의 경우: 자본금감소무효의 판결이 확정되면 자본금감소는 무효가 되고, 그 효력은 제3자에 대해서도 미친다(대세적 효력). 자본금감소무효판결의 효력에 대해 상법 제190조 본문만 준용하고 있기 때문에 판결의 효력에 소급효가 인정된다. 무효판결이 확정된 때에는

본점의 소재지에서 등기를 하여야 한다(제446조, 제192조). 자본금감소의 무효판결 후 주주로부터 감소대가의 회수가 불가능하여 회사가 손해를 보는 경우에는 이사의 책임이 발생하고(제399조), 주주나 회사채권자에게 손해가 생기는 경우에는 회사 또는 이사에 대하여 손해배상을 청구할 수 있다(제389조 제3항, 제210조, 제401조).

(2) 원고패소의 경우: 판결의 효력은 원고에 대해서만 미치고(대인적 효력), 원고에게 악의 또는 중대한 과실이 있는 경우에 한하여 회사에 대하여 연대하여 손해를 배상할 책임이 있다(제446조, 제191조).

제 8 절 회사의 회계

제1관 총 설

회사의 회계란 회사가 주체가 되어 일정한 결산기를 단위로 하여 회사의 재산상태와 손익을 평가하고, 이익 또는 손실을 처리하기 위한 의사결정을 하는 일련의 행위를 말하며, 이는 회사와 이해관계인들에게 다각적인 의미를 갖는다. 즉, 경영자는 회계를 통해 지난 영업연도의 경영성과를 분석·평가함으로써 이를 토대로 계속기업으로서의 목표와 방향을 효과적으로 설정할 수 있다. 또 주주에게 있어서는 이익배당을 받을 수 있는 법적 절차라는 의미가 있다. 뿐만 아니라 회사의 회계는 채권자들의 회사손익에 대한 관심을 충족시켜 주고 회사의 회계를 통해 회사의 재산상태를 기초로 하여 채권의 회수 여부나 채권보전조치의 요부(要否) 등을 결정한다. 이러한 주식회사에 있어서 회사의 회계의 중요성을 고려하여 독립된 절(節)을 두고 있다. 한편 회계에 관하여는 일반적 기업회계기준의 변동에 신속하게 대응하기 위해 회계의 원칙을 규정하고 있다. 회사의 회계는 이 법과 대통령령으로 규정한 것을 제외하고는 일반적으로 공정하고 타당한 회계관행에 따른다(제446조 의2).

제2관 재무제표 등

I. 의 의

1. 재무제표

상법상 재무제표란 주식회사의 결산을 위해 작성하고 주주총회의 승인을 받아 확정되는 회계서류를 말한다. 주식회사의 이사는 매 결산기에 재무제표와 그 부속명세서를 작성하여야 한다(제447조 제1항). 재무제표는 대차대조표, 손익계산서, 기타 대통령령으로 정하는 서류를 말한다.

1) 대차대조표

일정시점에서 기업의 자산과 부채 및 자본을 일정한 구분·배열·분류에 따라서 기업의 재무상태를 표시하기 위하여 작성하는 서류이다.

2) 손익계산서

기업의 경영성과를 명백히 보고하기 위하여 그 회계기간에 속하는 모든 수익과 이에 대응하는 모든 비용을 적정하게 표시하는 것이다.

3) 그 밖에 회사의 재무상태와 경영성과를 표시하는 것으로서 대통령령으로 정하는 서류

회계기준에서 두고 있는 현금흐름표나 자본변동표, 이익잉여금처분계산서 또는 결손금처리계산서가 이에 속한다.

4) 연결재무제표

연결재무제표란 경제적으로 상호 밀접하게 연결된 기업집단의 경우 하나의 조직체로 보아 작성하는 재무제표를 말한다. 즉, 주식회사와 다른 회사(조합 등 법인격이 없는 기업을 포함한다)가 대통령령으로 정하는 지배·종속의 관계에 있는 경우 지배하는 회사(주식회사만을 말한다)가 작성하는 연결재무상태표, 연결손익계산서 또는 연결포괄손익계산서, 그 밖에 대통령령으로 정하는 서류를 말한다. 대통령령으로 정하는 회사(주식회사의 외부감사에 관한 법률 제2조에 따른 외부감사의 대상이 되는 회사 중 같은 법 제1조의2 제2호에 규정된 지배회사를 말한다: 상법시행령 제16조 제2항)의 이사는 연결재무제표를 작성하여 이사회의 승인을 얻어야 한다(제447조 제2항).

2. 부속명세서

재무제표의 부속명세서란 대차대조표와 손익계산서의 중요한 항목에 관하여 내역명세를 기재한 것을 말한다(국제회계기준의 도입으로 상법규정 상의 부속명세는 주석에 포함되었다).

3. 영업보고서

영업보고서는 당해 영업연도 내에 있어서의 영업의 개요, 영업소의 명칭 · 위치와 수의 증감, 주주총회에 관한 사항, 자본금, 준비금, 기타 중요한 사항을 기재하여 회사의 개요를 나타내는 보고서를 말하며, 대표이사가 작성하여 이사회의 승인을 얻어(제447조의2 제1항), 주주총회에 보고하여야 한다(제449조 제2항). 영업보고서의 기재사항에 관해서는 「상법시행령」 제17조에 규정하고 있다.

보충 영업보고서의 기재사항

① 회사의 목적 및 중요한 사업 내용, 영업소·공장 및 종업원의 상황과 주식·사채의 상황
② 해당 영업연도의 영업의 경과 및 성과(자금조달 및 설비투자의 상황을 포함한다)
③ 모회사와의 관계, 자회사의 상황, 그 밖에 중요한 기업결합의 상황
④ 과거 3년간의 영업성적 및 재산상태의 변동상황
⑤ 회사가 대처할 과제
⑥ 해당 영업연도의 이사·감사의 성명, 회사에서의 지위 및 담당 업무 또는 주된 직업과 회사와의 거래관계
⑦ 상위 5인 이상의 대주주(주주가 회사인 경우에는 그 회사의 자회사가 보유하는 주식을 합산한다), 그 보유주식 수 및 회사와의 거래관계, 해당 대주주에 대한 회사의 출자 상황
⑧ 회사, 회사와 그 자회사 또는 회사의 자회사가 다른 회사의 발행주식총수의 10분의 1을 초과하는 주식을 가지고 있는 경우에는 그 주식 수, 그 다른 회사의 명칭 및 그 다른 회사가 가지고 있는 회사의 주식 수
⑨ 중요한 채권자 및 채권액, 해당 채권자가 가지고 있는 회사의 주식 수
⑩ 결산기 후에 생긴 중요한 사실
⑪ 그 밖에 영업에 관한 사항으로서 중요하다고 인정되는 사항

Ⅱ. 재무제표의 승인절차

1. 작성 · 제출

이사는 재무제표(연결재무제표 포함)와 그 부속명세서 및 영업보고서를 작성하여 이사회의 승인을 얻어야 한다(제447조, 제447조의2 제1항). 이사는 이사회의 승인을 얻은 후 정기주주총회일의 6주 전에 감사에게 제출하여야 하며(제447조의3), 또한 이사는 재무제표를 주주총회의 승인을 얻기 위해 제

출하여야 한다(제449조 제1항). 법문상 재무제표의 작성·제출은 이사가 하도록 되어 있으나, 실질적으로는 대표이사의 업무집행사항이므로 대표이사가 하여야 한다.

2. 감사보고서 작성·제출

감사는 이사로부터 재무제표 등의 서류를 받은 날로부터 4주 내에 법정기재사항(제447조의4 제2항)을 기재한 감사보고서를 이사에게 제출하여야 한다(제447조의4 제1항). 감사보고서에는 감사를 하기 위하여 필요한 조사를 할 수 없었던 경우 그 뜻과 이유를 적어야 한다(제447조의4 제3항).

보충 감사보고서의 기재사항

① 감사방법의 개요
② 회계장부에 기재할 사항이 기재되지 아니하거나 부실기재된 경우 또는 대차대조표나 손익계산서의 기재내용이 회계장부와 맞지 아니하는 경우에는 그 뜻
③ 대차대조표 및 손익계산서가 법령과 정관에 따라 회사의 재무상태와 경영성과를 적정하게 표시하고 있는 경우에는 그 뜻
④ 대차대조표 또는 손익계산서가 법령 또는 정관에 위반하여 회사의 재무상태와 경영성과를 적정하게 표시하지 아니하는 경우에는 그 뜻과 사유
⑤ 대차대조표 또는 손익계산서의 작성에 관한 회계방침의 변경이 타당한지 여부와 그 이유
⑥ 영업보고서가 법령과 정관에 따라 회사의 상황을 적정하게 표시하고 있는지 여부
⑦ 이익잉여금의 처분 또는 결손금의 처리가 법령 또는 정관에 맞는지 여부
⑧ 이익잉여금의 처분 또는 결손금의 처리가 회사의 재무상태나 그 밖의 사정에 비추어 현저하게 부당한 경우에는 그 뜻
⑨ 제447조의 부속명세서에 기재할 사항이 기재되지 아니하거나 부실기재된 경우 또는 회계장부·대차대조표·손익계산서나 영업보고서의 기재내용과 맞지 아니하게 기재된 경우에는 그 뜻
⑩ 이사의 직무수행에 관하여 부정한 행위 또는 법령이나 정관의 규정을 위반하는 중대한 사실이 있는 경우에는 그 사실

3. 공 시

이사는 정기주주총회 회일의 1주 전부터 재무제표, 영업보고서, 감사보고서를 본점에 5년간, 그 등본을 지점에 3년간 비치하여야 한다(제448조 제1항). 주주와 회사채권자는 영업시간 내에 언제든지 재무제표 등의 서류를 열람할 수 있으며 회사가 정한 비용을 지급하고 그 서류의 등본이나 초본의 교부를 청구할 수 있다(제448조 제2항).

4. 승 인

1) 절 차

이사는 이사회의 승인과 감사(監事)의 감사(監査)를 경유한 후 재무제표를 정기주주총회에 제출하여 승인을 얻어야 한다(제449조 제1항). 다만, 재무제표가 법령 및 정관에 따라 회사의 재무상태 및 경영성과를 적정하게 표시하고 있다는 외부감사인의 의견이 있고, 감사 또는 감사위원 전원의 동의가 있는 때에는 정관의 정함에 의하여 이사회의 승인으로 할 수 있다(제449조의2 제1항). 이사회가 승인한 경우에는 재무제표의 내용을 주주총회에 보고하여야 한다(제449조의2 제2항).

재무제표의 승인은 주주총회의 보통결의에 의하며, 주주총회에서는 재무제표의 승인을 거부하거나 수정하여 승인할 수 있다. 영업보고서는 주주총회에 제출하고 그 내용을 보고하여야 한다(제449조 제2항).

2) 승인의 효력

(1) 재무제표의 확정: 주주총회의 승인을 얻은 경우에 재무제표는 확정된다.

(2) 이익배당청구권의 발생: 재무제표의 승인으로 주주는 회사에 대하여 확정된 이익배당청구권을 갖게 된다.

【판례】 대법원 2022.8.19.선고 2020다263574판결

주주의 이익배당청구권은 장차 이익배당을 받을 수 있다는 의미의 권리에 지나지 아니하여 이익잉여금처분계산서가 주주총회에서 승인됨으로써 이익배당이 확정될 때까지는 주주에게 구체적이고 확정적인 배당금지급청구권이 인정되지 아니한다. 다만 정관에서 회사에 배당의무를 부과하면서 배당금의 지급조건이나 배당금액을 산정하는 방식 등을 구체적으로 정하고 있어 그에 따라 개별 주주에게 배당할 금액이 일의적으로 산정되고, 대표이사나 이사회가 경영판단에 따라 배당금 지급 여부나 시기, 배당금액 등을 달리 정할 수 있도록 하는 규정이 없다면, 예외적으로 정관에서 정한 지급조건이 갖추어지는 때에 주주에게 구체적이고 확정적인 배당금지급청구권이 인정될 수 있다. 그리고 이러한 경우 회사는 주주총회에서 이익배당에 관한 결의를 하지 않았다거나 정관과 달리 이익배당을 거부하는 결의를 하였다는 사정을 들어 주주에게 이익배당금의 지급을 거절할 수 없다.

(3) 이사 또는 감사의 책임해제: 정기주주총회에서 재무제표의 승인이 있은 후 2년 내에 다른 결의가 없으면 회사는 이사와 감사(또는 감사위원회 위원)의 책임을 해제한 것으로 본다(제450조 본문, 제415조의2 제6항). 그러나 재무제표의 승인 후 2년 내 다른 결의가 있거나(제450조 본문) 또는 이사 또는 감사에게 부정행위가 있는 때(제450조 단서)에는 해제되지 않는다. 이사 또는 감사가 책임해제를 주장하려면 승인결의가 있었다는 것뿐만 아니라 그 서류에 책임사유가 기재되었다는 사실을 입증하여야 한다(대법원 1969.1.28.선고 68다305판결).

(4) 대차대조표의 공고: 이사는 정기주주총회에서 재무제표의 승인이 있었을 때에는 지체없이 대차대조표를 공고하여야 한다(제449조 제3항).

제3관 준비금제도

I. 의의 및 종류

1. 의 의

순재산액 중 자본금액을 초과하는 금액으로서 일정한 목적을 위하여 회사가 주주에게 배당하지 않고 회사에 유보하여 적립하는 금액을 준비금이라 한다.

2. 종 류

준비금 중에서 상법 또는 특별법의 규정에 의하여 의무적으로 적립하는 것을 법정준비금이라 하고, 정관 또는 주주총회의 결의에 의하여 특정한 목적을 위하여 적립하는 것을 임의준비금이라 한다. 법정준비금은 매 결산기의 이익을 재원(財源)으로 하여 그 일부를 적립하는 이익준비금과 자본거래에서 생긴 잉여금을 재원으로 하여 그 적립한도 없이 모두 적립하여야 하는 자본준비금으로 나누어진다. 기타 실질적으로는 준비금이면서 형식상 준비금으로 계상되지 않는 비밀준비금, 형식상으로는 준비금이나 그 실질은 대손충당금(貸損充當金) 등의 항목으로 계정되는 유사준비금이 있다.

II. 법정준비금

1. 이익준비금 · 자본준비금

1) 이익준비금

회사는 자본금의 2분의 1에 달할 때까지 매 결산기에 이익배당액의 10분의 1 이상의 금액을 이익준비금으로 적립하여야 한다(제458조 본문).[1] 다만, 주식배당의 경우에는 그러하지 아니하다(제458조 단서). 「이익배당액」이란 그 결산기에 주주에게 금전 및 현물로 배당하기로 결정된 금액을 말한다. 신주의 발행, 법정준비금의 자본금전입, 전환사채의 전환 등에 의하여 자본금이 증가한 경우에는 증가 후의 자본금의 2분의 1에 달할 때까지 적립하여야 한다.

---

1) 【학설】 정관의 정함으로 자본금의 2분의 1을 초과하여 적립한 준비금의 성격에 관한 학설
회사가 정관의 정함으로 자본금의 2분의 1 이상을 적립하기로 한 경우에 그 초과액은 손실의 전보를 위한 임의준비금이라고 하는 견해(다수설)와 초과부분도 이익준비금이라는 견해가 있다.

2) 자본준비금

매 결산기의 영업이익 이외의 이익을 재원으로 적립하는 법정준비금으로, 그 재원이 되는 이익은 자본거래에서 생기는 것으로 주주에게 배당할 수 있는 이익이 못 되므로 대통령령으로 정하는 바에 따라 적립하여야 한다(제459조 제1항). 대표적인 예로는 신주발행의 경우 액면 이상의 발행가액 또는 무액면주식의 발행시 자본금으로 정한 금액을 제외한 금액은 자본준비금이 된다(제451조 제2항 제2문).

2. 법정준비금의 용도

1) 결손보전

매 결산기 말의 회사의 순재산액이 자본금과 법정준비금에 미달하는 결손이 난 경우, 그 보전을 위하여 사용된다(제460조).

2) 자본금전입

(1) 의의 · 성질: 자본금전입이란 법정준비금의 일부 또는 전부를 자본금으로 전입하는 것이다(제461조 제1항). 준비금의 자본금전입에 있어서는 이익준비금과 자본준비금의 순서에 관계없이 전입이 가능하다. 준비금의 자본금전입이 있는 때에는 신주발행이 되며, 이때에는 자본금전입에 의한 신주발행의 주식수는 정관에 정한 발행예정주식총수의 범위 내여야 한다. 따라서 준비금의 자본금전입시에는 발행예정주식 중 미발행주식을 보유하고 있어야 한다. 한편, 준비금의 자본금전입의 법적 성질에 대하여는 학설의 대립이 있다.[1)]

(2) 절 차: 자본금전입의 결정은 원칙적으로 이사회의 결의에 의한다(제461조 제1항 본문). 다만, 정관으로 주주총회에서 결의하기로 정할 수 있다(제461조 제1항 단서). 준비금의 자본금전입에 관한 이사회의 결의가 있는 때에는 회사는 일정한 날을 정하여 그 날에 주주명부에 기재된 주주가 무상 신주의 주주가 된다는 뜻을 그 날의 2주 전에 공고하여야 한다. 그러나 그 날이 주주명부의 폐쇄기간 중인 때에는 그 기간의 초일의 2주 전에 이를 공고하여야 한다(제461조 제3항).

(3) 효 과

① 신주발행: 준비금의 자본금전입 결의가 있는 때에는 주주에 대하여 그가 가진 주식수에 따라 무상으로 신주를 발행하여야 한다(제461조 제2항 제1문). 이 경우에 단주가 생길 경우에는 상법

---

1) 【학설】 준비금의 자본금전입의 성질에 관한 학설
준비금의 자본금전입에 의한 무상주교부는 주식분할에 유사한 성질을 갖는 것으로 보는 견해(다수설)와, 주식배당에 유사한 성질을 갖는 것으로 보는 견해가 있다.

제443조 제1항을 준용한다(제461조 제2항 제2문). 무상의 신주발행시 발행가액은 액면주식의 경우 액면가액으로 하여야 한다. 종류주식을 발행하고 있는 경우에는 무상주도 주주들이 종래에 소유하는 주식의 종류와 수에 따라 교부하여야 한다(제461조 제2항 제1문). 준비금의 자본금전입에 따른 무상주를 자기주식에 대하여도 교부할 수 있는가에 대하여는 학설의 대립이 있다.[1)]

보충 무액면주식을 발행한 회사의 자본금전입: 무액면주식을 발행하는 경우에는 자본금은 주식수와 무관하므로, 원칙적으로 신주를 발행하지 않고 자본금전입이 이루어질 것이므로 이사회 또는 주주총회의 의사결정만으로 자본금전입이 된다. 그러나 자본금전입과 함께 신주를 발행할 수도 있다.

② 신주의 효력발생시기: 이사회의 결의에 의하여 준비금을 자본금에 전입하여 신주를 발행하는 때에는 신주의 배정일 날의 주주명부상의 주주가 신주의 주주가 되며(제461조 제3항), 주주총회에서 준비금의 자본금전입을 결의한 때에는 그 결의가 있은 날의 주주명부상의 주주가 신주의 주주가 된다(제461조 제4항).

③ 무상주 교부의 통지: 이사회 또는 주주총회의 결의에 의하여 신주의 주주가 된 때에는 이사는 지체없이 신주를 받을 주주와 주주명부에 기재된 질권자에 대하여 그 주주가 받을 주식의 종류와 수를 통지하여야 한다(제461조 제5항).

④ 질권의 물상대위: 종전의 주식을 목적으로 하는 질권은 등록질이건 약식질이건 질권의 물상대위가 인정되어 신주의 발행으로 주주가 받을 주식이나 금전에 대해서도 질권을 행사할 수 있다(제461조 제6항, 제339조).

⑤ 구주식과 신주식의 관계: 준비금의 자본금전입으로 발행되는 신주는 구주식의 과실이나 종물에 해당하지 아니하므로 구주식을 매매하여 인도하기 전에 발행된 신주는 구주식의 매매의 목적물에 포함되지 아니한다(대법원 1974.6.25.선고 74다164판결).

⑥ 변경등기: 신주의 발행으로 자본금의 증가와 발행주식총수의 변경이 있으므로 신주 효력발생일로부터 2주일 내에 본점에서 변경등기를 하여야 한다(제183조).

(4) 위법한 자본금전입: 주주평등의 원칙에 위반한 자본금전입의 경우, 이사회의 결의 없이 준비금의 자본금전입이 이루어지는 경우, 결의가 있더라도 하자 있는 결의에 의한 경우, 발행예정주식총수를 초과하여 자본금전입을 한 경우 등 준비금의 자본금전입이 위법하게 이루어지는 경우에 주주는 통상의 신주발행과 같이 신주발행의 유지를 청구하거나 신주발행무효의 소를 제기할 수 있다.

---

1) 【학설】 자기주식에 대한 무상주의 교부에 관한 학설
무상주의 교부는 실질적으로 이익배당과 같이 잉여금의 처분이므로 자기주식에 대해서는 이익배당이 인정되지 않는다고 하여 자기주식에 대한 무상주의 교부를 부정하는 견해(유력설)와, 준비금의 자본금전입에 의한 무상주의 교부는 주식의 분할에 가깝다고 보아 회사의 자기주식에 대한 무상주의 교부도 부정할 이유가 없다는 견해가 있다.

3. 법정준비금의 감소

회사는 적립된 자본준비금 및 이익준비금의 총액이 자본금의 1.5배를 초과하는 경우에 주주총회의 결의에 따라 그 초과한 금액 범위에서 자본준비금과 이익준비금을 감액할 수 있다(제461조 의2). 법정준비금의 감소는 준비금을 미처분 상태의 잉여금으로 환원하는 것으로, 이에 의하여 배당가능이익이 증액되고 향후 배당가능이익의 산출을 위한 공제항목이 감소하는 효과가 생긴다(이철송, 「회사법강의」, 제22판, 949면). 준비금 감소의 결의시 그 효력이 발생하는 것이 원칙이지만, 주주총회에서 효력발생시기를 따로 정할 수 있다.

제4관 배당제도

I. 이익배당

1. 의의 · 성질

주식회사에서는 이익이 없으면 배당이란 생각할 수 없다. 따라서 이익배당이란 회사가 경영활동을 통해 얻은 이익을 주주총회의 결의로 주주에게 분배하는 것으로, 출자자인 주주의 고유권에 해당한다.

2. 요 건

1) 배당 가능한 이익의 존재

이익배당은 이익이 있어야 하며, 이익은 배당 가능한 이익을 말한다. 배당가능이익이란 대차대조표상의 순자산액으로부터 자본금액, 그 결산기까지 적립된 법정준비금, 그 결산기에 적립하여야 할 이익준비금, 대통령령으로 정하는 미실현이익(아직 판매되지 않아 그 가치가 실현되지 않은 이익을 말하며, 물가가 상승할 때의 보유자산의 평가익 등이 이에 해당한다)의 합계액을 공제한 금액이며, 이를 한도로 이익배당을 할 수 있다(제462조 제1항). 이 경우에 자본준비금에는 자산재평가법에 의한 재평가적립금도 포함되고, 정관 또는 주주총회의 결의로 임의준비금을 적립하기로 한 때에는 이것을 공제한 후의 잔액이 배당 가능한 이익이 된다.

2) 주주총회 또는 이사회의 승인

이익배당은 주주총회의 결의로 정한다. 다만, 재무제표를 이사회가 승인하는 경우에는 이사회의 결의로 정한다(제462조 제2항).

3. 이익배당의 기준과 원칙

1) 배당기준과 배당률

이익배당은 주주평등의 원칙에 의하여 각 주주가 가진 주식의 수에 따라 지급하여야 한다(제464조 본문). 회사가 정관의 규정에 따라 종류주식을 발행한 경우에는 주식의 종류에 따라 이익배당에 관하여 다른 정함을 할 수 있다(제464조 단서). 각 주식에 대한 배당률은 정관에 다른 정함이 없는 한 주식의 액면을 기준으로 한다.

2) 일할배당(日割配當)

상장법인이 영업연도 중간에 신주를 배정할 경우 그 다음 해에 이익배당을 결의할 때, 신주에 대해서는 구주에 대한 배당금에다 신주의 효력발생일 이후 영업연도의 말일까지의 일수가 당해 영업연도 전체 일수 중에서 차지하는 비율을 곱하여 배당액을 결정하는 것을 일할배당이라 한다. 준비금의 자본금전입과 같은 무상신주에 대한 일할배당에 대해서는 인정할 수 있다는 것이 통설이지만, 유상신주에 대한 일할배당의 효력에 대해서는 학설의 대립이 있다.[1)]

3) 대소주주의 차등배당

소액주주에 대한 차등배당은 주주평등의 원칙에 위반되어 무효이지만, 대주주에 대한 차등은 대주주 스스로의 배당포기라고 해석할 수 있는 경우(주주의 차등배당률은 주주총회에서 결의할 성질의 것이 못된다)에 한해 유효하다(대법원 1980.8.26.선고 80다1263판결 참고).

【판례】 대법원 1980.8.26.선고 80다1263판결

주주총회에서 대주주에게 30%, 소액주주에게 33%의 이익배당을 하기로 결의한 것은 대주주가 자기들이 배당받을 몫의 일부를 소액주주에게 고루 나누어 주기로 한 것이며, 이는 대주주가 스스로 그 배당받을 권리를 포기하거나 양도한 것과 마찬가지여서 이익 등의 배당의 기준에 관한 제464조에 위반되지 않는다.

4. 배당금지급청구권

주주는 주주총회에서 재무제표의 승인결의가 있으면 이에 의해 주주는 구체적인 배당금지급청구권을 갖게 된다. 회사는 주주총회의 재무제표의 승인결의가 있는 날로부터 1월 내에 배당금을 지급해야 하고, 중간배당의 경우에는 이사회의 결의가 있는 날로부터 1월 내에 지

1) 【학설】 유상신주의 일할배당에 대한 학설
① 적법설: 일할배당이 적법하다는 견해로, 유상신주에 대해서 반드시 일할배당을 하여야 하며 균등배당은 오히려 위법이라는 견해와, 일할배당과 균등배당 중 회사가 임의로 선택할 수 있다는 견해가 있다.
② 위법설: 자본금의 투하기간에 따라 분배액을 달리하는 것은 합리적이 아니라는 이유로 일할배당은 위법하다고 하는 견해이다.

급하여야 한다(제464조의2 제1항 본문).

다만, 승인결의시 배당금의 지급시기를 따로 정할 수 있다(제464조의2 제1항 단서). 배당금지급청구권은 5년간 행사하지 아니하면 시효소멸하게 된다(제464조의2 제2항). 시효기간은 배당결의가 있는 날로부터 1개월이 경과한 때 또는 배당결의시에 따로 정한 기한이 경과한 때로부터 기산한다.

5. 위법배당

1) 의 의

위법배당이란 회사가 배당 가능한 이익이 없음에도 불구하고 이익배당 또는 중간배당을 하거나, 배당 가능한 이익이 있더라도 그 액을 초과하여 이익배당을 한 경우를 말한다.

2) 회사에 대한 반환청구

위법배당은 무효[1]이므로 회사는 주주의 선의·악의를 불문하고 주주에 대하여 부당이득의 반환을 청구할 수 있고(대법원 2021.6.24.선고 2020다208621판결), 주주가 스스로 반환하지 않거나 회사가 반환청구를 하지 않으면 회사채권자도 주주에 대하여 위법배당금을 회사에 반환할 것을 청구할 수 있다(제462조 제3항). 이때 회사채권자는 이익배당 당시의 채권자가 아니어도 무방하며, 반환청구할 수 있는 금액은 위법배당한 금액 전액이다. 회사채권자가 소의 방법으로 반환청구를 하는 때에는 회사의 본점소재지를 관할하는 지방법원에 제기하여야 한다(제462조 제4항).

회사가 정관이나 주주총회의 결의로 임의준비금을 적립하여야 함에도 이를 적립하지 않고 이익배당을 한 경우에는 상법 제462조 제1항의 위반이라 할 수 없으므로 채권자의 반환청구권은 인정되지 않는다.

【판례】 대법원 2021.6.24.선고 2020다208621판결

이익의 배당이나 중간배당은 회사가 획득한 이익을 내부적으로 주주에게 분배하는 행위로서 회사가 영업으로 또는 영업을 위하여 하는 상행위가 아니므로 배당금지급청구권은 상법 제64조가 적용되는 상행위로 인한 채권이라고 볼 수 없다. 이에 따라 위법배당에 따른 부당이득반환청구권 역시 근본적으로 상행위에 기초하여 발생한 것이라고 볼 수 없다. 특히 배당가능이익이 없는데도 이익의 배당이나 중간배당이 실시된

1) 【학설】 위법배당결의 무효주장 방법에 관한 학설
① 위법배당결의무효확인의 소를 형성의 소로 보는 견해: 회사나 채권자는 배당금반환청구권행사나 주주들의 대표소송 등의 제기는 위법배당결의무효확인의 소에 의한 무효판결을 받아야만 가능하다고 한다.
② 위법배당결의무효확인의 소를 확인의 소로 보는 견해: 회사나 채권자는 위법배당결의무효판결이 없어도 위법배당결의가 무효임을 전제로 소 이외의 방법으로 배당금반환청구를 할 수 있고, 위법배당결의무효확인의 소에 의한 판결 없이도 주주들의 대표소송의 제기가 가능하다고 한다(다수설).
③ 위법배당 문제는 결의무효확인의 소의 성질론과 결부시킬 것은 아니라는 견해: 회사나 채권자는 배당결의와 관계없이 독자적으로 판단하여 부당이득의 반환법리에 의해 회사가 직접 반환을 청구할 수 있다고 한다.

경우 회사나 채권자가 주주로부터 배당금을 회수하는 것은 회사의 자본충실을 도모하고 회사 채권자를 보호하는 데 필수적이므로, 회수를 위한 부당이득반환청구권 행사를 신속하게 확정할 필요성이 크다고 볼 수 없다. 따라서 위법배당에 따른 부당이득반환청구권은 민법 제162조 제1항이 적용되어 10년의 민사소멸시효에 걸린다고 보아야 한다.

3) 이사·감사 등의 손해배상책임

재무제표를 작성하여 제출한 이사와 재무제표의 승인결의에 찬성한 이사 및 이에 대한 허위의 감사보고를 한 감사는 회사에 대하여 위법배당으로 인한 손해를 연대하여 배상할 책임이 있다. 또한 이사·감사가 고의 또는 중대한 과실로 인한 임무해태로 제3자에게 손해를 발생시킨 때에는 연대하여 배상책임을 진다. 법령 또는 정관의 규정에 위반하여 이익을 배당한 때에는 위법배당죄가 성립한다(제625조 제3호).

6. 중간배당

1) 의의 및 법적 성질

중간배당이란 영업연도를 1년으로 하여 연 1회의 결산기를 정한 회사가 정관에 의하여 이사회의 결의로 영업연도 중 1회에 한하여 일정한 날을 정하여 그날의 주주에게 이익을 배당하는 것을 말한다(제462조의3 제1항). 중간배당의 법적 성질에 대하여는 학설의 대립이 있다.[1)]

2) 중간배당의 요건

중간배당은 ① 영업연도를 1년으로 하는 회사에서만 인정되고, ② 정관에 정함이 있어야 하며, ③ 이사회의 결의(이사가 1명 또는 2명인 경우 각 이사가 이를 결정)가 있어야 하고, ④ 금전 또는 현물 배당을 하며(주식배당은 인정되지 않는다), ⑤ 영업연도 중 1회에 한하여 할 수 있다.

【판례】 대법원 2022.9.7.선고 2022다223778판결

상법 제462조의3 제1항은 중간배당에 관하여 '연 1회의 결산기를 정한 회사는 영업연도 중 1회에 한하여 이사회의 결의로 일정한 날을 정하여 그 날의 주주에 대하여 이익을 배당할 수 있음을 정관으로 정할 수 있다'고 규정하고 있다. 이에 따라 연 1회의 결산기를 정한 회사의 경우 정관에 정함이 있으면 이사회 결의로 중간배당을 실시할 수 있고 그 횟수는 영업연도 중 1회로 제한된다.

1) 【학설】 중간배당의 성질에 대한 학설

① 제1설(다수설): 중간배당은 직전 결산기의 대차대조표상의 순자산액에서 소정의 금액을 공제한 배당 가능한 이익으로 전년도에 발생한 이익의 일부를 후급하는 것이라고 보는 견해로써 이 견해에 의하면 전기(前期)의 배당가능이익을 중간배당의 재원으로 파악하고 있다.

② 제2설: 중간배당은 당기(當期)에 발생한 이익의 선급이라는 견해로써 이 견해에 의하면 당기 영업연도의 개시부터 중간배당일 사이에 발생한 당기이익을 중간배당의 재원으로 파악하고 있다.

중간배당에 관한 이사회의 결의가 성립하면 추상적으로 존재하던 중간배당청구권이 구체적인 중간배당금 지급청구권으로 확정되므로, 상법 제462조의3이 정하는 중간배당에 관한 이사회 결의가 있으면 중간배당금이 지급되기 전이라도 당해 영업연도 중 1회로 제한된 중간배당은 이미 결정된 것이고, 같은 영업연도 중 다시 중간배당에 관한 이사회 결의를 하는 것은 허용되지 않는다. 이사회 결의로 주주의 중간배당금 지급청구권이 구체적으로 확정된 이상 그 청구권의 내용을 수정 내지 변경하는 내용의 이사회 결의도 허용될 수 없다.

3) 중간배당의 한도액

중간배당의 한도액은 직전 결산기의 대차대조표의 순자산액에서 직전 결산기의 자본금의 액, 직전 결산기까지 적립된 자본준비금과 이익준비금, 직전 결산기의 주주총회에서 이익으로 배당하거나 지급하기로 정한 금액, 중간배당에 따라 당해 결산기에 적립하여야 할 이익준비금 등을 공제한 금액이다(제462조의3 제2항).

4) 이익배당의 의제

상법 제340조 제1항, 제344조 제1항, 제354조 제1항, 제458조, 제464조 및 제625조 제3호의 규정의 적용에 관하여는 중간배당을 제462조 제1항에 의한 이익의 배당으로 본다(제462조의3 제5항).

5) 위법한 중간배당의 효과

(1) 중간배당의 한도액을 초과한 배당의 경우 이익배당과 마찬가지로 회사의 채권자는 위법한 중간배당으로 받은 금액을 회사에 반환할 것을 청구할 수 있다(제462조의3 제6항, 제462조제3항, 제4항). 그리고 위법한 중간배당결의에 찬성한 이사는 위법한 중간배당에 따른 회사의 손해가 있는 때에는 연대하여 배상책임을 진다(제462조의3 제6항, 제399조 제2항·제3항). 이사의 책임은 총주주의 동의에 의해서 면제된다(제462조의3 제6항, 제400조).

(2) 당해 결산기 대차대조표상의 순자산액이 상법 제462조 제1항 각호의 금액의 합계액에 미치지 못할 우려가 있는 때에는 중간배당을 하여서는 아니된다(제462조의3 제3항). 이러함에도 불구하고 중간배당을 한 경우 이사는 회사에 대하여 그 차액을 배상할 책임이 있으나, 이사가 상법 제462조의3 제3항의 우려가 없다고 판단함에 있어 주의를 게을리하지 아니하였음을 입증한 때에는 책임이 없다(제462조의3 제4항).

Ⅱ. 주식배당

1. 의의 · 성질

주식배당이란 금전 대신 새로이 발행하는 주식으로 하는 배당을 말한다. 주식배당은 특수한 신주발행의 한 형태이며, 그 법적 성질에 대해서는 견해가 나누어지고 있다.[1)]

2. 주식배당의 요건

1) 배당 가능한 이익의 존재

주식배당은 이익배당과 마찬가지로 주주에게 배당할 수 있는 금액에 상당하는 신주를 발행하는 것이므로 당해 연도에 발생한 배당 가능한 이익이 있어야 한다. 배당가능이익이 없음에도 불구하고 주식배당이 된 경우 그 효력에 관해서는 학설의 대립이 있다.[2)]

2) 주식배당의 한도

주식배당은 이익배당액의 2분의 1에 상당하는 금액을 초과하지 못한다(제462조의2 제1항 단서).

3) 미발행주식의 존재

주식배당을 하면 그만큼 발행주식수가 증가한다. 이 증가분이 발행예정주식총수의 범위 내여야 하므로 회사에 미발행주식이 존재하여야 한다. 만약 발행예정주식총수를 초과하는 주식발행이 되는 경우에는 정관의 변경으로 회사의 발행예정주식총수를 증가시켜야 한다.

---

1) 【학설】 주식배당의 법적 성질에 관한 학설

① 이익배당설: 주식배당은 본래가 배당금으로 지급되어야 할 것을 주식으로 배당하는 것이고, 따라서 주식배당은 현물배당의 일종이므로 이익배당이라고 하는 견해이다(통설). 이 견해에 따를 때에는 자기주식에 대한 주식배당을 인정하지 않고, 신주에 대한 일할배당이 가능하고, 신주에 대하여 물상대위권을 갖는다고 본다. 그리고 원칙적으로 배당을 받을 주식의 종류와 관계없이 전부 동일한 종류의 주식을 발행하여 교부할 수 있다고 한다.

② 주식분할설: 주식배당은 기업이윤의 사내유보에 의하여 이루어지므로, 주식배당은 이익의 자본금전입에 의한 주식의 분할이라고 하는 견해이다. 이 견해에 따를 때에는 자기주식에 대한 주식배당을 인정하고, 일할배당은 인정되지 않는다고 하며, 신주에 대하여 물상대위권을 인정한다. 그리고 종류주식에 상응하는 종류의 주식을 발행하여 교부하여야 한다고 한다.

2) 【학설】 배당가능이익이 없는 경우의 주식배당의 효력에 관한 학설

배당가능이익이 없음에도 불구하고 주식배당을 하였다면 결과적으로 액면 미달의 신주발행이 될 것이기 때문에 신주발행무효의 소의 원인이 된다는 견해(통설)와, 배당가능이익이 없음에도 불구하고 주식배당을 하더라도 주주에게 불이익이 되는 것이 아니기 때문에 유효하다는 견해가 있다.

4) 신주의 발행가액 및 신주의 종류

주식배당은 주식의 권면액으로 하여야 한다(제462조의2 제2항). 발행가액은 권면액의 이하뿐만 아니라 초과도 인정되지 않는다. 회사가 종류주식을 발행한 때에는 각각 그와 같은 종류의 주식으로 배당할 수 있다(제462조의2 제2항).

3. 주식배당의 절차

1) 주주총회의 결의

주식배당은 주주총회의 보통결의에 의하여 한다(제462조의2 제1항 본문). 재무제표의 승인결의와 주식배당의 결의는 동시에 이루어져도 무방하다.

2) 배당의 통지

주식배당을 한다는 주주총회의 결의가 있는 때에는 지체없이 배당을 받을 주주와 주주명부에 기재된 질권자에게 그 주주가 받을 주식의 종류와 수를 통지하여야 한다(제462조의2 제5항).

3) 단주의 처리

주식으로 배당할 이익의 금액 중 액면주식의 경우 주식의 권면액에 미달하는 단주가 있는 때에는 그 부분에 대하여는 자본금감소시의 단주처리에 관한 상법 제443조 제1항을 준용한다(제462조의2 제3항).

4) 변경등기

주식배당을 한 경우 회사의 자본금도 증가하고, 주식수도 증가하드로 주주총회의 종결시로부터 2주일 내에 본점소재지에서 변경등기를 하여야 한다(제317조 제4항, 제183조).

4. 주식배당의 효력 및 효과

1) 신주의 효력발생시기

주식배당을 받은 주주는 주식배당의 결의를 한 주주총회의 종결시로부터 신주의 주주가 된다(제462조의2 제4항).

2) 질권의 효력

등록질의 경우 질권자는 주식배당에 의하여 주주가 받을 주식에 대하여 질권을 행사할 수 있고(우선변제권 행사: 제340조 제1항), 따라서 질권자는 회사에 대하여 그 주권의 교부를 청구할 수 있다(제462조의2 제6항, 제340조 제3항).

3) 위법한 주식배당의 효과

주식배당의 요건을 위반한 경우 통설에 의하면 신주발행의 무효를 주장할 수 있고, 주식배당이 있기 전에는 신주발행의 유지를 청구할 수 있다.

또한 위법한 주식배당으로 인해 회사에 손해가 발생한 때에는 이사·감사는 손해배상책임을 지고 형벌의 제재를 받는 것은 이익배당과 같다. 기타 위법한 주식배당의 경우에 이사의 자본충실책임 인정 여부 및 채권자의 주권반환청구 인정 여부에 대하여 학설의 대립이 있다.[1)]

Ⅲ. 현물배당

1. 의 의

회사가 금전 이외의 재산으로 배당하는 것을 현물배당이라 한다. 현물배당을 인정한 취지는 정기주주총회에서 배당액을 결정하므로 배당기준일인 사업연도 말일부터 정기주주총회까지는 배당액이 확정되지 아니하여 주주들이 주식가치를 판단하기 어렵다는 단점을 보완하기 위한 데 있다.

2. 현물의 의의

현물이란 금전 이외의 경제적 가치가 있는 재산으로서, 회사가 취득하고 있는 모회사나 자회사 등 다른 회사의 주식이나 사채 등이 이에 해당할 수 있다. 특정물로서 모든 주주에게 배당될 수 없는 물건은 현물이 될 수 없다고 본다.

1) 【학설】 위법한 주식배당에 관한 학설
① 이사의 자본충실의 책임: 위법한 주식배당의 경우 이사가 자본충실의 책임을 진다는 견해와, 이사가 자본충실의 책임을 질 근거가 없다는 견해가 있다.
② 회사채권자의 주주에 대한 주권반환청구: 위법한 주식배당의 경우 회사채권자가 주주에 대해 주권의 반환청구를 할 수 있다는 견해와, 회사재산이 주주에게 유출된 바 없어 채권자가 손해를 입은 것이 아니므로 회사채권자는 주주에 대해 주권의 반환청구를 할 수 없다는 견해가 있다.

한편, 회사가 신주를 발행하여 주는 것은 현물배당제도 취지상 허용되지 아니하나, 회사가 이미 발행한 자기주식으로 현물배당하는 것에 대해서는 학설이 대립하고 있다.[1)]

3. 요 건

회사가 현물배당을 하기 위해서는 배당가능이익이 있어야 하며, 정관에 그 규정을 두어야 한다(제462조의4 제1항). 정관의 정함에 의한 현물배당은 이익배당을 결정할 주주총회 또는 이사회의 결의에 의하여 결정된다.

4. 현물 대신 금전지급의 경우

현물배당을 결정한 회사의 경우라도 주주가 배당되는 금전 외의 재산 대신 금전의 지급을 회사에 청구할 수 있도록 한 경우에는 그 금액 및 청구할 수 있는 기간, 일정수 미만의 주식을 보유한 주주에게 금전 외의 재산 대신 금전을 지급하기로 한 경우에 그 일정수 및 금액을 정한 때에는 금전배당을 할 수 있다(제462조의4 제2항).

제5관 기 타

I. 주주 · 채권자의 재무제표 등에 대한 권리

1. 재무제표 등의 열람청구권

주주와 회사채권자는 영업시간 내에는 언제든지 재무제표 및 그 부속명세서 · 영업보고서 · 감사보고서 등을 열람할 수 있으며, 회사가 정한 비용을 지급하고 그 서류의 등본이나 초본의 교부를 청구할 수 있다(제448조 제2항).

---

1) 【학설】 현물배당시 자기주식이 현물에 포함되는지 여부에 관한 학설
현물배당에서 현물의 범위에 대하여 상법에 특별한 제한이 없으므로 자기주식도 현물에 포함된다는 견해와, 현물배당시 자기주식으로 배당하는 데는 별도의 다른 절차(자기주식처분절차)를 필요로 하므로 자기주식은 현물에 포함되지 않는다는 견해가 있다.

2. 주주의 회계장부열람청구권

1) 의의 및 취지

상법 제466조 제1항은 회사 발행주식의 총수 중 100분의 3 이상에 해당하는 주식을 가진 주주의 회계장부 등에 대한 열람·등사청구권을 인정하고 있다. 주주가 상법상 인정되는 이사해임청구권(상법 제385조), 위법행위 유지청구권(상법 제402조), 대표소송권(상법 제403조) 등 각종 권한을 행사하려면 회사의 업무나 재산상태에 대해 정확한 지식과 적절한 정보를 가지고 있어야 하는데, 상법 제448조에 따라 회사에 비치되어 있는 재무제표의 열람만으로는 충분한 정보를 얻기 어렵기 때문에 위와 같이 주주에게 재무제표의 기초를 이루는 회계장부와 회계서류까지 열람하거나 등사할 수 있는 권한을 인정한 것이다(대법원 2022.5.13.선고 2019다270163판결). 다만 상법은 그 남용을 막기 위해 단독주주권이 아닌 소수주주권으로 규정하고 있다. 이러한 소수주주의 회계장부 등에 대한 열람·등사청구권은 회사에 대하여 채무자 회생 및 파산에 관한 법률(이하 '채무자회생법'이라 한다)에 따른 회생절차가 개시되더라도 배제되지 않는다(대법원 2020.10.20.자 2020마6195결정).

2) 열람·등사청구의 내용

발행주식총수의 100분의 3 이상의 주식을 가진 소수주주(상장회사는 1만분의 10(자본금 1천억원 이상의 회사는 1만분의 5) 이상의 주식을 보유한 주주)는 이유를 붙인 서면으로 직접 회계의 장부와 서류를 열람할 수 있다(제466조 제1항). 이를 분설하면 다음과 같다.

(1) 소수주주의 지주요건에 있어서, 열람과 등사에 시간이 소요되는 경우에는 열람·등사를 청구한 주주가 전 기간을 통해 발행주식 총수의 100분의 3 이상의 주식을 보유하여야 하고, 회계장부의 열람·등사를 재판상 청구하는 경우에는 소송이 계속되는 동안 위 주식 보유요건을 구비하여야 한다(대법원 2017.11.9.선고 2015다252037판결).

(2) '이유를 붙인 서면'(이유를 뒷받침하는 자료첨부는 불필요하다)에는 회계의 장부와 서류를 열람 또는 등사시키는 것은 회계운영상 중대한 일이므로 그 절차를 신중하게 함과 동시에 상대방인 회사에게 열람 및 등사에 응하여야 할 의무의 존부 또는 열람 및 등사를 허용하지 않으면 안 될 회계의 장부 및 서류의 범위 등의 판단을 손쉽게 하기 위하여 그 이유를 구체적으로 기재하여야 한다(대법원 1999.12.21.선고 99다137판결).

【판례】 대법원 2022.5.13.선고 2019다270163판결

상법 제466조 제1항은 '이유를 붙인 서면'으로 열람·등사를 청구할 수 있다고 정한다. 그 이유는 주주가 회계장부와 서류를 열람·등사하는 것이 회사의 회계운영상 중대한 일이므로 그 절차가 신중하게 진행될

> 필요가 있고, 또 회사가 열람·등사에 응할 의무의 존부나 열람·등사 대상인 회계장부와 서류의 범위 등을 손쉽게 판단할 수 있도록 할 필요가 있기 때문이다.
> 주주가 제출하는 열람·등사청구서에 붙인 '이유'는 회사가 열람·등사에 응할 의무의 존부를 판단하거나 열람·등사에 제공할 회계장부와 서류의 범위 등을 확인할 수 있을 정도로 열람·등사청구권 행사에 이르게 된 경위와 행사의 목적 등이 구체적으로 기재되면 충분하고, 더 나아가 그 이유가 사실일지도 모른다는 합리적 의심이 생기게 할 정도로 기재하거나 그 이유를 뒷받침하는 자료를 첨부할 필요는 없다. 이와 달리 주주가 열람·등사청구서에 이유가 사실일지도 모른다는 합리적 의심이 생기게 할 정도로 기재해야 한다면, 회사의 업무 등에 관하여 적절한 정보를 가지고 있지 않는 주주에게 과중한 부담을 줌으로써 주주의 권리를 크게 제한하게 되고, 그에 따라 주주가 회사의 업무 등에 관한 정보를 확인할 수 있도록 열람·등사청구권을 부여한 상법의 취지에 반하는 결과가 초래되어 부당하다.
> 다만 이유 기재 자체로 그 내용이 허위이거나 목적이 부당함이 명백한 경우 등에는 적법하게 이유를 붙였다고 볼 수 없으므로 이러한 열람·등사청구는 허용될 수 없다. 또 이른바 모색적 증거 수집을 위한 열람·등사청구도 허용될 수 없으나, 열람·등사청구권이 기본적으로 회사의 업무 등에 관한 정보가 부족한 주주에게 필요한 정보 획득과 자료 수집을 위한 기회를 부여하는 것이라는 사정을 고려할 때 모색적 증거 수집에 해당하는지는 신중하고 엄격하게 판단해야 한다.

(3) 열람·등사청구의 대상이 되는 '회계의 장부와 서류'는 소수주주가 열람·등사를 구하는 이유와 실질적으로 관련이 있는 회계장부와 그 근거자료가 되는 회계서류이다(대법원 2001.10.26.선고 99다58051판결).

보충판례 ① 상법 제466조 제1항 소정의 소수주주의 회계장부 및 서류의 열람, 등사청구권이 인정되는 이상 그 열람, 등사청구권은 그 권리행사에 필요한 범위 내에서 허용되어야 할 것이지, 열람 및 등사의 횟수가 1회에 국한되는 등으로 사전에 제한될 성질의 것은 아니다(대법원 1999.12.21.선고 99다137판결).
② 열람·등사 제공의무를 부담하는 회사의 출자 또는 투자로 성립한 자회사의 회계장부라 할지라도 그것이 모자관계에 있는 모회사에 보관되어 있고, 또한 모회사의 회계상황을 파악하기 위한 근거자료로서 실질적으로 필요한 경우에는 모회사의 회계서류로서 모회사 소수주주의 열람·등사청구의 대상이 될 수 있다(대법원 2001.10.26.선고 99다58051판결).

3) 열람·등사청구가 부당한 경우 회사의 거부

회사는 주주의 열람·등사청구가 부당한 경우에는 이를 거부할 수 있고, 회사는 이를 증명하지 아니하면 거부할 수 없다(제466조 제2항). 따라서 주주로부터 열람·등사청구를 받은 회사는 상법 제466조 제2항에 따라 열람·등사청구의 부당성, 이를테면 열람·등사청구가 허위사실에 근거한 것이라든가 부당한 목적을 위한 것이라든가 하는 사정을 주장·증명함으로써 열람·등사의무에서 벗어날 수 있다(대법원 2022.5.13.선고 2019다270163판결).

주주의 회계장부와 서류에 대한 열람·등사청구(이사회 의사록의 열람·등사청구드 동일)가 부당한 것인지의 여부는 행사의 목적, 악의성 유무 등 제반 사정을 종합적으로 고려하여 판단하여야 할 것이고, 특히 주주의 이와 같은 열람·등사권의 행사가 회사업무의 운영 또는 주주 공동의 이익을 해치거나 주주가 회사의 경쟁자로서 그 취득한 정보를 경업에 이용할 우려가 있거나, 또는 회사에 지나치게 불리한 시기를 택하여 행사하는 경우 등에는 정당한 목적을 결하여 부당한 것이라고 보아야 한다(대법원 2004.12.24.자 2003마1575결정).

보충판례 사해행위 취소소송은 을이 갑회사에 대한 금전채권자의 지위에서 제기한 것이지 주주의 지위에서 제기한 것으로 보기 어려우므로 을이 사해행위 취소소송을 제기한 것을 내세워 회계장부 열람·등사청구를 하는 것은 부당하다(대법원 2018.2.28.선고 2017다270916판결).

【판례】 대법원 2018.2.28.선고 2017다270916판결

주식매수청구권을 행사한 주주도 회사로부터 주식의 매매대금을 지급받지 아니하고 있는 동안에는 주주로서의 지위를 여전히 가지고 있으므로 특별한 사정이 없는 한 주주로서의 권리를 행사하기 위하여 필요한 경우에는 위와 같은 회계장부열람·등사권을 가진다. 주주가 주식의 매수가액을 결정하기 위한 경우뿐만 아니라 회사의 이사에 대하여 대표소송을 통한 책임추궁이나 유지청구, 해임청구를 하는 등 주주로서의 권리를 행사하기 위하여 필요하다고 인정되는 경우에는 특별한 사정이 없는 한 그 청구는 회사의 경영을 감독하여 회사와 주주의 이익을 보호하기 위한 것이므로, 주식매수청구권을 행사하였다는 사정만으로 청구가 정당한 목적을 결하여 부당한 것이라고 볼 수 없다.

4) 열람·등사청구의 가처분

상법 제466조 제1항 소정의 소수주주의 회계장부열람등사청구권을 피보전권리로 하여 당해 장부 등의 열람·등사를 명하는 가처분이 실질적으로 본안소송의 목적을 달성하여 버리는 면이 있다고 할지라도, 나중에 본안소송에서 패소가 확정되면 손해배상청구권이 인정되는 등으로 법률적으로는 여전히 잠정적인 면을 가지고 있기 때문에 임시적인 조치로서 이러한 회계장부열람등사청구권을 피보전권리로 하는 가처분도 허용된다고 볼 것이며, 이러한 가처분을 허용함에 있어서는 피신청인인 회사에 대하여 직접 열람·등사를 허용하라는 명령을 내리는 방법뿐만 아니라, 열람·등사의 대상장부 등에 관하여 훼손, 폐기, 은닉, 개착(改着)이 행하여질 위험이 있는 때에는 이를 방지하기 위하여 그 장부 등을 집행관에게 이전 보관시키는 가처분을 허용할 수도 있다(대법원 1999.12.21.선고 99다137판결).

3. 업무 및 재산 상태 조사를 위한 검사인 선임청구권

업무집행에 관하여 부정행위 또는 법령이나 정관을 위반한 중대한 사실이 있음을 의심할 사유가 있는 때에는 발행주식총수의 100분의 3 이상의 주식을 가진 소수주주(상장회사는 1천분의 15 이상에 해당하는 주식을 보유한 주주)는 회사의 업무 및 재산의 상태를 조사하기 위하여 법원에 검사인의 선임을 청구하여 적극적인 조사를 꾀할 수 있다(제467조 제1항).

【판례】 대법원 1985.7.31.자 85마214결정

상법 제467조 제1항이 규정하고 있는 검사인 선임청구사유인 '업무집행에 관한 부정행위 또는 법령이나 정관에 위반한 중대한 사실'에 대하여는 그 내용을 구체적으로 명확히 적시하여야 하고 단순히 결산보고서의 내용이 실지 재산상태와 일치하는지 여부에 의심이 간다는 정도의 막연한 것으로 그 사유를 삼을 수는 없는 것이고, 또 회사가 사임한 이사에 대한 퇴임등기를 태만히 하고 후임자를 보선하지 않고 있다 하여도 그것만으로는 같은 법 제467조 제1항이 규정하고 있는 '중대한 사실'에 해당한다고 할 수 없다.

법원이 검사인을 선임한 경우 검사인은 업무와 재산상태를 조사하고 그 결과를 법원에 보고하여야 하며(제467조 제2항), 법원은 검사인의 보고에 의하여 필요하다고 인정한 때에는 대표이사에게 주주총회의 소집을 명할 수 있다(제467조 제3항). 이 경우에 검사인은 보고서를 총회에 제출하여야 하며, 이사와 감사는 이 보고서를 조사하여 총회에 보고하여야 한다(제467조 제3항, 제310조 제2항).

II. 이익공여의 금지

1. 의의 및 취지

회사는 누구에게든지 주주의 권리행사와 관련하여 재산상의 이익을 공여할 수 없으며(제467조의2 제1항), 이에 위반하여 이익을 얻은 자는 그 이익을 회사에 반환하여야 한다(제467조의2 제3항). 이 규정은 이른바 총회꾼과 회사의 불건전한 거래를 근절시키고자 하는 취지에서 둔 것이다.

2. 금지내용

1) 주주권행사와의 관련성

회사는 주주의 권리행사와 관련하여 재산상의 이익을 공여하였어야 한다. 주주권의 행사는 적법하든 위법하든 관계없다. 그리고 주주권의 행사와 관련하여 이익을 공여하였다는 것은 주주권의 행사 · 불행사 · 행사방법 등을 합의하고, 이에 관해 이익이 공여됨을 뜻한다.

【판례】 대법원 2017.1.12.선고 2015다68355, 68362판결

상법 제467조의2 제1항에서 정한 '주주의 권리'란 법률과 정관에 따라 주주로서 행사할 수 있는 모든 권리를 의미하고, 주주총회에서의 의결권, 대표소송 제기권, 주주총회결의에 관한 각종 소권 등과 같은 공익권뿐만 아니라 이익배당청구권, 잔여재산분배청구권, 신주인수권 등과 같은 자익권도 포함하지만, 회사에 대한 계약상의 특수한 권리는 포함되지 아니한다. 그리고 '주주의 권리행사와 관련하여'란 주주의 권리행사에 영향을 미치기 위한 것을 의미한다.

2) 이익공여의 상대방

이익공여의 상대방에는 제한이 없다. 즉, 상법 제467조의2 제1항에서 '누구에게든지' 회사는 이익공여를 할 수 없다고 하고 있으므로, 주주 이외의 자가 주주권의 행사와 관련하여 이익을 제공받는 경우도 이익공여금지행위가 된다.

3) 회사에 의한 이익공여

이익공여금지는 회사의 계산으로 이익이 제공되는 것을 금지하는 것이므로, 회사 이외의 자가 이익을 제공하는 것은 관계없다.

4) 이익의 공여

재산상의 이익공여란 금전·물품·용역의 제공이나 채무의 면제, 채권의 포기 등 재산상의 이익이 따르는 것이면 제한이 없다. 회사가 특정한 주주에게 무상으로 재산상의 이익을 공여한 경우와 이익공여가 유상이라도 회사가 얻은 이익이 공여한 이익에 비하여 현저하게 적은 경우에는 주주의 권리행사와 관련하여 공여한 것으로 추정한다(제467조의2 제2항). 주주 이외의 자에게 이익을 무상으로 공여한 때에는 상법 제467조의2 제2항에 따른 추정이 인정되지 않으므로, 그 책임을 추궁하는 자가 주주의 권리행사와 관련된 이익공여라는 것을 입증하여야 한다.

3. 위반의 효과

1) 이익반환의무

주주의 권리행사와 관련하여 회사가 재산상의 이익을 공여한 때에는 그 이익공여를 받은 자는 이를 회사에 반환하여야 한다(제467조의2 제3항 제1문). 이 의무는 상법상 특별의무에 해당한다. 회사가 이익반환을 청구하지 않는 경우 소수주주는 대표소송을 통해 반환청구를 할 수 있다(제467조의2 제4항).

2) 회사의 대가반환

이익공여가 위법한 경우에 상대방이 회사에 대하여 대가를 지급한 때에는 회사는 그 대가를 반환하여야 한다(제467조의2 제3항 제2문). 이 경우 회사의 반환의무와 이익공여를 받은 자의 반환의무는 동시이행의 관계에 있다.

3) 주주권행사의 효력

이익공여와 관련하여 주주권이 행사되더라도 주주권행사 자체의 효력에는 영향이 없다.

4) 벌 칙

이사가 이익공여금지 규정에 위반하여 이익을 공여한 때에는 회사에 대해 손해배상책임을 지고, 감사가 이익공여에 대하여 그 임무해태를 한 때에는 역시 회사에 대해 손해배상책임을 진다(제399조 제1항 제415조). 이익공요금지 규정을 위반한 이사와 감사뿐만 아니라 이익을 수수한 자도 이익공여금지 규정을 위반한 경우 이익공여죄의 벌칙이 적용된다(제634조의2).

【판례】 대법원 2018.2.8.선고 2015도7397판결

상법상 주주의 권리행사에 관한 이익공여의 죄는 주주의 권리행사와 관련 없이 재산상 이익을 공여하거나 그러한 관련성에 대한 범의가 없는 경우에는 성립할 수 없다. 피고인이 재산상 이익을 공여한 사실은 인정하면서도 주주의 권리행사와 관련 없는 것으로서 그에 대한 범의도 없었다고 주장하는 경우에는, 상법 제467조의2 제2항, 제3항 등에 따라 회사가 특정 주주에 대해 무상으로 또는 과다한 재산상 이익을 공여한 때에는 관련자들에게 상당한 법적 불이익이 부과되고 있음을 감안하여야 하고, 증명을 통해 밝혀진 공여행위와 그 전후의 여러 간접사실들을 통해 경험칙에 바탕을 두고 치밀한 관찰력이나 분석력에 의하여 사실의 연결상태를 합리적으로 판단하여야 한다.

한편 주주의 권리행사와 관련된 재산상 이익의 공여라 하더라도 그것이 의례적인 것이라거나 불가피한 것이라는 등의 특별한 사정이 있는 경우에는, 법질서 전체의 정신이나 그 배후에 놓여 있는 사회윤리 내지 사회통념에 비추어 용인될 수 있는 행위로서 형법 제20조에 정하여진 '사회상규에 위배되지 아니하는 행위'에 해당한다. 그러한 특별한 사정이 있는지 여부는 이익공여의 동기, 방법, 내용과 태양, 회사의 규모, 공여된 이익의 정도 및 이를 통해 회사가 얻는 이익의 정도 등을 종합적으로 고려하여 사회통념에 따라 판단하여야 한다.

갑 주식회사 대표이사인 피고인이 주주총회 등에서 특정 의결권 행사방법을 독려하기 위한 방법으로 갑 회사의 주주총회 등에 참석하여 사전투표 또는 직접투표 방식으로 의결권을 행사한 주주들에게 갑 회사에서 발행한 20만 원 상당의 상품교환권 등을 제공함으로써 상법을 위반하였다는 내용으로 기소된 사안에서, 피고인이 갑 회사의 계산으로 사전투표와 직접투표를 한 주주들에게 무상으로 20만 원 상당의 상품교환권 등을 각 제공한 것은 주주총회 의결권 행사와 관련된 이익의 공여로서 사회통념상 허용되는 범위를 넘어서는 것이어서 상법상 주주의 권리행사에 관한 이익공여의 죄에 해당한다고 본 원심의 판단이 정당하다고 한 사례(대법원 2018.2.8.선고 2015도7397판결).

Ⅲ. 사용인의 우선변제권

사용인이 고용관계로 인해 회사에 대해 갖는 채권에 대하여는 근로자 보호를 위한 정책적 배려에서 우선변제권을 인정한다. 신원보증금의 반환을 받을 채권 기타 회사와 사용인 간의 고용관계로 인한 채권이 있는 자는 회사의 총재산에 대해 우선변제를 받을 권리가 있다(제468조 본문). 그러나 채권발생의 선후를 불문하고 질권·저당권이나 「동산·채권 등의 담보에 관한 법률」에 따른 담보권에는 우선하지 못한다(제468조 단서).

제9절 사 채

Ⅰ. 사채의 개념

1. 사채의 의의

사채란 주식회사가 일반투자자로 부터 비교적 장기에 걸치는 거액의 자금을 집단적·정형적으로 조달하기 위해 채권발행의 형식으로 부담하는 채무이다.

1) 주식회사가 부담하는 채무

사채발행에 대해 주식회사 이외에는 상법에 명문의 규정을 두고 있지 않다. 해석상 합명회사·합자회사는 사채발행을 금하는 규정이 없으므로 사채발행을 할 수 있으나, 상법 제600조 제2항과 상법 제604조 제1항이 유한회사는 사채를 발행할 수 없음을 전제로 한 것이므로 유한회사는 사채발행을 할 수 없다는 것이 통설의 입장이다. 유한책임회사의 경우에도 상법 제287조의44에서 상법 제604조 제1항을 준용하고 있으므로 사채를 발행할 수 없다고 본다.

2) 불특정 다수인을 상대로 집단적·정형적으로 부담하는 채무

보통 사채는 다액(多額)의 자금조달을 목적으로 하며, 주식의 발행처럼 여러 사람으로부터 자본을 집중시키는 것이다. 따라서 불특정 다수인과 집단적으로 채무부담을 위한 행위를 하게 되며, 발행조건이나 방법 등에 있어서 정형성을 띠게 된다.

3) 액면가로 단위화된 채무

사채도 주식처럼 액면가로 세분화되어 있으며, 이것은 사채모집을 용이하게 하기 위한 것이다.

2. 주식과 사채의 비교

1) 차이점

(1) 출자자의 지위: 사채는 사채권자의 입장에서 보면 일종의 금전채권임에 반하여, 주식은 회사구성원으로서의 지위를 뜻하는 사원권이다.

(2) 경영간섭: 사채권자는 채권자이므로 회사의 경영에 간섭할 수 없으나, 주주는 회사의 사원이므로 주주총회의 결의에 의한 이사나 감사의 선임 · 해임 등을 통하여 회사의 경영에 간섭할 수 있다.

(3) 출자의 과실(果實): 사채권자는 이익의 유무에 관계없이 일정한 이자를 받지만, 주주는 배당 가능한 이익이 있어야만 배당받을 수 있다.

(4) 출자의 회수: 사채권자는 기한이 도래하면 상환을 받을 수 있으며 해산의 경우 주주에 우선하여 회사재산에서 변제를 받지만, 주주는 회사에 대하여 투자의 반환을 청구할 수 없고, 다만 회사가 해산한 경우에 일반채권자보다 후순위로 잔여재산의 분배를 받을 수 있을 뿐이다.

(5) 납입의 방법: 사채의 경우에는 분할납입이 가능하나, 주식의 경우에는 전액납입주의에 의한다.

(6) 자본의 구성: 사채는 타인자본으로 회사의 채무일 뿐이지만, 주식은 자기자본으로 회사의 자본을 구성한다.

(7) 액면미달발행: 사채는 액면미달발행이 허용되지만, 주식의 경우에는 원칙적으로 액면미달발행이 인정되지 않는다.

(8) 현물출자: 사채는 금전채무이므로 현물출자가 인정되지 않지만, 주식은 현물출자가 인정된다.

(9) 자기사채의 취득: 사채는 자기사채를 매입하여 소각하는 것이 자유로우나, 주식은 자본금충실을 위하여 자기주식의 취득이 제한된다.

2) 공통점

사채와 주식은 어느 것이나 경제적으로 주식회사가 공중으로부터 대량의 장기자금을 조달하는 수단이다. 이로 말미암아 사채와 주식은 모두 발행의 결정, 증권의 발행 등이 법정되어 있다.

3) 상호 접근

주식 중 비참가적 · 누적적 우선주식, 의결권 없는 주식, 상환주식 등은 사채와 유사한 주식이며, 반면에 전환사채와 신주인수권부사채는 주식과 같은 성질을 갖는 것으로 주식화된 사채라고 할 수 있다.

3. 사채계약의 성질

사채를 발행함으로 인해 회사와 사채를 인수하는 자 사이에 계약이 성립한다. 이 계약에

대해서는 학설의 대립이 있다.[1)]

 사채발행

1. 사채발행의 방법

1) 총액인수

특정인이 회사와의 계약에 의하여 사채총액을 인수하는 방법으로서 사채청약서의 작성을 요하지 않는다(제475조 제1문).

2) 직접발행

사채를 일반공중으로부터 모집하는 방법으로서 원칙적으로 사채청약서의 사용을 요한다(제474조). 공모에는 발행회사가 직접 공중으로부터 모집하는 직접공모, 모집절차를 타인에 위탁하는 방법으로서 위탁모집이 있다. 위탁모집의 경우 수탁회사는 사채의 발행회사를 위하여 자기명의로 타인으로부터 청약을 받고 이에 대해 배정하고 납입을 할 수 있다(제476조 제2항). 위탁모집에 있어 사채응모액이 총액에 달하지 않은 때에는 수탁회사가 그 잔액을 인수하는 것을 약정하는 인수모집이 가능하며, 이 경우 수탁회사가 인수하는 부분에 대해서는 사채청약서의 작성을 요하지 않는다(제475조 제2문).

3) 채권매출

일정기간을 정하여 미리 작성된 채권을 매출하는 방법으로서 일반공모에 있어서와 같은 사채청약서의 작성, 배정, 납입, 채권교부 등의 절차를 요하지 않으며, 특별법에 의한 특수회사에 한해 허용된다(예 주택채권·산업금융채권).

2. 사채발행의 절차

1) 이사회의 결의

사채의 발행은 정관에 의하여 주주총회의 권한으로 하지 않는 한 이사회의 결의만으로 한다(제469조 제1항). 이 결의에서 사채의 종류·총액, 각 사채의 금액·이율·상환방법·발행방법 등을 정한다. 이사회의 결의에서는 이익참가부사채, 교환사채, 상환사채, 파생결합사채의 발

---

1) 【학설】 사채계약의 성질에 관한 학설
사채계약의 성질에 대해 사채권의 매매라고 하는 견해(채권매매설), 매출발행의 경우는 채권의 매매이고 그 외에는 소비대차에 유사한 무명계약이라는 견해(구분설), 통상의 소비대차로 보는 견해(소비대차설)가 있다.

행을 결정할 수 있다(제469조 제2항). 다만, 정관에서 정하는 바에 따라 이사회는 대표이사에게 사채의 금액 및 종류를 정하여 1년을 초과하지 아니하는 기간 내에 사채를 발행할 것을 위임할 수 있다(제469조 제4항).

2) 사채계약의 성립

사채모집에 응하고자 하는 자는 사채청약서 2통에 사채의 수와 주소를 기재하고 기명날인 또는 서명하여야 한다(제474조 제1항). 사채청약서의 작성은 이사가 하여야 하지만 수탁회사도 할 수 있고, 사채청약서에는 법정사항을 기재하여야 한다(제474조 제2항, 제476조 제2항).

보충 사채청약서의 기재사항

① 회사의 상호, ② 자본금과 준비금의 총액, ③ 최종의 대차대조표에 의하여 회사에 현존하는 순재산액, ④ 사채의 총액, ⑤ 각 사채의 금액, ⑥ 사채발행의 가액 또는 그 최저가액, ⑦ 사채의 이율, ⑧ 사채의 상환과 이자지급의 방법과 기한, ⑨ 사채를 수회에 분납할 것을 정한 때에는 그 분납금액과 시기, ⑩ 채권을 기명식 또는 무기명식에 한한 때에는 그 뜻, ⑪ 채권을 발행하는 대신 전자등록기관의 전자등록부에 사채권자의 권리를 등록하는 때에는 그 뜻, ⑫ 전에 모집한 사채가 있는 때에는 그 상환하지 아니한 금액, ⑬ 사채모집의 위탁을 받은 회사가 있는 때에는 그 상호와 주소, ⑭ 사채관리회사가 있는 때에는 그 상호와 주소, ⑮ 사채관리회사가 사채권자집회결의에 의하지 아니하고 제484조 제4항 제2호의 행위를 할 수 있도록 정한 때에는 그 뜻, ⑯ 제13호의 위탁을 받은 회사가 그 모집액이 총액에 달하지 못한 경우에 그 잔액을 인수할 것을 약정한 때에는 그 뜻, ⑰ 명의개서대리인을 둔 때에는 그 성명·주소 및 영업소

사채발행의 최저가액을 정한 경우에는 응모자는 사채청약서에 응모가액을 기재하여야 한다(제474조 제3항).[1] 사채청약서에 의하지 않은 사채청약은 특별한 경우를 제외하고는 효력이 없으며, 법정기재사항의 흠결이 있는 경우 사채청약은 무효이다.

3) 납 입

사채의 모집이 완료하면 대표이사는 지체없이 인수인에 대하여 각 사채의 전액 또는 제1회의 납입을 시켜야 하고(제476조 제1항), 위탁모집의 경우에는 수탁회사가 이를 할 수 있다(제476조 제2항).

---

1) 【학설】 모집하는 사채총액에 대한 응모가 없는 사채의 효력에 관한 학설
사채의 경우 모집을 예정한 사채총액의 전부에 대한 인수가 없더라도 사채모집은 유효하다고 하는 견해(다수설)와, 사채계약의 통일적 일체성을 강조하는 입장에서 모집총액에 대한 응모가 없으면 사채는 성립하지 않는다는 견해가 있다.

Ⅲ. 사채의 유통과 상환

1. 사채의 유통

1) 사채권의 발행

사채에 대하여는 그 유통을 원활히 하기 위하여 사채권(社債券)이 발행된다. 사채권은 사채금액의 납입이 완료한 후가 아니면 이를 발행하지 못한다(제478조 제1항). 사채권은 요식증권으로서 법정기재사항을 기재하고 대표이사가 기명날인 또는 서명하여야 한다(제478조 제2항). 회사는 사채권을 발행하는 대신 정관에서 정하는 바에 따라 전자등록기관의 전자등록부에 채권(債權)을 등록할 수 있다(제478조 제3항). 사채권은 기명식과 무기명식으로 발행할 수 있으나, 기명식 또는 무기명식에 한할 것으로 정할 수 있다(제480조 단서). 두 가지 방법을 병행하는 때에는 상호 전환권이 인정된다(제480조 본문). 사채권을 상실한 때에는 공시최고의 신청을 할 수 있고, 제권판결을 얻지 못하면 사채권의 재발행을 청구할 수 없다. 사채권의 성질 등에 대해서는 학설의 대립이 있다.[1)]

2) 사채원부

사채원부란 사채권자 및 채권에 관한 사항을 기재한 장부로서, 일정한 사항을 기재하여야 한다(제488조 각호의 내용 참조). 회사는 사채원부를 작성하여 본점에 비치하여야 한다(제396조 제1항). 회사채권자와 주주는 영업시간 내에는 언제든지 그 열람 또는 등사를 청구할 수 있다(제396조 제2항). 사채원부는 기명사채이전의 대항요건(제479조), 사채권자에 대한 통지·최고(제489조 제1항, 제353조), 신탁의 공시 등의 경우에 중요한 의의를 갖는다.

3) 사채의 양도·입질

(1) 무기명사채: 상법에 규정이 없으므로 민법의 규정에 따라 양도는 양수인에게 사채권을 교부함으로써(민법 제523조), 입질은 질권자에게 사채권을 교부함으로써 그 효력이 생기고(민법 제351조), 질권자는 사채권을 점유함으로써 제3자에게 대항할 수 있다.

---

1) 【학설】 사채권에 관한 학설

① 채권의 성질: 채권은 사채계약상의 권리를 표창하는 유가증권이라는 견해(다수설)와, 기채회사의 추상적인 채무약속을 표창하는 유가증권이라는 견해가 있다. 견해에 따라 사채금액의 납입 없이 발행된 채권의 효력이 달라진다. 즉, 채권의 성질을 추상적 채무약속을 표창하는 무인증권이라는 견해에 의하면 당연히 유효하다고 한다. 그러나 사채계약상의 권리를 표창하는 유가증권이라는 견해에 있어서는 유효하다는 견해와 납입되지 않은 부분이 현저한 경우에는 무효라는 견해가 있다.

② 기명사채권의 선의취득: 기명사채의 경우 채권이 지시식으로 발행된 경우에 선의취득이 인정된다는 견해와, 기명사채는 유가증권이기는 하지만 법률상 당연한 지시증권성이 인정되지 않고 자격수여적 효력도 없으므로 선의취득이 인정되지 않는다는 견해가 있다.

(2) 기명사채

① 기명사채의 양도: 양도는 지시식으로 되어 있지 않는 한 당사자의 의사표시와 사채권의 인도로써 효력이 생기지만, 회사 기타 제3자에게 대항하기 위하여는 취득자의 성명과 주소를 사채원부에 기재하고 그 성명을 사채권에 기재하여야 한다(제479조 제1항). 명의개서대리인이 있는 경우에는 명의개서대리인을 통해 이 절차를 밟을 수 있다(제479조 제2항).

② 기명사채의 입질: 당사자 간의 의사표시와 사채권을 채권자에게 교부함으로써 질권설정의 효력이 생긴다. 이러한 질권설정의 대항요건에 관하여는 학설의 대립이 있다.[1)]

2. 이자지급과 상환

1) 이자와 이권

(1) 이 자: 사채의 이자액, 이자의 지급기한 및 방법은 사채계약에서 정한 사채모집조건에 의하여 결정된다. 사채의 이자액은 이율에 의해 결정되며, 이율은 중요한 발행요건이므로 사채청약서 · 채권 · 사채원부에 기재하여야 한다(제474조 제2항 제7호, 제478조 제2항 제2호, 제488조 제3호).

(2) 이권(利券): 이권은 이자지급기에 있어서의 이자지급청구권을 표창하는 유가증권으로, 독립적으로 유통의 대상이 된다. 이자의 지급은 이권과 상환으로 한다. 회사가 무기명사채를 상환기간 도래 전에 상환하는 경우에는 이권이 흠결되면 그 흠결된 이권에 상당한 금액을 사채상환액에서 공제하고 지급하며, 이권소지인은 그 후 언제든지 이권과 상환하여 그 공제액의 지급을 청구할 수 있다(제486조 제1항, 제2항).

(3) 이자지급청구권의 소멸시효: 사채의 이자지급청구권과 이권소지인의 공제액지급청구권은 5년간 행사하지 아니하면 소멸시효가 완성한다(제487조 제3항). 이자에 대한 지연손해금도 5년간 행사하지 아니하면 소멸시효가 완성된다(대법원 2010.9.9.선고 2010다28031판결).

2) 사채의 상환

(1) 의 의: 사채의 상환이란 발행회사가 사채권자에게 채무를 변제하여 사채의 법률관계를 종료시키는 것을 말한다.

(2) 방 법: 상환방법은 사채계약에 의하여 정하여지나, 일정기간 후 일시상환의 방법과 일정기간 거치 후 분할상환하는 방법이 있다.

1) 【학설】 기명사채의 질권의 대항요건에 관한 학설
질권의 대항요건에 관하여 회사 및 제3자에게 대항하기 위해서는 회사에 대해 질권설정의 사실을 통지하거나 회사로부터 이의 승낙을 얻어야 한다는 견해와, 채권의 교부와 사채원부에의 기재를 회사와 제3자에 대한 대항요건으로 보는 견해가 있다.

(3) 매입소각: 사채는 자기주식취득이 제한되는 것과는 달리 자기사채를 매입하여 소각하는 것이 자유로우며, 사채의 시세가 하락했을 때 매입소각이 만기상환보다 회사에 유리하다.

(4) 불공정한 변제의 취소의 소: 발행회사가 어느 사채권자에 대하여 한 변제, 화해 기타의 행위가 현저하게 불공정한 때에는 사채관리회사는 그 행위의 취소를 청구할 수 있다(제511조 제1항). 이 취소는 소에 의해서만 할 수 있고, 소는 본점소재지를 관할하는 법원에 전속한다(제511조 제3항, 제186조). 소는 사채관리회사가 취소의 원인을 안 때로부터 6개월, 행위가 있는 때로부터 1년 이내에 제기하여야 한다(제511조 제2항). 발행회사가 사채권자를 해함을 알고 변제, 화해 기타의 행위를 한 때에는 사채관리회사는 취소를 청구할 수 있으나, 그 행위로 인하여 수익자인 사채권자 또는 전득자가 그 행위 또는 전득시에 사채권자를 해할 것을 알지 못한 때에는 사채관리회사는 취소를 청구할 수 없고(제511조 제3항, 민법 제406조 제1항), 취소는 사채권자의 이익을 위하여 그 효력이 있다(제511조 제3항, 민법 제407조). 또한 사채권자집회의 결의가 있는 때에는 그 대표자나 집행자도 불공정한 변제의 취소의 소를 제기할 수 있다. 이때 취소의 소는 행위가 있은 때로부터 1년 이내에 제기하여야 한다(제512조).

(5) 사채상환청구권의 소멸시효: 사채의 상환청구권과 사채권자의 사채관리회사에 대한 상환액 지급청구권은 10년간 행사하지 아니하면 소멸시효가 완성한다(제487조 제1항). 사채의 상환청구권에 대한 지연손해금도 10년의 소멸시효기간이 적용된다.

【판례】 대법원 2010.9.9.선고 2010다28031판결

금전채무에 대한 변제기 이후의 지연손해금은 금전채무의 이행을 지체함으로 인한 손해의 배상으로 지급되는 것이므로, 그 소멸시효기간은 원본채권의 그것과 같다. 한편, 상법 제487조 제1항에 "사채의 상환청구권은 10년간 행사하지 아니하면 소멸시효가 완성한다", 같은 조 제3항에 "사채의 이자와 전조 제2항의 청구권은 5년간 행사하지 아니하면 소멸시효가 완성한다"고 규정하고 있고, 이미 발생한 이자에 관하여 채무자가 이행을 지체한 경우에는 그 이자에 대한 지연손해금을 청구할 수 있으므로, 사채의 상환청구권에 대한 지연손해금은 사채의 상환청구권과 마찬가지로 10년간 행사하지 아니하면 소멸시효가 완성하고, 사채의 이자에 대한 지연손해금은 사채의 이자와 마찬가지로 5년간 행사하지 아니하면 소멸시효가 완성한다.

3. 사채관리회사의 사채관리

1) 의 의

회사는 사채를 발행하는 경우에 사채모집을 위탁받은 수탁회사 또는 발행회사는 사채의 변제의 수령, 채권의 보전, 그 밖에 사채의 관리를 하는 사채관리회사를 두어 그 관리를 위탁할 수 있다(제480조 의2).

2) 사채관리회사의 자격

사채관리회사는 은행, 신탁회사, 그 밖에 대통령령으로 정하는 자여야 하며(제480조의3 제1항), 사채의 인수인은 그 사채의 관리회사가 될 수 없다(제480조의3 제2항). 사채를 발행한 회사와 특수한 이해관계가 있는 자로서 대통령령으로 정하는 자는 사채관리회사가 될 수 없다(제480조의3 제3항).

3) 사채관리회사의 사임·해임 및 사무승계자

(1) 사 임: 사채관리회사는 발행회사와 사채권자집회의 동의를 얻어 사임할 수 있고, 다만 부득이한 사유가 있는 경우에는 법원의 허가를 얻어 사임할 수 있다(제481조).

(2) 해 임: 사채관리회사가 사무처리에 부적임하거나 기타 정당한 사유가 있을 때에는 법원은 발행회사 또는 사채권자집회의 청구에 의하여 이를 해임할 수 있다(제482조).

(3) 사무승계자의 선정: 사채관리회사가 사임하거나 해임된 경우 발행회사는 사채권자집회의 동의를 받아 사무승계자를 선임할 수 있으며(제483조 제1항), 부득이한 사유가 있을 경우 법원이 이해관계인의 청구에 의하여 선임할 수 있다(제483조 제2항).

4) 사채관리회사의 권한

(1) 권한의 범위: 사채관리회사는 사채권자를 위하여 사채에 관한 채권을 변제받거나 채권의 실현을 보전하기 위하여 필요한 재판상 또는 재판 외의 모든 행위를 할 수 있다(제484조 제1항). 사채관리회사가 둘 이상 있을 때에는 그 권한에 속하는 행위는 공동으로 하여야 한다(제485조 제1항). 이때에는 사채관리회사가 발행회사로부터 상환을 받은 때에 사채는 소멸하고, 사채권자는 사채관리회사에 대하여만 채권과 상환으로 상환액의 지급을 청구할 수 있다(제484조 제2항, 제3항).

(2) 사채의 지급의 유예 등의 결정: 사채관리회사가 사채에 관한 변제를 받거나 채권의 실현을 보전하기 위한 행위인 경우를 제외하고는 해당 사채 전부에 대한 지급의 유예, 그 채무의 불이행으로 발생한 책임의 면제 또는 화해, 해당 사채 전부에 관한 소송행위 또는 채무자회생 및 파산에 관한 절차에 속하는 행위를 하고자 하는 경우에는 사채권자집회의 결의를 얻어야 한다(제484조 제4항 본문). 다만, 해당 사채 전부에 관한 소송행위 또는 채무자회생 및 파산에 관한 절차에 속하는 행위를 하고자 하는 경우에는 사채를 발행하는 회사는 사채권자집회 결의에 의하지 아니하고 사채관리회사가 할 수 있음을 정할 수 있다(제484조 제4항 단서). 이때에는 지체없이 그 뜻(사채권자집회의 결의 없이 함)을 공고하고, 알고 있는 채권자에게는 따로 통지하여야 한다(제484조 제5항). 공고는 사채를 발행한 회사가 하는 공고와 같은 방법으로 하여야 한다(제484조 제6항).

(3) 사채발행회사의 업무와 재산상태조사권: 사채관리회사는 그 관리를 위탁받은 사채에 관하여 사채권자를 위하여 사채에 관한 채권을 변제받거나 채권의 실현을 보전하기 위하여

필요한 재판상 또는 재판 외의 모든 행위 또는 해당 사채 전부에 대한 지급의 유예, 그 채무의 불이행으로 발생한 책임의 면제 또는 화해나 해당 사채 전부에 관한 소송행위 또는 채무자회생 및 파산에 관한 절차에 속하는 행위를 위하여 필요하면 법원의 허가를 받아 사채를 발행한 회사의 업무와 재산상태를 조사할 수 있다(제484조 제7항).

(4) 기타의 권한: 사채관리회사는 사채권자집회의 소집 · 운영 · 결의의 집행을 위한 권한(제491조 제1항, 제493조 제1항, 제501조), 발행회사의 불공정한 사채매입행위의 취소에 대한 소권(제511조) 등을 갖는다.

5) 사채관리회사의 의무 및 책임

(1) 사채관리회사의 의무

① 통지 및 공고의무: 사채관리회사는 사채권자를 위하여 사채에 관한 채권의 변제를 받으면 지체없이 그 뜻을 공고하고, 알고 있는 사채권자에게 통지하여야 한다(제484조 제2항).

② 사채관리에 대한 의무: 사채관리회사는 사채권자를 위하여 공평하고 성실하게 사채를 관리하여야 하며(제484조의2 제1항), 사채권자에 대하여 선량한 관리자의 주의로 사채를 관리하여야 한다(제484조의2 제2항).

③ 사채상환의무: 사채관리회사가 사채에 관한 채권의 변제를 받으면 사채관리회사는 사채권자에게 사채 상환액 및 이자의 지급을 하여야 한다. 이 경우 사채권이 발행된 때에는 그 사채권과 상환하여 상환액을 지급하고, 이권과 상환하여 이자지급을 하여야 한다(제484조 제3항). 그리고 둘 이상의 사채관리회사가 있는 경우, 사채관리회사가 사채의 변제를 받은 때에는 사채관리회사는 사채권자에 대하여 연대하여 변제액을 지급할 의무가 있다(제485조 제2항).

(2) 사채관리회사의 책임: 사채관리회사가 상법이나 사채권자집회의 결의를 위반한 행위를 한 때에는 사채권자에 대하여 연대하여 이로 인하여 발생한 손해를 배상할 책임이 있다(제484조의2 제3항).

6) 사채관리회사의 보수 및 비용

사채관리회사의 보수와 그 사무처리에 필요한 비용은 사채를 발행한 회사와의 계약에 의하여 약정된 경우 외에는 법원의 허가를 받아 사채를 발행한 회사로 하여금 부담하게 할 수 있다(제507조 제1항). 이러한 사채관리회사의 보수와 비용은 사채에 관한 채권을 변제받은 금액에서 사채권자보다 우선하여 변제받을 수 있다(제507조 제2항).

IV. 사채권자집회

1. 의의 · 성질

사채권자집회는 사채권자의 이해관계에 영향을 미치는 사항에 대하여 결의를 하며, 동일한 종류의 사채권자의 집약된 의사를 결정하는 임시적인 의결기관이다.

2. 소 집

1) 소집권자

사채권자집회는 발행회사 또는 사채관리회사가 소집하며(제491조 제1항), 사채의 종류별로 해당 종류의 사채총액(상환받은 금액은 제외한다)의 10분의 1 이상에 해당하는 사채를 보유한 사채권자도 회의의 목적사항과 소집의 이유를 기재한 서면 또는 전자문서로 사채권자집회의 소집을 청구할 수 있다(제491조 제2항). 이러한 소집청구에 발행회사가 응하지 않을 때에는 소집을 청구하였던 사채권자는 법원의 허가를 얻어 사채권자집회를 소집할 수 있다(제491조 제3항). 종류사채를 발행한 경우에는 사채권자집회는 각 종류의 사채에 관하여 이를 소집하여야 한다(제509조).

2) 소집통지 · 공고

사채권자집회의 소집통지에는 상법 제363조 제1항 및 제2항이 준용되고(제491조2 제1항), 무기명식의 채권을 발행한 경우에는 사채권자집회일의 3주(자본금총액이 10억원 미만인 회사는 2주) 전에 사채권자집회를 소집한다는 뜻과 회의의 목적사항을 공고하여야 한다(제491조의2 제2항).

3. 권 한

사채권자집회의 권한사항은 법률로 정해져 있다. 자본금감소의 이의, 합병의 이의, 사채권자집회의 대표자의 출석청구 및 결의집행자의 선임과 해임, 발행회사의 불공정한 행위를 취소하기 위한 소제기, 사채관리회사의 사임동의 및 해임청구, 사무승계자 결정 등이다(제439조 제3항, 제481조, 482조, 제483조 제1항, 제494조, 제500조 제1항, 제504조). 이 밖에도 사채권자의 이해에 중대한 관계가 있는 사항에 관하여 결의할 수 있다(제490조).

4. 결 의

1) 의결권

각 사채권자는 그가 가지는 해당 종류의 사채금액의 합계액(상환받은 금액은 제외한다)에 따라 의결권을 갖는다(제492조 제1항). 무기명식의 사채권자는 회일로부터 1주간 전에 채권을 공탁하여야만 의결권을 행사할 수 있다(제492조 제2항).

2) 결의요건 및 방법

(1) 결의요건: 출석한 사채권자 의결권의 3분의 2 이상의 찬성과 총사채권자 의결권의 3분의 1 이상으로 하나(제495조 제1항, 제434조), 사채관리회사의 사임동의 · 해임청구 그리고 사무승계자 결정, 사채발행회사 대표자의 출석청구 등의 사항은 출석한 사채권자의 의결권의 과반수의 찬성만으로 할 수 있다(제495조 제2항).

(2) 결의방법

① 서면투표: 사채권자집회에 출석하지 아니한 사채권자는 서면에 의하여 의결권을 행사할 수 있다(제495조 제3항). 서면에 의한 의결권행사는 의결권행사 서면에 필요한 사항을 적어 사채권자집회 전일까지 의결권행사 서면을 소집자에게 제출하여야 한다(제495조 제4항). 서면에 의하여 행사한 의결권 수는 출석한 사채권자의 의결권 수에 포함한다(제495조 제5항).

② 전자투표: 사채권자집회의 경우에도 이사회 결의에 의하여 전자적 방법에 의한 의결권행사가 가능하다(제495조 제6항, 제368조의4).

3) 결의의 효력발생

사채권자집회의 결의는 결의한 날로부터 1주간 내에 법원의 인가를 청구하여야 하며(제496조), 법원의 인가를 얻어야 그 효력이 생긴다(제498조 제1항 본문). 법원은 ① 집회의 소집절차 또는 그 결의방법이 법령이나 사채모집의 계획서의 기재를 위반한 때, ② 결의가 부당한 방법에 의하여 성립하게 된 때, ③ 결의가 현저하게 불공정한 때, ④ 결의가 사채권자 일반의 이익에 반하는 때에는 결의를 인가하지 못한다(제497조 제1항). 그러나 ①과 ②의 경우에는 법원은 결의내용 기타 모든 사정을 참작하여 결의를 인가할 수 있다(제497조 제2항). 다만, 그 종류의 사채권자 전원이 동의한 결의는 법원의 인가가 필요하지 아니하다(제498조 제1항 단서). 그 종류의 사채를 가진 모든 사채권자 전원이 동의한 경우에는 사채권자집회의 결의는 사채권자에게 그 효력이 있다(제498조 제2항).

4) 비용의 부담

사채권자집회의 결의의 인가청구에 필요한 비용은 사채의 발행회사가 부담한다(제508조 제1항).

그러나 법원은 결의의 인가청구에 관한 비용을 이해관계인의 신청에 의하여 또는 직권으로 그 전부 또는 일부에 관하여 따로 부담자를 정할 수 있다(제508조 제2항).

5. 대표자와 결의의 집행

1) 대표자

사채권자집회는 해당 종류의 사채총액(상환받은 금액은 제외한다)의 500분의 1 이상을 가진 사채권자 중에서 1인 또는 수인의 대표자를 선임하여 그 결의할 사항의 결정을 위임할 수 있다(제500조 제1항). 수인의 대표자를 선임한 때에는 그 결정은 그 과반수로 한다(제500조 제2항).

2) 결의의 집행

사채권자집회의 결의는 사채관리회사가 집행하고, 사채관리회사가 없는 경우에는 대표자가 집행하지만, 사채권자집회의 결의로 따로 집행자를 선임할 수도 있다(제501조). 사채권자집회는 언제든지 대표자나 집행자를 해임할 수 있고 위임한 사항을 변경할 수도 있다(제504조).

V. 특수사채

1. 전환사채

1) 의의·성질

전환사채란 사채권자에게 일정한 조건에 따라 사채를 주식으로 전환할 수 있는 권리를 인정하는 사채를 말하며, 전환사채는 그 발행 이후 전환권을 행사하기 전까지는 채권적 유가증권이라 할 수 있고 전환권을 행사하면 사원권적 유가증권이 된다.

2) 발 행

(1) 발행의 결정

① 주주에게 발행하는 경우: 전환사채의 발행 및 발행사항은 정관으로 정한 경우 외에는 이사회가 결정한다(제513조 제2항 본문). 그러나 정관으로 주주총회의 결의사항으로 할 수 있다(제513조 제2항 단서).

보충 이사회가 결정할 사항: ① 전환사채의 총액, 전환의 조건, ② 전환으로 인하여 발행할 주식의 내용, ③ 전환을 청구할 수 있는 기간, ④ 주주에게 전환사채의 인수권을 준다는 뜻과 인수권의 목적인 전환사채의 액, ⑤ 주주외의 자에게 전환사채를 발행하는 것과 이에 대하여 발행할 전환사채의 액 등이다.

② 주주 이외의 자에게 발행하는 경우: 회사가 주주 이외의 자에 대하여 전환사채를 발행하는 경우에는 그 발행할 수 있는 전환사채의 액, 전환의 조건, 전환으로 인하여 발행할 주식의 내용과 전환청구를 할 수 있는 기간에 관하여 정관에 규정이 없으면 주주총회의 특별결의로써 이를 정하여야 한다(제513조 제3항). 이 경우 주주총회의 소집통지와 공고에는 전환사채의 발행에 관한 의안의 요령을 기재하여야 한다(제513조 제4항). 주주총회의 결의 없이 주주 이외의 자에게 전환사채를 발행한 경우에는 대표이사의 업무집행이 법령에 위반되는 행위이므로 그 발행은 무효가 된다. 주주 이외의 자에게 전환사채를 발행할 수 있는 경우는 신기술 도입, 재무구조의 개선 등 회사의 경영상 목적을 달성하기 위하여 필요한 경우에 한한다(제513조 제3항, 제418조 제2항).

(2) 배정일 지정 · 공고: 주주가 인수할 전환사채의 액이 결정됨에 따라 주주는 그가 가진 주식의 수에 따라 전환사채를 배정받을 권리를 가진다(제513조의2 제1항 본문). 따라서 인수권을 행사할 주주를 확정하기 위하여 배정기준일을 정하고, 그 2주간 전에 또는 주주명부의 폐쇄기간 중인 때에는 그 기간의 초일의 2주간 전에 배정기준일 당시 주주명부에 기재된 주주가 인수권을 갖는다는 뜻을 공고하여야 한다(제513조의2 제2항, 제513조 제3항, 제418조 제3항). 배정기준일의 경과로 인수권을 갖는 주주 및 각 주주가 인수권을 갖는 사채총액이 확정되는데, 이때 전환사채의 최저액에 미달하는 단수에 대하여는 인수권이 미치지 않는다(제513조의2 제1항 단서).

(3) 주주에 대한 최고 · 실권: 배정기준일에 의해 인수권이 확정된 주주에게 청약일까지 전환사채의 청약을 하지 아니하면 권리를 잃는다는 뜻을 청약일의 2주간 전에 통지하여야 하며, 회사가 정한 청약기일에 청약을 하지 아니하면 실권(失權)한다(제513조의3 제2항, 제419조 제2항 및 제3항).

(4) 사채청약서 등의 기재사항: 전환사채의 청약서 · 채권 · 사채원부에는 ① 사채를 주식으로 전환할 수 있다는 뜻, ② 전환조건, ③ 전환으로 인하여 발행하는 주식의 내용, ④ 전환청구기간, ⑤ 주식양도에 관하여 이사회의 승인을 얻도록 정한 때에는 그 규정을 기재하여야 한다(제514조).

(5) 전환사채발행의 등기: 회사가 전환사채를 발행한 때에는 사채의 전액 또는 제1회의 납입이 완료된 날로부터 본점소재지에서 2주간 내에 전환사채의 등기를 하여야 한다(제514조의2 제1항). 등기할 사항은 전환사채의 총액, 각 전환사채의 금액, 각 전환사채의 납입금액, 상법 제514조 제1호 내지 제5호에 정한 사항 등이다(제514조의2 제2항). 그리고 외국에서 전환사채를 모집한 경우에 등기할 사항이 외국에서 생긴 때에는 그 통지가 도달한 날로부터 기산하여 2주간 내에 전환사채의 등기를 하여야 한다(제514조의2 제4항).

(6) 전환사채발행의 불공정

① 발행의 유지청구: 회사가 법령 또는 정관에 위반하거나 현저하게 불공정한 방법에 의하여 전환사채를 발행함으로써 주주가 불이익을 받을 염려가 있는 때에는 그 주주는 회사에

대하여 전환사채의 발행을 유지할 것을 청구할 수 있다(제516조 제1항, 제424조).

【판례】 대법원 2004.8.16.선고 2003다9636판결

전환사채발행유지 청구는 회사가 법령 또는 정관에 위반하거나 현저하게 불공정한 방법에 의하여 전환사채를 발행함으로써 주주가 불이익을 받을 염려가 있는 경우에 회사에 대하여 그 발행의 유지를 청구하는 것으로서(상법 제516조 제1항, 제424조), 전환사채발행의 효력이 생기기 전, 즉 전환사채의 납입기일까지 이를 행사하여야 할 것이고 한편, 전환사채권자가 전환청구를 하면 회사는 주식을 발행해 주어야 하는데, 전환권은 형성권이므로 전환을 청구한 때에 당연히 전환의 효력이 발생하여 전환사채권자는 그때부터 주주가 되고 사채권자로서의 지위를 상실하게 되므로(상법 제516조, 제350조) 그 이후에는 주식전환의 금지를 구할 법률상 이익이 없게 될 것이다.

② 불공정 가액으로 전환사채를 인수한 자의 차액지급의무: 이사와 통모하여 현저하게 불공정한 발행가액으로 전환사채를 인수한 자는 회사에 대하여 공정한 발행가액과의 차액에 상당한 금액을 지급할 의무가 있다(제516조 제1항, 제424조의2 제1항). 이 경우 이사드 회사 또는 주주에 대한 손해배상책임을 면치 못하며, 주주는 대표소송을 제기하여 이사책임을 추궁할 수 있다(제516조 제2항, 제424조의2 제2항·제3항).

③ 전환사채발행무효: 판례(대법원 2004.6.25.선고 2000다37326판결)에 따르면「전환사채의 발행이 법령이나 정관의 중대한 위반이 있거나 또는 현저한 불공정이 있어 그것이 주식회사의 본질이나 회사법의 기본원칙에 반하거나 기존 주주들의 이익과 회사의 경영권 내지 지배권에 중대한 영향을 미치는 경우로서 전환사채와 관련된 거래의 안전, 주주 기타 이해관계인의 이익 등을 전부 고려하더라도 도저히 묵과할 수 없을 정도라고 평가되는 경우에 한하여 전환사채의 발행 또는 그 전환권 행사에 의한 주식의 발행을 무효로 할 수 있다」고 한다. 이러한 전환사채 발행무효에 대하여 전환사채발행무효의 소에 대해 상법상 인정되지 않는다는 견해가 있으나 신주발행무효의 소의 규정을 유추적용하여 인정된다고 본다. 따라서 전환사채발행무효 확인의 소에 있어서도 상법 제429조 소정의 6월의 제소기간의 제한이 적용된다.

【판례】 대법원 2005.8.16.선고 2003다9636판결

상법은 제516조 제1항에서 신주발행의 유지청구권에 관한 제424조 및 불공정한 가액으로 주식을 인수한 자의 책임에 관한 제424조의2 등을 전환사채의 발행의 경우에 준용한다고 규정하면서도, 신주발행무효의 소에 관한 제429조의 준용 여부에 대해서는 아무런 규정을 두고 있지 않으나, 전환사채는 전환권의 행사에 의하여 장차 주식으로 전환될 수 있는 권리가 부여된 사채로서, 이러한 전환사채의 발행은 주식회사의 물적 기초와 기존 주주들의 이해관계에 영향을 미친다는 점에서 사실상 신주를 발행하는 것과 유사하므로, 전환사채 발행의 경우에도 신주발행무효의 소에 관한 상법 제429조가 유추적용된다.

④ 전환사채발행 부존재: 전환사채발행의 실체가 없음에도 전환사채발행의 등기가 되어 있는 외관이 존재하는 경우 이를 제거하기 위한 전환사채발행 부존재 확인의 소에 있어서는 전환사채발행 무효의 경우와 달리 상법 제429조 소정의 6월의 제소기간의 제한이 적용되지 아니한다(대법원 2005.8.16.선고 2003다9636판결).

3) 전환사채의 전환

(1) 전환권의 성질: 전환사채의 전환권은 사채권자의 지위를 주주로 변경시키는 효력을 생기게 하는 일종의 형성권이다.

(2) 전환의 청구: 전환사채의 사채권자가 전환을 청구하려면 청구서 2통에 채권을 첨부하여 회사에 제출하여야 하며(제515조 제1항 본문), 이 청구서에는 전환하고자 하는 사채와 청구의 연월일을 기재하고 기명날인 또는 서명하여야 한다(제515조 제2항). 주주명부의 폐쇄기간 중에도 전환청구가 가능하지만, 그 기간 중에 전환된 주식의 주주는 그 기간 중의 주주총회의 결의에 관하여 의결권을 행사할 수 없다(제516조 제2항, 제350조 제2항).

보충 전환사채의 전환청구시 채권(債權)을 발행하는 대신 전자등록기관의 전자등록부에 채권을 등록한 경우에는 그 채권을 증명할 수 있는 자료를 첨부하여 회사에 제출하여야 한다(제515조 제1항 단서).

(3) 전환의 효력 발생시기: 전환청구가 있는 때에 전환의 효력이 발생한다(제516조 제2항, 제350조 제1항).

(4) 전환후 신주의 발생가액: 전환사채의 전환으로 인하여 발행하는 신주의 총발행가액은 전환사채의 총발행가액으로 한다(제516조 제2항, 제348조).

(5) 전환의 효과: 전환청구를 위해 회사에 제출된 채권은 그 효력을 상실하고, 전환사채를 목적으로 하는 질권자에 대하여는 전환에 의하여 주주가 받을 주식에 대하여 물상대위가 인정된다(제516조 제2항, 제339조). 주주명부폐쇄기간내 전환으로 인하여 발행한 주식은 그 주주총회에서 의결권을 행사할 수 없다(제516조, 제350조 제2항).

(6) 변경등기: 전환사채는 그 전환에 의하여 등기사항에 변경이 생기므로 전환을 청구한 날이 속한 달의 마지막 날부터 2주간 내에 본점소재지에서 변경등기를 하여야 한다(제516조 제2항, 제351조).

(7) 신주발행의 무효: 전환권의 행사에 의하여 발행되는 신주의 발행의 무효에는 상법 제429조가 적용된다고 본다(대법원 2004.6.25.선고 2000다37326판결).

2. 신주인수권부사채

1) 의 의

신주인수권부사채란 사채권자에게 사채의 발행 이후 회사가 신주를 발행하는 경우에 미리 확정된 가액에 따라 신주인수권을 부여하는 사채이다. 사채는 사채대로 존속하여 만기에 상환되므로 보통의 사채와 다름이 없고, 다만 신주인수권이 부여되어 있다는 점에서 사채의 주식으로서의 전환권을 인정하는 전환사채와 다르다. 신주인수권부사채는 채권(債權)과 신주인수권을 함께 표창하는 채권을 발행하여 양자를 분리하여 양도할 수 없는 비분리형과 양자를 분리하여 각각 채권을 표창하는 채권과 신주인수권을 표창하는 신주인수권증권을 발행하여 따로 양도할 수 있는 분리형이 있다.

2) 발 행

(1) 발행의 결정

① 주주에 대한 발행: 신주인수권부사채의 인수권을 주주에게만 주는 경우에는 정관에 이에 관한 규정이 있거나 정관의 규정에 의해 주주총회가 결정하기로 한 경우가 아니면 이사회가 그 발행을 결정하고 그 발행사항도 정한다(제516조의2 제2항).

보충 이사회가 결정해야 할 발행사항은 ① 신주인수권부사채의 총액, ② 각 신주인수권부사채에 부여된 신주인수권의 내용, ③ 신주인수권을 행사할 수 있는 기간, ④ 신주인수권만을 양도할 수 있는 것에 관한 사항, ⑤ 신주인수권을 행사하려는 자의 청구가 있는 때에는 신주인수권부사채의 상환에 갈음하여 그 발행가액으로 상법 제516조의9 제1항의 납입이 있는 것으로 본다는 뜻, ⑥ 주주에게 신주인수권부사채의 인수권을 준다는 뜻과 인수권의 목적인 신주인수권부사채의 액, ⑦ 주주 이외의 자에게 신주인수권부사채를 발행하는 것과 이에 대하여 발행한 신주인수권부사채의 액 등이다.

② 제3자에 대한 발행: 주주 이외의 자에 대하여 발행하는 경우 그 발행할 수 있는 신주인수권부사채의 액, 신주인수권의 내용과 신주인수권을 행사할 수 있는 기간에 관하여 정관에 규정이 없으면 주주총회의 특별결의로써 이를 정하여야 한다(제516조의2 제4항). 주주 이외의 자에게 신주인수권부사채를 발행하는 경우에는 신기술의 도입, 재무구조의 개선 등 회사의 경영상 목적을 달성하기 위하여 필요한 경우에 한 한다(제516조의2 제4항, 제418조 제2항). 이를 위한 주주총회의 소집통지에는 신주인수권부사채의 발행에 관한 의안의 요령도 기재하여야 한다(제516조의2 제5항, 제513조 제4항).

보충판례 회사의 경영권분쟁이 현실화된 상황에서 경영진의 경영권이나 지배권방어라는 목적을 달성하기 위하여 신주인수권부사채를 제3자에게 발행하는 경우에는 상법 제418조 제2항을 위반하여 주주의 신주인수권부사채인수권을 침해하는 것이 된다(대법원 2015.12.10.선고 2015다202919판결).

(2) 배정일의 지정 · 공고: 회사가 신주인수권부사채를 발행하는 경우에 그 배정비율과 배정일의 공고 기타 주주의 실권 등에 대하여는 전환사채에 관한 규정이 준용된다(제516조의10, 제513조의2 제1항, 제513조의3, 제419조 제4항).

(3) 주주에 대한 최고: 주주가 신주인수권부사채의 인수권을 갖는 경우에 그 발행사항이 결정된 때에는 이사회는 각 주주에 대하여 인수권을 가지는 신주인수권부사채의 액 등 제516조의3 제1항에 제기한 사항과 상법 제516조의2 제2항 제4호 또는 제5호의 내용을 청약기일의 2주간 2주간 전에 통지하여야 한다(제516조의3 제1항·제2항, 제419조 제2항). 제1항의 통지에도 불구하고 그 기일까지 주식인수의 청약을 하지 아니한 때에는 사채의 인수권을 가진 자는 그 권리를 잃는다(제516조의3 제2항, 제419조 제3항).

(4) 사채청약서 등의 기재사항: 회사가 신주인수권부사채를 발행하는 때에는 사채청약서·채권·사채원부에 신주인수권부사채라는 뜻, 주식의 양도에 관하여 이사회의 승인을 어도록 정한 때에는 그 규정 등 일정사항을 기재하여야 한다(제516조의4 본문). 그러나 신주인수권부사채가 분리형인 경우에 상법 제516조의5 제1항의 신주인수권증권을 발행할 때에는 채권에는 이를 기재하지 아니한다(제516조의4 단서).

(5) 신주인수권부사채의 등기: 신주인수권부사채를 발행한 경우에는 일정사항(제516조의8 제1항)을 그 납입이 완료한 날로부터 2주간 내에 본점소재지에서 등기하여야 한다(제516조의8 제2항, 제514조의2 제1항·제4항).

(6) 신주인수권부사채발행의 불공정: 신주인수권부사채의 불공정발행의 경우에는 신주발행에 있어서의 발행유지청구 및 불공정가액으로 발행한 경우 그 차액의 지급의무에 대한 규정이 준용된다(제516조의11, 제516조 제1항, 제424조, 제424조의2). 또한, 신주인수권부사채발행의 경우에도 주식회사의 물적 기초와 기존주주들의 이해관계에 영향을 미친다는 점에서 사실상 신주를 발행하는 것과 유사하므로, 신주발행무효의 소에 관한 상법 제429조가 유추적용되고, 신주발행의 무효원인에 관한 법리 또한 마찬가지로 적용된다(대법원 2015.12.10.선고 2015다202919판결).

【판례】 대법원 2022.10.27.선고 2021다201054판결

[1] 신주인수권부사채는 미리 확정된 가액으로 일정한 수의 신주 인수를 청구할 수 있는 신주인수권이 부여된 사채로서, 신주인수권부사채 발행의 경우에도 주식회사의 물적 기초와 기존 주주들의 이해관계에 영향을 미친다는 점에서 사실상 신주를 발행하는 것과 유사하므로, 신주발행무효의 소에 관한 상법 제429조가 유추적용된다. 신주인수권부사채 발행의 무효는 주주 등이 신주인수권부사채를 발행한 날로부터 6월 내 소만으로 주장할 수 있고, 6월의 출소기간이 지난 뒤에는 새로운 무효 사유를 추가하여 주장할 수 없다. 따라서 신주인수권부사채 발행일로부터 6월 내에 신주인수권부사채발행무효의 소가 제기되지 않거나 6월 내에 제기된 신주인수권부사채발행무효의 소가 적극적 당사자의 패소로 확정되었다면, 이후에는 더 이상 신주인수권부사채 발행의 무효를 주장할 수 없다. 다만 신주인수권부사채에 부여된 신주인수권의 행사나 그로 인한 신주 발행에 대해서는 상법 제429조를 유추적용하여 신주발행무효의 소로써 다툴 수 있다. 이때에는 특별한 사정이 없는 한 신주인수권 행사나 그에 따른 신주 발행에 고유한 무효 사유만 주장할 수 있고, 신주인수권부사채 발행이 무효라거나 그를 전제로 한 주장은 제기할 수 없다.

[2] 상법 제418조 제1항, 제2항은 회사가 신주를 발행하는 경우 원칙적으로 기존 주주에게 배정하되 정관에 정한 경우에만 제3자에게 신주배정을 할 수 있게 하면서 그 사유도 신기술의 도입이나 재무구조의

개선 등 경영상 목적을 달성하기 위하여 필요한 경우에 한정함으로써 기존 주주의 신주인수권을 보호하고 있다. 따라서 주식회사가 신주를 발행할 때 회사의 경영상 목적을 달성하기 위하여 필요한 범위 안에서 정관이 정한 사유가 없는데도, 회사의 경영권 분쟁이 현실화된 상황에서 대주주나 경영진 등의 경영권이나 지배권 방어라는 목적을 달성하기 위하여 제3자에게 신주를 배정하는 것은 상법 제418조 제2항을 위반하여 주주의 신주인수권을 침해하는 것이고, 그로 인하여 회사의 지배구조에 심대한 변화가 초래되고 기존 주주들의 회사에 대한 지배권이 현저하게 약화되는 중대한 결과가 발생하는 경우에는 그러한 신주 발행은 무효이다. 이러한 법리는 신주인수권부사채를 제3자에게 발행하는 경우에도 마찬가지로 적용된다(상법 제516조의2 제4항 후문, 제418조 제2항 단서).

[3] 신주인수권부사채의 경우 경영상 목적 없이 대주주 등의 경영권이나 지배권 방어 목적으로 제3자에게 발행되더라도 그 자체로는 기존 주주의 신주인수권을 침해하지 않고, 이후 대주주 등이 양수한 신주인수권을 행사하여 신주를 취득함으로써 비로소 기존 주주의 신주인수권이 침해되고 대주주 등의 경영권이나 지배권 방어 목적이 현실화된다. 이에 의하면 회사가 대주주 등의 경영권이나 지배권 방어 목적으로 제3자에게 신주인수권부사채를 발행하였다면 신주인수권부사채의 발행은 무효가 될 수 있고, 이런 사유는 그 발행일로부터 6월 이내에 신주인수권부사채발행무효의 소로써 다툴 수 있다. 나아가 대주주 등이 위와 같은 경위로 발행된 신주인수권부사채나 그에 부여된 신주인수권을 양수한 다음 신주인수권부사채 발행일부터 6월이 지난 후 신주인수권을 행사하여 신주를 취득하였다면, 이는 실질적으로 회사가 경영상 목적 없이 대주주 등에게 신주를 발행한 것과 동일하므로, 신주인수권 행사나 그에 따른 신주 발행에 고유한 무효 사유에 준하여 신주발행무효의 소로도 신주 발행의 무효를 주장할 수 있다. 이로써 위법한 신주인수권부사채 발행이나 그에 기한 신주 발행을 다투는 주주의 제소권이 실질적으로 보호될 수 있다. 위에서 본 경우 신주발행무효의 소의 제소기간은 신주 발행일로부터 기산하여야 하고, 설령 신주 발행이 신주인수권부사채에 부여된 신주인수권의 행사 결과에 따른 것이라 할지라도 신주인수권부사채 발행일부터 기산되는 것은 아니다.

3) 신주인수권의 양도

(1) 양도방법: 신주인수권의 양도방법은 분리형의 경우와 비분리형의 경우에 따라 다르다. 비분리형의 경우 신주인수권은 채권의 교부에 의하여 사채권과 함께 양도한다. 분리형의 경우 신주인수권증권을 발행한 경우 신주인수권의 양도는 채권과 별도로 신주인수권증권의 교부에 의한다(제516조의6 제1항). 신주인수권증권을 발행하는 대신 정관에서 정하는 바에 따라 전자등록기관의 전자등록부에 신주인수권을 전자등록한 때에는 전자등록부에 신주인수권 양도의 등록을 함으로써 양도의 효력이 발생한다(제516조의7, 제356조의2 제2항).

(2) 신주인수권증권: 이사회에서 신주인수권만을 양도할 수 있는 것에 관한 사항을 정한 경우에는 신주인수증권을 발행하여야 한다(제516조의5 제1항). 신주인수권증권은 일정한 법정사항(제516조의5 제2항)을 기재하고 이사가 기명날인 또는 서명하여 발행하는 신주인수권을 표창하는 유가증권이다. 따라서 신주인수권증권의 점유자는 자격수여적 효력이 인정되고, 선의취득이 인정되며, 신주인수권증권의 상실시에는 공시최고에 의한 제권판결을 얻어 재발행을 청구할 수 있다(제516조의6 제2항, 제336조 제2항, 제360조; 수표법 제21조).

4) 신주인수권의 행사

(1) 방 법: 신주인수권을 행사하려는 자는 청구서 2통에 인수할 주식의 종류 및 수와 주소를 기재하고 기명날인 또는 서명하여(제516조의9 제4항, 제302조 제1항), 이를 회사에 제출하고 신주발행가액 전액을 납입하여야 한다(제516조의9 제1항). 신주인수권증권이 발행된 때에는 이를 첨부하고 발행하지 아니한 때에는 채권을 제시하여야 한다(제516조의9 제2항 본문). 다만, 신주인수권부사채의 채권이나 신주인수권증권을 발행하는 대신 전자등록기관의 전자등록부에 채권(債券)이나 신주인수권증권을 등록한 경우에는 그 채권이나 신주인수권증권을 증명할 수 있는 자료를 첨부하여 회사에 제출하여야 한다(제516조의9 제2항 단서).

(2) 납 입: 신주의 발행가액은 전액을 납입하여야 한다. 납입은 금전으로 하여야 하며 현물출자는 있을 수 없다. 납입은 신주인수권증권 또는 채권에 기재한 은행 기타 금융기관의 납입장소에 하여야 하며(제516조의9 제3항), 납입장소의 변경에 관한 상법 제306조 및 납입취급금융기관의 책임에 관한 상법 제318조의 규정이 준용된다(제516조의9 제4항). 그러나 신주인수권부사채의 상환에 갈음하여 그 발행가액으로 신주에 대한 납입이 있는 것으로 본다는 뜻의 정함이 있는 때에는 사채권자는 사채의 상환금에 의한 대용납입이 가능하다(제516조의2 제2항 제5호). 이러한 대용납입의 성질에 대해 대물변제라는 견해도 있지만, 채권(債權)과 주금납입의 상계라고 보는 것이 타당하다고 본다.

(3) 효력발생시기: 신주인수권을 행사한 자는 신주의 발행가액의 전액을 납입한 때에 주주가 된다(제516조의10 전단). 그리고 주금을 대용납입한 경우에는 신주인수권의 행사를 위한 청구서에 신주인수권증권이나 채권을 첨부하여 회사에 제출한 때에 주주가 된다.

(4) 신주의 발행가액: 사채권자의 신주인수권의 행사로 인하여 발행할 주식의 발행가액의 합계액은 각 신주인수권부사채의 금액을 초과하지 못한다(제516조의2 제3항).

(5) 신주인수권 행사의 효과: 신주인수권부사채의 경우에는 원칙적으로 신주인수권의 행사로 사채가 소멸하는 것이 아니므로 신주인수권의 행사로 발행되는 주식에 대한 물상대위는 안정되지 않는다(대용납입의 경우는 제외된다). 주주명부의 폐쇄기간 내에 신주인수권의 행사로 발행된 신주는 그 폐쇄기간에 관한 주주총회에서 의결권을 행사할 수 없다(제516조의10, 제350조 제2항).

5) 변경등기

신주인수권의 행사에 의하여 등기사항이 변경되는 때에는 변경등기를 하여야 한다. 신주발행으로 인한 변경등기는 납입기일이 속하는 달의 마지막 날로부터, 대용납입의 경우에는 신주인수권의 행사를 위한 청구시에 신주인수권증권이나 채권을 첨부하여 회사에 제출한 날이 속하는 달의 마지막 날로부터 2주간 내에 본점소재지에서 이를 하여야 한다(제516조의11, 제351조).

3. 이익참가부사채

1) 의 의

이익참가부사채란 사채권자가 일정한 이자 이외에 회사의 이익배당에 참가할 수 있는 권리가 인정되는 사채를 말한다(제469조 제2항 제1호; 자본시장법 시행령 제176조의12 제1항). 즉, 이자 이외에 주주에 대한 이익배당이 일정률을 상회하는 경우에 그 이익배당에 참가할 수 있는 사채인 것이다.

2) 발 행

이익참가부사채는 대표이사에게 위임되지 않는 한 이사회의 결의에 의하여 발행할 수 있으며(제469조 제2항, 제4항; 자본시장법 제165조의11 제1항), 그 발행하는 사채의 내용 및 발행방법 등 구체적인 사항은 대통령령으로 정한다(제469조 제3항). 이때 발행사항으로서 이익참가부사채의 총액, 이익참가부사채의 조건 및 내용, 주주에게 이익참가부사채의 인수권을 준다는 뜻과 인수권의 목적인 이익참가부사채의 가액 등은 정관에 규정이 없거나 정관으로 주주총회의 결의사항으로 하지 않는 한 이사회가 이를 결정한다(상법 시행령 제20조 제1항; 자본시장법 시행령 제176조의12 제2항).

한편, 주주 이외의 자에게 이익참가부사채를 발행하는 경우에는 발행할 수 있는 사채의 가액과 이익배당참가의 내용은 정관에 규정이 없으면 주주총회의 특별결의로 정하여야 하며(상법 시행령 제20조 제2항; 자본시장법 시행령 제176조 제3항), 이 경우에 소집의 통지에는 발행에 관한 의안의 요령을 기재하여야 한다(상법 시행령 제20조 제3항; 자본시장법 시행령 제176조 제4항).

3) 사채청약서 등의 기재사항

주권상장회사의 경우에는 이익참가부사채를 발행하는 경우 사채청약서나 채권 및 사채원부에 이익배당에 참가할 수 있다는 뜻과 그 조건 및 내용을 기재하여야 한다(자본시장법 시행령 제176조 제7항).

4) 준용규정

주주가 그 인수권을 갖는 경우 그 권리의 내용과 주주에 대한 최고에 대하여는 전환사채에 관한 상법 제513조의2 및 상법 제513조의3의 규정을 준용하고(상법 시행령 지20조 제4항; 자본시장법 시행령 제176조 제5항), 주주의 사채발행 유지청구권과 불공정한 가액으로 사채를 인수한 자에 대한 책임에 관해서는 상법 제424조와 상법 제424조의2의 규정을 준용한다(상법 시행령 제20조 제5항; 자본시장법 시헝령 제176조 제6항).

5) 등 기

이익참가부사채를 발행한 경우에는 상법 제476조에 따라 납입이 완료된 날부터 2주 내에 본점소재지에서 이익참가부사채의 총액, 각 이익참가부사채의 금액, 각 이익참가부사채의 납입금액, 이익배당에 참가할 수 있다는 뜻, 이익참가의 조건 및 내용 등을 등기하여야 한다(상법 시행령 제20조 제6항·7항; 자본시장법 시행령 제176조 제8항; 상법 제514조의2).

4. 교환사채

1) 의 의

교환사채란 회사가 소유하는 주식이나 그 밖의 다른 유가증권으로 교환할 수 있는 사채를 말한다(제469조 제2항 제2호). 즉, 주주의 교환청구가 있으면 회사가 이전부터 소유하고 있는 자기주식을 포함하는 유가증권으로의 교환이 인정되는 사채를 말한다. 교환사채는 주식을 새로이 발행하여 교부하는 전환사채와는 차이가 있다.

2) 발 행

교환사채의 발행은 대표이사에게 위임되지 않는 한 이사회의 결의에 의하여 발행할 수 있으며(제469조 제2항, 제4항), 그 발행하는 사채의 내용 및 발행방법 등 구체적인 사항은 대통령령으로 정한다(제469조 제3항). 이에 따르면 교환할 주식이나 유가증권의 종류 및 내용, 교환의 조건, 교환을 청구할 수 있는 기간을 이사회가 결정한다(상법 시행령 제21조 제1항).

주주 외의 자에게 발행회사의 자기주식으로 교환할 수 있는 사채를 발행하는 경우에는 그 상대방 및 처분방법에 관하여 정관에 규정이 없는 경우에는 이사회가 이를 결정한다(상법 시행령 제21조 제2항).

보충 주권상장회사의 경우에는 자본시장법에서 발행에 대한 규정을 두고 있다. 주권상장법인은 이사회의 결의에 따라 해당 법인이 소유하고 있는 상장증권과 교환을 청구할 수 있는 권리가 부여된 사채를 발행할 수 있다(자본시장법 제165조의11 제1항).

3) 사채청약서 등에의 기재사항

주권상장법인의 경우 사채청약서와 채권 및 사채원부에는 교환권이 부여되었다는 뜻, 교환할 상장증권의 내용, 교환의 조건, 교환을 청구할 수 있는 기간 등을 기재하여야 한다(자본시장법 시행령 제176조의13 제2항).

4) 유가증권의 예탁

교환사채를 발행하는 경우 상장법인은 교환에 필요한 상장유가증권을 사채권자의 교환청구가 있는 때 또는 당해 사채의 교환청구기간이 만료하는 때까지 자본시장법에 따른 예탁결제원에 예탁하여야 하며, 이 경우에 예탁결제원은 그 증권이 신탁재산임을 표시하여 관리하여야 한다(상법 시행령 제21조 제3항; 자본시장법 시행령 제176조의13 제3항).

5) 교환의 청구

교환사채권자가 다른 상장유가증권과의 교환을 청구하려면 교환청구의 기간 내에 청구서 2통에 기명날인 또는 서명하고 교환사채권을 첨부하여 회사에 제출하여야 한다(상법 시행령 제21조 제4항; 자본시장법 시행령 제176조의13 제4항; 상법 제349조 제1항).

6) 교환의 효력

교환사채권자가 교환을 청구한 때 그 효력이 발생한다(상법 시행령 제21조 제4항, 자본시장법 시행령 제176조의13 제4항; 상법 제350조 제1항). 그리고 주주명부 폐쇄기간 내에 교환청구가 있은 때에 교환대상인 유가증권이 주식인 경우에는 그 폐쇄기간 중의 총회에서는 의결권을 행사할 수 없다(상법 시행령 제21조 제4항; 자본시장법 시행령 제176조의13 제4항; 상법 제350조 제2항).

5. 상환사채

1) 의 의

상환사채란 회사가 소유하는 주식이나 그 밖의 유가증권으로 상환할 수 있는 사채를 말한다(제469조 제2항 제2호).

2) 발 행

상환사채를 발행하는 경우 이사회는 상환의 목적인 주식이나 유가증권의 종류 및 내용, 상환의 조건, 사채의 선택 또는 일정한 조건이나 기한의 도래에 따라 주식이나 그 밖의 유가증권으로 상환한다는 뜻을 결정하여야 한다(상법 시행령 제22조 제1항).

그리고 주주 외의 자에게 발행회사의 자기주식으로 상환할 수 있는 사채를 발행하는 경우에는 그 상대방 및 처분방법에 관하여 정관에 규정이 없는 경우에는 이사회가 이를 결정한다(상법 시행령 제22조 제2항).

3) 유가증권의 예탁

일정한 조건이나 기한의 도래에 따라 상환할 수 있는 경우에는 상환에 필요한 주식 또는 유가증권을 자본시장법에 따른 한국예탁결제원에 예탁하여야 하며, 이 경우 한국예탁결제원은 해당 유가증권을 신탁재산으로서 관리하여야 한다(상법 시행령 제22조 제3항).

6. 파생결합사채

1) 의 의

파생결합사채란 유가증권이나 통화 또는 그 밖에 대통령령으로 정하는 자산이나 지표 등의 변동과 연계하여 미리 정하여진 방법에 따라 상환 또는 지급금액이 결정되는 사채(제469조 제2항 제3호)를 말한다. 즉 이자율, 통화, 실물자산, 신용위험 등의 변동과 연계하여 미리 정하여진 방법에 따라 지급금액이나 상환금액이 결정되는 사채인 것이다.

2) 발 행

파생결합사채의 발행은 대표이사에게 위임되지 않는 한 이사회의 결의에 의하여 발행할 수 있으며(제469조 제1항 및 제2항, 제4항), 그 발행하는 사채의 내용 및 발행방법 등 구체적인 사항은 대통령령으로 정한다(제469조 제3항).

이에 따르면 파생결합사채를 발행할 때 상환 또는 지급금액을 결정하는 데 연계할 유가증권이나 통화 또는 그 밖의 자산이나 지표, 이러한 자산이나 지표와 연계하여 상환 또는 지급금액을 결정하는 방법에 관하여 이사회가 결정한다(상법 시행령 제23조).

7. 담보부사채

물적 담보가 제공된 사채를 담보부사채라 한다. 상법의 사채규정은 일반적으로 무담보사채를 예상한 것으로 담보부사채에 관하여는 담보부사채신탁법이 제정되어 있다. 담보부사채는 발행회사가 신탁회사와의 신탁계약에 의하여 후자를 수탁회사로 해서 발행하며, 사채에 붙일 수 있는 담보는 동산질, 증서가 있는 채권질, 주식질, 부동산저당 기타 법령이 정하는 각종 저당에 한한다. 보증사채는 담보부사채가 아니다.

제10절 상장회사의 특례

I. 상장회사의 의의

상장회사는 대통령령이 정하는 증권시장에 상장된 주권을 발행한 주식회사(일반회사의 상장 요건으로 자기자본 300억원 이상, 상장주식수 100만주 이상이어야 한다)를 말한다(제542조의2 제1항 본문). 다만, 대통령령으로 정하는 집합투자를 수행하기 위한 기구인 주식회사(예 증권회사, 펀드투자회사 등)는 제외한다(제542조의2 제1항 단서).

II. 상장회사의 특례

1. 주식매수선택권에 관한 특례

1) 주식매수선택권을 부여받을 수 있는 자

상장회사는 이사, 집행임원, 감사, 피용자 이외에도 '대통령령으로 정하는 관계회사'의 이사, 집행임원, 감사 또는 피용자에게 주식매수선택권을 부여할 수 있다. 다만, 상장회사의 주주로서 의결권 없는 주식을 제외한 발행주식총수를 기준으로 본인 및 그와 대통령령으로 정하는 특수한 관계에 있는 자(이하 "특수관계인"이라 한다)가 소유하는 주식의 수가 가장 많은 경우 그 본인 및 그의 특수관계인 등 '대통령령으로 정하는 자'에게는 주식매수선택권을 부여할 수 없다(제542조의3 제1항).

보충 1. '대통령령으로 정하는 관계회사'란 ① 해당 회사가 총출자액의 100분의 30 이상을 출자하고 최대출자자로 있는 외국법인, ② 제1호의 외국법인이 총출자액의 100분의 30 이상을 출자하고 최대출자자로 있는 외국법인과 그 법인이 총출자액의 100분의 30 이상을 출자하고 최대출자자로 있는 외국법인, ③ 해당 회사가 「금융지주회사법」에서 정하는 금융지주회사인 경우 그 자회사 또는 손자회사 가운데 상장회사가 아닌 법인을 말한다. 다만, ① 및 ②의 법인은 주식매수선택권을 부여하는 회사의 수출실적에 영향을 미치는 생산 또는 판매업무를 영위하거나 그 회사의 기술혁신을 위한 연구개발활동을 수행하는 경우에 한한다.

2. '대통령령으로 정하는 자'란 ① 제542조의8 제2항 제5호의 최대주주 및 그 특수관계인, ② 제542조의8 제2항 제6호의 주요주주 및 그 특수관계인을 말한다. 다만, 해당 회사 또는 관계회사의 임원이 됨으로써 특수관계인에 해당하게 된 자(그 임원이 계열회사(「독점규제 및 공정거래에 관한 법률」에 따른 계열회사를 말한다)의 상무에 종사하지 아니하는 이사·감사인 경우를 포함한다)를 제외한다.

2) 주식매수선택권 부여의 한도

상장회사는 발행주식총수의 100분의 20의 범위에서 대통령령으로 정하는 한도(발행주식총수의 100분의 15에 해당하는 주식)까지 주식매수선택권을 부여할 수 있다(제542조의3 제2항). 한편, 상장회사는 정관에서 정하는 바에 따라 발행주식총수의 100분의 10의 범위에서 대통령령으로 정하는 한도(최근 사업연도 말 현재의 자본금이 3천억원 이상인 법인은 발행주식총수의 100분의 1에 해당하는 주식수, 최근 사업연도 말 현재의 자본금이 3천억원 미만인 법인은 발행주식총수의 100분의 3에 해당하는 주식수)까지 이사회가 상법 제340조의3 제2항 각호의 사항을 결의함으로써 해당 회사의 집행임원, 감사 또는 피용자 및 상법 제542조의3 제1항에 따른 관계회사의 이사, 집행임원, 감사 또는 피용자에게 주식매수선택권을 부여할 수 있다. 이 경우 주식매수선택권을 부여한 후 처음으로 소집되는 주주총회의 승인을 받아야 한다(제542조의3 제3항).

3) 주식매수선택권의 행사기간

상장회사의 주식매수선택권을 부여받은 자는 대통령령으로 정하는 경우(주식매수선택권을 부여받은 자가 사망하거나 정년이나 그 밖에 본인의 귀책사유가 아닌 사유로 퇴임 또는 퇴직한 경우)를 제외하고는 주식매수선택권을 부여하기로 한 주주총회 또는 이사회의 결의일로부터 2년 이상 재임하거나 재직하여야 주식매수선택권을 행사할 수 있다(제542조의3 제4항). 다만, 주식매수선택권의 행사기간을 해당 이사, 집행임원, 감사 또는 피용자의 퇴임 또는 퇴직일로 정하는 경우 이들이 본인의 귀책사유가 아닌 사유로 퇴임 또는 퇴직한 때에는 그 날부터 3개월 이상의 행사기간을 추가로 부여하여야 한다(상법 시행령 제9조 제7항).

4) 주식매수선택권의 부여 취소

주식매수선택권을 부여받은 자가 본인의 의사에 따라 사임 또는 사직한 경우, 주식매수선택권을 부여받은 자가 고의 또는 과실로 회사에 중대한 손해를 입힌 경우, 해당 회사의 파산 등으로 주식매수선택권 행사에 응할 수 없는 경우, 그 밖에 주식매수선택권을 부여받은 자와 체결한 주식매수선택권 부여계약에서 정한 취소사유가 발생한 경우에는 이사회 결의에 의하여 주식매수선택권의 부여를 취소할 수 있다(상법 시행령 제9조 제6항).

2. 주주총회의 소집공고에 관한 특례

1) 소집통지

상장회사가 주주총회를 소집하는 경우 대통령령으로 정하는 수 이하의 주식을 소유하는 주주(발행주식총수의 100분의 1 이하의 주식을 소유하는 주주)에게는 정관에서 정하는 바에 따라 주주총회일의 2주 전에 주주총회를 소집한다는 뜻과 회의의 목적사항을 둘 이상의 일간신문에 각각 2회 이상 공고하거나 대통령령으로 정하는 바에 따라 전자적 방법으로 공고함으로써, 소집통지에 갈음할 수 있다(제542조의4 제1항).

2) 이사 및 감사 선임의 소집통지

상장회사의 이사, 감사의 선임에 관한 사항을 목적으로 하는 주주총회를 소집통지 또는 공고하는 경우에는 이사 및 감사 후보자의 성명, 약력, 추천인, 그 밖에 대통령령으로 정하는 후보자에 관한 사항(후보자와 최대주주의 관계, 후보자와 해당 회사의 최근 3년간의 거래내역)을 통지하거나 공고하여야 한다(제542조의4 제2항).

이러한 통지 또는 공고한 후보자 중에서 이사 또는 감사를 선임하여야 한다(제542조의5).

3) 기 타

상장회사가 주주총회 소집의 통지 또는 공고를 하는 경우에는 사외이사 등의 활동내역과 보수에 관한 사항, 사업개요 등 대통령령으로 정하는 사항을 통지 또는 공고하여야 한다.

다만, 상장회사가 그 사항을 대통령령으로 정하는 방법(회사의 인터넷 홈페이지 기재, 본점 및 지점이나 명의개서대행회사 또는 금융위원회나 한국거래소에 비치)으로 일반인이 열람할 수 있도록 하는 경우에는 그러하지 아니하다(제542조의4 제3항).

3. 소수주주권에 관한 특례

1) 내 용

(1) 주주총회소집청구권 및 검사인선임청구권: 6개월 전부터 계속하여 상장회사 발행주식총수의 1천분의 15 이상에 해당하는 주식을 보유한 자(주식을 소유한 자, 주주권행사에 관한 위임을 받은 자, 2명 이상 주주의 주주권을 공동으로 행사하는 자)는 상법 제366조(제542조에서 준용하는 경우를 포함한다) 및 상법 제467조에 따른 주주의 권리를 행사할 수 있다(제542조의6 제1항).

(2) 주주제안권: 6개월 전부터 계속하여 상장회사의 의결권 없는 주식을 제외한 발행주식총수의 1천분의 10(대통령령으로 정하는 상장회사의 경우에는 1천분의 5) 이상에 해당하는 주식을 보유한 자는 상법 제363조의2(제542조에서 준용하는 경우를 포함한다)에 따른 주주의 권리를 행사할 수 있다(제542조의6 제2항).

(3) 이사 및 감사 또는 청산인 해임청구: 6개월 전부터 계속하여 상장회사 발행주식총수의 1만분의 50(대통령령으로 정하는 상장회사의 경우에는 1만분의 25) 이상에 해당하는 주식을 보유한 자는 상법 제385조(제415조에서 준용하는 경우를 포함한다) 및 상법 제539조에 따른 주주의 권리를 행사할 수 있다(제542조의6 제3항).

(4) 회계장부열람청구권: 6개월 전부터 계속하여 상장회사 발행주식총수의 1만분의 10(대통령령으로 정하는 상장회사의 경우에는 1만분의 5) 이상에 해당하는 주식을 보유한 자는 상법 제466조(제542조에서 준용하는 경우를 포함한다)에 따른 주주의 권리를 행사할 수 있다(제542조의6 제4항).

(5) 이사의 위법행위유지청구권: 6개월 전부터 계속하여 상장회사 발행주식총수의 10만분의 50(대통령령으로 정하는 상장회사의 경우에는 10만분의 25) 이상에 해당하는 주식을 보유한 자는 상법 제402조(제542조에서 준용하는 경우를 포함한다)에 따른 주주의 권리를 행사할 수 있다(제542조의6 제5항).

(6) 대표소송제기권: 6개월 전부터 계속하여 상장회사 발행주식총수의 1만분의 1 이상에 해당하는 주식을 보유한 자는 상법 제403조(제324조, 제415조, 제424조의2, 제467조의2 및 제542조에서 준용하는 경우를 포함한다)에 따른 주주의 권리를 행사할 수 있다(제542조의6 제6항).

(7) 다중대표소송제기권: 6개월 전부터 계속하여 상장회사 발행주식총수의 1만분의 50 이상에 해당하는 주식을 보유한 자는 상법 제406조의2(제324조, 제408조의9, 제415조 및 제542조에서 준용하는 경우를 포함한다)에 따른 주주의 권리를 행사할 수 있다(제542조의6 제7항).

2) 보유기간의 단축이나 보유비율의 감소

상장회사는 정관에서 상법 제542조의6 제1항부터 제7항까지 규정된 것보다 단기의 주식보유기간을 정하거나 낮은 주식보유비율을 정할 수 있다(제542조의6 제8항).

3) 소주주주권 행사요건 완화 적용대상 회사 및 적용배제

상장회사의 소수주주권 행사요건이 완화되는 '대통령령으로 정하는 상장회사'란 최근 사업연도 말 자본금이 1천억원 이상인 상장회사를 말한다(상법 시행령 제11조). 그리고 소수주주권의 특례에 관한 제542조의6 제1항부터 제7항까지는 주식회사에 관한 다른 절(節)에 따른 소수주주권의 행사에 영향을 미치지 아니한다(제542조의6 제10항).

4. 집중투표에 관한 특례

1) 집중투표의 청구

상장회사에 대하여 상법 제382조의2에 따라 집중투표의 방법으로 이사를 선임할 것을 청구하는 경우 주주총회일(정기주주총회의 경우에는 직전 연도의 정기주주총회일에 해당하는 그 연도의 해당일) 6주 전까지 서면 또는 전자문서로 회사에 청구하여야 한다(제542조의7 제1항). 한편, 자산규모 등을 고려하여 대통령령으로 정하는 상장회사(최근 사업연도 말 현재의 자산총액이 2조원 이상인 상장회사)의 의결권 없는 주식을 제외한 발행주식총수의 100분의 1 이상에 해당하는 주식을 보유한 자는 상법 제382조의2에 따라 집중투표의 방법으로 이사를 선임할 것을 청구할 수 있다(제542조의7 제2항).

2) 집중투표 배제금지

자산 2조원 이상의 상장회사는 제383조의2 제1항에도 불구하고 정관으로 집중투표를 배제할 수 없다(제542조의7 제3항).

5. 사외이사의 선임에 관한 특례

1) 사외이사의 수

상장회사는 자산규모 등을 고려하여 대통령령으로 정하는 경우(벤처기업 중 최근 사업연도 말 현재의 자산총액이 1천억원 미만으로서 코스닥시장에 상장된 주권을 발행한 벤처기업, 회생절차가 개시되거나 파산선고를 받은 상장회사, 해산을 결의한 상장회사, 기업구조조정부동산투자회사, 주권을 신규로 상장한 상장회사)를 제외하고는 이사 총수의 4분의 1 이상을 사외이사로 하여야 한다. 다만, 자산규모 등을 고려하여 대통령령으로 정하는 상장회사(최근 사업연도 말 현재의 자산총액이 2조원 이상인 상장회사)의 사외이사는 3명 이상으로 하되, 이사 총수의 과반수가 되도록 하여야 한다(제542조의8 제1항).

2) 사외이사의 자격제한

상장회사의 사외이사는 일정한 사유가 있는 경우 그 직을 상실한다(제542조의8 제2항).

사외이사의 자격이 제한되는 자

① 미성년자, 피성년후견인 또는 피한정후견인
② 파산선고를 받은 사람으로서 복권되지 아니한 자
③ 금고 이상의 형을 선고받고 그 집행이 끝나거나 집행이 면제된 후 2년이 지나지 아니한 자
④ 대통령령으로 별도로 정하는 법률(한국은행법, 은행법, 보험업법, 새마을금고법, 자본시장법, 상호저축은행법 등)에 위반하여 해임되거나 면직된 후 2년이 지나지 아니한 자
⑤ 상장회사의 주주로서 의결권 없는 주식을 제외한 발행주식총수를 기준으로 본인 및 그와 대통령령으로 정하는 특수한 관계에 있는 자(이하 '특수관계인'이라 한다: 배우자, 6촌 이내의 혈족, 4촌 이내의 인척 등)가 소유하는 주식의 수가 가장 많은 경우 그 본인(이하 '최대주주'라 한다) 및 그의 특수관계인
⑥ 누구의 명의로 하든지 자기의 계산으로 의결권 없는 주식을 제외한 발행주식총수의 100분의 10 이상의 주식을 소유하거나 이사·집행임원·감사의 선임과 해임 등 상장회사의 주요 경영사항에 대하여 사실상의 영향력을 행사하는 주주(이하 '주요주주'라 한다) 및 그의 배우자와 직계존·비속
⑦ 그 밖에 사외이사로서의 직무를 충실하게 수행하기 곤란하거나 상장회사의 경영에 영향을 미칠 수 있는 자로서 대통령령으로 정하는 자(해당 상장회사의 계열회사의 상무에 종사하는 이사·감사 및 피용자 또는 최근 2년 이내에 계열회사의 상무에 종사하는 이사·감사 및 피용자였던 자 등)

3) 사외이사의 결원

상장회사는 사외이사의 사임·사망 등의 사유로 인하여 사외이사의 수가 상법 제542조의8 제1항의 이사회의 구성요건에 미달하게 되면 그 사유가 발생한 후 처음으로 소집되는 주주총회에서 상법 제542조의8 제1항의 요건에 합치되도록 사외이사를 선임하여야 한다(제542조의8 제3항).

4) 사외이사 선임

(1) 사외이사후보 추천위원회의 설치: 최근 사업연도말 현재의 자산총액이 2조원 이상인 상장회사는 사외이사 후보를 추천하기 위하여 상법 제393조의2의 위원회(이하 "사외이사 후보 추천위원회"라 한다)를

설치하여야 한다. 이경우 사외이사 후보추천위원회는 사외이사가 총위원의 과반수가 되도록 구성하여야 한다(제542조의8 제4항).

(2) 사외이사의 선임 절차: 최근 사업연도말 현재의 자산총액이 2조원 이상인 상장회사가 주주총회에서 사외이사를 선임하려는 경우에는 사외이사 후보추천위원회의 추천을 받은 자 중에서 선임하여야 한다. 이 경우 사외이사 후보추천위원회가 사외이사 후보를 추천할 때에는 상법 제542조의5 제2항에 따른 주주제안권을 행사할 수 있는 요건을 갖춘 주주가 주주총회일(정기주주총회의 경우 직전연도의 정기주주총회일에 해당하는 그 해의 해당일)의 6주 전에 추천한 사외이사 후보를 포함시켜야 한다(제542조의8 제5항).

6. 주요 주주 등 이해관계자와의 거래

1) 주요 주주 등 이해관계자에 대한 신용공여 금지 및 예외

(1) 원 칙: 상장회사는 ① 주요 주주 및 그의 특수관계인, ② 이사(제401조의2 제1항 각호의 어느 하나에 해당하는 자를 포함한다) 및 집행임원, ③ 감사의 어느 하나에 해당하는 자를 상대방으로 하거나 그를 위하여 신용공여를 하여서는 아니 된다(제542조의9 제1항). 여기서 '신용공여'는 금전·증권 등 경제적 가치가 있는 재산의 대여, 채무이행의 보증, 자금지원적 성격의 증권매입, 그 밖에 거래상의 신용위험이 따르는 직접적·간접적 거래로서 대통령령으로 정하는 거래(담보제공, 어음배서, 출자이행약정 등)를 말한다.

【판례】 대법원 2021.4.29.선고 2017다261943판결

상법 제542조의9 제1항의 입법 목적과 내용, 위반행위에 대해 형사처벌이 이루어지는 점 등을 살펴보면, 위 조항은 강행규정에 해당하므로 위 조항에 위반하여 이루어진 신용공여는 허용될 수 없는 것으로서 사법상 무효이고, 누구나 그 무효를 주장할 수 있다. 그리고 위 조항의 문언상 상법 제542조의9 제1항을 위반하여 이루어진 신용공여는, 상법 제398조가 규율하는 이사의 자기거래와 달리, 이사회의 승인 유무와 관계없이 금지되는 것이므로, 이사회의 사전 승인이나 사후 추인이 있어도 유효로 될 수 없다.
다만 상법 제542조의9는 제1항에서 신용공여를 원칙적으로 금지하면서도 제2항에서는 일부 신용공여를 허용하고 있는데, 회사의 외부에 있는 제3자로서는 구체적 사안에서 어떠한 신용공여가 금지대상인지 여부를 알거나 판단하기 어려운 경우가 생길 수 있다. 상장회사와의 상거래가 빈번한 거래현실을 감안하면 제3자로 하여금 상장회사와 거래를 할 때마다 일일이 상법 제542조의9 위반 여부를 조사·확인할 의무를 부담시키는 것은 상거래의 신속성이나 거래의 안전을 해친다. 따라서 상법 제542조의9 제1항을 위반한 신용공여라고 하더라도 제3자가 그에 대해 알지 못하였고 알지 못한 데에 중대한 과실이 없는 경우에는 그 제3자에 대하여는 무효를 주장할 수 없다고 보아야 한다.

(2) 신용공여금지의 예외

① 복리후생을 위한 이사·집행임원 또는 감사에 대한 금전대여 등으로서 대통령령으로 정하는 신용공여(학자금, 주택자금 또는 의료비 등 복리후생을 위하여 회사가 정하는 바에 따라 1억원의 범위 안에서 금전을 대여하는 행위), ② 다른 법령에서 허용하는 신

용공여, ③ 그 밖에 상장회사의 경영건전성을 해칠 우려가 없는 금전대여 등으로서 대통령령으로 정하는 경우(회사의 경영상 목적을 달성하기 위하여 필요한 경우로서 법인인 주요 주주와 그의 특수관계인을 상대로 하거나 그를 위하여 적법한 절차에 따라 행하는 신용공여)에는 신용공여를 할 수 있다(제542조의9 제2항).

2) 주요 주주 등 이해관계자와의 거래제한 및 예외

(1) 거래제한: 자산규모 등을 고려하여 대통령령으로 정하는 상장회사(최근 사업연도 말 현재의 자산 총액이 2조원 이상인 상장회사)는 최대주주, 그의 특수관계인 및 그 상장회사의 특수관계인으로서 대통령령으로 정하는 자를 상대방으로 하거나 그를 위하여 ① 단일 거래규모가 대통령령으로 정하는 규모(매출총액 또는 자산 총액의 100분의 5) 이상인 거래, ② 해당 사업연도 중에 특정인과 해당 거래를 포함한 거래총액이 대통령령으로 정하는 규모(매출총액 또는 자산 총액의 100분의 5) 이상이 되는 경우의 해당 거래의 어느 하나에 해당하는 거래(제542조의9 제1항에 따라 금지되는 거래는 제외한다)를 하려는 경우에는 이사회의 승인을 받아야 한다(제542조의9 제3항). 이사회의 승인결의 후 처음으로 소집되는 정기주주총회에 해당 거래의 목적, 상대방, 그 밖에 대통령령으로 정하는 사항을 보고하여야 한다(제542조의9 제4항).

(2) 거래제한의 예외: 상장회사가 경영하는 업종에 따른 일상적인 거래로서 ① 약관에 따라 정형화된 거래로서 대통령령으로 정하는 거래, ② 이사회에서 승인한 거래총액의 범위 안에서 이행하는 거래의 어느 하나에 해당하는 거래는 이사회의 승인을 받지 아니하고 할 수 있으며, 이사회에서 승인한 거래총액의 범위 안에서 이행하는 거래에 해당하는 거래에 대하여는 그 거래내용을 주주총회에 보고하지 아니할 수 있다(제542조의9 제5항).

7. 상근감사

1) 상근감사의 선임

대통령령으로 정하는 상장회사(최근 사업연도 말 현재 자산 총액이 1천억원 이상인 상장회사)는 주주총회 결의에 의하여 회사에 상근하면서 감사업무를 수행하는 상근감사를 1명 이상 두어야 한다. 다만, 상장회사의 특례에 관한 규정 및 다른 법률에 따라 감사위원회를 설치한 경우(감사위원회 설치의무가 없는 상장회사가 상장회사 특례구정의 요건을 갖춘 감사위원회를 설치한 경우를 포함한다)에는 그러하지 아니하다(제542조의10 제1항).

2) 상근감사의 자격제한

① 상법 제542조의8 제2항 제1호부터 제4호까지 및 제6호에 해당하는 자, ② 회사의 상무(常務)에 종사하는 이사·집행임원 및 피용자 또는 최근 2년 이내에 회사의 상무에 종사한 이사·집행임원 및 피용자(다만, 감사위원회 위원으로 재임 중이거나 재임하였던 이사는 제외한다), ③ 위 ① 및 ② 외에 회사의 경영에 영향을 미칠 수 있는 자로서 대통령령으로 정하는 사람(회사의 상무에 종사하는 이사의 배우자 및 직계존·비속, 계열회사의 상무에 종사하는 이사 및 피용자 또는 최근 2년 이내에 상무에

(종사한 이사 및 피용자) 중 어느 하나에 해당하는 자는 상장회사의 상근감사가 되지 못하며, 이에 해당하게 되는 경우에는 그 직을 상실한다(제542조의10 제2항).

8. 감사위원회 특칙

1) 감사위원회의 설치

(1) 요 건

자산규모 등을 고려하여 대통령령으로 정하는 상장회사(최근 사업연도 말 현재 자산 총액이 2조원 이상인 상장회사)는 감사위원회를 설치하여야 한다(제542조의11 제1항). 이 경우 감사위원회는 상법 제415조의2 제2항의 요건을 갖추어야 하며, 위원 중 1명 이상은 대통령령으로 정하는 회계 또는 재무전문가이고 감사위원회의 대표는 사외이사여야 한다(제542조의11 제2항).

(2) 감사위원의 자격제한 및 결원

① 상법 제542조의10 제2항 각호의 어느 하나에 해당하는 자(상근감사의 자격 제한을 받는 자)는 상법 제542조의11 제1항의 상장회사의 사외이사가 아닌 감사위원회 위원은 될 수 없고, 이에 해당하게 된 경우에는 그 직을 상실한다(제542조의11 제3항).

② 상장회사는 감사위원회 위원인 사외이사의 사임·사망 등의 사유로 인하여 사외이사의 수가 ㉠ 상법 제542조의11 제1항에 따라 감사위원회를 설치한 상장회사는 상법 제542조의11 제2항 각호 및 상법 제415조의2 제2항의 요건, ㉡ 상법 제415조의2 제1항에 따라 감사위원회를 설치한 상장회사는 상법 제415조의2 제2항의 요건의 감사위원회의 구성요건에 미달하게 되면 그 사유가 발생한 후 처음으로 소집하는 주주총회에서 그 요건에 합치되도록 하여야 한다(제542조의11 제4항).

2) 감사위원회의 구성 등

(1) 감사위원의 선임과 해임

① 상법 제542조의11 제1항의 상장회사(자산총액 2조원 이상의 상장회사)의 경우 상법 제393조의2에도 불구하고 감사위원회 위원을 선임하거나 해임하는 권한은 주주총회에 있다(제542조의12 제1항). 이때, 감사위원회 위원의 선임에 있어서 회사가 전자적 방법으로 의결권을 행사할 수 있도록 정한 경우에는 상법 제368조 제1항에도 불구하고 출석한 주주의 의결권의 과반수로써 할 수 있다(제542조의12 제8항).

② 상법 제542조의11 제1항의 상장회사는 주주총회에서 이사를 선임한 후 선임된 이사 중에서 감사위원회 위원을 선임하여야 한다(제542조의12 제2항 본문). 다만, 감사위원회 위원 중 2명(정관에서 3명 이상으로 정할 수 있으며, 정관으로 정한 경우에는 그에 따른 인원으로 한다)은 주주총회 결의로 다른 이사들과 분리하여 감사위원회 위원이 되는 이사로 선임하여야 한다(제542조의12 제2항 단서).

③ 주주총회에서 선임된 감사위원회 위원은 주주총회의 특별결의로 해임할 수 있다(제542조의12 제3항 1문). 이 경우 제542조의12 제2항 단서에 따른 감사위원회 위원은 이사와 감사위원회 위원의 지위를 모두 상실한다(제542조의12 제3항 2문).

(2) 감사위원 및 감사의 선임 또는 해임시 의결권 제한

① 자산 2조원 이상의 상장회사의 감사위원회 위원을 선임 또는 해임할 때에는 상장회사의 의결권 없는 주식을 제외한 발행주식총수의 100분의 3(정관에서 더 낮은 주식보유비율을 정할 수 있으며, 정관에서 더 낮은 주식보유비율을 정한 경우에는 그 비율로 한다)을 초과하는 수의 주식을 가진 주주(최대주주인 경우에는 사외이사가 아닌 감사위원회 위원을 선임 또는 해임할 때에 그의 특수관계인, 그 밖에 대통령령으로 정하는 자가 소유하는 주식을 합산한다)는 그 초과하는 주식에 관하여 의결권을 행사하지 못한다(제542조의12 제4항).

② 자산 2조원 미만의 상장회사가 감사를 선임하거나 해임하는 경우에는 제542조의12 제4항이 준용된다(제542조의12 제7항).

(3) 감사선임 및 보수 결정을 위한 주주총회의 의안 상정: 상장회사가 주주총회의 목적사항으로 감사의 선임 또는 감사의 보수 결정을 위한 의안을 상정하려는 경우에는 이사의 선임 또는 이사의 보수결정을 위한 의안과는 별도로 상정하여 의결하여야 한다(제542조의12 제5항).

(4) 감사보고서 제출: 상장회사의 감사 또는 감사위원회는 상법 제447조의4 제1항에도 불구하고 이사에게 감사보고서를 주주총회일의 1주 전까지 제출할 수 있다(제542조의12 제6항).

9. 준법지원인제도

1) 준법지원인의 의의

준법지원인이란 대통령령으로 정하는 일정한 규모 이상의 상장회사(최근 사업연도 말 기준 자산총액 5천억원 이상인 회사)의 경우 준법통제기준의 준수에 관한 업무를 담당하는 자를 말한다(제542조의13 제2항). 여기서 준법통제기준이란 법령을 준수하고 회사경영을 적정하게 하기 위하여 임직원이 그 직무를 수행할 때 따라야 할 준법통제에 관한 기준 및 절차를 말한다(제542조의13 제1항). 준법통제기준과 준법지원인에 관하여 필요한 사항은 대통령령으로 정한다(제542조의13 제12항)

2) 준법지원인의 선임·해임 및 자격

준법지원인은 이사회의 결의를 거쳐 임면(任免)하며(제542조의13 제4항), 준법지원인으로 임면 가능한 자는 변호사자격이 있는 자, 고등교육법 제2조에 따른 학교의 법률학 조교수 이상의 직에 5년 이상 근무한 자, 그 밖에 법률적 지식과 경험이 풍부한 사람으로서 대통령령으로 정하는 자(상장회사에서 감사·감사위원·준법감시인 및 이와 관련된 법무부서에서 합산하여 10년 이상 근무한 경력이 있는 사람, 법률학 석사학위 이상을 가진 사람으로서 감사·감사위원·준법감시인 및 이와 관련된 법무부서에서 합산하여 5년 이상 근무한 경력이 있는 사람)이어야 한다(제542조의13 제5항; 상법시행령 제41조).

3) 준법지원인의 수와 임기

대통령령으로 정하는 일정한 규모 이상의 상장회사의 경우에는 준법지원인 1인 이상을 두어야 하며, 준법지원인의 임기는 3년으로 하고 상근으로 한다(제542조의13 제6항). 준법지원인의 임기에 대하여 다른 법률의 규정이 3년보다 단기로 정하고 있는 경우에도 상법 제542조의13 제6항의 규정을 우선하여 적용한다(제542조의13 제11항).

4) 준법지원인의 권한과 의무

(1) 준법지원인의 권한

① 직무의 수행: 준법지원인이 그 직무를 독립적으로 수행할 수 있도록 회사는 협조하여야 하고, 회사의 임직원은 준법지원인이 그 직무를 수행할 때 자료나 정보의 제출을 요구하는 경우 이에 성실하게 응하여야 한다(제542조의13 제9항).

② 준법지원인의 인사상 불이익금지: 회사는 준법지원인이었던 자에 대하여 그 직무수행과 관련된 사유로 부당한 인사상의 불이익을 주어서는 아니 된다(제542조의13 제10항).

(2) 준법지원인의 의무

① 선관주의의무: 준법지원인은 회사와의 관계에서는 위임관계에 있으므로 선량한 관리자의 주의로 그 직무를 수행하여야 한다(제542조의13 제7항).

② 이사회에 보고의무: 준법지원인은 준법통제기준의 준수 여부를 점검하고 그 결과를 이사회에 보고하여야 한다(제542조의13 제3항).

③ 영업비밀유지의무: 준법지원인은 재임 중뿐만 아니라 퇴임 후에도 직무상 알게된 회사의 영업상의 비밀을 누설하여서는 아니 된다(제542조의13 제8항).

④ 겸직금지의무: 준법지원인은 자신의 업무집행에 영향을 줄 수 있는 영업 관련 업무를 담당하여서는 아니 된다(상법 시행령 제42조).

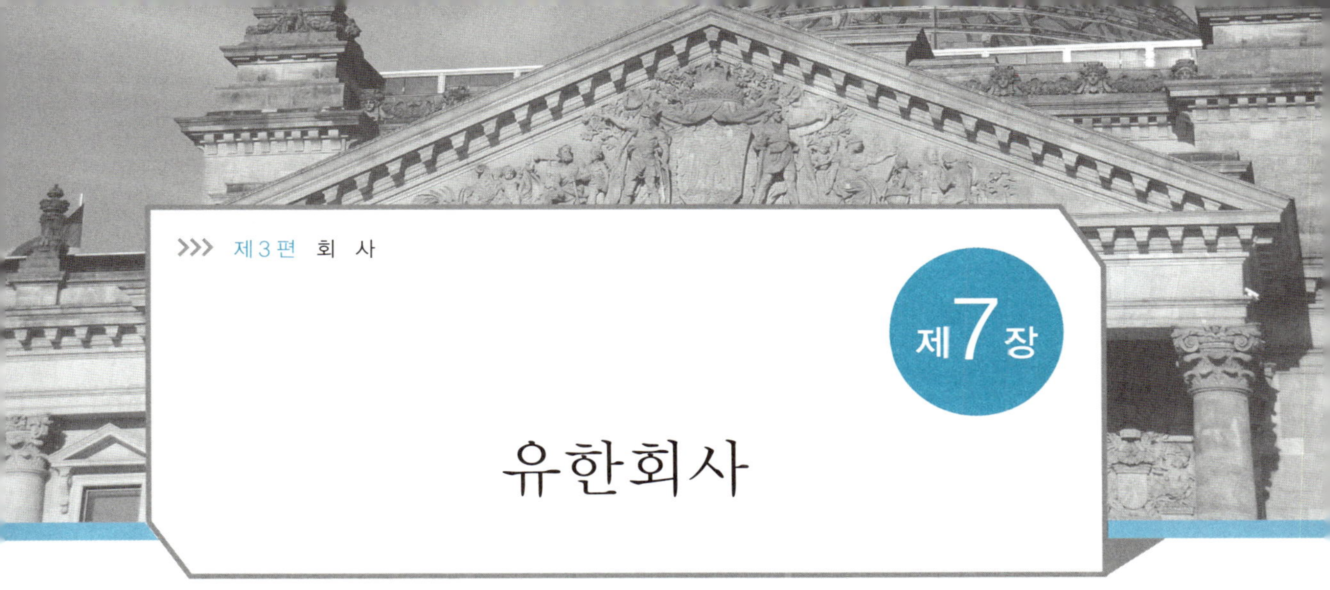

제7장 유한회사

제1절 유한회사의 특징

1. 자본단체성

유한회사의 모든 사원은 주식회사의 주주와 같이 간접·유한책임을 지기 때문에 회사채권자를 보호하기 위하여는 회사의 자본이 중요한 의의를 갖는다. 따라서 주식회사와 같이 자본금에 관한 3원칙, 즉 자본확정의 원칙·자본유지의 원칙·자본불변의 원칙이 적용된다.

그러나 유한회사의 사원은 주식회사의 주주와는 달리 설립시 사원 또는 자본금증가의 결의에 동의한 사원은 회사에 대해 자본전보책임을 지고(제550조, 제551조, 제593조), 자본금이 정관의 절대적 기재사항인 점(제543조, 제2항, 제2호), 자본금 증가의 경우 출자인수인의 공모가 금지되는 점(제589조 제2항) 등에서 주식회사의 경우와 차이가 있다.

2. 폐쇄성

유한회사는 주식회사와 달리 폐쇄적 성격을 갖기 때문에 사원의 공모가 인정되지 않는다(제589조 제1항). 또한 사원의 지분에 관하여 증권을 발행하지 못하며(제555조), 대차대조표의 공고의무가 없다(제583조 제1항 참조).

제2절 유한회사의 설립

I. 설립절차

1) 정관의 작성

유한회사의 설립에는 사원이 정관을 작성하고(제543조 제1항), 각 사원이 기명날인 또는 서명하여야 한다(제543조 제2항). 원시정관은 공증인이 인증을 함으로써 그 효력이 생긴다(제543조 제3항, 제292조).

2) 정관의 기재사항

(1) 절대적 기재사항: 목적, 상호, 자본금의 총액, 출자 1좌의 금액, 각 사원의 출자좌수, 사원의 성명·주민등록번호 및 주소, 본점소재지 등을 기재하여야 한다(제543조 제2항). 출자 1좌의 금액은 100원 이상 균일하여야 한다(제546조).

(2) 상대적 기재사항: 상대적 기재사항으로서 먼저 변태설립사항으로 현물출자·재산인수·설립비용 등이 있고(제544조), 기타 지분양도의 요건 가중, 감사의 선임, 사원총회 보통결의 요건의 완화, 1좌 1의결권의 예외, 법정사항 이외의 해산사유 등이 있다.

(3) 임의적 기재사항: 강행법규나 선량한 풍속 기타 사회질서 및 유한회사의 본질에 반하지 않는 범위 내에서 필요한 사항을 기재할 수 있다.

2. 이사·감사의 선임

정관으로 초대이사를 선정할 수 있는 것이 특색이다(제547조 제1항). 다만, 정관으로 미리 정하지 아니한 때에는 회사성립 전에 사원총회를 열어 이를 선임하여야 한다(제547조 제1항). 회사성립 전의 사원총회는 각 사원이 소집한다(제547조 제2항).

유한회사의 감사는 임의기관이지만, 정관에 감사를 두기로 한 때에는 초대감사도 이사의 선임과 같은 방법으로 선임한다(제568조 제2항).

3. 출자의 이행

이사는 회사성립 전에 사원으로 하여금 출자금액의 납입 또는 현물출자의 목적인 재산 전부를 이행하도록 하여야 한다(제548조). 출자는 금전 기타 재산출자만 인정되며, 노무 또는 신용출자는 허용되지 않는다.

4. 설립등기

출자의 이행이 있은 뒤 2주 내에 설립등기를 하여야 하며(제549조), 이로써 회사가 성립한다. 사원의 성명 · 주민등록번호 · 주소 및 각 사원의 출자좌수는 정관의 절대적 기재사항이지만 설립등기사항은 아니다(제549조 제2항 참조).

참조판례 유한회사의 사원이 상법 등 법령에 정한 회사설립의 요건과 절차에 따라 회사설립등기를 함으로써 회사가 성립하였다고 볼 수 있는 경우 회사설립등기와 그 기재 내용은 특별한 사정이 없는 한 공정증서원본 불실기재죄나 공전자기록 등 불실기재죄에서 말하는 불실의 사실에 해당하지 않는다. 유한회사의 사원 등 회사설립에 관여하는 사람이 회사를 설립할 당시 회사를 실제로 운영할 의사 없이 회사를 이용한 범죄 의도나 목적이 있었다거나, 회사로서의 인적·물적 조직 등 영업의 실질을 갖추지 않았다는 이유만으로는 불실의 사실을 법인등기부에 기록하게 한 것으로 볼 수 없다(대법원 2020.3.26.선고 2019다7729판결).

Ⅱ. 설립에 관한 책임

1. 현물출자 등에 대한 사원의 책임

현물출자 또는 재산인수의 목적인 재산의 회사성립 당시의 실가(實價)가 정관에 정한 가격에 현저하게 부족한 때에는 회사성립시의 사원은 회사에 대하여 부족액을 연대하여 지급할 책임이 있다(제550조 제1항). 이러한 전보책임은 무과실책임으로 어떠한 사유로든 이를 면제하지 못한다(제550조 제2항).

현물출자 등에 대한 책임을 지는 사원은 회사성립시의 사원 전원과 그 상속인 또는 포괄승계인, 회사의 성립 후에 사원의 지위를 상실한 자도 포함한다. 그러나 회사성립시의 사원으로부터 그의 지분을 양수한 자는 제외된다.

2. 출자미필액에 대한 사원 · 이사 · 감사의 책임

회사성립 후에 출자금액의 납입 또는 현물출자의 이행이 완료되지 않았음이 발견된 때에는 회사성립 당시의 사원 · 이사 · 감사는 그 출자미필액을 연대하여 지급할 책임이 있다(제551조 제1항). 출자미필액에 대한 책임은 무과실책임이며, 사원 · 이사 · 감사는 부진정연대채무관계에 있게 된다. 사원의 책임은 면제하지 못하지만(제551조 제2항), 이사·감사의 책임은 총사원의 동의로 면제할 수 있다(제551조 제3항).

Ⅲ. 설립의 무효·취소

유한회사의 설립무효는 사원·이사·감사에 한하여, 설립취소는 그 취소권이 있는 자에 한하여 회사성립의 날로부터 2년 내에 소로써만 이를 주장할 수 있다(제552조 제1항). 설립무효·취소의 소에 관하여는 합명회사의 규정 제184조 제2항과 제185조 내지 제193조를 준용한다(제552조 제2항).

제 3 절 유한회사의 사원

1. 사원의 자격·원수

사원이 될 수 있는 자의 수와 자격에는 특별한 제한이 없으므로, 자연인이든 법인이든 가능하다. 사원의 인원수는 1인 이상이면 된다.

2. 사원의 권리·의무

1) 사원의 권리

(1) 자익권: 사원은 이익배당청구권(제580조), 잔여재산분배청구권(제612조), 증자시의 출자인수권(제588조) 등의 자익권을 갖는다.

(2) 공익권

① 단독사원권: 의결권(제575조), 설립무효의 소의 제기권(제552조 제1항) 사원총회 결의취소 또는 무효 및 부존재의 소 제기권(제578조, 제376조 내지 제381조) 등이 있다.

② 자본금 총액의 100분의 3 이상에 해당하는 출자좌수를 가진 사원만이 행사할 수 있는 소수사원권: 사원총회소집청구권(제572조), 이사해임청구권(제567조, 제385조), 회계장부열람·등사청구권(제583조, 제466조), 회사의 업무 및 재산상태의 검사를 위한 검사인선임청구권(제582조), 대표소송제기권(제565조), 이사의 위법행위유지청구권(제564조 의2) 등이 있다.

③ 자본금 총액의 100분의 10 이상에 해당하는 출자좌수를 가진 사원만이 행사할 수 있는 권리: 회사의 해산판결청구권(제613조 제1항, 제520조), 회생절차개시 신청권(채무자 회생 및 파산에 관한 법률 제34조 제2항 제1호)이 있다.

2) 사원의 의무

사원은 재산출자의무를 진다. 이 의무는 회사성립 전 또는 자본금 증가의 효력이 발생하기 전에 전부 이행되어야 한다(제548조, 제596조).

사원은 출자금액을 한도로 회사에 대하여 책임을 지며 회사채권자에 대한 직접책임은 없다(제553조). 다만, 회사성립 또는 조직변경 당시의 사원 및 자본금 증가에 동의한 사원이 지는 자본전보책임(제550조, 제551조, 593조, 제594조, 제607조 제4항)은 유한책임의 예외에 해당한다.

3. 사원의 지분

1) 의 의

유한회사의 사원은 자본금의 총액을 균일한 단위로 분할하여 그 출자의 좌수에 따라 지분을 갖는다(제554조). 지분복수주의를 취하고 있는 점에서 인적회사의 지분과 다르며, 주식과 비슷한 성격을 갖는다.

유한회사의 지분에 관하여 증권을 발행하지 못한다(제555조)는 점에서 주식을 표창하는 주권을 발행할 수 있는 주식회사의 경우와 다르다.

2) 지분의 양도·상속

유한회사 사원의 지분의 전부 또는 일부를 양도하거나 상속할 수 있다. 다만, 정관에서 지분의 양도를 제한할 수 있다(제556조).

지분의 양도는 취득자의 성명·주소와 그 목적이 되는 출자좌수를 사원명부에 기재하지 아니하면 회사와 제3자에게 대항하지 못한다(제557조). 이사는 사원명부에 사원의 성명·주소와 그 출자좌수를 기재하여 본점에 비치하여야 하며, 사원과 회사채권자는 영업시간 내에 언제든지 사원명부의 열람 또는 등사를 청구할 수 있다(제566조). 기타 사원명부의 효력 등은 주주명부에서의 내용과 같다.

3) 지분의 입질

유한회사의 지분은 질권의 목적으로 할 수 있다(제559조 제1항). 질권의 물상대위권(제339조) 및 등록질(제340조 제1항, 제2항)에 관한 주식회사의 규정이 준용된다(제560조).

그러나 지분의 입질은 정관으로 제한할 수 있으며, 지분의 입질로 회사와 제3자에게 대항하기 위해서는 사원명부에 그 사실을 기재하여야 한다(제559조 제2항, 제556조, 제557조). 지분의 증권화가 불가능하므로 약식질은 인정되지 않는다.

4) 자기지분취득의 제한

유한회사의 경우 자기지분의 취득 및 처분, 자기지분의 질취에 관하여는 주식회사의 규정이 준용된다(제560조, 제341조의2, 제341조의3, 제342조). 다만, 주식회사에서 인정되는 배당가능이익에 의한 자기주식의 취득규정(제341조)은 준용되지 않는다.

5) 지분의 소각

지분은 자본금감소에 관한 규정에 의해서만 소각할 수 있다. 다만, 이사 과반수의 결의 또는 사원총회의 결의에 의하여 회사가 보유하는 자기지분을 소각할 수 있다(제560조, 제343조 제1항).

4. 사원의 책임

사원은 본법에 다른 규정이 있는 경우 외에는 그 출자금액을 한도로 책임을 진다(제553조).

제 4 절 유한회사의 기관

I. 이 사

1. 선임 · 해임

유한회사는 1인 또는 수인의 이사를 둘 수 있고(제561조), 초대이사는 정관으로 정할 수 있으나(제547조), 그 후의 이사는 사원총회에서 선임하게 된다(제567조, 제382조). 이사는 회사와 위임관계에 있으므로 위임의 일반적 종료사유에 의해 종임하며, 사원총회의 해임결의나 소수사원에 의한 해임청구가 인정되는 것은 주식회사의 경우와 같다(제567조, 제385조).

보충 유한회사의 경우에는 이사회 및 대표이사제도가 법정되어 있지 않다. 정관으로 이사회를 둘 수 있도록 하거나 또 정관 또는 사원총회의 결의로 대표이사를 정하는 것은 가능하다. 그러나 정관으로 이사회를 두더라도 주식회사의 이사회와는 큰 차이가 있고, 특히 이사회를 소집하여 결의할 필요 없이 서면결의를 하는 것도 허용된다(上柳克郎 外, 「新版 注釋會社法(15)」, 191면).

2. 직무 · 권한

1) 업무집행권

이사는 업무집행권이 있다. 이사가 수인인 경우 정관에 다른 정함이 없으면 업무집행과 지배인의 선임 또는 해임과 지점의 설치 · 이전 · 폐지는 이사 과반수의 결의에 의하여야 한다(제564조 제1항). 그러나 이러한 규정에도 불구하고 사원총회는 지배인의 선임 또는 해임을 결의할 수 있다(제564조 제2항).

2) 대표권

이사가 1인인 경우에는 그 이사가 회사를 대표하고, 이사가 수인인 경우에는 정관에 다른 정함이 없는 한 사원총회에서 회사를 대표할 이사를 선정하여야 한다(제562조 제2항). 정관 또는 사원총회는 수인의 이사를 공동대표이사로 정할 수 있다(제562조 제3항, 제4항). 회사와 이사 간의 소송에 있어서는 사원총회에서 그 소에 관하여 회사를 대표할 자를 선정하여야 한다(제563조). 이사는 회사의 영업에 관하여 재판상 · 재판외의 모든 행위를 할 권한이 있고, 이에 대한 제한으로 선의의 제3자에게 대항하지 못한다(제567조, 제209조). 이사의 업무집행으로 인하여 타인에게 손해를 가한 때에는 회사는 그 이사와 연대하여 배상할 책임이 있다(제567조, 제210조).

3. 의무 · 책임

유한회사의 이사는 주식회사의 이사와 같이 선관의무(제567조, 제382조 제2항), 경업피지의무(제567조, 제397조), 회사와의 자기거래제한(제564조 제3항) 등의 규정의 적용을 받는다.

그리고 이사가 경업피지의무 등에 위반한 때 또는 법령 · 정관에 위반한 행위를 하거나 그 임무를 해태한 때에는 회사 또는 제3자에 대하여 손해배상책임이 있다(제567조, 제399조, 제401조). 이러한 책임은 총사원의 동의로 면제할 수 있다(제567조, 제400조 제1항). 또 이사는 회사설립, 자본금 증가 등의 경우에 자본충실의 책임을 진다(제551조, 제594조).

4. 주식회사 이사의 규정 준용

이사의 결원에 관한 상법 제386조, 이사의 보수에 관한 상법 제388조, 표현대표이사에 관한 상법 제395조, 직무집행정지 및 직무대행자에 관한 상법 제407조와 상법 제408조의 주식회사 규정은 유한회사의 이사에 대해 준용한다(제567조).

【판례】 대법원 2017.3.30.선고 2016다21643판결

유한회사에서 상법 제567조, 제388조에 따라 정관 또는 사원총회결의로 특정 이사의 보수액을 구체적으로 정하였다면, 보수액은 임용계약의 내용이 되어 당사자인 회사와 이사 쌍방을 구속하므로, 이사가 보수의 변경에 대하여 명시적으로 동의하였거나, 적어도 직무의 내용에 따라 보수를 달리 지급하거나 무보수로 하는 보수체계에 관한 내부규정이나 관행이 존재함을 알면서 이사직에 취임한 경우와 같이 직무내용의 변동에 따른 보수의 변경을 감수한다는 묵시적 동의가 있었다고 볼 만한 특별한 사정이 없는 한, 유한회사가 이사의 보수를 일방적으로 감액하거나 박탈할 수 없다. 따라서 유한회사의 사원총회에서 임용계약의 내용으로 이미 편입된 이사의 보수를 감액하거나 박탈하는 결의를 하더라도 이러한 사원총회결의는 결의 자체의 효력과 관계없이 이사의 보수청구권에 아무런 영향을 미치지 못한다.

Ⅱ. 사원총회

1. 의 의

사원총회는 회사의 의사를 결정하는 기관이며, 법령 또는 정관에 반하지 아니하는 한 회사에 관한 모든 사항에 대하여 결의할 수 있는 점에서 주식회사의 주주총회와 다르지만, 주주총회에 관한 규정이 준용된다(제578조, 제365조, 제367조, 제368조 제2항·제3항, 제369조 제2항, 제371조 제2항, 제372조, 제373조, 제376조 내지 제381조).

2. 소 집

1) 소집권자

소집권자는 원칙적으로 이사이지만(제571조 제1항 본문), 임시총회는 감사도 소집할 수 있다(제571조 제1항 단서). 또한 자본금의 총액의 100분의 3 이상에 해당하는 출자좌수를 가진 소수사원도 사원총회의 소집을 청구할 수 있으나(제571조 제1항), 정관으로 달리 정할 수 있다(제571조 제2항). 법원의 명령에 의하여 감사 또는 이사가 소집하는 경우도 있다(제582조 제3항).

2) 소집절차

사원총회일의 1주간 전에 회의의 목적사항을 기재하여 각 사원에 대하여 서면으로 통지서를 발송하거나 각 사원의 동의를 받아 전자문서로 통지서를 발송하여야 한다(제571조 제2항). 그리고 총사원의 동의가 있으면 소집절차를 생략할 수 있다(제573조). 사원총회의 소집에 관하여는 주주총회에 관한 상법 제363조 제2항 및 상법 제364조가 준용된다(제571조 제3항).

3. 의결권

각 사원은 출자 1좌마다 1개의 의결권을 가지나 정관으로 달리 정할 수 있다(제575조). 특정 사원에 대해 다수의 의결권을 인정할 수 있지만, 특정 사원의 의결권을 박탈하는 것은 인정되지 않는다. 의결권의 행사에 있어서 대리행사(제368조 제2항), 특별이해관계인의 의결권 제한(제368조 제3항), 자기주식(지분)의 의결권 제한(제369조 제2항)에 관한 주식회사의 각 규정이 준용된다(제578조).

4. 결의요건 · 결의사항

1) 보통결의

보통결의는 총사원의 의결권의 과반수를 가지는 사원이 출석하고 그 의결권의 과반수로 한다(제574조). 보통결의사항으로는 이사의 선임, 공동대표이사의 정함, 이사와 회사 간의 소에 있어서 회사대표자의 선정, 재무제표의 승인, 이사의 경업승인, 청산의 승인 등이 있다.

2) 특별결의

특별결의는 총사원의 반수 이상이며 총사원의 의결권의 4분의 3 이상을 가진 자의 동의로 하며, 의결권을 행사할 수 없는 사원은 이를 총사원의 수에, 행사할 수 없는 의결권은 총의결권의 수에 산입하지 않는다(제585조).

특별결의사항으로는 정관의 변경, 이사 또는 감사의 해임, 사후설립, 사원의 법정출자인수권의 제한(제588조 단서), 회사의 해산, 회사의 합병, 회사의 계속, 자본금감소 등이다.

3) 특수결의

총사원의 동의에 의하는 결의를 특수결의라 하며, 이에 해당하는 것으로는 조직변경(제607조 제1항)과 서면에 의한 결의(제577조), 이사의 회사에 대한 손해배상책임 면제 등이 있다.

5. 서면결의

사원총회의 결의와 동일한 효력을 갖는 서면에 의한 결의를 인정하고 있다(제577조 제3항). 서면에 의한 결의는 ① 미리 일정한 사항에 관하여 총사원이 서면으로 결의할 것에 동의한 경우(제577조 제1항), ② 미리 서면결의에 의한다고 하는 동의가 없더라도 결의의 목적사항에 관하여 총사원의 동의가 있는 경우(제577조 제2항)에 한하여 인정된다.

6. 사원총회 결의의 하자

사원총회 결의에 하자가 있는 경우 결의 취소 · 무효 · 부존재의 소가 인정되며, 특별이해관계인은 부당결의 취소의 소를 제기할 수 있다(제578조, 제376조 내지 제381조).

Ⅲ. 감사 · 검사인

1. 감 사

1) 선임 · 해임

유한회사의 감사는 주식회사의 경우와 달리 임의기관으로서 정관에 의하여 둘 수 있을 뿐이다(제568조 제1항). 최초의 감사는 정관으로 정할 수 있지만 정관에서 정하지 않은 때에는 회사성립 전에 사원총회의 보통결의에 의해 선임한다(제570조, 제382조 제1항). 감사의 임기와 수에는 제한이 없다.

감사는 언제든지 사원총회의 특별결의로 해임할 수 있지만, 주식회사와 달리 소수사원에 의한 감사의 해임청구가 인정되지 않는다(제570조, 제385조 제1항). 감사의 결원에 관해서는 주식회사의 감사결원의 경우를 준용한다(제570조, 제386조).

2) 권 한

감사는 언제든지 회사의 업무와 재산상태를 조사할 수 있고 이사에 대하여 영업에 관한 보고를 요구할 수 있다(제569조).

그리고 임시총회의 소집청구권(제571조 제1항), 설립무효 및 증자무효의 소제기권(제552조, 제595조), 이사와 회사 간의 거래의 승인(제564조 제3항) 등에 관한 권한이 있다.

3) 책임 · 의무

(1) 자본전보책임: 감사는 회사성립 후의 출자미필액과 자본금증가 후의 미인수출자 등에 관한 전보책임(제551조, 제594조)을 부담한다.

(2) 감사보고서의 제출의무: 감사가 있는 때에는 이사는 정기총회 회일로부터 4주간 전에 재무제표와 그 부속명세서를 감사에게 제출하여야 하고(제579조 제2항), 감사는 이러한 서류를 받은 날로부터 3주간 내에 감사보고서를 이사에게 제출하여야 한다(제579조 제3항).

(3) 기타 사항: 겸직금지 · 손해배상책임 등 주식회사의 감사에 관한 규정이 준용된다(제570조, 제400조, 제407조, 제411조, 제413조, 제414조, 제565조).

2. 검사인

임시기관으로서의 검사인을 사원총회에서 선임할 수 있고(지578조, 제367조), 소수사원의 청구로 법원이 선임할 수 있다(제582조 제1항). 그러나 회사설립의 경우에는 주식회사와 달리 현물출자에 대한 조사를 위한 검사인의 선임이 필요하지 않다.

제5절 유한회사의 회계

회사의 회계에 관해서는 상법 제583조의 규정에 따라 주식회사의 규정이 대부분 준용된다(제449조 제1항·제2항, 제450조, 제452조, 제453조, 제453조의2, 제457조의2, 제458조 내지 제460조, 제462조, 제462조의3, 제466조 및 제468조). 그러나 다음과 같은 내용에 그 차이가 있다. 첫째 유한회사는 사채발행을 할 수 없으며, 법정준비금의 자본금전입에 관한 규정은 준용되지 않는다. 둘째, 재무제표의 제출과 감사보고서 제출기간이 다르고(제879조 제2항·제3항), 대차대조표의 공고도 요구되지 않는다. 셋째, 주식배당제도·이익공여금지제도가 인정되지 않는다. 넷째, 회계장부열람·등사청구권은 자본금의 100분의 3 이상에 해당하는 출자좌수를 가진 사원의 권리이지만 정관의 규정으로 단독사원권으로 할 수 있고(제581조 제2항 제1문), 이 경우에는 부속명세서의 작성이 면제된다(제581조 제2항 제2문).

다섯째, 이익의 배당은 각 사원의 출자좌수에 비례하는 것이 원칙이지만, 정관에 이와 다른 기준을 둘 수 있다(제580조).

제6절 정관변경

I. 정관변경의 의의·절차

정관변경의 의의 등에 관해서는 주식회사의 경우와 같다. 다만, 정관변경은 총사원의 반수 이상이며 총사원의 의결권의 4분의 3 이상을 가진 자의 동의가 필요하고(제585조 제1항), 서면결의에 의해서도 정관변경이 가능하다(제577조).

Ⅱ. 자본금의 증가

1. 의 의

유한회사의 자본금은 정관의 절대적 기재사항이므로 자본금의 증가는 정관의 변경으로만 가능하며, 출자 1좌의 금액의 증가, 출자좌수의 증가 또는 양자의 병용의 방법을 사용할 수 있다. 그러나 출자 1좌의 금액을 인상하여 증자하는 경우에는 각 사원의 동의를 요한다.

2. 절 차

1) 사원총회의 증자결의

자본금증가는 정관변경의 한 예이므로 사원총회의 특별결의를 요한다. 이 결의에서는 증자방법 · 현물출자 · 재산인수 또는 증가할 자본금에 대한 출자인수권자를 정할 수 있다(제586조).

2) 사원의 출자인수

사원은 그가 가진 지분에 따라 인수권을 가지지만, 사원의 출자인수권은 제한 또는 박탈할 수 있다(제588조). 또한 회사가 정관 또는 사원총회의 특별결의로 증가할 자본금에 대한 출자인수권을 특정한 자에게 부여할 수 있다(제586조 제3호, 제587조).

출자인수권자가 인수권을 행사하지 않는 때에는 제3자에게 인수시킬 수 있지만 광고 기타의 방법에 의하여 인수인을 공모하지 못한다(제589조 제2항). 증가된 출자좌수의 전부에 대한 인수가 있는 때에는 이사는 인수인으로 하여금 출자 전액의 납입 또는 현물출자의 목적인 재산 전부의 급여를 시켜야 한다(제596조, 제548조).

3) 변경등기

출자의 이행이 완료된 때에는 본점소재지에서 2주간 내에 자본금의 증가로 인한 변경등기를 하여야 하며(제591조), 증자등기로 인하여 그 효력이 생긴다(제592조).

4) 자본전보책임

자본금의 증가의 결의에 동의한 사원은 현물출자와 재산인수의 목적인 재산의 실가가 현저하게 부족한 때에 그 부족액에 대한 지급책임이 있다(제593조 제1항). 그리고 이사와 감사는 자본금의 증가 후에 인수되지 아니한 출자가 있는 경우에 공동으로 출자의 인수책임을 지며

(제594조 제1항), 이사와 감사는 연대하여 자본금증가 후에 납입 또는 급여미필재산의 가액에 대한 지급책임이 있다(제594조 제2항). 이사·감사의 납입 또는 급여미필재산에 대한 책임은 총사원의 동의로 면제할 수 있다(제594조 제3항, 제551조 제3항).

Ⅲ. 자본금의 감소

자본금의 감소는 출자 1좌의 금액을 감소시키는 방법, 출자좌수를 감소시키는 방법, 그리고 양자를 병용하는 방법이 있다. 출자좌수를 감소하는 방법을 택할 경우에는 지분의 소각 또는 병합에 의하게 된다. 자본금감소도 정관변경사항이므로 사원총회의 특별결의가 있어야 하며, 이 결의에서 감소의 방법을 정한다(제597조, 제439조 제1항). 자본금감소의 경우 채권자보호절차를 거쳐야 하며(제597조, 제439조 제2항) 변경등기를 하여야 한다. 자본금증가의 경우와 달리 자본금감소는 등기가 효력발생요건이 아니다.

Ⅳ. 자본금증가·자본금감소의 무효

자본금증가의 무효는 사원·이사·감사에 한하여 증자등기일로부터 6월 내에 소만으로 이를 주장할 수 있으며(제595조 제1항), 주식회사의 신주발행무효의 소에 관한 구정이 준용된다(제595조 제2항, 제430조 내지 제432조). 자본금감소의 무효에 대해서도 주식회사의 자본금감소무효의 소에 관한 규정이 준용된다(제597조, 제445조, 제446조).

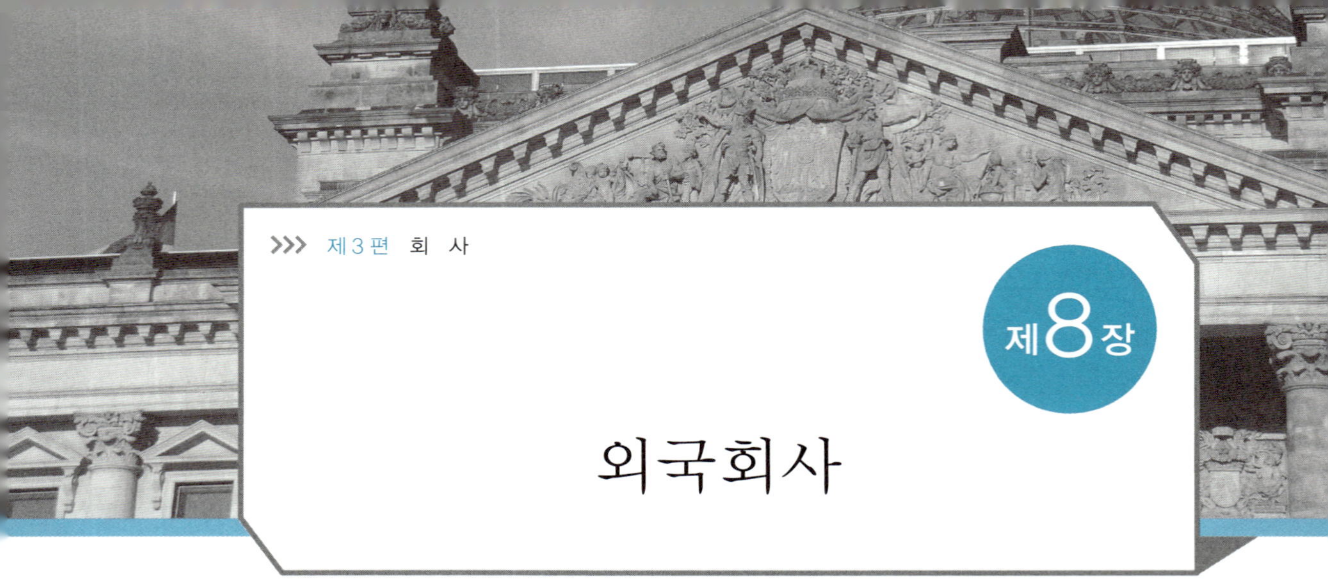

외국회사

I. 외국회사에의 상법 적용

외국회사는 법률에 다른 규정이 있는 경우 외에는 대한민국에서 설립된 동종 또는 가장 유사한 회사로 본다(第621條). 내국회사와 외국회사의 구별에 있어서는 설립준거법주의에 따른다. 외국에서 설립된 회사라도 대한민국에 본점을 설치하거나 대한민국에서 영업할 것을 주된 목적으로 하는 때에는 대한민국에서 설립된 회사와 같은 규정에 따라야 한다(第617條).

II. 외국회사의 등기

1. 대표자, 영업소의 설정과 등기

외국회사가 국내에서 영업을 하기 위해서는 대표자를 정하여야 하며, 영업소를 설치하거나 대표자 중 1명 이상이 대한민국에 그 주소를 두어야 한다(第614條 제1항). 외국회사가 제614조 제1항의 영업소를 설치하는 경우에는 그 설치일부터 3주일 내에 영업소의 소재지에서 목적, 상호, 회사를 대표할 자의 성명 · 주소 · 주민등록번호, 공동대표사항, 본점소재지, 영업소의 소재지 등의 법정사항을 등기하여야 한다(第614條 제2항). 이러한 등기에는 회사설립의 준거법과 대한민국에서의 대표자의 성명 · 주소 · 주민등록번호(외국인등록번호)가 포함되어야 한다(第614條 제2항). 이러한 등기사항이 외국에서 생긴 경우에는 등기기간은 그 통지가 도달한 날로부터 기산하다(제615조). 외국회사는 대표자 및 영업소의 등기를 하기 전에는 계속적 거래행위를 하지 못하며, 이에 위반하여 거래한 자는 그 거래에 대하여 회사와 연대하여 책임을 진다(제616조 제1항, 제2항).

외국회사의 대표자는 국내의 영업에 관한 재판상·재판외의 모든 행위를 할 수 있으며, 그 대표권의 제한으로 선의의 제3자에게 대항하지 못한다(제614조 제4항, 제209조). 그리고 대표자의 업무집행으로 인하여 타인에게 손해를 가한 때에는 회사는 그 대표자와 연대하여 배상할 책임을 진다(제614조 제4항, 제210조).

2. 영업소의 이전·변경 등기

외국회사가 영업소를 이전한 경우에는 3주일내에 종전소재지에서는 새소재지와 이전연월일을, 새소재지에서는 제614조 제2항 및 제3항의 사항을 등기하여야 한다(제614조의2 제1항). 제614조 제2항 및 제3항의 사항이 변경되었을 때에는 영업소의 소재지에서 3주일 내에 변경등기를 하여야 한다(제614조의2 제2항).

Ⅲ. 대차대조표 등의 공고

외국회사로서 상법에 따라 등기한 외국회사(대한민국에서의 같은 종류의 회사 또는 가장 비슷한 회사가 주식회사인 것만 해당)는 상법 제449조에 따른 재무제표의 승인과 같은 종류의 절차 또는 이와 비슷한 절차가 종결된 후 지체없이 대차대조표 또는 이에 상당하는 것으로서 대통령령으로 정하는 것을 대한민국에서 공고하여야 하며(제616조의2 제1항), 이러한 공고에 대하여는 상법 제289조 제3항부터 제6항까지의 규정(전자적 방법에 의한 공고)을 준용한다(제616조의2 제2항).

Ⅳ. 외국회사의 주권 또는 채권의 발행과 유통

외국회사가 대한민국 내에서 그 회사의 주권 또는 채권의 발행, 주식의 이전·입질, 사채의 이전을 하는 경우에는 상법의 주식 및 사채에 관한 규정(제335조, 제335조의2부터 제335조의7까지, 제336조부터 제338조, 제340조 제1항, 제355조, 제356조, 제356조의2, 제487조 제1항, 제479조 및 제480조)이 준용된다(제618조).

V. 외국회사의 폐쇄명령

법원은 외국회사에 대해서 해산명령을 내릴 수 없고, 일정한 사유가 있는 때에 이해관계인이나 검사의 청구에 의하여 국내영업소에 대한 폐쇄명령을 할 수 있다(제619조 제1항). 일정한 사유는 ① 영업소 설치의 목적이 불법한 경우, ② 영업소의 설치등기 후 정당한 사유 없이 1년 내에 영업을 개시하지 않거나 1년 이상 영업을 휴지하거나 정당한 사유 없이 지급을 정지한 경우, ③ 대표자 또는 업무를 집행하는 자가 법령 또는 사회질서에 위반한 행위를 한 경우를 말한다.

법원은 폐쇄명령 전이라도 영업소재산의 보전에 필요한 처분을 할 수 있고, 외국회사는 법원에 이해관계인의 폐쇄명령청구가 악의임을 소명하고 이해관계인에게 담보제공을 명령할 것을 청구할 수 있다(제619조 제2항, 제176조 제2항·제3항·제4항).

VI. 외국회사의 청산

법원의 명령으로 또는 외국회사가 스스로 영업소를 폐쇄한 경우 법원은 이해관계인의 신청에 의하거나 직권으로 국내에 있는 그 외국회사의 재산 전부에 대해 청산의 개시를 명할 수 있으며, 이 경우 법원은 청산인을 선임하여야 한다(제620조 제1항, 제3항). 외국회사의 청산에 관하여는 그 성질이 허용하지 않는 경우를 제외하고는 주식회사의 청산에 관한 상법 제535조부터 제537조까지 규정과 제542조의 규정을 준용한다(제620조 제2항).

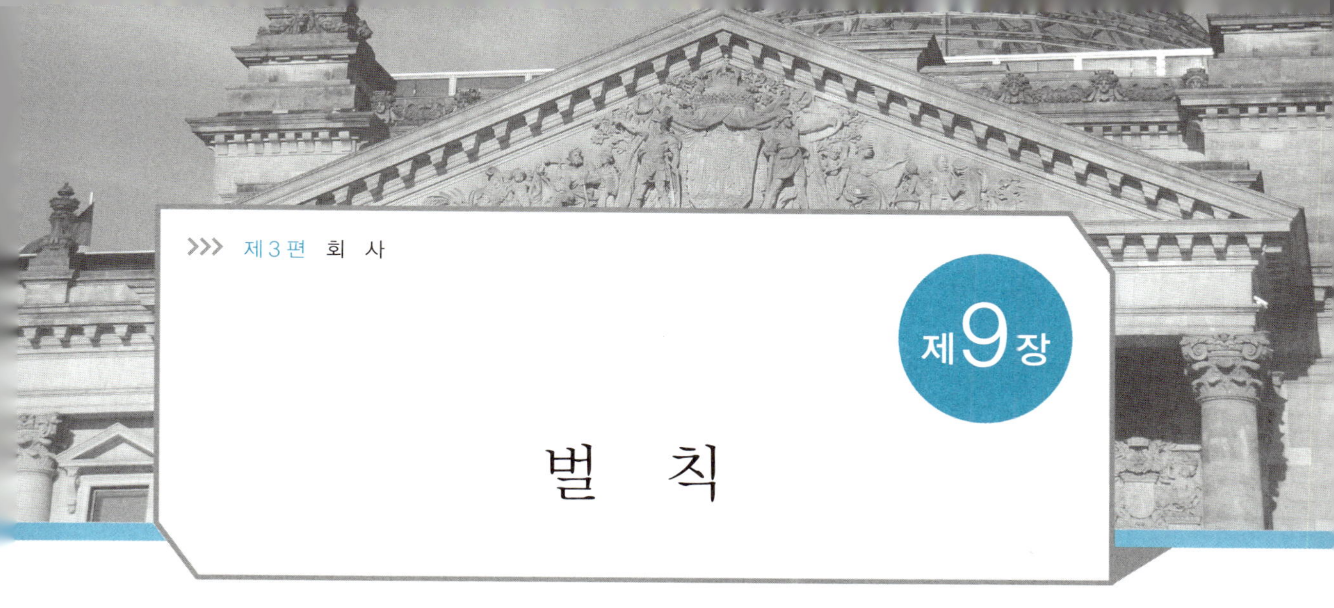

제9장 벌 칙

상법은 공법에 해당하는 형벌규정을 두고 있는 것이 특징이다. 그 내용을 보면 다음과 같다.

I. 특별배임죄

발기인, 이사 기타 임원 등의 특별배임죄(제622조), 사채권자 집회의 대표자 등의 특별배임죄(제623조), 이러한 특별배임죄의 미수범처벌(제624조)에 관한 규정을 두고 있다.

II. 납입가장죄

납입 또는 현물출자의 이행을 가장하는 행위를 한 자 및 그 행위에 응하거나 이를 중개한 자에 대하여 납입가장죄의 처벌규정(제628조)을 두고 있다.

III. 이익공여죄

주주의 권리행사와 관련하여 회사의 재산으로 타인에게 재산상의 이익을 공여한 자에 대한 처벌규정(제634조의2)을 두고 있다.

Ⅳ. 기 타

신용공여금지 위반에 대한 처벌(제624조), 회사재산을 위태롭게 한 죄(제625조), 주식취득제한 등에 위반한 죄(제625조의2), 부실보고죄(제626조), 부실문서행사죄(제627조), 초과발행죄(제629조), 독직죄(제630조), 권리행사방해 등에 관한 증수뢰죄(제631조), 납입책임면탈죄(제634조), 등기해태 등의 경우의 과태료에 관한 규정(제635조부터 제637조의2) 등을 두고 있다.

제4편 보 험

Commercial Law

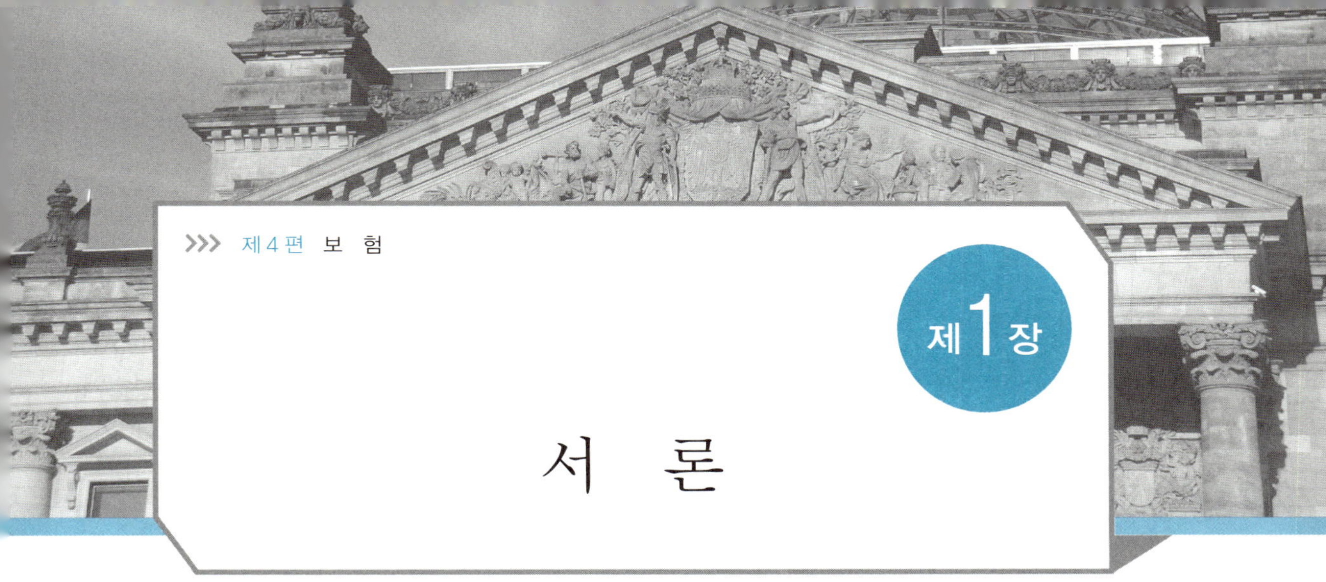

제1장 서 론

제1절 보험제도

I. 보험의 개념

1. 보험제도의 필요성

인간의 경제생활은 항상 화재·도난 등의 인위적 사고나 태풍·홍수와 같은 자연적 사고 등 수많은 불의의 사고의 위험 앞에 놓여 있다. 따라서 이러한 경제생활의 위험을 대비하기 위하여 개인적으로 저축이나 투자를 하고, 국가적으로 사회보험적 차원에서 지원을 하기도 한다. 보험제도도 인간의 경제생활에 닥치는 우연한 사고를 대비하기 위한 것이다.

2. 보험의 의의

보험은 동일한 우발적인 사고발생(보험사고)의 위험하에 놓여 있는 다수인이 하나의 단체(위험단체)를 구성하여, 미리 통계적 기초(대수의 법칙)에서 산출된 금액(보험료)을 미리 갹출하여 공동자금을 만들어 두고, 현실적으로 사고를 입은 사람에게 그 자금으로부터 일정한 금액(보험금)을 지급하는 제도를 말한다.

3. 보험과 유사한 개념

1) 자가보험

자가보험은 개인적으로 그의 소유에 속하는 재산에 화재나 재난, 기타 사고가 생길 것에 대비하여 대수의 법칙에 의하여 계산된 일정액을 각 사업연도마다 적립하고, 현실로 사고가 발생함으로써 손해가 생겼을 때에 그 손해를 보상하는 제도이다. 그러므로 자가보험은 대수의 법칙에 의한 손해발생의 개연율을 기초로 하여 적금을 하는 점에서는 보험과 유사하지만, 다수인이 하나의 위험단체를 구성하는 보험과 구별된다.

2) 도박·복권

도박과 복권은 다같이 다수인이 일정한 금액을 갹출함으로써 성립하는 점, 장래의 우발적 사건의 발생을 근거로 하여 금전 또는 재물을 수수하는 점에서는 보험과 유사하지만, 금전 또는 재물의 수수가 우발적 사고의 발생으로 인한 손해의 보상을 충족하기 위한 것이 아닌 점에서 보험과 구별된다.

3) 저 축

보험은 인간의 경제생활을 위협하는 각종의 위험의 산물로서 생겨난 것이다. 그래서 "위험이 없으면 보험도 없다."라고 한다. 여기서 위험이란 우연한 사고발생의 가능성으로서 불확정한 것을 말하는데, 다만 그 위험은 동질성이 있어야 한다. 저축도 경제생활의 불안전에 대처하는 제도이기는 하지만, 반드시 특정된 우발적 위험에 대비하기 위한 것이 아니라는 점에서 구별된다.

4) 공 제

동일 직장·직업 또는 지역에 속하는 사람들이 상호부조를 목적으로 하는 공제조합은 단체의 구성원이 한정적이라는 점에서 보험과 다른 점도 있으나, 위험단체를 구성하는 점에서 보험과 유사하다. 판례도 대체로 공제의 성질은 보험으로 보고 있다(대법원 1998.3.13.선고 97다52622판결 등). 상법 제664조에서도 공제에 관하여 그 성질에 반하지 아니하는 범위 내에서 보험편의 규정을 준용하도록 규정하고 있다.

【판례】 대법원 2022.5.26.선고 2020다301186판결

학교배상책임공제는 학교안전사고 예방 및 보상에 관한 법률(이하 '학교안전법'이라 한다)에서 직접 창설·규율하는 학교안전공제와는 법적 성격이 다른 점, 관련 법령의 규정 취지, 학교배상책임공제 사업의 근거와 내용, 공제계약 체결의 과정, 공제급여의 대상 등을 고려하여 볼 때 학교배상책임공제는 상법 제664조에 규정된 '공제'로서 상법의 보험편 규정이 준용된다고 보아야 한다. 따라서 학교안전공제중앙회는 학교배상책임공제에 따라 피해자에게 공제금을 지급한 경우에 학교안전법에 따라 수급권자를 대위할 수 있는 학교안전공제회와 달리 가해자인 피공제자의 책임보험자에게 피해자의 보험금 직접청구권을 대위행사할 수 없고, 책임보험자와 중복보험의 보험자 관계에서(상법 제725조의2, 제672조) 자기의 부담 부분을 넘어 피해자에게 공제금을 지급하였을 때에 책임보험자의 부담 부분에 한하여 구상권을 행사할 수 있을 뿐이다.

Ⅱ. 보험의 종류

1. 공보험·사보험

공보험이란 국가 기타의 공법인이 공동경제적 목적으로 운영하는 보험이다. 공보험에는 산업재해보상보험·선원보험·군인보험·의료보험 등의 사회보험과 수출보험 등의 산업보험이 있다. 이러한 공보험은 국가나 공법인이 운영하고, 보험관계가 법률에 의하여 설정되는 점 등에서 특색이 있다.

사보험이란 개인 또는 사법인이 사경제적 목적으로 운영하는 보험이다. 사보험은 영리성의 유무에 따라 영리보험과 상호보험으로 구분된다.

2. 영리보험·상호보험

영리보험이란 보험업자가 보험자로 되어 영리를 목적으로 제3자와 보험계약을 체결하는 것을 말한다. 영리보험에서는 보험자와 보험계약자 간에 개별적인 보험계약만이 체결되고 보험계약자 상호간에는 아무런 법률관계도 없고, 보험계약자들은 보험자를 매개로 하여 간접적으로 보험단체를 구성하게 된다.

상호보험이란 가입자 상호간의 이익을 목적으로 하는 비영리조직에 의하는 것이다. 상호보험은 보험에 가입하는 자로써 구성되는 보험단체 자체가 기업주체로 되며 보험계약자가 피보험자인 동시에 보험단체의 구성원이 된다. 따라서 이 경우에는 사원관계와 보험관계가 병존하고, 보험관계자는 직접적으로 보험단체를 구성하게 된다.

영리보험은 보험업자가 보험의 인수를 영업으로 하므로 상행위가 되지만 상호보험은 상행위가 아닌 점에서 차이가 있으나, 보험의 원리에서는 차이가 없다. 따라서 상법은 영리보험에 관한 규정을 상호보험에 준용하고 있다(제664조).

3. 물건보험·인보험

물건보험이란 물건에 대하여 발생하는 사고에 대한 보험을 말한다. 물건보험은 광의의 재산보험에 포함되고, 재산보험 중에 보험사고의 발생으로 인하여 피보험자가 부담하는 비용·채무 등과 같은 간접손해를 보상하는 책임보험을 협의의 재산보험이라 한다.

인보험이란 사람의 생명과 신체에 발생하는 사고에 대한 보험을 말한다. 이러한 보험으로는 생명보험·상해보험·질병보험 등이 있다.

4. 손해보험·생명보험

손해보험이란 우연한 사고로 인하여 발생한 손해를 보상하는 것을 목적으로 하는 보험으로서, 보험사고가 발생했을 때에 피보험자에게 생긴 실제의 재산상의 손해액에 따라서 보상액이 결정되는 부정액보험이다. 상법은 손해보험으로 화재보험·운송보험·해상보험·책임보험·자동차보험·보증보험의 6종을 인정하고 있으나, 기타 산림보험·수해보험·신용보험 등이 있다.

생명보험은 손해의 유무·다소를 불문하고 사람의 생존과 사망에 관하여 일정한 금액의 지급, 기타의 급여를 할 것을 목적으로 하는 정액보험이다.

5. 육상보험·해상보험·항공보험

육상보험은 육상에서의 각종 사고에 대비하는 보험으로, 이에 속하는 보험으로는 화재보험·운송보험·자동차보험·생명보험 등이 있다.

해상보험이란 해상사업에 관한 사고로 인하여 생길 손해를 보상하는 보험을 말한다.

항공보험은 항공에 관한 사고로 인하여 생길 손해를 보상하는 보험을 말하며, 상법은 항공보험에 관해 직접적인 규정을 두고 있지 않으나, 해상보험에 준하여 해석할 수 있다.

6. 원보험·재보험

원보험은 제1의 보험자가 인수하는 보험으로, 원수보험이라고 한다. 이에 대해 제1의 보험자가 입을 손해에 대하여 다시 제2의 보험자가 인수하는 보험을 재보험이라고 한다. 재보험계약은 원보험계약의 효력에 영향을 미치지 않으며(제661조 제2문), 그 성질에 반하지 아니하는 범위에서 책임보험규정이 준용된다(제726조).

7. 개별보험·집단보험

개개의 자연인 또는 물체를 보험의 목적으로 하는 것을 개별보험이라 하고, 다수인 또는 물체의 집단을 보험의 목적으로 하는 것을 집단보험이라 한다.

집단보험 중에는 물건의 집합체를 보험목적으로 하는 보험을 집합보험, 사람의 집합체를 보험목적으로 한 보험을 단체보험이라고 한다. 집합보험은 집합된 물건을 수시로 교체하는 것이 예정된 총괄보험과 어떤 특정한 집합된 물건을 보험목적으로 하는 특정보험이 있다.

8. 기업보험·가계보험

기업보험은 주로 기업자가 그의 기업경제활동의 불안정을 대비하여 이용하는 것으로 해상보험·운송보험, 기업의 건물과 시설 등의 화재보험 등이 이에 속한다. 가계보험은 주로 비기업자가 그 가계경제의 불안정에 대비하여 이용하는 것으로 생명보험, 일반주택의 화재보험 등이 이에 속한다.

9. 강제보험·임의보험

보험가입이 강제되어 있는 보험을 강제보험이라 하고, 그렇지 않은 것을 임의보험이라 한다. 임의보험이 보통이지만, 강제보험은 특별법에 의해 강제되고 있다. 그 예로는 자동차손해배상보장법에 따라 가입하는 자동차손해배상책임보험, 원자력손해배상법에 따른 원자력손해배상책임보험, 산업재해보상보험법상 산업재해보상보험 등을 들 수 있다.

제2절 보험법의 개념

I. 보험법의 의의

1. 광의의 보험법

광의의 보험법은 보험에 관한 법규 전체를 가리키고, 이것은 보험공법과 보험사법으로 나누어진다. 보험공법이란 보험에 관한 공법적 법규의 총체로서 공보험에 관한 법을 말하고,

보험업법·산업재해보상보험법·의료보험법·군인보험법·선원보험법 등이 이에 속한다.

보험사법은 보험에 관한 사법적 법규의 총체로서 경영주체의 조직에 관한 법, 보험계약에 관한 법을 의미하고, 경영주체의 조직에 관한 법은 보험업법을 말하고 보험계약에 관한 법은 협의의 보험법이라 한다.

2. 협의의 보험법(보험계약법)

실질적 의의의 보험계약법은 영리를 목적으로 하는 영리보험에서의 보험관계를 규율하는 법을 말한다. 보험계약법은 사회보험에 관한 것을 제외하고 사법적인 보험관계를 규율하는 것이지만, 많은 부분에서 공법적인 요소를 포함하고 있다. 형식적 의의의 보험계약법이란 상법 「제4편 보험」에 관한 규정을 말한다.

Ⅱ. 보험법의 지위

상법 제46조 제17호는 보험을 기본적 상행위로 규정하고 있으므로 보험계약법은 일종의 상행위법이라 할 것이다. 그러나 보험계약법은 보험제도의 특수한 성격(윤리성·사회성·단체성 등)을 가지고 있기 때문에 보험계약관계를 상법상의 일반원칙으로 처리할 수 없으며, 보험계약법은 재보험이나 해상보험과 같은 기업보험을 제외하고는 편면적 강행법규로 되어 있다(제663조).

또한 보험계약법은 형식상으로 기본적 상행위인 보험계약관계를 규율하고 있지만, 영리를 목적으로 하지 않는 상호보험에도 준용하도록 하고 있다(제664조). 이러한 점에서 보험계약법은 형식적으로는 상행위법에 해당하지만 실질적으로는 상법체계에서 특수한 지위를 차지하고 있다.

Ⅲ. 보험법의 특성

1. 윤리성·선의성

보험계약은 우연한 사고를 전제로 하여 이루어지는 사행계약이므로 이러한 보험계약이 투기나 도박 등의 목적으로 악용될 때에는 도덕적 위험이 생길 수 있다.

따라서 이러한 위험을 방지하기 위해 보험계약법은 당사자의 윤리성과 선의성을 강하게 요구하고 있다. 고지의무위반요건에 주관적 요건을 둔 것(제651조), 고의로 인한 보험사고에 대한 보험자의 면책(제659조), 사기로 인한 초과보험의 무효(제669조 제4항)를 인정하는 것은 그 예에 해당한다.

2. 기술성

보험제도는 위험단체를 기초로 대수의 법칙에 의하여 위험을 효율적으로 분산시키는 기술적 제도이다. 따라서 보험자가 보험을 인수함에 있어서는 보험의 기술적인 기초에 입각하여야 하는 것이고, 보험계약법은 바로 그 기술적 기초에 바탕을 두고 있는 보험관계를 규율하는 법으로서 기술법적 성격을 가지고 있는 것이다.

3. 단체성

보험계약은 하나의 계약으로 보면 보험자와 보험계약자 사이에 이루어지는 개인법적인 채권계약이고, 다른 보험계약자와의 사이에 아무런 법적 관계가 없다.

그러나 보험은 동질적 위험에 놓여 있는 다수인이 각 개인의 생활상의 위험을 분배하고 평균화함으로써 위험에 대비하기 위한 것이므로 필연적으로 보험가입자는 하나의 보험단체를 형성하게 된다. 따라서 보험계약법도 단체법적 성격을 가지고 있는 것이다. 상법상 고지의무위반으로 인한 계약의 해지(제651조), 위험변경·증가의 통지와 계약해지(제652조) 등이 그 예에 해당한다.

4. 공공성·사회성

보험자는 다수의 보험계약자로부터 받은 보험료로 거대한 자본을 축적하고 이를 관리함으로 인하여 국민경제적으로 매우 중요한 역할을 하고 있다.

또한 보험은 공공의 이익과 밀접한 연관을 가지고 있기 때문에, 보험계약법은 공공성·사회성을 띠는 것이다. 그래서 우리나라에서도 보험업법에 의하여 국가가 감독권을 행사하고 있는 것이다.

5. 편면적 강행법규성

보험계약의 내용은 원칙적으로 당사자가 임의로 정할 수 있으나, 상법의 보험편의 규정은 당사자 간의 특약으로 보험계약자 또는 피보험자나 보험수익자의 불이익으로 변경하지 못한다(제663조 본문). 따라서 보험약관의 어느 조항이 상법의 규정과 일치하지 않는 경우 그것이 상법의 규정보다 보험자측에 불이익을 가져오는 것인 때에는 유효하나, 반대로 가입자측인 보험계약자 또는 피보험자나 보험수익자에게 불이익을 가져오는 것인 때에는 효력이 없는 것이다. 그러나 기업보험의 경우에는 보험자와 보험계약자가 대등한 경제적 지위에서 보험계약을 체결하므로 특히 보험계약자 등의 이익을 보호할 필요가 없기 때문에, 상법 제663조 본문 소정의 불이익변경금지 원칙은 그 적용이 배제된다(대법원 2005.8.25.선고 2004다18903판결; 대법원 2006.6.30.선고 2005다21531판결). 그러므로 우리 상법은 재보험 및 해상보험 기타 이와 유사한 보험(기업보험)의 경우에는 당사자 간의 특약으로 보험계약자, 피보험자의 불이익으로 보험편의 규정과 다르게 정할 수 있도록 하고 있다(제663조 단서; 대법원 2000.11.14.선고 99다52336판결).

제3절 보험법의 법원

I. 일반적 법원

보험계약법의 법원(法源)으로는 크게 제정법과 관습법이 있다. 법원으로서 가장 중요한 제정법은 상법 제4편의 보험에 관한 규정이며, 보험계약이 상행위인 점에서 상법 제1조의 규정에 따라 상사에 관해 상법을 적용하고, 상법에 규정이 없는 것에 대해서는 상관습법이 적용되고, 상관습법도 없는 사항에 대해서는 민법을 적용한다. 보험법의 법원이 되는 제정법으로는 상법 이외에 보험업법·자동차손해배상보장법·산업재해보상보험법·원자력손해배상법·의료보험법·선원보험법·군인보험법·수출보험법 등의 특별법이 있다. 보험업법의 규정 중에서 법원으로 인정되는 것은 보험계약에 관련된 규정(제39조, 제94조, 제117조, 제156조 등)이며, 보험감독에 관한 규정은 제외된다.

II. 보통보험약관

1. 의 의

일반적으로 보통보험약관은 보험자가 일반보험계약에 공통된 표준적 사항을 미리 정한 것이며, 보험계약의 내용이 되는 정형적인 계약조항을 말한다. 이러한 보험약관에는 보통보험약관 이외에 특별보통보험약관·특별보험약관이 있다. 특별보통보험약관은 부가약관이라고도 하며, 사정에 따라 다시 자세한 약정을 필요로 할 때에 보통약관에 대하여 보충적으로 이용되는 것이다. 특별보험약관은 보험계약의 특약조항이며 개개의 보험계약을 체결할 때 구체적인 사정에 따라 체결되는 것을 말한다.

2. 보험약관의 필요성

보험계약은 많은 보험계약자를 상대로 대량의 업무를 처리하게 되어 일일이 개별적으로 계약내용을 절충하여 정할 수 없으므로, 보험자는 계약내용에 관한 일반적·표준적인 약관을 정하여 두고, 보험계약자는 특별한 약정이 없는 한 이에 따라 계약을 체결하게 된다. 뿐만 아니라 보험제도는 보험단체를 전제로 하여 기술적으로 그 보험가입자의 위험을 종합평균화하여 위험을 분산하는 제도이므로 보험가입자를 동일하게 취급하여야 한다. 이러한 점에서 정형화된 보험약관이 필요하게 된다. 또 보험제도는 그 사회성·공공성에서 볼 때에 사회적 또는 경제적 약자인 보험가입자의 이익을 보호하기 위해 국가가 후견적 입장에서 보험자로 하여금 보험계약의 내용에 관하여 일반적·정형적·표준적인 약관을 작성하도록 하고 이를 감독하는 것이다.

【판례】 대법원 2025.3.13.선고 2023다250746판결

보험약관은 신의성실의 원칙에 따라 당해 약관의 목적과 취지를 고려하여 공정하고 합리적으로 해석하되, 개개의 계약당사자가 기도한 목적이나 의사를 참작함이 없이 평균적 고객의 이해가능성을 기준으로 보험단체 전체의 이해관계를 고려하여 객관적으로 해석하여야 한다(대법원 2010.11.25.선고 2010다45777판결 등 참조).

3. 법적 성질(구속력의 근거)

보통보험약관은 보험계약의 당사자 간에 그 약관내용이 합리적이고 반대의 특약이 없는 한 당사자를 구속하게 된다. 이때 보험약관이 당사자를 구속하는 근거에 대해서는 견해가 나누어지고 있다. 이에 관하여는 상법의 법원성과 관련하여 이미 설명되었으므로 생략한다(「상법총칙」편 참조). 다만, 판례는 보통보험약관을 당사자 간의 계약내용에 포함시키기로 하는 합의에 따라 당사자는 보통보험약관에 구속된다고 하여(대법원 2017.9.26.선고 2015다245145판결), 보통보험약관의 법원성은 부정하되 당사자에 대한 구속력을 인정하고 있다.

【판례】 대법원 1990.4.27.선고 89다카24070판결[동지: 대법원 1999.7.23.선고 98다31868판결 등]

보통보험약관이 계약당사자에 대하여 구속력을 가지는 것은 그 자체가 법규범 또는 법규범적 성질을 가진 약관이기 때문이 아니라 보험계약 당사자 사이에서 계약내용에 포함시키기로 합의하였기 때문이라고 볼 것인바, 일반적으로 당사자 사이에서 보통보험약관을 계약내용에 포함시킨 보험계약(청약)서가 작성된 경우에는 계약자가 그 보험약관의 내용을 알지 못하는 경우에도 그 약관의 구속력을 배제할 수 없는 것이 원칙이다. 다만, 당사자 사이에서 명시적으로 약관에 관하여 달리 약정하거나, 약관의 내용이 일반적으로 예상되는 방법으로 명시되어 있지 않다든가 또는 중요한 내용이어서 특히 보험업자의 설명을 요하는 경우에는 위 약관의 구속력은 배제된다.

4. 약관개정의 불소급효

약관이 개정된 경우에 새로운 약관의 규정은 개정 전에 체결된 보험계약에 소급적인 효력을 가지는 것은 아니다. 그러나 보험계약의 당사자가 기존의 보험계약에 대하여 개정된 보험약관을 적용하기로 합의하면 소급적 적용이 가능하다. 또 금융위원회는 보험계약자·피보험자 또는 보험금을 취득할 자의 이익을 위하여 필요하다고 인정되는 경우 보험약관의 변경을 인가할 때에 기존의 보험계약에도 개정된 보험약관의 적용을 명할 수 있는데(보험업법 제131조 제3항), 이때에는 소급적용이 된다(정찬형, 「상법강의(하)」, 제15판, 522면).

5. 보험약관의 교부·설명의무

1) 의 의

보험계약자는 보험계약의 체결시 약관의 내용을 알지 못하고 보험모집인의 권유에 의하여 계약을 체결하는 경우가 대부분이고, 이로 인해 보험사고 발생시 보험금지급과 관련하여 분쟁이 발생할 소지가 많다. 따라서 이를 방지하기 위하여 우리 상법은 보험자의 약관교부·설명의무 규정을 두고 있다. 즉, 보험자는 보험계약을 체결할 때에 보험계약자 또는 그의 대리인에게 보험약관을 교부하고, 그 약관의 중요한 내용을 설명하여야 한다(제638조의3 제1항). 보험자에게 보험약관의 교부·설명의무가 인정되는 것은 어디까지나 보험계약자가 알지 못하는 가운데 약관에 정하여진 중요한 사항이 계약내용으로 되어 보험계약자가 예측하지 못한 불이익을 받게 되는 것을 피하고자 하는 데 그 근거가 있다(대법원 2004.11.25.선고 2004다28245판결; 대법원 2021.8.26.선고 2020다291449판결).

2) 약관교부·설명의무의 내용

(1) 적용범위: 약관교부·설명의무[1]는 원칙적으로 보험계약의 체결시에 적용된다.

---

1) 【학설】 계약 갱신의 경우 약관교부·설명의무 인정 여부에 관한 학설
약관교부·설명의무는 계약의 갱신의 경우에는 적용되지 않는다는 견해와, 계약의 갱신의 경우에도 종래와 차이가 있는 중요한 부분에 대하여는 약관교부·설명의무가 적용된다는 견해가 있다.

(2) 설명사항: 보험계약과 관련하여 약관의 중요한 사항(예 객관적으로 보아 보험계약자가 그러한 사실을 알았더라면 보험회사와 보험계약을 체결하지 아니하였으리라고 인정될 만한 사항으로서 보험계약의 해지사유나 보험자의 면책사유 등)을 구체적이고 상세하게 설명하여야 한다. 상법의 일반조항과 다른 내용으로 보험자의 책임개시시기를 정한 경우, 그러한 사항은 중요한 사항에 해당한다(대법원 2005.12.9.선고 2004다26164·26171판결). 설명의무의 대상이 되는 약관의 '중요한 내용'은 사회통념에 비추어 고객이 계약체결의 여부나 대가를 결정하는 데 직접적인 영향을 미칠 수 있는 사항을 말한다.

【판례】 대법원 2025.8.14.선고 2024다301832판결

상법 제638조의3 제1항과 「약관의 규제에 관한 법률」 제3조의 규정에 의하여 보험자와 보험계약의 체결 또는 모집에 종사하는 자는 보험계약을 체결할 때 보험계약자 또는 피보험자에게 보험약관에 기재되어 있는 보험상품의 내용, 보험료율의 체계, 보험청약서상 기재사항의 변동, 보험자의 면책사유 등 보험계약의 중요한 내용에 대하여 구체적이고 상세한 명시·설명의무를 지고 있으므로, 만일 보험자가 이러한 보험약관의 명시·설명의무에 위반한 때에는 그 약관의 내용을 보험계약의 내용으로 주장할 수 없다(대법원 2001.9.18.선고 2001다14917, 14924판결 등 참조). 여기서 설명의무의 대상이 되는 '중요한 내용'은 사회통념에 비추어 고객이 계약체결의 여부 또는 대가를 결정하거나 계약체결 후 어떤 행동을 취할지에 관하여 직접적인 영향을 미칠 수 있는 사항을 말하고(대법원 2010.7.15.선고 2010다19990판결 등 참조), 만약 그 약관조항에 관한 명시·설명의무가 제대로 이행되었더라도 그러한 사정이 그 보험계약의 체결 여부에 영향을 미치지 아니하였다고 볼 수 있다면 그 약관조항은 명시·설명의무의 대상이 되는 보험계약의 중요한 내용이라고 할 수 없다(대법원 2016.9.23.선고 2016다221023판결 등 참조).

약관 조항 중에 무엇이 중요한 내용에 해당하는지는 일률적으로 말할 수 없고, 구체적인 사건에서 개별적 사정을 고려하여 판단하여야 한다(대법원 2018.10.25.선고 2014다232784판결).

【판례】 대법원 2025.3.13.선고 2023다250746판결

일반적으로 보험자 및 보험계약의 체결 또는 모집에 종사하는 사람은 보험계약을 체결할 때 보험계약자 또는 피보험자에게 보험약관에 기재되어 있는 보험상품의 내용, 보험료율의 체계 및 보험청약서상 기재사항의 변동사항 등 보험계약의 중요한 내용에 관하여 구체적이고 상세한 명시·설명의무를 진다. 여기서 설명의무의 대상이 되는 '중요한 내용'이란 사회통념에 비추어 고객이 계약체결의 여부 또는 대가를 결정하거나 계약체결 후 어떤 행동을 취할지에 관하여 직접적인 영향을 미칠 수 있는 사항을 말하고, 약관조항 중에서 무엇이 중요한 내용에 해당하는지에 관하여는 일률적으로 말할 수 없으며, 구체적인 사건에서 개별적 사정을 고려하여 판단하여야 한다(대법원 2010.7.15.선고 2010다19990판결 등 참조).

이러한 명시·설명의무가 인정되는 것은 어디까지나 보험계약자가 알지 못하는 가운데 약관의 중요한 사항이 계약내용으로 되어 보험계약자가 예측하지 못한 불이익을 받게 되는 것을 피하고자 하는 데에 그 근거가 있으므로, 약관에 정하여진 사항이라고 하더라도 거래상 일반적이고 공통된 것이어서 보험계약자가 이미 잘 알고 있는 내용이거나 별도의 설명 없이도 충분히 예상할 수 있었던 사항 또는 이미 법령에서 정하여진 것을 되풀이하거나 부연하는 정도에 불과한 사항이라면 그러한 사항에 대하여까지 보험자에게 명시·설명의무가 인정되는 것은 아니지만, 이와 같이 보험자에게 명시·설명의무가 면제되는 경우가 아니라면 보험자가 이러한 보험약관의 명시·설명의무에 위반하여 보험계약을 체결한 때에는 그 약관의 내용을 보험계약의 내용으로 주장할 수 없다(대법원 2010.3.25.선고 2009다91316, 91323판결 등 참조).

그러나 보험약관에 정하여진 사항이라도 거래상 일반적이고 공통된 것이어서 보험계약자나 그의 대리인이 이미 그 내용을 충분히 알고 있는 내용이거나 별도의 설명없이도 충분히 예상할 수 있었던 사항이거나 이미 법령에 의하여 정하여진 것을 되풀이하거나 부연하는 정도에 불과한 사항 등은 별도로 설명할 의무가 없다(대법원 2004.11.25.선고 2004다28245판결; 대법원 2021.8.26.선고 2020다291449판결; 대법원 2024.8.14.선고 2024다301832판결).

보충판례 ① 설명의무의 대상이 되는 사항: 전문등반·행글라이더 등 이와 비슷한 운동시의 면책조항(대법원 1999.3.9.선고 98다43342판결), 업무용 자동차 보험계약에서의 유상운송면책약관(대법원 1995.5.11.선고 98다59842판결), 가족운전자 한정운전특별약관(대법원 2003.8.22.선고 2003다27054판결), 오토바이 운전자의 경우 보험금의 지급이 제한된다는 약관의 내용(대법원 2005.10.28.선고 2005다38713판결) 등은 설명의무의 대상에 해당된다.
② 설명의무의 대상이 아닌 사항: 설명피보험자동차의 구조변경 등의 중요한 사항에 변동이 있을 때 또는 위험이 뚜렷이 증가하거나 적용할 보험료에 차액이 생기는 사실이 발생한 때(대법원 1998.11.27.선고 98다32564판결), 무보험자동차에 의한 상해보험특약에 있어서 보험금액의 산정기준이나 방법(대법원 2004.4.27.선고 2003다7302판결), '계약자 또는 피보험자가 손해의 통지 또는 보험금청구권에 관한 서류에 고의로 사실과 다른 것을 기재하였거나 그 서류 또는 증거를 위조하거나 변조한 경우'를 보험금청구권의 상실사유로 정한 보험약관(대법원 2003.5.30.선고 2003다15556판결) 등은 설명의무의 대상이 아니다.

【판례】 대법원 2024.7.11.선고 2024다223949판결

일반적으로 보험자 및 보험계약의 체결 또는 모집에 종사하는 사람은 보험계약의 체결에 있어서 보험계약의 중요한 내용에 대하여 구체적이고 상세한 명시·설명의무를 지고 있다. 그러나 이러한 명시·설명의무가 인정되는 것은 보험계약자가 알지 못하는 가운데 약관에 정하여진 중요한 사항이 계약 내용으로 되어 보험계약자가 예측하지 못한 불이익을 받게 되는 것을 피하고자 하는 데 그 근거가 있으므로, 거래상 일반적이고 공통된 것이어서 보험계약자가 별도의 설명 없이도 충분히 예상할 수 있었던 사항이거나 명시·설명의무의 이행 여부가 보험계약의 체결 여부에 영향을 미치지 아니하였다고 볼 수 있는 경우에는 보험자에게 명시·설명의무가 인정된다고 할 수 없다.

(3) 설명방법: 보험계약의 중요한 사항은 반드시 보험약관에 규정된 것에 한정된다고 할 수 없으므로, 보험약관만으로 보험계약의 중요사항을 설명하기 어려운 경우에는 보험회사 또는 보험모집종사자는 상품설명서 등 적절한 추가자료를 활용하는 등의 방법을 통하여 개별 보험상품의 특성과 위험성에 관한 보험계약의 중요사항을 고객이 이해할 수 있도록 설명하여야 한다(대법원 2018.4.12.선고 2017다229536판결).

(4) 설명의 상대방 및 시기: 약관설명의 상대방은 보험계약자 또는 그의 대리인이며, 보험계약이 양도된 경우에는 양수인도 약관설명의 상대방에 해당한다(대법원 1994.10.14.선고 94다17970판결). 그러나 보험금 청구권의 양수인에 대한 약관설명은 보험계약자에 대한 설명으로서의 효력이 없다(대법원 2001.6.15.선고 99다72453판결). 약관교부·설명의 시기는 보험계약을 체결할 때이다.

【판례】 대법원 2001.7.27.선고 2001다23973판결

상법 제638조의3 제1항 및 「약관의 규제에 관한 법률」 제3조의 규정에 의하여 보험자는 보험계약을 체결할 때 보험계약자에게 보험약관에 기재되어 있는 보험상품의 내용, 보험료율의 체계, 보험청약서상 기재사항의 변동 및 보험자의 면책사유 등 보험계약의 중요한 내용에 대하여 구체적이고 상세한 명시·설명의무를 지고 있다고 할 것이어서, 만일 보험자가 이러한 보험약관의 내용으로 주장할 수 없다고 할 것임은 물론이라 할 것이나, 그 설명의무의 상대방은 반드시 보험계약자 본인에 국한되는 것이 아니라, 보험자가 보험계약자의 대리인과 보험계약을 체결할 경우에는 그 대리인에게 보험약관을 설명함으로써 족하다.

(5) 설명이행의 증명책임: 보험자는 보험계약자 등에게 약관명시·설명의무를 구체적이고 상세하게 이행하였다는 점에 관하여 주장·증명할 책임을 부담한다(대법원 2024.4.16.선고 2023다293620판결; 대법원 2024.7.25.선고 2020다289743판결).

3) 의무위반의 효과

보험자가 이에 위반하여 약관의 교부·설명을 하지 아니한 때에는 보험계약자는 보험계약이 성립한 날로부터 3월 내에 그 계약을 취소할 수 있다(제638조의3 제2항). 취소권을 행사할 수 있는 3월의 기간은 제척기간이다. 보험계약자가 3월 내에 그 계약을 취소하지 아니한 경우 약관의 내용이 보험계약자를 구속하게 된다는 견해(규범설)도 있으나, 보험계약자의 취소권은 권리일 뿐 의무가 아니므로, 보험계약을 취소하지 않았다 하더라도 보험자는 보험약관의 설명의무에 위반하여 보험계약을 체결할 때에는 그 약관의 내용을 보험계약의 내용으로 주장할 수 없다(의사설: 대법원 1998.11.27. 선고 98다32564판결; 대법원 2019.1.17.선고 2016다277200판결; 대법원 2020.9.3.선고 2017다245804판결; 대법원 2024.4.16.선고 2023다293620판결; 대법원 2025.8.14.선고 2024다301832판결). 즉, 보험계약자가 보험계약을 취소하지 않은 경우에 보험계약자는 보험자의 설명의무 위반의 법률효과가 소멸되어 이로써 보험계약자가 보험자의 설명의무 위반의 법률효과를 주장할 수 없다거나 보험자의 이러한 의무위반의 하자가 치유되는 것은 아니다(대법원 1996.4.12.선고 96다4893판결).

【판례】 대법원 2018.4.12.선고 2017다229536판결

보험회사 또는 보험모집종사자가 설명의무를 위반하여 고객이 보험계약의 중요사항에 관하여 제대로 이해하지 못한 채 착오에 빠져 보험계약을 체결한 경우, 그러한 착오가 동기의 착오에 불과하다고 하더라도 그러한 착오를 일으키지 않았더라면 보험계약을 체결하지 않았거나 아니면 적어도 동일한 내용으로 보험계약을 체결하지 않았을 것이 명백하다면, 위와 같은 착오는 보험계약의 내용의 중요부분에 관한 것에 해당하므로 이를 이유로 보험계약을 취소할 수 있다.

한편, 상법 제638조의3 제2항과 약관의규제에관한법률(이하 약관규제법이라 한다) 제3조 제3항의 관계에 관하여는 학설의 대립이 있다.[1)]

---

1) 【학설】 약관규제법과의 관계에 관한 학설
제638조의3 제2항과 약관규제법 제3조 제3항의 관계에 관해, 상법상 약관설명의무 규정은 약관규제법 제3조 제3항의 특별규정이므로 상법규정이 우선 적용되고 약관규제법 규정은 적용이 없다는 견해(특칙설)와, 약관규제법 제3조 제3항의 규정은 보험약관에 대하여도 당연히 적용되며 제638조의3 제2항의 규정은 보험계약자

【판례】 대법원 1998.11.27.선고 98다32564판결

상법 제638조의3 제2항은 보험자의 설명의무 위반의 효과는 보험계약의 효력과 관련하여 보험계약자에게 계약의 취소권을 부여하는 것으로 규정하고 있으나, …(중략)…, 약관에 대한 설명의무를 위반한 경우에 그 약관을 계약의 내용으로 주장할 수 없는 것으로 규정하고 있는 약관의규제에관한법률 제3조 제3항과의 사이에는 아무런 모순·저촉이 없으므로, 따라서 상법 제638조의2 제3항은 약관의규제에관한법률 제3조 제3항과의 관계에서는 그 적용을 배제하는 특별규정이라고 할 수 없으므로 보험약관이 상법 제638조의3 제2항의 적용대상이라 하더라도 약관의규제에관한법률 제3조 제3항 역시 적용된다.

6. 약관의 해석

보통보험약관은 보통거래약관의 일종으로서 약관규제법의 적용을 받으므로, 약관규제법의 해석원칙이 적용된다. 보통보험약관의 내용과 상충하는 내용의 당사자 간의 개별약정이 있으면 그러한 개별약정이 보통보험약관에 우선하여 적용된다(개별약정우선의 원칙; 약관의 규제에 관한 법률 제4조). 그리고 신의성실의 원칙에 따라 공정하게 해석되어야 하고(신의성실의 원칙; 대법원 2019.10.31.선고 2016다258063판결), 보험계약자에 따라 다르게 해석되어서는 안 된다(객관적 해석의 원칙). 보통보험약관의 조항 중 명확하지 않은 조항은 고객에게 유리하고 보험자에게 불이익하게 해석하여야 하고(대법원 2007.2.22.선고 2006다72093판결; 대법원 2018.7.24.선고 2017다256828판결; 대법원 2019.1.17.선고 2016다277200판결), 보험자의 면책조항은 축소해석하여야 한다(작성자불이익의 원칙).

다만, 당사자 사이에 계약의 해석을 둘러싸고 이견이 있어 당사자의 의사 해석이 문제되는 경우에는 계약의 내용, 계약이 체결된 동기와 경위, 계약으로 달성하려는 목적, 당사자의 진정한 의사 등을 종합적으로 고찰하여 논리와 경험칙에 따라 합리적으로 해석하여야 한다(대법원 2017.9.26.선고 2015다245145판결).

【판례】 대법원 2024.10.31.선고 2023다240916판결[동지: 대법원 2024.7.11.선고 2024다223949판결]; 대법원 2025.4.3.선고 2023다245058판결

약관은 신의성실의 원칙에 따라 해당 약관의 목적과 취지를 고려하여 공정하고 합리적으로 해석하되, 개별 계약 당사자가 의도한 목적이나 의사를 참작하지 않고 평균적 고객의 이해가능성을 기준으로 객관적·획일적으로 해석하여야 한다. 그리고 특정 약관 조항을 그 목적과 취지를 고려하여 공정하고 합리적으로 해석하기 위해서는 특별한 사정이 없는 한 그 약관 조항의 문언이 갖는 의미뿐만 아니라 그 약관 조항이 전체적인 논리적 맥락 속에서 갖는 의미도 고려해야 한다. 위와 같은 해석을 거친 후에도 약관 조항이 객관적으로 다의적으로 해석되고 각각의 해석이 합리성이 있는 등 해당 약관의 뜻이 명확하지 않은 경우에는 고객에게 유리하게 해석하여야 한다. 반면 약관의 목적과 취지를 고려하여 공정하고 합리적으로, 그리고 평균적 고객의 이해가능성을 기준으로 객관적이고 획일적으로 해석한 결과 약관 조항이 일의적으로 해석된다면 약관 조항을 고객에게 유리하게 해석할 여지가 없다.

에게 취소권을 중첩적으로 인정해 주는 규정으로 해석해야 한다는 견해(중립적용설·판례)가 있다.

7. 규 제

보통보험약관은 보험자에 의해 일방적으로 작성되므로 보험계약자의 이익을 희생시킬 염려가 있다. 따라서 보통보험약관은 약관규제법이 적용되고 그 내용이 규제되는 입법적 규제(보통보험약관은 보험제도의 성질상 약관규제법의 적용을 배제하는 것이 합리적이고, 또 실제상 동법의 적용의 여지가 적다는 견해도 있다: 정찬형, 「상법강의(하)」, 제15판, 524면 주 2) 참조), 보통보험약관의 제정과 변경에 금융위원회의 인가를 받아야 하는 행정적 규제, 보통보험약관의 내용을 구체적인 사건에서 해석·적용하는 경우의 사법적 규제, 보험약관이 약관규제법에 위반될 경우 금융위원회에 시정조치를 요청할 수 있는 공정거래위원회에 의한 규제(약관규제법 제18조 제1항)가 있다.

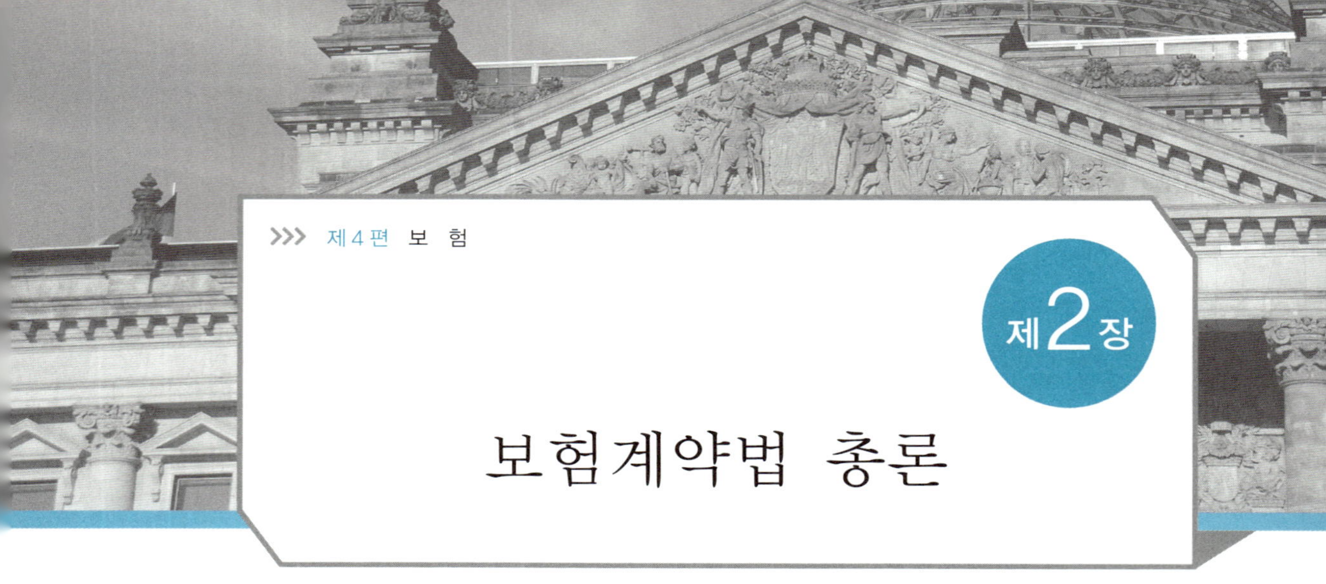

제1절 보험계약의 개념

I. 보험계약의 의의

상법 제638조는 「보험계약은 당사자의 일방이 약정한 보험료를 지급하고 상대방이 재산 또는 생명이나 신체에 관하여 불확정한 사고가 발생할 경우에 일정한 보험금이나 그 밖의 급여를 지급할 것을 약정함으로써 효력이 생긴다」라고 규정하고 있을 뿐이기 때문에 매우 추상적인 것으로서 보험계약의 의의를 명확히 하고 있지 못하다. 이로 인하여 보험계약의 의의에 대해서는 보험제도의 성질과 관련하여 다양하게 학설이 나누어진다.[1)]

1) 【학설】 보험계약의 의의에 관한 학설
① 손해보상계약설: 보험계약은 보험자가 보험계약자로부터 대가를 징수하고 보험사고에 의하여 보험계약자 또는 피보험자에게 생기는 손해를 보상할 것을 인수하는 계약이라고 한다(다수설).
② 수요충족설: 보험계약은 보험자가 보험계약자에게 보험사고로 인하여 발생한 또는 장래의 경제적 수요의 충족을 목적으로 하는 계약이라고 한다.
③ 금액급여설: 보험계약은 보험자가 대가를 받고 계약상의 보험사고의 발생을 조건으로 일정한 금액을 지급할 것을 목적으로 하는 계약이라고 한다.
④ 기술설: 보험계약은 보험자가 보험사고의 발생개연율(發生蓋然率)에 따라 산출된 보험료에 대하여 보험계약자에게 보험금을 지급할 것을 약정하는 계약이라고 한다.
⑤ 위험부담설: 보험계약은 보험자가 위험부담의 의무를 지고 보험계약자가 보험료의 지급의무를 지는 채권법적인 쌍무계약이라고 한다.

Ⅱ. 보험계약의 특성

1. 낙성·불요식의 계약성

보험계약은 당사자의 의사표시의 합치만으로써 성립하고, 그 계약의 성립요건으로서 특별한 요식행위를 요구하지 않는 낙성·불요식의 계약이다(대법원 1997.9.5.선고 95다47398판결 참고).

실제 거래계에서는 보험계약을 체결하는 데에 있어서 보험청약서를 이용하고 있고 보험계약승낙에 갈음하여 보험증권을 교부하고 있으나, 이는 보험계약의 성립과는 아무런 관련이 없다.

2. 유상·쌍무계약성

보험계약은 보험자가 보험사고가 발생한 때에 손해의 보상 또는 일정한 금액의 지급을 하고, 보험계약자가 이에 대하여 보험료를 지급할 것을 약정하는 계약이므로 유상계약이다. 그리고 보험계약은 그 효과로서 보험계약자의 보험료와 보험자의 보험금액은 서로 대가관계에 있는 채무이므로 쌍무계약에 해당한다.

그런데 보험자의 급여는 보험기간 중에 보험사고가 발생한 때에 구체화되므로 보험사고 없이 보험기간이 경과한 때에도 대가관계가 성립되는가에 대해서는 학설이 대립되고 있다.[1)]

---

⑥ 이원설(二元說): 보험계약은 보험자가 보험사고가 발생한 경우에 그 사고로 인하여 생긴 손해를 보상하거나, 또는 약정한 금액을 지급할 것을 약정하는 유상의 독립계약이라 한다.

⑦ 특수계약설: 보험계약은 보험자가 대수의 법칙에 따른 위험률에 따라 보험계약자로부터 보험료를 받고, 일정한 목적에 대하여 우연한 사고가 생긴 때에 보험금 기타의 급여를 할 것을 약정한 채권계약으로서 보험제도의 성질상 사법상의 전형계약과는 다른 특수한 계약이라고 한다.

⑧ 부정설: 모든 종류의 보험계약에 공통한 정의규정을 하는 것은 빛깔도 내용도 없는 것이 되므로 보험계약의 특징만을 보이면 되지 그 정의를 내리는 것은 불필요하다고 한다.

1) 【학설】 보험자의 지급책임의 법적 성질에 관한 학설

① 보험금급부설: 보험계약자의 보험료지급과 보험자의 보험금지급이 서로 대가관계를 가진다는 견해로서, 이에 따르면 보험사고가 없어 보험금지급이 없는 경우에는 보험자는 대가적 부담이 없으므로 대부분의 손해보험은 유상계약이 아닌 것이 된다고 한다. ⇒ 이 견해에 의하면 보험자의 채무의 내용은 보험사고가 발생한 경우의 보험금지급채무라고 한다.

② 조건부보험금급부설: 보험자는 보험사고가 발생한 때에 보험금을 지급하는 것이므로, 이 조건부 내지 불확정한 보험금지급과 보험계약자의 보험료지급이 서로 대가관계를 가진다는 견해이다. ⇒ 이 견해에 의하면 보험자의 채무는 보험사고의 발생을 조건으로 생긴다고 한다.

③ 위험부담설: 보험계약자의 보험료지급과 대가관계를 가지는 것은 보험자의 위험부담급부라는 견해이다. ⇒ 이 견해에 의하면 보험자의 채무는 위험부담이라고 보아, 계약의 성립과 동시에 발생하고, 보험사고의 발생의 여부와 관계없이 이 의무는 생긴다고 한다.

④ 단체적 구조설: 보험계약의 유상·쌍무계약성은 보험제도의 특성에 따라 보험계약의 단체적 구조와 연관시켜 그 뜻을 찾을 수밖에 없다는 견해이다.

⑤ 기타: 보험계약의 체결과 동시에 양 당사자가 지는 급부의무가 쌍무계약으로서 대가적 의미가 있는 한, 그것으로 유상계약이 되는 것이며, 그 후 현실적 급여의 불균형은 모든 사행계약에 당연히 내재하는 것으

3. 선의계약성

보험계약은 원래 선의의 계약 또는 최대 선의의 계약, 당사자의 신의성실 위에 성립하는 계약이라고도 한다. 이러한 특성은 보험계약에서는 그 특수성에 따라서 구체적으로 강하게 나타난다. 그 예로는 고지의무(제651조), 위험변경증가의 통지의무(제652조), 보험계약자 등의 주관적 위험변경증가와 계약해지(제653조), 보험자의 면책사유(제659조), 사기에 의한 초과보험·중복보험의 효과(제669조 제4항, 제672조 제3항), 손해방지의무(제680조) 등을 들 수 있다.

4. 사행계약성

보험계약의 사행계약성에 대해서는 학설이 나누어지고 있다.[1)]

5. 계속적 계약성

보험계약은 보험자가 일정한 기간 내에 발생한 보험사고에 대하여 보험금을 지급할 책임을 지는 것이므로 일정한 기간, 즉 보험기간 동안 계속하여 계약관계가 존재하므로 계속적 계약의 성질을 갖는다. 보험계약은 이와 같이 계속적 계약의 성질을 가지는 것이므로 상법상 계약을 해제할 수 있는 경우는 거의 없고(제650조의 규정에 따라 최초의 보험료를 납입하지 아니하는 경우 보험계약 해제 인정), 장래에 대하여서만 효력이 없게 하는 해지를 인정하는 것이 원칙으로 되어 있다.

6. 부합계약성

보험계약은 다수의 보험계약자를 상대로 맺어지는 것이므로 그 내용은 보험자가 일방적으로 작성한 보통보험약관의 형식으로 정형화되지 않을 수 없다. 이러한 의미에서 보험계약은 부합계약의 성질을 갖는다.

로서 유상계약이 되는 데 아무런 장애가 되지 못한다는 견해가 있다.

1) 【학설】 사행계약성에 관한 학설
① 긍정설: 보험사고의 발생이라고 하는 우연한 사실에 의하여 한쪽 당사자의 계약상의 구체적인 보험금지급의무가 생기는 것이므로 보험계약의 사행계약성이 인정된다는 견해이다(다수설). 이 견해에 의하면 선의계약성을 반영하는 각종 규제내용을 사행계약성을 반영하는 규제내용으로 인정하고 있다.
② 부정설: 보험계약자로서는 사고가 발생함으로써 보험금을 받아도 별로 이득이 있는 것이 아니므로 이익의 유무가 우연한 사실에 의하여 좌우되는 것이 아니며, 보험자로서도 계약 전체로서는 수지에 균형이 이루어지고 있으므로 사행계약성을 인정할 수 없다는 견해이다.
③ 기타: 사행계약성을 인정하더라도 이에 관한 특별한 효과를 규정한 법제도가 없으므로 실익이 없다는 견해가 있다.

7. 상행위성

상법 제46조 제17호는 기본적 상행위로 보험의 인수를 영업으로 하는 행위를 규정하고 있다. 따라서 보험자는 당연상인이 되고, 보험자가 체결하는 보험계약은 상행위성을 갖는다.

8. 독립계약성

보험계약은 민법상의 전형계약의 어디에도 속하지 않는 무명계약이므로 독립계약성을 갖는다. 보험계약의 독립계약성은 법률상 그러하다는 의미이므로, 경제상으로는 다른 계약과 결합하거나 부수하여 성립할 수 있다.

제2절 보험계약의 요소

I. 보험계약의 관계자

1. 보험계약의 당사자

1) 보험자

보험자는 보험계약의 당사자로서 보험계약자로부터 보험료를 받는 대신에, 보험기간 중 보험사고가 발생하면 피보험자 또는 보험수익자에게 보험금의 지급, 기타의 급여를 할 의무를 지는 자이다. 하나의 보험계약에서 보통 보험자는 1인이지만, 수인의 보험자가 공동으로 하나의 보험계약을 체결하는 공동보험계약이 가능하다. 공동보험의 경우 수인의 보험자는 특약이 없는 한 보험금에 대해 각자 연대하여 그 채무를 부담한다.

2) 보험계약자

보험계약자는 보험계약의 당사자로서 자기 명의로 보험자와 보험계약을 체결하고 자신이 보험료를 지급할 의무를 부담하는 자를 말한다. 보험계약자의 자격에는 아무런 제한이 없고, 대리인이 보험계약을 체결할 수도 있다.

2. 보험계약 당사자 이외의 관계자

1) 피보험자

피보험자는 손해보험과 인보험에 있어서 그 뜻을 달리하고 있다. 손해보험에서는 피보험이익의 주체가 되는 자, 즉 손해의 보상을 받는 자를 피보험자라고 하고, 인보험에 있어서는 보험사고가 발생할 객체가 되는 자를 피보험자라고 한다.

피보험자는 보험계약자와 전혀 별개의 지위에 있는 자인 경우도 있고, 동일인이 양자를 겸하는 경우도 있다. 손해보험의 경우 전자를 '타인을 위한 보험'이라 하고, 후자를 '자기를 위한 보험'이라 한다. 그러나 인보험에서는 전자를 '타인의 생명의 보험'이라 하고, 후자를 '자기의 생명의 보험'이라 한다.

2) 보험수익자

보험수익자는 생명보험 등의 인보험에 있어서 보험금을 지급받을 수 있는 자를 말한다. 손해보험에서는 보상을 받는 자는 피보험자이며, 보험수익자라는 용어가 사용되지 않는다. 보험계약자와 보험수익자가 같은 경우를 '자기를 위한 생명보험'이라 하고, 보험계약자와 보험수익자가 다른 경우를 '타인을 위한 생명보험'이라 한다.

3. 보험자의 보조자

1) 보험대리상

(1) 의 의: 보험대리상이란 일정한 보험자를 위하여 상시 그 영업부류에 속하는 보험계약의 체결을 대리하거나 중개하는 것을 영업으로 하는 자를 말하며(제87조), 일정한 자격을 갖춘 자로서 대통령령이 정하는 바에 의하여 금융위원회에 등록하여야 한다(보험업법 제149조).

(2) 권한의 범위: 보험대리상은 보험계약자로부터 보험료를 수령할 수 있는 권한, 보험자가 작성한 보험증권을 보험계약자에게 교부할 수 있는 권한, 보험계약자로부터 청약·고지·통지·해지·취소 등 보험계약에 관한 의사표시를 수령할 수 있는 권한, 보험계약자에게 보험계약의 체결·변경·해지 등 보험계약에 관한 의사표시를 할 수 있는 권한이 있다(제646조의2 제1항).

(3) 권한의 제한: 보험자는 보험대리상의 권한 중 일부를 제한할 수 있다. 다만, 보험자는 그러한 권한 제한을 이유로 선의의 보험계약자에게 대항하지 못한다(제646조의2 제2항).

(4) 피보험자나 보험수익자에 적용: 피보험자나 보험수익자가 보험료를 지급하거나 보험계약에 관한 의사표시를 할 의무가 있는 경우에는 보험대리상에 관한 규정은 그 피보험자나 보험수익자에게도 적용한다(제646조의2 제4항).

2) 보험중개인

보험중개인이란 보험자와 보험계약자 사이의 보험계약의 성립을 중개하는 것을 영업으로 하는 자를 말하며(제93조), 대통령령이 정하는 바에 의하여 금융위원회의 허가를 받은 자이다(보험업법 제150조의2 제1항).

보충 보험대리상이 아니면서 특정한 보험자를 위하여 계속적으로 보험계약의 체결을 중개하는 자는 보험계약자로부터 보험료를 수령할 수 있는 권한(보험자가 작성한 영수증을 보험계약자에게 교부하는 경우만 해당한다) 및 보험자가 작성한 보험증권을 보험계약자에게 교부할 수 있는 권한이 있다(제646조의2 제3항).

3) 보험모집인(보험설계사)

(1) 보험모집인은 보험자의 피용자로서 보험자를 위하여 보험계약청약의 유인을 하는 자이며, 금융위원회가 정하는 바에 의하여 금융감독원에 등록하여야 한다(보험업법 제2조 제3항).

(2) 보험모집인은 특정 보험자를 위하여 보험계약의 체결을 중개하는 자일 뿐 보험자를 대리하여 보험계약을 체결할 대리권이 없고, 보험계약자 또는 피보험자가 보험자에 대하여 하는 고지나 통지의 수령권(受領權)도 없다(대법원 2006.6.30.선고 2006다19672·19689판결). 따라서 보험계약자가 보험모집인에게 말한 것으로는 보험자에 대한 고지라 할 수 없다(대법원 1979.10.30.선고 79다1234판결).

(3) 보험모집인이 가입자에게 보통보험약관과 다른 내용으로 보험약관을 설명하고 이에 따라 보험계약이 체결된 경우에는 그 설명된 내용이 보험계약의 내용이 된다(대법원 1989.3.28.선고 88다4645판결).

(4) 보험자는 사용자책임이나 표현법리에 따라 보험모집인이 보험계약자를 모집함에 있어서 보험계약자에게 가한 손해를 배상할 책임이 있다.

(5) 보험모집인도 보험자에 의한 수권에 의하여 보험료를 수령하고 보험료 영수증을 발행하고 있는 거래실정에 따라 제1회의 보험료의 수령권이 있다(대법원 1989.11.28.선고 88다카33367판결).

4) 보험의

보험의(保險醫)란 생명보험회사가 생명보험계약을 체결하는 경우에 피보험자의 신체검사를 하여 생명의 위험측정에 관한 전문가로서의 의견을 보험자에게 제공하여 주는 의사이다.

보험의는 고지수령권이 있고, 그의 고의 또는 중과실은 보험자의 그것과 같은 효력을 갖는 경우가 있다. 즉, 보험의가 중과실로 인해 고지의무사항을 알지 못하게 된 경우 보험자는 고지의무위반에 따른 계약의 해지를 할 수 없다는 것이 통설의 입장이다.

Ⅱ. 보험의 목적

보험의 목적이란 보험사고 발생의 객체가 되는 피보험자의 재화(손해보험) 또는 피보험자의 생명·신체(인보험)를 말한다. 보험의 목적은 보험계약의 목적과 구별되어야 한다. 보험계약의 목적이란 손해보험에 있어서 피보험이익을 말한다.

Ⅲ. 보험사고

보험사고란 보험계약에서 보험자의 책임을 구체화시키는 불확정한 사고를 의미하는 것으로서(대법원 2021.2.25.선고 2020다248698판결), 여기서 '불확정한'이란 보험계약의 성립 당시에 그 사고의 발생 여부나 또는 발생시기 등이 확정되어 있지 아니한 것을 말한다. 그리고 보험사고는 '발생 가능한 것'이어야 하며, 이미 보험사고가 발생하였거나 또는 발생할 수 없는 것인 때에는 그 보험계약은 무효가 된다(제644조 본문). 그러나 보험자와 보험계약자 및 피보험자가 보험사고발생 또는 발생 불가능의 사실을 알지 못한 경우에는 보험계약은 유효하다(제644조 단서). 상법 제644조의 규정은 보험사고는 불확정적이어야 한다는 보험의 본질에 따른 강행규정으로, 당사자 사이의 행위에 의해 이 규정에 반하는 보험계약을 체결하더라도 그 계약은 무효이다(대법원 2002.6.28.선고 2001다59064판결).

상법 제644조 단서는 보험자와 보험계약자 및 피보험자가 선의의 경우에는 예외적으로 보험사고의 발생이 확정되어 있는 경우라도 보험계약을 유효로 하고 있는데, 이는 예외 사유로서 계약관계자들 모두가 선의일 것을 요구하는 것이다(대법원 2010.4.15.선고 2009다81623판결).

그리고 보험사고는 '적법한 것'이어야 한다. 또한 보험사고는 일정한 보험의 목적에 대한 것으로서 그 범위는 '특정'되어야 한다.

한편 손해보험의 경우에는 보험사고로 인하여 피보험자에게 경제적 손해가 발생할 수 있는 것이어야 보험사고가 된다.

【판례】 대법원 2010.4.15.선고 2009다81623판결

상법 제644조의 규정에 의하면, 보험계약 당시에 보험사고가 발생할 수 없는 것인 때에는 보험계약의 당사자 쌍방과 피보험자가 이를 알지 못한 경우가 아닌 한 그 보험계약은 무효로 되는바, 보증보험계약은 기본적으로 보험계약으로서의 본질을 갖고 있으므로, 적어도 계약이 유효하게 성립하기 위해서는 계약 당시에 보험사고의 발생 여부가 확정되어 있지 않아야 한다는 우연성과 선의성의 요건을 갖추어야 한다.

IV. 보험기간과 보험료기간

1. 보험기간

보험기간이란 보험자의 책임이 시작되어 종료하는 기간, 즉 그 기간 내에 보험사고가 발생함으로써 보험자가 책임을 지게 되는 기간을 말하며, 보험자의 책임기간이라고도 한다. 그러므로 보험기간의 개시 전이나 종료 후에 발생한 보험사고에 대해서는 책임을 지지 않는다.

보험기간은 당사자 간의 보험계약이 성립하여 존속하는 기간인 보험계약기간과 구별되지만, 보험기간은 당사자 간에 특약이 없는 한 보험계약기간과 일치한다. 보험기간은 당사자 간에 다른 약정이 없으면 최초의 보험료의 지급을 받은 때로부터 시작한다(제656조).

소급보험 소급보험이란 보험계약의 성립 전의 어느 시기를 보험기간의 시기로 하는 보험을 말한다(제643조). 이러한 소급보험은 보험자나 보험계약자·피보험자가 보험사고의 발생을 알지 못한 것을 전제로 한다(제644조 단서). 만일 보험계약자·피보험자가 보험사고의 발생을 알면서 계약을 체결한 경우에 그 보험계약은 무효이며(제644조 본문), 이미 지급한 보험료는 반환받을 수 없다(648조). 최초 1회의 보험료의 지급이 없는 한 보험자의 소급책임은 없다(제656조 참조).

2. 보험료기간

보험료기간이란 보험료산출의 기초가 되는 기간을 말하며, 이것을 단위로 하여 위험을 측정하게 된다. 보험료기간은 보통 1년을 단위로 하여 정하여진다. 보험료가 일정한 기간(보험료 기간)의 위험률을 기초로 하여 정해지므로 이 위험률을 산출하는 단위인 기간에 대응하는 보험료는 불가분의 성질을 갖는다(보험료불가분의 원칙). 우리 상법에서는 보험료기간이란 용어를 찾아볼 수 없기 때문에 보험료불가분의 원칙의 인정에 대해서는 견해가 나뉘고 있다.[1)]

1) 【학설】 보험료불가분의 원칙의 인정 여부에 관한 학설
이론상 보험료불가분의 원칙을 부인하는 견해와 인정하는 견해(다수설)가 있다. 인정하는 견해는 초과보험에서 보험료의 감액은 장래에 대하여서만 그 효력이 생긴다고 하는 규정(제669조 제1항 단서)이나 보험자가 손해를 보상할 경우에 미지급보험료의 잔액이 있는 경우에는 지급기일 전일지라도 보상할 금액에서 이를 공제할 수있다는 규정(제677조)을 근거로 든다.

제3절 보험계약의 성립

Ⅰ. 보험계약의 청약과 승낙

1. 보험계약의 청약

보험계약은 낙성·불요식의 계약이므로, 보험계약의 청약은 서면에 의하든 구두에 의하든 관계없고, 전화에 의한 청약도 가능하다. 그러나 실제에 있어서는 대량거래의 편의와 분쟁예방을 위하여 보험계약청약서에 의한 청약이 관행으로 되어 있다.

보험계약은 적법한 청약이 있어도 승낙이 있기 전에는 성립하지 않으며, 청약은 보험자가 승낙 여부를 결정할 수 있는 기간 내에는 청약자가 임의로 철회할 수 없는 것으로 본다(민법 제527조).

2. 보험계약의 승낙

1) 승낙의 통지

보험의 인수는 상행위이므로, 상행위편의 통칙에 관한 규정이 적용된다. 즉 일반적으로 대화자 간의 보험계약에 있어서는 보험자가 즉시 승낙을 하여야 보험계약이 성립한다(제51조).

2) 승낙의 낙부통지의무

(1) 상시거래관계가 있는 경우: 상인이 상시거래관계가 있는 자로부터 그 영업부류에 속한 계약의 청약을 받은 때에는 지체없이 승낙 여부의 통지를 발송하여야 하며, 이를 해태한 때에는 승낙한 것으로 본다(제53조).

(2) 상시거래관계가 없는 경우: 상시거래관계가 없는 자로부터 보험계약의 청약을 받은 경우에도 보험자가 낙부통지의무를 부담하는 경우가 있다. 즉, 보험자가 보험계약자로부터 보험계약의 청약과 함께 보험료 상당액의 전부 또는 일부의 지급을 받은 때에는 다른 약정이 없으면 30일 내에 그 상대방에 대하여 낙부의 통지를 발송하여야 한다(제638조의2 제1항 본문). 다만, 인보험계약의 피보험자가 신체검사를 받아야 하는 경우에는 그 기간은 신체검사를 받은 날로부터 기산한다(제638조의2 제1항 단서).

따라서 보험계약자가 보험계약의 청약시에 보험료 상당액을 지급하지 아니하였거나, 인보험에서 신체검사를 요하는 경우에 그 검사를 받지 아니한 때에는 보험자의 낙부통지의무는 없다. 보험자가 청약과 더불어 보험료 상당액을 받은 경우에 30일 내에 낙부통지를 하여야 하며, 이를 해태한 때에는 승낙한 것으로 본다(제638조의2 제2항). 이것은 상법 제53조의 상시거래관계에 있는 상인의 낙부통지의무규정을 확대한 규정이다.

3) 승낙 전 사고에 대한 보험자의 책임

보험자가 보험계약자로부터 보험계약의 청약과 함께 보험료 상당액의 전부 또는 일부를 받은 경우에 그 승낙을 하기 전에 보험사고가 발생한 때에는 그 청약을 거절할 사유가 없는 한, 보험자는 보험계약상의 책임을 진다(제638조의2 제3항 본문).

> **【판례】 대법원 2008.11.27.선고 2008다40847판결**
>
> 이른바 승낙 전 보험사고에 대하여 보험계약의 청약을 거절할 사유가 없어서 보험자의 보험계약상의 책임이 인정되면, 그 사고발생사실을 보험자에게 고지하지 아니하였다는 사정은 청약을 거절할 사유가 될 수 없고, 보험계약 당시 보험사고가 이미 발생하였다는 이유로 상법 제644조에 의하여 보험계약이 무효로 된다고 볼 수도 없다.

여기서 '청약을 거절할 사유'는 보험자가 마련하고 있는 객관적인 보험인수기준에 의하면 보험자가 인수할 수 없는 위험을 목적으로 하는 보험계약의 청약이 있는 경우를 들 수 있고, 이러한 청약을 거절할 사유의 존재에 대한 증명책임은 보험자에게 있다(대법원 2008.11.27.선고 2008다40847판결).

> **【판례】 대법원 1991.11.8.선고 91다29170판결**
>
> 보험회사가 보험모집인을 통하여 생명보험가입청약을 받고 제1회 보험료를 납부받은 직후 피보험자가 그 소유의 무등록 오토바이를 운전하던 중 교통사고로 사망한 경우, 피보험자가 오토바이 사용자인 위험직종으로서 그 약관에 정한 적격피보험자가 아님을 이유로 보험회사가 그 승낙을 거절한 경우에는 보험계약이 성립되지 않는다.

인보험계약의 피보험자가 신체검사를 받아야 하는 경우에 그 검사를 받지 않은 때에는 승낙 전 사고에 대한 보험자의 책임은 생기지 않는다(제638조의2 제3항 단서).

Ⅱ. 고지의무

1. 고지의무의 개념

1) 의 의

고지의무란 보험계약 체결 당시에 보험계약자 또는 피보험자가 보험자에 대하여 중요한 사실을 고지하고, 부실의 사실을 고지하지 아니할 의무를 말한다(제651조). 고지의무는 보험계약자측의 불이익으로 변경할 수 없는 편면적 강행규정에 해당한다(제663조). 고지의무는 보험계약의 성립 전에 지는 의무이므로, 보험계약 성립 후에 지는 각종의 통지의무(제652조, 제657조)와는 구별된다.

2) 법적 성질

보험계약에 있어서 고지의무는 보험자가 그 이행을 강제하거나 또는 불이행을 이유로 손해배상을 청구할 수 있는 것이 아니라 그 의무위반의 효과로서 보험계약을 해지할 수 있을 뿐이다. 따라서 고지의무는 보험계약의 전제조건이며, 보험계약자 등이 지는 간접의무로서 보험계약법상의 특수한 의무(법정의무)에 해당한다.

3) 고지의무의 존재이유

고지의무제도는 본래 보험계약청약서에 의해서 지배되고 있는 위험에 관하여 동일한 정보를 보험자도 얻을 수 있도록 하기 위하여 발전된 것이며, 이로 인하여 보험자는 위험의 성질에 관하여 올바른 평가를 내릴 수 있게 되고, 불량위험을 배제함으로써 도덕적 위험을 방지할 수 있는 기능도 있다. 여기에서 고지의무를 인정하는 근거에 관해서는 학설의 대립이 있다.[1)]

2. 고지의무의 당사자

1) 고지의무자

고지의무를 부담하는 자는 보험계약상 보험계약자와 피보험자이다(제651조). 피보험자는 인보험의 피보험자뿐만 아니라 손해보험의 피보험자도 포함된다. 보험계약자가 수인이 있는 경우에는 각 보험계약자가 고지의무를 부담한다.

그리고 보험계약이 대리인에 의하여 체결되는 경우에는 대리인이 안 사유는 그 본인이 안 것과 동일한 것으로 하므로(제646조) 그 대리인도 고지의무를 부담하며, 이때에는 본인이 알고 있는 사실뿐만 아니라 대리인 자신이 알고 있는 사실도 고지하여야 한다(제646조; 민법 제116조 제1항).

1) 【학설】 고지의무를 인정하는 근거에 관한 학설
① 위험측정설·기술설: 보험사고 발생의 개연율을 측정하기 위하여 위험측정의 자료를 얻고자 하는 데 근거하여 고지의무를 지운다는 견해이다(통설).
② 사행계약설·선의계약설: 보험계약은 우연한 사정에 의하여 발생하는 사고에 대비하는 사행계약이라는 점에 초점을 두어, 보험계약자의 역선택의 문제와 관련시켜 보험계약자의 신의칙상 고지의무가 요구된다는 견해이다.
③ 양자포함설: 위험측정설·기술설과 선의계약설·사행계약설은 서로 상반되는 것이 아니므로, 고지의무는 이 양자 모두에 근거를 둔 것이라는 견해이다.

2) 고지의 상대방

고지의무자가 고지할 상대방은 보험자 및 그로부터 고지수령의 권한이 주어진 자를 말한다. 보험계약의 체결의 대리권이 있는 보험대리점에 대한 고지는 보험자에 대한 고지와 같은 효력이 있으나, 보험중개인은 고지수령권이 없다.

인보험에서 유진사(有診査)보험의 경우에 보험의는 계약체결의 대리권은 없지만 고지를 수령할 권한은 가지고 있다. 한편, 보험모집인에게 고지수령권이 있다는 견해도 있으나 보험모집인은 보험자에 종속되어 보험계약의 청약을 유인하는 자에 불과하므로 고지수령권이 없다(통설: 대법원 1979.10.30. 선고 79다1234판결).

3. 고지의무의 내용

1) 고지의 시기

고지하여야 할 시기는 보험계약 당시, 즉 보험계약의 성립시까지 하여야 한다. 따라서 고지의 유무는 보험계약의 청약시가 아니라 성립시를 표준으로 결정한다. 그리고 보험계약의 청약시에 고지한 사항은 계약성립시까지 변경·철회·추가할 수 있으나, 계약성립 후에는 이러한 보정을 할 수 없다.

2) 고지의 방법

고지의 방법에 대하여는 법률상 특별한 제한이 없으므로 구두로 하든지 서면으로 하든지, 묵시적이든 명시적이든 관계없다. 실제에 있어서는 보험계약청약서의 질문란 등으로 서면에 의하는 것이 보통이다.

3) 고지사항

(1) 고지의 범위: 보험계약자 또는 피보험자가 보험자에 대하여 고지할 사항은 중요한 사항이다(제651조). 여기서 정한 '중요한 사항'이란, 보험자가 보험사고의 발생과 그로 인한 책임부담의 개연율을 측정하여 보험계약의 체결 여부 또는 보험료나 특별한 면책조항의 부가와 같은 보험계약의 내용을 결정하기 위한 표준이 되는 사항으로서, 객관적으로 보험자가 그 사실을 안다면 계약을 체결하지 않든가 적어도 동일한 조건으로는 계약을 체결하지 않으리라고 생각되는 사항을 말하며(대법원 2011.4.14.선고 2009다103349판결), 위험측정상 중요한 사항을 뜻한다(대법원 2003.11.13.선고 2001다49623판결).

보충판례 보증보험에서는 고지의무의 대상이 되는 중요한 사항으로서 주계약의 거래조건, 금액, 기간, 보험계약자의 신용이나 자금 등에 관한 사항을 들수 있을 것이며, 보증인이 누구인가는 보험사고 발생의 가능성 등과는 관계없이 보험사고가 이미 발생한 후에 보험자가 구상권을 행사하기 위한 대비를 해 두기 위한 것이므로, 보증인에 관한 사항은 일반적으로 고지의무의 대상이 되지 않는다(대법원 2001.2.13.선고 99다13737판결).

고지의무의 존재와 그 효과에 관하여 상법 제651조에서 규정하고 있다고 하더라도 구체적으로 어떠한 사항이 고지의무의 대상이 되는지는 각 보험계약의 내용과 관계에서 개별적으로 정해지는 것이고(대법원 2024.4.16.선고 2023다293620판결). 어떠한 사항이 이에 해당하는가는 보험의 종류에 따라 달라질 수밖에 없는 사실인정의 문제로서 보험의 기술에 비추어 객관적으로 관찰하여 판단되어야 한다(대법원 2001.2.13.선고 99다13737판결).

(2) 질문표의 내용: 전문가가 아닌 보험계약자나 피보험자는 보험계약을 체결할 때에 구체적으로 고지사항의 범위를 판단하는 것은 매우 어려울 것이기 때문에, 실무상으로는 보험자가 보험계약청약서에 미리 고지할 사항을 열거하여 질문란을 둔 일종의 질문표를 이용하고 있다.

우리 상법도 이러한 거래계의 현실을 반영하여 보험자가 서면으로 질문한 사항은 중요한 사항으로 추정한다는 규정을 두고 있다(제651조 의2). 여기의 서면에는 보험계약청약서도 포함될 수 있으므로 보험계약청약서에 일정한 사항에 관하여 답변을 구하는 취지가 포함되어 있다면 그 사항은 상법 제651조에서 말하는 '중요한 사항'으로 추정된다(대법원 2004.6.11.선고 2003다18494판결).

4. 고지의무 위반

1) 요 건

(1) 주관적 요건: 고지의무 위반이 되기 위해서는 중요한 사항의 불고지 또는 부실고지가 보험계약자 또는 피보험자의 고의 또는 중대한 과실[1])로 인한 것이어야 한다. 여기서 '고의'라 함은 중요한 사항에 대하여 알면서 고지하지 아니하거나 부실고지를 한 것을 말한다. '중대한 과실'이란 고지의무자가 거래상 필요로 하는 간단한 주의를 게을리하여 불고지 또는 부실고지를 하는 것을 말한다. 예를 들어, 보험계약청약서의 질문표를 읽어보지 않아 질문사항에 대하여 불고지한 경우에 중대한 과실이 있다고 할 수 있다.

1) 【학설】 중대한 과실의 범위에 관한 학설
고지사항인 중요한 사항을 중대한 과실로 알지 못한 경우를 중대한 과실에 포함시킬 것인가에 대해, 중대한 과실은 고의에 가까운 개념이고 법적 효과도 고의와 동일하므로 이를 긍정하는 견해와, 고지의무는 고지의무자가 알고 있는 사실을 고지하도록 하는 것이지 의무자의 탐지의무까지 부담시키는 것은 아니므로 이를 부정하는 견해(판례)가 있다.

【판례】 대법원 2011.4.14.선고 2009다103349·103356판결[동지: 대법원 2012.11.29.선고 2010다38663·38670판결]

보험자가 고지의무 위반을 이유로 보험계약을 해지하기 위해서는 보험계약자 또는 피보험자가 고지의무가 있는 사항에 대한 고지의무의 존재와 그러한 사항의 존재에 대하여 이를 알고도 고의로 또는 중대한 과실로 인하여 이를 알지 못하여 고지의무를 다하지 않은 사실이 증명되어야 한다. 여기서 '중대한 과실'이란 고지하여야 할 사실은 알고 있었지만 현저한 부주의로 인하여 그 사실의 중요성의 판단을 잘못하거나 그 사실이 고지하여야 할 중요한 사실이라는 것을 알지 못하는 것을 말한다.

(2) 객관적 요건: 중요한 사항에 대한 불고지 또는 부실고지가 있어야 한다. 여기서 '불고지'란 중요한 사항을 알면서 알리지 아니하는 것을 말하고, '부실고지'란 중요한 사항을 사실과 다르게 고지하는 것을 말한다. 따라서 보험계약자 등이 질문표에 기재한 질문사항에 사실과 다른 기재를 한 경우에는 특별한 사정이 없는 한 부실고지에 해당한다(대법원 1969.2.18. 선고 68다2082판결).

(3) 입증책임: 보험자가 다른 보험계약의 존재 여부에 관한 고지의무위반을 이유로 보험계약을 해지하려면 보험계약자 또는 피보험자가 다른 보험계약의 존재를 알고 있는 외에 그것이 고지를 요하는 중요한 사항에 해당한다는 사실을 알고도, 또는 중대한 과실로 알지 못하여 고지의무를 다하지 아니한 사실을 보험자가 입증하여야 한다(대법원 2004.6.11.선고 2003다18494판결).

2) 효 과

(1) 보험계약의 해지: 보험자는 보험계약자 또는 피보험자의 고지의무위반이 있는 경우 보험사고의 발생 전후를 묻지 아니하고 일방적인 의사표시만으로 보험계약을 해지할 수 있다(해지주의; 제651조 본문). 보험계약의 해지의 의사표시는 보험계약자에게 하여야 하지만, 보험계약자가 사망한 때에는 보험계약자의 상속인에게 하여야 하고, 피보험자 또는 보험수익자가 지정된 경우에도 그들이 보험계약자의 상속인이 아니면 그들에 대한 해지의사표시는 아무런 효력이 없다(대법원 2002.11.8.선고 2000다19281판결). 보험계약의 해지권은 일종의 형성권에 속하므로, 그 권리의 포기는 가능하다.

보험자의 계약해지의 효력은 그 의사표시가 보험계약자에게 도달한 때에 생기고, 보험사고가 발생한 후에 그 계약을 해지한 경우에도 보험자는 보험금액을 지급할 책임이 없고, 이미 지급한 보험금액의 반환을 청구할 수 있다(제655조 본문). 그러나 고지의무 위반으로 보험계약이 해지되었더라도 생명보험의 경우에는 보험수익자를 위한 적립금을 보험계약자에게 지급하여야 한다(제736조 제1항).

(2) 해지권의 제한

① 제척기간의 경과: 보험자가 고지의무위반의 사실을 안 날로부터 1월, 계약을 체결한 날로부터 3년을 경과하면 보험계약을 해지할 수 없다(제651조 본문). 이 기간은 제척기간이며, 이 기간이 경과한 후에는 보험자는 해지권을 행사할 수 없으므로 불가쟁기간이라고도 한다.

② 보험자의 고의·중과실: 보험자가 보험계약 당시에 고지의무 위반의 사실을 알았거나 중대한 과실로 인하여 알지 못한 때에는 보험자는 보험계약을 해지할 수 없다(제651조 단서). 여기서 보험자에는 보험자뿐만 아니라 보험대리점·보험의 등 고지수령권이 있는 자를 포함한다. 보험자의 고의·중과실에 대해서는 이를 주장하는 고지의무자가 입증하여야 한다.

【판례】 대법원 2001.1.5.선고 2000다40353판결

보험계약 당시에 보험계약자 또는 피보험자가 고의 또는 중대한 과실로 인하여 중요한 사항을 고지하지 아니하거나 부실의 고지를 하였다고 하더라도 보험자가 계약 당시에 그 사실을 알았거나 중대한 과실로 인하여 알지 못한 때에는 그 고지의무위반을 들어 계약을 해지할 수 없다고 할 것인바, 여기에서 말하는 보험자의 악의나 중대한 과실에서는 보험자의 그것뿐만 아니라 이른바 보험자의 보험의를 비롯하여 널리 보험자를 위하여 고지를 수령할 수 있는 지위에 있는 자의 악의나 중과실도 당연히 포함된다고 할 것이다.

③ 인과관계의 부존재: 고지의무위반 사실이 보험사고의 발생에 영향을 미치지 아니한 때에는 보험자는 이미 지급한 보험금의 반환을 청구할 수 없을 뿐만 아니라 보험금의 지급의무를 면하지 못한다(제655조 단서). 고지의무위반사실과 보험사고발생과의 인과관계의 부존재의 점에 관한 입증책임은 보험계약자에게 있다(대법원 1994.2.25.선고 93다52082판결 등).

【판례】 대법원 2025.1.9.선고 2024다272941판결

보험계약을 체결할 때 중요한 사항의 고지의무를 위반한 경우 고지의무를 위반한 사실이 보험사고 발생에 영향을 미치지 아니하였다는 점, 즉 보험사고의 발생이 보험계약자가 불고지하였거나 부실고지한 사실에 의한 것이 아니라는 점이 증명된 때에는 상법 제655조 단서의 규정에 따라 보험자는 위 불고지 또는 부실고지를 이유로 보험금 지급을 거절할 수 없다. 그러나 위와 같이 고지의무를 위반한 사실과 보험사고 발생 사이에 인과관계가 존재하지 않는다는 점에 관한 증명책임은 보험계약자 측에 있으므로, 만일 그 인과관계의 존재를 조금이라도 인정할 여지가 있으면 위 단서는 적용되어서는 안 된다.

다만, 고지의무위반과 보험사고 발생 사이의 인과관계가 인정되지 않아 보험자는 보험금지급책임을 부담하는 것과는 별개로 고지 의무 위반을 이유로 보험계약을 해지할 수 있다(대법원 2010.7.22.선고 2010다25353판결).

【판례】 대법원 2010.7.22.선고 2010다25353판결

상법 제651조는 고지의무위반으로 인한 계약해지에 관한 일반적 규정으로 이에 의하면 고지의무에 위반한 사실과 보험사고 발생 사이에 인과관계를 요하지 않는 점, 상법 제655조는 고지의무위반 등으로 계약을 해지한 때에 보험금액청구에 관한 규정이므로, 그 본문뿐만 아니라 단서도 보험금액청구권의 존부에 관한 규정으로 해석함이 상당한 점, 보험계약자 또는 피보험자가 보험계약 당시에 고의 또는 중대한 과실로 중요한 사항을 불고지·부실고지하면 이로써 고지의무위반의 요건은 충족되는 반면, 고지의무에 위반한 사실과 보험사고 발생 사이의 인과관계는 '보험사고 발생시'에 비로소 결정되는 것이므로, 보험자는 고지의무에 위반한 사실과 보험사고 발생 사이의 인과관계가 인정되지 않아 상법 제655조 단서에 의하여 보험금액 지급책임을 지게 되더라도 그것과 별개로 상법 제651조에 의하여 고지의무위반을 이유로 계약을 해지할 수 있다고 해석함이 상당한 점, 고지의무에 위반한 사실과 보험사고 발생 사이의 인과관계가 인정되지 않는다고 하여 상법 제651조에 의한 계약해지를 허용하지 않는다면, 보험사고가 발성하기 전에는 상법 제651조에 따라 고지의무위반을 이유로 계약을 해지할 수 있는 반면, 보험사고가 발생한 후에는 사후적으로 인과관계가 없음을 이유로 보험금액을 지급한 후에도 보험계약을 해지할 수 없고 인과관계가 인정되지 않는 한 계속하여 보험금액을 지급하여야 하는 불합리한 결과가 발생하는 점, 고지의무에 위반한 보험계약은 고지의무에 위반한 사실과 보험사고 발생 사이의 인과관계를 불문하고 보험자가 해지할 수 있다고 해석하는 것이 보험계약의 선의성 및 단체성에서 부합하는 점 등을 종합하여 보면, 보험자는 고지의무를 위반한 사실과 보험사고의 발생 사이의 인과관계를 불문하고 상법 제651조에 의하여 고지의무위반을 이유로 계약을 해지할 수 있다. 그러나 보험금액청구권에 관해서는 보험사고 발생 후에 고지의무위반을 이유로 보험계약을 해지한 때에는 고지의무에 위반한 사실과 보험사고 발생 사이의 인과관계에 따라 보험금액 지급책임이 달라지고, 그 범위 내에서 계약해지의 효력이 제한될 수 있다.

④ 약관설명의무 위반과 해지권 배제: 보험자측이 약관교부·설명의무를 위반함으로 인하여 보험계약자가 그 약관에 정하여진 고지를 하지 아니한 때에는 보험자는 보험계약을 해지할 수 없다(대법원 1996.4.12.선고 96다4893판결).

【판례】 대법원 1997.9.26.선고 97다4494판결

보험자 또는 보험계약의 체결 또는 모집에 종사하는 자는 보험계약의 체결에 있어서 보험계약자 또는 피보험자에게 보험약관에 기재되어 있는 보험상품의 내용, 보험료율의 체계 및 보험청약서상 기재사항의 변동사항 등 보험계약의 중요한 내용에 대하여 구체적이고 상세한 명시·설명의무를 지고 있다고 할 것이어서 보험자가 이러한 보험약관의 명시·설명의무에 위반하여 보험계약을 체결한 때에는 그 약관의 내용을 보험계약의 내용으로 주장할 수 없다 할 것이므로, 보험계약자나 그 대리인이 그 약관에 규정된 고지의무를 위반하였다 하더라도 이를 이유로 보험계약을 해지할 수는 없다.

5. 고지의무 위반과 착오·사기의 관계

상법상 고지의무 위반의 사실이 동시에 민법상 보험자의 착오나 보험계약자의 사기에 해당하는 경우가 있다. 이 경우 보험자는 고지의무 위반에 따른 계약해지권과 함께 민법상 사기 또는 착오에 의한 취소권도 행사할 수 있는가가 문제된다. 이에 대해 견해가 나누어지고 있다.[1)]

1) 【학설】 고지의무 위반과 착오·사기의 관계에 관한 학설

① 민·상법적용설: 고지의무에 관한 상법의 규정과 착오·사기에 관한 민법의 규정은 그 근거·요건·효과에 있어서 전혀 다른 것이므로 민·상법의 규정은 다같이 적용된다는 견해이다.

② 상법적용설: 상법상 고지의무를 인정하는 것은 보험계약의 단체적·기술적인 요청에 기인하여 고지의무에 위반할 경우에 보험계약이 그 체결 당시에 소급하여 무효로 되는 것을 피하여 일부러 해지할 수 있는 것으로 하였으므로, 민법의 적용을 배제하고 상법의 규정에 따라 해결하는 것이 옳다고 하는 견해이다.

③ 절충설: 착오의 경우에는 민법의 적용을 배제하나 고지의무자에게 사기가 있는 경우에는 보험자는 상법에 의하여 계약해지를 할 수 있는 동시에 그 제척기간 경과 후에도 민법의 원칙에 따라 취소권을 행사할 수 있다는 견해이다(다수설·판례).

【판례】 대법원 2017.4.7.선고 2014다234827판결

보험계약을 체결하면서 중요한 사항에 관한 보험계약자의 고지의무 위반이 사기에 해당하는 경우에는 보험자는 상법의 규정에 의하여 계약을 해지할 수 있음은 물론 보험계약에서 정한 취소권 규정이나 민법의 일반원칙에 따라 보험계약을 취소할 수 있다. 따라서 보험금을 부정취득할 목적으로 다수의 보험계약이 체결된 경우에 민법 제103조 위반으로 인한 보험계약의 무효와 고지의무 위반을 이유로 한 보험계약의 해지나 취소는 그 요건이나 효과가 다르지만, 개별적인 사안에서 각각의 요건을 모두 충족한다면 위와 같은 구제수단이 병존적으로 인정되고, 이 경우 보험자는 보험계약의 무효, 해지 또는 취소를 선택적으로 주장할 수 있다.

보험증권

1. 의의·기재사항

1) 의 의

보험증권이란 보험계약의 성립과 내용을 증명하기 위하여 보험자가 소정의 사항을 기재하고 기명날인 또는 서명하여 보험계약자에게 교부하는 증권이다(제666조, 제640조 제1항).

2) 기재사항

보험증권의 기재사항은 손해보험에 공통되는 기재사항(제666조)과 인보험에 공통되는 기재사항(제728조) 그리고 각 보험의 종류에 따라 각각 그 규정을 두고 있다(제685조, 제690조, 제695조, 제726조의3, 제735조).

손해보험에 공통되는 기재사항으로는 보험의 목적, 보험사고의 성질, 보험금액, 보험료와 그 지급방법, 보험기간을 정한 때에는 그 시기와 종기, 무효와 실권의 사유, 보험계약자의 주소와 성명 또는 상호, 피보험자의 주소·성명 또는 상호, 보험계약의 연월일, 보험증권의 작성지와 작성연월일이다(제666조). 인보험에 공통되는 기재사항으로는 보험계약의 종류, 피보험자의 성명·주소 및 생년월일, 보험수익자를 정한 때에는 그 성명·주소 및 생년월일이다(제728조).

2. 발 행

1) 작성·교부

보험자는 보험계약이 성립한 때에는 지체없이 보험증권을 작성하여 보험계약자에게 교부하여야 한다(제640조 제1항 본문). 보험계약자가 보험료의 전부 또는 최초의 보험료를 지급하지 아니한 때에는 보험자는 보험증권의 교부의무가 없다(제640조 제1항 단서). 그러나 보험자가 계약이 성립한 후 보험료의 지급이 없는 동안에도 보험증권을 교부하는 것은 무방하며, 이렇게 교부된 보험증권도 효력이 있다.

2) 증권기재내용에 대한 이의기간

보험계약의 당사자는 보험증권의 교부가 있은 날로부터 1월을 내리지 않는 기간 내에 한하여 그 증권내용의 정부(正否)에 관하여 이의를 주장할 수 있음을 약정할 수 있다(제641조). 즉, 이의기간은 증권의 교부일로부터 일정기간 내로 약정할 수 있으나, 1월 이내로는 할 수 없다. 이의기간에 대한 약정이 없는 때에는 민법의 일반원칙에 따라 이의를 제기할 수 있다.

3) 보험계약의 연장·변경과 보험증권

기존의 보험계약을 연장하거나 변경한 경우에는 보험자는 새로운 보험증권을 작성할 필요가 없이 기존 보험증권에 그 사실을 기재함으로써 새로운 보험증권의 교부에 갈음할 수 있다(제640조 제2항).

4) 보험증권의 멸실·훼손과 재교부

보험증권을 멸실 또는 현저하게 훼손한 때에는 보험계약자는 보험자에 대하여 재교부를 청구할 수 있고, 이때 그 증권의 작성비용은 보험계약자가 부담한다(제642조).

3. 발행방식

보험계약상의 보험금청구권자를 증권상에 기재하여야 하는가에 따라서 증권의 방식을 기명식과 무기명식으로 나눌 수 있다. 손해보험증권은 기명식에 한하지 않고 무기명식으로 발행될 수 있다. 또한 운송물을 보험의 목적으로 하는 보험증권은 그 운송증권과 함께 유통할 필요가 있으므로, 이러한 부류의 보험증권은 지시식으로 발행할 수 있다. 인보험증권의 법정기재사항에 보험수익자의 성명이 포함되므로 기명식증권이 원칙이지만, 보험계약자는 보험수익자의 지정권을 계약성립 후에도 행사할 수 있으므로 무기명식이 허용된다. 인보험증권은 배서에 의하여 보험금청구권을 타인에게 양도할 수 없기 때문에 지시식으로 발행할 수 없다.

4. 법적 성질

1) 증거증권성·면책증권성

보험증권은 보험자가 작성·교부하고 보험계약자가 이의 없이 수령한 때에는 계약의 성립과 그 내용에 관하여 사실상의 추정적 효력을 가지게 되므로 증거증권에 속한다. 또한 보험자는 보험금의 지급 기타의 급여를 함에 있어서 보험증권을 제시하는 자에 대하여 악의 또는 중과실 없이 지급하면 면책되므로 면책증권에 속한다.

2) 유가증권성

보험증권의 유가증권성에 관해서는 학설의 대립이 있다.[1]

3) 기타의 성질

보험증권은 그 성질상 문언증권이나 무인증권이 아니며, 제시증권성과 상환증권성을 인정할 필요도 없다.

제 4 절 보험계약의 효과

I. 보험자의 의무

1. 보험증권교부의무

보험자는 보험계약이 성립하고 보험료의 지급을 받은 때에는 지체없이 보험증권을 작성하여 보험계약자에게 교부하여야 한다(제640조 제1항).

2. 보험금지급의무

1) 보험금지급의무의 발생

보험자는 보험사고가 발생한 경우에 손해보험의 피보험자 또는 생명보험의 보험수익자에게 보험금을 지급하여야 할 의무를 진다(제638조). 여기서 보험사고는 보험기간 내에 발생하였어야 한다.

1) 【학설】 보험증권의 유가증권성에 관한 학설

① 긍정설: 거래안전의 확보 및 권리의 행사에 증권의 소지를 필요로 하는 것을 이유로 지시식 보험증권의 유가증권성을 전면적으로 긍정하는 견해이며, 이 견해에 의하면 지시식 보험증권은 보험사고의 발생으로 인하여 생길 보험금청구권을 표창하는 증권으로서 동 증권의 소지인은 그러한 보험금청구권을 행사할 수 있다고 한다.

② 부정설: 보험금청구권은 그 성질상 증권 이외의 사정에 달려 있다는 점 및 손해보험에 있어서는 보험증권의 이전만으로 증권상의 권리를 양도할 수 없고 보험의 목적의 양도에 수반하여 이전되어야 한다는 점 등에서 보험증권이 비록 지시식으로 발행되었다고 하더라도 그러한 보험증권의 유가증권성을 부인하는 견해이다.

③ 절충설: 지시식 유가증권 중에서도 운송보험증권·적하보험증권 등의 운송증권 또는 창고증권 등의 유통증권과 함께 유통되는 보험증권의 유가증권성을 인정하는 견해이다(다수설). 이 견해에 의하면 기타 다른 보험증권은 유가증권성을 인정하지 않는다.

2) 보험자의 책임개시시기·보험금지급시기

보험자의 보험금지급책임은 당사자 간에 다른 약정이 없으면 최초의 보험료의 지급을 받은 때로부터 개시한다(제656조). 상법 제656조는 책임개시의 시기를 정한 것이고 보험계약의 효력발생시기를 의미하는 것은 아니다.

보험자는 보험금액의 지급에 관하여 약정기간이 있는 경우에는 그 기간 내에, 약정기간이 없는 경우에는 보험계약자 또는 피보험자나 보험수익자로부터 보험사고의 통지를 받은 후 지체없이 그 지급할 보험금액을 정하고, 그 정하여진 날부터 10일 내에 피보험자 또는 보험수익자에게 지급하여야 한다(제658조).

보충 보험계약의 당사자 사이에 계약상 채무의 존부나 범위에 관하여 다툼이 있는 경우 그로 인한 법적 불안을 제거하기 위하여 보험회사는 먼저 보험수익자를 상대로 소극적 확인의 소를 제기할 확인의 이익이 있다고 할 것이다(대법원 2021.6.17.선고 2018다257958·257965 전원합의체 판결).

3) 시 효

보험금청구권은 3년간 행사하지 아니하면 소멸시효가 완성된다(제662조). 보험금청구권의 소멸시효기간을 단축하는 당사자 간의 약정은 피보험자 또는 보험수익자에게 불이익하므로 그 효력이 없다. 보험금청구권은 보험사고의 발생으로 인하여 구체적으로 확정되어 그때부터 그 권리를 행사할 수 있게 되는 것이므로(대법원 2000.3.23.선고 99다66878판결), 소멸시효는 특별한 다른 사정이 없는 한 원칙적으로 보험사고가 발생한 때로부터 진행한다(대법원 2005.12.23.선고 2005다59383·59390 판결; 대법원 2019.4.3.선고 2014도2754판결).[1] 다만 약관 등에 의하여 보험금청구권의 행사에 특별한 절차를 요구하는 때에는 그 절차를 마친 때, 또는 채권자가 그 책임 있는 사유로 그 절차를 마치지 못한 경우에는 그러한 절차를 마치는 데 소요되는 상당한 기간이 경과한 때로부터 진행한다(대법원 2014.7.24.선고 2013다27978판결).

한편, 객관적으로 보험사고의 발생사실을 확인할 수 없는 사정이 있는 때에는 보험금청

---

1) 【학설】 소멸시효의 기산점에 관한 학설

① 사고발생시설: 보험금청구권의 소멸시효기간은 보험사고가 발생한 때로부터 기산한다고 하는 견해이다(다수설·판례)

② 이원설: 보험금청구권의 소멸시효기간의 기산점은 손해보험의 경우에는 손해가 발생한 때가 되고, 인보험의 경우에는 보험사고가 발생한 때로 보는 견해이다.

③ 권리행사가능시설: 민법에 따라서 권리를 행사할 수 있는 때를 소멸시효기간의 기산점으로 하는 견해이다.

④ 사고발생통지시설: 보험금청구권의 소멸시효기간의 기산점은 보험사고발생통지가 보험자에게 하여진 때로 보는 견해이다.

⑤ 수정사고발생시설: 보험사고발생시를 보험금청구권의 소멸시효기간의 기산점으로 하지만, 책임보험의 경우에는 배상액이 확정된 때로 보는 견해이다.

⑥ 유예기간 경과시설: 보험금지급시기가 정하여져 있는 경우에는 그 기간이 경과한 다음날부터, 보험금지급시기가 정하여지지 않은 경우에는 보험자가 보험사고통지를 받은 후 지급할 보험금액이 정하여지고 10일의 보험금 지급유예기간이 경과한 다음 날부터 소멸시효가 진행된다는 견해이다.

구권자가 보험사고의 발생을 알았거나 알 수 있었을 때부터 보험금청구권의 소멸시효가 진행된다(대법원 1993.7.13.선고 92다39822판결; 대법원 2015.9.24.선고 2015다30398판결; 대법원 2021.2.4.선고 2017다281367 판결).

4) 보험자의 면책사유

(1) 보험사고의 유발

① 면책의 주관적 요건: 보험사고가 보험계약자 또는 피보험자나 보험수익자의 고의나 중대한 과실로 인하여 생긴 때(사망을 보험사고로 하는 보험계약에 있어서 중대한 과실로 인한 사고는 면책되지 않는다: 제732조의2 제1항)에는 보험자는 보험금액을 지급할 책임이 없다(제659조 제1항). 여기서 '고의'는 보험사고를 발생시킬 의사를 가진 경우뿐만 아니라, 일정한 결과를 인식하고 그것을 용인하는 미필적 고의를 포함한다(대법원 2000.2.11.선고 2001다10199판결). 그러나 보험금취득의 의사는 요건이 아니다. 고의로 사고를 발생시킨 보험계약자나 피보험자, 보험수익자에게 책임능력이 있어야 한다(대법원 2001.4.24.선고 2001다10199판결).

【판례】 대법원 2017.7.18.선고 2016다216953판결

자기신체사고 자동차보험(자손사고보험)은 피보험자의 생명 또는 신체에 관하여 보험사고가 생길 경우에 보험자가 보험계약이 정하는 보험금을 지급할 책임을 지는 것으로서 그 성질은 인보험의 일종이다. 보험계약 약관에서 자기신체사고에 관하여 '피보험자의 고의'로 손해가 발생한 경우에는 보험자를 면책하도록 규정하고 있는 경우, 사망이나 상해를 보험사고로 하는 인보험에서 피보험자의 고의는 보험사고가 전체적으로 보아 고의로 평가되는 행위로 인한 것이어야 한다.

그리고 '중대한 과실'은 통상인에게 일반적으로 요구되는 주의를 현저하게 태만히 한 경우를 의미한다. 즉, 약간의 주의를 한다면 쉽게 위법·유해한 결과를 예견할 수 있음에도 불구하고 이를 간과함과 같은 거의 고의에 가까운 현저한 주의를 결여한 상태를 말한다(대법원 1991.7.12.선고 91다6351판결; 대법원 2017.3.30.선고 2014다68891판결).

보충 한편, 보험계약자나 피보험자 또는 보험수익자의 배우자·가족 등의 고의·중과실에 의한 보험사고의 경우 보험자의 면책이 인정되는가에 대해서는 학설의 대립이 있다.[1] 판례는 "보험계약자나 피보험자 또는 이들의 법정대리인에게 단순히 고용된 자"의 고의 또는 중대한 과실로 인한 손해는 상법 제659조 제1항에 해당되지 않는 것으로 보아야 한다(대법원 1998.4.28.선고 97다11898판결; 대법원 2000.6.23.선고 2000다9116판결)고 하고 있다.

---

1) 【학설】 보험계약자 등의 배우자 등에 의한 보험사고 유발의 경우에 대한 학설(대표자책임이론)
보험계약자 또는 피보험자나 보험수익자의 배우자·가족·동거 중인 사용인 기타 동거인과 같은 보험계약자 등과 법률상 또는 경제상 특별한 관계에 있는 자의 고의·중과실에 의하여 보험사고가 발생한 때, 보험자의 책임이 면제되는가에 대해서 우리 보험법은 아직 적극적으로 인정하지 않고 있다. 그러나 이 보험사고에 대해서는 보험자의 책임이 면제된다는 견해가 있다. 판례는 특별한 근거규정이 없는 한 면책을 인정하기 어렵지만 보험계약자 등의 공모·교사·방조가 있으면 면책을 인정하는 견해를 취하고 있고, 기타 대표자의 고의·중과실이 사회통념상 보험계약자의 고의·중과실로 인정되는 경우에만 보험자의 면책을 인정하는 견해, 보험약관에 이에 관한 규정이 있는 경우에만 보험자의 면책을 인정하는 견해가 있다.

② 입증책임: 보험계약자측의 고의·중과실로 인하여 보험사고가 발생하였다는 사실은 보험자가 이를 입증하여야 한다. 사고의 발생원인이 복수로 존재하는 경우 그 중 하나가 피보험자 등의 고의행위임을 주장하여 보험자가 면책되기 위해서는 그 고의행위가 보험사고 발생의 결정적 원인이었음을 입증하여야 할 것이다(대법원 2004.8.20. 선고 2003다26075판결).

③ 반대약정의 효력: 당사자 간의 합의에 의하여 보험계약자측의 고의·중과실로 인하여 생긴 보험사고에 대해 보험보상을 한다는 약정을 한 경우, 고의에 의한 사고유발에 대한 보상의 약정은 무효이나, 중과실로 인한 사고에 대한 보상약정은 유효하다.

④ 보험자대위: 보험자는 보험사고의 발생이 보험계약자나 피보험자 또는 보험수익자 이외의 제3자의 고의·중과실로 인하여 생긴 경우에는 손해보험에 있어서는 보험금액을 지급한 후 대위권을 행사할 수 있다(제682조 제1항).

(2) 전쟁 기타의 변란: 보험사고가 전쟁 기타의 변란으로 인하여 생긴 때에는 당사자 간에 다른 약정이 없는 한 보험자는 보험금을 지급할 책임이 없다(제660조). 전쟁 기타의 변란은 위험산정의 기초가 된 통상의 사고가 아니고, 또 통상의 보험료로써는 그 위험을 인수할 수 없기 때문이다.

(3) 면책약관에 정한 면책사유: 각종 보통보험약관은 보험자의 면책사유를 정하고 있다. 이러한 약관의 조항을 면책약관이라 한다. 이러한 면책약관상의 면책사유는 상법 제663조(보험계약자 등의 불이익변경금지) 등 강행법규에 저촉되지 않는 한 유효하다.

3. 보험료반환의무

1) 보험계약의 무효·취소

보험계약의 전부 또는 일부가 무효(또는 취소)가 된 경우에 보험계약자와 피보험자가 선의이며 중대한 과실이 없는 때에는 보험자는 보험료의 전부 또는 일부를 보험계약자에게 반환하여야 할 의무를 진다(제648조). 따라서 보험계약자 등의 악의로 보험계약이 무효로 된 때에는 보험자는 보험료반환의무를 지지 않는다.

또한 보험계약을 맺을 때에 보험자가 보험약관의 교부·설명의무를 이행하지 아니함으로써 보험계약자가 보험계약의 성립 후 3월 내에 그 계약을 취소하여 그 보험계약이 처음부터 무효로 된 때(제638조의3)에는 보험자는 지급받은 보험료를 모두 보험계약자에게 반환하여야 한다.

보험료반환청구권의 소멸시효 기산점에 관하여는 상법이 아무런 규정을 두고 있지 아니하므로, 소멸시효는 민법일반 법리에 따라 객관적으로 권리가 발생하고 그 권리를 행사할 수 있는 때로부터 진행한다. 그런데 상법 제731조 제1항에 의하여 타인의 사망을 보험사고로 하는 보험계약에서 타인의 동의를 얻지 못하여 무효가 된 보험계약의 경우에는 납부한 보험료에 대한 반환청구권은 특별한 사정이 없는 한 보험료를 납부한 때에 발생하여 행사할 수 있다고 할 것이므로, 위 보험료반환청구권의 소멸시효는 특별한 사정이 없는 한 각 보험료를 납부한 때부터 진행한다(대법원 2011.3.24.선고 2010다92612판결).

2) 보험사고발생 전 보험계약의 해지

보험계약자는 보험사고의 발생 전에 언제든지 보험계약의 전부 또는 일부를 해지할 수 있으며, 이 경우에는 보험자는 다른 약정이 없으면 미경과보험료를 반환하여야 할 의무를 진다(제649조 제1항, 제3항). 여기서 미경과보험료란 보험계약이 해지된 때 해지 이후의 보험료기간에 해당하는 보험료를 의미한다.

생명보험의 경우는 일정한 사유에 의하여 보험계약이 해지되거나 보험금의 지급책임이 면제된 때에는 보험자는 보험수익자를 위하여 적립한 보험료적립금을 보험계약자에게 반환하여야 할 의무를 진다(제736조 제1항).

보충 미경과보험료 지급 이유: 보험사고가 발생하지 아니하였더라도 보험자는 해지 이전의 기간 동안 위험을 인수하였으므로, 보험료불가분의 원칙에 의하면 전 보험료기간에 해당하는 보험료는 보험자에게 귀속되어야 한다. 그러나 보험계약자를 위하여 해지 이후의 기간에 해당하는 보험료(미경과 보험료)를 반환하는 것이다(정동윤, 「상법(하)」, 522면).

3) 소멸시효

보험계약이 무효 또는 취소가 되거나 보험사고 발생 전 보험계약이 해지된 경우에 보험자의 보험료반환의무는 3년의 소멸시효기간의 경과로 소멸한다(제662조 제1항).

Ⅱ. 보험계약자·피보험자 등의 의무

1. 보험료지급의무

1) 보험료의 지급

보험계약은 유상·쌍무계약이므로, 보험계약자는 보험계약이 체결된 후 보험자에 대하여 보험료를 지급하여야 한다(제638조). 보험계약이 성립되었다 하더라도 보험료의 전부 또는 제1회의 지급이 없으면 다른 약정이 없는 한 보험자는 보험계약상의 책임을 지지 않는다(제656조).

참조판례 보험회사를 대리하여 보험료를 수령할 권한이 부여되어 있는 보험대리점이 보험계약자에 대하여 보험료의 대납약정을 하였다면, 그것으로 곧바로 보험계약자가 보험회사에 대하여 보험료를 지급한 것과 동일한 법적 효과가 발생하는 것이고, 실제로 보험대리점이 보험회사에 대납을 하여야만 그 효과가 발생하는 것은 아니다(대법원 1995.5.26.선고 94다60615판결).

2) 보험료지급의무자

보험료지급의무자는 원칙적으로 보험계약자이지만(제639조 제3항 본문), 타인을 위한 보험의 경우에 보험계약자가 파산선고를 받거나 보험료의 지급을 지체한 때에는 그 타인이 보험계약상의 권리를 포기하지 아니하는 한 보험료를 지급할 의무를 진다(제639조 제3항 단서). 보험계약자가 수인인 경우 그 중 1인 또는 전원이 상인인 때에는 각 보험계약자는 연대하여 그 보험료를 지급할 의무가 있다(제57조 제1항).

보충 타인을 위한 보험에서 보험계약자 대신에 그 타인이 보험료를 지급하기로 하는 약정은 보험계약의 본질적 요소인 보험계약자의 보험료지급의무에 반하여 무효라는 견해가 있다(정동윤, 「상법(하)」, 522면).

3) 보험료의 증감청구

(1) 보험료감액청구: 보험계약의 당사자가 특별한 위험을 예기하여 보험료의 액을 정한 경우에 보험기간 중 그 예기한 위험이 소멸한 때에는 보험계약자가 그 후에 보험료의 감액을 청구할 수 있다(제647조).[1] 그리고 손해보험에 있어서 계약체결 당시 또는 계약체결 후에 보험금액이 보험계약의 목적의 가액을 현저하게 초과한 때에는 보험계약자는 장래에 대하여 보험료의 감액을 청구할 수 있다(제669조 제1항, 제3항). 이 경우 보험의 목적의 가액은 계약 당시의 가액에 의하여 정한다(제669조 제2항).

(2) 보험료증액청구: 보험기간 중에 사고발생의 위험이 현저하게 변경 또는 증가된 경우(제652조) 또는 보험기간 중에 보험계약자·피보험자 또는 보험수익자의 고의 또는 중대한 과실로 인하여 보험사고 발생의 위험이 현저하게 변경 또는 증가한 경우(제653조)에는 보험자는 보험료의 증액을 청구할 수 있다.

---

1) 【학설】 보험료불가분의 원칙과 관련한 학설
보험료액의 감액은 장래에 대하여 효력이 생기지만 보험료기간의 중간에서 감액청구를 한 경우에는 그 감액의 효력이 언제부터 생기는가에 대해, 보험료불가분의 원칙을 인정하는 견해에서는 감액청구를 한 때가 속하는 보험료기간 동안에는 감액되지 않고 다음 보험료기간 이후부터 감액의 효력이 생긴다고 한다. 이에 대해 보험료불가분의 원칙을 인정하지 않는 견해는 보험료기간의 중간이라도 감액청구를 한 때 감액의 효력이 생긴다고 한다.

4) 보험료의 지급시기·지급장소

(1) 지급시기: 보험계약자가 최초의 보험료를 납입하지 아니한 때에는 다른 약정이 없는 한 보험자의 책임이 개시하지 아니하므로(제656조), 보험계약자는 보험계약이 성립한 후 지체 없이 보험료의 전부(일시납 보험) 또는 제1회 보험료(분할납 보험)를 지급하여야 한다(제650조 제1항 전단).

(2) 지급장소: 보험료 지급장소에 대해 상법은 특별한 규정을 두고 있지 않으므로, 약관이나 당사자 간의 약정이 없으면 채무변제의 일반원칙에 따라 지참채무가 되어 채권자인 보험자의 영업소가 지급장소가 된다.

다만, 보험자의 수금원이 보험계약자를 방문하여 보험료를 수금하는 경우는 예외적으로 추심채무가 된다.

5) 보험료의 지급방법

보험료의 지급방법은 일시에 지급하는 방법과 분할하여 지급하는 방법이 있다. 보험료는 현금으로 지급하는 것이 원칙이지만, 어음 또는 수표로써 지급하는 경우도 있다. 이 경우 어음·수표에 의한 지급시 보험자의 책임개시와 관련하여 문제가 된다.[1)]

6) 보험료 불지급의 효과

(1) 계약의 해제의제: 보험계약자가 보험계약체결 후 지체없이 보험료의 전부 또는 제1회 보험료를 지급하지 아니한 때에는 다른 약정이 없으면 계약성립 후 2월이 경과하면 그 계약은 해제된 것으로 본다(제650조 제1항).

---

1) 【학설】 어음·수표에 의한 보험료지급에 관한 학설

① 어음·수표의 결제 전의 보험사고에 대하여 보험자는 보험금지급채무를 부담한다는 견해(다수설): 이 견해의 경우 그 이론구성에 대해서는 어음의 경우는 신용증권이라는 성질에서 지급기일까지 보험료의 지급을 유예한 것으로 보고 수표의 경우는 지급증권이라는 성질에서 지급거절을 해제조건으로 하여 교부시에 대물변제가 있다고 보는 견해(절충설), 어음·수표를 보험자가 수취한 때에는 지급기일까지 보험료의 지급을 유예한 것으로 보아 어음·수표의 부도가 없는 한 보험금지급책임을 부담하는 것으로 보는 견해(유예설), 어음·수표에 관하여 지급거절되는 것을 해제조건으로 하여 어음·수표를 교부한 때에 보험료의 대물변제가 있는 것으로 보는 견해(해제조건부대물변제설: 다수설)가 있다. 유예설과 해제조건부대물변제설에 따르면 선일자수표도 이를 교부한 날 보험료지급의 효력이 발생한다고 한다.

② 어음·수표의 결제 전의 보험사고에 대하여 보험자는 원칙적으로 보험금지급채무를 부담하지 않는다는 견해: 이 견해는 어음·수표의 일반법리에 따라 은행발행의 자기앞수표나 은행이 지급보증한 당좌수표에 의한 보험료지급은 금전으로써 보험료를 지급한 경우와 동일하게 보지만, 기타 어음이나 선일자수표를 포함한 수표에 의한 보험료의 지급은 어음·수표의 결제를 정지조건부로 보아 보험자에게 보험금지급책임이 없다고 한다. 다만, 어음의 지급기일 이전에 보험자가 보험계약자에게 보험기간이 명시된 보험증권을 교부한 때에는 예외적으로 어음의 교부를 대물변제로 보고 어음교부 후의 보험사고에 대하여 보험자의 책임을 인정한다고 한다.

※ 이와 관련하여 판례는 「선일자수표를 받은 날을 보험자의 책임발생 시점이 되는 제1회 보험료의 수령일로 보아서는 안된다」고 하여, 선일자수표의 경우 수표의 결제 전의 보험사고에 대하여 보험자의 책임을 부정하고 있다(대법원 1989.11.28.선고 88다카33367판결).

(2) 계약의 해지: 제2회 이후의 보험료(계속보험료)는 약정된 시기에 지급하여야 하나, 그 시기에 지급이 없는 경우에는 보험자는 보험계약을 해지할 수 있다. 즉, 보험자는 상당한 기간을 정하여 최고하고, 그 기간 내에 지급이 없는 때에는 그 계약을 해지할 수 있다(제650조 제2항). 최고의 방법에는 제한이 없으므로 구두로 하든 서면으로 하든 관계없지만, 최고한 사실에 대한 입증책임은 보험자에게 있다.

(3) 타인을 위한 보험계약의 해제 또는 해지: 특정한 타인을 위한 보험의 경우에 보험계약자가 보험료의 지급을 지체한 때에는 보험자는 그 타인에게도 상당한 기간을 정하여 보험료의 지급을 최고한 후가 아니면 그 계약을 해제 또는 해지하지 못한다(제650조 제3항).

(4) 실효약관의 효력: 보험약관에 실효조항을 둔 실효약관의 효력에 관하여는 유효라는 견해와 무효라는 견해로 학설의 대립이 있다.[1)]

【판례】 대법원 2003.4.11.선고 2002다69419판결

상법 제650조 제2항은 "보험료가 적당한 시기에 지급되지 아니한 때에는 보험자는 상당한 기간을 정하여 보험계약자에게 최고하고 그 기간 내에 지급하지 아니한 때에는 계약을 허지할 수 있다"라고 규정하고, 같은 법 제663조는 위의 규정은 보험당사자 간의 특약으로 보험계약자 또는 피보험자나 보험수익자의 불이익으로 변경하지 못한다고 규정하고 있으므로, 분납보험료가 소정의 시기에 납입되지 아니하였음을 이유로 그와 같은 절차를 거치지 아니하고 곧바로 보험계약이 실효됨을 규정한 약관은 상법의 그 규정에 위배되어 무효라고 할 것이다(대법원 1995.11.16.선고 94다56852 전원합의체 판결 등 참조). 그러나 반대되는 약정이 없으면 보험약관(제2회부터의 보험료는 납입일이 속하는 달의 다음 날 말일까지 납입유예기간을 둡니다. 그러나 보험료를 내지 아니하고 납입유예기간이 지나면 그 다음 날부터 계약은 효력을 상실합니다)에서 정한 납입유예기간을 납입기한을 연장하는 효력을 갖는 기간으로 볼 수는 없고, 오히려 계약상 정하여진 보험료 납입기일을 경과하면 보험료지급지체의 효과는 즉시 발생하나 단지 납입유예기간은 보험자가 적극적인 최고 등 계약의 해지조치로 나아가는 것을 유보하는 기간에 불과한 것으로 보아야 할 것이므로, 특별한 사정이 없는 한 납입유예기간을 지난 일자를 기한으로 한 최고를 거쳐 그 기간이 지나면 별도의 의사표시 없이 해지의 효과가 생기게 하는 것은 상법 제663조에 위반되지 않는다.

7) 보험료지급채무의 소멸시효

보험료지급채무의 소멸시효기간은 2년이다(제662조). 기산점은 최초의 보험료는 보험계약이 성립한 날이고, 제2회 이후의 보험료는 각 지급기일의 다음 날이다.

---

1) 【학설】 실효약관의 효력에 관한 학설
① 무효설: 분납보험료를 소정의 시기에 납입하지 아니한 때에는 보험계약이 바로 해지된다는 약관의 실효조항(失效條項)은 무효라는 견해이다(판례·소수설).
② 유효설: 다수의 보험계약을 다루어야 하는 보험거래의 실정과 보험단체의 이익을 보호하여야 한다는 점에서 실효약관은 유효하다는 견해이다(다수설).

2. 통지의무

1) 위험변경·증가의 통지의무

(1) 보험기간 중에 보험계약자 또는 피보험자가 사고발생의 위험이 현저하게 변경 또는 증가된 사실을 안 때에는 지체없이 보험자에게 통지하여야 한다(제652조 제1항 제1문).[1)]

【판례】 대법원 2024.11.28.선고 2022다238633판결

보험기간 중에 보험계약자 또는 피보험자가 사고발생의 위험이 현저하게 변경 또는 증가된 사실을 안 때에는 지체 없이 보험자에게 통지하여야 하고, 보험자가 위 위험변경증가의 통지를 받은 때에는 1월 내에 보험료의 증액을 청구하거나 계약을 해지할 수 있다(상법 제652조). 이때 하나의 보험회사에 대하여 피보험자가 동일한 여러 개의 보험계약이 체결되어 있는 경우 여러 개의 보험계약에 관하여 보험계약자 또는 피보험자가 위험변경증가 통지의무를 이행하였는지 여부는 보험회사와 사이에 체결된 보험계약의 내역, 보험계약자 또는 피보험자가 보험회사에 알린 내용과 알리게 된 경위, 이후 보험회사의 처리경과 등 여러 사정을 종합하여 판단하여야 한다. 이러한 법리는 피보험자의 직업이나 직무에 따라 적용해야 할 보험요율에 차이가 있는 상해보험계약 약관에서 피보험자가 보험계약 체결 후 직업 또는 직무를 변경하는 경우 보험계약자나 피보험자가 보험자에게 그 사실을 알리도록 규정하고 있는 때에도 마찬가지이다.

이를 분설하면 다음과 같다.

① '위험'이라 함은 보험사고 발생의 가능성을 말하며, '현저한 변경 또는 증가'란 보험계약의 체결 당시에 그러한 사실이 존재하였다면 보험계약을 체결하지 않았거나 적어도 동일 조건으로 그 계약을 체결하지 않았을 것으로 생각되는 정도의 위험의 변경 또는 증가를 말한다(대법원 2004.6.11.선고 2003다18494판결).

② '사고발생의 위험이 현저하게 변경 또는 증가된 사실'이라 함은 그 변경 또는 증가된 위험이 보험계약 체결 당시에 존재하고 있었다면 보험자가 보험계약을 체결하지 않았거나 적어도 그 보험료로는 보험을 인수하지 않았을 것으로 인정되는 정도의 것을 말하며(대법원 2003.11.13.선고 2001다49630판결), 그 원인은 객관적이어야 하므로 보험계약자 또는 피보험자의 행위로 인한 것이 아니어야 한다. 보험계약자가 손해보험에 있어서 중복보험계약을 체결하는 경우 이는 상법 제652조의 통지의무의 대상이 되는 '사고발생의 위험이 현저하게 변경 또는 증가될 때'에 해당되지 않는다(대법원 2003.11.13.선고 2001다49630판결).

③ '사고발생의 위험이 현저하게 변경 또는 증가된 사실을 안 때'란 특정한 상태의 변경이 있음을 아는 것만으로는 부족하고 그 상태의 변경이 사고발생위험의 현저한 변경·증가에 해당된다는 것까지 안 때를 의미한다(대법원 2014.7.24.선고 2012다62318판결).

1) 【학설】 위험변경·증가통지의무의 법적 성질에 관한 학설
위험변경·증가의 통지를 해야 할 의무의 법적 성질에 대해 법률상의 진정한 의무라는 견해와 고지의무와 같이 간접의무 또는 자기 의무라는 견해(다수설)가 있다.

④ '통지'는 발송하기만 하면 되고, 통지의 방법에는 상법상 특별한 제한이 없으므로 서면 또는 구두로도 가능하다.

보충판례 보험모집인은 특정 보험자를 위하여 보험계약의 체결을 중개하는 자일 뿐 보험자를 대리하여 보험계약을 체결할 권한이 없고 보험계약자 또는 피보험자가 보험자에 대하여 하는 고지나 통지를 수령할 권한도 없으므로, 보험모집인이 통지의무의 대상인 '보험사고발생의 위험이 현저하게 변경 또는 증가된 사실'을 알았다고 하더라도 이로써 곧 보험자가 위와 같은 사실을 알았다고 볼 수는 없다(대법원 2006.6.30.선고 2006다19672·19689판결).

(2) 보험계약자 등이 위험변경·증가의 사실을 알면서 지체없이 보험자에게 통지하지 아니한 때에는 보험자는 그 사실을 안 날로부터 1월 내에 보험계약을 해지할 수 있다(제652조 제1항 제2문).

【판례】 대법원 2025.8.14.선고 2024다289680판결

보험기간 중에 보험계약자 또는 피보험자가 사고발생의 위험이 현저하게 변경 또는 증가된 사실을 안 때에는 지체 없이 보험자에게 통지하여야 한다(상법 제652조 제1항 전단). 이러한 통지의무는 보험계약의 효과로서 인정되는 의무가 아니라 상법 규정에 의하여 인정되는 법정의무로서, 보험계약자 또는 피보험자가 이를 해태한 때에는 보험자는 그 사실을 안 날로부터 1월내에 한하여 계약을 해지할 수 있다(상법 제652조 제1항 후단). 만약 보험약관에서 '보험기간 중에 이륜자동차 또는 원동기장치자전거를 계속적으로 사용하게 된 경우에 지체 없이 회사에 알려야 하고, 이를 이행하지 않았을 때에는 회사가 계약을 해지할 수 있다.'고 정하였다면, 그 약관조항은 상법 제652조 제1항 전단의 통지의무를 구체화하여 규정한 것으로 상법 제652조 제1항을 단순히 되풀이하거나 부연한 정도의 조항이라고 할 수 없으므로, 보험계약자가 위 약관조항의 내용을 잘 알고 있거나 거래상 일반적이고 공통된 것이어서 별도의 설명 없이도 충분히 예상할 수 있었던 사항이 아닌 한 보험자 등의 명시·설명의무가 면제된다고 볼 수 없다[대법원 2010.3.25.선고 2009다91316(본소), 2009다91323(반소)판결, 대법원 2021.8.26.선고 2020다291449판결 참조].
그러나 보험자가 상법 제652조 제1항의 통지의무를 구체화하여 규정한 보험약관의 명시·설명의무에 위반하여 보험계약을 체결한 경우에도, 보험자는 그 약관의 내용을 보험계약의 내용으로 주장할 수 없을 뿐이고, 이때 상법 제652조 제1항의 적용까지 배제된다고 볼 수는 없다. 따라서 계약자 또는 피보험자가 상법 제652조 제1항 전단의 통지의무를 해태하였다면, 보험자는 이를 이유로 상법 제652조 제1항 후단에 따라 보험계약을 해지할 수 있다.

보험자는 보험계약자 등의 통지를 받은 날로부터 1월 내에 보험료의 증액을 청구하거나 계약을 해지할 수 있다(제652조 제2항). 위험 변경·증가에 따라 보험계약을 해지한 때에는 보험금을 지급할 책임이 없고 이미 지급한 보험금의 반환을 청구할 수 있다(제655조 본문). 다만, 위험이 현저히 변경되거나 증가된 사실이 보험사고 발생에 영향을 미치지 아니하였음이 증명된 경우에는 보험금을 지급할 책임이 있으므로(제655조 단서), 지급한 보험금의 반환을 청구할 수 없다.

【판례】 대법원 2024.6.27.선고 2024다219766판결

상법 제651조는 보험계약 당시에 보험계약자 또는 피보험자가 고의 또는 중대한 과실로 인하여 중요한 사실을 고지하지 아니하거나 부실의 고지를 한 때에는 보험자는 그 사실을 안 날로부터 1월 내에, 계약을 체결한 날로부터 3년 내에 한하여 계약을 해지할 수 있다고 규정한다. 상법 제652조 제1항은 보험기간 중에 보험계약자 또는 피보험자가 사고발생의 위험이 현저하게 변경 또는 증가된 사실을 안 때에는 지체 없이 보험자에게 통지하도록 하면서, 이를 해태한 때에는 보험자는 그 사실을 안 날로부터 1월 내에 계약을 해지할 수 있다고 규정한다. 이 규정들을 별도로 두어 해지권의 행사기간을 달리 규율하는 취지나 각 규정의 문언 등에 비추어 보면, 상법 제651조의 고지의무는 중요한 사실이 보험계약 성립 시에 존재하는 경우에 발생하고, 상법 제652조의 통지의무는 보험계약 성립 시에는 존재하지 않았지만 그 이후 보험기간 중에 사고발생의 위험이 새롭게 변경 또는 증가된 경우에 발생한다고 보아야 한다. 한편 보험계약자 또는 피보험자가 고지의무를 위반함으로써 보험계약 성립 시 고지된 위험과 보험기간 중 객관적으로 존재하게 된 위험에 차이가 생기게 되었다는 사정만으로는 보험기간 중 사고발생의 위험이 새롭게 변경 또는 증가되었다고 할 수 없다. 이 경우 보험자는 상법 제651조의 고지의무 위반을 이유로 계약을 해지할 수는 있어도 상법 제652조의 통지의무 위반을 이유로 계약을 해지할 수는 없다. 이는 고지의무 위반에 따른 해지권 행사의 제척기간이 경과하여 보험자가 고지의무 위반을 이유로 계약을 해지할 수 없게 된 경우에도 마찬가지이다.

2) 보험사고 발생의 통지의무

보험계약자 또는 피보험자나 보험수익자는 보험사고의 발생을 안 때에는 지체없이 보험자에게 그 통지를 발송하여야 한다(제657조 제1항).[1] 통지의 상대방은 보험자 또는 그의 대리인이며, 통지할 내용은 보험자가 보상책임을 질 사항이다.

보험계약자 등이 보험사고 발생의 통지를 게을리한 경우에 보험자는 보험금지급의무를 면하지 않지만, 그 통지를 게을리함으로 인하여 손해가 증가된 때에는 그 증가된 손해를 보상할 책임이 없다(제657조 제2항).

3. 위험유지의무

보험계약자나 피보험자 또는 보험수익자는 보험자의 동의 없이 보험기간 중에 그의 고의 또는 중대한 과실로 인하여 보험사고 발생의 위험을 현저하게 변경하거나 증가시키지 않을 의무를 부담한다(제653조 전단). 상법 제653조에서 정한 '사고발생의 위험이 현저하게 변경 또는 증가된 사실'이라 함은 그 변경 또는 증가된 위험이 보험계약의 체결 당시에 존재하고 있었다면 보험자가 보험계약을 체결하지 않았거나 적어도 그 보험료로는 보험을 인수하지 않았을 것으로 인정되는 정도의 것을 말한다(대법원 2014.7.24.선고 2013다217108판결).

1) **【학설】 보험사고발생통지의무의 법적 성질에 관한 학설**
보험사고발생통지의무의 법적 성질에 관해서는 보험자의 책임을 묻기 위한 전제조건인 동시에 고지의무와는 달리 보험자에 대한 진정한 의무라고 하는 견해(다수설), 법률상의 진정한 의무라는 견해, 보험금청구권의 행사를 위한 전제조건이라고 하는 견해가 있다. 다수설에 의하면 보험계약자 등이 보험사고의 발생을 알고 있으면서 이의 통지를 하지 않은 경우에는 보험자에 대하여 손해배상책임을 부담하나, 그 사실을 알지 못하여 통지하지 않은 경우에는 손해배상책임을 부담하지 않는다.

이러한 의무는 보험계약이 사행계약적 성질을 가지므로 당연히 보험계약자 등에게 요구되는 것으로, 위험유지의무라고 한다. 위험유지의무의 법적 성질은 위험변경·증가의 통지의무의 법적 성질과 같다.

보험계약자 등이 이 의무를 위반한 때에는 보험자는 그 사실을 안 날로부터 1월 내에 보험료의 증액을 청구하거나 또는 계약을 해지할 수 있다(제653조 후단).

보험자가 계약을 해지하는 경우 이미 지급한 보험금의 반환을 청구할 수 있다(제655조 본문). 그러나 위험의 현저한 변경이나 증가된 사실과 보험사고의 발생 간에 인과관계가 없는 경우(이에 대한 입증책임은 보험계약자가 부담한다: 대법원 1997.9.5.선고 95다25268판결)에는 보험자는 보험금을 지급할 책임을 부담하므로(제655조 단서), 지급한 보험금의 반환을 청구할 수 없다.

제5절 보험계약의 무효·소멸·부활

I. 보험계약의 무효

보험계약은 성립한 때로부터 당연히 그 효력이 생기지 않는 경우와 취소에 의하여 처음부터 효력이 생기지 않는 경우가 있다.

(1) 보험계약 당시에 보험사고가 이미 발생하였거나 또는 발생할 수 없는 것인 때에는 그 보험계약은 당연히 무효가 된다(제644조 본문). 그러나 보험계약 당시에 보험계약의 당사자 쌍방과 피보험자가 보험사고가 이미 발생한 사정 등을 알지 못한 경우에는 그 계약은 유효한 것이 된다(제644조 단서).

(2) 보험계약자의 사기로 인한 초과보험·중복보험은 당연히 무효가 된다(제669조 제4항, 제672조 제3항).

(3) 15세 미만자, 심신상실자 또는 심신박약자의 사망을 보험사고로 한 보험계약은 당연히 무효가 된다(제732조 본문). 다만, 심신박약자가 보험계약을 체결하거나 단체보험의 피보험자가 될 때에 의사능력이 있는 경우에는 그 보험계약은 효력이 있다(제732조 단서).

(4) 보험자가 보험약관의 교부·설명의무를 위반한 경우 보험계약자는 보험계약이 성립한 날로부터 3월 내에 그 계약을 취소하여 처음부터 무효로 할 수 있다(제638조의3 제2항).

(5) 민법상 의사표시의 무효사유(민법 제107조, 제108조)에 의하여 보험계약의 청약의 의사표시 등이 무효인 경우 보험계약이 무효가 된다.

참조판례 보험계약자가 다수의 보험계약을 통하여 보험금을 부정취득할 목적으로 보험계약을 체결한 경우, 이러한 목적으로 체결된 보험계약에 의하여 보험금을 지급하게 하는 것은 보험계약을 악용하여 부정한 이득을 얻고자 하는 사행심을 조장함으로써 사회적 상당성을 일탈하게 될 뿐만 아니라, 또한 합리적인 위험의 분산이라는 보험제도의 목적을 해치고 위험발생의 우발성을 파괴하며 다수의 선량한 보험가입자들의 희생을 초래하여 보험제도의 근간을 해치게 되므로, 이와 같은 보험계약은 민법 제103조 소정의 선량한 풍속 기타 사회질서에 반하여 무효라고 할 것이다. 한편 보험계약자가 그 보험금을 부정취득할 목적으로 다수의 보험계약을 체결하였는지에 관하여는 이를 직접적으로 인정할 증거가 없더라도 보험계약자의 직업 및 재산상태, 다수의 보험계약의 체결경위, 보험계약의 규모, 보험계약 체결 후의 정황 등 제반 사정에 기하여 그와 같은 목적을 추인할 수 있다(대법원 2009.5.28.선고 2009다12115판결).

Ⅱ. 보험계약의 소멸

1. 당연한 소멸사유

1) 보험사고의 발생

보험기간 중에 보험사고가 발생하면 보험자는 보험금지급책임을 부담하므로, 원칙적으로 그 목적달성에 의해 보험계약은 소멸한다. 다만, 보험사고의 발생으로 보험자가 보험금액을 지급한 때에도 보험금액이 감액되지 않는 보험(예 책임보험)의 경우에는 보험사고가 발생하였다고 하더라도 보험계약이 소멸하지 않으며, 화재보험 등의 경우에는 일부 손해가 발생한 경우에 당사자의 약정에 의해 보험계약을 유지시킬 수 있다.

2) 보험기간의 만료

보험자는 보험기간 내에 발생한 보험사고에 대하여만 책임을 부담하므로, 보험기간의 만료로써 보험계약은 소멸하게 된다.

3) 보험목적의 멸실

보험목적이 보험사고 이외의 원인으로 멸실한 경우에는 보험계약은 소멸한다.

4) 보험료의 불(不)지급

보험계약자가 계약체결 후 보험료의 전부 또는 제1회 보험료를 지급하지 않으면 다른 약정이 없는 한 계약성립 후 2월이 경과하면 그 보험계약은 해제된 것으로 의제되므로(제650조 제1항), 보험계약은 소멸한다.

5) 보험자의 파산 등

보험자가 파산선고를 받은 후 3월을 경과하면 보험계약은 그 효력을 상실한다(제654조 제2항). 그리고 선박보험에서 선박을 양도한 때, 선박의 선급을 변경한 때 및 선박을 새로운 관리로 옮긴 때에는 보험자의 동의가 없는 한 보험관계는 종료한다(제703조 의2). 자동차보험의 경우 보험기간 중에 피보험자가 자동차를 양도한 때에 보험자의 승낙이 없는 한 보험계약은 종료한다(제726조 의4).

2. 보험계약의 해지

1) 보험계약자에 의한 계약해지

(1) 임의해지: 보험계약자는 보험사고가 발생하기 전에는 언제든지 보험계약의 전부 또는 일부를 해지할 수 있다(제649조 제1항 본문). 다만, 타인을 위한 보험계약에서는 그 타인의 동의를 얻거나 보험증권을 소지하고 있어야 보험계약자는 보험계약을 해지할 수 있다(제649조 제1항 단서).

보험사고의 발생으로 보험자가 보험금액을 지급한 때에도 보험금액이 감액되지 아니하는 보험의 경우에는 보험사고의 발생 후에도 보험계약을 해지할 수 있다(제649조 제2항). 보험계약자가 보험계약을 해지한 경우에 당사자 간에 다른 약정이 없으면 보험계약자는 미경과보험료의 반환을 청구할 수 있다(제649조 제3항).

참조판례 보험계약자의 보험금채권에 대한 압류가 행하여지더라도 채무자나 제3채무자는 기본적 계약관계인 보험계약 자체를 해지할 수 있고, 보험계약이 해지되면 계약에 의하여 발생한 보험금채권은 소멸하게 되므로 이를 대상으로 한 압류명령은 실효된다(대법원 2017.4.28.선고 2016다239840판결).

(2) 보험자의 파산으로 인한 해지: 보험자가 파산선고를 받은 때에는 보험계약자는 그 계약을 해지할 수 있다(제654조 제1항).

2) 보험자에 의한 계약해지

(1) 고지의무위반으로 인한 해지: 보험계약자 등이 고지의무를 위반한 경우에는 보험자는 그 사실을 안 날로부터 1월 내에, 계약을 체결한 날로부터 3년 내에 그 계약을 해지할 수 있다(제651조).

(2) 계속보험료의 불(不)지급으로 인한 해지: 보험계약자가 제2회 이후의 계속보험료를 약정한 지급기일에 지급하지 아니하면 보험자는 상당한 기간을 정하여 보험계약자에게 최고하고, 그 기간 내에도 보험료를 지급하지 아니하면 보험계약을 해지할 수 있다(제650조 제2항). 특정한 타인을 위한 보험의 경우에 보험계약자가 보험료의 지급을 지체한 때에는 보험자는 그 타

인에게도 상당한 기간을 정하여 보험료의 지급을 최고한 후가 아니면 그 계약을 해제 또는 해지하지 못한다(제650조 제3항).

(3) 위험변경·증가로 인한 해지: 보험기간 중에 객관적 위험의 변경·증가가 있거나(제652조 제1항, 제2항), 주관적 위험의 변경·증가가 있는 경우에는(제653조) 보험자는 보험계약을 해지할 수 있다.

(4) 약관에 의한 해지: 보험약관에 보험계약해지사유를 규정하고 있는 때에는 그 해지사유가 강행법규에 위반되지 않는 한 유효하므로 이에 의하여 보험자는 보험계약을 해지할 수 있다.

참조판례 보험계약의 해지권은 형성권이고, 해지권 행사기간은 제척기간이며, 해지권은 재판상이든 재판 외이든 그 기간 내에 행사하면 되는 것이나 해지의 의사표시는 민법의 일반원칙에 따라 보험계약자 또는 그의 대리인에 대한 일방적 의사표시에 의하며, 그 의사표시의 효력은 상대방에게 도달한 때에 발생하므로 해지권자가 해지의 의사표시를 담은 소장 부본을 피고에게 송달함으로써 해지권을 재판상 행사하는 경우에는 그 소장 부본이 피고에게 도달할 때에 비로소 해지권 행사의 효력이 발생한다 할 것이어서, 해지의 의사표시가 담긴 소장 부본이 제척기간 내에 피고에게 송달되어야만 해지권자가 제척기간 내에 적법하게 해지권을 행사하였다고 할 것이고, 그 소장이 제척기간 내에 법원에 접수되었다고 하여 달리 볼 것은 아니다(대법원 2000.1.28.선고 99다50712판결).

Ⅲ. 보험계약의 부활

1. 의의 및 법적 성질

보험계약의 부활[1)]이란 보험계약자가 제2회 이후의 계속보험료를 지급하지 아니함으로 인하여 보험계약이 해지되었음에도(다수설과 같이 실효약관의 유효성을 인정할 경우에는 실효약관에 의하여 실효되었을 경우도 포함된다), 해지환급금이 지급되지 아니한 경우에, 보험계약자가 일정한 기간 내에 연체보험료에 약정이자를 붙여 보험자에게 지급하여 그 계약의 부활을 청구하고 보험자가 이를 승낙함으로써 종전의 보험계약을 부활시키는 것을 말한다(제650조의2 제1문).

2. 요건·절차

보험계약의 부활을 위해서는 계속보험료의 불(不)지급으로 보험계약이 해지되고, 해약환급금이 지급되지 아니한 상태여야 한다. 보험계약의 부활계약도 보험계약자의 청약과 승낙에

1) 【학설】 보험계약 부활의 법적 성질에 관한 학설
보험계약의 부활의 법적 성질에 관하여는 실효 전의 계약과 동일한 내용의 새로운 계약의 체결이라는 견해, 보험계약자의 일방적인 의사표시에 의하여 종전의 계약을 부활시키는 것이라는 견해, 당사자 간의 합의에 의하여 실효 전의 상태를 회복시키는 특수한 계약이라는 견해(다수설)가 있다.

의하여 성립한다. 보험계약자의 청약시에는 일정한 기간 내에 연체보험료에 약정이자를 붙여 보험자에게 지급하여야 한다. 또한, 보험계약의 성립 전까지 보험계약자 등은 고지의무를 부담한다. 보험자는 보험계약의 부활의 청약을 받은 때에는 30일 내에 승낙 여부를 통지하여야 하며, 보험자가 이 기간 내에 승낙 여부의 통지를 발송하지 아니한 때에는 승낙한 것으로 본다(제650조의2, 제638조의2 제2항).

3. 효 과

보험계약의 부활은 종전의 보험계약이 실효되기 전의 상태로 회복하는 효과를 가져온다. 따라서 종전의 계약의 해지·무효 등의 사유가 존재하는 경우에는 부활 후에도 이를 주장할 수 있다. 그러나 종래의 계약에 대한 고지의무 위반에 대하여는 불고지 또는 부실고지를 이유로 부활계약의 해지를 할 수 없다.

제6절 타인을 위한 보험계약

I. 의의 및 법적 성질

타인을 위한 보험계약은 보험계약자가 특정 또는 불특정의 타인의 이익을 위하여 자기 명의로 체결한 보험계약을 말한다(제639조 본문).[1)]

손해보험의 경우에는 보험계약자와 피보험자가 다른 경우를 말하고, 인보험의 경우에는 보험계약자와 보험수익자가 다른 것을 말한다.

【판례】 대법원 1999.6.11.선고 99다489판결

타인을 위한 손해보험계약에서 말하는 타인이란 보험계약자가 제3자를 주체로 하는 피보험이익에 관하여 보험계약을 체결한 경우 그 제3자, 즉 피보험이익의 주체인 피보험자를 말하는 것이고, 단지 보험계약자에게 귀속되는 피보험이익에 관하여 체결된 손해보험계약에서 보험금을 수취할 권리가 있는 자로 지정되었을 뿐인 자는 여기에서 말하는 타인이라 할 수 없다.

---

1) 【학설】 타인을 위한 보험계약의 법적 성질에 관한 학설
타인을 위한 보험계약의 법적 성질에 대해 민법상 제3자를 위한 계약이라는 견해(다수설·판례), 상법상 특수한 보험계약이라는 견해가 있다.

Ⅱ. 요 건

1. 타인을 위한 의사표시

타인을 위한 보험계약을 체결하는 경우에는 타인을 위한다는 의사표시가 있어야 한다. 이러한 의사표시는 명시적이든 묵시적이든 관계없다. 타인을 위한다는 의사표시가 분명하지 아니한 때에는 그 보험계약은 보험계약자 자신을 위한 것으로 추정한다.

참조판례 손해보험에 있어서 보험의 목적물과 위험의 종류만이 정해져 있고 피보험자와 피보험이익이 명확하지 않은 경우에 그 보험계약이 보험계약자 자신을 위한 것인지 아니면 타인을 위한 것인지는 보험계약서 및 당사자가 보험계약의 내용으로 삼은 약관의 내용, 당사자가 보험계약을 체결하게 된 경위와 그 과정, 보험회사의 실무처리 관행 등 제반 사정을 참작하여 결정하여야 한다.(대법원 2016.5.27. 선고 2015다237618판결).

2. 피보험자 또는 보험수익자의 요건

타인을 위한 보험계약의 경우 보험계약의 성립시에 타인은 특정되는 경우도 있고 특정되지 않은 경우도 있다(제639조 제1항 본문). 타인이 특정되지 않은 경우를 '불특정 타인을 위한 보험'이라 한다.

3. 위임요건

타인을 위한 보험계약은 보험계약자와 보험자의 청약과 승낙에 의하여 성립하며, 그 타인의 위임을 받는 경우도 있고 받지 않는 경우도 있다.

손해보험계약의 경우에 그 타인의 위임이 없는 때에는 보험계약자는 이를 보험자에게 고지(告知)하여야 하며, 만일 이를 고지하지 않은 경우에는 그 타인이 그 보험계약이 체결된 사실을 알지 못하였다는 사유로 보험자에게 대항하지 못한다(제639조 제1항 단서).

이러한 고지는 보험자가 피보험자에게 그 자를 위한 보험계약이 체결되었음을 알리는 기회를 주어 도박보험의 위험을 방지하고, 그 타인이 통지의무·위험유지의무·손해방지의무 등을 이행할 수 있도록 하고자 하는 데 목적이 있다.

Ⅲ. 효 과

1. 보험자와 보험계약자의 관계

1) 보험계약자의 의무

보험계약자는 보험계약의 당사자로서 보험자에 대하여 가지는 계약상의 모든 의무를 부담한다. 즉 보험료지급의무, 고지의무, 위험변경(증가)의 통지의무, 보험사고발생의 통지의무를 부담한다. 손해보험의 경우에는 손해방지의무도 부담한다.

2) 보험계약자의 권리

보험계약자는 보험자에 대하여 보험계약상의 여러 가지 권리를 갖는다. 즉, 보험증권교부청구권, 보험계약해지권, 보험계약이 무효인 경우 보험료반환청구권, 초과보험의 경우 보험료감액청구권, 보험계약을 해지한 때에 손해보험의 경우에는 미경과 보험료반환청구권, 생명보험의 경우에는 보험료적립금반환청구권 등을 가진다. 생명보험의 경우에는 특히 보험수익자 지정·변경권(제733조)이 있다.

2. 보험자와 수익자(피보험자·보험수익자)의 관계

1) 수익자의 의무

손해보험의 피보험자와 생명보험(상해보험 포함)의 보험수익자는 보험계약당사자는 아니지만 보험사고발생통지의무, 위험변경(증가)의 통지의무를 부담한다. 그리고 손해보험의 경우에는 고지의무, 손해방지의무 등을 부담한다. 보험계약자가 파산선고를 받거나 보험계약자가 보험료의 지급을 지체한 때에는 보험금수익자가 보험금지급청구권을 포기하지 아니하는 한 보험료지급의무를 부담한다(제639조 제3항).

【판례】 대법원 2018.9.13.선고 2016다255125판결

보험계약자가 타인의 생활상의 부양이나 경제적 지원을 목적으로 보험자와 사이에 타인을 보험수익자로 하는 생명보험이나 상해보험 계약을 체결하여 보험수익자가 보험금 청구권을 취득한 경우, 보험자의 보험수익자에 대한 급부는 보험수익자에 대한 보험자 자신의 고유한 채무를 이행한 것이다. 따라서 보험자는 보험계약이 무효이거나 해제되었다는 것을 이유로 보험수익자를 상대르 하여 그가 이미 보험수익자에게 급부한 것의 반환을 구할 수 있고, 이는 타인을 위한 생명보험이나 상허보험이 제3자를 위한 계약의 성질을 가지고 있다고 하더라도 달리 볼 수 없다.

2) 수익자의 권리

보험사고가 발생하면 손해보험의 피보험자 또는 생명보험의 보험수익자는 보험금지급을 청구 할 수 있다(제693조 제2항 본문). 그러나 손해보험의 경우에 보험계약자가 피보험자에게 보험사고의 발생으로 인한 손해의 배상을 한 때에는 보험계약자는 피보험자의 권리를 해하지 않는 범위 내에서 보험자에게 보험금액의 지급을 청구할 수 있다(제639조 제2항 단서).

참조판례 ① 이행보증보험과 같은 타인을 위한 보험계약에 있어서 피보험자는 직접 자기 고유의 권리로서 보험자에 대한 보험금지급청구권을 취득하는 것이므로 특별한 사정이 없는 한 피보험자는 보험계약자의 동의가 없어도 임의로 그 권리를 행사하고 처분할 수 있다고 보아야 한다(대법원 1992.11.27.선고 92다20408판결).
② 피상속인이 자신을 피보험자로 하되 공동상속인이 아닌 제3자를 보험수익자로 지정한 생명보험계약을 체결하거나 중간에 제3자로 보험수익자를 변경하고 보험회사에 보험료를 납입하다 사망하여 그 제3자가 생명보험금을 수령하는 경우, 피상속인은 보험수익자인 제3자에게 유류분 산정의 기초재산에 포함되는 증여를 하였다고 봄이 타당하다. 또한 공동상속인이 아닌 제3자에 대한 증여이므로 민법 제1114조에 따라 보험수익자를 그 제3자로 지정 또는 변경한 것이 상속개시 전 1년간에 이루어졌거나 당사자 쌍방이 그 당시 유류분권리자에 손해를 가할 것을 알고 이루어졌어야 유류분 산정의 기초재산에 포함되는 증여가 있었다고 볼 수 있다. 이때 유류분 산정의 기초재산에 포함되는 증여 가액은 피상속인이 보험수익자 지정 또는 변경과 보험료 납입을 통해 의도한 목적, 제3자가 보험수익자로서 얻은 실질적 이익 등을 고려할 때, 특별한 사정이 없으면 이미 납입된 보험료 총액 중 피상속인이 납입한 보험료가 차지하는 비율을 산정하여 이를 보험금액에 곱하여 산출한 금액으로 할 수 있다(대법원 2022.8.11.선고 2020다247428판결).
③ 확인의 소에서는 권리보호요건으로서 확인의 이익이 있어야 하고 확인의 이익은 원고의 권리 또는 법률상의 지위에 현존하는 불안·위험이 있고 그 불안·위험을 제거하는 데 피고를 상대로 확인판결을 받는 것이 가장 유효적절한 수단일 때에만 인정된다고 할 것이므로 원고의 권리 또는 법률관계를 다툼으로써 원고의 법률상 지위에 불안·위험을 초래할 염려가 있다면 확인의 이익이 있다. 그러므로 보험계약의 당사자 사이에 계약상 채무의 존부나 범위에 관하여 다툼이 있는 경우 그로 인한 법적 불안을 제거하기 위하여 보험회사는 먼저 보험수익자를 상대로 소극적 확인의 소를 제기할 확인의 이익이 있다고 할 것이다(대법원 2021.6.17.선고 2018다257958, 257965 전원합의체 판결).

3. 보험계약자와 수익자의 관계

타인을 위한 보험계약을 위임을 받아 체결하는 경우에는 보험계약자와 피보험자 또는 보험수익자 간에 위임관계가 있게 되고, 타인의 위임을 받지 않은 경우에는 사무관리(事務管理)인 경우가 많다. 또 법률상 또는 계약상의 의무의 이행으로서 타인을 위한 보험계약이 체결되는 경우도 있다. 보험계약자와 수익자 간의 관계는 이러한 여러 경우에 따라 정해진다.

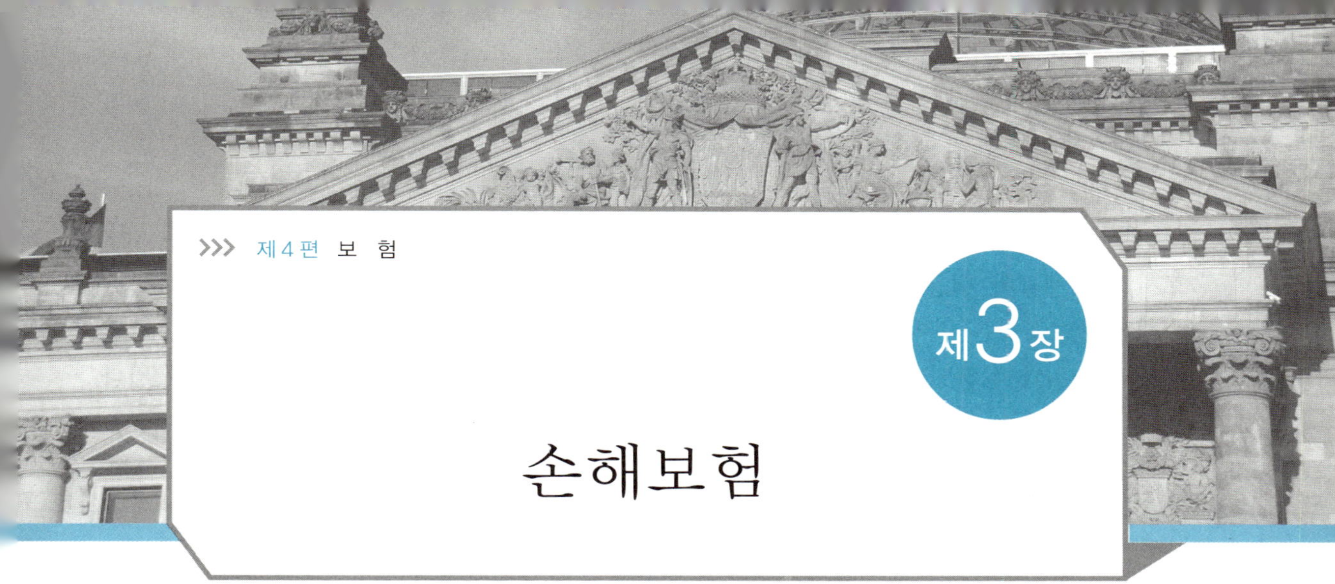

제3장

손해보험

제1절 통 칙

제1관 손해보험계약의 개념

I. 손해보험계약의 의의

손해보험계약이란 당사자의 일방(보험자)이 불확정한 보험사고로 인하여 생길 재산상의 손해를 보상할 것을 약정하고, 상대방 당사자(보험계약자)가 이에 대하여 보험료를 지급할 것을 목적으로 하는 보험계약을 말한다(제665조, 제638조). 즉, 손해보험계약은 보험료의 지급에 대한 손해의 보상을 목적으로 하는 유상계약이다.

II. 손해보상과 손해배상

손해보험계약은 보험자가 보험계약자로부터 위험을 인수하여 보험사고로 생길 피보험자의 재산상의 손해를 보상할 것을 목적으로 하는 것으로, 보험료를 받고 위험을 담보한 대가로서 보험계약의 내용에 따라 보험금액의 한도에서 보험사고로 피보험자가 입은 재산상의 손해만을 보상하는 것이다. 이에 대해 손해배상은 채무불이행이나 불법행위의 경우에 배상의무자의 행위와 상당인과관계를 갖는 모든 손해를 배상하는 점에서 손해보상과 차이가 있다.

Ⅲ. 인보험과의 차이

손해보험계약은 물건 기타의 재산상의 이익에 관한 손해의 보상을 목적으로 하고, 반드시 손해의 발생을 요소로 하므로 손해발생의 기초가 되는 피보험이익은 불가결의 요소이지만, 인보험에서는 이러한 요소가 필요하지 않다.

손해보험계약의 경우에는 보험사고발생시에 지급되는 보험금액이 일정하지 않으므로 부정액보험이지만, 인보험계약에 있어서 생명보험계약은 정액보험이다. 그러나 인보험계약이라도 상해보험·질병보험계약의 경우에는 부정액보험이 원칙이다.

표 4-1 ▶ 손해보험과 인보험의 차이

구분	손해보험	인보험
피보험자	보험보상을 받는 자	보험의 목적이 되는 자
피보험이익	인정(불가결의 요소)	불인정
보험의 목적	보험에 붙여진 경제상의 재화(피보험이익이 인정되는 것)	자연인의 생명 또는 신체
보험사고	보험자의 보상의무를 구체화시키는 사고	사람의 신체의 상해 또는 생명의 사고
보험가액과 보험금액 관계	양자의 관계에 따라 초과보험, 중복보험, 일부보험 인정	보험가액 부존재로 초과보험·중복보험·일부보험이 인정되지 않음
보험금액	보험자가 보상해야 할 최고한도액(부정액보험)	보험사고시 지급할 일정금액(정액보험)
권리·의무	보험계약자 등의 손해방지·경감의무, 초과·중복보험의 보험료감액청구권	• 보험계약자의 보험수익자 지정권·변경권 • 보험자의 이익배당의무
보험기간	단기간(주로 1년)	장기간
보험자대위제도	인정	불인정(단, 상해보험은 청구권 대위의 경우만 당사자 약정으로 가능)
기타	보험사고시 손해의 보상, 유진사(有診查)계약의 부존재	사고시 보험금액 지급, 유진사계약 존재

제2관 손해보험계약의 요소

I. 피보험이익

1. 피보험이익의 개념

1) 의 의

피보험이익은 손해보험에서 보험사고가 발생함으로써 피보험자가 손해를 입을 염려가 있는 경제적 이익을 말하며, 보험계약의 목적이라고도 한다. 피보험이익[1)]은 손해보험계약의 불가결의 요소의 하나이며 손해보험계약에 특유한 것으로, 계약의 성립요건이자 존속요건에 해당한다.

2) 보험의 목적과의 차이

보험의 목적은 그것에 대하여 보험이 붙여지는 경제상의 재화를 말하지만, 피보험이익(보험계약의 목적)은 어떠한 재화에 대하여 가지는 법률적 또는 경제적인 관계이며, 그 이익의 결손을 보상하는 것이 손해보험의 경제적 목적이고, 이 이익이 보험계약의 목적이 된다.

따라서 하나의 보험의 목적에 대해 수개의 피보험이익이 존재할 수 있다(예 동일건물에 대한 소유자의 화재보험과 임차인의 화재보험).

2. 피보험이익의 요건

1) 적법성

피보험이익은 적법한 것이라야 한다. 즉, 법의 금지규정에 위반하거나 사회질서에 반하는 이익은 법의 보호를 받을 수 없으므로 피보험이익이 되지 못한다(예 탈세·도박·절도 등에 의하여 얻을 이익, 반사회질서적인 도화 기타에 관한 이익 등).

2) 금전산정 가능성

피보험이익은 금전으로 산정할 수 있는 이익에 한정된다(제668조). 따라서 정신적 이익 등과 같은 경제적 이익 이외의 것은 피보험이익이 되지 못한다. 경제적 이익은 반드시 법률

---

1) 【학설】 피보험이익의 개념에 대한 학설
① 이익설: 피보험이익을 피보험자가 보험의 목적에 대하여 갖는 경제적 이익이라고 하거나, 손해보험에서 보험사고가 발생함으로써 피보험자가 손해를 입을 염려가 있는 경제적 이익이라고 하는 견해이다.
② 관계설: 피보험이익을 보험의 목적에 대하여 보험사고가 발생함으로써 피보험자가 손해를 입게 되는 경우에 그 목적에 대하여 피보험자가 갖는 경제적 이해관계라고 하거나, 피보험자가 일정한 목적에 대하여 보험사고가 발생하면 손해를 입게 되는 경우에 피보험자와 그 목적과의 관계라고 하는 견해이다.

상의 권리라야 하는 것은 아니며, 보험의 목적에 대한 사용·처분할 수 있는 사실상의 관계도 피보험이익이 될 수 있다. 그리고 현실에 입은 손해(적극적 이해관계)든 상실한 이익(소극적 이해관계)이든 모두 피보험이익이 될 수 있으나, 보험사고로 인하여 상실된 피보험자가 얻을 이익(예 건물화재로 인하여 받지 못하는 임대료)이나 보수는 당사자 간에 다른 약정이 없으면 보험자가 보상할 손해액에 산입하지 않는다(제667조).

3) 확정가능성

피보험이익은 반드시 계약체결 당시에 현존하고 확정되어 있어야 하는 것은 아니나, 적어도 보험사고가 발생할 때까지는 이익의 종류·귀속이 확정될 수 있는 것이라야 한다(대법원 1989.8.8.선고 87다카929판결).

3. 피보험이익의 효용

1) 보험자의 책임범위의 확정

손해보험은 피보험이익에 관하여 생긴 손해를 보상할 것을 목적으로 하는 것이므로 보험자의 보상책임의 최고한도는 피보험이익의 가액을 표준으로 하여 정해진다.

2) 초과보험·중복보험의 기준

보험은 이익을 얻기 위한 수단이 아니므로 초과보험이나 중복보험은 규제를 받게 되며, 피보험이익은 초과보험·중복보험을 결정하는 기준이 된다.

3) 도박보험의 방지

보험은 피보험이익을 전제로 하고 그 이익의 상실에 대하여 상실된 이익만큼만 이를 보상하여 주므로, 피보험이익이 없는 것은 도박의 대상이 된다. 따라서 피보험이익의 존재 유무는 보험이 도박과 구별되고 도박보험화를 방지한다.

4) 보험계약의 동일성 구별기준

보험은 보험의 목적에 의하여 구별되는 것이 아니라 보험계약의 목적(피보험이익)에 따라 구별되므로 피보험이익은 보험계약의 동일성을 구별하는 기준이 된다.

Ⅱ. 보험가액과 보험금액

1. 보험가액

1) 의 의

보험가액은 피보험이익(보험계약의 목적)의 가액을 말한다. 보험가액은 피보험이익의 평가에서 나오는 주관적 가액이지만, 합리적인 거래계의 보통가액이라야 한다.

2) 보험가액의 기능

보험가액은 손해액을 산정하는 전제로서 필요하며, 초과보험·중복보험의 결정의 기준이 된다.

3) 보험가액의 결정

(1) 보험가액의 협정이 있는 경우: 당사자 간에 보험가액을 협정한 때(기평가보험)에는 그 가액은 사고발생시의 가액으로 정한 것으로 추정하지만, 그 가액이 사고발생시의 가액을 현저하게 초과할 때에는 사고발생시의 가액을 보험가액으로 한다(제670조). '현저한 차이'의 여부는 거래의 통념이나 사회의 통념에 따라 판단하여야 하고, 보험자는 협정보험가액이 사고발생시의 가액을 현저하게 초과한다는 점에 대한 입증책임을 부담한다(대법원 2002.3.26.선고 2001다6312판결). 협정보험가액은 반드시 당사자 간의 명시적인 합의에 의하여야 하고 또한 보험증권에 기재하여야 한다.

(2) 보험가액의 협정이 없는 경우: 당사자 간에 보험가액을 협정하지 않은 때(미평가보험)에는 사고발생시의 가액을 보험가액으로 한다(제671조). 이러한 경우 평가장소는 사고발생지를 기준으로 하여야 할 것이고, 평가방법은 사회통념에 따른 객관적인 가액을 기준으로 하여야 한다.

(3) 보험가액 불변경주의: 보험가액은 평가의 시기에 따라 가변적이다. 그러나 보험가액의 협정이 없는 때에 보험기간이 짧아 보험가액의 변동이 적은 보험이나 사고발생의 때와 장소를 확정하기 어려운 보험(예 육상운송보험, 선박보험, 적하보험)에서 상법은 예외적으로 평가가 쉬운 일정한 때를 기준으로 하여 정한 보험가액을 전(全)보험기간의 보험가액으로 하고 있다.

즉, 육상운송물보험의 경우에는 당사자간에 협정이 없을 때에는 발송한 때와 곳의 운송물의 가액과 도착지까지의 운임 기타의 비용을 보험가액으로 한다(제689조 제1항). 해상보험에 있어서는 당사자간에 협정이 없으면 선박보험의 경우에는 보험자의 책임이 개시될 때의 선박의 가액(제696조), 적하보험의 경우에는 선적한 때와 곳의 적하의 가액과 선적 및 보험에 관한 비용(제697조)을 보험가액으로 하고, 희망이익보험의 경우에는 보험금액을 보험가액으로 추정한다(제698조).

(4) 신가보험: 당사자 간에 다른 약정이 있는 때에는 그 신품가액에 의하여 손해액을 산정할 수 있다(제676조 제1항 단서). 신가보험(新價保險)의 경우에는 보험의 목적물과 동종의 신(新)조달가액으로 정하는 것이므로 보험사고 발생시 가액을 원칙으로 하는 것에 대한 예외가 된다.

2. 보험금액

1) 의 의

보험금액은 보험자가 보상할 금액의 최고한도로서 약정된 금액을 말하며, 보험금액은 보험가액을 초과할 수 없는 것이 원칙이다. 또 당사자는 보험료의 절약 등을 위하여 보험가액보다 낮은 보험금액을 정하는 일부보험이 있다.

보험금액은 고정적인 것으로 보험기간 중에 변경되는 일이 없으나, 초과보험이 된 경우에는 보험금감액청구가 가능하다(제669조 제1항).

2) 보험사고의 발생과 보험금액

(1) 보험가액이 있는 보험: 보험사고가 발생하여 보험의 목적물에 전손(全損)이 생긴 때에는 보험자는 보험금액을 지급하게 되며, 이때에는 보험계약이 종료한다. 그러나 분손이 생긴 경우에는 보험금액의 일부를 지급하게 되며, 이 경우에는 잔존 보험금액을 손해가 생긴 후의 나머지 보험기간에 대한 보험금액으로 한다.

(2) 보험가액이 없는 보험: 보험가액이 없는 보험(예 책임보험)에서는 보험사고가 발생하여 보험금이 지급되어도 보험계약은 종료하지 않는 것이 원칙이며, 보험금액도 원래의 그것이 보험기간 중에 존속한다.

3. 보험가액과 보험금액의 관계

1) 초과보험

(1) 의 의: 초과보험이란 보험금액이 보험가액을 현저하게 초과하는 보험을 말한다(제669조 제1항 본문 전단). 초과보험인지 여부는 원칙적으로 보험계약 체결시의 보험가액을 기준으로 한다(제669조 제2항). 그렇지만 보험기간 중에 보험가액이 현저하게 감소된 때에는 그때의 보험가액을 기준으로 한다(제669조 제3항).

(2) 효 과

① 입법주의: 초과보험의 효력에 관한 입법주의는 그 초과부분을 당연히 무효로 하는 객관주의와 보험계약자의 선의 여부에 따라 효력을 달리하는 주관주의가 있다. 우리 상법은 주관주의 입법을 취하고 있다.

② 단순한 초과보험의 경우: 초과보험의 경우 보험자 또는 보험계약자는 보험료와 보험금액의 감액을 청구할 수 있으며(제669조 제1항 본문), 다만 보험료의 감액은 장래에 대해서만 그 효력이 있다(제669조 제1항 단서).

③ 사기에 의한 초과보험의 경우: 보험계약자의 사기로 인하여 초과보험계약이 체결된 경우에는 그 보험계약은 전체가 무효가 된다(제669조 제4항 본문). 이때 이에 관한 입증책임은 보험자가 부담한다(대법원 1988.2.9.선고 86다카2933·2934·2935판결). 보험계약자는 보험자가 사기로 인한 초과보험계약이 체결되었음을 안 때까지의 보험료를 지급할 의무를 부담한다(제669조 제4항 단서).

【판례】 대법원 2015.7.23.선고 2015도6905판결

보험계약자가 보험계약체결시 보험금액이 목적물의 가액을 현저하게 초과하는 초과보험상태를 의도적으로 유발한 후 보험사고가 발생하자 초과보험 사실을 알지 못하는 보험자에게 목적물의 가액을 묵비한 채 보험금을 청구하여 보험금을 교부받은 경우, 보험자가 보험금액이 목적물의 가액을 현저하게 초과한다는 것을 알았더라면 같은 조건으로 보험계약을 체결하지 않았을 뿐만 아니라 협정보험가액에 따른 보험금을 그대로 지급하지 아니하였을 관계가 인정된다면, 보험계약자가 초과보험 사실을 알지 못하는 보험자에게 목적물의 가액을 묵비한 채 보험금을 청구한 행위는 사기죄의 실행행위로서의 기망행위에 해당한다.

2) 중복보험

(1) 의 의: 중복보험이란 동일한 보험계약의 목적과 동일한 사고에 관하여 공통된 보험기간에 걸쳐서 수인의 보험자와 각별로 동시에 또는 순차로 수개의 보험계약이 체결된 경우에 그 보험금액의 총액이 보험가액을 초과하는 경우를 말한다.

병존보험 병존보험이란 동일한 목적물에 대하여 보험사고·피보험이익 및 보험기간이 공통되는 수개의 보험계약이 체결된 경우에 그 보험금액의 총액이 보험가액을 초과하지 않는 경우를 말한다. 이 경우 보험계약자는 각 보험자에 대하여 각 보험계약의 내용을 통지하여야 한다(제672조 제2항).

(2) 중복보험의 요건: 중복보험이 되기 위해서는 ① 동일한 피보험이익일 것, ② 동일한 보험사고일 것, ③ 보험기간이 동일 또는 중복할 것, ④ 보험금액의 총액이 보험가액을 초과할 것, ⑤ 수개의 보험계약을 수인의 보험자와 체결할 것, ⑥ 피보험자가 동일인일 것(반드시 보험계약자가 동일인일 필요는 없다) 등의 요건을 갖추어야 한다(대법원 2005.4.29.선고 2004다57587판결; 대법원 2014.1.29.선고 2013다65901판결 참조).

보충판례 무보험자동차특약보험의 경우 중복보험에 해당하는지 여부를 판단하기 위한 기준이 되는 '손해액'은 '피보험자의 실제 손해액'이 아니라 '약관에서 정한 보험금 지급기준에 의해 산출한 금액'을 말한다(대법원 2007.10.25.선고 2006다25356판결).

(3) 중복보험의 판단시기: 동시(同時)중복보험은 계약 당시의 보험가액에 따라 판단하며, 이시(異時)중복보험은 두 번째 이후의 계약을 체결할 때의 보험가액에 따라 중복보험의 요건을 판단하여야 한다.

(4) 중복보험의 통지: 중복보험의 경우에는 보험계약자는 각 보험자에 대하여 각 보험계약의 내용을 통지하여야 한다(제672조 제2항). 이러한 통지의무규정을 둔 취지는 부당한 이득을 얻기 위한 사기에 의한 보험계약의 체결을 사전에 방지하고 보험자로 하여금 보험사고 발생시 손해의 조사 또는 책임의 범위의 결정을 다른 보험자와 공동으로 할 수 있도록 하기 위한 것이며, 보험사고발생의 위험을 측정하여 계약을 체결할 것인지 또는 어떤 조건으로 체결할 것인지 판단할 수 있는 자료를 제공하기 위한 것이 아니다(대법원 2003.11.13.선고 2001다49630판결).

(5) 중복보험의 효과

① 입법주의: 중복보험의 효력에 관한 입법주의는 선계약우선주의·연대책임주의·비례보상주의가 있으며, 우리 상법은 보험계약자가 선의인 경우에는 연대책임주의와 비례보상주의를 병용하고 있다.

② 단순한 중복보험: 이 경우에는 동시중복보험이든 이시중복보험이든 구별 없이, 보험자는 각자의 보험금액의 총보험금액에 대한 비율에 따라 보험금액의 한도에서 보상할 책임을 지고, 각 보험자는 각자의 보험금액의 한도에서 연대책임을 진다(제672조 제1항). 그러나 보험계약이나 약관에서 피보험자에 대한 보험자의 보상책임의 방식이나 보험자들 사이의 책임분담방식에 대하여 달리 정할 수 있다(대법원 2002.5.17.선고 2000다30127판결).

【판례】 대법원 2024.2.15.선고 2023다272883판결

피보험자가 무보험자동차에 의한 교통사고로 인하여 상해를 입었을 때 그 손해에 대하여 배상할 의무자가 있는 경우 보험자가 약관에 정한 바에 따라 피보험자에게 그 손해를 보상하는 것을 내용으로 하는 무보험자동차에 의한 상해 담보특약(이하 '무보험자동차특약보험'이라고 한다)은 상해보험의 성질과 함께 손해보험의 성질도 갖고 있는 손해보험형 상해보험이다. 그러므로 하나의 사고에 관하여 여러 개의 무보험자동차특약보험계약이 체결되고 그 보험금액의 총액이 피보험자가 입은 손해액을 초과하는 때에는 손해보험에 관한 상법 제672조 제1항이 준용되어 보험자는 각자의 보험금액의 한도에서 연대책임을 지고, 이 경우 각 보험자 사이에서는 각자의 보험금액의 비율에 따른 보상책임을 진다.
위와 같이 상법 제672조 제1항이 준용됨에 따라 여러 보험자가 각자 보험금액 한도에서 연대책임을 지는 경우 특별한 사정이 없는 한 그 보험금 지급책임의 부담에 관하여 각 보험자 사이에 주관적 공동관계가 있다고 보기 어려우므로, 각 보험자는 그 보험금 지급채무에 대하여 부진정연대관계에 있다. 이때 피보험자는 여러 보험자 중 한 보험자에게 그 보험금액 한도에서 보험금 지급을 청구할 수 있고, 그 보험자는 그 청구에 따라 피보험자에게 보험금을 지급한 후 부진정연대관계에 있는 다른 보험자에게 그 부담부분 범위 내에서 구상권을 행사할 수 있다. 다만 상법 제672조 제1항은 강행규정이 아니므로 각 보험계약의 당사자는 중복보험에 있어서 피보험자에 대한 보험자의 보상책임 방식이나 보험자들 사이의 책임 분담 방식에 대하여 상법의 규정과 다른 내용으로 정할 수 있다.

수개의 보험계약을 체결하여 중복보험이 생긴 경우에 그 보험자 중 1인에 대한 보험계약자의 권리의 포기는 다른 보험자의 권리·의무에 영향을 미치지 않는다(제673조). 즉, 다른 보험자의 분담부분에 영향을 미치지 않는다.

【판례】 대법원 2016.12.29.선고 2016다217178판결

피보험자가 무보험자동차에 의한 교통사고로 인하여 상해를 입었을 때에 손해에 대하여 배상할 의무자가 있는 경우 보험자가 약관에 정한 바에 따라 피보험자에게 손해를 보상하는 것을 내용으로 하는 무보험자동차에 의한 상해담보특약(이하 '무보험자동차특약보험'이라 한다)은 상해보험의 성질과 함께 손해보험의 성질도 갖고 있는 손해보험형 상해보험이므로, 하나의 사고에 관하여 여러 개의 무보험자동차특약보험계약이 체결되고 보험금액의 총액이 피보험자가 입은 손해액을 초과하는 때에는 손해보험에 관한 상법 제672조 제1항이 준용되어 보험자는 각자의 보험금액의 한도에서 연대책임을 지고, 이 경우 각 보험자 사이에서는 각자의 보험금액의 비율에 따른 보상책임을 진다. 위와 같이 상법 제672조 제1항이 준용됨에 따라 여러 보험자가 각자의 보험금액의 한도에서 연대책임을 지는 경우 특별한 사정이 없는 한 보험금 지급책임의 부담에 관하여 각 보험자 사이에 주관적 공동관계가 있다고 보기 어려우므로, 각 보험자는 보험금 지급채무에 대하여 부진정연대관계에 있다.

③ 사기에 의한 중복보험: 중복보험이 보험계약자의 사기로 인하여 생긴 경우에는 그 계약의 전부를 무효로 하고, 보험자는 보험금지급책임을 면하고, 사기로 인한 중복보험을 안 때까지의 보험료를 청구할 수 있다(제672조 제3항, 제669조 제4항).

【판례】 대법원 2000.1.28.선고 99다50712판결

사기로 인하여 체결된 중복보험계약이란 보험계약자가 보험가액을 넘어 위법하게 재산적 이익을 목적으로 중복보험계약을 체결한 경우를 말하는 것이므로, 통지의무의 해태로 인한 사기의 중복보험을 인정하기 위하여는 보험자가 그 청약을 거절하였거나 다른 조건으로 승낙할 것이라는 것을 알면서도 정당한 사유 없이 위법하게 재산상의 이익을 얻을 의사로 통지의무를 이행하지 않았음을 입증하여야 할 것이고, 단지 통지의무를 게을리하였다는 사유만으로 사기로 인한 중복보험계약이 체결되었다고 추정할 수는 없다.

참조판례 민법 제103조에 반하여 무효인 경우: 보험계약자가 다수의 보험계약을 통하여 보험금을 부정취득할 목적으로 체결한 경우, 이러한 목적으로 체결된 보험계약에 의하여 보험금을 지급하게 하는 것은 보험계약을 악용하여 부정한 이득을 얻고자 하는 사행심을 조장함으로써 사회적 상당성을 일탈하게 될 뿐만 아니라, 또한 합리적인 위험의 분산이라는 보험제도의 목적을 해치고 위험발생의 우발성을 파괴하여 다수의 선량한 보험가입자들의 희생을 초래하여 보험제도의 근간을 해치게 되므로, 이와 같은 보험계약은 민법 제103조 소정의 선량한 풍속 기타 사회질서에 반하여 무효라고 할 것이다(대법원 2005.7.28.선고 2005다23858판결; 대법원 2018.9.13.선고 2016다255125판결).

④ 보험자의 연대책임과 구상권 행사: 중복보험의 각 보험자는 상법 제672조 제1항에 따라 보험금액의 한도에서 연대책임을 지며, 보험자 중 1인이 보험금을 지급한 때에는 다른 보험자에 대하여 총보험금액에 대한 비율에 따라 구상권을 행사할 수 있다.

참조판례 제1 책임보험계약과 제2 책임보험계약의 피보험자 갑과 제2 책임보험계약의 피보험자 을의 공동불법행위로 피해자 병이 사망하는 보험사고가 발생한 경우, 제2 책임보험계약의 보험자가 병에 대한 보험금의 지급으로 갑, 을 공동의 면책을 얻게 한 후 제1 책임보험계약의 보험자를 상대로 병에게 지급한 보험금 전액이 중복보험에 해당한다는 이유로 각자의 보험금액의 비율에 따라 산정한 중복보험 부담 부분 전액을 구상할 수 있다면, 중복보험 부담 부분을 구상당한 제1 책임보험계약의 보험자는 상법 제682조, 제724조 제2항에 의하여 다시 다른 공동불법행위자인 을과 그 보험자인 제2 책임보험계약의 보험자를 상대로 과실 비율에 따라 부담 부분의 재구상을 할 수 있는데, 그렇게 되면 순환소송이 되어 소송경제에도 반할 뿐만 아니라, 제2 책임보험계약의 보험자는 결국은 보험가입자에게 반환할 것을 청구하는 것이 되어 이를 허용함은 신의칙에 비추어 보더라도 상당하지 아니하므로, 제2 책임보험계약의 보험자는 제1 책임보험계약의 보험자를 상대로 을의 과실 비율 상당액은 구상할 수 없고, 구체적으로는 제1 책임보험계약의 보험자의 중복보험 부담 부분 중 재구상의 대상이 되지 않는 갑의 과실비율에 한하여 구상할 수 있다(대법원 2015.7.23.선고 2014다42202판결).

이때 구상권의 소멸시효기간에 대해 판례(대법원 2006.11.10.선고 2005다35516판결)는 「각각의 보험계약이 상행위에 해당하고 구상의무자인 보험자는 상인이므로 중복보험에 따른 구상관계는 가급적 신속하게 해결할 필요가 있다고 보여지는 점 등에 비추어, 상법 제64조가 적용되어 5년의 소멸시효에 걸리는 것으로 보아야 한다」고 한다(대법원 2015.7.23.선고 2014다42202판결).

3) 일부보험

(1) 의 의: 일부보험이란 보험금액이 보험가액에 미달하는 보험을 말한다(제674조). 이에 반하여 보험금액이 보험가액과 동일한 보험을 전부보험이라 한다.

(2) 효 력: 일부보험의 경우 보험자는 보험금액의 보험가액에 대한 비율에 따라 보상할 책임을 진다(제674조 본문). 따라서 보험의 목적이 전부 멸실된 경우에는 보험금액의 전액을 지급하지만, 일부 멸실된 때에는 보험금액의 보험가액에 대한 비율에 따른 손해액의 일부만을 지급하고, 나머지는 피보험자가 자기 부담으로 한다.

그러나 당사자 간의 특약으로서 보험금액의 범위 내에서 손해액 전액을 지급하는 것으로 할 수 있다(제674조 단서).

제3관 손해보험계약의 효과

I. 보험자의 손해보상의무

1. 보상의무의 부담

손해보험계약에서의 보험자의 책임은 당사자 간에 다른 약정이 없으면 최초의 보험료를 지급받은 때로부터 개시한다(제656조).

2. 의무의 요건

1) 보험사고의 발생

보험계약에서 정한 보험사고가 보험기간 내에 발생하여야 하며, 이에 대한 입증책임은 보험계약자가 부담한다.

2) 손해의 발생

보험자의 손해보상의무가 발생함에는 보험사고의 발생으로 인하여 손해가 생겨야 한다. 여기서 손해란 재산상의 불이익인 결과를 말하며, 피보험이익의 전부 또는 일부가 멸실·감손한 것을 말한다(대법원 2005.12.8.선고 2003다40729판결). 따라서 정신적 손해는 포함하지 않는다.

보험사고로 인하여 상실된 피보험자가 얻을 이익이나 보수(상실이익)는 원칙적으로 보험자가 보상할 손해액에 산입되지 아니하나, 당사자 간에 특약이 있는 경우에 한하여 보험자가 보상할 손해액에 산입된다(제667조).

3) 보험사고와 손해의 인과관계

보험사고와 손해는 상당인과관계가 있어야 한다. 상당인과관계가 있는 손해인 이상 다른 원인과 경합한 경우에도 무방하다(대법원 1990.2.13.선고 89누6990판결). 보험의 목적에 관하여 보험자가 부담할 손해가 상당인과관계로 이미 생긴 때에는 그 후에 보험자가 부담하지 않는 보험사고의 발생으로 인하여 그 보험의 목적이 멸실하더라도 보험자는 이미 생긴 손해를 보상할 책임을 진다(제675조).

참조판례 보험자가 벼락 등의 사고로 농장 내에 있는 돼지에 대하여 생긴 보험계약자의 손해를 보상하기로 하는 손해보험계약을 체결한 경우, 농장 주변에서 발생한 벼락으로 인하여 그 농장의 돈사용 차단기가 작동하여 전원공급이 중단되고 그로 인하여 돈사용 흡배기장치가 정지하여 돼지들이 질식사하였다면,

위 벼락사고는 보험계약상의 보험사고에 해당하고 위 벼락과 돼지들의 질식사 사이에는 상당인과관계가 인정된다(대법원 1999.10.26.선고 99다37603 · 37610판결).

3. 면책사유

손해보험자는 ① 보험사고가 보험계약자 또는 피보험자의 고의 또는 중대한 과실로 인하여 생긴 때(제659조), ② 당사자간에 다른 약정이 없이 보험사고가 전쟁 기타 변란으로 인하여 생긴 때(제660조), ③ 보험목적의 성질·하자 또는 자연소모로 인하여 손해가 발생한 때(제678조)에는 보험금을 지급할 책임이 없다.

4. 손해의 보상

1) 손해액의 산정

보험자가 보상할 손해액은 그 손해가 발생한 때와 곳의 가액에 의하여 산정하지만, 당사자 간의 약정에 의하여 보험의 목적의 신품가액에 의하여 손해액을 산정하게 되어 있는 경우에는 그 약정에 따른다(제676조 제1항). 손해액의 산정에 관한 비용은 보험자가 이를 부담한다(제676조 제2항).

2) 손해보상의 방법

보험자의 손해보상은 금전으로 지급하는 것이 보통이지만, 대물교부·현물수선 등으로도 할 수 있다. 보험자가 손해를 보상할 경우에 보험료의 지급을 받지 아니한 잔액이 있으면, 그 지급기일이 도래하지 아니한 때라도 보상할 금액에서 이를 공제할 수 있다(제677조).

3) 손해보상의 범위

(1) 원 칙: 보험자의 손해보상의 범위는 원칙적으로 개별적인 보험계약에서 정한 보험금액의 범위 내에서, 피보험자가 보험사고로 입은 실손해액이다.

(2) 전부보험: 전손의 경우에는 약정한 보험금액의 전액을, 분손의 경우에는 보험가액과 잔존가액의 차이에 대한 손실을 보상한다.

(3) 일부보험: 전손의 경우에는 약정한 보험금액의 전액을, 분손의 경우에는 보험금액의 보험가액에 대한 비율에 따라서 정한다(제674조 참조).

(4) 손해방지비용 처리: 손해방지비용은 보상액과의 합계액이 보험금액을 초과한 경우에도 보험자가 이를 부담한다(제680조).

5. 손해보상의무의 이행

1) 보험금의 지급과 보험자의 잔존책임

보험사고로 인하여 전손이 생긴 경우에는 보험관계가 종료하지만, 분손의 경우에는 당초의 보험금액에서 보상한 금액을 공제한 잔액을 보험금액으로 하여 계약이 존속하는 경우와 당초의 보험금액을 그대로 유지하여 계약이 존속하는 경우가 있다.

2) 담보권자의 보험금청구권에 대한 물상대위

담보물이 보험사고로 인하여 멸실·훼손되어 담보권설정자인 피보험자가 보험금청구권을 행사하는 경우에 담보권자는 그 보험금청구권에 대하여 물상대위권을 행사할 수 있다.

그것이 가능한 이유는 담보물권은 목적물의 교환가치를 취득하는 것을 목적으로 하는 권리이기 때문이다.

Ⅱ. 보험계약자·피보험자의 손해방지·경감의무

1. 의의 및 법적 성질

1) 의 의

보험계약자와 피보험자는 보험사고가 발생한 때에 적극적으로 손해의 방지와 경감을 위하여 노력하여야 한다(제680조 제1항 본문). 이 의무를 손해방지·경감의무라 한다. 이 의무는 공익에 관계되는 것이므로 손해방지·경감의무를 면제하는 특약은 그 효력이 없다.

【판례】 대법원 2018.9.13.선고 2015다209347판결

상법 제680조 제1항 본문은 "보험계약자와 피보험자는 손해의 방지와 경감을 위하여 노력하여야 한다."라고 정하고 있다. 위와 같은 피보험자의 손해방지의무의 내용에는 손해를 직접적으로 방지하는 행위는 물론이고 간접적으로 방지하는 행위도 포함된다. 그러나 그 손해는 피보험이익에 대한 구체적인 침해의 결과로서 생기는 손해만을 뜻하는 것이고, 보험자의 구상권과 같이 보험자가 손해를 보상한 후에 취득하게 되는 이익을 상실함으로써 결과적으로 보험자에게 부담되는 손해까지 포함된다고 볼 수는 없다.

2) 법적 성질

손해방지·경감의무는 계약당사자인 보험계약자뿐만 아니라 피보험자도 부담하는 의무로서 법이 특히 인정한 의무이다. 이 의무는 고지의무 등과 같은 간접의무와는 구별되는 법적 의무에 해당한다.

2. 의무의 내용

1) 의무의 발생시기

손해방지·경감의무는 보험사고의 발생을 전제로 하는 의무이므로, 보험계약자 등은 보험사고가 발생한 때로부터 이 의무를 부담한다(대법원 2022.3.31.선고 2021다201085·201092판결).

2) 의무의 범위

손해방지·경감의무는 보험계약상의 보험사고가 발생하고 보험계약자 또는 피보험자가 이를 안 것을 전제로 하여, 이로 말미암은 손해의 발생이나 확대를 방지하기 위하여 노력할 것을 그 내용으로 하므로, 보험사고의 발생을 방지하는 것은 의무에 해당되지 않는다. 손해발생이나 확대방지행위는 직접적인 것이든 간접적인 것이든 관계없다. 이 의무는 반드시 보험자를 위한 것임을 의식할 필요는 없고 그 효과가 반드시 나타나야 하는 것도 아니다.

3. 손해방지·경감비용

손해방지·경감비용이란 보험자가 담보하고 있는 보험사고가 발생한 경우에 보험사고로 인한 손해의 발생을 방지하거나 손해의 확대를 방지함은 물론 손해를 경감할 목적으로 행하는 행위에 필요하거나 유익하였던 비용을 말하는 것이다(대법원 2006.6.30.선고 2005다21531판결).

이러한 보험계약자와 피보험자가 손해방지·경감의무를 위하여 지출하게 된 필요 또는 유익하였던 비용은 이것과 보상액의 합계액이 보험금액을 초과하는 경우라도 보험자가 이를 부담한다(제680조 단서). 일부보험의 경우 보험자가 부담할 비용은 보험금액의 보험가액에 대한 비율에 따라 정한다.

한편, 보험사고발생시 피보험자의 법률상 책임 여부가 판명되지 아니한 상태에서 피보험자가 손해확대방지를 위한 긴급한 행위를 하였다면 이로 인하여 발생한 필요·유익한 비용도 손해확대방지를 위한 비용으로서 보험자가 부담하는 것으로 해석하여야 한다(대법원 1994.9.9.선고 99다16663판결).[1)]

보충판례 공동불법행위로 말미암아 공동불법행위자 중 1인이 손해의 방지와 경감을 위하여 비용을 지출한 경우, 손해방지비용은 자신의 보험자뿐 아니라 다른 공동불법행위자의 보험자에 대하여도 손해방지비용에 해당하므로, 공동불법행위자들과 각각 보험계약을 체결한 보험자들은 각자 그 피보험자 또는 보험계

1) 【학설】 보험자불부담약관조항의 효과에 관한 학설
보험자가 손해방지비용을 부담하지 않는다고 하는 약관의 조항은 공익에 관한 강행법규인 상법 제680조에 위반되므로 그 효력이 없다는 견해(다수설), 보험자는 보험금액을 한도로 하여 부담한다고 하여 제한적으로 그 효력을 인정하는 견해, 약관의 조항은 효력이 있다는 견해가 있다.

약자에 대한 관계에서뿐 아니라 그와 보험계약관계가 없는 다른 공동불법행위자에 대한 관계에서도 그들이 지출한 손해방지비용의 상환의무를 부담한다. 또한 이러한 관계에 있는 보험자들 상호간에는 손해방지비용의 상환의무에 관하여 공동불법행위에 기한 손해배상채무와 마찬가지로 부진정연대채무의 관계에 있다고 볼 수 있으므로, 공동불법행위자 중의 1인과 보험계약을 체결한 보험자가 그 피보험자에게 손해방지비용을 모두 상환하였다면, 그 손해방지비용을 상환한 보험자는 다른 공동불법행위자의 보험자가 부담하여야 할 부분에 대하여 직접 구상권을 행사할 수 있다(대법원 2007.3.15.선고 2004다64272판결).

4. 의무위반의 효과

손해방지·경감의무 위반의 효과에 대해 상법은 명문규정을 두고 있지 않다. 따라서 학설이 나누어지고 있다.[1] 이에 대하여 판례(대법원 2016.1.14.선고 2015다6302판결)는 「보험계약자와 피보험자가 고의 또는 중대한 과실로 손해방지의무를 위반한 경우에는 보험자는 손해방지의무 위반과 상당인과관계가 있는 손해, 즉 의무위반이 없다면 방지 또는 경감할 수 있으리라고 인정되는 손해액에 대하여 배상을 청구하거나 지급할 보험금과 상계하여 이를 공제한 나머지 금액만을 보험금으로 지급할 수 있으나, 경과실로 위반한 경우에는 그러하지 아니하다」고 한다. 손해방지·경감의무 위반사실 및 보험계약자나 피보험자의 고의·중과실에 대한 입증책임을 보험자가 이를 부담한다(최준선, 「보험법·해상법」, 191면).

제4관 보험자의 대위

I. 보험자대위의 개념

1. 의 의

보험자대위란 보험자가 보험금액을 지급한 때에는 보험계약자 또는 피보험자가 보험의 목적에 관하여 가지는 권리 및 제3자에 대하여 가지는 권리를 보험계약자 또는 피보험자에 대신하여 법률상 당연히 취득하는 것을 말한다(제681조, 제682조). 보험자대위[2]는 원칙적으로 손해보

---

1) 【학설】 손해방지·경감의무 위반의 효과에 관한 학설
의무자의 고의·중과실로 인하여 이 의무에 위반한 경우에는 보험자의 소극적 이익의 침해로서 손해배상책임을 지고, 보험자는 상계에 의하여 그 지급할 손해보상액으로부터 방지 또는 경감할 수 있었을 손해액을 공제하여 지급한다고 하는 견해(다수설)와, 고의·중과실로 인한 의무위반의 경우에는 공익의 보호라는 입법취지에서 보아 보험자는 보상책임을 면한다고 하는 견해가 있다.

2) 【학설】 보험자대위의 근거에 관한 학설
① 손해보상계약설: 손해보험계약상 예정된 보험사고의 발생에 의하여 생긴 손해를 보상하는 것은 보험료지급에 대한 반대급여로서의 위험부담이 구체화한 것이므로, 이로 인하여 피보험자가 이중이득을 얻지 못하도록 하기 위하여 보험자대위가 인정된 것이라는 견해이다(통설).

험의 경우에만 인정되고, 인보험에서는 인정되지 않는다. 그러나 예외적으로 상해보험의 경우에는 당사자 간의 약정이 있는 때에는 피보험자의 권리를 해하지 않는 범위에서 보험자의 대위를 인정한다(제729조 단서).

2. 보험자대위의 유형

보험자대위는 보험자가 취득하는 권리의 종류에 따라 2가지로 나누어진다. 하나는 피보험자가 보험의 목적에 대하여 가지는 권리를 취득하는 경우이고(제681조), 또 하나는 보험계약자 또는 피보험자가 제3자에 대하여 가지는 권리를 취득하는 경우(제682조)이다.

Ⅱ. 보험의 목적에 대한 보험자대위

1. 의 의

보험의 목적에 대한 보험자대위란 보험의 목적의 전부가 멸실한 경우에 보험금액의 전액을 지급한 보험자가 피보험자의 보험의 목적에 관한 권리를 법률상 당연히 취득하는 제도이다(제681조 본문).

2. 요 건

1) 보험의 목적의 전손

보험의 목적에 관한 보험자대위가 성립하기 위해서는 보험의 목적에 관하여 전손(全損)이 생긴 경우라야 하며, 분손(分損)은 보험자대위가 성립하지 않는다. 이때 전손이란 잔존물의 일부가 남아 있는 경우에도 경제적인 관념에서 그 이용이 불가능한 경우를 포함하고, 당사자 간의 특약에 의하여 예컨대 5분의 4 이상의 손해가 생긴 경우와 같이 전손에 가까운 경우에는 전손으로 본다는 약정은 유효하다.

2) 보험금 전액의 지급

보험의 목적에 대해 전손이 생기고, 이에 대해 보험자가 보험금 전액[1]을 피보험자에게

---

② 보험정책설: 보험자대위는 보험정책적 입장에서 인정된 것이라는 견해이다.

1) 【학설】 전액의 범위에 관한 학설
보험금의 전액의 지급이란 손해방지비용 기타의 비용의 지급도 포함한다는 견해(통설)와, 보험금만 지급하면 되고 이러한 비용은 대위의 요건이 아니라는 견해가 있다.

지급하여야 한다.

3. 효 과

1) 보험의 목적에 대한 권리의 이전

보험자는 보험의 목적에 대하여 피보험자가 가졌던 권리를 취득하게 되며, 취득시기는 보험금 전액의 지급시가 된다.

보험자의 권리취득은 법률상 당연한 효과이므로, 피보험자의 권리이전의 절차나 대항요건의 구비를 요하지 않는다.

2) 잔존물에 대한 의무의 귀속

잔존물에 부수하는 의무가 있는 경우, 그 의무의 부담은 그 잔존물에 따르는 것이므로 보험자가 보험금을 지급함으로써 보험의 목적인 잔존물을 취득한 때에는 이러한 의무의 부담도 보험자에게 귀속하게 된다.

3) 보험자대위권의 포기

잔존물에 대하여 대위권을 취득하는 경우에 그 잔존물의 제거비용이 잔존물의 가액을 초과하는 경우 보험자는 대위권을 포기할 수 있다.[1] 이때에는 잔존물에 대한 모든 권리가 피보험자에게 귀속하므로 잔존물에 관한 공법상 또는 사법상의 모든 의무도 피보험자에게 귀속하게 된다(통설). 보험자가 대위권을 포기할 때에는 즉시 그 사실을 피보험자에게 통지하여야 한다.

4) 일부보험의 경우

일부보험의 경우에는 보험자는 보험금액의 보험가액에 대한 비율에 따라 피보험자의 보험목적에 대한 권리를 취득한다(제681조 단서).

---

1) 【학설】 보험금지급 후의 대위권 포기 가능 여부에 관한 학설
보험금지급 후에는 이득금지의 원칙에 반하므로 대위권을 포기하지 못한다는 견해와 지급 후에도 포기할 수 있다는 견해가 있다.

Ⅲ. 제3자에 대한 보험자대위

1. 의의 및 취지

1) 의 의

제3자에 대한 보험자대위란 보험사고로 인한 손해가 제3자의 행위로 인하여 발생한 경우에 보험금을 지급한 보험자는 제3자에게 귀책사유가 있음을 입증할 필요가 없이 그 지급한 보험금액의 한도에서 그 제3자에 대한 보험계약자 또는 피보험자의 권리를 법률상 당연히 취득하는 제도를 말한다(제682조 제1항 본문; 대법원 2021.6.10.선고 2020다298389판결).

2) 취 지

상법 제682조 제1항은 피보험자가 보험자로부터 보험금액을 지급받은 후에도 제3자에 대한 청구권을 보유·행사하게 하는 것은 피보험자에게 손해의 전보를 넘어서 오히려 이득을 주게 되는 결과가 되어 손해보험제도의 원칙에 반하게 되고 또 배상의무자인 제3자가 피보험자의 보험금 수령으로 인하여 책임을 면하게 하는 것도 불합리하므로 이를 제거하여 보험자에게 이익을 귀속시키려는 데 있다(대법원 2022.1.14.선고 2021다264819판결 등). 즉, 보험자대위권의 규정 취지는 피보험자와 보험자 및 제3자의 이해관계를 조정하고 위험을 분배하려는 것이다. 이처럼 보험자대위권의 규정취지가 피보험자와 보험자 및 제3자의 이해관계를 조정하고 위험을 분배하고자 하는 데에 있음을 고려할 때, 보험자는 보험계약의 목적이 되는 피보험이익을 기준으로 보험목적물에 발생한 손해에 대하여 자신이 지급한 보험금의 한도 내에서 보험계약자나 피보험자의 제3자에 대한 권리를 취득할 수 있다(대법원 2019.11.14.선고 2019다216589판결; 대법원 2024.5.9.선고 2024다200533판결).

【판례】 대법원 2023.4.27.선고 2017다239014판결

책임보험계약은 피보험자가 보험기간 중의 사고로 인하여 제3자에게 배상할 책임을 진 경우에 그로 인한 손해보상을 목적으로 한다. 책임보험제도는 피보험자의 재산상 손해를 전보할 뿐만 아니라 이를 통하여 실질적으로는 피해자를 보호하는 데 주된 취지가 있다.

상법 제724조가 규정하고 있는 피해자의 직접청구권은 책임보험의 보험사고가 발생한 때 피해자가 보험금액의 한도 내에서 책임보험자에 대해 직접 보상을 청구할 수 있도록 특별히 인정된 권리로서, 피해자에게 신속·확실한 구제기회를 부여함으로써 피해자를 두텁게 보호하기 위한 것이다.

상법 제682조 제1항은 "손해가 제3자의 행위로 인하여 발생한 경우에 보험금을 지급한 보험자는 그 지급한 금액의 한도에서 그 제3자에 대한 보험계약자 또는 피보험자의 권리를 취득한다. 다만 보험자가 보상할 보험금의 일부를 지급한 경우에는 피보험자의 권리를 침해하지 아니하는 범위에서 그 권리를 행사할 수 있다."라고 규정한다. 위 규정의 취지는 피보험자가 보험자로부터 보험금액을 지급받은 후에도 제3자에 대한 청구권을 보유·행사하게 하는 것은 피보험자에게 손해의 전보를 넘어서 오히려 이득을 주게 되는 결과가 되어 손해보험제도의 원칙에 반하게 되고 또 배상의무자인 제3자가 피보험자의 보험금 수령으로 인하여 책임을 면하게 하는 것도 불합리하므로 이를 제거하여 보험자에게 이익을 귀속시키려는 데 있다. 따라서 피해자인 피보험자의 이중이득이나 가해자인 제3자의 부당한 면책의 우려가 없는 경우에는 보험자의 보험자대위는 제한될 수 있다. 피보험자가 보험자로부터 보험금을 지급받고도 보상받지 못한 손해액이 남아 있는 경우 보험자가 보험자대위에 의하여 제3자에게 직접 청구할 수 있는 범위는 상법 제682조 제1항에 따라 피보험자가 제3자에 대하여 가지는 전체 손해배상청구권 중 미보상손해액을 공제한 나머지 부분에 한한다고 보는 것도 이러한 취지에서이다.
위와 같은 상법상 보험자대위 제도와 책임보험에서의 피해자의 직접청구권 제도의 취지는 화재보험자가 피보험자에게 보험금을 지급한 다음 보험자대위로 가해자의 책임보험자에게 직접청구권을 행사하는 경우에도 마찬가지로 적용되어야 한다. 즉 책임보험계약의 피보험자의 과실로 발생한 화재에 의하여 다수 피해자가 손해를 입었으나 책임보험 한도액이 다수 피해자의 손해 합계액에 미치지 못하는 경우, 피해자들은 책임보험자에 대하여 직접청구권을 행사하여 책임보험 한도액의 범위 내에서 각자 전보받지 못하고 남은 손해의 배상을 청구할 수 있다. 그러나 피해자와 체결한 화재보험계약에 따라 보험금으로 그 피해자의 손해를 전부 보상한 화재보험자가 책임보험자에게 보험자대위로 직접청구를 하는 경우, 화재보험자는 직접청구권을 행사하는 다른 피해자들보다 우선하여 책임보험금을 지급받을 수 없고 특별한 사정이 없는 한 피해자들에 대한 책임보험금 지급이 이루어진 다음 책임보험 한도액에 남은 금액이 있다면 이에 대해서 지급받을 수 있을 뿐이라고 보아야 한다.

2. 요 건

1) 제3자의 행위로 인한 손해의 발생

제3자에 대한 보험자대위가 인정되기 위해서는 손해가 제3자의 행위로 인하여 생기고 보험계약자나 피보험자가 그 제3자에 대하여 손해배상청구권 등의 권리를 가지는 경우라야 한다.

(1) 제3자의 범위

① '제3자'는 보험자·보험계약자·피보험자를 제외한 모든 자를 가리키며, 제3자는 1인 또는 수인이라도 무방하다. 보험계약자나 피보험자의 가족이 고의로 사고를 발생시킨 경우를 제외하고는 그 가족은 제3자의 범위에 포함되지 않으며(제682조 제2항), 피보험자의 사용인의 과실로 손해가 발생한 경우(이들의 고의로 인하여 손해가 발생한 경우는 제외된다)에도 보험자대위의 규정은 적용이 배제된다(대법원 2002.9.6.선고 2002다32547판결). 또한 자동차종합보험에 가입한 차주의 피용운전자는 피보험자일 뿐, 상법 제682조에서 말하는 제3자에 포함되는 자가 아니다(대법원 1991.11.26.선고 90다10063판결).

보충판례 보험자가 취득하는 권리에는 상법 제724조 제2항에 따라 피해자에게 인정되는 직접청구권도 당연히 포함된다. 그러나 보험계약의 해석상 보험사고를 일으킨 자가 상법 제682조에서 정한 '제3자'가 아닌 '피보험자'에 해당될 경우에는 보험자는 그 보험사고자에 대하여 보험자대위권을 행사할 수 없다(대법원 2024.12.26.선고 2024다250286판결).

【판례】 대법원 2024.5.9.선고 2022다290648판결

보험자 대위의 법리에 의하여 보험자가 제3자에 대한 보험계약자 또는 피보험자의 권리를 행사하기 위해서는 손해가 제3자의 행위로 인하여 생긴 경우라야 하고, 이 경우 제3자는 피보험자 이외의 자를 의미하므

> 로, 자동차책임보험약관이 기명피보험자 외에 기명피보험자의 승낙을 얻어 자동차를 사용 또는 관리 중인 자 등도 피보험자로 정하고 있다면, 이러한 승낙피보험자 등의 행위로 인하여 보험사고가 발생한 경우 보험자가 보험자 대위의 법리에 의하여 그 권리를 취득할 수 없다.

② 보험자가 공동불법행위자 중 1인과의 보험계약에 따라 피해자에게 손해보상을 함으로써 공동불법행위자들이 공동면책된 경우 다른 공동불법행위자들은 보험자에게 제3자가 되므로 보험자는 다른 공동불법행위자들에게 구상권을 대위행사할 수 있다(대법원 1998.12.22.선고 98다40466판결; 대법원 2002.5.24.선고 2002다14112판결).

③ 타인을 위한 손해보험계약에서 보험계약자가 제3자에 포함되는가에 대하여 긍정설과 부정설의 대립은 있으나, 판례(대법원 2000.11.10.선고 2000다29769판결)는 「손해보험계약에 있어 제3자의 행위로 인하여 생긴 손해에 대하여 제3자의 손해배상에 앞서 보험자가 먼저 보험금을 지급한 때에는 그 보험금의 지급에도 불구하고 피보험자의 제3자에 대한 손해배상청구권은 소멸되지 아니하고 지급된 보험금액의 한도에서 보험자에게 이전될 뿐이며, 이러한 법리는 손해를 야기한 제3자가 타인을 위한 손해보험계약의 보험계약자인 경우에도 마찬가지이다」라고 하여 긍정설을 따르고 있다.

> **【판례】 대법원 1990.2.9.선고 89다카21965판결**
>
> 타인을 위한 손해보험계약은 타인의 이익을 위한 계약으로서 그 타인의 이익이 보험의 목적이 되는 것이지 여기에 당연히 보험계약자의 보험이익이 포함되거나 예정되어 있는 것은 아니라 할 것이므로 피보험이익의 주체가 아닌 보험계약자는 비록 보험자와의 사이에서는 계약당사자이고 약정된 보험료를 지급할 의무자이지만 그 지위의 성격과 보험자대위 규정의 취지에 비추어 보면 보험자대위에 있어서 보험계약자와 보험계약자 아닌 제3자를 구별하여 취급하여야 할 법률상의 이유는 없는 것이며, 따라서 타인을 위한 손해보험계약자가 당연히 제3자의 범주에서 제외되는 것은 아니다.

(2) 제3자의 행위: 제3자의 '행위'는 불법행위나 의무불이행(채무불이행)에 의해 피보험이익에 대하여 손해를 일으키는 행위라는 뜻으로서(대법원 2021.6.10.선고 2020다298389판결), 반드시 고의·과실에 의한 행위만이 해당되는 것은 아니다(대법원 1995.11.14.선고 95다33092판결).

보충판례 손해보험의 보험사고에 관하여 동시에 불법행위나 채무불이행에 기한 손해배상책임을 지는 제3자가 있어 피보험자가 그를 상대로 손해배상을 청구하는 경우 보험자대위가 인정된다(대법원 2015.1.22.선고 2014다46211판결 참조).

> **【판례】 대법원 1998.9.18.선고 96다19765판결[동지: 대법원 2016.5.27.선고 2015다237618판결]**
>
> 상법 제682조의 보험자대위에 의하여 보험자가 취득하는 권리는 당해 사고의 발생 자체로 인하여 피보험자가 제3자에 대하여 가지는 불법행위로 인한 손해배상청구권이나 채무불이행으로 인한 손해배상청구권을 포함하는 것이고, 한편 상법 제724조 제2항에 의하여 피해자에게 인정되는 직접청구권의 법적 성질은 보험자가 피보험자의 피해자에 대한 손해배상채무를 병존적으로 인수한 것으로서 피해자가 보험자에 대하여

> 가지는 손해배상청구권이므로, 이와 같은 피해자의 직접청구권도 역시 상법 제682조의 보험자대위에 의하여 보험자가 취득하는 권리에 당연히 포함된다.

(3) 보험목적물에의 손해발생: 하나의 사고로 보험목적물과 보험목적물이 아닌 재산에 대하여 한꺼번에 손해가 발생한 경우, 보험목적물이 아닌 재산에 발생한 손해에 대해서는 보험계약으로 인한 법률관계를 전제로 하는 상법 제682조의 보험자대위가 적용될 수는 없으므로, 보험목적물에 발행한 손해의 범위 내에서 보험자대위가 적용된다(대법원 2019.11.15.선고 2019다240629판결). 따라서 제3자의 행위로 발생한 사고로 인해 피보험자에게 보험목적물과 보험목적물이 아닌 재산 모두에 손해가 발생하여 보험자가 피보험자에게 보험목적물에 관한 손해에 대하여 보험금을 지급한 경우, 보험자가 제3자에게 위 사고로 인한 보험자대위권을 행사할 때에는 보험목적물에 관한 손해와 보험목적물이 아닌 재산에 관한 손해를 나누어 별도로 보험자대위의 효과 발생의 범위를 판단하여야 하고, 이때 보험목적물이 아닌 재산에 관한 잔존 손해가 있는지 여부는 고려할 사항이 아니다(대법원 2020.10.15.선고 2018다222921판결).

2) 보험금의 지급과 보험자대위의 범위

보험자가 보험금을 지급한 경우에 보험자대위가 인정된다. 즉, 보험자는 보험계약의 목적이 되는 피보험이익을 기준으로 보험목적물에 발생한 손해에 대하여 자신이 지급한 보험금의 한도 내에서 보험계약자나 피보험자의 제3자에 대한 권리를 취득할 수 있다(대법원 2022.1.14.선고 2021다264819판결). 제3자에 대한 보험자대위는 보험의 목적에 대한 보험자대위(제681조)와는 달리 보험자가 보상할 보험금액의 일부를 지급한 때에도 대위의 효력이 생긴다.

보충판례 ① 상법 제682조 제1항에서 정한 보험자의 제3자에 대한 보험자대위가 인정되기 위하여는 보험자가 피보험자에게 보험금을 지급할 책임이 있는 경우라야 하고, 보험계약에서 담보하지 아니하는 손해에 해당하여 보험금지급의무가 없는데도 보험자가 피보험자에게 보험금을 지급한 경우에는 보험자대위의 법리에 따라 피보험자의 손해배상청구권을 대위행사할 수 없는데, 이러한 이치는 상법 제729조 단서에 따른 보험자대위의 경우에도 마찬가지로 적용된다(대법원 2014.11.27.선고 2012다14562판결).
② 상법 제682조에서 정한 제3자에 대한 보험자대위가 인정되기 위하여는 보험자가 피보험자에게 보험금을 지급할 책임이 있는 경우이어야 한다. 보험자가 보험약관에 정하여져 있는 중요한 내용에 해당하는 면책약관에 대한 설명의무를 위반하여 약관의 규제에 관한 법률 제3조 제4항에 따라 해당 면책약관을 계약의 내용으로 주장하지 못하고 보험금을 지급하게 되었더라도, 이는 보험자가 피보험자에게 보험금을 지급할 책임이 있는 경우에 해당하므로 보험자는 보험자대위를 할 수 있다(대법원 2014.10.15.선고 2012다88716판결; 대법원 2018.6.29.선고 2017다218307판결).

보험자가 보험금을 지급한 한도내에서 보험자대위권을 행사하더라도 보험자는 피보험자의 권리를 해하지 아니하는 범위 내에서 그 권리를 행사할 수 있다(제682조 제1항 단서; 대법원 2015.11.12.선고 2013다71227판결).

【판례】 대법원 2013.9.12.선고 2012다27643판결[동지: 대법원 2021.3.18.선고 2018다287935 전원합의체 판결]

상법 제682조는 "손해가 제3자의 행위로 인하여 생긴 경우에 보험금액을 지급한 보험자는 그 지급한 금액의 한도에서 그 제3자에 대한 보험계약자 또는 피보험자의 권리를 취득한다. 그러나 보험자가 보상할 보험금액의 일부를 지급한 때에는 피보험자의 권리를 해하지 아니하는 범위 내에서 그 권리를 행사할 수 있다."고 규정하고 있는바, 피보험자가 보험자로부터 보험금을 지급받고도 보상받지 못한 손해액이 남아 있는 경우 피보험자가 제3자에 대하여 그 과실분에 상응하여 청구할 수 있는 손해배상청구권 중 피보험자의 전체손해액에서 보험자로부터 지급받는 보험금을 공제한 금액(이하 '미보상손해액'이라고 한다)만큼은 여전히 피보험자의 권리로 남는 것이고, 그것을 초과하는 부분의 청구권만이 보험자가 보험자대위에 의하여 제3자에게 직접 청구할 수 있게 된다(대법원 2012.8.30.선고 2011다100312판결 참조). 따라서 피보험자의 제3자에 대한 손해배상청구권이 미보상손해액에 미치지 못한다면 보험자가 보험금을 지급한다 하더라도 보험자대위권을 행사할 수 없다고 할 것이다. 결국 보험자대위권의 범위는 상법 제682조에 의하여 피보험자가 제3자에 대하여 가지는 전체 손해배상청구권 중 미보상손해액을 공제한 나머지 부분에 대하여만 행사할 수 있는 것으로 정해지는 것이고, 피보험자의 제3자에 대한 손해배상청구권 중 미보상손해액 범위 내의 권리는 피보험자의 온전한 권리이므로, 피보험자의 행사 또는 처분 여부에 관계없이 보험자는 그 부분에 대하여 보험자대위권을 행사할 수 없는 것이다.

참조판례 국민건강보험공단이 불법행위로 인한 피해자에게 보험급여를 한 후 피해자의 가해자 또는 그 보험자에 대한 손해배상채권을 대위하는 경우, 피해자의 과실 등을 고려하여 산정된 손해배상채권의 범위 내에서 보험급여액 중 가해자의 책임비율에 해당하는 금액에 관하여 피해자의 가해자 또는 그 보험자에 대한 손해배상채권을 대위할 수 있고, 여기에서 국민건강보험공단의 보험급여 이후 가해자 또는 그 보험자가 손해배상 명목으로 피해자에게 지급한 돈을 공제할 수는 없다. 다만 국민건강보험공단이 피해자를 대위하여 얻는 손해배상채권은 피해자의 전체 손해배상채권 중 건강보험 보험급여와 동일한 사유에 의한 손해배상채권, 즉 보험급여와 손해배상이 상호보완적 관계에 있어 보험급여의 실시로 가해자에 대한 손해배상채권이 전보되어 소멸될 수 있는 경우에 한정되므로, 책임보험과 관련하여 그 한도액이 있는 때에는 국민건강보험공단이 가해자의 보험자에게 손해배상채권을 대위 청구한 경우 그 보험자가 피해자에게 책임보험금으로 지급한 돈이 건강보험 보험급여와 상호보완적 관계에 있지 않다면 이는 보험자가 국민건강보험공단에 지급할 책임보험금에서 공제되어야 한다(대법원 2024.7.11.선고 2021다305437판결).

3) 보험계약자 또는 피보험자의 제3자에 대한 권리의 존재

보험자대위가 성립하기 위해서는 보험계약자 또는 피보험자의 제3자에 대한 권리가 직접적이든 간접적이든 존재하여야 한다. 따라서 피보험자 등이 보험금 지급 전에 권리를 처분하거나 행사한 경우(대법원 1981.7.7.선고 80다1643판결) 또는 제3자에 대한 권리가 시효소멸한 경우(대법원 1993.6.29.선고 93다1770판결)에는 보험자대위가 인정되지 않는다.

3. 효 과

1) 보험자의 제3자에 대한 권리의 취득

(1) 상법 제682조에 의하여 보험자가 취득하는 권리는 '당해사고의 발생자체로 인하여 피보험자가 제3자에 대하여 가지는 불법행위로 인한 손해배상청구권이나 채무불이행으로 인한 손해배상청구권'에 한한다(대법원 1988.12.13.선고 87다카3166판결). 보험자대위의 요건을 갖춘 경우 보험자는 지급한 금액의 한도에서 보험계약자 또는 피보험자의 권리를 해하지 않는 범위 내에서 그 제3자에 대한 보험계약자 또는 피보험자의 권리를 취득하게 된다. 이 경우 어떤 대항요건을 갖출 필요 없이 제3자에 대한 권리가 당연히 보험자에게 이전되는 것이며, 권리이전의 시기는 보험금지급시이다.

(2) 보험자가 피보험자에게 보험금액의 전액을 지급한 경우에도 피보험자에게 아직 손해가 남아 있다면 이때에는 피보험자의 권리를 해하지 않는 범위 내에서만 보험자대위는 인정된다(제682조 제1항 단서: 통설). 즉, 피보험자가 보험자로부터 보험금을 지급받고도 보상받지 못한 손해액이 남아 있는 경우 피보험자의 가해자에 대한 손해배상채권 중 그 남아있는 손해액만큼은 여전히 피보험자에게 있고, 이를 초과하는 부분만 보험자가 피해자를 대위하여 가해자에게 직접 청구할 수 있다(대법원 2012.8.30.선고 2011다100312판결; 대법원 2013.9.12.선고 2012다27643판결; 대법원 2021.3.18.선고 2018다287935 전원합의체 판결). 그러므로 보험금으로 피보험자의 손해가 모두 전보되었다면 보험자가 보험자대위에 의하여 제3자를 상대로 대위권을 행사할 수 있다(대법원 2020.10.15.선고 2018다222921판결).

【판례】 대법원 2015.1.22.선고 2014다46211 전원합의체 판결[동지: 대법원 2021.1.14.선고 2020다261776판결; 대법원 2021.6.30.선고 2018다288723판결]

손해보험의 보험사고에 관하여 동시에 불법행위나 채무불이행에 기한 손해배상책임을 지는 제3자가 있어 피보험자가 그를 상대로 손해배상청구를 하는 경우에, 피보험자가 손해보험계약에 따라 보험자로부터 수령한 보험금은 보험계약자가 스스로 보험사고의 발생에 대비하여 그때까지 보험자에게 납입한 보험료의 대가적 성질을 지니는 것으로서 제3자의 손해배상책임과는 별개의 것이므로 이를 그의 손해배상책임액에서 공제할 것이 아니다. 따라서 위와 같은 피보험자는 보험자로부터 수령한 보험금으로 전보되지 않고 남은 손해에 관하여 제3자를 상대로 그의 배상책임(다만 과실상계 등에 의하여 제한된 범위 내의 책임이다. 이하 같다)을 이행할 것을 청구할 수 있는바, 전체 손해액에서 보험금으로 전보되지 않고 남은 손해액이 제3자의 손해배상책임액보다 많을 경우에는 제3자에 대하여 그의 손해배상책임액 전부를 이행할 것을 청구할 수 있고, 위 남은 손해액이 제3자의 손해배상책임액보다 적을 경우에는 그 남은 손해액의 배상을 청구할 수 있다. 후자의 경우에 제3자의 손해배상책임액과 위 남은 손해액의 차액 상당액은 보험자대위에 의하여 보험자가 제3자에게 이를 청구할 수 있다(상법 제682조).

(3) 일부보험의 경우 청구권대위에 대해서는 규정이 없다. 제3자에게 자력이 충분한 경우에는 보험자는 지급한 보험금의 범위 내에서, 피보험자는 보상받지 못한 부분에 대한 손해배상청구권을 행사하면 되므로 문제가 발생하지 않는다. 그러나 제3자의 자력이 충분하지 않

은 경우에는 손해배상금의 분배와 관련하여 보험자의 대위범위에 대하여 학설이 대립되고 있다.[1)]

보충판례 일부보험의 피보험자는 보험자로부터 수령한 보험금으로 전보되지 않고 남은 손해에 관하여 제3자를 상대로 그의 배상책임(다만 과실상계 등에 의하여 제한된 범위 내의 책임이다. 이하 같다)을 이행할 것을 청구할 수 있다. 즉, 전체 손해액에서 보험금으로 전보되지 않고 남은 손해액이 제3자의 손해배상책임액보다 많을 경우에는 제3자에 대하여 그의 손해배상책임액 전부를 이행할 것을 청구할 수 있고, 위 남은 손해액이 제3자의 손해배상책임액보다 적을 경우에는 그 남은 손해액의 배상을 청구할 수 있다. 후자의 경우에 보험자가 제3자의 손해배상책임액과 위 남은 손해액의 차액 상당액을 보험자대위에 의하여 제3자에게 청구할 수 있다(대법원 2019.11.14.선고 2019다216589판결).

2) 권리이전의 효과

보험자가 보험금을 지급함으로써 대위의 효과가 생긴 후에는 보험자에게 이전된 권리에 관하여는 보험계약자 또는 피보험자는 자유로이 이를 행사하거나 처분하지 못한다. 그럼에도 불구하고 피보험자 등의 권리행사나 처분이 있는 때에는 이는 무권리자의 처분으로서 원칙적으로 무효이다.

따라서 보험자가 보험금을 지급한 이후에 피보험자가 제3자에 대한 손해배상청구권을 포기하여도 무권리자의 처분행위로서 무효이고, 보험자는 제3자에 대하여 청구권대위를 할 수 있다(대법원 1997.11.11.선고 97다37609판결). 다만, 제3자가 보험자의 대위권취득을 알지 못하고 과실 없이 선의로 피보험자에게 채무를 이행한 때에는 채권의 준점유자에 대한 변제(민법 제470조)로서 유효하며, 만일 피보험자 등이 보험자로부터 보험금을 지급받은 후에 제3자에 대한 권리를 행사하거나 처분한 경우에는 피보험자 등은 보험자의 대위권을 침해한 것이 되어 부당이득반환 또는 불법행위에 기한 손해배상책임을 부담한다(대법원 1999.4.27.선고 98다61593판결 참조). 이때 보험자는 피보험자에게 보험금을 지급한 사실, 피보험자가 보험금을 수령한 후 무권한자임에도 불구하고 제3자로부터 손해배상을 받은 사실 및 제3자의 피보험자에 대한 손해배상의 채권의 준점유자에 대한 변제로서 유효하다는 사실을 입증하여야 한다.

3) 보험자대위에 의하여 취득한 채권의 소멸시효

(1) 소멸시효의 기산점: 보험자대위에 의하여 피보험자 등의 제3자에 대한 권리는 동일성을 잃지 않고 그대로 보험자에게 이전되므로, 이때 보험자가 취득하는 채권의 소멸시효의

1) 【학설】 일부보험의 경우 대위의 범위에 관한 학설
일부보험의 경우 보험자는 보험금액을 지급한 한도에서 대위한다는 견해(절대설), 상법 제681조 단서를 유추하여 보험자는 보험금액의 보험가액에 대한 비율에 따라 대위한다는 견해(상대설), 상법 제682조 단서의 취지에서 보험자는 피보험자의 권리를 해하지 아니하는 범위에서 대위한다는 견해(차액설·판례)가 있다.

기간과 기산점 또한 피보험자 등이 제3자에 대하여 가지는 채권 자체를 기준으로 판단하여야 한다(대법원 2011.1.13.선고 2010다67500판결; 대법원 1999.6.11.선고 99다3143판결).

(2) 소멸시효기간: 공동불법행위자 중 1인의 보험자가 피해자에게 손해배상금을 보험금으로 모두 지급함으로써 공동면책되었다면, 피보험자인 공동불법행위자는 다른 공동불법행위자들을 상대로 그들의 부담 부분에 대하여 구상권을 행사할 수 있을 뿐만 아니라, 상법 제724조 제2항에 따라 다른 공동불법행위자들의 부담 부분에 대한 구상권을 그들의 보험자들에게 직접 행사할 수 있고, 손해배상금을 지급한 보험자는 상법 제682조의 보험자대위의 법리에 따라 자신의 피보험자가 다른 공동불법행위자들의 보험자들에 대하여 갖는 직접적인 구상권을 취득하여 그 보험자들에게 행사할 수 있다. 이같이 보험자대위의 법리에 따라 취득한 피보험자의 다른 공동불법행위자들 및 그들의 보험자들에 대한 구상권의 소멸시효기간은 일반채권과 같이 10년이고, 그 기산점은 구상권이 발생한 시점, 즉 구상권자가 현실로 피해자에게 손해배상금을 지급한 때이다.(대법원 1994.1.11.선고 93다32958판결; 대법원 2024.9.27.선고 2024다249729판결).

4) 중복보험자의 보험자대위

보험금을 단독으로 지급한 중복보험자가 다른 중복보험자로부터 분담금 전부 또는 일부를 지급받아 만족을 얻었다고 하더라도 피보험자에 대한 배상의무자를 상대로 보험자대위에 의한 청구권을 행사할 수 있고, 다만 그 범위는 보험약관에 따라 정당하게 산정되어 지급된 보험금 중 그 보험금에서 위와 같이 만족을 얻은 부분을 제외한 나머지 금액의 비율에 상응하는 부분으로 축소된다고 봄이 타당하다(대법원 2023.6.1.선고 2019다237586판결).

보충판례 하나의 사고에 관하여 여러 개의 무보험자동차에 의한 상해담보특약이 체결되고 그 보험금액의 총액이 피보험자가 입은 손해액을 초과하는 때에는 손해보험에 관한 상법 제672조 제1항이 준용되어 보험자는 각자의 보험금액의 한도에서 연대책임을 지고, 이 경우 각 보험자 사이에서는 각자의 보험금액의 비율에 따른 보상책임을 진다. 이러한 경우 중복보험자 중 1인이 단독으로 피보험자에게 보험약관에서 정한 보험금 지급기준에 따라 정당하게 산정된 보험금을 지급하였다면 상법 제672조 제1항에 근거하여 다른 중복보험자를 상대로 각자의 보험금액의 비율에 따라 산정한 분담금의 지급을 청구할 수 있다. 그리고 이러한 청구권은 상법 제729조 단서에 근거하여 당사자 사이에 다른 약정이 있어 피보험자의 권리를 해하지 아니하는 범위 안에서 피보험자에 대한 배상의무자를 상대로 행사할 수 있는 보험자대위에 의한 청구권과 별개의 권리이므로, 그 중복보험자는 각 청구권의 성립 요건을 개별적으로 충족하는 한 어느 하나를 먼저 행사하여도 무방하고 양자를 동시에 행사할 수도 있다(대법원 2023.6.1.선고 2019다237586판결).

【판례】 대법원 2015.1.29.선고 2013다214529판결

건물의 임차인이 임차건물을 보험목적으로 하여 가입한 화재보험(이하 '임차인 화재보험'이라고 한다)과 건물의 소유자가 건물을 보험목적으로 하여 가입한 화재보험(이하 '소유자 화재보험'이라고 한다)이 소유자를 피보험자로 하는 중복보험의 관계에 있는 경우, 임차인의 책임 있는 사유로 임차건물에 화재가 발생하여 소유자 화재보험의 보험자가 소유자에게 건물에 관한 보험금을 지급하였다면, 소유자 화재보험의 보험자로서는 임차인 화재보험의 보험자로부터 상법 제672조 제1항에 따라 중복보험 분담금을 지급받았다고 하더라도 상법 제682조에 따라 임차인에 대하여 보험자대위에 의한 청구권을 행사할 수 있고, 다만 그 범위가 소유자에게 지급한 보험금에서 임차인 화재보험의 보험자로부터 지급받은 중복보험 분담금을 공제한 금액 중 보험자대위에 의한 청구권의 상대방인 임차인의 책임비율에 따른 부담 부분으로 축소될 뿐이다.
한편 임차인 화재보험의 보험자가 위 화재에 대한 임차인의 손해배상책임을 보상하는 책임보험자의 지위도 겸하고 있다면, 소유자 화재보험의 보험자는 책임보험 직접청구권에 관한 상법 제724조 제2항에 따라 같은 금액을 임차인 화재보험의 보험자에게 청구할 수 있다.

5) 재보험자의 보험자대위

재보험의 경우 먼저 원보험자가 원보험계약의 피보험자에게 보험금을 지급하고 제3자에 대한 권리를 취득한 다음에 재보험자가 원보험자에게 재보험금을 지급한 때에는 그 한도에서 원보험자의 위의 권리를 대위취득하게 된다. 그러나 제3자에 대한 대위권의 행사는 원보험자가 자기의 이름으로 재보험자의 수탁자적 지위에서 하고, 제3자로부터 회수한 금액을 재보험자에게 교부하여야 한다.

제5관 보험의 목적의 양도

I. 의 의

보험의 목적의 양도는 피보험자가 기존 보험계약의 대상인 목적물을 개별적으로 타인에게 양도하는 것을 말하며, 이 때에 양수인은 보험계약으로 인하여 생긴 권리와 의무를 동시에 승계한 것으로 추정한다(제679조 제1항). 이러한 제도를 둔 것은 보험의 목적의 양도로 인하여 양수인과 보험자는 아무런 관계가 없기 때문에 보험계약관계가 생기지 않게 되므로 무보험의 상태에 놓이게 되거나 양도인이 지급한 보험료가 헛된 것이 되는 불이익을 피하기 위한 데 있다.

【판례】 대법원 1993.4.13.선고 92다8552판결

상법 제679조에서 피보험자가 보험의 목적을 양도된(한) 때에는 보험계약으로 인하여 생긴 권리를 동시에 양도된 것으로 추정한다고 규정하는 취지는 보험의 목적이 양도된 경우 양수인의 양도인에 대한 관계에서 보험계약상의 권리도 함께 양도된 것으로 당사자의 통상의 의사를 추정하고 이것을 사회경제적 관점에서 긍정하는 것이고, 같은 조에 위반한 법률행위를 공서양속에 반한 불법행위로서 무효로 보아야 할 것으로 해석되지 아니하므로 위 규정을 임의규정이라고 할 것이다.

II. 요 건

1. 양도 당시의 보험계약의 존속

보험의 목적물이 양도될 때, 양도인과 보험자 간의 보험계약이 유효하게 존재하고 있어야 한다. 또 보험계약이 존속하고 있으면 면책사유가 있어도 보험계약은 양수인에게 이전되나, 보험자는 양수인에 대하여도 면책사유를 주장할 수 있다.

2. 보험의 목적의 물건

보험의 목적은 동산·부동산 등의 물건뿐만 아니라, 유체·구체재산도 포함된다. 보험의 목적인 물건은 특정되고 개별화되어 있어야 한다. 물건이 특정되지 않은 보험(예 집합보험·책임보험)의 경우에는 그 물건이 양도된 경우에도 그에 관한 보험관계가 이전될 수 없다.

그러나 책임보험이 물건과 관련된 경우에는 보험의 목적의 양도에 관한 상법 제679조를 준용할 수 있다.

3. 보험의 목적의 양도

보험의 목적은 물권적 양도계약에 의하여 양도되어야 한다. 따라서 양도의 채권계약만으로는 양도에 포함되지 않는다. 상속·합병 등과 같은 포괄승계도 양도에 포함되지 않지만, 영업양도 및 경락 등에 의한 경우는 양도에 포함된다.

효 과

1. 보험계약상의 권리와 의무의 이전

피보험자가 보험의 목적을 양도한 때에는 양수인은 보험계약상의 권리와 의무를 승계한 것으로 추정한다(제679조 제1항)[1]. 이러한 추정은 보험목적의 양수인에게 보험승계가 없다는 것이 증명된 경우에는 번복된다(대법원 1996.5.28.선고 96다6988판결).

---

1) 【학설】 보험의 목적의 양도 후의 보험관계의 성질에 관한 학설
보험의 목적을 양도한 경우 보험계약자의 지위와 관련하여 ① 양도인이 보험계약자가 된다는 견해에 따르면 이전이 추정되는 보험계약은 타인을 위한 보험이 된다고 하고, ② 양수인이 보험계약자가 된다는 견해에 따르면 이전되는 보험관계는 자기를 위한 보험이 된다고 한다(통설).

그러나 선박의 양도에는 보험자의 동의를 받도록 규정하고 있고(제703조 의2), 자동차의 양도에는 보험자의 승낙을 받아야 보험계약상의 권리·의무를 승계할 수 있는 것으로 하고 있다(제726조 의4).

2. 보험자에 대한 통지

1) 통지의무

피보험자가 보험의 목적을 양도한 때에는 양도인 또는 양수인은 지체없이 보험자에 대하여 그 사실을 통지하여야 한다(제679조 제2항). 이러한 통지의 방법에는 제한이 없고, 통지의무자는 양도인 또는 양수인이다. 피보험자의 보험자에 대한 통지의무의 법적 성질에 대해서는 학설의 대립이 있다.[1)]

2) 통지의무 위반의 효과

통지의무 위반의 효과에 대해서는 상법에 규정이 없으므로 이에 관하여는 학설이 대립되고 있다.[2)]

【판례】 대법원 1996.7.26.선고 95다52505판결

보험목적물의 양도를 보험계약자의 통지의무 사유로 들고 있는 …(중략), 화재보험의 목적물이 양도된 경우 그 양도로 인하여 현저한 위험의 변경 또는 증가가 있는 동시에 보험계약자 또는 피보험자가 양도의 통지를 하지 않는 경우에는 보험자는 통지의무 위반을 이유로 당해 보험계약을 해지할 수 있으나, <u>보험목적의 양도로 인하여 현저한 위험의 변경 또는 증가가 없는 경우에는 양도의 통지를 하지 않더라도 통지의무위반을 이유로 당해 보험계약을 해지할 수 없다</u>고 봄이 상당하다.

---

1) 【학설】 통지의무의 법적 성질에 관한 학설

① 대항요건설: 이 견해는 양도인 또는 양수인의 통지의무는 보험자 기타 제3자에 대한 대항요건으로 본다. 이 견해에 의하면 보험목적의 양도사실을 보험자에게 통지함으로써 피보험자의 교체사실을 보험자에게 대항할 수 있다고 하여 보험목적의 양도를 통하지 않으면 양수인은 보험자에게 보험금청구권을 행사할 수 없다고 한다.

② 비대항요건설: 이 견해는 양도인 또는 양수인의 통지의무는 대항요건은 아니며 단순히 보험자의 보호를 위한 규정으로 보는 견해이다. 이 견해에 의하면 보험목적의 양도의 경우 별도의 대항요건을 갖출 필요없이 보험자 및 그 밖의 제3자에 대해서도 대항할 수 있다고 하고, 양수인은 보험목적의 양도를 보험자에게 통지하지 않았다 하더라도 보험약관에 다른 정함이 없는 한 보험목적의 양수사실을 입증하여 보험금청구권을 행사할 수 있다고 한다.

2) 【학설】 통지의무 위반의 효과에 관한 학설

통지의무 위반의 효과에 대해서는 ① 위험변경·증가시의 보험자의 보호규정(제652조)을 유추·적용할 수 있다고 하는 견해, ② 상법 제652조를 유추하는 것은 양수인에게 가혹하므로 부당하며 입법으로 해결하여야 한다는 견해, ③ 통지의무를 해태하였다고 하더라도 위험이 현저히 변경·증가되지 않은 때에는 통지의무 위반을 이유로 보험계약의 해지를 할 수 없다고 하는 견해(판례)가 있다.

3) 통지의무의 이행

통지의무를 이행한 경우, 보험사고의 위험이 현저하게 변경 또는 증가된 때에는 보험자는 그 통지를 받은 때부터 1월 내에 보험료의 증액을 청구하거나 또는 보험계약을 해지할 수 있다(제652조 제2항).

제 2 절 각 칙

제1관 화재보험

I. 화재보험계약의 의의

화재보험계약이란 화재로 인하여 생길 손해를 보상할 것을 목적으로 하는 손해보험계약이다(제683조). 화재보험은 화재만을 보험사고로 하므로 화재 이외의 각종의 위험을 보험사고로 하는 보험은 화재보험이 아니다.

【판례】 대법원 2011.2.24.선고 2009다43355판결

[1] 보험계약에 편입된 보통약관에 보험회사가 보험에 가입한 물건이 입은 화재에 따른 직접손해, 소방손해, 피난손해 등을 보상하도록 되어 있는 경우에, 그 보통약관에 의하여 체결된 보험계약은 손해보험의 일종인 화재보험으로서의 성격을 갖는 것임이 분명하고, 이러한 화재보험은 다른 특약이 없는 한 피보험자가 그 목적물의 소유자인 타인에게 손해배상의무를 부담하게 됨으로써 입게 되는 손해까지 보상하기로 하는 책임보험의 성격을 갖는다고는 할 수 없다.

[2] 부동산을 매수한 자가 그 부동산에 관하여 자신을 피보험자로 하여 화재보험계약을 체결하였다면, 특별한 사정이 없는 한 이는 자기를 위한 보험계약이라고 봄이 상당하다.

II. 화재보험증권의 기재사항

보험자는 보험계약성립 후 지체없이 화재보험증권을 작성하여 보험계약자에게 교부하여야 한다(제640조).

화재보험증권에는 상법 제666조에 열거된 사항 이외에 ① 건물을 보험의 목적으로 한 때에는 그 소재지·구조와 용도, ② 동산을 보험의 목적으로 한 때에는 그 존치한 장소의 상태와 용도, ③ 보험가액을 정한 때에는 그 가액을 기재하여야 한다(제685조).

Ⅲ. 화재보험계약의 요소

1. 보험사고

화재보험계약에서의 보험사고는 화재이다. 상법이나 화재보험약관에서는 화재의 의의에 관한 규정이 없으므로 사회통념에 따라서 정할 수밖에 없다. 화재보험에서의 화재는 사회통념상 보통 말하는 화재로 볼 수 있는 성질과 규모를 가진 화력의 연소작용이다.

2. 보험의 목적

화재보험계약에서의 보험의 목적은 화재로 인하여 손상될 염려가 있는 것으로 유체물은 모두 화재의 목적물이 될 수 있다. 상법 제685조는 화재보험증권의 기재사항으로 동산과 건물의 경우만을 규정하고 있지만, 그 이외에 교량이나 입목(立木) 등의 부동산을 보험의 목적으로 할 수 있다.

3. 피보험이익

화재보험의 목적물은 동일한 것이라도 피보험이익은 피보험자가 누구인가에 따라 다르다. 즉, 동일한 화재보험의 목적물이라도 소유자로서의 피보험이익, 임차인으로서의 피보험이익, 담보권자로서의 피보험이익 등이 있을 수 있다. 피보험이익이 불분명한 경우에는 소유자로서의 피보험이익으로 보아야 한다.

Ⅳ. 보험자의 보상책임의 범위

1. 위험보편의 원칙

화재로 인하여 보험의 목적물에 손해가 발생한 때에는 보험자는 그 화재의 원인을 묻지 아니하고 이를 보상함을 원칙으로 한다. 이것을 위험보편의 원칙이라 한다. 그러나 이것은 법률 또는 약관에 특별한 규정이 없는 경우의 일반원칙이다.

2. 화재와 손해의 인과관계

보험자는 보험의 목적에 관하여 화재로 인한 손해가 생긴 경우에는 이를 보상할 의무를 지며, 보험사고와 손해의 사이에는 상당인과관계가 있어야 한다.

3. 보험자의 소방비용 등의 보상책임

보험자는 화재의 소방 또는 손해의 감소에 필요한 조치로 인하여 생긴 손해를 보상할 책임이 있다(제684조).

손해의 감소에 필요한 조치로 인한 손해에 대하여도 보험자에게 보상책임을 부담시킨 것은 손해방지비용을 보험자에게 부담시킨 것과 그 취지를 같이하는 것이다.

V. 집합보험·총괄보험

1. 집합보험

한 개의 보험계약에서 경제적으로 독립된 다수의 사람 또는 물건을 보험의 목적으로 하는 것으로, 집합된 물건을 일괄하여 보험의 목적으로 한 때에는 피보험자의 가족과 사용인의 물건도 보험의 목적에 포함된 것으로 하고 있다. 이 경우에는 그 보험은 그 가족 또는 사용인을 위하여서도 체결한 것으로 본다(제686조).

2. 총괄보험

집합된 물건을 일괄하여 보험의 목적으로 한 때에도 그 목적에 속하는 물건이 보험기간 중에 수시로 교체되더라도 보험계약 자체는 그 목적물의 변동과는 직접 관계없이 존속하는 경우로서, 이 경우에는 보험사고의 발생시에 현존한 물건은 보험의 목적에 포함된다(제687조).

제2관 운송보험

I. 운송보험계약의 의의

운송보험계약이란 육상운송에 있어서의 운송물에 관한 사고로 인하여 발생할 손해를 보상할 것을 목적으로 하는 손해보험계약을 말한다(제688조). 육상운송에서의 육상이란 육지 이외에 호천·항만도 포함되지만(제125조), 실제로는 항만에서의 보험사고는 약관에 의하여 해상보험계약에 의하여 보험되는 것이 보통이다.

II. 운송보험증권의 기재사항

운송보험계약에서의 보험증권에는 상법 제666조의 손해보험계약의 보험증권에 기재할 일반적 사항 이외에, ① 운송의 노순(路順)과 방법, ② 운송인의 주소와 성명 또는 상호, ③ 운송물의 수령과 인도의 장소, ④ 운송기간을 정한 때에는 그 기간, ⑤ 보험가액을 정한 때에는 그 가액을 기재하여야 한다(제690조).

III. 운송보험계약의 요소

1. 보험의 목적

운송보험계약에서의 보험의 목적은 운송물이며, 운송용구의 보험(예 운송차량에 대한 차량보험)은 해상보험(예 선박보험)과는 달리 운송보험에 속하지 않는다. 운송물은 반드시 운송계약의 목적인 물건에 한하는 것이 아니며, 운송인이 자기 소유의 물건을 자기를 위하여 운송하는 경우도 포함될 수 있다.

2. 보험사고

운송보험계약에서의 보험사고는 육상운송의 운송물에 관하여 생기는 모든 사고이며, 이것을 운송위험이라고 한다. 약관에 의하여 특정 사고를 보험사고에서 제외하는 것은 가능하다.

3. 보험기간

운송보험계약의 보험자는 다른 약정이 없으면 운송인이 운송물을 수령한 때로부터 수하인에게 인도할 때까지 생길 손해를 보상할 책임이 있다(제688조). 운송인이 운송물을 수령한 때 이후의 시기에 보험계약이 체결된 경우에는 보험자의 책임은 소급의 특약이 없는 한, 계약성립시로부터 시작하는 것으로 볼 것이다. 운송물을 수하인에게 인도할 수 없는 경우에 운송인이 법의 규정에 따라 공탁 또는 경매한 때에는(제142조, 제143조) 인도가 있은 경우에 준하여 보험기간이 만료하는 것으로 본다.

4. 보험가액

손해보험에서는 보험가액의 협정이 있는 때에는 그 가액을 보험가액으로 하고(제670조), 보험가액의 협정이 없는 때에는 사고발생시의 가액을 보험가액으로 한다(제671조). 그러나 운송물의 보험에 있어서는 당사자 간에 협정이 없으면 발송한 때와 곳의 운송물의 가액과 도착지까지의 운임 기타의 비용을 보험가액으로 한다(제689조 제1항).

5. 피보험이익

운송보험계약에서의 피보험이익은 운송물의 소유자로서의 이해관계가 된다. 그러나 이 밖에 상품인 운송물의 도착으로 인하여 얻을 이익(희망이익)의 보험으로서의 효력을 발생시키기 위해서는 그 뜻의 특약이 있어야 하고, 이러한 약정이 있는 때에 한하여 그 이익을 보험가액 중에 산입할 수 있다(제689조 제2항).

Ⅳ. 운송보험계약의 변경

운송보험에 있어서는 운송의 노순이나 방법의 변경 또는 운송의 지속(遲速)은 보험자의 책임에 중대한 관계가 있으나, 상법은 운송의 필요에 따라 일시 운송을 중지하거나 운송의 노순 또는 방법을 변경한 경우에도 다른 약정이 없으면 운송보험계약의 효력을 상실하지 않는 것으로 규정하고 있다(제691조).

그런데 운송의 필요에 따라 일시 운송을 중지 또는 변경함으로써 사고발생의 위험이 현저하게 변경 또는 증가한 때에는 보험자는 보험료의 증액청구나 보험계약의 해지를 할 수 있다고 본다(제652조).

V. 운송보험자의 면책

보험자는 일반적 면책사유에 따라 보험사고가 보험계약자 또는 피보험자 등의 고의 또는 중대한 과실로 인하여 생긴 때(제659조 제1항), 또는 특별한 약정이 없는 한 전쟁 기타 변란으로 인한 때(제660조), 운송물의 성질·하자 또는 자연소모로 인한 때(제678조)에는 보험자는 보험금을 지급할 책임이 없다. 그리고 운송보험에 있어서는 송하인 또는 수하인의 고의 또는 중대한 과실로 인하여 보험사고가 발생한 때에도 보험자는 이로 인하여 생긴 손해를 보상할 책임을 면한다(제692조).

제3관 해상보험

I. 해상보험계약의 의의·성질

1. 의 의

해상보험계약은 해상사업에 관한 사고로 인하여 생길 손해를 보상할 것을 목적으로 하는 손해보험계약이다(제693조).

2. 성 질

해상보험은 주로 해운업자나 무역업자 등과 같은 기업이 이용하는 보험으로 기업보험의 성질을 갖고 있으며, 바다를 무대로 하여 국제적으로 활동하는 해운업자 또는 무역업자 등이 이용하는 보험으로서 국제적 성질을 갖고 있다. 해상보험실무에서는 영국의 Lloyd's Form인 영국의 보험약관에 의하여 해상보험계약이 체결되는 것이 보통이다. 이러한 영국의 보험약관에는 영국의 법과 관습에 따른다는 준거법조항을 두고 있으며, 우리 판례는 이 준거법조항의 효력을 유효한 것으로 인정하고 있다(대법원 1998.5.15.선고 96다27773판결).

II. 해상보험증권의 기재사항

해상보험의 보험자는 보험계약의 성립 후 보험증권을 작성·교부하여야 하며, 해상보험증권에는 손해보험계약의 일반적 기재사항(제666조) 이외에 ① 선박을 보험에 붙인 때에는 그 선박의 명칭·국적과 종류·항해의 범위, ② 적하를 보험에 붙인 경우에는 선박의 명칭·국적과 종류·선적항과 양륙항 및 출항지와 도착지를 정한 때에는 그 지명, ③ 보험가액을 정한 때에는 그 가액을 기재하여야 한다(제695조).

Ⅲ. 해상보험의 종류

1. 피보험이익에 의한 분류

피보험이익에 의한 분류로는 ① 보험의 목적인 선박의 소유자로서의 피보험이익에 관한 보험인 선박보험, ② 보험의 목적인 적하의 소유자로서의 피보험이익에 관한 보험인 적하보험, ③ 운송인이 화물 또는 여객을 무사히 운송한 경우에 얻을 운임에 대하여 가지는 피보험이익에 관한 보험인 운임보험, ④ 보험의 목적인 적하의 도착으로 인하여 얻을 희망이익의 주체로서의 피보험이익(예 적하의 매도인이 적하의 도착으로 인하여 얻을 이익, 운송주선인·중개인·위탁매매인 등이 적하의 도착으로 인하여 받을 수수료)에 관한 보험인 희망이익보험 등이 있다.

2. 보험기간에 의한 분류

보험기간에 의한 분류로는 ① 보험자의 책임의 시기·종기가 일정시로서 정해지는 정기보험, ② 일항해(一航海)를 보험기간으로 하는 항해보험, ③ 일정한 기간과 일항해로서 정한 보험인 혼합보험 등이 있다.

Ⅳ. 해상보험계약의 요소

1. 보험의 목적

해상보험계약에 있어서의 보험의 목적은 해상사업에 관한 사고로 인하여 손해를 입게 될 모든 재산이다. 따라서 해상보험계약에 있어서의 보험의 목적은 선박·적하·희망이익·운임·선비(船費) 등이다. 선박은 영리선, 국공유선, 건조 중의 선박, 운송 중인 선박도 보험의 목적이 될 수 있다. 적하는 해상운송의 객체인 물건을 가리키며, 저하(底荷)나 선박항해용의 소모품 기타 운송계약의 목적물이 아닌 것은 제외된다.

2. 보험사고

해상보험계약에서의 보험사고는 보험의 목적에 대하여 해상사업에 관하여 생기는 모든 사고를 의미한다. 따라서 선박의 침몰·좌초·충돌뿐만 아니라, 투하·포획·도난·화재·폭발·폭풍우·불가항력으로 인한 피난 등 항해에 관련하여 생길 수 있는 모든 사고를 포함한다. 다만, 약관에 의하여 특정 사고를 보험사고로 제한할 수 있다(대법원 1998.5.15.선고 96다27773판결).

3. 보험기간

해상보험계약의 보험기간에 대하여 기간보험의 경우는 문제가 없으나, 항해보험의 경우에는 보험기간의 개시와 종료에 대해 문제가 있으므로 상법에 특별규정을 두고 있다.

1) 선박보험

(1) 개 시: 원칙적으로 보험기간은 화물 또는 저하의 선적에 착수한 때에 개시하고(제699조 제1항), 화물 또는 저하의 선적에 착수한 후에 보험계약이 체결된 때에는 계약이 성립한 때에 개시한다(제699조 제3항).

(2) 종 료: 도착항에서 화물 또는 저하를 양륙한 때에 종료하지만(제700보 본문), 양륙이 불가항력으로 인하지 아니하고 지연된 때에는 그 양륙이 보통 종료될 때에 종료된 것으로 한다(제700조 단서).

2) 적하보험

(1) 개 시: 적하를 보험에 붙인 경우에는 보험기간은 그 화물의 선적에 착수한 때에 개시하고(제699조 제2항), 화물의 선적에 착수한 후에 보험계약이 체결된 경우에는 계약성립시에 보험기간이 개시한다(제699조 제3항).

(2) 종 료: 양륙항 또는 도착항에서 화물을 인도한 때에 종료하지만(제700보 본문), 불가항력으로 인하지 아니하고 양륙이 지연된 때에는 그 양륙이 보통 종료될 때에 종료된 것으로 한다(제700조 단서).

3) 희망이익보험

희망이익보험은 적하보험과 함께 취급되므로 그 보험기간의 개시와 종료는 적하보험기간과 동일하다.

4. 보험가액

1) 선박보험

당사자 간의 협정이 없는 때에는 선박의 보험에 있어서는 보험자의 책임이 개시될 때의 선박가액을 보험가액으로 한다(제696조 제1항). 이 경우에는 선박의 속구·연료·양식 기타 항해에 필요한 모든 물건은 보험의 목적에 포함된 것으로 한다(제696조 제2항).

2) 적하보험

당사자 간의 협정이 없는 때에는 적하의 보험에 있어서는 선적한 때와 곳의 적하의 가액과 선적 및 보험에 관한 비용을 보험가액으로 한다(제697조).

3) 희망이익보험

적하의 도착으로 인하여 얻을 이익 또는 보수의 보험에 있어서는 계약으로 보험가액을 정하지 아니한 때에는 보험금액을 보험가액으로 한 것으로 추정한다(제698조).

V. 해상보험자의 면책사유

1. 보험관계의 변경과 면책

1) 항해변경

① 선박이 보험계약에서 정하여진 발항항이 아닌 다른 항에서 출항한 때, ② 선박이 보험계약에서 정하여진 도착항이 아닌 다른 항을 향하여 출항한 때, ③ 보험자의 책임이 개시된 후에 보험계약에서 정하여진 도착항이 변경된 경우에 그 항해변경이 결정된 때로부터 보험자의 책임은 면제된다(제701조).

2) 이로(離路)

선박이 정당한 사유 없이 보험계약에서 정하여진 항로를 이탈한 경우에는 보험자는 그 때부터 책임을 지지 아니하며, 선박이 손해발생 전에 항로로 돌아온 경우에도 동일하게 면책된다(제701조의2).

3) 항해지연

피보험자가 정당한 사유 없이 발항 또는 항해를 지연한 때에는 보험자는 발항 또는 항해를 지연한 이후의 사고에 대하여 책임을 지지 아니한다(제702조).

4) 선박변경

적하보험의 경우에 보험계약자 또는 피보험자의 책임 있는 사유로 인하여 선박을 변경한 때에는 그 변경 후의 사고에 대하여 보험자는 책임을 지지 않는다(제703조).

5) 감항능력의 결여로 인한 손해

선박 또는 운임을 보험에 붙인 경우에 발항 당시 안전하게 항해를 하기에 필요한 준비를 하지 아니하거나 필요한 서류를 비치하지 아니함으로 인하여 손해가 생긴 때에는 보험자는 이를 보상할 책임이 없다(제706조 제1호).

참조판례 어선보통공제약관에서 '공제의 목적인 어선이 발항 당시 통상의 해상위험을 사실상 감내할 수 있을 정도로 적합한 상태에 있을 것을 조건으로 공제계약의 청약을 승낙하여 보상책임을 부담합니다'의 의미는 감항능력을 갖추고 있는 상태를 뜻한다고 보는 것이 위 약관의 문언과 상법 제706조 제1호의 규정에 비추어 정당하다. 이때에 보험사고가 그 조건의 결여 이후에 발생한 경우에는 보험자는 조건결여의 사실 즉, 발항 당시의 불감항사실만을 입증하면 그 조건결여와 손해발생 사이의 인과관계를 입증할 필요 없이 보험금지급책임을 부담하지 않게 된다(대법원 1995.9.29.선고 93다53078판결).

6) 용선자·송하인·수하인의 고의·중과실로 인한 손해

적하를 보험에 붙인 경우에는 용선자·송하인 또는 수하인의 고의 또는 중대한 과실로 인하여 손해가 생긴 때에도 보험자는 보상할 책임이 없다(제706조 제2호).

7) 도선료 기타 항해 중의 통상비용

도선료·입항료·등대료·검역료 기타 선박 또는 적하에 관한 항해 중의 통상비용은 보험자가 보상할 책임이 없다(제706조 제3호).

2. 보험관계의 종료

선박보험의 경우에 보험자의 동의 없이 선박을 양도하거나 선박의 선급을 변경한 경우 또는 선박을 새로운 관리로 옮긴 때에는 보험계약은 종료한다(제703조 의2).

VI. 손해보상의무

1. 보험자가 부담하는 손해

해상보험의 보험자는 보험기간 중에 발생하는 해상사업에 관한 사고로 인하여 생긴 손해를 보상할 책임을 지지만(제693조), 상법은 다음과 같은 몇 가지 특별규정을 두고 있다.

1) 공동해손분담액의 보상

보험자는 피보험자가 지급할 공동해손의 분담액을 보상할 책임이 있고(제694조 본문), 공동해손의 분담은 선박 또는 적하의 잔존가액을 한도로 하므로, 공동해손분담액이 보험가액을 초과한 때에는 그 초과액에 대한 분담액은 보상하지 아니한다(제694조 단서). 보험자는 공동해손분담의무자에 대하여 피보험자가 가지는 공동해손분담청구권을 대위하여 행사할 수 있다(제682조).

2) 해난구조료의 보상

보험자는 피보험자가 보험사고로 인하여 발생하는 손해를 방지하기 위하여 지급할 구조료를 보상할 책임이 있다(제694조의2 본문). 그러나 보험의 목적물의 구조료의 분담가액이 보험가액을 초과할 때에는 그 초과액에 대한 분담액은 보상하지 않는다(제694조의2 단서).

3) 특별비용

보험자는 보험의 목적의 안전이나 보존을 위하여 지급할 특별비용을 보험금액의 한도 내에서 보상할 책임이 있다(제694조의3). 여기서 특별비용이란 적하를 보존하기 위하여 지출한 비용, 즉 보관·건조·포장 등의 비용을 말한다.

2. 보상액의 산정

1) 전손(全損)의 경우

선박·적하 등에 관한 피보험이익이 전부 멸실한 경우로서 전부 보험의 경우에는 보험가액의 전액이 보험금액이며 손해액이므로 그것이 곧 보상액이 된다. 보험자의 보상액에는 손해산정비용과 손해방지비용도 포함된다. 선박의 존부가 2월간 분명하지 아니한 때에는 그 선박의 행방이 불명한 것으로 하고, 이 경우에는 전손으로 추정한다(제711조 제2항). 적하의 경우에도 선박과 함께 행방불명인 경우에는 전손으로 추정한다(대법원 1991.5.14.선고 90다카25314판결).

2) 분손(分損)의 경우

(1) 선박의 일부 수선에 대한 보상: 선박의 전부 보험의 경우 분손에 대한 수선 여부 및 정도에 따라 상법은 다음과 같은 규정을 두고 있다.

① 전부 수선의 경우: 선박의 일부가 훼손되어 그 훼손된 부분의 전부를 수선한 경우에는 보험자는 수선에 따른 비용을 1회의 사고에 대하여 보험금액을 한도로 보상할 책임이 있다(제707조의2 제1항).

② 일부 수선의 경우: 선박의 일부가 훼손되었으나 그 훼손된 부분의 일부를 수선한 경우에는 보험자는 수선에 따르는 비용과 수선하지 않음으로써 생긴 감가액을 보상할 책임이 있다(제707조의2 제2항).

③ 미수선의 경우: 선박의 일부가 훼손되었으나, 이를 수선하지 아니한 경우에는 보험자는 그로 인한 감가액을 보상할 책임이 있다(제707조의2 제3항).

(2) 적하의 일부 손해에 대한 보상: 보험의 목적인 적하가 훼손되어 양륙항에 도착한 때에는 그 적하가 훼손된 상태에 있어서의 가액과 훼손되지 아니한 상태의 가액과의 차액에 대한 비율로 산정하고, 이것을 보험가액에 곱한 액을 보험자가 보상하게 된다(제708조).

(3) 적하매각으로 인한 손해의 보상: 항해 중에 불가항력으로 보험의 목적인 적하를 매각한 때에는 보험자는 그 대금에서 운임 기타 필요한 비용을 공제한 금액과 보험가액과의 차액을 보상하여야 한다(제709조 제1항). 이 경우에 매수인이 대금을 지급하지 아니한 때에는 보험자가 그 금액을 지급하여야 하나, 보험자가 그 금액을 지급한 때에는 피보험자의 매수인에 대한 권리를 취득한다(제709조 제2항).

Ⅶ. 예정보험

1. 의 의

예정보험이란 보험증권에 기재할 보험계약의 내용의 일부, 예를 들면 화물을 적재할 선박, 적하의 종류, 보험금액 등이 계약을 체결할 당시에 확정되어 있지 아니한 보험을 말한다.

2. 선박미확정의 적하예정보험

1) 의 의

선박미확정의 적하예정보험이란 적하보험계약에서 보험계약의 체결 당시에 화물을 적재할 선박이 미확정인 예정보험을 말한다(제704조 제1항 전단).

2) 효 과

선박미확정의 적하예정보험에서 보험계약자 또는 피보험자는 그 화물이 선적되었음을 안 때에는 지체없이 보험자에게 선박의 명칭, 국적과 화물의 종류·수량과 가액의 통지를 발송하여야 한다(제704조 제1항 후단). 만약, 보험계약자 또는 피보험자가 이러한 통지의무를 해태한 때에는 보험자는 그 사실을 안 날로부터 1월 내에 계약을 해지할 수 있다(제704조 제2항).

VIII. 보험위부

1. 의의 및 법적 성질

보험위부(保險委付)라 함은 보험의 목적이 전부 멸실한 것과 동일시할 수 있는 일정한 경우에, 피보험자에게 보험금의 전액을 청구할 수 있게 하고, 피보험자가 가졌던 보험의 목적물에 대한 권리를 보험자가 취득할 수 있게 하는 제도이다.

보험위부는 불요식의 법률행위이며, 단독행위이며, 형성권에 해당한다. 따라서 위부 후에는 임의로 이를 철회하지 못한다.

보충 보험의 목적에 대한 보험자대위와의 차이

① 보험자대위는 법률상 당연히 발생하는 권리이지만, 보험위부는 피브험자의 특별한 의사표시에 의하여 발생하는 권리이다.

② 보험자대위에서 보험자는 그가 피보험자에게 지급한 보험금액 이상으로 잔존물에 대한 권리를 취득할 수 없으나, 보험위부에서 보험자는 그가 피보험자에게 지급한 노험금액보다 위부목적물의 가액이 큰 경우에도 그 위부목적물을 소유할 수 있다.

③ 보험자대위는 손해보험의 통칙규정이지만, 보험위부는 해상보험에서만 인정되는 지도이다.

【판례】 대법원 2013.9.13.선고 2011다81190·81206판결

[1] 영국 해상보험법(Marine Insurance Act, 1906)상 위부는 보험의 목적이 전부 손실된 것과 같이 볼 수 있는 일정한 사정이 발생한 경우 피보험자가 보험금액 전부를 보상받기 위한 전제조건으로서 피보험자가 보험의 목적에 잔존하는 자기의 일체의 이익을 보험자에게 이전하는 것으로, 이에 대한 위부의 승인은 보험자의 행위에 의하여 묵시적으로도 인정될 수 있으나, 보험자의 묵시적 승인은 증거에 의하여 명백히 증명되어야 한다. 그리고 영국 해상보험법의 법리와 관습에 의하면, 위부의 통지를 받은 보험자가 구조작업에 착수했다고 해서 이것이 위부의 승인으로 해석되지 않으며 반대로 피보험자가 구조작업에 착수했다고 해서 위부의 포기로 해석되지 않는다.

[2] 영국 해상보험법(Marine Insurance Act, 1906)상 보험자대위는 보험의 목적에 발생한 피보험자의 손해를 보상하여 준 보험자가 보험목적의 잔존물에 대한 이익을 승계할 수 있는 권리를 취득하거나, 보험목적과 관련된 피보험자의 권리 또는 다른 구제수단을 대위하는 것을 의미하는데, 영국 해상보험법의

법리에 의하면, 보험자는 피보험자의 위부통지를 승인함으로써 제63조 제1항에 따라 잔존물에 대한 권리를 승계할 수 있으나, 위부통지를 거절하더라도 전손보험금을 지급한 후 제79조 제1항 전단의 규정에 근거하여 피보험자가 잔존물에 대하여 가지는 재산상 권리를 승계할 수도 있다. 그리고 보험금을 지급한 보험자는 제79조 제1항 후단에 의하여 피보험자의 제3자에 대한 손해배상청구권뿐만 아니라 계약상의 권리 등을 대위할 수 있고, 잔존물의 매각대금 등 피보험자가 회복한 이익을 대위할 수도 있다.

2. 보험위부의 원인

1) 선박·적하가 회수불능인 때

피보험자가 보험사고로 인하여 자기의 선박 또는 적하의 점유를 상실하여 이를 회복할 가능성이 없거나 회복하기 위한 비용이 회복하였을 때의 가액을 초과하리라고 예상되는 경우에는 피보험자는 그 선박 또는 적하를 위부할 수 있다(제710조 제1호). 선박이나 적하의 포획이나 압수도 이에 포함된다. 그러나 선박의 행방불명은 전손이 추정되고(제711조 제2항), 보험위부의 원인에서 제외된다.

2) 선박의 수선비용이 과다할 때

선박이 보험사고로 인하여 심하게 훼손되어 이를 수선하기 위한 비용이 수선하였을 때의 가액을 초과하리라고 예상될 경우에도 그 선박을 위부할 수 있다(제710조 제2호).

3) 적하의 수선비용이 과다할 때

적하가 보험사고로 인하여 심하게 훼손되어 이를 수선하기 위한 비용과 적하를 목적지까지 운송하기 위한 비용과의 합계액이 도착하는 때의 적하의 가액을 초과하리라고 예상될 경우에 그 적하를 위부할 수 있다(제710조 제3호). 다만, 선장이 지체없이 다른 선박으로 적하의 운송을 계속한 때에는 피보험자는 그 적하를 위부할 수 없다(제712조).

3. 보험위부의 실행

1) 위부권 행사의 요건

(1) 무조건성: 위부는 무조건이어야 하므로(제714조 제1항), 기한이나 기타 조건을 붙이지 못한다.

(2) 불가분성: 위부는 보험의 목적의 전부에 대하여 이를 하여야 하므로(제714조 제2항 본문), 보험의 목적의 일부만을 위부하고 다른 부분에 대하여 일부의 손해의 보상을 청구할 수는 없다. 다만, 위부의 원인이 일부에 대하여 생긴 때에는 그 부분에 대하여서만 이를 할 수 있다(제714조 제2항 단서).

(3) 일부보험: 보험가액의 일부를 보험에 붙인 경우에는 위부는 보험금액의 보험가액에 대한 비율에 따라서만 이를 할 수 있다(제714조 제3항).

2) 위부의 통지

피보험자가 위부를 하고자 할 때에는 상당한 기간 내에 보험자에 대하여 그 통지를 발송하여야 한다(제713조). 피보험자가 상당한 기간 내에 위부의 통지를 발송하지 않으면 위부권을 상실하게 되나, 통상의 방법에 의한 보험금의 청구권까지 당연히 상실하는 것은 아니다. 피보험자가 위부를 함에 있어서 보험자에 대하여 보험의 목적에 관한 다른 보험계약과 그 부담에 속한 채무의 유무와 그 종류 및 내용을 통지하여야 한다(제715조 제1항). 보험자는 이 통지를 받을 때까지 보험금액의 지급을 거부할 수 있다(제715조 제2항). 보험금액의 지급에 관한 기간의 약정이 있는 때에는 그 기간은 위의 통지를 받은 날로부터 기산한다(제715조 제3항).

4. 보험위부의 효과

위부로 인하여 보험자는 그 보험의 목적에 관한 피보험자의 모든 권리[1]를 취득한다(제718조 제1항). 취득의 시기는 위부의 효력발생시, 즉 그 의사표시가 보험자에게 도달한 때이다. 위부를 한 때에는 피보험자는 보험의 목적에 관한 모든 서류를 보험자에게 교부하여야 한다(제718조 제2항).

5. 보험위부의 승인·불승인

보험위부는 형성권이므로 피보험자의 일방적 의사표시만으로 그 효력이 발생하지만, 보험자가 위부를 승인하지 아니한 때에는 피보험자는 위부원인을 증명하지 아니하면 보험금액의 지급을 청구하지 못한다(제717조). 보험자가 위부를 승인한 때에는 위부원인을 증명할 필요가 없으며, 보험자는 위부승인 후에는 그 위부에 대하여 이의를 제기하지 못한다(제716조).

---

1) 【학설】 제3자에 대한 권리의 포함 여부에 관한 학설
① 제외설: 손해가 제3자의 행위로 인하여 생긴 경우에 피보험자가 그 지3자에 대하여 가지는 손해배상청구권 등은 일반보험대위의 효과로서 보험자가 취득하는 것이므로 보험위부의 효과에는 포함되지 않는다는 견해이다.
② 포함설: 보험위부는 전손과 동일한 상태의 발생을 목적으로 하는 것이며 따라서 보험의 목적 가운데 경제적으로 포함될 만한 것도 위부하여야 할 것이므로, 결국 제3자에 대한 손해배상청구권 등도 보험자가 취득할 권리에 포함된다는 견해이다(다수설).

제4관 책임보험

I. 책임보험계약의 개념

1. 의 의

책임보험계약이라 함은 피보험자가 보험기간 중의 사고로 인하여 제3자에게 배상할 책임을 질 경우에 보험자가 피보험자의 책임이행으로 인하여 생길 손해를 보상할 것을 목적으로 하는 손해보험계약을 말한다(제719조).

참조판례 책임보험계약의 보험자는 피보험자가 보험기간 중의 사고로 인하여 제3자에게 배상할 책임을 진 경우에 이를 보상할 책임이 있다(제719조). 이때 보험금 지급책임의 근거가 되는 보험사고는 보험계약의 내용에 편입된 보험약관의 내용과 보험약관이 인용하고 있는 보험증권의 내용 등을 종합하여 결정하여야 하고, 보험약관의 해석은 일반 법률행위와 달리 개별 계약당사자의 의사나 구체적인 사정을 고려함이 없이 평균적 고객의 이해가능성을 기준으로 하되 보험단체 전체의 이해관계를 고려하여 객관적, 획일적으로 하여야 한다(대법원 1998.10.23.선고 98다20752판결 등 참조). 그리고 변호사배상책임보험도 책임보험의 일종이므로 그 보험계약에 의한 보험금청구권을 행사하려면 피보험자가 제3자에게 손해배상금을 지급하였거나 상법 또는 보험약관이 정하는 방법으로 피보험자의 제3자에 대한 배상책임이 확정되어야 한다(대법원 2002.9.6.선고 2002다30206판결; 대법원 2006.4.28.선고 2004다16976판결 등 참조; 대법원 2017.1.25.선고 2014다20998판결).

2. 법적 성질

책임보험은 보험자가 피보험자의 제3자에 대한 배상책임으로 인한 손해를 보상하는 보험(손해보험)이며, 피보험자의 일반재산에 대하여 생기는 손해를 보상하는 보험(재산보험)이며, 피보험자가 제3자에 대한 배상책임을 이행함으로써 발생하는 소극적 손해를 보상하는 보험(소극보험)이다.

3. 책임보험의 종류

1) 대인배상책임보험·대물배상책임보험

피보험자가 타인의 인적 손해에 대하여 배상책임을 부담하는 경우에 이를 보상하는 책임보험이 대인배상책임보험(예 근로자재해보상책임보험·자동차손해배상책임보험 중에서 대인배상책임 등)이고, 피보험자가 타인의 물건 등을 훼손하여 배상책임을 부담하는 경우에 이를 보상하는 책임보험이 대물배상책임보험(예 자동차손해배상책임보험 중에서 대물배상책임 등)이다.

2) 영업책임보험 · 직업인책임보험 · 개인책임보험

피보험자가 영업을 영위하는 자로서 이로 인하여 타인에게 부담하는 배상책임을 보상하는 책임보험이 영업책임보험(예 영업용자동차 책임보험)이고, 피보험자가 전문직업인으로서 이로 인하여 타인에게 부담하는 배상책임을 보상하는 책임보험이 직업인책임보험(예 의사 책임보험 등)이고, 피보험자가 일반개인으로서 그가 타인에게 부담하는 배상책임을 보상하는 책임보험이 개인책임보험(예 자가용자동차의 운전자책임보험 등)이다.

3) 임의책임보험 · 강제책임보험

보험계약자가 보험가입의 여부를 결정할 수 있는 책임보험이 임의책임보험(예 자동차 종합보험 등)이고, 법률에 의하여 보험가입이 강제되어 있는 책임보험이 강제책임보험(예 원자력손해배상 책임보험 등)이다.

Ⅱ. 책임보험계약의 요소

1. 보험의 목적

책임보험에 있어서의 보험의 목적은 피보험자의 전재산이 보험의 목적이 된다. 즉, 책임보험에 있어서는 피보험자가 일정한 사고의 발생으로 인하여 제3자에 대하여 손해배상의 책임을 부담할 경우에 그 자에게 생기는 손해를 보상할 것을 목적으로 하는 것이다.

그렇지만 피보험자가 제3자의 청구를 막기 위하여 지출한 재판상 또는 재판 외의 필요비용은 피보험자가 제3자에 대하여 배상책임을 지지 않는 경우에도 보험의 목적에 포함된 것으로 한다(제720조 제1항 전단).

그리고 영업책임보험의 경우에는 피보험자 자신의 제3자에 대한 책임뿐만 아니라, 피보험자의 대리인 또는 그 사업감독자의 제3자에 대한 책임도 보험의 목적에 포함된 것으로 한다(제721조).

2. 피보험이익 · 보험가액

책임보험의 목적은 피보험자의 전재산이므로 피보험이익도 피보험자의 전재산에 관하여 감소하게 할 사고가 발생하지 않음으로써 피보험자가 가지게 되는 이익이다. 이 경우의 피보험이익의 가액, 즉 보험가액은 일반손해보험의 경우와는 달리 원칙적으로 산정하기 곤란하다.

따라서 피보험자의 책임의 최고액을 알 수 있는 운송인이나 창고업자와 같이 물건을 보관하는 자의 책임보험이나 재보험에서의 원보험자의 책임보험을 제외한 책임보험에서는 초과보험·중복보험·일부보험 같은 것은 원칙적으로 문제되지 않는다.

반면에, 수개의 책임보험이 동시 또는 순차로 체결되어 보험금액의 총액이 피보험자의 제3자에 대한 손해배상액을 초과하는 경우에는 중복보험의 규정이 준용된다(제725조 의2).

3. 보험사고

책임보험에서의 보험사고는 어떠한 사고를 가리키는가에 대해서는 여러 가지로 견해가 나누어지고 있다.[1)]

참조판례 피보험자의 책임있는 사유로 제3자에게 발생한 손해를 보상하는 책임보험에서는 건축물 등에 누수가 발생하더라도 그것이 피보험자의 책임있는 사유로 제3자에게 손해를 입힌 경우에 비로소 보상대상이 된다(대법원 2022.3.31.선고 2021다201085·201092판결).

4. 손해배상책임

책임보험은 피보험자의 제3자에 대한 손해배상책임을 전제로 하여 성립하는 보험으로, 피보험자의 손해배상책임은 계약상 책임이든 법률상 책임이든 불문하고, 채무불이행에 기한 책임이든 불법행위에 기한 책임이든 불문한다. 또한 책임보험에서는 그 성질상 피해자인 제3자가 존재하는데, 제3자는 피보험자 이외의 자를 말하며, 피보험자의 동거가족은 제3자에 포함되지 않는다.

1) 【학설】 책임보험의 보험사고에 관한 학설
① 손해사고설: 당사자 간에 약정된 손해사고를 책임보험의 사고로 보는 견해이다(다수설).
② 손해배상청구설: 피보험자가 피해자로부터 청구를 받은 사실을 책임보험사고로 보는 견해이다.
③ 법률상 책임발생설: 피보험자가 제3자에 대하여 재산적 급부를 할 법적 책임이 발생한 때를 보험사고의 발생으로 보는 견해이다.
④ 손해배상책임이행설: 피보험자가 피해자에게 손해배상의무를 이행한 사실을 보험사고로 보는 견해이다.

Ⅲ. 책임보험계약의 효과

1. 보험자와 피보험자의 관계

1) 피보험자의 권리

(1) 보험자에 대한 방어비용의 선급청구권: 피보험자가 제3자(피해자)의 청구를 방어하기 위하여 지출한 재판상 또는 재판외의 필요비용은 보험의 목적에 포함된 것으로 하고, 피보험자는 보험자에 대하여 그 비용의 선급을 청구할 수 있다(제720조 제1항). 여기서 필요비용은 피해자가 보험사고로 인하여 물적·인적 손해를 입고 피보험자를 상대로 손해배상청구를 한 경우에 그 방어를 위하여 지출한 재판상·재판 외의 필요비용[1]을 말한다(대법원 2006.6.30.선고 2005다21531판결). 그리고 피보험자가 손해의 확대를 방지하기 위하여 지출한 비용은 보험자가 부담한다(대법원 1993.1.12.선고 91다42777판결). 그러나 피해자가 피보험자에게 재판상 청구는 물론 재판 외의 청구조차 하지 않은 이상, 피해자가 피보험자가 아닌 제3자를 상대로 제소하여 피보험자가 다른 이유로 그 소송의 결과에 영향을 받았다 하더라도 그 소송의 변호사비용은 상법 제720조의 필요비용이 될 수 없다(대법원 1995.12.8.선고 94다27076판결).

참조판례 책임보험의 피보험자가 제3자로부터 보험사고로 인한 손해배상청구소송을 당하여 그 소송에서 방어하기 위하여 변호사 보수를 지출한 경우, 피보험자가 부가가치세 납세의무자인 사업자이고, 변호사 보수와 관련한 부가가치세가 자기 사업을 위하여 공급받은 재화나 용역에 대한 것으로서 부가가치세법상 매입세액에 해당하여 피보험자의 매출세액에서 공제받거나 환급받을 수 있다면, 부가가치세 상당액은 보험사고로 인하여 피보험자가 지출한 방어비용에 해당하지 않는다(대법원 2018.5.15.선고 2018다203692판결).

(2) 담보제공·공탁의 청구권: 피보험자가 담보의 제공 또는 공탁에 의하여 재판상의 집행을 면할 수 있는 경우에는 보험자에 대하여 보험금액의 한도 내에서 그 담보의 제공 또는 공탁을 청구할 수 있다(제720조 제2항).

(3) 보험자의 지시에 의한 담보제공·공탁: 제3자(피해자)의 청구에 대하여 피보험자의 방어행위나 상법 제720조 제2항의 담보제공 또는 공탁이 보험자의 지시에 의한 것인 경우에는 그 금액에 손해액을 가산한 금액이 보험금액을 초과하는 때에도 보험자가 이를 부담하여야 한다(제720조 제3항).

---

1) 【학설】 제3자의 청구를 방어하기 위하여 지출한 비용의 성질에 관한 학설
제3자의 청구를 방어하기 위하여 피보험자가 지출한 비용인 변호사비용 등 방어비용에 대하여 손해의 방지·경감을 위한 비용으로 보는 견해(판례·다수설)와, 방어비용은 책임보험의 본질적 급여와 별개로 생기는 의무로서 책임보험제도의 합리적 운용을 위해 법이 정책적으로 인정하는 부수적 채무라는 견해, 방어비용은 책임보험의 본질적 급여의 일부로서 보험급여청구권의 한 형태라는 견해가 있다.

(4) 보험금지급청구권: 책임보험의 피보험자가 보험기간 중의 사고로 인하여 제3자에게 배상책임을 지는 경우에 보험자는 이를 보상할 의무가 있다(제719조).

보험자의 보험금지급은 원칙적으로 상법 제723조 제1항에 따른 피보험자의 변제 등의 통지를 받은 날로부터 10일 내에 하여야 한다(제723조 제2항). 그러나 보험자는 피보험자가 책임을 질 사고로 인하여 생긴 손해에 대하여 제3자가 그 배상을 받기 전에는 보험금액의 전부 또는 일부를 피보험자에게 지급하지 못한다(제724조 제1항). 즉, 책임보험의 피보험자가 보험자에게 보험금청구권을 행사하려면 적어도 피보험자가 제3자에게 손해배상금을 지급하였거나 상법 또는 보험약관이 정하는 방법으로 피보험자의 제3자에 대한 채무가 확정되어야 한다(대법원 2018.12.13.선고 2015다246186판결).

【판례】 대법원 2024.7.11.선고 2022다252936판결

보험자와 보험계약자 사이에 체결된 보험계약의 내용이 책임보험만을 정하고 있다면, 보험자는 피보험자가 법률상 손해배상책임을 부담하는 경우에만 보험금 지급의무를 부담한다.

2) 피보험자의 의무

(1) 제3자의 배상청구에 대한 통지의무: 피보험자가 제3자(피해자)로부터 배상의 청구를 받은 때에는 지체없이 보험자에게 그 통지를 발송하여야 한다(제722조 제1항). 피보험자가 보험사고 발생의 통지의무를 이행한 경우를 제외하고 제3자의 배상청구에 대한 보험자에의 통지를 게을리하여 손해가 증가된 경우 보험자는 그 증가된 손해를 보상할 책임이 없다(제722조 제2항).

(2) 피보험자의 변제 등의 통지의무: 피보험자는 제3자에 대하여 변제·승인·화해 또는 재판으로 인하여 채무가 확정된 때에는 지체없이 보험자에게 그 통지를 발송하여야 하며(제723조 제1항), 보험자가 그 사실을 알고 있을 때에는 통지를 할 필요가 없다. 피보험자가 이러한 통지를 하지 아니한 때에도 보험자가 손해보상의무를 면하는 것은 아니다. 또 피보험자가 보험자의 동의 없이 변제·승인·화해를 한 경우에는 보험자가 그 책임을 면하게 되는 합의가 있는 때에도 그 행위가 현저하게 부당한 것이 아니면 보험자는 보상할 책임을 면하지 못한다(제723조 제3항).

(3) 보험자에의 협조의무: 제3자가 보험자에 대하여 직접보상을 청구하는 경우 피보험자는 보험자의 요구가 있는 때에는 필요한 서류·증거의 제출, 증언 또는 증인의 출석에 협조하여야 한다(제724조 제4항).

3) 수개의 책임보험

피보험자가 동일한 사고로 제3자에게 배상책임을 짐으로써 손해를 보상하는 수개의 책임보험계약이 체결된 경우에, 각 보험자는 각자의 보험금액의 비율에 따라서 보상책임을 지며, 그 대신 각 보험자는 각자의 보험금액의 한도에서 연대책임을 진다. 기타 내용은 중복보험에 관한 내용이 준용된다(제725조 의2).

2. 보험자와 제3자의 관계

1) 제3자의 직접청구권

(1) 의 의: 제3자의 직접청구권이란 제3자는 피보험자가 책임을 질 사고로 입은 손해에 대하여 보험금액의 한도 내에서 보험자에게 직접 보상을 청구할 수 있는 권리를 말한다(제724조 제2항 본문). 제3자(피해자)가 보험자에 대해 직접 보상을 청구한 때에 보험자가 피해자에게 손해배상액을 지급한 그 범위에서 가해자인 피보험자는 피해자에 대한 자기의 배상책임을 면하게 된다(대법원 1975.7.22.선고 75다153판결).

(2) 법적성질: 상법 제724조 제2항에 의하여 피해자에게 인정되는 직접청구권의 법적 성질에 대하여는 학설의 대립이 있다.[1] 판례(대법원 2017.5.18.선고 2012다86895,86901 전원합의체 판결[동지: 대법원 2019.1.17.선고 2018다245702판결; 대법원 2019.4.11.선고 2018다300708판결])는 「보험자가 피보험자의 피해자에 대한 손해배상채무를 병존적으로 인수하는 것으로서, 피해자가 보험자에 대하여 가지는 손해배상청구권이고, 피보험자의 보험자에 대한 보험금청구권의 변형 내지는 이에 준하는 권리가 아니다. 그러나 이러한 피해자의 직접청구권에 따라 보험자가 부담하는 손해배상채무는 보험계약을 전제로 하는 것으로서 보험계약에 따른 보험자의 책임한도액의 범위 내에서 인정되어야 한다」고 한다.

(3) 제3자에의 대항: 제3자의 직접청구가 있은 경우에는 보험자는 피보험자가 그 사고에 관하여 가지는 항변으로써 제3자에게 대항할 수 있다(제724조 제2항 단서).

【판례】 대법원 2014.9.25.선고 2014다207672판결[동지: 대법원 2015.2.12.선고 2013다75830판결]

상법 제724조 제1항은, 피보험자가 상법 제723조 제1, 2항의 규정에 의하여 보험자에 대하여 갖는 보험금청구권과 제3자가 상법 제724조 제2항의 규정에 의하여 보험자에 대하여 갖는 직접청구권의 관계에 관하여, 제3자의 직접청구권이 피보험자의 보험금청구권에 우선한다는 것을 선언하는 규정이라고 할 것이므로, 보험자로서는 제3자가 피보험자로부터 배상을 받기 전에는 피보험자에 대한 보험금 지급으로 직접청구권을 갖는 피해자에게 대항할 수 없다 할 것이다(대법원 1995.9.26.선고 94다28093판결 참조). 그런데 피보험자가 보험계약에 따라 보험자에 대하여 가지는 보험금청구권에 관한 가압류 등의 경합을 이유로 한 집행공탁은 피보험자에 대한 변제공탁의 성질을 가질 뿐이므로, 이러한 집행공탁에 의하여 상법 제724조 제2항에 따른 제3자의 보험자에 대한 직접청구권이 소멸된다고 볼 수는 없으며, 따라서 그 집행공탁으로써 상법 제724조 제1항에 의하여 직접청구권을 가지는 제3자에게 대항할 수 없다.

---

1) 【학설】 제3자의 직접청구권의 법적 성질에 관한 학설
제3자의 보험자에 대한 직접청구권의 법적 성질에 대해서는 보험자가 피보험자의 피해자에 대한 손해배상채무를 병존적으로 인수한 것으로서 손해배상청구권으로 보는 견해(판례)와 보험금청구권 또는 이에 준하는 권리로 보는 견해가 대립하고 있다.

(4) 보험자의 통지의무: 보험자가 제3자로부터 직접청구를 받은 때에는 지체없이 피보험자에게 이를 통지하여야 한다(제724조 제3항).

2) 제3자의 직접청구권의 소멸시효와 지연손해금

(1) 소멸시효: 제3자의 직접청구권을 보험금청구권으로 보는 견해에 의하면 소멸시효기간은 3년이지만, 판례와 같이 손해배상청구권으로 보면 민법상 손해배상청구권의 시효기간(안 때로부터 3년, 행위가 있었던 때로부터 10년)과 같다(대법원 2005.10.7.선고 2003다6774판결).

시효기간의 기산점은 보험금 지급시기가 정해져 있는 경우에는 그 기간이 경과한 다음날이고, 보험료 지급시기가 정해져 있지 않은 경우에는 사고 발생의 통지시기에 따라 기산점이 달라진다.

(2) 지연손해금 이율: 제3자의 직접청구권은 보험자에 대하여 가지는 손해배상청구권으로 보는 판례(대법원 2019.5.30.선고 2016다205243판결)에 따르면, 보험자에 대한 직접청구에 대하여 발생한 지연손해금에 관하여는 연 6%의 상사법정이율이 아닌 연 5%의 민사법정이율이 적용된다.

3) 다른보험자에 대한 구상권의 직접청구

(1) 피용자의 보험자에 대한 사용자의 보험자의 구상권의 성격: 사용자의 보험자가 피해자인 제3자에게 사용자와 피용자의 공동불법행위로 인한 손해배상금을 보험금으로 모두 지급하여 피용자의 보험자가 면책됨으로써 사용자의 보험자가 피용자의 보험자에게 부담하여야 할 부분에 대하여 직접 구상권을 행사하는 경우에는, 그와 같은 구상권의 행사는 상법 제724조 제2항에 의한 피해자의 직접청구권을 대위하는 성격을 갖는 것이어서 피용자의 보험자는 사용자의 보험자에 대하여 구상권 제한의 법리를 주장할 수 없다(대법원 2017.4.27.선고 2016다271226판결).

참조판례 일반적으로 사용자가 피용자의 업무수행과 관련하여 행하여진 불법행위로 인하여 직접 손해를 입었거나 피해자인 제3자에게 사용자로서의 손해배상책임을 부담한 결과로 손해를 입게 된 경우에 사용자는 사업의 성격과 규모, 시설의 현황, 피용자의 업무내용과 근로조건 및 근무태도, 가해행위의 발생원인과 성격, 가해행위의 예방이나 손실의 분산에 관한 사용자의 배려의 정도, 기타 제반 사정에 비추어 손해의 공평한 분담이라는 견지에서 신의칙상 상당하다고 인정되는 한도 내에서만 피용자에 대하여 손해배상을 청구하거나 구상권을 행사할 수 있고, 이러한 구상권 제한의 법리는 사용자의 보험자가 피용자에 대하여 구상권을 행사하는 경우에도 다를 바 없다(대법원 2017.4.27.선고 2016다271226판결).

(2) 공동불법행위자의 보험자에 대한 구상권의 소멸시효: 공동불법행위에서 공동불법행위자들과 각각 보험계약을 체결한 보험자들은 그 공동불법행위의 피해자에 대한 관계에서 상법 제724조 제2항에 따른 손해배상채무를 각자 직접 부담하는 것이므로, 공동불법행위자 중의 1인과 보험계약을 체결한 보험자가 피해자에게 손해배상금을 보험금으로 모두 지급함

으로써 공동불법행위자들의 보험자들이 공동면책되었다면, 그 손해배상금을 지급한 보험자는 다른 공동불법행위자들의 보험자들이 부담하여야 할 부분에 대하여 직접 구상권을 행사할 수 있다. 이 경우 그 손해배상금 지급행위는 상인이 영업을 위하여 하는 행위이므로, 그 구상금채권은 보조적 상행위로 인한 채권으로서 그 권리를 행사할 수 있는 때로부터 5년간 행사하지 아니하면 소멸시효가 완성한다.(대법원 1998.7.10.선고 97다17544판결; 대법원 2024.9.27.선고 2024다249729판결).

보충판례 ① 채무를 변제할 이익이 있는 자가 자기 채무를 대위변제한 경우에 통상 채무자에 대하여 구상권을 가짐과 동시에 민법 제481조에 따라 당연히 채권자를 대위하게 되나, 이러한 '구상권'과 '변제자대위권'은 내용이 전혀 다른 별개의 권리이다. 이는 보험자가 제3자의 행위로 인하여 발생한 손해에 관하여 보험금을 지급한 경우에 그 지급금의 한도에서 피보험자 등의 제3자에 대한 권리를 그대로 취득함을 규정한 상법 제682조의 '보험자대위권'에 있어서도 마찬가지이다(대법원 2022.4.28.선고 2019다20843판결).

② 공동불법행위자 중의 1인과 보험계약을 체결한 보험자가 피해자에게 손해배상금을 보험금으로 모두 지급한 경우 다른 공동불법행위자들의 보험자들에 대하여 직접 구상권을 가짐과 동시에 상법 제682조에 따라 피보험자의 다른 공동불법행위자들의 보험자들에 대한 구상권을 대위취득하게 되나, 이러한 '구상권'과 '보험자대위권'은 내용이 전혀 다른 별개의 권리이다(대법원 2024.9.27.선고 2024다249729판결).

Ⅳ. 보관자의 책임보험

1. 의 의

보관자의 책임보험이란 가옥의 임차인, 타인을 위하여 타인의 물건을 창고에 보관하는 창고업자, 타인의 물건을 담보로 점유하는 질권자 등과 같이 타인의 물건을 보관하는 자가 보관기간 중에 고의 또는 과실로 인하여 생길 손해의 배상책임을 이행하기 위하여 그 보관 중에 있는 물건을 보험에 붙인 경우를 말한다.

2. 효 과

보관자의 책임보험의 경우에는 목적물의 소유자는 보험자에 대하여 직접 그 손해의 보상을 청구할 수 있다(제725조). 보관자의 손해보상청구권과 목적물 소유자의 직접청구권과의 관계에서는 소유자의 권리가 우선하고, 보관자는 소유자에게 버상의무를 이행한 때에만 그 권리를 행사할 수 있다.

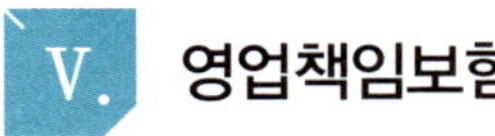

V. 영업책임보험

영업책임보험이란 피보험자가 경영하는 사업과 관련하여 발생하는 사고로 제3자에게 배상책임을 지는 것을 보험의 목적으로 하는 책임보험을 말하며, 이러한 보험의 경우 피보험자의 대리인 또는 그 사업감독자의 제3자에 대한 책임도 보험의 목적에 포함된 것으로 한다(제721조).

【판례】 대법원 2022.12.29.선고 2019다210697판결

신원보증보험계약(특별약관 포함) 중 피보험자가 법률상의 손해배상책임을 부담함으로써 입은 손해에 대하여 보험자가 보상하기로 약정한 부분은, 피보험자가 피보증인의 행위로 인하여 직접 입은 손해를 보상하는 것이 아니라 피보험자의 피용인인 피보증인의 행위로 인하여 제3자가 손해를 입게 된 결과 피보험자가 그 제3자에 대하여 법률상 손해배상책임을 부담함으로써 입은 손해를 보상하는 것을 그 내용으로 하고 있으므로, 손해보험 중에서도 일종의 영업책임보험(상법 제721조)의 성격을 가지고 있다. 따라서 이러한 신원보증보험에 있어서 피보증인의 행위로 인하여 제3자가 입은 손해를 배상한 피보험자는, 보험자로부터 수령한 보험금으로 전보되지 않고 남은 부분에 대하여 피보증인을 상대로 구상책임(다만 신의칙 등에 의하여 제한된 범위 내의 책임이다)의 이행을 청구할 수 있다. 이때 피보험자와 피보증인 사이에 적용되는 법령이나 단체협약, 취업규칙 등에서 달리 정하는 등의 특별한 사정이 없는 한 피보험자는 제3자에게 지급한 전체 손해배상액에서 보험금으로 전보되지 않고 남은 부분이 피보증인의 구상책임액보다 많은 경우에는 피보증인에 대하여 구상책임액 전부를 이행할 것을 청구할 수 있고, 위 남은 부분이 피보증인의 구상책임액보다 적을 경우에는 그 남은 부분의 구상을 청구할 수 있다.

VI. 재보험

1. 의의 및 법적 성질

재보험계약이란 어떤 보험자가 보험계약에 의하여 인수한 책임의 전부 또는 일부를 다른 보험자에게 부보(付保)하는 보험계약을 말하며(제661조), 책임보험계약의 일종이다(제726조).

2. 당사자간의 법률관계

원보험자는 재보험료의 지급 이외에 보험계약자 또는 피보험자가 부담하는 각종의 의무, 즉 고지의무, 각종의 통지의무, 손해방지의무를 부담하며, 재보험에 관한 사무를 최대 선의로 집행할 의무를 부담한다. 재보험자는 보험사고발생시 손해보상의무를 부담한다.

원보험의 피보험자가 제3자에 대하여 가지는 손해배상청구권 등은 보험자대위에 의하여 원보험자에게 이전되며, 다시 이것은 재보험금을 받은 한도 내에서 재보험자에게 이전된다.

3. 원보험계약과 재보험계약의 관계

원보험계약과 재보험계약은 법률상 전혀 독립한 계약으로 서로 아무런 영향을 미치지 않으며, 따라서 원보험의 보험계약자는 재보험자에 대하여 직접 재보험료를 지급할 의무는 없다. 다만, 재보험자가 원보험자의 보험료청구권을 대위행사할 수는 있다.

원보험계약의 피보험자는 재보험자에 대하여 보험금지급의 직접청구를 할 수 없으며, 다만 원보험계약의 피보험자는 원보험자의 재보험자에 대한 청구권을 압류하거나, 대위행사하거나 전부명령을 받을 수 있을 뿐이다.

대위행사의 경우에는 재보험자는 원보험자에 대하여 가지는 항변으로써 제3자인 원피보험자에게 대항할 수 있다.

제5관 자동차보험

Ⅰ. 개 념

자동차보험계약이란 자동차를 소유하고 사용 또는 관리하는 동안에 발생한 사고로 인하여 생긴 손해를 보상할 것을 내용으로 하는 손해보험계약을 말한다(제726조의2).

자동차보험에 대한 자세한 내용들은 주로 약관에 그 규정이 있고, 판례도 이러한 약관의 내용과 관련된 것이 대부분이다.

Ⅱ. 자동차보험의 종류

자동차보험은 계약체결의 강제성 유무에 따라 가입이 강제되는 보험과 보험계약자가 임의로 가입하는 임의보험이 있고, 보험의 목적에 따라 대인배상책임보험·대물배상책임보험·차량보험으로 나누어진다. 이 밖에 대인배상책임보험에서 배상한도액을 정하는 유한배상책임보험과 그 한도액의 정함이 없는 무한배상책임보험이 있다.

Ⅲ. 보험증권의 교부

보험자는 자동차소유자와 그 밖의 보유자의 성명과 생년월일 또는 상호, 피보험자동차의 등록번호·차대번호·차형년식·기계장치·차량가액을 정한 때에는 그 가액을 기재한 보험증권을 작성하여 계약이 성립한 때에 교부하여야 한다(제726조의3, 제640조 제1항).

Ⅳ. 자동차의 양도

피보험자가 보험기간 중에 자동차를 양도한 때에는 양수인은 보험자의 승낙을 얻은 경우에 한하여 보험계약으로 인하여 생긴 권리와 의무를 승계한다(제726조의4 제1항). 그리고 보험자가 양수인으로부터 양수사실을 통보받은 때에는 지체없이 승낙 여부를 통지하여야 하지만, 통지를 받은 날로부터 10일 내에 승낙 여부의 통지가 없는 때에는 승낙한 것으로 본다(제726조의4 제2항).

참조판례 ① (기명피보험자라 함은 피보험자동차에 대한 운행지배나 운행이익을 누리는 피보함자를 말한다) 차량의 양수인이 양도인에게 대금을 모두 지급하고 차량을 현실적으로 인도받은 다음 차량을 운전하던 중에 사고를 냈다면 양도인은 차량의 운행이익이나 운행지배권을 상실하였다 할 것이므로 양수인은 "기명피보험자의 승낙을 얻어 자동차를 사용 또는 관리 중인 자"에 해당한다고 할 수 없다(대법원 1993.4.13.선고 92다8552판결).
② 지입차주가 차량을 회사에 지입하여 그 회사를 기명피보험자로 하여 보험회사와 사이에 보험계약을 체결하였다가 다시 지입회사를 교체하면서 그 교체된 지입회사로 차량소유권이전등록을 마쳤다면, …중략…, 차량의 양도에 따른 자동차종합보험보통약관 제42조 제1항 단서 소정의 보험승계절차가 이루어지지 않았다면 보험자는 차량의 양도 후에 발생한 사고에 대하여 면책된다(대법원 1996.5.31.선고 96다10454판결).

제6관 보증보험

Ⅰ. 의의 및 법적 성질

1. 의 의

보증보험계약이란 채무자인 보험계약자가 채권자인 피보험자에게 계약상의 채무불이행 또는 법령상의 의무불이행으로 손해를 입힌 경우에 보험자가 그 손해를 보상할 것을 약정하고, 채무자 기타 의무자로부터 그 보수를 받는 보험계약을 말한다(제726조의5). 이러한 보증보험계약은 피보험자의 재산상의 손해를 보상하는 보험(손해보험)이며, 보험계약자의 배상책임을 보험자가 부담하는 보험(책임보험)이다.

2. 법적 성질

형식적으로는 채무자의 채무불이행을 보험사고로 하는 보험계약이나 실질적으로는 보증의 성격을 가지고 보증계약과 같은 효과를 목적으로 하는 것이므로(대법원 2014.11.13.선고 2011다90170판결), 보증보험계약에 관하여는 그 성질에 반하지 않는 범위 내에서 보증채무에 관한 민법의 규정을 준용한다(제726조의7; 대법원 1999.6.8.선고 98다53707판결). 민법의 보증에 관한 규정은 그 성질에 반하지 않는 한 보증보험계약에도 적용되기는 하나, 이는 성질상 허용되는 범위 내에서 보증의 법리가 보증보험에도 적용될 수 있다는 것에 불과할 뿐, 이로써 보험계약이 민법상 순수한 보증계약과 같게 된다거나 보증계약으로 전환된다는 의미로 볼 수는 없다. 따라서 보증보험계약이 보험계약으로서 효력이 없다면 이는 그 자체로 무효이고, 이를 보증계약으로나다 유효하다고 할 수는 없다(대법원 2010.4.15.선고 2009다81623판결).

보충판례 보증보험이란 피보험자와 어떠한 법률관계를 가진 보험계약자의 채무불이행으로 인하여 피보험자가 입게 될 손해의 전보를 보험자가 인수하는 것을 내용으로 하는 손해보험으로서, 형식적으로는 보험계약자인 채무자의 채무불이행을 보험사고로 하는 보험계약이나 실질적으로는 보증의 성격을 가지고 보증계약과 같은 효과를 목적으로 하는 것이므로, 보증보험계약의 성질에 반하지 않는 한 민법의 보증에 관한 규정이 준용되는데, 주채무자인 보험계약자에 대한 소멸시효의 중단 효과가 보험자에게도 미친다고 보더라도, 일반적으로 보험계약자가 주계약에 따른 채무를 이행하지 아니함으로써 피보험자가 입게 되는 손해를 약관에 따라 보험계약금액 범위 내에서 보상하는 보증보험계약의 성질을 해한다고 볼 수 없으므로, 보증보험계약에도 주채무자에 대한 시효중단의 효과에 관한 민법 제440조가 준용된다고 보아야 한다(대법원 2011.11.10.선고 2011다62090판결).

Ⅱ. 보증보험의 법률관계

1. 보증보험계약의 요소

1) 주계약의 존재

(1) 보증보험계약은 주계약 등의 법률관계를 전제로 하고 보험계약자가 주계약 등에 따른 채무를 이행하지 아니함으로써 피보험자가 입게 되는 손해를 보험약관이 정하는 바에 따라 그리고 그 보험계약금액의 범위 내에서 보상하는 것이므로(대법원 1990.5.8.선고 89다카25912판결), 보증보험계약이 효력을 가지려면 보험계약자와 피보험자 사이에 주계약 등이 유효하게 존재하여야 한다(대법원 2014.11.13.선고 2011다90170판결).

【판례】 대법원 2004.12.24.선고 2004다20265판결[동지: 대법원 2014.9.4.선고 2012다67559판결; 대법원 2014.11.13.선고 2011다90170판결]

보증채무는 주채무와 동일한 내용의 급부를 목적으로 함이 원칙이지만 주채무와는 별개 독립의 채무이고, 한편 보증채무자가 주채무를 소멸시키는 행위는 주채무의 존재를 전제로 하므로, 보증인의 출연행위 당시에는 주채무가 유효하게 존속하고 있었다 하더라도 그 후 주계약이 해제되어 소급적으로 소멸하는 경우에는 보증인은 변제를 수령한 채권자를 상대로 이미 이행한 급부를 부당이득으로 반환청구할 수 있다.

(2) 보증보험회사는 보증보험계약을 체결함에 있어서 일반적으로 보증대상인 주계약의 부존재나 무효 여부 등에 관하여 조사·확인할 의무가 없다. 다만 보증보험청약서 등 보험계약자가 제출하는 서류에 보증대상인 주계약의 부존재나 무효 등을 의심할 만한 점이 발견되는 등의 특별한 사정이 있는 경우에는 조사·확인할 의무가 면제되지 않는다(대법원 2014.11.13.선고 2011다90170판결).

(3) 보증보험계약이 체결된 경우 보험자의 피보험자에 대한 보험금지급채무는 보험계약자가 피보험자에 대하여 보험약관이 정한 주계약 등에 따른 채무를 부담한다는 것을 전제로 하므로, 보험금이 아직 지급되지 않은 상태에서 주계약의 당사자인 보험계약자와 피보험자 사이에 주계약에 따른 채무의 존부와 범위에 관하여 다툼이 있는 경우, 이는 보험자의 피보험자에 대한 보험금지급채무 존부와 범위에도 영향을 미칠 수 있다. 따라서 그러한 경우 주계약의 채무자이기도 한 보험계약자로서는 우선 그 계약상 채권자인 피보험자를 상대로 주계약에 따른 채무 부존재 확인을 구하는 것이 분쟁을 해결하는 가장 유효 적절한 방법일 수 있다(대법원 2022.12.15.선고 2019다269156판결).

2) 주계약과 피보험자 및 보험사고의 결정

보증보험계약의 전제가 되는 주계약이 무엇이고 피보험자가 누구인지는 보험계약서와 그 보험계약의 내용으로 삼은 보험약관의 내용, 당사자가 보험계약을 체결하게 된 경위와 그 과정 등 제반 사정을 종합하여 판단하여야 한다(대법원 2014.9.4.선고 2011다67637판결). 그리고 보험사고가 구체적으로 무엇인지도 당사자 사이의 약정으로 계약내용에 편입된 보험약관과 보험약관이 인용하고 있는 보험증권 및 주계약의 구체적인 내용 등을 종합하여 결정하여야 한다(대법원 2021.2.25.선고 2020다248698판결; 대법원 2025.8.14.선고 2023다220628판결).

3) 보험기간

보증보험은 보증보험증권에 보험기간이 정해져 있는 경우에는 보험사고가 그 기간 내에 발생한 때에 한하여 보험자가 보험계약상의 책임을 지는 것이 원칙이지만, 보증보험계약의 목적이 주계약의 하자담보책임기간 내에 발생한 하자에 대하여 보험계약자의 하자보수의무 불이행으로 인한 손해를 보상하게 하기 위한 것임에도 불구하고, 보험기간을 주계약의 하자담보책임기간과 동일하게 정한 경우 특단의 사정이 없으면 보증보험계약은 그 계약의 보험기간, 즉 하자담보책임기간 내에 발생한 하자에 대하여는 비록 보험기간이 종료된 후 보험사고가 발생하였다고 하더라도 보험자로서 책임을 지기로 하는 내용의 계약이라고 해석할 수 있다(대법원 2015.11.26.선고 2013다62490판결; 대법원 2021.2.25.선고 2020다248698판결).

보충판례 보증기간을 주계약의 하자담보책임기간과 동일하게 정한 하자보수보증계약에서도 특별한 사정이 없는 한 그 계약의 보증기간, 즉 하자담보책임기간 내에 발생한 하자에 대하여 보증기간이 종료된 후 보증사고가 발생하였다면 그 보증사고가 발생한 때로부터 보증금청구권의 소멸시효가 진행한다(대법원 2022.3.31.선고 2021다294902, 294919판결).

4) 보증보험증권

공사도급계약에서 통상 수급인이 도급인에게 지급하는 계약보증금 또는 계약이행보증금을 대신하는 보증보험증권은 수급인이 약정한 공사기간 내에 공사를 완료하는 것을 내용으로 하는 공사도급계약의 이행을 보증하고 만일 계약의 이행 과정에서 수급인의 귀책사유로 도급인에게 채무를 부담하게 될 경우 그 채무의 이행을 보증하는 것이며, 계약보증의 대상이 되는 보증책임의 일부를 하자보수보증과 같이 별도의 보증으로 다루고 있다고 하여 원래 계약보증의 대상이 되는 보증책임이 면제되는 것은 아니다(대법원 2025.4.24.선고 2024다297643판결).

2. 보험금청구권

(1) 피보험자가 보험자를 상대로 보험금청구권을 행사하기 위하여는 보험계약자의 주계약상의 채무불이행이라고 하는 '보험사고의 발생'과 이에 기한 '피보험자의 재산상 손해의 발생'이라는 두 요건을 필요로 한다. 즉 보험자는 보험계약자가 주계약에 따른 채무를 이행하지 아니함으로써 피보험자가 입게 되는 손해를 약관이 정하는 바에 따라 그리고 그 보험계약금액의 범위 내에서 보상하는 것이다(대법원 2021.2.25.선고 2020다248698판결).

(2) 이행보증보험계약은 그 보험기간의 범위 내에서 주계약에서 정한 채무의 이행기일에 채무를 이행하지 아니함으로써 발생한 피보험자가 입은 손해를 보상하기로 하는 보험계약이므로, 주계약의 당사자 사이에서 그 채무 이행기일에 보험기간 경과 후로 연장되었다면 특별한 사정이 없는 한 보험금 지급의무가 발생하지 않을 것이나, 일단 보험기간내의 이행기일에 채무를 이행하지 아니하여 보험사고가 발생한 이상, 피보험자가 보험기간이 지나도록 보험금 청구를 하지 아니하였다고 하여 보험금청구권이 소멸 할 이유는 없다(대법원 2002.11.8.선고 2000다19281판결).

3. 고지의무위반과 보증보험계약의 해지

보증보험계약에 있어서 보험계약자의 고지의무 위반을 이유로 한 해지의 경우에 계약의 상대방 당사자인 보험계약자나 그의 상속인(또는 그들의 대리인)에 대하여 해지의 의사표시를 하여야 하고, 보험금 수익자에게 해지의 의사표시를 하는 것은 특별한 사정(보험약관상의 별도기재 등)이 없는 한 효력이 없다고 할 것이며, 이러한 결론은 그 보증보험계약이 상행위로 행하여졌다거나 혹은 보험계약자의 소재를 알 수 없다는 이유만으로 달라지지는 않는다(대법원 2002.11.8.선고 2000다19281판결).

4. 보험계약자의 기망과 보험자의 보증보험계약 취소 효과

(1) 보증보험계약에서 주채무자에 해당하는 보험계약자가 계약체결 과정에서 보험자를 기망하였다는 이유로 보험자가 보증보험계약 체결의 의사표시를 취소한 경우에, 보험자가 이미 보증보험증권을 교부하여 피보험자가 그 보증보험증권을 수령한 후 이에 터잡아 새로운 계약을 체결하거나 이미 체결한 계약에 따른 의무를 이행하는 등으로 보증보험계약의 채권담보적 기능을 신뢰하여 새로운 이해관계를 가지게 되었다면 원칙적으로 그 취소로써 피보험자에게 대항할 수 없는 것이나, 이 경우에도 피보험자가 그와 같은 기망행위가 있었음을 알았거나 알 수 있었다는 등의 특별한 사정이 있는 때에는, 보험자가 보험계약자의 기망을 이유로 한 취소를 가지고 피보험자에게 대항할 수 있다(대법원 1999.7.13.선고 98다63162판결, 대법원 2001.2.13.선고 99다13737판결 등 참조).

(2) 보험계약자의 기망행위에 의하여 보증보험계약이 체결되었음을 피보험자가 알았거나 알 수 있었다는 이유로, 보험계약자의 기망을 이유로 한 보험계약 취소의 효력은 피보험자에게도 미친다(대법원 2002.11.8.선고 2000다19281판결).

【판례】 대법원 2001.2.13.선고 99다13737판결

보증보험은 보험계약자인 채무자의 채무불이행으로 인하여 채권자가 입게 되는 손해의 전보를 보험자가 인수하는 것을 내용으로 하는 손해보험으로서, 형식적으로는 채무자의 채무불이행을 보험사고로 하는 보험계약이지만 실질적으로는 보증의 성격을 가지고 보증계약과 같은 효과를 목적으로 하고, 이행보증보험과 같은 경우 피보험자는 보증보험에 터잡아 물품공급계약을 체결하거나 이미 체결한 물품공급계약에 따른 물품 인도의무를 이행하는 것이 보통이므로, 일반적으로 타인을 위한 보험계약에서 보험계약자의 사기를 이유로 보험자가 보험계약을 취소하는 경우 보험사고가 발생하더라도 피보험자는 보험금청구권을 취득할 수 없는 것과는 달리, 보증보험계약의 경우 보험자가 이미 보증보험증권을 교부하여 피보험자가 그 보증보험증권을 수령한 후 이에 터잡아 새로운 계약을 체결하거나 이미 체결한 계약에 따른 의무를 이행하는 등으로 보증보험계약의 채권담보적 기능을 신뢰하여 새로운 이해관계를 가지게 되었다면 그와 같은 피보험자의 신뢰를 보호할 필요가 있으므로, 주채무자에 해당하는 보험계약자가 보증보험계약을 체결함에 있어서 보험자를 기망하였다는 이유로 보험자가 보증보험계약 체결의 의사표시를 취소하였다 하더라도, 이미 그 보증보험계약의 피보험자인 채권자가 보증보험계약의 채권담보적 기능을 신뢰하여 새로운 이해관계를 가지게 되었다면, 피보험자가 그와 같은 기망행위가 있었음을 알았거나 알 수 있었던 경우이거나, 혹은 피보험자와 보험자 사이에 피보험자가 보험자를 위하여 보험계약자가 제출하는 보증보험계약 체결 소요 서류들이 진정한 것인지 등을 심사할 책임을 지고 보험자는 그와 같은 심사를 거친 서류만을 확인하고 보증보험계약을 체결하도록 미리 약정이 되어 있는데, 피보험자가 그와 같은 서류심사에 있어서 필요한 주의의무를 다하지 아니한 과실이 있었던 탓으로 보험자가 보증책임을 이행한 후 구상권을 확보할 수 없게 되었다는 등의 특별한 사정이 없는 한 그 취소를 가지고 피보험자에게 대항할 수 없다.

5. 보증보험의 담보채권의 양도

보증보험은 실질적으로 보증의 성격을 가지고 보증계약과 같은 효과를 목적으로 하므로 민법의 보증에 관한 규정이 준용되고, 따라서 보증보험이 담보하는 채권이 양도되면 당사자 사이에 다른 약정이 없는 한 보험금청구권도 그에 수반하여 채권양수인에게 함께 이전된다고 보아야 한다(대법원 1999.6.8.선고 98다53707판결).

6. 보험계약자의 보증인의 계약해지

1) 보험자가 보험계약자와 현재 또는 장래에 체결하는 보증보험계약에 관하여 보증기간과 보증한도액을 정하여 보증보험 한도거래 약정을 하면서 보험계약자의 채구불이행 등 보험사고 발생으로 보험금을 지급할 경우, 보험계약자가 보험자에게 부담하게 될 불확정한 구상채무를 보증한 사람도 위와 같은 사정이 있는 경우에는 마찬가지로 해지권을 행사할 수 있다고 보아야 한다(대법원 2018.3.27.선고 2015다12130판결 참조).

2) 보증보험계약에서 이행을 담보하는 주계약상의 채무가 확정되기 전에 구상채무의 보증인이 적법하게 보증계약을 해지하면 구체적인 보증채무가 발생하기 전에 보증계약관계가 종료된다. 따라서 그 이후 보험사고가 발생하여 보험자의 보험금지급채무가 확정되고 나아가 보험계약자의 구상채무까지 확정되더라도 구상채무의 보증인은 그에 관하여 보증책임을 지지 않는다(대법원 2018.3.27.선고 2015다12130판결).

참고판례 계속적 보증은 계속적 거래관계에서 발생하는 불확정한 채무를 보증하는 것으로 보증인의 주채무자에 대한 신뢰가 깨어지는 등 정당한 이유가 있는 경우에는 보증인으로 하여금 그 보증계약을 그대로 유지·존속시키는 것이 신의칙상 부당하므로 특별한 사정이 없는 한 보증인은 보증계약을 해지할 수 있다. 이때 보증계약을 해지할 정당한 이유가 있는지 여부는 보증을 하게 된 경위, 주채무자와 보증인의 관계, 보증계약의 내용과 기간, 채무증가의 구체적 경과와 채무의 규모, 주채무자의 신뢰상실 여부와 그 정도, 보증인의 지위 변화, 채권자와 보증인의 이익상황, 주채무자의 자력에 관한 채권자나 보증인의 인식 등 여러 사정을 종합적으로 고려하여 판단하여야 한다(대법원 2018.3.27.선고 2015다12130판결).

Ⅲ. 보험규정의 적용배제

보증보험계약에 관하여는 상법 제639조 제2항 단서를 적용하지 아니하고(제726조의6 제1항), 보험계약자의 사기·고의 또는 중대한 과실이 있는 경우에도 이에 대하여 피보험자에게 책임이 있는 사유가 없으면, 고지의무위반으로 인한 계약해지(제651조), 위험변경·증가의 통지와 계약해지(제652조), 보험계약자 등의 고의나 중과실로 인한 위험증가와 계약해지(제653조) 및 보험계약자 등의 고의 또는 중과실로 인한 보험사고에 대한 보험자의 면책(제659조 제1항)을 적용하지 아니한다(제726조의6 제2항).

보충판례 보증보험의 성질상 상법 제659조의 규정은 보증보험계약이 보험계약자의 사기행위에 피보험자가 공모하였다든지 적극적으로 가담하지는 않았더라도 그러한 사실을 알면서도 묵인한 상태에서 체결되었다고 인정되는 경우를 제외하고는 원칙적으로 보증보험에는 그 적용이 없다(대법원 2001.2.13.선고 99다13737판결).

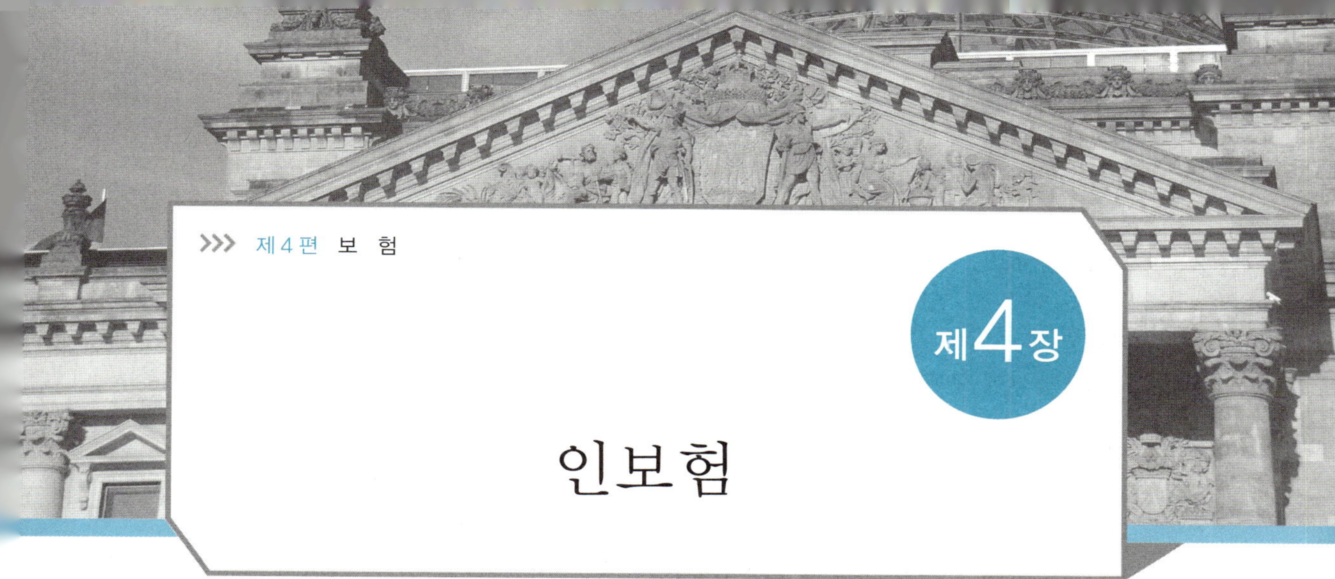

제4장 인보험

제1절 총 설

I. 인보험계약의 의의

인보험계약이란 보험자가 피보험자의 생명 또는 신체에 관하여 보험사고가 생길 경우에 계약의 정하는 바에 따라 보험금(당사자의 약정으로 분할하여 지급 할 수 있다: 727조 제2항)이나 그 밖의 급여를 할 것을 약정하고, 보험계약자가 이에 대하여 보험료를 지급할 것을 약정함으로써 효력이 생기는 보험계약을 말한다(제638조, 제727조 제1항).

II. 인보험계약의 요소

1. 보험의 목적

인보험의 목적은 사람의 생명 또는 신체인 점에서 피보험자의 물건 기타의 재산을 보험의 목적으로 하는 손해보험과 다르다.

2. 보험사고

인보험의 보험사고는 사람의 생명·신체에 관한 사고(사망·상해·질병)인 점에서, 피보험자의 물건 기타의 재산에 관한 사고인 손해보험과 다르다.

3. 보험금액

인보험에서는 보험금액이 정액화되어 있는 점에서, 보험금액의 한도 내에서 실제 발생한 손해를 보상하는 부정액보험인 손해보험과 다르다.

그러나 인보험 중에서도 상해보험이나 질병보험과 같이 부정액보험의 형식으로 체결되는 경우도 있다.

4. 피보험이익·보험가액

인보험은 사람의 생명·신체에 관한 것이므로 이에 대한 금전적인 평가를 할 수 없기 때문에 피보험이익이나 보험가액이란 존재하지 않는다. 따라서 초과보험·중복보험·일부보험의 문제가 생기지 않는다.

Ⅲ. 인보험증권의 기재사항

인보험증권에는 상법 제666조에 규정한 기재사항 이외에 보험계약의 종류, 피보험자의 주소·성명 및 생년월일, 보험수익자를 정한 때에는 그 주소·성명 및 생년월일을 기재하여야 한다(제728조).

Ⅳ. 보험자대위의 금지

인보험에서는 보험의 목적의 멸실이란 있을 수 없으므로 보험의 목적에 대한 보험자대위는 있을 수 없다.

제3자에 대한 보험자대위는 이론상 성립할 수 있지만, 상법 제729조 본문에서는 「보험자는 보험사고로 인하여 생긴 보험계약자 또는 보험수익자의 제3자에 대한 권리를 대위하여 행사하지 못한다」고 규정하여 제3자에 대한 보험자대위를 금지하고 있다.

그러나 상해보험계약의 경우에는 예외적으로 보험자와 보험계약자 사이에 다른 약정이 있는 때에는 보험자는 피보험자의 이익을 해하지 아니하는 범위 안에서 그 권리를 대위하여 행사할 수 있다(제729조 단서). 따라서 상법 제729조의 취지가 피보험자의 권리를 보호하기 위하여 인보험에서의 보험자대위를 일반적으로 금지하면서 상해보험에 있어서 별도의 약정이 있는 경우에만 예외적으로 이를 허용하는 것인 이상, 이러한 약정의 존재 및 그 적용 범위는 보험약관이 정한 바에 따라 이를 엄격히 해석하여야 하는 것이 원칙이므로, 보험자는 특별한 사정이 없는 한 보험약관이 예정하지 아니하는 피보험자의 손해배상청구권을 대위할 수 없다(대법원 2008.6.12.선고 2008다8430판결).

【판례】 대법원 2023.6.1.선고 2019다237586판결

피보험자가 무보험자동차에 의한 교통사고로 상해를 입었을 때에 그 손해에 대하여 배상할 의무자가 있는 경우에 보험자가 약관에 정한 바에 따라 피보험자에게 그 손해를 보상하는 것을 내용으로 하는 무보험자동차에 의한 상해담보특약은 손해보험으로서의 성질과 함께 상해보험으로서의 성질도 갖고 있는 손해보험형 상해보험으로서, 상법 제729조 단서에 따라 당사자 사이에 다른 약정이 있는 때에는 보험자는 피보험자의 권리를 해하지 아니하는 범위 안에서 피보험자의 배상의무자에 대한 손해배상청구권을 대위행사할 수 있다. 한편 무보험자동차에 의한 상해담보특약의 보험자는 피보험자의 실제 손해액을 기준으로 위험을 인수한 것이 아니라 보험약관에서 정한 보험금 지급기준에 따라 산정된 금액만을 제한적으로 인수한 것이므로, 무보험자동차에 의한 상해담보특약을 맺은 보험자가 피보험자에게 보험금을 지급한 경우 상법 제729조 단서에 따라 피보험자의 배상의무자에 대한 손해배상청구권을 대위행사할 수 있는 범위는 피보험자가 배상의무자에 대하여 가지는 손해배상청구권의 한도 내에서 보험약관에서 정한 보험금 지급기준에 따라 정당하게 산정되어 피보험자에게 지급된 보험금액에 한정된다.

제 2 절 생명보험

I. 생명보험계약의 의의·종류

1. 의 의

생명보험계약이란 보험자가 피보험자의 사망, 생존, 사망과 생존에 관한 보험사고가 생길 경우에 약정한 보험금을 지급하기로 하는 인보험계약을 말한다(제730조). 생명보험계약의 경우에는 피보험이익의 존재에 관하여 학설의 대립이 있다.[1)]

1) 【학설】 피보험이익의 인정 여부에 관한 학설
생명보험계약에서 피보험이익이란 '피보험자에 대한 보험사고로 불이익을 받게 되는 자가 가지는 이해관계'라는 근거 등을 들어 피보험이익을 긍정하는 견해와 피보험이익의 존재를 부정하는 견해(다수설)가 있다.

2. 종 류

1) 보험사고에 따른 종류

피보험자의 사망을 보험사고로 하여 보험금을 지급하는 사망보험, 피보험자가 일정한 보험기간까지 생존할 것을 보험사고로 하는 생존보험, 일정한 보험기간까지의 생존과 사망의 모두를 보험사고로 하는 생사혼합보험(양로보험이라고 함)이 있다.

2) 피보험자의 수에 따른 종류

피보험자 1인의 생사를 보험사고로 하는 개인보험과 피보험자 2인 중 1인의 사망을 보험사고로 하는 연생보험, 특정 단체의 구성원의 전부 또는 일부를 포괄적으로 피보험자로 하여 그의 생사를 보험사고로 하는 단체보험(제735조의3)이 있다.

3) 보험금액의 지급방법에 따른 종류

보험사고가 발생한 때에 보험자가 보험금의 전부를 일시에 지급하는 보험과 보험사고가 발생한 때에 보험자가 보험금을 분할하여 지급하는 보험(제727조 제2항)이 있다.

Ⅱ. 타인의 생명의 보험

1. 의의 및 취지

타인의 생명의 보험이란 보험계약자가 자기 이외의 제3자를 피보험자로 한 생명보험을 말한다. 이때 타인의 사망을 보험사고로 하는 보험계약은 보험계약 체결시에 그 타인의 서면에 의한 동의를 얻어야 한다(제731조 제1항).

보충판례 타인의 생명의 보험계약에 관한 상법 제731조 제1항은 타인의 사망을 보험사고로 하는 보험계약에 있어서도 도박보험의 위험성과 피보험자 살해의 위험성 및 선량한 풍속침해의 위험성을 배제하기 위하여 마련된 강행규정으로, 제3자가 타인의 동의를 받지 않고 타인을 보험계약자 및 피보험자로 하여 체결한 생명보험계약은 보험계약자 명의에도 불구하고 실질적으로 타인의 생명보험계약에 해당한다(대법원 2010.2.11.선고 2009다74007판결).

상법 제731조 제1항은 도박보험의 위험성이나 피보험자에 대한 위해의 우려 또는 피보험자의 동의 없이 타인의 사망 또는 신체 상해를 사행계약의 조건으로 삼는 데서 오는 공서양속 침해의 위험 등을 배제하고자 하는 데에 그 입법 취지가 있다.(대법원 2024.11.14.선고 2024다238392판결).

2. 피보험자의 동의

1) 동의를 요하는 경우

타인의 생명의 보험에 있어서 피보험자의 동의를 얻어야 하는 경우로는 타인의 사망을 보험사고로 한 사망보험 또는 생사혼합보험의 보험계약을 체결하는 경우, 타인의 사망을 보험사고로 한 타인의 생명보험계약에서 그 보험계약으로 인하여 생긴 권리를 피보험자가 아닌 자에게 양도하는 경우, 타인의 사망을 보험사고로 한 타인의 생명보험계약에서 보험기간 중 보험계약자가 보험수익자를 지정·변경하는 경우 등이다.

2) 동의의 성질

타인의 사망을 보험사고로 한 타인의 생명보험계약에서 피보험자의 서면동의는 당사자의 특약으로도 배제할 수 없다. 피보험자의 동의는 보험계약의 성립요건이 아니라 효력발생요건이므로, 보험계약 체결시에 피보험자의 동의를 얻지 못하였다면 그 보험계약은 확정적으로 무효가 된다(대법원 2006.9.22.선고 2004다56677판결).

【판례】 대법원 1998.11.27.선고 98다23690판결[동지: 대법원 2006.9.22.선고 2004다56677판결; 대법원 2015.10.15.선고 2014다204178판결]

상법 제731조 제1항에 의하면 타인의 생명보험에서 피보험자가 서면으로 동의의 의사표시를 하여야 하는 시점은 '보험계약 체결시까지'이고, 이는 강행규정으로서 이에 위반한 보험계약은 무효이므로, 타인의 생명보험계약 성립 당시 피보험자의 서면동의가 없다면 그 보험계약은 확정적으로 무효가 되고, 보험계약의 당사자도 아닌 피보험자가 이미 무효가 된 보험계약을 추인하였다고 하더라도 그 보험계약이 유효로 될 수는 없다.

3) 동의의 시기·방식

보험계약 체결시에 피보험자인 타인의 서면에 의한 동의를 얻도록 규정한 것은 그 동의의 시기와 방식을 명확히 함으로써 분쟁의 소지를 없애려는 데 그 취지가 있으므로, 피보험자의 동의는 보험계약 체결시까지 개별적으로 서면에 의하여 이루어져야 하며(대법원 1996.11.22.선고 96다37084판결), 포괄적인 동의 또는 묵시적이거나 추정적 동의만으로는 부족하다(대법원 2015.10.15.선고 2014다204178판결).

서면동의가 그 타인이 보험청약서에 자필서명하는 것만을 의미하는 것은 아니므로, 그 타인으로부터 특정한 보험계약에 대해서 서면동의를 할 권한을 구체적·개별적으로 수여받았음이 분명한 자가 그 권한범위 내에서 그 타인을 대리 또는 대행하여 서면동의를 한 경우에도 유효하게 이루어진 것으로 본다(대법원 2006.12.21.선고 2006다69141판결).

4) 동의의 철회

피보험자가 한 동의는 보험계약성립 전에는 언제든지 철회할 수 있으나, 보험계약의 효력이 발생한 후에는 임의로 철회할 수 없고 보험계약자와 보험수익자의 동의가 있어야 철회할 수 있다. 다만, 피보험자가 서면동의를 할 때 기초로 한 사정에 중대한 변경이 있는 경우에는 보험계약자 또는 피보험자의 동의나 승낙 여부에 관계없이 피보험자는 그 동의를 철회할 수 있다(대법원 2013.11.14.선고 2011다101520판결).

5) 동의의 무효

만 15세 미만자·심신상실자·심신박약자는 동의능력이 없으며, 이들의 동의에 의한 사망을 보험사고로 하는 생명보험계약은 무효가 된다(제732조 본문). 다만, 심신박약자가 보험계약을 체결하거나 단체보험의 피보험자가 될 때에 의사능력이 있는 경우에는 유효하다(제732조 단서).

【판례】 대법원 2013.4.26.선고 2011다9068판결

상법 제732조는 15세 미만자 등의 사망을 보험사고로 한 보험계약은 무효로 하도록 정하고 있다. 위 법규정은, 통상 정신능력이 불완전한 15세 미만자 등을 피보험자로 하는 경우 그들의 자유롭고 성숙한 의사에 기한 동의를 기대할 수 없고, 그렇다고 해서 15세 미만자 등의 법정대리인이 이들을 대리하여 동의할 수 있는 것으로 하면 보험금의 취득을 위하여 이들이 희생될 위험이 있으므로, 그러한 사망보험의 악용에 따른 도덕적 위험으로부터 15세 미만자 등을 보호하기 위하여 둔 효력규정이라고 할 것이다. 따라서 15세 미만자 등의 사망을 보험사고로 한 보험계약은 피보험자의 동의가 있었는지 또는 보험수익자가 누구인지와 관계없이 무효가 된다.

6) 동의없는 계약의 효력

타인의 사망 또는 타인의 신체의 상해를 보험사고로 하는 타인의 생명보험계약 또는 타인의 상해보험계약을 체결하는 경우에는 보험계약체결시에 그 타인의 서면동의를 얻어야 하고, 상법 제731조 제1항은 강행법규로서 보험계약자가 이를 위반하여 타인의 생명보험계약 또는 타인의 상해보험계약 체결시에 그 타인의 서면 동의를 얻지 않았다면 그 보험계약은 무효로 보아야 한다(대법원 2024.11.14.선고 2024다238392판결).

Ⅲ. 타인을 위한 생명보험

1. 의 의

타인을 위한 생명보험이란 보험계약자가 자기 이외의 제3자를 보험수익자로 한 생명보험을 말한다. 이에 대해 보험계약자가 자신을 보험수익자로 한 생명보험을 자기를 위한 생명보험이라고 한다. 타인을 위한 생명보험(또는 상해보험)계약을 체결하여 보험수익자가 보험금 청구권을 갖는 것은 보험계약자가 타인의 생활상의 부양이나 경제적 지원을 목적으로 하는 것이다(대법원 2018.9.13.선고 2016다255125판결). 보험수익자로 지정된 상속인은 보험계약의 효력으로서 당연히 고유 재산으로 보험자에게 보험금청구를 할 권리를 갖는다(대법원 2001.12.28.선고 2000다31502판결).

【판례】 대법원 2001.12.28.선고 2000다31502판결

생명보험의 보험계약자가 스스로를 피보험자로 하면서, 수익자는 만기까지 자신이 생존할 경우에는 자기 자신을, 자신이 사망한 경우에는 '상속인'이라고만 지정하고 그 피보험자가 사망하여 보험사고가 발생한 경우, 보험금청구권은 상속인들의 고유재산으로 보아야 할 것이고 이를 상속재산이라 할 수 없다.

이때 상속인 중 1인이 자신에게 귀속되는 보험금청구권을 포기하더라도 그 포기한 부분이 당연히 다른 상속인에게 귀속되지 않는다(대법원 2020.2.6.선고 2017다215728판결).

2. 보험수익자의 지정·변경

1) 보험계약자의 보험수익자 지정·변경권

보험계약자는 계약을 체결할 때 보험수익자를 지정할 수도 있고, 후일에 이를 지정 또는 변경할 권리를 유보할 수도 있다(제733조 제1항). 보험계약자의 보험수익자 지정·변경권은 형성권에 해당한다.

보충판례 생명보험은 피보험자의 사망, 생존, 사망과 생존에 관한 보험사고가 발생할 경우에 약정한 보험금을 지급하는 내용의 보험이고(상법 제730조), 보험계약자는 보험수익자를 지정 또는 변경할 권리를 가진다(상법 제731조 제1항). 보험계약자는 피보험자의 사망 등에 관한 보험사고로 인하여 발생할 불이익에 대비하여 일정한 사고 발생 시 자신이 지정하는 보험수익자에게 보험금이 지급되도록 할 목적으로 생명보험계약을 체결한다. 따라서 보험계약자와 보험수익자가 다른 타인을 위한 생명보험에서 보험계약자는 유효한 보험계약 체결과 보험금 지급에 관한 법적 이해관계 내지 이익을 가진다. 보험설계사의 위법행위로 보험계약이 무효가 되거나 일정한 사고를 담보하지 못하여 보험계약자가 지정한 보험수익자에게 보험금이 지급되지 않은 경우 그와 상당인과관계가 있는 것으로서 보험계약자에게 발생한 손해는 보험설계사의 위법행위가 없었으면 보험계약자의 의사에 따라 정해지는 보험수익자에게 지급되었을 전체 보험금 상당액이라고 봄이 타당하다(대법원 2024.12.12.선고 2022다20317, 200324판결).

보험계약자의 보험수익자 지정·변경행위는 단독행위에 해당한다. 이때 보험수익자는 자연인이든 법인이든 관계없으며, 지정할 보험수익자의 수에는 제한이 없다. 보험수익자의 지정방법은 제한이 없으므로 구체적인 특정인의 성명을 기재하든 '상속인' 등으로 추상적인 기재를 하든 관계없다.

참조판례 보험계약자 지위변경과 보험자의 동의: 생명보험은 피보험자의 사망, 생존 또는 사망과 생존을 보험사고로 하는 보험으로(상법 제730조), 오랜 기간 지속되는 생명보험계약에서는 보험계약자의 사정에 따라 계약 내용을 변경해야 하는 경우가 있다. 생명보험계약에서 보험계약자의 지위를 변경하는 데 보험자의 승낙이 필요하다고 정하고 있는 경우, 보험계약자가 보험자의 승낙이 없는데도 일방적인 의사표시만으로 보험계약상의 지위를 이전할 수는 없다. 보험계약자의 신용도나 채무 이행능력은 계약의 기초가 되는 중요한 요소일 뿐만 아니라 보험계약자는 보험수익자를 지정·변경할 수 있다(상법 제733조). 보험계약자와 피보험자가 일치하지 않는 타인의 생명보험에 대해서는 피보험자의 서면동의가 필요하다(상법 제731조 제1항, 제734조 제2항). 따라서 보험계약자의 지위 변경은 피보험자, 보험수익자 사이의 이해관계나 보험사고 위험의 재평가, 보험계약의 유지 여부 등에 영향을 줄 수 있다. 이러한 이유로 생명보험의 보험계약자 지위 변경에 보험자의 승낙을 요구한 것으로 볼 수 있다. 유증은 유언으로 수증자에게 일정한 재산을 무상으로 주기로 하는 단독행위로서 유증에 따라 보험계약자의 지위를 이전하는 데에도 보험자의 승낙이 필요하다고 보아야 한다. 보험계약자가 보험계약에 따른 보험료를 전액 지급하여 보험료 지급이 문제 되지 않는 경우에도 마찬가지이다. 유언집행자는 유증의 목적인 재산의 관리 기타 유언의 집행에 필요한 행위를 할 권리·의무가 있다. 유언집행자가 유증의 내용에 따라 보험자의 승낙을 받아서 보험계약상의 지위를 이전할 의무가 있는 경우에도 보험자가 승낙하기 전까지는 보험계약자의 지위가 변경되지 않는다(대법원 2018.7.12.선고 2017다235647판결).

2) 지정·변경과 보험수익자의 지위

(1) 보험수익자를 지정하고 이의 변경을 유보하지 않은 경우: 이 경우에는 지정된 보험수익자의 권리는 확정이 된다.

그러나 보험수익자가 보험존속 중에 사망한 때에는 보험계약자는 다시 보험수익자를 지정할 수 있다(제733조 제3항 제1문). 이 경우에 보험계약자가 보험수익자를 다시 지정하지 못하고 사망한 때에는 보험수익자의 상속인이 보험수익자로 된다(제733조 제3항 제2문). 그리고 보험수익자의 사망 후 보험계약자가 보험수익자를 지정하기 전에 보험사고가 발생한 경우(피보험자가 사망한 경우)에는 보험수익자의 상속인을 보험수익자로 한다(제733조 제4항).[1]

【판례】 대법원 2025.2.20.선고 2022다306048판결

생명보험에서 보험계약자는 보험수익자를 지정·변경할 권리를 가지고 있고(상법 제733조 제1항), 지정된 보험수익자(이하 '지정 보험수익자'라 한다)가 보험존속 중 사망한 경우 보험계약자는 다시 보험수익자를 지정할 수 있되 보험계약자가 지정권을 행사하지 아니하고 사망하거나 보험계약자가 지정권을 행사하기 전에 보험사고가 생긴 때에는 지정 보험수익자의 상속인을 보험수익자로 한다(상법 제733조 제3항, 제4항). 상법 제733조 제3항, 제4항은 보험계약자가 재지정권을 행사하지 못하여 보험수익자에 흠결이 생긴 경우 보험계약자가 지정 보험수익자에게 보험금청구권을 취득하도록 한 원래의 의사를 우선 고려하고자 하는 취지이다.
이러한 상법 제733조 제3항, 제4항의 법 문언과 규정 취지를 고려하면, 지정 보험수익자 사망 후 보험계약자가 재지정권을 행사하기 전에 보험계약자가 사망하거나 보험사고가 발생하고, 보험계약자 사망 또는 보험사고 발

1) 【학설】 보험수익자의 상속인의 결정시점에 관한 학설
보험수익자의 상속인이 결정되는 시점은 피보험자의 사망시라고 보는 견해와 보험수익자의 사망시라고 보는 견해가 있다.

생 당시 지정 보험수익자의 상속인이 생존하고 있지 아니한 경우에는 그 상속인의 상속인을 비롯한 순차 상속인으로서 보험계약자 사망 또는 보험사고 발생 당시 생존한 자가 보험수익자가 된다고 봄이 타당하다. 또한 보험수익자가 되는 상속인이 여럿인 경우 그 상속인들은 법정상속분 비율로 보험금청구권을 취득한다.

(2) 보험수익자의 지정·변경을 유보한 경우: 이 경우 보험계약자는 언제든지 보험수익자를 지정·변경할 수 있다.

보험계약자가 보험수익자를 지정하지 않고 사망한 때에는 피보험자가 보험수익자가 되고, 보험계약자가 보험수익자를 지정한 후 변경하지 않고 사망한 때에는 당연히 지정된 보험수익자의 권리는 확정된다(제733조 제2항 본문). 보험계약에서 보험계약자의 승계인이 보험수익자를 지정하거나 변경하는 권리를 갖는 것으로 특약한 경우에는 그에 따른다(제733조 제2항 단서).

그리고 보험계약자가 보험수익자의 지정·변경권을 행사하기 전에 보험사고가 발생한 경우에는 피보험자의 상속인(지정권을 행사하기 전) 또는 보험수익자의 상속인(변경권을 행사하기 전)이 보험수익자로 된다(제733조 제4항).

3) 보험수익자의 지정·변경의 통지

보험계약자가 보험계약을 체결한 후에 보험수익자를 지정 또는 변경할 때에는 보험자에게 그 통지를 하여야 하며, 만일 이 통지를 해태한 때에는 이로써 보험자에게 대항하지 못한다(제734조 제1항).

【판례】 대법원 2020.2.27.선고 2019다204869판결

보험계약자는 보험수익자를 변경할 권리가 있다(상법 제733조 제1항). 이러한 보험수익자 변경권은 형성권으로서 보험계약자가 보험자나 보험수익자의 동의를 받지 않고 자유로이 행사할 수 있고 그 행사에 의해 변경의 효력이 즉시 발생한다. 다만 보험계약자는 보험수익자를 변경한 후 보험자에 대하여 이를 통지하지 않으면 보험자에게 대항할 수 없다(상법 제734조 제1항). 이와 같은 보험수익자 변경권의 법적 성질과 상법 규정의 해석에 비추어 보면, 보험수익자 변경은 상대방 없는 단독행위라고 봄이 타당하므로, 보험수익자 변경의 의사표시가 객관적으로 확인되는 이상 그러한 의사표시가 보험자나 보험수익자에게 도달하지 않았다고 하더라도 보험수익자 변경의 효과는 발생한다.

보험계약자가 보험수익자를 지정·변경하는 경우 타인의 생명의 보험에서 그 타인을 보험수익자로 하지 않은 때에는 그 타인의 서면에 의한 동의를 얻어야 한다(제734조 제2항).

3. 보험자의 의무

1) 보험금지급의무

(1) 보험기간 중에 보험사고가 발생한 경우에 보험자는 보험수익자에게 보험계약에서 약정된 보험금을 지급하여야 한다(정액보험). 이 때 보험자의 보험수익자에 대한 급부는 보험수익

자에 대한 보험자 자신의 고유의 채무를 이행한 것이다. 따라서 보험자는 보험계약이 무효이거나 해제되었다는 것을 이유로 보험수익자를 상대로 하여 그가 이미 보험수익자에게 급부한 것의 반환을 구할 수 있고, 이는 타인을 위한 생명보험이나 상해보험이 제3자를 위한 계약의 성질을 가지고 있다고 하더라도 달리 볼 수 없다(대법원 2018.9.13.선고 2016다255125판결).

(2) 보험계약자 또는 피보험자나 보험수익자의 고의에 의한 보험사고발생은 보험자의 면책사유가 된다(제659조). 그러나 사망을 보험사고로 한 보험계약에서는 그 보험사고가 보험계약자 또는 피보험자나 보험수익자의 중대한 과실로 인하여 생긴 경우에 보험자는 보험금을 지급할 책임을 면하지 못한다(제732조의2 제1항). 또한 둘 이상의 보험수익자 중 일부가 고의로 피보험자를 사망하게 한 경우에는 보험자는 다른 보험수익자에 대한 보험금지급책임을 면하지 못한다(제732조의2 제2항).

(3) 사망을 보험사고로 하는 보험계약에서 자살을 보험자의 면책사유로 규정하고 있는 경우에, 자살은 자기의 생명을 끊는다는 것을 의식하고 그것을 목적으로 의도적으로 자기의 생명을 절단하여 사망의 결과를 발생케 한 행위를 의미하고, 피보험자가 정신질환 등으로 자유로운 의사결정을 할 수 없는 상태에서 사망의 결과를 발생케 한 경우까지 포함하는 것은 아니다(대법원 2024.5.9.선고 2021다297352판결).

(4) 피보험자가 정신질환 등으로 자유로운 의사결정을 할 수 없는 상태에서 사망의 결과를 발생케 한 직접적인 원인행위가 외래의 요인에 의한 것이라면, 그 사망은 피보험자의 고의에 의하지 않은 우발적인 사고로서 보험사고인 사망에 해당할 수 있다(대법원 2015.9.24.선고 2015다30398판결; 대법원 2021.2.4.선고 2017다281367판결). 이때 정신질환 등으로 자유로운 의사결정을 할 수 없는 상태에서의 사망이었는지 여부는 자살자의 나이와 성행, 자살자의 신체적·정신적 심리상황, 그 정신질환의 발병 시기, 그 진행경과와 정도 및 자살에 즈음한 시점에서의 구체적인 상태, 자살자를 에워싸고 있는 주위상황과 자살 무렵의 자살자의 행태, 자살행위의 시기 및 장소, 기타 자살의 동기, 그 경위와 방법 및 태양 등을 종합적으로 고려하여 판단하여야 한다(대법원 2021.2.4.선고 2017다281367판결; 대법원 2024.5.9.선고 2021다297352판결).

참조판례 면책약관에서 피보험자의 정신질환을 피보험자의 고의나 피보험자의 자살과 별도의 독립된 면책사유로 규정하고 있는 경우, 이러한 면책사유를 둔 취지는 피보험자의 정신질환으로 인식능력이나 판단능력이 약화되어 상해의 위험이 현저히 증대된 경우 증대된 위험이 현실화되어 발생한 손해는 보험보호의 대상으로부터 배제하려는 데에 있고 보험에서 인수하는 위험은 보험상품에 따라 달리 정해질 수 있는 것이어서 이러한 면책사유를 규정한 약관조항이 고객에게 부당하게 불리하여 공정성을 잃은 조항이라고 할 수 없으므로, 만일 피보험자가 정신질환에 의하여 자유로운 의사결정을 할 수 없는 상태에 이르렀고 이로 인하여 보험사고가 발생한 경우라면 위 면책사유에 의하여 보험자의 보험금지급의무가 면제된다(대법원 2015.6.23.선고 2015다5378판결).

2) 보험료적립금반환의무

보험사고 발생 전의 보험계약자에 의한 보험계약의 임의해지, 보험료 불지급으로 인한 보험계약의 해제 또는 해지 등으로 보험금지급책임이 없는 경우에는 보험자는 보험수익자를 위하여 적립한 금액을 보험계약자에게 지급하여야 한다(제736조 본문). 그러나 다른 약정이 없으면 제659조 제1항의 보험사고가 보험계약자에 의하여 생길 때에는 보험자는 보험료적립금반환의무를 면한다(제736조 제1항 단서).

보험자가 보험수익자를 위하여 적립한 금액을 반환할 의무는 3년을 경과하면 소멸시효가 완성한다(제662조).

3) 기타 의무

생명보험약관에 의하여 보험자는 이익배당의무, 해약환급금 반환의무, 보험증권대부의무 등을 부담하는 경우가 있다.

Ⅳ. 단체보험

1. 의 의

단체보험이란 단체의 구성원 전부 또는 일부를 포괄적으로 피보험자로 하여 체결된 생명보험계약 내지 상해보험계약을 말한다. 이러한 단체보험은 단체의 구성원에 대하여 보험사고가 발생한 경우를 부보(附保)함으로써 단체 구성원에 대한 단체의 재해보상금이나 후생복리비용의 재원을 마련하기 위한 것이다(대법원 2007.10.12.선고 2007다42877·42884판결). 단체보험계약이 체결된 때에는 보험자는 보험계약자에 대하여서만 보험증권을 교부하면 된다(제735조의3 제2항).

2. 피보험자의 동의

단체보험의 경우에는 피보험자의 사망을 보험사고로 하는 때에도 피보험자의 서면동의를 필요로 하지 않지만(제735조의3 제1항), 보험계약자가 피보험자 또는 그 상속인이 아닌 자를 보험수익자로 지정할 때에는 단체의 규약에서 명시적으로 정하는 경우 이외에는 피보험자의 서면동의를 받아야 한다(제735조의3 제3항). 규약을 구비하지 못한 단체보험의 유효요건으로서의 피보험자의 동의의 방식은 강행법규인 상법 제731조가 정하는 대로 서면에 의한 동의만이 허용될 뿐 묵시적, 추정적 동의는 허용되지 아니한다(대법원 2006.4.27.선고 2003다60259판결). 단체의 규약에서 피보험자 또는 그 상속인이 아닌 자를 보험수익자로 명시적으로 정하였다고 인정하기 위해서는 피보험자의 서면동의가 있는 경우와 마찬가지로 취급할 수 있을 정도로 그 의사가 분명하게 확인되어야 한다(대법원 2020.2.6.선고 2017다215728판결). 타인의 사망을 보험사고로 하는 보험계약에 있어서 피보험자가 서면으로 동의의 의사표시를 하거나 그에 갈음하는 규약의 작성에 동의하여야 하는 시점은 상법 제731조의 규정에 비추어 보험계약체결시까지이다(대법원 2006.4.27.선고 2003다60259판결).

【판례】 대법원 2006.4.27.선고 2003다60259판결

[1] 상법 제735조의3은 단체가 규약에 따라 구성원의 전부 또는 일부를 피보험자로 하는 생명보험계약을 체결하는 경우에는 제731조를 적용하지 아니한다고 규정하고 있으므로 위와 같은 단체보험에 해당하려면 위 법조 소정의 규약에 따라 보험계약을 체결한 경우이어야 하고, 그러한 규약이 갖추어지지 아니한 경우에는 강행법규인 상법 제731조의 규정에 따라 피보험자인 구성원들의 서면에 의한 동의를 갖추어야 보험계약으로서의 효력이 발생한다.

[2] 상법 제735조의3에서 단체보험의 유효요건으로 요구하는 '규약'의 의미는 단체협약, 취업규칙, 정관 등 그 형식을 막론하고 단체보험의 가입에 관한 단체내부의 협정에 해당하는 것으로서, 반드시 당해 보험가입과 관련한 상세한 사항까지 규정하고 있을 필요는 없고 그러한 종류의 보험가입에 관하여 대표자가 구성원을 위하여 일괄하여 계약을 체결할 수 있다는 취지를 담고 있는 것이면 충분하다 할 것이지만, 위 규약이 강행법규인 상법 제731조 소정의 피보험자의 서면동의에 갈음하는 것인 이상 취업규칙이나 단체협약에 근로자의 채용 및 해고, 재해부조 등에 관한 일반적 규정을 두고 있다는 것만으로는 이에 해당한다고 볼 수 없다.

참조판례 ① 타인의 사망을 보험사고로 하는 보험계약에 피보험자의 서면동의를 얻도록 되어 있는 상법 제731조 제1항이나 단체가 구성원의 전부 또는 일부를 피보험자로 하는 생명보험계약을 체결하는 경우 피보험자의 개별적 동의에 갈음하여 집단적 동의에 해당하는 단체보험에 관한 단체협약이나 취업규칙 등 규약의 존재를 요구하는 상법 제735조의3의 입법 취지에는 이른바 도박보험이나 피보험자에 대한 위해의 우려 이외에도 피해자의 동의 없이 타인의 사망을 사행계약상의 조건으로 삼는 데서 오는 공서양속의 침해의 위험성을 배제하고자 하는 고려도 들어 있다 할 것인데, 이를 위반하여 위 법조 소정의 규약이나 서면동의가 없는 상태에서 단체보험계약을 체결한 자가 위 요건의 흠결을 이유로 그 무효를 주장하는 것이 신의성실의 원칙 또는 금반언의 원칙에 위배되는 권리행사라는 이유로 이를 배척한다면 위 입법 취지를 몰각시키는 결과를 초래하므로 특단의 사정이 없는 한 그러한 주장이 신의성실 등의 원칙에 반한다고 볼 수는 없다(대법원 2006.4.27.선고 2003다60259판결).

② 타인의 사망을 보험사고로 하는 보험계약의 체결에 있어서 보험모집인은 보험계약자에게 피보험자의 서면동의 등의 요건에 관하여 구체적이고 상세하게 설명하여 보험계약자로 하여금 그 요건을 구비할 수 있는 기회를 주어 유효한 보험계약이 체결되도록 조치할 주의의무가 있고, 그럼에도 보험모집인이 위와 같은 설명을 하지 아니하는 바람에 위 요건의 흠결로 보험계약이 무효가 되고 그 결과 보험사고의 발생에도 불구하고 보험계약자가 보험금을 지급받지 못하게 되었다면 보험자는 구 보험업법(2003. 5. 29. 법률 제6891호로 전문 개정되기 전의 것) 제158조 제1항(모집을 위탁한 보험자의 배상책임)에 기하여 보험계약자에게 그 보험금 상당액의 손해를 배상할 의무가 있다(대법원 2006.4.27.선고 2003다60259판결).

3. 보험수익자의 지정

1) 타인을 위한 보험과 자기를 위한 보험

단체보험의 경우 보험수익자의 지정에 관하여는 상법 등 관련 법령에 별다른 규정이 없으므로 보험계약자는 단체의 구성원인 피보험자를 보험수익자로 하여 '타인을 위한 보험계약'으로 체결할 수도 있고, 보험계약자 자신을 보험수익자로 하여 '자기를 위한 보험계약'으로 체결할 수도 있을 것이며, 단체보험이라고 하여 당연히 타인을 위한 보험계약이 되어야 하는 것은 아니므로 보험수익자를 보험계약자 자신으로 지정하는 것이 단체보험의 본질에 반하는 것이라고 할 수 없다(대법원 2006.4.27.선고 2003다60259판결).

2) 상속인이 아닌 자를 보험수익자로 지정한 경우의 효력

단체의 규약으로 피보험자 또는 그 상속인이 아닌 자를 보험수익자로 지정한다는 명시적인 정함이 없음에도 피보험자의 서면동의 없이 단체보험계약에서 피보험자 또는 상속인이 아닌 자를 보험수익자로 지정하였다면 그 보험수익자의 지정은 효력이 없고, 이후 적법한 보험수익자 지정 전에 보험사고가 발생한 경우에는 피보험자 또는 그 상속인이 보험수익자가 된다(대법원 2020.2.6.선고 2017다215728판결).

4. 피보험자의 자격상실

피보험자가 보험사고 이외의 사고로 사망하거나 퇴직 등으로 단체의 구성원으로서의 자격을 상실하면 그에 대한 단체보험계약에 의한 보호는 종료되고, 구성원으로서의 자격을 상실한 종전 피보험자는 보험약관이 정하는 바에 따라 자신에 대한 개별계약으로 전환하여 보험보호를 계속받을 수 있을 뿐이며, 단체보험 계약자 회사의 직원이 퇴사한 후에 사망하는 보험사고가 발생한 경우 회사가 퇴사 후에도 계속 직원에 대한 보험료를 납입하였더라도 퇴사와 동시에 단체보험의 해당 피보험자 부분이 종료되는 데 영향을 미치지 아니한다(대법원 2007.10.12.선고 2007다42877·42884판결).

【판례】 대법원 2007.10.12.선고 2007다42877판결

단체보험약관에서 보험회사의 승낙 및 피보험자의 동의를 조건으로 보험계약자가 구성원으로서의 자격을 상실한 종전 피보험자를 새로운 피보험자로 변경하는 것을 허용하면서 종전 피보험자의 자격상실 시기를 피보험자변경신청서 접수시로 정하고 있다고 하여도, 이는 보험회사의 승낙과 피보험자의 동의가 있어 피보험자가 변경되는 경우 단체보험의 동일성을 유지하기 위하여 피보험자변경신청서 접수시까지 종전 피보험자의 자격이 유지되는 것으로 의제하는 것이다.

5. 보험금 청구권의 귀속

단체보험에서 피보험자의 상속인이 보험수익자로 인정된 단체생명보험계약이나 단체상해보험계약에서 피보험자의 상속인은 피보험자의 사망이라는 보험사고가 발생한 때에는 보험수익자의 지위에서 보험자에 대하여 보험금 지급을 청구할 수 있고, 이 권리는 보험계약의 효력으로 당연히 생기는 것으로서 상속재산이 아니라 상속인의 고유재산이다(대법원 2020.2.6.선고 2017다215728판결).

제3절 상해보험

I. 상해보험계약의 의의

상해보험계약이란 보험자가 피보험자의 신체의 상해에 관한 보험사고가 생길 경우에 보험금액 기타의 급여를 지급하기로 하는 인보험계약을 말한다(제737조).

참조판례 ① 자동차상해보험은 피보험자가 피보험자동차를 소유·사용·관리하는 동안에 생긴 피보험자동차의 사고로 인하여 상해를 입었을 때에 보험자가 보험약관에 정한 사망보험금이나 부상보험금 또는 후유장애보험금 등을 지급할 책임을 지는 인보험의 일종으로서 그 성질상 상해보험에 속한다(대법원 2023.6.15.선고 2021다206691판결).
② 상해의 결과로 피보험자가 사망한 때에 사망보험금이 지급되는 상해보험에서 보험계약자가 보험수익자를 단지 피보험자의 '법정상속인'이라고만 지정한 경우, 특별한 사정이 없는 한 그와 같은 지정에는 장차 상속인이 취득할 보험금청구권의 비율을 상속분에 의하도록 하는 취지가 포함되어 있다고 해석함이 타당하다. 따라서 보험수익자인 상속인이 여러 명인 경우, 각 상속인은 특별한 사정이 없는 한 자신의 상속분에 상응하는 범위 내에서 보험자에 대하여 보험금을 청구할 수 있다(대법원 2017.12.22.선고 2015다236820·236837판결).

II. 상해보험증권의 기재사항

상해보험계약이 성립한 경우 보험자는 지체없이 보험증권을 작성·교부하여야 하지만, 그 기재사항은 생명보험증권의 기재사항과 대체로 같다.

그러나 생명보험증권의 기재사항 중 '피보험자의 주소와 성명' 대신에 '피보험자의 직무 또는 직위'만을 기재할 수 있다(제738조).

Ⅲ. 상해보험계약에서의 보험사고

상해보험계약에서의 보험사고는 급박하고 우연하게 발생하여야 하며, 상해의 원인이 외부적인 사고여야 한다. 따라서 신체적 결함이나 질병은 상해보험의 사고가 되지 않는다. 상해보험계약에 의하여 담보되는 보험사고의 요건 중 '우연한 사고'라고 함은 사고가 피보험자가 예측할 수 없는 원인에 의하여 발생하는 것으로서, 고의에 의한 것이 아니고 예견하지 않았는데 우연히 발생하고 통상적인 과정으로는 기대할 수 없는 결과를 가져오는 사고를 의미한다(대법원 2010.8.19.선고 2008다78491·78507판결). 상해의 요건인 '급격하고도 우연한 외래의 사고' 중 '외래의 사고'는 상해 또는 사망원인이 피보험자의 신체적 결함, 즉 질병이나 체질적 요인 등에 기인한 것이 아닌 외부적 요인에 의해 초래된 모든 것을 의미하고, 이러한 사고의 외래성 및 상해 또는 사망이라는 결과와 사이의 인과관계에 관하여는 보험청구자에게 증명책임이 있다(대법원 2023.4.27.선고 2022다303216판결).

【판례】 대법원 1998.10.13.선고 98다28114판결

'급격하고도 우연한 외래의 사고'를 보험사고로 하는 상해보험에 가입한 피보험자가 술에 취하여 자다가 구토로 인한 구토물이 기도를 막음으로써 사망한 경우, 보험약관상의 급격성과 우연성은 충족되고, 나아가 보험약관상의 '외래의 사고'란 상해 또는 사망의 원인이 피보험자의 신체적 결함, 즉 질병이나 체질적 요인 등에 기인한 것이 아닌 외부적 요인에 의해 초래된 모든 것을 의미한다고 보는 것이 상당하므로, 위 사고에서 피보험자의 술에 만취된 상황은 피보험자의 신체적 결함, 즉 질병이나 체질적 요인 등에서 초래된 것이 아니라 피보험자가 술을 마신 외부의 행위에 의하여 초래된 것이어서 이는 외부적 요인에 해당한다고 할 것이고, 따라서 위 사고는 위 보험약관에서 규정하고 있는 '외래의 사고'에 해당하므로 보험자로서는 수익자에 대하여 위 보험계약에 따른 보험금을 지급할 의무가 있다.

Ⅳ. 생명보험계약에 관한 규정의 준용

상해보험계약은 상법 제732조를 제외하고 생명보험계약에 관한 규정이 준용된다(제739조). 따라서, 생명보험계약과 달리 15세 미만자·심신상실자·심신박약자 등의 제한능력자의 상해를 목적으로 하는 보험계약은 허용된다(제739조, 제732조).

【판례】 대법원 2019.3.28.선고 2016다211224판결

상해보험계약을 체결할 때 약관 또는 보험자와 보험계약자의 개별 약정으로 태아를 상해보험의 피보험자로 할 수 있다.

그 이유는 다음과 같다. 상해보험은 피보험자가 보험기간 중에 급격하고 우연한 외래의 사고로 인하여 신체에 손상을 입는 것을 보험사고로 하는 인보험이므로, 피보험자는 신체를 가진 사람(인)임을 전제로 한다(상법 제737조). 그러나 상법상 상해보험계약 체결에서 태아의 피보험자 적격이 명시적으로 금지되어 있지 않다. 인보험인 상해보험에서 피보험자는 '보험사고의 객체'에 해당하여 그 신체가 보험의 목적이 되는 자로서 보호받아야 할 대상을 의미한다. 헌법상 생명권의 주체가 되는 태아의 형성 중인 신체도 그 자체로 보호해야 할 법익이 존재하고 보호의 필요성도 본질적으로 사람과 다르지 않다는 점에서 보험보호의 대상이 될 수 있다. 이처럼 약관이나 개별 약정으로 출생 전 상태인 태아의 신체에 대한 상해를 보험의 담보범위에 포함하는 것이 보험제도의 목적과 취지에 부합하고 보험계약자나 피보험자에게 불리하지 않으므로 상법 제663조에 반하지 아니하고 민법 제103조의 공서양속에도 반하지 않는다.
따라서 계약자유의 원칙상 태아를 피보험자로 하는 상해보험계약은 유효하고, 그 보험계약이 정한 바에 따라 보험기간이 개시된 이상 출생 전이라도 태아가 보험계약에서 정한 우연한 사고로 상해를 입었다면 이는 보험기간 중에 발생한 보험사고에 해당한다.

상해보험계약의 경우에는 생명보험과 달리 당사자 간의 특약에 의해 제3자에 대한 보험자대위가 인정된다(제729조 단서).

【판례】 대법원 2000.2.11.선고 99다50699판결

피보험자가 무보험자동차에 의한 교통사고로 인하여 상해를 입었을 때에 그 손해에 대하여 배상할 의무가 있는 경우(필자주: 무보험자동차 상해보장특약이 있는 보험계약을 체결한 경우), 보험자가 약관에 정한 바에 따라 피보험자에게 그 손해를 보상하는 것을 내용으로 하는 무보험자동차에 의한 상해보험특약은 손해보험으로서의 성질과 함께 상해보험으로서의 성질도 갖고 있는 손해보험형 상해보험으로서, 상법 제729조 단서의 규정에 의하여 당사자 사이에 다른 약정이 있는 때에는 보험자는 피보험자의 권리를 해하지 아니하는 범위 안에서 피보험자의 배상의무자에 대한 손해배상청구권을 대위행사할 수 있다.

제4절 질병보험

Ⅰ. 질병보험계약의 의의

질병보험계약이란 보험자가 피보험자의 질병에 관한 보험사고가 발생한 경우 보험금이나 그 밖의 급여를 지급하기로 하는 인보험계약을 말한다(제739조 의2).

Ⅱ. 생명보험 및 상해보험계약 규정의 준용

질병보험에 관하여는 그 성질에 반하지 아니하는 범위에서 생명보험 및 상해보험에 관한 규정이 준용된다(제739조 의3).

【판례】 대법원 2018.4.10.선고 2017도17699판결

상법 제737조, 제739조의2, 제739조의3의 규정과 실손의료보험이 보험회사가 피보험자의 질병 또는 상해로 인한 의료비 상당의 손해를 보상하는 것을 내용으로 한다는 점을 종합해 보면, 실손의료보험에는 상법상 상해보험에 관한 규정이 준용되고, 그 경우 인보험인 상해보험에서와 마찬가지로 실손의료보험에서도 보험사고가 발생하면 보험수익자만이 보험회사에 대해 실손의료비 청구권을 행사할 수 있다고 보아야 한다. 반면 피보험자를 진료한 의료기관으로서는 피보험자나 보험수익자로부터 그에 따른 진료비를 지급받을 수 있고, 경우에 따라 보험수익자의 청구에 응하여 진료사실증명 등을 발급해 줌으로써 단순히 그 보험금 청구 절차를 도울 수 있을 뿐이다.

제5편 해 상

Commercial Law

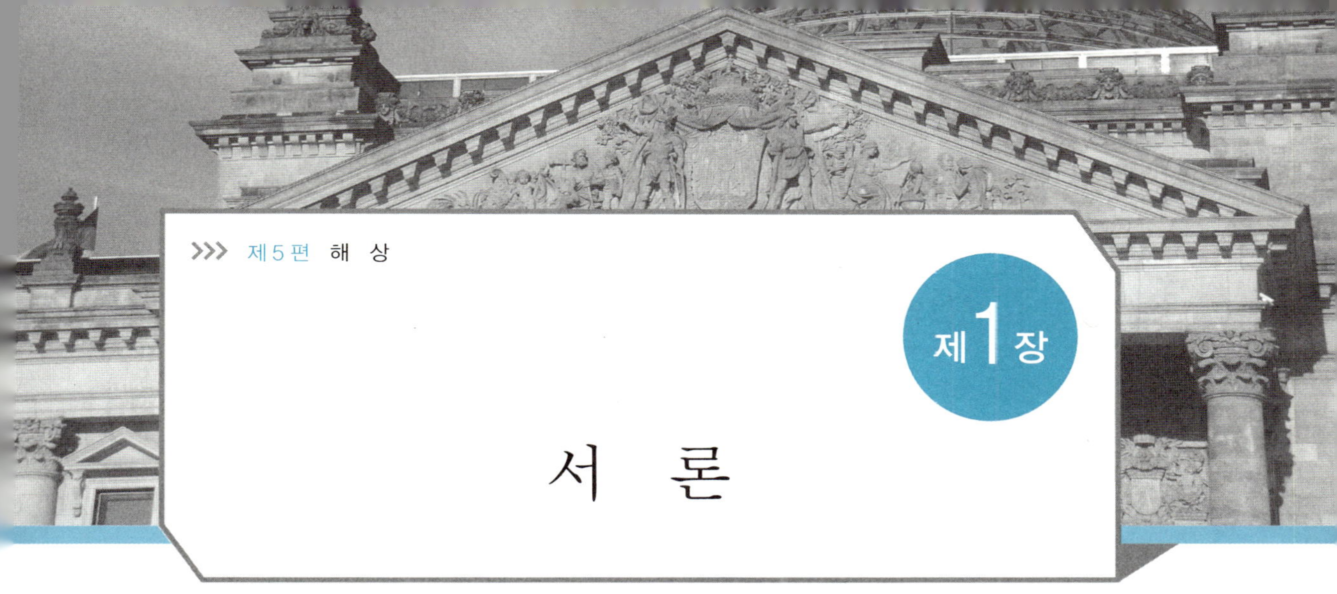

제1장 서 론

제1절 서 론

I. 해상법의 의의

형식적 의의의 해상법은 상법전 제5편의 「해상」에 관한 법규를 말한다. 실질적 의의의 해상법은 「해상기업에 특유한 사법적 규정」을 말하며, 상법전 제5편의 해상에 관한 규정 이외에도 선원법·선박법·선박안전법 등과 이러한 법의 시행령 등에 관한 규정을 두고 있다.

II. 형식적 의의의 해상법과 실질적 의의의 해상법의 관계

형식적 의의의 해상법과 실질적 의의의 해상법은 일치하지 않고, 실질적 의의의 해상법에 속하는 내용이 형식적 의의의 해상법에 규정되지 않은 것이 있고, 형식적 의의의 해상법 규정 중에서는 실질적 의의의 해상법에 속하지 않는 것이 있다. 그러나 양자는 상호 보완적 관계를 가지고 있다.

제2절 해상법의 지위·특성

I. 해상법의 지위

1. 해법과의 관계

해법(海法)이란 해상 항해에 관한 특별법으로서 해사에 관한 법규의 전체를 의미하며, 해법 중 해사사법(海事私法)의 중심을 이루는 것이 해상법이다. 해법과 해상법의 엄격한 구분은 곤란하며, 해상법을 해법이라고 하기도 한다.

2. 상법과의 관계

상법이 일반기업을 대상으로 하여 규정한 것이라면, 해상법은 해상기업을 대상으로 한 것으로, 해상법은 실질적으로 상법의 특별법의 지위를 갖는다.

II. 해상법의 특성

1. 해상법의 특수성

해상법은 해상기업의 특수성에 따라 규정을 두고 있기 때문에 상법의 다른 편의 규정과 그 성질을 달리하고 있다. 해상법의 특수성의 예로는 항해의 특수위험성, 해양의 광대성, 항해관계자의 이해의 공동, 장기의 항해기간, 선박의 이용 등을 들 수 있다.

2. 해상법의 자주성

해상법은 상법의 일부에 해당하지만, 해상기업의 특수성에 따라 상법과는 구별되는 자주성을 띤다. 해상법의 자주성은 해상기업이 연혁적으로 육상기업보다 먼저 발달했기 때문에 해상기업을 규율하는 법규인 해상법이 민법이나 상법과 달리 자주적인 법역(法域)을 가지게 된 것이다.

제3절 해상법의 법원

Ⅰ. 제정법

상법전 「제5편 해상」은 형식적 의의의 해상법으로서 해상법의 대표적인 법원이다. 그리고 해상 또는 해사(海事)에 관한 특별법령이 있으며, 이는 대부분 행정법적 규정이다. 해상법의 법원으로서 특히 조약이 있다.

Ⅱ. 상관습법

해상법의 중요한 법원으로서 관습법을 들 수 있다. 특히 해상운송이 관한 관습법이 발달되어 있다. 관습법의 대표적인 예로는 ① 해상운송인이나 그 운송대리점이 운송물의 인도를 청구하는 자로부터 선하증권상의 통지처가 발행한 실수요자확인서와 은행이 발행한 화물선취보증장을 제출받고 후일 선하증권의 반환을 받을 약정하에 선하증권과 상환하지 아니하고 운송물을 인도하는 이른바 '보증도' 또는 해상운송인이나 운송대리인이 운송물의 인도를 청구하는 자로 부터 후일 선하증권을 받을 약정하에 선하증권과 상환하지 아니하고 운송물을 인도하는 이른바 '가도(대법원 1991.12.10.선고 91다14123판결)', ② 상인인 법인간의 계속적인 물품공급거래에 있어 물건의 종류·규격·수량, 인수자의 직위·성명을 기재하고 날인한 인수증을 발행하는 것(대법원 1983.2.8.선고 82다카1275판결), ③ 국제상거래에 있어 일방당사자의 채무불이행에 대하여 일반적으로 승인된 적절한 국제금리에 따른 지연손해금을 명하는 것(대법원 1990.4.10.선고 89다카20252판결), ④ 보세운송업계에서 컨테이너를 실은 차대(chassis)를 보세장치장에 둔 후 3일이 경과하면 그 경과한 시간에 따라 운송료 외에 별도로 차대의 사용료를 받는 것(대법원 1991.4.26.선고 91다1523판결) 등을 들 수 있다.

제2장

해상기업조직

제1절 선박(물적 조직)

I. 선박의 의의

상법 제740조는 「선박이란 상행위나 그 밖의 영리를 목적으로 항해에 사용하는 선박을 말한다」고 규정하고 있다.

1. 해상법이 적용되는 선박

1) 영리선

상행위나 그 밖의 영리를 목적으로 하는 선박이어야 한다. 상행위를 목적으로 하는 선박은 주로 해상운송을 영위하는 선박이고, 그 밖의 영리를 목적으로 하는 선박은 어선을 들 수 있다(영리행위선 주의).

영리성이 없는 선박(예 스포츠선·학술탐사선 등)은 해상법상의 선박이 아니지만 비영리선에도 해상법이 준용된다.

2) 항해선

해상법은 원칙적으로 항해에 사용하는 선박, 즉 항해선에 적용된다. 따라서 호천·항만의 운행을 목적으로 하는 내수항행선에는 해상법이 적용되지 않고 육상운송에 관한 규정이 적용된다(제125조). 그러나 선박충돌·해난구조에 관한 규정은 내수항행선에도 적용되는 경우가 있다(예 내수항행선과 항해선 간의 충돌이나 해난구조: 제876조 제1항, 제882조).

한편, 항해선에 대해서는 상행위나 그 밖의 영리를 목적으로 하지 아니하더라도 해상법이 적용된다(제741조 제1항 본문).

2. 해상법이 적용되지 않는 선박

1) 단정 또는 노도선

단정과 주로 노 또는 상앗대로 운전하는 선박은 해상법의 적용에서 제외된다(제741조 제2항). 이는 선박의 규모가 미약하고 영세하기 때문이다.

2) 국유선·공유선

국유선과 공유선에 대해 항해의 목적·성질 등을 고려하여 해상법의 규정을 준용하는 것이 적합하지 아니한 경우에는 해상법이 준용되지 않지만(제741조 제1항 단서), 국·공유선을 운송업에 영위하거나 국·공유선을 임차하여 사용(私用)으로 항해에 사용하는 경우에는 해상법이 적용된다(상법시행령 제45조).

보충 국·공유선으로서 ① 군함, 경찰용 선박, ② 어업지도선, 밀수감시선, ③ 그 밖에 공용에 사용되는 국유 또는 공유의 선박에는 해상법 적용이 배제된다(상법시행령 제45조).

3. 건조 중의 선박

건조 중의 선박도 법률상 선박으로 취급되기도 하나(제790조 참조), 보통은 선박이라고 할 수 없다.

Ⅱ. 선박의 성질

1. 동산·합성물

민법은 토지 및 그 정착물을 부동산이라고 하고 있으므로, 선박은 동산에 속한다. 그리고 선박은 선체·갑판·추진기·기관(汽罐) 등의 각 부분이 유기적으로 결합되고 그 자체가 하나의 독립된 합성물이다. 선박의 속구목록에 기재한 물건은 선박의 종물로 추정한다(제742조).

2. 부동산유사성

선박은 동산이지만, 그 가격이나 용적 등이 크므로 부동산유사성을 갖는다. 예를 들면 선박소유권의 이전에 대해서는 등기하도록 하고(제743조 단서), 선박에 대한 강제집행은 부동산과 같이 취급하며(민사집행법 제173조), 형법상 선박을 건조물과 같이 취급하고 있다(형법 제319조).

3. 의인성(擬人性)

선박은 하나의 물건이며 권리의 객체가 되는 것이지만, 선명·국적·선적항·선급·톤수 등에 의하여 그 개성이 식별되므로 사람과 비슷한 취급을 받는 경우가 있다.

Ⅲ. 선박의 공시

총톤수 20톤 미만의 선박에는 등기를 요하지 않지만, 20톤 이상의 선박에 대해서는 선박등기를 하여야 한다(선박등기법 제2조). 20톤 미만의 선박 가운데 5톤 미만의 선박과 단정 기타 노도선을 제외하고는 선적항을 관할하는 해운관청에 신청하여 선박국적증서를 교부받아야 한다.

등기선박에 관한 권리 가운데 등기할 수 있는 것으로는 소유권, 임차권, 저당권의 설정·보존·이전·변경·처분의 제한 또는 소멸 등이 있다.

보충 선박등기의 특징: 선박등기는 ① 총톤수 20톤 미만의 선박은 등기의 대상이 되지 않고, ② 선박의 소유권·저당권·임차권은 등기의무가 있고, ③ 선박관리인의 등기가 있고, ④ 선박등기는 선박국적증서의 기재와 같을 때에만 선박소유권의 이전의 대항요건이 된다는 점에서 특징을 갖는다.

Ⅳ. 선박의 소유권

1. 소유권의 취득·상실

1) 소유권의 취득

소유권의 취득은 크게 원시취득의 방법과 승계취득의 방법이 있다. 원시취득의 방법으로는 대체로 일반동산의 경우와 같으나, 그 밖에 국제법상의 포획, 선박법위반으로 인한 몰수 등에 의한 취득이 있다.

등기선박에는 동산의 선의취득에 관한 규정이 적용되지 않는다. 승계취득은 일반동산의 경우와 같은 취득방법(예 증여·교환·회사의 합병·상속 등) 이외에 해상법상 선박공유지분의 강제매수나 경매 및 매수청구, 선장의 매각, 보험위부 등에 의한 취득방법이 있다.

2) 소유권의 상실

선박의 양도로 인해 종전의 소유권이 상실되기도 하고(상대적 상실), 선박의 침몰·해체·포기에 의해서도 소유권이 상실된다(절대적 상실).

2. 소유권의 양도

1) 양도 및 대항요건

(1) 등기선·등록선: 등기선(20톤 이상의 선박) 또는 등록할 수 있는 소형선박에 관한 권리의 이전은 당사자 간의 합의만으로써 효력이 생기지만, 선박의 양도를 제3자에게 대항하기 위해서는 이를 등기하고 선박국적증서에 기재하여야 한다(제743조).

(2) 비등기선: 비등기선박의 양도는 민법의 일반원칙에 따라 선박을 인도함으로써 그 효력과 대항요건이 생긴다. 건조 중의 선박도 일반동산과 같이 인도가 효력발생요건이 된다(제787조, 제790조).

2) 양도의 효과

선박소유권의 양도로써 선박과 그 속구의 소유권이 이전한다. 그리고 항해 중의 선박이나 그 지분을 양도한 경우에는 당사자 간에 다른 약정이 없으면 양수인이 그 항해로부터 생긴 이익을 얻고 손실을 부담한다(제763조). 그러나 이것은 당사자 간의 효과에 불과하고, 제3자에 대하여는 매도인이 권리·의무의 주체가 된다.

제2절 선 장

I. 선장의 의의

광의의 선장이란 특정 선박의 항해지휘자를 말하고, 여기에는 선박소유자 또는 선박공유자이면서 동시에 선장인 이른바 자선선장(自船船長) 또는 동시선장(同時船長)도 포함된다. 협의의 선장이란 선박소유자의 피용자로서 특정 선박의 항해를 지휘하고 선박소유자의 대리인으로서 항해에 관한 여러 가지 행위를 할 수 있는 법정권한을 가지는 자를 말하며, 상법상의 선장에 해당한다.

Ⅱ. 선장의 선임과 종임

1. 선 임

선장은 선박소유자가 선임한다(제745조). 이때 선박소유자는 선박공유자·선박임차인도 포함한다. 그리고 선장이 불가항력으로 인하여 그 직무를 집행할 수 없는 때에는 법령에 다른 규정이 있는 경우를 제외하고는 임으로 타인을 선정하여 선장의 직무를 집행하게 할 수 있다(제747조).

2. 종 임

선장은 고용기간의 만료, 선장의 사임·사망·파산·성년후견개시 등에 의하여 종임된다. 그리고 선박소유자의 해임에 의해서도 종임되며, 이때 선박소유자가 정당한 사유 없이 선장을 해임한 경우에는 선장은 이로 인하여 생긴 손해의 배상청구를 할 수 있다(제746조).

선장이 항해중에 해임 또는 임기가 만료된 경우에는 다른 선장이 그 업무를 처리할 수 있는 때 또는 그 선박이 선적항에 도착할 때까지 그 직무를 집행할 책임을 진다(제747조).

Ⅲ. 선장의 지위

1. 공법상 지위

선장은 특정 선박의 항해지휘자로서 선박권력(船舶權力)을 가지며, 해원감독의무·감항능력검사의무·선박서류비치의무·재선의무(在船義務)·항해성취의무·구조의무·항해에 관한 보고의무·재외국민의 송환의무 등의 의무를 진다(선원법 제6조 이하 참조).

2. 사법상 지위

1) 선박소유자에 대한 관계

(1) 내부관계: 선장은 항해에 관한 중요한 사항을 지체없이 선박소유자에게 보고하여야 하며(제755조 제1항), 매 항해를 종료한 때는 그 항해에 관한 계산서를 지체없이 선박소유자에게 제출하여 그 승인을 얻어야 한다(제755조 제2항). 그리고 선박소유자의 청구가 있을 때에는 언제든지 항해에 관한 사항과 계산의 보고를 하여야 한다(제755조 제3항).

(2) 외부관계: 선장은 선박소유자를 위하여 법률에서 정한 범위의 대리권을 갖는다. 이러한 선장의 대리권의 법정범위에 대해 선박소유자소재지주의[佛法主義]·선적항주의[獨法主義]·선장행위주의[英法主義]로 나뉘어 있으나, 우리 상법은 선적항주의에 따라 규정을 하고 있다.

① 선적항 내에서의 대리권: 선적항에서는 선장은 특히 위임을 받은 경우 외에는 해원(海員)의 고용과 해고를 할 권한을 가질 뿐이다(제749조 제2항). 그러나 선장은 선박소유자의 위임에 의하여 선적항 내외를 묻지 않고 운송물의 인도, 운임 기타의 체당금 등의 수령 및 운송물의 유치와 운송물의 공탁, 선하증권의 발행 등을 할 수가 있다.

② 선적항 외에서의 대리권: 선적항 외에서는 선장은 그가 지휘하는 선박의 항해에 필요한 재판상·재판외의 모든 행위를 할 권한을 갖는다(제749조 제1항).

㉠ 특수한 행위에 관한 권한 제한: 선장은 선박수선료, 해양사고구조료, 기타 항해의 계속에 필요한 비용을 지급하여야 할 경우 외에는 선박 또는 속구를 담보에 제공하거나, 차재(借財: 돈을 빌림)하거나, 또는 적하의 전부나 일부를 처분하는 행위를 하지 못한다(제750조 제1항). 적하를 처분한 경우 선박소유자는 적하이해관계인에게 손해배상을 하여야 하며, 이때 손해배상액의 가격 산정에 있어서는 그 적하가 도달할 시기의 양륙항 가격에 의하여 이를 정하지만, 그 가격 중에서 지급을 요하지 아니하는 비용(예 입항세·관세·양륙비용 등)을 공제하여야 한다(제750조 제2항).

㉡ 선박경매권 인정: 선장은 선적항 외에서 선박이 수선하기 불능하게 된 때에는 해무관청의 인가를 얻어 이를 경매할 수 있다(제753조). 선박이 그 현재지에서 수선을 받을 수 없으며 또 수선을 할 수 있는 곳에 도달하기 불능한 때, 수선비가 선박의 가액의 4분의 3을 초과할 때에는 수선하기 불능하게 된 것으로 본다(제754조 제1항). 이때 선박의 가액은 선박이 항해 중 훼손된 경우에는 그 발항한 때의 가액으로 하고 기타의 경우에는 그 훼손 전의 가액으로 한다(제754조 제2항).

③ 대리권의 제한: 선장의 대리권에 대한 제한은 선의의 제3자에게 대항하지 못한다(제751조).

보충 선장과 지배인·대표이사의 차이: 선장도 지배인·대표이사와 같이 포괄적 대리권이 있는 점에서는 같으나, 선장은 대리권이 영업소가 아니라 항해단위로 정해지고, 적하이해관계인의 대리인이고, 항해지휘자로서 선박권력을 가지며, 선장의 선·해임은 등기사항이 아니고, 공동선장은 존재하지 않고, 선장의 행위에 대하여는 선박소유자의 책임이 인정된다는 점 등에서 지배인의 지배권 또는 대표이사의 대표권과 차이가 있다.

2) 적하이해관계인에 대한 관계

선장이 항해 중에 적하를 처분하는 경우에는 이해관계인의 이익을 위하여 가장 적당한 방법으로 하여야 한다(제752조 제1항). 선장의 적하처분에 따른 효과는 적하이해관계인에게 귀속한다. 따라서 선장의 이러한 처분행위로 인하여 적하이해관계인이 채무를 부담할 경우에는 그 적하의 가액을 한도로 하여 책임을 진다(제752조 제2항).

3) 무해조치권(無害措置權)

(1) 위법선적물의 처분: 법령 또는 계약에 위반하여 선적한 운송물을 선장은 언제든지 양륙할 수 있고 그 운송물이 선박 또는 다른 운송물에 위해(危害)를 미칠 염려가 있는 때에는 운송을 포기할 수 있다(제800조 제1항). 선장이 위법선적물을 운송하는 때에는 선적한 때와 곳에서의 동종운송물의 최고운임의 지급을 청구할 수 있다(제800조 제2항). 상법 제800조 제1항·제2항의 규정은 운송인 기타의 이해관계인의 손해배상청구에 영향을 미치지 않는다(제800조 제3항).

(2) 위험물의 처분: 선장의 적하처분권에 대한 특수한 경우로 상법은 무해조치권을 규정하고 있다. 즉, 선장은 인화성·폭발성·기타의 위험이 있는 운송물을 운송인이 그 성질을 알고 선적한 경우에도 그 운송물이 선박이나 다른 운송물에 위해(危害)를 미칠 염려가 있는 때에는 언제든지 이를 양륙·파괴 또는 무해조치를 할 수 있다(제801조 제1항). 선장의 이러한 처분에 의하여 그 운송물에 발생한 손해에 대하여는 공동해손분담책임을 제외하고는 그 배상책임이 없다(제801조 제2항).

4) 기 타

(1) 여객의 수하물 처분: 선장은 여객운송 중 여객이 사망한 때에는 그 여객의 법정대리인으로서 그 상속인에게 가장 이익이 되는 방법으로 사망자가 휴대한 수하물을 처분하여야 한다(제824조).

(2) 해난구조료의 지급: 선장은 해난구조가 있는 경우에는 구조료채무자에 갈음하여 그 지급에 관한 재판상·재판 외의 모든 행위를 할 권한이 있다(제894조 제1항).

제 3 절 해상기업의 주체

제1관 해상기업 주체의 종류

I. 선박소유자

해상법상 선박소유자란 선박의 소유권을 가지고, 그 소유선박을 상행위나 그 밖의 영리의 목적으로 해상기업을 위하여 항해에 이용하는 자를 말한다.

II. 선박공유자

1. 의의·성질

선박공유자란 선박을 공유하고 이것을 공동의 해상기업을 위하여 항해에 이용하는 자를 말한다. 선박공유는 단순한 민법상 소유권 등의 공유관계가 아니라, 공동기업 형태의 하나이고 물적회사에 가깝다.

2. 법률관계

1) 내부관계

(1) 업무집행: 공유선박의 이용, 기타 업무집행에 관한 사항은 각 공유자의 지분가격에 따라 그 과반수로써 결정한다(제756조 제1항). 그러나 선박공유에 관한 계약을 변경하는 사항은 공유자 전원의 일치로 결정한다(제756조 제2항). 공유선박의 업무집행기관으로 선박관리인이 선임되며(제764조 제1항), 특별한 내부적 제한이 없으면 상법 제765조에 정하는 범위(선박의 이용에 관한 재판상·재판외의 모든 행위) 내에서 선박관리인이 업무집행의 권한을 갖는다(제765조 제1항).

(2) 지분매수청구권

① 신항해 또는 대수선의 결의가 있는 경우: 선박공유자가 신항해를 개시하거나 선박을 대수선할 것을 결의한 때에는 그 결의에 이의가 있는 공유자는 다른 공유자에 대하여 상당한

가액으로 자기의 지분을 매수할 것을 청구할 수 있다(제761조 제1항). 지분매수청구권은 형성권에 해당한다. 이 청구를 하고자 하는 자는 그 결의가 있은 날로부터, 결의에 참가하지 아니한 경우에는 결의통지를 받은 날로부터 3일 내에 다른 공유자 또는 선박관리인에게 그 통지를 발송하여야 한다(제761조 제2항).

② 공유자인 선장이 해임된 경우: 선장이 선박공유자인 경우에 그 의사에 반하여 해임된 때에도 다른 공유자에 대하여 상당한 가액으로 그 지분을 매수할 것을 청구할 수 있다(제762조 제1항). 이 경우에는 지체없이 다른 공유자 또는 선박관리인에게 통지를 발송하여야 한다(제762조 제2항).

(3) 비용부담·손익분배: 각 선박공유자는 그 지분의 가격에 따라 선박의 이용에 관한 비용을 부담하고(제757조), 선박공유자의 손익분배는 매 항해의 종료 후에 있어서 선박공유자의 지분가격에 따라야 한다(제758조).

(4) 지분의 양도: 선박공유자는 다른 공유자의 승낙 없이 그 지분을 타인에게 양도할 수 있다(제759조 본문). 그러나 선박관리인인 공유자는 다른 공유자 전원의 승낙이 있으면 그 지분을 양도할 수 있다(제759조 단서).

선박공유자가 지분을 이전함으로써 공유선박이 국적을 상실하는 경우에는 다른 공유자가 상당한 대가로 그 지분을 매수하거나 그 경매를 법원에 청구할 수 있다(제760조 제1항). 사원의 지분이전으로 회사의 공유선박이 국적을 상실할 때에는 합명회사에 있어서는 다른 사원, 합자회사에 있어서는 다른 무한책임사원이 그 지분을 매수할 수 있다(제760조 제2항).

2) 외부관계

(1) 선박공유자의 책임: 선박공유자는 선박의 이용에 관하여 생긴 채무에 대하여는 그 지분의 가격에 따라 이를 부담한다(제757조). 선박공유자의 책임에 대하여는 선박소유자와 같이 상법 제769조 이하의 규정에 의하여 그 책임제한을 주장할 수 있다.

(2) 선박관리인

① 선박관리인의 선임과 해임: 선박공유자는 선박관리인을 선임하여야 하며(제764조 제1항 전단), 그 선임은 원칙적으로 공유자의 지분가격의 과반수에 의하게 되나, 선박공유자가 아닌 자를 선박관리인으로 선임할 때에는 공유자 전원의 동의가 있어야 한다(제764조 제1항 후단). 해임에 관해서는 특별한 규정이 없으나 선임과 동일한 방법에 의한다. 선박관리인의 선임과 대리권의 소멸은 등기하여야 한다(제764조 제2항).

② 선박관리인의 대리권: 선박관리인은 선박의 이용에 관한 재판상·재판외의 모든 행위를 하는 데 대한 대리권을 갖는다(제765조 제1항). 선박관리인의 이러한 대리권에 대한 제한은 이로써 선의의 제3자에게 대항하지 못한다(제765조 제2항). 선박관리인은 선박공유자의 서면에 의한 위임이 없으면 ㉠ 선박을 양도·임대 또는 담보에 제공하는 일, ㉡ 신항해를 개시하는 일, ㉢

선박을 보험에 붙이는 일, ㉣ 선박을 대수선하는 일, ㉤ 차재(借財; 돈 빌림)하는 일 등을 할 수 없다(제766조).

③ 선박관리인의 의무: 선박관리인은 업무집행에 관한 장부를 비치하고 그 선박의 이용에 관한 모든 사항을 기재하여야 하며(제767조), 매 항해의 종료 후에는 지체 없이 그 항해의 경과 상황과 계산에 관한 서면을 작성하여 선박공유자에게 보고하고 그 승인을 얻어야 한다(제768조).

3. 해산 및 청산

선박공유의 해산과 청산에 관해서는 상법에 규정이 없다. 따라서 이에 대하여는 민법의 조합에 관한 규정을 적용하게 되지만, 선박공유가 물적회사의 성질을 가지고 있으므로 이에 관한 규정을 유추적용할 수 있다.

Ⅲ. 선체용선자

1. 의의 및 법적 성질

1) 의 의

선체용선자란 선체용선계약의 용선자를 말한다. 선체용선계약은 용선자의 관리·지배하에 선박을 운항할 목적으로 선박소유자가 용선자에게 선박을 제공할 것을 약정하고 용선자가 이에 따른 용선료를 지급하기로 약정함으로써 그 효력이 생긴다(제847조 제1항). 선박소유자가 선장과 그 밖의 해원을 공급할 의무를 지는 경우에도 용선자의 관리·지배하에서 해원이 선박을 운항하는 것을 목적으로 하면 이를 선체용선계약으로 본다(제847조 제2항).

용선기간이 종료된 후에 용선자가 선박을 매수 또는 인수할 권리를 가지는 경우 및 금융의 담보를 목적으로 채권자를 선박소유자로 하여 선체용선계약을 체결한 경우에도 용선기간 중에는 당사자 사이에 선체용선계약상의 권리와 의무가 있다(제848조 제2항).

2) 법적 성질

선체용선계약은 그 성질에 반하지 아니하는 한 민법상 임대차에 관한 규정을 준용하므로(제848조 제1항) 임대차계약에 해당한다.

2. 선체용선자와 선박소유자의 관계

1) 선체용선자의 등기청구권

선체용선자는 선박소유자에 대하여 선체용선등기에 협력할 것을 청구할 수 있고(제849조 제1항), 선체용선을 등기한 때에는 그 때로부터 제3자에 대하여 효력이 생긴다(제849조 제2항).

2) 선체용선계약상의 채권의 소멸

선체용선계약에 관하여 발생한 당사자 사이의 채권은 선박이 선박소유자에게 반환된 날부터 2년 이내에 재판상 청구가 없으면 소멸하지만, 이 기간은 당사자의 합의에 의하여 연장할 수 있다(제851조 제1항, 제814조 제1항 단서). 그러나 이 기간을 단축하는 선박소유자와 선체용선자의 약정은 이를 운송계약에 명시적으로 기재하지 아니하면 그 효력이 없다(제851조 제2항, 제840조 제2항).

3. 선체용선자와 제3자의 관계

선체용선자가 상행위나 그 밖의 영리를 목적으로 선박을 항해에 사용하는 경우에는 그 이용에 관한 사항에는 제3자에 대하여 선박소유자와 동일한 권리·의무가 있다(제850조 제1항). 따라서 선체용선자는 선박의 항해로 인하여 제3자에게 손해가 발생한 때에는 손해배상책임을 지며, 이때 선박소유자와 같은 책임제한이 인정된다고 본다. 선체용선자의 선박의 이용에 관하여 생긴 우선특권은 선박소유자에 대하여도 그 효력이 있지만, 우선특권자가 그 이용의 계약에 반함을 안 때에는 그러하지 아니하다(제850조 제2항).

【판례】 대법원 2019.7.24.자 2017마1442결정

선박우선특권에 대해서는 그 성질에 반하지 않는 한 민법의 저당권에 관한 규정을 준용하므로(상법 제777조 제2항), 선박우선특권을 가진 채권자는 그 채권을 발생시킨 선박에 대한 경매를 청구하여 채권의 우선변제를 받을 수 있다. 선체용선에서 제3자에 대한 법률관계에 관하여 상법 제850조 제1항은 "선체용선자가 상행위나 그 밖의 영리를 목적으로 선박을 항해에 사용하는 경우에는 그 이용에 관한 사항에는 제3자에 대하여 선박소유자와 동일한 권리의무가 있다."라고 규정하고, 제850조 제2항은 "제1항의 경우에 선박의 이용에 관하여 생긴 우선특권은 선박소유자에 대하여도 그 효력이 있다. 다만 우선특권자가 그 이용의 계약에 반함을 안 때에는 그러하지 아니하다."라고 규정한다. 따라서 선체용선자의 경우에도 선박의 이용에 관하여 생긴 우선특권을 가지는 채권자는 선박소유자에 대한 효력을 주장하여 해당 선박에 대하여 경매를 청구할 수 있다.

Ⅳ. 정기용선자

1. 의의 및 법적 성질

1) 의 의

정기용선자란 정기용선계약의 용선자를 말하며, 정기용선계약이란 선박소유자가 선원이 승무하고 항해준비를 갖춘 선박을 일정한 기간 동안 항해에 사용하게 할 것을 약정하고, 용선자가 이에 대하여 기간으로 정한 용선료를 지급할 것을 약정함으로써 그 효력이 생기는 계약을 말한다(제842조).

2) 법적 성질

정기용선계약의 법적 성질에 대하여는 학설의 대립이 있으나,[1] 판례는 노무공급계약의 요소가 수반된 특수한 계약이라고 본다.

> **【판례】 대법원 1999.2.5.선고 97다19090판결**
>
> 해상구난업무를 위하여 선장 및 선원이 딸린 채로 예인선을 빌린 경우에는 그 이용기간·이용료·해상구난업무의 성격 및 작업 중 사고를 용선자가 책임지기로 한 점 등에 비추어 위 선박이용계약은 항해용선계약이 아니라 선박임대차와 유사하게 선박사용권과 아울러 선장과 선원들에 대한 지휘·감독권을 가지는 노무공급계약적 요소가 수반된 특수한 계약이라 할 것이다.

2. 선체용선 및 항해용선과의 구별

1) 선체용선과의 구별

선체용선에서는 용선자가 선박을 점유하고 선장의 선임·감독권 등을 갖고 해상기업을 영위하는 데 대하여, 정기용선에서는 선박의 점유가 용선자에게 인도되는 것이 아니라 점유는 선박소유자 등이 선장·해원을 통해 간접점유를 하고 정기용선자는 그 선박의 자유사용권만을 갖는다.

---

1) 【학설】 정기용선계약의 법적 성질에 관한 학설
정기용선계약의 법적 성질에 대해 운송용선계약의 일종이라고 보는 견해, 선박임대차와 노무공급계약과의 혼합으로 보는 견해, 통상의 용선계약과는 달리 선박임대차계약에 근접하면서 노무공급계약을 수반하는 특수계약이라고 보는 견해(판례)가 있다.

【판례】 대법원 2009.6.11.선고 2008도11784판결[동지: 대법원 2010.4.29.선고 2009다99754판결]

용선계약의 법적 성질에 대하여 타인의 선박을 빌려 쓰는 용선계약에는 기본적으로 선체용선계약, 정기용선계약 및 항해용선계약이 있는데, 이 중 정기용선계약은 선박소유자 또는 선체용선자(이하 통칭하여 선주라 한다)가 용선자에게 선원이 승무하고 항해장비를 갖춘 선박을 일정한 기간 동안 항해에 사용하게 할 것을 약정하고 용선자가 이에 대하여 기간으로 정한 용선료를 지급할 것을 약정하는 계약으로서 용선자가 선주에 의해 선임된 선장 및 선원의 행위를 통하여 선주가 제공하는 서비스를 받는 것을 요소로 하는 것이고, 선박 자체의 이용이 계약의 목적이 되어 선주로부터 인도받은 선박에 자기의 선장 및 선원을 탑승시켜 마치 그 선박을 자기 소유의 선박과 마찬가지로 이용할 수 있는 지배관리권을 가진 채 운항하는 선체용선계약과는 본질적으로 차이가 있다.

2) 항해용선과의 구별

항해용선에서는 운송인이 해상기업의 주체로서 항해 및 운송의 사항을 모두 관장하고 항해용선자는 다만 용선료와 재운송운임과의 차액을 취득할 목적으로 운송의 인수를 영업으로 하는 데 반해, 정기용선자는 선박의 자유사용권을 얻어 스스로 해상기업의 주체로서 활동한다.

3. 내부관계

1) 정기용선자의 의무

(1) 용선료지급의무

① 의의: 정기용선자가 선박소유자 또는 선박임차인의 선박을 선원과 함께 일정기간 항해에 사용하는 데 대한 대가로서 부담하는 의무이다(제842조).

② 용선료 불지급의 효과: ㉠ 선박소유자의 계약해지·해제권: 정기용선자가 용선료를 약정기일에 지급하지 아니하는 때에는 선박소유자는 계약을 해지 또는 해제할 수 있다(제845조 제1항). 선박소유자가 정기용선계약을 해제 또는 해지한 경우에도 선박소유자나 적하이해관계인은 정기용선자에 대하여 손해배상청구를 할 수 있다(제845조 제4항). 정기용선자가 제3자와 운송계약을 체결하여 운송물을 선적한 후 선박의 항해 중에 선박소유자가 위와 같이 계약을 해제 또는 해지한 때에는 선박소유자는 적하이해관계인에 대하여 정기용선자와 동일한 운송의무가 있다(제845조 제2항).

㉡ 질권설정의 의제: 선박소유자가 용선료의 불(不)지급을 이유로 계약을 해제 또는 해지하고 운송의 계속을 적하이해관계인에게 서면으로 통지한 때에는 선박소유자의 정기용선자에 대한 용선료, 체당금 기타 이와 유사한 정기용선계약상의 채권을 담보하기 위하여 정기용선자가 적하이해관계인에 대하여 가지는 용선료 또는 운임의 채권을 목적으로 질권을 설정한 것으로 본다(제845조 제3항).

㉢ 선박소유자의 유치권·경매권: 정기용선자가 선박소유자에게 용선료, 체당금 기타 이와 유사한 정기용선계약에 의한 채무를 이행하지 아니하는 경우에 선박소유자는 그 지급이 있을 때까지 운송물을 인도할 의무가 없고(제844조 제1항, 제807조 제2항), 또 이 경우 선박소유자는 용선료 등의 지급을 받기 위하여 법원의 허가를 얻어 운송물을 경매하여 우선변제를 받을 수 있다(제844조 제1항, 제808조 제1항). 선장이 수하인에게 운송물을 인도한 후에도 선박소유자는 그 운송물에 대하여 경매권을 행사할 수 있다(제844조 제1항, 제807조 제2항).

이러한 유치권과 경매권은 정기용선자가 운송물에 관하여 약정한 용선료 또는 운임의 범위를 넘어서 행사하지 못한다(제844조 제2항). 선장이 운송물을 인도한 날로부터 30일을 경과하거나 제3자가 그 운송물에 점유를 취득한 때에는 운송물의 경매권을 행사할 수 없다(제844조 제1항 본문, 제808조 제2항 단서). 정기용선자가 발행한 선하증권을 선의취득한 제3자가 있는 경우에는 선박소유자는 운송물에 대한 유치권 및 경매권을 행사하지 못한다(제844조 제1항).

(2) 선박반환의무: 상법상 명문규정은 없으나 용선기간이 만료하면 정기용선자는 당해 선박을 선박소유자에게 반환하여야 할 의무를 진다.

2) 정기용선자의 권리

(1) 선장지휘권: 정기용선자는 용선계약에서 약정한 범위 안의 선박사용을 위하여 선장을 지휘할 권리가 있다(제843조 제1항). 선장, 해원(海員), 기타의 선박사용인이 정기용선자의 정당한 지시에 위반하여 정기용선자에게 손해가 생긴 경우에 선박소유자는 이를 배상할 책임을 진다(제843조 제2항). 그리고 선장, 기타 해원의 행위에 불만이 있는 경우 정기용선자는 그 교체를 요구할 수도 있다.

(2) 정기용선계약상 채권의 소멸시효: 정기용선계약에 관하여 발생한 당사자 간의 채권은 선박이 선박소유자에게 반환된 날로부터 2년 내에 재판상 청구가 없으면 소멸하지만, 이 기간은 당사자 간의 합의에 의하여 연장할 수 있다(제846조 제1항 제814조 제1항 단서). 그러나 이 기간을 단축하는 선박소유자와 정기용선자 간의 약정은 이를 운송계약에 명시적으로 기재하지 아니하면 그 효력이 없다(제846조 제2항, 제840조 제2항).

4. 외부관계

1) 정기용선자와 제3자의 관계

정기용선자는 선박의 이용에 관한 사항에서는 해상기업주체로서 제3자에 대하여 선박소유자와 동일한 권리·의무를 가진다(제850조 제1항 유추적용). 정기용선자가 선박의 운항과 관련하여 생긴 손해에 대하여 책임을 지는 경우 선박소유자와 동일하게 책임을 제한할 수 있다.

보충판례 정기용선된 선박의 선장이 항행상의 과실로 충돌사고를 일으켜 제3자에게 손해를 가한 경우 용선자가 아니라 선주가 선장의 사용자로서 구 상법(2007.8.3.법률 제8581호로 개정되기 전의 것, 이하 같다) 제845조 또는 제846조(현행법 제878조 또는 제879조)에 의한 배상책임을 부담하는 것이지만, 정기용선자에게 민법상의 일반 불법행위책임 내지는 사용자책임을 부담시킬 만한 귀책사유가 인정되는 때에는 정기용선자도 그에 따른 배상책임을 별도로 부담할 수 있는 것이고(대법원 2003.8.22.선고 2001다65977판결 참조), 또한 정기용선된 선박의 항해와 관련하여 용선자에게 업무상 과실이 인정 되는 경우에는 그에 따른 형사책임을 부담하게 된다고 할 것이다(대법원 2009.6.11.선고 2008도11784판결).

2) 선박소유자와 제3자의 관계

선박소유자가 정기용선계약을 해제 또는 해지한 경우에는 운송의무를 부담하고(제845조 제2항), 선박소유자가 계약을 해제 또는 해지하고 운송을 계속하는 경우에는 적하이해관계인에 대하여 질권설정이 의제된다(제845조 제3항). 정기용선자에 의한 선박의 이용에 관하여 우선특권이 생긴 경우에는 그 우선특권은 선박소유자에 대하여도 효력이 있다(제850조 제2항).

【판례】 대법원 2019.7.24.자 2017마1442결정

정기용선의 경우 제3자에 대한 법률관계에 관하여 상법은 아무런 규정을 두지 않고 있다. 그러나 다음과 같은 이유로 선체용선에 관한 상법 제850조 제2항의 규정이 정기용선에 유추적용되어 정기용선된 선박의 이용에 관하여 생긴 우선특권을 가지는 채권자는 선박소유자의 선박에 대하여 경매청구를 할 수 있다고 봄이 타당하다.

① 정기용선계약은 선체용선계약과 유사하게 용선자가 선박의 자유사용권을 취득하고 그에 선원의 노무공급계약적인 요소가 수반되는 특수한 계약관계로서 정기용선자는 다른 특별한 사정이 없는 한 화물의 선적, 보관 및 양하 등에 관련된 상사적인 사항의 대외적인 책임관계에 선체용선에 관한 상법 제850조 제1항이 유추적용되어 선박소유자와 동일한 책임을 부담한다.

② 선체용선에서 선박의 이용에 관한 사항에 대하여는 선체용선자만이 권리·의무의 주체가 되고 선박소유자와 제3자 사이에는 원칙적으로 직접적인 법률관계가 발생하지 않는 것이나, 상법은 선박채권자를 보호하기 위하여 제850조 제2항을 두어 선박우선특권은 선박소유자에 대하여도 효력이 발생하고 그러한 채권은 선박을 담보로 우선변제를 받을 수 있도록 하였다. 이와 같은 선박채권자 보호의 필요성은 선체용선과 정기용선이 다르지 않다.
특히 상법 제777조 제1항 제1호에 규정된 예선료 채권을 보면, 채무자가 선박소유자 또는 선체용선자인지, 정기용선자인지를 구별하지 않고 우선적으로 보호하여야 할 필요성이 크다. 예선업자는 특별한 사정이 없는 한 예선의 사용 요청을 거절하지 못하고(선박의 입항 및 출항 등에 관한 법률 제29조 제1항), 정당한 이유 없이 이를 위반하여 예선의 사용 요청을 거절한 때에는 형사처벌을 받는다(같은 법 제55조 제4호). 이처럼 예선업자는 대상 선박을 이용하는 자가 누구인지 여부와 상관없이 예선계약의 체결이 사실상 강제될 뿐만 아니라 현실적으로 예선계약 체결 당시 예선료 채무를 부담하는 자가 선박소유자인지 여부 등을 확인하기도 곤란하다.

③ 상법 제777조 제1항에서는 선박우선특권이 인정되는 채권을 한정적으로 열거하고 있으므로, 정기용선자에 대한 그와 같은 채권에 관하여 선박우선특권을 인정하더라도 선박소유자나 선박저당권자에게 예상치 못한 손해가 발생한다고 볼 수 없다.

제2관 선박소유자 등의 책임제한

I. 의 의

해상기업자의 기업상 채무에 대하여 두 가지 면에서 그 책임의 제한을 인정하고 있다. 즉, 선박소유자의 총체적 책임제한과 해상운송인측의 상업과실로 인한 개별적인 운송물의 손해에 대한 책임제한이다. 이러한 책임제한은 해상기업이 바다를 무대로 하여 활동하므로 해상기업의 위험이 특수하고, 이로 인하여 해상기업을 정책상 보호할 필요가 있다는 점에서 인정된 것이다.

II. 선박소유자책임제한에 관한 입법주의

선박소유자의 책임제한에 관한 입법주의는 위부주의, 집행주의, 선가책임주의, 금액책임주의, 선택주의, 1924년 통일조약, 1957년 통일조약, 1976년 통일조약 등이 있다. 우리 상법은 선박소유자의 책임제한에 관하여 위부주의(의용 상법), 1924년 통일조약(1962년 상법), 1976년 통일조약(1991년 개정상법)으로 변천하여 왔다.

III. 책임제한주체

1. 선박소유자 등

책임제한을 주장할 수 있는 자는 선박소유자(제769조)뿐만 아니라, 용선자·선박관리인·선박운항자이다(제774조 제1항 제1호). 여기서 용선자는 정기용선자뿐만 아니라 재운송계약의 용선자를 포함한다. 그리고 선박운항자는 선체용선자뿐만 아니라, 타인 선박의 점유를 취득하여 이것을 운항하는 주체인 선박운항의 수탁자·어선운항자 등도 포함된다.

2. 선박소유자 등이 인적회사인 경우의 무한책임사원

선박소유자나 용선자·선박관리인·선박운항자 등이 법인 또는 인적회사인 경우 그의 무한책임사원도 책임제한을 주장할 수 있다(제774조 제1항 제2호).

3. 선장·해원·도선사 기타 선박사용인 등

자기의 행위로 인하여 선박소유자·용선자·선박관리인·선박운항자에 대하여 책임을 생기게 한 선장·해원·도선사 기타 선박소유자 등의 사용인 또는 대리인도 책임제한을 주장할 수 있다(제774조 제1항 제3호).

동일한 사고에서 발생한 선박소유자 등의 책임과 선장 등의 책임 총액은 선박마다 법정한도액을 초과하지 못한다(제774조 제2항).

4. 해난구조자

해난구조자가 구조활동과 직접 관련하여 발생한 사람의 사망, 신체의 상해, 재산의 멸실이나 훼손, 계약상의 권리 외의 타인의 권리의 침해로 인하여 생긴 손해에 관한 채권 및 그러한 손해를 방지 혹은 경감하기 위한 조치에 관한 채권 또는 그 조치의 결과로 인하여 생긴 손해에 관한 채권에 대하여도 책임제한을 주장할 수 있다(제775조 제1항).

보충 '구조자'란 구조활동에 직접 관련된 용역을 제공한 자를 말하며, '구조활동'이란 해난구조시의 구조활동은 물론 침몰·난파·좌초·유기, 그 밖의 해양사고를 당한 선박 및 선박 안에 있거나 있었던 적하와 그 밖의 물건의 인양·제거·파괴 또는 무해조치 및 이와 관련된 손해를 방지 또는 경감하기 위한 모든 조치를 말한다(제775조 제4항).

5. 책임보험자

선박소유자 등의 배상책임을 보험으로 인수한 책임보험자는 제3자에게 직접청구권이 인정되고 있고, 또 이때 보험자는 피보험자가 그 사고에 관하여 가지는 항변으로서 제3자에게 대항할 수 있도록 규정하고 있는 점에서 선박소유자 등이 주장할 수 있는 책임제한을 주장할 수 있다. 이 경우 법원으로서는 책임제한절차의 폐지 또는 책임제한절차 개시결정의 취소를 조건으로 제한채권자의 청구를 인용할 수 있다(대법원 2009.11.26.선고 2009다58470판결).

【판례】 대법원 2009.11.26.선고 2009다58470판결

[1] 구 상법(2007. 8. 3. 법률 제8581호로 개정되기 전의 것) 제750조 제1항(현행법 제774조)에 선박소유자의 경우와 동일하게 책임을 제한할 수 있는 자로 선박소유자의 책임보험자가 규정되어 있지는 않으나, 같은 법 제724조 제2항에서 "제3자는 피보험자가 책임을 질 사고로 입은 손해에 대하여 보험금액의 한도 내에서 보험자에게 직접 보상을 청구할 수 있다. 그러나 보험자는 피보험자가 그 사고에 관하여 가지는 항변으로써 제3자에게 대항할 수 있다"고 규정하고 있을 뿐 아니라, 책임보험자는 피보험자의 책임범위 내에서만 책임을 부담하는 것이 보험법의 일반원리에도 충실하고, 같은 피해자라도 상대방

이 보험에 가입하였느냐 여부 및 선박소유자 또는 보험자 어느 쪽에 대하여 청구권을 행사하느냐에 따라 그 손해전보의 범위가 달라지는 것은 합리적이지 못하며, 해상사고의 대규모성에 비추어 해상보험자에 대하여만 그 보호를 포기할 이유가 없다는 점 등을 고려하여 보면, 책임보험자도 피보험자인 선박소유자 등의 책임제한의 항변을 원용하여 책임제한을 주장할 수 있다.

[2] 책임보험자가 선박소유자 등의 책임제한절차에 관한 법률에서 규정한 책임제한절차 외에서 선박소유자의 책임제한 항변을 원용하는 경우 법원으로서는 책임제한절차의 폐지 또는 책임제한절차 개시결정의 취소를 조건으로 제한채권자의 청구를 인용할 수 있다.

Ⅳ. 책임제한채권과 비책임제한채권

1. 책임제한채권

1) 발생원인

책임제한채권의 발생원인에 대하여 상법 제769조 본문에서 「청구원인의 여하에 불구하고」라고 규정하고 있으므로, 채무불이행으로 인한 채권이든 불법행위로 인한 채권이든 불문하고 책임제한채권이 된다.

2) 종 류

(1) 선박에서 또는 선박의 운항에 직접 관련하여 발생한 사람의 사망, 신체의 상해 또는 그 선박 이외의 물건의 멸실 또는 훼손으로 인하여 생긴 손해에 관한 채권(제769조 제1호): 손해는 선박 내에서 발생하거나 또는 운항과 직접 관련하여 발생한 것이어야 하며, 어로활동에 의한 손해나 침몰선에 의한 손해는 해당되지 않는다. 사람의 사망, 신체의 상해와 관련된 손해(인적 손해)는 여객의 손해와 여객 이외의 사람(예 전송하러 나온 사람이나 하역작업인 등)에 관한 손해로 나누어진다. 그리고 물건의 멸실 또는 훼손으로 인하여 생긴 손해(물적 손해)에는 선박 자체에 생긴 손해는 포함되지 않으며, 선박상의 운송물에 관한 손해와 충돌상대선박의 선체와 적하에 관하여 생긴 손해는 포함된다.[1)]

【판례】 대법원 1995.6.5.자 95마325결정

선박충돌로 인한 손해배상채권은 상법 제746조(현행법 제769조) 제1호의 그 선박의 운항에 직접 관련하여 발생한 그 선박 이외의 물건의 멸실 또는 훼손으로 인하여 생긴 손해에 관한 채권에 해당하고, 그러한 채권은 불법행위를 원인으로 하는 것이라도 청구원인의 여하에 불구하고 책임을 제한할 수 있는 것으로 규정하고 있는 같은 법 제746조 본문의 해석상 책임제한의 대상이 된다.

---

1) 【학설】 물적 손해의 범위에 관한 학설
물적 손해에서 항의 구축물, 정박시설, 수로 또는 항로시설 등의 멸실 또는 훼손은 책임제한채권이 아니라는 견해와 책임제한채권에 포함된다는 견해(다수설)가 있다.

(2) 운송물, 여객 또는 수하물의 운송 지연으로 인하여 생긴 손해에 관한 채권(제769조 제2호)

(3) 위 (1) 및 (2) 이외에 선박의 운항에 직접 관련하여 발생한 계약상의 권리 이외의 타인의 권리의 침해로 인하여 생긴 손해에 관한 채권(제769조 제3호): 선박의 운항에 직접 관련하여 어업권을 침해하거나 타선 내의 매점영업권을 침해함으로써 생긴 손해는 이에 해당하지만, 당해 선박의 멸실·훼손으로 인한 손해 및 계약위반으로 인한 손해는 제외된다.

(4) 위 (1) 내지 (3)의 채권의 원인이 된 손해를 방지 또는 경감하기 위한 조치에 관한 채권 또는 그 조치의 결과로 인하여 생긴 손해에 관한 채권(제769조 제4호)

(5) 해난구조활동에 직접 관련하여 발생한 채권(제775조, 제769조 제1호 내지 4호를 유추적용)

3) 책임제한총액·반대채권의 공제

동일한 사고에서 발생한 모든 채권에 대한 선박소유자 및 그 밖의 책임제한권자에 의한 책임제한의 총액은 선박마다 상법 제770조에 의한 책임한도액을 초과하지 못한다(제774조 제2항). 선박소유자가 책임의 제한을 받는 채권자에 대하여 동일한 사고로 인하여 생긴 손해에 관한 채권을 가지는 경우에는 그 채권액을 공제한 잔액에 한하여 책임의 제한을 받는 채권으로 한다(제771조).

2. 비책임제한채권

비책임제한채권에 대해서는 상법 제773조에서 규정을 두고 있다. 즉 ① 선장·해원 기타의 사용인으로서 그 직무가 선박의 업무와 관련된 자 또는 그 상속인·피부양자 기타 이해관계인의 선박소유자 등에 대한 채권(제1호), ② 해난구조 또는 공동해손분담에 관한 채권(제2호), ③ 유류오염손해에 관한 채권(제3호), ④ 침몰·난파·좌초 또는 유기 기타의 해양사고를 당한 선박 및 그 선박 안에 있거나 있었던 적하 기타의 물건의 인양·제거·파괴 또는 무해조치에 관한 채권(제4호), ⑤ 원자력손해에 관한 채권(제5호) 등은 책임을 제한하지 못한다.

3. 책임제한 배제

책임제한채권이 선박소유자 등 책임제한권자 자신의 고의 또는 손해발생의 염려가 있음을 알면서 무모하게 한 작위 또는 부작위로 인하여 생긴 손해에 관한 것인 때에는 그 책임을 면하지 못한다(제769조 단서). 선박소유자 책임제한절차와 별도로 선박소유자 등에게 손해배상 등을 청구하는 소송이 제기된 경우에, 그 소송에서는 책임제한을 배제하는 사유의 존재에 대한 증명책임은 책임제한의 배제를 주장하는 채권자가 하여야 한다(대법원 2012.4.17.자 2010마222결정).

보충 선주 등이 법인인 경우 대표기관의 고의는 선박소유자의 고의와 동일시되지만, 대표권이 없는 업무집행이사나 사원 이외의 자 또는 선주의 피용자의 고의는 선주 등의 고의로 보지 않는다.

4. 책임한도액

1) 여객의 인적 손해에 대한 책임한도액

여객의 사망 또는 신체의 상해로 인한 손해에 관한 채권에 대한 책임의 한도액은 그 선박의 선박검사증서에 기재된 여객의 정원에 175,000계산단위(SDR)를 곱하여 얻은 금액으로 한다(제770조 제1항 제1호). 여기서 계산단위(SDR)라는 것은 국제통화기금(IMF)의 1특별인출권(SDR)에 상당하는 금액을 말한다(제770조 제1항 제1호).

2) 여객 이외의 사람의 인적 손해에 대한 책임한도액

여객 외 사람의 사망 또는 신체의 상해로 인한 손해에 관한 책임한도액은 다음과 같이 선박의 총톤수에 비례하여 증가하는 금액으로 정하여진다(제770조 제1항 제2호). 상법 제770조 제1항에서 규정하는 선박의 톤수는 국제항해에 종사하는 선박의 경우에는 선박법에서 규정하는 국제총톤수로 하고 그 밖의 선박의 경우에는 동법에서 규정하는 총톤수로 한다(제772조).

① 300톤 미만 선박인 경우: 일률적으로 167,000계산단위에 상당하는 금액을 한도로 한다.

② 500톤 이하 선박인 경우: 일률적으로 333,000계산단위에 상당하는 금액을 한도로 한다.

③ 500톤을 초과하는 선박인 경우: 위 ②의 금액에 500톤을 초과하여 3,000톤까지의 부분에 대하여는 매 톤당 500계산단위, 3,000톤을 초과하여 30,000톤까지의 부분에 대하여는 매 톤당 333계산단위, 30,000톤을 초과하여 70,000톤까지의 부분에 대하여는 매 톤당 250계산단위 및 70,000톤을 초과한 부분에 대하여는 매 톤당 167계산단위를 각각 곱하여 얻은 금액을 순차로 가산한 금액을 한도로 한다.

3) 물적 손해·기타의 손해에 대한 책임한도액

여객 및 그 밖의 사람의 사상으로 인한 손해에 관한 채권 이외의 채권에 관한 책임한도액은 다음과 같이 선박의 톤수에 비례하여 증가하는 금액으로 한다(제770조 제1항 제3호).

① 300톤 미만 선박인 경우: 일률적으로 83,000계산단위에 상당하는 금액을 한도로 한다.

② 500톤 이하 선박인 경우: 일률적으로 167,000계산단위에 상당하는 금액을 한도로 한다.

③ 500톤을 초과하는 선박인 경우: 위 ②의 금액에 500톤을 초과하여 30,000톤까지의 부분에 대하여는 매 톤당 167계산단위, 30,000톤을 초과하여 70,000톤까지의 부분에 대하여는 매 톤당 125계산단위 및 70,000톤을 초과하는 부분에 대하여는 매 톤당 83계산단위를 각각

곱하여 얻은 금액을 순차로 가산한 금액을 한도로 한다.

4) 해난구조에 관련된 손해에 대한 책임한도액

(1) 구조선에 의한 구조의 경우 책임한도액: 이 경우 구조자의 책임한도액은 구조활동에 직접 관련하여 발생한 여객의 사상으로 인하여 생긴 손해, 구조활동에 직접 관련하여 발생한 여객 이외의 사람의 사상으로 인하여 생긴 손해, 기타의 손해로 3분되어 각각 일반 책임제한 채권의 경우와 같은 책임한도액이 인정된다(제775조 제1항, 제772조). 구조선에 의한 구조의 경우에는 구조선마다 동일한 사고로 인하여 생긴 모든 채권에 미친다(제775조 제3항).

(2) 구조선에 의하지 않은 구조의 경우 책임한도액: 구조활동을 선박으로부터 행하지 아니한 구조자 또는 구조를 받은 선박에서만 행한 구조자는 여객의 사상으로 인한 손해는 사상한 여객 정원에 175,000계산단위를 곱한 금액을 한도로 하고, 여객 이외의 사람의 사상으로 인한 손해에 대해서는 상법 제770조의 규정에 의한 책임의 한도액에 관하여 1,500톤의 선박에 의한 구조자로 본다(제775조 제2항, 제770조 제1항·제2항). 구조선에 의하지 않은 구조의 경우에는 구조자마다 동일한 사고로 인하여 생긴 모든 채권에 미친다(제775조 제3항).

5. 책임한도액에 대한 채권의 경합

여객의 인적 손해에 대한 책임한도액, 여객 이외 사람의 인적 손해에 대한 책임한도액, 물적 손해 기타의 손해에 대한 책임한도액은 선박마다 동일사고에서 생긴 각 책임한도액에 대응하는 선박소유자에 대한 모든 채권에 미친다(제770조 제2항). 이는 동일선박의 하나의 항해에서 두 번 사고가 발생하면 책임한도액은 두 개가 형성되는 사고주의를 규정한 것이다. 그리고 각 책임한도액에 대하여 해당되는 각 채권액의 비율로 경합한다(제770조 제3항). 즉, 선박소유자는 사고를 단위로 모든 제한대상채무에 대한 책임을 책임한도액으로 제한할 수 있으므로 동일사고에서 발생한 채권자들의 각 채권액은 선박소유자의 책임한도액 내에서의 비율로 경합한다.

이때 여객 이외 사람의 사상으로 인한 손해에 대한 책임한도액이 그 채권의 변제에 부족한 때에는 기타의 손해에 대한 책임한도액에서 그 잔액채권을 변제할 수 있는데, 이때 기타의 손해에 관한 채권이 있는 경우에는 그 채권과 여객 이외 사람의 사상으로 인한 손해에 대한 잔액채권이 각 채권액의 비율로 경합한다(제770조 제4항).

6. 책임제한절차 개시신청

책임제한절차에 관하여 상법은 한 개의 실체법적 규정(제776조)을 두고 있을 뿐이다. 책임제한을 주장하고자 하는 자는 책임제한채권자로부터 책임한도액을 초과하는 청구금액을 명시한 서면에 의한 청구를 받은 날로부터 1년 내 법원에 책임제한절차의 개시신청을 하여야 한다(제776조 제1항). 그러나 책임제한절차개시의 신청, 책임제한의 기금의 형성·공고·참가·배당·기타 필요한 사항에 대해서는 「선박소유자 등의 책임제한절차에 관한 법률」에서 규정하고 있다(제776조 제2항). 선박소유자 등의 책임제한절차개시의 결정을 받을 때에는 책임제한을 할 수 있는 다른 자도 이를 원용할 수 있다(제774조 제3항).

【판례】 대법원 1998.4.9.자 97마832결정

상법 제752조(현행법 제776조) 및 선박소유자등의책임제한절차에관한법률에 의한 선박소유자 등의 책임제한절차개시 신청은 어디까지나 신청인의 책임한도액을 확정하여 책임제한절차의 개시를 구하는 신청에 불과하고, 비록 책임제한절차가 개시된 경우에는 제한채권자들이 선박소유자등의책임제한절차에관한법률의 규정에 의하여 공탁된 금전 및 이에 대한 이자의 합계액에서 같은 법이 정하는 바에 따라 배상을 받을 수 있을 뿐 기금 이외의 신청인 또는 수익채무자의 재산에 대하여 권리를 행사하지 못하는 효과가 있는 것이기는 하나, 책임한도액을 초과한 제한채권자들의 채권의 존부나 범위가 책임제한절차개시 신청사건에서 직접 재판의 대상으로 되는 것이 아니고, 또 모든 제한채권자들의 채권은 같은 법이 정하는 바에 따라 장차 조사 및 확정의 절차를 거쳐야 비로소 배당을 받을 수 있게 되는 것으로서, 절차의 특성상 책임제한절차개시 신청시에는 제한채권자들의 총채권을 확정할 방법도 없으므로, 책임제한절차개시 신청사건에서는 신청 목적의 가액 산정의 기준시인 책임제한절차개시 신청시를 기준으로 할 때 책임제한절차개시 결정이 되는 경우에 신청인이 직접 받게 될 경제적 이익을 객관적으로 평가할 수 없고, 따라서 그 사건은 어느 심급에서건 재산권상의 신청으로서 그 신청 목적의 가액을 산출할 수 없는 경우에 해당한다.

제 4 절 해상기업금융

I. 선박우선특권

1. 선박우선특권의 의의 및 법적성질

1) 의의

선박우선특권이란 일정한 법정채권의 채권자가 선박과 그 부속물(속구·운임·그 선박과 운임에 부수한 채권)로부터 다른 채권자보다 우선하여 변제를 받을 수 있는 해상법상의 특수한 담보물권이다(제777조 제1항). 선박우선특권제도는 원래 해상기업에 수반되는 위험성으로 인하여 해사(海事)채권자에게 확실한 담보를 제공할 필요성과 선박소유자에게 책임제한을 인정하는 대신 해사채권자를 두텁게 보호해야 한다는 형평상의 요구에 의하여 생긴 제도이다.

선박우선특권이 있는 채권은 선박소유자 또는 선박운항자가 선박에 관하여 상법 제777조 제1항 각호에 정한 노력·물품 또는 비용의 제공을 받고, 그로 인한 채무를 이행하지 아니한 아니한 경우에 그 선박을 담보로 다른 채권보다 우선하여 변제받을 수 있는 채권을 말한다(대법원 1978.5.23.선고 77다1679판결).

2) 법적성질

선박우선특권은 담보물권이며 또한 우선변제권이 있는 점에서 민법상의 저당권과 같다. 따라서 선박우선특권에는 그 성질에 반하지 아니하는 한 민법의 저당권에 관한 규정을 준용하고 있다(제777조 제2항 후단).

2. 선박우선특권을 발생시키는 채권

선박우선특권을 발생시키는 채권, 즉 피담보채권은 ① 채권자의 공동이익을 위한 소송비용, 항해에 관하여 선박에 관한 제세금, 도선료와 예선료, 최후 입항 후의 선박과 그 속구의 보존비와 검사비(항해를 위한 선박과 속구의 상태 및 기능을 유지하기 위한 선박의 수리공사비 및 검사비도 포함: 대법원 1980.3.25.선고 78다2032판결), ② 선원 기타의 선박사용인의 고용계약으로 인한 채권, ③ 해난구조로 인한 선박에 대한 구조료 채권과 공동해손의 분담에 대한 채권, ④ 선박의 충돌로 인한 손해 기타의 항해사고로 인한 항해시설·항만시설 및 항로에 대한 손해와 선원이나 여객의 생명·신체에 대한 손해의 배상책임채권을 말한다(제777호 제1항).

보충판례 선박경매에 있어서 선박을 압류항에 정박시켜 두지 아니하면 경매절차를 속행할 수 없으므로, 선박에 대한 압류의 효력이 발생한 때부터 경락대금 지급시까지의 기간 동안에 선박의 정박을 위하여 발생한 정박료는 선박경매를 수행하기 위한 것으로서 당해 집행사건의 집행비용에 해당한다고 보아야지 상법 제777조 제1항 제1호 소정의 선박우선특권에 해당한다고 볼 수 없다(대법원 1998.2.10.선고 97다10468판결).

3. 선박우선특권의 목적물

선박우선특권의 목적물은 선박과 그 속구, 그 채권이 생긴 항해의 운임, 그 선박과 운임에 부수한 채권이다(제777조 제1항). 여기서 선박과 운임에 부수한 채권은 ① 선박 또는 운임의 손실로 인하여 선박소유자에게 지급할 손해배상액, ② 공동해손으로 인한 선박 또는 운임의 손실에 대하여 선박소유자에게 지급할 상금, ③ 해난구조로 인하여 선박소유자에게 지급할 보수를 말한다(제778조).

운임에 대한 우선특권은 지급을 받지 아니한 운임, 지급을 받은 운임으로서 선박소유자나 그 대리인이 소지한 금액에 한하여 행사할 수 있다(제779조). 보험계약에 의하여 선박소유자에게 지급할 보험금과 기타의 장려금이나 보조금은 부수채권이 아니다(제780조).

4. 선박우선특권의 순위

1) 선박우선특권 상호간의 순위

동일항해로 인한 채권의 우선특권이 경합하는 때에는 그 우선순위는 상법 제777조 제1항 각호의 순서에 의한다(제782조 제1항). 구조료청구권과 공동해손분담청구권은 그에 관한 우선특권이 경합하는 때에는 후에 생긴 채권이 전에 생긴 채권에 우선하고, 동일한 사고로 인한 채권은 동시에 생긴 것으로 본다(제782조 제2항). 수회의 항해에 관한 채권의 우선특권이 경합하는 경우에는 후의 항해에 관한 채권이 전의 항해에 관한 채권에 우선한다(제783조 제1항). 선원 기타의 선박사용인의 고용계약으로 인한 채권은 고용계약 존속 중의 모든 항해로 인한 운임의 전부에 대하여 우선특권이 있으나(제781조), 이 우선특권은 그 최후의 항해에 관한 다른 채권과 동일한 순위를 가진다(제783조 제2항). 동일한 순위의 우선특권이 경합하는 때에는 각 채권액의 비율에 따라 변제를 받는다(제784조).

2) 선박우선특권과 다른 담보물권의 순위

선박우선특권은 다른 일반채권에 우선할 뿐만 아니라 선박저당권이나 선박질권에도 우선한다(제788조). 선박우선특권이 유치권과 경합하는 때에는 법률상 선박우선특권이 우선한다고 볼 수 있지만, 유치권자가 그 채권의 변제를 받을 때까지 선박을 유치할 수 있으므로 실제로는 유치권자가 우선하게 된다.

5. 선박우선특권의 효력과 소멸

1) 선박우선특권의 효력

선박우선특권의 효력으로서는 목적물에 대한 경매권과 우선변제권이 있으며(제777조 제2항), 이 우선특권은 그 선박소유권의 이전으로 인하여 영향을 받지 아니한다(제785조). 선박우선특권의 채권자는 선박소유자의 변동에 관계없이 그 선박에 대하여 채두명의 없이도 경매청구권을 행사할 수 있으므로 채권자는 채권을 보전하기 위하여 그 선박에 대한 가압류를 하여 둘 필요가 없다(대법원 1988.11.22.선고 87다카1671판결). 선박우선특권자는 그 선박의 양수인에게 채무의 변제를 청구할 수 없고, 다만 선박우선특권의 추급성에 의하여 그 목적물에 대하여 우선특권을 가질 뿐이다

(대법원 1974.10.10.선고 74다176판결). 선박우선특권은 일정한 채권을 담보하기 위하여 법률에 의하여 특별히 인정된 권리로서 일반적으로 그 피담보채권과 분리하여 독립적으로 존재하거나 이전되기 어려우므로 선박우선특권이 유효하게 이전되는지 여부는 그 선박우선특권이 담보하는 채권이 인정되는 경우에 비로소 논할 수 있는 것이다(대법원 2007.7.12.선고 2005다39617판결).

2) 선박우선특권의 소멸

선박우선특권은 민법상의 저당권소멸원인에 의하여 소멸하며(제777조 제2항 후단), 선박우선특권은 그 채권의 발생일로부터 1년 내에 실행하지 않으면 소멸한다(제786조). 선박우선특권의 단기제척기간은 당사자 간의 합의에 의해서도 그 기간을 연장할 수 없다.

6. 건조 중의 선박에 대한 선박우선특권

선박우선특권에 관한 규정은 건조 중의 선박에도 준용된다(제790조). 건조 중의 선박은 상법상의 선박으로 취급될 수는 없으나 금융 편의를 도모하기 위하여 이러한 우선특권규정의 준용에 관한 특칙을 둔 것이다.

Ⅱ. 선박저당권

1. 선박저당권의 의의

선박저당권이란 등기선박을 목적으로 하여 계약에 의하여 설정되는 상법상 특수한 저당권이다(제787조 제1항). 선박은 동산이지만 부동산유사성이 있고 또 선박등기부가 있어 저당권의 설정·소멸 등을 이것에 의하여 공시할 수 있으므로 선박저당권제도를 인정하고 있다. 선박저당권에 대해서는 부동산의 저당권에 관한 규정이 준용된다(제787조 제3항). 등기선은 질권의 목적으로 하지 못한다(제789조).

2. 선박저당권의 목적물

선박저당권의 목적은 등기한 선박에 한하고, 선박의 저당권은 그 속구에도 미친다(제787조 제2항). 속구이면 속구목록에 기재된 것이든 아니든, 종물이든 아니든 관계없이 포함된다. 선박공유의 경우의 공유지분은 선박관리인의 지분이 아닌 한 각각 저당권의 목적으로 할 수 있다(제759조 참조).

보충 총톤수 20톤 미만의 소형선박은 선박등기법의 적용대상에서 제외되어 저당권설정이 불가하였으나 「소형선박저당법」을 제정하여 소형선박의 등록제도를 활용한 저당제도를 도입하였다. 이러한 소형선박저당법에서는 등록제도를 활용한 저당제도임을 감안하여 저당권이 설정된 소형선박에 대한 등록을 말소하는 경우에는 그 뜻을 저당권자에게 미리 통지하고, 저당권자는 통지를 받은 날로부터 2월 이내에 저당권행사를 개시하도록 하는 등 소형선박의 저당권자와 저당권설정자의 권익이 균형 있게 보호받을 수 있는 소형선박에 대한 법정담보제도를 새롭게 마련하였다.

3. 선박저당권의 순위

선박저당권 상호간의 순위는 그 등기의 전후에 따라 정해지며(제786조), 선박저당권과 선박우선특권이 경합하는 경우에는 후자가 우선한다(제788조). 선박저당권이 선체용선등기권과 경합하는 경우에는 등기의 전후에 따라 순위가 정해진다(제849조 제2항 참조).

4. 선박저당권의 효력

선박저당권의 효력은 부동산저당권과 같이 선박과 그 속구에 대한 경매권 및 우선변제권을 갖는다.

5. 건조 중의 선박에 대한 선박저당권

건조 중의 선박에 대하여도 선박저당권의 설정이 인정되며(제790조), 이는 조선업자(造船業者)의 금융의 편의를 도모하고 또 그 채권자를 보호하기 위하여 특히 인정된 것이다.

보충 건조 중의 선박에 대한 선박저당권은 소유권등기 없이 저당권등기만을 하는 특별등기부에 하고, 건조 후에 소유권보존등기는 저당권등기를 한 등기용지에 하게 된다(선박등기처리규칙 제39조·제40조).

Ⅲ. 선박에 대한 강제집행

1. 선박에 대한 집행절차

선박에 대한 강제집행은 민사집행법에 규정되어 있으며(민사집행법 제172조 내지 186조), 사물의 성질에 의한 차이나 특별한 규정이 없는 한, 선박의 부동산유사성에 비추어 부동산의 강제집행에 관한 규정에 따른다(민사집행법 제172조).

2. 선박의 압류와 가압류

1) 압류와 가압류의 절차

선박에 대한 강제집행은 압류 당시의 정박항을 관할하는 지방법원을 집행법원으로 한다(민사집행법 제173조). 선박은 집행절차 중 압류항에 정박하게 하여야 한다(민사집행법 제176조 제2항). 다만, 법원은 영업상의 필요, 기타 상당한 이유가 있다고 인정한 때에는 채무자의 신청에 의하여 선박의 발항을 허가할 수 있다(민사집행법 제176조 제2항). 그리고 법원은 어느 경우에나 채권자의 신청에 의하여 선박의 감수와 보존에 필요한 처분을 할 수 있으며(민사집행법 제178조 제1항), 선박압류의 경우에 법원이 이 처분을 한 때에는 개시결정의 송달 전이라도 압류의 효력이 있다(민사집행법 제178조 제2항).

선장에 대한 판결로 선박채권자를 위하여 선박을 압류하면 그 압류는 소유자에 대해서도 효력이 미친다(민사집행법 제179조). 압류 당시 선박이 그 법원의 관할 안에 없었음이 판명된 때에는 그 절차를 취소하여야 한다(민사집행법 제180조).

한편, 선박의 가압류집행에 관해서는 민사집행법 제295조에 그 규정을 두고 있다.

2) 압류와 가압류의 금지

(1) 원 칙: 총톤수 20톤 미만의 선박을 제외하고(제744조 제2항), 항해의 준비를 완료한 선박과 그 속구에 대하여는 항해를 종료할 때까지 원칙적으로 압류 또는 가압류를 하지 못한다(제744조 제1항 본문). 여기서 항해준비를 완료한 선박이란 선박 의장, 선원의 승선, 필요 서류의 비치, 화물의 선적·여객의 승선 등이 완료된 상태로서 발항하는 데 필요한 모든 준비를 완료한 것을 말한다.

(2) 예 외: 항해를 준비한 선박과 속구라도 항해를 준비하기 위하여 생긴 채무(예 연료·식량대금 등)에 대하여는 예외적으로 채권자가 그 선박과 속구를 압류 또는 가압류할 수 있다(제744조 제1항 단서). 그리고 20톤 미만의 선박의 경우에는 아무런 제한 없이 압류 또는 가압류를 할 수 있다(제744조 제2항).

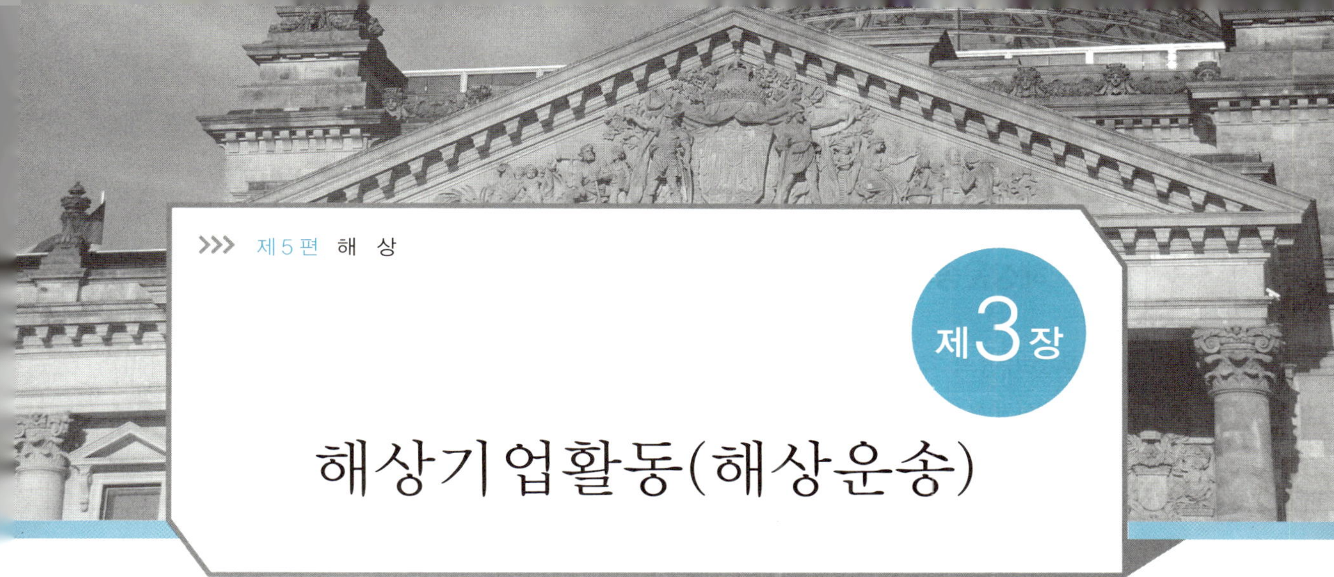

제3장 해상기업활동(해상운송)

제1절 해상운송계약의 개념

I. 의 의

해상운송계약이란 해상에서 선박에 의하여 물건 또는 여객을 운송하는 계약을 말한다. 해상이란 호천·항만을 제외한 수역(水域)을 가리킨다.

II. 성 질

해상운송계약은 물건 또는 여객의 장소적 이동의 완성을 목적으로 하고, 이 목적의 완성에 대하여 보수가 지급되는 것이므로 일종의 도급계약의 성질을 가지고 있다.

해상운송인은 육상운송인과 동일하게 운송의 인수를 영업으로 함으로써 기본적 상행위를 하게 된다. 또한 해상운송계약은 약관에 의하여 체결되는 경우가 일반적이므로 부합계약성을 갖는다.

해상운송기업의 주체

해상운송기업의 주체는 운송인이다. 운송인이 될 수 있는 자는 선박소유자뿐만 아니라 선박공유자·선체용선자 및 정기용선자도 포함된다.

제2절 해상물건운송계약

제1관 해상물건운송계약의 의의와 종류

의 의

해상물건운송계약이란 당사자의 일방(운송인)이 상대방(용선자 또는 송하인)에 대하여 선박에 의하여 물건의 해상운송을 할 것을 인수하고 상대방은 이에 대하여 보수(운임)를 지급할 것을 약정함으로써 성립하는 계약을 말한다.

II. 종 류

1. 개품운송계약

1) 의 의

개품운송계약은 운송인인 선박소유자 등이 개개의 물건의 운송을 인수하고 상대방(송하인)은 이에 대하여 운임을 지급할 것을 약정함으로써 성립하는 해상물건운송계약의 일종이다(제791조).

> **【판례】 대법원 2017.6.8.선고 2016다13109판결**
>
> 물품운송계약은 당사자의 일방이 물품을 한 장소로부터 다른 장소로 이동하기로 하고 상대방이 이에 대하여 일정한 보수를 지급할 것을 약속함으로써 성립하는 계약으로서, 운송계약에 따른 권리·의무를 부담하는 운송인이 누구인지는 운송의뢰인에 대한 관계에서 운송을 인수한 자가 누구인지에 따라 확정된다.

2) 항해용선계약과의 차이

① 항해용선계약은 불특정 항로에서 임시적으로 필요에 따라 이용되지만, 개품운송계약은 특정 항로에서 정기적으로 이용되는 것이 보통이다.

② 항해용선계약에서는 일반적으로 선박의 규모가 작은 데 반해 개품운송계약에서는 거선(巨船)이 이용된다.

③ 항해용선계약에서는 계약내용이 계약마다 정해지지만, 개품운송계약의 경우에는 해상운송인의 동일한 약관에 의하는 것이 일반적이다.

④ 항해용선계약에서는 재운송계약이 허용되지만, 개품운송계약에서는 재운송계약이 허용되지 않는다.

2. 항해용선계약

1) 의의와 성질

항해용선계약이란 특정한 항해를 할 목적으로 해상운송인인 선박소유자가 용선자에게 선원이 승무하고 항해장비를 갖춘 선박의 전부 또는 일부를 물건의 운송에 제공하고 그 상대방인 용선자가 이에 대하여 보수로서 운임을 지급할 것을 약정함으로써 성립하는 해상운송계약의 일종이다(제827조 제1항).

그러므로 도급계약적인 성질을 가지며, 용선계약의 당사자는 상대방의 청구에 의하여 용선계약서를 교부하여야 한다(제828조).

【판례】 대법원 2019.7.24.자 2017마1442결정

선박의 이용계약이 선체용선계약, 정기용선계약 또는 항해용선계약인지 여부는 계약의 취지 및 내용, 특히 이용기간의 장단(長短), 사용료의 고하(高下), 점유관계의 유무 기타 임대차 조건 등을 구체적으로 검토하여 결정하여야 한다.

2) 종 류

용선계약은 운송에 제공하는 선복(船腹)이 선박의 전부일 때를 전부용선이라 하고, 일부일 때를 일부용선이라 한다.

또 용선계약의 존속이 특정 항해에 한정된 경우를 항해용선, 용선기간이 일정한 기간에 한정된 경우를 기간용선이라 한다.

보충 항해용선계약의 준용

① 여객운송을 목적으로 하는 항해용선계약에도 그 성질에 반하지 아니하는 한 항해용선계약 규정이 준용된다(제827조 제2항).

② 선박소유자가 일정한 기간 동안 용선자에게 선박을 제공할 의무를 지지만 항해를 단위로 운임을 계산하여 지급하기를 약정한 경우에도 그 성질에 반하지 아니하는 한 항해용선계약 규정이 준용된다(제827조 제3항).

3. 재운송계약

용선자는 용선계약에서 다른 약정이 없거나 선박소유자 등을 해(害)하지 않는 한 용선한 선복에 자기의 물건을 선적하지 않고 다시 제3자와 전부 또는 일부의 용선계약 혹은 개품운송계약을 체결할 수 있는데, 이와 같이 용선자가 자기의 명의로 제3자와 체결한 제2의 운송계약을 재운송계약이라 한다.

용선자가 자기의 명의로 제3자와 운송계약을 체결한 경우에는 그 계약의 이행이 선장의 직무에 속한 범위 안에서 선박소유자도 그 제3자에 대하여 감항능력주의의무(堪航能力注意義務) 및 운송물에 관한 주의의무를 진다(제809조).

【판례】 대법원 1998.1.23.선고 97다31441판결

재용선계약의 경우에는 선주와 용선자 사이의 주된 운송계약과 용선자와 재용선자 사이의 재운송계약은 각각 독립된 운송계약으로서 선주와 재운송계약의 운송의뢰인과의 관계에서는 아무런 직접적인 관계가 없으므로 선주가 직접 재용선자에 대하여 주된 운송계약상의 운임 등을 청구할 수는 없고, 수하인에 대한 관계에서도 수하인이 화물을 수취하여도 수하인은 재용선계약의 운송인인 용선자에 대하여 운임지불의무를 부담하는 것일 뿐 선주가 수하인에 대하여 주된 운송계약의 운임 등을 직접 청구할 수는 없다.

4. 복합운송계약

복합운송계약이란 통운송계약의 일종으로서 육상운송·해상운송·항공운송 중 적어도 2 이상의 종류를 달리하는 운송수단(해상운송과 해상 외의 운송)을 결합하여 운송을 수행하는 단일계약을 말한다(대법원 2019.7.10.선고 2019다213009판결). 복합운송인은 인수한 운송에 해상 외의 운송구간이 포함된 경우 원칙적으로 손해가 발생한 운송구간에 적용될 법에 따라 책임을 진다(제816조 제1항). 그러나 어느 운송구간에서 손해가 발생하였는지 불분명한 경우 또는 손해의 발생이 성질상 특정한 지역으로 한정되지 아니하는 경우에는 운송인은 운송거리가 가장 긴 구간에 적용되는 법에 따라 책임을 진다. 다만, 운송거리가 같거나 가장 긴 구간을 정할 수 없는 경우에는 운임이 가장 비싼 구간에 적용되는 법에 따라 책임을 진다(제816조 제2항).

【판례】 대법원 2019.7.10.선고 2019다213009판결

복합운송 과정에서 운송물의 멸실·훼손 등으로 인하여 손해가 발생한 경우에 운송인에게 어느 운송수단에 적용되는 법에 따라 책임을 물을 것인지가 문제 된다. 복합운송인의 책임에 관하여 상법은 손해가 발생한 운송구간에 적용될 법에 따라 책임을 지도록 규정한다(상법 제816조 제1항). 그리고 어느 운송구간에서 손해가 발생하였는지 불분명한 경우 또는 손해의 발생이 성질상 특정한 지역으로 한정되지 아니하는 경우에는 운송인은 운송거리가 가장 긴 구간에 적용되는 법에 따라 책임을 지되, 운송거리가 같거나 가장 긴 구간을 정할 수 없는 경우에는 운임이 가장 비싼 구간에 적용되는 법에 따라 책임을 진다고 규정한다(제2항). 따라서 손해가 발생한 운송구간이 불분명하거나 그 성질상 특정한 지역으로 한정할 수 없는 경우, 해상운송 구간이 가장 길다면 해상운송에 관한 규정을 적용하여야 한다.

참조판례 구 화물유통촉진법에서 2007.8.3. 법률 제8617호로 전부 개정된 물류정책기본법은 물류의 범위를 기존에 재화의 운송·보관·하역 등을 중심으로 하는 물적 유통에 한정하였던 것을 재화의 조달·생산·소비 및 회수·폐기에 이르기까지의 전 과정을 포괄하는 것으로 확장하고(법 제2조 제1항 제1호), 구 화물유통촉진법상 복합운송주선인을 국제물류주선업자로 본다고 규정하고 있다(부칙 제7조 제1항). 그리고 이 법 시행규칙에 의하면 국제물류주선업자는 자기의 이름으로 선하증권과 항공화물운송장을 발행할 수 있으므로(제5조 제2항 제2호 참조), 국제물류주선업자가 자기 명의로 운송계약을 체결하고 운송을 인수하는 경우에는 복합운송인의 지위를 취득하여 해당 운송계약에 따른 권리·의무의 주체가 된다. 이처럼 당사자 사이에 복합운송뿐만 아니라 항만 양·적하, 보관 및 이동, 나아가 물류정보의 활용 등 일체의 물류 관련 활동을 포함하는 내용의 종합물류운영에 관한 계약을 체결한 경우에 가장 핵심이 되는 요소는 복합운송으로 보아야 한다(대법원 2019.7.10.선고 2019다213009판결).

5. 기타 종류

1) 통운송계약

통운송계약은 해상운송인이 자기 담당구간의 운송뿐만 아니라, 전(全)운임을 받고 이것과 연결하는 다른 운송인의 운송수단에 의하여 목적지에 이르기까지의 전운송을 인수하는 계약을 말한다.

2) 계속운송계약

계속운송계약이란 해상운송인이 송하인에 대하여 일정한 장기간, 일정한 운임률로써 일정한 종류의 적하 불특정 다수량을 수시·부분적으로 계속하여 운송할 것을 약정하고, 그 매회의 적하의 수량, 선적의 때와 곳, 양륙항의 결정 같은 것은 노통 송하인에 유보하는 것을 내용으로 하는 운송계약을 말한다.

3) 혼합선적계약

혼합선적계약이라 함은 해상운송에서 서로 다른 용선자 또는 송하인이 자기의 적하를 다른 동종동질의 운송물과 혼합할 것을 승인하고 체결하는 물건운송계약을 말한다.

제2관 해상물건운송계약의 성립

I. 계약당사자

해상물건운송계약의 기본당사자는 해상운송인과 용선자(용선계약의 경우) 또는 송하인(개품운송계약의 경우)이다. 이 밖에 계약당사자는 아니나, 계약에 관계하는 자로서 운송주선인·선적인·수하인이 있다.

여기서 선적인이란 운송인과 용선자 또는 송하인과의 운송계약에 기하여 자기 명의로 물건을 선박에 선적하는 자이다.

II. 계약의 체결

1. 계약체결의 자유

해상물건운송계약은 특별법령에 의한 제한이 없는 한, 그 체결·내용·방식에 있어서 자유임을 원칙으로 한다.

해상물건운송계약은 낙성계약이므로 청약과 승낙의 합치로써 성립한다. 그러나 실제상의 관행으로서는 용선계약서·선하증권 등의 증서방식이 이용되고 있다.

2. 계약체결의 방식

항해용선계약이 성립한 때에는 계약의 당사자는 상대방의 청구에 의하여 용선계약서를 교부하여야 한다(제828조). 용선계약서는 하나의 증거증권에 불과하고, 불요식증권이며 배서양도는 인정되지 않는다.

운송인은 용선자 또는 송하인의 청구가 있을 때에는 1통 또는 수통의 선하증권을 교부하여야 한다(제852조). 선하증권은 용선계약서와는 달리 유가증권이다.

제3관 해상물건운송계약의 효력

제1항 해상물건운송인의 의무

I. 선적에 관한 의무

1. 선박제공의무

해상물건운송인은 운송계약에서 정한 선박을 선적지에서 용선자 또는 송하인에게 제공하여야 한다.

2. 선적준비완료통지의무

1) 용선계약의 경우

용선계약을 체결한 경우에는 해상물건운송인은 운송물을 선적함에 필요한 준비를 완료한 때에는 지체없이 용선자에게 그 통지를 발송하여야 한다(제829조 제1항). 통지의 상대방은 원칙적으로 용선자이지만, 계약에 의하여 선적인으로서 제3자를 지정한 때에는 그 자에게 통지를 하여야 한다.

그러나 선장이 그 제3자를 확실히 알 수 없거나 그 제3자가 운송물을 선적하지 않는 때에는 선장은 지체없이 용선자에게 그 통지를 발송하여야 한다. 이 경우에는 선적기간 내에 한하여 용선자가 운송물을 선적할 수 있다(제830조). 용선자가 이 기간 내에 선적하지 않으면 운송계약을 해제 또는 해지한 것으로 본다(제836조).

2) 개품운송계약의 경우

개품운송계약의 경우에는 운송인측에서 선적을 하게 되므로 송하인은 운송인에게 운송물을 인도하면 되며, 이 경우 운송물 제공의 때와 장소는 당사자 간의 합의 또는 선적항의 관습에 의하여 정한다(제792조 제1항).

송하인이 이러한 때와 곳에서 운송인에게 운송물을 제공하지 아니한 경우에는 송하인이 운송계약을 해제한 것으로 보고, 선장은 즉시 발항할 수 있으며 송하인은 운임의 전액을 지급하여야 한다(제792조 제2항).

3. 정박의무

1) 용선계약의 경우

운송인은 용선자가 운송물의 전부를 선적하는 데 필요한 기간만큼 선박을 정박시킬 의무를 진다. 이때 선적에 필요한 기간을 선적기간이라 하며, 이는 보통 당사자 간의 약정에서 정하여지고 이러한 약정이 없으면 선적항의 관습에 의한다.

운송물을 선적할 기간의 약정이 있는 경우에는 그 기간은 선적준비완료의 통지가 오전에 있은 때에는 그 날의 오후 1시부터 기산하고, 오후에 있은 때에는 다음 날 오전 6시부터 기산한다. 이 기간에는 불가항력으로 인하여 선적할 수 없는 날과 그 항의 관습상 선적작업을 하지 아니하는 날을 산입하지 아니한다(제829조 제2항). 이 기간을 경과한 후 운송물을 선적한 때에는 선박소유자는 상당한 보수를 청구할 수 있다(제829조 제3항).

용선자가 선적기간 내에 운송물의 전부를 선적하지 않을 때에는 운송인은 초과정박기간에 대하여 상당한 정박료를 청구할 수 있으며(제829조 제3항), 선장은 정박기간이 경과한 후에는 즉시 발항할 수 있다(제831조 제2항).

2) 개품운송계약의 경우

개품운송계약의 경우에는 운송인이 선적을 하게 되므로, 운송인의 정박의무라는 것은 있을 수 없다.

4. 운송물수령·적부의무

1) 운송물수령의무

운송인은 운송계약에 의하여 송하인 등이 제공하는 운송물을 수령할 의무가 있다(제795조 제1항, 제841조 제1항). 선장은 법령 또는 계약에 위반한 운송물은 수령을 거절할 수 있으며, 그것이 선박이나 다른 운송물에 위해(危害)를 미칠 염려가 있는 것인 때에는 운송을 포기할 수 있다(제800조 제1항, 제841조 제1항).

2) 적부의무

운송인은 수령한 운송물을 선내의 적당한 장소에 적부(積付)할 의무가 있다(제795조 제1항, 제841조 제1항). 운송물의 적부는 선창에 하여야 하며, 특약이나 다른 관습이 없는 한 갑판적을 할 수 없다. 갑판적의 운송물은 위해의 염려가 많고, 공동해손의 경우에 불이익을 입기 때문이다(제872조 제2항 참조).

【판례】 대법원 2017.6.8.선고 2016다13109판결

운송계약이 성립한 때 운송인은 일정한 장소에서 운송물을 수령하여 목적지로 운송한 다음 약정한 시기에 운송물을 수하인에게 인도할 의무를 지는데, 운송인은 그 운송을 위한 화물의 적부(積付)에 관하여 선장·선원 내지 하역업자로 하여금 화물이 서로 부딪치거나 혼합되지 않고 그리고 선박의 동요 등으로 손해를 입지 않도록 적절한 조치를 하면서 화물을 적당하게 선창이나 컨테이너 내에 배치하여야 하고, 설령 적부가 독립된 하역업자나 송하인의 지시에 의하여 이루어졌더라도 운송인은 그러한 적부가 운송에 적합한지 여부를 살펴보고, 운송을 위하여 인도받은 화물의 성질을 파악하여 그 화물의 성격이 요구하는 바에 따라 적부를 하는 등의 방법으로 손해를 방지하기 위한 적절한 예방조치를 강구하여야 할 주의의무가 있다(대법원 2003.1.10.선고 2000다70064판결 등 참조).

3) 운송에 필요한 서류의 교부

용선자 또는 송하인은 선적기간 내에 운송에 필요한 서류를 선장에게 교부하여야 한다(제793조, 제841조 제1항 참조).

5. 선하증권교부의무

운송인은 운송물을 수령한 후, 용선자 또는 송하인의 청구에 의하여 1통 또는 수통의 선하증권을 교부하여야 한다(제852조 제1항, 제855조 제1항). 운송인은 선하증권의 교부를 선장, 기타의 사용인에게 위임할 수도 있다(제852조 제3항).

Ⅱ. 항해에 관한 의무

1. 감항능력주의의무

1) 의 의

감항능력주의의무란 해상운송인이 용선자나 송하인에 대하여 선적항을 발항할 당시 예정된 항해를 안전하게 완성할 수 있는 선박을 제공함에 있어서 자기 또는 선원 기타의 선박사용인이 상당한 주의를 다하여야 할 의무를 말한다(제794조, 제841조 제1항). 운송인의 이러한 의무는 과실책임주의에 따른 의무(상대적 감항능력주의의무)에 해당한다.

【판례】 대법원 1998.2.10.선고 96다45054판결

화물창구 덮개의 노후 등 하자를 발견하여 안전성을 확보할 수 있었는데도 이를 다하지 아니함으로써 선박의 화물창구 덮개 일부가 파손되고 거기로 해수가 유입되어 운송물이 침수되는 사고가 발생하였다면 운송인은 감항능력주의의무를 위반한 것이다.

2) 의무의 내용

감항능력주의의무의 내용은 ① 선박이 안전하게 항해를 할 수 있게 할 것, ② 필요한 선원의 승선·선박의장(船舶艤裝)과 필요품의 보급, ③ 선창(船艙)·냉장실 기타 운송물을 적재할 선박의 부분을 운송물의 수령·운송과 보존을 위하여 적합한 상태에 둘 것 등이다.

【판례】 대법원 1989.11.24.선고 88다카16294판결

선박이 안전하게 항해를 하는 데 필요한 자격을 갖춘 인원수의 선장과 선원을 승선시켜야 할 의무는 감항능력주의의무에 포함된다.

3) 주의의 정도와 시기

해상운송인은 감항능력주의의무의 내용에 대하여 상당한 주의를 하여야 하나, 어느 정도의 주의를 상당한 주의로 볼 것인가 하는 것은 각 경우에 따라 정할 문제이고, 그 정도는 객관적으로 정하여져야 할 것이다.

감항능력을 주의하는 시기는 발항 당시이며, 이것은 선적 개시시부터 발항시까지를 뜻한다.

4) 의무위반의 효과

해상운송인의 감항능력주의의무는 특약에 의하여서도 이를 경감 또는 면제할 수 없으며, 운송인은 자기나 사용인 등의 의무위반에 대한 부주의가 없었음을 증명하지 아니하면 운송물의 멸실·훼손 또는 연착으로 인한 손해배상책임을 면하지 못한다(제794조, 제841조 제1항).

2. 출항의무

1) 용선계약의 경우

해상운송인은 원칙적으로 선적기간 내에 운송물의 전부가 선적된 경우에만 발항할 수 있다. 그러나 용선자는 운송물의 전부를 선적하지 않는 경우에도 선장에게 발항을 청구할 수 있다(제831조 제1항).

이때 용선자는 운임 전액과 운송물의 전부를 선적하지 않음으로써 생긴 비용을 지급하고 운송인의 청구가 있으면 상당한 담보를 제공하여야 한다(제831조 제3항).

그리고 선장은 선적기간 경과 후에는 용선자가 전부의 선적을 완료하기 전이라도 즉시 발항할 수 있다(제831조 제2항).

2) 개품운송계약의 경우

송하인이 일정한 시기까지 운송물을 운송인에게 제공하지 아니한 경우에는 계약을 해제한 것으로 보고, 선장은 즉시 발항할 수 있고, 이때 송하인은 운임의 전액을 지급하여야 한다(제792조 제2항).

3. 직항의무

해상운송인은 용선계약에 있어서나 개품운송계약에 있어서나 부득이한 경우 외에는 예정항로를 변경하지 않고 발항항에서 도착항까지 항행하여야 한다.

4. 운송물의 보관·처분의무

해상운송인은 운송을 인수한 자이므로, 운송물을 수령한 때로부터 인도할 때까지 선량한 관리자의 주의로써 보관할 의무를 진다(제795조 제1항, 제841조 제1항).

그리고 운송인은 송하인이나 선하증권소지인이 운송의 중지, 운송물의 반환 기타의 처분을 청구할 때에는 그 지시에 따라야 한다(제815조, 제139조 참조).

Ⅲ. 양륙에 관한 의무

1. 양륙항 입항의무

해상운송인은 운송물의 양륙·인도를 위하여 계약에 정하여진 양륙항 또는 양륙항의 지정권이 용선자나 송하인에게 유보되어 있는 경우에는 그가 지정한 양륙항에 입항하고, 특약이나 수하인의 지정 또는 이것이 없는 때에는 관습에 따라서 정하여진 양륙장소에 정박하여야 한다.

2. 양륙준비완료 통지의무

1) 용선계약의 경우

용선계약의 경우에 양륙준비를 완료한 때에는 선장은 지체없이 수하인에게 그 통지를 발송하여야 한다(제838조 제1항). 그 양륙기간의 기간은 제829조 제2항이 준용된다(제838조 제1항). 양륙기간을 경과한 후 운송물을 양륙한 때에는 선박소유자는 상당한 보수를 청구할 수 있다(제838조 제2항).

2) 개품운송계약의 경우

개품운송계약의 경우 운송인은 수하인에게 운송물의 도착통지를 하여야 한다. 수하인은 운송물 도착의 통지를 받은 후 지체없이 당사자 간의 합의 또는 양륙항의 관습에 의한 때와 곳에서 운송물을 수령하여야 한다(제802조).

3. 양륙 및 정박의무

1) 양륙의무

개품운송계약의 경우 해상운송인은 양륙항에서 운송물을 수하인에게 인도할 의무를 가지므로, 다른 약정이 없는 한 운송물을 선창에서 반출하여 선측에 양륙하기까지의 작업은 해상운송인의 비용과 위험하에서 하게 된다. 용선계약의 경우에는 수하인에게 양륙준비완료의 통지를 하면 되고, 직접 양륙의무는 없다.

2) 정박의무

개품운송의 경우에는 정박의무가 없으며, 용선계약의 경우 정박의무가 있고 그 기간에 관하여는 용선계약에서 정하지만 약정이 없는 때에는 양륙항의 관습에 의한다.

4. 운송물인도의무

1) 의 의

운송인은 양륙한 운송물을 정당한 수하인에게 인도하여야 한다.

이 인도는 해상운송계약의 종국의 목적이며, 이로써 운송인의 운송실행의무가 완료하는 최종의 의무이다.

2) 수하인의 의무

(1) 수령의무: 개품운송의 경우 운송인으로부터 운송물도착통지를 받은 수하인은 당사자 간의 합의 또는 양륙항의 관습에 의한 때와 곳에서 지체없이 운송물을 수령하여야 한다(제802조).

(2) 운임 등의 지급의무: 수하인이 운송물을 수령하는 때에는 운송계약 또는 선하증권의 취지에 따라 운임, 부수비용, 체당금, 정박료, 운송물의 가액에 따른 공동해손 또는 해난구조로 인한 부담액을 지급하여야 한다(제807조 제1항, 제841조 제1항).

(3) 하자통지의무: 수하인이 운송물의 수령 후 운송물의 일부 멸실 또는 훼손을 발견한 때에는 지체없이 그 개요에 관하여 운송인에게 서면에 의한 통지를 발송하여야 한다. 그러나 그 멸실 또는 훼손이 즉시 발견할 수 없는 것인 때에는 수령한 날로부터 3일 내에 통지를 발송하여야 한다(제804조 제1항). 수하인이 이러한 통지를 하지 아니한 경우에는 운송물이 멸실 또는 훼손 없이 수하인에게 인도된 것으로 추정한다(제804조 제2항, 제841조 제1항). 다만, 운송인 또는 그 사용인이 악의인 경우에는 그 추정력은 생기지 않는다(제804조 제3항, 제841조 제1항). 이에 대해 당사자 간의 특약이 가능하지만, 수하인에게 불리한 경우에는 그 효력이 없다(제804조 제5항)

(4) 상호(相互)편의제공의무: 운송물의 멸실 또는 훼손이 발생하였거나 그 의심이 있는 경우에는 운송인과 수하인은 서로 운송물의 검사를 위하여 필요한 편의를 제공하여야 한다(제804조 제4항, 제841조 제1항).

3) 운송물의 인도

(1) 선하증권이 발행되지 않은 경우: 운송인은 운송계약에서 정하여진 수하인에게 운송물을 인도하여야 한다.

【판례】 대법원 2003.10.24.선고 2001다72296판결

선하증권이 발행되지 아니한 해상운송에 있어 수하인은 운송물이 목적지에 도착하기 전에는 송하인의 권리가 우선되어 운송물에 대하여 아무런 권리가 없지만, 운송물이 목적지에 도착한 때에는 송하인과 동일한 권리를 보유하고, 운송물이 목적지에 도착한 후 수하인이 그 인도를 청구한 때에는 수하인의 권리가 송하인에 우선하게 되는바, 그와 같이 이미 수하인이 도착한 화물에 대하여 운송인에게 인도 청구를 한 다음에는 비록 그 운송계약에 기한 선하증권이 뒤늦게 발행되었다고 하더라도 그 선하증권의 소지인이 운송인에 대하여 새로이 운송물에 대한 인도청구권 등의 권리를 갖게 된다고 할 수는 없다.

(2) 선하증권이 발행되어 있는 경우

① 원칙: 선하증권이 발행되어 있는 경우에는 선하증권에 의하여 정하여진 정당한 증권의 소지인이 수하인이 된다. 따라서 해상운송인이 정당한 선하증권소지인으로부터 운송물인도의 청구를 받은 때에는 증권과 상환으로 운송물을 인도하여야 한다(제861조, 제129조). 이는 운송인에게 선하증권의 제시가 없는 운송물인도청구를 거절할 수 있는 권리와 함께 선하증권의 제시가 없는 경우 운송물의 인도를 거절하여야 할 의무가 있음을 규정하고 있다고 봄이 상당하다(대법원 1991.12.10.선고 91다14123판결).

【판례】 대법원 2019.4.11.선고 2016다276719판결

운송계약에 따른 도착지의 선박대리점은 운송인의 이행보조자로서 수입화물에 대한 통관절차가 끝날 때까지 수입화물을 보관하고 해상운송의 정당한 수령인인 수하인 또는 수하인이 지정하는 자에게 화물을 인도할 의무를 부담한다. 해상운송화물은 선하증권과 상환으로 그 소지인에게 인도되어야 하므로, 선박대리점이 운송물을 선하증권 소지인이 아닌 자에게 인도하여 선하증권 소지인에게 운송물을 인도하지 못하게 된 경우에는 선하증권 소지인의 운송물에 대한 권리를 위법하게 침해한 것으로 불법행위가 된다.

② 선하증권이 복본으로 발행된 경우: ㉠ 양륙항에서 청구하는 경우: 수통의 선하증권이 발행된 경우에 수통 중 1통을 소지한 자가 운송물의 인도를 청구하는 경우에도 선장은 그 인도를 거부하지 못한다(제857조 제1항). 2인 이상의 선하증권소지인이 있는 경우에 그 1인이 먼저 운송물의 인도를 받으면 다른 소지인의 선하증권은 그 효력을 잃는다(제857조 제2항). 2인 이상의 선하증권소지인이 운송물의 인도를 청구하는 때에는 선장은 지체없이 운송물을 공탁하고 각 청구자에게 그 통지를 발송하여야 한다(제859조 제1항). 또 양륙항에서 1통의 소지인에게 운송물의 일부를 인도한 후, 다른 소지인이 운송물의 인도를 청구한 경우에 그 잔여운송물에 대하여도 동일하다(제859조 제2항). 운송물이 공탁된 경우 선하증권소지인 간의 권리에 있어서는 수인의 소지인에게 공통되는 전자로부터 먼저 교부를 받은 증권소지인의 권리가 다른 소지인의 권리에 우선한다(제860조 제1항). 이때 격지자에 대하여 발송한 선하증권은 그 발송한 때를 교부받은 때로 본다(제860조 제2항).

㉡ 양륙항 외에서 청구하는 경우: 양륙항 외에서 선장은 선하증권의 각 통의 반환을 받지 아니하면 운송물을 인도하지 못한다(제858조).

③ 보증인도: 선하증권이 발행되어 있는 운송물의 인도에 있어서 해상운송인이 은행의 보증장을 제출케 하고, 후일에 선하증권을 입수하였을 때에 그것을 교부받을 것을 약정하여 선하증권과의 상환 없이 운송물을 인도하는 것이다.

【판례】 대법원 1989.3.14.선고 87다카1791판결

이른바 보증도의 상관습은 운송인 또는 운송취급인의 정당한 선하증권 소지인에 대한 책임을 면제함을 목적으로 하는 것이 아니고 오히려 보증도로 인하여 정당한 선하증권 소지인이 손해를 입게 되는 경우 운송인 또는 운송취급인이 그 손해를 배상하는 것을 전제로 하고 있는 것이므로 운송인 또는 운송취급인이 보증도를 한다고 하여 선하증권과 상환함이 없이 운송물을 인도함으로써 선하증권 소지인의 운송물에 대한 권리를 침해하는 행위가 위법성이 없는 정당한 행위로 된다거나 운송인 또는 운송취급인의 주의의무가 감경 또는 면제된다고 할 수 없다.

④ 가인도: 보증장의 제출도 없고 선하증권의 상환도 없이 운송인 또는 운송대리점의 위험부담 하에 인도하는 경우(대법원 1991.12.10.선고 91다14123판결)로, 공인도(空引渡)라고도 한다.

【판례】 대법원 1999.4.23.선고 98다13211판결

운송인 등이 선하증권과 상환하지 아니하고 운송물을 선하증권의 정당한 소지인이 아닌 자에게 인도함으로써 선하증권소지인의 운송물에 대한 권리를 침해한 경우, 고의 또는 중과실에 의한 불법행위가 성립한다.

⑤ 하도지시서에 의한 인도: 선하증권이 발행되어 있는 운송물에 대하여 해상운송인 또는 선하증권소지인이 선하증권을 분할 또는 대용하기 위하여 발행하는 일종의 유가증권인 하도지시서(荷渡指示書)에 의한 운송물의 인도는 선하증권의 상환증권성의 예외로 볼 수 있다.

5. 공탁의무

1) 수하인의 수령해태·수령거부

수하인이 운송물의 수령을 해태(懈怠)하거나 수령을 거부하는 때에는 선장은 이를 공탁하거나 세관, 기타 법령이 정하는 관청의 허가를 받은 곳에 인도할 수 있다. 이 경우에는 지체없이 수하인에게 그 통지를 발송하여야 한다(제803조 제1항, 제841조 제1항). 이 경우는 수하인을 확실히 알 수 없거나 수하인이 수령을 거부하는 때와 달리 해상운송인이 공탁의 의무를 부담하는 것이 아니므로, 공탁의 여부는 해상운송인이 임의로 결정하여야 한다. 용선계약의 경우에는 해상운송인이 공탁하지 않고 운송물을 계속 보관하는 경우에는 수하인에 대하여 초과양륙기간에 대한 체선료를 청구할 수 있다(제838조 제3항 참조).

한편, 수하인을 확실히 알 수 없거나 수하인이 운송물의 수령을 거부한 때에는 선장은 이를 공탁하거나 세관, 그 밖에 법령으로 정한 관청의 허가를 받은 곳에 인도하고 지체없이 용선자 또는 송하인 및 알고 있는 수하인에게 그 통지를 발송하여야 한다(제803조 제2항, 제841조 제1항).

2) 운송물인도의 의제

수하인이 운송물의 수령을 해태하거나 수하인을 확실히 알 수 없거나 수하인이 수령을 거부하는 때에는 운송물을 공탁하거나, 세관이나 그 밖에 법령으로 정한 기타 관청의 허가를 받은 곳에 인도한 때에는 선하증권소지인, 그 밖의 수하인에게 운송물을 인도한 것으로 본다(제803조 제3항, 제841조 제1항).

IV. 해상물건운송인의 손해배상책임

1. 책임주체·청구권자

해상운송과 관련하여 발생한 손해에 대한 책임을 지는 자는 해상운송인이며, 여기에는 선박소유자뿐만 아니라 선체용선자 및 정기용선자도 포함된다. 또한 재운송계약의 용선자도 운송인에 해당한다(제809조 참조, 제841조 제1항). 그리고 해상운송인에 대하여 청구할 수 있는 자는 수하인 또는 선하증권의 소지인 등 운송물에 대한 이해관계인이다.

2. 책임원칙

해상물건운송인은 자기 또는 선원, 그 밖의 선박사용인이 운송물의 수령·선적·적부·운송·보관·양륙과 인도에 관하여 주의를 해태함으로 인하여 생긴 운송물의 멸실·훼손 또는 연착으로 인한 손해를 배상할 책임이 있으며, 운송인은 이 주의를 해태하지 아니하였음을 증명하지 아니하면 그 책임을 면하지 못한다(제795조 제1항, 제841조 제1항). 이것은 해상물건운송인의 상업과실 또는 상사과실에 대한 책임에 관한 원칙규정이다. 상법 제795조 제1항은 운송인측의 과실추정을 하고 있으므로, 운송인이 무과실의 입증책임을 부담한다.

【판례】 대법원 2010.4.15.선고 2007다50649판결
구 상법(2007.8.3. 법률 제8581호로 개정되기 전의 것) 제788조 제1항(현행법 제795조 제1항)은 해상운송인에게 위 조항에 열거된 모든 용역을 해야 할 의무를 부과하는 규정이 아니라 위 조항에 열거된 용역 중 일정한 범위의 용역을 인수한 경우에 그 인수한 용역에 대하여 상당한 주의를 기울여 이행할 의무를 부과하는 규정이다. 따라서 선적·적부·양륙 작업에 관하여 화주가 위험과 책임을 부담하기로 하는 약정은 운송인이 인수할 용역의 범위를 한정하는 약정으로서 용선계약에 따라 선하증권이 발행된 경우 용선자 이외의 선하증권 소지인에 대하여 구 상법 제788조 제1항에 규정된 운송인의 의무 또는 책임을 경감 또는 면제하는 당사자 사이의 특약을 무효로 하는 구 상법 제790조(현행법 제799조) 제1항 전문, 제3항 단서에 위반되지 아니하여 유효하다.

운송인의 책임을 발생케 하는 과실은 선박소유자 등 해상운송인의 과실뿐만 아니라 선원, 기타 선박사용인의 과실을 의미한다. 선박사용인은 고용관계에 있든 없든, 계속적 사용인이든 일시적 사용인이든 불문한다. 개품운송계약의 경우에는 당사자 간의 특약으로 운송인의 상업과실에 대한 책임을 경감 또는 면제하는 약정은 그 효력이 없다(제799조 제1항).

보충판례 해상운송물건인의 책임의 시기와 종기: 일반적으로 해상물건운송인의 책임의 시기와 종기는 운송계약 또는 선하증권에 기재된 운송약관에 의하여 정하여지는 것이나, 선하증권상에 물품인도장소가 컨테이너 야적장으로 명기되어 있는 본 건과 같은 경우에 있어서 그 인도장소를 컨테이너 야적장으로 정한 것이 운송인책임하에 위 인도장소까지 운반하여 여기에서 인도하기로 하는 특약의 취지로 된 것이라면, 특단의 사정이 없는 한 운송인은 위 인도장소에서 수하인 또는 선하증권소지인에게 물품을 인도함으로써 책임이 종료되는 것이고, 그 인도를 위하여 법령 또는 약정에 의한 상당기간 운송물품을 인도장소에서 보관하는 일은 위 운송인의 책임 중에 포함된다고 보아야 할 것이다(대법원 1981.12.22.선고 81다카656판결).

【판례】 대법원 2010.4.15.선고 2007다50649판결
구 상법(2007.8.3. 법률 제8581호로 개정되기 전의 것) 제788조 제1항(현행법 제795조 제1항)은 해상운송인에게 위 조항에 열거된 모든 용역을 해야 할 의무를 부과하는 규정이 아니라 위 조항에 열거된 용역 중 일정한 범위의 용역을 인수한 경우에 그 인수한 용역에 대하여 상당한 주의를 기울여 이행할 의무를 부과하는 규정이다. 따라서 선적·적부·양륙 작업에 관하여 화주가 위험과 책임을 부담하기로 하는 약정은 운송인이 인수할 용역의 범위를 한정하는 약정으로서 용선계약에 따라 선하증권이 발행된 경우 용선자 이외의 선하증권 소지인에 대하여 구 상법 제788조 제1항에 규정된 운송인의 의무 또는 책임을 경감 또는 면제하는 당사자 사이의 특약을 무효로 하는 구 상법 제790조(현행법 제799조) 제1항 전문, 제3항 단서에 위반되지 아니하여 유효하다.

3. 책임이 면제되는 경우

1) 항해과실·선박화재

운송물에 관한 멸실·훼손 또는 연착으로 인한 손해가 선장·해원·도선사, 기타 선박사용인의 항해 또는 선박의 관리에 관한 행위(항해과실) 또는 화재로 인하여 생긴 것인 경우에는 운송인은 그 손해에 대한 배상책임을 지지 않는다(제795조 제2항 본문, 제841조 제1항). 여기서 '항해과실'은 일체의 항해기술상의 행위에 관한 과실을 말하며, '선박관리에 관한 과실'은 선박 자체의 안전항해를 위하여 선박에 대하여 하는 관리의 과실을 말한다. 이러한 항해과실에 대해서도 운송인이 책임을 지기로 하는 당사자 간의 특약은 유효하다(대법원 1975.12.23. 선고 75다83판결). 그리고 '화재'는 당해 선박의 내부에서 발생한 것뿐만 아니라 외부의 화재가 선박 내부로 번진 경우를 포함한다.

화재가 선박의 감항능력의 결여로 인한 것인 때에는 운송인은 면책되지 않으며, 운송인의 고의 또는 과실로 인한 것인 때에도 면책되지 않는다(제795조 제2항 단서, 제841조 제1항). 그러나 선원, 기타 선박사용인의 고의 또는 과실로 인한 화재의 경우에는 운송인은 면책된다(대법원 2002.12.10.선고 2002다39364판결 참조). 선박화재에 관한 입증책임은 운송인이 부담하며, 운송인은 자기의 무과실을 입증하여야 면책된다.

> **【판례】 대법원 2002.12.10.선고 2002다39364판결**
> 상법 제788조(현행법 제795조) …(중략)… 제2항 본문 및 단서에서의 "화재"란, 운송물의 운송에 사용된 선박 안에 발화원인이 있는 화재 또는 직접 그 선박 안에서 발생한 화재에만 한정되는 것이 아니고, 육상이나 인접한 다른 선박 등 외부에서 발화하여 당해 선박으로 옮겨 붙은 화재도 포함한다고 해석된다. 그리고 위 제2항 단서에 따라 화재로 인한 손해배상책임의 면제에서 제외되는 사유인 고의 또는 과실의 주체인 "운송인"이란, 상법이 위 제2항 본문에서는 운송인 외에 "선장, 해원, 도선사 기타의 선박사용인"을 명시하여 규정하고, 같은 조 제1항 및 제787조(현행법 제794조)에서도 각 "자기 또는 선원 기타의 선박사용인"을 명시하여 규정하고 있는 점과 화재로 인한 손해에 관한 면책제도의 존재이유에 비추어 볼 때, 그 문언대로 운송인 자신 또는 이에 준하는 정도의 직책을 가진 자만을 의미할 뿐이고, 선원 기타 선박사용인 등의 고의 또는 과실은 여기서의 면책제외사유에 해당하지 아니한다고 해석하여야 할 것이며, 위 조항이 상법 제789조의2(현행법 제797조) 제1항 단서처럼 "운송인 자신의 고의"라는 문언으로 규정되어 있지 않다고 하여 달리 해석할 것이 아니다.

2) 고가물의 불고지 및 운송물의 부실고지

고가물인 경우 송하인이 해상물건운송인에게 운송을 위탁할 때에 이를 불고지한 경우에는 그 고가물의 멸실·훼손 또는 연착으로 인한 손해에 대하여 운송인은 자기 또는 그 사용인이 악의인 경우를 제외하고 면책된다(제815조, 제136조). 또한 송하인이 해상물건운송인에게 운송물의 종류 또는 가액을 고의로 현저하게 부실고지한 때에는 운송인은 자기 또는 그 사용인이 악의인 경우를 제외하고는 그 운송물의 손해에 대하여 책임을 면한다(제797조 제3항 단서, 제841조 제1항).

3) 기타 면책사유

해상물건운송인은 ① 해상·기타 항행할 수 있는 수면에서의 위험 또는 사고, ② 천재(天災)로서 자연력에 항거할 수 없는 불가항력, ③ 전쟁·폭동 또는 내란, ④ 해적행위·기타 이에 준하는 행위, ⑤ 재판상의 압류·검역상의 제한·기타 공권에 의한 제한, ⑥ 송하인 또는 운송물의 소유자나 그 사용인의 행위, ⑦ 동맹파업·기타의 쟁의행위 또는 선박폐쇄, ⑧ 해상에서의 인명이나 재산의 구조행위 또는 이로 인한 이로(離路)·기타 정당한 이유로 인한 이로(離路), ⑨ 운송물의 포장의 불충분 또는 기호의 표시의 불완전, ⑩ 운송물의 특수한 성질 또는 숨은 하자, ⑪ 선박의 숨은 하자 등의 사유가 있는 경우에는 그 사실이 있었다는 것과 운송물에 관한 멸실·훼손 또는 연착으로 인한 손해가 그 사실로 인하여 보통 생길 수 있는 것임을 증명한 때에는 손해배상책임을 면한다(제796조 본문, 제841조 제1항).

그러나 이러한 사유의 경우에도 해상운송인측이 운송물의 수령 내지 인도에 이르기까지에 관한 주의를 다하였더라면 그 손해를 피할 수 있었음에도 불구하고 그 주의를 다하지 않았음을 적하이해관계인측이 증명하면, 운송인은 손해배상책임을 면하지 못한다(제796조 단서, 제841조 제1항).

4. 책임제한

1) 제한되는 운송인의 책임의 범위

감항능력의 결여로 인한 운송물의 멸실·훼손 또는 연착으로 인한 손해(제794조), 상업과실로 인한 운송물의 멸실·훼손 또는 연착으로 인한 손해(제795조 제1항), 운송인의 과실로 인한 선박화재로 생긴 운송물의 멸실·훼손에 대한 손해(제795조 제2항 단서), 불가항력 기타의 면책사유로 인하여 생긴 운송물의 멸실·훼손 또는 연착이 있는 경우에 적하이해관계인이 운송인의 주의의무위반을 증명한 때(제796조 단서)에는 운송물의 손해에 대한 운송인의 책임은 제한된다.

2) 책임한도액

운송물의 매 포장당 또는 선적단위당 666과 100분의 67계산단위의 금액과 중량 1kg당 2계산단위의 금액 중 큰 금액을 한도로 운송인의 책임을 제한할 수 있다(제797조 제1항 본문, 제841조 제1항). 여기서 포장은 포장용품으로 포장한 모든 것을 말하는데, 운송물의 보호 내지는 취급을 용이하게 하기 위하여 고안된 것으로서 반드시 운송물을 완전히 감싸고 있어야 하는 것도 아니며, 구체적으로 무엇이 포장에 해당하는지 여부는 운송업계의 관습 내지는 사회통념에 비추어 판단하여야 할 것이다(대법원 2004.7.22.선고 2002다44267판결). 선적단위란 포장되지 아니한 운송물로서 포장에 대비할 수 있는 개념이다.

컨테이너 기타 이와 유사한 운송용기가 운송물을 통합하기 위하여 사용되는 경우에 그러한 운송용기에 내장된 운송물의 포장 또는 선적단위의 수를 선하증권, 기타 운송계약을 증명하는 문서에 기재한 때에는 그 각 포장 또는 선적단위를 하나의 포장 또는 선적단위로 본다(제797조 제2항 제1호 전단). 이러한 경우를 제외하고는 이러한 운송용기 내의 운송물 전부를 하나의 포장 또는 선적단위로 본다(제797조 제2항 제1호 후단, 제841조 제1항).

운송인이 아닌 자가 공급한 운송용구 자체가 멸실 또는 훼손된 경우에는 그 용기를 별개의 포장 또는 선적단위로 본다(제797조 제2항 제2호, 제841조 제1항).

3) 개별적 책임제한의 배제

(1) 운송인측의 고의 등으로 인한 손해: 운송물에 관한 손해가 운송인 자신의 고의 또는 운송물의 멸실, 훼손 또는 연착이 생길 염려가 있음을 인식하면서 무모하게 한 행위 또는 부작위로 인하여 생긴 것인 때에는 운송인의 책임은 제한되지 않는다(제797조 제1항 단서, 제841조 제1항).

운송인 이외의 선원, 기타의 선박사용인의 고의 또는 무모한 행위로 인하여 발생한 손해에 대하여는 운송인에게 고의 또는 무모한 행위가 없는 한 운송인의 책임을 제한할 수 있다(대법원 1996.12.6.선고 96다31611판결 참조).

(2) 운송물의 가액을 선하증권 등에 기재한 경우: 송하인이 운송인에게 운송물을 인도할 때에 그 종류와 가액을 고지하고 선하증권, 기타 운송계약을 증명하는 문서에 이를 기재한 경우에는 운송인의 책임제한이 배제된다(제797조 제3항 본문, 제841조 제1항).

5. 불법행위책임과의 관계

운송인의 책임에 관한 규정은 운송인의 불법행위로 인한 손해배상의 책임에도 적용한다(제798조 제1항, 제841조 제1항).[1] 운송인에게 불법행위로 인한 손해배상책임을 묻기 위해서는 청구인이 운송인의 귀책사유를 입증하여야 한다(대법원 2001.7.10.선고 99다58327판결).

6. 선박소유자의 유한책임과의 관계

운송인의 운송물에 관한 손해배상책임의 한도를 규정한 상법 제797조는 선박소유자 등의 유한책임을 규정한 상법 제769조부터 상법 제774조까지의 적용에 영향을 미치지 않는다(제797조 제4항, 제841조 제1항). 따라서 해상운송인은 상법 제797조에 의한 개별적 책임제한과 상법 제769조

1) 【학설】 제798조 제1항의 의미에 관한 학설
상법 제798조 제1항은 청구권경합설의 입장에서 불법행위가 성립하는 경우에도 운송인의 해상법상 책임제한 및 책임면제를 인정한다는 점을 명백히 한 것이라는 견해와, 법조경합설에 따른 입법을 한 것과 동일한 것이라는 견해가 있다.

부터 상법 제774조까지의 규정에 의한 총체적 책임제한의 이중의 책임제한을 받게 된다.

7. 선박사용인의 항변권·책임제한

운송물에 관한 손해배상청구가 운송인의 사용인 또는 대리인('사용인 또는 대리인'이란 고용계약 또는 위임계약 등에 따라 운송인의 지휘·감독을 받아 그 업무를 수행하는 자를 말하고 그러한 지휘·감독에 관계없이 스스로의 판단에 따라 자기 고유의 사업을 영위하는 독립적인 계약자는 포함되지 않는다; 대법원 2004.5.14.선고 2001다33918판결)에 대하여 제기된 경우에 그 손해가 그 사용인 또는 대리인의 직무집행에 관하여 생긴 것인 때에는 그 사용인 또는 대리인은 운송인이 주장할 수 있는 항변과 책임제한을 원용할 수 있다. 그러나 운송물에 관한 손해가 그 사용인 또는 대리인의 고의 또는 운송물의 멸실, 훼손 또는 연착이 생길 염려가 있음을 인식하면서 무모하게 한 작위 또는 부작위로 인하여 생긴 것인 때에는 그 사용인 또는 대리인은 운송인과 동일한 항변과 책임제한을 주장하지 못한다(제798조 제2항 단서, 제841조 제1항).

운송인과 그 사용인 등이 부담하는 책임제한금액의 총액은 상법 제797조 제1항에 규정된 한도액을 초과하지 않는다(제798조 제3항, 제841조 제1항).

이상의 내용은 개품운송계약에 있어서 운송물에 관한 손해배상청구가 운송인 이외의 실제운송인 또는 그 사용인 또는 대리인에 대하여 제기된 경우에도 적용한다(제798조 제4항).

8. 면책특약의 금지

1) 면책특약의 내용

(1) 운송인의 의무·책임 경감의 특약 금지: 해상물건운송인의 책임 및 이의 제한에 관한 상법의 규정에 반하여 운송인의 의무 또는 책임을 경감 또는 면제하는 당사자 간의 특약은 효력이 없다(제799조 제1항 본문, 제839조 제1항 본문). 그러나 운송인의 책임을 확장 또는 가중하는 당사자 간의 특약은 유효하다(대법원 1973.8.21.선고 72다1520판결 등).

(2) 보험금청구권의 양도 금지: 운송물에 관한 보험의 이익을 해상물건운송인에게 양도하는 약정 또는 이와 유사한 약정도 그 효력이 없다(제799조 제1항 단서, 제839조 제1항 단서).

2) 면책특약이 인정되는 경우

'산 동물' 운송의 경우에는 해상물건운송인의 책임을 경감 또는 면제하는 당사자간의 특약은 유효하며(제799조 제2항 전단, 제839조 제2항), 선하증권 기타 운송계약을 증명하는 문서의 표면에 갑판적으로 운송할 취지를 기재하여 갑판적으로 운송하는 화물의 경우에도 해상물건운송인의 책임을 경감 또는 면제하는 당사자 간의 특약은 유효하다(제799조 제2항 후단, 제839조 제2항).

9. 순차운송의 경우 특별책임

수인이 순차로 운송할 경우에는 각 운송인은 운송물의 멸실·훼손 또는 연착으로 인한 손해를 연대하여 배상할 책임이 있다(제815조, 제138조 제1항). 운송인 중의 1인이 적하의 이해관계인에게 손해를 배상한 때에는 그 손해와 원인이 된 행위를 한 운송인에 대하여 구상권을 가진다(제815조, 제138조 제2항).

그러나 손해가 자기의 운송구간 내에서 발생하지 않았음을 증명한 때에는 손해분담의 책임이 없다(제815조, 제138조 제3항).

10. 해상물건운송인의 책임의 소멸

(1) 개품운송계약의 경우: 해상물건운송인의 책임은 그 청구원인의 여하를 불문하고 운송인이 운송물을 인도한 날 또는 인도할 날(통상 운송계약이 그 내용에 좇아 이행되었으면 인도가 행하여져야 했던 날을 말한다; 대법원 2019.7.10 선고 2019다213009판결)로부터 1년 내에 재판상 청구가 없으면 소멸한다. 그러나 이 기간은 당사자의 합의에 의하여 연장할 수 있다(제814조 제1항). 이러한 해상운송인의 책임에 관한 소멸시효기간은 제척기간에 해당한다(대법원 2022.6.9.선고 2017다247848판결).

【판례】 대법원 1999.9.26.선고 99다41329판결

해상운송계약에 따른 선하증권이 발행된 경우에는 그 선하증권의 정당한 소지인이 상법 제811조(현행법 제814조)의 수하인이고, 상법 제811조는 운송인의 해상운송계약상의 이행청구 및 채무불이행에 따른 손해배상청구의 경우뿐만 아니라 운송인의 불법행위에 따른 손해배상청구 등 청구원인의 여하에 관계없이 적용되므로 상법 제811조(현 814조)는 선하증권의 소지인이 운송인에 대하여 운송물에 대한 양도담보권을 침해한 불법행위에 따른 손해배상책임을 묻는 경우에도 적용된다.

운송인이 인수한 운송을 다시 제3자에게 위탁한 경우에 송하인 또는 수하인이 인도한 날 또는 인도할 날로부터 1년 이내에 운송인과 배상합의를 하거나 운송인에게 재판상 청구를 하였다면, 그 합의 또는 청구가 있은 날부터 3개월이 경과하기 이전에는 그 제3자에 대한 운송인의 채권·채무를 인도할 날 또는 인도한 날로부터 1년이 경과하여도 소멸하지 않으며, 운송인과 제3자 사이에 기간연장의 약정이 있는 경우도 같다(제814조 제2항).

그리고 이러한 경우에 있어서 재판상 청구를 받은 운송인이 그로부터 3개월 이내에 그 제3자에 대하여 소송고지를 하면 3개월의 기간은 그 재판이 확정되거나 그 밖에 종료된 때부터 기산한다(제814조 제3항).

【판례】 대법원 2019.6.13.선고 2019다205947판결

[1] 상법 제814조 제1항은 운송인의 송하인 또는 수하인에 대한 채권과 채무는 그 청구원인의 여하에 불구하고 운송인이 수하인에게 운송물을 인도한 날 또는 인도할 날부터 1년 이내에 재판상 청구가 없으면 소멸하되, 당사자의 합의에 의하여 위 기간을 연장할 수 있도록 규정하고 있다. 이러한 해상 운송인의 송하인이나 수하인에 대한 권리·의무에 관한 소멸기간은 제척기간이고, 제척기간의 기산점은 '운송물을 인도한 날 또는 인도할 날'이다.

[2] 해상운송계약에서 운송인은 운송물의 수령·선적·적부·보관·운송·양륙 및 인도의무를 부담하므로(상법 제795조 제1항), 운송인은 운송채무의 최종 단계에서 운송물을 정당한 수하인에게 인도함으로써 운송계약의 이행을 완료하게 된다. 여기서 운송물의 인도는 운송물에 대한 점유, 즉 사실상의 지배·관리가 정당한 수하인에게 이전되는 것을 말한다. 선하증권이 발행된 경우에는 선하증권의 정당한 소지인에게 인도하여야 한다(상법 제861조, 제132조). 따라서 운송인이 운송계약상 정해진 양륙항에 도착한 후 운송물을 선창에서 인도 장소까지 반출하여 보세창고업자에게 인도하는 것만으로는 그 운송물이 운송인의 지배를 떠나 정당한 수하인에게 인도된 것으로 볼 수 없다.

[3] 운송물이 멸실되거나 운송물의 인도가 불가능하게 된 경우에는 '운송물을 인도할 날'을 기준으로 제척기간이 도과하였는지를 판단하여야 한다. 여기서 '운송물을 인도할 날'이란 통상 운송계약이 그 내용에 좇아 이행되었으면 인도가 행하여져야 했던 날을 의미한다.

[4] 상법 제814조 제1항의 제척기간을 도과하였는지는 법원의 직권조사사항이므로 당사자의 주장이 없더라도 법원이 이를 직권으로 조사하여 판단하여야 한다. 또한 당사자가 제척기간의 도과 여부를 사실심 변론종결 시까지 주장하지 아니하였다 하더라도 상고심에서 이를 새로이 주장·증명할 수 있다.

(2) 용선계약의 경우: 선박소유자의 용선자 또는 수하인에 대한 채권은 그 청구원인의 여하에 불구하고 선박소유자가 운송물을 인도한 날 또는 인도할 날로부터 2년 이내에 재판상 청구가 없으면 소멸한다. 그러나 이 기간을 당사자의 합의에 의하여 연장할 수 있을 뿐 만 아니라(제840조 제1항, 제846조 제1항, 제851조 제1항), 선박소유자와 용선자의 약정으로 운송계약에 명시적으로 기재한 때에는 기간의 단축도 효력이 있다(제840조 제2항, 제846조 제2항, 제851조 제2항).

제2항 해상물건운송인의 권리

I. 운임청구권, 비용상환청구권, 정박료청구권

1. 운임청구권

1) 운임청구권의 내용

(1) 원 칙: 해상운송인은 원칙적으로 인수한 운송을 완성하고, 운송물이 목적지에 도착하여야 운임을 청구할 수 있다.

(2) 예 외: 해상운송인은 선장이 항해의 계속에 필요한 비용을 지급하기 위하여 운송물

을 처분하였을 경우나 운송물에 대하여 공동해손처분을 한 경우에는 운임의 전액을 청구할 수 있다(제813조, 제841조 제1항).

한편, 항해 중에 선박의 침몰 또는 멸실·수선불능·포획이 생겼을 경우에는 해상운송인은 운송의 비율에 따라 현존하는 운송물의 가액한도에서 운임을 청구할 수 있다(제810조 제2항, 제841조 제1항). 또한 운송인은 송하인이나 선하증권 소지인의 운송의 중지, 운송물의 반환, 기타 처분을 청구한때에도 이미 운송한 비율에 따른 운임, 체당금과 처분으로 인한 비용의 지급을 청구할 수 있다(제815조, 제139조).

2) 운임청구권자와 지급의무자

운임청구권자는 인수한 운송을 완료한 해상운송인이며, 운임지급의무자는 운송계약의 당사자인 용선자 또는 송하인이다. 그러나 수하인도 운송물을 수령하는 때에는 운임을 지급할 의무를 가지게 된다(제807조 제1항, 제841조 제1항).

3) 운임액

운임은 당사자 간의 계약에 의하여 정하고, 이에 관한 약정이 없는 경우에는 선적의 때와 곳의 통상의 운임에 의할 것이다. 운임액에 있어서, 먼저 운송물의 중량 또는 용적으로 운임을 정한 때에는 운송물을 인도하는 때의 중량 또는 용적에 의하여 운임액을 정하고(제805조), 기간으로 운임을 정한 때에는 운송물의 선적개시일로부터 양륙의 종료일까지의 기간에 의하여 운임액을 정한다(제806조 제1항, 제841조 제1항).

이 경우에는 불가항력으로 인하여 선박이 선적항이나 항하 도중에서 정박한 기간, 항해 도중에서의 선박수선에 요한 기간 및 초과정박기간 중에 선적 또는 양륙한 경우의 그 일수(日數)는 이에 산입하지 않는다(제806조 제2항).

한편, 용선계약의 경우 상법 제806조의 운임을 계산함에 있어서 상법 제829조 제2항의 선적기간 또는 상법 제838조 제2항의 양륙기간이 경과한 후에 운송물을 선적 또는 양륙한 경우에는 그 기간경과 후의 선적 또는 양륙기간은 선적 또는 양륙기간에 산입하지 아니하고 상법 제829조 제3항 및 상법 제838조 제3항에 따라 별도로 보수를 정한다(제841조 제2항).

2. 정박료청구권

항해용선계약에 있어서, 선적기간 또는 양륙기간을 경과한 후의 선적 또는 양륙에 대하여 운송인은 용선자에 대하여 정박료를 청구할 수 있다(제838조 제3항).

3. 부수비용청구권 등

항해용선계약의 경우에는 용선자나 송하인은 해상물건운송인에 대하여 상법 제832조(전부용선의 발항 전 계약해제 등) 및 상법 제833조(일부용선의 발항 전 계약해제 등) 제1항에 따라 계약을 해제 또는 해지를 한 때에도 부수비용과 체당금을 지급할 책임을 진다(제834조 제1항). 또한 해상물건운송인은 운송계약 또는 선하증권의 취지에 따라 부수비용, 체당금, 운송물의 가액에 따른 공동해손 또는 해난구조로 인한 부담액을 용선자 또는 송하인에게 청구할 수 있다(제834조 제2항). 상법 제833조 및 상법 제834조의 경우에 운송물의 전부 또는 일부를 선적한 때에는 그 선적과 양륙의 비용은 용선자 또는 송하인이 부담한다(제835조). 개품운송계약 또는 용선계약의 경우에는 수하인이 운송물을 수령한 때에는 수하인에게 이를 청구할 수 있다(제807조 제1항, 제841조 제1항).

Ⅱ. 유치권·경매권 등 담보권

1. 유치권

해상물건운송인은 송하인 또는 수하인이 운임·부수비용·체당금·정박료 및 운송물의 가액에 따라 공동해손 또는 해난구조로 인하여 부담하게 된 금액의 지급을 하지 않는 경우에는 운송물에 대하여 유치권을 행사할 수 있다(제807조 제2항, 제841조 제1항 참조).

2. 경매권

해상물건운송인은 상법 제807조 제1항의 규정에 의한 금액을 지급받기 위하여 법원의 허가를 얻어 운송물을 경매하여 우선변제를 받을 권리가 있다(제808조 제1항, 제841조 제1항).

선장이 수하인에게 운송물을 인도한 후에도 그 인도일로부터 30일을 경과하지 않았거나 제3자가 그 운송물의 점유를 취득하지 않은 동안 운송인은 그 운송물에 대하여 경매권을 행사할 수 있다(제808조 제2항, 제841조 제1항).

Ⅲ. 해상물건운송인의 채권의 소멸

1. 용선계약

용선계약의 경우에 선박소유자의 용선자 또는 수하인에 대한 채권은 그 청구원인의 여하에 불구하고 선박소유자가 운송물을 인도한 날 또는 인도할 날로부터 2년 이내에 재판상 청구가 없으면 소멸한다. 그러나 이 기간은 당사자의 합의에 의하여 연장할 수 있고(제840조 제1항), 운송계약에 명시적 기재를 한 경우에는 기간의 단축도 가능하다(제840조 제2항). 운송물의 일부 멸실·훼손의 경우에는 상법 제804조 제1항과 육상운송에 관한 상법 제146조 제2항부터 제4항까지의 규정이 준용된다(제841조 제1항).

2. 개품운송계약

개품운송계약의 경우에 해상물건운송인의 송하인 또는 수하인에 대한 채권은 그 청구원인의 여하에 불구하고 운송인이 수하인에게 운송물을 인도한 날 또는 인도할 날로부터 1년 내에 재판상 청구가 없으면 소멸한다. 그러나 이 단기제척기간은 당사자 간의 합의에 의하여 연장할 수 있다(제814조 제1항).

【판례】 대법원 2022.6.9.선고 2017다247848판결 [동지: 대법원 2024.8.23.선고 2023다2[illegible]4181판결]

상법 제814조 제1항에서 정한 제척기간이 지난 뒤에 그 기간 경과의 이익을 받는 당사자가 기간이 지난 사실을 알면서도 기간 경과로 인한 법적 이익을 받지 않겠다는 의사를 명확히 표시한 경우에는, 소멸시효 완성 후 이익의 포기에 관한 민법 제184조 제1항을 유추적용하여 제척기간 경과로 인한 권리소멸의 이익을 포기하였다고 인정할 수 있다. 그 이유는 다음과 같다.

① 법적 규율이 없는 사안에 대하여 그와 유사한 사안에 관한 법규범을 적용하기 위해서는 양 사안 사이에 공통점 또는 유사점이 있어야 하고 법규범의 체계, 입법의도와 목적 등에 비추어 유추적용이 정당하다고 평가되어야 한다.
상법 제814조 제1항에서 정한 제척기간은 청구권에 관한 것으로서 그 권리가 행사되지 않은 채 일정한 기간이 지나면 권리가 소멸하거나 효력을 잃게 된다는 점에서 소멸시효와 비슷하다. 소멸시효가 완성된 후 시효이익을 받을 채무자는 시효 완성으로 인한 법적 이익을 받지 않겠다는 의사표시를 하여 시효이익을 포기할 수 있다(민법 제184조 제1항). 한편 어떠한 권리에 대하여 제척기간이 적용되는 경우에 그 기간이 지나면 권리가 소멸하고 의무자는 채무이행을 면하는 법적 이익을 얻게 된다.
제척기간을 정한 규정의 취지와 목적, 권리의 종류·성질 등에 비추어, 당사자들이 합의하여 그 기간을 연장할 수 있는 경우와 같이 기간 경과로 인한 이익 포기를 허용해도 특별히 불합리한 결과가 발생하지 않는 경우라면, 시효이익 포기에 관한 민법 제184조 제1항을 유추적용하여 당사자에게 그 기간 경과의 이익을 포기할 수 있도록 하여 법률관계에 관한 구체적인 사정과 형평에 맞는 해결을 가능하게 하는 것이 부당하다고 할 수 없다.

② 제척기간은 일반적으로 권리자로 하여금 자신의 권리를 신속하게 행사하도록 함으로써 법률관계를 조속히 확정하려는 데 그 제도의 취지가 있으나, 법률관계를 조속히 확정할 필요성의 정도는 개별 법률에서 정한 제척기간마다 다를 수 있다.

상법 제814조 제1항은 해상운송과 관련한 법률관계에서 발생한 청구권의 행사기간을 1년의 제소기간으로 정하면서도 위 기간을 당사자의 합의에 의하여 연장할 수 있도록 하고 있다. 운송인과 송하인 또는 수하인 사이의 해상운송을 둘러싼 법률관계를 조속히 확정할 필요가 있으나, 해상운송에 관한 분쟁 가운데는 단기간 내에 책임소재를 밝히기 어려워 분쟁 협의에 오랜 시간이 걸리는 경우가 있다. 이 조항은 이러한 사정을 감안하여, 당사자들에게 제소기간에 구애받지 않고 분쟁에 대한 적절한 해결을 도모할 기회를 부여하고자 당사자들이 기간 연장을 합의할 수 있도록 한 것이다.

> 상법 제814조 제1항에서 정한 제척기간은 해상운송과 관련하여 발생하는 채권·채무에 적용되는데 해상운송인을 보호하고 시간의 경과에 따른 증명곤란의 구제를 도모하기 위한 것이지만, 당사자들이 합의하여 제척기간을 연장할 수 있도록 하였다는 점에서 일반적인 제척기간과는 구별되는 특성이 있다. 이와 같이 이 조항에서 제척기간을 정한 취지와 목적, 권리의 성질 등 여러 사정을 고려하면, 당사자에게 그 기간 경과의 이익을 포기할 수 있도록 하여 법률관계에 관한 구체적인 사정과 형평에 맞는 해결을 가능하게 하더라도 특별히 불합리한 결과가 발생하는 경우라고 볼 수 없다.

운송인이 인수한 운송을 다시 제3자에게 위탁한 경우에 송하인 또는 수하인이 운송물을 인도한 날 또는 인도할 날로부터 1년 이내에 운송인과 배상합의를 하거나 운송인에게 재판상 청구를 하였다면, 그 합의 또는 청구가 있은 날부터 3개월이 경과하기 이전에는 그 제3자에 대한 운송인의 채권·채무는 소멸하지 않으며, 운송인과 그 제3자 사이의 채권·채무의 소멸에 관한 단기제척기간의 합의에 의하여 연장한다는 취지의 약정이 있는 경우에도 소멸하지 아니한다(제814조 제2항). 운송인이 인수한 운송을 다시 제3자에게 위탁한 경우에 있어서 재판상 청구를 받은 운송인이 그로부터 3개월 이내에 그 제3자에 대하여 소송고지를 하면 3개월의 기간은 그 재판이 확정되거나 그 밖의 종료된 때로부터 기산한다(제814조 제3항).

> **【판례】 대법원 2018.12.13.선고 2018다244761판결**
>
> 상법 제814조 제2항 전단에서 규정한 '제1항의 기간'이란 상법 제814조 제1항 본문에서 정한 운송물을 인도한 날 또는 인도할 날부터 1년의 기간은 물론, 상법 제814조 제1항 단서에 따라 당사자의 합의에 의하여 연장된 기간을 포함한다고 보아야 한다. 그 이유는 다음과 같다.
>
> 상법 제814조 제1항에서 정한 제척기간은 '운송물을 인도한 날 또는 인도할 날부터 1년의 기간'(본문)과 '당사자의 합의에 의하여 연장된 기간'(단서)이다. 상법 제814조 제2항 전단은 '제1항 단서'라고 규정한 같은 항 후단과 달리 '제1항의 기간'이라고만 규정하여 상법 제814조 제1항의 본문과 단서를 구분하거나 적용 범위를 제한하고 있지 않다. 따라서 위 '제1항의 기간' 부분을 그 문언의 통상적 의미로 충실하게 해석하면 상법 제814조 제1항 본문과 단서에 정해진 기간을 모두 의미한다고 해석할 수 있다.

제4관 해상물건운송계약의 종료

I. 항해용선계약상 용선자 또는 송하인의 임의해제 또는 해지

1. 발항 전의 임의해제 또는 해지

1) 전부용선계약의 경우

(1) 계약의 해제·해지와 운임지급: 전부용선자는 발항 전에는 운임의 반액을 지급하고

계약을 해제할 수 있다(제832조 제1항). 왕복항해의 용선계약인 경우에는 전부용선자가 그 회항 전에 계약을 해지하는 때에는 운임의 3분의 2를 지급하여야 한다(제832조 제2항). 선박이 타항에서 선적항에 회항하여야 할 경우에 전부용선자가 선적항에서 발항하기 전에 계약을 해지하는 때에도 운임의 3분의 2를 지급하여야 한다(제832조 제3항).

(2) 계약의 해제·해지와 선적·양륙비용: 운송계약의 해제 또는 해지의 경우에도 운송물의 전부 또는 일부를 선적한 때에는 그 선적과 양륙의 비용은 용선자가 부담한다(제835조).

(3) 부수비용 등의 부담: 전부용선자가 발항 전에 계약을 해제한 때에도 부수비용과 체당금은 지급하여야 하며(제834조 제1항), 회항 전에 계약을 해지하거나 발항 전에 계약을 해지한 경우에는 운송물의 가액에 따라 공동해손 또는 해난구조로 인하여 부담할 금액을 지급하여야 한다(제834조 제2항).

(4) 불선적(不船積)의 효과: 용선자가 선적기간 내에 운송물의 선적을 하지 아니한 때에는 계약을 해제 또는 해지한 것으로 본다(제836조).

2) 일부용선·개품운송계약의 경우

일부용선자 또는 송하인은 다른 용선자 및 송하인 전원과 공동으로 하는 경우에 한하여 계약을 해제 또는 해지할 수 있으며, 이 경우의 효과는 전부용선의 경우와 같다(제833조 제1항). 일부용선자나 송하인이 다른 용선자 및 송하인과 공동으로 하지 않고 발항 전에 계약을 해제 또는 해지한 때에는 운임의 전액을 지급하여야 한다(제833조 제2항).

일부용선자나 송하인이 운송물의 전부 또는 일부를 이미 선적한 경우에는 다른 용선자와 송하인의 동의를 얻지 않으면 계약을 해제 또는 해지하지 못한다(제833조 제3항).

2. 발항 후의 임의해지

발항 후 용선자나 송하인은 운임의 전액·체당금·정박료와 공동해손 또는 해난구조의 분담액을 지급하고, 양륙하기 위하여 생긴 손해를 배상하거나 이에 상당한 담보를 제공하지 않으면 계약을 해지하지 못한다(제837조).

II. 불가항력으로 인한 임의해제 또는 해지

1. 발항 전의 경우

발항 전에 항해 또는 운송이 법령에 위반하거나 기타 불가항력으로 인하여 계약의 목적을 달성할 수 없게 된 때에 각 당사자는 계약을 해제할 수 있다(제811조 제1항, 제841조 제1항). 불가항력의 사유가 운송물의 일부에 대하여 생긴 때에는 용선자 또는 송하인은 운송인의 책임이 가중되지 않는 범위 내에서 다른 운송물을 선적할 수 있으며(제812조 제1항, 제841조 제1항), 이 경우에 용선자 또는 송하인은 지체없이 운송물의 양륙 또는 선적을 하여야 한다. 만일, 그 양륙 또는 선적을 해태한 때에는 운임의 전액을 지급하여야 한다(제812조 제2항, 제841조 제1항).

2. 발항 후의 경우

발항 후 항해 도중에 불가항력으로 인하여 계약의 목적을 달성할 수 없게 된 때에도 용선자 또는 송하인은 계약을 해지할 수 있으나, 이 경우에는 이미 운송의 일부가 이행되었으므로 그 운송의 비율에 따른 운임을 지급하여야 한다(제811조 제2항, 제841조 제1항).

Ⅲ. 불가항력으로 인한 당연종료

해상물건운송계약은 선박이 침몰 또는 멸실한 때, 선박이 수선할 수 없게 된 때, 선박이 포획된 때, 운송물이 불가항력으로 인하여 멸실된 때에는 법률상 당연히 종료한다(제810조 제1항, 제841조 제1항).

항해 도중에 선박이 침몰 또는 멸실하거나 수선할 수 없게 된 때, 또는 선박이 포획됨으로 인해 계약이 해지된 때에는 용선자 또는 송하인은 운송의 비율에 따른 운임을 지급하여야 한다(제810조 제2항, 제841조 제1항).

제5관 운송증서

Ⅰ. 선하증권

1. 의의 및 법적 성질

1) 의 의

선하증권은 운송물을 수령 또는 선적하였음을 인증하고 이를 운송하여 양륙항에서 증권의 정당한 소지인에게 그 운송물을 인도할 것을 약정하는 것을 내용으로 하는 유가증권으로서, 해상운송인이 운송물을 수령하였을 때에는 수령선하증권을 발행하고(제852조 제1항), 선적 후에는 선적선하증권을 발행하거나 또는 수령선하증권에 선적의 뜻을 표시한다(제852조 제2항). 이 선적의 표시는 운송인이 선장 또는 그 밖의 대리인에게 위임할 수도 있다(제852조 제3항).

2) 성 질

선하증권은 화물상환증과 같이 법률상 당연한 지시증권성, 요식증권성, 상환증권성, 요인증권성, 인도증권성, 처분증권성 등을 갖는다(제861조, 제129조, 제130조, 제132조, 제133조). 그리고 문언증권성이 인정된다(제854조).

【판례】 대법원 2025.8.14.선고 2024다270860판결

운송주선인은 상품의 통관절차, 운송물의 검수, 보관, 부보, 운송물의 수령인도 등 운송목적의 실현에 도움을 주는 부수적 업무를 담당할 수 있고(대법원 2018.12.13.선고 2015다246186판결 참조), 그러한 역할을 원활하게 수행하기 위해 도착지 현지 운송주선인을 두는 경우가 있다. 이러한 경우 도착지 운송주선인은 운송주선인의 이행보조자로서 수입화물에 대한 통관절차가 끝날 때까지 수입화물을 보관하고 해상운송의 정당한 수령인인 수하인 또는 수하인이 지정하는 자에게 화물을 인도할 의무를 부담한다. 해상운송화물은 선하증권과 상환으로 그 소지인에게 인도되어야 하므로, 도착지 운송주선인이 운송물을 선하증권 소지인이 아닌 자에게 인도하여 선하증권 소지인에게 운송물을 인도하지 못하게 된 경우에는 선하증권 소지인의 운송물에 대한 권리를 위법하게 침해한 것으로 불법행위가 된다(대법원 2005.1.27.선고 2004다12394판결, 대법원 2019.4.11.선고 2016다276719판결 등 참조).

2. 발 행

1) 발행자·발행청구자

선하증권은 용선자 또는 송하인의 청구에 의하여 운송인(용선계약의 경우에 선박소유자)이 발행하지만(제852조 제1항, 제855조 제1항), 선장 또는 그 밖의 대리인에게 발행·교부를 위임할 수도 있다(제852조 제3항, 제855조 제1항). 사실상 운송을 위탁한 운송주선인도 선하증권의 발행을 청구할 수 있다.

선하증권의 교부를 받은 용선자 또는 송하인은 발행자의 청구가 있는 때에는 선하증권의 등본에 기명날인 또는 서명하여 교부하여야 한다(제856조).

2) 기재사항

(1) 법정기재사항: 선하증권에는 ① 선박의 명칭·국적과 톤수, ② 송하인이 서면으로 통지한 운송물의 종류, 중량 또는 용적, 포장의 종별, 개수와 기호, ③ 운송물의 외관상태, ④ 용선자 또는 송하인의 성명 또는 상호, ⑤ 수하인 또는 통지수령인의 성명 또는 상호, ⑥ 선적항, ⑦ 양륙항, ⑧ 운임, ⑨ 발행지와 그 발행연월일, ⑩ 수통의 선하증권을 발행한 때의 그 수를 기재하고 운송인이 기명날인 또는 서명하여야 한다(제853조 제1항, 제855조 제1항).

【판례】 대법원 2000.3.10.선고 99다55052판결

선하증권의 송하인란을 기재함에 있어서는 반드시 운송계약의 당사자만을 송하인으로 기재하여야 하는 것은 아니고, 넓은 의미의 하주(荷主)를 송하인으로 기재할 수도 있으므로 선하증권상에 송하인으로 기재되어 있다는 것만으로 그 선하증권에 의한 운송계약의 상대방이라고 단정할 수는 없다.

(2) 기재사항의 효력: 법정기재사항이 모두 기재되지 아니한 선하증권도 그 본질에 반하지 않을 정도의 것이면 무효는 아니다. 법정기재사항 중 운송물의 중량·용적·개수 또는 기호가 운송인이 실제로 수령한 운송물을 정확하게 표시하고 있지 아니하다고 의심할 만한 상당한 이유가 있는 때 또는 이를 확인할 적당한 방법이 없는 때에는 그 기재를 생략할 수 있다(제853조 제2항, 제855조 제1항).

송하인은 서면으로 통지한 운송물의 종류, 수량 또는 용적, 포장의 종별, 개수와 기호의 기재사항이 정확함을 운송인이 담보한 것으로 본다(제853조 제3항, 제855조 제1항). 운송인이 선하증권에 기재된 통지수령인에게 운송물에 관한 통지를 한 때에는 용선자 또는 송하인 및 선하증권 소지인, 기타 수하인에게 통지한 것으로 본다(제853조 제4항, 제855조 제1항).

3. 양도방법

기명식 또는 지시식 선하증권은 배서에 의하여 양도하게 된다. 그러나 기명식 선하증권으로서 증권상에 배서를 금지하는 뜻의 기재가 있는 경우에는 배서에 의해 양도할 수 없다(제861조, 제130조). 무기명식 또는 소지인출급식 선하증권은 단순한 교부만에 의하여 양도된다.

보충판례 '보증도' 등으로 운송물이 멸실된 경우 채무불이행으로 인한 손해배상청구권은 물론 불법행위로 인한 손해배상청구권도 선하증권에 화체되어 선하증권이 양도됨에 따라 선하증권 소지인에게 이전되는 것이다(대법원 1991.12.10.선고 91다14123판결).

4. 효 력

1) 물권적 효력

선하증권이 작성·교부된 경우에는 운송물에 관한 처분은 그 증권으로써 하여야 하고(제861조, 제132조), 선하증권에 의하여 운송물을 받을 수 있는 자에게 증권을 교부한 때에는 운송물상에 행사하는 권리의 취득에 관하여는 운송물을 인도한 것과 동일한 효력이 있다(제861조, 제133조).

【판례】 대법원 2003.1.10.선고 2000다70064판결

선하증권은 해상운송인이 운송물을 수령한 것을 증명하고 양륙항에서 정당한 소지인에게 운송물을 인도할 채무를 부담하는 유가증권으로서, 운송인과 그 증권소지인 사이에는 증권 기재에 따라 운송계약상의 채권관계가 성립하는 채권적 효력이 발생하고, 운송물을 처분하는 당사자 사이에는 운송물에 관한 처분은 증권으로써 하여야 하며 운송물을 받을 수 있는 자에게 증권을 교부한 때에는 운송물 위에 행사하는 권리의 취득에 관하여 운송물을 인도한 것과 동일한 물권적 효력이 발생하므로 운송물의 권리를 양수한 수하인 또는 그 이후의 자는 선하증권을 교부받음으로써 그 채권적 효력으로 운송계약상의 권리를 취득함과 동시에 그 물권적 효력으로 양도 목적물의 점유를 인도받은 것이 되어 그 운송물의 소유권을 취득한다.

2) 채권적 효력

(1) 용선계약의 경우: 용선자의 청구에 의하여 선박소유자가 선하증권을 발행한 경우, 선박소유자는 선하증권에 기재된 대로 운송물을 수령 또는 선적한 것으로 추정한다(제855조 제2항). 제3자가 선의로 선하증권을 취득한 경우 선박소유자는 선하증권에 기재된 대로 운송물을 수령 혹은 선적한 것으로 보고 선하증권에 기재된 바에 따라(운송물의 내용을 포함한 모든 법정기재사항에 대하여) 운송인으로서 책임을 진다(제855조 제3항 제1문, 제854조 제2항).

용선자의 청구에 따라 선박소유자가 제3자에게 선하증권을 발행한 경우에도 같다(제855조 제3항 제2문). 여기서 제3자는 송하인으로 본다(제855조 제4항).

(2) 개품운송계약의 경우: 선하증권의 채권적 효력이란 선하증권소지인과 발행인인 해상운송인 사이의 채권적 관계를 정하는 효력이다. 선하증권이 법정기재사항을 기재하여 발행된 경우에는 운송인이 그 증권에 기재된 대로 운송물을 수령 또는 선적한 것으로 추정한다(제854조 제1항). 선하증권에 기재되어 추정을 받는 운송물의 외관상태는 상당한 주의를 기울여 검사하면 발견할 수 있는 외관상의 하자에 대하여서만 적용되는 것이지, 상당한 주의를 기울이더라도 발견할 수 없는 운송물의 내부상태에 대하여서는 위 추정규정이 적용될 수 없다(대법원 2001.9.8.선고 98다49074판결).

참조판례 운송인에 대하여 운송물에 관한 손해배상을 청구하려면 운송계약에 따른 운송 중에 손해가 발생한 사실을 증명하여야 한다. 그 증명 방법으로 운송인이 운송물을 양하할 때 운송물이 멸실·훼손된 사실이 이미 밝혀졌다면 운송물이 하자 없는 양호한 상태로 운송인에게 인도되었음을 증명하는 것으로도 충분하다. 그런데 운송인은 선하증권에 기재된 대로 운송물을 수령 또는 선적한 것으로 추정되므로(상법 제854조 제1항), 선하증권에 운송물이 외관상 양호한 상태로 선적되었다는 기재가 있는 무고장 선하증권이 발행된 경우에는 특별한 사정이 없는 한 운송인은 그 운송물을 양호한 상태로 수령 또는 선적한 것으로 추정된다(대법원 2001.2.9.선고 98다49074판결; 대법원 2011.2.10.선고 2009다60763판결; 대법원 2017.9.7.선고 2017다234217판결 등 참조).

선하증권의 추정력(반증이 가능한 것)은 악의(선하증권의 기재가 사실과 다르다는 것을 아는 것)의 증권소지인에 대하여서만 발생하고, 운송인은 선하증권을 선의로 취득한 소지인에 대하여 선하증권에 기재된 대로(운송물의 내용을 포함한 모든 법정기재사항에 대하여) 운송물을 수령 혹은 선적한 것으로 보고 선하증권에 기재된 바에 따라 운송인으로서 책임을 진다(제854조 제2항). '선하증권을 선의로 취득한 소지인'이란 운송계약의 당사자인 운송인과 송하인을 제외한 유통된 선하증권을 선의로 취득한 제3자를 의미한다(대법원 2015.12.10.선고 2013다3170판결). 따라서 운송인은 악의의 증권소지인에 대하여는 기재와 상이한 운송물을 수령하였음을 입증하여 책임을 면할 수 있으나, 선의의 증권소지인에 대하여는 반증으로 책임을 면할 수 없다.

선하증권 점유자는 배서의 형식적 연속으로 적법한 소지인으로 추정되므로, 운송인이 배서연속 있는 선하증권 점유자에게 운송물을 인도하면 악의·중과실이 없는 한 면책된다.

【판례】 대법원 2023.8.31.선고 2018다289825판결

[1] 운송인이 송하인에게 선하증권을 발행·교부하는 경우 송하인은 선하증권 최초의 정당한 소지인이 되고, 그로부터 배서의 연속이나 그 밖에 다른 증거방법에 의하여 실질적 권리를 취득하였음을 증명하는 자는 그 정당한 소지인으로서 선하증권상의 권리를 행사할 수 있다. 이때 그 소지인이 담보의 목적으로 선하증권을 취득하였다고 하더라도 선하증권의 정당한 소지인이 되는 데에는 아무런 지장이 없으므로, 송하인으로부터 담보의 목적으로 선하증권을 취득한 자는 그 정당한 소지인으로서 선하증권에 화체된 권리를 행사할 수 있다. 그리고 송하인과의 법률관계, 선하증권의 문언 등에 따라 송하인을 대신하여 운송인으로부터 선하증권을 교부받을 권한이 있는 자가 선하증권에 관하여 실질적 권리를 취득하였다면 특별한 사정이 없는 한 이 경우에도 위와 같은 법리가 동일하게 적용되고, 그로부터 담보의 목적으로 선하증권을 취득한 자도 정당한 소지인으로서 선하증권상의 권리를 행사할 수 있다.

[2] 선하증권을 발행한 운송인이 선하증권과 상환하지 아니하고 운송물을 선하증권 소지인이 아닌 자에게 인도함으로써 운송물에 관한 선하증권 소지인의 권리를 침해하였을 때에는 고의 또는 중대한 과실에 의한 불법행위가 성립하고, 이때 불법행위로 인한 손해배상청구권은 선하증권에 화체되어 그 선하증권의 소지인에게 이전된다. 따라서 선하증권의 정당한 소지인은 선하증권과의 상환 없이 운송물이 인도됨으로써 불법행위가 성립하는 경우, 운송인 또는 운송인과 함께 그와 같은 불법행위를 저지른 공동불법행위자를 상대로 손해배상청구를 할 수 있다.

선하증권의 효력에 관한 규정은 공권 또는 증권에 기재된 것과 실제 운송물이 상이한 경우에는 문언성을 중시하는 입장에서 입법적으로 해결된 것으로 볼 수 있으므로 견해의 대립이 발생할 여지가 없다고 본다. 그러나 판례(대법원 2005.3.24.선고 2003다5535판결; 대법원 2008.2.14.선고 2006다47585판결)는 일관되게 공권 또는 운송물이 계약내용과 상이한 경우에 대해 원인과 요건을 구비하지 않아 무효라고 한다.

【판례】 대법원 2008.2.14.선고 2006다47585판결

선하증권은 운송물의 인도청구권을 표창하는 유가증권인바, 이는 운송계약에 기하여 작성되는 유인증권으로 상법은 운송인이 송하인으로부터 실제로 운송물을 수령 또는 선적하고 있는 것을 유효한 선하증권 성립의 전제조건으로 삼고 있으므로 운송물을 수령 또는 선적하지 아니하였는데도 발행한 선하증권은 원인과 요건을 구비하지 못하여 목적물의 흠결이 있는 것으로서 무효이다.

전자선하증권

1. 발 행

운송인은 실물의 선하증권을 발행하는 대신 송하인 또는 용선자의 동의를 받아 법무부장관이 지정하는 등록기관에 등록하는 방식으로 전자선하증권을 발행할 수 있다. 이 경우 전자선하증권은 실물의 선하증권과 동일한 법적 효과를 갖는다(제862조 제1항).

전자선하증권의 등록기관의 지정요건 및 지정절차, 발행 및 배서의 전자적인 방식, 운송물의 구체적인 수령절차와 그 밖에 필요한 사항은 대통령령(상법의 전자선하증권 규정의 시행에 관한 규정)으로 정한다(제862조 제5항).

2. 효력발생시기

전자선하증권에는 상법 제853조 제1항 각호의 정보가 포함되어야 하며, 운송인이 전자서명하여 송신하고 용선자 또는 송하인이 이를 수신하여야 그 효력이 생긴다(제862조 제2항).

3. 양 도

전자선하증권의 권리자는 배서의 뜻을 기재한 전자문서를 작성한 다음 전자선하증권을 첨부하여 지정된 등록기관을 통하여 상대방에게 송신하는 방법으로 그 권리를 양도할 수 있다(제862조 제3항).

이러한 방식에 따라 배서의 뜻을 기재한 전자문서를 상대방이 수신하면 상법 제852조 및 상법 제855조의 선하증권을 배서하여 교부한 것과 동일한 효력이 있고, 전자문서를 수신한 권리자는 상법 제852조 및 상법 제855조의 선하증권을 교부받은 소지인과 동일한 권리를 취득한다(제862조 제4항).

해상화물운송장

1. 발 행

운송인은 용선자 또는 송하인의 청구가 있으면 선하증권을 발행하는 대신 해상화물운송장을 발행할 수 있으며, 해상화물운송장은 당사자의 합의에 따라 전자식으로도 발행할 수 있다(제863조 제1항).

2. 기재사항 및 효력

1) 기재사항

해상화물운송장에는 해상화물운송장임을 표시하는 외에 상법 제853조 제1항 각호 사항을 기재하고 운송인이 기명날인 또는 서명하여야 한다(제863조 제2항). 해상화물운송장에도 운송물의 중량·용적·개수 또는 기호가 운송인이 실제로 수령한 운송물을 정확하게 표시하고 있지 아니하다고 의심할 만한 정당한 이유가 있을 때 또는 이를 확인할 적당한 방법이 없는 때에는 그 기재를 생략할 수 있다(제863조 제3항, 제853조 제2항).

2) 기재사항의 효력

운송인이 해상화물운송장에 기재된 통지수령인에게 운송물에 관한 통지를 한 때에는 송하인 및 해상화물운송장 소지인과 그 밖의 수하인에게 통지한 것으로 본다(제863조 제3항, 제853조 제4항). 해상화물운송장이 발행된 경우 운송인이 그 운송장에 기재된 대로 운송물을 수령 또는 선적한 것으로 추정한다(제864조 제1항). 운송인이 운송물을 인도함에 있어서 수령인이 해상화물운송장에 기재된 수하인 또는 그의 대리인이라고 믿을 만한 정당한 사유가 있는 때에는 수령인이 권리자가 아니라고 하더라도 운송인은 그 책임을 면한다(제864조 제2항).

제 3 절 해상여객운송계약

I. 의의 및 성질

해상여객운송계약이란 당사자의 일방(해상 운송인)이 상대방(여객 또는 용선자)에 대해 선박에 의하여 여객의 해상운송을 할 것을 인수하고 상대방은 이에 대하여 보수(운임)를 지급할 것을 약정함으로써 성립하는 계약이다(제817조 참조). 이는 해상운송계약의 일종으로, 도급계약에 해당한다.

Ⅱ. 운송계약의 성립

1. 계약의 당사자

해상여객운송계약의 당사자는 해상운송인과 운송계약의 객체인 여객 자신이며, 때로는 용선자인 경우도 있다.

2. 계약의 체결

해상여객운송계약도 해상물건운송계약과 같이 불요식의 낙성계약이다. 또한 원칙적으로 유상계약이지만, 예외적으로 무상계약인 경우도 있다. 실무상 해상여객운송인은 개별운송계약의 경우 승선표를 기명식으로 발행하고(기명식의 선표는 타인에게 양도하지 못한다; 제818조), 용선계약의 경우에는 운송계약서를 작성하는 것이 보통이지만, 이러한 것의 작성이 운송계약의 성립요건이 되는 것은 아니다.

Ⅲ. 운송계약의 효력

1. 해상여객운송인의 의무

해상여객운송인의 계약상의 의무 내지 책임은 그 운송계약의 성질상 한편에서는 육상여객운송인과 같고 또 한편으로는 해상물건운송인과 같다.

다만, 해상여객운송에 있어서는 여객이라는 객체가 있기 때문에 해상물건운송에서와 다른 약간의 특칙을 두고 있다.

1) 승선 및 상륙에 관한 의무

(1) 해상운송인은 특정된 승선시기와 장소에 선박을 기항·정박시키고, 승객이 안전하게 승선하도록 하여야 한다. 정박의무는 용선계약의 경우를 제외하고는 없으며, 따라서 여객이 승선시까지 승선하지 않으면 즉시 발항할 수 있다(제821조 제1항).

(2) 해상운송인은 상륙항에서 여객을 안전하게 상륙하게 할 의무가 있다.

2) 식사 및 거처제공의무

해상여객운송인은 다른 약정이 없으면 자신의 부담으로 여객의 항해 중에 식사를 제공하여야 하고(제819조 제1항), 항해의 중도에서 선박을 수선하는 경우에는 운송인은 그 수선 중 여객에게 상당한 거처와 식사를 제공하여야 한다.

다만, 여객의 권리를 해하지 않는 범위 내에서 상륙항까지의 운송의 편의를 제공한 때에는 거처·식사제공의무가 없다(제819조 제2항). 해상운송인이 운송편의를 제공한 때에는 여객이 이를 거부한 때에도 거처·식사제공의무를 면한다. 이 경우에 여객은 비율운임을 지급하고 계약을 해지할 수 있다(제819조 제3항).

3) 수하물무임운송의무

여객이 계약에 의하여 선내에 휴대할 수 있는 수하물에 대하여는 다른 약정이 없는 한 운송인은 운임을 청구하지 못한다(제820조).

2. 해상여객운송인의 권리

1) 운임청구권

해상여객운송인은 여객의 운송에 대한 보수로서 운임을 청구할 수 있다. 여객이 위탁한 수하물의 멸실이 있는 경우에 그 수하물에 대한 운임청구에는 상법 제134조의 규정이 준용된다(제826조 제2항). 운임의 지급시기는 도급계약이라는 점에서 도착 후 지급이어야 할 것이지만, 관행상 선급으로 하는 것이 일반적이다.

2) 발항권

여객이 승선시기까지 승선하지 않을 때에는 즉시 발항할 수 있으며, 항해 도중의 정박항에서도 동일하다(제821조 제1항). 이 경우에는 여객은 운임의 전액을 지급하여야 한다(제821조 제2항).

3. 수하물에 대한 책임

1) 위탁받은 수하물에 대한 책임

해상여객운송인은 여객으로부터 인도를 받은 수하물에 대하여는 운임을 받지 않는 경우에도 해상물건운송인과 동일한 책임이 있으며(제826조 제2항, 제794조 내지 제801조), 탁송수하물의 멸실·훼손 등의 손해에 대한 운송인의 책임은 물건운송의 경우와 동일하게 제한된다(제826조 제2항, 제797조). 탁송수하물이 도착지에 도착한 날로부터 10일 이내에 여객이 그 인도를 청구하지 아니한 때에는 매도인의 공탁·경매권에 관한 상법 제67조의 규정을 준용한다(제826조 제2항, 제149조 제2항). 한편, 탁송수하물의 일부 멸실·훼손에 관하여는 해상물건운송의 운송물의 일부 멸실·훼손에 관한 통지 규정인 상법 제804조의 규정이 준용된다(제826조 제2항). 그리고 육상물건운송인의 특별면책사유에 관한 규정인 제146조의 규정도 준용된다(제826조 제2항).

2) 위탁받지 않은 수하물에 대한 책임

해상여객운송인은 여객으로부터 인도받지 아니한 수하물의 멸실·훼손에 대하여는 자기 또는 사용인의 과실이 있는 경우에만 손해배상책임을 부담한다(제826조 제3항, 제150조). 휴대수하물의 멸실·훼손 등의 손해에 대한 운송인의 책임도 탁송수하물의 경우와 동일하게 제한된다(제826조 제3항, 제797조 제1항).

Ⅳ. 운송계약의 종료

1. 여객의 임의해제 또는 해지

여객은 발항 전에는 운임의 반액을 지급하고, 발항 후에는 그 전액을 지급하고 각각 운송계약을 해제할 수 있다(제822조).

항해의 도중에서 선박을 수선하는 경우에는 그 수선이 불능한 것이 아닌 때에도 여객은 비율운임을 지급하고 계약을 해지할 수 있다(제825조).

2. 불가항력으로 인한 각 당사자의 해제·해지

항해 또는 운송이 법령에 위반하게 되거나 기타 불가항력으로 인하여 계약의 목적을 달성할 수 없는 때에는 각 당사자는 계약을 해제할 수 있다(제826조 제2항, 제811조 제1항). 이 경우 사유가 발항 전에 생긴 때에는 자유로이 해제할 수 있으나, 발항 후에 생긴 때에는 여객은 비율운임을 지급하여야 계약을 해지할 수 있다(제826조 제2항, 제811조 제2항).

여객이 발항 전에 사망·질병 기타의 불가항력으로 인하여 항해할 수 없게 된 때에는 운송인은 운임의 10분의 3을 청구할 수 있고, 발항 후에 그 사유가 생긴 때에는 운송인의 선택으로 운임의 10분의 3 또는 비율운임을 청구할 수 있다(제823조).

3. 불가항력으로 인한 당연종료

해상여객운송계약은 선박이 침몰 또는 멸실한 때, 수선할 수 없게 된 때, 포획된 때에는 법률상 당연히 종료한다. 그리고 이러한 사유가 항해의 도중에서 생긴 때에는 여객은 비율운임을 지급하여야 한다(제825조). 이 경우 운송물(탁송수하물)이 불가항력으로 인하여 멸실되어 계약이 해지된 때에는 해상여객운송인에게 수하물의 운송을 위탁한 여객이나 용선자는 운임을 지급하지 아니한다(제826조 제2항, 제841조, 제134조 제1항).

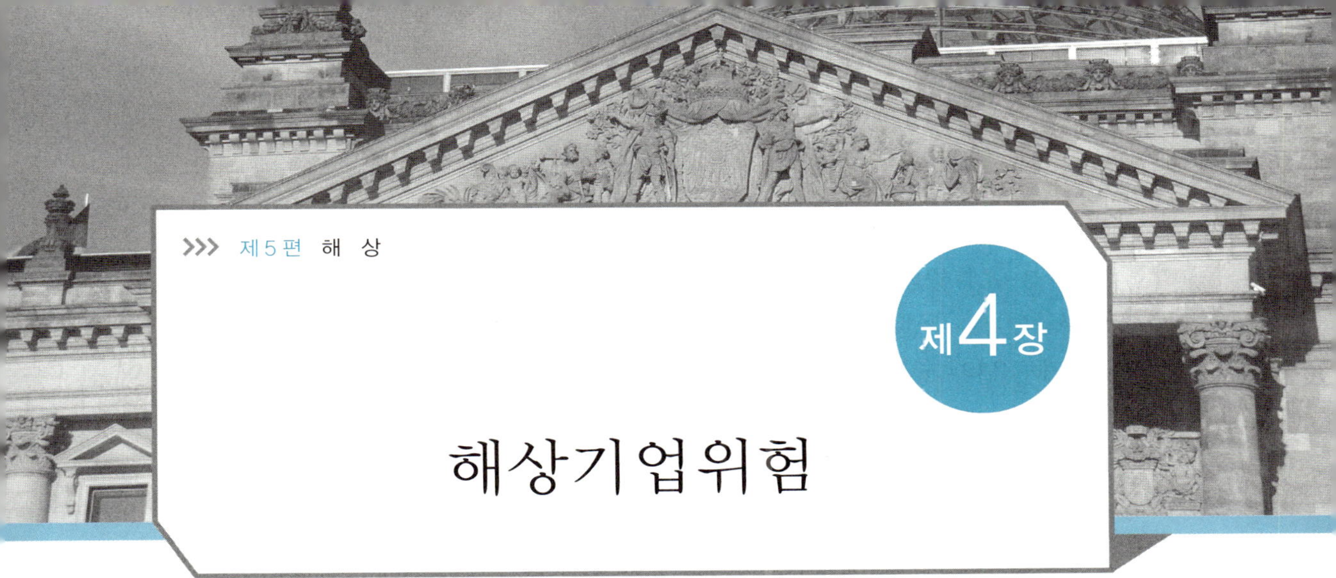

제4장 해상기업위험

제1절 공동해손

I. 공동해손의 의의 및 성질

공동해손(共同海損)이란 선박과 적하의 공동위험을 면하기 위한 선장의 선박 또는 적하에 대한 처분으로 인하여 생긴 손해 또는 비용을 말한다(제865조). 해상법상 공동해손의 법적 성질에 대해서는 해상법상의 특수한 법률요건이라는 것이 일반적이다.

II. 공동해손의 요건

1. 위험요건

공동해손은 선박과 적하의 공동위험을 면하기 위한 것이라야 한다. 따라서 선박 또는 적하의 한 쪽만의 위험인 경우이거나, 혹은 선박 또는 적하에 대한 위험이 각각 그 원인을 달리하는 경우에는 공동해손은 성립하지 않는다.

그리고 위험은 발생가능성이 있는 상태를 말하며, 현실적으로 급박한 것이어야 한다. 따라서 장래의 위험이어서는 안 된다. 위험은 객관적으로 존재하여야 하고, 그 발생원인은 불문한다. 따라서 위험이 선박 또는 적하의 하자나 기타 이해관계인의 과실에 의한 경우에도 무방하다(제870조).

또한 공동해손은 선박과 적하의 공동위험을 면하기 위한 것이므로, 인명구조를 위한 선장의 처분 등으로 인하여 생긴 손해 또는 비용은 공동해손이 되지 않는다.

2. 처분요건

공동해손은 선박 또는 적하에 대한 선장의 비상처분으로 인한 것이어야 한다. 따라서 선장이 고의로 한 것이 아니고 우연한 행위, 불가항력 또는 제3자의 처분으로 인한 경우에는 공동해손은 성립하지 않는다.

그리고 선장의 처분은 선박 또는 적하를 공동위험으로부터 구출하기 위한 비상처분이라야 한다. 따라서 운송계약상의 의무로서 하는 통상의 처분행위나 통상의 항해비용 등은 비상처분에 해당하지 않으므로 공동해손이 되지 않는다. 처분의 목적물은 선박과 적하에 한하며, 양자를 모두 처분하여야 하는 것은 아니며, 그 어느 한 쪽만의 처분이 있으면 공동해손처분이 된다.

3. 손해 또는 비용요건

공동해손은 선장의 처분으로 인하여 손해 또는 비용이 생겨야 한다. 선장의 처분과 손해 또는 비용과의 사이에 상당한 인과관계가 있어야 한다(제865조). 공동해손의 성립은 공동안전 또는 공동이익과는 관계없이 선장의 처분과 상당한 인과관계가 있는 희생손실에 대해서만 인정된다(희생주의).

4. 보존요건

선장의 처분에 의하여 선박 또는 적하가 그 공동위험을 면하고 잔존하여야 한다(제866조). 선장의 처분 후 선박 또는 적하가 잔존하면 되고(잔존주의), 처분과 보존 사이에 인과관계를 요하는 것이 아니다. 잔존물은 선박 또는 적하의 어느 한 쪽만이라도 잔존하면 된다(종류불문주의).

III. 공동해손의 효과

1. 공동해손채권

1) 공동해손청구권자

선장의 처분으로 인하여 공동해손인 손해 또는 비용이 생긴 때에는 그 손해를 입은 자 또는 비용을 지급한 자는 다른 이해관계인에 대하여 일정한 비율에 따른 분담금을 청구할 수 있다(제866조 참조). 공동해손인 비용을 제3자가 지출한 경우의 그 제3자는 공동해손의 채권자가 아니다.

2) 공동해손에서 제외되는 채권

공동해손인 손해 또는 비용은 원칙적으로 그 전액이 분담대상이 되어야 할 것이지만, ① 속구목록에 기재하지 아니한 속구, ② 선하증권 기타 적하의 가격을 정할 수 있는 서류 없이 선적한 화물, ③ 종류와 가액을 명시하지 아니한 화폐나 유가증권 기타의 고가물, ④ 관습상 허용되는 경우나 연안항행의 경우를 제외한 갑판에 적재한 화물 등이 손실된 경우에는 그 가액은 공동해손액에 산입하지 아니하지만, 이러한 물건이 보존된 경우에는 그 가액을 공동해손의 분담에 산입한다(제872조 제1항·제2항).

3) 배상할 청구액의 산정

배상할 손해액의 산정에 있어서 선박의 가액은 도달의 때와 곳의 가액으로, 적하의 가액은 양륙의 때와 곳의 가액으로 하되, 적하에 관하여는 그 손실로 인하여 지급을 면하게 된 모든 비용을 공제하여야 한다(제869조).

그러나 선하증권 기타 적하의 가격을 정할 수 있는 서류에 적하의 가격에 영향을 미칠 사항에 관하여 허위의 기재를 한 경우에, 그 화물이 손실된 때에는 그 기재액을 공동해손의 액으로 한다(제873조).

4) 공동해손채권의 소멸

공동해손으로 인하여 생긴 채권 및 공동위험의 책임이 있는 자에 대한 구상채권은 그 계산이 종료한 날로부터 1년 내에 재판상 청구가 없으면 소멸한다(제875조 본문). 다만, 이 단기제척기간은 당사자의 합의에 의하여 연장할 수 있다(제875조 단서, 제814조 제1항 단서).

2. 공동해손채무

1) 채무의 분담

공동해손은 그 위험을 면하여 잔존하게 된 선박 또는 적하의 가액과 운임의 반액과 공동해손의 액과의 비율에 따라 각 이해관계인이 이를 분담한다(제866조). 그러나 선박에 비치한 무기, 선원의 급료, 선원과 여객의 양식과 의류는 보존된 경우에도 그 가액을 공동해손의 분담에 산입하지 않지만, 선장의 처분으로 인하여 손실된 경우에는 그 가액을 공동해손의 액에 산입한다(제871조).

2) 분담액 정산

공동해손의 분담액을 정함에 있어서는 선박의 가액은 도달의 때와 곳의 가액으로 하고, 적하의 가액은 양륙의 때와 곳의 가액으로 하지만, 적하에 관하여는 그 가액 중에서 멸실로 인하여 지급을 면하게 된 운임 기타의 비용을 공제하여야 한다(제867조). 그러나 선하증권, 기타 적하의 가격을 정할 수 있는 서류에 적하의 실가보다 고액을 기재한 경우 또는 적하의 가격에 영향을 미칠 사항에 관하여 허위의 기재를 한 경우에는 그 적하의 이해관계인은 기재한 가액에 따라서 공동해손을 분담하여야 한다(제873조). 선박과 적하의 공동위험이 선박 또는 적하의 하자나 기타 과실 있는 행위로 인하여 생긴 경우에는 공동해손의 분담자는 그 책임 있는 자에 대하여 구상권을 행사할 수 있다(제870조).

3) 분담의 한도

공동해손분담책임이 있는 자는 선박이 도달하거나 적하를 인도한 때에 현존하는 가액의 한도에서만 그 책임을 진다(제868조).

3. 공동해손의 정산

공동해손의 정산(精算), 즉 계산은 일반적으로 선장이 하지만 전문 정산인에게 위임할 수 있다. 이 경우 항해종료지, 즉 선박과 적하가 분리할 최후 적하의 양륙항을 정산지로 보아야 한다. 공동해손의 정산지는 특약이 없는 한 항해종료지, 즉 선박과 적하가 분리하는 장소인 최후 적하의 양륙항이다. 선박소유자·용선자·송하인, 그 밖의 이해관계인이 공동해손의 액(額)을 분담한 후, 선박·속구 또는 적하의 전부나 일부가 소유자에게 복귀된 때에는 그 소유자는 공동해손의 상금으로 받은 금액에서 구조료와 일부 손실로 인한 손실액을 공제하고 그 잔액을 반환하여야 한다(제874조).

제 2 절 선박충돌

I. 선박충돌의 의의

선박충돌이란 항해선 상호간 또는 항해선과 내수항행선 간에 어떠한 수면에서 충돌하여 선박 또는 선박 내에 있는 물건이나 사람에 관하여 손해가 발생하는 것을 말한다(제876조 제1항). 여기에서 '선박의 충돌'이란 2척의 선박이 그 운용상 작위 또는 부작위로 선박 상호간에 다른 선박 또는 선박 내에 있는 사람 또는 물건에 손해를 생기게 하는 것을 말하며, 직접적인 접촉의 유무를 묻지 아니한다(제876조 제2항).

선박충돌에 관해서는 선박충돌이 불가항력에 의한 경우(제877조), 일방의 과실로 인한 경우(제878조), 쌍방의 과실로 인한 경우(제879조), 도선사의 과실로 인한 경우(제880조)에 관하여 규정하고 있다.

II. 선박충돌의 요건

1. 충돌요건

선박의 충돌은 항해선 상호간 또는 항해선과 내수항행선 간의 충돌이어야 한다(제876조 제1항). 따라서 충돌선박의 일방은 적어도 항해선이어야 한다. 내수항행선 간의 충돌이나 노도선 상호간의 충돌 등은 상법상의 선박충돌이 아니다.[1)]

그리고 충돌은 선박간의 충돌이어야 하며, 부두·수문·암벽 등에 충돌하거나, 해상위험을 피하기 위하여 좌초하는 것은 선박충돌이 아니다. 선박충돌은 동일소유자의 소속선인 경우에도 인정된다. 또한 예인선과 자력항행이 불가능한 부선인 피예인선 상호간의 경우에도 선박충돌이 인정된다(대법원 2010.4.29.선고 2009다99754판결).

참조판례 예인선이 철골구조물을 실은 무동력 부선을 예인하던 중 강한 조류에 떠밀리는 바람에 철골구조물이 다리 상판과 충돌한 후 해저로 추락하고 그 과정에서 부선이 파손된 사안에서, 위 예인선 용

1) 【학설】 항해선과 국·공유선 간의 선박충돌에 관한 학설
항해선과 국·공유선 간의 충돌은 원칙적으로 선박충돌이라 할 수 없지만, 국·공유선이 공용에 제공되지 않는 경우에는 이에 해상법이 준용될 수 있으므로 이때에는 상법상 선박충돌이 될 수 있다는 견해와, 국·공유선은 선박충돌의 범위에서 제외된다는 견해가 있다.

선계약은 예인선 소유자가 영업의 일환으로 예인선을 용선자의 철골구조물 운반 작업에 제공하고 이를 위하여 자신의 피용자인 선장과 선원들로 하여금 예인선을 운항하도록 한 정기용선계약으로 봄이 상당하므로, 예인선 소유자는 예인선 선장의 항행상 과실로 인하여 파손된 부선의 손해를 배상할 책임이 있다(대법원 2010.4.29.선고 2009다99754판결).

충돌장소는 어떠한 수면이라도 관계없으므로, 해상이든 평수구역(내수) 내이든 상관이 없고, 항해 중의 충돌이든 정박 중의 충돌이든 관계없다. 또 수중에서의 충돌도 선박충돌에 해당한다.

2. 손해요건

산박의 충돌로 인하여 손해가 발생하여야 한다(제876조 제1항). 충돌로 인한 손해는 충돌과 상당인과관계가 있어야 한다. 선박충돌로 인하여 생긴 손해의 배상에 관하여는 상법규정만이 적용되고 민법상 공동불법행위에 관한 규정은 그 적용이 배제된다(대법원 1972.6.13.선고 70다213판결).

Ⅲ. 선박충돌의 효과

1. 선박소유자 간의 관계

1) 불가항력으로 인한 충돌

선박의 충돌이 불가항력으로 인하여 발생하였거나, 충돌이 원인불명으로 인하여 발생한 때에는 피해자는 충돌로 인한 손해의 배상을 청구하지 못한다(제877조).

2) 일방과실로 인한 충돌

선박충돌이 일방의 선원의 과실로 인하여 발생한 때에는 그 일방의 선박소유자는 피해자에 대하여 충돌로 인한 손해를 배상할 책임이 있다(제878조). 선박의 충돌이 일방선박의 도선사의 과실로 인하여 발생한 경우에도 동일하다(제880조). 이 경우 선박소유자는 상법 제769조 이하의 규정에 의하여 피해자에 대한 그의 책임제한을 주장할 수 있다.

3) 쌍방과실로 인한 충돌

쌍방선박의 선원의 과실이 있는 경우에는 각자 과실의 경중에 따라 손해배상책임을 분담하고,[1)] 그의 경중을 판단할 수 없는 것인 경우에는 각 선박소유자가 균분하여 손해배상책임을 부담한다(제879조 제1항). 도선사의 과실에 의한 경우에도 같다(제880조).

2. 제3자에 대한 관계

1) 일방과실로 인한 충돌

일방선박의 과실로 인하여 선박충돌이 있은 경우에는 과실 없는 선박상의 적하·여객에 손해가 생긴 때에는 과실선의 선박소유자 등이 불법행위상의 손해배상책임을 부담하고, 과실선의 적하·여객에 손해가 생긴 때에는 과실선의 선박소유자 등이 운송계약상의 채무불이행에 의한 손해배상책임을 부담한다(제878조). 이때 자선적하(自船積荷)의 손해가 항해과실 등에 의한 경우에 과실선의 선박소유자는 면책된다(제795조 제2항).

【판례】 대법원 2003.8.22.선고 2001다65977판결

정기용선계약은 선박소유자 등이 용선자에게 선원이 승무하고 항해장비를 갖춘 선박을 일정한 기간 동안 항해에 사용하게 할 것을 약정하고 용선자가 이에 대하여 기간으로 정한 용선료를 지급할 것을 약정하는 계약으로서 선박의 점유, 선장 및 선원에 대한 임면권, 그리고 선박에 대한 전반적인 지배관리권은 모두 선주에게 있고, 특히 화물의 선적, 보관 및 양하 등에 관련된 상사적인 사항과 달리 선박의 항행 및 관리에 관련된 해기적인 사항에 관한한 선장 및 선원들에 대한 객관적인 지휘 감독권은 달리 특별한 사정이 없는 한 오로지 선주에게 있다고 할 것이므로, 정기용선된 선박의 선장이 항행상의 과실로 충돌사고를 일으켜 제3자에게 손해를 가한 경우 용선자가 아니라 선주가 선장의 사용자로서 상법 제845조(현행법 제878조) 또는 제846조(현행법 제879조)에 의한 배상책임을 부담하는 것이다.

2) 쌍방과실로 인한 충돌

(1) 인적 손해: 쌍방과실로 인하여 선박충돌이 있고 이로 인하여 제3자의 사상이 있는 경우, 각 선박소유자는 연대하여 제3자에 대하여 손해배상책임을 진다(제879조 제2항). 그리고 과실선박 쌍방의 내부관계에서는 과실의 경중에 따르고 이를 판정할 수 없을 때에는 균분하여 부담한다.

(2) 물적 손해: 쌍방과실로 인하여 선박충돌이 있고 이로 인하여 발생한 제3자의 물적 손해에 관해서는 명문의 규정이 없다. 따라서 이에 대해 상법 제879조 제1항이 적용되느냐 하는 문제가 생긴다.[1]

1) 【학설】 쌍방과실에 따른 손해분담청구권에 관한 학설
각 쌍방의 소유자가 과실의 비율에 따라 상호간에 손해분담청구권을 가지고 쌍방이 상계를 할 수 있다고 보는 견해(교차책임설)와, 충돌이라는 불법행위를 하나로 보고 이것으로 인하여 생긴 손해도 하나로 하여 각 피해액과 과실의 정도에 따라서 계산한 결과 일방의 선박소유자에게만 하나의 손해배상청구권이 생긴다는 견해(단일책임설: 다수설)가 있다.

1) 【학설】 물적 손해에 대한 상법 제879조 제1항의 적용에 관한 학설
상법 제879조 제1항은 과실선주 상호간의 대내관계를 규정한 것이라는 이유에서 선주와 제3자 간에는 적용

【판례】 대법원 1975.6.24.선고 75다356판결

쌍방과실로 인한 선박충돌의 경우 제3자의 재산에 대한 손해배상책임에는 상법 제846조(현행법 제879조) 제1항이 적용되고, 민법상 공동불법행위의 법리에 따른 손해배상의 연대책임이 인정될 여지가 없다.

3. 선박충돌채권의 소멸

선박충돌로 인하여 생긴 손해배상청구권은 그 충돌이 있은 날로부터 2년 내에 재판상 청구가 없으면 소멸하는데, 그 기간은 당사자의 합의에 의하여 연장할 수 있다(제881조).

제 3 절 해난구조

Ⅰ. 해난구조의 의의 및 성질

해난구조(海難救助)는 광의로는 해양사고를 당한 선박 또는 적하를 구조하는 모든 경우를 말하며, 협의로는 구조계약이 없이 해양사고를 당한 선박 또는 적하를 구조하는 경우를 말한다. 상법상의 해난구조는 협의의 해양사고구조를 뜻한다. 이러한 해난구조의 법적 성질은 해상법상의 특수한 법률요건이라고 본다.

Ⅱ. 해난구조의 요건

1. 해난사고의 요건

해난사고란 항해에 관한 어떠한 수면에서의 위난으로서(제882조), 선박이 자력만으로는 극복할 수 없는 위험을 말한다. 위험의 발생원인에는 제한이 없다. 따라서 폭풍과 같은 자연적 원인이든 선원의 반란 등의 인위적 원인이든, 적극적 원인이든 소극적 원인이든 무방하다. 해난사고의 발생장소에도 제한이 없다. 따라서 적어도 선박이 항행할 수 있는 수면이라면 호천·항만이라도 무방하다.

되지 않는다고 하는 견해(부정설)와, 선주 상호간의 책임관계에 한하지 않고 제3자에 대한 관계에서도 적용된다는 견해(긍정설: 통설·판례)가 있다.

2. 목적물요건

해난구조의 목적물은 선박 또는 그 적하 기타의 물건이다. '선박'은 원칙적으로 항해선인데, 구조선이 항해선이면 피구조선이 내수항행선이어도 무방하고 또한 구조선이 내수항행선이면 피구조선이 항해선이어야 한다(제882조). 따라서 내수항행선 상호간의 구조나 국·공유선의 구조는 상법상 해난구조가 아니다. 동일소유자에 속한 선박 상호간에도 상법상의 해난구조가 된다(제891조). '적하'는 운송계약상의 목적물뿐만 아니라 선박장비, 선원과 여객의 식량도 포함한다. '기타의 물건'이란 속구, 여객의 수하물 등을 말한다.

해난구조는 선박 또는 그 적하, 기타 물건의 구조를 말하므로, 인명구조는 해난구조가 아니다. 그러나 인명구조가 재산구조와 함께 있은 경우에는 인명구조에 대한 보수를 청구할 수 있다(제888조 제2항).

3. 구조요건

해난구조는 의무 없이 한 것이라야 한다(제882조). 따라서 조난선의 선원이 당해 선박 또는 적하를 구조하는 행위, 도선사가 인도하는 선박을 구조하는 행위 등은 해난구조가 아니다.

4. 인과(因果)요건

구조자는 그 결과에 대하여 상당한 보수를 청구할 수 있으므로(제882조), 구조작업이 주효하였어야 한다(결과주의). 구조의 결과는 구조행위로 인하여 구체적인 위험으로부터 구출되어 안전한 지위에 놓이게 되어야 하며, 다만 그 안전은 절대적 안전임을 요하지 않고 상대적 안전으로서 족하다. 그리고 일단 구조의 결과가 있으면 또 다시 발생한 해난으로 인하여 손해가 발생하여도 구조료청구권에는 영향이 없다.

Ⅲ. 해난구조의 효과

1. 구조료청구권

1) 청구권의 발생

해난구조의 요건을 갖추면 구조자는 당연히 구조료청구권을 갖는다(제882조). 이러한 구조료의 성질은 보수이지만, 그 액의 산정에는 구조자가 지출한 비용도 가산된다(제883조).

2) 구조료청구권자

구조료청구권을 갖는 자는 원칙적으로 해난구조에 종사한 모든 자이다. 선박소유자는 스스로 구조에 종사하지는 않았으나 구조에 출연(出捐)한 자이므로 선박의 손해액과 구조비용에 대한 청구권을 인정하고 있다.

그러나 ① 구조받은 선박에 종사하는 자, ② 고의 또는 과실로 인하여 해난사고를 야기한 자, ③ 정당한 거부에도 불구하고 구조를 강행한 자, ④ 구조된 물건을 은닉하거나 정당한 이유 없이 처분한 자는 구조료청구권이 없다(제892조).

예선의 본선 또는 그 적하에 대한 구조에 관하여는 예선계약의 이행으로 볼 수 없는 특수한 노력을 제공한 경우가 아니면 구조의 보수를 청구할 수 없다(제890조).

3) 구조료청구권의 담보

(1) 우선특권: 구조자는 구조료청구권에 관하여 피구조선박·그 속구·운임 등에 대하여 우선특권을 가지며(제777조 제1항 제3호), 적하의 구조에 종사한 자는 그 피구조물에 대하여 우선특권을 가진다(제893조 제1항 본문).

이 우선특권에는 그 성질에 반하지 아니하는 한 선박채권자의 우선특권에 관한 규정이 준용되지만(제893조 제2항), 피구조적하(被救助積荷)상의 우선특권은 채무자가 그 적하를 제3자에게 인도한 후에는 행사하지 못한다(제893조 제1항 단서). 우선특권은 채권발생시로부터 1년 내에 실행하지 않으면 소멸한다(제786조).

(2) 유치권: 해난구조자는 그가 구조물을 점유하고 있는 동안에는 구조료청구권을 담보하기 위하여 구조물에 대하여 유치권을 행사할 수 있다.

4) 구조료청구권의 소멸

구조료청구권은 구조가 완료한 날로부터 2년 내에 재판상 청구가 없으면 소멸하는데, 이 기간은 당사자 간의 합의에 의하여 연장할 수 있다(제895조).

2. 구조료액

1) 구조료액의 결정과 제한

(1) 구조료액의 결정: 당사자가 미리 구조계약을 하고 그 계약에 따라 구조가 이루어진 경우에도 그 성질에 반하지 아니하는 한 구조계약에서 정하지 아니한 사항은 해난구조에 관한 해상법의 규정에 정한 바에 따른다(제887조 제1항).

구조료액에 대하여 당사자 간에 특약이 있으면 그에 의하지만, 그 특약이 해난 당시에 성립하여 그 액이 현저하게 부당한 때에는 법원은 제반 사정을 참작하여 그 액을 증감할 수 있다(제887조 제2항).

그러나 당사자 간의 특약이 없는 경우 그 액에 대하여 당사자의 합의에 의하고, 합의가 성립하지 않으면 법원은 당사자의 청구에 의하여 위난의 정도, 구조의 노력, 비용과 구조의 효과, 환경손해 방지를 위한 노력, 기타의 제반 사정을 참작하여 그 액을 정한다(제883조).

보충 환경손해방지작업에 대한 특별보상

① 선박 또는 그 적하로 인하여 환경손해가 발생할 우려가 있는 경우에 손해의 경감 또는 방지의 효과를 수반하는 구조작업에 종사한 구조자는 구조의 성공 여부 및 보수한도규정(제884조)과 상관없이 구조에 소요된 비용을 특별보상으로 청구할 수 있다(제885조 제1항). 여기서 '비용'이란 구조작업에 실제로 지출한 합리적인 비용 및 사용된 장비와 인원에 대한 정당한 보수를 말한다(제885조 제2항).

② 구조자는 발생할 환경손해가 구조작업으로 인하여 실제로 감경 또는 방지된 때에는 보상의 증액을 청구할 수 있고, 법원은 선하증권의 기재사항(제853조)의 사정을 참작하여 증액 여부 및 그 금액을 정한다. 이 경우 증액된다 하더라도 구조료는 환경손해방지효과를 수반하는 구조의 비용의 배액을 초과할 수 없다(제885조 제3항).

③ 구조자의 고의 또는 과실로 인하여 손해의 감경 또는 방지에 지장을 가져온 경우 법원은 특별보상금액을 감액 혹은 부인할 수 있다(제885조 제4항).

④ 하나의 구조작업을 시행한 구조자가 특별보상을 청구하는 것 외에 해난구조에 따른 보수도 청구할 수 있는 경우 그 중 큰 금액을 구조료로 청구할 수 있다(제885조 제5항).

(2) 구조료액의 제한: 법원이 구조료액을 정하는 경우, 구조료액은 다른 약정이 없으면 구조된 목적물의 가액을 초과하지 못한다(제884조 제1항). 그리고 피구조물 위에 해난구조료청구권자의 우선특권보다 선순위의 우선특권이 있을 때에는 그 우선특권자의 채권액을 공제한 잔액을 초과하지 못한다(제884조 제2항).

2) 구조료의 분배

(1) 공동구조의 경우: 수척의 독립한 선박에 의하여 공동으로 구조한 경우 당사자 간의 공동의 합의가 없어도 협력한 사실이 있으면 공동구조가 되며, 이때 구조료액에 관하여 약정한 바가 있으면 이것에 따라서 구조자는 구조료를 청구하면 되고, 특약이 없을 때에는 상법 제883조의 규정에 따라 제반 사정을 참작하여 구조분배의 비율을 결정한다(제888조 제1항).

(2) 인명구조의 경우: 인명만의 구조에 대해서는 원칙적으로 구조료를 청구할 수 없으나, 예외로 공동구조의 경우에는 인명구조에 종사한 자가 있으면 위의 공동구조에 관한 규정에 따라 구조료의 분배를 받을 수 있다(제888조 제2항).

(3) 일선박 내부의 구조료분배: 선박이 구조에 종사하여 구조료를 받은 경우에는 먼저 선박의 손해액과 구조에 요한 비용을 선박소유자에게 지급하고, 그 잔액을 절반하여 선장과 해원(海員)에게 지급하여야 한다(제889조 제1항). 이때 해원에게 지급할 구조료의 분배는 선장이 각 선원의 노력, 그 효과와 사정을 참작하여 그 항해의 종료 전에 분배안을 작성하여 선원에게 고시하여야 한다(제889조 제2항).

3. 구조료의 지급

구조료채무자는 구조된 선박·적하 기타 물건의 소유자이다. 구조료채무자(선박소유자와 그 밖에 구조된 재산의 권리자)는 그 구조된 선박 또는 재산의 가액에 비례하여 구조에 대한 보수를 지급하고 특별보상을 하는 등 구조료를 지급할 의무가 있다(제886조).

해양구조가 있은 경우에 피구조선의 선장은 구조료채무자에 갈음하여 그 지급에 관한 재판상·재판외의 모든 행위를 할 권한이 있다(제894조 제1항).

또 선장은 그 구조료에 관한 소송의 당사자가 될 수 있고, 그 확정판결은 구조료채무자에 대하여도 효력이 있다(제894조 제2항).

제6편 항공운송

Commercial Law

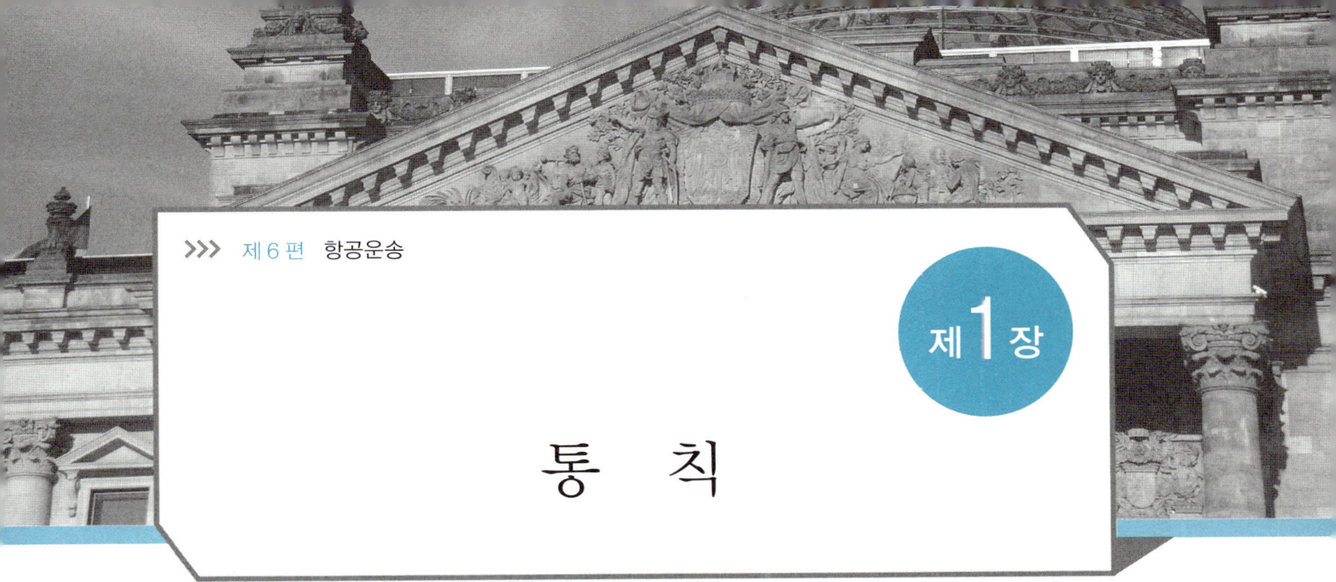

>>> 제 6 편 항공운송

제 1 장 통 칙

제 1 절 항공기의 의의 및 적용범위

I. 항공기의 의의

상법에서 '항공기'란 상행위나 그 밖의 영리를 목적으로 운항에 사용하는 항공기를 말한다. 다만, 대통령령(상법시행령 제47조)으로 정하는 초경량 비행장치(超輕量 飛行裝置)는 제외한다(제896조).

II. 항공기의 적용범위

운항용 항공기에 대하여는 상행위나 그 밖의 영리를 목적으로 하지 아니하더라도 이 편의 규정을 준용한다. 다만, 국유(國有) 또는 공유(公有) 항공기에 대하여는 운항의 목적·성질 등을 고려하여 이 편의 규정을 준용하는 것이 적합하지 아니한 경우로서 대통령령(상법시행령 제48조)으로 정하는 경우에는 그러하지 아니하다(제897조).

제2절 운송인 등의 책임감면

상법 제905조 제1항을 포함하여 상법 제6편(항공운송)에서 정한 운송인이나 항공기 운항자의 손해배상책임과 관련하여 운송인이나 항공기 운항자가 손해배상청구권자의 과실 또는 그 밖의 불법한 작위나 부작위가 손해를 발생시켰거나 손해에 기여하였다는 것을 증명한 경우에는 그 과실 또는 그 밖의 불법한 작위나 부작위가 손해를 발생시켰거나 손해에 기여한 정도에 따라 운송인이나 항공기 운항자의 책임을 감경하거나 면제할 수 있다(제898조). 이에 반하여 운송인의 책임을 감면하거나 책임한도액을 낮게 정하는 특약은 효력이 없다(제903조).

제2장

항공운송

제1절 여객운송

I. 여객운송인의 의무와 책임

1. 여객운송인의 의무

1) 선관주의의무

여객운송인은 운송계약에 따라 여객을 운송함에 있어서는 선량한 관리자로서의 주의의무를 다하여야 한다.

2) 휴대수하물의 무임운송의무

운송인은 휴대수하물에 대하여는 다른 약정이 없으면 별도로 운임을 청구하지 못한다(제912조).

3) 선급금의 지급의무

여객의 사망 또는 신체의 상해가 발생한 항공기사고의 경우에 여객운송인은 손해배상청구권자가 청구하면 지체없이 선급금(先給金)을 지급하여야 한다. 이 경우 선급금의 지급만으로 여객운송인의 책임이 있는 것으로 보지 아니한다(제906조 제1항).

지급한 선급금은 여객운송인이 손해배상으로 지급하여야 할 금액에 충당할 수 있다(제906조 제2항). 이때 선급금의 지급액, 지급절차 및 방법 등에 관하여는 대통령령(상법시행령 제49조)으로 정한다(제906조 제3항).

4) 여객항공권이나 수하물표의 교부의무

운송인이 여객운송을 인수한 경우에는 여객에게 여객항공권을 교부하여야 하며(제921조 제1항), 여객의 개개 위탁수하물마다 수하물표를 교부하여야 한다(제922조).

2. 여객운송인의 손해배상책임

1) 여객에 대한 손해배상책임

(1) 여객의 사망 또는 상해로 인한 손해배상책임

① 여객운송인의 책임의 범위: 여객운송인은 여객의 사망 또는 신체의 상해로 인한 손해에 관하여는 그 손해의 원인이 된 사고가 항공기상에서 또는 승강(乘降)을 위한 작업 중에 발생한 경우에만 책임을 진다(제904조).

② 여객운송인의 책임제한 배제: 여객의 사망 또는 신체의 상해로 인한 손해 중 여객 1명당 11만 3천 100 계산단위의 금액까지는 운송인의 배상책임을 면제하거나 제한할 수 없다(제905조 제1항).

③ 여객운송인의 책임면제: 여객운송인은 여객의 사망 또는 신체의 상해로 인한 손해 중 여객 1명당 11만 3천 100 계산단위의 금액을 초과하는 부분에 대하여는 그 손해가 운송인 또는 그 사용인이나 대리인의 과실 또는 그 밖의 불법한 작위나 부작위에 의하여 발생하지 아니하였다는 것과, 그 손해가 오로지 제3자의 과실 또는 그 밖의 불법한 작위나 부작위에 의하여만 발생하였다는 것의 어느 하나를 증명하면 배상책임을 지지 아니한다(제905조 제2항).

(2) 여객의 연착에 대한 손해배상책임

① 여객운송인의 책임의 범위: 여객운송인은 여객의 연착으로 인한 손해에 대하여 책임을 진다.

② 여객운송인의 책임한도액: 여객의 연착에 대한 여객운송인의 책임은 여객 1명당 4천 694 계산단위의 금액을 한도로 한다. 다만, 여객과의 운송계약상 그 출발지, 도착지 및 중간 착륙지가 대한민국 영토 내에 있는 운송의 경우에는 여객 1명당 1천 계산단위의 금액을 한도로 한다(제907조 제2항). 그러나 여객운송인 또는 그 사용인이나 대리인의 고의로 또는 연착이 생길 염려가 있음을 인식하면서 무모하게 한 작위 또는 부작위에 의하여 손해가 발생한 것이 증명

된 경우에는 손해배상책임한도는 인정되지 아니한다(제907조 제2항).

③ 여객운송인의 책임면제: 여객운송인이 자신과 그 사용인 및 대리인이 손해를 방지하기 위하여 합리적으로 요구되는 모든 조치를 하였다는 것 또는 그 조치를 하는 것이 불가능하였다는 것을 증명한 경우에는 그 책임을 면한다(제907조 제1항).

2) 수하물에 대한 손해배상책임

(1) 수하물에 대한 책임범위

① 수하물의 멸실·훼손에 대한 책임의 범위: ㉠ 위탁수하물에 대한 책임: 여객운송인은 위탁수하물의 멸실 또는 훼손으로 인한 손해에 대하여는 그 손해의 원인이 된 사실이 항공기상에서 또는 위탁수하물이 여객운송인의 관리하에 있는 기간 중에 발생한 경우에만 책임을 진다(제908조 제1항 본문). ㉡ 휴대수하물에 대한 책임: 여객운송인은 휴대수하물의 멸실 또는 훼손으로 인한 손해에 대하여는 그 손해가 자신 또는 그 사용인이나 대리인의 고의 또는 과실에 의하여 발생한 경우에만 책임을 진다(제908조 제2항).

② 수하물의 연착에 대한 책임: 운송인은 수하물의 연착으로 인한 손해에 대하여 책임을 진다(제909조 본문).

(2) 수하물에 대한 책임제한: 수하물의 멸실이나 훼손 또는 수하물의 연착으로 인한 여객운송인의 손해배상책임은 여객 1명당 1천 131 계산단위의 금액을 한도로 한다. 다만, 여객이 여객운송인에게 위탁수하물을 인도할 때에 도착지에서 인도받을 때의 예정가액을 미리 신고한 경우에는 여객운송인은 신고가액이 위탁수하물을 도착지에서 인도할 때의 실제가액을 초과한다는 것을 증명하지 아니하는 한 신고가액을 한도로 책임을 진다(제910조 제1항). 그러나 이러한 책임한도액은 운송인 또는 그 사용인이나 대리인의 고의에 의하여 손해가 발생한 것 또는 수하물의 멸실, 훼손 또는 연착이 생길 염려가 있음을 인식하면서 무모하게 한 작위 또는 부작위에 의하여 손해가 발생한 것이 증명된 경우에는 적용하지 아니한다(제910조 제2항).

(3) 수하물에 대한 책임 면제

① 위탁수하물의 멸실·훼손에 대한 책임: 수하물에 대한 손해가 위탁수하물의 고유한 결함, 특수한 성질 또는 숨은 하자로 인하여 발생한 경우에는 그 범위에서 책임을 지지 아니한다(제908조 제1항 단서).

② 수하물의 연착에 대한 책임: 운송인이 자신과 그 사용인 및 대리인이 손해를 방지하기 위하여 합리적으로 요구되는 모든 조치를 하였다는 것 또는 그 조치를 하는 것이 불가능하였다는 것을 증명한 경우에는 그 책임을 면한다(제909조 단서).

3) 비계약적 청구에 대한 적용

여객운송인의 책임에 관한 규정은 운송인의 불법행위로 인한 손해배상의 책임에도 적용한다(제899조 제1항). 여객, 수하물 또는 운송물에 관한 손해배상청구가 운송인의 사용인이나 대리인에 대하여 제기된 경우에 그 손해가 그 사용인이나 대리인의 직무집행에 관하여 생겼을 때에는 그 사용인이나 대리인은 운송인이 주장할 수 있는 항변과 책임제한을 원용할 수 있다(제899조 제2항).

그럼에도 불구하고 여객 또는 수하물의 손해가 운송인의 사용인이나 대리인의 고의로 인하여 발생하였거나 또는 여객의 사망·상해·연착(수하물의 경우 멸실·훼손·연착)이 생길 염려가 있음을 인식하면서 무모하게 한 작위 또는 부작위로 인하여 발생하였을 때에는 그 사용인이나 대리인은 운송인이 주장할 수 있는 항변과 책임제한을 원용할 수 없다(제899조 제3항).

상법 제899조 제2항의 경우에 운송인과 그 사용인이나 대리인의 여객, 수하물에 대한 책임제한 금액의 총액은 각각 상법 제905조·제907조·제910조에 따른 한도를 초과하지 못한다(제899조 제4항).

4) 실제운송인의 손해배상책임

운송계약을 체결한 여객운송인(계약 운송인)의 위임을 받아 운송의 전부 또는 일부를 수행한 여객운송인(실제 운송인)이 있을 경우 실제운송인이 수행한 운송에 관하여는 실제운송인에 대하여도 여객운송인의 책임에 관한 규정을 적용한다. 다만, 상법 제901조의 순차운송에 해당하는 경우는 그러하지 아니하다(제900조 제1항). 그리고 실제운송인이 여객·수하물에 대한 손해배상책임을 지는 경우 계약운송인과 실제운송인은 연대하여 그 책임을 진다(제900조 제2항).

실제운송인의 책임의 경우에도 비계약적 청구에 관한 상법 제899조 제2항부터 제4항까지를 준용한다(제900조 제3항).

여객운송인의 책임과 의무 외에 여객운송인이 책임과 의무를 부담하기로 하는 특약 또는 여객운송인의 권리나 항변의 포기에 관한 상법의 규정은 실제운송인이 동의하지 아니하는 한 실제운송인에게 영향을 미치지 아니한다(제900조 제4항).

5) 운송인 책임의 소멸

운송인의 여객에 대한 책임은 그 청구원인에 관계없이 여객이 도착지에 도착한 날, 항공기가 도착할 날 또는 운송이 중지된 날 가운데 가장 늦게 도래한 날부터 2년 이내에 재판상 청구가 없으면 소멸한다(제902조).

II. 여객의 위탁수하물의 일부 멸실·훼손에 관한 통지 등

1) 위탁수하물의 일부 멸실 또는 훼손의 경우

여객이 위탁수하물의 일부 멸실 또는 훼손을 발견하였을 때에는 위탁수하물을 수령한 후 지체없이 그 개요에 관하여 운송인에게 서면 또는 전자문서로 통지를 발송하여야 한다. 다만, 그 멸실 또는 훼손이 즉시 발견할 수 없는 것일 경우에는 위탁수하물을 수령한 날부터 7일 이내에 그 통지를 발송하여야 한다(제911조 제1항). 위탁수하물이 일부 결실 또는 훼손의 통지가 없는 경우에는 위탁수하물이 멸실 또는 훼손 없이 수하인에게 인도된 것으로 추정한다(제911조 제3항; 제916조 제3항). 위탁수하물에 멸실 또는 훼손이 발생하였거나 그런 것으로 의심되는 경우에는 운송인과 여객은 서로 위탁수하물의 검사를 위하여 필요한 편의를 제공하여야 한다(제911조 제3항; 제916조 제4항).

한편, 통지기간 내에 통지가 없을 경우에는 여객은 운송인에 대하여 제소할 수 없다. 다만, 운송인 또는 그 사용인이나 대리인이 악의인 경우에는 그러하지 아니하다(제911조 제3항; 제916조 제5항). 이와 관련하여 여객에게 불리한 당사자 사이의 특약은 효력이 없다(제911조 제3항; 제916조 제6항).

2) 위탁수하물이 연착된 경우

위탁수하물이 연착된 경우 여객은 위탁수하물을 처분할 수 있는 날부터 21일 이내에 이의를 제기하여야 한다(제911조 제2항).

이의제기기간 내에 이의제기가 없을 경우에는 수하인은 운송인에 대하여 제소할 수 없다. 다만, 운송인 또는 그 사용인이나 대리인이 악의인 경우에는 그러하지 아니하다(제911조 제3항; 제916조 제5항). 이와 관련하여 여객에게 불리한 당사자 사이의 특약은 효력이 없다(제911조 제3항; 제916조 제6항).

III. 순차여객운송

1. 순차여객운송의 당사자

둘 이상이 순차(順次)로 여객을 운송할 경우에는 각 운송인의 운송구간에 관하여 그 운송인도 운송계약의 당사자로 본다(제901조 제1항).

2. 순차여객운송인의 손해배상책임

1) 순차여객운송인의 연대책임

순차운송에서 여객의 사망, 상해 또는 연착으로 인한 손해배상은 그 사실이 발생한 구간의 여객운송인에게만 청구할 수 있다. 다만, 최초 여객운송인이 명시적으로 전 구간에 대한 책임을 인수하기로 약정한 경우에는 최초 운송인과 그 사실이 발생한 구간의 여객운송인이 연대하여 그 손해를 배상할 책임이 있다(제901조 제2항).

순차운송에서 수하물의 멸실, 훼손 또는 연착으로 인한 손해배상은 최초 여객운송인, 최종 여객운송인 및 그 사실이 발생한 구간의 운송인에게 각각 청구할 수 있다(제901조 제3항). 이때 각 운송인은 연대하여 그 손해를 배상할 책임이 있다(제901조 제5항).

2) 손해배상책임의 이행과 구상

최초 여객운송인 또는 최종 여객운송인이 상법 제901조 제2항부터 제5항까지의 규정에 따라 손해를 배상한 경우에는 여객의 사망, 상해 또는 연착이나 수하물의 멸실, 훼손 또는 연착이 발생한 구간의 여객운송인에 대하여 구상권을 가진다(제901조 제6항).

제 2 절 물건운송

I. 물건운송인의 권리

1. 운임 등의 청구권

수하인이 운송물을 수령한 때에는 운송인에 대하여 운임 기타 운송에 관한 비용과 체당금을 지급할 의무를 부담한다(제920조, 제141조). 운송물의 전부 또는 일부가 송하인의 책임 없는 사유로 인하여 멸실한 때에는 운송인은 그 운임을 청구하지 못한다. 운송인이 이미 그 운임의 전부 또는 일부를 받은 때에는 이를 반환하여야 한다. 그러나 운송물의 전부 또는 일부가 그 성질이나 하자 또는 송하인의 과실로 인하여 멸실한 때에는 운송인은 운임의 전액을 청구할 수 있다(제920조, 제134조). 물건운송인의 송하인 또는 수하인에 대한 채권은 2년간 행사하지 아니하면 소멸시효가 완성한다(제919조).

【판례】 대법원 2015.5.28.선고 2013다216389판결

운송물품을 인도할 날 이후에 신설된 상법 항공운송편은 항공운송인의 책임에 2년의 제척기간이 적용되고(제902조) 항공운송인의 채권에는 2년의 소멸시효가 적용되도록 규정하고 있는 점(제919조), 한편 상법은 해상운송인의 경우에는 그 채권 및 채무의 제척기간을 1년으로 정하고(제814조 제1항), 육상운송의 경우에도 그 채권과 책임의 소멸시효기간을 1년으로 정하고 있는 점(제147조, 제122조, 제121조) 등 운송인별로 채권과 채무의 행사기간 또는 시효기간의 균형을 이루도록 하고 있음을 감안해 보면, 항공운송인의 채권에 상법 제814조 제1항이 유추적용된다고 할 수 없다.

2. 유치권

항공물건운송인은 육상물건운송인과 같이 운임 기타 비용을 지급하지 아니하는 경우에는 운송물을 유치할 수 있다(제920조, 제120조).

3. 운송물의 공탁권 및 경매권

항공물건운송인은 육상물건운송인과 같이 수하인불명의 경우나 수하인이 운송물의 수령을 거부하는 경우에 운송물을 공탁하거나 경매할 수 있다(제920조, 제142조, 제143조).

4. 무해조치권

인화성·폭발성이나 그 밖의 위험성이 있는 운송물은 그 운송물이 선박이나 다른 운송물에 위해를 미칠 위험이 있는 때에는 운송인은 언제든지 이를 양륙·파괴 또는 무해조치할 수 있다(제920조, 제801조 제1항).

운송인은 이러한 처분에 의하여 그 운송물에 발생한 손해에 대하여는 공동해손분담책임을 제외하고 그 배상책임을 면한다(제920조, 제801조 제2항).

5. 항공화물운송장 교부청구권

운송인은 송하인에게 "운송인용" 항공화물운송장의 교부를 청구할 수 있다(제923조 제1항).

 물건운송인의 의무

1. 선관주의의무

물건운송인은 운송계약에 따라 운송물을 운송함에 있어서 선량한 관리자로서의 주의의무를 다하여야 한다.

2. 운송물의 처분에 응할 의무

송하인은 운송인에게 운송의 중지, 운송물의 반환, 그 밖의 처분을 청구(이하 "처분청구권"이라 한다)할 수 있으며, 이 경우 운송인은 그 처분에 응하여야 한다. 이 경우에 운송인은 운송계약에서 정한 바에 따라 운임, 체당금과 처분으로 인한 비용의 지급을 청구할 수 있다(제917조 제1항).

송하인은 운송인 또는 다른 송하인의 권리를 침해하는 방법으로 처분청구권을 행사하여서는 아니 되며, 운송인이 송하인의 청구에 따르지 못할 경우에는 지체없이 그 뜻을 송하인에게 통지하여야 한다(제917조 제2항).

운송인이 송하인에게 교부한 항공화물운송장 또는 화물수령증을 확인하지 아니하고 송하인의 처분청구에 따른 경우, 운송인은 그로 인하여 항공화물운송장 또는 화물수령증의 소지인이 입은 손해를 배상할 책임을 진다(제917조 제3항).

운송물이 도착지에 도착한 후에 수하인이 운송물의 인도를 청구할 권리를 취득하였을 때에는 송하인의 처분청구권은 소멸한다. 다만, 수하인이 운송물의 수령을 거부하거나 수하인을 알 수 없을 경우에는 그러하지 아니하다(제917조 제4항).

3. 운송물 인도의무

운송물이 도착지에 도착한 때에는 수하인은 운송인에게 운송물의 인도를 청구할 수 있고(제918조 제1항 본문), 이 경우에 운송물을 인도하여야 한다. 다만, 송하인이 상법 제917조 제1항에 따라 처분청구권을 행사한 경우에는 그러하지 아니하다(제918조 제1항 단서).

4. 운송물 도착 통지의무

운송물이 도착지에 도착하면 다른 약정이 없는 한 운송인은 지체없이 수하인에게 통지하여야 한다(제918조 제2항).

5. 송하인용 항공화물운송장 교부의무

송하인이 운송인에게 항공화물운송장 3부를 작성하여 교브한 경우, 운송인은 송하인으로부터 운송물을 수령한 후에는 송하인에게 항공화물운송장 제3원본(“송하인용” 항공화물운송장)을 교부하여야 한다(제923조 제5항).

Ⅲ. 물건운송인의 책임

1. 책임의 유형 및 범위

1) 운송물의 멸실·훼손에 대한 책임

(1) 손해배상책임의 범위: 물건운송인은 운송물의 멸실 또는 훼손으로 인한 손해에 대하여 그 손해가 항공운송 중(운송인이 운송물을 관리하고 있는 기간을 포함한다)에 발생한 경우에만 책임을 진다(제913조 제1항 본문).

여기서 ‘항공운송 중’이란 항공운송 중에는 공항 외부에서 한 육상, 해상 운송 또는 내륙수로운송은 포함되지 아니하지만, 그러한 운송이 운송계약을 이행하면서 운송물의 적재(積載), 인도 또는 환적(換積)할 목적으로 이루어졌을 경우에는 항공운송 중인 것으로 추정한다(제913조 제2항).

그리고 운송인이 송하인과의 합의에 따라 항공운송하기로 예정된 운송의 전부 또는 일부를 송하인의 동의 없이 다른 운송수단에 의한 운송으로 대체하였을 경우에는 그 다른 운송수단에 의한 운송은 항공운송으로 본다(제913조 제3항).

(2) 손해배상책임의 면제: 운송물의 멸실 또는 훼손이 ① 운송물의 고유한 결함, 특수한 성질 또는 숨은 하자, ② 운송인 또는 그 사용인이나 대리인 외의 자가 수행한 운송물의 부적절한 포장 또는 불완전한 기호 표시, ③ 전쟁·폭동·내란 또는 무력충돌, ④ 운송물의 출입국, 검역 또는 통관과 관련된 공공기관의 행위(예 중국세관이 통관을 보류한 휴대전화 액정을 폐기한 경우: 대법원 2019.10.17.선고 2019다14998판결), ⑤ 불가항력의 사유로 인하여 발생하였음을 운송인이 증명하였을 경우에는 그 책임을 면한다(제913조 제1항 단서).

(3) 손해배상책임 감면특약 무효: 물건운송인의 책임을 감면하거나 책임한도액을 낮게 정하는 특약은 효력이 없다(제903조).

2) 운송물 연착에 대한 책임

운송인은 운송물의 연착으로 인한 손해에 대하여 책임을 진다. 다만, 운송인이 자신과 그 사용인 및 대리인이 손해를 방지하기 위하여 합리적으로 요구되는 모든 조치를 하였다는 것 또는 그 조치를 하는 것이 불가능하였다는 것을 증명한 경우에는 그 책임을 면한다(제914조).

2. 물건운송인의 책임제한

운송물의 멸실, 훼손, 연착에 따른 운송인의 손해배상책임은 손해가 발생한 해당 운송물의 1킬로그램당 19계산단위의 금액을 한도로 하되, 송하인과의 운송계약상 그 출발지, 도착지 및 중간 착륙지가 대한민국 영토 내에 있는 운송의 경우에는 손해가 발생한 해당 운송물의 1킬로그램당 15계산단위의 금액을 한도로 한다. 다만, 송하인이 운송물을 운송인에게 인도할 때에 도착지에서 인도받을 때의 예정가액을 미리 신고한 경우에는 운송인은 신고가액이 도착지에서 인도할 때의 실제가액을 초과한다는 것을 증명하지 아니하는 한 신고가액을 한도로 책임을 진다(제915조 제1항).

항공운송인의 책임한도를 결정할 때 고려하여야 할 중량은 해당 손해가 발생된 운송물의 중량을 말한다. 다만, 운송물의 일부 또는 운송물에 포함된 물건의 멸실, 훼손 또는 연착이 동일한 항공화물운송장(제924조에 따라 항공화물운송장의 교부에 대체되는 경우를 포함한다) 또는 화물수령증에 적힌 다른 운송물의 가치에 영향을 미칠 때에는 운송인의 책임한도를 결정할 때 그 다른 운송물의 중량도 고려하여야 한다(제915조 제2항).

3. 비계약적 청구에 대한 적용 등

물건운송인의 책임에 관한 규정은 물건운송인의 불법행위로 인한 손해배상의 책임에도 적용한다(제899조 제1항).

운송물에 관한 손해배상청구가 물건운송인의 사용인이나 대리인에 대하여 제기된 경우에 그 손해가 그 사용인이나 대리인의 직무집행에 관하여 생겼을 때에는 그 사용인이나 대리인은 운송인이 주장할 수 있는 항변과 책임제한을 원용할 수 있다(제899조 제2항).

이 경우에 물건운송인과 그 사용인이나 대리인의 운송물에 대한 책임제한금액의 총액은 각각 상법 제915조에 따른 한도를 초과하지 못한다(제899조 제4항).

4. 실제운송인의 손해배상책임

운송계약을 체결한 운송인(계약 운송인)의 위임을 받아 운송의 전부 또는 일부를 수행한 운송인(실제 운송인)이 있을 경우 실제운송인이 수행한 운송에 관하여는 실제운송인에 대하여 운송인의 책임에 관한 규정을 적용한다(제900조 제1항).

운송물에 관한 손해배상청구가 실제운송인의 사용인이나 대리인에 대하여 제기된 경우에 그 손해가 그 사용인이나 대리인의 직무집행에 관하여 생겼을 때에는 그 사용인이나 대리인은 운송인이 주장할 수 있는 항변과 책임제한을 원용할 수 있다(제900조 제3항, 제899조 제2항). 이 경우에 계약운송인과 실제운송인 및 그 사용인이나 대리인의 운송물에 대한 책임제한금액의 총액은 각각 상법 제915조에 따른 한도를 초과하지 못한다(제900조 제3항, 제899조 제4항). 다만, 상법 제901조의 순차운송에 해당하는 경우는 그러하지 아니하다.

실제운송인이 운송물에 대한 손해배상책임을 지는 경우 계약운송인과 실제운송인은 연대하여 그 책임을 진다(제900조 제2항).

물건운송인의 책임과 의무 외에 물건운송인이 책임과 의무를 부담하기로 하는 특약 또는 물건운송인의 권리나 항변의 포기는 실제운송인이 동의하지 아니하는 한 실제운송인에게 영향을 미치지 아니한다(제900조 제4항).

5. 물건운송인의 책임의 소멸

운송인의 송하인 또는 수하인에 대한 책임은 그 청구원인에 관계없이 운송물이 도착지에 도착한 날, 항공기가 도착할 날 또는 운송이 중지된 날 가운데 가장 늦게 도래한 날부터 2년 이내에 재판상 청구가 없으면 소멸한다(제902조).

IV. 송하인 또는 수하인의 의무

1. 송하인의 의무

1) 운송물제공의무

송하인은 당사자 사이의 합의 또는 출발지의 공항의 관습에 의한 때와 곳에서 운송인에게 운송물을 제공하여야 한다(제920조, 제792조 제1항). 이에 따른 때와 곳에서 송하인이 운송물을 제공하지 아니한 경우에는 계약을 해제한 것으로 본다. 이 경우 운송인은 즉시 발항할 수 있고, 송하인은 운임의 전액을 지급하여야 한다(제920조, 제792조 제2항).

2) 운송에 필요한 서류의 교부의무

송하인은 선적기간 이내에 운송에 필요한 서류를 운송인에게 교부하여야 한다(제920조, 제793조).

2. 수하인의 의무

1) 운송물수령의무

운송물의 도착통지를 받은 수하인은 당사자 사이의 합의 또는 도착지 공항의 관습에 의한 때와 곳에서 지체없이 운송물을 수령하여야 한다(제920조, 제802조).

2) 운송물의 일부 멸실·훼손·연착에 관한 통지의무

수하인은 운송물의 일부 멸실 또는 훼손을 발견하면 운송물을 수령한 후 지체없이 그 개요에 관하여 운송인에게 서면 또는 전자문서로 통지를 발송하여야 한다. 다만, 그 멸실 또는 훼손이 즉시 발견할 수 없는 것일 경우에는 수령일부터 14일 이내에 그 통지를 발송하여야 한다(제916조 제1항). 이러한 통지가 없는 경우에는 운송물이 멸실 또는 훼손 없이 수하인에게 인도된 것으로 추정한다(제916조 제3항).

운송물에 멸실 또는 훼손이 발생하였거나 그런 것으로 의심되는 경우에는 운송인과 수하인은 서로 운송물의 검사를 위하여 필요한 편의를 제공하여야 한다(제916조 제4항).

운송물이 연착된 경우 수하인은 운송물을 처분할 수 있는 날부터 21일 이내에 이의를 제기하여야 한다(제916조 제2항). 상법 제916조 제1항 및 제2항의 기간 내에 통지나 이의제기가 없을 경우에는 수하인은 운송인에 대하여 제소할 수 없다. 다만, 운송인 또는 그 사용인이나 대리인이 악의인 경우에는 그러하지 아니하다(제916조 제5항).

상법 제916조 제1항부터 제5항까지의 규정에 반하여 수하인에게 불리한 당사자 사이의 특약은 효력이 없다(제916조 제6항).

V. 순차물건운송

1. 순차물건운송의 당사자

둘 이상이 순차(順次)로 운송물을 운송할 경우에는 각 운송인의 운송구간에 관하여 그 운송인도 운송계약의 당사자로 본다(제901조 제1항).

2. 순차물건운송인의 손해배상책임

1) 순차물건운송인의 연대책임

순차운송에서 운송물의 멸실, 훼손 또는 연착으로 인한 손해배상은 송하인이 최초 운송인 및 그 사실이 발생한 구간의 운송인에게 각각 청구할 수 있다. 다만, 상법 제918조 제1항에 따라 수하인이 운송물의 인도를 청구할 권리를 가지는 경우에는 수하인이 최종 운송인 및 그 사실이 발생한 구간의 운송인에게 그 손해배상을 각각 청구할 수 있다(제901조 제4항).

2) 손해배상책임의 이행과 구상

최초 물건운송인 또는 최종 물건운송인이 상법 제901조 제4항의 규정에 따라 손해를 배상한 경우에는 운송물의 멸실, 훼손 또는 연착이 발생한 구간의 운송인에 대하여 구상권을 가진다(제901조 제6항).

Ⅵ. 물건운송계약의 종료

1. 법정사유로 인한 해제 등

운송이 법령을 위반하게 되거나 그 밖에 불가항력으로 인하여 계약의 목적을 달할 수 없게 된 때에는 각 당사자는 계약을 해제할 수 있다(제920조, 제811조 제1항). 이러한 사유가 항공 도중에 생긴 경우에 계약을 해지한 때에는 송하인은 운송의 비율에 따라 운임을 지급하여야 한다(제920조, 제811조 제2항).

2. 운송물의 일부에 관한 불가항력

상법 제811조 제1항(불가항력 등으로 인한 계약해제)의 사유가 운송물의 일부에 대하여 생긴 때에는 송하인은 운송인의 책임이 가중되지 아니하는 범위 안에서 다른 운송물을 선적할 수 있다(제920조, 제812조 제1항). 송하인이 제1항의 권리를 행사하고자 하는 때에는 지체없이 비행기에서 운송물을 하역하거나 비행기에 운송물을 싣는 것을 하여야 한다. 그 비행기에서 운송물을 하역하거나 비행기에 운송물을 싣는 것을 게을리한 때에는 운임의 전액을 지급하여야 한다(제920조, 제812조 제2항).

제 3 절 운송증서

I. 운송증서의 종류

1. 여객항공권 및 수하물표

1) 여객항공권

운송인이 여객운송을 인수하면 여객에게 ① 여객의 성명 또는 단체의 명칭, ② 출발지와 도착지, ③ 출발일시, ④ 운항할 항공편, ⑤ 발행지와 발행연월일, ⑥ 운송인의 성명 또는 상호를 적은 개인용 또는 단체용 여객항공권을 교부하여야 한다(제921조 제1항).

운송인은 상법 제921조 제1항 각 호의 정보를 전산정보처리조직에 의하여 전자적 형태로 저장하거나 그 밖의 다른 방식으로 보존함으로써 제1항의 여객항공권 교부를 갈음할 수 있다. 이 경우 운송인은 여객이 청구하면 상법 제921조 제1항 각호의 정보를 적은 서면을 교부하여야 한다(제921조 제2항).

2) 수하물표

운송인은 여객에게 개개의 위탁수하물마다 수하물표를 교부하여야 한다(제922조).

2. 항공화물운송장

1) 항공화물운송장의 교부

송하인은 운송인의 청구를 받아 ① 송하인의 성명 또는 상호, ② 수하인의 성명 또는 상호, ③ 출발지와 도착지, ④ 운송물의 종류, 중량, 포장의 종별, 개수와 기호, ⑤ 출발일시, ⑥ 운송할 항공편, ⑦ 발행지와 발행연월일, ⑧ 운송인의 성명 또는 상호를 적은 항공화물운송장 3부를 작성하여 운송인에게 교부하여야 한다(제923조 제1항).

운송인이 송하인의 청구에 따라 항공화물운송장을 작성한 경우에는 송하인을 대신하여 작성한 것으로 추정한다(제923조 제2항).

항공화물운송장 중 제1원본에는 "운송인용"이라고 적고 송하인이 기명날인 또는 서명하여야 하고, 제2원본에는 "수하인용"이라고 적고 송하인과 운송인이 기명날인 또는 서명하여야 하며, 제3원본에는 "송하인용"이라고 적고 운송인이 기명날인 또는 서명하여야 한다(제923조 제3항).

서명은 인쇄 또는 그 밖의 다른 적절한 방법으로 할 수 있다(제923조 제4항).

운송인은 송하인으로부터 운송물을 수령한 후 송하인에게 항공화물운송장 제3원본을 교부하여야 한다(제923조 제5항).

2) 항공화물운송장의 대체

운송인은 상법 제923조 제1항 각호의 정보를 전산정보처리조직에 의하여 전자적 형태로 저장하거나 그 밖의 다른 방식으로 보존함으로써 항공화물운송장의 교부에 대체할 수 있다(제924조 제1항).

이 경우 운송인은 송하인의 청구에 따라 송하인에게 상법 제923조 제1항 각호의 정보를 적은 화물수령증을 교부하여야 한다(제924조 제2항).

3) 복수의 운송물에 대한 항공화물운송장의 교부

2개 이상의 운송물이 있는 경우에는 운송인은 송하인에 대하여 각 운송물마다 항공화물운송장의 교부를 청구할 수 있다(제925조 제1항). 항공화물운송장의 교부가 상법 제924조 제1항에 따른 저장·보존으로 대체되는 경우에는 송하인은 운송인에게 각 운송물마다 화물수령증의 교부를 청구할 수 있다(제925조 제2항).

4) 항공운송증서 기재의 효력

항공화물운송장 또는 화물수령증이 교부된 경우 그 운송증서에 적힌 대로 운송계약이 체결된 것으로 추정한다(제929조 제1항).

운송인은 항공화물운송장 또는 화물수령증에 적힌 운송물의 중량, 크기, 포장의 종별, 개수와 기호 및 외관상태대로 운송물을 수령한 것으로 추정한다(제929조 제2항).

운송물의 종류, 외관상태 외의 상태, 포장 내부의 수량 및 부피에 관한 항공화물운송장 또는 화물수령증의 기재내용은 송하인이 참여한 가운데 운송인이 그 기재내용의 정확함을 확인하고 그 사실을 항공화물운송장이나 화물수령증에 적은 경우에만 그 기재내용대로 운송물을 수령한 것으로 추정한다(제929조 제3항).

참조판례 운송인 甲 외국법인이 수하인 乙 주식회사와 운송계약을 체결하고, 乙 회사가 송하인 丙 주식회사에서 수입하는 귀금속을 丙 회사의 중국 공장에서 乙 회사의 서울 사무실까지 항공 및 육상으로 운송하던 중 귀금속 일부를 도난당한 사안에서, 운송계약 당시 작성하여 송하인에게 교부한 항공화물운송장에 기재된 甲 법인의 책임제한에 관한 계약조건은 약관으로써 항공운송과 육상운송이 결합된 위 운송계약의 내용을 이루므로, 적용범위를 제한하는 특별한 규정이 없는 한 위 책임제한 규정이 육상운송 구간을 포함한 운송계약 전반에 적용된다고 한 사례(대법원 2014.11.27.선고 2012다14562판결).

3. 운송물의 성질에 관한 서류

송하인은 세관, 경찰 등 행정기관이나 그 밖의 공공기관의 절차를 이행하기 위하여 필요한 경우 운송인의 요청을 받아 운송물의 성질을 명시한 서류를 운송인에게 교부하여야 한다(제926조 제1항).

운송인은 운송물의 성질을 명시한 서류와 관련하여 어떠한 의무나 책임을 부담하지 아니한다(제926조 제2항).

Ⅱ. 항공운송증서에 관한 규정 위반의 효과

운송인 또는 송하인이 상법 제921조부터 제926조까지를 위반하는 경우에도 운송계약의 효력 및 이 법의 다른 규정의 적용에 영향을 미치지 아니한다(제927조).

Ⅲ. 항공운송증서 등의 기재사항에 관한 책임

송하인은 항공화물운송장에 적었거나 운송인에게 통지한 운송물의 명세 또는 운송물에 관한 진술이 정확하고 충분함을 운송인에게 담보한 것으로 본다(제928조 제1항).

송하인은 운송물의 명세 또는 운송물에 관한 진술이 정확하지 아니하거나 불충분하여 운송인이 손해를 입은 경우에는 운송인에게 배상할 책임이 있다(제928조 제2항).

운송인은 상법 제924조 제1항에 따라 저장·보존되는 운송에 관한 기록이나 화물수령증에 적은 운송물의 명세 또는 운송물에 관한 진술이 정확하지 아니하거나 불충분하여 송하인이 손해를 입은 경우 송하인에게 배상할 책임이 있다. 다만, 상법 제928조 제1항에 따라 송하인이 그 정확하고 충분함을 담보한 것으로 보는 경우에는 그러하지 아니하다(제928조 제3항).

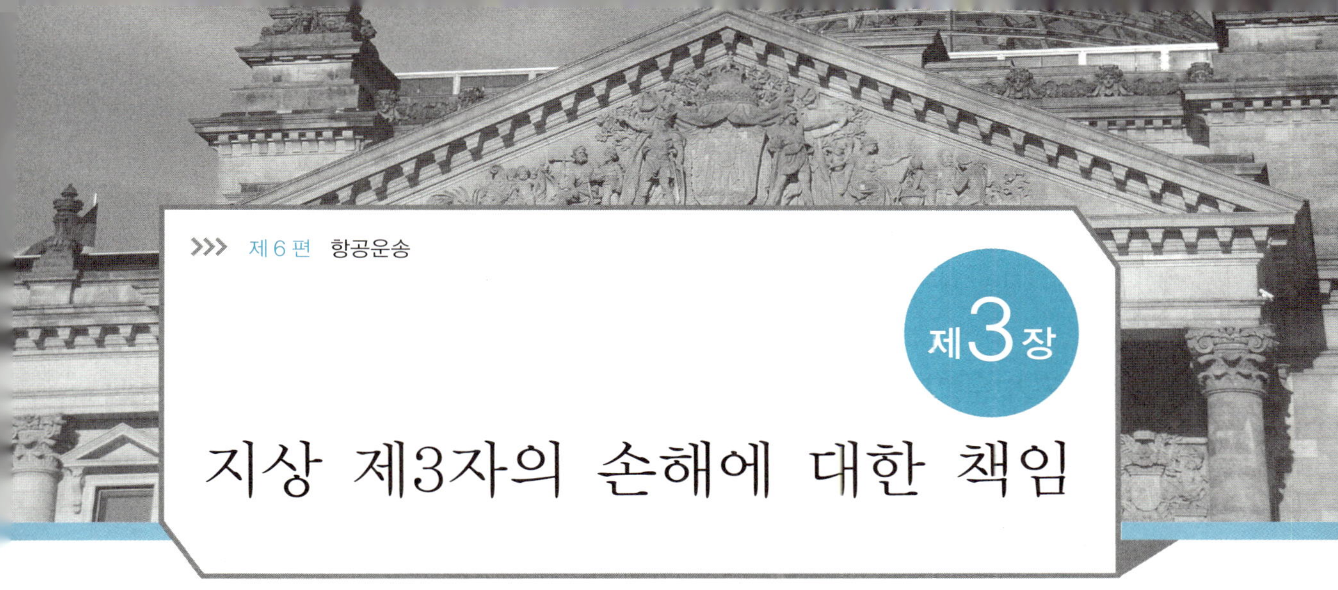

제3장

지상 제3자의 손해에 대한 책임

I. 항공기 운항자의 개념

항공기 운항자란 사고 발생 당시 항공기를 사용하는 자를 말한다. 다만, 항공기의 운항을 지배하는 자(운항지배자)가 타인에게 항공기를 사용하게 한 경우에는 운항지배자를 항공기 운항자로 본다(제930조 제2항). 항공기등록원부에 기재된 항공기 소유자는 항공기 운항자로 추정한다(제930조 제3항).

II. 항공기 운항자의 배상책임

1. 손해배상책임의 범위

항공기 운항자는 비행 중인 항공기 또는 항공기로부터 떨어진 사람이나 물건으로 인하여 사망하거나 상해 또는 재산상 손해를 입은 지상(지하, 수면 또는 수중을 포함한다)의 제3자에 대하여 손해배상책임을 진다(제930조 제1항). 여기서 '비행 중'이란 이륙을 목적으로 항공기에 동력이 켜지는 때부터 착륙이 끝나는 때까지를 말한다(제930조 제4항). 2대 이상의 항공기가 관여하여 상법 제930조 제1항의 사고가 발생한 경우 각 항공기 운항자는 연대하여 상법 제930조 제1항의 책임을 진다(제930조 제5항). 운항지배자의 승낙 없이 항공기가 사용된 경우 운항지배자는 이를 막기 위하여 상당한 주의를 하였음을 증명하지 못하는 한 승낙 없이 항공기를 사용한 자와 연대하여 상법 제932조에서 정한 한도 내의 책임을 진다(제930조 제6항).

2. 항공기 운항자의 책임제한

1) 유한책임의 범위

(1) 항공기 운항자의 상법 제930조에 따른 책임은 하나의 항공기가 관련된 하나의 사고에 대하여 항공기의 이륙을 위하여 법으로 허용된 최대중량(이하 "최대중량"이라 한다)에 따라 ① 최대중량이 2천 킬로그램 이하의 항공기의 경우 30만 계산단위의 금액, ② 최대중량이 2천 킬로그램을 초과하는 항공기의 경우 2천 킬로그램까지는 30만 계산단위, 2천 킬로그램 초과 6천 킬로그램까지는 매 킬로그램당 175계산단위, 6천 킬로그램 초과 3만 킬로그램까지는 매 킬로그램당 62.5 계산단위, 3만 킬로그램을 초과하는 부분에는 매 킬로그램당 65계산단위를 각각 곱하여 얻은 금액을 순차로 더한 금액을 한도로 한다(제932조 제1항).

(2) 하나의 항공기가 관련된 하나의 사고로 인하여 사망 또는 상해가 발생한 경우 항공기 운항자의 상법 제930조에 따른 책임은 상법 제932조 제1항의 금액의 범위에서 사망하거나 상해를 입은 사람 1명당 12만5천계산단위의 금액을 한도로 한다(제932조 제2항).

(3) 하나의 항공기가 관련된 하나의 사고로 인하여 여러 사람에게 생긴 손해의 합계가 상법 제932조 제1항의 한도액을 초과하는 경우, 각각의 손해는 상법 제932조 제1항의 한도액에 대한 비율에 따라 배상한다(제932조 제3항).

(4) 하나의 항공기가 관련된 하나의 사고로 인하여 사망, 상해 또는 재산상의 손해가 발생한 경우 상법 제932조 제1항에서 정한 금액의 한도에서 사망 또는 상해로 인한 손해를 먼저 배상하고, 남는 금액이 있으면 재산상의 손해를 배상한다(제932조 제4항).

2) 유한책임의 배제

항공기 운항자 또는 그 사용인이나 대리인이 손해를 발생시킬 의도로 상법 제930조 제1항의 사고를 발생시킨 경우에는 상법 제932조를 적용하지 아니한다. 이 경우 항공기 운항자의 사용인이나 대리인의 행위로 인하여 사고가 발생한 경우에는 그가 권한 범위에서 행위하고 있었다는 사실이 증명되어야 한다(제933조 제1항).

항공기를 사용할 권한을 가진 자의 동의 없이 불법으로 항공기를 탈취(奪取)하여 사용하는 중 상법 제930조 제1항의 사고를 발생시킨 자에 대하여는 상법 제932조를 적용하지 아니한다(제933조 제2항).

3) 책임제한의 절차

항공기 운항자는 채권자로부터 책임한도액을 초과하는 청구금액을 명시한 서면에 의한 청구를 받은 날부터 1년 이내에 법원에 책임제한절차개시의 신청을 하여야 한다(제935조 제1항). 책임제한절차개시의 신청, 책임제한 기금의 형성·공고·참가·배당, 그 밖에 필요한 사항에 관하여는 성질에 반하지 아니하는 범위에서 「선박소유자 등의 책임제한절차에 관한 법률」의 예를 따른다(제935조 제2항).

3. 항공기 운항자의 책임면제

항공기 운항자는 상법 제930조 제1항에 따른 사망, 상해 또는 재산상 손해의 발생이 ① 전쟁, 폭동, 내란 또는 무력충돌의 직접적인 결과로 발생하였다는 것, ② 항공기 운항자가 공권력에 의하여 항공기 사용권을 박탈당한 중에 발생하였다는 것, ③ 오로지 피해자 또는 피해자의 사용인이나 대리인의 과실 또는 그 밖의 불법한 작위나 부작위에 의하여서만 발생하였다는 것, ④ 불가항력으로 발생하였다는 것 중 어느 하나에 해당함을 증명하면 책임을 지지 아니한다(제931조).

4. 항공기 운항자의 책임의 소멸

항공기 운항자의 상법 제930조의 책임은 사고가 발생한 날부터 3년 이내에 재판상 청구가 없으면 소멸한다(제934조).

제7편 어음법·수표법

Commercial Law

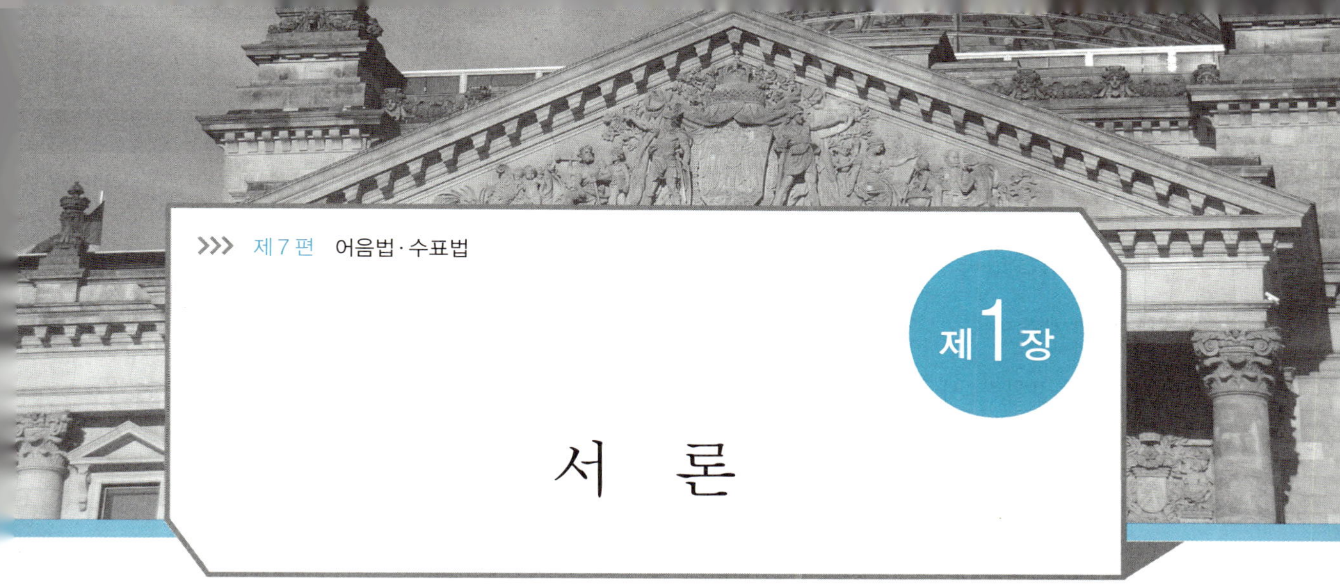

제1장 서 론

제1절 유가증권법

I. 유가증권의 개념

1. 유가증권의 의의

유가증권제도는 재산적 권리의 원활한 유통을 도모하고 권리행사를 용이하게 하기 위하여 인정된 제도로서 경제생활 내용의 다양화, 경제생활 규모나 활동범위의 확대 등으로 발전되어 왔다.

유가증권은 사권을 표창하는 증권이라는 점에는 이론(異論)이 없다. 사권 중에서 신분권을 제외한 재산권을 포함하는 증권으로서, 재산권은 채권이든 물권이든 불문하고, 사원권을 표창하는 증권도 포함한다. 유가증권은 그 권리의 행사 등에 증권의 소지가 필요한데, 어느 정도 증권의 소지가 필요한가에 대하여는 학설의 대립이 있다.[1)]

---

1) 【학설】 권리행사 등에 증권소지의 정도에 관한 학설
유가증권이란 재산적 가치 있는 사권(私權)을 표창하는 증권으로서 권리의 발생·행사·이전의 전부 또는 일부가 증권을 통하여 이루어지는 것이라는 설(다수설), 재산권이 증권에 화체되어 그 권리와 증권이 결합됨으로써 적어도 그 권리의 행사와 이전에는 증권을 필요로 하는 것이라는 설, 사법상의 권리를 표창하는 증권으로서 그 권리의 이전을 위하여 증권이 필요한 것이라는 설, 재산적 가치가 있는 사권이 표창된 증권으로서

2. 유가증권과 구별되는 증권

1) 증거증권

증거증권이란 사법상의 실질적인 법률관계의 존부 또는 그 내용을 단순히 증명하는 증권으로서, 유가증권이 아니다(예 차용증서, 매매계약서, 영수증, 운송장, 보험증권 등). 유가증권은 증거증권으로서의 성질도 가지고 있다.

2) 면책증권

면책증권이란 증권의 소지인이 권리자의 자격을 갖는 것으로 인정되는 증권으로서, 채무자가 증권의 소지인에게 이행을 하면 악의·중과실이 없는 한 면책되는 증권이고, 사권을 표창하는 증권으로서 유통을 목적으로 한 것이 아니므로 유가증권이 아니다(예 예금통장, 신발표, 휴대품보관증, 개찰 후의 승차권, 철도 수하물상환증 등). 유가증권은 면책증권으로서의 성질도 가지고 있다.

보충 유가증권이 아닌 면책증권은 그 증권이 나타내는 권리(채권)를 양도하려면 민법의 지명채권의 양도방법과 그 효력으로서만 가능하고, 면책증권의 소지인은 채무자의 요구가 있으면 실질적 권리를 입증하여야 하며, 면책증권의 상실의 경우에는 공시최고에 의한 제권판결이 인정되지 않는다(정찬형, 「어음·수표법강의」, 11면).

3) 금액권

금액권이란 금전에 갈음하는 효력을 가지는 증권으로서, 유가증권은 아니다(예 은행권 지폐, 우표, 수입인지 등). 금액권은 동산과 동일하게 취급되고 있다.

3. 상법상 유가증권

상법 제65조 제1항에서는 「금전의 지급청구권, 물권 또는 유가증권의 인도청구권이나 사원의 지위를 표시하는 유가증권에 대하여는 다른 법률에 특별한 규정이 없으면 민법 제508조부터 제525조까지의 규정(지시채권 및 무기명채권의 양도방식 등)을 적용하는 외에 어음법 제12조 제1항 및 제2항을 준용한다」고 규정하고 있다.

보충 유가증권성 여부에 논란이 있는 증권

① 기명증권: 배서가 금지된 어음·수표·화물상환증·창고증권·선하증권과 같은 기명증권은 유가증권이 아니라는 견해와 유가증권으로 보아야 한다는 견해(통설)가 있다.

② 승차권·승선권: 승차권 제도는 집단적 운송관계를 처리하기 위한 기술적 제도로서 유통을 목적으로

그 권리를 행사하는 경우 증권의 소지를 필요로 하는 것을 유가증권이라고 하는 설이 있다.

하는 것이 아니기 때문에 유가증권이 아니라는 견해와 운송채권을 표창하는 유가증권이라는 견해(통설)가 있다.

③ 상품권: 상품권 발행권자가 경영하는 시설에서 상품을 구입하거나 용역을 제공받을 수 있는 권리가 표창되고, 이러한 권리의 발생·이전 및 행사에 증권의 소지를 요하는 완전유가증권에 해당한다.
④ 항공운송증권: 기명식 여객항공권은 증거증권 또는 면책증권으로서의 성질만 갖는다는 견해와 기명식 승차권과 같이 유가증권성을 인정하여야 한다는 견해가 있다.
⑤ 보험증권: 보험증권의 유가증권성에 대해서는 부정설·긍정설·일부 긍정설로 나누어지고 있다.
⑥ 양도성예금증서: 예금채권을 표창하고 그 권리의 행사에 증권의 소지를 필요로 하는 불완전유가증권으로 볼 수 있다.
⑦ 카드: 선불카드는 완전유가증권성을 인정할 수 있으나, 직불카드·신용카드·수표카드는 증거증권에 불과하다.

Ⅱ. 유가증권의 기능

유가증권은 공통적으로 권리양도절차의 간이화의 기능(예 배서·교부의 방법)과 권리양도효력의 강화의 기능(예 자격수여적 효력 및 선의지급면책, 선의취득 및 인적 항변의 절단)을 갖는다.

한편, 개별적으로 보면 수표의 경우 지급수단으로서의 기능이 제1차적 경제적 기능에 해당하며, 어음의 경우 신용수단으로서의 기능이 제1차적 기능에 해당한다. 그리고 화물상환증·선하증권·창고증권 등은 재화의 유통을 촉진시키는 기능을 가지며, 주권과 무기명채권 등은 자본조달과 투자의 수단으로서의 기능을 갖는다.

Ⅲ. 유가증권의 종류

1. 증권과 권리의 결합 정도에 의한 분류

1) 완전유가증권

권리의 발생·행사·이전 전부에 증권의 점유를 필요로 하는 증권을 완전유가증권이라 하며 대표적인 예로는 어음·수표를 들 수 있다.

2) 불완전유가증권

권리의 행사와 이전 또는 이전에만 증권의 점유를 필요로 하는 증권을 불완전유가증권이라 하며, 권리의 행사와 이전에만 증권의 점유를 필요로 하는 증권의 대표적인 예로는 화물상환증, 선하증권, 창고증권 등을 들 수 있고, 권리의 이전에만 증권의 점유를 필요로 하는 증권으로는 주권, 사채권 등을 들 수 있다.

2. 증권상의 권리자를 지정하는 방법에 따른 분류

1) 지시증권

증권상에 기재된 자 또는 그가 지시하는 자를 권리자로 하는 증권을 지시증권이라 하며, 대표적인 예로는 어음·수표·화물상환증·선하증권·창고증권 등을 들 수 있다. 지시증권은 통상적으로 배서에 의하여 권리자를 지시한다(법률상 당연한 지시증권). 기명주권의 지시증권성에 관하여는 학설의 대립이 있다.[1)]

2) 소지인출급식 증권(무기명증권)

증권상에 권리자를 지정하지 않고, 그 증권을 정당하게 소지한 자를 권리자로 하는 증권을 소지인출급식 증권이라 하며, 대표적인 예로는 소지인출급식 수표를 들 수 있다. 소지인출급식 증권은 단순한 교부에 의하여 권리의 이전이 가능한 것이 특징이다.

3) 선택무기명식 증권

증권상에 특정인을 권리자로 지정하고 있으면서 동시에 증권의 정당한 소지인도 권리자로 인정하는 증권을 선택무기명식 증권이라고 한다. 선택무기명식 수표는 소지인출급식 수표로 본다(수표법 제5조 제2항).

4) 기명증권

증권상에 특정인을 권리자로 기재한 증권을 기명증권이라 하고, 기명증권은 지명채권양도의 방법으로 권리를 이전하게 된다. 따라서 기명증권은 선의취득이나 인적 항변의 절단 등이 인정되지 않는다.

대표적인 예로는 기명채권, 배서금지어음(수표), 배서금지된 화물상환증·선하증권·창고증권 등을 들 수 있다.

---

1) 【학설】 기명주권의 지시증권성에 관한 학설
기명주권은 법률상 당연한 지시증권에 해당하지만 그 양도방법은 교부에 의할 수 있도록 상법이 규정한 것이라는 견해와, 기명주권의 양도가 교부만으로 가능하고 주권의 점유자는 적법한 소지인으로 추정되므로 무기명증권에 속한다는 견해가 있다.

3. 증권에 표창된 권리의 종류에 따른 분류

채권을 표창하는 채권증권(예 어음, 수표, 화물상환증, 창고증권, 선하증권 등), 물권을 표창하는 물권증권(예 저당증권, 토지채무증권 등), 사원권을 표창하는 사원권적 유가증권(예 주권) 등이 있다. 우리나라에서는 물권적 유가증권은 존재하지 않는다.

4. 기타의 분류

증권상의 권리와 원인과의 관련 여부에 따라 요인증권(예 화물상환증·창고증권·선하증권·주권·신주인수권증서·신주인수권증권 등)·무인증권(예 어음·수표), 권리의 증권화의 정도에 따라 문언증권(대부분의 유가증권)·비문언증권(예 주권, 사채권), 증권의 특수성과 증권상의 권리발생관계를 기준으로 설권증권(예 어음·수표)·비설권증권(예 화물상환증 등 상법상 유가증권), 채무의 변제에 있어서 증권의 상환 여부에 따라 상환증권(예 어음·수표·화물상환증·창고증권·선하증권)·비상환증권(예 주권), 증권상의 권리내용이 증권에 기재된 문언에 의하여 정하여지는가에 따라 형식권적 유가증권(문언증권: 어음·수표·화물상환증·창고증권·선하증권)·실질권적 유가증권(비문언증권: 주권·기명증권)으로 나눌 수 있다. 기타 인도증권·처분증권 등이 있다.

Ⅳ. 유가증권의 속성

유가증권에 의한 거래의 간편·확실성 및 유통성의 증대로 인하여 유가증권은 다음과 같은 속성이 있다(이하 정찬형, 「상법(下)」, 24면~27면 참조).

1. 요식증권성

유가증권은 법률이 정한 기재사항과 조건에 따라서만 작성되어야 그 효력이 발생하게 되는 점에서 요식증권성을 갖는다. 유가증권 중에서 어음·수표는 법정기재사항을 흠결하면 무효가 되는 엄격한 요식증권성의 성질을 갖는 반면에(어음법 제2조, 제76조; 수표법 제2조), 상법상 유가증권(예 화물상환증·창고증권·선하증권·주권 등)은 법정기재사항의 흠결이 있더라도 본질적인 것이 아니면 증권을 무효로 하지 않는 요식증권성을 갖는다(상법 제128조 제2항, 제356조; 어음법 제1조, 제75조; 수표법 제1조 등).

2. 지시증권성

유가증권상의 권리는 일반적으로 배서에 의하여 양도되므로 기명증권을 제외한 유가증권은 지시증권성을 갖는다(상법 제130조; 어음법 제11조 제1항; 수표법 제14조 제1항 등).

3. 자격수여적 효력

유가증권의 선의취득자를 보호하거나 증권상의 채무자의 선의지급의 면책을 위해 증권상 형식적 자격을 가진 자를 실질적 권리자로 추정하는 자격수여적 효력이 인정된다. 이러한 자격수여적 효력은 기명증권에는 인정되지 않고, 지시증권(배서의 연속에 의하여)이나 무기명증권(증권의 단순한 소지에 의하여)은 자격수여적 효력이 인정된다(어음법 제16조 제1항; 수표법 제19조).

4. 문언증권성

유가증권의 효력은 그 증권에 기재된 바에 따라 발생하고, 증권의 선의취득자도 유가증권에 기재된 바에 따라 유가증권상의 권리를 취득하게 되는 문언증권성이 있다(상법 제131조 제2항, 제854조 등).

5. 제시증권성

유가증권은 변제기 도래 후 소지인이 증권을 제시하여 이행을 청구하여야 하는 제시증권성의 속성이 있다.

6. 상환증권성

유가증권은 그 권리자가 채무자의 변제를 받을 때 상환하여야 하는 상환증권성의 속성이 있다(상법 제129조 등).

7. 면책증권성

유가증권은 그 증권소지인이 형식적 자격을 가진 자일 때에 채무자가 선의이고 중과실 없이 변제하면 면책되는 면책증권성이 인정된다(어음법 제40조 제3항 등).

8. 선의취득자 보호

유통성이 많은 유가증권의 거래안전을 위하여 선의취득자 보호가 강화되어 있다(상법 제359조; 어음법 제16조 제2항; 수표법 제21조 등).

9. 인적 항변의 절단

유가증권의 유통성과 피지급성을 보호하기 위하여 유가증권에는 인적 항변의 절단이 인정된다(어음법 제17조 본문; 수표법 제22조 본문).

10. 추심채무

유가증권은 유통성이 강하기 때문에 채무자가 증권소지인을 알 수 없는 성질상, 유가증권상의 채무의 이행장소는 당사자 간에 다른 약정이 없는 한원칙적으로 채무자의 현 영업소 또는 주소로 하므로 유가증권상의 채무는 추심채무의 속성이 있다.

 유가증권법

1. 실질적 의의의 유가증권법

실질적 의의의 유가증권법은 유가증권에 관한 동일적인 법으로, 유가증권의 실체적 법률관계를 규율하는 사법적 규정뿐만 아니라 공법적 규정을 모두 포함하는 광의의 유가증권법과, 유가증권의 실체적 법률관계를 규율하는 사법적 규정만을 의미하는 협의의 유가증권법이 있다. 일반적으로 유가증권법은 협의의 유가증권법을 의미한다.

2. 형식적 의의의 유가증권법

우리나라에서는 형식적 의의의 유가증권법은 존재하지 않으며, 유가증권에 관한 규정이 어음법, 수표법, 상법, 민법 등에 산재하고 있다.

3. 유가증권법정주의

유가증권법정주의[1]란 유가증권의 유통성이나 피지급성의 확보를 위하여 유가증권의 내용과 종류 등을 법에 의하여 제한하고 있는 것을 말한다.

---

1) 【학설】 유가증권법정주의의 적용에 관한 학설
유가증권법정주의는 협의의 유가증권에만 적용되고 기명증권에는 적용되지 않는다는 견해와 채권을 표창하는 기명증권에도 적용된다는 견해가 있다.

제 2 절 어음법·수표법의 의의 및 지위

Ⅰ. 어음법·수표법의 의의

1. 실질적 의의의 어음법·수표법

실질적 의의의 어음법·수표법은 어음·수표에 관한 모든 법규를 말한다. 따라서 이에는 어음법과 수표법 이외에 어음·수표의 법률관계에 적용되는 일반 민·상법도 포함되며, 형법(유가증권의 위조·변조에 관한 규정)·부정수표단속법 등 공법적 규정도 포함된다.

2. 형식적 의의의 어음법·수표법

형식적 의의의 어음법·수표법은 성문법으로서 1962년 1월 20일 제정되고, 법률 제1001호·제1002호로 공포되어 1963년 1월 1일부터 시행되어 1995년과 2007년, 2010년에 개정되어 현재 시행되고 있는 「어음법」·「수표법」을 말한다.

Ⅱ. 어음법·수표법의 지위

1. 어음법·수표법과 상법의 관계

상법은 기업의 생활관계를 규율하는 법이므로, 어음법과 수표법은 상법에 속하는 법이라고는 할 수 없으나, 어음과 수표가 기업과 관련하여 많이 이용되고 있으며, 각종의 어음행위에 대해 상법의 규정이 적용되고 있다(예 어음행위에 대한 명의대여자의 책임(상법 제24조), 표현대표이사의 어음행위에 대한 회사의 책임(상법 제395조) 등). 따라서 상법의 규정에는 어음법과 수표법을 보충하는 규정이 있다.

2. 어음법·수표법과 민법의 관계

어음행위능력에 관한 문제에 대해서는 민법 제5조 이하의 규정, 어음행위자의 의사의 하자(瑕疵)에 관한 문제에 대해서는 민법 제103조, 민법 제107조 내지 민법 제110조의 규정, 표현대리에 관한 문제에 대해서는 민법 제125조, 민법 제126조, 민법 제129조 등이 적용된다. 이러한 면에서 민법의 규정에는 어음법과 수표법을 보충하는 규정이 있다.

제 3 절 어음법·수표법의 특성

I. 강행법적 성질

어음과 수표는 객관적인 거래의 대상으로서, 유통성의 확보와 지급의 확실이라는 목적을 위하여 이용되고 있으므로, 그에 관한 법규제도 객관적으로 강행법화할 수밖에 없다.

II. 기술적 성질

어음과 수표는 금전지급의 수단으로서 역할을 담당하는 기술적인 제도이므로, 그에 관한 법규제도 기술적인 성질을 가지게 된다.

특히 유통성의 확보와 지급의 확실이라는 이념을 실천하기 위한 합목적적인 배려는 그에 관한 법규제를 한층 더 기술화하게 된다.

III. 형식적 성질

어음과 수표는 일반적으로 실질적인 법률관계의 수단으로서 이용되고 또 유통되며, 그에 관한 법률관계는 그 증권을 중심으로 하여 형식적으로 해결될 것이 요구되고 있기 때문에 어음법과 수표법은 형식적인 성질을 가지게 된다.

IV. 통일적 성질

어음법과 수표법은 기술적·형식적인 성질을 가지므로 그 자체로 세계통일법적인 경향을 지니고 있다. 또한 국제적으로 어음과 수표가 이용되는 점에서 특히 어음법과 수표법은 통일적 성질이 강하다.

 독립법적 성질

어음법과 수표법은 독립법적 성질을 갖고 있으므로 민법·상법과의 특별법관계는 매우 희박하다.

그러므로 어음·수표에 관한 사항은 원칙적으로 어음법과 수표법 내에서 해결되고 민법과 상법에 의하여 보충될 여지가 적다.

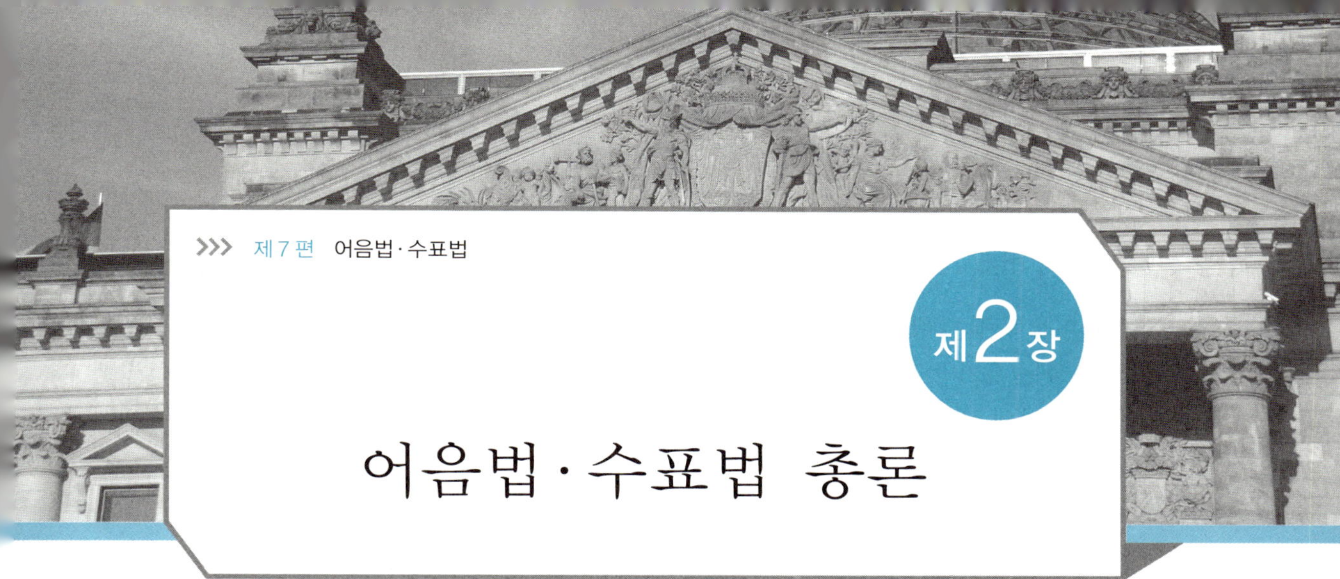

제2장 어음법·수표법 총론

제1절 어음(수표)의 개념

I. 어음(수표)의 의의

1. 환어음

환어음이란 어음의 발행인이 제3자(지급인)에게 일정한 어음금액을 일정일(만기; 지급기일)에 어음상의 권리자에게 지급할 것을 무조건으로 위탁하는 유가증권을 말한다. 환어음에는 발행인·지급인·수취인의 3당사자가 필요하고, 지급인은 인수를 한 때에 인수인으로서 주채무자의 지위에 있게 된다.

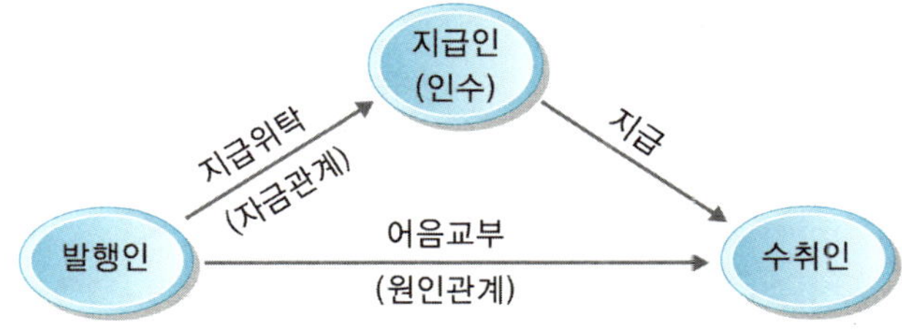

2. 약속어음

약속어음이란 발행인이 일정일에 어음금액을 어음상의 권리자에게 지급할 것을 무조건으로 약속하는 유가증권이다. 약속어음에는 발행인과 수취인의 2당사자를 필요로 하고, 발행인은 주채무자의 지위에 있게 된다.

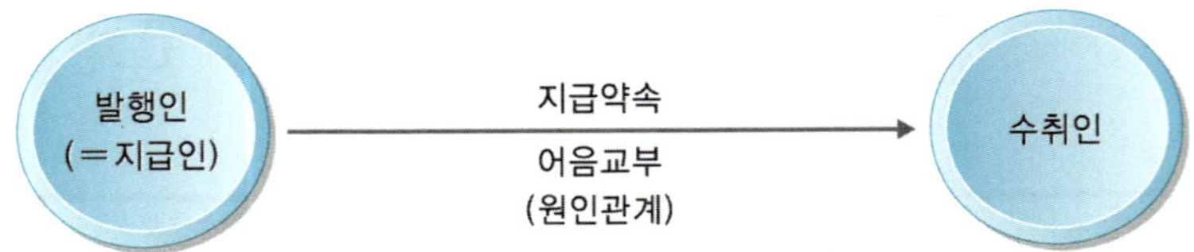

보충 환어음과 약속어음의 차이

① 기본당사자: 환어음은 발행인·지급인·수취인의 3당사자를 필요로 하지만, 약속어음은 발행인과 수취인의 2당사자만을 필요로 한다.
② 주채무자: 환어음의 주채무자는 인수인이지만, 약속어음의 주채무자는 발행인이다.
③ 상환의무자: 환어음은 발행인과 배서인이 상환의무자이지만, 약속어음은 배서인만 상환의무자이고 발행인은 상환의무자가 아니다.
④ 자금관계: 환어음에는 발행인과 지급인 사이의 자금관계가 필요하지만, 약속어음에는 발행인이 지급인을 겸하므로 자금관계가 필요하지 않다.
⑤ 인수제도: 환어음에는 인수제도가 인정되지만, 약속어음에는 인수제도가 없다.
⑥ 복본제도: 환어음에는 복본제도가 인정되지만, 약속어음에는 복본제도가 인정되지 않는다.
⑦ 경제적 기능: 환어음은 신용기능·송금기능·추심기능 및 지급기능이 있으나, 약속어음은 신용기능·추심기능 및 지급기능이 있다.

3. 수 표

수표는 수표의 발행인이 지급인에게 일정한 수표금액을 수표상의 권리자에게 지급할 것을 무조건으로 위탁하는 유가증권이다. 수표에는 발행인·지급인·수취인의 3당사자가 필요하며, 지급인은 은행에 한정된다. 수표에는 어음과 달리 주채무자가 없으므로, 지급인이 지급보증으로 지급보증인이 되더라도 환어음의 인수인이나 약속어음의 발행인과 같이 주채무자가 되는 것은 아니다.

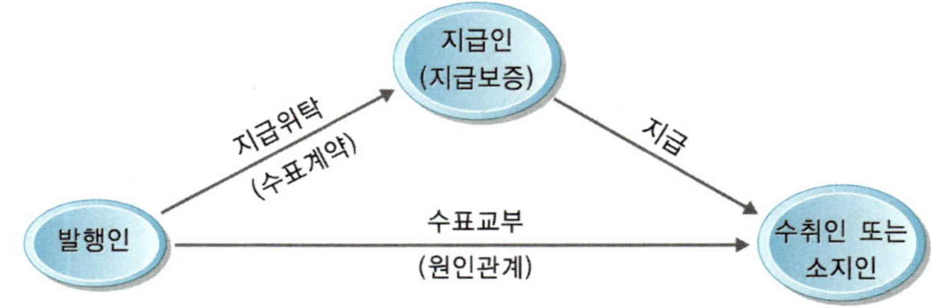

보충 환어음과 수표의 차이

① 지급인: 환어음의 지급인은 제한 없이 누구나 가능하지만, 수표의 지급인은 은행 기타 금융기관에 한한다.
② 수취인: 환어음의 수취인은 절대적 기재사항이지만(소지인출급식 어음이 인정되지 않는다), 수표의 수취인은 유익적 기재사항이다(소지인출급식 수표가 인정된다).
③ 주채무자: 환어음은 인수인이 주채무자가 되지만, 수표에는 주채무자가 존재하지 않고 지급인이 지급보증을 한 경우 상환의무자와 같은 지위에 있게 될 뿐이다.
④ 인수제도: 환어음에는 인수제도가 있으나, 수표에는 인수제도가 없고 지급보증제도가 있다.
⑤ 상환청구방법: 환어음에는 만기 전 상환청구와 역어음에 의한 상환청구방법이 있으나, 수표는 만기 전 상환청구가 없고 역어음제도가 인정되지 않는다.
⑥ 지급위탁의 취소: 환어음의 발행인은 언제나 지급위탁의 취소가 가능하지만, 수표의 발행인은 지급제시기간이 경과한 후에만 지급위탁의 취소가 가능하다.
⑦ 횡선제도: 환어음에는 횡선제도가 인정되지 않지만, 수표에는 횡선제도가 인정된다.
⑧ 시효기간: 환어음의 주채무자에 대한 어음상 권리의 소멸시효기간은 3년, 상환청구권의 시효는 1년, 재상환청구권의 시효는 6개월이지만, 수표의 지급보증인에 대한 수표상의 권리의 소멸시효기간은 1년, 상환청구권과 재상환청구권의 시효는 6개월이다.
⑨ 참가제도: 환어음에는 참가인수와 참가지급이 인정되지만, 수표에는 참가제도가 인정되지 않는다.
⑩ 등본제도: 환어음에는 등본제도가 인정되지만, 수표에는 등본제도가 인정되지 않는다.
⑪ 경제적 기능: 환어음에는 신용기능·송금기능·추심기능 및 지급기능이 있으나, 수표에는 지급기능과 송금기능이 있을 뿐 신용기능·추심기능은 없다.

Ⅱ. 어음(수표)의 법률적 성질

1. 완전유가증권성

어음(수표)상의 금전채권은 이미 존재하는 권리를 표창하는 것이 아니라 어음(수표)의 작성에 의하여 비로소 발생하고, 어음(수표)금을 청구할 때에는 어음(수표)을 제시하고 상환하여야 하므로 권리의 행사에 어음(수표)을 필요로 한다. 또한 어음(수표)상의 금전채권을 양도할 때에는 어음(수표)의 배서·교부에 의하여야 하므로 권리의 이전에 어음(수표)이 필요하게 된다. 따라서 어음(수표)은 권리의 발생·행사·이전의 모든 경우에 증권의 소지를 요하는 완전유가증권에 속한다.

2. 금전채권증권성

환어음과 수표는 금전의 지급을 위탁하는 증권이고, 약속어음은 금전의 지급을 약속하는 증권이다. 따라서 금전채권 이외의 종류물이나 특정물에 관한 채권을 표창하는 어음(수표)은 발행할 수 없다. 이 점에서 물건의 인도채권을 표창하는 화물상환증·창고증권·선하증권 등과 구별된다.

3. 무인증권성

어음(수표)은 특정인 간에서만 지급수단으로 사용되는 것은 아니고 전전유통하며 계속 지급수단으로 활용되므로 어음(수표)의 유통성을 강화하기 위하여 무인증권(無因證券)으로서의 성질이 인정된다. 즉, 어음(수표)상의 권리는 매매 기타 어음행위를 하게 된 원인인 법률관계와는 독립하여 존재하며(따라서 어음·수표상의 권리는 원인관계의 무효·취소에 의하여 그 효력에 영향을 받지 않는다), 그 권리의 행사에 있어서는 원인관계의 입증을 요하지 않는다. 어음(수표)은 무인증권이므로 지급위탁 또는 지급약속은 무조건이어야 하며(어음법 제1조 제2호, 제75조 제2호; 수표법 제1조 제2호), 인적 관계에 관한 사유로는 어음(수표)의 선의취득자에게 대항하지 못한다(어음법 제17조 본문; 수표법 제22조 본문).

【판례】 대법원 1984.1.24.선고 82다카1405판결

어음행위는 무인행위로서 어음수수의 원인관계로부터 분리하여 다루어져야 하고 어음은 원인관계와 상관없이 일정한 어음상의 권리를 표창하는 증권이라고 할 것인바, 원심이 이 사건 약속어음이 빈 껍데기에 불과하다고 하여 어음소지인의 약속어음금 청구가 바로 신의성실의 원칙에 어긋나는 것으로서 권리의 남용에 해당한다고 하였음은 어음배서에 있어서의 무인성의 법리를 오해하였을 뿐만 아니라 어음법에 있어서의 신의성실의 원칙 내지 권리남용의 법리를 오해한 위법이 있다.

4. 설권증권성

어음(수표)상의 권리는 어음(수표)의 작성에 의하여 비로소 발생하므로, 설권증권(設權證券)의 성질을 갖는다. 어음(수표)을 제외한 모든 유가증권은 이미 발생한 권리를 표창하는 비설권증권인 점에서 차이가 있다.

5. 요식증권성

어음(수표)은 엄격한 요식증권의 성질을 가지고 있다. 따라서 어음(수표)은 일정한 법정기재사항을 기재하여야 하며(어음법 제1조; 수표법 제1조), 기재사항에 흠결이 있는 어음(수표)은 그 효력이 없다(어음법 제2조; 수표법 제2조). 이러한 요식증권성은 어음(수표)에 유통성을 부여하기 위한 전제요건으로 필요한 것이다.

6. 문언증권성

어음(수표)상의 권리관계는 오로지 증권에 기재된 문언에 의하여 정하여지므로, 문언증권성이 있다. 따라서 어음(수표)에 기재되지 않은 사항은 어음(수표)상의 채무자로부터 대항받지 않는다. 이는 어음(수표)의 취득자가 어음(수표)의 기재내용이 의미하는 권리를 그대로 취득할 수 있게 하여 어음(수표)의 유통성을 보장하기 위한 데 그 의의가 있다.

7. 지시증권성

어음(수표)은 지시식으로 발행할 수 있으나, 기명식으로 발행된 경우에도 법률상 당연히 배서에 의하여 양도할 수 있는, 이른바 법률상 당연한 지시증권이다(어음법 제11조 제1항, 수표법 제14조 제1항). 다만, 지시금지어음(수표)의 경우는 지명채권양도의 방법에 의해서만 양도할 수 있다(어음법 제11조 제2항, 수표법 제14조 제2항). 소지인출급식 수표의 경우에는 수표의 교부만으로 양도할 수 있다.

어음(수표)의 지시증권성은 권리자를 새로이 지정한다는 의미뿐만 아니라 어음(수표)채무자에 대한 통지나 채무자의 승낙을 요하지 않고도 어음(수표)상의 권리가 이전된 사실을 타인에게 대항할 수 있다는 의미를 포함하고 있는 것이다.

8. 제시증권성

어음(수표)상의 채무자는 소지인이 어음(수표)의 제시를 하지 않는 한 어음(수표)채무를 이행할 필요가 없다.

따라서 어음(수표)은 제시증권에 해당한다. 어음(수표)의 제시증권성을 인정하는 것은 어음(수표)은 고도의 유통성을 지닌 증권으로서 그 증권의 이전에 의해 권리가 이전되므로 어음(수표)은 점유하는 자에게만 권리행사를 허용하게 하여 어음(수표)채무자가 이중변제의 위험을 부담하지 않도록 하기 위한 데 있다.

9. 상환증권성

어음(수표)상의 채무자는 어음(수표)과 상환(相換)으로서만 어음(수표)의 지급을 요한다. 이것은 어음(수표)증권과 어음(수표)채무는 일체불가분의 관계에 있기 때문이며, 채무자가 이중지급을 강요당할 위험을 피하기 위한 것이다.

제2절 어음(수표)의 종류

어음의 종류

1. 기본어음(원시어음)

발행인이 어음요건인 법정기재사항을 기재하고 기명날인 또는 서명하여 수취인에게 교부하여 발행되는 어음을 기본어음이라 하고, 이 기본어음을 바탕으로 배서·보증·인수 등의 부속적 어음행위가 이루어지게 된다.

2. 완전어음·불완전어음·미완성어음

어음요건인 법정사항이 모두 기재된 어음을 완전어음이라 하고, 그러한 요건이 갖추어지지 않은 어음을 불완전어음이라 한다. 불완전어음은 유효한 어음으로서의 효력이 없다. 이에 대해 요건이 흠결되어도 그 흠결부분이 소지인에 의하여 보충기재될 것이 예정되어 있는 어음을 미완성어음이라 한다. 미완성어음은 장래 흠결부분이 보충기재됨으로써 완전어음이 된다.

3. 단명어음·복명어음

발행인·수취인·지급인의 세 가지 자격을 한 사람이 겸한 어음을 단명어음이라 하고(어음법 제3조 제1항·제2항 참조), 어음당사자가 2인 이상인 어음을 복명어음이라 한다.

4. 연기어음·구어음

기존 어음의 만기가 도래하였을 때, 당사자의 합의에 의하여 그 지급을 연기하기 위하여 발행하는 어음을 연기어음이라 하고, 기존의 어음을 구어음이라 한다.

5. 담보어음·대부어음·담보부어음

채무가 현재 발생하고 있거나 장차 발생할 경우에 그 채무의 이행을 담보하기 위하여 발행하는 어음을 담보어음이라 하고, 금전대차의 경우에 그 지급을 확보하기 위하여 차용증서에 대신하는 목적에서 채무자가 채권자에게 교부하는 어음을 대부어음이라 한다. 그리고 어음채무의 이행을 확보하기 위하여 물적 담보가 있는 어음을 담보부어음이라 한다.

6. 상업어음·융통어음

1) 상업어음

실제의 상거래가 있고 이 상거래를 원인으로 하여 발행하는 어음을 상업어음(진정어음 또는 실(實)어음)이라 한다.

2) 융통어음

융통어음이란 어음발행의 원인에 현실적인 상거래가 없이 오직 타인으로 하여금 어음에 의하여 금융을 얻게 할 목적을 위하여 발행된 어음을 말한다(예 갑이 을에게 을의 자금사정의 해결에 협력하기 위해 특별한 원인관계가 없지만 호의적으로 발행해 주는 어음: 대법원 2012.11.15.선고 2012다60015판결). 융통어음이란 타인에게 신용을 줄 목적으로 발행하는 어음으로, 자기가 자금을 융통하기 위하여 대가관계 없이 발행 또는 양도하는 어음(기업어음이나 할인어음)과는 구별된다. 융통어음의 판단 여부는 어음거래당사자의 주장에 의한 것은 아니고 구체적 사실관계에 따라 판단하여야 한다(대법원 1996.5.14.선고 96다3449판결).

보충판례 어음의 발행인(또는 배서인이)이 할인을 의뢰하면서 어음을 교부한 경우, 이는 원인관계 없이 교부된 어음에 불과할 뿐이고 악의의 항변에 의한 대항을 인정하지 아니하는 이른바 융통어음이라고 할 수는 없다(대법원 1996.5.14.선고 96다3449판결).

7. CP어음(기업어음)

CP어음(Commercial Paper)이란 할인기관에 의하여 선정된 적격업체가 자금융통의 목적으로 발행한 어음을 할인기관이 매입하여 다시 일반투자가에게 매출하는 어음을 말한다. 즉, CP어음은 기업이 자금조달을 위하여 단자회사 또는 투자금융회사를 통하여 발행하는 융통어음의 일종이다.

8. 전도금어음

공사의 도급 또는 물품의 제조·가공을 의뢰할 때 미리 전도금으로서 교부하는 어음을 전도금(前渡金)어음이라 하고, 이 어음의 교부는 현실적인 대금지급은 아니고, 일의 착수에 필요한 자금의 조달을 위하여 신용을 제공할 목적으로 교부되는 것으로 이 점에서 융통어음과 같다.

9. 은행도어음

약속어음을 발행하고자 하는 자가 특정의 은행과 약정을 맺어 그 은행을 자신이 발행하는 어음의 지급담당자로 기재하고 그 은행은 어음의 지급사무를 처리해 줄 것을 합의하고, 그 약정을 할 경우 은행이 정한 약관에 따라 그 은행이 교부하는 인쇄된 어음용지를 사용하게 된다. 이러한 어음을 은행도(銀行渡)어음이라 한다.

10. 표지어음

1) 의 의

기업들이 자금조달의 목적으로 발행한 할인어음(상업어음이나 무역어음)들은 발행기업 사정에 따라 지급기일과 어음금액이 각기 다르므로 어음할인을 해준 금융기관(투자 증권회사 등)은 자금회수에 불편이 따르게 된다. 이러한 할인어음을 분할하거나 통합하여 금융기관은 자신을 지급인으로 하여 어음금액과 수익률 및 지급기일이 일정한 새로운 어음을 발행하여 이를 일반투자자에게 판매함으로써 자금회수에 편의를 도모하게 된다. 이와 같이 금융기관이 할인어음을 근거로 하여 발행한 어음을 표지(表紙)어음(발행어음이라 고도 한다)이라 한다.

2) 법적 성질

표지어음은 약속어음임을 표시하는 문구를 비롯하여 만기, 발행일, 발행인의 기명날인 등을 비롯한 어음법 제75조 소정의 주요한 어음요건을 갖추고 있고, 하단에는 표지어음이 어음에 해당함을 다시 확인하여 주는 문구, 즉 "발행지, 발행일, 수취인 등이 누락된 상태에서 지급 제시하는 경우 지급거절로 선의의 피해를 입을 수 있으니 누락됨이 없도록 주의하시기 바랍니다"라고 찍혀 있는 것이 보통이며, 그 기재가 계약서가 아닌 약속어음 표면에 존재하는 이상 이를 예문에 해당하는 것으로 볼 수 없다는 점에서 법적 성격은 어음법 소정의 약속어음에 해당한다(대법원 2014.6.26.선고 2014다13167판결).

【판례】 대법원 2015.9.10.선고 2015다27545판결

표지어음은 법적 성격이 어음법 소정의 약속어음에 해당하므로, 은행이 표지어음을 발행하여 발행의뢰인에게 어음할인 방식으로 매출하는 것은 어음의 매매의 성격을 가진다. 따라서 은행이 표지어음을 발행·매출하면서 발행의뢰인에게서 대가로 지급받은 자금을 향후 표지어음금의 지급을 대비하여 별도로 보관·관리하기 위하여 개설한 계좌가 편의상 발행의뢰인의 명의로 되어 있다고 하더라도, 발행의뢰인은 특별한 사정이 없는 한 은행에 대하여 자금의 대가로 발행된 표지어음금의 지급을 구할 수 있을 뿐 어음금과 별도로 계좌에 관한 예금의 반환을 구할 수는 없다.

Ⅱ. 수표의 종류

1. 당좌수표·가계수표

사업을 하는 자가 은행과 당좌거래계약을 체결하고 은행에 있는 수표자금의 범위 내에서 발행하는 수표를 당좌수표라 하고, 개인이 은행과 가계당좌거래계약을 체결하고 은행에 있는 수표자금의 범위 내에서 발행하는 수표를 가계수표라 한다.

2. 자기앞수표

자기앞수표는 수표의 지급인인 은행이 동시에 발행인으로 되어 있는 수표를 말하며(수표법 제6조 제3항), 보증수표라고도 한다.

3. 선일자수표

발행일보다 장래의 일자를 발행일자로 기재한 수표를 선일자수표라 하고, 이 수표에 기재된 발행일 이전에 지급제시를 할 수 있으며, 그 제시된 날에 지급하여야 한다(수표법 제28조 제2항).

4. 횡선수표

횡선수표는 수표의 표면에 2조의 평행선을 그은 수표로서, 은행 또는 지급인의 거래선에 대하여서만 지급할 수 있다. 횡선수표에는 일반횡선수표와 특정횡선수표가 있다(수표법 제37조 제2항).

5. 송금수표

송금수표란 은행이 그 본·지점 또는 그 거래은행을 지급인으로 하여 송금의 목적으로 발행하는 수표이다.

6. 우편수표

우편수표란 우편대체법에 의하여 우체국을 지급인으로 하여 발행한 수표를 말한다. 우편대체관서(우체국)는 우편수표의 소지인의 지급청구가 있을 때에는 현금으로 지급하지 않고 우편대체관서의 자기앞수표를 발행·교부할 수 있는데, 이것을 자기앞우편수표라 한다.

7. 국고수표

정부재정지출의 방법으로서 한국은행이 불가피하게 현금으로 지급할 수 없는 때에 현금의 교부에 갈음하여 자기를 지급인으로 하여 수표를 발행하는 경우, 이렇게 발행된 자기앞수표를 국고수표라 한다. 국고수표는 소지인출급식으로 발행하여야 한다.

8. 여행자수표

여행자수표[1]란 해외여행자가 현금의 휴대로 인한 분실·도난 등의 위험을 피하기 위하여 고안된 수표이며, 여행자로 하여금 여행지에서 이 수표와 상환하여 여행지의 화폐로 현금화할 수 있게 하는 수표이다.

제3절 어음(수표)의 기능과 남용

I. 어음(수표)의 경제적 기능

1. 환어음의 경제적 기능

1) 신용기능

환어음은 제1차적으로 신용기능을 수행한다. 신용기능이란 환어음의 만기까지의 신용(만기까지 자금 활용을 하는 의미)을 이용하는 기능을 말하며, 이러한 신용기능으로 인하여 자금의 시간적 장애가 극복된다.

2) 송금기능

환어음은 현금의 운반에 대신하여 송금기능을 수행한다. 예를 들어, 서울의 갑(甲)이 물건 구매로 인하여 부산에 있는 을(乙)에게 1천만원의 채무가 있고, 동시에 부산에 있는 병(丙)에게 1천만원의 채권이 있을 때 갑(甲)이 병(丙)을 지급인으로 하고 수취인을 을(乙)로 하여

---

1) 【학설】 여행자수표의 성질에 대한 학설
여행자수표의 법률상 성질에 관하여 수표의 일종으로 보는 견해(다수설), 자기앞수표와 유사한 수표라고 하는 견해, 관습법에 의하여 인정되는 자기앞수표와 유사한 특별한 유가증권이라는 견해가 있다.

환어음을 발행하면, 을(乙)은 병(丙)에게 지급을 받을 수 있게 되어 갑(甲)이 을(乙)에게 금전을 송금하는 것과 같은 효과가 있게 된다.

한편, 환어음은 국제거래의 송금수단으로 많이 이용된다. 최근의 전자자금이체제도, 은행 지로(Giro)제도 등으로 인해 송금기능이 점차 상실되어 가고 있지만, 국제거래에서는 여전히 중요한 기능을 하고 있다.

3) 추심기능

환어음은 국제거래에 있어서 매도인이 매수인에 대한 대금추심을 위하여 이용될 수도 있다. 예를 들어, 갑(甲)이 병(丙)에게 상품판매를 하여 대금채권이 있으면서 한편 을(乙)에게서 자금을 차입한 경우 을(乙)에게 병(丙)을 지급인으로 하여 환어음을 발행한다면 을(乙)에 대해 지급기능, 병(丙)에 대해 추심기능을 하는 것이다.

특히 매도인은 매수인을 지급인으로 하는 환어음을 발행하고, 그 어음상의 권리를 담보하기 위하여 운송 중의 운송물을 표창하는 선하증권 등의 운송증권을 함께 교부하는 경우 이 환어음을 하환(荷換)어음이라 한다.

4) 지급기능

환어음의 지급기능은 신용기능·송금기능·추심기능과 결합하여 수행되며, 한편 환어음의 수취인이 지급인으로부터 어음금을 지급받으면 동 어음의 발행인·지급인 간 및 발행인·수취인 간의 대금지급이 자동적으로 종료되는 효과(원인관계에서 생겨난 금전채무 이행의 효과)를 가져오는 지급기능을 갖는다.

5) 담보기능

환어음의 발행인이 금전을 차용하거나 외상으로 물품을 구입하면서 장래의 채무이행을 담보하기 위하여 이용될 수 있다.

2. 약속어음의 경제적 기능

1) 신용기능

약속어음도 환어음과 같이 신용기능을 갖는다. 특히 국내거래에서는 신용기능을 수행하기 위하여 약속어음을 이용하는 것이 보편적이다.

2) 추심기능

약속어음의 추심기능도 국내거래에서 많이 이용된다. 즉, 상품을 외상으로 판매한 매도인이 매수인으로부터 약속어음을 수취인 또는 피배서인의 자격으로 취득한 경우에 매도인이 그 어음을 자기의 거래은행으로부터 할인받는 형태로 이용된다.

3) 지급기능

현금매매가 아니라 외상매매를 하는 경우 대금지급기일을 만기로 하고, 매매대금을 어음금액으로 하여 약속어음이 발행된다면 약속어음도 지급의 수단으로 이용될 수 있다. 약속어음은 그 자체만으로는 지급기능을 수행하는 경우가 드물고, 통상 신용기능·추심기능과 결합하여 지급기능을 수행한다.

4) 담보기능

약속어음은 주로 담보기능의 목적으로 이용된다.

3. 수표의 경제적 기능

수표는 금융거래에 있어서 현금수수에 따르는 불편과 위험을 제거하는 지급기능을 수행하기 때문에 널리 이용되고 있다.

수표의 송금기능이나 담보기능은 환어음의 경우와 같다. 그러나 수표에는 신용기능과 추심기능이 없다.

Ⅱ. 어음(수표)의 남용

1. 무인성(추상성)의 남용

어음(수표)은 원인관계에 의하여 아무런 영향을 받지 않는 추상성(무인성)을 갖고 있기 때문에, 이를 악용하여 도박채권이나 폭리행위에 의한 채권과 같은 반사회적이거나 법의 금지에 반하는 행위로 인한 채권을 은폐하는 일이 있다.

2. 신용기능의 남용

가공의 인물을 지급인으로 한 어음을 발행하거나 또는 무자력자가 서로 상대방을 지급인으로 하는 어음을 발행하여 이것에 인수 또는 배서를 함으로써 부당한 신용의 남용을 하기도 한다.

3. 요식성의 남용

어음법의 형식을 중요시하고 있는 것을 악용하여 간악한 채무자가 고의로 요건이 불비한 어음을 교부해 주고, 후일에 청구를 받았을 때에는 형식의 흠결을 이유도 하여 어음채무의 이행을 거부하는 경우도 있다.

제4절 어음(수표)행위

제1관 어음(수표)행위 총설

I. 어음(수표)행위의 의의

1. 형식적 의의

형식적 의의의 어음(수표)행위란 강의학상의 용어로서, 어음(수표)이라는 증권상의 권리·의무를 변동시키는 법률행위를 말한다. 이러한 어음(수표)행위의 형식적 의의는 「기명날인 또는 서명을 불가결의 요건으로 하는 요식의 증권적 법률행위」를 말한다.

2. 실질적 의의

형식적 의의에 대해서 어음(수표)행위의 내용에 관한 뜻이 포함되어 있지 않고 다른 증권적 법률행위와의 구별이 불가능하다는 비판과 함께 어음(수표)행위의 의의를 실질적으로 파악하려는 견해가 있다.

어음(수표)행위의 실질적 의의에 관해서는 크게 긍정설과 부정설이 대립되고 있다.[1)]

---

1) 【학설】 어음(수표)행위의 실질적 의의에 관한 학설
① 긍정설: 어음행위를 어음행위의 결과 어음상의 채무를 부담하게 하는 행위, 어음상의 채무의 발생원인이 되는 법률행위, 어음행위는 원칙적으로 그 결과로서 어음상의 채무를 발생시키는 법률행위 등으로 설명한다.
② 부정설: 어음행위를 그 효과의사 내지 목적의 면에서 실질적으로 고찰하여 어음행위의 개념을 통일적으로 파악하는 것은 매우 어렵기 때문에 형식적 정의로서 만족하고자 한다거나, 어음행의의 목적의 면에서 어음행위의 실질적인 개념 파악이 불가능할 뿐만 아니라 불필요하다고 한다.

Ⅱ. 어음(수표)행위의 종류

어음(수표)행위로서는 환어음에 있어서는 발행·배서·보증·인수·참가인수가 있고, 약속어음에 있어서는 발행·배서·보증·참가인수(통설의 입장에서는 약속어음에도 참가인수가 인정되고 있다)가 있고, 수표에 있어서는 발행·배서·보증·지급보증이 있다.

표 6-1 ▶ 어음(수표)행위의 종류

구분	환어음	약속어음	수표
발행	• 어음법 제1조 • 어음의 창조·이전 • 상환의무부담(인수·지급 담보책임) • 지급무담보는 무익적 기재사항	• 어음법 제75조 • 어음의 창조·이전 • 주채무자로서 지급의무부담 • 지급무담보(면책) 문구는 유해적 기재사항	• 수표법 제1조 • 수표의 창조·이전 • 상환의무부담(지급담보책임) • 지급무담보는 무익적 기재사항
배서	• 어음법 제11조 이하 • 어음상의 권리이전 • 상환의무부담(인수·지급 담보책임) • 인수·지급무담보배서 가능	• 어음법 제77조 제1항 • 어음상의 권리이전 • 상환의무부담(지급담보책임) • 무담보배서 가능	• 수표법 제14조 이하 • 수표상의 권리이전 • 상환의무 부담(지급담보책임) • 무담보배서 가능
보증	• 어음법 제30조, 제31조, 제32조 • 피보증인과 동일한 책임부담	• 어음법 제77조 제3항 • 환어음과 동일	• 수표법 제25조, 제26조, 제27조 • 환어음과 동일
인수	• 어음법 제21조 이하 • 주채무자로서 지급의무부담	• 인수제도 없음	• 인수제도 없음
참가인수	• 어음법 제56조 이하 • 피참가인과 동일한 책임부담	• 참가인수 규정 없음(통설은 참가인수제도 인정)	• 참가인수제도 없음
지급보증	• 지급보증제도 없음	• 지급보증제도 없음	• 수표법 제53조 이하 • 수표제시기간 내에 제시한 경우 지급의무 부담

Ⅲ. 어음(수표)행위의 해석

1. 어음(수표)외관해석의 원칙

어음(수표)행위는 어음면의 기재가 의사표시의 내용이 되는 법률행위이다. 따라서 어음(수표)행위는 오로지 어음(수표)면에 기재된 문언에 따라서만 객관적으로 해석하여야 할 것이며, 어음(수표)면에 나타나지 아니한 어음 외의 사정에 의하여 당사자의 의사를 추지하거나 또는 어음(수표)의 기재를 보충·변경하는 방식으로 해석해서는 아니된다(대법원 2000.12.8.선고 2000다33737판결). 이러한 것을 어음(수표)외관해석의 원칙이라 한다.

이러한 어음(수표)외관해석의 원칙은 어음(수표)의 유통성을 보장하기 위한 것으로, 어음(수표)엄정의 원칙의 하나의 내용에 해당한다. 어음(수표)외관해석의 원칙을 적용하더라도 강행법적 질서에 반하는 법률상태를 창설할 수는 없다.

2. 어음(수표)유효해석의 원칙

어음(수표)유효해석의 원칙은 어음(수표)을 무효라고 해석하는 것보다는 신의성실의 원칙에 따라 유효로 해석하여야 한다는 원칙으로 판례·통설이 인정하고 있다.

1) 법률의 규정

만기의 기재가 없는 어음은 일람출급어음으로 보고(어음법 제2조 제1호), 지급지의 기재가 없는 때에는 지급인의 명칭에 부기한 지를 지급지이며 지급인의 주소지로 본다(어음법 제2조 제2호). 또 발행지의 기재가 없으면 발행인의 명칭에 부기한 지에서 발행한 것으로 본다(어음법 제2조 제3호; 수표법 제2조 제3호).

어음(수표)보증에서 피보증인의 표시가 없는 경우에는 발행인을 위하여 보증한 것으로 보며(어음법 제31조 제4항; 수표법 제26조 제4항), 환어음에서 참가인수 또는 참가지급을 하는 경우에 피참가인을 표시하지 않은 때에는 발행인을 위하여 참가인수 또는 참가지급을 한 것으로 본다(어음법 제57조, 제62조 제1항).

2) 판례의 예

세력에 없는 날(예 2월 30일)을 발행일로 기재한 어음은 그 달의 말일에 발행된 유효어음으로 해석하고(대법원 1981.7.28. 선고 80다1295판결), 지급지 내의 장소가 아닌 다른 장소를 지급장소로 기재한 어음(예 지급지는 서울특별시, 지급장소는 수원시 △△은행 ○○지점)은 지급장소의 기재가 없는 유효한 어음으로 본다(대법원 1970.7.24.선고 70다965판결).

Ⅳ. 어음(수표)행위의 특성

1. 어음(수표)행위의 추상성(무인성)

1) 의 의

어음(수표)행위를 함에는 보통 매매·소비대차 등의 원인이 있기 마련이지만, 어음(수표)행위는 이러한 원인관계의 부존재·무효·취소 등에 의하여 영향을 받지 않고 어음(수표)행위 그 자체에 의하여 효력이 생긴다. 어음(수표)행위의 이러한 특성을 무인성·추상성이라고 한다. 다만, 원인관계는 직접적인 당사자 간, 그리고 악의의 취득자에 대한 관계에 있어서 인적 항변사유가 된다.

【판례】 대법원 2017.8.18.선고 2014다87595판결

어음행위는 무인행위(無因行爲)로서 어음수수의 원인관계로부터 분리하여 다루어져야 하고 어음은 원인관계와 상관없이 일정한 어음상의 권리를 표창하는 증권이다. 어음의 소지인은 소지인이라는 사실만으로 어음상의 권리를 행사할 수 있고 그가 어떠한 실제적 이익을 가지는지 증명할 필요가 없다(대법원 1997.7.25.선고 96다52649판결; 대법원 1998.5.22.선고 96다52205판결 등 참조). <u>어음채권에서 어음발행의 원인관계가 존재하지 않는다거나 원인채무가 변제 등으로 소멸하였다는 사정은 이를 주장하는 자가 증명</u>하여야 한다(대법원 2007.9.20.선고 2007다36407판결 등 참조).

2) 근 거

어음(수표)행위의 무인성의 실정법상의 근거는 각종 어음(수표)행위의 무조건성(어음법 제1조 제2호; 수표법 제1조 제2호 등)과 이득상환청구권(어음법 제79조; 수표법 제63조)에 관한 규정에서 나타난다.

참조판례 어음행위는 무인행위로서 어음수수의 원인관계로부터 분리하여 다루어져야 하고, 어음은 원인관계와 상관없이 일정한 어음상의 권리를 표창하는 증권이므로 어음이 일정한 조건(예컨대 근로자들에 대한 노임체불)하에서만 권리를 행사하기로 한 약정하에 발행되었더라도 이와 같은 사정은 어음의 원인관계에 기한 인적 항변사유에 불과하고 어음상의 권리는 일단 유효하게 성립되었다고 보아야 할 것이다(대법원 1989.10.24.선고 89다카1398판결).

2. 어음(수표)행위의 요식성

어음(수표)은 다수당사자들 사이에 전전유통되어지고, 1인의 어음(수표)행위는 모든 어음관계자들에게 효력을 미치게 된다. 따라서 모든 어음(수표)관계자들의 이해관계에 영향을 미치는 어음(수표)행위는 통일적 방식을 필요로 하게 되므로 어음(수표)행위는 요식성을 갖는다.

즉, 모든 어음(수표)행위는 어음(수표)법이 각각의 어음(수표)행위에 대하여 규정한 법정의 형식을 갖추어야 하며, 이러한 형식을 갖추지 못하면 어음(수표)행위로서의 효력이 없다.

모든 어음(수표)행위의 공통된 요건은 기명날인 또는 서명이며 기타의 방식은 어음(수표)행위에 따라 다르다.

3. 어음(수표)행위의 설권성

어음(수표)행위에 의하여 비로소 어음(수표)상의 권리·의무가 발생하는 점에서 어음(수표)행위는 설권성을 갖는다. 어음(수표)행위의 설권성은 무인성을 전제로 하는 어음(수표)행위의 속성이다.

4. 어음(수표)행위의 문언성

어음(수표)행위의 내용은 어음(수표)상의 기재에 의해서만 정하여지고, 어음(수표) 외의 실질관계에 의하여 영향을 받지 않는다. 이러한 성질을 어음(수표)행위의 문언성이라 한다. 따라서 어음(수표)면의 문언과 실제행위자의 진실의 불일치는 직접적인 당사자 사이와 악의의 취득자에 대한 관계에서만 인적 항변사유가 될 뿐이다.

5. 어음(수표)행위의 독립성

1) 의 의

동일한 어음(수표)면에 하여진 여러 어음(수표)행위는 그 전제가 되는 다른 어음(수표)행위의 실질적인 효력의 영향을 받지 않고 독립하여 그 효력이 생긴다. 이러한 것을 어음(수표)행위의 독립성 또는 어음(수표)행위독립의 원칙이라 한다.

2) 근 거

(1) 성문법적 근거: 어음(수표)행위의 독립성에 관한 대표적인 규정은 어음법 제7조 및 수표법 제10조이고, 보증에 대하여는 피담보채무와의 관계에서 어음법 제32조 제2항 및 수표법 제27조 제2항을 별도로 규정하고 있다. 변조의 효력을 규정한 어음법 제69조 및 수표법 제50조도 어음(수표)채무범위의 면에서 어음(수표)행위독립의 원칙을 규정한 것이라고 할 수 있다. 복본의 효력에 관한 어음법 제65조 및 수표법 제49조 제2항도 어음(수표)행위독립의 원칙의 실정법상 근거로 보는 것이 통설의 입장이다.

(2) 이론적 근거: 어음(수표)행위독립의 원칙의 이론적 근거에 관해서는 학설이 대립되고 있다.[1)]

3) 적용요건

어음(수표)행위독립의 원칙이 적용되기 위해서는 ① 선행행위가 있어야 하며, ② 선행행위가 형식적으로는 유효하여야 하고, ③ 선행행위가 실질적으로 무효 또는 취소되는 경우여야 한다.

4) 적용범위

(1) 적용되지 않는 경우: 어음(수표)행위독립의 원칙은 선행행위의 실질적 무효 등에 따라 후속하는 어음(수표)행위가 영향을 받지 않는다는 것이므로, 어음(수표)의 발행과 같이 선행의 어음(수표)행위가 없거나 선행의 어음(수표)행위가 형식적 무효인 경우에는 어음(수표)행위독립의 원칙이 적용될 여지가 없다.

또한 어음(수표)행위독립의 원칙은 어음(수표)행위의 효력발생에 관한 원칙이므로, 일단 유효하게 성립한 어음채무가 소멸한 때(예 주채무가 변제·공탁·상계·경개·소멸시효 등으로 소멸할 때)에는 이 원칙이 적용될 여지가 없다.

(2) 적용되는 경우: 선행의 어음행위가 존재하는 참가인수·보증뿐만 아니라, 배서에 대해서도 어음(수표)행위독립의 원칙이 적용된다(대법원 1977.12.13.선고 77다1953판결). 수표의 지급보증의 경우에도 선행행위는 발행이라는 점에서 수표행위독립의 원칙이 적용된다. 그러나 환어음의 인수에 대하여 어음행위독립의 원칙이 적용되는가에 대하여는 학설의 대립이 있다.[2)]

---

1) 【학설】 어음(수표)행위독립의 원칙의 이론적 근거에 관한 학설

① 당연법칙설: 이 견해는 어음(수표)행위는 그 성질상 한 개의 어음(수표)면상에 여러 어음(수표)행위가 행하여진다 할지라도 각 어음(수표)행위는 본래 다른 어음(수표)행위와는 아무런 관계가 없이 서로 개별·독립적으로 존재하는 것이므로, 어음(수표)행위독립의 원칙은 이러한 어음(수표)행위의 성질면에서 당연한 것의 표현이라고 한다.

② 예외법칙설(다수설): 이 견해는 어음(수표)행위도 법률행위이므로 일반사법상의 원칙이 적용되지만, 이의 예외로서 정책적으로 어음(수표)행위독립의 원칙을 규정하여 어음(수표)거래의 안전과 유통을 보호하고 있다고 한다.

③ 절충설: 발행이나 인수와 같이 다른 어음행위를 전제로 하지 않는 행위의 경우에는 어음(수표)의 문언성에 따른 당연한 결과이고, 배서나 보증과 같은 다른 행위를 전제로 하는 어음행위의 경우에는 법이 예외적으로 인정하는 특칙이라는 견해이다.

2) 【학설】 인수에 어음행위독립의 원칙이 적용되는지의 여부에 관한 학설

인수를 발행의 경우와 동일하게 보아 인수에는 선행행위가 존재하지 않으므로 어음행위독립의 원칙이 적용되지 않는다는 견해와, 인수는 발행된 어음을 인수하는 것이므로 발행을 전제로 하고 있기 때문에 인수의 선행행위는 발행으로 보아 어음행위독립의 원칙이 적용된다는 견해(다수설)가 있다.

5) 악의취득자에 대한 적용 여부

형식상 완전한 어음(수표)에 기명날인 또는 서명한 자는 선행하는 어음(수표)행위가 실질적 무효 또는 취소임을 알고 있더라도 자기의 독립적인 어음(수표)채무부담의 의사표시인 기명날인 또는 서명에 의하여 어음(수표)상의 책임을 부담한다. 그런데 어음(수표)의 취득자가 악의인 경우(예 미성년자가 한 어음행위의 상대방으로 부터 배서에 의하여 어음을 취득한 자가 악의인 경우)에도 어음(수표)행위독립의 원칙이 적용되는가에 대해서는 학설의 대립이 있다.[1)]

보충 어음(수표)행위독립의 원칙과 선의취득의 관계: 미성년자(甲)로부터 어음을 발행받은 수취인(乙)이 제3자(丙)에게 배서에 의하여 어음상의 권리를 양도한 경우에, 어음(수표)행위독립의 원칙과 선의취득의 관계를 살펴보기로 한다.

미성년자의 어음행위가 취소되더라도 수취인의 배서행위는 어음행위독립의 원칙상 유효한 것이다. 다만 수취인의 배서행위는 수취인이 무권리자이므로 무권리자의 배서행위로서 권리이전적 효력이 없으나, 어음행위독립의 원칙상 배서행위는 유효하므로 담보적 효력과 자격수여적 효력은 있다. 수취인으로부터 배서를 받은 제3자(丙)가 선의일 경우에는 자격수여적 효력이 인정되므로 선의취득이 인정되어 어음상의 권리를 취득한다. 그러나 미성년자의 어음행위는 취소할 수 있고, 이러한 취소는 물적 항변사유에 해당하므로 미성년자인 어음발행인에 대해서 제3자는 어음상의 권리를 행사하지 못한다. 다만, 배서인인 수취인에게는 배서의 담보적 효력에 의하여 상환청구권을 행사할 수 있다.

반면에, 제3자가 악의인 경우 수취인의 배서행위는 어음행위독립의 원칙에 따라 유효하더라도 제3자는 무권리자인 수취인으로부터 배서를 받았기 때문에 어음상의 권리를 선의취득할 수 없고, 따라서 제3자는 무권리자가 되어 어음상의 권리를 행사할 수 없다. 한편, 제3자가 악의인 경우 제3자로부터 다시 배서를 받은 자(丁)가 선의이면 그 자는 어음상의 권리를 선의취득하게 된다. 이는 수취인의 어음행위와 악의의 제3자의 어음행위가 유효하기 때문에 인정되는 것이다.

6. 어음(수표)행위의 수단성·협동성

어음(수표)행위의 수단성과 협동성의 인정 여부에 대하여는 학설의 대립이 있다.[2)]

---

1) 【학설】 악의취득자에 대한 적용에 관한 학설

① 긍정설: 어음(수표)행위독립의 원칙은 형식상 완전한 어음(수표)에 한 어음(수표)행위에 대하여 독립적인 어음(수표)채무를 부담시킴으로써 어음(수표)의 유통성을 높이기 위한 것이므로 선행행위의 무효원인이 무엇이든 관계없이 어음(수표)행위의 효력을 인정하여야 하며, 또한 어음(수표)취득자의 선의·악의에 관계없이 어음(수표)취득자가 한 어음(수표)행위의 효력을 인정하여야 한다고 한다(다수설). 이 견해에 의하면 어음(수표)행위독립의 원칙은 채무부담의 면에서 다루어지는 것이므로, 권리귀속과 관련한 선의취득과 구별된다고 한다.

② 부정설: 어음(수표)행위독립의 원칙은 어음(수표)의 선의취득자의 보호를 위하여 특히 인정될 것이므로 선의취득자에 대해서만 적용되고 악의취득자에게는 적용되지 않는다고 한다.

2) 【학설】 어음(수표)행위의 수단성과 협동성의 인정 여부에 관한 학설

① 수단성: 어음(수표)행위는 매매·대차, 기타의 실질적 거래에 의하여 생기는 법률관계를 결제하기 위한 금전지급의 수단에 관한 행위로서, 그 자체가 수단적 성질을 갖는다고 하여 어음(수표)행위의 수단성을 인정하는 견해와, 수단성이란 일반 법률관계에도 존재한다는 것을 이유로 수단성을 어음(수표)행위의 특성

제2관 어음(수표)행위의 요건

I. 서 설

어음(수표)행위는 요식성을 갖추어야 한다. 그러므로 어음(수표)행위가 유효하게 성립하기 위해서는 증권의 유효한 작성행위와 작성된 증권의 유효한 교부행위가 있어야 한다. 유효한 작성행위가 성립하기 위해서는 일정한 형식적 요건과 실질적 요건이 갖추어져야 한다.

II. 어음(수표)행위의 형식적 요건

1. 법정사항의 기재

어음(수표)행위는 그 종류에 따라 고유한 방식, 즉 기재사항이 정하여져 있다(예 어음법 제1조, 제13조, 제31조 수표법 제1조, 제16조, 제26조 등). 그리고 어떠한 어음(수표)행위가 다른 어음(수표)행위를 전제로 하는 경우에는 전제가 되는 어음(수표)행위의 방식도 구비하여야 한다. 따라서 어느 한쪽의 방식이 결여된 경우 당해 어음(수표)행위는 무효가 된다. 그리고 모든 어음(수표)행위의 공통된 최소한의 형식적 요건은 어음(수표)행위자의 기명날인 또는 서명이다. 기명날인 또는 서명의 법적 성질에 대하여 사실행위라는 견해도 있으나 법률행위로 보아야 한다. 어음(수표)행위에 기명날인 또는 서명을 요구하는 것은 어음(수표)행위자로 하여금 책임을 부담하게 된다는 것을 자각시키는 한편, 행위자가 누구인가를 알 수 있게 하려는 데 그 목적이 있다.

2. 기명날인 또는 서명

1) 자연인의 경우

(1) 기명날인

① 기명날인의 의의: 기명날인에서 '기명'이란 어음(수표)행위자의 명칭을 타이프라이터·

으로 보기 어렵다는 견해가 있다.

② 협동성: 모든 어음(수표)행위는 공동의 목적을 가지고 있으며 이러한 목적에 봉사하기 위한 수단이므로 협동성을 갖게 되고 어음(수표)채무의 합동성(어음법 제47조 제1항; 수표법 제43조 제1항)이나 어음(수표)단체의 구성, 어음(수표)당사자의 자격겸병 등이 협동성을 나타내는 것이라는 견해와, 어음(수표)채무의 합동성이나 어음(수표)당사자의 자격겸병을 설명하기 위하여 반드시 그 협동성을 전제로 하여야 하는지에 의문이라고 하면서 협동성을 어음(수표)행위의 특성의 하나로 보기 어렵다는 견해가 있다(이범찬·최준선, 「상법(하)」, 108면).

인쇄·고무인 등으로 기재하는 것으로 타인에 의한 기재도 가능하다. 행위자의 명칭은 반드시 그 성명과 일치하여야 하는 것은 아니며(대법원 1969.7.22.선고 69다742판결), 아호·예명·필명이라도 거래자 사이에 자기를 표시하는 명칭이면 무방하다. '날인'은 어음(수표)행위자의 의사에 의하여 그의 인장을 찍는 것을 말한다. 따라서 어음(수표)용지에 어음(수표)행위자의 성명과 인영(印影)을 미리 인쇄하여 사용하는 경우, 기명은 인정되지만 날인은 인정되지 않는다. 인장은 은행 등에 신고된 인감인장임을 요하지 아니하며, 행위자가 일상 사용하지 않는 것이든 행위자의 아호를 나타내는 것이든 행위자의 동일성이 인정될 수가 있는 것이면 무방하다.

② 기명 또는 날인이 없는 경우의 효력: 어음(수표)행위자의 기명만 있고 날인이 없을 때에는 그 어음(수표)행위는 무효이다. 그리고 날인만 있고 기명이 없는 경우에도 어음(수표)행위는 무효라고 하여야 할 것이지만, 이 때에 날인이 정당하게 된 경우에는 어음(수표)행위자는 상대방 또는 어음(수표)소지인으로 하여금 그 명칭의 기재를 대행시킬 의사로써 한 것으로 추정할 수 있으므로 어음(수표)의 정당한 소지인은 기명을 보충할 수 있다(대법원 1980.3.11.선고 79다1999판결).

보충 기명날인의 대행: 기명날인의 대행은 대행자가 단순히 본인의 지시에 의하여 어음(수표)면을 작성한 후 기명하고 날인하는 사실적 대행과 본인의 수권에 의하여 본인을 대신하여 어음(수표)행위를 하면서 기명날인하는 대리적 대행이 있다.

③ 상인이 상호로 성명을 대신하여 한 기명의 효력: 상인이 상호로 성명을 대신하여 한 기명의 효력에 대해서는 학설의 대립이 있다.[1)]

④ 기명무인의 효력: 기명무인이 기명날인으로서의 효력이 있는가에 대해 통설·판례는 무효설을 취하고 있다.[2)]

【판례】 대법원 1956.4.26.선고 4288민상424판결

무인 또는 지장은 그 진부를 육안으로 식별할 수 없고 특수한 기구와 특수한 기능에 의하지 않고는 식별할 수 없으므로 거래상의 유통을 목적으로 하는 어음에 있어서의 기명날인에는 무인 또는 지장은 포함하지 않는다.

1) 【학설】 상호만의 기재에 의한 기명날인의 효력에 관한 학설
상인이 어음(수표)을 발행하면서 상인 자신의 성명 대신 상호를 기재하는 경우 이를 유효로 보는 견해(통설)와, 기명날인은 어음(수표)행위자를 특정하기 위한 것이므로 상호만의 기재는 기명으로서의 효력이 없다는 견해가 있다.

2) 【학설】 기명무인(記名拇印)의 효력에 관한 학설
① 무효설: 무인은 그 감별을 육안으로 할 수 없고, 또 기계의 힘을 빌려서 특수한 기능을 가진 자가 아니면 이를 감별할 수 없으며, 대비감별의 절차가 간단하지 아니하므로 유통증권으로서 신속히 전전함을 그 사명으로 하는 어음·수표에 있어서는 그 증권의 성질상 허용되지 않는다고 한다(판례·통설).
② 유효설: 기명이 자필인 경우에는 자필서명이므로 무인의 효력을 따질 것 없이 기명날인으로서 유효하고, 타필인 경우에도 무인만큼 확실한 것이 없으므로 유효하다고 한다.

⑤ 기명과 날인의 명의가 일치하지 않는 경우의 효력: 기명과 날인이 일치하지 않는 기명날인의 효력에 대해서는 유효한 기명날인으로 인정하는 것이 판례·통설의 입장이다.[1)]

【판례】 대법원 1978.2.28.선고 77다2489판결

약속어음에 피고 '황택임'의 기명이 있고 거기에 어떤 인장이 압날되어 있는 이상 그 인영이 '서상길'로 되어 있어 비록 그 기명과 일치되지 않는다 할지라도 이 약속어음의 문면상으로는 기명과 날인이 있는 것이 되어 외관상 날인이 전혀 없는 경우와는 구별되어야 할 것이다.

(2) 서　명: '서명'이란 어음(수표)행위자의 자필의 성명서명을 의미한다. 따라서 성명의 전부가 나타나지 않고 이름 및 아호에서 따온 개별적인 철자만을 단순히 수서(手書)하는 것은 서명으로 인정되지 않는다. 또한 스탬프·타이프라이터 등으로 하는 어음(수표)행위자의 성명의 표시도 서명으로 볼 수 없다.

보충 서명의 대행: 타인이 대리인으로서가 아니라 본인의 성명을 수기하는 행위 자체를 대신해 주는 것으로, 이때 대행자는 어음(수표)행위자로부터 대행의 수권을 받아야 한다. 이론상 자필성명서명의 대행이란 있을 수 없겠지만, 실질적으로 서명의 대행을 통해 어음(수표)행위를 한 자가 직접의 상대방 및 제3자에 대하여 어음(수표)상의 책임을 져야 한다면 서명의 대행이 허용될 수 있을 것으로 본다(이철송, 「어음·수표법」, 73면).

2) 회사 기타 법인의 경우

회사 기타 법인이 어음(수표)행위를 하는 경우에는 그 대표기관인 자가 법인의 명칭을 기재하고 대표관계를 표시하여 대표기관 자신의 기명날인 또는 서명을 하여야 한다(예 A주식회사 대표이사 甲 甲의 인). 따라서 법인의 명칭을 기재하지 않은 경우 법인의 책임이 없고, 법인의 명칭을 기재하고 법인인만 찍고 그 대표자의 기명날인 또는 서명을 하지 아니한 어음(수표)행위는 무효가 된다. 그러나 법인명과 대표자의 성명을 기재하고 등록된 법인대표직인(예 A주식회사 甲 대표이사(甲)의 인 또는 대표이사의 인)을 사용한 경우에는 그 법인은 어음(수표)상의 책임을 진다(대법원 1994.10.11.선고 94다24626판결). 회사가 어음(수표)을 발행한 후에 그 상호를 변경한 경우에도 동일한 법인체로 인정되는 한, 발행인으로서의 책임은 져야 한다(대법원 1970.11.24.선고 70다2205판결).

한편, 법인명과 대표자의 기명날인은 있으나 대표관계의 표시가 없는 경우(예 A주식회사 甲 甲의 인)에는 그 효력에 관하여는 법인의 기명날인으로 인정하는 견해가 있으나, 법인의 기명날인으로 인정할 수 없고, 대표자 자신의 기명날인으로 인정될 뿐이다.

---

1) 【학설】 기명의 명의와 날인의 명의의 일치 여부에 관한 학설
기명의 명의와 날인의 명의는 거래상 동일성이 인정되는 것을 전제로 하여 불일치한 경우도 유효한 기명날인으로 인정하는 견해와, 어음(수표)행위자의 의사에 기하여 기명 및 날인이 되면 충분하므로 거래상 동일성이 인정되는 여부를 불문하고 불일치한 기명날인도 유효하다고 하는 견해(판례·통설)가 있다.

3) 권리능력 없는 사단·조합

(1) 권리능력 없는 사단: 권리능력 없는 사단의 어음(수표)권리능력의 인정 여부에 따라 기명날인 또는 서명이 달라질 것이다. 즉, 어음(수표)권리능력을 인정하지 않는 견해에 따르면 어음(수표)행위는 사원 전원의 기명날인 또는 서명으로 하여야 할 것이고, 어음(수표)권리능력을 인정하는 견해에 따르면 법인과 같이 권리능력 없는 사단 명의와 대표관계를 표시하고 대표자의 기명날인 또는 서명으로써 어음(수표)행위가 이루어진다.

참조판례 비법인사단인 선어중매조합의 대표자의 위임에 따른 어음행위로 인한 어음금의 지급책임이 독립한 권리의무의 주체인 위 조합에게 귀속되는 것이지 그 구성원들이 이를 부담하는 것은 아니라고 할 것이다(대법원 1992.7.10.선고 92다2431판결).

(2) 조 합: 법인격이 없는 조합의 경우에는 어음(수표)행위에 의하여 권리를 취득하고 의무를 부담하는 자는 조합이 아니고 조합원이다. 따라서 어음(수표)행위는 조합원 전원의 기명날인 또는 서명에 의하여야 할 것이지만, 실제로는 대표조합원이 그 대표자격을 표시하고 조합원을 대리하여 기명날인 또는 서명하는 방법을 취하고 있는 경우에도 유효한 어음(수표)행위의 방식으로 인정된다(대법원 1970.8.31.선고 70다1360판결).

Ⅲ. 어음(수표)행위의 실질적 요건

1. 서 설

어음(수표)행위의 실질적 요건에 대해서는 어음법·수표법에 규정이 없으므로 민법의 법률행위에 관한 일반적인 규정이 적용된다. 따라서 어음(수표)행위가 유효하게 성립하기 위하여는 실질적 요건으로서 어음(수표)권리능력이 있는 자가 어음(수표)행위능력을 가지고(당사자능력을 갖출 것), 어음(수표)행위에 관한 의사(의사와 표시의 일치, 의사표시의 하자가 없을 것)로서 어음(수표)행위가 이루어져야 한다.

보충 실질적 요건과 관련하여 어음(수표)행위의 목적이 가능하고, 적법하며, 사회적 타당성을 갖고, 확정할 수 있어야 하는 민법상 법률행위의 실질적 요건은 어음(수표)행위에서는 문제될 것이 없다. 왜냐하면 어음(수표)행위는 일정한 금액을 무조건 지급할 것을 목적으로 하는 법률행위이고, 또 원인관계로부터 분리되어 유효하게 존재하는 무인성의 특성이 있기 때문이다(정찬형, 「상법강의(하)」, 62면).

2. 어음(수표)권리능력

1) 자연인·법인

(1) 자연인: 어음(수표)권리능력은 어음(수표)상의 권리·의무의 주체가 될 수 있는 능력을 말한다. 자연인은 생존하는 동안 어음(수표)권리능력이 있으므로(민법 제3조) 특별히 문제될 것이 없다.

(2) 회 사: 회사의 권리능력이 정관에서 정한 목적에 의하여 제한을 받지 않는다는 무제한설에 의하면 회사는 당연히 어음(수표)권리능력이 인정되며, 목적에 의하여 제한을 받는다는 제한설에 의하더라도 어음(수표)행위는 회사의 목적사업을 수행하는 데 필요한 행위이며, 어음(수표)행위의 원인행위에 의하여 그 어음(수표)행위가 목적범위에 들어가는지 여부를 정할 수 없다고 하여 회사의 어음(수표)권리능력을 인정된다.

(3) 회사 이외의 법인: 회사 이외의 법인은 법률의 규정에 좇아 정관으로 정한 목적의 범위 내에서 권리능력이 있으므로(민법 제34조), 어음(수표)권리능력도 이와 동일한 것으로 보아야 하는가에 대해 논란이 있을 수 있다. 그렇지만 어음(수표)행위는 모든 법인의 목적범위 내의 행위에 속하는 것으로 본다. 그러나 구체적으로 어음(수표)행위가 법인의 목적범위 외의 행위에 관한 것인 때에는 인적 항변이 성립할 수 있다(통설).

2) 권리능력 없는 사단

권리능력 없는 사단의 어음(수표)권리능력을 인정할 것인가에 대해서는 학설의 대립이 있으며, 이에 따라 어음(수표)상의 책임의 귀속에 관해서도 학설의 대립이 있다.[1]

어음(수표)권리능력을 인정하는 견해에 따르면 어음(수표)상의 책임도 권리능력 없는 사단에 귀속된다.

---

1) 【학설】 권리능력 없는 사단의 어음(수표)권리능력 및 책임에 관한 학설

① 어음(수표)권리능력: 권리능력 없는 사단은 민사소송법상 당사자능력 등은 제한적으로 인정되지만 어음(수표)권리능력은 없다는 견해(소수설; 권리능력 없는 사단의 대표자가 동 사단을 통하여 어음(수표)행위를 한 경우에는 대표자 자신의 어음(수표)행위로 보아야 한다)와, 권리능력 없는 사단도 대표자 명의의 어음(수표)행위를 통해 총사원이 총유적으로 어음(수표)채무자가 되고 권리능력 없는 사단의 재산에 대해 강제집행이 가능하므로 어음(수표)권리능력이 인정된다는 견해(다수설)가 있다.

② 책임의 귀속: 권리능력 없는 사단의 대표자가 대표자격을 표시하고 어음(수표)행위를 한 때에는, 권리능력 없는 사단의 어음(수표)권리능력을 인정하는 견해에 의하면 어음(수표)채무는 권리능력 없는 사단 자체에 귀속되지는 않으나 권리능력 없는 사단의 구성원에게 총유적으로 귀속되고 그 채무에 대하여는 사단의 재산만으로 책임을 지고 그 구성원은 책임이 없다고 하는 견해(대법원 1992.7.10.선고 92다2431판결)와, 제1차적으로 사단의 재산으로 책임을 지고 부족한 경우에 제2차적으로 구성원이 책임을 진다는 견해가 있다. 권리능력 없는 사단의 어음(수표)권리능력이 없다는 견해에 있어서도 사단의 구성원이 직접 책임을 진다는 견해와, 사단의 구성원이 사단의 재산만으로 책임을 진다는 견해가 있다.

보충 권리능력 없는 재단의 경우에도 어음(수표)권리능력을 갖는다고 보는 것이 타당하고, 이러한 재단의 어음(수표)채무는 사단과 달라서 구성원이 없으므로 어음(수표)채무의 준총유를 인정할 수 없고 신탁의 법리에 의하여 관리자 개인에게 귀속된다(정찬형, 「상법강의(하)」, 제16판, 64면).

3) 법인격 없는 조합

법인격 없는 조합은 그 자체가 어음(수표)권리능력이 없고 조합원 전원이 권리·의무의 주체가 된다(대법원 1976.8.31.선고 70다1360판결). 다만, 조합의 어음(수표)행위에 대한 책임의 귀속에 관하여는 학설의 대립이 있다.[1)]

4) 특수법인

특수법인의 어음(수표)행위에 대해서 판례는 엄격한 입장을 취하고 있다. 판례(대법원 1971.2.23.선고 70다2981판결)에 따르면, 「사립학교의 어음(수표)행위에 있어서는 학교는 교육을 위한 시설에 불과한 것이므로 학교 자체는 권리·의무의 주체가 될 수 없다. 학교 자체의 어음(수표)행위가 아닌 학교장(또는 대학장)의 명의로 하는 어음(수표)행위는 학교 자체의 어음(수표)행위로서의 효력이 없고, 학교장(또는 대학장) 개인의 어음(수표)행위가 된다」고 한다.

3. 어음(수표)행위능력

어음(수표)행위능력이란 자기의 행위에 의하여 유효한 어음(수표)행위를 할 수 있는 능력을 말하므로 어음(수표)행위자의 정신적 능력이 전제가 되고, 법인보다는 자연인의 경우에 특히 문제가 된다. 어음(수표)행위능력은 그 행위를 하는 때에 존재하여야 한다. 따라서 어음(수표)행위능력의 유무는 어음(수표)행위시를 기준으로 하여 결정한다.

1) 의사무능력자

의사능력이 없는 자는 행위능력이 없으므로 어음(수표)행위능력도 없으며, 따라서 의사무능력자의 어음(수표)행위는 당연히 무효가 된다. 의사무능력자의 어음(수표)행위가 무효가 되더라도 어음(수표) 자체는 영향을 받지 않고(무인증권성), 또 다른 어음(수표)행위도 무효가 되는 것은 아니다(어음행위의 독립성). 의사무능력자의 어음(수표)행위의 무효의 항변은 물적 항변사유에 해당한다. 의사무능력자의 어음(수표)행위는 법정대리인에 의하여 행하여질 수밖에 없다.

1) 【학설】 조합의 어음(수표)행위의 책임에 관한 학설
조합의 대표자가 대표자격을 표시하고 어음(수표)행위를 한 때 다른 조합원을 대리하여 기명날인 또는 서명한 것이므로 전 조합원이 공동어음(수표)행위자로서 합동책임을 진다는 견해(대법원 1970.8.31.선고 70다1360판결)와, 제1차적으로 조합원이 조합재산으로 책임을 지고 그것으로 부족할 때에는 각 조합원이 부담부분의 범위 내에서 개인재산으로 책임을 진다는 견해가 있다.

2) 제한능력자

(1) 미성년자: 미성년자가 법정대리인의 허락을 얻지 아니하고 어음(수표)행위를 한 때에는 원칙적으로 그 어음(수표)행위는 취소할 수 있다.[1] 그러나 법정대리인으로부터 영업의 허락을 받은 경우 그 영업에 관하여, 또 처분이 허락된 재산에 관하여는 허락된 범위 내에서 완전한 어음(수표)행위능력을 가진다(어음(수표)행위는 채무부담행위이므로 재산의 물권적 처분이 허락되었다 하여 어음(수표)행위능력을 갖는 것은 아니라는 견해가 있다; 이철송, 「어음·수표법」, 80면). 또 미성년자가 법정대리인의 허락을 얻어 회사의 무한책임사원이 된 때에는 그 사원자격으로 한 어음(수표)행위는 유효하다(상법 제7조). 법정대리인의 허락 없는 미성년자에 의해 이루어진 어음(수표)행위의 취소의 효과는 소급하여 처음부터 무효가 되며, 이는 물적 항변의 사유가 된다. 미성년자의 어음(수표)행위는 법정대리인 또는 행위능력을 취득한 본인이 추인할 수 있다(민법 제143조, 제144조). 한편, 미성년자의 어음(수표)행위에 대하여 민법 제5조 제1항(미성년자의 능력) 단서 또는 민법 제142조(취소의 상대방)의 적용 여부 등에 대하여는 학설의 대립이 있다.[2]

(2) 피한정후견인: 피한정후견인은 원칙적으로 단독으로 유효한 법률행위를 할 수 있다. 따라서 피한정후견인의 어음(수표)행위능력은 인정된다. 다만, 가정법원이 피한정후견인이 한정후견인의 동의를 받아야 하는 행위의 범위로 어음행위를 정한 때에는(민법 제13조 제1항) 피한정후견인의 행위능력이 제한되는 것이어서 이 한도에서 제한능력자가 되는 것이다.

(3) 피성년후견인: 피성년후견인이 한 어음(수표)행위는 언제나 이를 취소할 수 있다(민법 제13조). 따라서 피성년후견인을 위하여 어음(수표)행위를 하고자 할 때에는 법정대리인(성년후견인)이 이를 대리하는 수밖에 없다.

---

1) 【학설】 취소의 상대방에 대한 학설
미성년자의 어음(수표)행위의 취소상대방은 민법의 경우와 같이 직접의 상대방에 한정된다는 견해와, 직접의 상대방뿐만 아니라 현재의 어음(수표)소지인을 포함한다는 견해(통설)가 있다.

2) 【학설】 미성년자의 어음(수표)행위에 관한 학설
① 허락을 받은 영업의 범위 외에서 어음(수표)행위를 한 경우의 효력: 미성년자가 법정대리인으로부터 영업을 허락받은 경우에 그 영업의 범위 외에서 어음(수표)행위를 한 경우, 거래의 안전보다 미성년자의 보호가 우선한다고 하는 이유에서 그 어음(수표)행위를 취소할 수 있다고 하는 견해와, 어음(수표)행위도 유효한 것으로 보고 다만 인적 항변 사유가 되는 데 그친다는 견해가 있다.
② 민법 제5조 제1항 단서의 적용문제: 민법에서는 미성년자가 권리만을 얻거나 의무만을 면하는 행위는 법정대리인의 동의를 요하지 아니한다(제5조 제1항). 어음(수표)행위에도 그 종류에 따라 단순히 권리만을 얻거나 의무만을 면하게 되는 경우도 있을 수 있다는 점에서 민법 제5조 제1항의 적용을 긍정하는 견해와, 어음(수표)행위는 권리만을 얻거나 의무만을 면하는 경우가 있을 수 없다는 점에서 적용을 부정하는 견해(다수설)가 있다.
③ 민법 제142조의 적용문제: 민법에서는 미성년자가 법정대리인의 동의 없이 법률행위를 한 경우에 그 법률행위의 취소의 상대방은 직접의 상대방에 한한다(제142조). 어음(수표)행위에도 민법의 경우와 같이 어음(수표)행위의 취소의 상대방도 직접의 상대방에 한한다는 견해(이 견해의 입장에서도 미성년자의 어음(수표)행위의 추인은 직접의 상대방뿐만 아니라 현재의 어음(수표)소지인도 포함한다고 한다)와, 취소의 상대방은 직접의 상대방뿐만 아니라 현재의 어음(수표)소지인을 포함한다고 보아야 한다는 견해(통설: 미성년자의 어음(수표)행위의 추인도 취소의 상대방과 같이 보아야 한다고 한다)가 있다.

4. 어음(수표)행위에 관한 의사

1) 민법규정의 적용

어음(수표)행위도 법률행위로서 의사표시를 요소로 하기 때문에 민법상의 의사표시의 요건을 갖추어야 하며, 민법 제107조(비진의표시)·제108조(허위표시)·제109조(착오로 인한 의사표시)·제110조(사기 또는 강박에 의한 의사표시)에 관한 규정이 적용된다. 따라서 어음(수표)행위에 의사표시의 흠결이나 하자가 있는 경우에는 그 어음(수표)행위가 무효가 되거나 취소될 수 있다. 어음(수표)행위 자체에 의사표시의 하자나 흠결로 인하여 어음(수표)행위가 취소 또는 무효가 되더라도 어음의 무인증권성에 따라 어음(수표) 자체는 무효가 되는 것이 아니다.

어음(수표)행위가 비진의표시에 의한 경우 상대방이 어음(수표) 행위자가 진의가 아님을 알았거나 알 수 있었을 경우에는 무효가 된다. 실제로 어음상의 권리를 취득하게 할 의사는 없으면서 단지 채권자들에 의한 채권의 추심이나 강제집행을 피하기 위해 약속어음을 발행하는 경우(대법원 2005.4.15.선고 2004다70024판결)와 같이 상대방과 통정한 허위의 어음(수표)행위도 무효가 된다(대법원 1996.8.23선고 96다18076판결).

【판례】 대법원 2017.8.18.선고 2014다87595판결

발행인과 수취인이 통모하여 진정한 어음채무 부담이나 어음채권 취득에 관한 의사 없이 단지 발행인의 채권자에게서 채권 추심이나 강제집행을 받는 것을 회피하기 위하여 형식적으로만 약속어음의 발행을 가장한 경우 이러한 어음발행행위는 통정허위표시로서 무효이다(대법원 2005.4.15.선고 2004다70024판결 등 참조). 이 경우에도 어음발행행위 등 어떠한 의사표시가 통정허위표시로서 무효라고 주장하는 자에게 그 사유에 해당하는 사실을 증명할 책임이 있다(대법원 2010.6.24.선고 2010다12852판결 등 참조).

어음(수표)행위가 착오·사기·강박에 의한 경우에는 취소할 수 있다. 어음(수표)행위 자체에는 의사표시의 흠결이나 하자가 없고 그 원인행위에만 하자 또는 흠결이 있는 경우에는 어음(수표)행위의 무효 또는 취소를 주장할 수 없고, 인적 항변사유가 될 뿐이다.

보충 ① 어음(수표)행위자가 강박에 의하여 의사결정을 스스로 할 수 없도록 행동의 자유를 완전히 박탈 당한 상태에서 의사표시를 한 경우는 단지 법률행위의 외형만 만들어진 것에 불과하므로 이러한 상태서의 어음(수표)행위는 무효가 되어 물적 항변사유가 된다(대법원 1998.2.27.선고 97다38152판결).
② 어음(수표)행위자가 강박자의 단순한 협박에 못이겨 요청하지도 않은 어음(수표)행위를 한 경우에는 유효한 어음(수표)행위로서 취소할 수 없다.

2) 제3자의 선의 및 제3자의 범위

(1) 제3자의 선의: 어음(수표)행위에 의사표시의 흠결이나 하자가 있어 그 어음(수표)행위

가 무효 또는 취소될 수 있더라도 이로써 선의의 제3자에게 대항할 수 없다(민법 제107조 제2항, 제108조 제2항, 제109조 제2항, 제110조 제3항). 여기서 '선의'라 함은 어떤 의미인가에 대하여는 학설의 대립이 있다.[1)]

(2) 제3자의 범위: 어음(수표)행위 자체에 대한 의사표시의 착오나 하자가 있어 어음(수표)행위를 취소하는 경우에 취소의 상대방은 직접의 상대방뿐만 아니라 현재의 어음(수표)소지인(제3자)을 포함한다고 본다.

이때 어음(수표)소지인(제3자)은 어음(수표)발행행위의 직접 상대방 이외의 자를 가리키는 것이며, '어음(수표)의 발행인이 어음(수표)발행행위의 직접 상대방이 아닌 소지인을 상대로 어음(수표)발행행위 취소의 의사표시를 할 수 있다'하여 어음(수표)소지인의 선의·악의를 불문하고 취소의 효과를 주장할 수 있게 되는 것은 아니다. 즉, 어음(수표)소지인이 제3자로서 선의인 경우에는 취소의 효과를 주장할 수 없다(대법원 1997.5.16.선고 96다49513판결).

5. 반사회적·불공정한 어음(수표)행위

반사회적 행위에 관한 민법 제103조와 불공정한 행위에 관한 민법 제104조는 어음(수표)행위의 추상성(무인성)에 따라 어음(수표)행위에는 적용되지 않는다. 따라서 반사회적·불공정 행위로 어음(수표)행위를 한 경우에도 그 어음(수표)행위는 무효로 되지 않으며, 다만 그 원인되는 행위에 대해서는 악의의 제3자에 대한 관계에서 인적 항변사유가 된다.

6. 어음(수표)행위의 무효·취소

어음(수표)행위의 무효·취소의 의의나 효과·추인은 민법의 일반원칙과 같이 볼 수 있고, 취소나 추인의 요건·방법에 대해서도 민법의 일반원칙이 적용될 수 있다. 그러나 민법상의 「법률행위의 일부가 무효인 경우 그 부분이 없었더라도 행위자가 법률행위를 하였으리라고 인정될 경우에는 나머지 부분은 무효가 되지 않는다」는 일부 무효의 규정(민법 제137조 단서)이나 무효의 추인규정(민법 제139조 단서)은 어음(수표)행위의 요식성과 문언성에 따라 적용되지 않는다.

또한 「무효인 법률행위가 다른 법률행위의 요건을 구비하고 당사자가 그 무효를 알았다면 다른 법률행위를 의욕하였으리라고 인정될 때에는 다른 법률행위로서 효력이 있다」는 민

---

1) 【학설】 제3자의 선의의 의미에 관한 학설
의사표시의 하자나 흠결로 어음(수표)행위가 무효 또는 취소가 되더라도 이를 선의의 제3자에게 대항할 수 없고 이는 인적 항변사유에 해당하게 될 뿐이다. 이때 선의의 제3자에서 선의의 의미에 대해 어음법 제10조 또는 제16조와의 균형상 무중과실의 의미로 보는 견해(무중과실설)와, 민법상 선의의 의미로 보아 과실의 여부는 필요 없고 어음법 제17조(수표법 제22조) 단서와 같이 어음(수표)채무자는 어음(수표)소지인이 어음(수표)채무자를 해할 것을 알고 어음(수표)을 취득한 경우에 한하여 인적 항변으로써 소지인에게 대항할 수 있다고 해석하여야 한다는 견해(무과실불요설; 대법원 1997.5.16.선고 96다49513판결)가 있다.

법의 무효행위의 전환규정(민법 제138조)도 어음(수표)행위의 문언성에 따라 어음(수표)행위에는 적용되지 않는다.

IV. 어음(수표)의 교부(어음학설)

요식의 어음(수표)증권이 능력자에 의하여 작성되고 상대방에게 교부되기 마련인데, 이 교부행위가 어음(수표)행위의 성립요건의 하나가 되느냐 하는 것은 어음(수표)이론의 가장 중요한 문제이며, 어느 설을 취하느냐에 따라 어음(수표)상의 채권·채무가 어떠한 법률상의 이유에서 발생하는가에 대한 설명방법이 달라진다.[1)]

【판례】 대법원 1989.10.24.선고 88다카24776판결(발행설의 입장에서 판시한 판례)

약속어음의 작성자가 어음요건을 갖추어 유통시킬 의사로 그 어음에 자기의 이름을 기명날인하여 상대방에게 교부하는 단독행위를 발행이라 일컫는 것이므로, 일상의 용어에 있어 사람들이 발행이라는 표현을 쓴다 하여도 위에서 본 바와 같은 의미로 쓴 것이 아닌 경우에는 어음법상의 발행으로 볼 것이 아니다.

---

1) 【학설】 어음(수표)학설과 어음 교부흠결의 효과에 관한 학설

① 교부계약설: 어음채무도 일반채무와 같이 당사자 간의 계약에 의하여 발생하는데, 어음발행인이 어음에 기명날인 또는 서명하고 그 어음을 상대방에게 교부함으로써 당사자 간에 어음채무부담에 관한 어음계약이 성립한다고 한다. 이 견해에 의하면 어음의 교부흠결의 경우 어음으로서의 효력이 생기지 않게 되며, 어음작성자는 어음상의 책임이 없고 어음소지인은 보호받을 수 없게 된다. 따라서 교부흠결어음의 선의취득은 인정되지 않으므로 어음을 선의로 취득한 자는 불법행위에 기한 손해배상청구권을 행사함으로써 보호받을 뿐이라고 한다. 이 견해에 따를 때에는 어음행위자와 직접당사자 사이의 어음관계를 설명하는 데는 용이하지만, 이들 이외의 어음관계자(취득자) 사이의 어음관계를 설명하지 못하는 단점이 있다.

② 창조설: 어음발행인에 의한 채무부담의 일방적 의사표시, 즉 형식을 갖춘 어음증권에 기명날인 또는 서명을 함으로써 발행이 완성한다고 한다. 이 견해에 의하면 어음의 교부가 없더라도 어음작성자는 어음상의 책임을 지게 된다. 이 견해에 따를 때에는 어음발행행위 순간에 누가 어음채권자가 되는가의 설명에 문제가 있게 된다.

③ 권리외관설: 어음행위의 성립 시에는 교부계약을 요하지만 교부계약이 성립하지 아니하여도 증권작성자가 그 작성행위에 의하여 어음채무를 부담한 것 같은 외관을 만들어 내고 제3자의 신뢰를 가져오게 한 경우에는 그 작성자는 권리외관을 만들어 낸 것에 대하여 책임 있는 원인을 부여한 이상, 어음의 교부흠결이 있더라도 그 외관에 기인한 책임을 져야 한다고 한다(판례). 즉, 교부흠결의 어음의 선의취득이 인정된다고 한다.

④ 발행설: 어음행위를 어음의 점유이전행위의 단독행위로 보면서, 어음에 권리가 화체되는 것은 어음에 기명날인 또는 서명하여 이를 작성한 때가 아니고, 그 어음을 발행인의 의사에 따라서 상대방에게 교부한 때라고 한다(다수설·판례). 이 견해에 의하면 어음의 교부흠결의 경우 그 어음은 효력이 없는 것이 되고 어음발행자는 책임이 없다. 그러나 어음수령자의 의사의 흠결이 있더라도 어음채무는 성립하므로 교부흠결어음의 선의취득자에게 어음발행인은 책임을 진다고 한다.

⑤ 수정발행설: 원칙적으로 발행설의 입장에 서면서, 기명날인자 또는 서명자가 그 의사에 기하여 유통의 가능성을 예견하고 타인에게 점유를 이전한 때에는 어음채무가 성립한다는 견해이다.

판례는 어음발행인의 의사에 따라 상대방에게 교부한 때 어음상의 책임을 인정하고 있으면서, 교부흠결의 어음이라도 그 외관에 기인한 책임을 진다고 한다.

> **【판례】 대법원 1999.11.26.선고 99다34307판결(권리외관설의 입장에서 판시한 판례)**
>
> 어음을 유통시킬 의사로 어음상에 발행인으로 기명날인하여 외관을 갖춘 어음을 작성한 자는 그 어음이 도난·분실 등으로 인하여 그의 의사에 의하지 아니하고 유통되었다고 하더라도, 배서가 연속되어 있는 그 어음을 외관을 신뢰하고 취득한 소지인에 대하여는 그 소지인의 악의 또는 중과실에 의하여 그 어음을 취득하였음을 주장·입증하지 아니하는 한 발행인으로서의 어음상의 채무를 부담한다고 할 것이다.

제3관 어음(수표)행위의 대리

I. 어음(수표)행위의 대리의 방식

어음(수표)행위는 재산법적 법률행위이므로 대리에 친한 법률행위로서 실제에 있어서 대리인에 의하여 행해지는 경우가 많다. 어음(수표)행위는 어음(수표)상의 효과가 귀속되는 본인이 하는 것이 원칙이지만 타인에 의하여 이루어지는 경우도 있다. 타인에 의한 어음(수표)행위는 대리방식과 대행방식의 두 가지가 있다. 대리방식은 대리관계를 표시하고 어음(수표)상의 대리인이 기명날인 또는 서명으로 하는 것이고, 대행방식은 타인이 본인 명의의 기명날인 또는 서명을 하는 것이다. 이하에서는 대리방식의 대리를 중심으로 설명한다.

II. 어음(수표)행위의 대리의 요건

1. 형식적 요건

어음(수표)행위의 대리로서 효력이 발생하기 위한 형식적 요건으로는 본인의 표시, 대리관계의 표시, 대리인의 기명날인 또는 서명의 3가지가 필요하다.

1) 본인의 표시

어음(수표)행위를 대리할 때에는 반드시 본인을 표시하여야 한다(현명주의). 자연인의 경우에는 성명·아호·상호·통칭 등으로 표시하고, 법인의 경우에는 법인의 명칭을 표시한다. 그리고 권리능력 없는 사단이나 조합인 경우에는 사단 또는 조합의 명칭을 표시하면 족하다. 본인을 표시하지 않고 어음(수표)행위를 한 경우에는 그 대리인 자신만이 어음(수표)행위자로서 책임을 질 뿐 본인에게는 그 행위의 효과가 귀속되지 않는다(민법 제115조 본문).

보충 민법 제115조 단서 및 상법 제48조의 적용 여부: 어음(수표)행위에는 그 문언성으로 인하여 민법 제115조 단서 및 상법 제48조의 규정이 적용되지 않는다. 즉, 본인의 표시가 없는 경우 상대방이 대리인으로서 어음(수표)행위를 한 것임을 알았거나 알 수 있었을 경우에도 본인은 어음상의 책임을 부담하지 않으며, 영업상의 대리권을 가진 지배인이 영업주의 영업을 위하여 어음(수표)행위를 하면서 영업주를 표시하지 않은 경우 영업주는 책임이 없다. 본인의 표시 없는 어음(수표)행위에 대해서는 대리인 또는 지배인이 책임을 지지만, 대리인 또는 지배인은 상대방이 본인 또는 영업주를 위한 것임을 알았다는 사유를 인적 항변사유로 주장할 수 있다. 따라서 이 경우에는 상대방은 누구에 대해서도 어음(수표)상의 권리를 행사할 수 없다. 한편, 이때 대리인의 어음(수표)행위의 대리행위가 불법행위가 되는 경우 대리인은 상대방이 선의인 경우에는 불법행위책임을 부담하지만, 상대방이 악의인 경우에는 불법행위책임도 면한다.
그러나 상대방은 본인이 회사인 경우에는 회사의 불법행위의 법리에 의하여 회사에 대하여 어음(수표)금액에 상당하는 금액의 손해배상청구를 할 수 있다(정찬형, 「상법강의(하)」, 제16판, 86면).

【판례】 대법원 1979.3.27.선고 78다2477판결

약속어음의 발행인 명의가 회사 대표이사 개인 甲으로만 되어 있고, 동인이 피고회사를 위하여 발행하였다는 뜻이 표시되어 있지 않은 이상, 비록 그 명의하에 날인된 인영이 회사의 대표이사 직인이라 할지라도 그 어음은 동인이 회사를 대표하여 발행한 것이라고 볼 수 없다.

2) 대리관계의 표시

대리관계의 표시는 기재의 전체로 보아 본인을 위한 어음(수표)행위로 인식될 수 있을 정도이면 되고(대법원 1978.12.13.선고 78다1567판결 등), 반드시 대리인이라는 직접적인 표현을 요하지 않는다. 따라서 지배인·지점장·후견인 등의 표시도 대리관계의 표시로 충분하다(예 A주식회사 이사 甲 [甲의 인], B주식회사 지배인 乙 [乙의 인]). 한편, 복대리인이 어음(수표)행위를 하는 경우에는 대리인의 대리인이 아니고 직접 본인을 대리하는 것이므로, 자기에게 대리권을 수여한 대리인을 표시할 필요가 없다.

대리(대표)관계의 표시는 없으나 이를 나타내는 직인을 사용하여 날인하는 경우(예 A주식회사 甲 [대표이사 甲의 인])는 유효한 대리(대표)관계의 표시로 본다(대법원 1969.9.23.선고 69다930판결). 그러나 법인명을 기재하고 대표자격의 기재 없이 단지 자신의 이름만을 기재하고 개인인감을 압날하는 것(예 A주식회사 甲 [甲의 인])은 법인의 어음(수표)행위로 볼 수 없다(대법원 1959.8.27.선고 4291민상287판결). 그러나 이 경우 어음(수표) 외의 사실판단에 의하여 법인의 어음(수표)상의 책임을 인정할 수 있다(대법원 1979.3.13.선고 79다15판결).

3) 대리인의 기명날인 또는 서명

대리인이 자기의 기명날인 또는 서명을 하여야 한다. 이러한 점에서 대리인이 직접 본인의 기명날인 또는 서명을 하는 대행과 구별된다. 법인은 성질상 법인 자체의 대행은 있을 수 없고 법인의 대표기관 등의 대행만이 있을 수 있다. 법인의 명칭을 기재하고 법인인(法人印)만을 찍은 어음(수표)행위(예 A주식회사 [A주식회사의 인])는 무효이다(통설·판례).

보충판례 법인의 어음행위는 어음행위의 서면성·문언성에 비추어 법인의 대표자 또는 대리인이 그 법인의 대표자 또는 대리권자임을 어음면상에 표시하고 기명날인하는 대리방식에 의하든가, 법인의 대표자로부터 대리권을 수여받고 직접 법인의 대표자 명의로 서명할 수 있는 권한이 주어져 있는 자의 대행방식에 의하여 이루어져야 한다. 그런데 은행 지점장이 수취인이 은행인 약속어음의 배서인란에 지점의 주소와 지점 명칭이 새겨진 명판을 찍고 기명을 생략한 채 자신의 사인을 날인하는 방법으로 배서한 경우, 그 배서는 행위자인 대리인의 기명이 누락되어 그 요건을 갖추지 못한 무효의 배서이므로 배서의 연속에 흠결이 있다 할 것이다(대법원 1999.10.8.선고 99다30367판결).

2. 실질적 요건

1) 대리권의 존재

어음(수표)행위가 대리행위로서 유효하게 성립하기 위한 실질적 요건으로서는 대리인에게 실질적 대리권을 필요로 한다. 즉, 대리인이 된 자가 본인을 위하여 어음(수표)행위를 할 수 있는 권한이 주어져야 한다. 어음(수표)행위의 대리권도 본인의 대리권수여행위에 의하여 발생하는 임의대리권과 법률의 규정, 법원의 선임 또는 지정권자의 지정행위에 의하여 발생하는 법정대리권이 있다.

반면에 회사의 대표사원(대표이사)이나 지배인 등의 어음(수표)행위에는 별도의 수권행위가 없더라도 당연히 어음(수표)행위를 할 수 있는 포괄정형적 권한이 인정된다(상법 제11조 제1항, 제209조 제1항, 제389조 제3항). 그리고 어음(수표)행위의 수권행위에 관해서는 어음(수표)면에 기재할 필요가 없고, 서면이든 구두든 묵시적이든 관계없이 가능하다.

어음(수표)행위가 대리권 없이 이루어진 경우 대리방식의 경우에는 무권대리가 되고, 대행방식의 경우에는 어음(수표)의 위조에 해당하게 된다.

【판례】 대법원 2000.3.23.선고 99다50385판결

다른 사람이 본인을 위하여 한다는 대리문구를 어음상에 기재하지 않고 직접 본인의 명의로 기명날인을 하여 어음행위를 하는, 이른바 기관방식 또는 서명대리방식의 어음행위가 권한 없는 자에 의하여 행하여졌다면 이는 어음행위의 무권대리가 아니라 어음의 위조에 해당하는 것이기는 하나, 그 경우에도 제3자가 어음행위를 실제로 한 자에게 그와 같은 어음행위를 할 수 있는 권한이 있다고 믿을 만한 사유가 있고, 본인에게 책임을 질 만한 사유가 있는 때에는 대리방식에 의한 어음행위의 경우와 마찬가지로 민법상의 표현대리규정을 유추적용하여 본인에게 그 책임을 물을 수 있다.

2) 대리권의 제한

대리인이 대리권을 갖고 있는 경우에도 일정한 경우에는 본인의 이익을 위하여 그 행위에 대하여 대리권이 제한되는 경우가 있다. 이때 민법 제124조(자기계약·쌍방대리의 금지) 또는 상법 제398조(이사 등의 자기거래의 제한)의 적용 여부에 관하여 학설의 대립이 있다.[1)]

3) 대리권 남용(법인의 대표기관의 권한남용)

대표이사가 외형상으로는 회사를 대표하여 어음(수표)행위를 하였으나 실제로는 자기의 채무변제를 위하여 한 경우와 같은 대표권 남용의 경우에는 그 대외적 효력이 문제된다(이에 대해서는 「대표이사의 대표권 남용」 내용 참조).[2)]

---

1) 【학설】 대리권의 제한에 관한 학설

① 어음(수표)행위에 민법 제124조 또는 상법 제398조의 적용 여부

㉠ 긍정설: 어음(수표)행위는 원래 무인행위로서 어음(수표)행위에 의하여 새로운 채무를 부담하게 되는 점, 어음관계와 원인관계 상호간의 영향 등에서 어음행위는 순수하게 수단적 성질만을 갖는다고 볼 수 없고 본인과 이해관계의 충돌이 발생한다는 점에서 적용하여야 하며(통설·판례), 민법 제124조와 상법 제398조의 직접거래뿐만 아니라 간접거래도 포함되며, 본인과 대리인 간의 이해충돌을 생기게 할 염려가 있는 모든 재산상의 행위에 대해 적용된다고 한다. 긍정설에 의하는 경우에도 어음행위 자체에 대하여 언제나 본인의 승인을 별도로 받아야 할 것은 아니고, 원인행위에 대하여 본인의 승인이 있으면 어음행위에 대하여도 승인이 있는 것으로 추정할 수 있다고 한다(정찬형, 「상법강의(하)」, 91면).

㉡ 부정설: 어음(수표)행위와 같이 수단성을 가지는 무색(無色)의 행위 자체는 이익의 충돌을 일으킬 염려가 없으므로 적용되지 않는다고 한다.

② 어음(수표)행위가 민법 제124조 또는 상법 제398조를 위반한 경우의 효과: 어음(수표)행위가 민법 제124조 또는 상법 제398조에 포함된다고 보는 유효설의 경우에 어음(수표)행위가 이에 위반한 경우의 효력에 대해서는 다음과 같은 학설의 대립이 있다.

㉠ 무효설: 위반행위는 일단 무효이나 이사회의 사후승인에 의해 유효해질 수 있다고 하며 선의의 제3자는 보호된다고 하는 견해이다.

㉡ 유효설: 위반행위를 유효로 보고 회사의 이익보호는 이사의 손해배상책임과 악의의 항변의 원용에 의해 보호될 수 있다고 하는 견해이다.

㉢ 상대적 무효설: 위반행위가 대내적 행위인 경우에는 무효로 보고 대외적 행위인 경우에는 상대방인 제3자의 악의 또는 중대한 과실을 회사가 입증하지 못하는 한 유효하다는 견해이다(다수설·판례). 상대적 무효설에 의하면 민법 제124조 또는 상법 제398조의 위반은 인적 항변사유에 해당하게 된다.

2) 【학설】 법인의 대표기관의 권한남용에 관한 학설

① 심리유보설: 대표권 남용행위는 원칙적으로 유효하나, 상대방이 이를 알았거나 알 수 있었을 때에는 민법 제107조 제1항 단서를 유추적용하여 예외적으로 무효라는 견해이다(최근의 판례).

② 권리남용설: 권리남용의 어음행위 자체는 객관적으로 대리권의 범위 내의 행위이므로 회사에 대하여 유효하고, 다만 본인인 회사는 악의의 상대방에 대하여 권리남용의 법리에 따라 어음채무의 이행을 거절할 수 있다는 견해이다.

③ 이익형량설: 회사와 상대방의 이익형량에 의하여 문제를 해결하여야 한다는 견해로서 대표권의 남용행위는 원칙적으로 무효이나, 선의의 상대방에게는 무효를 주장할 수 없다는 견해이다.

④ 내부적 권한제한설: 권한남용을 대표기관에 가해진 대표권의 제한의 위반으로 보아 선의의 제3자에 대하여 이를 대항할 수 없다는 견해이다.

Ⅲ. 무권대리

1. 표현대리

1) 민법상 표현대리규정의 적용

표현대리에 관한 민법 제125조(본인이 제3자에 대하여 타인에게 어음행위의 대리권을 수여하였음을 표시하였으나 사실은 그 타인에게 어음행위의 대리권을 수여하지 않은 경우), 민법 제126조(대리인이 대리권의 범위를 넘어 어음행위를 대리한 경우), 민법 제129조(대리인이 대리권 소멸 후에 대리행위를 한 경우) 등은 어음(수표)행위에도 적용된다. 어음(수표)에 표현대리제도가 적용되기 위해서는 발행·배서·보증 등의 어음(수표)행위가 존재하여야 하므로 어음(수표)의 단순한 교부는 민법상 표현대리의 요건을 갖추었다 하더라도 표현대리가 될 수 없다. 민법상 표현대리행위에 있어서 표현대리인과 거래한 제3자는 선의·무과실이어야 하지만, 어음(수표)의 경우에는 어음법 제10조(수표법 제13조) 및 어음법 제16조 제2항(수표법 제21조) 등과의 균형상 '악의 또는 중과실'이 없어야 한다는 점에서 민법의 규정을 수정적용하는 것이 타당하다고 본다(어음행위에 관한 표현대리가 성립하기 위하여는 민법에서와 같이 어음행위의 상대방이 표현대리인에게 대리권이 없다는 사실에 관해 선의이고 과실이 없어야 한다는 견해도 있다; 이철송, 「어음·수표법」, 제12판, 104면). 한편, 표현대리가 적용되는 제3자의 범위에 대해서는 학설의 대립이 있다.[1)]

【판례】 대법원 1994.5.27.선고 93다21521판결

권한을 넘은 표현대리에 관한 민법 제126조의 규정에서 제3자라 함은 당해 표현대리행위의 직접상대방이 된 자만을 지칭하는 것이고, 이는 위 규정을 배서와 같은 어음행위에 적용 또는 유추적용할 경우에 있어서도 마찬가지로 보아야 할 것이며, 약속어음의 배서행위의 직접상대방은 그 배서에 의하여 어음을 양도받은 피배서인만을 가리키고 그 피배서인으로부터 다시 어음을 취득한 자는 민법 제126조 소정의 제3자에는 해당하지 아니한다.

2) 상법상 표현대리규정의 적용

상법상 표현대리에 관한 규정인 제14조(표현지배인)·제39조(부실등기된 지배인의 어음행위에 대한 영업주의 책임)·제395조(표현대표이사) 등도 어음(수표)행위에 적용된다(이에 대해 상법 제14조·제39조·제395조의 경우는 영업주만의 절대적 책임을 인정한 것이므로 상법만이 적용되고 어음법은 적용되지 않는다는 견해도 있다; 최준선, 「어음수표법」, 128면).

---

1) 【학설】 어음(수표)행위의 표현대리에 있어서 제3자의 범위에 관한 학설

① 확장설: 민법 제125조와 제126조의 제3자는 어음의 유통성 보호를 위하여 표현대리인의 직접의 상대방뿐만 아니라 그 후의 어음취득자를 포함한다는 견해(통설)이다. 이 견해에 따르면 제3취득자도 표현대리의 제3자에 포함되므로 본인에 대하여 권리를 주장할 수 있다.

② 제한설: 직접 거래하지 않은 제3자가 표현책임을 물을 수 있다는 것은 의사표시이론의 한계를 벗어나는 것이므로 직접의 상대방에 한한다는 견해(대법원 1999.1.29.선고 98다27470판결·소수설)이다. 이 견해에 의하면 제3취득자는 표현대리의 제3자에 포함되지 않으므로 자기의 전자가 선의로써 표현대리의 법리에 의하여 권리를 취득한 이상, 제3취득자는 자기의 전자의 권리를 승계취득하지만, 자기의 전자가 악의인 경우에는 비록 제3취득자가 선의이더라도 표현대리에 의한 보호를 받을 수 없다. 다만, 요건을 갖춘 때에는 선의취득은 인정될 수 있다.

어음(수표)행위에 상법 제14조나 상법 제39조 또는 상법 제395조가 적용되기 위해서는 제3자(상대방)는 선의이고 중과실이 없어야 하며, 제3자는 직접의 상대방뿐만 아니라 그 후의 어음(수표) 취득자도 포함된다고 본다. 이는 민법상 표현대리에 관한 규정이 적용되는 경우와 다르다.

보충판례 표현대표이사의 어음(수표)행위에 대한 상법 제395조의 적용: 표현대표이사가 자기의 명칭을 사용하여 법률행위를 한 경우는 물론이고 자기의 명칭을 사용하지 아니하고 다른 대표이사의 명칭을 사용하여 행위를 한 경우에도 적용되며, 이에 의해 보호되는 제3자는 어음(수표)행위의 직접상대방뿐만 아니라 제3취득자도 포함된다(대법원 1988.10.25.선고 86다카1228판결).

3) 표현대리의 효과

어음(수표)행위에 표현대리가 성립하면 본인은 민법·상법의 규정에 의하여 당연히 어음(수표)상의 책임을 지고, 표현대리인은 무권대리인으로서 어음법 제8조 제1문(수표법 제11조 제1문)에 의하여 어음(수표)상의 책임을 진다. 이때 본인이 어음(수표)상의 책임을 진 경우에는 표현대리인 대하여 기초적 내부관계에 있어서의 의무위반 또는 불법행위를 이유로 손해배상을 청구할 수 있다(정찬형, 「상법 강의(하)」, 96면).

본인과 표현대리인의 책임이 병존하는 경우 어음소지인은 누구에게 권리행사를 할 수 있는가에 대해서는 학설의 대립이 있다.[1)]

4) 월권대리

어음(수표)행위의 대리권이 있는 대리인이 그 대리권의 범위를 초월하여 어음(수표)행위를 한 경우에 민법·상법상 표현대리가 성립하는 경우에는 본인과 월권대리인은 당연히 어음(수표) 금액의 전액에 대하여 책임을 진다.

즉, 민법 제126조에 의한 표현대리나 상법 제11조 제3항의 지배인의 권한제한, 상법 제209조 제2항의 회사 대표자의 대표권제한의 경우에는 본인은 어음(수표)금액의 전액에 대하여 책임을 진다. 그러나 월권대리인의 상대방이 악의인 경우와 같이 민법·상법상의 표현대리가 성립하지 않는 경우의 본인 및 월권대리인의 책임범위에 관해서는 학설의 대립이 있으며[2)],

1) 【학설】 본인과 표현대리인의 책임병존과 어음(수표)소지인의 권리행사에 관한 학설
어음(수표)행위의 표현대리가 성립한 경우 본인과 표현대리인의 책임이 병존하게 되는데, 이 경우 어음(수표) 소지인은 본인 또는 표현대리인의 어느 일방에 대하여만 책임을 추궁할 수 있다는 견해(택일설: 다수설)와, 어음(수표)소지인은 양자에 대하여 동시에 중첩적으로 책임을 추궁할 수 있다는 견해(중첩설)가 있다.

2) 【학설】 월권대리의 경우 상대방이 악의인 경우 책임범위에 관한 학설
본인은 대리권의 범위에서 그리고 대리인은 어음(수표)금 전액에 대하여 책임을 진다고 하는 견해(통설·판례), 본인은 대리권의 범위에서 그리고 대리인은 초과부분에 대하여서만 책임을 진다고 하는 견해, 본인은 책임이 없고 대리인이 전액에 대한 책임을 진다는 견해가 있다.

판례(대법원 2001.2.23.선고 2000다115303판결)는 본인은 그 수권범위내에서 대리 또는 대행자와 함께 어음상의 책임을 부담한다고 한다.

2. 협의의 무권대리

1) 협의의 무권대리의 성립요건

어음(수표)행위의 협의의 무권대리가 성립하기 위해서는 ① 어음(수표)행위의 대리의 형식적 요건을 구비하여야 하고, ② 본인이 협의의 무권대리인에게 대리권을 수여하지도 않고 또 표현대리가 성립하지도 않으며, ③ 본인이 무권대리인의 직접상대방이나 현재의 어음(수표)소지인에 대하여 추인을 하지 않았어야 하고, ④ 대리행위 자체에 하자가 없어야 하며, ⑤ 상대방 또는 어음(수표)소지인이 선의·무과실인 경우라야 한다(원칙적으로 협의의 무권대리인은 상대방이 협의의 무권대리인에게 대리권이 없음을 알았거나 알 수 있었을 경우에도 어음(수표)상의 책임을 진다. 그러나 상대방에게 악의 또는 과실이 있는 경우에는 인적 항변사유로 대항을 받기 때문에 선의·무과실을 요건으로 하는 것이다).

그리고 협의의 무권대리인으로부터 어음(수표)을 취득한 악의의 상대방으로부터 어음(수표)을 다시 양수한 선의의 제3자는 무권대리인에 대하여 권리를 취득한다고 본다.

협의의 무권대리 성립요건과 관련하여 ① 무권대리의 추인 및 효력발생시기, ② 대리권 흠결의 입증책임, ③ 무권대리가 표현대리의 요건을 갖춘 경우 책임추궁, ④ 대리행위의 하자와 무권대리인의 책임 등에 대하여는 학설의 대립이 있다.[1)]

---

1) 【학설】 무권대리의 성립요건에 관한 학설

① 무권대리의 추인 및 효력발생시기: 협의의 무권대리인의 어음(수표)행위에 대하여 민법 제135조 제1항이 적용되어 본인은 당연히 직접상대방 또는 어음소지인에 대하여 추인을 할 수 있다는 점에는 이설(異說)이 없고 판례도 인정하고 있다(대법원 1994.8.12.선고 94다14186판결). 다만, 추인의 효력발생시기에 대해서는 학설의 대립이 있다. 본인이 무권대리인의 어음(수표)행위를 추인한 경우 그 효력은 어음(수표)행위시까지 소급하므로 협의의 무권대리인의 어음(수표)상의 책임은 추인을 해제조건으로 소멸한다고 보는 견해(해제조건설: 다수설)와, 어음법 제8조 및 수표법 제11조는 어음(수표)소지인의 신뢰이익을 보호하는 규정인 만큼 협의의 무권대리인의 책임은 어음(수표)소지인의 신뢰가 배반당하였을 때인 추인이 거절되었을 때부터 발생한다고 보는 견해(정지조건설)가 있다.

② 대리권 흠결의 입증책임: 협의의 무권대리가 성립하기 위해서는 대리권이 흠결되어 있어야 하며, 이러한 흠결에 대해 상대방이 추인거절의 사실을 증명하여야 한다는 견해(다수설)와, 협의의 무권대리인이 대리권의 존재 또는 추인에 대한 입증책임을 부담해야 한다는 견해가 있다.

③ 무권대리가 표현대리의 요건을 갖춘 경우 책임추궁: 표현대리의 요건을 갖춘 경우 본인뿐만 아니라 무권대리인에 대해서도 책임을 추궁할 수 있다는 견해와, 본인과 무권대리인 중 어느 일방에 대해서만 책임을 추궁할 수 있다는 견해(다수설)가 있다.

④ 대리행위의 하자와 무권대리인의 책임: 무권대리인이 제한능력자인 경우 민법 제135조 제2항(제한능력자의 무권대리에 대해 무권대리인의 책임부정)에 의해 무권대리인의 책임이 발생하지 않는다는 견해(통설)와, 어음(수표)행위의 대리의 경우에는 책임이 발생한다는 견해가 있다. 한편, 무권대리의 본인이 실존하지 않거나 권리능력이 없는 경우 무권대리인의 책임이 발생한다는 견해(다수설)와 발생하지 않는다는 견해가 있다.

2) 협의의 무권대리의 효과

(1) 무권대리인의 책임: 어음(수표)행위의 협의의 무권대리가 성립하면 협의의 무권대리인은 어음(수표)소지인에 대하여 언제나 어음(수표)상의 책임을 부담한다(어음법 제8조 제1문; 수표법 제11조 제1항). 다만 어음(수표)소지인이 악의이거나 선의에 과실이 있는 경우에는 무권대리인의 책임규정이 적용되지 않는다.

① 무권대리인은 그가 대리권을 가졌으면 본인이 부담하게 되었을 의무와 동일한 내용의 의무를 진다. 무권대리인이 어음(수표)상의 책임을 지는 경우에는 본인이 항사할 수 있었을 항변권 또는 대리인 자신의 항변권을 행사할 수 있으나, 그 어음(수표)행위 및 이의 원인관계 이외의 사정으로 본인이 주장할 수 있었던 항변권이나 취소권은 이를 행사하지 못한다.

보충 협의의 무권대리행위에 대해 원칙적으로 본인은 책임이 없다. 그러나 본인이 무권대리행위를 추인하거나, 표현책임을 지거나, 본인이 무권대리행위에 대하여 민법 제35조(법인의 책임) 또는 제756조(불법행위 책임)에 의한 책임 등 손해배상책임을 지는 경우에는 예외적으로 본인이 어음법·수표법 또는 민법상의 책임을 부담한다(최준선, 「어음·수표법」, 126면).

② 무권대리인의 책임이 인정되는 근거와 관련하여 학설의 대립이 있다.[1)]

(2) 어음(수표)상의 책임을 이행한 무권대리인의 권리: 협의의 무권대리인이 어음(수표)금액을 지급한 때에는 본인과 동일한 어음(수표)상의 권리를 갖는다(어음법 제8조 제2문 및 수표법 제11조 제2문). 권한을 월권한 대리인도 같다(어음법 제8조 제3문 및 수표법 제11조 제3문). 무권대리인의 권리취득은 법의 규정에 의한 독립적 취득이며, 본인의 권리의 법률적 이전은 아니다. 따라서 어음(수표)채무자는 본인이 이 권리를 가졌으면 본인에 대하여 대항할 수 있었을 항변권을 무권대리인에 대하여도 주장할 수 있다.

보충 환어음의 인수인이나 약속어음의 발행인, 환어음의 단순한 지급인이나 수표의 지급인의 무권대리인은 어음(수표)상의 책임을 이행하더라도 어음(수표)상의 권리를 취득할 수 없다. 왜냐하면 협의의 무권대리인이 취득하는 권리는 본인의 전자에 대한 권리이지 본인에 대한 권리가 아니기 때문이다(정찬형, 「상법강의(하)」, 제14판, 100면 참조).

(3) 무권대리와 본인의 권리

① 인수의 무권대리: 본인이 처음부터 어음상의 권리를 갖지 않는 인수의 무권대리(무권대리인이 환어음을 인수하고 어음채무를 이행하는 경우)의 경우, 무권대리인이 채무를 이행하여 어음상의 권리를 갖더라도

---

1) 【학설】 무권대리인의 책임의 근거에 관한 학설

무권대리인의 책임은 무권대리인이 대리방식으로 기명날인 또는 서명을 하였기 때문에 의사표시에 의한 것이 아니라 대리관계가 존재하는 듯이 표시한 데 대하여 인정하는 법정의 담보책임이라는 견해(통설)와, 무권대리인이 마치 자신의 명의로 기명날인 또는 서명한 것같이 취급하여 인정한 것이라는 견해가 있다.

본인은 어음상 아무런 권리를 갖지 못한다.

② 배서의 무권대리: 배서의 무권대리인이 어음(수표)상의 채무를 이행하여 어음(수표)상의 권리자가 된 경우, 본인은 전에 가졌던 자기의 권리에 의거하여 무권대리인에 대한 어음(수표)의 반환청구권을 갖는다. 다만, 본인이 어음(수표)상의 권리를 취득한 이후에 무권대리인에 의하여 배서받은 선의의 제3자에 대하여 어음(수표)의 반환청구권이 인정되는가에 대하여는 학설의 대립이 있다.[1)]

(4) 입증책임: 무권대리인과 그의 책임을 추궁하는 어음(수표)소지인 사이의 다툼에서 어음소지인은 본인이 무권대리를 이유로 이행을 거절한 사실을 입증하여야 한다.

(5) 상환청구권의 보전 및 시효의 중단: 어음(수표)소지인의 무권대리인에 대한 권리행사는 시효기간 내(약속어음의 발행인 또는 환어음의 인수인의 무권대리에 대해서는 만기로부터 3년, 환어음의 발행인 또는 어음의 배서인의 무권대리에 대해서는 상환청구권보전을 위한 기간 내)에 하여야 상환청구권이 보전되고, 시효중단의 효력이 있게 된다. 상환청구권의 보전과 시효의 중단을 위한 절차에 대해서는 학설의 대립이 있다.[2)]

Ⅳ. 어음(수표)행위의 대행

1. 기명날인의 대행

1) 의의 및 성질

기명날인의 대행은 대행자가 단순히 본인의 표시기관 내지 수족으로 본인의 기명날인을 기계적으로 대행하는 고유의 대행(민법상 표시기관으로서의 사자의 지위)과 대행자가 본인으로부터 일정한 범위의 기본적인 대리권을 수여받고 그 범위 내에서 개개의 어음(수표)행위에서는 스스로 결정하여 본인의 기명날인을 대행(예 회사의 경리과장이 수권범위 내에서 대표이사의 명의로 어음행위를 하는 경우)하는 대리적 대행이 있다. 기명날인의 대행의 법적 성질에 대하여 사실행위로 보는 것이 통설의 입장이다.[3)]

---

1) 【학설】 본인이 어음(수표)상의 권리를 취득했던 경우 무권대리인의 선의의 상대방에 대한 어음(수표)반환청구권의 인정 여부에 관한 학설
본인이 이미 어음(수표)상의 권리를 취득한 이후 협의의 무권대리인에 의한 배서가 된 경우에 ① 대리권의 흠결이 선의취득에 의하여 치유될 수 없다고 보는 견해에 의하면 본인은 협의의 무권대리인의 선의의 상대방에 대하여 어음(수표)반환을 청구할 수 있으나, ② 대리권의 흠결이 선의취득에 의하여 치유될 수 있다고 보는 견해에 의하면 본인은 협의의 무권대리인의 선의의 상대방에 대하여 어음(수표)반환을 청구할 수 없고, 협의의 무권대리인에 대하여 불법행위에 기한 손해배상청구권을 갖는다.

2) 【학설】 상환청구권 보전 및 시효중단을 위한 절차에 대한 학설
어음(수표)소지인의 시효중단을 위한 절차는 본인에 대하여 하여야 한다는 견해와, 상환청구권 보전 및 시효중단의 절차는 채무자인 무권대리인에 대하여 하여야 하지만 본인에 대하여 절차를 밟은 경우에도 무권대리인에 대하여 효력이 생긴다는 견해(다수설)가 있다.

3) 【학설】 기명날인의 대행의 법적 성질

2) 기명날인의 대행의 요건

기명날인의 대행의 요건으로는 첫째, 대행자에게 대행권이 있어야 한다. 대행권이 없는 자의 기명날인의 대행행위는 위조가 된다. 둘째, 대행자가 본인의 기명날인을 대행하여야 한다. 대리와 달리 대행관계나 대행자의 기명날인 또는 서명은 필요하지 않다.

보충 법인의 어음(수표)행위의 대행자가 법인 자체의 기명날인을 하는 것은 대행이 될 수 없고(무효이며), 대행자는 법인의 대표기관의 기명날인을 대행할 수 있다(정찬형, 「상법강의(하)」, 106면).

3) 기명날인의 대행의 효과

유권대행의 경우에는 본인 자신의 어음(수표)행위가 되어 본인이 당연히 어음(수표)상의 책임을 부담하지만, 무권대행의 경우에는 원칙적으로 위조가 되어 본인은 어음(수표)상의 책임을 부담하지 않는다. 다만, 본인이 위조의 기회를 준 경우에는 표현대리에 관한 규정을 유추적용하여 본인의 책임을 인정할 수 있다.

2. 명의대여에 의한 어음(수표)행위

1) 명의대여자의 책임

타인에게 자기의 성명 또는 상호를 사용하여 영업을 할 것을 허락하고, 타인이 그 영업에 관하여 자기의 성명 또는 상호로 어음(수표)행위를 하는 경우에는 상법 제24조에 의하여 명의대여자로서 명의차용자와 함께 어음(수표)상의 합동책임을 부담한다(同旨: 대법원 1969.3.31.선고 68다2270판결; 이에 대해 명의대여자는 스스로 어음행위를 한 일이 없으므로 합동책임을 부담하는 것이 아니라 상법 제24조에 따라 연대책임을 진다는 견해(최준선, 「어음·수표법」, 134면)와 어음행위는 상법 제24조의 적용대상이 아니라는 견해(이철송, 「어음·수표법」, 제12판, 113면)가 있다). 한편, 단순히 어음(수표)행위만을 위한 명의대여를 한 경우에도 상법 제24조가 적용되는가에 대해 부정하는 견해도 있으나 긍정하는 견해가 타당하다. 긍정하는 견해의 경우에도 명의대여자의 책임근거에 대해서는 견해의 대립이 있다.[1)]

기명날인의 대행에 대해 법률행위로 보아 서명대리로서 설명하는 견해(대법원 1964.6.9.선고 63다1070판결)와, 대행은 사실행위로서 대리가 아니라 일종의 표시기관에 의한 본인 자신의 기명날인으로 보는 견해(통설)가 있다.

1) 【학설】 명의대여자의 책임근거에 관한 학설
단지 어음(수표)행위를 하는 때에 자기의 명의사용을 허락한 명의대여자의 책임근거에 대해서는 ① 상법 제24조를 적용하여 명의대여자의 어음(수표)상의 책임을 인정하여야 한다는 견해, ② 상법 제24조를 유추적용하여 표시에 의한 금반언 원칙에서 명의대여자의 책임을 인정하여야 한다는 견해, ③ 어음(수표)법 독자의 권리외관이론에서 명의대여자의 어음상의 책임을 인정하여야 한다는 견해, ④ 민법의 표현대리 또는 표현대리 일반에 의하여 명의대여자의 책임을 인정하여야 한다는 견해, ⑤ 명의차용인의 어음(수표)행위는 광의의 기관에 의한 명의대여자 자신의 어음(수표)행위로서 어음상의 책임을 져야 한다는 견해가 있다.

2) 명의차용자의 어음(수표)상의 책임

명의차용자가 타인의 명의를 차용하여 어음(수표)행위를 한 경우에 명의차용자도 어음(수표)상 책임을 부담하는가에 대해서는 학설이 대립하고 있다.[1)]

제4관 어음(수표)의 위조·변조

I. 어음(수표)의 위조

1. 어음(수표)의 위조의 개념

1) 의 의

어음(수표)의 위조란 타인의 명의를 위용(僞用)하여 어음(수표)행위를 하는 것을 말한다. 즉, 권한 없는 자가 직접 타인 명의의 기명날인 또는 서명을 위작(僞作)하여 마치 그 타인이 어음(수표)행위를 한 것과 같이 외관을 조작하는 것을 말한다. 타인, 즉 그 명의를 위용당한 자(피위조자)는 실재인이든 사자(死者)나 가설인이든 관계없다. 그리고 위용은 타인의 인장을 도용하든 다른 목적으로 된 타인의 기명날인 또는 서명을 어음(수표)의 기명날인 또는 서명에 악용하든 그 방법에는 제한이 없다. 또한 어음(수표)의 위조는 사실행위이기 때문에 형법상의 위조의 경우와는 달리 위조자에게 고의 또는 과실이 있음을 요하지 않는다. 위조의 대상에는 제한이 없으므로 발행·배서·보증·인수·참가인수·지급보증 등의 모든 어음(수표)행위에 위조가 가능하다.

【판례】 대법원 1997.11.28.선고 96다21751판결

수표를 발행할 권한을 갖고 있지 아니한 은행의 대부계 대리가 예금담당 대리가 자리를 비운 사이에 백지인 자기앞수표 용지를 임의로 가지고 나와 백지를 보충하여 수표를 발행한 경우, 그 수표 발행행위는 수표의 위조에 해당한다.

---

1) 【학설】 명의차용자의 어음(수표)상 책임부담 여부에 관한 학설
명의차용자의 어음(수표)상의 책임에 대해서는 ① 명의차용자가 명의대여자의 명칭을 자기를 표시하는 명칭으로서 거래상 사용하고 있는 때에 비로소 명의차용자는 어음(수표)상의 책임을 부담한다는 견해, ② 명의차용자는 자기를 표시하기 위하여 명의대여자의 명칭을 사용한 이상 단지 그 때에만 사용한 경우에도 어음(수표)행위자로서 당연히 어음상의 책임을 진다는 견해, ③ 어음(수표)행위의 본질상 명의차용자의 어음(수표)행위로 성립할 수 없다는 견해 등이 있다.

2) 다른 개념과의 차이

(1) 변조와의 차이: 위조는 기명날인 또는 서명을 위작하는 것인 데 반하여, 변조는 권한 없이 기명날인 또는 서명 이외의 기재사항을 변경하는 것이다.

따라서 위조는 어음(수표)행위의 주체를 속이는 것이고, 변조는 어음(수표)행위의 내용을 속이는 것이다. 즉, 위조는 어음(수표)채무의 성립에 관한 허위이고, 변조는 어음(수표)채무의 내용에 관한 허위이다.

(2) 무권대리와의 차이: 위조와 무권대리는 권한 없이 한다는 점에서 공통되나, 그 방식에 있어서 구별된다. 즉, 위조는 피위조자의 기명날인 또는 서명만 있고 위조행위자의 기명날인 또는 서명이 나타나지 않지만, 무권대리의 경우에는 대리권의 수여사실만 없고 대리의 방식을 구비한다는 점에서 차이가 있다.

(3) 형법상의 위조와의 차이: 형법상의 위조는 상대방과의 어음(수표)교부행위를 요하지 아니하고, 위조에 대한 고의·과실을 요한다는 점에서 어음(수표)의 위조와 차이가 있다.

2. 어음(수표)의 위조의 효과

1) 피위조자의 책임

(1) 원 칙: 피위조자는 스스로 어음(수표)행위를 한 것도 아니고, 또 타인(위조자)에게 대행권한을 부여한 것도 아니기 때문에 누구에 대하여도 어음(수표)상의 책임을 지지 아니한다(어음법 제7조; 수표법 제10조). 따라서 위조의 항변은 물적 항변에 해당한다.

【판례】 대법원 1994.11.8.선고 93다21514 전원합의체 판결
어음이 위조된 경우에 피위조자는 민법상 표현대리에 관한 규정이 유추적용될 수 있다는 등의 특별한 경우를 제외하고는 원칙적으로 어음상의 책임을 지지 아니한다.

(2) 예 외

① 추인에 의한 책임: 위조된 기명날인 또는 서명을 추인할 수 있는가에 대해 어음법·수표법 및 민법·상법의 어디에도 규정이 없기 때문에 학설이 대립되고 있다.[1)]

---

1) 【학설】 위조어음(수표)의 추인에 대한 학설
① 추인의 가능 여부: 추인을 한 피위조자로 하여금 어음(수표)상의 책임을 면하게 하는 것은 본인의 의사에 반하고 또 무권대리의 추인에 관한 민법의 규정을 어음(수표)의 위조의 경우에도 유추적용할 수 있다는 이유 등을 이유로 위조의 추인을 긍정하는 견해(다수설·판례)와, 위조의 경우에는 타인을 위한 의사가 없다거나 어음(수표)법상 근거규정이 없다거나 또는 위조는 절대적 무효라는 이유 등으로 위조의 추인을 부정하는 견해가 있다.
② 추인의 효력발생시기: 위조의 추인을 인정하는 견해에 따르더라도 추인의 효력발성시기에 대해서는 추인

【판례】 대법원 1998.2.10.선고 97다31113판결

무권대리행위에 대한 추인은 무권대리행위로 인한 효과를 자기에게 귀속시키려는 의사표시이니만큼 무권대리행위에 대한 추인이 있었다고 하려면 그러한 의사가 표시되었다고 볼 만한 사유가 있어야 하고, 무권대리행위가 범죄가 되는 경우에 대하여 그 사실을 알고도 장기간 형사고소를 하지 아니하였다 하더라도 그 사실만으로 묵시적인 추인이 있었다고 할 수는 없는바, 권한 없이 기명날인을 대행하는 방식에 의하여 약속어음을 위조한 경우에 피위조자가 이를 묵시적으로 추인하였다고 인정하려면 추인의 의사가 표시되었다고 볼 만한 사유가 있어야 한다.

② 표현책임: 피위조자가 위조자에 대하여 위조의 기회를 준 경우의 하나로, 회사의 경리과장이 회사의 대표이사 명의로 어음(수표)을 위조하는 경우와 같이 위조자와 피위조자 간에 특수한 관계가 있어서 위조자와 거래한 제3자가 위조자에게 그러한 권한이 있다고 믿고, 피위조자에게 제3자로 하여금 권한이 있다고 신뢰를 하게 하는 데 책임이 있다면 피위조자의 표현책임을 인정할 것인가에 대해 학설의 대립이 있다.[1]

보충판례 ① 표현책임을 부정한 판례: 어음행위의 위조에 관하여도 민법 제126조에서 규정하는 표현대리가 인정되려면 그 상대방에게 위조자가 어음행위를 할 권한이 있다고 믿은 데에 정당한 사유가 있어야만 하는 것이고, 이러한 정당한 사유는 어음행위 당시에 존재한 여러 사정을 객관적으로 관찰하여 보통인이면 유효한 행위가 있을 것으로 믿는 것이 당연하다고 보여지면 이를 긍정할 수 있지만, 어음행위가 일반의 거래관념에 비추어 특히 이례적으로 이루어진 경우에는 달리 특별한 사정이 없는 한 그 상대방이 위조자의 권한 유무와 본인의 의사를 조사·확인하지 아니하였을 경우에는 그 상대방이 위조자에게 어음행위를 할 권한이 있다고 믿었다고 하더라도 거기에 정당한 사유가 있다고 보기 어렵다(대법원 1999.1.29.선고 98다27470판결).
② 표현책임을 긍정한 판례: 다른 사람이 본인을 위하여 한다는 대리문구를 어음상에 기재하지 않고 직접 본인 명의로 기명날인을 하여 어음행위를 하는, 이른바 기관방식 또는 서명대리방식의 어음행위가 권한 없는 자에 의하여 행하여졌다면 이는 어음행위의 무권대리가 아니라 어음의 위조에 해당하는 것이기는 하나, 그 경우에도 제3자가 어음행위를 실제로 한 자에게 그와 같은 어음행위를 할 수 있는 권한이 있다고 믿을 만한 사유가 있고, 본인에게 책임을 질 만한 사유가 있는 때에는 대리방식에 의한 어음행위의 경우와 마찬가지로 민법상의 표현대리의 규정을 유추적용하여 본인에게 그 책임을 물을 수 있다(대법원 2000.3.23.선고 99다50385판결).

한 때로부터 효력이 발생한다는 견해와, 추인의 소급효를 인정하더라도 누구에게도 불이익이 되지 않으므로 위조의 소급적 추인을 인정하는 견해(다수설)가 있다.

1) 【학설】 피위조자의 표현책임에 관한 학설
피위조자가 위조자에 대하여 위조의 기회를 준 경우의 하나로 위조자와 피위조자 간에 특수한 관계가 있어 위조자와 거래한 제3자가 위조자에게 그러한 어음(수표)행위를 할 권한이 있다고 믿고 피위조자에게 제3자로 하여금 그러한 신뢰를 하게끔 한 데 대하여 책임이 있다고 인정되는 경우에, 민법·상법의 표현대리에 관한 규정을 유추적용하여 피위조자의 어음(수표)상의 책임을 인정하여야 한다는 견해(통설·판례), 민법·상법상의 표현대리에 관한 규정이 적용되는 것이 아니라 어음(수표)의 권리외관이론에 의하여 피위조자의 책임을 인정하여야 한다는 견해, 어음(수표)위조는 비윤리적이라는 이유로 피위조자의 표현책임을 인정하지 않는 견해가 있다.

③ 신의성실의 책임: 피위조자의 위조의 항변이 신의성실의 원칙에 반하는 경우에는 피위조자는 어음(수표)상의 책임을 져야 한다. 즉, 피위조자의 위조의 항변이 상대방의 이익을 배려하여 형평에 어긋나거나 신뢰를 저버리는 내용 또는 방법으로 행사되는 경우에는 피위조자는 어음(수표)상의 책임을 져야 한다.

이때 신의성실의 원칙에 위배된다는 이유로 위조의 항변을 부정하기 위하여는 상대방에게 신의를 공여하였거나 객관적으로 보아 상대방이 신의를 가짐이 정당한 상태에 이르러야 하고, 이와 같은 상대방의 신의에 반하여 위조의 항변을 주장하는 것이 정의관념에 비추어 용인될 수 없는 상태에 이르러야 한다(대법원 2006.5.26.선고 2003다18401판결 참조).

한편, 신의성실의 책임을 인정하는 근거에 관하여 표현법리나 사용자배상책임의 법리에 의한 책임이라는 견해가 있으나, 신의성실의 원칙에 근거한 책임이라고 본다(동지:대법원 1972.11.28. 선고 72다36판결).

④ 사용자배상책임: 위조자가 피위조자의 사용인이고 사무집행에 관하여 어음(수표)을 위조한 것인 때에는 민법 제756조에 의하여 피위조자는 불법행위로 인한 사용자배상책임을 진다(통설·판례). 그러나 어음(수표)행위와 전혀 무관한 직무에 종사하는 피용자의 위조에 대해서는 피위조자의 사용자배상책임이 인정되지 않는다(대법원 1996.1.26.선고 95다46890판결 참조). 그리고 위조행위를 한 피위조자의 사용인인 위조자도 불법행위책임을 진다.

보충판례 피위조자가 위조어음의 취득자에 대하여 민법 제756조에 의한 사용자배상책임을 부담하는 경우에 그 청구권의 소멸시효기간의 기산점은 피위조자에 대한 어음금청구사건의 판결이 확정된 때로부터 진행하는 것이 아니라 피위조자에게 사용자배상책임이 있다고 주장한 때로부터 진행한다(대법원 1992.6.12.선고 91다40416판결).

사용자배상책임은 어음(수표)상의 책임이 아니라 일반불법행위상의 책임이므로, 어음(수표) 취득자에게 과실이 있는 때에는 과실상계가 허용되고(민법 제763조, 제396조), 어음(수표)취득자가 사용인의 어음(수표)행위가 그의 직무범위에 속하지 않는다는 것을 알았거나 중대한 과실로 인하여 알지 못한 때에는 사용인의 위조행위에 대하여 피위조자인 사용자는 손해배상책임을 지지 않으며(대법원 2004.2.13.선고 2003다63333판결; 대법원 2005.2.25.선고 2003다36133판결 등 참조), 어음(수표)취득자의 악의 또는 중대한 과실에 대한 입증책임은 사용자가 진다.

위조된 약속어음을 취득함으로써 입은 손해는 다른 특별한 사정이 없는 한 이를 취득하기 위하여 현실적으로 출연한 할인금 상당액일 뿐, 어음이 진정한 것이었다면 원고가 지급받았을 것이라고 인정되는 그 어음금액 상당액이라고는 할 수 없다(대법원 1994.11.8.선고 93다21514전원합의체 판결).

한편, 사용자배상책임에 관하여는 그 책임의 범위와 사용자배상책임이 인정되기 위해서는 상환청구권(소구권)보전이 필요한지 여부에 관하여 학설의 대립이 있다.[1)]

---

1) 【학설】 사용자의 책임에 관한 학설
① 책임범위: 어음(수표)의 위조로 인하여 사용자의 책임이 인정되는 경우에 그 위조로 인하여 어음소지인이 입은 손해의 범위는 어음(수표)금액이라고 하는 견해(과거의 판례)와, 위조어음의 취득의 대가로 지급한

【판례】 대법원 1994.11.8.선고 93다21514 전원합의체 판결[동지: 대법원 2003.1.10.선고 2001다37071판결]

어음이 위조된 경우에 피위조자는 민법상 표현대리에 관한 규정이 유추적용될 수 있다는 등의 특별한 경우를 제외하고는 원칙적으로 어음상의 책임을 지지 아니하나, 피용자가 어음위조로 인한 불법행위에 관여한 경우에 그것이 사용자의 업무집행과 관련한 위법한 행위로 인하여 이루어졌으면 그 사용자는 민법 제756조에 의한 손해배상책임을 지는 경우가 있고, 이 경우에 사용자가 지는 책임은 어음상의 책임이 아니라 민법상의 불법행위책임이므로 그 책임의 요건과 범위가 어음상의 그것과 일치하는 것이 아니다. 따라서 민법 제756조 소정의 사용자책임을 논함에 있어서는 어음소지인이 어음법상 소구(상환청구)권을 가지고 있느냐는 등 어음법상의 권리 유무를 따질 필요가 없으므로, 어음소지인이 현실적으로 지급제시를 하여 지급거절을 당하였는지의 여부가 어음배서의 위조로 인한 손해배상책임을 묻기 위하여 필요한 요건이라고 할 수 없고, 어음소지인이 적법한 지급제시기간 내에 지급제시를 하지 아니하여 소구권보전의 절차를 밟지 않았다고 하더라도 이는 어음소지인이 이미 발생한 위조자의 사용자에 대한 불법행위책임을 묻는 것에 장애가 되는 사유라고 할 수 없다.

2) 위조자의 책임

위조자가 민법상 불법행위에 의한 손해배상책임, 형법상의 유가증권위조죄의 책임을 지는 외에 어음(수표)상의 책임을 지는지 여부에 대하여 어음(수표)의 문언증권성과 관련하여 학설의 대립이 있다.[1)]

3) 위조어음(수표)에 기명날인 또는 서명한 자의 책임

위조어음(수표) 위에 기명날인 또는 서명한 자는 어음(수표)행위독립의 원칙에 의하여 어음(수표)상의 책임을 진다(어음법 제7조, 수표법 제10조; 대법원 1977.12.13.선고 77다1753판결).

위조어음(수표) 위에 기명날인 또는 서명한 자가 위조어음(수표)이라는 사실을 알고 기명날인 또는 서명한 경우라도 어음(수표)상의 책임을 지고, 이때 어음(수표)소지인이 위조어음(수표)

할인금액이라는 견해(최근의 판례)가 있다.

② 상환청구권 상실과 사용자책임

㉠ 상환청구권보전불요설: 사용자책임은 민법상 불법행위책임이므로 어음(수표)소지인이 상환청구권을 상실한 경우에도 사용자책임을 인정하는 견해(판례·다수설)이다. 이 견해에 의하면 배서위조어음(수표)에 대해 이를 진정한 배서로 믿고 어음(수표)을 취득하면서 출연행위를 한 이상 이미 손해가 발생한 것이므로 어음(수표)소지인이 현실적으로 지급제시를 하여 거절당하였는지의 여부가 어음배서의 위조로 인한 손해배상책임을 묻기 위하여 필요한 요건이라 할 수 없다고 한다.

㉡ 상환청구권보전필요설: 상환청구권을 행사할 수 있는 범위 내에서만 사용자책임이 인정된다는 견해이다. 이 견해에 의하면 어음 취득시에 출연이 이루어졌다는 측면보다 어음 취득 후의 최종적인 권리행사에 초점을 맞추어 어음소지인에게 손해가 있는지를 판단하는 입장이므로, 지급제시기간 내에 지급제시를 하지 아니하여 그 소구(상환)요건을 갖추지 못한 경우에는 어음소지인이 입은 손해는 배서의 위조로 인하여 발생한 것이라고 할 수 없다고 한다.

1) 【학설】 위조자의 책임에 관한 학설

① 부정설: 위조자는 타인의 성명을 모용(冒用)하고 있고 어음(수표)상에 자기의 성명을 표시하여 어음(수표)행위를 한 것이 아니므로 어음의 문언증권성에 비추어 어음채무를 부담할 수 없다는 견해이다(다수설).

② 긍정설: 무권대리와 위조는 권한 없는 자가 대리의 방식으로 어음(수표)행위를 하였는가, 대행방식으로 어음(수표)행위를 하였는가의 차이밖에 없고 양자는 기본적으로 그 구조가 동일하다고 할 것이므로 어음법 제8조(수표법 제11조)를 유추적용하여 위조자의 책임을 인정하는 견해(무권대리규정 유추적용설)와, 위조자는 자기의 어음(수표)행위에 의하여 책임을 진다는 견해(위조자행위설)가 있다.

임을 안 경우에도 같다(통설).

4) 위조어음(수표)에 대한 피위조자 또는 지급인의 지급의 효과

(1) 피위조자의 어음(수표)금 지급(법정추인): 피위조자가 위조임을 알면서 어음(수표)금을 지급한 경우에는 위조의 법정추인이 되어(민법 제145조 제1호) 그 지급이 유효하게 된다. 이에 반해 피위조자가 위조임을 모르고 지급한 경우(피위조자의 손실부담으로 어음금을 지급한 경우: 지급인이 면책된 때)에는 원칙적으로 부당이득의 법리에 의하여 어음소지인에게 지급한 금액의 반환을 청구할 수 있다(대법원 1992.7.28.선고 92다18535판결). 다만, 지급이 있었기 때문에 어음(수표)상의 권리의 보전절차를 밟지 않고 이로 인하여 어음(수표)상의 권리를 잃은 자에 대하여는 민법 제744조의 도의관념에 적합한 비채변제가 되어 피위조자는 착오로 인하여 지급하였음을 이유로 하여 어음(수표)금의 반환을 청구할 수 없게 된다.

(2) 지급인의 지급: 위조된 어음(수표)의 소지인에 대하여 지급인이 지급한 경우에 지급인의 면책의 근거에 대한 논란이 있고[1], 이와 관련하여 지급금액의 부담자에 대하여 논란이 되고 있다.[2]

보충판례 판례(대법원 1971.3.9.선고 70다2895판결)는 위조수표의 지급에 관하여 특별법규, 면책약관 또는 상관습이 있는 경우에 한하여 지급인의 면책이 인정되고, 채권의 준점유자에 대한 변제의 법리는 적용되지 않는다고 하고 있다. 이때 판례(대법원 1975.3.11.선고 74다53판결)는 지급인의 면책이 인정되기 위해서는 지급인이 보통의 주의의무(주의는 중과실뿐만 아니라 경과실도 없어야 한다)를 다한 후에 지급하여야 한다고 하고 있으므로, 결국 지급인이 면책되기 위해서는 지급인이 선의·무과실의 지급이어야 면책된다고 본다.

3. 어음(수표)의 위조의 입증책임

위조의 입증책임이 어음(수표)소지인에게 있는가, 피위조자에게 있는가에 대해서는 학설

---

1) 【학설】 지급인의 면책근거
지급인 면책의 결정근거: 위조어음(수표)의 소지인에 대하여 지급인이 지급한 경우 그의 면책 유무를 결정하는 근거법원에 대해 어음법 제40조 제3항 및 수표법 제35조를 근거로 하는 견해와, 지급인이 은행인 경우에는 보통 특별법규·면책약관 또는 상관습 등에 근거하여 지급인의 면책 유무를 결정하여야 하고, 지급인이 은행이 아닌 경우에는 당사자 간에 면책약관이나 상관습이 존재하기 어려우므로 민법 제470조(채권의 준점유자에 대한 변제)에 근거하여 면책 유무를 결정하여야 한다는 견해가 있다.

2) 【학설】 지급금액의 부담자에 대한 학설
지급금액의 부담자: 지급인의 면책 유무를 어음법 제40조 제3항 등에 의하는 경우에는 지급인이 지급한 금액에 대하여 지급인부담설과 발행인부담설의 대립이 있으나, 판례(대법원 1971.3.9.선고 70다2895판결)와 같이 특별법규·면책약관 또는 상관습 등에 근거하여 지급인의 면책 유무를 결정하는 경우에는 지급인은 피위조자와의 관계에서는 종국적으로 손실부담을 하지 않는 것으로 볼 수 있으므로 지급인부담설이나 발행인부담설의 논의는 필요하지 않다고 본다.

의 대립이 있으나[1], 판례는 소지인입증설을 취하고 있다(대법원 1993.8.24.선고 93다4151판결).

【판례】 대법원 1993.8.24.선고 93다4151판결[동지: 대법원 1998.2.10.선고 97다31113판결]

어음에 어음채무자로 기재되어 있는 사람이 자신의 기명날인이 위조되었다고 주장하는 경우에는 그 사람에 대하여 어음채무의 이행을 구하는 어음의 소지인이 그 기명날인이 진정한 것임을 증명하지 않으면 안 된다.

Ⅱ. 어음(수표)의 변조

1. 어음(수표)의 변조의 의의

어음(수표)의 변조란 권한 없이 기명날인 또는 서명 이외의 기존 문언을 변경하는 것을 말한다. 어음(수표)상의 효력을 가진 문언이면 어음(수표)요건이든 그 밖의 유익적 기재사항이든 불문한다. 권한 있는 자가 어음(수표)상의 기재내용을 변경하는 것은 변조가 되지 않으나, 이미 어음(수표)상에 다른 권리 또는 의무를 가진 자가 있는 경우에는 이러한 자의 동의를 얻지 않고는 어음(수표)상의 어떠한 기재도 변경할 수 없고, 임의로 자기의 기재내용을 변경하는 것은 변조가 된다(대법원 1981.11.24.선고 80다2345판결). 형법상의 변조와 달리 어음상의 변조의 경우 변조자에게 고의 또는 과실이 있음을 요하지 않는다.

2. 어음(수표)의 변조의 방법·태양

1) 변조의 방법

변조의 방법에는 제한이 없으며 현재 문언의 변개(變改)뿐만 아니라 말소·도말(塗抹)에 의한 제거, 신문언의 부가 등이 모두 이에 포함된다. 그러나 변조 후에도 형식상 어음(수표)요건은 구비되어 있어야 하며, 변조로 인하여 어음(수표)요건이 흠결된 때에는 어음(수표)의 훼멸(毁滅)이지 변조가 아니다.

2) 변조의 태양

(1) 인지첩부에 의한 변조: 제3자가 고의로 인지를 약속어음에 기재된 「지시금지」의 문구

1) 【학설】 위조의 입증책임에 대한 학설
위조어음(수표)의 입증책임에 대해 특별한 규정이 없으므로 일반원칙에 따라 위조라는 것을 주장하는 측(피위조자)이 입증책임을 진다는 견해(소수설)와, 어음(수표)소지인이 피위조자에게 어음금을 청구하려면 어음소지인이 피위조자의 기명날인 또는 서명이 진정함을 입증하여야 한다는 견해(다수설·판례)가 있다.

위에 첨부한 경우 이는 어음의 기재내용을 일부 변조한 것으로 볼 수 있다(대법원 1980.3.25. 선고 80다202판결).

(2) 기존의 기명날인 또는 서명의 변경: 어음(수표)면의 기존의 진정한 기명날인 또는 서명을 변경한 경우 이를 변조로 볼 것인가, 위조로 볼 것인가에 대해 학설의 대립이 있다.[1]

(3) 백지어음(수표)의 보충권의 남용과 변조: 백지어음(수표)의 보충권의 남용은 변조와 구별된다. 그 근거로는 첫째, 변조의 대상은 어음(수표)상의 모든 기재사항이지만, 보충권의 남용은 백지부분에 한정된다. 둘째, 변조는 물적 항변사유이지만, 보충권의 남용은 인적 항변사유에 해당한다. 백지어음(수표)의 경우에도 백지어음(수표) 중의 유효한 기재사항을 무권한으로 변경하는 것은 보충권의 남용이 아니라 어음(수표)의 변조에 해당한다.

(4) 수취인란의 변조: 어음(수표)소지인이 발행인의 동의를 얻지 않고 수취인란을 변경하는 경우에 이것이 변조에 해당하는가에 대해 학설의 대립이 있다.[2]

3. 어음(수표)의 변조의 효과

1) 변조 전의 기명날인자 또는 서명자의 책임

어음(수표)의 변조 전에 기명날인 또는 서명한 자는 원문언, 즉 기명날인 또는 서명 당시의 어음(수표)문언에 따라 책임을 진다(어음법 제69조; 수표법 제50조). 원문언이 변조 후의 문언보다 무겁거나 또는 변조의 결과 어음(수표)이 훼멸된 경우에도 원문언에 따라 어음(수표)상의 책임을 부담한다.

그러나 변조 전의 기명날인자 또는 서명자가 어음(수표)면의 기재변경에 대하여 사전에 동의하거나 사후에 추인한 경우 또는 변조에 대하여 귀책사유가 있는 경우(예 변조되기 쉽게 어음을 작성하거나 연필로 어음 금액 등을 기재하여 변조되어도 그 흔적이 남아 있지 않게 한 경우)에는 변조 후의 문언에 따라 책임을 부담한다.

2) 변조 후의 어음(수표)에 기명날인 또는 서명한 자의 책임

변조 후의 어음(수표)에 기명날인 또는 서명한 자는 변조된 문언에 다라 책임을 진다

1) 【학설】 기존의 기명날인 또는 서명의 변경에 관한 학설
어음(수표)면의 기존의 진정한 기명날인 또는 서명을 권한 없이 변경하는 경우 이를 일종의 위조로 보는 견해, 변조로 보아 어음법 제69조 또는 수표법 제50조를 적용하여야 한다는 견해, 기존의 진정한 기명날인 또는 서명의 면에서 보면 변조에 해당하고 권한 없이 변경된 새로운 기명날인 또는 서명의 면에서는 위조가 된다는 견해(다수설)가 있다.

2) 【학설】 수취인 변조의 해당 여부에 관한 학설
① 긍정설: 수취인의 이름을 말소하여 마치 수취인란이 백지인 것처럼 변경하거나 기재되어 있는 수취인의 이름을 변경하는 것은 변조에 해당한다(다수설; 대법원 1981.10.13.선고 81다726·81다카90판결)고 한다.
② 부정설: 수취인의 기재는 발행행위의 일부 내용이라기보다는 오히려 배서연속의 시발점이 되는 것으로서 권리의 귀속에 관한 것이므로 수취인의 말소도 배서의 말소와 같이 보아야 하므로 수취인의 변경을 변조로 볼 수 없다고 한다.

(어음법 제69조; 수표법 제50조). 그러나 변조로 인하여 어음이 훼멸된 후의 어음(수표)에 기명날인 또는 서명을 한 자는 아무런 어음(수표)상의 책임이 없다. 변조 후의 기명날인자 또는 서명자가 변조의 사실에 대하여 선의이든 악의이든 불문하고, 또 변조어음(수표)의 취득자의 선의·악의를 불문하고 변조 후의 어음(수표)에 기명날인 또는 서명한 자는 변조 후의 문언에 따라 책임을 진다.

3) 변조어음(수표)에 대한 사용자책임

변조어음(수표)에 대한 사용자책임을 인정하는 판례가 있다. 판례(대법원 1997.10.24.선고 97다21840판결)는 「당좌계 담당직원의 잘못으로 어음의 지급기일이 변조되고 이로 인하여 어음금을 지급받지 못하게 된 경우 사용자책임이 인정된다」고 한다.

4) 변조자의 책임과 권리

(1) 변조자의 책임: 변조자가 변조 후의 어음(수표)상에 기명날인 또는 서명한 경우에는 변조 후의 문언에 따라 어음(수표)상의 책임을 져야 한다. 그러나 변조자가 어음상에 기명날인 또는 서명하지 않은 경우에는 학설의 대립이 있다.[1)]

(2) 변조자의 권리: 변조자가 어음(수표)소지인인 경우에 변조 전의 문언에 따른 어음(수표)상의 권리를 상실하지 않으므로, 변조 전의 기명날인자 또는 서명자에게 어음(수표)상의 권리를 취득하는 것은 당연하다.

5) 변조어음(수표)의 지급인의 책임

어음(수표)금액이 변조된 변조어음(수표)에 대해 지급인이 지급한 경우에 그 부분에 대한 손실을 누가 부담할 것인가에 대한 문제가 있다(위조어음의 지급에 관한 내용 참조).
변조어음(수표)의 지급인이 변조 전의 기명날인자 또는 서명자에 대해 면책되기 위해서는 위조어음(수표)의 지급인의 경우와 같이 어음법 제40조 제3항에 근거하는 것이 아니라 특별법규, 면책약관, 상관습 등에 근거하여야 하고, 이때 지급인에게는 고의·과실이 없어야 한다(대법원 1975.3.11.선고 74다53판결). 이때 지급인에게 과실이 있으면 변조 전의 기명날인자 또는 서명자는 지급인에 대하여 변조로 인하여 초과지급된 부분에 대하여 손해배상청구권을 가지며, 변조 후의 금액을 지급받은 자에 대하여도 부당이득반환청구권을 갖는다(대법원 1992.4.28.선고 92다4802판결).

---

1) 【학설】 변조자의 책임과 관련된 학설
변조만 하고 어음(수표)상에 기명날인 또는 서명을 하지 않은 경우에는 위조에서와 같이 책임을 부정하는 견해(다수설)와 어음법 제8조(수표법 제11조)를 유추적용하여 책임을 긍정하는 견해가 있다.

4. 어음(수표)의 변조의 입증책임

변조가 명백한 경우에는 어음(수표)채무자에게 변조 후의 문언에 따라 책임을 지우기 위해서는 변조 후에 어음(수표)채무자가 기명날인 또는 서명을 하였다는 것 또는 기명날인자 또는 또는 서명자가 그 변조에 동의하였다는 것을 어음(수표)소지인이 증명하면 된다는 것이 판례(대법원 1987.3.24.선고 86다카37판결)·통설의 입장이지만, 변조가 명백하지 아니한 경우에 대하여서는 학설의 대립이 있다.[1)]

제5절 어음(수표)상의 권리

제1관 어음(수표)상의 권리와 어음(수표)법상의 권리

I. 어음(수표)상의 권리

어음(수표)상의 권리는 직접 어음(수표)의 목적을 달성하기 위하여 인정된 권리와 이에 갈음할 권리로서 강의학상의 용어이다.

이러한 어음상의 권리로는 환어음의 인수인 또는 약속어음의 발행인에 대한 어음금청구권, 전자에 대한 상환청구권, 채무를 이행한 어음(수표)보증인이 주채무자 및 그 전자에 대하여 가지는 권리, 참가인수인에 대한 지급청구권, 참가인수인이 환어음의 인수인 또는 약속어음의 발행인 또는 피참가인 및 그 전자에 대하여 가지는 권리 등이 이에 속한다.

보충 수표상의 권리: 지급인이 지급보증을 하지 않은 수표의 경우 지급인은 수표상의 채무자가 아니므로 지급인으로부터 수표금을 지급받을 수 있는 수표금수령권한은 그 자체만으로는 수표상의 권리라 할 수 없고(환어음의 경우 지급인이 인수를 하지 않은 경우도 같다), 지급인의 지급거절을 조건으로 하여 발행인 및 배서인 등에 대하여 갖는 상환청구권만을 수표상의 권리로 보는 것이 통설의 입장이다. 그러나 지급인이 지급보증을 한 경우의 수표상의 권리란 발행인 및 배서인 등에 대한 상환청구권을 의미한다(정찬형, 「어음·수표법강의」, 357면).

---

1) 【학설】 변조가 명백하지 않은 경우의 입증책임에 관한 학설
변조가 명백하지 않은 경우에는 변조가 없는 것으로 추정하여야 하므로 변조가 있었다는 사실은 그것을 주장하는 자(어음(수표)채무자)가 입증하여야 한다는 견해(다수설·판례)와, 변조가 명백하지 않은 경우에도 변조가 명백한 경우와 구별할 필요 없이 언제나 어음(수표)소지인이 입증하여야 한다는 견해(소수설)가 있다.

Ⅱ. 어음(수표)법상의 권리

어음(수표)법상의 권리는 어음(수표)상의 권리와 구별되며, 이는 어음(수표)법상 인정된 권리이다. 이러한 권리로는 어음(수표)의 악의취득자에 대한 어음(수표)의 반환청구권(어음법 제16조 제2항; 수표법 제21조), 상환청구통지를 하지 않음으로써 생기는 손해배상청구권(어음법 제45조 제6항; 수표법 제41조 제6항), 복본교부청구권(어음법 제64조 제3항), 등본소지자의 원본반환청구권(어음법 제66조 제1항, 제68조 제1항), 이득상환청구권(어음법 제79조; 수표법 제63조) 등이 있다.

제2관 어음(수표)상의 권리의 취득

Ⅰ. 취득방법

어음(수표)상의 권리의 취득[1]에는 승계취득과 원시취득이 있다. 승계취득의 방법으로는 어음(수표)의 양도방법에 의한 취득(배서·지명채권의 양도방법·교부 등)과 상속·합병·전부명령 등에 의한 취득이 있고, 원시취득의 방법으로는 어음(수표)의 발행·선의취득 등이 있다.

어음(수표)의 발행 등 기타 사항에 대해서는 어음(수표)법 각론에서 설명하고 여기에서는 선의취득에 관한 내용만 다루도록 한다.

Ⅱ. 어음(수표)의 선의취득

1. 선의취득의 의의

어음(수표)의 선의취득이란 어음(수표)의 취득자가 배서에 의하여 양도받은 경우에 그 배서가 무효일지라도 선의이고 중과실이 없는 때에는 어음(수표)상의 권리를 원시취득하는 제도를 말한다. 즉, 연속된 배서의 피배서인으로부터 어음법 및 수표법이 규정하는 유통방법에 의하여 어음 또는 수표를 취득한 자는 악의 또는 중과실이 없는 이상, 무권리자로부터 취득한 경우에도 어음(수표)상의 권리를 취득하게 된다(어음법 제16조 제2항; 수표법 제21조).

---

1) 【학설】 어음(수표)상의 권리와 어음증권의 관계에 관한 학설
어음(수표)증권에 대한 소유권을 취득하여야 어음(수표)상의 권리를 취득한다는 견해(어음소유권설)와, 어음(수표)상의 권리 취득에는 어음(수표)증권에 대한 소유권까지 취득할 필요는 없고 어음(수표)증권의 소지만이 필요하다는 견해(통설)가 있다.

보충 민법상 동산의 선의취득과의 차이

① 민법 제249조에 의하면 동산의 점유가 선의이며 무과실이어야 하지만, 어음 및 수표에 있어서는 악의 또는 중과실이 없어야 한다.

② 민법은 도품(盜品)·유실물에 관하여 특칙을 두고 있으나(제250조, 제251조), 어음 및 수표에는 이러한 특칙이 없으며 도품·유실물인 어음(수표)의 선의취득이 인정된다.

2. 선의취득의 요건

1) 유효한 어음일 것

어음(수표)의 선의취득이 인정되기 위해서는 어음(수표)이 유효하여야 한다. 따라서 요건흠결의 불완전어음(수표)이나 제권판결을 받아 무효가 된 어음(수표)은 선의취득이 인정되지 않는다. 그런데 요건흠결의 미완성어음(수표)인 백지어음(수표)은 유효한 증권이므로 선의취득이 인정된다.

2) 어음(수표)법적 유통방법에 의하여 취득하였을 것

어음(수표)취득자는 배서 또는 인도 등 어음(수표)법이 정하는 어음(수표)상의 권리의 양도방법에 의하여 어음(수표)을 취득하였어야 한다. 즉, 통상의 양도배서, 백지식배서 등에 의하여 어음(수표)을 취득하였어야 한다. 다만, 입질배서의 경우 선의취득이 인정되는 것은 질권이며 어음(수표)상의 권리가 아니다. 또한 기한후배서·추심위임배서의 경우 선의취득이 인정되지 않으며, 지명채권양도방법에 의해 유통되는 배서금지어음(수표)의 경우에도 선의취득이 인정되지 않는다. 상속·합병·유증 등의 포괄승계의 경우나 지명채권양도방법·전부명령 등에 의한 특정승계의 경우에도 선의취득이 인정되지 않는다.

3) 형식적 자격이 있을 것

어음 및 수표의 취득자가 형식적 자격이 있어야 한다. 즉, 배서가 형식적으로 연속되어 있거나 또는 최후의 백지식 배서의 어음(수표)을 소지하고 있는 경우라야 한다.

【판례】 대법원 1999.11.26.선고 99다34307판결

어음을 유통시킬 의사로 어음상에 발행인으로 기명날인하여 외관을 갖춘 어음을 작성한 자는 그 어음이 도난·분실 등으로 인하여 그의 의사에 의하지 아니하고 유통되었다고 하더라도, 배서가 연속되어 있는 그 어음을 외관을 신뢰하고 취득한 소지인에 대하여는 그 소지인이 악의 내지 중과실에 의하여 그 어음을 취득하였음을 주장·입증하지 아니하는 한 발행인으로서의 어음상의 채무를 부담한다.

한편, 형식적 배서의 연속은 없으나 실질적 배서의 연속이 있는 경우 선의취득이 인정될 수 있는가에 대하여는 학설의 대립이 있다.[1]

4) 무권리자로부터 취득하였을 것

선의취득이 인정되기 위해서는 취득자의 상대방(양도인)이 무권리자여야 한다. 무권리자의 범위에 대해서는 학설의 대립이 있으나[2], 대리권의 흠결이나 하자의 경우(대법원 1995.2.10.선고 94다55217판결), 처분권이 없는 자의 경우도 포함된다고 본다.

5) 취득자에게 악의 또는 중과실이 없을 것

어음(수표)의 선의취득이 인정되기 위해서는 취득자에게 악의 또는 중대한 과실이 없어야 한다. 여기서 '악의'란 양도인이 무권리자임을 알고 있음을 말하며, '중대한 과실'이란 그것을 모르는 것에 대한 부주의의 정도가 현저한 것을 말한다. 이러한 악의 또는 중대한 과실은 어음(수표)의 취득 당시에 없으면 된다.

보충판례 ① 선의취득에 있어서 중대한 과실이 있다는 판례: 일요일에 자기앞수표를 취득하면서 그 이면에 기재된 전화번호에 전화를 걸어 확인하지 아니한 경우(대법원 1984.11.27.선고 84다466판결), 자기앞수표를 취득하면서 주민등록증 등에 의하여 양도인의 인적사항을 확인하지 아니한 경우(대법원 1990.11.30.선고 90다23394판결), 자기앞수표를 취득하면서 발행은행에 도난신고 등이 있는지 확인하지 않은 채 수표 뒷면에 전화번호와 성명만을 기재케한 경우(대법원 1990.12.21.선고 90다카28023판결), 자칭 남원 거주의 면식 없는 사람으로부터 이리발행의 자기앞수표를 서울에서 취득함에 있어서 그 소지인의 인적 사항을 확인하지 아니한 경우(대법원 1981.6.23.선고 81다167판결), 회사의 직원이 약속어음을 회사 명의로 배서위조함에 있어 날인한 회사의 인장이 그 대표자의 직인이 아니라 그 대표자 개인의 목도장이고 그 어음금액이 상당히 고액인 경우에, 그 약속어음을 할인의 방법으로 취득한 자가 배서의 진정 여부를 확인하지 않은 경우(대법원 1993.9.24.선고 93다32118판결)에는 중대한 과실이 있다고 하였다. ② 선의취득에 있어서 중대한 과실이 없다는 판례: 자기앞수표를 취득하면서 발행은행에 확인하였으면 소

1) 【학설】 형식적 배서의 연속이 없는 어음(수표)의 선의취득에 관한 학설
형식적 배서의 연속이 없는 경우에 그 끊어진 부분의 실질적 연속을 증명한 때에는 선의취득을 인정할 수 있다는 견해(통설)와, 형식적 배서의 연속을 선의취득의 요건으로 하는 명문의 규정에 어긋나므로 선의취득이 인정되지 않는다는 견해가 있다.

2) 【학설】 선의취득이 인정되는 양도인의 범위에 관한 학설
① 무권리자 한정설: 선의취득은 배서의 자격수여적 효력에 기하여 배서의 연속이라는 형식적 자격을 신뢰한 자를 보호하려는 제도일 뿐, 양도인의 능력·대리권을 신뢰한 자를 보호하기 위한 제도가 아니므로 선의취득이 인정되기 위해서는 양도인은 무권리자에 한정된다고 하는 견해이다(다수설).
② 무제한설: 양도인의 무능력, 대리권의 흠결, 배서인의 인적 동일성의 흠결 등은 어음의 외형으로부터 알 수 없는 사유이므로 어음(수표)거래의 안전이라는 관점에서 선의취득이 인정되는 범위에는 무권리에 한정하지 않고 무능력, 의사표시의 하자, 대표권의 결여, 배서인의 인격동일성의 흠결 등 양도인 쪽의 무효·취소사유로 배서가 무효가 되는 모든 경우를 포함한다고 하는 견해이다.
③ 부분적 제한설: 무능력·의사표시의 하자의 경우에는 선의취득이 인정되지 않고, 양도인의 무권리 및 대표권의 흠결, 처분권이 없는 경우에는 선의취득이 인정된다는 견해(판례)이다.
④ 무능력자 제외설: 양도인이 무능력자인 경우만 제외하고 모두 선의취득이 인정된다는 견해이다.

지인의 주민등록증을 확인하지 아니한 경우(대법원 1987.8.18.선고 86다카2502판결), 최후의 배서가 백지식인 어음을 취득하는 사채업자가 어음에 기재된 최후배서인에 대하여 누구에게 양도하였는지 알아보지 아니한 경우(대법원 1987.6.9.선고 86다카2079판결), 약속어음의 수취인인 회사의 직원이 제3자와 공모하여 수취인 회사 명의의 배서를 위조하고 제3자 명의의 배서를 거쳐 상호신용금고로부터 어음할인을 받은 경우에 배서상 기재의 문제점이 없는 어음의 경우(대법원 1996.11.26.선고 86다30731판결)에는 중대한 과실이 있다고 할 수 없다.

악의 또는 중과실의 대상은 어음(수표)취득자의 직전의 양도인만을 기준으로 하여 판단한다. 따라서 그 이전의 자가 무권리자 등인 것을 알았더라도 직전의 양도인이 무권리자 등이라는 것을 모를 경우에는 어음(수표)상의 권리를 선의취득한다.

취득자의 악의 또는 중대한 과실은 어음(수표)의 반환을 청구하는 자가 입증하여야 한다.

【판례】 대법원 2018.7.12.선고 2015다251812판결

주권의 선의취득은 주권의 소지라는 권리외관을 신뢰하여 거래한 사람을 보호하는 제도이다. 주권 취득이 악의 또는 중대한 과실로 인한 때에는 선의취득이 인정되지 않는다(상법 제359조, 수표법 제21조). 여기서 악의 또는 중대한 과실이 있는지는 그 취득 시기를 기준으로 결정하여야 하며, '악의'란 교부계약에 하자가 있다는 것을 알고 있었던 경우, 즉 종전 소지인이 무권리자 또는 무능력자라거나 대리권이 흠결되었다는 등의 사정을 알고 취득한 것을 말하고, 중대한 과실이란 거래에서 필요로 하는 주의의무를 현저히 결여한 것을 말한다. 그리고 주권 등을 취득하면서 통상적인 거래기준으로 판단하여 볼 때 양도인이 무권리자임을 의심할 만한 사정이 있음에도 불구하고 이에 대하여 상당하다고 인정될 만한 조사를 하지 아니한 채 만연히 주권 등을 양수한 경우에는 양수인에게 상법 제359조, 수표법 제21조 단서에서 말하는 '중대한 과실'이 있다고 보아야 한다.

6) 취득자가 취득에 관하여 경제적 이익을 가질 것

선의취득이 인정되기 위해서는 취득자가 그 취득에 관하여 독자적인 경제적 이익을 가지는 경우라야 한다. 따라서 무상으로 취득하는 경우나 추심위임배서의 경우에는 피배서인에게 독자적인 경제적 이익이 없으므로 선의취득이 인정되지 않는다.

3. 선의취득의 효과

1) 어음(수표)상의 권리의 취득

어음(수표)의 선의취득의 요건을 갖춘 어음(수표)취득자는 양도인이 무권리자임에도 불구하고 어음(수표)상의 권리를 원시적으로 취득하므로 누구에게도 어음(수표)을 반환할 의무가 없다(어음법 제16조 제2항).

보충 소수설(독일 통설)에 의하면 선의취득의 효과에 관해 채권에 대한 선의취득은 발생하지 않는다는 전제에서 어음소유권을 취득하고 그 결과 어음상의 권리를 취득한다고 한다. 그러나 어음상의 권리의 취득에는 증권의 소지만을 요할 뿐 증권의 소유권의 취득을 요하지 아니하는 점, 선의취득되는 권리는 소유권에 한하는 것은 아니고 어음상의 권리도 해당된다는 점에서 소수설은 타당하지 않다(정찬형, 「어음·수표법강의」, 523면).

2) 어음(수표)항변과의 관계

선의취득자의 권리는 어음법 제17조 및 수표법 제22조의 인적 항변의 절단에 관한 규정에 의하여 보충되기는 하지만, 선의취득과 어음(수표)항변의 절단은 별개의 요건을 구비하여야 하는 것으로 구별된다. 따라서 항변권이 부착된 것은 알고 있었지만, 무권리자임을 알지 못하고 어음(수표)을 취득한 경우에는 그 취득자는 항변권이 붙어 있는 어음(수표)상의 권리를 선의취득한 것이 된다.

3) 제권판결과의 관계

어음(수표)을 분실·도난당한 자가 공시최고절차를 거쳐 제권판결을 받은 경우에 제권판결 이전에 어음(수표)의 선의취득을 한 자와 제권판결취득자 중 누가 실질적 권리자인지가 문제되는데, 이에 대해서는 제권판결자가 우선해야 한다는 견해와 선의취득자가 우선해야 한다는 견해로 나누어지고 있으나, 판례는 선의취득자보다는 제권판결자가 우선한다는 취지의 판결을 하고 있다(약속어음은 제권판결의 소극적 효과로서 약속어음으로서 효력이 상실하는 것이므로 약속어음의 소지인은 무효로 된 어음을 유효한 어음이라고 주장하여 어음금을 청구할 수 없고, 어음소지인이 공시최고 전에 선의취득하였다고 하여 그 이치를 달리 볼 것은 아니다: 대법원 1994.10.11.선고 94다18614판결).

제3관 어음(수표)상의 권리의 행사(어음(수표)항변)

어음(수표)은 원래 금전지급수단으로서의 기능을 가지고 있으므로 그에 표창된 채권의 실행이 확실하고 또한 유통성이 강하게 요청되는데 이러한 것을 어음(수표)엄정(어음(수표)채무의 엄격성)이라고 한다.

어음(수표)엄정은 어음(수표)에 특유한 간이신속한 소송절차 등을 말하는 형식적 엄정과 어음(수표)채무의 추상성 또는 어음(수표)항변의 제한을 뜻하는 실질적 엄정이 있다.

I. 어음(수표)항변의 의의 및 종류

1. 의 의

어음(수표)항변은 어음(수표)채무자로서 청구를 받은 자가 어음(수표)소지인에 대하여 어음

(수표)상의 권리행사를 거절하기 위하여 주장할 수 있는 항변을 말한다.

어음(수표)항변은 어음(수표)채무자가 주장할 수 있는 것이므로 어음(수표)채무자가 아닌 환어음의 지급인·지급담당자, 수표의 지급은행이 소지인에게 형식적·실질적 자격이 없다는 이유로 또는 어음(수표)자금이 없다는 이유로 지급을 거절하는 것은 어음(수표)항변이 아니다.

2. 종 류

어음(수표)항변은 크게 물적 항변과 인적 항변으로 구분된다.[1]

Ⅱ. 물적 항변

1. 물적 항변의 의의

물적 항변이란 어음(수표)채무자가 모든 어음(수표)관계자와 어음(수표)소지인에 대하여 대항할 수 있는 항변을 말하며, 객관적 또는 절대적 항변이라고도 한다. 물적 항변사유는 모든 어음(수표)소지인에 대하여 대항할 수 있는 항변이므로 어음(수표)거래의 안전을 해치게 되며, 따라서 너무 넓게 인정하는 것은 바람직하지 못하다고 본다.

2. 물적 항변의 예

1) 어음(수표)행위의 효력에 관한 항변

의사무능력을 이유로 한 무효, 행위자의 제한능력을 이유로 하는 취소, 대리권의 흠결, 어음(수표)의 위조·변조, 제권판결에 의한 어음(수표)의 무효, 어음금 공탁 등의 항변이 이에 해당한다.

2) 어음(수표)의 기재상의 항변

어음(수표)요건의 불비, 무익적 또는 유해적 기재사항, 어음만기일의 미도래, 어음(수표)금의 일부 지급의 기재, 인수제시 금지 또는 명령의 기재, 무담보배서, 환어음발행인의 인수무담보의 기재, 배서금지의 기재, 시효의 완성 등의 항변이 이에 해당한다.[2]

---

1) 【학설】 어음(수표)항변의 분류에 관한 학설
통설은 어음(수표)항변을 물적 항변과 인적 항변으로 분류하고 있으나, 이에 대해 융통어음의 항변, 교부흠결의 항변, 의사표시의 하자나 흠결의 항변, 백지어음(수표)부당보충의 항변 등은 물적 항변과 인적 항변의 어느 것에도 속하지 않는 항변이라고 하여 신항변이론을 제기하는 소수설이 있다.

2) 【학설】 학설의 대립이 있는 항변사유
① 어음금 전액의 지급이 있었다는 뜻의 기재에 관하여 물적 항변으로 보는 견해(다수설)와 인적 항변으로

Ⅲ. 인적 항변

1. 인적 항변의 의의

인적 항변이란 특정된 또는 모든 어음(수표)채무자가 특정된 어음(수표)소지인에 대하여서만 대항할 수 있는 항변으로 주관적 또는 상대적 항변이라고도 한다.

2. 인적 항변의 예

1) 실질관계에 관한 항변

당사자 간의 원인관계의 부존재·무효·취소·해제의 항변, 당사자 간의 원인관계가 공서양속 기타 사회질서에 반한다는 항변, 어음(수표)과 상환하지 아니한 지급·지급유예·면제·상계 등의 항변, 동시이행의 항변, 대가 또는 할인금 미교부의 항변, 숨은 추심위임배서의 항변 등이 이에 속한다.

보충판례 어음은 제시증권, 상환증권이므로(어음법 제38조, 제39조) 어음을 소지하지 않으면 어음상의 권리를 행사할 수 없는 것이 원칙이지만, 이와 같이 어음상의 권리행사에 어음의 소지가 요구되는 것은 어음채무자에게 채권자를 확지시키고 또 채무자로 하여금 이중지급의 위험을 회피·저지할 수 있게 하는 데 그 취지가 있는 것이므로, 어음이 어떤 이유로 이미 채무자의 점유에 귀속하는 경우에는 위와 같은 점을 고려할 필요가 없어 어음의 소지는 채무자에 대한 권리행사의 요건이 되지 아니하고, 채무자는 상환이행의 항변을 하지 못한다(대법원 2001.5.29.선고 99다60948판결).

2) 어음(수표)행위의 성립에 관한 항변

교부흠결의 항변, 의사의 흠결 또는 의사표시의 하자(사기·강박·착오 등)에 관한 항변, 부당 보충된 백지어음(수표)을 악의 또는 중대한 과실로 취득한 소지인에 대한 어음(수표)행위자의 부당보충의 항변, 대리인 내지 대표자의 권한남용 등의 항변 등이 이에 속한다. 상법 제398조의 위반의 항변에 관해서는 인적 항변인가에 대해 학설의 대립이 있다.[1)]

보충 교부흠결의 항변: 권리외관설과 발행설에 따르면 교부흠결어음의 선위취득을 인정하여 선의취득자에게 주장할 수 없는 인적 항변사유로 보고(악의·중과실의 취득자에게는 항변 가능), 교부계약설에 따르면 어음 자체가 무효

보는 견해가 있다.

② 원인관계가 법령위반인 경우에 대해 물적 항변으로 보는 견해와 인적 항변으로 보는 견해가 있다.

1) 【학설】 상법 제398조의 위반의 항변에 관한 학설
주식회사와 이사 간의 어음행위에 이사회의 승인을 얻지 않은 경우, 상법 제398조가 적용되어 무효라는 견해에 의하면 물적 항변사유가 되고, 상법 제398조가 적용되지 않는다는 견해에 의하면 항변사유가 없게 된다. 그러나 상대적 무효설에 의하면 인적 항변이 된다.

이므로 선의취득이 인정되지 않고 선의취득을 한 자는 단지 불법행위에 따른 손해배상청구를 할 수 있을 뿐이며 교부흠결의 항변은 물적 항변으로 본다. 한편, 창조설의 입장에서는 어음(수표)교부흠결은 어음항변과 무관하게 된다.

3) 무권리의 항변

특정 어음(수표)소지인의 권리를 부정하는 항변으로, 어음(수표)을 도취 또는 습득하였다는 항변, 소지인이 어음(수표)에 기재된 자와 동일한 자가 아니라는 항변 등이 이에 속한다.

4) 융통어음의 항변

(1) 융통자와 피융통자 간의 경우: 융통어음은 융통자와 피융통자 사이의 내부관계에 있어서 피융통자가 어음금의 결제를 책임지는 것을 당연한 전제로 하여 수수되는 것이므로, 융통어음의 수수 당시 당사자 사이에서는 어음의 만기가 도래하기 이전에 피융통자가 어음을 회수하여 융통자에게 반환하거나 융통어음의 결제자금으로 그 어음금에 상당한 금액을 융통자에게 지급하기로 하는 약정이 있었던 것으로 보아야 할 것이다(대법원 1999.10.22.선고 98다51393판결). 따라서 융통어음을 피융통자(수취인)가 소지하고 있는 동안에 융통자(발행인)에게 청구한 경우에는 융통자는 인적 항변으로 대항할 수 있으므로, 피융통자에 대하여 어음상의 책임을 부담하지 않는다(대법원 2012.11.15.선고 2012다60015판결).

(2) 융통자와 제3자 간의 경우: ① 융통어음을 제3자가 취득한 때에는, 비록 그 제3자가 융통어음임을 알고 취득한 경우라 할지라도 융통자는 피융통자에 대하여는 주장할 수 있는 융통어음이라는 항변을 그 제3자에 대하여는 주장하지 못한다. 이러한 내용의 근거에 관해서는 학설의 대립이 있다.[1]

> **【판례】 대법원 1979.10.30.선고 79다479판결[동지: 대법원 2012.11.15.선고 2012다60015판결]**
>
> 타인의 금융 또는 채무담보를 위하여 약속어음(이른바 융통어음)을 발행한 자는 피융통자에 대하여는 어음상의 책임을 부담하지 아니하나, 그 어음을 양수한 제3자에 대하여는 선의이거나 악의이거나, 그 취득이 기한후배서에 의한 것이었다 하더라도 대가 없이 발행된 융통어음이었다는 항변으로 대항할 수 없다.

② 피융통자가 융통어음을 교부받는 대가로 소지하고 있던 어음을 융통자에게 교부하는 경우, 즉 교환어음을 교부한 경우에 그 교환어음이 지급거절된 사실을 알고 융통어음을 취득한 제3자(교환어음이 부도된 것을 알면서도 융통어음을 취득한 자는 악의취득자인 경우가 많다)에 대하여는 융통자는 융통어음이라는 항변을 할 수

1) 【학설】 제3자에 대한 융통어음의 항변이 인정되지 않는 근거에 관한 학설
단순히 제3자가 융통어음임을 알았다는 항변은 인적 항변사유에 해당하지만 채무자를 해할 것을 알고 취득한 것이 아니므로 어음법 제17조 단서가 적용되지 않는다는 견해(판례·통설), 융통어음의 항변은 절단이 불필요한 항변이라는 견해, 융통어음의 항변은 어떤 경우에도 제3자에게 주장할 수 없는 항변으로 일반적인 어음항변에 속하지 않는다는 견해가 있다.

있다(대법원 1995.1.20.선고 94다50489판결).

③ 융통자는 피융통자가 자금융통의 목적을 달성한 이후에 융통어음을 반환하지 않고 다시 제3자에게 자금융통의 목적으로 다시 교부한 경우 제3자가 이를 알고 있는 때에는 융통어음의 재도사용(再度使用)의 항변으로 제3자에게 대항할 수 있다(대법원 2001.12.11.선고 2000다38596판결). 융통어음이라는 사실은 어음을 발행한 자가 입증하여야 한다(대법원 2001.8.24.선고 2001다28176판결).

【판례】 대법원 2001.12.11.선고 2000다38596판결

융통인이 피융통인에게 신용을 제공할 목적으로 수표에 배서한 경우 특별한 사정이 없는 한 융통인과 피융통인 사이에 당해 수표에 의하여 자금융통의 목적을 달성한 때에는 피융통인이 융통인에게 지급자금을 제공하든가 혹은 당해 수표를 회수하여 융통인의 배서를 말소하기로 합의한 것이라고 보아야 할 것이므로, 피융통인이 당해 수표를 사용하여 금융의 목적을 달성한 다음 이를 반환받은 때에는 위 합의의 효력에 의하여 피융통인은 융통인에 대하여 융통인의 배서를 말소할 의무를 부담하고, 이것을 다시 금융의 목적을 위하여 제3자에게 양도하여서는 아니 된다고 할 것이다. 그럼에도 불구하고, 피융통인이 이를 다시 제3자에게 사용한 경우, 융통인이 당해 수표가 융통수표이었고, 제3자가 그것이 이미 사용되어 그 목적을 달성한 이후 다시 사용되는 것이라는 점에 관하여 알고 있었다는 것을 입증하면, 융통인이 피융통인에 대하여 그 재사용을 허락하였다고 볼 만한 사정이 없는 한, 융통인은 융통수표 재도사용의 항변으로 제3자에 대하여 대항할 수 있다.

3. 인적 항변의 절단

1) 의의 및 근거

(1) 의 의: 인적 항변의 절단이란 어음(수표)에 의하여 청구를 받은 자는 발행인 또는 종전의 소지인에 대한 인적 관계로 인한 항변으로서 소지인에게 대항하지 못하는 것을 말한다(어음법 제17조 본문; 수표법 제22조 본문). 이러한 인적 항변의 절단을 인정하는 것은 어음(수표)거래의 안전을 보호하기 위한 것이다.

(2) 근 거: 인적 항변 절단의 원칙의 근거에 관하여는 정책설과 당연설의 대립이 있다.[1]

【판례】 대법원 2012.11.15.선고 2012다60015판결[동지: 대법원 2003.1.10.선고 2002다46508판결]

어음에 의하여 청구를 받은 자는 종전의 소지인에 대한 인적 관계로 인한 항변으로써 소지인에게 대항하지 못하는 것이 원칙이지만, 이와 같이 인적항변을 제한하는 법의 취지는 어음거래의 안전을 위하여 어음취득자의 이익을 보호하기 위한 것이므로 자기에 대한 배서의 원인관계가 흠결됨으로써 어음소지인이 그

1) 【학설】 인적 항변 절단의 원칙의 근거에 관한 학설

① 정책설: 인적 항변의 절단을 인정하는 것은 어음의 유통을 확보하고 어음(수표)취득자를 보호하기 위하여 법이 특히 정책적으로 인정한 규정으로 보는 견해이다. 이 이론적 근거를 권리외관이론에서 구하는 것이 통설의 입장이다.

② 당연설: 인적 항변은 원래 양수인에게 승계되지 않는 것이므로 인적 항변의 절단은 당연히 인정되는 것이라는 견해이며, 그 이론적 근거를 어음(수표)행위의 독립성에서 구한다.

어음을 소지할 정당한 권원이 없어지고 어음의 지급을 구할 경제적 이익이 없게 된 경우에는 인적항변 절단의 이익을 향유할 지위에 있지 아니하다고 보아야 한다.

2) 요 건

인적 항변의 절단이 인정되기 위해서는 어음(수표)이 본래의 유통방법(배서 또는 교부)에 의하여 유통되어야 하고, 피배서인이 취득한 권리에 관하여 고유한 경제적 이익이 있어야 한다.

4. 인적 항변의 부절단

1) 악의의 항변

(1) 의 의: 악의의 항변이란 어음(수표)소지인이 그 채무자를 해할 것을 알고 어음(수표)을 취득한 때에 어음(수표)채무자가 어음(수표)소지인에 대하여 가지는 항변을 말한다(어음법 제17조 단서; 수표법 제22조 단서).

보충 인적 항변의 사유 중 '실질관계에 관한 항변'의 사유에는 어음법 제17조 단서 또는 수표법 제22조 단서가 적용되어 어음(수표)소지인이 어음(수표)채무자를 해할 것을 알고 어음(수표)을 취득한 경우 어음(수표)채무자는 악의의 항변을 주장할 수 있고, '어음(수표)행위의 성립에 관한 항변' 사유의 경우에는 어음법 제17조 단서 또는 수표법 제22조 단서가 적용되지 않으므로 어음(수표)소지인이 어음(수표)채무자의 인적 항변사유에 대해 악의 또는 중대한 과실로 인하여 어음(수표)을 취득한 경우에 어음(수표)채무자는 악의의 항변을 주장할 수 있다.

(2) 내 용: 어음법 제17조 단서 또는 수표법 제22조 단서의 「채무자를 해할 것을 알고」라는 것은 자기가 그 어음(수표)을 취득함으로써 채무자가 항변을 주장하지 못하게 되는 것을 알면서(항변사유의 존재를 인식하는 것만으로는 부족하고 자기가 어음을 취득함으로써 항변이 절단되고 채무자가 해를 입는 사실까지 알아야 한다; 대법원 1996.5.14.선고 96다3449판결) 어음(수표)을 취득하는 것을 뜻한다. 악의의 항변은 악의, 즉 채무자를 해할 것을 알고 있는 경우에만 인정된다. 인적 항변사유가 존재하는 것에 대하여 중과실로 인하여 알지 못한 경우에는 악의의 항변이 인정되지 않는다(대법원 1996.3.22.선고 95다56033판결).

【판례】 대법원 1997.5.16.선고 96다49513판결

어음행위에 착오·사기·강박 등 의사표시의 하자가 있다는 항변은 어음행위 상대방에 대한 인적항변에 불과한 것이므로, 어음채무자는 소지인이 채무자를 해할 것을 알고 어음을 취득한 경우가 아닌 한, 소지인이 중대한 과실로 그러한 사실을 몰랐다고 하더라도 종전 소지인에 대한 인적항변으로써 소지인에게 대항할 수 없다.

한편, 악의의 항변에 있어서 「악의」의 내용에 대하여는 학설의 대립이 있다.[1]

> **【판례】 대법원 1998.2.13.선고 97다48319판결**
>
> 수표법 제22조 단서에서 규정하는 '채무자를 해할 것을 알고 수표를 취득한 때'라 함은 단지 항변사유의 존재를 아는 것만으로는 부족하고 자기가 수표를 취득함으로써 항변이 절단되고 채무자가 손해를 입게 될 사정이 객관적으로 존재한다는 사실까지 충분히 알아야 하는 것인 바, 발행인이 수표에 횡선을 긋고, 수표 표면 좌측 상단에 '제누디세'라는 자신의 상호와 '기일엄수'라는 기재를 하였다는 사정만으로 소지인이 발행인의 인적 항변을 충분히 알았다고 볼 수 없다.

(3) 악의와 인적 항변사유의 존재시기: 악의는 어음(수표)을 취득할 때에 있어야 하며, 항변사유는 어음(수표)의 취득시까지 존재해야 하는 것이 아니라, 어음(수표)상의 권리행사시까지 존재하여야 한다(통설).

(4) 악의의 입증책임: 어음(수표)소지인의 악의에 대한 입증책임은 어음(수표)채무자가 부담한다. 따라서 어음(수표)소지인이 이미 발생한 항변사유에 대하여 어음(수표)취득시에는 몰랐으나 그 후에 안 경우에는 어음(수표)채무자는 악의의 항변을 주장할 수 없다.

(5) 악의의 항변이 인정되지 않는 경우: 인적 항변의 절단의 효력에 따라 어음(수표)항변의 존재를 모르고 어음(수표)을 선의로 취득한 자로부터 어음(수표)상의 권리를 승계취득한 자가 비록 악의인 경우에도 악의의 항변이 인정되지 않는다(악의의 항변은 선의자에 의해 차단되지 않는다는 견해도 있다: 이철송, 「어음·수표법」, 151면).

2) 기타 부절단의 사유

기한후배서·추심위임배서에 의한 경우 인적 항변이 절단되지 않으며, 상속·합병·전부명령 등의 사유로 취득한 경우에도 인적 항변이 절단되지 않는다.

한편, 약속어음발행인으로부터 인적 항변의 대항을 받는 어음소지인은 당해 어음을 제3자에게 배서·양도한 후 환배서에 의하여 이를 다시 취득하여 소지하게 되었다 하더라도 발행인으로부터 여전히 인적 항변의 대항을 받는다(대법원 2002.4.26.선고 2000다42915판결).

5. 제3자의 항변

제3자의 항변이란 다른 어음(수표)의 당사자의 항변사유를 자기를 위하여 원용하는 것을

1) 【학설】 악의의 내용에 관한 학설
어음법 제17조(수표법 제22조)의 「소지인이 채무자를 해할 것을 알고」라는 악의의 내용은 ① 소지인과 전자 사이에 채무자를 해하는 의사를 가지고 하는 사기적 공모로 보는 견해, ② 특별한 사정이 없는 한 소지인이 전자에 대한 항변의 존재를 단순히 아는 것으로 충분하다는 견해, ③ 소지인이 항변사유를 아는 것만으로는 부족하고 자신의 어음취득으로 채무자의 항변이 절단되고 따라서 채무자를 해(害)하는 인식을 하고 있어야 하는 것으로 보는 견해(통설·판례)가 있다.

말하며, 이러한 항변에는 전자의 항변과 후자의 항변이 있다. 예컨대, 갑(甲)이 어음(수표)을 발행하여 을(乙)에게 교부하고 을(乙)이 동 어음을 병(丙)에게 양도한 경우, 을(乙)이 갑·병(甲·丙) 간의 인적 항변사유로써 병(丙)에게 대항할 수 있는 경우를 '전자의 항변'이라 하고, 을·병(乙·丙) 간의 인적 항변사유로써 갑(甲)이 병(丙)에게 대항할 수 있는 경우를 '후자의 항변'이라고 한다.

이러한 제3자의 항변에 대해서는 어음법 또는 수표법에 명문규정이 없으며, 학설과 판례에 맡겨져 있다. 제3자의 항변을 인정할 것인가에 대하여 학설이 대립되고 있다.[1)]

보충판례 ① 후자의 항변의 원용에 관한 판례: 특정 채권담보용으로만 사용한다는 조건으로 갑이 을에게 약속어음을 발행하고 어음소지인인 병 역시 그러한 사정을 알면서 특정 채무의 담보용으로만 사용한다는 조건으로 수취인인 을로부터 위 약속어음을 배서양도 받았다가 위 약속어음으로 담보된 채무가 모두 이행되어 피담보채권이 모두 소멸되었다면 병은 특단의 사정이 없는 한 을에게 그 어음을 반환할 의무가 있을 뿐, 갑에게 어음상의 권리를 행사할 수 없다 할 것이므로 이러한 사유는 갑도 병에게 대항할 수 있는 항변사유가 된다고 할 것이다(대법원 1987.12.22.선고 86다카2769판결).

② 전자의 항변의 원용에 관한 판례: 장래의 채무를 담보하기 위하여 발행된 어음에 발행인을 위하여 어음보증이 되어 있는 약속어음을 수취한 사람은 어음을 발행한 원인관계상의 채무가 존속하지 않기로 확정된 때에는 특별한 사정이 없는 한 그때부터는 어음발행인에 대해서뿐만 아니라 어음보증인에 대해서도 어음상의 권리를 행사할 실질적인 이유가 없어졌다 할 것이므로 어음이 자기 수중에 있음을 기화로 하여 어음보증인으로부터 어음금을 받으려고 하는 것은 신의성실의 원칙에 비추어 부당한 것으로서 권리의 남용이라 할 것이고, 어음보증인은 수취인에 대하여 어음금의 지급을 거절할 수 있다고 할 것이니, 위 수취인으로부터 배서양도를 받은 어음소지인이 어음법 제17조 단서의 요건에 해당되는 때에는 어음보증인은 그러한 악의의 소지인에 대하여서도 권리남용의 항변으로 대항할 수 있다(대법원 1988.8.9.선고 86다카1858판결).

6. 이중무권(二重無權)의 항변

어음(수표)발행인과 수취인 간의 원인관계 및 수취인과 피배서인(소지인)간의 원인관계가 모두 소멸되었을 경우, 어음(수표)소지인이 어음(수표)금청구를 한 경우에 발행인이 양쪽의 원인관계의 부존재를 이유로 이를 거절할 수 있는 항변을 이중무권의 항변이라 한다. 이중무권의 항변 인정 여부에 관한 학설 및 그 근거는 제3자의 항변 인정 여부에 관한 학설 및 그 근거에 따른다.[2)]

1) 【학설】 제3자의 항변의 인정 여부 및 근거에 관한 학설
① 부정설: 어음(수표)행위의 무인성을 전제로 하여 어음(수표)채무자의 인적 항변은 각 어음행위자가 자기의 원인관계에 기하여 주장하는 것이므로 직접당사자 간에서만 인적 항변으로써 대항할 수 있고 타인의 인적 항변을 원용할 수 없다는 견해이다(개별성론·소수설).
② 긍정설: 제3자의 항변을 인정하는 견해에는 ㉠ 어음(수표)행위는 무인성을 전제로 하지만 어음(수표)소지인이 실질적인 권리가 없음에도 불구하고 자기의 형식적 권리를 이용하여 어음(수표)채무자에게 어음(수표)상의 권리를 행사하는 것은 권리남용에 해당되어 어음(수표)채무자는 어음(수표)소지인에게 어음금의 지급을 거절할 수 있다는 견해(판례·다수설), ㉡ 어음의 작성행위(어음채무부담행위)는 무인행위이나 어음(수표)의 교부행위(채무이전행위)는 유인행위이므로 제3자의 항변사유에 해당하는 경우에는 어음(수표)소지인은 무권리자로서 어음(수표)상의 권리를 행사할 수 없다고 하는 견해(권리이전유인론)가 있다.

2) 【학설】 이중무권의 항변의 인정 여부에 관한 학설

보충판례 어음의 배서인이 발행인으로 부터 지급받은 어음금 중 일부를 어음소지인에게 지급한 경우, 어음소지인은 배서인과의 사이에 소멸된 어음금에 대하여는 지급을 구할 경제적 이익이 없게 되어 인적 항변 절단의 이익을 향유할 지위에 있지 아니하므로 어음발행인은 그 범위내에서 배서인에 대한 인적 항변으로써 소지인에게 대항하여 그 부분 어음금의 지급을 거절할 수 있다(대법원 2003.1.10.선고 2002다46508판결).

제4관 어음(수표)상의 권리의 소멸

I. 어음(수표)상의 권리의 소멸원인

1. 일반적 소멸원인

어음(수표)상의 권리도 채권이므로 일반 채권소멸원인인 변제·대물변제·상계·경개(更改)·공탁 등으로 인하여 소멸한다. 그러나 어음(수표)행위의 특성상 혼동에 의해서는 소멸하지 않는다.

그리고 수표의 경우에는 주채무자가 없으므로 어음법 제42조와 같은 공탁을 인정하는 규정이 없다.

보충 ① 어음채권을 자동채권(상계행위에 있어서 상쇄하고자 하는 자의 채권)으로 상계할 경우에는 어음채무자의 승낙이 있다는 등의 사정이 없는 이상 어음의 제시와 교부는 필요불가결한 요건이므로 어음의 교부가 없으면 상계의 효력이 생기지 않으며, 이때 어음의 교부는 상계의 효력발생요건이라 할 것이므로 상계의 의사표시를 하는 자가 이를 주장·입증하여야 한다(대법원 2008.7.10.선고 2005다24981판결).
② 어음채권을 수동채권(자신과 동일한 종류의 채권을 가지고 있는 상대편에 의하여 채권과 채무를 같은 액수만큼 소멸되는 채권)으로 하여 상계할 경우 어음의 제시와 교부를 요하지 않는다. 그러나 수동채권으로 하여 상계할 때 어음을 환수하지 않아 상대방이 다시 어음을 유통시킬 경우 어음소지인에 대한 상계권자의 상계항변은 인적 항변에 불과하여 이중변제의 위험을 부담한다(이철송, 「어음·수표법」, 177면).

2. 어음(수표)상의 특유한 소멸원인

어음(수표)상의 권리에 특유한 소멸원인으로는 상환청구권보전절차의 흠결, 어음(수표)금액의 일부 지급의 거절, 어음의 참가지급의 거절, 거절할 수 있는 참가인수의 승낙, 참가지급

---

① 부정설: 어음의 무인성을 중시하여 이중무권의 항변을 부정하는 견해와, 인적 항변사유는 직접당사자 간에서만 인정되고 타인의 인적 항변을 원용할 수 없다는 견해가 있다.
② 긍정설: 어음(수표)소지인의 청구는 권리남용에 해당하므로 이중무권의 항변을 인정한다는 견해(다수설)와, 원인관계의 소멸에 의하여 어음(수표)상의 권리가 당연히 배서인에게 복귀하므로 소지인은 무권리자가 되므로 이전의 채무자는 소지인에 대한 무권리의 항변을 주장할 수 있다는 견해가 있다.
※ 판례는 이중무권의 항변을 인정하지만 그 근거가 명백하지 않다(최준선, 「어음·수표법」, 199면).

의 경합이 있는 경우 자기보다 우선하는 참가지급인이 있는 것을 알고 한 참가지급, 소멸시효의 완성 등이 있다.

Ⅱ. 어음(수표)상의 권리의 소멸시효

1. 시효기간 및 시기

1) 어음의 경우

(1) 어음소지인의 주채무자에 대한 청구권: 환어음의 인수인 또는 약속어음의 발행인에 대한 어음소지인의 어음상의 청구권은 '만기의 날'로부터 3년이 경과하면 소멸시효가 완성한다(어음법 제70조 제1항, 제78조 제1항). 주채무자의 보증인·참가인수인 및 무권대리인에 대한 어음소지인의 어음상의 권리의 소멸시효도 같다. 시효기간의 산정에 있어서 '만기의 날'은 산입되지 않는다(어음법 제73조; 수표법 제61조).

【판례】 대법원 2004.12.10.선고 2003다33769판결

발행인에 대한 약속어음상의 청구권의 소멸시효는 만기의 날로부터 진행하는 것이 원칙이나 그 약속어음의 수취인 겸 소지인의 발행인에 대한 장래 발생할 구상채권을 담보하기 위하여 발행된 것이라면 소지인은 발행인에 대하여 구상채권이 발생하지 않은 기간 중에는 약속어음상의 청구권을 행사할 수 없고, 구상채권이 현실로 발생한 때에 비로소 이를 행사할 수 있게 되는 것이므로 그 약속어음의 소지인의 발행인에 대한 약속어음상의 청구권의 소멸시효는 위 구상채권이 현실적으로 발생하여 그 약속어음상의 청구권을 행사하는 것이 법률적으로 가능하게 된 때부터 진행된다고 봄이 상당하다.

(2) 어음소지인의 상환의무자에 대한 상환청구권(소구권): 어음소지인의 상환의무자에 대한 상환청구권은 거절증서작성일자로부터 1년, 거절증서작성이 면제된 경우에는 만기의 날로부터 1년이 경과하면 소멸시효가 완성한다(어음법 제70조 제2항).

(3) 상환자의 그 전자에 대한 상환청구권(재소구권): 상환자의 그 전자에 대한 상환청구권은 그가 어음을 환수한 날 또는 제소된 날로부터 6월이 경과하면 소멸시효가 완성한다(어음법 제70조 제3항). 여기서 환수한 날은 상환한 날과는 구별되며, 제소된 날이란 소장(訴狀)이 송달된 날을 말한다.

2) 수표의 경우

(1) 수표소지인의 지급보증인에 대한 청구권: 수표소지인의 지급보증인에 대한 청구권은 지급제시기간 경과일로부터 1년이 경과하면 소멸시효가 완성한다(수표법 제58조).

(2) 수표소지인의 상환의무자에 대한 상환청구권(소구권): 수표소지인의 발행인·배서인

기타의 채무자와 같은 상환의무자에 대한 상환청구권은 지급제시기간 경과일로부터 6월이 경과하면 시효가 완성한다(수표법 제51조 제1항).

(3) 상환자의 그 전자에 대한 상환청구권(재소구권): 상환자의 그 전자에 대한 상환청구권은 그가 수표를 환수한 날 또는 제소된 날로부터 6월이 경과하면 소멸시효가 완성한다.

3) 확정판결에 의하여 어음(수표)상의 권리가 확정된 경우

어음(수표)상의 권리가 확정판결에 의하여 확정된 경우에는 어음법 또는 수표법상 단기시효가 적용되지 않고 그와 관계없이 10년의 소멸시효기간에 의하여 소멸시효가 완성한다(민법 제165조 제1항).

보충판례 판결에 의해 확정된 채무는 화해·청구의 인낙 등을 통해 확정된 채무를 포함하나, 공증인이 작성한 약속어음의 공정증서는 집행력은 있으나 기판력이 없으므로 판결에 의해 확정된 채무에 포함되지 않는다(대법원 1992.4.14.선고 92다169판결).

2. 소멸시효의 계산

소멸시효기간의 산정에 있어서 만기의 날, 즉 초일은 산입하지 아니한다(어음법 제73조; 수표법 제61조). 소멸시효기간의 말일이 법정휴일인 경우에는 이에 이은 제1거래일까지 기간이 연장된다(어음법 제72조 제2항; 수표법 제60조 제2항).

【판례】 대법원 2007.11.15.선고 2007다40352판결

일람출급어음의 지급제시는 발행일로부터 1년 내에 하여야 하는 것인데(어음법 제34조 제1항), 그 기간 내에 적법한 지급제시가 없다면 그 기간의 말일에 만기가 도래한 것으로 보고, 그때부터 어음채무의 소멸시효가 진행한다고 보아야 할 것이고, 그 어음채무에 대한 어음보증인의 채무도 같은 때부터 소멸시효가 진행한다고 보아야 할 것이다.

3. 소멸시효의 중단

1) 소멸시효중단의 사유

시효중단사유로 어음(수표)의 경우에는 소송고지로 인한 시효중단에 관하여만 규정하고 있을 뿐이므로(어음법 제80조; 수표법 제64조), 그 이외에는 민법의 규정에 의하게 된다. 따라서 어음(수표)상의 시효중단사유로는 민법(제168조)상 이행의 청구, 압류·가압류·가처분, 채무의 승인 및 소송고지가 있다.

(1) 이행의 청구: 시효중단을 시키기 위한 이행의 청구시 어음(수표)의 제시를 요하는가에 대해서는 학설의 대립이 있다.[1)]

(2) 채무의 승인: 시효완성 전에 어음(수표)채무자가 채무승인을 함으로써 시효가 중단된다. 이때 승인은 채무자가 채무의 존재에 대한 인식을 하고 있다는 표시만 하면 된다. 어음(수표)의 점유를 상실하여 공시최고 중이라도 채무승인이 가능하다. 백지어음의 경우에는 채무승인이 가능한가에 대해 학설의 대립이 있다.[2)]

【판례】 대법원 1990.11.27.선고 90다카21541판결

어음시효 중단사유로서의 승인은 시효이익을 받을 당사자인 어음채무자가 시효의 완성으로 권리를 상실하게 될 자에 대하여 그 권리가 존재함을 인식하고 있다는 뜻을 표시함으로써 족하고 반드시 기존 어음에 개서하거나 새로운 어음의 발행·교부함을 요하지 아니하며, 채무승인에 관한 문서가 작성되어 있지 않다고 하여 채무승인을 인정할 수 없는 것은 아니다.

(3) 압류·가압류·가처분: 어음(수표)채권자가 어음(수표)상의 권리행사를 위하여 어음(수표)채무자의 재산에 압류·가압류 또는 가처분을 하는 때에는 시효가 중단된다. 압류·가압류의 경우에는 법원의 결정에 의하므로 당연히 어음(수표)의 제시가 필요하지 않다.

보충 가처분의 경우 어음의 인도가 소송물이 될 경우에 시효중단사유가 될 수 있으나, 어음금 청구소송에서는 가처분이 있을 수 없으므로 가처분에 의한 시효중단은 있을 수 없다(이철송, 「어음·수표법」, 183면).

(4) 소송고지: 원칙적으로 소송고지에는 시효중단의 효력이 없으나, 어음·수표의 경우에는 특별히 어음채무자의 전자에 대한 소송고지의 경우 시효중단의 효력을 인정하고 있다. 어음법과 수표법에서 각각 「배서인의 다른 배서인과 발행인에 대한 환어음과 약속어음상(수표법은 수표상)의 청구권의 소멸시효는 그 자가 제소된 경우에는 전자에 대한 소송고지를 함으로 인하여 중단된다」고 규정하고 있다(어음법 제80조 제1항; 수표법 제64조 제1항).

2) 소멸시효중단의 효력

어음(수표)행위는 각각 독립성을 갖기 때문에, 시효의 중단은 그 중단사유가 생긴 자에 대

---

1) 【학설】 재판외의 청구와 어음(수표)제시의 요부에 관한 학설
① 제시필요설: 재판상의 청구에는 어음(수표)의 제시를 요하지 아니하나, 재판외의 청구에는 어음(수표)의 제시를 요한다는 견해이다(대법원 1962.12.20.선고 62다680판결).
② 제시불요설: 시효중단을 위한 청구에 있어서는 그 청구가 재판상의 청구이든 재판외의 청구이든 어음(수표)의 제시를 요하지 않는다는 견해이다(통설).

2) 【학설】 백지어음에 대한 채무승인 가능 여부에 관한 학설
백지어음(수표)에 대해서는 확정된 어음(수표)채무가 발생한 것은 아니므로 채무승인이 가능하지 않다는 견해와 채무승인이 가능하다는 견해가 있다.

하여서만 효력이 생기며, 그 이외의 자에 대하여는 중단의 효력이 없다(어음법 제71조; 수표법 제52조).

참조판례 약속어음의 소지인이 당초 제출한 소장에 기재된 청구원인은 피고에 대하여 배서인으로서 어음금을 지급할 것을 구하는 것으로서 그 소장의 제출로써 그 후 피고에 대하여 발행인의 상속인으로서 어음금 중 상속비율에 해당하는 돈의 지급을 구하는 변경된 청구원인에 대하여는 시효중단의 효력이 생긴다고 보기 어렵다(대법원 1993.3.23.선고 92다50942판결).

4. 각 소멸시효 간의 관계

1) 상환의무 등의 시효소멸이 주채무에 미치는 영향

상환의무자 또는 보증인에 대한 권리가 먼저 소멸하여도 주채무자에 대한 권리에 영향을 미치지 않는다.

2) 주채무의 시효소멸이 상환의무 등에 미치는 영향

주채무가 시효소멸한 경우 상환의무 등도 소멸하는지에 대해서는 학설의 대립이 있다.[1)]

Ⅲ. 어음(수표)의 말소·훼손·상실

1. 어음(수표)의 말소

1) 의의 및 효력

어음(수표)의 말소란 어음(수표)의 기명날인 또는 서명 기타 기재사항을 도말·첩부·삭제 기타의 방법에 의하여 제거하는 것이며, 그 방법에 제한이 없다. 이러한 어음(수표)의 말소가 권한 없는 자에 의한 경우에는 변조가 되지만 일단 유효한 어음(수표)의 요건이 말소의 권한 없는 자에 의하여 말소가 되어도 그 어음(수표)상의 권리가 소멸하는 것은 아니다. 따라서 일단 유효하게 성립한 어음(수표)채무자의 어음(수표)상의 책임은 어음(수표)의 말소에 의하여 소멸되지 않는다. 그러나 말소의 권한이 있는 자에 의하여 어음(수표)이 고의적으로 말소된 때에는 그 어음(수표)상의 권리는 변경 또는 소멸된다. 어음(수표)의 말소에 의하여 어음(수표)요건이 흠결된 경우에는 말소 후의 어음(수표)에 기명날인 또는 서명한 자는 어음(수표)상의 책임을 부담

---

1) 【학설】 주채무의 시효소멸이 상환의무 등에 미치는 영향에 관한 학설
어음채무의 독립성을 강조하여 상환의무 등의 소멸을 부정하는 견해와, 상환의무 등의 종속성을 강조하고 상환청구권을 행사하기 위하여는 유효한 어음을 반환하여야 한다는 점 등에서 상환의무 등의 소멸을 긍정하는 견해(통설)가 있다.

하지 않는다.

2) 어음(수표)법상 말소규정

(1) 배서의 말소: 배서가 말소된 경우에는 그 배서의 연속에 관하여 배서를 기재하지 아니한 것으로 본다(어음법 제16조 제1항; 수표법 제19조).

(2) 인수기재의 말소: 환어음의 인수인은 어음을 반환하기 전에 인수의 기재를 말소할 수 있고, 말소는 어음의 반환 전에 한 것으로 추정된다(어음법 제29조 제1항).

(3) 상환자의 배서말소: 상환의무의 이행으로 어음(수표)을 환수한 배서인은 자기와 후자의 배서를 말소할 수 있다(어음법 제50조 제2항; 수표법 제46조 제2항).

(4) 횡선의 말소: 횡선수표의 횡선 또는 지정된 은행의 명칭의 말소는 하지 아니한 것으로 본다(수표법 제37조 제5항).

2. 어음(수표)의 훼손

어음(수표)의 훼손은 절단이나 마멸 기타 방법에 의하여 어음(수표)의 일부의 물리적 손상을 가져오는 것을 말하며, 이에 대한 효과는 말소의 경우와 같다.

3. 어음(수표)의 상실

1) 의 의

어음(수표)의 상실은 소실 등의 물리적 멸실뿐만 아니라 유실·도난 등으로 인하여 어음(수표)의 소재가 불분명하게 된 경우 또는 어음(수표)의 동일성을 잃은 정도의 말소·훼손 같은 것을 말한다.

어음(수표)이 상실된 경우 어음(수표)의 소지인은 당연히 그 권리를 상실하지 않지만, 어음(수표)증권을 상실함으로써 권리행사를 하지 못하게 되고, 상실된 어음(수표)을 선의취득한 자가 있을 때에는 어음(수표)상의 권리를 상실하게 될 염려가 있다.

2) 공시최고와 제권판결

(1) 공시최고: 어음(수표)을 상실한 경우에는 어음(수표)상의 권리를 잃을 염려가 있으므로 어음(수표)의 소지인의 권리를 보호하기 위한 구제수단으로서 공시최고에 의한 제권판결제도를 인정하고 있다(민사소송법 제475조 이하). 공시최고의 대상이 되는 것은 도난·분실·결실된 증권, 상법에 무

효로 할 수 있음을 규정한 증서, 기타 법률상 공시최고를 허(許)하는 다른 증서이다. 따라서 증권을 사취당한 경우나 자기 잘못으로 편취당한 경우는 공시최고의 대상이 되지 않는다. 또한 증권을 상실한 경우라도 그 증권의 현 소지인을 알고 있는 경우에도 공시최고는 인정되지는 않는다.

(2) 제권판결: 공시최고기간 내에 권리의 신고가 없는 때에는 법원은 어음(수표)을 무효화하는 제권판결을 선고한다(민사소송법 제496조). 이러한 제권판결 후 상실된 증권은 무효가 되므로(제권판결의 소극적 효력) 증권의 정당한 소지인이라도 증권상의 권리취득을 할 수 없고, 선의취득도 인정되지 않는다. 또한 어음(수표)이 제권판결에 의해 무효가 되므로 이득상환청구권도 발생하지 않는다. 한편, 제권판결은 실질적 권리를 창설해 주는 것은 아니나, 어음(수표)소지와 동일한 지위를 회복시켜 주는 효력이 있으므로 증권상실자는 증권채무자에 대하여 증권 없이도 제권판결 정본에 의하여 권리를 주장할 수 있다(민사소송법 제497조).

보충 어음(수표)채무자는 제권판결을 받은 자에게 의무를 이행하면 고의 또는 중과실이 없는 한 면책된다. 그러나 제권판결이 권리자를 확정하는 것은 아니므로 채무자는 제권판결을 받은 자가 무권리자임을 입증하여 권리행사를 거부할 수 있고, 무권리자임을 알았거나 알지 못한 데 중과실이 있는 때에는 제권판결을 받은 자에 대한 채무의 이행으로 책임을 면할 수 없다.

【판례】 대법원 1994.10.11.선고 94다18614판결

약속어음에 관한 제권판결의 효력은 그 판결 이후에 있어서 당해 어음을 무효로 하고 공시최고신청인에게 어음을 소지함과 동일한 지위를 회복시키는 것에 그치는 것이고 공시최고신청인이 실질상의 권리자임을 확정하는 것은 아니며, 취득자가 소지하고 있는 약속어음은 제권판결의 소극적 효과로서 약속어음으로서의 효력이 상실되는 것이므로 약속어음의 소지인은 무효로 된 어음을 유효한 어음이라고 주장하여 어음금을 청구할 수 없다.

한편, 제권판결을 받은 자가 어음(수표)의 재교부를 청구할 수 있는가에 대하여는 학설의 대립이 있다.[1)]

3) 백지어음(수표)과 제권판결

백지어음(수표)에 대하여도 공시최고에 의한 제권판결이 인정된다는 것이 통설의 입장이다.

1) 【학설】 제권판결과 어음(수표)의 재교부에 관한 학설
어음(수표)의 제권판결을 받은 신청인은 어음법과 수표법에는 상법 제360조 제2항의 주권의 재교부에 관한 규정이 없으므로 어음·수표의 재교부를 청구할 수 없다는 견해와, 상법의 규정은 예시규정에 해당하므로 재발행을 청구할 수 있다는 견해가 있다.

4) 제권판결과 선의취득의 관계

어음(수표)상실자가 공시최고에 의한 제권판결을 얻은 경우에 공시최고기간 중에 어음(수표)을 선의취득한 자가 공시최고기간 중에 권리신고를 하지 않은 때 제권판결자와 선의취득자 중 누가 우선하는가에 대해서는 제권판결취득자우선설(판례), 선의취득자우선설, 절충설 등으로 학설의 대립이 있다. 이들 견해 중에서 선의취득자우선설의 경우 선의취득자의 보호수단에 대하여 견해의 대립이 있다.[1]

5) 제권판결에 대한 불복

제권판결에 대하여 '거짓 또는 부정한 방법으로 제권판결을 받은 때'에는 신청인에 대한 소(제권판결이 선고된 날부터 3년 내에 제기하여야 한다: 민사소송법 제491조 제4항)로써 공시최고법원에 불복할 수 있다(민사소송법 제490조 제2항 제7호). 여기에서 '거짓 또는 부정한 방법으로 제권판결을 받은 때'란 전소지인이 증권 등의 소지인을 알면서도 소재를 모르는 것처럼 공시최고기일에 출석하여 신청의 원인과 제권판결을 구하는 취지를 진술하여 공시최고법원을 기망하고 이에 속은 공시최고법원으로부터 제권판결을 받은 경우를 말한다(대법원 2004.11.11.선고 2004다4645판결).

일단 제권판결을 받은 이상 그 판결이 불복의 소에 의하여 취소되지 않는 한 어음(수표)상의 권리를 주장할 수 없고(대법원 1982.10.26.선고 82다298판결), 제권판결이 불복의 소에 의하여 취소되지 않는 한 당연무효로 되는 것은 아니다(대법원 1979.3.13.선고 79다4판결).

보충판례 법원을 기망하여 제권판결을 얻은 경우 불법행위의 성립을 인정한 판례: 피고는 위 수표를 자기의 의사에 기하여 편취당하였으므로 수표의 무효선고를 청구하는 공시최고신청을 할 수 없음에도 불구하고 이를 분실하였다는 허위의 주장사실을 내세워 법원에 공시최고의 신청을 하고 나아가 원고가 수표의 소지인이라는 것을 알면서도 그 소재를 모르는 것처럼 공시최고일에 출석하여 그 신청의 원인과 제권판결을 구하는 취지의 진술(민사소송법 제457조)을 하여 공시최고법원을 기망하고 이에 속은 공시법원으로부터 선고와 동시에 형식적 확정력이 생기는 이 사건 제권판결을 얻었으며 그로 말미암아 제권판결의 소극적 효과로서 원고가 소지하고 있는 수표는 무효가 되어 원고는 그 수표상의 권리를 행사할 수 없게 되었고, 적법한 수표소지인임을 전제로 한 이득상환청구권도 발생하지 않게 된(당원 1965.4.20.선고 64다1883판결; 1967.6.13.선고 67다541, 542판결; 1982.10.26.선고 82다298판결; 1983.11.8.선고 83다508, 83다카1705판결 참조) 손해를 입게 되었다고 할 것이다. 따라서 피고는 원고에게 불법행위로 인

---

1) 【학설】 선의취득자우선설의 경우 선의취득자의 보호수단에 관한 학설
선의취득자는 제권판결로 인하여 무효가 된 어음(수표)으로 권리를 행사할 수 없으므로 선의취득자를 실질적으로 보호할 수 있는 구제수단이 문제가 된다. 이에 대해 선의취득자는 자기의 실질적 권리를 입증하여 권리행사가 가능하다는 견해, 제권판결취득자에 대하여 그 자가 제권판결을 받음으로써 법률의 규정에 의하여 가지는 권리를 양도하거나 또는 제권판결의 정본의 인도를 청구할 수 있다는 견해, 제권판결취득자가 어음(수표)금액의 지급을 받은 때에는 부당이득반환을 청구할 수 있다는 견해, 제권판결에 대한 불복의 소제기로 제권판결을 취소하는 내용의 판결을 받음으로써 선의취득자가 보호될 수 있다는 견해, 법원을 기망하여 제권판결을 얻은 자에 대하여 불법행위에 의한 손해배상청구를 할 수 있다는 견해 등이 있다(최준선, 「어음·수표법」, 214~217면).

한 손해를 배상할 책임이 있다(대법원 1989.6.13.선고 88다카7962판결; 대법원 1999.5.14.선고 99다6463판결 등).

Ⅳ. 어음(수표)법상의 이득상환청구권

1. 이득상환청구권의 개념

1) 이득상환청구권의 의의

어음(수표)에서 생긴 권리가 (상환청구권의 보전)절차의 흠결로 인하여 소멸한 때나 그 소멸시효가 완성한 때라도 소지인이 발행인·인수인(수표의 지급보증인)·배서인에 대하여 그가 받은 이익의 한도 내에서 상환을 청구할 수 있는 권리를 이득상환청구권이라 한다(어음법 제79조; 수표법 제63조).

2) 이득상환청구권의 법적 성질

이득상환청구권의 법적 성질에 대하여 지명채권설과 잔존물설의 대립이 있다.1)

> **【판례】 대법원 1970.3.10.선고 69다1370판결**
>
> 이득상환청구권은 법률의 직접규정에 의하여 어음의 효력이 소멸 당시의 소지인에게 부여된 지명채권에 속하므로 지명채권 양도의 방법에 의하여 양도할 수 있는 것이고 약속어음상의 권리가 소멸된 이후에 배서양도만으로써는 양도의 효력이 없다.

2. 이득상환청구권의 당사자

1) 청구권자

이득상환청구권을 가지는 자는 어음(수표)상의 권리가 절차의 흠결 또는 시효로 인하여 소멸한 당시의 소지인이다. 소지인인 이상, 최후의 배서에 의하여 어음(수표)을 취득한 자이든, 상환의무를 이행하고 어음(수표)을 환수한 소지인이든, 기한후배서에 의하여 어음(수표)을 양수한 자이든 관계없다. 배서의 연속이 없는 어음(수표)의 소지인도 실질적 권리를 증명하면 청구권자가 될 수 있다. 또 이러한 자로부터 상속, 합병, 일반채권양도, 전부명령에 의한 전부, 경매의 경락에 의한 이전 등의 방법으로 어음(수표)을 취득한 자도 정당한 소지인으로서 청구권을 갖는다. 공연한 추심위임배서의 경우 배서인이 이득상환청구권자이며, 숨은 추심위임배서

---

1) 【학설】 이득상환청구권의 성질에 관한 학설
   ① 지명채권설: 이득상환청구권은 법이 특히 인정한 특별한 청구권으로서 민법상 지명채권의 일종이라는 견해이다(통설·판례).
   ② 잔존물설: 어음(수표)상의 권리가 소멸한 후에도 그 잔존물로서 어음(수표)에 표창되어 있으며, 따라서 어음(수표)은 이득상환청구권을 표창하는 유가증권으로서 기능한다고 하는 견해이다(소수설).

의 경우 신탁배서설에 의하면 피배서인이 이득상환청구권을 갖는다. 그러나 백지어음(수표)의 소지인은 백지어음(수표)보충권의 행사시기 내에 보충하지 않은 경우 이득상환청구권을 취득하지 못한다(대법원 1962.12.20. 선고 62다680판결).

2) 상환의무자

이득상환의무자는 어음의 경우 발행인·인수인·배서인이고, 수표의 경우는 발행인·배서인·지급보증을 한 지급인이다. 배서인이 이득상환의무자가 되는 경우는 형식적으로는 배서인이지만 실질적으로 발행인과 같은 지위에 있는 경우를 말하고, 보통의 양도배서인의 경우는 이득상환의무자가 아니다. 보증인·참가인수인·지급인·지급담당자는 이득상환의무자가 아니다.

3. 이득상환청구권의 발생요건

1) 어음(수표)상의 권리의 소멸

어음(수표)상의 권리가 '절차의 흠결'로 인하여 또는 '소멸시효의 완성'으로 인하여 소멸하였어야 한다. 따라서 이 이외의 사유로 인하여 어음(수표)상의 권리가 소멸하여도 이득상환청구권은 생기지 않는다. 이 경우의 절차의 흠결 또는 시효로 인한 소멸은 어음(수표)소지인의 과실의 유무에 관계가 없다.

보충 '절차의 흠결로 인하여'란 어음(수표)상의 권리가 상환청구권을 보전하기 위한 실질적 요건 및 형식적 요건의 흠결로 인한 경우를 말하며, 따라서 주채무자에 대하여는 절차의 흠결로 인하여 이득상환청구권이 발생하는 경우는 없다(정찬형, 「어음수표법 강의」, 655면).

2) 어음(수표)상의 권리의 유효한 존재

어음(수표)상의 권리가 유효하게 존재하고 있어야 한다. 따라서 불완전어음(수표)의 소지인, 백지어음(수표)과 같은 미완성어음(수표)의 소지인, 제권판결을 받은 어음(수표)의 소지인(대법원 1965.4.20. 선고 64다1885판결) 등은 이득상환청구권을 취득하지 못한다(통설·판례).

3) 소지인의 구제수단의 부존재

어음(수표)소지인이 따로 구제수단을 가지지 못한 경우여야 한다. 이에 대해 어느 정도의 구제수단을 갖지 않아야 하는가에 대해서는 학설의 대립이 있다.[1)]

---

1) 【학설】 구제수단의 범위에 관한 학설
① 민법상의 권리구제수단이 있든, 다른 어음(수표)채무자에 대한 어음(수표)상의 권리구제수단이 있더라도 어음(수표)소지인의 이득상환청구권이 발생하는 데는 상대방에 대한 어음(수표)상의 권리가 소멸한 것만으로

【판례】 대법원 2000.5.26.선고 2000다10376판결

원인관계상의 채무를 담보하기 위하여 어음이 발행되거나 배서된 경우에는 어음채권이 시효로 소멸되었다고 하여도 발행인 또는 배서인에 대하여 이득상환청구권은 발생하지 않는다고 할 것인바, 이러한 이치는 그 원인관계상의 채권 또한 시효 등의 원인으로 소멸되고 그 시기가 어음채무의 소멸시기 이전이든지 이후이든지 관계없이 마찬가지이다(저자주: 어음채무가 소멸하고 원인채무가 소멸되기 전까지 또는 원인채무가 시효 등의 사유로 소멸되고 어음채무가 소멸되기 전까지는 이득상환청구권을 발생하지 않는다: 대법원 1992.3.31선고 91다40443 판결 참조).

4) 어음(수표)채무자의 이득

어음(수표)채무자가 원인관계를 기준으로 판단하여 이득을 한 경우라야 한다. 여기서 이득이라 함은 어음(수표)금액이 아니라 원인관계에 의하여 발행의 대가로서 실질관계에 있어서 현실에 재산상의 이익을 받은 것을 말하며, 어음(수표)채무자가 권리의 소멸에 의하여 어음(수표)상의 채무를 면하는 것 자체만을 말하는 것은 아니다(대법원 1993.7.13.선고 93다10897판결). 즉, 어음(수표)의 발행의 대가로서 적극적으로 금전을 취득한 경우이든 또는 소극적으로 기존 채무를 면한 경우이든 불문한다.

어음(수표)채무자의 이득은 현존할 필요가 없고, 이득이 있은 후 다른 사정으로 인하여 상실하여도 무방하다(통설).

【판례】 대법원 1993.3.23.선고 92다50942판결

어음법에 의한 이득상환청구권이 발생하기 위하여는 모든 어음상 또는 민법상의 채무자에 대하여 각 권리가 소멸되어야 하는 것인 바, 원인관계에 있는 채권의 지급을 확보하기 위하여 발행된 약속어음이 전전양도되어 최후의 소지인이 어음상의 권리를 상실한 경우라도 원인채무는 그대로 존속하는 것이므로 발행인이 바로 어음금액 상당의 이득을 얻고 있다고는 할 수 없다.

한편, 어음(수표)소지인의 손해는 요건이 아니다. 따라서 어음(수표)소지인은 어음(수표)의 취득에 있어서 대가를 제공하지 않았거나 또는 기타의 손해를 입지 않아도 무방하다.

5) 어음(수표)의 소지

이득상환청구권의 발생요건으로서 어음(수표)의 소지를 요하는가에 대해서 학설의 대립이 있다.[1)]

써 족하다고 하는 견해, ② 모든 어음(수표)채무자에 대한 어음(수표)상의 권리가 소멸하였다면 민법상의 구제수단이 있더라도 이득상환청구권이 발생한다고 하는 견해(다수설), ③ 어음(수표)소지인이 모든 어음(수표)채무자에 대한 관계에서 어음(수표)상의 권리가 소멸하고 민법상의 구제수단도 없는 경우라야 이득상환청구권이 발생한다고 하는 견해(판례: 대법원 1970.3.10.선고 69다1370판결)가 있다.

1) 【학설】 이득상환청구권의 취득요건으로서의 어음(수표)의 소지 요부에 대한 학설

4. 이득상환의 내용

발행인·인수인(수표는 지급보증인)·배서인은 그가 '받은 이익'의 한도 내에서 이를 반환하여야 한다. 받은 이익이 현존하든 아니하든 불문한다.

보충 ① 배서인의 '받은 이익'은 단순히 배서인이 전자에게 지급한 대가와 배서에 의하여 후자로부터 받은 대가와의 차액을 말하는 것이 아니라, 실질적으로 발행인과 같은 지위에서 받은 이익을 말한다. ② 환어음의 발행인이 인수인에게 자금을 공급하지 않았더라도 인수인이 발행인에 대한 채무의 지급에 갈음하여 또는 지급을 위하여 인수했다면 발행인의 이득은 없으며, 환어음의 발행인이 대가를 받거나 지급에 갈음하여 어음을 발행하였으나 인수 전에 어음상의 권리가 소멸한 경우 또는 인수인에게 자금을 공급하였으나 그 자금의 반환청구권이 있는 경우에는 이득이 있다(최준선, 「어음·수표법(제2판)」, 225면).

5. 이득상환청구권의 행사

1) 이행장소

이득상환청구권은 어음(수표)상의 권리가 아니므로 어음(수표)면에 기재된 지급지 또는 지급장소를 그 이행지 또는 이행장소로 할 수 없으며, 채무자의 영업소 또는 소재지를 이행장소로 하여야 한다.

2) 이득상환청구권의 소멸시효기간

이득상환청구권의 소멸시효기간에 관하여는 어음법과 수표법에 규정이 없으므로 학설이 대립하고 있다.[1] 이득상환청구권의 소멸시효의 기산점은 어음(수표)상의 권리가 소멸한 날이 된다. 즉, 어음(수표)상의 권리가 시효소멸함으로써 이득상환청구권이 발생하는 경우에는 시효기간이 만료한 날의 익일(다음 날), 상환청구권보전절차의 흠결로 인하여 발생하는 경우에는 권리보전절차기간이 만료한 날(지급제시기간이 종료한 날)의 다음 날이 된다.

3) 이득의 입증책임

어음(수표)소지인이 권리발생의 요건의 전부와 어음(수표)채무자가 받은 이익이 있음과 그 이익의 한도를 증명하여야 한다(대법원 1994.2.25.선고 93다50147판결).

이득상환청구권의 취득요건으로서 어음(수표)의 소지를 요하는가에 대해 소지를 필요로 한다는 견해와, 필요로 하지 않다고 하는 견해가 있다.

1) 【학설】 이득상환청구권의 소멸시효기간에 관한 학설
이득상환청구권의 소멸시효기간에 관해서는 10년으로 보는 견해(다수설), 민사채권인가 상사채권인가에 따라 10년 또는 5년으로 보는 견해, 어음의 경우에는 3년·수표의 경우에는 1년으로 보는 견해가 있다.

4) 채무자의 항변

원칙적으로 지명채권설에 의한다면 이득상환청구권은 어음(수표)상의 권리와 관계없이 어음(수표)법이 특별히 인정한 권리이므로, 어음(수표)상의 어음(수표)항변이 당연히 승계된다고 볼 수 없다. 그러나 어음(수표)채무자가 어음(수표)상의 채무가 소멸한 뒤에 더 불리한 지위에 선다는 것은 형평에 어긋난다고 본다. 따라서 채무자가 종전의 어음(수표)소지인에 대하여 주장할 수 있었던 어음(수표)상의 권리에 대한 항변권을 가졌던 경우에는 모두 이득상환청구권자에 대하여도 대항할 수 있다.

5) 어음(수표)의 소지 문제

이득상환청구권의 행사에 증권의 소지를 요하는가에 대해서는 이득상환청구권의 성질과 관련하여 학설의 대립이 있다.[1)]

6. 이득상환청구권의 양도

1) 양도방법

이득상환청구권을 지명채권으로 보는 통설·판례의 입장에서는 이득상환청구권은 지명채권의 양도방법에 의하여 양도하여야 한다(대법원 1970.3.10.선고 69다1370판결). 즉, 이득상환청구권을 양도한 경우 대항요건으로서 채무자에 대한 통지 또는 채무자의 승낙이 있어야 한다. 그리고 지명채권설에 의하면 이득상환청구권의 양도에는 증권의 교부를 요하지 않는다. 그러나 잔존물설에 의하면 증권의 교부만으로 이득상환청구권을 양도할 수 있게 된다.

2) 선의취득

이득상환청구권을 지명채권으로 보는 견해에서는 선의취득이 있을 수 없으나, 잔존물설에 의할 경우 선의취득이 인정된다.

【판례】 대법원 1980.5.13.선고 80다537판결

소매치기당한 수표로서 소매치기당할 당시에 이미 지급제시기간이 경과되었음이 분명하므로 수표상의 권리가 소멸되고 이득상환청구권이 발생하여 있었으나 수표소지인은 동 청구권을 적법한 절차에 의하여 양수한 것이 아님이 분명하고 또 이득상환청구권은 선의취득의 대상이 될 수 없다 할 것이다.

---

1) 【학설】 이득상환청구권을 행사하기 위한 어음(수표)의 소지에 관한 학설
이득상환청구권을 잔존물이라고 보는 견해에서는 어음(수표)의 소지를 필요로 하며, 이득상환청구권을 지명채권으로 보는 견해에서는 어음(수표)의 소지를 필요로 하지 않는다.

3) 담보이전

이득상환청구권을 지명채권으로 보는 견해에서는 이득상환청구권은 어음(수표)상의 권리와 전혀 별개의 것이므로 어음(수표)상의 담보 또는 보증은 당사자 간의 특약이 없는 한 이득상환청구권을 담보하지 않는다고 하지만, 잔존물설에 의하면 이득상환청구권을 담보한다고 한다.

7. 수표의 이득상환청구권

1) 권리자 및 의무자

(1) 권리자: 이득상환청구권의 권리자는 수표상의 권리가 소멸할 당시의 정당한 수표소지인으로서 그 수표상의 권리를 행사할 수 있었던 자를 뜻하므로(대법원 1964.7.14.선고 64다63판결), 수표(자기앞 수표)가 분실된 것임을 알고 있는 악의의 취득자로 부터 지급제시기간이 경과한 후에 이를 취득한 제3자에게는 이득상환청구권이 없다(대법원 1978.6.13.선고 78다568판결). 이와 관련하여 수표의 경우 지급제시기간의 경과 후에 수표를 취득한 자도 이득상환청구권을 취득하는 자에 포함시킬 것인가에 대해 판례(대법원 1983.9.27.선고 83다429판결)는 「이미 수표의 지급제시기간의 경과로 수표상의 권리가 소멸하였기 때문에 지급제시기간 경과 후에 수표를 취득한 자는 수표상의 권리가 소멸할 당시의 정당한 소지인이 아니므로 이득상환청구권을 행사할 수 없다」고 한다.

(2) 의무자: 이득상환의무자에는 발행인, 배서인, 지급보증인 등이 포함된다.

2) 수표의 이득상환청구권 발생시기

수표의 경우 지급제시기간이 경과하여도 지급위탁의 취소가 없는 한 지급인은 지급을 할 수 있으므로, 소지인은 제시기간 경과 후에도 지급위탁의 취소 또는 지급거절이 있을 때까지 이득상환청구권을 가지는가에 대해서는 학설의 대립이 있다.[1)]

참조판례 이득상환청구권은 수표상의 권리의 실권 당시 수표소지인으로서 그 수표상의 권리를 행사할 수 있었던 자에게만 있는 것으로서, …(중략)… 실권원인 중의 하나는 수표법 제29조의 규정에 의하여 10일 이

---

1) 【학설】 수표의 이득상환청구권의 발생시기에 대한 학설

① 수표상의 권리에 상환청구권뿐만 아니라 수표금수령권한도 포함시키는 견해: 이 견해에 의하면 이득상환청구권은 제시기간 경과 후에는 지급위탁의 취소 또는 지급거절에 의하여 지급의 가능성이 소멸되는 것을 정지조건으로 하여 발생한다고 한다(정지조건설).

② 수표상의 권리를 상환청구권만으로 보는 견해: 이 견해에 의하면 제시기간이 경과함으로써 수표상의 권리는 확정적으로 소멸하는 것이므로 이득상환청구권의 발생요건으로서의 이득의 유무는 이 시점을 기준으로 하여 결정하여야 하고, 지급위탁의 취소가 없어서 그 후에 지급인에 의한 유효한 지급이 있은 때에는 발행인의 이득은 그때 소멸하고 일단 발생했던 발행인의 이득상환의무는 소멸한다고 한다(통설·판례: 해제조건설).

내에 지급을 위한 제시가 있어야 함에도 불구하고 그 제시가 없을 시는 동법 제63조 규정의 소위 절차의 흠결에 해당되어 수표상의 권리는 소멸되고 이득상환청구권만이 있게 된다(대법원 1960.6.9.선고 4292미상758판결).

3) 자기앞수표의 이득상환청구권

(1) 권리자: 판례(대법원 1979.10.10.선고 79다1481판결; 대법원 1976.1.13.선고 70다2462 전원합의체 판결)는 다른 특별한 사정이 없는 한 지급제시기간 경과로 인하여 수표상의 권리가 소멸된 자기앞수표를 교부받은 경우에는 수표상의 권리소멸로 인하여 발생한 이득상환청구권까지 양도받았다고 볼 것이라고 한다. 이에 따르면 지급제시기간 경과 후 자기앞수표를 취득한 자는 이득상환청구권자가 될 수 있다.

(2) 이득상환청구권의 행사: 판례(대법원 2008.5.15.선고 2006다8481판결)는 자기앞수표의 수표상의 권리가 소멸함에 따른 이득상환청구권에 있어서 이득이란 수표발행 의뢰인이 수표대금을 입금하는 자금관계에 의하여 발생하는 것이므로, 자기앞수표의 발행은행이 수표대금을 보유하고 있는 이상 수표대금 상당의 이득을 보유하고 있는 것으로 추정하고 있다. 따라서 자기앞수표의 소지인은 발행은행의 이득을 입증하지 않더라도 발행은행에 대하여 이득상환청구권을 행사할 수 있다.

그런데 수표상의 권리가 소멸할 당시에 정당한 소지인이 누구인지 불명한 경우에 제시기간 경과 후에 자기앞수표를 양수한 자는 지명채권의 양도방법에 따른 절차를 밟지 않는 한 이득상환청구권을 행사할 수 없다(대법원 1983.3.8.선고 83다40판결).

(3) 이득상환청구권의 양도: 자기앞수표에서 발생하는 이득상환청구권은 수표의 양도방법에 의하여 양도될 수 있고(대법원 1976.1.13.선고 70다2462 전원합의체 판결 참조), 수표금액의 지급수령권한과 아울러 특별한 사정이 없는 한 수표상의 권리의 소멸로 인해서 소지인에게 발생한 이득상환청구권까지도 이를 양도하는 동시에 그에 수반해서 이득을 한 발행인인 은행에 대하여 소지인을 대신해서 그 양도에 관한 통지를 할 수 있는 권능을 부여하는 것이라고 하여야 할 것이다(대법원 2023.11.30.선고 2019다203286판결).

제6절 어음(수표)의 실질관계

I. 어음예약

어음예약이라 함은 어음행위를 하거나 또는 어음을 수수할 것을 목적으로 하는 어음 외의 계약을 말한다. 즉, 어음관계를 설정하는 것을 준비하는 계약을 어음예약이라 한다. 이러한 어음예약이 서면으로 될 때 이를 가(假)어음이라 한다. 어음예약에서 정한 조건에 위반하여 발행된 어음도 완전히 유효하며, 이 위반은 당사자 간의 인적 항변사유가 될 뿐이다.

Ⅱ. 어음(수표)의 원인관계

1. 의 의

어음(수표)수수의 원인이 되는 법률관계를 원인관계라 하며, 원인관계에서는 보통 대가가 수수되는 점에서 대가관계라고도 한다. 원인관계에는 매매, 증여, 채무의 추심위임, 보증, 채무의 담보, 채무의 변제, 어음개서, 어음할인 등이 있다.

2. 원인관계와 어음(수표)관계의 관계

1) 원인관계와 어음(수표)관계의 분리

어음(수표)의 유효·무효 또는 어음(수표)상의 권리의 발생 유무는 원인관계의 존부나 유효·무효에 의하여 영향을 받지 않는다.

2) 원인관계가 어음(수표)관계에 미치는 영향

(1) 인적 항변의 허용: 원인관계를 고려한 어음(수표)관계상의 제도의 하나로 인적 항변이 있다. 즉, 원인관계에서 생기는 항변의 주장을 원인관계의 당사자 간에 한하여 허용한다.

(2) 상환청구권의 인정: 어음(수표)소지인이 전자에 대하여 가지는 상환청구권은 어음(수표)의 수수에 따르는 원인관계를 바탕으로 한 담보책임이 어음(수표)법화한 것이다.

(3) 이득상환청구권의 인정: 이득상환청구권은 어음(수표)의 원인관계를 고려하여 이로부터 발생하는 실질상의 불공평 제거를 위하여 어음(수표)소지인에게 인정된 권리이다.

3) 어음(수표)관계가 원인관계에 미치는 영향

기존의 금전채무를 변제하는 수단으로 어음(수표)을 교부하는 경우에는 '지급에 갈음하여' 교부하거나 '지급을 위하여' 또는 '지급을 담보하기 위하여' 교부하는 경우로 나눌 수 있다. 어떤 변제의 수단으로 어음(수표)이 교부되는가에 따라서 기존 채무는 그 영향을 받는다. 자기앞수표나 은행의 지급보증이 있는 당좌수표의 경우에는 지급이 확실하므로 '지급에 갈음하여' 교부된 것으로 보고(대법원 1960.5.19.선고 4292민상784판결), 일반당좌수표나 어음의 경우에는 당사자 간에 명시적 합의가 없는 때에는 '지급을 위하여' 또는 '지급을 담보하기 위하여' 교부한 것으로 추정하는 것이 통설·판례의 입장이다.

보충 '지급을 위하여' 교부하는 경우와 '지급의 담보를 위하여' 교부하는 경우의 구별: 채무자가 기존채무의 이행에 관하여 채권자에게 어음을 교부하는 경우에 당사자 사이에 특별한 의사표시가 없고, 다른 한편 어음상의 주채무자가 원인관계상의 채무자와 동일하지 아니한 때에는 제3자인 어음상의 주채무자에 의한 지급이 예정되고 있으므로, 이는 지급을 위하여 교부된 것으로 추정된다. 즉, 제3자가 발행한 어음을 배서·교부하는 경우에는 지급을 위하여 배서·교부한 것으로 추정된다(대법원 1996.11.8.선고 95다2506판결 참고). 반면에 채무자가 직접 어음을 발행하여 채권자에게 교부하는 경우에는 기존채무를 담보하기 위하여 발행·교부한 것으로 추정한다. 다만, 채무자가 직접 어음을 발행하여 채권자에게 교부하였다고 하더라도 제3자방어음의 경우나 인수되지 아니한 환어음을 발행·교부한 경우에는 예외적으로 '지급을 위하여' 교부된 것으로 추정하여야 할 것이다(최준선, 「어음·수표법」, 61면).

【판례】 대법원 2010.12.23.선고 2010다44019판결

기존 채무의 이행에 관하여 채무자가 채권자에게 어음을 교부할 때의 당사자의 의사는 기존 원인채무의 '지급에 갈음하여', 즉 기존 원인채무를 소멸시키고 새로운 어음채무만을 존속시키려고 하는 경우와, 기존 원인채무를 존속시키면서 그에 대한 지급방법으로서 이른바 '지급을 위하여' 교부하는 경우 및 단지 기존 채무의 지급 담보의 목적으로 이루어지는 이른바 '담보를 위하여' 교부하는 경우로 나누어 볼 수 있는데, 어음상의 주채무자가 원인관계상의 채무자와 동일하지 아니한 때에는 제3자인 어음상의 주채무자에 의한 지급이 예정되어 있으므로 이는 '지급을 위하여' 교부된 것으로 추정되지만, '지급에 갈음하여' 교부된 것으로 볼 만한 특별한 사정이 있는 경우에는 그러한 추정은 깨진다.

(1) 기존(원인)채무의 '지급에 갈음하여' 어음(수표)을 수수 또는 인수한 경우: 이 경우는 어음(수표)의 수수 또는 인수와 동시에 기존채무는 소멸하고, 어음(수표)채무가 이를 대신한다. 이러한 경우의 법적 성질에 대하여는 학설의 대립이 있다.[1)]

따라서 특약이 없는 한 기존채무에 부착하였던 질권이나 저당권, 보증 등은 그 효력을 잃게 된다. 어음에 단순히 신용을 부여할 목적으로 차용증서에 갈음하여 발행된 어음에 배서한 자는 민법상 보증책임을 부담하지 않는다. 다만, 보증의 경우 민법상 보증책임을 부담한다는 명백한 의사표시가 있고 기존채무의 보증을 목적으로 어음(수표)상에 배서한 자는 어음(수표)상 배서인으로서의 책임 이외에 민법상 보증인으로서의 책임도 부담한다.

1) 【학설】 '기존채무의 지급에 갈음하여 어음(수표)이 수수된 경우'에 관한 학설
기존채무의 지급에 갈음하여 어음(수표)이 수수된 경우 기존채무는 소멸하고 어음(수표)채무만이 존재하는데, 기존채무의 소멸원인에 대하여 경개(更改)라는 견해, 대물변제로 보는 견해(통설), 당사자의 의사에 따라 경개인가 대물변제인가가 결정된다는 견해가 있다. 대물변제설의 근거는 경개로 해석하면 원인채무(기존채무)가 존재하지 않는 경우에 어음(수표)채무도 존재하지 않게 되어 어음(수표)의 무인성에 반하기 때문이라 한다.

(2) 기존(원인)채무의 '지급을 위하여(지급의 방법으로)' 어음(수표)을 수수 또는 인수한 경우

① 이 경우는 기존채무는 소멸하지 않고 어음(수표)채무와 병립하게 된다.

> **【판례】 대법원 1997.3.28.선고 97다126·133판결**
>
> 채무자가 채권자에게 기존 채무의 이행에 관하여 어음이나 수표를 교부하는 경우 당사자 사이에 특별한 의사표시가 없고, 어음상의 주채무자가 원인관계상의 채무자와 동일하지 아니한 때에는 제3자인 어음상의 주채무자에 의한 지급이 예정되고 있으므로 이는 지급을 위하여 교부된 것으로 추정할 것이고, 따라서 특별한 사정이 없는 한 기존의 원인채무는 소멸하지 아니하고 어음·수표상의 채무와 병존한다고 보아야 할 것이다.

기존채무의 변제를 위해 어음(수표)이 교부된 경우에는 채권자는 먼저 어음(수표)에 의하여 채권의 만족을 얻도록 하고, 이로써 변제받지 못하게 되었을 때 기존채권을 행사한다(대법원 2001.2.13.선고 2000다5961판결 등). 따라서 어음(수표)의 채무가 어음(수표)금의 지급·상계 등으로 소멸하면 그 때 비로소 기존채무도 소멸한다(대법원 2002.12.24.선고 2001다3917판결 등).

참조판례 채무자 회생 및 파산에 관한 법률(이하 '채무자회생법'이라 한다) 제109조 제1항은 "채무자의 행위가 부인된 경우 상대방이 그가 받은 급부를 반환하거나 그 가액을 상환한 때에는 상대방의 채권은 원상으로 회복된다"라고 정하고 있다. 이 조항의 문언과 취지에 비추어 보면, 부인에 의해 회복되는 상대방의 채권은 부인된 행위의 직접 대상이 된 채권에 한정되지 않고 그 채권의 소멸로 인해 함께 소멸했던 보증채권이나 보험금채권 등 다른 채권도 포함될 수 있다. 원인채무의 지급을 위해 어음을 배서양도한 경우 원인채무와 어음상 채무가 병존하고 있다가 나중에 어음금이 지급되어 어음상 채무가 소멸하면 원인채무도 함께 소멸한다(대법원 2003.5.30.선고 2003다13512판결 등 참조). 이러한 경우 어음금 지급행위가 부인되어 어음소지인인 상대방이 어음금을 반환한 때에는 채무자회생법 제109조 제1항에 따라 소멸했던 어음상 채권이 회복되고 어음상 채권의 소멸로 인해 함께 소멸했던 원인채권도 회복된다고 봄이 타당하다(대법원 2022.5.13.선고 2018다224781판결).

② 채권자는 어음(수표)에 의하여 채권의 만족을 얻지 못한 때에는, 즉 지급거절이 된 때에는 상환청구권보전절차는 밟아야 하지만 상환청구권을 행사할 필요까지는 없이 기존채권을 행사할 수 있다(대법원 1995.1.13.선고 93다12213판결). 한편, 기존채권의 행사시에 어음(수표)을 반환하여야 하는가에 대해서는 학설의 대립이 있다.[1)]

③ 채권자가 기존채무의 지급을 위하여 그 채무의 이행기가 도래하기 전에 미리 그 채무의 변제기보다 후의 일자가 만기로 된 어음의 교부를 받은 때에는 묵시적으로 기존채무의 지급을 유예한 것으로 본다(대법원 2001.7.13.선고 2000다57771판결). 다만, 채무자가 기존채무의 이행기에 채무를 변

1) 【학설】 원인채권의 행사와 어음(수표)의 반환에 대한 학설
어음채권을 제쳐두고 원인채권을 행사하는 경우에 어음(수표)을 반환하여야 하는가에 대해, 반환을 필요로 하지 않는다는 견해, 반환하지 않으면 원인채권을 행사할 수 없다는 견해, 이중지급의 위험을 방지하기 위하여 어음과 상환하여서만 지급한다고 하는 동시이행의 항변권을 인정하는 견해(통설·판례)가 있다.

제하지 아니하여 채무불이행의 상태에 빠진 다음에 기존채무의 지급을 위하여 어음이 발행된 경우는 기존채무의 지급을 유예한 것으로 볼 수 없다(대법원 2000.7.28.선고 2000다16367판결).

④ 기존채무의 이행과 어음(수표)의 반환이 동시이행의 관계에 있다 하더라도 채권자가 어음(수표)의 반환을 제공하지 아니하면 채무자에게 적법한 이행의 최고를 할 수 없다고 할 수는 없고, 채무자는 기존채무의 이행기를 도과하면 원칙적으로 이행지체의 책임을 진다(대법원 1993.11.9.선고 93다11203·11210(반소) 판결).

⑤ 기존채권과 어음(수표)채권이 병존하는 경우 채권자가 기존채권을 행사함에 있어서는 어음이나 수표를 채무자에게 반환하여야 하므로, 채권자가 기존채무의 이행에 관하여 채무자로부터 어음을 교부받은 후 이를 다시 채무자에게 반환하였다면 특단의 사정이 없는 한 원칙적으로 채무자로부터 기존채권을 변제받은 사실을 추정할 수 있다(대법원 1996.12.30.선고 96다41588판결).

⑥ 채무자가 어음(수표)을 발행하고 채권자가 이를 소지하고 있다가 어음(수표)상의 권리가 시효완성이나 상환청구권보전절차의 흠결로 소멸한 경우라도 채무자가 원인채권의 행사가 가능하여 손해를 입는 일이 없음을 증명하면 채권자는 채무자에게 기존채권을 행사할 수 있다(통설: 대법원 1976.11.23.선고 76다1391판결).

【판례】 대법원 2010.7.29.선고 2009다69692판결

채권자가 기존채무의 이행을 위하여 채무자로부터 교부받은 약속어음을 적법하게 지급제시하였으나 그 후 어음상 권리보전에 필요한 소멸시효 중단의 조치를 취하지 아니함으로써 어음상 권리에 관한 소멸시효가 완성된 경우 어음을 반환받은 채무자는 약속어음의 주채무자인 발행인, 소구(상환)의무자인 배서인 등에 대한 어음상 권리나 원인채무자(발행인 또는 배서인과 동일인일 수도 있고 어음상 의무자 아닌 제3자일 수도 있다)에 대한 자신의 원인채권을 행사하여 자기 채권의 만족을 얻을 수 있다면 아직 손해가 발생하였다고 하기 어렵다. 다만 채무자는 발행인이나 배서인 등 어음상 의무자가 각 소멸시효 완성 후 무자력이 되고 어음상 의무자 아닌 원인채무자도 현재 무자력이어서 채권자로부터 어음을 반환받더라도 어음상 권리와 자신의 원인채권 중 어느 것으로부터도 만족을 얻을 수 없게 된 때에야 비로소 자신의 채권에 관하여 만족을 얻지 못하는 손해를 입게 되었다고 할 것이다. 한편 이러한 손해는 어음상 의무자와 원인채무자의 자력 악화라는 특별한 사정으로 인한 손해로서 어음상 권리의 보전의무를 불이행한 어음소지인이 장차 어음상 의무자와 원인채무자가 무자력하게 될 것임을 알았거나 알 수 있었을 때에만 채무자는 그에 대하여 위 손해의 배상을 청구할 권리를 가지게 되어서, 이 손해배상채권으로써 상계할 수 있다.

이때에는 어음(수표)채무자는 어음(수표) 상환의 동시이행을 주장할 수 없다(대법원2010.7.29.선고 2009다69692판결).

【판례】 대법원 2010.7.29.선고 2009다69692판결

기존의 원인채권과 어음채권이 병존하는 경우에 채권자가 원인채권을 행사함에 있어서 채무자는 원칙적으로 어음과 상환으로 지급하겠다고 하는 항변으로 채권자에게 대항할 수 있다. 그러나 채무자가 어음의 반환이 없음을 이유로 원인채무의 변제를 거절할 수 있는 것은 채무자로 하여금 무조건적인 원인채무의 이행으로 인한 이중지급의 위험을 면하게 하려는 데 그 목적이 있고, 기존의 원인채권에 터잡은 이행청구권과 상대방의 어음반환청구권 사이에 민법 제536조에 정하는 쌍무계약상의 채권채무관계나 그와 유사한 대가관계가 있기 때문은 아니다. 따라서 어음상 권리가 시효완성으로 소멸하여 채무자에게 이중지급의 위험이 없고 채무자가 다른 어음상 채무자에 대하여 권리를 행사할 수도 없는 경우에는 채권자의 원인채권 행사에 대하여 채무자에게 어음상환의 동시이행항변을 인정할 필요가 없으므로 결국 차무자의 동시이행항변권은 부인된다.

⑦ 원인채권에 대한 압류의 효력이 발생하기 전에 원인채권의 지급을 위하여 약속어음을 발행하거나 배서·양도하고 그것이 다시 제3자에게 양도된 경우에는 그 어음의 소지인에 대한 어음금의 지급이 원인채권에 대한 압류의 효력이 발생한 후에 이루어졌다 하더라도 그 어음을 발행하거나 배서·양도한 원인채무자는 그 어음금의 지급에 의하여 원인채권이 소멸하였다는 것을 압류채권자에게 대항할 수 있다(대법원 2000.3.24.선고 99다1154판결).

⑧ 기존채무의 지급을 위하여 어음발행을 한 경우에 어음(수표)채권자가 어음(수표)채권과 분리하여 기존채권을 제3자에게 양도한 경우에 대해서는 다음과 같은 내용의 판례가 있다.

㉠ 채무자가 발행 또는 배서해 준 어음(수표)을 채권자가 제3자에게 배서양도한 경우에는 채권자는 어음(수표)이 지급거절되어(제3자에게)상환의무를 이행하고 어음(수표)을 환수한 경우에만 기존채무의 지급을 청구할 수 있다(대법원 1969.5.27.선고 69다카426판결).

㉡ 채권자가 어음(수표)을 타인에게 배서양도하고 기존채권을 또 다른 타인에게 양도한 경우에는 채무자가 이의를 보류하지 아니하고 채권양도를 승인한 경우가 아닌 한 기존채무와 어음(수표)채무가 병존하고 있는 한에서는 채무자로서는 그 어음(수표)상의 상환의무를 면하기 전까지는 채무자는 이중으로 채무를 지급하게 될 우려가 있으므로 어음(수표)이 반환되기까지는 원인관계의 채무이행을 거절할 수 있고, 기존채권의 양수인에 대하여도 이 같은 항변권을 행사할 수 있다(대법원 1989.5.9.선고 88다카7733판결).

㉢ 기존채무의 지급을 위하여 어음(수표)이 교부된 후 채권자가 어음(수표)과 분리하여 기존채권만을 제3자에게 양도한 경우, 어음(수표)금이 지급되면 채무자는 채권의 양수인에 대하여 기존채무의 소멸을 주장할 수 있다(대법원 2003.5.30.선고 2003다13512판결).

⑨ 기존채무의 '지급을 위하여' 어음(수표)을 수수한 경우에 채권자가 기존채권에 기하여 청구하는 경우에는 어음(수표)채권 그 자체를 행사한 것으로 볼 수 없으므로 어음(수표)채권의 소멸시효는 중단되지 않는다(대법원 1999.6.11.선고 99다16378판결). 반면에 어음(수표)채권에 기하여 청구하는 경우에는 기존채권의 소멸시효를 중단시키는 효력이 있고(대법원 2002.2.26.선고 2000다25484판결). 어음(수표)채무자가 어음(수표)채무의 소멸시효의 이익을 포기하는 경우 기존채무의 시효도 중단됨은 물론이다(대법원 2010.5.13.선고 2010다6345판결). 그러나 가압류 결정 이전에 이미 피보전권리인 어음(수표)채권의 시효가 완성되어 소멸한 경우에는 그 가압류 결정에 의하여 그 기존채권의 소멸시효를 중단시키는 효력이 인정되지 않는다(대법원 2007.9.20.선고 2006다68902판결).

【판례】 대법원 2010.5.13.선고 2010다6345판결

원인채권의 지급을 확보하기 위하여 어음이 수수된 당사자 사이에서 채권자가 어음채권을 청구채권으로 하여 채무자의 재산을 압류함으로써 그 권리를 행사한 경우에는 그 원인채권의 소멸시효를 중단시키는 효력이 있다. 그러나 이미 어음채권의 소멸시효가 완성된 후에는 그 채권이 소멸되고 시효중단을 인정할 여지가 없으므로, 시효로 소멸된 어음채권을 청구채권으로 하여 채무자의 재산을 압류한다 하더라도 이를 어음채권 내지는 원인채권을 실현하기 위한 적법한 권리행사로 볼 수 없어, 그 압류에 의하여 그 원인채권의 소멸시효가 중단된다고 볼 수 없다.

⑩ 어음(수표)상의 권리가 소멸한 경우 이득상환청구권의 행사가 가능한가에 대해서는 학설의 대립이 있다.[1)]

(3) 기존(원인)채무의 '담보를 위하여' 어음(수표)을 수수 또는 인수한 경우

① 이 경우 기존채권과 어음(수표)채권이 병존하게 되고, 이 가운데 어느 권리에 의하여 채권의 만족을 얻을 것인가 하는 것은 채권자의 자유이다. 이때 기존채권을 먼저 행사하는 경우에는 기존채권을 어음(수표)과 상환하여서만 행사할 수 있다. 따라서 채권자가 기존채권을 먼저 행사하는 경우에 채권자가 어음(수표)을 반환하지 않는 때에는 채무자는 동시이행의 항변권을 행사할 수 있다(대법원 1992.12.22.선고 92다8712판결).

② 회사가 금원을 차용하면서 약속어음을 차용증서에 갈음하여 발행한 것이라면, 이러한 약속어음의 발행은 어음매매의 성질을 가진 어음할인이라기보다는 그 차용금채무의 지급의 담보 내지 확보를 위하여 이루어진 것이라 할 것이다(대법원 1988.4.12.선고 87다카541판결).

③ 기존채무의 담보목적으로 발행된 어음(수표)에 그 채무를 담보하기 위하여 제3자가 어음(수표)보증을 하는 경우에는 그 보증인이 특별히 채권자에게 기존채무까지 보증하겠다는 뜻을 밝히지 않은 한 어음(수표)보증의 책임만 질 뿐 기존채무에 관해서는 보증책임을 지지 않는다(대법원 2009.10.29.선고 2009다44884판결).

참조판례 특정인의 채무를 담보하기 위하여 약속어음을 발행하거나 그 어음에 배서하였다고 하더라도 그러한 사정만으로 어음의 발행인이나 배서인과 채권자 사이에 민사상 보증계약이 성립하였다고 추단할 수는 없고, 채권자에게는 약속어음의 발행 또는 배서의 원인이 되는 채무에 대한 민사상 보증책임을 부담할 것까지도 요구하는 의사가 있었고, 그 어음의 발행인이나 배서인도 채권자의 그러한 의사와 채무의 내용을 인식하면서 그에 응하여 어음을 발행 또는 배서하였다는 점, 즉 어음의 발행인 또는 배서인이 단순히 어음상의 채무를 부담하는 형태로 채권자에게 신용을 공여한 것이 아니라 민사상 보증의 형태로도 신용을 공여한 것이라는 점이 인정되어야 어음의 발행인 또는 배서인과 채권자 사이에 민사상 보증계약이 성립하였다

---

1) 【학설】 '지급을 위하여' 발행된 어음(수표)의 이득상환청구권 발생에 관한 학설
'지급을 위하여' 발행된 어음(수표)을 배서에 의해 양수한 어음(수표)소지인의 어음(수표)상의 권리가 시효소멸한 경우, 어음(수표)소지인은 전자에게 원인채권을 행사할 수 있다는 점에는 이론이 없지만, 발행인에게 이득상환청구권을 행사할 수 있는가에 대해 어음(수표)법상 권리구제수단이 없으면 행사 가능하다는 견해(다수설)와, 민법상 권리구제수단이 있으면 이득상환청구권은 발생하지 아니하므로 행사할 수 없다는 견해(판례)가 있다.

고 볼 수 있다. 여기서 민사상 보증의 형태로도 신용을 공여한 것인지 여부는 채권자와 채무자 및 어음의 발행인 또는 배서인 사이의 관계, 어음의 발행인 또는 배서인이 그 어음을 발행 또는 배서하게 된 동기, 채권자와 사이의 교섭 과정 및 방법, 어음의 발행 또는 배서로 인한 실질적 이익의 귀속 등 어음의 발행 또는 배서를 전후한 제반 사정과 거래계의 실정 등을 종합하여 판단하여야 하고, 이와 같은 여러 사정을 고려한 결과 민사상 보증의 형태로도 신용을 공여하였다고 인정할 정도에 이르지 못한다면 약속어음의 발행인 또는 배서인은 원칙적으로 어음상 채무자로서 그 소지인에게 어음금의 지급 또는 상환책임 등 어음상 채무만을 부담한다고 할 것이다(대법원 2015.5.14.선고 2013다49152판결).

④ 타인의 채무에 관하여 제3자가 채무자를 위하여 채권자에게 약속어음을 발행해 준 경우에는 특별한 사정이 없는 한 동일한 채무를 면책적 또는 중첩적으로 인수한 것으로 보아야 한다(대법원 1997.5.7.선고 97다4517판결).

⑤ 지급을 '담보하기 위하여' 발행된 어음(수표)상의 권리가 시효소멸 또는 상환청구권 보전절차의 흠결로 인하여 소멸한 경우에 이득상환청구권을 행사할 수 있는가에 대하여 통설은 이득상환청구권을 행사할 수 있다고 하지만, 민법상 권리구제수단이 있는 경우에는 이득상환청구권을 행사할 수 없다는 견해에 의하면 이는 부정된다(대법원 1959.9.10.선고 4291민상717판결 등).

Ⅲ. 어음(수표)의 자금관계

1. 의 의

자금관계란 환어음의 지급인과 발행인 사이의 실질관계 또는 수표의 발행인과 지급인 간의 실질관계를 말한다. 약속어음과 자기앞수표는 발행인이 곧 지급인이므로 자금관계가 존재할 여지가 없다.

2. 환어음의 자금관계

어음관계는 자금관계의 유무나 내용에 의하여 아무런 영향을 받지 않는다. 어음관계의 직접당사자 간의 인적 항변의 허용, 발행인이 인수인에 대하여 갖는 지급청구권, 이득상환청구권 등은 자금관계를 어음관계에 반영한 것이다.

3. 수표의 자금관계

수표의 자금관계도 환어음의 자금관계와 공통되지만, 구별되는 점도 있다. 즉, 수표의 자금관계는 수표법 제3조에서 명문의 규정을 두고 있다. 따라서 수표의 발행인은 수표를 제시한 때에 처분할 수 있는 자금이 있는 은행을 지급인으로 하고 이 지급인과 당좌계정거래계약을 체결해야 한다. 이러한 당좌계정거래계약은 당좌예금계약 또는 당좌대월계약, 수표계약, 상호계산계약으로 되어 있다. 그러나 수표의 경우 자금관계에 위반하여 발행된 수표도 유효하다. 다만, 발행인이 과태료의 제재를 받을 뿐이다.

【판례】 대법원 1998.2.13.선고 97다48319판결

가계수표용지에 부동문자로 인쇄되어 있는 '100만 원 이하' 등의 문언은 지급은행이 사전에 발행인과의 사이에 체결한 수표계약에 근거하여 기재한 것으로서 이는 단지 수표계약의 일부 내용을 제3자가 알 수 있도록 수표 문면에 기재한 것에 지나지 아니한 것이고, 한편 수표법 제3조 단서에 의하면 수표자금에 관한 수표계약에 위반하여 수표를 발행한 경우에도 수표로서의 효력에는 영향을 미치지 아니하므로 발행한도액을 초과하여 발행한 가계수표도 수표로서의 효력에는 아무런 영향이 없다.

Ⅳ. 화환어음

1. 의의 및 법적 성질

화환(貨換)어음(화환어음이 라고도 한다)이라 함은 격지자 간의 매매에서 물건의 매도인이 매수인을 지급인으로 하여 발행한 환어음으로서, 운송 중의 물건에 의하여 그 지급 또는 인수가 담보되어 있는 어음을 말한다. 화환어음에 어음금의 지급을 담보하기 위하여 선하증권 또는 화물상환증이 첨부되어 있다. 화환어음은 어음발행의 자금관계가 물건의 매매이며, 어음이용의 범위가 당사자간 및 은행에 한정되어 있을 뿐이며, 법률상 성질은 보통의 환어음과 같다. 화환어음의 할인의 법적 성질에 대해서는 학설의 대립이 있다.[1]

2. 종 류

1) 내국환어음과 외국환어음

화환어음이 이용되는 장소에 따라 구분된다. 내국화환어음은 운송수단의 발달로 거의 이용되지 않고 있으며, 일반적으로 화환어음이라 하면 국제거래에서 이루어지는 외국화환어음을 의미한다.

---

1) 【학설】 화환어음할인의 법적 성질에 관한 학설
할인은행에 대한 어음의 교부는 지급인으로부터 지급을 받을 수 있는 지위의 매매를 내용으로 하는 어음의 매매라는 견해(판례)와, 할인액에 상당하는 금전의 소비대차가 할인은행과 매도인 사이에 이루어지고 이 소비대차채무의 지급방법으로 화환어음이 할인은행에 교부된 것이라는 견해가 있다.

2) 신용장 있는 화환어음과 신용장 없는 화환어음

일반적으로 화환어음이란 신용장 있는 화환어음을 말한다. 신용장 없는 화환어음은 수출상의 신용을 바탕으로 하거나 수출보험의 가입을 전제로 하여 어음할인이 된다.

 화환신용장이란 신용장개설은행이 수익자(수출상)에 대하여 그가 발행하는 화환어음이 신용장에 기재된 조건과 서류상 일치하는 한 무조건 지급·인수할 것을 보증하는 서면이다.

3. 법률관계

매도인과 은행의 법률관계는 주로 화환약정서·담보차입증에 의해 결정되는데, 환어음관계를 보면 화환어음을 은행에 교부하고 매도인이 할인을 받는 경우에는 은행은 어음상의 권리자가 되고, 매도인이 할인을 받지 않는 경우에는 은행은 추심위임배서의 피배서인의 지위에 서게 된다.

그리고 매도인이 거래은행으로부터 할인을 받은 경우라도 매수인은 대금지급채무를 면하지 못하며, 매수인의 대금지급채무는 어음금액을 지급한 때에 소멸한다.

V. 어음개서

1. 어음개서의 의의

어음의 개서라 함은 기존 어음채무에 관하여 새어음을 발행하는 것을 말하며, 통상 기존 어음의 만기를 연기할 목적으로 하는 경우가 많다. 기존 채무는 쌍방간의 약정에 따라 새로운 어음의 지급기일까지 그 지급을 유예해 준 것일 뿐, 기존 채무가 소멸되는 것은 아니고 새로운 어음이 만기에 지급되어야만 기존 채무가 소멸되는 것이다(대법원 1992.2.25.선고 91다4192판결).

2. 어음개서의 효과

어음개서에 의하여 구어음이 회수되지 않은 경우에는 신·구어음상의 채권은 병존하고, 채권자가 신어음에 의하여 권리를 행사하는 경우 어음채무자는 구어음에 의하여 가능하였던 모든 항변으로 대항할 수 있다.

한편, 구어음이 회수되는 경우에 신·구어음상의 채권의 존재에 관해서는 학설이 대립되

고 있다.[1)]

3. 어음개서의 무효

구어음은 유효하게 발행되었으나 개서어음에는 무효원인이 존재하는 경우 개서어음은 무효가 된다. 이때 구어음이 회수된 경우 기존어음채무존속설에 의하면 개서계약을 해제하고 구어음상의 권리를 행사할 수 있게 되지만, 기존어음채무소멸설에 의하면 개서어음상의 권리뿐만 아니라 구어음상의 권리를 행사할 수 없게 된다.

4. 담보나 보증의 이전

구어음을 회수하는 경우에는 명백한 반대의 특약이 없는 한 구어음채무에 대하여 제3자가 어음 외에서 제공한 저당권이나 질권과 같은 물적 담보나 보증과 같은 인적 담보는 구어음채무의 목적의 한도(채무액의 한도) 내에서 개서어음채무를 위하여 존속한다(대법원 2003.10.24.선고 2001다61456판결). 한편, 구어음을 회수하지 않는 경우에는 구어음에 대한 저당권과 같은 물적 담보나 보증과 같은 인적 담보는 신어음에 이전하지 않는다(대법원 1987.7.7.선고 86다카1308판결).

어음할인

1. 의의 및 법적 성질

어음할인이란 할인의뢰인이 만기 미도래의 어음을 상대방(주로 은행 등 금융기관)에게 배서양도하고, 양수인이 어음금액에서 만기일까지의 이자 기타 비용, 즉 할인료를 공제한 금액을 할인의뢰인에게 지급하는 거래를 말한다.

어음할인의 법적 성질에 대하여는 학설의 대립이 있다.[2)]

---

1) 【학설】 구어음이 회수된 경우의 어음개서의 효과에 관한 학설
어음개서로 인해 구어음이 회수되고 신어음이 발행된 경우 구어음상의 권리가 소멸하지 않고 신어음에 동일성을 유지하면서 존속한다는 견해(판례·소수설: 기존어음채무존속설)와, 신·구어음관계상으로는 별개의 어음요건을 갖춘 별개의 권리를 나타내는 것이라는 견해(통설: 기존어음채무소멸설)가 있다. 기존어음채무소멸설의 경우에는 다시 어음개서를 경개로 보는 견해와, 대물변제로 보는 견해(다수설)로 나누어진다. 기존어음채무존속설뿐만 아니라 기존어음채무소멸설의 경우에도 기존어음채무의 보증이나 담보는 개서어음채무를 위하여 존속한다고 한다.

2) 【학설】 어음할인의 법적 성질에 관한 학설
할인의뢰인을 매도인으로 하고 할인은행을 매수인으로 하는 어음상의 권리의 매매로 보고 할인금을 그 매매대금으로 보는 견해(통설), 매매라는 견해를 바탕으로 하면서 소비대차적 성격도 가진다고 하는 견해, 할인의뢰인을 차주(借主)로 하고 할인은행을 대주(貸主)로 하는 금전소비대차로 보고 어음의 수수는 소비대차상의

【판례】 대법원 1984.11.15.선고 84다카1227판결

단자회사가 할인매수한 어음을 다시 일반 제3자에게 어음할인의 방식으로 매출한 것은 그 성질이 어음의 매매라고 볼 것이므로 그 매매의 이행으로 어음을 배서양도함에 있어 배서란에 "지급을 책임지지 않음"이라는 문언을 기재한 것은 특단의 사정이 없는 한 어음상 배서인으로서의 담보책임뿐만 아니라 매매계약상의 채무불이행책임이나 하자담보책임까지 배제하기로 한 취지라고 보아야 한다.

2. 할인어음의 환매청구권

할인어음이 지급거절되거나 할인의뢰인·어음상의 주채무자의 자력(資力)이 부실하여 기한의 이익을 상실하는 사유가 발생한 경우에, 할인은행이 할인의뢰인에 대하여 그 어음의 환매청구를 할 수 있는 권리를 할인어음의 환매청구권이라 한다. 환매청구권의 법적 성질에 대하여는 학설의 대립이 있다.[1]

환매청구권의 행사시 할인은행은 할인의뢰인에 대하여 어음을 교부할 필요가 없고, 환매청구권의 법적 성질에 대한 은행여신거래기본약관에서는 어음의 반환이 없이도 할인은행이 할인의뢰인의 예금과의 상계를 할 수 있도록 하고 있으며, 판례도 상계필(相計畢)어음의 유치특약을 인정하고 있다.

3. 환매청구권의 소멸시효

환매청구권은 그 발생일로부터 5년(환매청구권의 일정한 사실의 발생으로 인하여 당연히 생기는 때) 또는 청구할 수 있는 상태가 된 때부터 5년(환매청구권이 의사표시에 의하여 발생하는 때)간 행사하지 아니하면 시효소멸하게 된다.

Ⅶ 어음대부

어음대부란 은행에 대하여 어음을 교부하고 만기까지의 이자를 공제한 금액을 은행으로부터 대부받는 거래를 말한다.[2]

채무이행의 확보를 위한 것이라고 하는 견해, 무명계약의 일종으로 보고 그 내용을 일률적으로 정할 수 없다고 하는 견해, 거래실태와 당사자의 의사 등에 따라 매매 또는 소비대차로 볼 수 있다는 견해(판례: 대법원 2002.9.24.선고 2000다49374판결)가 있다.

1) 【학설】 환매청구권의 법적 성질에 관한 학설
어음할인을 소비대차로 보는 입장에서는 환매청구권을 대금반환청구권으로 보고, 매매로 보는 견해에서는 어음법상의 상환청구권과 동일한 권리라고 보는 견해와 어음 외의 권리라고 하는 견해가 있다. 그리고 어음 외의 권리라고 하는 견해에는 다시 환매청구권이 당연히 발생하는 경우에는 정지조건부 재매매가 되고 할인은행의 청구에 의하여 발생하는 경우에 재매매의 예약이라고 하는 견해, 매매의 해제에 의한 원상회복청구권으로 보는 견해, 매수인의 담보청구권으로 보는 견해, 특약 또는 관습에 의한 특수한 권리라고 하는 견해가 있다.

어음대부의 원인관계는 소비대차계약이고 이러한 계약상의 채무이행을 담보하기 위해 어음이 교부되므로 은행은 원인채권과 어음상의 권리를 모두 갖게 된다.

2) 【학설】 어음대부와 어음할인의 구별에 관한 학설
어음대부와 어음할인의 구별에 관해서는 어음작성시기가 어음거래 후인 경우에는 어음대부이고 어음거래 전인 경우는 어음할인이라는 견해, 소비대차가 존재하고 그 변제의 담보를 위하여 어음이 수수된 경우는 어음대부이고, 어음 자체를 매매하는 경우에는 어음할인이라는 견해가 있다.

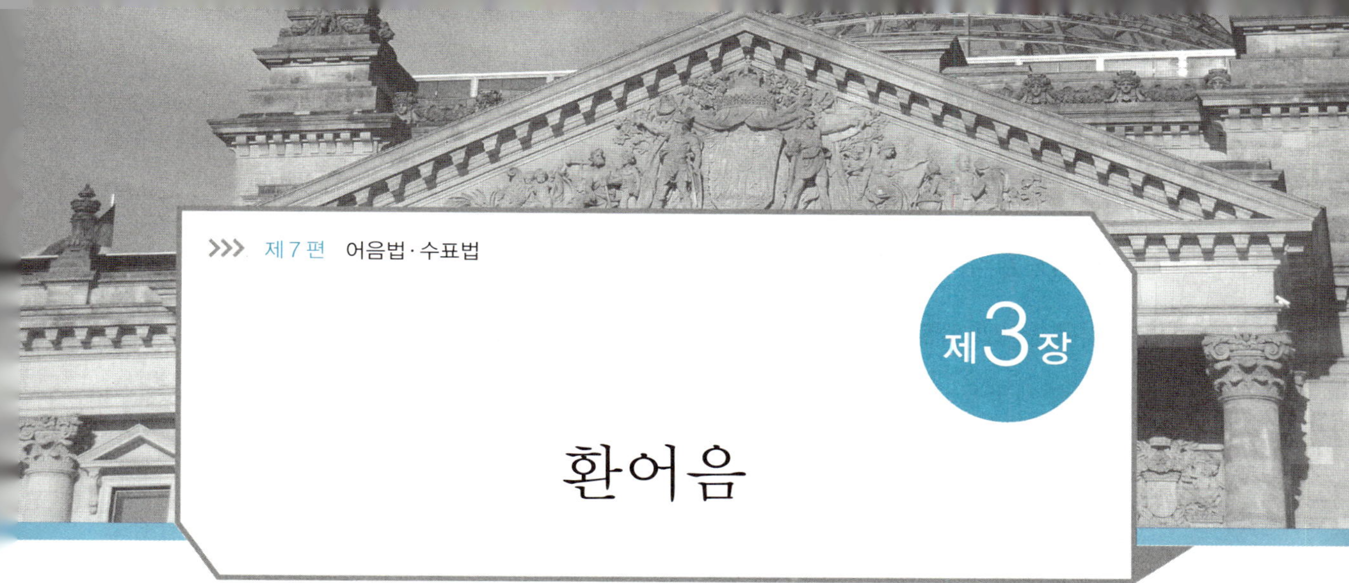

환어음

제1절 발 행

I. 총 설

1. 어음발행의 의의 및 법적 성질

어음의 발행이란 어음을 작성하여 수취인에게 교부하는 것을 말한다. 어음의 작성이란 필요적 기재사항을 기재하고 발행인이 기명날인 또는 서명하는 것을 말한다(어음법 제1조).

어음의 기재사항과 발행인의 기명날인 또는 서명을 어음요건이라 하며, 어음은 엄격한 요식증권성을 갖는다. 어음요건을 갖추어 발행되는 어음을 기본어음이라 한다. 어음은 어음요건을 갖추어 증권을 작성하고 수취인에게 교부함으로써 비로소 어음상의 권리가 발생하는 것이기 때문에 어음을 설권증권(設權證券)이라 한다. 기본어음이 어음요건의 어느 것을 결(缺)한 때에는 어음으로서의 효력을 갖지 못하고(어음법 제2조), 이러한 어음에 한 태서·보증·인수 등의 어음행위도 무효이다.

환어음 발행의 법적 성질에 대해서는 금전채권수여설과 이중수권설로 나누어지고 있다.[1)]

---

1) 【학설】 환어음 발행의 법적 성질에 대한 학설

① 금전채권수여설: 발행인이 수취인에게 지급인(인수인)으로부터 어음금을 수령할 권한을 취득케 하는 행위

2. 어음발행의 일반적 사항

1) 어음증권의 재료·기재방법 등

어음요건사항을 기재할 증권의 재료(예 지면, 양피·고가의 그림의 이면 등), 기재방법과 그 재료(예 잉크·볼펜·묵·연필 등), 기재시기의 전후 등에 관하여는 법률상 아무런 제한이 없다. 또한 기재용어와 문자에도 제한이 없다.

그러나 실제에 있어서는 편의상 부동문자로 인쇄된 어음용지가 사용되며, 특히 지급장소가 은행인 은행도(銀行渡)어음의 경우에는 그 은행에서 교부한 통일어음용지를 사용하는 것이 보통이다.

2) 인지의 첩부

인지세법은 어음에 인지의 첩부를 요구하고 있으나, 이것은 어음요건이 아니며 인지가 첩부되지 않은 어음도 유효하다.

3) 사실과 일치하지 않는 어음기재

어음증권상의 기재가 어음요건을 갖춘 때에는 그것이 사실과 반하는 경우에도 어음의 내용은 증권상의 기재에 따라서 결정된다. 따라서 기재는 객관적 진실과 일치할 필요는 없고 형식적으로 존재하면 된다.

4) 보충지에 한 발행행위

어음발행행위를 어음용지에 결합된 보충지[보전(補箋)]에 한 경우, 즉 보충지에 한 발행인의 기명날인 또는 서명이 유효한가에 대해서는 학설의 대립이 있다.[1)]

Ⅱ. 환어음의 기재사항

환어음의 기재사항은 발행시에 반드시 기재하여야 어음으로서 성립하는 사항(필요적 기재사항),

라고 하는 견해이다.

② 이중수권설: 발행인이 지급인에 대하여 지급인의 명의와 발행인의 계산으로 어음금액을 지급할 수 있는 권한을 수여하고, 동시에 수취인에 대하여는 수취인 자신의 명의와 계산으로 어음금액을 수령할 수 있는 권한을 수여하는 의사표시라고 보는 견해(다수설)이다.

1) 【학설】 보충지에 한 어음발행행위의 유효성에 관한 학설
보충지에 한 어음행위 중에서 배서·보증의 경우에는 유효하지만 어음발행행위는 무효라고 하는 견해(다수설)와, 보충지에 한 어음발행행위도 기본어음으로서 불확실하거나 의문이 생길 일이 없으므로 유효하다고 하는 견해(소수설)가 있다.

어음에 기재함으로써 이에 상응하는 어음상의 효력이 발생하는 사항(유익적 기재사항), 어음에 기재하여도 아무런 어음상의 효력이 발생하지 않는 사항(무익적 기재사항), 어음에 기재하면 어음 자체를 무효로 하는 사항(유해적 기재사항)이 있다.

1. 필요적 기재사항

1) 환어음문구

환어음에는 어음증권의 본문 중에 그 증권의 작성에 사용하는 국어로 환어음임을 표시하는 문구를 기재하여야 한다(어음법 제1조 제1호). 환어음문구는 어음증권의 본문 자체 가운데 또는 문장 중에 기재하여야 한다. 따라서 환어음문구가 표제에만 기재되고 본문 중에 기재되지 않으면 어음요건을 흠결한 것이 된다. 환어음문구는 보통 '환어음'이라고 하고 있지만, 환어음증서·환어음증권·환어음서 등의 문자도 무방하다. 그러나 단순한 어음·어음증권 등은 환어음임을 표시하는 문자가 될 수 없다.

2) 조건 없이 일정한 금액을 지급할 것을 위탁하는 뜻

환어음에는 조건 없이 일정한 금액을 지급할 것을 위탁하는 뜻을 적어야 한다(어음법 제1조 제2호).

(1) 일정한 금액의 기재: 환어음은 금전채권을 표창하는 유가증권이므로 금전 이외의 물건의 지급을 목적으로 하는 환어음은 무효이다.

> **【판례】 대법원 1964.8.31.선고 63다969판결**
>
> 원래 어음은 금전채권에 관한 증권으로서 금전 이외의 물건지급을 목적으로 하여서는 발행할 수 없는 것이므로 본건에 있어서와 같이 백미 24가마니를 2월 15일까지 지급한다는 내용의 약속어음을 발행한 경우에는 위 약속어음은 어음으로서는 법률상 무효라 할 것이다.

어음금액은 일정하여야 하므로 '일백만 원 또는 오십만 원'이라는 선택적 기재, '일백만 원 이상 또는 이하'라는 등의 최고액 또는 최저액을 기재하는 것, 또는 '미화 일백 달러에 해당하는 한화'라는 부동적(浮動的) 기재는 부적법하다. 따라서 이러한 어음은 무효이다. 어음금액은 일정한 금액을 표시하면 되고 반드시 내국통화로써 표시할 필요는 없고 외국통화나 IMF의 특별인출권(SDR)과 같은 계산 통화 또는 거래상 화폐의 역할을 하는 것으로 표시 하여도 무방하다. 어음의 변조를 방지할 목적으로 금액을 중복기재하는 경우 그 금액이 일치하지 아니할 때에는 문자와 숫자 사이에는 문자로 기재한 금액을 어음금액으로 하고(어음법 제6조 제1항), 문자와 문자 또는 숫자와 숫자의 중복기재가 있는 경우에 그 금액의 차이가 있는 때에는 최소

금액을 어음금액으로 한다(어음법 제6조 제2항).

(2) 조건 없는 지급위탁: 어음금액의 지급위탁은 무조건이어야 하므로, 어음금 지급에 조건을 붙이면 그 조건의 성취 여부에 따라 어음관계자 전원의 지위에 변동을 가져오게 되므로 어음은 지급수단으로서의 가치가 없게 되어 무효가 된다. 따라서 지급에 조건을 붙이거나(예 상품수령과 동시에 지급함), 지급금액을 한정하는 경우(예 지급인의 보관 중에 있는 갑회사의 예금 중에서 지급함), 지급방법을 한정하는 경우(예 만원권으로 지급함)에는 어음이 무효가 된다.

> **【판례】 대법원 1994.6.14.선고 94다6598판결**
> 약속어음 이면에 [갑어음 발행 중 현금지불되었을 때 즉시 47,000,000 지불함]이라고 기재되어 있고 이는 그 문리상 단순한 원인관계의 기재나 지급의 우선적 약속으로 보기 어렵(다).

어음 자체에 조건을 기재한 경우에는 당연히 어음이 무효가 되지만, 어음의 보충지에 지급의 조건을 기재한 경우의 효력에 대해서는 학설의 대립이 있다.[1)]

> **【판례】 대법원 1971.4.20.선고 71다418판결**
> 약속어음의 지급약속문언은 단순하여야 하므로 그 어음면에 지급에 관한 어떤 조건을 붙였다면 그 어음자체가 무효라고 볼 것이고, 약속어음에 결합된 부전은 법률상 그 어음면의 연장으로서의 취급을 받는 지편이니만큼 이에 기재된 지급의 조건에 관한 문언도 그 어음의 발행을 무효로 하는 것이다.

3) 지급인의 명칭

(1) 의 의: 환어음은 지급위탁증권이므로 발행인 이외에 지급인이 있어야 하며(어음법 제1조 제3호), 이 점에서 약속어음과 상이하다. 지급인은 실재인이 아니라도 무방하며, 이러한 경우 어음소지인은 지급인으로부터 인수 또는 지급을 받을 수 없으므로 발행인이나 배서인에게 상환청구권을 행사할 수밖에 없다.

(2) 표시방법: 지급인의 표시방법으로는 그 성명·상호를 기재하는 것이 보통이지만, 지급인의 동일성을 인식할 수 있는 이상 어떠한 명칭이라도 무방하다. 그리고 통칭·아호·예명·별명·필명 등의 기재도 관계없다. 회사 기타 법인을 지급인으로 기재하는 경우에는 그 상호 또는 명칭만을 기재하면 되고 대표기관을 표시할 필요는 없다.

---

1) 【학설】 보충지에 지급조건을 기재할 경우의 효력에 관한 학설
어음의 보충지에 지급의 조건을 기재한 경우, 보충지는 법률상 그 어음면의 연장으로 취급받는 지편이므로 어음의 발행을 무효로 만든다는 견해(판례)와, 보충지에 한 지급조건의 기재는 어음 자체를 무효로 하는 것이 아니라 그 보충지에 기재한 것만이 무효라는 견해가 있다.

(3) 복수기재: 수인의 지급인을 가재할 수 있으나, 수인의 지급인을 중첩적 · 선택적 · 순차적 기재의 경우 그 효력에 차이가 있다.

① 중첩적 기재: 지급인의 기재는 '지급인 갑과 을'이라고 기재하는 중첩적 기재는 인정된다. 이때에는 지급인 전원이 지급을 거절하여야 지급거절에 따른 상환청구권을 행사할 수 있으며, 인수거절로 인한 만기 전의 상환청구권은 지급인 중의 1인만이 인수를 거절하여도 가능하다.

② 선택적 기재: '지급인 甲 또는 乙'이라고 기재하는 것은 지급인이 확정되지 아니하고 어음관계의 단순성을 해하므로 인정되지 않는다. 수인의 지급인을 기재하는 경우, 각 지급인이 어음금을 분할하여 지급하는 뜻의 기재를 하면 그 지급인의 기재는 무효가 된다.

③ 순차적 기재: 지급인을 순차적으로 기재한 경우 무효라는 견해가 있으나, 제1지급인은 지급인으로 제2지급인은 예비지급인으로 보아 유효하다고 본다(통설).

(4) 당사자자격의 겸병: 환어음에는 발행인·지급인·수취인의 3당사자가 필요하지만, 이 경우 당사자자격의 두 개를 동일인이 겸병할 수 있는 것을 인정하고 있다. 환어음의 발행인이 자신을 지급인으로 하는 경우 자기앞어음이 되고(어음법 제3조 제2항), 발행인과 수취인이 동일인인 경우 자기지시어음이 된다(어음법 제3조 제1항). 또한 수취인과 지급인의 자격겸병에 대해서는 명문의 규정은 없으나 인정된다. 그리고 발행인·지급인·수취인의 3당사자 자격의 겸병도 인정되며 이를 단명어음이라 한다.

4) 만기의 표시

(1) 의 의: 어음의 만기는 어음의 필요적 기재사항으로(어음법 제1조 제4호), 어음금액이 지급될 날로서 어음면에 기재한 날을 말한다. 만기는 일정하여야 하며, 분할출급어음 또는 각 지급인에 대해 각기 다른 만기를 정하는 것은 인정되지 않는다(어음법 제33조 제2항 참조). 만기는 확정된 날(발행일자후정기출급, 확정일출급) 또는 확정될 수 있는 날(일람출급, 일람후정기출급)이어야 하므로, 불확정한 기한(예 甲의 사망시, 2008년 겨울 등)으로 정한 만기는 무효이다.

만기가 세력에 존재하지 않는 날일 경우에는 그 달의 말일을 만기로 보며(대법원 1981.7.28. 선고 80다1295판결), 세력에 있는 날을 만기로 기재하였으나 만기가 발행일 이전의 날로서 지급불능의 날이 된 경우 그러한 만기는 무효가 된다.

보충 구별 개념: 만기는 일반적으로 지급기일이라 한다. 만기와 '지급할 날' 또는 '지급의 날'과 다른 개념이다. '지급할 날'은 보통만기와 일치하지만 만기가 법정휴일일 때에는 그에 이은 제1거래일이 지급을 할 날이 되므로 양자는 구별된다. 또한 '지급의 날'은 현실적으로 지급이 행하여진 날이므로 만기와 구별된다.

【판례】 대법원 2014.6.26.선고 2011다101599판결

매수인이 매도인으로부터 물품을 공급받은 다음 그들 사이의 물품대금 지급방법에 관한 약정에 따라 대금의 지급을 위하여 물품 매도인에게 지급기일이 물품공급일자 이후로 된 약속어음을 발행·교부한 경우, 물품대금 지급채무의 이행기는 다른 특별한 사정이 없는 한 약속어음의 지급기일이고, 위 약속어음이 발행인에게 발생한 지급정지사유로 지급기일이 도래하기 전에 지급거절되었더라도 지급거절된 때에 물품대금 지급채무의 이행기가 도래하는 것은 아니다.

(2) 종 류: 어음법 제33조 제1항에서 일람출급·일람후정기출급·발행일자후정기출급·확정일출급의 4가지 만기만을 인정하고 있다. 따라서 이 이외의 만기의 기재는 어음을 무효로 한다(어음법 제33조 제2항).

① 일람출급: 일람출급이란 언제든지 지급제시할 수 있고 그 제시한 날이 만기가 되는 것으로, 이러한 어음을 일람출급어음이라 한다. 일람출급의 어음은 원칙적으로 발행일자로부터 1년 내에 지급을 받기 위하여 제시하여야 한다(어음법 제34조 제1항 제1문). 이러한 제시기간은 발행인에 의해 단축 또는 연장될 수 있고, 배서인에 의해 단축될 수 있다(어음법 제34조 제1항 제2문). 발행인이 제시기간을 정한 때에는 모든 어음관계자에 대하여 그 효력이 있고, 배서인이 정한 기간은 그 배서인만이 이를 원용할 수 있다(어음법 제53조 제3항).

② 일람후정기출급: 일람후정기출급이란 일람 후 일정한 기간을 경과한 날을 만기로 하는 것으로, 이러한 어음을 일람후정기출급어음이라 한다. 여기서 일람이란 인수를 위한 제시를 한 날을 의미한다(어음법 제22조 제1항, 제2항 단서 참조). 인수를 위한 일람은 발행일자로부터 1년 내이며, 이 기간을 발행인은 연장 또는 단축할 수 있고, 배서인은 단축할 수 있다(어음법 제23조).

㉠ 일람후정기출급어음에 있어서 만기를 정하는 기간의 초일: ⓐ 일자 있는 인수를 한 때에는 그 일자가 되고, ⓑ 인수를 하지 않은 때에는 인수거절증서작성일자, ⓒ 인수가 있어도 그 일자가 없는 때에는 인수일자 기입거절증서작성의 일자, ⓓ 거절증서작성이 면제되어 있는 경우에는 인수가 되고 인수일자가 기입되어 있지 않은 경우에는 인수를 위한 제시기간의 말일이 그 기간의 초일이 된다(어음법 제25조 제2항, 제35조 제1항·제2항). ⓔ 수인의 지급인이 있는 경우 1인의 인수시는 그 인수일자, 1인의 인수거절시에는 거절증서작성일자, 수인의 인수가 있고 각 인수일자가 다른 경우에는 빠른 인수일자를 기준으로 계산한다.

㉡ 일람후정기출급어음에 있어서 만기를 정하는 기간의 말일: ⓐ 일람 후 며칠로서 만기로 하는 경우에는 초일, 즉 일람일은 산입하지 않고(어음법 제73조), 그 익일을 기간일로 계산한다. ⓑ 주(週)로서 기간이 정하여져 있는 경우에는 초일에 대응하는 제 몇 주째의 그 날이 만기가 된다. ⓒ 월초, 월중 또는 월말로 만기를 표시한 경우에는 그 달의 1일, 15일 또는 말일을 이른다(어음법 제36조 제3항). ⓓ '8일' 또는 '15일'이라 함은 1주 또는 2주가 아니고 만 8일 또는 만 15일을 이른다(어음법 제36조 제4항). ⓔ 기간이 1월 또는 수월(數月)로서 정해진 경우에는 지급을 할 달의

대응일로서 만기로 하고, 대응일이 없는 경우에는 그 달의 말일을 만기로 한다(어음법 제36조 제1항). ⓕ 기간이 1개월반 또는 수개월반으로 되어 있는 경우에는 먼저 1개월 또는 수개월 전월(全月)을 계산하고 이것에 반(伴)개월, 즉 15일을 가산하여 만기를 계산한다(어음법 제36조 제2항, 제5항). ⓖ 기간이 일람 후 1년 또는 수년으로 되어 있는 경우에는 1년 또는 수년이 경과한 후의 지급할 해의 초일에 대응하는 날을 만기로 한다.

③ 발행일자후정기출급: 발행일자후정기출급이란 발행일자로부터 일정한 기간 후를 만기로 하는 경우이며, 이러한 어음을 발행일자후정기출급어음이라 한다. 이 어음의 경우 발행일자 후의 기간의 계산에 있어서는 초일을 산입하지 않으며, 일람후정기출급어음의 만기일의 계산방법과 동일하게 만기를 계산한다.

④ 확정일출급: 확정일출급이란 확정일을 만기로 하는 것이며, 이러한 어음을 확정일출급어음이라 한다. 확정일의 기재에 있어서는 통상 만기일을 연월일로 정하는 것이 보통이지만, 연월일의 기재에 있어서 연호를 추찰할 수 있는 경우에는 연호(年號)를 기재하지 않은 경우에도 유효한 어음이라 볼 수 있다. 발행지와 세력을 달리하는 지(地)에서 확정일에 지급할 환어음의 만기의 날은 어음상의 문언 기타의 기재에 의하여 다른 의사를 알 수 있는 때가 아니면 지급지의 세력에 의하여 정한 것으로 본다(어음법 제37조 제1항, 제4항).

보충 확정일출급약속어음의 만기일자가 발행일자보다 앞선 일자로 되어 있는 경우, 만기로서 불가능한 날을 기재한 것이므로 무효라는 것이 통설·판례(대법원 2000.4.25.선고 98다59682판결)의 입장이다. 이에 대해 확정일출급약속어음에서는 발행일은 실질적인 의미가 없으므로 발행일과 만기의 전후관계에 따라 어음을 무효로 할 필요가 없고, 어음법에서 만기가 발행일 이후일 것을 요구하거나 이에 위반하는 어음을 무효로 하는 규정이 없다는 근거를 들어 만기가 발행일자보다 앞선 일자라도 유효하다는 견해가 있다(최준선, 「어음·수표법」, 250면 참조).

(3) 만기의 보충: 만기는 필요적 기재사항이므로 기재하여야 하지만, 어음법은 만기의 기재가 없는 경우 일람출급의 환어음으로 본다(어음법 제2조 제1호). 이에 대해 판례·통설은 만기의 기재가 없는 경우 백지어음과 구별이 어렵기 때문에 백지어음으로 추정하는 것이 타당하다고 한다(대법원 1976.3.9.선고 75다984판결 등). 그러나 만기의 기재가 부적법한 경우에는 구제될 수 없다. 즉, 법정 만기 이외의 만기의 기재 또는 분할출급의 기재는 어음을 무효로 만든다(어음법 제33조 제2항). 한편, 세력(歲曆)에 없는 날을 만기로 한 경우에는 그 달의 말일을 만기로 본다(대법원 1981.7.28.선고 80다1295판결 참조).

(4) 만기의 표준이 되는 세력: 발생지와 세력을 달리하는 지에서 확정일에 지급할 환어음의 만기의 날은 지급지의 세력에 의하여 정한 것으로 본다(어음법 제37조 제1항). 그리고 세력을 달리하는 양자 간에서 발행한 환어음이 발행일자후정기출급인 때에는 발행일자를 지급지의 세력의 대응일로 환산하고 이에 의하여 만기를 정한다. 제시기간도 환어음의 문언 기타의 기재에 의하여 다른 의사를 알 수 없는 때에는 이에 의해 계산한다(어음법 제37조 제2항·제3항·제4항).

5) 지급지

(1) 의 의: 지급지는 필요적 기재사항으로서(어음법 제1조 제5항) 어음금액이 지급될 일정한 지역을 말하며, 지급지 내에서 지급될 장소를 가리키는 지급장소와 구별하여야 한다(어음법 제27조 제2항). 지급지 외의 장소를 지급장소로 기재한 경우 그 기재는 무효이므로 지급장소의 기재가 없는 것으로 보아야 하지만, 지급장소는 어음요건이 아니므로 어음이 무효가 되는 것은 아니다.

> **【판례】 대법원 1970.7.24.선고 70다965판결**
>
> 약속어음에서 지급처소를 기재하는 것은 필요적 기재사항이 아니므로 설사 이 사건의 약속어음처럼 지급지가 포항시로 되어 있는데, 그 지급처소를 서울특별시로 기재하였다 하더라도 이 약속어음의 효력이 무효라고 일컬을 수는 없다.

지급장소의 기재에 지급지를 포함하고 있는 경우 지급장소가 지급지를 보충할 수 있는가에 대하여는 학설의 대립이 있다.[1)]

> **【판례】 대법원 2001.11.30.선고 2000다7387판결**
>
> 어음면상 지급지에 관한 특별한 표시가 없다 할지라도 거기에 지급장소의 기재가 있고 그것이 지(地)의 표시를 포함하고 있어 그로부터 지급지에 해당하는 일정지역이 추지될 수 있는 경우에는 지급지의 기재가 이에 의하여 보충되는 것으로 볼 수 있다.

(2) 기재방법: 지급지를 필요적 기재사항으로 한 것은 어음상의 행위를 할 장소를 확정하기 위한 수단을 제공하게 하려는 데 그 취지가 있으므로, 지급지는 최소의 독립행정구역단위뿐만 아니라 사회관념상 이에 해당하는 지역이라도 무방하게 인정된다(예 서울특별시, 광역시 등). 그러나 실재하지 않는 지역 또는 지나치게 광범위한 지역(예 경기도, 전라도, 경상도 등)을 지급지로 기재한 경우에는 어음상의 권리의 행사 자체가 실질적으로 불가능하게 되므로 지급지는 실재하는 지역이어야 한다.

> **【판례】 대법원 1981.12.8.선고 80다863판결**
>
> 약속어음의 지급지를 기재함에 있어 원칙적으로 독립된 최소 행정구역을 기재하여야 하나, 서울특별시의 경우에는 '서울'이라고만 기재하면 되고, 반드시 그 구까지를 표시하여야 하는 것은 아니다.

---

1) 【학설】 지급장소의 지급지보충 가능 여부에 관한 학설
지급장소로 '서울특별시 강동구 암사2동 국민은행 암사지점'이라는 식으로 기재한 경우와 같이 지급장소의 기재에 지급지의 적격이 있는 지역을 포함하고 있는 경우에 지급장소가 지급지를 보충할 수 있는가에 대해 이를 긍정하는 견해(판례)와 부정하는 견해(다수설)가 있다.

(3) 지급지의 단일성: 지급지는 단일적으로 확정될 수 있는 것이라야 한다. 따라서 선택적 기재 또는 중첩적 기재는 인정되지 않는다. 지급지의 기재가 없는 대에는 지급인의 명칭에 부기한 지를 지급지로 보고 동시에 이것을 지급인의 주소지로 보게 된다(어음법 제2조 제2호).

(4) 어음소송의 특별재판적: 어음소송의 경우 어음소지인은 어음채무자의 주소지의 법원에 제소할 수 있지만, 지급지의 법원에 특별재판적이 인정되므로 지급지의 법원에 제소할 수 있다(민사소송법 제9조).

보충 ① 동지(同地)어음·이지(異地)어음: 지급지와 발행지가 동일한 어음을 동지어음, 지급지와 발행지가 다른 어음을 이지어음이라 한다.
② 동지지급어음·타지지급어음: 지급지가 지급인의 주소지와 같은 어음을 동지지급어음이라 하고, 지급지와 지급인의 주소지가 다른 어음을 타지지급어음이라 한다. 타지지급어음에 있어서는 지급인에게 지급담당자를 기재할 기회를 줄 필요가 있으므로 발행인은 인수를 위한 제시를 금지할 것을 기재하지 못한다(어음법 제22조 제2항 단서).

6) 수취인

(1) 의 의: 수취인이라 함은 어음에 지급을 받을 자로 기재된 자이다. 어음법에는 「지급을 받을 자 또는 지급을 받을 자를 지시할 자의 명칭」이라고 규정하고 있다(제1조 제6호). 발행인이 지급을 받을 자의 명칭을 기재한 어음을 기명식 어음이라 하고, 지급을 받을 자를 지시할 자의 명칭을 기재한 어음을 지시식 어음이라 한다. 어음은 지시식으로 발행된 경우뿐만 아니라 기명식으로 발행된 경우에도 배서에 의하여 양도할 수 있다(어음법 제11조 제1항).

(2) 표시방법: 수취인은 특정할 수 있는 명칭이면 되고, 수취인의 표시는 반드시 자연인의 성명에 한하는 것은 아니며, 명칭(예 통칭·아호·별명·예명 등) 또는 상호에 의한 표시도 무방하다. 회사 기타 법인의 경우에는 그 상호 또는 명칭만을 기재하면 되고 대표자의 표시는 필요치 않다. 또 조합이 어음수취인으로서 조합 명의가 표시된 경우에는 그 실질상의 권리자인 총조합원을 표시한 것이 되어 어음요건을 갖춘 것으로 본다. 한편, 수취인을 선택무기명식으로 기재한 경우의 효력에 대하여는 학설의 대립이 있다.[1]

(3) 수취인의 복수기재·자격겸병: 수인의 명칭을 수취인으로서 기재하는 것도 유효하다. 또한 당사자의 자격겸병도 가능하다.

1) 【학설】 선택무기명식의 수취인기재의 효력에 관한 학설
수취인의 기재를 무기명식으로 기재하는 것은 무효가 된다는 점에 이설이 없지만, 선택무기명식으로 기재하는 것에 대해서는 지시식 어음으로 보아 그 효력을 인정해도 무방하다는 견해와, 소지인출급식 어음과 동일시할 수 있으므로 인정될 수 없다는 견해가 있다.

7) 발행일·발행지

발행일과 발행지의 표시를 환어음의 필요적 기재사항으로 하고 있다(어음법 제1조 제7항).

(1) 발행일: 발행일이란 그 날에 어음이 발행된 것으로 어음면에 기재된 일자를 의미하며, 실제 어음이 발행된 일자를 뜻하는 것이 아니며, 선일자 또는 후일자 어음도 가능하다. 발행일자의 기재는 정확하게 가능한 날이어야 하며, 단일적이어야 한다. 세력에 없는 날을 발행일로 기재한 경우에는 원칙적으로 무효가 되어야 하지만, 어음의 유통성을 위해 그 달의 말일을 발행일로 볼 수 있다. 발행일의 복수기재의 효력에 대하여는 확정일출급어음 이외의 경우에는 무효이지만, 확정일출급어음의 경우에는 유효하다는 입장이 있으나 발행일자는 단일적이어야 하므로 허용되지 않는다고 본다(통설).

(2) 발행지: 발행지는 어음을 발행한 지(地)로서 어음면에 기재된 지역을 말하며, 실제로 어음이 발행된 지와 달라도 무방하다. 발행지의 기재가 없는 때에는 발행인의 명칭에 부기한 지로써 보충된다(어음법 제2조 제3호). 또한 국내에서 발행하여 국내에서 지급되는 국내어음의 경우에는 어음면상에 발행지의 기재가 없더라도 어음은 무효가 되지 않는다(대법원 1995.4.23.선고 95타36466판결; 대법원 2023.5.11.선고 2017타35588전원합의체 판결;).

【판례】 대법원 1998.4.23.선고 95다36466판결

발행지의 기재는 발행지와 지급지가 국토를 달리하거나 세력을 달리하는 어음 기타 국제어음에 있어서는 어음행위의 중요한 해석기준이 되는 것이지만, 국내에서 발행되고 지급되는 국내어음에 있어서는 별다른 의미를 가지지 못한다고 할 것이고, 또한 한편 일반의 어음거래에 있어서 발행지가 기재되지 아니한 국내어음도 어음요건을 갖춘 완전한 어음과 마찬가지로 당사자 간에 발행·양도 등의 유통이 이루어지고 있으며, 어음교환소와 은행 등을 통한 결제과정에서도 발행지의 기재가 없다는 이유로 지급거절됨이 없이 발행지가 기재된 어음과 마찬가지로 취급되고 있음은 관행에 이른 정도인 점에 비추어 볼 때, 발행지의 기재가 없는 어음의 유통에 관여한 당사자들은 완전한 어음에 의한 것과 같은 유효한 어음행위를 하려고 하였던 것으로 봄이 상당하므로 어음면의 기재 자체로 보아 국내어음으로 인정되는 경우에 있어서는 그 어음면상 발행지의 기재가 없는 경우라 할지라도 이를 무효의 어음으로 볼 수 없다.

발행지는 어음관계 자체에 관하여 중요한 의미를 가지고 있지 아니하므로, 최소행정구역을 기재하지 않아도 되고 호텔명이나 선박명을 기재하여도 상관없고 ○○은행 △△지점이라는 기재도 유효하다.

발행지의 기재가 중첩적·순차적·선택적으로 되더라도 동일법역(同一法域)에 속하는 경우에는 유효하다. 한편, 발행지의 기재방법에 관하여는 학설의 대립이 있다.[1)]

1) 【학설】 발행지의 기재방법에 관한 학설
발행지는 지급지와 같이 일반인이 최소행정구역인 지역을 추지할 수 있는 명칭을 기재함으로써 충분하다는 견해(종래의 판례)와, 준거법을 정하는 표준이 될 수 있는 정도이면 충분하다는 견해(통설)가 있다.

보충 발행지의 기재의 유효성에 관한 기타 종래의 판례: 「신라체인 점촌지점」, 「한남체인 상주지점」이라고 기재한 경우에도 위 상호에 포함된 점촌 또는 상주를 발행지의 기재로 볼 수 있으므로 적법하지만(대법원 1984.7.10.선고 84다카424판결), 단순히 「삼진기계」라고만 기재한 것은 장소적 개념이 포함되어 있지 않으므로 적법하지 않다(대법원 1991.7.23.선고 91다8975판결).

8) 발행인의 기명날인 또는 서명

(1) 발행인의 기명날인 또는 서명도 어음요건으로서(어음법 제1조 제8항), 기재가 없으면 어음은 무효가 된다. 발행인의 기명날인 또는 서명은 어음 자체에 하여야 하고 보충지 또는 등본에는 할 수 없다. 어음의 발행인은 1인인 경우가 보통이지만 수인인 경우도 있다. 이 경우 발행인 각자가 발행인임을 표시하고 어음면에 각각 기명날인 또는 서명하여야 하나, 1인의 대리인에게 위임하여 어음을 발행하게 할 수도 있다.

(2) 공동발행인의 경우 모두 각자가 어음금액을 지급할 의무(합동책임)를 부담한다는 것이 통설·판례(대법원 1970.8.31.선고 70다1360판결)의 입장이다(이에 대해 1개의 어음행위로서 공동발행인의 연대책임으로 보아야 한다는 견해도 있다: 이철송, 「어음·수표법」, 225면).

(3) 발행인의 복수기재의 경우 선택적 또는 순차적 기재의 유효성과 단지 발행인란에 복수의 기명날인 또는 서명이 열거되어 있는 경우 공동발행 인정 여부 등에 대해서는 학설의 대립이 있다.[1)]

2. 유익적 기재사항

1) 어음법에 규정된 유익적 기재사항

환어음의 유익적 기재사항[2)]으로는 지급인의 명칭에 부기한 지(어음법 제2조 제3항), 발행인의 명

---

1) 【학설】 발행인의 복수기재 등에 관한 학설

① 복수기재의 유효성 여부: 발행인의 단순한 중첩적 기재는 유효하다는 데 이설이 없으나, 선택적 기재 또는 순차적 기재의 경우에는 어음관계의 단순성을 해치므로 인정될 수 없다는 견해(통설)와, 어음소지인에게 선택권이 주어지므로 유효하다는 견해가 있다.

② 공동발행 인정 여부: 발행인의 기명날인 또는 서명이 행하여질 장소에 단지 복수의 기명날인 또는 서명이 열기되어 있을 뿐 그들이 발행인인지 어음보증인인지 명백하지 않은 경우에 관해, 각 기명날인 또는 서명 사이에 주종의 차별이 인정되지 않는 경우에는 이를 공동발행으로 본다는 견해(통설), 첫머리에 기명날인 또는 서명한 자만을 발행인으로 보고 그 나머지 기명날인 또는 서명자를 보증인으로 보는 견해, 어음소지인의 선택에 따라 판단해야 한다는 견해 등이 있다.

③ 어음과 보충지에 발행인으로서 기명날인 또는 서명한 경우의 효력: 수인의 발행인 중 일부는 어음의 발행인란에 기명날인 또는 서명을 하고 나머지는 보충지에 기명날인 또는 서명을 한 경우, 보충지에 기명날인 또는 서명을 한 자는 발행인을 위한 보증인으로서의 책임만 부담한다고 본다는 견해와, 보충지에 한 기명날인도 발행인의 기명날인으로서 유효하다는 견해가 있다.

2) 【학설】 유익적 기재사항의 범위에 관한 학설

유익적 기재사항은 어음법에 규정되어 있는 사항이 있으나, 어음법에 규정되어 있지 않은 사항에 대해서도 유익적 기재사항을 인정할 것인가에 대해 이를 부정하는 견해와 긍정하는 견해(판례·다수설)가 있다.

칭에 부기한 지(어음법 제2조 제4항), 제3자방지급의 기재(어음법 제4조 제27항), 일람출급 또는 일람후정기출급의 환어음에 있어서의 이자문언·이율 또는 이자의 기산일의 기재(어음법 제5조), 인수무담보문언(어음법 제9조 제2항), 배서금지문언(어음법 제11조 제2항), 인수제시의 명령 또는 금지(어음법 제22조 제1항 내지 제3항), 인수제시기간의 단축 또는 연장(어음법 제23조 제2항), 지급제시기간의 단축 또는 연장(어음법 제34조 제1항), 일정기일전의 지급제시금지문언(어음법 제34조 제2항), 준거할 세력(歲曆)의 지정(어음법 제37조 제4항), 외국통화환산율의 지정(어음법 제41조 제2항), 외국통화현실지급문언(어음법 제41조 제3항), 거절증서작성면제문언(어음법 제46조), 역어음발행금지문언(어음법 제52조 제1항), 예비지급인의 지정(어음법 제55조 제1항), 복본의 번호(어음법 제64조 제2항), 복본불발행문언(어음법 제64조 제3항) 등이 있다.

2) 제3자방지급문언의 기재

(1) 의 의: 제3자방지급문언의 기재란 지급담당자와 지급장소의 기재를 일괄한 것이다. '제3자방'의 기재는 실제로는 지급담당자와 지급장소를 합친 개념으로 사용되며 주로 '지급장소'로 표현된다(어음법 제27조 제2항 참조). 환어음은 지급인의 주소지에 있거나 다른 지에 있거나를 묻지 아니하고, 제3자방에서 지급할 것으로 할 수 있다(어음법 제4조). 제3자방은 지급지 내에 있어야 한다. 제3자방지급문언의 기재는 다량의 어음거래를 하는 자가 지급사무를 집중적으로 처리하고자 할 때 어음지급의 용이성, 어음결제절차의 간편화, 어음의 추심 또는 할인의 용이성이라는 실익을 갖는다.

(2) 기재권자: 제3자방지급문언의 기재를 할 수 있는 자는 발행인이다. 다만, 발행인이 아직 제3자방문구의 기재를 하지 않고 있는 경우와 지급인의 주소를 지급장소로 지정하고 있는 경우에 한하여 지급인이 인수를 함에 있어서 이를 기재할 수 있다(어음법 제27조 제1항). 약속어음의 경우에는 발행인만이 기재할 수 있다. 기재권자가 아닌 자가 제3자방지급문언을 기재한 경우에는 어음의 변조가 된다.

(3) 기재의 효력: 지급담당자가 기재되어 있는 경우 지급을 위한 제시는 이 자의 주소에서 지급담당자에게 하여야 한다. 지급인이 인수하기 전에는 지급담당자는 지급인의 특별한 위탁이 없는 한 어음소지인에 대하여 지급할 의무를 부담하지 않고, 지급담당자는 지급을 하여도 어음상의 권리를 취득하는 것은 아니다.

보충판례 지급장소를 은행으로 하여 발행한 이른바 은행도(銀行渡) 약속어음은 발행인이 지급장소로 기재한 거래은행에 대하여 발행인의 당좌예금구좌에서 위 약속어음금을 결제하여 줄 것을 요청하는 단순한 지급위탁어음으로서 은행은 약속어음의 소지인에 대하여 약속어음금의 지급의무 또는 그 약속어음금의 지급과 관련한 어떠한 주의의무를 진다고 할 수 없다(대법원 1993.8.24.선고 92다35424판결).

지급장소만을 기재한 경우에는 그곳에서 지급인 자신이 지급하는 뜻으로 보아야 한다. 지급제시기간 경과 후에도 제3자방지급문언에 따라 지급담당자에게 지급제시를 할 수 있는가에 대해 논란이 있을 수 있으나, 제3자방지급문언은 지급제시기간 내의 지급제시를 전제로 하는 것이므로 지급제시기간 경과 후에는 제3자방지급문언은 아무런 효력을 갖지 못한다.

3) 이자문언의 기재

일람출급 또는 일람후정기출급의 환어음에 있어서는 이자약정의 문언을 기재할 수 있고(어음법 제5조 제1항), 이때 어음에는 이율도 함께 기재하여야 한다(어음법 제5조 제2항). 따라서 이율의 기재가 없는 이자약정의 문언은 무익적 기재사항에 해당하게 된다. 발행일자후정기출급 또는 확정일출급의 환어음에는 이자약정의 문언을 기재할 수 없고, 기재하더라도 기재하지 아니한 것으로 본다(어음법 제5조 제1항 참조). 한편, 이자계산의 기산일에 관하여 기재가 있는 때에는 그 문언에 따르고, 기재가 없는 때에는 발행일로부터 기산한다(어음법 제5조 제3항). 만기가 도래한 이후에는 약정이자는 인정되지 않으며 법정이자가 인정될 뿐이다.

3. 무익적 기재사항

어음법에 기재되어 있는 무익적 기재사항은 위탁어음문언(어음법 제3조 제3항), 일람출급 또는 일람후정기출급의 환어음에 있어서의 이율의 기재가 없는 이자의 약정(어음법 제5조 제2항 후단), 일람출급 또는 일람후정기출급의 환어음 이외의 환어음에 있어서의 이자의 약정(어음법 제5조 제1항 후단), 환어음발행인의 지급무담보문언(어음법 제9조 제2항 후단), 지시문언(어음법 제11조 제1항), 상환(相換)문언(어음법 제39조 제1항), 파훼(破毁)문언(어음법 제65조 제1항 본문) 등이 있다. 그리고 어음법에 규정은 되어 있지 않지만 무익적 기재사항인 것으로는 대가문언, 자금문언, 통지문언, 제시문언, 환수문언, 환어음 발행번호, 위약금문언, 어음개서의 특약, 관할법원의 합의, 담보부문언 등이 있다.

4. 유해적 기재사항

어음법에 규정되어 있는 유해적 기재사항으로는 법정만기 이외의 다른 만기를 정한 경우와 분할출급의 기재의 경우가 있고, 이러한 기재는 어음을 무효로 만든다(어음법 제33조 제2항). 어음법에 규정되어 있지 않지만 어음의 본질에 반하는 사항의 기재(예 어음채권을 원인관계상의 것으로 하는 기재, 어음의 지급방법을 한정하거나 지급에 조건을 붙이는 기재 등)는 어음을 무효로 만든다(통설).

III. 환어음 발행의 효과

1. 본질적 효과

수취인은 자기의 명의와 발행인의 계산으로 어음금액을 수령할 권한을 취득하고, 또 지급인은 자기의 명의와 발행인의 계산으로 지급할 수 있는 권한을 취득한다. 지급인은 인수한 경우에 한하여 주채무자의 지위에 서게 되어, 어음금을 지급할 의무를 부담할 최종의무자가 된다.

2. 부수적 효과

발행인은 어음을 발행함으로써 그 어음의 인수와 지급을 담보하게 되어, 인수 또는 지급이 없는 때에는 스스로 지급할 의무를 부담한다(어음법 제9조 제1항). 발행인은 인수담보책임만은 어음상에 면책문구를 기재하여 책임을 면할 수 있으나, 지급담보책임은 면할 수 없다(어음법 제9조 제2항).

이러한 발행인의 의무는 어음유통을 보호하기 위해 특별히 어음법이 인정한 법적 의무이다. 발행인은 인수 및 지급담보책임 이외에 어음법상의 의무로서 복본교부의무·이익상환의무를 부담한다.

3. 지급위탁의 취소(철회)

수표의 경우 「지급위탁의 취소는 지급제시기간 경과 후에만 그 효력이 생긴다」고 규정하고(수표법 제32조 제1항) 있는 것과는 달리, 어음법에는 아무런 규정이 없어, 학설의 대립이 있다.[1]

IV. 위탁어음

환어음은 제3자의 계산으로 발행할 수 있다(어음법 제3조 제3항). 위탁어음의 경우 자금관계는 위탁자(제3자)와 지급인 간에 존재하게 되지만, 위탁자는 어음상의 아무런 권리·의무도 없다.

---

1) 【학설】 지급위탁의 취소에 관한 학설
환어음의 발행인과 지급인의 관계는 자금관계로서 어음 외의 민사법적 법률관계이므로 발행인은 지급인이 지급할 때까지는 언제든지 어음 외의 의사표시로 그 지급위탁을 철회할 수 있다는 견해(통설)와, 환어음은 단순히 지급수단인 수표와 달리 신용증권이라는 점에서 볼 때 지급위탁을 철회할 수 없다는 견해가 있다.

V. 백지어음

1. 백지어음의 개념

1) 백지어음의 의의

백지(白地)어음이란 어음행위자가 후일 어음소지인으로 하여금 어음요건의 전부 또는 일부를 보충시킬 의사로서 고의로 이를 기재하지 않고 어음이 될 서면에 기명날인 또는 서명하여 어음행위를 한 미완성어음을 말한다. 백지어음은 어음행위의 종류에 따라 백지발행, 백지인수, 백지배서, 백지보증 등이 있는 경우 성립한다.

보충 준백지어음: 백지어음은 절대적 기재사항을 백지로 한 것이며, 어음요건 이외에 유익적 기재사항을 백지로 한 어음을 준백지어음이라 하며, 이에는 백지어음에 관한 규정이 준용된다.

2) 백지어음의 경제적 기능

어음행위를 하는 자는 원인관계상의 채무액(어음금액), 변제기일(만기) 또는 수취인 등이 어음 교부시에 확정되지 않은 경우에 이를 후일 어음소지인에게 보충시킬 의사로서 일부러 이러한 어음요건을 기재하지 않고 백지(白地) 상태로 하여 어음에 기명날인 또는 서명하여 유통시킬 경제상 필요에서 학설과 판례에 의하여 상관습법으로 인정되었으나, 이후 '제네바어음법통일조약'에 따라 우리 어음법 제10조에서도 백지어음규정을 두었다.

2. 백지어음의 요건

1) 어음요건의 전부 또는 일부의 흠결

어음요건의 전부란 기명날인 또는 서명을 제외한 어음금액·지급지·수취인·만기 등의 어음요건 전부를 의미하며, 어음요건의 일부란 어떠한 어음요건이라도 무방하다. 만기란이 공백으로 되어 있는 경우 어음법은 일람출급어음으로 보고 있으나(제2조 제2항), 통설·판례(대법원 1976.3.9.선고 75다984판결)는 백지어음으로 보고 있다.

【판례】 대법원 1976.3.9.선고 75다984판결

<u>지급기일을 공란으로 하여 약속어음을 발행</u>하였거나 또는 사후에 지급기일을 당사자의 합의로 삭제한 경우에는 특별한 사정이 없는 한 <u>그 어음은 일람출급의 어음으로 볼 것이 아니라 백지어음으로 보아야</u> 할 것

이고, 이와 같은 백지어음을 교부하여 이를 보관시킨 때에는 후일 그 소지인으로 하여금 임의로 그 지급기일의 기재를 보충시킬 의사로서 교부·보관시킨 것이라고 추정할 것이다.

2) 백지어음행위자의 기명날인 또는 서명의 존재

백지어음에는 적어도 1개의 백지어음행위자의 기명날인 또는 서명이 있어야 한다. 즉, 기명날인 또는 서명은 반드시 발행인의 기명날인 또는 서명에 한하는 것이 아니고, 인수인·배서인·보증인 등의 기명날인 또는 서명이라도 무방하다(이에 대해 발행인의 기명날인 또는 서명이 없으면 백지어음이 아니라는 견해가 있다; 이철송, 「어음·수표법」, 241면).

3) 백지보충권의 존재 및 입증책임

(1) 백지보충권의 존재: 백지어음이 되기 위해서는 기명날인자 또는 서명자가 후에 소지인으로 하여금 흠결된 요건을 보충하게 할 의사를 가지고 유통상태에 둔 것이라야 한다. 이러한 점에서 불완전어음과 구별된다.

백지보충권의 존재를 결정하는 표준에 관하여는 주관설, 객관설, 절충설의 대립이 있다.[1)]

(2) 입증책임: 백지약속어음의 경우 발행인이 수취인 또는 그 소지인으로 하여금 백지부분을 보충케 하려는 보충권을 줄 의사로서 발행하였는지의 여부에 관하여는 발행인에게 보충권을 줄 의사로 발행한 것이 아니라는 점, 즉 백지어음이 아니고 불완전어음으로서 무효라는 점에 관한 입증책임이 있다(대법원 2001.4.24.선고 2001다6718판결).

부동문자로 인쇄된 어음용지에 요건의 내용부분을 기재하지 않은 채 기명날인 또는 서명하여 교부한 경우에는 특별한 사정이 없는 한 보충권을 부여한 것으로 추정할 수 있다(대법원 1965.5.24.선고 64다157판결).

4) 백지어음의 교부

백지어음의 교부를 백지어음성립요건으로 할 것인가에 대해서는 학설의 대립이 있다.[2)]

---

1) 【학설】 보충권의 존재를 결정하는 표준에 관한 학설

① 주관설: 보충권의 존재 유무를 결정하는 표준은 기명날인자 또는 서명자의 의사, 즉 백지어음행위자와 그 상대방 간의 보충권수여의 합의의 존재 유무에 의하여 보충권의 유무가 결정된다고 한다.

② 객관설: 기명날인자 또는 서명자의 구체적인 의사에 관계하지 않고 외관상 기명날인자 또는 서명자가 보충을 예정하여 기명날인 또는 서명한 것으로 볼 수 있으면 바로 백지어음이 된다고 한다.

③ 절충설: 원칙적으로 기명날인자 또는 서명자의 의사를 표준으로 하되, 어음의 외관상 보충기재가 예정되어 있는 것으로 인정되는 경우에는 어음행위자에게 그러한 의사가 없더라도 보충권의 존재를 인정한다고 한다(다수설).

※ 판례(대법원 1966.10.11.선고 66다1646판결 등) 및 소수설은 요건흠결의 어음은 일단 백지어음으로 추정되므로, 기명날인자 또는 서명자는 보충권수여 사실이 없음을 입증하여야 면책되고, 이를 입증하지 못하면 동 어음상의 책임을 부담해야 한다고 한다. 판례의 견해에 대해 주관설의 입장이라는 견해와 절충설의 입장이라는 견해가 있다.

2) 【학설】 백지어음요건으로서의 '어음교부'에 관한 학설

「백지어음은 미완성상태에서 기명날인자 또는 서명자가 상대방에게 교부하여 유통상태에 둔 것이라야 한다」

3. 백지어음의 법적 성질

백지어음의 법적 성질에 대해서는 크게 4가지로 학설이 대립하고 있다.[1)]

4. 백지보충권

1) 보충권의 발생 및 성질

(1) 보충권의 발생: 백지보충권이 언제 발생하는가에 대해서는 크게 두 가지의 학설 대립이 있다.[2)]

(2) 보충권의 성질: 보충권의 성질에 대해서는 보충권을 대리권의 일종으로 보는 견해와 하나의 특수한 권한에 해당한다는 견해가 있으나, 보충권은 미완성어음을 완성어음으로 하고 그 위에 한 어음행위의 효력을 발생시키는 형성권에 해당한다고 본다(통설).

(3) 보충권의 성립과 존속: 보충권은 백지어음에 기명날인 또는 서명하여 상대방에게 교부한 때에 성립한다.

어음행위자가 백지어음의 교부 후 보충 전에 사망하였거나 제한능력자가 되거나 대리권을 잃은 경우 또는 파산한 경우에도 그 효력에는 영향이 없다.

(4) 보충권 수여의 철회: 보충권 수여의 철회에 관해서는 보충권의 존재를 결정하는 표준에 관하여 어느 학설을 취하느냐에 따라 철회의 방법에 차이가 있다.[3)]

고 하여 백지어음의 교부를 백지어음의 요건으로 보는 견해와, 「어음의 교부는 백지어음에만 존재하는 요건으로 볼 수 없다」고 하여 백지어음의 교부를 백지어음의 요건으로 볼 필요가 없다는 견해가 있다.

1) 【학설】 백지어음의 법적 성질에 관한 학설
① 백지어음도 일종의 어음이라고 하는 견해, ② 어음요건을 결하고 있으므로 어음으로서의 효력은 없지만 어음과 유사한 법적 성질을 가진다고 하는 견해, ③ 엄격한 의미에서는 어음이라고 할 수 없고 어음으로서의 효력도 없으나 백지보충권을 행사하면 언제든지 완전한 어음이 될 수 있다고 하는 기대권이 표창되어 있는 특수한 유가증권이라는 견해(통설), ④ 보충권을 표창하고 완성어음과 같이 배서에 의하여 유통되는 유가증권이라는 견해가 있다.

2) 【학설】 보충권의 발생 및 내용에 관한 학설
① 백지어음행위설: 백지보충권은 백지어음행위자의 기명날인 또는 서명에 의하여 발생하고, 따라서 이러한 보충권은 백지어음에 표창되어 기명날인자 또는 서명자 자신이 자기가 작성한 백지어음의 소지인으로서 보충권을 소유하게 된다고 한다. ⇒ 이 견해에 의하면 백지보충권은 어음상의 권리와 같이 백지어음행위자와 상대방 간의 어음 외의 약정과는 절단된 무인행위(無因行爲)에 의한 권리로서, 그 내용은 무제한한 추상적인 권리라고 해석되고, 당사자 간의 약정은 인적 항변사유에 불과하다고 설명한다.
② 어음외계약설(통설): 백지보충권은 어음행위자와 그 상대방 사이에 어음관계 이외의 일반사법상의 계약에 의하여 상대방에게 수여함으로써 생기는 권리라고 한다. ⇒ 이 견해에 의하면 보충권의 내용은 그 계약에 의하여 한정된 구체적인 권리로서, 어음법 제10조는 어음거래의 안전을 위하여 그러한 제한의 합의는 악의 또는 중과실이 없는 제3자에 대항할 수 없도록 규정한 것이라 설명한다.

3) 【학설】 보충위탁의 철회에 관한 학설
① 보충권 수여에 관한 객관설이나 절충설(권리외관설)에 의하면 어음행위자는 보충권을 부여한 이상은 그 어음을 회수하지 않고, 단순히 소지인에 대한 보충의 위탁을 철회한다는 의사표시만 한 때에는 소지인의

2) 보충권자 및 보충의 방법

(1) 보충권자: 백지어음의 소지인이나 명시된 수권이 있는 경우에 어음소지인에 갈음하여 일정한 행위를 할 수 있는 대리인 또는 별도의 수권은 없으나 권리행사를 할 것을 위임받은 대리인(예 백지어음에 의한 어음금청구의 위임을 받은 소송대리인)은 보충권을 행사할 수 있다. 그러나 단순히 백지어음의 양도를 위임받은 대리인은 보충권을 행사할 수 없다.

(2) 보충의 방법: 어음면에 미기재된 내용을 기재하여야 하며, 어음이 아닌 별지나 어음의 사본에 미기재사항을 기재하는 것은 백지어음의 보충이 아니다(대법원 2002.2.26.선고 2000다48265판결).

3) 백지보충권의 남용

(1) 의 의: 보충권자가 보충계약에 위반하여 보충권의 범위를 넘어서 기입한 경우, 즉 부당보충을 한 경우에 이러한 어음을 부당보충된 사실에 대하여 악의 또는 중대한 과실이 없이 취득한 자는 보충된 내용대로 권리를 취득하고, 어음행위자는 어음소지인에게 부당보충의 항변을 주장하지 못한다(어음법 제10조).

보충판례 어음금액란의 기재는 대단히 중요한 사항이므로 어음금액란을 백지로 하는 어음을 발행하는 경우에 발행인은 통상적으로 그 보충권의 범위를 한정한다고 봄이 상당하다.(대법원 1999.2.9.선고 98다37736판결).

(2) 악의·중과실: 어음법상 부당보충된 어음의 취득자에게 악의 또는 중대한 과실이 있는 경우에는 인적 항변으로 대항할 수 있다. 어음법 제10조가 규정하는 '악의로 어음을 취득한 때'라 함은 소지인이 백지어음이 부당보충되었다는 사실과 이를 취득할 경우 어음채무자를 해하게 된다는 것을 알면서도 어음을 양수한 때를 말하고, '중대한 과실로 인하여 어음을 취득한 때'라 함은 소지인이 조금만 주의를 기울였더라면 백지어음이 부당보충되었다는 사실을 알 수 있었음에도 불구하고 그와 같은 주의도 기울이지 아니하고 부당 보충된 어음을 양수한 때를 말한다(대법원 1999.2.9.선고 98다37736판결).

여기에서 악의·중과실은 어음취득시에 있어야 하며, 어음행위자가 어음취득자의 악의·중과실을 입증하여야 한다.

보충판례 중대한 과실이 인정된 판례: ① 어음금액이 백지인 어음을 취득하면서 보충권한을 부여받은 자의 지시에 의하여 어음금액란을 보충한 경우에, 보충권의 내용에 관하여 백지어음의 기명날인자 또는 서명자에게 직접 조회하지 않았다면 특별한 사정이 없는 한 취득자에게 중대한 과실이 있다(대법원 1978.3.14.선고 77다2020판결).

권리를 소멸시키지 못한다.

② 주관설에 의하면 당사자 간의 합의로 보충의 위탁을 철회한 때에는 선의의 제3자에게도 대항이 가능하다.

② 수표의 취득자가 발행인 아닌 제3자에 의하여 그 액면이 표면에 기재된 한도액을 넘는 금액으로 보충된 점을 알면서 이를 취득하는 경우에는 그 취득자로서는 발행인에게 조회하는 등의 방법으로 그 제3자에게 그러한 보충권한이 있는지 여부를 확인함이 마땅하고, 만약 이를 확인하지 아니한 채 수표를 취득하였다면 이는 특별한 사정이 없는 한 중대한 과실에 의한 취득이라고 보지 아니할 수 없다(대법원 1995.12.8.선고 94다18959판결).

(3) 부당보충 후의 기명날인자 또는 서명자의 책임: 백지어음의 부당보충 후에 기명날인 또는 서명한 자는 보충된 문언에 따라서 책임을 지며, 이러한 어음취득자의 선의·악의는 불문한다.

(4) 남용자 등에 대한 책임: 보충권을 남용한 자와 악의·중과실이 있는 취득자에 대하여 백지어음에 기명날인 또는 서명한 자는 그가 수여한 보충권의 범위 내에서만 책임을 진다(대법원 1999.2.9.선고 98다37736판결).

(5) 어음취득자의 부당보충: 보충 전의 백지어음을 본래의 보충권의 범위보다 넓은 보충권이 있는 줄 믿고 취득한 자가 스스로 보충하여 어음상의 권리를 행사할 경우에도 어음법 제10조가 적용되는가에 대해서는 학설의 대립이 있다.[1)]

(6) 부당보충자의 책임: 보충권을 남용하여 부당보충한 자는 백지어음에 기명날인 또는 서명한 선의로 어음을 취득한 자에 대하여 부당보충된 대로 책임을 짐으로써 생긴 손해에 대하여 배상할 책임을 진다.

4) 백지보충의 시기

(1) 어음의 만기의 기재가 있는 경우

① 상환의무자에 대한 관계에서의 보충시기: 만기의 기재가 있는 경우에는 확정일출급 또는 발행일자후정기출급의 어음에 있어서는 지급을 할 날에 이은 2거래일 내에, 일람출급 또는 일람후정기출급의 어음에 있어서는 지급 또는 일람을 위한 제시기간(원칙적으로 발행일로부터 1년) 내에 보충하지 않으면 상환청구권을 상실하게 된다(어음법 제44조, 제53조).

② 주채무자에 대한 관계에서의 보충시기: 만기 후 3년 내에 보충하지 않으면 인수인의 책임이 시효에 걸리므로, 확정일출급 및 발행일자후정기출급어음에 있어서는 '소정의 만기'로

1) 【학설】 어음취득자의 부당보충에 대해 어음법 제10조의 적용 여부에 관한 학설

① 적용설: 보충 전의 백지어음을 본래의 보충권의 범위보다 넓은 보충권이 있는 줄 믿고 취득한 자가 스스로 보충하여 어음상의 권리를 행사한 경우에도 백지어음행위자는 어음법 제10조에 의하여 부당보충의 항변을 주장할 수 있다는 견해이다(통설·대법원 1978.3.14.선고 77다2020판결). 이 견해에 의하면 권리외관이론에 의하여 어음취득자와 선의로 부당보충한 경우도 부당보충된 어음의 선의취득자의 경우와 같이 어음취득자가 믿은 권리외관은 동일하고, 두 경우 모두 기명날인자 또는 서명자와 같은 방법과 책임하에 외관을 야기시키고 있어 동 어음의 선의취득자에 대하여 책임을 부담한다고 한다.

② 부정설: 어음법 제10조는 백지어음에 보충이 완료되어 보통의 어음과 하등 다른 점이 없는 외관을 나타내기 때문에 이를 신뢰한 선의자를 보호하는 규정이므로, 백지어음이 보충되지 않아 외관상 백지의 존재가 명백한 경우와 동일시하는 것은 허용되지 않으므로 동 어음취득자는 이 점에 대하여 책임을 부담해야 한다고 하여, 어음법 제10조의 적용을 부정하는 견해이다.

부터 3년 내, 일람출급어음에 있어서는 '지급제시기간 내의 지급제시일'로부터 3년 내, 일람후 정기출급어음에 있어서는 '인수일자 또는 거절증서의 일자 후 일정기간 경과'로부터 3년 내에 보충권을 행사하여야 한다.

(2) 어음의 만기의 기재가 없는 경우: 만기가 백지인 경우에는 보충권 자체의 소멸시효 즉, 백지보충의 시기와 관련해서는 학설의 대립이 있다.[1)]

【판례】 대법원 2003.5.30.선고 2003다16214판결

만기를 백지로 한 약속어음을 발행한 경우, 그 보충권의 소멸시효는 다른 특별한 사정이 없는 한 그 어음 발행의 원인관계에 비추어 어음상의 권리를 행사하는 것이 법률적으로 가능하게 된 때부터 진행하고(대법원 1997.5.28.선고 96다25050판결; 대법원 2001.10.23.선고 99다64018판결 등 참조), 백지약속어음의 보충권행사에 의하여 생기는 채권은 어음금 채권이며 어음법 제77조 제1항 제8호, 제70조 제1항, 제78조 제1항에 의하면 약속어음의 발행인에 대한 어음금 채권은 만기의 날로부터 3년간 행사하지 아니하면 소멸시효가 완성되는 점 등을 고려하면, 만기를 백지로 하여 발행된 약속어음의 백지보충권의 소멸시효기간은 백지보충권을 행사할 수 있는 때로부터 3년으로 봄이 상당하고(다만, 만기 이외의 어음요건이 백지인 경우 그 백지보충권을 행사할 수 있는 시기는 다른 특별한 사정이 없는 한 만기를 기준으로 한 것이다), 당사자 사이에 백지를 보충할 수 있는 시기에 관하여 명시적 또는 묵시적 합의가 있는 경우에는 그 합의된 시기부터 백지보충권은 소멸시효가 진행된다고 할 것이다.

(3) 수표의 경우: 백지수표를 발행한 경우에는 적법하게 백지부분이 보충되고 지급제시되어야 한다. 수표의 지급제시기간은 발행일로부터 10일간이므로(수표법 제29조 제1항), 발행일의 기재가 있는 때에는 발행일로부터 10일 내에 보충하여야 한다. 그러나 발행일이 백지인 수표의 경우에는 보충권이 형성권이므로 20년내에 보충하면 된다는 견해도 있으나, 특별한 사정이 없는 한 그 수표발행의 원인관계에 비추어 발행당사자 사이에 수표상의 권리행사가 법률적으로 가능할 때, 즉 백지보충권을 행사할 수 있는 때로부터 6개월 내에 보충하여야 한다(대법원 2001.10.23.선고 99다64018판결)고 본다. 이는 백지수표의 보충권의 행사에 의하여 생기는 채권이 수표금채권이고 수표의 발행인에 대한 상환청구권의 소멸시효기간이 제시기간 경과 후 6개월인 점 등에 따른 것이다(대법원 2007.6.29.선고 2007도2250판결). 한편, 백지수표의 '백지보충권을 행사할 수 있는 때'에 관하여는 당사자가 명시적 또는 묵시적으로 합의할 수 있고, 그 합의된 때를 연기하거나 변경할 수 있다고 본다(대법원 2007.6.29.선고 2007도2250판결).

(4) 소송상의 청구의 경우: 백지어음으로 주된 채무자인 발행인에 대하여 어음금청구소송을 제기한 경우에는 사실상의 변론종결 전까지 보충권을 행사하여야 한다(대법원 1995.6.9.선고 94다41812판결).

---

1) 【학설】 백지어음의 백지보충권의 소멸시효에 관한 학설
만기가 백지인 경우, 보충의 시기에 대해 ㉠ 보충권은 형성권으로서 채권 및 소유권 이외의 재산권으로 보아 어음을 교부한 때로부터 20년으로 보는 견해, ㉡ 보충권은 형성권이지만 특정인에 대한 채권과 같이 보아 발행시로부터 10년으로 보는 견해, ㉢ 원인관계상의 채권이 민사채권인가 상사채권인가에 따라서 10년 또는 5년으로 보는 견해, ㉣ 상사시효에 따라서 5년으로 보는 견해, ㉤ 어음상의 권리와 불가분적인 것으로 보고 어음상의 권리와 마찬가지로 3년이라고 하는 견해(판례)가 있다.

5) 백지보충의 효과

(1) 완전한 어음으로서의 효력발생: 백지어음의 소지인이 그가 갖고 있는 보충권을 적법하게 행사하여 백지를 보충한 때에는 보통의 어음과 완전히 동일한 어음이 되며, 백지어음행위자는 보충된 문언에 따라 그 책임을 부담하게 된다(정찬형, 「상법강의(하)」, 제15판, 143면).

(2) 백지보충의 효력발생시기: 백지보충의 효력발생시기에 대해서는 학설의 대립이 있다.[1)]

보충판례 백지어음행위자의 권리능력, 행위능력 및 대리권의 유무 등은 당해 백지어음행위시를 표준으로 하여 결정되고, 발행일자·인수일자·배서일자·만기 등도 다른 백지부분의 보충 전에 이미 기재되어 있는 경우에는 그 기재시에 성립되어 있으므로, 기입된 기재를 기준으로 하여 이에 따라 법률효과를 결정하여야 할 것이다. 그리고 백지어음에 한 배서가 기한후배서인가의 여부에 대해서도 배서의 성립시를 기준으로 판단하여야 한다(대법원 1971.8.31.선고 68다1176판결).

【판례】 대법원 1971.8.31.선고 68다1176판결[동지: 대법원 1980.3.11.선고 79다1999판결]

백지어음에 있어서 백지의 보충시와 어음행위 자체의 성립시기와는 엄격히 구별하여야 할 문제로서 백지의 보충 없이는 어음상의 권리를 행사할 수 없으나 어음행위의 성립시기를 곧 백지의 보충시기로 의제할 수는 없는 것이며 그 성립시기는 그 어음행위 자체의 성립시기로 결정하여야 할 것이므로 백지어음에 만기 전에 한 배서는 만기 후에 백지가 보충된 때에도 기한후배서로 볼 것은 아니다.

(3) 사실과 다른 보충의 효력: 백지어음에 사실과 달리 보충한 경우에도 유효한 보충으로서 어음상의 권리를 표창하게 된다고 본다(판례).

【판례】 대법원 1993.12.10.선고 93다35261판결

수취인란이 백지인 어음을 정당하게 교부받은 어음소지인은 백지를 보충하여 타에 양도함에 있어 수취인란을 임의로 기재한 다음, 그 수취인을 제1배서의 배서인으로, 자신을 그 피배서인으로 하는 제1배서를 임의로 기재하고 이어 자신을 제2배서의 배서인으로, 임의의 사람을 피배서인으로 하는 제2배서를 한 다음, 그 제2배서인을 제3배서의 배서인으로, 어음의 양수인을 그 피배서인으로 하는 제3배서를 임의로 기재하는 방법으로 양도하였다고 하더라도, 어음의 양도인이 양도 당시 정당한 소지인인 이상 그 양수인은 적법하게 어음상의 권리를 이전받는다.

---

1) 【학설】 백지보충의 효력발생시기에 대한 학설
백지보충의 효력의 발생시점에 대해서는 백지어음행위시까지 소급하여 효력이 발생한다는 견해와, 보충이라는 법정조건이 성취한 때(보충시)로부터 장래에 향하여만 효력이 발생한다는 견해(통설)가 있다. 소급설이나 불소급설이나 그 결과에 있어서는 차이가 없다고 본다.

5. 백지어음의 양도

1) 양도방법

백지어음의 양도방법은 완성어음의 양도방법과 같다. 따라서 수취인 또는 피배서인의 기재가 있는 백지어음은 배서에 의하여(어음법 제13조), 수취인의 기재가 없는 백지어음은 교부 또는 배서에 의하여 양도할 수 있다(어음법 제14조 제2항; 대법원 1994.11.18.선고 94다23098판결). 백지어음보충권도 백지어음과 불가분의 관계에서 백지어음 양도와 함께 이전된다. 따라서 백지어음취득자는 동시에 백지어음보충권도 취득하게 된다(대법원 1960.7.21.선고 4293민상113판결). 백지어음 양도의 근거에 관하여는 학설의 대립이 있다.[1)]

2) 선의취득·인적 항변

백지어음(백지보충권 포함)도 선의취득이 인정되지만(어음법 제16조 제2항 참조), 제권판결 이후에는 백지어음이 무효가 되므로 선의취득이 인정되지 않는다. 한편, 백지어음에서도 인적 항변의 절단이 인정된다.

【판례】 대법원 1994.11.18.선고 94다23098판결

수취인이 백지인 채로 발행된 어음은 인도에 의하여 어음법적으로 유효하게 양도될 수 있고, 위와 같은 어음이 인도에 의하여 양도된 경우 어음법 제17조가 적용되는 것이므로 어음이 전전양도된 후 그 어음을 인도받은 최종소지인이 수취인으로서 자기를 보충하였다고 하더라도 그 소지인이 발행인을 해할 것을 알고 취득한 경우가 아니면, 어음문언상의 기재와는 관계없이 발행인으로부터 원인관계상의 항변 등 인적 항변의 대항을 받지 아니한다.

6. 백지어음의 제권판결

백지어음을 상실한 자는 완성어음과 같이 공시최고를 신청하여 제권판결을 받을 수 있다. 제권판결에 의하여 백지어음은 무효가 되어 증권으로서의 효력을 상실하게 된다. 그런데 제권판결 후에도 완전어음과 같은 적극적 효력(어음금 지급청구의 효력)이 있는가에 대해서는 학설이 대립된다.[2)]

1) 【학설】 백지어음 양도의 근거에 관한 학설
백지어음을 어음의 일종으로 보는 견해에 의하면 백지어음에 어음의 유통에 관한 규정이 당연히 적용되므로 백지어음은 보통의 어음의 양도방법에 따라 양도될 수 있다고 하며, 백지어음을 어음이 아니라고 보는 견해에 의하면 당연히 어음의 양도방법에 의하여 양도될 수 없고 상관습법에 의하여 완성어음의 경우와 동일한 방법에 의하여 유통된다고 한다.

2) 【학설】 제권판결의 적극적 효력에 관한 학설
① 부정설: 백지어음은 어음상의 권리가 성립하기 전에 상실한 것이기 때문에 제권판결에 의하여 백지어음의 소지인의 지위를 회복할 뿐이며, 백지를 보충하여 어음상의 권리를 행사하거나 재발행의 청구에 의하여 백지보충 후 권리를 행사하는 것은 인정되지 않는다는 견해이다.
② 긍정설: 제권판결에 의하여 백지어음의 재발행을 청구하여 보충을 한 다음 어음상의 권리를 행사할 수 있다는 견해와, 제권판결이 있으면 원고의 백지보충의 의사를 명기한 서면을 첨부하여 어음금지급청구를 할 수 있다는 견해, 어음 외의 의사표시에 의하여 백지를 보충하여 권리를 행사할 수 있다는 견해(대법원 1998.9.4.선고 97다57573판결)가 있다.

【판례】 대법원 1998.9.4.선고 97다57573판결

제권판결제도는 증권 또는 증서를 상실한 자에게 이를 소지하고 있는 것과 같은 형식적 자격을 부여하여 권리를 실행할 수 있도록 하려는 것인 점과 백지어음의 발행일을 백지보충을 조건으로 하는 어음금 지급 채무를 부담하게 되고, 백지에 대한 보충권과 백지보충을 조건으로 한 어음상의 권리는 백지어음의 양도와 더불어 양수인에게 이전되어 그 소지인은 언제라도 백지를 보충하여 어음상의 권리를 행사할 수 있으므로, 백지어음에 대한 제권판결을 받은 자는 발행인에 대하여 백지보충권과 백지보충을 조건으로 한 어음상의 권리까지를 모두 민사소송법 제468조(현행법 제497조)에 규정된 '증서에 의한(따른) 권리'로서 주장할 수 있다고 봄이 상당하고, 따라서 백지어음의 제권판결을 받은 자는 발행인에 대하여 백지부분에 대하여 어음 외의 의사표시에 의하여 보충권을 행사하고 그 어음금의 지급을 구할 수 있다.

7. 백지어음에 의한 권리행사

1) 백지어음에 의한 지급제시의 효력 및 권리보전

(1) 백지어음은 유통상에서는 어음법적 양도방법에 의하여 양도되지만, 그 밖의 점에서는 어음이 아니므로 백지어음에 의하여 주채무자에 대한 어음상의 권리를 행사할 수 없고, 미보충의 백지어음으로 한 지급제시는 효력이 없다(대법원 1986.9.9.선고 85다카2011판결). 따라서 어음상의 권리를 행사하려면 먼저 백지를 보충하여야 한다.

(2) 백지어음에 의한 지급제시는 무효이므로 백지어음으로 지급제시를 한 경우에는 그 지급이 거절되어도 상환청구요건의 불비로 배서인의 상환의무가 발생하지 않는다. 따라서 백지어음에 의한 제시(예 약속어음 발행일란의 보충 없이 지급제시한 경우)로는 적법한 지급제시가 못되므로 상환의무자에 대한 상환청구권을 보전하는 효력이 없다(통설: 대법원 1993.11.23. 선고 93다27765판결).

【판례】 대법원 1994.9.30.선고 94다8754판결

수표의 소지인이 발행인에 대해 소구권(상환청구권)을 행사하기 위하여는 수표법 제1조 소정의 법정기재사항이 기재된 수표에 의해 적법한 기간 내에 지급제시할 것을 요하고, 위 법정기재사항의 일부라도 기재되지 아니한 수표에 의해 한 지급제시는 수표법 제2조의 규정에 의해 구제되지 않는 한 적법한 지급제시로서의 효력이 없는 것이므로 그와 같은 경우에는 소구권을 상실한다.

(3) 백지어음의 정당한 소지인이 백지를 보충한 후 어음상의 권리를 행사하면 적법한 어음상의 권리의 행사가 되며, 백지어음의 보충을 하여 어음상의 권리를 행사하면 그때부터 이행지체에 빠지게 되고 지연이자가 발생하게 된다.

또한 백지어음으로 소를 제기하더라도 백지를 보충하기 전에는 승소할 수 없지만, 소송 중에 구두변론의 종결시까지 유효한 보충을 한 경우에는 예외이다(대법원 1981.4.14.선고 80다2695판결).

보충판례 약속어음의 소지인이 전소(前訴)의 사실심변론종결일까지 백지보충권을 행사하여 어음금의 지급을 청구할 수 있었음에도 변론종결일까지 백지부분을 보충하지 않아 이를 이유로 패소판결을 받고 그 판결이 확정된 후에 백지보충권을 행사하여 어음이 완성된 것을 이유로 전소 피고를 상대로 다시 동일한 어음금을 청구하는 경우에는, 백지보충권 행사의 주장은 특별한 사정이 없는 한 전소판결의 기판력에 의하여 차단되어 허용되지 않는다(대법원 2008.11.27.선고 2008다59230판결).

2) 백지어음에 의한 청구와 시효중단

백지를 보충하지 아니한 상태에서 어음금청구의 소를 제기한 경우에 시효중단의 효력이 있는가에 대해서는 학설의 대립이 있다.[1)]

【판례】 대법원 2010.5.20.선고 2009다48312 전원합의체 판결

[1] 만기는 기재되어 있으나 지급지, 지급을 받을 자 등과 같은 어음요건이 백지인 약속어음의 소지인이 그 백지 부분을 보충하지 않은 상태에서 어음금을 청구하는 것은 어음상의 청구권에 관하여 잠자는 자가 아님을 객관적으로 표명한 것이고 그 청구로써 어음상의 청구권에 관한 소멸시효는 중단된다. 이 경우 백지에 대한 보충권은 그 행사에 의하여 어음상의 청구권을 완성시키는 것에 불과하여 그 보충권이 어음상의 청구권과 별개로 독립하여 시효에 의하여 소멸한다고 볼 것은 아니므로 어음상의 청구권이 시효중단에 의하여 소멸하지 않고 존속하고 있는 한 이를 행사할 수 있다.

[2] 지급지 및 지급을 받을 자 부분이 백지로 된 약속어음의 소지인이 그 지급기일로부터 3년이 경과한 후에야 위 백지 부분을 보충하여 발행인에게 지급제시를 하였으나 그 소지인이 위 약속어음의 지급기일로부터 3년의 소멸시효기간이 완성되기 전에 그 어음금을 청구하는 소를 제기한 이상 이로써 위 약속어음상의 청구권에 대한 소멸시효는 중단되었다고 한 사례(이다).

제 2 절 배 서

I. 어음상의 권리이전방법

1. 배서에 의한 어음상의 권리이전

어음은 법률상 당연한 지시증권이므로 지시식으로 발행된 경우든 기명식으로 발행된 경

1) 【학설】 시효중단과의 관계에 관한 학설
시효중단을 위한 청구나 승인에는 어음을 제시할 필요가 없으므로 백지어음에 의한 청구나 승인에도 시효중단의 효력이 발생한다는 견해(통설·판례)와, 백지어음에 의한 재판상의 청구에는 어음상의 권리·의무의 내용과 관계없는 사항이 백지인 경우에는 시효중단의 효력이 발생하지만 어음상의 권리·의무의 내용에 관한 사항(만기 등)이 백지인 경우에는 시효중단의 효력이 없다는 견해가 있다.

우든 배서에 의하여 타인에게 양도할 수 있다(어음법 제11조 제1항). 배서라 함은 어음의 유통을 조장하기 위하여 법이 특히 인정한 어음의 유통방법으로서, 수취인 기타 후자가 보통 어음의 뒷면에 일정한 사항을 기재하고 기명날인 또는 서명하여 타인에게 교부하는 행위를 말한다. 이러한 배서의 성질에 대해서는 학설의 대립이 있다.[1)]

2. 배서 이외의 방법에 의한 어음상의 권리이전

어음의 통상의 이전방법인 배서에 의하여 어음상의 권리가 이전하지만, 발행인이 어음에 배서금지(지시금지)문구를 기재한 어음은 지명채권양도에 관한 방식에 따라서만 양도할 수 있다(어음법 제11조 제2항). 그 이외에 통상의 채권양도방법(지명채권 양도방법)·전부명령·경매 등에 의한 특정승계 또는 상속·합병 등과 같은 포괄승계에 의하여 어음상의 권리는 이전될 수 있다. 수취인이 백지로 된 어음은 인도(교부)에 의하여 어음법적으로 유효하게 양도할 수 있다. 그리고 배서금지의 기재가 없는 어음을 지명채권양도방법으로 양도할 수 있는가에 대하여 부정설과 긍정설의 대립이 있으나,[2)] 긍정설에 의할 경우에는 어음의 교부가 필요하고 지명채권양도의 대항요건을 갖추어야 한다.

> **【판례】 대법원 2015.3.20.선고 2014다83647판결**
>
> 어음채무자는 <u>어음채권을 지명채권양도의 방법으로 양수한 자</u>에게 양도인에 대한 인적 항변으로 대항할 수 있고, 따라서 지명채권양도의 방법으로 양수한 어음채권의 행사는 어음채무자와 양도인 사이의 원인관계의 효력에 따라 제한될 수 있다.

3. 배서금지어음

1) 배서금지어음의 의의

배서금지어음 또는 지시금지어음이란 발행인이 지시금지의 문자 또는 이와 동일한 의의가 있는 문언을 어음의 앞면에 기재한 어음을 말한다(어음법 제11조 제2항). 어음의 뒷면에 지시금지의 문구를 기재하더라도 발행인이 기명날인 또는 서명하면 유효한 배서금지어음으로 볼 수 있다.

---

1) 【학설】 양도배서의 성질에 대한 학설
양도배서의 성질에 대해서는 채무이전을 위한 채무자의 단독행위(채무부담행위)로 보는 견해(통설: 채권양도설), 물권적인 어음교부계약 및 채권적인 어음채무부담행위가 병존하는 어음물권행위와 어음채권행위를 구별하여 분석 파악하여야 한다는 견해, 어음행위자의 담보책임을 발생시키는 서면행위라고 하는 견해가 있다.

2) 【학설】 배서가 금지되지 아니한 어음의 지명채권양도방법에 의한 양도 가능 여부에 대한 학설
배서가 금지되지 아니한 어음은 민법 제513조의 법의에 어긋나기 때문에 지명채권 양도의 방법으로 양도할 수 없다는 견해(소수설)와, 배서의 연속이 없는 부분에 대한 승계의 사실을 증명하면 그 중단이 가교된다고 하는 입장(판례)을 취하는 경우 지명채권 양도의 방법으로 양도할 수 있다고 하는 견해(통설·판례)가 있다.

그러나 어음의 발행인이 통상의 어음거래를 함에 있어 보통 기울이는 정도의 주의로는 쉽게 알아보기 어려운 상태로 지시금지문구를 표시하여 어음을 발행한 경우에는 배서금지어음이라 할 수 없다(대법원 1990.5.22.선고 88다카27676판결).

배서금지문언은 발행인에 의하여 기재된 것이 어음면상에 명백히 되어야 하므로, 배서인란에 배서금지를 뜻하는 기재가 있는 경우에는 배서인에 의한 배서금지 기재로 추정될 것이다(어음법 제15조 제2항).

2) 배서금지의 기재방법

'지시금지', '배서금지' 또는 '하모(何某)에 대하여서만'이라고 하여 수취인을 지정하는 경우와 같이 배서금지의 뜻이 어음상의 문언에 나타나야 한다. 단순히 어음상에 인쇄된 지시문언을 삭제하는 것으로는 배서금지어음이 되지 않는다. 따라서 단지 어음면에 '보관용' 또는 '견질용(담보용)'이라고 쓴 것은 지시금지의 문구로 인정될 수 없다(대법원 1993.11.12.선고 93다39102판결).

【판례】 대법원 1994.10.21.선고 94다9948판결

약속어음은 원칙적으로 배서에 의하여 양도할 수 있는 것이므로 배서금지어음으로 되기 위하여는 통상인이 어음거래를 함에 있어서 어음면상으로 보아 발행인이 배서를 금지하여 발행한 것임을 알 수 있을 정도로 어음법 제11조 제2항의 '지시금지'의 문자 또는 동일한 의의가 있는 문언이 명료하게 기재되어야 한다.

배서금지문언은 반드시 어음면상 기재되어야 어음상의 효력이 발생하므로 발행인이 어음상에 이에 관한 기재를 하지 않고 수취인과 특약만을 한 경우에는 어음은 여전히 지시증권으로서의 성질을 갖고 있으므로, 그와 같은 특약이 있음을 알고서 어음을 배서양도받은 자도 어음상의 권리를 취득한다(대법원 1965.5.10.선고 65다478판결 참고).

어음용지에 배서금지문언과 부동문자로 인쇄된 지시문언이 병존하는 경우 그 효력에 관하여는 어음은 유효하고, 인쇄된 지시문언보다 기재한 배서금지문언이 우선하여 배서금지어음이 된다고 보아야 할 것이다(대법원 1987.4.28.선고 86다카2630판결 참고).

3) 배서금지어음의 양도방법 및 효력

(1) 양도방법: 약속어음의 배서금지는 양도성 자체를 박탈하는 것은 아니므로 다른 의사표시 없이 배서금지의 문언을 기재한 사실만 가지고서 당연히 그 어음상의 권리를 지명채권양도의 방법으로 양도하는 것을 금지하는 특약이 포함되어 있다고 보아야 하는 것은 아니다(대법원 1989.10.24.선고 88다카20774판결). 따라서 배서금지어음은 배서에 의하여 양도할 수 없고, 다만 지명채권 양도의 방법에 의하여서만 이를 양도할 수 있다(어음법 제11조 제2항). 지명채권 양도방법에 의하더라도 유가증권이므로 어음상 권리를 이전하거나 압류할 때에는 어음의 교부는 있어야 한다. 한편, 어음상 권리를 행사하는

경우에는 어음을 제시하여야 하며, 어음금을 지급받을 때에는 어음을 상환하여야 한다. 지명채권 양도방법에 의한 어음상 권리의 양도에는 채무자에 대한 대항요건으로 통지 또는 승낙을 얻어야 한다. 이때 통지 또는 승낙은 발행인에 대한 통지 또는 발행인의 승낙이 있어야 하며, 인수된 어음의 경우에는 인수인의 승낙이나 인수인에 대한 통지도 있어야 한다. 다단, 발행인이나 인수인에 대하여 대항요건을 갖춘 경우에는 그들의 보증인에 대하여 별도의 대항요건을 갖추지 않더라도 채권양도의 효력으로서 보증인에 대하여 이를 주장할 수 있다(대법원 1989.10.24.선고 88다카20774판결).

【판례】 대법원 1989.10.24.선고 88다카20774판결

배서금지의 문언을 기재한 약속어음은 양도성 자체까지 없어지는 것이 아니고 지명채권의 양도에 관한 방식에 따라서, 그리고 그 효력으로써 이를 양도할 수 있는 것인데 이 경우에는 민법 제450조의 대항요건(통지 또는 승낙)을 구비하는 외에 약속어음을 인도(교부)하여야 하고 지급을 위하여서는 어음을 제시하여야 하며 또 어음금을 지급할 때에는 이를 환수하게 되는 것이다.

(2) 효 력: 배서금지어음의 양도의 효력도 지명채권 양도의 경우와 동일하다. 따라서 인적 항변의 절단이 인정되지 않으며, 배서의 연속에 의한 자격수여적 효력이 인정되지 않으므로 선의취득도 인정되지 않는다. 그리고 배서금지어음의 발행인은 담보책임을 면하지 못하지만, 발행 후 소지인에 이르기까지의 중간양도인은 배서를 하지 아니하므로 배서인과는 달리 인수·지급담보책임이 없다.

배서금지어음에 ① 추심위임배서가 가능한가, ② 입질배서가 가능한가, ③ 기한후배서가 가능한가, ④ 제권판결이 인정되는가에 대하여는 학설의 대립이 있다.[1]

---

1) 【학설】 배서금지어음에 관한 학설

① 추심위임배서의 허용 여부: 배서금지어음의 경우에 추심위임배서를 인정할 수 있는가에 대해 추심위임배서는 어음상의 권리를 이전하는 것이 아니므로 배서금지어음에도 할 수 있다는 견해(통설)와, 배서금지어음에는 추심위임배서를 인정할 수 없다는 견해가 있다. 통설의 경우 재추심위임배서를 대리권양도로 보는 견해와 복대리인선임으로 보는 견해가 있으나, 대리의 일반이론상 대리권양도가 인정되지 않으므로 후자가 타당하다.

② 입질배서의 허용 여부: 입질배서는 항변절단의 효력이 있으므로 배서금지어음에는 입질배서를 할 수 없다는 견해와 입질배서가 인정된다는 견해가 있다.

③ 기한후배서의 허용 여부: 배서금지어음은 배서에 의한 양도성이 박탈되므로 어음상의 권리가 양도되는 기한후배서는 인정되지 않는다는 견해와, 지명채권양도의 효력이 있는 기한후배서가 인정된다는 견해가 있다.

④ 제권판결의 인정 여부: 배서금지어음에 대하여 공시최고에 의한 제권판결을 인정할 수 있는가에 대해서는 배서금지어음도 제시증권성과 상환증권성을 가지므로 어음을 상실한 경우 권리행사가 불가능해지므로 이를 구제하기 위하여 제권판결이 인정되어야 한다고 하는 견해와, 현행 민사소송법에서 기명증권에 관한 제권판결제도를 두고 있지 않으므로 배서금지어음은 제권판결의 대상이 될 수 없다고 하여 제권판결을 부정하는 견해(다수설)가 있다.

Ⅱ. 배서의 방식 및 기재사항

배서는 어음이나 이에 결합한 보전 또는 등본에 일정한 사항을 기재하고 배서인이 기명날인 또는 서명함으로써 하는 서면행위이다(어음법 제13조 제1항). 배서는 보통 어음의 뒷면에 하는 것이지만, 간략백지식 배서를 제외하고는 어음 앞면에 하여도 유효하다.

1. 피배서인의 기재 여부에 따른 방식

1) 기명식 배서(정식 배서)

기명식 배서는 완전배서 또는 정식 배서라 하며, 배서인의 기명날인 또는 서명 이외에 피배서인의 성명 또는 상호를 기재함으로써 하는 배서이다(어음법 제13조 제2항 참조). 배서인이 자신을 피배서인으로 기재하는 것은 배서 자체가 무효가 된다.

보충판례 ① 법인의 어음행위는 어음행위의 서면성·문언성에 비추어 법인의 대표자 또는 대리인이 그 법인의 대표자 또는 대리권자임을 어음면상에 표시하고 기명날인하는 대리방식에 의하든가, 법인의 대표자로부터 대리권을 수여받고 직접 법인의 대표자 명의로 서명할 수 있는 권한이 주어져 있는 자의 대행방식에 의하여 이루어져야 할 것이므로, 법인의 대리인이 법인명의의 배서를 함에 있어 행위자인 대리인의 기명이 누락된 경우에는 그 요건을 갖추지 못한 무효의 배서라고 하여야 한다(대법원 1999.10.8.선고 99다30367판결). ② 은행지점장이 수취인이 은행인 약속어음의 배서인란에 지점의 주소와 지점명칭이 새겨진 명판을 찍고 기명을 생략한 채 자신의 사인을 날인하는 방법으로 배서한 경우, 그 배서는 행위자인 대리인의 기명이 누락되어 그 요건을 갖추지 못한 무효의 배서이므로 배서의 연속에 흠결이 있다 할 것이다(대법원 1999.1.9.선고 97다7745판결).

2) 백지식 배서

(1) 의 의: 백지식 배서는 피배서인을 지정하지 아니한 배서를 말하고, 약식 배서·무기명배서·백지배서라고도 한다. 백지식 배서는 다시 2가지의 경우가 있는데, 첫째는 배서문언 및 배서인의 기명날인 또는 서명은 있으나 피배서인의 기재만이 없는 경우이고, 둘째는 배서인의 기명날인 또는 서명만이 있는 경우이다. 후자를 간략백지식 배서라 하며, 이는 어음의 뒷면이나 보전에만 할 수 있다(어음법 제13조 제2항 후단).

(2) 효 력: 백지식 배서에 의하여 어음상의 권리를 양수한 자는 ① 백지의 피배서인란에 자기의 명칭 또는 타인의 명칭으로 백지를 보충하여 어음상의 권리를 행사할 수 있고, ② 백지의 피배서인란을 보충하지 않고 어음상의 권리를 행사할 수 있다. ③ 소지인은 백지의

피배서인란을 보충하고 백지식으로 또는 타인을 표시하여 다시 어음에 배서하여 어음상 권리를 타인에게 양도할 수 있다. ④ 소지인은 백지의 피배서인을 보충하지 않고 백지식으로 또는 타인을 표시하여 다시 어음에 배서하여 어음상의 권리를 양도하거나 배서도 하지 않고 어음을 제3자에게 단순한 교부만에 의하여 어음상의 권리를 양도할 수도 있다(어음법 제14조 제2항).

백지식 배서의 다음에 다른 배서가 있는 때에는 그 배서를 한 자는 백지식 배서에 의하여 어음을 취득한 것으로 본다(어음법 제16조 제1항 제4문).

3) 소지인출급식 배서

소지인출급식 배서란 어음의 소지인에게 지급하여 달라는 뜻을 기재한 배서를 말한다. 특정된 피배서인의 기재가 없는 점에서 백지식 배서와 같기 때문에 어음법은 백지식 배서와 동일한 효력을 인정하고 있다(어음법 제12조 제3항).

4) 선택무기명식 배서

선택무기명식 배서란 '갑 또는 소지인'과 같이 특정인 또는 소지인을 피배서인으로 기재한 배서를 말한다. 이러한 배서의 효력에 대해서는 학설의 대립이 있다.[1)]

2. 배서의 기재사항

1) 필요적 기재사항

배서에는 ① 배서인의 배서의사표시인 배서문언, ② 어음상의 권리를 배서에 의하여 양수하는 피배서인(중첩적 또는 선택적 기재 가능), ③ 배서인의 기명날인 또는 서명을 필요로 한다. 어음의 뒷면에 한 단순한 배서인의 기명날인 또는 서명만의 배서도 그 효력이 있다.

2) 유익적 기재사항

① 소지인출급의 배서문언, ② 무담보문언, ③ 배서금지문언, ④ 추심위임문언, ⑤ 입질문언, ⑥ 배서일자, ⑦ 인수제시명령, ⑧ 인수제시기간 단축, ⑨ 지급제시기간의 단축, ⑩ 배서인의 처소, ⑪ 거절증서의 작성면제, ⑫ 예비지급인의 기재, ⑬ 등본에만 배서할 것의 문언 등의 기재는 그 내용에 따른 효력이 생긴다.

---

1) 【학설】 선택무기명식 배서의 효력에 대한 학설
선택무기명식 배서는 어음관계를 불명확하게 하므로 허용할 수 없다는 견해와, 수표법 제5조 제2항의 취지를 유추하여 소지인출급식 배서로 보는 견해(다수설)가 있다.

3) 무익적 기재사항

배서는 무조건이어야 하며, 배서에 붙인 조건은 기재하지 아니한 것으로 본다(어음법 제12조 제1항). 그밖에 대가문언, 지시문언 등은 어음상에 기재하여도 그 효력이 생기지 않는다.

보충판례 배서일자를 기재함에 있어서 발행일자보다 앞서는 날짜를 기재하더라도 배서일자는 배서의 요건이 아니므로 배서가 무효가 되는 것은 아니며(대법원 1968.6.25.선고 68다243판결), 배서인의 주소는 배서의 요건이 아니므로 배서인의 주소를 허위로 기재한 경우에는 그것이 배서인의 인적 동일성을 해하여 배서인이 누구인지를 알 수 없는 경우가 아닌 한 약속어음상의 권리관계에 아무런 영향을 미치지 않는다(대법원 1986.6.24.선고 84도547판결).

4) 유해적 기재사항

어음금액의 일부에 대한 배서는 무효이다(어음법 제12조 제2항). 그러나 일부 금액의 지급이 있은 후 그 잔액에 대하여 한 배서는 유효하다.

Ⅲ. 배서의 효력

1. 권리이전적 효력

1) 의 의

권리이전적 효력이란 배서에 의하여 어음상의 모든 권리가 어음과 더불어 배서인으로부터 피배서인에게 이전되는 효력을 말한다(어음법 제14조 제1항). 배서의 권리이전적 효력이 발생하기 위해서는 그 방식에 있어서 유효하고, 또 배서인이 어음상의 권리자여야 한다.

2) 인적 항변의 절단

배서의 경우 어음의 유통을 보호하기 위해 배서인에 대한 인적 관계에 기한 항변으로써 선의의 피배서인에게 대항할 수 없게 되며(어음법 제17조 본문), 인적 항변의 절단이 생긴다.

3) 종된 권리의 이전

배서의 권리이전적 효력과 관련하여 어음상의 종된 권리, 즉 질권·저당권·보증채권·위약금의 약속 등도 이전되는가에 대해서는 학설의 대립이 있다.[1)]

---

1) 【학설】 종된 권리의 이전에 대한 학설
배서를 통한 어음채권의 양도에 대하여 지명채권 양도방법에 의한 양도의 경우보다 더 약한 효력을 인정할 수 없

4) 원인관계의 이전

어음의 추상(무인)증권성에서 볼 때 당연히 어음발행의 원인관계는 이전하지 않는다.

2. 담보적 효력

1) 의 의

배서의 담보적 효력이란 배서에 의하여 원칙적으로 배서인이 피배서인 및 기타 자기의 후자 전원에 대하여 인수 및 지급을 담보하는 효력을 말한다(어음법 제15조 제1항). 배서인이 수인인 때에는 각자가 배서인으로서 어음금액의 전액에 대하여 인수 및 지급의 담보책임(합동책임을 말하지만 연대책임이라는 견해도 있다; 이철송, 「어음·수표법」, 296면)을 진다(어음법 제47조 제1항).

배서의 담보적 효력은 배서의 부차적 효력이라는 점에 대해서는 이론(異論)이 없으나, 법정의 효력인가에 대해서는 학설의 대립이 있다.[1)]

2) 독립된 어음채무의 부담

배서인은 피배서인 및 기타 자기의 후자에 대하여 선행하는 어음행위의 실질적 효력 및 배서의 원인관계의 효력과는 관계없이 배서 그 자체의 효력에 의하여 담보책임을 진다.

3) 담보적 효력의 배제·제한

모든 배서에 있어서 담보적 효력이 생기는 것은 아니며, 기한후배서·추심위임배서·무담보배서의 경우의 배서인은 그 후자 전원에 대하여 담보책임이 없고, 배서금지배서의 경우에는 그 직접 피배서인을 제외한 후자에 대하여 담보책임이 없다.

3. 자격수여적 효력

1) 의 의

배서의 자격수여적 효력이란 어음소지인이 배서의 연속에 의하여 그 권리를 증명한 때에는 적법한 어음상의 권리자로 추정되는 효력을 말한다(어음법 제16조 제1항 제1문). 최후의 배서가 백지식

다는 것을 이유로 종된 권리도 이전된다고 하는 견해(긍정설)와, 배서의 권리이전적 효력은 어음의 문언성에 따라 어음상의 권리에 한정되므로 그에 부수하는 종된 권리는 이전하지 않는다는 견해(부정설: 다수설)가 있다.

1) 【학설】 담보적 효력의 법정효력 여부에 대한 학설
배서의 담보적 효력은 법이 어음의 유통을 보호하기 위하여 정책적으로 인정한 법정의 효력이라고 보는 견해(통설)와, 배서의 담보적 효력을 규정한 어음법의 규정은 배서인의 의사와 전혀 관계가 없는 것이 아니며 오히려 대가관계의 기재가 없는 경우를 예상하여 배서인의 의사를 정책적으로 법이 의제하는 것이라고 보는 견해가 있다.

인 경우에도 같다(어음법 제16조 제1항 제2문).

보충판례 배서날인에는 기명무인은 포함되지 않으므로 기명무인으로써 한 어음행위는 무효라 할 것이어서 약속어음에 수차 배서가 될 경우에 시초에만 배서가 기명무인이 되었다면 그 어음에는 본조가 규정한 배서의 연속이 없고 위 무효인 배서 이후의 어음취득자는 배서의 연속에 의하여 그 권리를 증명한 자라 할 수 없다(대법원 1962.11.1.선고 62다604판결).

배서의 자격수여적 효력은 배서의 권리이전적 효력을 전제로 하지 않는 부차적 효력이며, 법이 어음의 간이·신속한 유통을 확보하기 위하여 정책적으로 인정한 법정의 효력이다. 배서의 자격수여적 효력은 모든 배서에서 인정된다.

2) 형식적 배서의 연속

(1) 의 의: 형식적 배서의 연속이란 어음의 기재상 수취인이 제1배서의 배서인이 되고 제1배서의 피배서인이 제2배서의 배서인이 되어 순차로 계속하여 최후의 배서에 이르게 되는 것을 말한다.

(2) 요 건: 형식적 배서의 연속이 있기 위해서는 각 배서는 그 형식에 있어서 유효하여야 하며(대법원 1995.6.9.선고 94다33156판결), 실질적으로 유효할 필요는 없다. 따라서 배서가 어음의 기재상 형식적으로 연속되어 있으면 배서의 연속이 인정되고, 실질적으로 피배서인과 배서인이 동일인이라 하더라도 형식상 전혀 별개의 명칭을 표시한 때(예 피배서인에는 자기의 성명을 기재하고 배서인에는 자기의 상호를 기재하는 경우)에는 형식적 배서의 연속은 인정될 수 없다. 그러나 어음기재가 사회통념상 동일성을 인정할 수 있을 정도(예 수취인을 "갑"으로 하여 발행된 약속어음의 제1배서인이 "주식회사 갑 대표이사 을"이라고 표시한 경우)이면 배서의 연속은 인정된다(대법원 1995.6.9.선고 94다33156판결).

참조판례 甲이 乙에게 발행한 어음을 乙이 丙에게 배서양도하고 丙이 'Y주식회사 대표이사 丙'의 명의로 丁에게 배서양도한 경우, Y주식회사가 실재하지 않고 또 어음채무자의 승낙을 얻어 이와 같이 배서하였다면 이는 丙 개인의 명의의 배서로서 배서의 연속이 있다(대법원 1995.9.15.선고 95다7024판결).

(3) 효 과: 배서가 연속된 어음의 소지인은 어음상의 권리를 행사함에 있어서 실질상의 권리의 증명을 요하지 아니하고 적법한 권리자로 추정되며(어음법 제16조 제1항), 어음상의 권리이전에 있어서 선의취득이 인정된다(어음법 제16조 제2항).

배서연속의 어음소지인(소지인이 진정한 권리자가 아닌 경우에도)에게 어음금을 지급한 어음채무자는 사기 또는 중대한 과실이 없는 한 면책될 수 있다(어음법 제40조 제3항).

3) 말소된 배서

(1) 배서말소의 의의 및 효력: 배서의 말소는 어음상의 배서의 기재를 제거하는 것을 말한다. 말소된 배서는 배서의 연속에 관하여 배서의 기재가 없는 것으로 본다(어음법 제16조 제1항 제3문). 배서의 연속에 관하여 효력이 있는 배서의 말소는 말소권이 있는 자에 의하든 없는 자에 의하든, 고의로 하든 과실로 하든, 거절증서 작성기간 경과 전이든 후이든 불문하고 가능하며, 말소의 방법에도 제한이 없다(대법원 1995.2.24.선고 94다41973판결). 다만, 배서의 말소권이 없는 자에 의한 말소는 어음의 변조가 된다. 반면에, 어음을 환배서에 의하여 환수한 배서인은 자기와 후자의 배서를 말소할 수 있는 권리를 갖는다(어음법 제50조 제2항; 수표법 제46조 제2항).

(2) 일부말소: 배서의 일부내용을 말소하는 경우 그 내용에 따라 말소의 효력이 달라진다. 기명식 배서의 배서인의 기명날인 또는 서명이 말소된 경우 배서의 전부가 말소된 것으로 볼 수 있다. 한편, 여러 개의 기명식 배서가 있는 중에서 중간배서의 피배서인의 기재만을 말소한 경우의 효력에 관하여는 학설의 대립이 있다.[1)]

4) 형식적 배서의 불연속의 효과

(1) 실질적 배서의 연속이 있는 때: ① 형식상 배서의 연속이 단절된 때에는 그 후의 배서의 피배서인은 실질상의 권리의 승계가 있어도 어음상의 권리자로는 추정되지 않으며, 단절 전의 최후의 배서의 피배서인이 어음상의 권리자로 추정된다. 증명에 의하여 어음상의 권리를 실질적으로 승계한 자라도 배서가 단절된 이후의 배서에 의하여 자격수여적 효력은 인정되지 않지만, 권리이전적 효력과 담보적 효력은 인정된다.

보충 甲으로부터 배서받은 乙까지는 배서연속이 있지만 乙로부터 상속 또는 지명채권 양도방법으로 권리이전을 받은 丙이 丁에게 배서양도한 경우, 배서의 형식적 연속이 없으므로 丙과 丁은 자격수여적 효력이 인정되지 않지만, 丙의 배서에 권리이전적 효력과 담보적 효력은 인정된다.

② 배서의 단절 이후에는 선의취득이 인정되지 않고, 인적 항변이 절단되지 않으며, 선의지급의 면책력도 인정되지 않는다.

③ 배서단절의 어음의 실질적 권리를 증명하여 어음상의 권리를 행사할 수 있는가에 대해 학설의 대립이 있으나,[2)] 판례는 긍정설을 취하고 있다.

---

1) 【학설】 피배서인의 기재만의 말소의 효력에 관한 학설
기명식 배서가 여러 개 있는 경우에 중간배서의 피배서인의 기재만을 말소한 때에, 말소권한이 있는 자에 의한 경우 백지식 배서로 보고 말소권한이 없는 자에 의한 말소는 효력이 없으므로 기명식 배서로 보는 견해(권한고려설), 말소권한의 유무를 불문하고 피배서인의 말소는 백지식 배서라고 보는 견해(백지식 배서설), 말소의 권한의 유무를 불문하고 피배서인의 말소는 피배서인의 말소가 있는 그 배서 전부의 말소가 된다고 보는 견해(다수설: 전부말소설)가 있다.

【판례】 대법원 1995.9.15.선고 95다7024판결

어음에 있어서의 배서의 연속은 형식상 존재함으로써 족하고 또 형식상 존재함을 요한다 할 것이니, 형식상 배서의 연속이 끊어진 경우에 딴 방법으로 그 중단된 부분에 관하여 실질적 관계가 있음을 증명한 소지인이 한 어음상의 권리행사는 적법하다.

(2) 실질적 배서의 연속이 없는 때: 앞의 예에서 乙 이후 배서의 단절이 있고 이때 丙이 습득자이고 丙이 丁에게 배서를 한 경우, 丙이 무권리자이므로 배서를 받은 丁은 승계취득이나 선의취득이 인정되지 않으며 권리이전적 효력이 없고, 배서불연속에 따라 자격수여적 효력도 인정되지 않는다. 그러나 배서행위의 독립의 원칙에 따라 담보적 효력은 인정된다. 한편, 습득자인 丙이 乙의 배서를 위조하고 丁에게 배서한 경우에는 형식적 배서의 연속에 의하여 丁이 선의인 경우 선의취득이 인정되고, 丙의 丁에 대한 배서에는 자격수여적 효력과 담보적 효력도 인정된다.

5) 담보목적의 배서와 불연속

담보목적의 배서란 어음을 양도한다는 목적은 없이 오직 배서인으로서의 담보책임만을 부담할 목적으로 어음에 배서의 기명날인 또는 서명을 하는 것을 말한다. 이러한 담보목적의 배서가 있고 이로 인하여 배서의 불연속을 가져온 경우 담보목적으로 한 배서의 배서인이 배서인으로서의 담보책임을 져야 하는가에 대해 학설의 대립이 있다.[1)]

보충판례 ① 약속어음의 배서인이 채무자(어음 발행인)와 채권자의 대여관계의 내용을 알고 배서하였다는 점이나 채권자가 배서인의 보증이 없었다면 대여금을 대여하지 않았을 것이며 이러한 사정을 배서인이 잘 알고 있었다는 점은 배서인에게 민사상 보증채무까지 부담지우는 근거가 되기에 부족하(다)(대법원 2009.10.29.선고 2009다44884판결).

② 을을 수취인으로 하여 발행한 어음에 갑이 그냥 담보의 목적으로 배서를 한 나머지 배서가 단절된 경우, 을이 실질적 권리자임이 증명되고 갑의 배서가 배서로서의 유효요건을 구비하고 있다면 배서의

2) 【학설】 배서의 단절에 대한 실질적 권리증명시 어음상의 권리취득에 관한 학설
배서가 단절된 어음의 소지인이 그 실질적 권리를 증명하여 어음상의 권리를 행사할 수 있는가에 관하여, 실질적 권리가 증명되면 단절된 배서는 가교되어 배서의 연속이 회복되어 어음의 소지인이 권리를 행사할 수 있다는 견해(가교설: 통설·판례)와, 실질적 권리승계 사실을 입증하더라도 배서의 연속이 회복되는 것은 아니므로 자격수여적 효력은 없고 어음소지인은 자기가 실질적 권리자임을 입증하여야 어음상의 권리를 행사할 수 있다는 견해가 있다.

1) 【학설】 담보목적의 배서에 있어서 배서인의 책임에 관한 학설
배서인의 배서가 배서로서의 유효요건을 구비하고 있는 한 배서인으로서의 담보책임을 져야 한다는 견해(통설·판례)와, 민법상 보증인의 책임을 물어 구체적 타당성을 기할 수 있으므로 배서인으로서의 책임이 없다는 견해가 있다. 통설·판례에 따르면 담보목적의 배서의 배서인은 자기의 후자에 대해서만 담보책임을 부담하는 것이므로 원칙적으로 전자를 위하여도 효력을 미칠 수 있는 어음보증과는 차이가 있고, 담보목적의 배서는 배서인의 의도에 따라 담보적 효력은 있으나 권리이전적 효력은 없는 특수배서로서 담보적 효력은 법정의 효력이 아니라 당사자의 의사표시에 따른 효력이라 한다.

담보적 효력은 인정되어야 하고, 그와 같은 경우에는 배서가 단절된 채로 지급제시를 하여 지급거절되었다고 하더라도 그 지급제시는 적법한 것으로 보아 어음소지인은 배서인에 대하여 소구(상환청구)권을 행사할 수 있다(대법원 1995.9.29.선고 94다58377판결).

IV. 특수한 양도배서

1. 무담보배서

1) 무담보배서의 의의

무담보배서란 배서인이 어음상의 담보책임을 부담하지 않는다는 뜻을 기재한 배서를 말한다(어음법 제15조 제1항). 배서인은 종국적 의무자가 아니므로 인수담보책임과 지급담보책임을 모두 지지 않을 것을 기재할 수 있고, 또 그 책임을 어음금액의 일부에 제한할 수도 있고 지급담보에만 제한할 수도 있다.

2) 무담보배서의 효력

무담보배서를 한 경우 배서인은 담보책임이 없거나 제한된다. 무담보배서의 배서인은 직접의 피배서인뿐만 아니라 그의 후자에 대해서도 담보책임이 없다. 배서인이 단순히 담보책임을 지지 아니한다는 뜻을 기재한 경우 인수담보책임과 지급담보책임 모두를 지지 않는다는 것을 의미하고, 지급무담보를 기재한 경우에는 인수무담보를 포함한 것으로 본다. 무담보배서는 담보적 효력이 없으나, 권리이전적 효력과 자격수여적 효력은 인정된다.

2. 배서금지배서

1) 배서금지배서의 의의

배서금지배서란 새로운 배서를 금지하는 뜻을 기재한 배서를 말한다(어음법 제15조 제2항). 환어음의 발행인이 배서금지문언을 기재하면 배서금지어음이 되어 배서에 의하여 어음상의 권리를 양도할 수 없으나, 배서인이 배서금지문언를 기재하면 배서금지배서가 되어 배서에 의하여 어음상의 권리가 양도될 수 있다.

2) 배서금지배서의 효력

배서금지문언을 기재한 경우 그 배서인은 자기의 직접의 피배서인에 대하여만 담보책임을 부담하고 그 후의 피배서인에 대하여는 어음상의 책임을 지지 않는다(어음법 제15조 제2항 후단). 배서금지배서의 피배서인이 다시 배서를 한 경우 그 피배서인은 배서인으로서의 담보책임을 진다. 배서금지배서라도 권리이전적 효력과 자격수여적 효력이 있다. 배서금지배서의 담보적 효력에 관해서는 학설의 대립이 있다.[1)]

3. 환배서

1) 환배서의 의의

환배서(還背書)라 함은 어음상의 채무자를 피배서인으로 한 양도배서로서(어음법 제11조 제3항), 기명식이든 백지식이든 불문한다. 즉, 인수인·발행인·배서인·보증인 또는 참가인수인을 피배서인으로 한 배서를 말한다. 인수하지 않은 지급인은 채무자가 아니므로 이에 대한 배서는 환배서가 아니지만, 편의상 환배서에 관한 규정에서 함께 규정하고 있다.

보충 어음소지인이 어음채무자 중 1인에게 어음을 양도하고자 하는 경우 단순히 교부에 의해 반환하면서 양수인과 양도인의 중간에 행해진 배서를 말소하는 방법이 있다. 배서말소에 의한 양도는 종전의 배서인에게만 권리행사가 가능하고, 중간의 어음행위자에 대해서는 권리행사가 불가능하다.

환배서에 의하여 어음을 취득한 배서인의 권리의 성질에 대해서는 학설의 대립이 있다.[2)]

2) 환배서의 효력

(1) 일반적 효력: 환배서도 배서이므로 배서의 권리이전적 효력, 담보적 효력, 자격수여적 효력이 있고, 선의취득도 인정된다. 다만, 어음항변은 피배서인과 그 상대방이 누구인가에 따라서 다르다.

---

1) 【학설】 배서금지배서의 효력과 학설
배서금지배서인은 「피배서인을 제외한 그 후의 피배서인에 대해서는 어음상의 책임을 부담하지 않는다」는 어음법 제15조 제2항 후단의 규정에 대해 다음과 같은 학설의 대립이 있다.
① 무책임설: 조문의 표현에서 보아 배서인은 그 후의 피배서인에 대하여 일체의 소구(상환)의무를 부담하지 않는다는 견해(통설)이다.
② 담보책임설: 배서금지배서를 하는 목적은 자신의 피배서인에 대한 항변권이 차단되는 것을 방지하려는 것인데, 이 목적은 그 항변권을 이후의 소지인에 대해서도 행사할 수 있게 하면 달성되므로 배서금지배서인도 항변권이 유지된 상태에서 담보책임을 져야 한다는 견해이다.
③ 상환청구권 양도설: 배서금지배서의 피배서인이 배서인에 대하여 갖는 상환청구권은 어음에 화체(化體)되어 배서양도에 의하여 그 후의 피배서인에게 이전되어 상환청구권을 행사할 수 있게 되지만, 인적 항변이 절단되지 않아 상환청구권 이외의 권리는 행사할 수 없다는 견해이다.

2) 【학설】 환배서에 의하여 어음을 취득한 배서인의 권리에 관한 학설
환배서에 의하여 어음을 취득한 배서인이 전자에 대하여 갖는 상환청구권은 배서인이 종전에 가지고 있었던 어음상의 권리를 회복한 것이라는 견해와, 어음상의 권리를 재취득한 것이라는 견해가 있다.

(2) 환어음발행인에 대한 환배서: 환어음의 발행인이 환배서를 받은 경우에는 자기의 전자는 발행을 표준으로 할 때 모두 자기의 후자가 되므로, 발행인인 소지인은 모든 전자에 대하여 어음상의 권리를 행사할 수 없게 된다. 그러나 발행인이 후자를 위하여 특히 보증의 목적으로 발행인이 된 경우에는 그 후자에 대하여 상환청구권을 행사할 수 있다.

(3) 주채무자에 대한 환배서: 환어음의 인수인이 환배서에 의하여 어음을 취득한 경우에는 인수인의 자격에서는 모든 어음채무자에 대하여 지급의무를 부담하는 것이므로 항변의 대항을 받게 되어 어음상의 권리를 행사할 수 없다. 인수인이 환배서를 받은 경우에도 어음상의 권리는 소멸하지 않으므로 인수인은 다시 그 어음을 배서양도할 수 있다.

주채무자에 대한 기한후환배서에 대하여 혼동이론이 적용될 수 있는가에 대해서는 학설의 대립이 있다.[1)]

(4) 배서인에 대한 환배서: 배서인이 환배서에 의하여 어음을 취득한 경우 자기가 한 배서를 표준으로 하여 자기의 후자가 되는 어음채무자에 대하여는 반대채권의 대항을 받게 되지만, 인수인·발행인 및 기타의 전자에 대해서는 아무런 반대채권의 대항 없이 상환청구권을 행사할 수 있다.

어음채무자가 특정한 배서인에게 대항할 수 있는 인적 항변은 그 배서인이 다시 환배서에 의하여 어음을 취득한 경우에는 절단되지 않는다.

(5) 참가인수인·보증인에 대한 환배서: 참가인수인 또는 보증인에 대한 환배서의 효력은 각각 피참가인 또는 피보증인에 대한 환배서의 경우와 같다.

(6) 인수하지 않은 지급인에 대한 배서: 인수하지 않은 지급인은 어음채무자가 아니므로 지급인에 대한 배서는 환배서가 아니다. 따라서 지급인인 어음소지인은 어음상의 권리를 직접 행사할 수 있고, 다시 제3자에게 배서양도할 수 있다.

4. 기한후배서

1) 기한후배서의 의의

기한후배서란 지급거절증서 작성 후 또는 그 작성기간 경과 후의 배서를 말한다(어음법 제20조 제1항 단서 참조). 기한후배서는 만기 후의 배서와 다르다. 만기 후에 한 배서는 만기 전의 배서와 동일한 효력이 인정된다(어음법 제20조 제1항 전문). 기한후배서인가의 여부는 실제에 배서를 한 때를 표준으

1) 【학설】 주채무자에 대한 기한후환배서의 효력에 대한 학설
어음의 주채무자가 만기 후 또는 거절증서 작성 후 또는 거절증서 작성기간 경과 후에 환배서를 받은 경우 혼동이론이 적용되어 어음상의 권리가 소멸된다고 하는 견해와, 혼동이론은 적용되지 않는다고 하는 견해가 있다.

로 하여 결정하고, 배서에 일자의 기재가 없는 경우에는 거절증서 작성기간 경과 전에 한 것으로 추정한다(어음법 제20조 제2항).

【판례】 대법원 1994.2.8.선고 93다54927판결

백지식으로 배서가 된 약속어음의 소지인이 지급거절증서 작성기간이 경과되기 전에 배서일이 백지로 된 채 배서에 의하여 그 약속어음을 양도받은 것이라면, 지급거절증서 작성기간이 경과된 후에 배서일을 지급거절증서 작성기간 경과 전으로, 피배서인을 자신으로 각 보충하였다고 하더라도 기한후배서로 볼 수는 없다.

2) 지급거절 또는 인수거절과 기한후배서

(1) 지급거절과 기한후배서: 지급거절증서 작성면제의 문언이 있는 경우에 지급거절증서 작성기간 경과 전에 한 배서나, 지급거절증서 작성면제의 문언이 없음에도 불구하고 지급거절증서가 작성되지 않고 지급거절증서 작성기간 경과 전에 한 배서의 효력에 대해서는 견해의 대립이 있다.[1)]

한편, 지급거절증서 작성면제문언이 없음에도 불구하고 지급거절증서는 작성되지 않았으나 지급거절의 사실이 어음면상 명백하게 나타나 있는 경우, 예를 들어 지급예금액의 부족으로 어음교환소나 지급은행이 어음에 '지급거절'이라는 스탬프를 찍은 경우 또는 은행도(銀行渡)어음의 경우 발행인이 도난계·사취계 등을 제출한 경우, 그 후의 배서가 기한후배서에 해당하는가에 대해서는 학설의 대립이 있다.[2)]

【판례】 대법원 1987.8.25.선고 87다카152판결[동지: 대법원 2001.1.28.선고 99다44250판결]

어음법 제20조에 의하면 만기 후의 배서가 이루어졌더라도 그것이 지급거절증서 작성 전 또는 지급거절증서 작성기간 경과 전에 이루어진 것이면 만기 전의 배서와 동일한 효력을 가진다 할 것이고 한편, 거절증서는 위탁자의 위탁에 의하여 공증인 등이 작성하게 되어 있어 비록 만기시에 지급제시된 어음에 교환필이라는 스탬프가 압날되고 예금부족 등의 사유로 지급거절한다는 취지의 지급은행의 부전(附箋)이 첨부되어 있는 등 지급거절사실이 어음면에 명백하게 되어 있다 하더라도 이를 가지고 적법한 지급거절증서가 작성되었다고 할 수 없다 하겠으므로 그러한 어음에 대한 배서도 그것이 지급거절증서 작성기간 내의 것이기만 하면 이는 기한 후의 배서가 아닌 만기 후의 배서로서 만기 전의 배서와 동일한 효력이 있다.

---

1) 【학설】 지급거절증서 작성기간 경과 전의 배서의 기한후배서성 여부에 대한 학설
지급거절증서 작성면제의 문언이 있는 경우에는 지급거절증서 작성기간 경과 전의 배서는 기준의 불확실성 등에 비추어 기한후배서로 볼 수 없다는 견해(다수설)와, 배서인이 지급거절의 사실과 이러한 지급거절 후에 배서한 사실을 입증하면 지급거절증서가 작성되지 않고 한 배서라도 기한후배서로 보아야 한다는 견해가 있다.

2) 【학설】 지급거절의 사실이 명백한 경우 기한후배서성 여부에 대한 학설
지급거절증서 작성면제문언이 없음에도 불구하고 지급거절증서는 작성되지 않았으나 지급거절의 사실이 어음면상 명백하게 나타나 있는 경우라도 지급거절증서 작성기간 경과 전에 한 배서에 대해 적법한 거절증서가 작성되어 있지 않으므로 그 배서는 기한후배서로 볼 수 없다는 견해(만기후배서설: 다수설·판례)와, 어음법 제20조 제1항 단서의 「지급거절증서 작성 후의 배서」를 확대해석하여 지급거절이 명백하므로 그 배서는 기한후배서에 준하여 보는 것이 타당하다는 견해(기한후배서설)가 있다.

(2) 인수거절과 기한후배서: 인수거절증서 작성 후의 배서도 어음면상 상환청구권을 행사할 수 있는 어음이 명백하고 또 그 신용의 정도도 지급거절증서 작성 후의 어음과 다를 바 없으므로 기한후배서로 볼 수 있다. 그러나 이것은 만기 전에 상환청구권을 행사할 수 있는 경우로서 인수의 전부가 거절되어 인수거절증서가 작성된 경우만을 의미한다.

3) 기한후배서의 입증책임

기한후배서인지 여부는 실제로 배서한 날을 기준으로 하고(대법원 1964.5.26.선고 63다967판결), 또 기한후배서에 의하여 이익을 보는 자는 어음채무자이므로, 어음상 배서일자의 기재 유무에 불문하고 어음채무자는 실제로 배서한 날을 입증하여 기한후배서임을 주장할 수 있다.

4) 기한후배서의 효력

(1) 권리이전적 효력: 기한후배서에 의하여 지명채권양도절차를 밟을 필요 없이 어음상의 권리가 이전하기는 하지만, 피배서인은 배서인이 가졌던 권리를 취득하는 것에 불과하다.

【판례】 대법원 1997.11.14.선고 97다38145판결[동지: 대법원 2012.3.29.선고 2010다106290·106306·106313판결]

어음법 제20조 제1항 후문의 지명채권양도의 효력만 있다는 규정은 단지 그 효력이 지명채권양도의 그것과 같다는 취지일 뿐이므로, 민법상 지명채권의 양도·양수 절차인 채권양도인의 통지 또는 채무자의 승낙을 필요로 하는 것은 아니다.

(2) 담보적 효력: 기한후배서의 경우에는 지명채권양도의 효력만이 인정된다(어음법 제20조 제1항 후문). 즉, 배서인은 피배서인과 그 후자에 대해 어음상의 담보책임을 지지 않으므로, 담보적 효력이 없다. 한편, 배서인이 거절증서작성에 의해 상환청구권을 갖고 있는 상태에서 배서한 경우 그 피배서인은 배서인의 권리를 승계하므로, 피배서인은 배서인의 전자에 대해 상환청구권을 행사할 수 있다.

(3) 자격수여적 효력: 기한후배서에 의하여 어음이 유통된 경우에도 자격수여적 효력이 있고, 배서연속이 있는 경우 피배서인은 권리추정력이 인정되므로 어음상의 권리를 행사할 수 있다. 동시에 지급면책의 효력도 인정된다.

(4) 선의취득: 기한후배서는 지명채권양도의 효력밖에 없고 유통을 보호할 필요가 없으므로 어음법 제16조 제2항의 선의취득은 인정되지 않는다.

(5) 인적항변: 기한후배서에는 항변의 절단이 일어나지 않는다(기한후배서에 의하여 절단되지 않는 인적항변사유는 어음 법 제17조에 해당하는 인적 항변사유에 한정되므로, 교부 흠결의 항변, 의사표시의 하자의 항변, 보충권 남용의 항변 등은 포함되지 않는다; 정찬형, 「상법강의(하)」, 제16판, 293면). 즉, 어음채무자는 기한후배서의 피배서인에 대하여는 그 배서의 배서인에 대한 인적 항변을 가지고 대항할 수 있다(대법원 1990.4.25.선고 89다카20740판결).

【판례】 대법원 1997.7.22.선고 96다12757판결

피배서인이 어음의 지급거절증서 작성기간 경과 후에 피배서인의 명의로 된 배서인란의 기재를 말소하고 그 대신 수취인인 배서인 명의의 기명날인을 받은 경우, 이는 기한후배서로서 지명채권양도의 효력만이 있으므로 어음채무자는 피배서인에 대하여 배서인에 대한 모든 인적 항변으로 대항할 수 있다.

그러나 현재의 어음소지인에게 어음을 양도한 자가 어음취득 당시 선의였기 때문에 그에게 대항할 수 없었던 사유에 대하여는 현재의 어음소지인에게 대항할 수 없고, 이는 기한후배서에 의하여 어음을 취득한 현재의 어음소지인에게도 대항할 수 없다(대법원 1994.5.10.선고 93다58721판결). 또한 기한후배서 이후에 발생한 배서인에 대한 인적 항변사유로는 피배서인에게 대항할 수 없다.

【판례】 대법원 2002.4.26.선고 2000다42915판결

약속어음 발행인으로부터 인적 항변의 대항을 받는 어음소지인은 당해 어음을 제3자에게 배서·양도한 후 환배서에 의하여 이를 다시 취득하여 소지하게 되었다고 할지라도 발행인으로부터 여전히 위 항변의 대항을 받는다고 할 것이고, 한편 기한후배서는 보통의 배서와는 달리 지명채권양도의 효력밖에 없어 그것에 의하여 이전되는 권리는 배서인이 배서 당시 가지고 있던 범위의 권리라 할 것이므로 어음채무자는 그 배서 당시 이미 발생한 배서인에 대한 모든 항변사실을 피배서인에 대하여도 대항할 수 있다 할 것인데, 이러한 이치는 환배서인 기한후배서라도 마찬가지라고 할 것이다.

V. 특수배서

1. 추심위임배서

1) 추심위임배서의 의의

추심위임배서는 배서인이 피배서인에게 어음상의 권리를 행사할 대리권을 부여할 목적으로 그 뜻을 기재하여 하는 배서를 말한다.

2) 공연한 추심위임배서

(1) 방 식: 배서에 '회수하기 위하여', '추심하기 위하여', '대리를 위하여' 등으로 대리권 수여를 표시하는 문언을 부기하여야 한다(어음법 제18조 제1항 본문).

어음금액 중 일부를 양도배서하고 그 나머지를 추심위임배서로 하는 것은 인정되지 않는다. 대리를 위한 배서에 의한 대리권은 그 수권자가 사망하거나 무능력자가 됨으로 인하여 소멸하지 아니한다(어음법 제18조 제3항).

(2) 효 력

① 추심위임배서는 대리권수여의 효력과 자격수여적 효력은 인정되지만, 권리이전적 효력과 담보적 효력은 없다. 따라서 추심위임배서를 받은 피배서인은 다시 추심위임배서를 할 수는 있으나(복대리인의 선임이 된다), 양도배서를 할 수 없다(어음법 제18조 제1항 단서).

② 추심위임배서의 피배서인은 추심대리권의 범위 내에서 어음으로부터 생기는 모든 권리를 행사할 수 있다. 피배서인의 대리권은 어음상의 권리 등을 행사하는 데 필요한 일체의 포괄적 대리권이므로 재판상·재판 외의 모든 행위를 할 수 있고, 백지보충권이나 이득상환청구권도 행사할 수 있다. 따라서 피배서인은 배서인의 명의로 소송대리인으로서 소를 제기할 수 있다.

③ 피배서인은 배서인을 위하여 어음의 분실·도난 등으로 상실한 경우 제권판결을 위한 공시최고를 청구할 수 있다. 그러나 피배서인은 어음상의 권리자가 아니므로 어음상의 권리의 면제, 화해 등 권리의 처분을 하지 못한다.

④ 배서인은 어음상의 권리를 상실하는 것은 아니므로 그 배서를 말소하거나 또는 자신이 직접 추심하거나 양도배서할 수 있다.

⑤ 추심위임배서의 피배서인이 배서연속된 어음에서 외관상 추심위임배서를 받고 있으면 피배서인에게 어음채무자가 지급하면 사기 또는 중과실이 없는 한 선의지급의 면책이 인정된다(어음법 제18조 제1항 본문 참조). 그러나 피배서인에게 자격수여적 효력이 인정되더라도 독립된 경제적 이익이 없으므로 피배서인의 선의취득은 인정되지 않는다.

⑥ 추심위임배서의 경우에는 어음채무자는 배서인에게 대항할 수 있는 항변만으로써 소지인에게 대항할 수 있다(어음법 제18조 제2항).

3) 숨은 추심위임배서

(1) 의 의: 숨은 추심위임배서란 어음상의 권리행사의 대리권을 수여할 목적으로 통상의 양도배서의 방식으로 하는 배서이다. 이러한 배서의 유효성을 인정하는 것이 통설·판례의 입장이다(대법원 1990.4.13.선고 89다카1084판결).

다만, 이른바 숨은 추심위임배서는 어음상의 권리를 신탁적으로 양도한다는 입장에서나 어음상의 자격을 수여하는 것이라는 입장에서나 또는 당사자의 의사에 따라 신탁적 양수로 보거나 자격수여로 본다는 입장에서나 그 어떠한 관점에서든 간에 신탁법 제7조는 소송행위를 하게 하는 것을 금하고 이에 반하는 행위를 무효로 하고 있으므로 이와 같은 숨은 추심위임을 위한 어음배서가 소송행위를 하게 하는 것을 그 주된 목적으로 행하여졌을 경우에는 어음상의 권리이전행위인 배서는 그 효력이 발생하지 않는다(대법원 1982.3.23.선고 81다540판결).

【판례】 대법원 2007.12.13.선고 2007다53464판결

[1] 수표의 숨은 추심위임배서가 소송행위를 하게 하는 것을 그 주된 목적으로 하는 경우에는 신탁법 제7조를 위반하는 권리이전행위이므로 무효이고, 소송행위를 하게 하는 것이 주목적인지 여부는 추심위임배서에 이르게 된 경위와 방식, 추심위임배서가 이루어진 후 제소에 이르기까지의 시간적 간격, 배서인과 피배서인 간의 신분관계 등 여러 상황에 비추어 판단하여야 한다.

[2] 수표의 수취인이 발행인과의 분쟁으로 인한 인적 항변에 의하여 수표금을 지급받지 못하게 될 것이 예상되자 제3자를 통한 소제기로 승소판결을 받아 수표금을 지급받기 위하여 제3자를 피배서인으로 하여 수표를 배서양도한 경우, 이러한 배서는 제3자로 하여금 소송행위를 하게 하는 것을 주된 목적으로 하는 소송신탁에 해당하여 무효이다.

(2) 효 력: 숨은 추심위임배서는 추심위임을 목적으로 하는 통상의 양도배서로서 그 법적 성질[1)]을 어떻게 보는가에 따라 효력문제도 달라진다.

---

1) 【학설】 숨은 추심위임배서의 법적 성질에 대한 학설

① 신탁양도설(판례·다수설): 어음상의 권리는 피배서인에게 이전하고, 추심위임의 합의는 당사자 간의 인적 항변사유가 되는 데 그친다는 견해이다. ⇒ 이 견해에 의할 경우 다음과 같은 효력이 있다.

㉠ 권리이전적 효력과 자격수여적 효력이 인정되고, 선의지급의 면책력이 인정된다.

㉡ 인적 항변 절단의 효력 인정 여부: 피배서인에게 어음상의 권리가 이전되는 권리이전적 효력이 있으나, 당사자 간의 추심위임의 합의는 인적 항변사유가 된다. 권리이전적 효력과 관련하여 인적 항변의 절단의 효력에 대해서는 원칙적으로 인적 항변의 절단을 인정하면서, 예외적으로 어음채무자가 추심위임배서임을 입증하게 되면 인적 항변이 절단되지 않는다는 견해와, 피배서인이 독립된 경제적 이익을 갖지 아니하므로 피배서인의 선의·악의를 불문하고 인적 항변의 절단을 부정하는 견해(다수설)가 대립하고 있다. 그리고 어음채무자가 피배서인에 대한 항변사유를 주장할 수 있는가에 대해 긍정하는 견해(다수설)와 부정하는 견해가 있다.

※ 판례(대법원 1990.4.13.선고 89다카1084판결)는 숨은추심위임배서의 경우 인정항변이 절단되지 않는다고 한다.

㉢ 담보적 효력: 배서인과 피배서인 간에는 추심위임의 약정이 있으므로 배서인은 피배서인에 대하여 담보책임을 부담하지 않는다. 그러나 피배서인이 제3자에게 양도배서를 한 경우에는 피배서인으로부터 제3자가 어음상 권리를 취득하므로 배서인은 제3자에 대하여는 담보책임을 부담한다.

㉣ 선의취득제도의 적용 여부: 피배서인은 독립된 경제적 이익이 없으므로 선의취득이 인정되지 않으나, 피배서인이 어음을 도난·분실한 경우에는 제3자의 선의취득이 있을 수 있다. 반면에 피배서인으로부터 배서양도를 받은 양수인은 선의·악의에 관계없이 어음상의 권리를 취득하며, 이는 선의취득이 아니고 통상의 권리취득이다. 다만, 양수인이 악의인 경우 악의의 항변으로 대항할 수 있다.

㉤ 피배서인의 파산시 효력: 피배서인이 파산한 경우 어음상의 권리는 파산재단에 귀속되므로 배서인의 환취권이 인정되지 않는다는 견해(통설)와 환취권을 행사할 수 있다는 견해가 있다.

㉥ 배서인의 추심위임해제 후 어음을 회수하지 아니한 경우: 어음이 피배서인에게 있는 한 피배서인의 청구에 대해 어음채무자는 이에 응할 수밖에 없을 것이나, 피배서인의 권리행사는 권리남용·신의성실의 원칙 위반에 해당하고 피배서인에 대한 지급은 배서인에 대한 불법행위에 해당하므로 피배서인은 어음상의 권리를 행사할 수 없다고 본다.

② 자격수여설: 숨은 추심위임배서의 실질을 중시하여 숨은 추심위임배서에 의하여 피배서인에게 어음상의 권리는 이전하지 않고, 피배서인은 단순히 배서인의 어음상의 권리를 행사할 수 있는 자격만을 부여한다고 보는 견해이다. 이 견해에 의하면 자격수여적 효력은 인정되지만 권리이전적 효력, 인적 항변의 절단, 담보적 효력이 인정되지 않는다. 한편, 권리이전의 효력이 없으므로 피배서인은 선의취득이 인정되지 않지만, 피배서인으로부터 배서양도를 받은 양수인은 선의이고 중대한 과실이 없으면 선의취득이 인정된다.

③ 절충설: 숨은 추심위임배서가 자격수여를 위한 배서인가 신탁적 양도를 위한 배서인가는 당사자의 의사에 의하여 결정되는데, 당사자의 의사가 불분명한 경우에는 자격수여를 위한 배서로서 추정할 것이라고 보는 견해이다.

【판례】 대법원 1994.11.22.선고 94다30201판결

가. 은행이 어음할인을 해 주었다가 그 지급이 거절되는 등의 사유로 은행이 환매권을 행사한 다음 그 환매대금채권과 채무자의 은행에 대한 예금반환채권을 상계처리한 경우에는 원칙적으로 그 어음을 채무자에게 반환하여야 하나, 그 채무자에게 곧 이행하여야 할 나머지 채무가 있고 그 어음에 채무자 이외의 다른 어음상 채무자가 있는 때에는 은행은 그 어음을 계속 점유하고 추심 또는 처분하여 임의로 채무의 변제에 충당할 수 있다는 취지의 이른바 상계될 어음의 유치특약은 은행이 처무자의 위임에 의하여 그 채무자를 대신하여 어음을 추심 또는 처분하는 권한을 부여받은 약정으로서 유효하다.

나. '가'항의 경우 채무자가 어음할인의뢰시 행한 양도배서는 추심위임을 위한 배서로 유용되어 은행은 추심위임배서의 피배서인의 지위에 서게 되므로, 어음채무자는 배서인(즉, 채무자)에 대한 인적 항변사유로서 은행에 대항할 수 있다고 보아야 한다.

2. 입질배서

1) 입질배서의 의의

입질배서란 어음상의 권리에 질권을 설정할 목적으로 어음에 그 뜻을 기재함으로써 하는 배서를 말한다.

2) 공연한 입질배서

(1) 방 식: 배서 자체 가운데 '담보하기 위하여', '입질하기 위하여' 등 질권설정을 표시하는 문언을 부기함으로써 한다(어음법 제19조 제1항).

(2) 효 력

① 입질배서에 의하여 피배서인은 배서인에 속하는 어음상의 권리 위에 질권을 취득하며, 그 결과 피배서인이 어음상의 모든 권리를 행사할 수 있는 자격수여적 효력이 인정된다(어음법 제19조 제1항 본문). 따라서 권리추정력과 선의지급의 면책력이 인정된다. 「어음상의 모든 권리를 행사할 수 있다」는 것은 어음금지급청구권이나 상환청구권 등 어음상의 권리의 행사를 위하여 재판상·재판외의 모든 행위를 할 수 있다는 뜻이다.

② 어음채무자는 피배서인에게 악의가 없는 한 배서인에 대한 항변으로써 피배서인에게 대항하지 못한다. 즉, 인적 항변의 절단이 인정된다. 그러나 소지인이 그 채무자를 해함을 알고 어음을 취득한 때에는 그러하지 아니하다(어음법 제19조 제2항). 반면에 어음채무자는 피배서인에 대한 인적 항변사유가 있는 때에는 이로써 대항할 수 있다.

③ 입질배서의 경우 권리이전적 효력은 없으며, 입질배서의 피배서인이 한 배서는 그 기재형식에 불구하고 추심위임배서로서의 효력을 가질 뿐이다(어음법 제19조 제1항 단서). 피배서인에게 악의 또는 중대한 과실이 없는 때에는 질권의 선의취득이 인정된다.

④ 입질배서에 의하여 어음상의 권리에 질권이 설정된 경우에 피배서인인 질권자가 그 권리를 실행함에 있어서는 민법 제353조(질권의 목적이 된 채권의 실행방법)가 적용되지 않는다. 따라서 입질배서의 피배서인은 피담보채권액과 그 변제기 여하에 불구하고 질권의 목적인 어음상의 권리가 만기가 도래하면 어음금 전액에 대하여 어음상의 권리를 행사할 수 있고, 피담보채권의 변제기가 도래하지 않았으면 지급받은 어음금액을 피배서인은 공탁하여야 한다.

보충 입질배서의 피배서인이 입질배서를 말소한 후 어음을 배서인에게 반환하면 질권은 소멸하여 배서인은 아무런 제한 없이 어음상의 권리를 행사할 수 있으나, 입질배서의 피배서인이 입질배서를 말소하지 않고 단순히 어음을 배서인에게 교부만 한 경우에는 질권의 소멸을 입증한 경우에 한하여 어음상의 권리를 행사할 수 있다(정찬형, 「어음·수표법강의」, 504면).

입질배서의 피배서인은 이득상환청구권자가 될 수 있는가에 대해서는 학설의 대립이 있다.[1)] 한편, 입질배서에 담보적 효력이 있느냐에 대해서도 학설의 대립이 있다.[2)]

3) 숨은 입질배서

실질적으로 질권설정의 목적을 가지면서 형식적으로는 통상의 양도방법을 취하는 것으로서, 그 성질은 신탁배서로 본다. 따라서 숨은 입질배서는 양도배서로서의 효력이 있으므로 권리이전적 효력, 자격수여적 효력, 담보적 효력, 선의취득, 선의지급의 면책력이 인정된다. 또한 권리이전적 효력과 관련하여 발생하는 인적 항변의 절단이 인정된다.

---

1) 【학설】 입질배서의 피배서인의 이득상환청구권 행사 가능 여부에 관한 학설
입질배서의 피배서인이 이득상환청구권을 행사할 수 있는가에 대해 입질배서의 취지에서 볼 때 당사자 간의 특약이 없는 한 행사할 수 없다는 견해와, 입질배서의 피배서인이 실질적으로 어음상의 권리를 취득한 자와 같으므로 행사할 수 있다는 견해가 있다.

2) 【학설】 담보적 효력의 인정에 대한 학설
입질배서의 담보적 효력을 부정하는 견해와, 피배서인이 어음금의 지급을 받아서 우선변제에 충당할 수 있음을 기대한다는 점을 고려할 때에는 입질배서의 피배서인이 만기에 지급받을 것을 담보하는 것으로 인정하는 견해(통설)가 있다.

표 6-1 ▶ 각종 배서의 효력

구분	권리이전적 효력	자격수여적 효력	담보적 효력	선의취득	인적 항변의 절단
양도배서	인정	인정	인정	인정	인정
백지식 배서	인정	인정	인정	인정	인정
배서금지어음 양도	인정	불인정	불인정	불인정	불인정
무담보배서	인정	인정	불인정	인정	인정
배서금지배서	인정	인정	피배서인에 따라 다름	인정	인정
기한후배서	인정	인정	불인정	불인정	불인정
환배서	인정	인정	피배서인에 따라 다름	인정	인정
공연한 추심위임배서	불인정	인정	불인정	불인정	불인정
숨은 추심위임 배서(신탁양도설의 견해)	인정	인정	피배서인에게는 불인정, 그 이후는 인정	피배서인에게는 불인정, 그 이후 통상 권리취득	원칙적 인정 (숨은 추심위임 입증시 불인정)
공연한 입질배서	불인정	인정	인정	인정(질권)	인정
숨은 입질배서 (신탁양도설의 견해)	인정	인정	인정	인정	인정(권리이전적 효력에 따른 절단 인정)

제3절 인 수

I. 인수의 개념

1. 인수의 의의

인수란 환어음의 지급인이 어음금액지급의 채무를 부담할 것을 목적으로 하는 어음행위를 말하며, 인수를 함으로써 비로소 환어음의 지급인은 어음상의 주채무자가 된다. 환어음의 지급인은 단순히 어음에 지급인으로 기재된 것만으로는 어음상의 채무를 부담하는 것이 아니다. 약속어음에 있어서는 발행인이 주채무자로서 인수인과 동일한 지위를 겸하고 있기 때문에, 인수라는 제도가 인정되지 않는다. 수표에 있어서도 인수제도는 인정되지 않고(수표법 제4조), 그 대신 지급보증제도를 인정하고 있다(수표법 제53조).

2. 인수의 법적 성질

인수의 법적 성질에 대하여는 단독행위설과 계약설의 대립이 있다.[1)]

Ⅱ. 인수제시

1. 인수제시의 의의 및 필요성

인수제시란 환어음을 지급인에게 제시하여 어음의 인수를 청구하는 행위이다. 이러한 인수제시가 필요한 것은 첫째, 지급인이 인수를 함으로써 주채무자가 되므로 어음상의 신용을 높이고, 지급인이 인수를 거절하면 만기 전의 상환청구가 가능하기 때문이다. 둘째, 지급인도 인수제시를 받음으로써 자기에 대하여 어음이 발행된 것을 알고 지급준비를 할 수 있기 때문이다. 셋째, 일람후정기출급어음의 경우에는 만기를 확정하기 위하여 인수제시는 필요하다.

2. 인수제시의 당사자

1) 제시자

인수를 위한 제시를 할 수 있는 자는 어음소지인 이외에 현실로 어음을 가지고 있는데 불과한 단순한 점유자도 포함된다(어음법 제21조).

2) 피제시자

인수의 피제시자는 지급인이다. 지급담당자의 기재가 있는 경우에도 지급인에게 제시하여야 하고, 수인의 지급인이 지정된 경우 그 전원이 피제시자가 된다. 지급인이 실존하지 않는 자(예 허무인, 사망자)일 때에는 인수제시를 할 수 없고, 따라서 이러한 경우에는 인수제시 없이 상환

1) 【학설】 인수의 법적 성질에 대한 학설
① 단독행위설: 인수는 어음소지인과 인수인 사이의 계약도 아니고 발행인의 지급위탁의 청약에 대한 승낙도 아니어서 발행인과 인수인 사이의 계약도 아니므로, 인수인이 어음채무의 부담을 목적으로 하는 단독행위라고 하는 견해이다(다수설).
② 계약설: 인수인은 단순히 인수를 위한 기명날인 또는 서명을 하는 것만으로는 어음채무를 부담하지 않고, 인수는 상대방이 승낙할 의사를 가지고 수령함으로써 효력이 발생하는 계약이라고 하는 견해이다.

청구를 할 수 있다.

수인의 지급인이 있는 경우에는 지급인 전원의 인수거절이 있어야 만기전 상환청구가 가능하다는 견해가 있으나, 그 중 1인의 인수거절이 있는 때에는 만기 전 상환청구가 가능하다고 본다(통설).

3. 인수제시의 시기·장소

1) 인수제시의 시기

환어음은 발행시로부터 만기에 이르기까지(만기의 날은 지급제시를 하여야 하므로, 만기의 전일까지를 의미한다) 언제라도 인수를 위한 제시를 할 수 있다(어음법 제21조). 그러나 제시기간이 법정되어 있거나 지정되어 있는 경우에는 그 기간 내에 제시하여야 한다. 인수제시기간의 말일이 법정휴일인 때에는 이에 이은 제1의 거래일까지 인수제시기간이 연장되나, 그 기간 중의 휴일은 그 기간에 산입된다(어음법 제72조 제2항).

만기를 경과한 어음에도 그 시효기간 내에는 인수를 위한 제시를 할 수 있고, 만기 후의 인수도 인수로서의 효력이 있다.

2) 유예기간

유예기간은 지급인이 인수를 할 것인가의 여부를 결정하기 위하여 부여된 일정한 고려기간을 말한다. 지급인이 인수의 제시를 받은 때에는 제1의 제시가 있은 익일에 제2의 제시를 할 것을 청구할 수 있고(어음법 제24조 제1항 제1문), 이 경우 제시자는 제2의 제시를 하지 않으면 상환청구권을 행사할 수 없다. 제2의 제시를 청구한 경우에 인수제시자는 제1의 제시에 관하여 인수거절증서를 작성하고, 지급인은 제1인수거절증서에 제2의 제시의 청구를 한 뜻을 기재하여야 한다. 이를 기재한 때에만 상환의무자 등 이해관계인은 제2인수제시의 청구에 응한 제2의 제시가 없었음을 주장할 수 있다. 즉, 제2인수제시거절을 증명하는 거절증서가 작성되지 않으면 상환의무자는 상환청구권행사를 배척할 수 있다. 그러나 지급인이 제1인수거절증서에 제2의 인수제시청구의 뜻을 기재하지 아니한 때에는 제1인수거절증서만 있어도 상환의무자는 상환청구권행사를 배척할 수 없다(어음법 제24조 제1항 제2문). 인수제시기간의 말일에 제1의 인수제시가 있고 또 지급인이 그 익일에 제2의 인수제시를 할 것을 청구하면, 어음소지인은 인수제시기간의 말일의 다음 날에도 제2의 인수거절증서를 작성할 수 있다(어음법 제44조 제2항 제2문).

3) 제시장소

인수제시의 장소는 지급인의 영업소·주소 또는 거소이다. 지급인의 영업소에서 지급인에게 제시하였으나 주소가 아님을 이유로 인수를 거절한 경우 재차 주소에서 제시할 필요 없이 상환청구할 수 있고, 지급인의 주소를 찾을 수 없는 경우에는 지급지에서 인수거절증서를 작성시키면 상환청구를 할 수 있다.

4. 인수제시의 방법

인수제시를 함에는 지급인에게 어음 원본 또는 복본 중의 하나를 현실로 제시하여야 하고, 어음의 등본으로서는 인수제시를 할 수 없다. 인수제시를 하는 환어음은 원칙적으로 기본어음으로 완성된 어음이어야 하지만, 백지어음으로써도 인수제시를 할 수 있다. 다만, 지급인을 백지로 한 환어음은 지급인이 보충된 후에 한하여 인수제시를 할 수 있다. 소지인은 인수를 위하여 제시한 어음을 지급인에게 교부함을 요하지 아니한다(어음법 제24조 제2항).

5. 인수제시의 자유와 제한

1) 인수제시의 자유

어음소지인은 만기에 이르기까지 언제든지 인수를 청구하기 위하여 어음의 제시를 할 수 있으며(어음법 제21조), 원칙적으로 인수제시의 여부와 시기는 어음소지인의 자유이다.

2) 인수제시의 금지

환어음의 발행인은 일정한 기일을 한정하거나 한정하지 않고 인수를 위한 제시를 금지하는 뜻을 어음에 기재할 수 있다(어음법 제22조 제2항 본문, 제3항). 이러한 인수제시금지는 발행인만이 기재할 수 있다.

인수제시금지의 기재가 있는 경우에는 소지인의 제시에 대해 인수거절이 있어도 상환청구권을 행사할 수 없다. 인수제시금지어음이라도 지급인이 인수를 하면 그 인수는 유효하다.

제3자방지급어음·타지지급어음·일람후정기출급어음에 대해서는 기일을 정하지 않은 인수제시금지는 인정되지 않는다(어음법 제22조 제2항 단서). 일정한 기일을 한정하여 인수제시를 제한하는 것은 모든 어음에서 가능하며(어음법 제22조 제3항), 이때 인수제시기간은 한정된 일정한 기일 경과 후 그 기일부터 계산된다.

3) 인수제시의 명령

환어음의 발행인이나 배서인은 기간을 정하거나 또는 정하지 않고 어음에 인수를 위한 제시를 하여야 할 뜻을 기재할 수 있다(어음법 제22조 제1항, 제4항). 그러나 발행인이 이미 인수제시명령의 기재를 한 경우에 배서인은 그 기간을 단축하여 같은 취지의 기재를 할 수 있다. 발행인이 인수제시금지의 기재를 한 경우에는 배서인은 이에 반하여 인수제시명령의 기재를 하지 못한다(어음법 제22조 제4항 단서). 발행인에 의한 인수제시의 명령이 있는 경우 인수제시 기간 내에 인수제시를 하지 않으면 모든 상환의무자에 대하여 인수거절로 인한 상환청구권뿐만 아니라 지급거절로 인한 상환청구권을 상실한다(어음법 제53조 제2항 본문). 그러나 그 기재한 문언에 의하여 발행인이 인수에 대한 담보의무만을 면할 의사가 있었음을 알 수 있었을 때에는 인수거절로 인한 상환청구권만 상실한다(어음법 제53조 제2항 단서).

한편, 배서인이 인수제시명령을 기재한 경우에 이를 도과한 때에는 그 배서인에 대해서만 상환청구권을 상실한다(어음법 제53조 제3항).

4) 일람후정기출급어음의 경우

일람후정기출급어음은 만기를 확정하기 위하여 반드시 인수제시가 있어야 한다. 인수를 위한 제시는 발행일로부터 1년 내이며(어음법 제23조 제1항), 발행인은 이 기간을 단축 또는 연장할 수 있고(어음법 제23조 제2항), 배서인은 이 기간을 단축할 수 있다(어음법 제23조 제3항).

Ⅲ. 인수의 방식

1. 인수의 요건

인수는 지급인이 환어음에 '인수' 기타 이와 동일한 의의가 있는 문자를 표시하고 기명날인 또는 서명으로써 하며(어음법 제25조 제1항 제1문·2문), 이러한 인수를 정식인수라 한다. 그러나 어음의 표면에 지급인이 단순한 기명날인 또는 서명을 한 경우도 인수로 보며(어음법 제25조 제1항 제3문), 이것을 약식인수라 한다. 인수는 보충지나 등본에 할 수 없고, 어음 자체에 하여야 한다(어음법 제25조 제1항 제1문). 정식인수는 어음 자체에 하는 이상 앞면이나 뒷면에 모두 할 수 있지만, 약식인수는 반드시 어음의 앞면에 하여야 한다(어음법 제25조 제1항 제3문).

인수는 지급인이 하여야 하므로, 인수인과 지급인은 동일인이어야 한다. 이러한 동일성의 판단기준에 대해서는 학설의 대립이 있다.[1)]

---

1) 【학설】 인수인과 지급인의 동일성의 판단기준에 관한 학설
어음기재상 형식면에서 동일성이 인정되어야 한다는 견해(다수설), 양자가 실질적으로 동일인임을 입증하면 인수인으로서의 책임을 물을 수 있다고 하는 견해, 상환의무자에 대한 관계에서는 형식적 동일성이 요구되지만 인수인에 대한 관계에서는 실질적 동일성이 요구된다는 견해가 있다.

2. 요건 이외의 기재

1) 인수일자

인수일자는 인수요건은 아니므로 기재하지 아니하여도 인수의 효력에는 영향이 없다. 그러나 일람후정기출급어음 또는 인수제시명령의 기재가 있는 어음의 경우에는 인수일자를 기재하여야 한다(어음법 제25조 제2항 제1문).

인수일자의 기재가 없는 때에는 소지인은 배서인과 발행인에 대한 상환청구권을 보전하기 위하여는 적법한 시기에 작성시킨 거절증서에 의하여 그 기재가 없었음을 증명하여야 한다(어음법 제25조 제2항 제2문).

인수일자의 기재가 없고 인수일자기입거절증서의 작성도 없는 경우에는 인수인에 대한 관계에서는 인수제시기간의 말일에 인수한 것으로 본다(어음법 제35조 제2항).

2) 제3자방지급기재

타지지급어음의 경우에 발행인이 지급지 내의 지급장소를 기재하지 아니한 때에는 지급인이 인수를 할 때에 그 제3자를 정할 수 있고(어음법 제27조 제1항 제1문), 인수인이 이를 기재하지 아니한 때에는 인수인이 지급지에서 직접 지급할 의무를 부담하는 것으로 본다(어음법 제27조 제1항 제2문).

동지지급어음의 경우에도 지급인은 인수를 할 때에 지급지 내의 지급장소를 기재할 수 있다(어음법 제27조 제2항).

3) 일부인수

어음금액의 일부를 제한하여 인수하는 일부인수는 유효하며(어음법 제26조 제1항 단서), 일부인수된 범위 내에서는 인수거절로 인한 상환청구권을 행사할 수 없고 인수되지 않은 나머지 어음금액에 대하여는 인수거절에 따른 상환청구권을 행사할 수 있다(어음법 제43조 제1호 후단).

4) 불(不)단순인수(변경인수)

인수는 무조건이어야 하며, 어음금액 이외의 어음기재사항을 변경한 경우에는 불단순인수가 된다. 불단순인수는 인수거절이 있는 것으로 보고(어음법 제26조 제2항 본문), 어음소지인은 상환의무자에 대하여 인수거절로 인한 상환청구권을 행사할 수 있다(어음법 제43조 제1호).

따라서 불단순인수는 무효가 아니며, 만기에 인수인은 기재한 인수의 문언에 따라서 책임을 지게 된다(어음법 제26조 제2항 단서).

5) 조건부인수

인수는 무조건이어야 하지만(어음법 제26조 제1항 본문), 인수인의 책임에 조건을 붙여서 하는 인수의 경우 그 조건부인수의 효력에 대해서는 학설의 대립이 있다.[1]

6) 초과인수

지급인이 어음금액을 초과하여 인수한 때에는 어음금액의 한도에서 인수가 있는 것으로 볼 것이므로 어음금액의 초과부분에 대한 기재는 효력이 없다.

Ⅳ. 인수의 효력

지급인은 인수를 함으로써 어음상의 주채무자가 되며, 만기에 어음금액을 지급할 의무를 진다(어음법 제28조 제1항). 인수인의 의무는 제1차적인 무조건의 절대적·최종적인 것이다. 인수인의 의무는 만기 후 3년의 소멸시효기간이 경과하면 소멸한다.

인수인의 주채무자로서의 지급할 금액은 만기에는 어음금액과 이자이며, 만기에 지급하지 아니한 때에는 상환금액(어음법 제48조, 제49조)과 동일한 금액이다.

Ⅴ. 인수말소(철회)

지급인은 어음을 인수제시인에게 반환할 때까지는 자기의 인수의 의사표시를 당연히 말소(철회)할 수 있고, 말소한 때에는 인수를 거절한 것으로 본다(어음법 제29조 제1항 제1문). 어음소지인의 이익을 보호하기 위하여 어음상의 인수의 기재의 말소는 어음의 반환 전에 한 것으로 추정한다(어음법 제29조 제1항 제2문).

어음의 반환 전에 인수가 말소된 경우에도 지급인이 어음소지인 또는 그 어음에 기명날인 또는 서명한 자에게 서면으로 인수의 통지를 한 때에는 인수의 문언에 따라 어음상의 책임을 부담하여야 한다(어음법 제29조 제2항). 서면에 의한 통지로 한정하고 있는 것은 후일의 분쟁을 방지하기 위한 것이다.

---

1) 【학설】 조건부인수의 효력에 대한 학설
인수는 무조건이어야 하므로 조건을 붙인 경우 인수로서의 효력이 없다는 견해(무효설)와, 인수행위 자체를 무효로 할 필요는 없고 불단순인수의 효력이 있는 것으로 인정하여야 한다는 견해(유효설)가 있다.

【판례】 대법원 2008.9.11.선고 2007다74683판결

어음법 제29조 제2항은 환어음에 인수를 기재한 지급인이 그 어음을 반환하기 전에 인수의 기재를 말소하였음에도 소지인 등에게 서면으로 인수의 통지를 한 때에는 어음에 기재된 말소 전의 인수문언에 따라 책임을 진다는 취지를 규정한 것으로 해석함이 상당하므로, 만일 지급인이 환어음에 인수문언의 기재 및 기명날인 등을 하지 아니한 채 소지인 등에게 인수의 통지를 한 경우에는 그 지급인에 대하여 어음법 제29조 제2항에 따른 어음상의 책임을 물을 수 없다.

제 4 절 어음보증

I. 어음보증의 개념 및 특색

1. 어음보증의 의의와 법적 성질

1) 어음보증의 의의

어음보증은 어음상의 채무를 담보할 목적으로 하는 부수적 어음행위이다. 어음보증도 보증으로서 다른 어음상의 채무를 담보할 것을 목적으로 하는 것으로 주채무의 존재를 전제로 하므로, 주채무자가 없는 때에는 어음보증도 무효가 된다.

어음보증은 어음채무를 담보하기 위한 것이므로 원인채무를 담보하기 위하여 하는 어음행위는 어음보증이 아니다. 다른 사람이 발행하는 약속어음에 명시적으로 어음보증을 하는 사람은 그 어음보증으로 인한 어음상의 채무만을 부담하는 것이 원칙이고, 특별히 채권자에 대하여 자기가 그 약속어음 발행의 원인이 된 채무까지 보증하겠다는 뜻으로 어음보증을 한 경우에 한하여 그 원인채무에 대한 보증책임을 부담하게 된다(대법원 1998.6.26.선고 98다2051판결).

2) 어음보증의 법적 성질

어음보증의 법적 성질에 대해서는 단독행위설과 계약설의 대립이 있다.[1)]

---

1) 【학설】 어음보증의 법적 성질에 대한 학설
① 단독행위설: 어음보증은 보증인이 되고자 하는 자가 어음에 보증의 기명날인 또는 서명을 하는 것만으로 할 수 있는 점에서 민법상의 보증과 구별된다고 하는 견해이다(판례·다수설).
② 계약설: 어음보증도 어음행위이고 어음행위는 원칙적으로 어음을 상대방에게 교부하고 상대방이 승낙의 의사를 가지고 이를 수령함으로써 그 효력이 발생하는 것이므로 계약이라고 한다.

2. 숨은 어음보증

숨은 어음보증[1)]은 사실은 보증을 목적으로 하면서 형식상 발행·배서·인수 등의 어음행위를 하는 것을 말하지만, 이것은 어음보증이 아니다. 즉, 어음행위자는 발행인·배서인·인수인으로서의 책임을 지는 것이며, 보증인으로서의 책임을 지는 것은 아니다.

3. 공동어음행위

공동어음행위는 수인이 동일한 내용의 어음채무를 부담하는 점에서는 어음보증과 비슷하나, 공동어음행위자는 공동으로 1개의 어음행위를 하는 데 대하여, 어음보증인은 주채무자인 피보증인과 공동으로 어음행위를 하는 것이 아니라는 점에서 다르다.

4. 민법상 보증과의 차이

어음보증은 민법상 보증과 다음과 같은 차이가 있다.

첫째, 민법상의 보증은 주채무자가 특정되어야 하고 이것이 불분명한 때에는 보증은 성립하지 않으나, 어음보증은 누구를 위한 보증인가 분명하지 않을 때에는 발행인을 위한 보증으로 본다.

둘째, 민법상의 보증은 계약이지만 어음보증은 단독행위에 해당한다.

셋째, 민법상의 보증은 불요식계약에 의하지만 어음보증은 요식행위이다.

넷째, 민법상의 보증은 주채무의 성립을 그 성립요건으로 하나, 어음보증은 피담보채무가 방식에 하자가 있는 경우를 제외하고는 다른 어떠한 사유로 인하여 무효로 된 때에도 유효하게 성립할 수가 있다.

다섯째, 민법상의 보증인은 특정된 채무자에 대하여서만 보증채무를 부담하지만, 어음보증인은 피보증인의 모든 후자인 불특정인에 대하여 보증채무를 부담한다.

여섯째, 민법상의 보증인은 최고의 항변권이나 검색의 항변권을 갖지만, 어음보증의 보증인은 보증된 자와 동일한 책임을 지므로(어음법 제32조 제1항) 이러한 항변권이 없다.

일곱째, 민법상의 보증채무의 소멸시효는 10년이지만, 어음보증채무는 주채무에 따라 3년·1년·6월로 한다.

---

1) 【학설】 숨은 어음보증인의 민사보증채무에 관한 학설
숨은 어음보증을 한 경우에 그 기명날인자 또는 서명자는 어음상의 채무 이외에 당해 어음거래의 원인관계상의 채무도 보증의 의사가 있는 것으로 볼 수 있는가에 대해, 차입금채무의 지급을 확보하기 위하여 교부되는 어음에 그 사정을 알면서 숨은 어음보증을 한 자는 민사책임도 진다는 견해와 이러한 민사책임은 없다고 하는 견해가 있다.

여덟째, 민법상의 보증인은 분별의 이익이 있으나, 공동의 어음보증인은 분별의 이익이 없고 어음채무의 전액에 대하여 합동책임을 부담한다.

Ⅱ. 어음보증의 당사자

1. 보증인

어음보증을 할 수 있는 자의 자격에는 제한이 없으며, 제3자든 이미 어음에 기명날인 또는 서명한 어음채무자이든 어음보증인이 될 수 있다(어음법 제30조 제2항).

그러나 주채무자가 어음보증인이 되거나 어음관계에서 전자가 후자를 위하여 어음보증인이 되는 것은 무의미하다.

2. 피보증인

피보증인이 될 수 있는 자는 어음채무자로서, 인수인·발행인·배서인·참가인수인은 모두 피보증인이 될 수 있다.

어음채무자 이외의 자를 피보증인으로 하는 어음보증은 무효이며, 인수하지 않은 지급인·지급담당자·무담보배서의 배서인 등을 위한 보증은 무효가 된다.

Ⅲ. 어음보증의 방식

1. 정식보증

어음보증인이 어음 또는 보충지에 '보증' 또는 이와 같은 뜻이 있는 문언 및 피보증인을 표시하고, 기명날인 또는 서명한 경우에는 정식보증이라고 한다(어음법 제31조 제1항·제2항).

2. 약식보증

어음보증인이 피보증인을 표시하지 않고 어음상에 보증문언만을 기재하고 기명날인 또는 서명하거나, 보증문언도 기재하지 않고 단순히 기명날인 또는 서명만을 한 경우를 약식보증이라 한다. 후자를 특히 '간략약식보증'이라 한다.

지급인 또는 발행인의 기명날인 또는 서명을 제외하고 어음의 앞면에 단순히 기명날인 또는 서명을 한 경우에는 어음보증으로 본다(어음법 제31조 제3항 본문). 그러나 어음 표면에 한 지급인 또는 발행인의 기명날인 또는 서명은 그러하지 아니하다(어음법 제31조 제3항 단서).

보증문언만을 기재하고 기명날인 또는 서명하는 약식보증은 어음에 결합된 보충지에 기재된 때에도 성립하지만, 어음 뒷면 또는 보충지에 단순한 기명날인 또는 서명만 있는 경우는 보증으로서의 효력이 없다.

3. 기타 기재사항

1) 피보증인의 불기재효력

어음보증에 피보증인을 표시하여야 하지만, 표시하지 않은 경우에는 발행인을 위한 보증으로 본다(어음법 제31조 제4항).[1)]

2) 일부보증

어음보증은 어음금액의 전부에 대해서뿐만 아니라, 그 일부에 대해서도 할 수 있다(어음법 제30조 제1항). 일부보증의 경우에는 반드시 어음보증금액을 기재하여야 하며, 보증금액의 기재가 없으면 전부보증으로 본다.

3) 유익적 기재사항

어음보증인은 거절증서작성면제의 문구의 기재 또는 예비지급인을 기재할 수 있다.

한편, 어음보증은 원칙적으로 단순하여야 하지만 어음보증에 조건을 붙인 경우의 효력에 관하여는 견해의 대립이 있다.[2)]

---

1) 【학설】 어음법 제31조 제4항(수표법 제26조 제4항)의 의미에 관한 학설
어음법 제31조 제4항의 「…발행인을 위한 것으로 본다」는 규정의 의미에 대해, 어음보증인이 다른 어음채무자를 위하여 보증한 것이라는 입증을 할 수 있다는 추정규정으로 보는 견해와, 법규의 규정형식으로 보나 어음거래의 안전을 위한다는 점에서 간주규정으로 보아야 한다는 견해가 있다.

2) 【학설】 조건부어음보증의 효력에 관한 학설
① 어음발행의 경우과 같이 조건은 유해적 기재사항으로 보증행위 전부를 무효로 보는 견해, ② 어음보증은 이미 성립된 어음채무에 대하여 추가적인 행위로서 부수적 채무부담행위이고 조건부보증을 유효로 하더라도 어음거래의 안전을 해하지 않으므로 어음보증에 조건을 붙인 경우에는 그 조건이 붙은 대로의 효력이 생긴다고 하는 견해(판례), ③ 어음보증도 어음행위로서 어음 외의 사정에 좌우되는 조건과 친할 수 없는 것이므로 기재된 조건은 무익적 기재사항으로 보고 무조건의 보증으로 보는 견해(다수설), ④ 발행인과 인수인을 위한 조건부보증은 무효이지만 배서인을 위한 조건부보증은 유효하다는 견해가 있다.

【판례】 대법원 1986.9.9.선고 84다카2310판결

어음법상 보증의 경우에는 발행 및 배서의 경우와 같이 단순성을 요구하는 명문의 규정이 없을 뿐만 아니라, 부수적 채무부담행위인 점에서 보증과 유사한 환어음의 인수에 불단순인수를 인정하고 있음에 비추어 어음보증에 대하여 환어음의 인수의 경우보다 더 엄격하게 단순성을 요구함은 균형을 잃는 해석이고 또 조건부 보증을 유효로 본다고 하여 어음거래의 안정성이 저해되는 것도 아니므로 조건을 붙인 불단순 보증은 그 조건부 보증문언대로 보증인의 책임이 발생한다고 보는 것이 타당하다.

Ⅳ. 어음보증의 시기·장소

1. 보증시기

보증을 할 수 있는 시기에 대해 어음법에는 아무런 규정이 없으나, 만기 전이든 만기 후이든 어음채무의 시효가 완성되기 전에는 할 수 있다. 시효완성 후의 보증의 유효성에 관하여는 학설의 대립이 있다.[1)]

2. 어음보증장소

어음보증은 어음 자체, 어음의 등본 또는 보충지에 하여야 한다. 다만, 간략약식보증은 어음의 표면에만 할 수 있다.

Ⅴ. 어음보증의 효력

1. 어음보증인의 책임

1) 보증채무의 종속성(수반성)

어음보증인은 자기의 어음행위에 의하여 독립하여 어음상의 채무를 부담하며, 그 채무의 내용은 주채무와 동일하다. 즉, 보증인은 피보증인인 주채무자와 동일한 책임을 진다(어음법 제32조 제1항). 따라서 주채무가 지급·상계·면제·시효 등에 의하여 소멸하면 보증채무도 당연히 소멸하고, 피보증인에 대한 어음상의 권리가 이전하면 어음보증인에 대한 어음상의 권리도 원칙적으로 이전한다.

1) 【학설】 시효완성 후의 보증에 대한 학설
시효완성 후에도 보증이 가능하다는 견해와, 피담보채무의 시효가 완성하기 전에도 보전절차의 흠결로 인하여 소멸한 때에는 어음보증은 성립할 여지가 없다는 견해(다수설)가 있다.

그리고 피보증인인 주채무자에 대한 상환청구권보전의 효력은 어음보증인에게도 효력이 있으므로 보증책임을 묻기 위하여 별도의 상환청구권보전절차를 거칠 필요가 없다.

보충판례 약속어음상의 권리를 지명채권양도의 방법으로 양도함에 있어서는 민법 제450조 제1항 소정의 대항요건을 갖추지 아니하면 어음채무자에게 대항할 수 없다고 할 것이나 주채무자인 발행인에 대하여 그 대항요건을 갖추었으면 보증인에 대하여 별도로 대항요건(통지·승낙)을 갖추지 아니하였어도 주된 채권양도의 효력으로써 보증인에 대하여 이를 주장할 수 있다(대법원 1989.10.24.선고 88다카20774판결).

또한 주채무자가 어음의 변조를 승낙한 때에는 변조 전에 보증한 보증인은 변조 후의 문언에 의한 책임을 진다. 이에 대해 판례(대법원 1989.10.24.선고 88다카20774판결)도 「배서금지어음상의 권리를 양도함에 있어 어음보증인의 동의를 얻지 않고 수취인 명의를 변경 기재하였다면 어음보증인에 대한 관계에 있어서는 어음의 변조에 해당하고 그 어음보증인은 변경 기재된 수취인에 대하여 어음보증의 책임은 없는 것이나 그 변경 기재된 수취인이 어음상의 권리를 지명채권양도의 방법으로 양수하여 대항요건을 갖춘 경우에는 보증채무의 수반성에 따라 보증채무를 지게 된다.」고 하고 있다.

한편, 주채무의 시효중단이 보증채무에 영향을 미치는가 또는 보증채무의 시효중단이 주채무에 영향을 미치는가에 대해서는 학설의 대립이 있다.[1]

2) 보증채무의 독립성

보증인은 주채무가 방식의 하자로 인한 경우를 제외하고는 어떠한 사유(예 어음의 위조나 제한능력자의 어음행위 취소 등)로 인하여 무효가 되더라도 어음보증채무의 효력에는 영향이 없다(어음법 제32조 제2항). 다만, 보증채무의 독립성은 어음소지인이 적법하게 어음상의 권리를 취득한 경우에 인정된다. 따라서 피보증인의 무능력으로 어음행위가 취소된 때에 피배서인으로부터 어음을 취득한 자로부터 선의취득한 자에 대해서는 보증인은 보증책임을 진다.

어음보증인은 피보증인과 함께 어음소지인에 대하여 합동책임을 부담하며 따라서 최고의 항변권이나 검색의 항변권을 갖지 못한다.

3) 어음보증채무와 항변

(1) 물적 항변: 피보증인의 어음기재상의 항변(예 어음요건의 흠결, 소멸시효의 완성 등)의 경우에는 보증채무 자체가 성립하지 않기 때문에 피보증인의 직접상대방 또는 제3취득자에 대해 이행을 거절할 수

1) 【학설】 주채무의 시효중단이 보증채무의 시효에 영향을 미치는가의 여부에 관한 학설
시효의 중단은 그 중단사유가 생긴 자에 대하여만 효력이 있으므로 보증인에 대한 시효중단은 주채무의 시효에는 영향을 미치지 않고 주채무자에 대한 시효중단도 보증인에 대하여 효력이 없다는 견해(다수설)와, 주채무의 시효중단이 보증채무의 시효에 영향을 미치므로 주채무자인 피보증인에 대하여 시효중단절차를 거치면 어음보증인에 대하여 다시 그러한 절차를 거치지 않아도 어음보증인에 대한 권리는 보전된다는 견해가 있다.

있다. 그리고 피보증인의 어음행위의 효력에 관한 항변(예 어음행위 제한능력자의 취소, 어음의 위조·변조 등)의 경우에는 보증채무는 유효하게 성립하지만, 보증인은 피보증인의 직접상대방 또는 악의의 제3취득자에 대해 권리남용을 주장하여 보증채무의 이행을 거절할 수 있다고 본다(이에 대해 어음행위 독립의 원칙상 소지인의 청구를 거절하지 못한다는 견해도 있다; 최기원, 「상법학신론(하)」, 423면 참조).

(2) 인적 항변: 피보증인의 인적 항변사유를 보증인이 원용할 수 있는가에 대해 다음 두 가지로 나누어 설명되고 있다.

첫째는 피보증인이 원인관계상의 해제권·취소권·상계권을 행사하지 않는 동안에 어음보증인이 이러한 항변으로써 소지인의 청구를 거절할 수 있는가에 대해 보증채무의 이행을 거절할 수 없다는 데 이론(異論)이 없다.

둘째는 피보증인에게 원인관계의 소멸 또는 부존재의 항변사유가 있는 경우에 보증인이 이를 원용할 수 있는가에 대하여는 학설의 대립이 있다.[1]

【판례】 대법원 1988.8.9.선고 86다카1858판결

장래에 발생할 채무를 담보하기 위하여 발행된 어음에 발행인을 위하여 어음보증이 되어 있는 약속어음을 수취한 사람은 어음을 발행한 원인관계상의 채무가 존속하지 않기로 확정된 때에는 특별한 사정이 없는 한 그때로부터 어음발행인에 대하여뿐만 아니라 어음보증인에 대하여도 어음상의 권리를 행사할 실질적인 이유가 없어졌다 할 것이므로 어음이 자기 수중에 있음을 기회로 하여 어음보증인으로부터 어음금을 받으려고 하는 것은 신의성실의 원칙에 비추어 부당한 것으로 권리의 남용이라 할 것이고, 어음보증인은 수취인에 대하여 어음금의 지급을 거절할 수 있다고 할 것이니, 위 수취인으로부터 배서양도를 받은 어음소지인이 어음법 제17조 단서의 요건에 해당되는 때에는 어음보증인은 그러한 악의의 소지인에 대하여도 권리남용의 항변으로 대항할 수 있다.

4) 어음보증인의 합동책임

어음보증인은 주채무자와 합동하여 책임을 부담하고, 동일한 주채무자를 위하여 수인의 보증인이 있는 경우에는 각자가 자기의 어음행위를 근거로 하여 어음금 전액에 대하여 책임을 진다(어음법 제47조 제1항).

그리고 어음소지인은 어음보증인과 주채무자 중 1인에 대하여 청구한 후에 다시 다른 자에게 청구할 수도 있다(어음법 제47조 제2항).

---

1) 【학설】 주채무자의 인적 항변사유를 보증인이 악의의 피보증인의 상대방에 대해 원용할 수 있는가에 대한 학설

① 원용불가설: 피보증인의 어음행위는 유효하나 그 원인관계가 계약의 취소·해제 또는 무효 등으로 소멸하거나 부존재가 된 경우에 피보증인의 어음채무는 별개의 독립된 것으로 어음보증인이 이러한 사실을 원용할 수 없다는 견해(소수설)이다.

② 원용가능설: 피보증인의 원인관계 소멸 또는 부존재의 인적 항변사유가 있는 경우에 독립성을 전제로 하면서 권리를 행사할 근거를 잃은 소지인이 어음을 반환하지 않고 어음보증인에게 청구하는 것은 권리남용에 해당하여 신의칙에 어긋나기 때문에 어음보증인이 이러한 사실을 원용할 수 있다는 견해(다수설·판례)가 있다.

2. 어음보증채무이행의 효과

어음보증인의 보증채무이행이 있는 경우 보증채무와 주채무는 소멸한다. 다만, 보증채무를 이행한 보증인은 법률상 당연히 피보증인과 피보증인의 어음상의 채무자에 대하여 어음상의 권리를 취득한다(어음법 제32조 제3항).[1] 공동보증인이 있는 경우 그 중 1인이 보증채무를 이행한 때라도 다른 공동보증인에 대하여 구상권을 행사할 수 없다.

한편, 일부보증의 경우 보증인이 어음금을 지급하여도 소지인으로부터 어음의 인도를 청구하지 못한다. 이 경우 보증채무이행의 효과에 대하여는 학설이 대립된다.[2]

제5절 지 급

I. 지급의 의의

지급이란 어음관계를 소멸시키는 사실행위로서 광의와 협의로 사용된다. 광의의 어음의 지급이란 지급인·발행인·배서인·보증인·참가인수인·참가지급인 또는 제3자 등 모든 어음관계자에 의한 지급을 포함하는 것을 말하며, 협의의 어음의 지급이란 환어음의 지급인·인수인 또는 지급담당자가 하는 지급을 말한다. 단순히 지급이라고 하면 협의의 지급을 말한다.

II. 지급제시

1. 지급제시의 의의

지급제시란 어음의 소지인이 어음금의 지급을 받기 위하여 지급인·인수인 또는 지급담당자에게 어음을 제시하여 지급청구를 하는 것을 말한다.

1) 【학설】 보증인의 피보증인 등에 대한 권리(구상권)취득의 성질
구상권은 보증채무의 이행과 동시에 법의 규정에 의하여 독립적·원시적으로 취득하는 권리라고 보는 견해(통설)와 승계취득이라고 보는 견해가 있다. 전자의 견해에 의할 경우 피보증인은 보증인의 구상권행사에 대하여 그 보증인의 악의가 없는 한 소지인에 대하여 주장할 수 있었던 인적 항변을 주장하지 못하게 되지만, 후자의 견해에 의하면 피보증인은 소지인에 대하여 가졌던 항변을 구상권을 행사해 오는 보증인에 대하여 주장할 수 있게 된다.

2) 【학설】 일부보증인의 어음금지급의 효과에 관한 학설
보증인은 주채무자가 소지인에게 나머지 어음금액을 지급하고 어음을 돌려받는 것을 기다렸다가 구상할 수 있다는 견해와, 일부 지급이 있었다는 뜻을 어음에 기재시키고 영수증의 교부를 받고 이를 근거로 상환청구를 할 수 있다는 견해가 있다.

표 6-2 ▶ 인수제시와 지급제시의 차이

구분	인수제시	지급제시
인정범위	환어음에만 있는 제도	환어음·약속어음·수표에 공통된 제도
제시인	어음소지인 또는 단순한 점유자	어음소지인(단순점유자는 지급제시를 할 수 없음)
피제시인	지급인	환어음 : 지급인·인수인·지급담당자 약속어음 : 발행인 수표 : 지급인·지급담당자
제시하지 않은 경우의 불이익	인수제시를 할 것인가의 여부는 어음소지인 자유이며, 인수제시를 하지 않더라도 법률상 불이익 없음	지급을 받기 위해 또는 상환청구권보전을 위하여 지급제시를 하여야 함
유예기간	인정	불인정
법률행위 여부	인수는 어음행위	지급은 어음채무소멸의 사실행위

2. 지급제시의 당사자

1) 제시인

지급제시인은 원칙적으로 형식적 자격이 있는 어음소지인이고, 예외적으로 형식적 자격이 없는 어음소지인인 경우에도 그가 실질적 권리자임을 입증한 경우에 한하여 지급제시를 할 수 있다. 또한 지급제시인의 대리인이나 사자(使者)도 지급제시를 할 수 있고, 공증인·집행관에 의한 지급제시도 유효하다. 그러나 인수제시와 달리 단순한 어음의 점유자, 백지어음의 소지인은 지급제시를 할 수 없다.

2) 피제시자

피제시자는 환어음의 지급인·인수인 또는 지급담당자 또는 약속어음의 발행인이고, 이들의 보증인은 포함되지 않는다.

【판례】 대법원 2007.11.15.선고 2007다40352판결

어음법상 지급제시는 어음상의 주채무자, 즉 약속어음의 경우에는 발행인에게 하여야 하는 것이므로 어음보증인에 불과한 원고에게 어음을 제시하였다 하여 이를 적법한 지급제시라고 할 수 없다. 또한 약속어음 발행인에 대한 적법한 지급제시가 없어서 이 사건과 같은 일람출급어음의 만기가 도래하지 않은 이상, 어음보증인의 변제기가 주채무자의 변제기보다 먼저 별도로 도래할 수는 없다.

환어음의 인수인 또는 약속어음의 발행인이 수인인 경우에는 이러한 공동인수인 또는 공동발행인은 연대책임을 부담하는 것이 아니라 합동책임을 부담하여 각자가 독립적으로 어음금 전액에 대하여 지급의무를 부담하는 것이므로, 어음소지인은 공동인수인 또는 공동발행인의 전원에 대하여 지급제시를 하여야 상환청구권을 보전할 수 있다. 한편, 어음채무자가 파산한 때에 지급제시는 누구에 대하여 하여야 하는가에 대해서는 파산자에게 하여야 한다는 견해와 파산관재인에게 하여야 한다는 견해의 대립이 있으나 후자가 타당하다고 본다.

3. 지급제시기간

1) 主채무자에 대한 지급제시기간

환어음의 인수인 또는 약속어음의 발행인과 같은 주채무자에 대하여 어음소지인이 어음상의 권리를 행사하기 위한 지급제시기간은 '만기의 날로부터 3년간'이다(어음법 제70조 제1항, 제77조 제1항 제8호). 즉, 지급을 할 날 이후 채무가 시효로 인하여 소멸하기까지의 기간 내에 지급제시를 하면 된다.

지급제시기간의 계산에 있어서 초일은 산입되지 않는다(어음법 제73조). 지급제시기간의 말일이 법정휴일일 때에는 이에 이은 제1거래일까지 연장되며, 기간 중의 휴일은 그 기간에 산입된다(어음법 제72조 제2항).

2) 상환청구권보전을 위한 지급제시기간

(1) 확정일출급·발행일자후정기출급·일람후정기출급 어음의 경우: 이러한 어음의 소지인은 지급을 할 날 또는 이에 이은 2거래일 내에 지급제시를 하여야 한다(어음법 제38조 제1항). 여기서 '지급을 할 날'이란 법률상 지급이 있을 날을 가리키며, 보통은 만기와 일치하지만 만기가 법정휴일인 때에는 이에 이은 제1의 거래일에 지급을 청구할 수 있으므로(어음법 제72조 제1항) 만기에 이은 제1의 거래일이 지급을 할 날이 된다. 거래일이란 법정휴일 이외의 날을 말한다. 은혜일은 법률상이거나 재판상임을 불문하고 인정하지 않는다(어음법 제74조).

(2) 일람출급어음의 경우: 일람출급어음의 소지인은 발행일자로부터 1년 내에 또는 발행인이 일정한 기일 전의 지급제시를 금지한 경우에는 그 기일로부터 1년 내에 지급제시를 하여야 한다(어음법 제34조 제1항, 제2항). 발행인은 지급제시기간을 단축 또는 연장할 수 있고, 배서인은 자기를 위하여 단축할 수 있다(어음법 제34조 제1항 후문).

4. 지급제시 장소 및 방법

1) 지급제시 장소

지급제시는 지급장소가 기재되어 있는 경우에는 그 장소에서 하고, 그 이외의 장소에서의 지급제시는 효력이 없다. 지급장소가 지급지 외의 장소로 기재된 경우에는 그 지급장소의 기재는 무효가 되며, 그 지급장소에서의 지급제시는 효력이 없다. 지급장소의 기재가 없는 경우에는 지급지에서의 지급인의 영업소·주소 또는 거소(居所)에서 제시할 수 있다. 어음에 기재된 영업소·주소가 실제의 영업소·주소와 같지 않은 경우에는 실제의 영업소·주소에서 제시하여야 한다.

그리고 어음교환소에서 한 제시는 지급제시로서의 효력이 있다(어음법 제38조 제2항).

보충 어음교환소: 시중 은행들이 소지하고 있는 타 은행이 지급할 어음·수표를 동시에 상호결제하거나 추심하기 위하여 회합하는 장소를 어음교환소라 한다. 어음교환소는 교환소에 참가하는 은행의 점포에서 지급할 어음과 자기앞수표 또는 가계수표 등에 한해 교환·결제한다. 어음교환의 법적 성질에 대해서는 상계로 보는 견해, 상호계산으로 보는 견해, 대체결제로 보는 견해가 있으나, 어음교환은 어음의 특수한 지급방법이라고 할 것이다.

한편, 지급장소와 관련하여 합의에 의한 변경 가능 여부와 지급제시기간 경과 후의 지급장소의 유효 여부에 대해서는 학설의 대립이 있다.[1][2]

2) 지급제시의 방법

(1) 실물어음에 의한 제시의 경우: 지급제시의 방법은 완전한 어음을 현실로 제시하여야 하며, 그 등본을 제시하거나 보충완료 전의 백지어음의 제시는 적법한 제시가 아니다(참고판례: 대법원 1971.1.26.선고 70다602판결).

【판례】 대법원 1986.9.9.선고 85다카2011판결

약속어음의 소지인이 피소구권자(상환의무자)에 대한 소구권(상환청구권)을 행사하기 위하여는 어음법 제75조 소정의 법정기재사항이 기재된 약속어음에 의하여 적법한 지급제시를 한 것을 요하고, 위 법정기재사항의 일부라도 기재되지 아니한 약속어음에 의하여 한 지급제시는 어음법 제76조의 규정에 의하여 구제되지 않는 한 적법한 지급제시로서의 효력이 없는 것이므로 그와 같은 경우에는 소구권을 상실한다.

지급인이 지급거절을 할 것이 명백한 사정이 있는 경우에도 적법한 지급제시를 하여야

---

1) 【학설】 지급장소의 합의에 의한 변경의 효력에 관한 학설
어음에 기재된 지급장소를 소지인과 환어음의 지급인 또는 약속어음의 발행인의 합의에 의하여 변경한 경우, 그 변경이 당사자 간의 합의에 의한 경우 유효하다는 견해(통설)와, 지급장소만의 기재를 변경한 경우에는 그 효력을 인정하면서 지급장소와 지급담당자 양자를 포함한 기재를 변경하는 합의는 무효라는 견해가 있다.

2) 【학설】 지급제시기간 경과 후의 지급장소에 관한 학설
지급제시기간 경과 후에는 지급장소뿐만 아니라 지급지의 기재도 실효되므로 어음은 채무자의 영업소 또는 주소에서 제시하여야 한다는 견해(다수설), 지급지의 기재는 유효하므로 지급제시기간 경과 후에는 지급지 내에 있는 주된 채무자의 영업소 또는 주소에서 어음의 지급제시를 하여야 한다는 견해, 지급장소는 실효되지만 지급지의 기재는 재판적 결정의 기준도 되기 때문에 지급제시기간 경과 후에는 지급장소를 구속하는 효력만이 실효하므로 지급지 내의 채무자의 영업소 또는 주소에서 지급제시를 하여야 한다는 견해가 있다.

하지만, 소지인이 제시에 필요하고 가능한 방법을 취한 이상 적당한 시기와 장소에 피제시자가 없음으로써 현실의 제시를 하지 못한 경우에도 제시를 한 것이 된다.

재판상 어음금의 지급을 청구하는 경우에는 소장 또는 지급명령의 송달이 어음의 제시와 동일한 효력이 있는 것으로 본다(대법원 1958.12.26.선고 4291민상38판결; 대법원 1964.11.24.선고 64다1028판결).

(2) 전자적 방법에 의한 제시의 경우: 소지인으로부터 환어음의 추심을 위임받은 금융기관(제시 금융기관)이 그 환어음의 기재사항을 정보처리시스템에 의하여 전자적 정보의 형태로 작성한 후, 그 정보를 어음교환소에 송신하여 당해 어음교환소의 정보처리시스템에 입력된 때에는 어음교환소에서 지급을 위한 제시가 이루어진 것으로 본다(어음법 제38조 제3항).

5. 지급제시의 효력

1) 상환청구권의 보전

어음소지인이 상환청구권보전을 위해서는 상환청구권보전을 위한 지급제시기간 내(일람후정기출급·확정일출급·발행일자후정기출급의 경우에는 지급할 날 또는 이에 이은 2거래일 내, 일람출급의 경우에는 발행일자로부터 1년 내)에 지급제시를 하여야 한다(어음법 제38조 제1항). 이 기간 내에 지급제시가 있었다는 사실은 지급거절증서에 의하여 증명되어야 한다. 그리고 이 기간 내에 지급제시를 하지 않는 경우에는 상환의무자에 대한 상환청구권을 상실한다(어음법 제53조).

2) 주채무자의 이행지체

환어음의 인수인 또는 약속어음의 발행인에 대한 지급제시는 만기의 날로부터 3년 내 지급제시를 하여야 한다. 이 기간 내에 지급제시를 하지 않으면 주채무자에 대한 어음상의 권리는 시효소멸하며, 제시기간 내에 지급제시를 한 경우 주채무자는 지급제시일 다음 날부터 완제에 이르기까지 지연손해금(연 6分의 이율에 의한 이자)을 지급할 책임을 진다.

6. 지급제시의 면제

1) 지급제시가 있는 것과 동일한 효력이 인정되는 경우

인수거절증서를 작성한 경우에는 지급제시 없이 상환청구권을 행사할 수 있으며(어음법 제44조 제4항), 어음의 경우 불가항력이 만기로부터 30일을 넘어 계속하는 경우 지급제시를 하지 않고 상환청구권을 행사할 수 있다(어음법 제54조 제4항). 지급지 내에 지급인의 영업소·주소 또는 거소를 발견할 수 없거나 지급인을 발견할 수 없는 때에도 지급제시를 요하지 않고, 지급거절증서만 작성하여 상환청구권을 행사할 수 있다.

2) 지급제시면제의 특약이 있는 경우

상환의무자가 특정 어음소지인과 지급제시를 면제하는 특약을 한 경우에는 그 당사자 간에는 그 특약의 효력이 인정된다. 다만, 지급제시를 면제한 상환의무자 이외의 다른 상환의무자에 대하여는 지급제시기간 내에 지급제시를 하지 않으면 그 자에 대하여는 상환청구권을 상실한다.

한편, 지급제시의 면제가 있다고 하여 거절증서의 작성도 면제되는 것은 아니다. 지급거절증서의 작성이 면제된 경우라도 만기에 지급을 위한 제시를 하여야 한다. 그리고 지급거절증서가 작성된 경우에는 적법한 지급제시가 있었던 것으로 추정된다(대법원 1962.6.14.선고 62다1711판결).

3) 기 타

① 약속어음의 발행인은 환어음의 인수인과 같이 어음금액을 절대적으로 지급할 의무를 부담하는 자이므로 약속어음의 발행인과 그의 보증인에 대하여는 지급제시 없이 지급청구를 할 수 있다.

【판례】 대법원 1988.8.9.선고 86다카1858판결

약속어음의 발행인은 어음금을 절대적으로 지급할 의무를 부담하는 것이므로 어음소지인이 발행인에 대하여 지급을 위한 제시를 하지 아니하였다 해도 발행인에게 어음금액을 청구할 수 있는 것이며 발행인을 위한 어음보증인은 보증된 자와 동일한 책임을 지는 것이므로 이러한 어음보증인에게도 소지인은 지급을 위한 제시 없이도 어음금청구권을 행사할 수 있다.

② 어음이 이미 채무자의 수중에 있는 경우에는 지급제시없이 지급청구를 할 수 있다.

【판례】 대법원 2001.6.1.선고 99다60948판결

어음은 제시증권, 상환증권이므로(어음법 제38조, 제39조) 어음을 소지하지 않으면 어음상의 권리를 행사할 수 없는 것이 원칙이지만, 이와 같이 어음상의 권리행사에 어음의 소지가 요구되는 것은 어음채무자에게 채권자를 확지시키고 또 채무자로 하여금 이중지급의 위험을 회피·저지할 수 있게 하는데 그 취지가 있는 것이므로, 어음이 어떤 이유로 이미 채무자의 점유에 귀속하는 경우에는 위와 같은 점을 고려할 필요가 없어 어음의 소지는 채무자에 대한 권리행사의 요건이 되지 아니하고 채무자는 상환이행의 항변을 하지 못한다.

Ⅲ. 제시기간 경과 후의 청구제시

어음소지인은 환어음의 인수인이나 약속어음의 발행인에 대해 지급제시기간이 경과한 후에도 어음상의 채무가 소멸되기 전까지는 언제든지 채무자의 현재의 영업소 또는 주소에서 어음을 제시하여 어음금의 지급청구를 할 수 있다.

다만, 제시기간 경과 후의 청구제시는 지급제시기간 내의 지급제시와 달리 상환청구권을 보전하는 효력이 없고(어음법 제53조 제1항), 어음상의 주채무자는 어음금액 이외에 그 청구제시를 한 날 이후의 지연손해금의 지급책임을 부담할 뿐이다. 지급제시기간 경과 후의 청구제시도 어음채권의 시효중단의 효력이 있다.

Ⅳ. 환어음의 지급

1. 어음의 지급시기

1) 만기 전의 지급

만기 전에는 어음소지인은 지급청구를 할 수 없는 동시에 지급을 받을 의무도 없으므로(어음법 제40조 제1항) 지급인이 어음금을 공탁하더라도 어음채무가 소멸되지 않는다. 또 지급인은 만기 전에 지급할 의무가 없다. 다만, 소지인의 동의가 있는 때에는 유효한 지급을 할 수 있지만, 어음법상 완전한 지급, 즉 면책력 있는 지급은 될 수 없으며 지급인은 자기의 위험부담으로 지급하게 된다(어음법 제40조 제2항).

또한 지급위탁이 취소됨으로써 생길 불이익도 지급인이 부담하게 된다. 만기 전에 지급하는 지급인은 만기에 지급하는 경우와 달리 조사의무가 강화된다.

보충 만기 전의 지급이라도 만기 전의 상환청구가 인정되어 지급하는 경우에는(예 인수를 위한 어음의 제시를 금지한 어음의 발행인의 파산으로 상환청구권 행사가 가능한 경우) 만기에 있어서의 지급과 동일하다(정찬형, 「어음·수표법」, 540면).

2) 만기에 있어서의 지급

만기에는 어음소지인은 인수인에 대하여 지급청구를 할 수 있으며, 인수인도 지급할 금액의 증가를 막기 위하여 지급의 수령을 요구할 수 있고 지급의무자이게 브상청구를 할 수 있다. 만기에 지급제시를 하였음에도 지급하지 않는 경우 어음소지인은 어음채무자에게 만기 이후의 연 6푼(分)의 이율에 의한 지연이자를 청구할 수 있다(어음법 제48조 제1항 제2호). 만기에 지급하는 지급인은 어음법에 의하여 선의지급에 대하여 특별한 보호를 받는다(어음법 제40조 제3항).

3) 만기 후의 지급

만기 후의 지급, 즉 지급제시기간 경과 후의 지급의 경우에 있어서 인수를 한 지급인은 시효기간 내에 지급을 하면 선의지급의 보호를 받으며(어음법 제40조 제3항), 발행인에 대하여 보상청구를 할 수 있다. 그러나 인수를 하지 않은 지급인은 지급을 하여도 특약이 없는 한 그 결과를 발행인에게 귀속시킬 수 없는 위험을 부담하게 된다.

4) 지급의 유예

(1) 당사자의 의사에 의한 경우: 당사자의 의사에 따라서 어음지급을 연기할 수 있는 경우의 하나로 어음개서가 인정된다. 어음개서에 의하여 발행된 신어음을 연기어음이라 한다. 어음관계자 전원의 동의를 받아 만기를 변경하는 경우에는 만기의 변경이 되어 어음상 지급연기의 효과가 발생한다. 그러나 동의를 하지 않는 어음채무자에 대하여는 만기의 변경은 어음의 변조가 되므로 그에게 어음상의 권리를 행사하기 위하여는 변경 전의 만기를 기준으로 한다. 한편, 어음소지인이 어음채무자와의 특약으로써 지급의 유예를 하는 경우에는 그 당사자 사이에 지급유예의 인적 항변이 생길 뿐이며 만기의 변경이 되는 것은 아니다.

(2) 법률의 규정에 의한 경우: 전쟁·지진·홍수·경제공황 기타 1국 전체 또는 어떤 지방에 사변이 발생하여 법령에 의하여 어음채무의 지급이 유예되는 경우가 있다. 이와 관련하여 어음법 제54조 제1항에서는 상환청구권보전절차에 관하여 지급제시기간 및 거절증서작성기간이 연장됨을 규정하고 있다.

(3) 은혜일의 불허: 어음금의 지급에 있어서 은혜일, 즉 만기 이후에 어음채무자의 요구에 의하여 어음소지인의 권리행사가 정지되는 기간은 법률상으로든 재판상으로든 인정하지 아니한다(어음법 제74조).

2. 어음지급의 목적물

어음지급의 목적물은 일정액의 금전이며, 어음금이 어느 종류의 통화로 지급할 것인 경우에 그 통화가 지급시에 강제통용력을 잃은 때에는 지급인은 다른 통화로 지급하여야 한다.

어음상에 외국통화로서 어음금액을 표시한 경우에도 원칙적으로 만기의 날의 가격에 의하여 국내(지급지)의 통화로 지급할 수 있다(어음법 제41조 제1항 제1문).

어음채무자가 지급을 지체한 때에는 소지인은 그 선택에 따라 만기의 날 또는 지급의 날의 환시세에 의하여 국내(지급지)의 통화로 지급할 것을 청구할 수 있다(어음법 제41조 제1항 제2문). 이 경우

환산율은 발행인이 어음상에 특히 정한 때에는 그에 따르고, 이러한 정함이 없는 경우에는 지급지의 관습에 따라서 정한다(어음법 제41조 제2항).

그러나 발행인이 특종의 통화로 지급할 뜻을 기재한 경우에는 이에 따라야 한다(어음법 제41조 제3항). 그리고 발행국과 지급국에서 동명이가(同名異價)를 가진 통화에 의하여 어음금액을 표시한 경우에는 지급지의 통화에 의하여 정한 것으로 추정한다(어음법 제41조 제4항).

3. 지급인의 조사사항

1) 서 설

원래 채무는 진정한 권리자 또는 그 자로부터 권리행사의 권한을 부여받은 자에게 변제하지 않으면 그 효과를 얻을 수 없으므로, 채무자는 변제를 함에 있어서 일일이 청구자가 진정한 권리자인가의 여부를 조사하여야 한다.

그러나 어음에 대해서는 어음거래의 원활을 기하기 위하여 지급인의 조사의무를 경감하고 있다. 즉, 만기에 지급하는 지급인은 사기 또는 중대한 과실이 없으면 그 책임을 면하는 것으로 하고 있다(어음법 제40조 제3항). 이 규정은 만기 이후의 지급의 경우에만 적용되며, 만기 전에는 지급인의 위험부담하에 지급하게 된다(어음법 제40조 제2항).

2) 형식적 자격의 조사

지급인이 만기에 지급을 함에 있어서는 형식적 자격만을 조사하면 된다. 즉, 지급인은 어음의 방식이 적법한가의 여부, 배서가 연속되어 있는가의 여부, 자기의 기명날인 또는 서명이 있는 경우에는 그것이 진정한 것인가의 여부만을 조사하면 된다. 배서의 연속이 흠결되어 있는 경우에는 그 흠결된 부분의 연결을 소지인이 입증한 경우에는 지급할 수 있다(대법원 1969.12.9.선고 69다995판결).

한편, 전자어음의 정보처리시스템에 의한 지급제시(어음법 제38조 제3항)의 경우에는 지급인 또는 지급인으로부터 지급을 위임받은 금융기관은 제시금융기관에 어음법 제40조 제3항 후단에 규정된 배서의 연속이 제대로 되어 있는지에 대한 조사를 위임할 수 있다(어음법 제40조 제4항).

3) 실질적 자격의 조사

지급인은 어음의 제시자가 진정한 권리자인가의 여부, 어음의 기재상 권리자로 되어 있는 자와 현실에 청구를 하는 자가 동일인인가의 여부는 이를 조사할 의무가 없으며, 또 배서가 진정한 것인가의 여부, 최후의 배서가 위조인가의 여부에 대하여도 조사할 의무는 없다(어음법 제40조 제3항 제2문). 그렇다고 하여 지급인에게 실질적 자격의 조사권이 없다는 것은 아니다.

지급을 할 자는 자기의 위험부담하에 형식적 자격을 가진 소지인의 실질적 자격 및 동일성을 조사할 권리가 있다. 따라서 실질적 자격의 조사에 사기 또는 중대한 과실이 있으면 지급인은 면책될 수 없다. 다만, 이 경우 입증책임은 어음채무자측에 있다.

4) 면책적 조사의무의 정도

만기에 지급하는 지급인은 사기 또는 중대한 과실이 없으면 그 책임을 면한다(어음법 제40조 제3항 제1문). 여기서 '사기'란 어음법 제16조 제2항의 '악의 또는 중대한 과실'이라고 하고 있는 점 및 어음법 제17조가 「해(害)할 것을 알고」라고 규정하고 있는 점과는 구별되는 것으로, 제시자에게 지급수령의 권한이 없음을 알고 있을 뿐만 아니라 용이하게 이를 입증할 수 있는 증거방법을 가지고 있음에도 불구하고 지급한 경우를 말한다. '중대한 과실'이란 지급인이 보통의 조사를 하면 어음제시자가 무권리자임을 알고 또 그 무권리자임을 입증할 자료도 얻었을 것인데, 이 조사를 하지 않음으로써 무권리자임을 모르고 지급을 한 경우를 말한다.

보충 어음법 제40조 제3항에 의한 지급인의 면책이 인정되는 것은 소지인이 무권리자라는 것뿐만 아니라 소지인의 무권리 이외의 하자(예 어음소지인의 대리권의 흠결, 동일성의 흠결 등)의 경우도 포함된다(정찬형, 「상법강의(하)」, 제14판, 341면)

5) 적용범위

(1) 만기지급 및 지급인의 범위: 지급인의 조사의무에 관한 어음법 제40조 제3항은 「만기에 지급하는 지급인」의 의무로서 규정하고 있으나, 지급담당자 및 상환의무자의 지급의 경우를 포함하는 것으로 볼 수 있다.

(2) 만기 후 지급에 대한 적용: 지급인의 조사의무에 관한 어음법 제40조 제3항은 「만기에 지급하는」 경우에 관하여 규정하고 있으나, 만기 후 지급(지급거절증서 작성 후 또는 거절증서작성기간이 경과한 후의 지급)의 경우에도 적용되는 것으로 본다.

(3) 인수하지 아니한 지급인의 지급: 인수하지 아니한 지급인은 발행인으로부터 만기에 지급할 것을 위탁받은 것이므로 만기 후에 지급한 때에는 특약이 없는 한 발행인과의 사이의 자금관계상의 채무를 면하지 못하고, 또 발행인에 대하여 구상을 하지 못하게 된다.

(4) 지급면책의 효과: 어음법 제40조 제3항 전단에 의하여, 환어음의 인수인 또는 약속어음의 발행인이 지급한 경우 어음상의 채무는 모두 소멸하며, 인수인이 지급한 경우에는 그 결과를 발행인의 계산으로 귀속시킬 수 있고, 상환의무자가 지급한 경우에는 그 상환의무자 및 그 후자의 어음상의 채무가 소멸한다.

(5) 위조·변조된 어음의 지급: 위조·변조된 어음의 지급에 관하여 어음법 제40조 제3항

의 적용 여부 등에 대해서는 학설의 대립이 있다.[1)]

4. 환어음의 지급방법

1) 영수문언의 기재와 어음의 교부

지급인이 지급을 할 때 소지인에 대하여 어음에 수령을 증명하는 기재를 하여 교부할 것을 청구할 수 있다(어음법 제39조 제1항). 영수문언을 기재할 수 있는 자는 어음처권자 본인 또는 그 대리인이다. 이 문언은 어음 또는 보충지(보전) 위에 기재되며, 통상 어음의 뒷면의 최후의 배서에 이어서 기재한다. 어음금 지급시 어음을 환수하지 않은 경우의 효력에 관하여는 학설의 대립이 있다.[2)]

2) 일부지급

지급인은 어음금의 일부지급을 할 수 있으며, 이 경우 소지인은 이를 거절하지 못한다(어음법 제39조 제2항). 일부지급이 있는 경우 잔액에 대하여는 상환청구권이 인정된다. 일부지급의 경우에 지급인은 소지인에 대하여 그 지급한 뜻을 어음에 기재하고 수령증을 교부할 것을 청구할 수 있다(어음법 제39조 제3항). 그러나 지급제시기간이 경과한 후에는 어음채권자는 일부지급을 받을 의무가 없다.

3) 지급 이외의 어음채무 소멸

어음채무는 지급 이외에 경개(更改)·대물변제 등의 일반처무의 소멸원인으로 소멸하게 되나, 이 경우 어음의 교부를 청구할 수 있으며, 만약 그 어음을 교부하지 않은 때에는 당사자 간에는 채무소멸의 인적 항변이 생기는 데 불과하다.

---

1) 【학설】 위조·변조된 어음의 지급책임에 관한 학설
   ① 어음법 제40조 제3항의 적용 여부: 위조·변조된 어음의 지급에도 어음법 제40조 제3항 제1문이 적용되는지에 관하여, 이를 부정하는 견해(다수설)와 긍정하는 견해로 나누어진다. 부정설의 입장에서는 지급인이 고의·과실 없이 지급한 경우 면책약관 또는 상관습이 있는 때에는 이에 따라, 면책약관도 없고 상관습도 없는 때에는 민법 제470조(채권의 준점유자에 대한 변제)에 의하여 지급관계에서 면책될 수 있다고 본다.
   ② 지급인이 고의·과실 없이 면책약관 등에 의하여 그 지급에 필요한 주의를 다하여 지급한 경우의 손실부담: 지급인이 위조·변조된 어음에 지급한 경우 발행인은 어음채무를 부담하는 행위를 한 것이 아니므로 지급담당자는 지급의 결과를 발행인에게 귀속시킬 수 없고 손해는 원칙적으로 지급담당자가 부담하여야 한다는 견해(지급인부담설: 통설)와, 발행인이 손실을 부담하여야 한다는 견해(발행인부담설)가 있다. 발행인부담설의 경우 발행인은 어음소지인에 대하여 부당이득법리에 따라 지급받은 금액의 반환청구를 할 수 있다고 한다.

2) 【학설】 어음의 비상환과 지급의 효력에 관한 학설
   어음을 환수하지 아니하고 지급한 경우에 대해 어음채무 자체는 소멸하지 아니하며 어음금지급은 인적 항변사유 또는 무권리의 항변사유가 된다고 하는 견해와, 지급을 하면 어음채무는 소멸하지만 어음의 환수가 없으므로 소지인측에 권리외관상태가 있게 되므로 그것을 신뢰한 선의의 제3자는 권리외관이론에 의하여 보호된다는 견해가 있다.

4) 어음금액의 공탁

지급제시기간 내에 지급제시가 없는 때에는 각 어음채무자는 소지인의 비용과 위험부담으로 어음금액을 관할관서에 공탁할 수 있다(어음법 제42조, 제77조 제1항 제3호). 공탁을 하고자 하는 어음채무자는 소정의 공탁서를 작성하고, 공탁물인 어음금을 첨부하여 지정된 은행에 제출하게 되며, 공탁금에는 소정의 이자를 붙일 수 있다(공탁법 제4조, 제5조).

제 6 절 상환청구

I. 상환청구의 의의

상환청구(소구)는 어음이 만기에 지급거절되었거나 또는 만기 전에 인수거절 또는 지급기능이 현저하게 감소되었을 때에 어음소지인이 전자에 대하여 어음금액 기타 비용을 청구하는 것을 말한다. 즉, 어음소지인이 어음채무자에 대하여 담보책임의 이행을 청구하는 것으로서, 어음소지인의 이러한 이행청구를 할 수 있는 권리를 상환청구권이라 한다.

보충판례 민법 제485조는 법정대위권자가 있는 경우에 채권자의 고의나 과실로 담보가 상실되거나 감소된 때에는 대위권자는 그 상실 또는 감소로 인하여 상환받을 수 없는 한도에서 그 책임을 면한다고 규정하고 있는바, 약속어음의 소지인이 배서인에 대하여 가지는 상환청구권은 약속어음이 지급거절된 경우 어음금 지급에 대한 배서인의 담보책임의 이행을 구하는 권리이므로 상환청구권은 어음금 지급채무에 대한 담보라고 할 수 있고, 어음금 지급채무에 대한 민사상 보증인이 변제를 하게 되면 민법 제481조, 제482조에 따라 채권자인 소지인을 대위하여 담보에 관한 권리인 상환청구권을 행사할 수 있으며, 만일 채권자의 고의나 과실로 소구권(상환청구권)이 상실되면 특별한 사정이 없는 한 그로 인하여 상환받을 수 없는 한도에서 위 보증인은 보증책임을 면하게 된다(대법원 2003.1.24.선고 2000다37937판결).

II. 상환청구의 입법주의

상환청구에 관한 입법주의로는 첫째, 인수거절시에는 담보청구권을 인정하고 지급거절시에는 상환청구권을 인정하는 이권주의(二權主義), 둘째, 인수거절의 경우와 지급거절의 경우 모두 상환청구권만을 인정하는 일권주의(一權主義), 셋째, 지급거절의 경우에는 상환청구권을 인정하고 인수거절의 경우에는 담보청구권과 상환청구권의 선택이 가능하다는 선택주의가 있다. 우리 어음법은 일권주의를 택하고 있다.

Ⅲ. 상환청구당사자

1. 상환청구권자

상환청구권자는 제1차적으로는 어음소지인이고, 제2차적으로는 상환하여 어음을 환수한 소지인(어음법 제47조 제3항), 보증채무를 이행한 보증인과 참가지급인, 어음채무를 이행한 무권대리인 등이다.

2. 상환의무자

상환의무자는 환어음의 발행인·배서인과 이러한 자의 보증인·참가인수인이다. 이 외에 무권대리인도 특수한 상환의무자에 해당한다. 환어음의 인수인과 약속어음의 발행인은 주채무자일 뿐, 상환의무자가 아니다. 또한 무담보배서인·추심위임배서인·기한후배서인은 상환의무가 없다.

상환의무자인 환어음의 발행인·배서인·보증인은 주채무자인 인수인과 더불어 어음소지인에 대하여 합동하여 어음금지급의 책임을 진다(어음법 제47조 제1항).

보충 합동책임의 특징: ① 채무자 중 1인에 대한 청구는 다른 채무자에게 영향이 없다. ② 채무자 중 1인에 대한 시효의 완성, 시효의 중단, 경개, 상계 등은 다른 채무자에게 영향이 없다. ③ 채무자 간에 채무의 부담부분이 없다. ④ 각각의 어음채무자의 채무범위가 다르다. ⑤ 발행인·배서인·보증인·인수인의 각각의 채무부담의 조건이 다르다.

Ⅳ. 상환청구의 요건

1. 만기 전의 상환청구

1) 실질적 요건

(1) 인수의 전부 또는 일부의 거절(어음법 제43조 제1호): 인수의 거절은 지급인이 적극적으로 인수를 거절한 경우뿐만 아니라 불(不)단순인수가 있는 경우, 지급인이 사망하고 그 상속인이

불분명한 경우, 지급인의 주소가 불분명한 경우도 포함된다. 일부 인수가 있는 경우에는 인수되지 아니한 잔액에 대하여 상환청구할 수 있다. 지급인이 수인인 경우에는 그 중의 1인의 인수거절만으로도 상환청구원인이 된다(통설).

(2) 인수를 하였거나 하지 아니한 지급인의 파산, 그 지급정지 또는 그 재산에 대한 강제집행의 부주효(不奏效)(어음법 제43조 제2호): 이것은 지급인에 의한 지급을 기대할 수 없는 경우이다. 지급인의 파산은 파산개시의 선고결정의 뜻이며, 그 확정의 여부는 묻지 않는다(통설). 파산 기타의 자력불확실의 사실은 상환청구권행사시까지 계속함을 요하지 않는다(통설). 회사의 회생절차 등이 개시된 때에도 파산에 준하여 상환청구원인이 된다고 본다(통설). 인수를 하였거나 하지 아니한 지급인이 지급을 정지한 경우 또는 그 재산에 대한 강제집행이 주효하지 아니한 경우에는 소지인은 지급인에 대하여 지급제시를 하고 거절증서를 작성시킨 후가 아니면 상환청구권을 행사하지 못한다(어음법 제44조 제5항).

지급정지 또는 강제집행의 부주효의 상환청구원인에 대한 입증책임은 상환청구권자가 부담한다. 이때에 상환청구권자는 지급거절증서의 작성만으로 지급인의 지급정지 또는 강제집행 부주효로 인한 자력불확실이 충분히 입증되었다고 할 수 없다(통설).

(3) 인수제시를 금지한 어음의 발행인의 파산(어음법 제43조 제3호): 인수를 위한 제시를 금지한 어음은 오로지 발행인의 자력을 신용하여 유통되는 것이므로, 어음의 발행인의 파산은 인수인의 파산과 동일시하여야 하기 때문에 상환청구의 요건으로 한 것이다.

2) 형식적 요건

(1) 인수의 제시: 소지인이 인수거절을 이유로 하는 상환청구를 하기 위하여는 인수를 위한 제시가 필요하다. 그러나 인수제시를 하지 않은 경우에도 지급거절로 인한 상환청구권까지 상실하는 것은 아니다. 그리고 인수거절이 있어도 상환청구권을 행사하지 않고 후일에 다시 제시할 수 있으며, 그대로 만기를 기다려도 관계없다. 그러나 인수제시명령이 있는 어음이나 일람후정기출급어음의 경우에는 인수제시를 하지 않으면 인수거절뿐만 아니라 지급거절로 인한 상환청구권을 잃게 된다(어음법 제53조 제2항).

(2) 거절증서의 작성: 인수제시가 있고 인수거절이 된 경우 인수제시기간 내에 이를 증명하는 인수거절증서의 작성이 있어야 한다(어음법 제44조 제1항·제2항). 인수거절증서를 작성시켰을 때에는 만기가 도래한 후 상환청구를 하는 경우에도 다시 지급제시를 하여 지급거절증서를 작성시킬 필요가 없다(어음법 제44조 제4항). 지급인의 지급정지 또는 이에 대한 강제집행이 주효하지 않은 경우에는 소지인은 만기 전이라도 일단 지급제시를 하고 지급거절증서를 작성시킨 후가 아니면 상환청구를 하지 못한다(어음법 제44조 제5항). 그러나 거절증서의 작성이 면제되어 있는 경우, 인수를 하거나 하지 아니한 지급인 또는 인수제시가 금지된 어음의 발행인이 파산선고를 받은

경우(파산결정서 제출에 의함)에는 거절증서를 작성할 필요가 없다(어음법 제44조 제6항 참조).

(3) 참가인수의 청구: 지급지에서의 예비지급인이 있는 경우에는 이에 대하여 어음을 제시하고 참가인수를 요구하고 그 거절이 있었다는 것을 거절증서에 의하여 증명하여야 하며, 그렇지 않으면 예비지급인을 기재한 자와 그 후자에 대하여는 상환청구권을 행사할 수 없다(어음법 제56조 제2항).

2. 만기 후의 상환청구

1) 실질적 요건

어음소지인이 만기에 적법한 지급제시를 하였어도 지급인이 어음금액의 전부 또는 일부의 지급을 하지 아니한 경우이어야 한다(어음법 제43조). 수인의 지급인이 중첩적으로 기재되어 있는 경우에는 그 지급인 전원의 지급거절이 있어야 한다.

2) 형식적 요건

(1) 지급제시: 지급제시가 있어야 한다. 지급거절증서의 작성이 면제되어 있는 경우에도 지급제시를 하여야 한다(어음법 제46조 제2항 제1문). 지급제시에는 어음요건을 갖춘 완전한 어음이어야 한다. 예비지급인 또는 참가인수인 등이 있는 경우에는 그들의 전원에 대하여 지급제시기간의 익일까지 지급제시를 하여야 하며, 그렇지 않으면 예비지급인을 기재한 자 또는 피참가인과 그 후의 배서인에 대하여 상환청구권을 잃는다(어음법 제60조). 그러나 이미 인수거절증서가 작성되어 있는 경우(어음법 제44조 제4항), 불가항력이 만기로부터 30일을 넘어 계속하는 때에는 지급제시를 하지 않고 상환청구권을 행사할 수 있다(어음법 제54조 제4항). 어음당사자 간의 지급제시를 면제하는 약정이 있는 경우, 그 약정은 당사자 간에서만 효력이 인정된다.

(2) 지급거절증서의 작성: 지급거절을 증명하기 위하여 지급거절증서를 작성하여야 한다(어음법 제44조 제1항). 확정일출급·발행일자후정기출급 또는 일람후정기출급의 어음에 있어서는 지급을 할 날 또는 이에 이은 2거래일 내에, 또 일람출급어음의 경우에는 발행일로부터 1년 내에 지급거절증서를 작성시켜야 한다(어음법 제44조 제3항).

그러나 거절증서의 작성이 면제된 경우(어음법 제46조 제1항), 인수거절증서가 작성되어 있는 경우(어음법 제44조 제4항), 불가항력이 만기로부터 30일 이상 계속하는 경우(어음법 제54조 제4항)에는 지급거절증서를 작성시킬 필요가 없다.

3. 불가항력

1) 의 의

불가항력이란 보통 합리적이고 필요하다고 인정되는 주의를 다하여도 그를 피할 수 없는 장애를 가리킨다. 여기서 피할 수 없는 장애란 전쟁·변란·지진·교통두절·홍수해 등의 사변·모라토리엄 등을 말한다. 그러나 단순한 인적 사유, 즉 소지인의 질병 등과 같은 사유는 불가항력이 되지 않는다(어음법 제54조 제6항). 불가항력은 어음상의 권리보전절차를 이행할 기간의 종기에 있어야 한다.

2) 불가항력과 권리보전절차

불가항력이 있는 경우에는 원칙적으로 권리보전절차를 밟을 기간이 연장된다(어음법 제54조 제1항). 어음소지인은 불가항력이 있는 경우 자기의 배서인에 대하여 지체없이 그 불가항력을 통지하고, 어음 또는 보전에 그 통지한 뜻을 기재하며, 일자를 부기하여 기명날인 또는 서명하여야 한다(어음법 제54조 제2항). 그 불가항력이 종지(終止)된 때에는 소지인은 지체없이 인수 또는 지급을 위한 어음제시를 하고, 필요한 경우에는 거절증서를 작성시켜야 한다(어음법 제54조 제3항). 그러나 불가항력이 만기로부터 30일을 넘어 계속되는 때에는 어음제시 또는 거절증서의 작성 없이 상환청구권을 행사할 수 있다(어음법 제54조 제4항). 이 경우 30일의 기간은 일람출급과 일람후정기출급의 어음과 같이 제시가 있음으로써 만기가 정하여지는 어음에 있어서는 소지인이 배서인에게 불가항력의 통지를 한 날로부터 기산한다(어음법 제54조 제5항).

4. 거절증서

1) 의 의

거절증서는 어음상의 권리의 행사 및 보전에 필요한 행위를 한 것과 같은 결과를 증명하는 증명증서로서 요식의 공정증서이다. 이러한 거절증서의 작성절차에 대해서는 거절증서령에서 규정하고 있다.

2) 거절증서 작성을 요하는 경우

거절증서의 작성을 요하는 경우로는 인수거절의 경우, 인수제시일자 또는 인수일자의 기재가 거절된 경우, 제2의 인수제시의 청구가 있는 경우, 지급거절의 경우, 지급인의 자력이 불확실하게 된 경우, 참가인수거절의 경우, 참가지급거절의 경우, 복본교부거절의 경우, 원본반환거절의 경우 등이다.

3) 거절증서 작성이 면제되는 경우

(1) 면제되는 사유: 거절증서의 작성이 면제되어 있는 경우, 인수거절증서를 작성시킨 후에 지급거절이 있는 경우, 파산결정서가 있는 경우, 불가항력으로 인한 면제의 경우가 있다. 이 중 특히 거절증서의 작성면제에 관해 설명하고자 한다.

(2) 면제권자: 거절증서의 작성을 면제할 수 있는 자는 상환의무자인 환어음의 발행인·배서인·보증인·참가인수인 등이다(어음법 제46조 제1항). 그러나 인수인과 그 자를 위한 보증인은 면제할 수 없다. 약속어음 발행인이 거절증서작성을 면제할 수 있는가에 대하여는 학설의 대립이 있다.[1]

(3) 면제의 방식: 면제의 방식으로는 '무비용상환', '거절증서작성면제'의 문자 또는 이와 같은 뜻이 있는 문언을 어음에 기재하고 기명날인 또는 서명함으로써 한다(어음법 제46조 제1항).

단순히 거절증서작성면제가 기재된 경우에는 인수와 지급의 양 거절증서의 작성이 면제된 것으로 볼 것이다. 어음의 배서란에 거절증서작성의무 면제의 문언이 인쇄되어 있는 경우에는 배서인이 기명날인 또는 서명만을 하여도 거절증서작성의무를 면제한 것이 된다(통설·판례).

(4) 면제의 효력: 거절증서작성이 면제된 경우에는 소지인은 거절증서 없이 상환청구권을 행사할 수 있다. 발행인이 면제 문언을 기재한 경우에는 모든 기명날인자 또는 서명자에게 그 효력이 생기며, 소지인이 임의로 이를 작성시킨 경우에는 그 비용은 소지인이 부담한다(어음법 제46조 제3항 제2문). 배서인·보증인 등이 면제문언을 기재한 경우에는 그 자에 대하여서만 효력이 생긴다(어음법 제46조 제3항 제1문).

【판례】 대법원 1984.4.10.선고 83다카1411판결

약속어음의 소지인은 특단의 사정이 없는 한 법정기간 내에 발행인에게 지급제시를 하는 등 적법한 지급제시를 한 경우에만 그 배서인에 대한 상환청구권을 행사할 수 있으되, 그 어음배서인이 지급거절증서작성을 면제한 경우에는 그 어음소지인은 적법한 지급제시를 한 것으로 추정되고 그러한 적법한 지급제시가 없었다는 사실은 이를 원용하는 자에게 그 주장 및 입증책임이 있다 할 것이고, 어음배서인에 대한 지급제시는 적법한 지급제시의 요건이 아니므로 어음소지인은 그 배서인에게 지급제시를 하지 아니하였다고 자인하더라도 이로써 적법한 지급제시가 없었던 것으로 판단되어 상환청구권이 상실된 것이라고 할 수 없다.

1) 【학설】 약속어음발행인의 거절증서면제권 유무에 관한 학설
약속어음의 발행인은 상환의무자가 아니라는 이유에서 거절증서작성을 면제할 수 없다고 하는 견해(부정설)와, 약속어음의 발행인은 어음작성자로서의 자격이 있으므로 거절증서의 작성을 요하지 않는 어음으로서 발행할 수 있다는 견해(긍정설)가 있다.

V. 상환청구의 통지

1. 상환청구통지의 의의 및 입법주의

1) 상환청구통지의 의의

상환청구의 통지는 지급거절의 통지라고도 한다. 상환청구권의 행사는 발행인 기타 어음소지인의 전자로서는 예기치 못하던 일이므로, 어음법은 상환청구권자로 하여금 전자에 대하여 상환청구원인의 발생을 통지하게 함으로써 상환의무자에게 상환의무 이행의 준비를 시키는 동시에, 신속한 상환을 하여 상환금액의 증대를 방지할 기회를 가질 수 있도록 하고자 하는 것이다.

2) 입법주의

상환청구의 통지는 이 통지로써 상환청구의 요건으로 하는 주의와 후자의 전자에 대한 의무로 하는 주의가 있다. 우리 어음법은 후자의 전자에 대한 의무로 하는 주의를 취하고 있다.

2. 상환청구통지를 요하는 경우와 요하지 않는 경우

1) 통지를 요하는 경우

어음소지인은 인수 또는 지급의 거절이 있는 경우에 이를 자기의 배서인과 발행인에게 통지하여야 한다(어음법 제45조 제1항). 지급인의 지급정지 또는 강제집행의 부주효의 경우에도 거절증서를 작성시켜야 하므로 통지를 하여야 한다.

2) 통지를 요하지 않는 경우

지급인·인수인·인수제시금지어음의 발행인이 파산한 경우에는 파산선고의 공고가 되고, 회사회생절차가 개시되는 경우에는 그 사실이 공고되므로 통지가 필요 없다. 또 어음참가가 있는 경우 참가에 의하여 상환청구가 저지되는 범위에서는 통지를 요하지 않으며, 통지면제의 특약이 있는 경우에도 당사자 사이에 통지를 생략할 수 있다.

3) 거절증서작성이 면제된 경우

거절증서의 작성이 면제된 경우에도 통지의무를 면제하는 것은 아니므로 통지하여야 한다(어음법 제46조 제2항).

3. 상환청구통지의 당사자

통지의무자는 어음의 최후의 소지인과 통지를 받은 배서인이며, 피통지자는 발행인·배서인 및 이러한 자의 보증인이다(어음법 제45조 제1항, 제2항). 어음의 소지인은 자기의 직접의 전자 이외에 발행인에게도 직접 통지하여야 한다(어음법 제45조 제1항 제1문). 배서인이 그 장소를 기재하지 아니하였거나 그 기재가 분명하지 아니한 경우에는 그 배서인의 직접의 전자에게 통지하면 된다(어음법 제45조 제3항).

4. 상환청구통지기간

소지인은 거절증서작성일 또는 이에 이은 4거래일 내에, 거절증서작성이 면제되어 있는 경우에는 어음제시일 또는 이에 이은 4거래일 내에, 또 배서인은 통지를 받은 날 또는 이에 이은 2거래일 내에 통지를 하여야 한다(어음법 제45조 제1항). 이러한 통지의 유무에 관하여는 통지의 무자가 통지기간 내에 통지하였음을 증명하여야 하지만, 이 기간 내에 통지의 서면을 우편으로 부친 때에는 그 기간을 준수한 것으로 본다(어음법 제45조 제5항). 상환청구통지의 효력발생시기에 관해서는 학설의 대립이 있다.[1)]

5. 상환청구통지의 방법과 내용

상환청구통지의 방법에는 제한이 없고, 구두에 의하든 서면에 의하든 관계없다. 다만, 피통지자에게 그 통지가 도달할 수 있는 방법이면 되며, 단순한 어음의 반환으로도 가능하다(어음법 제45조 제4항). 통지의 내용은 인수 또는 지급의 거절이 있는 사실을 통지하면 된다.

6. 상환청구통지의무 위반의 효과

상환청구통지의무를 위반하였다 하더라도 상환청구권을 상실하는 것은 아니다. 그러나 통지의무위반자의 과실로 인하여 손해가 생긴 때에는 어음금액의 한도 내에서 그 손해를 배상할 책임을 진다(어음법 제45조 제6항).

---

1) 【학설】 상환청구통지의 효력발생시기에 관한 학설
상환청구통지의 효력발생시기에 관해 통지기간 내에 도달하여야 한다는 견해(도달주의로 보는 견해)와, 통지기간 내에 송달하기만 하면 충분하다는 견해(발신주의로 보는 견해: 다수설)가 있다.

VI. 상환청구금액

만기 후의 상환청구에 의하여 어음소지인은 인수 또는 지급되지 아니한 어음금액과 이자의 기재가 있으면 그 이자, 연 6푼(分)의 이율에 의한 만기 이후의 이자, 거절증서작성비용, 통지비용 및 그 밖의 비용을 청구할 수 있다(어음법 제48조 제1항).

그러나 만기 전의 상환청구의 경우에는 인수 또는 지급되지 아니한 어음금액과 이자의 기재가 있으면 그 이자, 거절증서작성비용, 통지비용 및 그 밖의 비용을 청구할 수 있으나, 만기까지의 소지인이 주소지에서의 상환청구하는 날의 공정할인율(은행률)에 의하여 할인하여 그 어음금액을 감액하는 것으로 하고 있다(어음법 제48조 제2항).

VII. 상환청구의 방법

1. 상환청구권자의 상환청구 방법

1) 상환청구의 순서

상환청구권자는 상환의무자의 채무부담의 순서에 상관없이 그 1인, 수인 또는 전원에 대하여 동시에 상환청구권을 행사할 수 있으며(어음법 제47조 제2항), 또 특정한 상환의무자에게 청구하였다고 하여도 다른 자에 대한 상환청구권에 영향을 미치지 아니하므로 언제든지 다른 자에 대하여 다시 상환청구권을 행사할 수 있다(어음법 제47조 제4항).

2) 역어음의 발행에 의한 상환

(1) 의 의: 어음소지인 또는 상환의무를 이행한 배서인이 그 전자의 1인을 지급인으로 한 새로운 환어음을 발행하여 상환청구할 수 있는데, 이러한 환어음을 역어음이라 한다(어음법 제52조).

(2) 발행요건: 역어음의 발행에 있어서는 어음법 제52조의 규정에 따라 다음과 같은 요건을 갖추어야 한다.

① 발행인은 상환청구권자이다. ② 지급인은 상환의무자이다. ③ 지급지는 상환의무자의 주소지이며, 제3자방지급으로 하지 못한다. ④ 만기는 일람출급이어야 한다. ⑤ 발행지는 본어음의 지급지 또는 상환청구권자의 주소지여야 한다. ⑥ 어음금액은 상환금액 이외에 그 역어음의 중개료 및 인지세를 가산한 금액으로 한다. ⑦ 역어음은 특약으로 그 발행이 금지되지 않아야 한다.

(3) 역어음의 양도·지급: 역어음의 소지인이 역어음을 양도하는 경우에는 역어음과 함께 본어음·거절증서 등도 양도하여야 한다. 역어음의 지급인이 동 어음의 소지인에게 지급한 경우에는 본어음에 대하여 상환의무를 이행한 것이 된다(어음법 제52조 제1항).

2. 상환의무자의 이행방법

1) 상환의무 이행의 방법

상환의무의 이행은 금전채무 이행의 일반원칙과 같이 지급·상계 기타의 방법으로 할 수 있다. 일부상환은 일부지급과는 달리 상환청구권자가 이를 거절할 수 있다.

2) 어음·계산서 등의 교부

(1) 일반적인 경우: 상환의무자는 지급과 상환으로 거절증서, 영수를 증명하는 계산서와 그 어음의 교부를 청구할 수 있다(어음법 제50조 제1항). 따라서 이러한 서류의 교부는 지급과 동시이행의 관계에 있는 것이다.

계산서는 상환청구금액을 명확히 하기 위하여 상환청구권자에 의하여 작성되는 것이며, 거절증서와는 달리 각 상환청구권자가 각별로 작성한다.

(2) 일부인수가 있는 경우: 일부인수가 있는 경우에 인수되지 아니한 어음금액에 대하여 만기 전의 상환청구를 한 때에는 상환자는 소지인으로 하여금 그 지급한 뜻을 어음에 기재하게 하고, 영수증·어음의 증명등본 및 거절증서의 교부를 청구할 수 있다(어음법 제51조).

(3) 일부지급이 있는 경우: 일부지급이 있는 경우에는 어음은 소지인의 수중에 있으므로 지급되지 않은 잔액에 대한 상환청구의 방법은 보통의 경우와 같다.

(4) 어음상실의 경우: 어음소지인이 어음을 상실한 경우에는 공시최고에 의한 제권판결에 의하여 어음상의 권리를 행사할 수 있으므로, 상환의무자는 어음이 없이도 상환의무를 이행할 수 있다.

3) 상환자의 배서말소

상환의무를 이행하여 어음을 환수한 자는 어음상 자기의 의무가 소멸하였음을 표시하기 위하여 자기와 후자의 배서를 말소할 수 있다(어음법 제50조 제2항).

4) 상환의무자의 상환권

상환의무자는 상환청구권자에 의한 상환청구를 기다리지 않고 자진하여 어음·거절증서·계산서 등의 서류와 교환하여 상환할 수 있다(어음법 제50조 제1항).

수인의 상환의무자가 상환을 희망하는 경우 가장 많은 상환의무자의 의무를 면하게 하는 자의 상환을 받아야 한다.

 상환의무자의 책임

어음소지인에 대하여 상환의무자들은 합동책임을 진다(어음법 제47조 제1항). 각 상환의무자는 독립된 자기의 채무를 부담하므로 상환의무자 간의 어음채무에 대한 각자의 부담부분이 존재하지 않는다. 어음상환의무자가 자신의 채무를 상환하고 어음을 환수하면 그의 전자에 대하여 어음상의 권리를 행사할 수 있고(어음법 제47조 제3항), 어음채무자 중의 1인에 대한 청구는 다른 어음채무자에 대한 청구에 영향을 미치지 않는다(어음법 제47조 제4항).

 재상환청구

1. 재상환청구의 의의와 법적 성질

1) 재상환청구의 의의

재상환청구란 어음소지인 또는 자기의 후자에 대하여 상환의무를 이행하여 어음을 환수한 전자가 어음상의 권리자인 지위를 회복하여 다시 그 전자에 대하여 상환청구하는 것을 말한다.

2) 재상환청구의 법적 성질

재상환청구의 법적 성질에 대하여는 학설의 대립이 있다.[1)]

2. 재상환청구의 요건

재상환청구를 하기 위해서는 다음과 같은 두 가지의 요건이 필요하다. 첫째로 어음채무자가 상환의무를 이행하고 어음을 환수하여야 한다. 따라서 상환의무 없이 어음금을 지급하는 경우(예 시효 또는 절차의 흠결로 인하여 상환의무가 소멸한 후에 상환을 하는 경우)에는 재상환청구권을 갖지 못한다.

1) 【학설】 재상환청구권의 법적 성질에 대한 학설
상환의무를 이행한 자가 어음을 환수함으로써 취득하게 되는 어음상의 권리에 대해, 상환의무를 이행함으로써 어음을 취득하는 것은 새로운 어음취득행위가 아니고 본래의 권리의 부활이라는 견해(권리부활설)와, 배서에 의하여 어음상의 권리는 확정적으로 이전하되 상환의무를 이행함으로써 재취득한다고 하는 견해(권리재취득설)가 있다.

그리고 어음을 단순히 교부에 의하여 양도한 자 또는 무담보배서를 한 자와 같이 어음행위를 하지 않은 자가 상환을 하여도 이들은 어음채무자가 아니므로 전자에 대하여 재상환청구를 하지 못한다. 다만, 판례(대법원 1998.8.21.선고 98다19448판결)는 「어음을 양수하여 단순히 교부에 의하여 어음을 타인에게 양도한 자가 상환청구에 응하여 어음금을 지급하고 어음을 환수한 때에는 소지인이 자신의 전자에게 갖고 있던 상환청구권을 지명채권양도의 방법으로 양수하여 전자에게 상환청구권을 행사할 수 있다」고 한다.

둘째로 재상환청구를 할 자는 어음, 거절증서 및 영수를 증명하는 계산서의 교부를 받아야 한다(어음법 제50조 제1항). 거절증서작성을 면제한 어음채무자는 후자가 거절증서작성 없이 상환의무를 이행했더라도 재상환의무를 진다(대법원 1990.10.28.선고 90다카9435판결).

3. 상환자의 지위

어음을 환수한 배서인은 다시 배서에 의하여 타인에게 어음을 양도할 수 있다. 그리고 상환의무를 이행하고 어음을 환수한 배서인은 자기의 후자의 버서를 말소할 수 있다(어음법 제50조 제2항).

4. 재상환청구금액

상환의무를 이행하여 어음을 환수한 자는 지급한 총금액과 이 금액에 대한 연 6푼(分)의 이율에 의하여 계산한 지급한 날 이후의 이자 및 지출한 비용을 청구할 수 있다(어음법 제49조).

제7절 참 가

I. 총 설

1. 참가의 의의

참가는 인수거절 또는 지급거절 등으로 인하여 소지인이 상환청구할 수 있는 경우에 상환청구권을 저지하기 위하여 제3자가 어음관계에 개입하는 것이다. 상환청구권행사단계에 들어가게 된 경우에 제3자가 어음관계에 개입하여 소지인을 구제하고, 어음의 신용을 회복시키고, 상환청구권의 행사에 의한 상환금액의 증대를 방지하는 어음의 사실적 구제제도이다.

이러한 참가제도는 어음거래를 위해서 실제로는 유용하지만, 현실적으로 거의 이용되지 않고 있다.

2. 참가의 종류와 시기

1) 참가의 종류

참가에는 참가인수와 참가지급이 있다. 참가인수는 제3자의 개입행위가 인수로써 만기 전의 상환청구를 저지하기 위하여 제3자가 지급인에 대신하여 인수하는 것이고, 참가지급은 제3자의 개입행위가 지급으로써 만기 전이든 후이든 상환청구를 저지하기 위하여 제3자가 지급인 또는 인수인에 대신하여 지급하는 것이다.

2) 참가의 시기

참가인수는 만기 전의 상환청구요건이 구비된 때로부터 만기까지 할 수 있고(어음법 제56조 제1항), 참가지급은 만기 또는 만기 전의 상환청구요건이 구비된 때로부터 지급거절증서작성기간의 최종일의 다음 날까지 할 수 있다(어음법 제59조).

3. 참가당사자

1) 참가인

(1) 참가인: 참가인이 될 수 있는 자는 제3자, 지급인, 환어음의 발행인, 배서인 및 보증인 등이다. 환어음의 인수인과 약속어음의 발행인 및 그들의 보증인은 참가인이 될 수 없다.

(2) 예비지급인: 만기 전 또는 만기의 상환청구를 저지하기 위하여 참가할 자로서 미리 어음상에 기재된 자를 말하며 자격에는 제한이 없다. 예비지급인은 상환의무자인 환어음의 발행인·배서인 또는 이들의 보증인이 지정할 수 있다(어음법 제55조 제1항). 그러나 환어음의 지급인 또는 인수인과 약속어음의 발행인 및 그들의 보증인은 상환의무자가 아니므로 예비지급인을 지정할 수 없다.

2) 피참가인

상환의무자 또는 그 보증인은 모두 피참가인이 될 수 있다. 따라서 상환의무자가 아닌 환어음의 지급인·인수인, 약속어음의 발행인, 무담보배서인은 피참가인이 될 수 없다.

4. 참가의 통지

참가인이 참가를 한 때에는 피참가인에 대하여 참가일로부터 2거래일 내에 그 참가의 통지를 하여야 한다(어음법 제55조 제4항).

통지의 목적은 피참가인으로 하여금 신속히 상환권을 행사하여 전자에 상환청구하게 하거나, 참가인에 대한 상환준비를 하게 하고 발행인이 피참가인일 경우 무자력지급인에 대한 지급자금의 제공 방지 또는 회수를 가능하게 하려는 데 있다.

참가통지기간을 준수하지 않은 데 과실이 있는 경우 참가인은 어음금액의 범위 내에서 손해배상책임을 진다.

Ⅱ. 참가인수

1. 참가인수의 의의와 법적 성질

참가인수는 만기 전의 상환청구를 저지하기 위하여 어음의 지급을 약속하는 어음행위이다. 참가인수의 법적 성질에 관해서는 상환의무의 인수라고 해석하는 것이 통설이다.

참가인수인의 책임은 어음지급이 되지 않는 경우에 피참가인의 후자에 대해서만 지급의무를 부담한다.

보충 인수와 참가인수의 차이

① 인수인은 주채무자이지만, 참가인수인은 상환의무자와 동일한 책임을 지는 자이다.
② 인수인은 주채무자이므로 지급의무자이지만, 참가인수인은 지급인이 지급하지 않는 경우에만 지급의무를 부담한다.
③ 인수인은 최종의 의무자로서 모든 자에 대하여 지급의무를 부담하지만, 참가인수인은 피참가인의 후자에 대하여서만 의무를 진다.
④ 인수인은 상환청구권보전절차의 흠결로 인하여 면책되지 않지만, 참가인수인은 상환청구권보전절차의 흠결로 인하여 면책된다.
⑤ 인수인의 인수가 없거나 지급이 거절된 경우에 소지인은 상환청구권을 행사할 수 있으나, 참가인수가 있으면 어음소지인은 피참가인과 그의 후자에 대하여 상환청구권을 행사할 수 없고 피참가인의 전자에 대해서만 상환청구권을 행사할 수 있다.

2. 참가인수의 요건

참가인수를 함에는 만기 전에 상환청구원인이 발생하고, 그 사실이 인수거절증서에 의하여 확정되어 있어야 한다. 인수제시금지어음에 대해서는 참가인수를 하지 못한다(어음법 제56조 제1항).

3. 참가인수의 방식

참가인수는 참가지급과 달리 어음행위이므로, 어음에 반드시 참가인수문구를 기재하고 참가인이 기명날인 또는 서명을 하여야 하며, 피참가인을 표시하여야 한다. 피참가인의 표시가 없는 경우에는 환어음의 발행인을 위한 것으로 본다(어음법 제57조). 참가인수는 어음상에 하여야 하며, 등본 또는 보충지에 하는 참가인수가 허용되는가에 대해서는 학설의 대립이 있다.[1)]

4. 참가인수인의 선택

1) 참가인수의 거절

어음소지인은 그가 신용할 수 없는 자의 참가인수에 의하여 상환청구권을 상실한다는 것은 부당하므로 원칙적으로 참가인수를 거절할 수 있다(어음법 제56조 제3항 제1문). 그러나 지급지에 있는 예비지급인이 기재되어 있는 경우에는 그 자의 참가는 거절할 수 없으며, 소지인은 먼저 그 자에게 어음을 제시하여 참가인수를 요구한 후가 아니면 예비지급인을 기재한 자와 그 후자에 대하여 만기 전에 상환청구권을 행사하지 못한다(어음법 제56조 제2항). 예비지급인에 대한 제시기간은 만기 전이며, 만기 후에는 하지 못한다.

2) 수인의 참가인수가 있는 경우

참가인수를 할 자가 수인인 경우에는 지급지에 있는 예비지급인이 우선하고, 예비지급인이 수인인 경우에는 가장 많은 상환의무자를 면책시키는 자가 우선한다. 수인의 지급지 외에 있는 예비지급인과 순전한 제3자의 참가인수에 대해서는 어음소지인은 어느 자에 대하여 참가인수를 시키든 자유이며, 이들 전원의 참가인수를 거절할 수도 있다.

5. 참가인수의 효력

1) 참가인수인의 의무

참가인수인은 어음소지인과 피참가인의 후자에 대하여 피참가인과 동일한 의무를 진다

1) 【학설】 등본 또는 보충지에 하는 참가인수에 관한 학설
어음법 제57조의 법문에 따라 등본 또는 보충지에 하는 참가인수는 허용되지 않는다는 견해와, 배서인 또는 보증인을 위한 참가인수가 인정되므로 등본 또는 보충지에 하는 참가인수는 허용된다는 견해(통설)가 있다.

(어음법 제58조 제1항). 이 의무는 상환의무자로서의 의무이므로 제2차적 의무이며, 지급할 금액도 피참가인의 상환금액과 같다.

2) 상환의무자의 지위

참가인수가 있는 경우에는 어음소지인은 피참가인과 그 후자에 대하여 만기 전의 상환청구권을 잃는다(어음법 제56조 제3항 제2문).

피참가인과 그 전자는 참가인수에도 불구하고 자진하여 상환금액을 지급하여 어음을 환수 할 수 있으며, 거절증서와 영수를 증명하는 계산서가 있는 때에는 그 교부도 청구할 수 있다(어음법 제58조 제2항).

3) 일부 참가인수

일부 참가인수는 인정되지 않는다. 그러나 일부 인수가 있는 경우에는 그 잔액에 대하여 참가인수를 할 수 있다.

Ⅲ. 참가지급

1. 참가지급의 의의

참가지급은 만기 또는 만기 전의 상환청구권행사의 요건이 구비되었을 경우에 그 상환청구를 저지하기 위하여 인수인 이외의 자가 하는 지급을 말한다. 참가지급은 어음행위가 아니고, 상환청구권의 소멸을 목적으로 하는 변제와 유사한 행위라는 것이 통설이다. 참가지급은 피참가인의 후자의 의무만을 소멸시키는 점에서 본래의 지급과 다르다(어음법 제63조 제2항 참조).

2. 참가지급의 요건

참가지급을 함에는 만기 전 또는 만기 후의 상환청구원인이 발생하여야 하며(어음법 제59조 제1항), 거절증서의 작성이 면제되어 있는 경우 및 파산의 경우를 제외하고 그 사실이 거절증서에 의하여 입증되어야 한다.

3. 참가지급인

참가지급인이 될 수 있는 자는 참가인수인·예비지급인 기타의 제3자이며, 인수인과 그의 보증인은 참가지급인이 되지 못한다(어음법 제55조 제3항).

4. 참가지급인에 대한 지급제시, 참가지급의 거절 불가

1) 참가지급인에 대한 지급제시

지급지에 주소를 가진 참가인수인 또는 예비지급인의 기재가 있는 경우에는 소지인은 늦어도 지급거절증서를 작성시킬 수 있는 최종일의 다음 날까지 그 전원에게 어음을 제시하고, 필요한 경우에는 참가지급거절증서를 작성시켜야 한다(어음법 제60조 제1항). 이 기간 내에 거절증서의 작성이 없는 때에는 예비지급인을 기재한 자 또는 피참가인과 그 후자의 배서인은 의무를 면한다(어음법 제60조 제2항).

2) 제3자의 참가지급의 거절 불가

순전한 제3자가 참가지급을 하려고 한 때에는 참가인수의 경우와는 달리 소지인은 이를 거절하지 못한다. 만약 이를 거절한 때에는 피참가인의 후자에 대하여 상환청구권을 잃는다(어음법 제61조).

참가지급인이 수인인 경우에는 가장 다수인으로 하여금 의무를 면하게 하는 자가 우선하며, 사정을 알고 이에 위반하여 참가지급을 한 자는 의무를 면할 수 있었던 자에 대하여 상환청구권을 잃게 된다(어음법 제63조 제3항).

5. 참가지급의 방법

1) 시 기

원칙적으로 지급거절증서작성기간의 다음 날까지이나, 참가인수인은 그에 대한 보전절차가 취해질 경우에는 거절증서작성기간의 다음 날이 경과함으로써 지급의무를 면하는 것이 아니므로(어음법 제60조 제2항), 피참가인이 지급할 때까지 참가지급을 할 수 있다. 예비지급인 기타 제3자의 참가지급은 만기 전후를 불문하고 할 수 있으나, 지급거절증서작성기간의 다음 날까지 하여야 하며, 그 후의 지급은 참가지급이 되지 않는다.

2) 금 액

참가지급의 금액은 피참가인이 지급할 금액이며, 소지인은 상환청구권의 행사를 저지할 수 없기 때문에 일부 참가지급을 거부할 수 있다.

3) 방 식

어음면에 피참가인을 표시하고 소지인으로 하여금 그 영수를 증명하는 문언을 기재하게 하여야 한다. 피참가인의 표시가 없는 경우에는 발행인을 위하여 지급한 것으로 본다(어음법 제62조 제1항). 소지인은 이 기재를 한 어음과 거절증서를 작성한 때에는 거절증서도 함께 참가지급인에게 교부하여야 한다(어음법 제62조 제2항).

6. 참가지급의 효력

1) 본질적 효력

참가지급으로 인하여 어음소지인의 어음상의 권리는 모든 어음채무자에 대한 관계에서 소멸하게 된다.

2) 면책적 효력

참가지급으로 인하여 피참가인의 후자는 상환의무를 면한다(어음법 제63조 제2항). 그러나 피참가인은 의무를 면하지 못하고, 참가지급인에 대하여 상환의무를 진다(어음법 제53조 제1항).

3) 참가지급인의 권리취득

참가지급인은 피참가인과 그 전자 및 인수인 그리고 이들의 보증인에 대하여 어음상의 권리를 취득한다(어음법 제63조 제1항). 이것은 어음법에 의한 법정취득에 해당한다. 이 외에 위임과 같은 일반 사법상의 관계에 의하여 보상청구권을 가질 수 있고, 어음법상의 권리와 중첩되는 경우 선택적 행사가 가능하다. 참가지급인은 지급 후 참가지급에 관한 구상의 범위 내에서만 어음으로서 존재하므로 다시 그 어음에 배서를 하지 못한다(어음법 제63조 제1항 단서).

제8절 복본·등본

I. 복 본

1. 복본의 의의

복본이란 발행인이 발행하는 한 개의 환어음상의 권리를 표창하는 수통의 어음증권을 말한다. 환어음과 수표에서는 복본이 인정되지만, 약속어음에서는 인정되지 않는다.

2. 복본의 발행

어음의 복본은 각 통의 내용이 거래의 통념상 동일하여야 하고, 증권의 본문 중에 번호를 붙여야 한다. 번호가 없는 수통의 복본은 별개의 환어음으로 본다(어음법 제64조 제2항). 복본은 발행인만이 발행할 수 있다(어음법 제64조 제1항). 발행인이 복본을 교부하지 아니한다는 뜻을 어음상에 기재하지 않는 한 어음소지인은 자기의 비용으로 복본의 교부를 청구할 수 있다(어음법 제64조 제3항).

환어음을 상실하면 복본교부청구를 하지 못한다. 복본의 청구는 만기 이후에도 가능하고, 어음상의 권리가 절차의 흠결 또는 시효로 인하여 소멸한 경우에도 할 수 있다.

3. 복본의 효력

복본은 각 통마다 어음의 효력을 가지나, 동일한 어음채권을 표창하는 수통의 복본을 소지하더라도 그 소지인은 하나의 권리를 취득할 뿐이며, 이것을 복본 일체의 원칙이라 한다. 수통의 복본 중 1통으로써 어음의 제시나 상환청구를 할 수 있고, 1통에 대하여 지급 또는 상환을 하면 다른 수통에도 그 효력이 미친다(어음법 제65조 제1항 본문). 수통의 복본에 인수를 한 인수인이 지급시에 그 수통을 환수하지 않으면 환수하지 아니한 복본에 대한 지급책임을 면하지 못한다(어음법 제65조 제1항 단서). 어음소지인이 수통의 복본을 수인에게 따로따로 배서양도한 때에는 그 배서인과 그 후의 배서인은 반환받지 아니한 각자의 기명날인 또는 서명이 있는 복본에 대하여 책임을 진다(어음법 제65조 제2항).

4. 인수를 위한 복본의 송부

인수를 위하여 복본의 1통을 송부한 자는 다른 각 통에 송부복본을 보지(保持)하는 자를 기재하여야 하며, 이러한 기재가 있는 어음의 양수인은 다른 복본소지인에 대하여 그 반환을 청구할 수 있다(어음법 제66조 제1항). 교부를 거절당한 때 소지인은 거절증서에 의해 인수를 위하여 송부한 1통의 소지인이 청구하여도 교부되지 아니하였다는 것, 다른 1통으로 인수 또는 지급을 받을 수 없었다는 것 등의 사실을 증명하지 않으면 상환청구권을 행사하지 못한다(어음법 제66조 제2항).

Ⅱ. 등 본

1. 등본의 의의

등본이란 어음의 원본을 복사한 것을 말하며, 환어음과 약속어음에서는 인정되지만 수표에서는 인정되지 않는다.

2. 등본의 발행

어음의 등본에는 원본의 보유자를 표시하여야 한다. 복본과 달리 모든 어음소지인이 임의로 작성하여 발행할 수 있다(어음법 제67조 제1항). 등본에는 배서 기타 원본에 기재한 모든 사항을 정확하게 다시 적고 끝부분임을 표시하는 기재(경계 문언)를 하여야 한다(어음법 제67조 제2항). 경계문언이 없거나 등본임을 표시하지 아니한 경우에는 원본이 된다.

3. 등본의 효력

등본에는 배서나 보증만 가능하며(어음법 제67조 제3항), 어음상의 권리를 행사하기 위해서는 원본을 소지하여야 한다. 등본소지인은 원본의 보유자에 대하여 원본의 반환청구를 할 수 있다(어음법 제68조 제1항). 교부를 거절당한 때에는 소지인은 원본의 교부를 청구하였음에도 불구하고 교부를 받지 못하였음을 거절증서에 의하여 증명하지 아니하면 등본에 배서 또는 보증한 자에 대하여 상환청구권을 행사하지 못한다(어음법 제68조 제2항). 원본에 경계문언과 함께 배서금지문언이 있는 경우 등본작성 후에 한 원본의 배서는 그 효력이 없다(어음법 제68조 제3항).

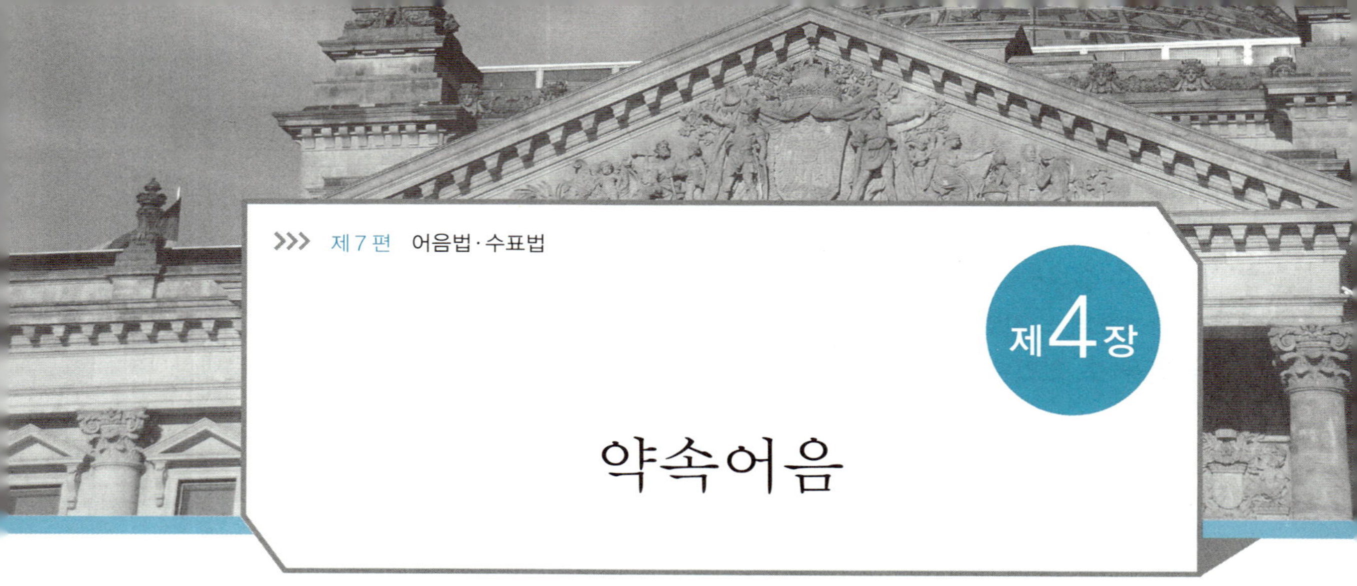

제4장 약속어음

제1절 약속어음에 관한 법규

약속어음은 발행인 자신이 일정금액의 지급을 약속하는 어음으로서, 환어음과 달리 인수제도가 없기 때문에 지급인이 없다. 따라서 인수를 위한 제시나 인수거절에 의한 상환청구가 인정되지 않는다.

약속어음에 대하여는 환어음과의 차이점에 관한 소수의 특별한 규정(어음법 제75조, 제76조, 제78조)을 두고 있을 뿐이고, 기타의 모든 문제에 대하여는 그 성질이 허용하는 범위 내에서 환어음에 관한 규정을 준용한다(어음법 제77조 참조).

약속어음에는 환어음에 관한 규정 중 환어음의 발행에 관한 어음법 제1조, 제2조, 제3조, 제9조가 적용되지 않으며, 인수에 관한 규정(어음법 제21조 내지 제26조, 제28조, 제29조) 및 인수와 관련된 규정(어음법 제51조), 복본에 관한 규정(어음법 제64조부터 제66조까지)은 준용되지 않는다.

그러나 참가인수에 관한 규정(어음법 제56조부터 제58조까지)은 준용규정에서 제외되어 있으나, 해석상 약속어음에도 만기 전 상환청구가 있을 수 있으므로 준용된다고 본다(통설).

제 2 절 약속어음에 관한 특칙

I. 약속어음의 발행

1. 약속어음 발행의 의의

약속어음의 발행이란 일정한 금전의 채무부담의 의사로 법정요건(어음법 제75조 참조)을 구비한 기본어음을 작성하여 수취인에게 교부하는 행위를 말한다.

참고 「주식회사의 외부감사에 관한 법률」 제2조에 따른 외부감사를 받는 주식회사는 약속어음을 발행할 경우 전자어음으로 발행하여야 한다(전자어음법 제6조의2). 전자어음에 대해서는 본서의 마지막 부분에 있는 「전자어음법」에서 설명하기로 한다.

2. 약속어음의 기재사항

1) 필요적 기재사항

(1) 약속어음문구: 약속어음임을 표시하는 문자를 기재하여야 하며, 이 문자의 기재는 어음 본문 중에 하여야 한다. 즉, 지급약속문구 중에 약속어음이라는 표시가 있어야 한다.

(2) 조건 없이 일정한 금액의 지급을 약속하는 뜻: 발행인은 지급약속문구를 기재하여야 하며, 환어음의 경우의 지급위탁문구와 다르다. 지급약속문구어는 어떠한 조건이 있거나 지급방법을 제한하는 경우에는 어음을 무효로 한다는 점에서는 환어음의 경우와 같다. 어음금액의 기재는 환어음의 경우와 같다.

(3) 만　기: 만기의 종류는 환어음과 같다. 다만, 일람후정기출급어음에 있어 만기의 기산점에 차이가 있다.

약속어음에는 인수제도가 없으므로 인수제시의 대신으로 발행일로부터 1년 내에 일람을 위한 제시를 하여야 하고(어음법 제78조 제2항 제1문), 이 일람 후의 기간은 발행인이 어음에 일람의 뜻을 기재하고 기명날인 또는 서명한 날로부터 진행한다(어음법 제78조 제2항 제2문). 한편, 만기의 기재가 없는 때에는 일람출급의 약속어음으로 본다(어음법 제76조 제1호).

(4) 지급지: 지급인의 기재는 없어도 지급지의 기재는 반드시 있어야 한다. 그러나 지급지의 기재가 없으면 다른 표시가 없는 한 발행지를 지급지로 본다(어음법 제76조 제2호). 발행지의 기

재가 없는 경우에는 발행인의 명칭에 부기한 지(地)를 발행지로 본다(어음법 제76조 제3호). 그런데, 발행인의 명칭에 부기한 지가 없고 지급장소의 기재만 있는 경우의 약속어음 효력에 관하여는 학설의 대립이 있다.[1)]

(5) 기 타: 지급지, 수취인의 표시, 발행일·발행지, 발행인의 기명날인 또는 서명 등의 기재사항은 환어음상의 내용과 같다. 다만, 어음법 제3조 제1항과 같은 자기지시약속어음이 인정되는가에 대하여는 학설의 대립이 있다.[2)]

2) 유익적 기재사항

어음법에 규정된 약속어음의 유익적 기재사항으로는 발행인의 명칭에 부기한 지(어음법 제76조 제3호), 제3자방지급의 기재(어음법 제77조 제2항, 제42조 및 제27조)가 있고, 기타 환어음과 같이 이자의 약정, 배서금지문언, 지급제시기간의 단축 또는 연장의 기재, 지정기일 전의 지급제시금지문언, 표준이 될 세력(歲歷)의 기재, 환산율의 기재, 외국통화현실지급문언, 거절증서작성면제, 역어음발행금지문언 등이 유익적 기재사항이다.

3) 무익적 기재사항·유해적 기재사항

무익적 기재사항과 유해적 기재사항은 환어음의 경우와 같다. 그러나 조건부지급의 기재, 발행인의 면책문구는 어음을 무효로 하는 유해적 기재사항이라는 점에서 환어음의 경우와 차이가 있다.

3. 약속어음 발행의 효력

1) 약속어음발행인의 의무

약속어음의 발행인이 지는 의무는 제1차적 의무이자 무조건의 의무이며, 지급제시를 하지 않은 경우에도 시효에 걸리기 전에는 책임을 지는 절대적인 것이다. 따라서 발행인은 피참가인의 자격이 없으므로 예비지급인을 기재할 수 없다. 또 발행인이 어음을 환수한 때에 어음상의 권리·의무가 소멸하게 되므로 발행인의 의무는 최종적인 의무이다. 어음소지인이

---

1) 【학설】 지급지의 기재가 없고 지급장소의 기재만 있는 약속어음의 효력에 관한 학설
① 무효설: 지급지의 기재가 없고 발행지·발행인의 명칭에 부기한 지의 기재가 없으면 지급장소는 지급지를 보충할 수 없으므로 약속어음은 무효가 된다.
② 유효설: 어음면상 지급지에 관한 특별한 표시가 없다 하더라도 지급장소의 기재가 있고 그것이 지(地)의 표시를 포함하고 있어 그로부터 지급지에 해당하는 일정지역이 추지될 수 있는 경우에는 지급지의 기재가 이에 의해 보충되어 유효하다(대법원 2001.11.30.선고 2000다7387판결).

2) 【학설】 자기지시약속어음의 인정 여부에 관한 학설
약속어음에서 발행인과 수취인의 자격을 겸하는 자기지시약속어음의 인정 여부에 대해 환어음과 같이 인정된다는 견해(통설)와 인정되지 않는다는 견해가 있다.

지급제시기간 내에 지급제시를 하였으나 발행인이 지급하지 아니한 때에는 발행인은 어음금과 만기 이후의 지연이자를 지급하여야 한다(어음법 제78조 제1항, 제77조 제1항 제4호, 제28조 제2항, 제48조 제2호).

2) 공동발행인의 책임

발행인이 수인인 경우를 공동발행이라 한다. 공동발행인은 각자가 어음금액 전액의 지급의무를 부담하며, 그 책임은 합동책임이다. 공동발행의 경우 배서인에 대하여 상환청구를 하려면 발행인 전원에 대하여 제시기간 내에 이행을 청구한 경우에만 가능하다.

Ⅱ. 약속어음의 참가인수

참가인수는 인수거절만을 원인으로 하는 것이 아니며, 만기 전에 상환청구할 수 있는 모든 경우(발행인의 파산, 발행인의 지급정지, 발행인의 재산에 대한 강제집행의 부주효 등)에 할 수 있으므로 약속어음에도 환어음의 참가인수규정을 준용할 수 있다. 다만, 피참가인의 기재가 없는 경우 환어음과 달리 제1배서인을 위하여 참가한 것으로 보아야 한다.

【판례】 대법원 2003.3.14.선고 2002다62555판결

어음법상 약속어음에 관하여는 환어음의 경우와 같은 만기 전 상환청구에 관한 규정을 두고 있지 않으나 약속어음에 있어서도 발행인의 파산이나 지급정지 기타 그 자력을 불확실하게 하는 사유로 말미암아 만기에 지급거절이 될 것이 예상되는 경우에는 만기 전의 상환청구가 가능하다고 할 것이고, 만기 전의 상환청구가 가능한 약속어음의 경우에 그 소멸시효에 관하여는 어음법 제77조 제8호에 의하여 준용되는 같은 법 제70조 제2항이 적용된다고 해석하여야 할 것이다.

제 5 장 수 표

제 1 절 총 설

I. 수표의 의의

수표는 발행인이 지급인에 대하여 수취인이나 수표의 정당한 소지인에게 수표상에 기재된 일정한 금액의 지급을 위탁하는 유가증권이다. 수표는 금전의 지급위탁증권이라는 점에서 환어음과 같다(본서에서는 수표에 관한 수표법의 내용 중 환어음과 동일한 것은 생략하고 수표법의 규정 중 환어음과 차이가 있는 내용을 중심으로 정리하고자 한다).

II. 수표의 경제적 기능

어음이 신용증권인 데 반하여 수표의 본질적 기능은 지급증권이라는 점에서 차이가 있다. 수표의 신용증권화를 방지하기 위하여 수표법은 다음과 같은 규정을 두고 있다. 즉, 수표는 일람출급만을 인정하고(수표법 제28조 제1항), 이자의 기재는 인정하지 않으며(수표법 제7조), 참가제도가 없고, 지급제시기간은 10일로 단축되어 있으며(수표법 제29조), 시효기간도 어음에 비하여 짧게 되어 있다(수표법 제51조 참조).

또한 어음과 달리 수표에서는 지급인의 배서나 보증 또는 인수를 금지하고 있다(수표법 제15조 제3항, 제25조 제2항).

제2절 발 행

I. 발행의 의의

수표의 발행은 발행인이 지급인에게 수표금액을 수취인 기타 소지인에게 지급할 것을 위탁하는 요식의 단독행위이다. 수표행위의 법적 성질과 그 효력은 환어음과 거의 같으나, 인수제도가 없는 수표에 있어서 수취인의 지급수령권한은 기대이익에 불과하지만, 수표법 제3조에 따라 수표계약과 수표자금의 존재를 전제로 하여 지급의 확실성이 담보된다.

II. 수표의 기재사항

1. 필요적 기재사항

수표도 지급위탁증권이고, 수표에 기재하여야 할 필요적 기재사항은 만기와 수취인의 표시를 제외하고는 환어음과 동일하다.

수표는 법률상 당연히 일람출급증권으로(수표법 제28조 제1항 참조) 어음법에서 말하는 기술적인 결제기로서의 만기의 개념이 없기 때문에 수표에는 만기의 기재가 필요 없다. 그리고 수표는 어음과 달리 지시식과 함께 소지인출급식 수표가 인정되기 때문에 수취인의 기재를 필요로 하지 않는다(수표법 제5조).

1) 수표문구

증권의 본문 중에 그 증권의 작성에 사용하는 국어로 수표임을 표시하는 문언을 기재하여야 한다.

2) 조건 없이 일정한 금액의 지급을 위탁하는 문구

조건 없이 일정한 금액을 지급할 뜻의 지급위탁문구를 기재하여야 한다. 지급위탁은 무조건이어야 하므로, 지급에 관하여 조건을 붙이는 경우에는 그 수표는 무효가 된다.

3) 지급인의 명칭

수표의 지급인은 은행에 한하며(수표법 제3조), 이 경우의 은행은 은행과 동일시할 수 있는 사람 또는 시설(예 우체국, 새마을금고, 농업협동조합 등)을 포함한다(수표법 제59조). 수표의 발행인은 지급인과의 수표계약(자금관계 포함)에 의해서 수표를 발행할 수 있다. 그러나 이에 위반하여 발행된 수표도 무효가 되는 것은 아니므로(수표법 제3조 단서) 수표상의 권리·의무는 유효하게 존재하지만, 「부정수표단속법」에 의한 처벌을 받게 된다.

4) 지급지

지급지의 기재가 없으면 지급인의 명칭에 부기한 지를 지급지로 본다. 지급인의 명칭에 수개의 지(地)를 부기한 때에는 맨 앞에 기재한 지에서 지급할 것으로 본다(수표법 제2조 제1호). 지급인의 명칭에 부기한 지가 없으면 발행지를 지급지로 본다(수표법 제2조 제2호).

5) 발행일과 발행지

(1) 발행일: 수표에 기재할 발행일은 사실상 발행된 날과 일치하여야 되는 것은 아니므로 선일자수표나 후일자수표 모두 인정된다. 발행일은 지급제시기간과 시효의 기산점이 된다.

【판례】 대법원 1990.12.21.선고 90다카28023판결

수표상 발행일의 기재는 수표요건이므로 그 발행일의 기재가 없으면 요건흠결의 수표이거나 백지식 수표로 볼 수밖에 없지만, 수표 표면의 '자기앞수표'라는 표기 바로 옆에 고딕체로 '1989.4.15'이라고 선명하게 기재되어 있는 경우에는 어음과는 달리 수표상에는 발행일 이외에 다른 날짜가 기재될 수 없는 점에 비추어 위 일자기재를 수표발행일의 기재로 보아야 할 것이다.

(2) 발행지: 발행지는 제시기간·세력·복본 등과 관련된다. 발행지의 기재가 없는 수표는 발행인의 명칭에 부기한 지에서 발행한 것으로 본다(수표법 제2조 제3호).

【판례】 대법원 1999.8.19.선고 99다23383 전원합의체 판결

[다수의견] 수표면의 기재 자체로 보아 국내수표로 인정되는 경우에 있어서는 발행지의 기재는 별다른 의미가 없는 것이고 발행지의 기재가 없는 수표도 완전한 수표와 마찬가지로 유통·결제되고 있는 거래의 실정 등에 비추어, 그 수표면상 발행지의 기재가 없는 경우라고 할지라도 이를 무효로 볼 수는 없다.

6) 발행인의 기명날인 또는 서명

발행인의 기명날인 또는 서명이 있어야 하며, 이에 대해서는 환어음의 경우와 같다.

2. 유익적 기재사항

1) 수취인의 기재

어음과는 달리 수취인의 기재가 수표요건(필요적 기재사항)은 아니지만, 그 기재로서 유효하게 효력이 발생한다.

수취인의 표시방식은 다양하여, 지시금지의 뜻을 기재한 기명식·지시식·소지인출급식·지명소지인출급식·무기명식의 기재방식이 있다(수표법 제5조).

2) 제3자방지급문구

발행인은 지급장소와 지급담당자의 기재를 할 수 있다. 이 경우 제3자는 반드시 은행이어야 한다(수표법 제8조). 여기서 은행이란 법령에 의하여 은행과 같은 것으로 보는 사람 또는 시설을 포함한다(수표법 제59조).

3) 기 타

기타 유익적 기재사항으로서 지급인의 명칭에 부기한 지, 발행인의 명칭에 부기한 지, 배서금지문구, 외국통화환산율의 기재, 외국통화현실지급문구, 횡선의 표시, 거절증서작성면제문구, 복본의 번호 등이 있다.

3. 무익적 기재사항·유해적 기재사항

무익적 기재사항으로는 인수의 기재(수표법 제4조), 이자약정의 기재(수표법 제7조), 발행인의 지급무담보문구(수표법 제12조), 일람출급 이외의 만기의 기재(수표법 제28조), 예비지급인의 기재, 위약금의 문구 등이 있다. 유해적 기재사항에 대해 수표법은 특별한 규정을 두고 있지 않으며, 환어음의 경우와 같다.

Ⅲ. 수표발행의 효력

수표를 발행한 자는 환어음의 발행인과 같이 수표금지급에 대한 담보책임을 부담하고,

수표의 지급인은 지급보증을 함으로써 소지인에게 지급제시기간 내에는 수표금 지급의 의무를 부담한다. 지급보증을 하지 않은 지급인은 소지인에 대하여 지급할 의무가 있는 것은 아니므로, 소지인은 지급인에 대하여 수표금의 지급을 청구할 수표상의 권리를 가지는 것은 아니다. 수표의 발행 후 발행인이 사망하거나 무능력자가 된 경우에도 그 수표의 효력에는 아무런 영향이 없다(수표법 제33조).

Ⅳ. 위탁수표·백지수표

1. 위탁수표

위탁수표는 제3자의 계산으로 발행할 수 있는 수표를 말한다(수표법 제6조 제2항). 위탁수표의 경우 자금관계는 위탁자와 지급인 간에 존재하게 된다. 위탁자는 수표상의 아무런 권리·의무도 없다.

2. 백지수표

백지수표라 함은 수표요건의 흠결의 경우에 그 흠결부분을 소지인으로 하여금 후에 보충시킬 의사를 가지고 유통상태에 둔 수표로서, 그 내용은 백지어음과 같다(수표법 제13조).

Ⅴ. 수표자금과 수표계약

수표는 그것을 제시한 때에 발행인이 처분할 수 있는 자금이 있어야 한다. 이러한 자금이 있는 은행을 지급인으로 하고, 발행인이 그 자금을 수표에 의하여 처분할 수 있는 명시 또는 묵시의 계약에 따라서만 발행할 수 있다(수표법 제3조 본문). 은행이 발행인으로서 지급인의 지위를 겸병하는 자기앞수표는 수표계약이 필요하지 않다.

수표계약은 발행인이 발행하는 수표를 지급인인 은행이 예치된 수표자금으로 지급할 의무를 지는 계약이다. 수표계약은 수표의 지급사무를 위탁하는 위탁계약에 해당한다. 위탁계약의 수표자금관계는 제3자인 위탁자와 지급인 사이에 존재하고, 또 수표계약도 이들 양자 사이에 존재한다. 수표계약은 수표관계와는 분리된 자금관계상의 것이므로 수표계약 없이 발행한 경우에도 수표로서의 효력에 영향을 미치지 않는다(수표법 제3조 단서).

【판례】 대법원 1998.2.13.선고 97다48319판결

가계수표용지에 부동문자로 인쇄되어 있는 '100만 원 이하' 등의 문언은 지급은행이 사전에 발행인과의 사이에 체결한 수표계약에 근거하여 기재한 것으로서 이는 단지 수표계약의 일부 내용을 제3자가 알 수 있도록 수표 표면에 기재한 것에 지나지 아니한 것이고 한편, 수표법 제3조 단서에 의하면 수표자금에 관한 수표계약에 위반하여 수표를 발행한 경우에도 수표로서의 효력에는 영향을 미치지 아니하므로 발행한도액을 초과하여 발행한 가계수표도 수표로서의 효력에는 아무런 영향이 없다.

제3절 양 도

I. 수표의 양도

1. 소지인출급식 수표의 양도

1) 교부에 의한 양도

소지인출급식 수표는 증권의 단순한 교부에 의하여 양도된다. 이 경우 증권의 교부는 권리이전의 성립요건이다. 수표소지인을 권리자로 하는 것이므로, 수표의 교부에 의하여 권리이전적 효력이 발생하고, 수표의 소지에 의하여 자격수여적 효력이 생긴다. 인적항변의 절단과 선의취득도 배서에 의한 양도의 경우와 같이 인정된다. 거절증서나 지급거절 선언의 작성 후 또는 지급제시기간 경과 후에 교부에 의하여 한 소지인출급식 수표의 양도는 지명채권양도의 효력밖에 없다(대법원 1965.11.30.선고 65다1996판결).

2) 배서에 의한 양도

소지인출급식 수표는 배서할 수 없으나, 배서를 한 때에도 그 배서는 무효로 되지 않는다. 배서인은 상환청구에 관한 규정에 따라 상환의무를 부담하게 되어, 무기명식 수표에 배서한 자도 배서의 담보적 효력이 인정된다(수표법 제20조 본문). 배서 후에도 지시식 수표로 변하지 아니하므로, 단순한 교부에 의하여 양도가 가능하다(수표법 제20조 단서). 소지인도 배서에 관계없이 증권의 소지만으로 정당한 권리자로 추정된다. 소지인출급식 수표의 배서 자체는 권리이전적 효력과 자격수여적 효력이 인정되지 않는다.

2. 지시식 수표·배서금지수표의 양도

1) 지시식 수표의 양도

수표는 법률상 당연한 지시증권이며, 지시식이든 기명식이든 배서에 의하여 양도할 수 있다(수표법 제14조 제2항).

2) 배서금지수표의 양도

배서금지수표의 양도는 지명채권양도에 관한 방식으로만, 그리고 그 효력으로써만 양도할 수 있다(수표법 제14조 제2항).

Ⅱ. 수표의 배서

1. 수표배서의 특성

수표배서의 방식은 어음의 경우와 동일하지만, 다음과 같은 수표배서의 특성이 있다.

첫째, 수표는 등본제도가 없으므로 등본상의 배서는 인정되지 않으며, 참가제도가 없으므로 배서에 있어서 예비지급인을 기재하는 것은 인정되지 않는다.

둘째, 수표의 인수제도도 인정되지 않으므로, 인수제시에 관한 사항의 기재도 허용되지 않는다. 수표의 인수가 금지되므로 배서인은 인수담보책임을 지지 않는다. 수표지급인에 대한 배서는 원칙적으로 영수증의 효력만 있다(수표법 제15조 제5항 본문).

셋째, 지급인의 배서는 원칙적으로 무효이지만(수표법 제15조 제3항), 지급인인 은행이 수개의 영업소를 가진 경우에는 수표발행의 상대방이 된 영업소 이외의 영업소에 대하여 한 배서는 보통의 배서로서의 효력을 가진다(수표법 제15조 제5항 단서).

넷째, 수표에 있어서도 추심위임배서가 인정되나, 입질배서는 인정되지 않는다.

다섯째, 지급인이나 어음교환소에 의하여 지급거절이 되었다는 선언 후의 배서는 기한후배서가 된다.

보충 배서인의 연대보증책임: 회사가 금전의 대여를 받음에 있어서 회사의 상무로 근무하는 사람이 그 회사의 차용증서 대신에 동 회사 명의의 수표를 발행하면서 그 채무를 담보하는 의미에서 그 수표의 뒷면에 배서를 한 경우에는 대여금 채무에 대하여 연대보증책임이 있다는 것이 통설의 입장이다.

2. 수표의 배서방식

수표배서의 방식은 어음배서의 방식과 같다. 따라서 피배서인의 기재방식에 따라 피배서인의 성명을 기재하고 배서인의 기명날인 또는 서명을 하는 정식배서, 피배서인을 기재하지 않는 백지식 배서와 간략 백지식 배서가 가능하다.

【판례】 대법원 1994.10.11.선고 94다24626판결

갑회사의 대표이사인 을이 그 재직기간 중 수표에 배서함에 있어서 회사의 대표이사의 자격으로 '갑주식회사, 을'이라고만 기재하고, 그 기명 옆에는 '갑주식회사 대표이사'라고 조각된 인장을 날인하였다면 그 수표의 회사 명의의 배서는 을이 갑을 대표한다는 뜻이 표시되어 있다고 판단함이 정당하다.

제 4 절 보 증

I. 보증의 의의

수표보증은 발행인, 배서인 등 수표상의 채무자의 채무의 전부 또는 일부의 이행을 담보하는 수표행위이다(수표법 제25조 제1항).

지급인이 제시기간 내에 수표의 제시를 하였을 때에 그 지급을 약속하는 지급보증과는 차이가 있다.

보충 지급보증과 수표보증의 차이

① 지급보증은 지급인의 채무부담행위가 되지만, 수표보증은 지급인 이외의 자가 수표채무를 보증하는 행위이다.

② 지급보증인은 지급인만이 될 수 있으나, 지급인을 제외한 누구나 수표보증의 보증인이 될 수 있다.

③ 지급보증은 지급인이 지급제시기간 내에 지급의무를 부담하기로 하는 수표행위이지만, 수표보증은 주채무의 존재를 전제로 하는 수표행위이다.

④ 지급보증인은 수표금지급의무를 부담하는 자이지만, 수표보증의 보증인은 피보증인과 동일한 의무를 부담한다.

⑤ 일부지급보증은 인정되지 않지만, 일부보증은 인정된다.

Ⅱ. 보증의 당사자

1. 보증인

제3자는 물론 수표상의 채무자도 보증인이 될 수 있다. 다만, 발행인이 배서인의 보증인이 되는 경우와 같이 상환의무자의 전자가 후자의 보증인이 되는 것은 의미가 없고, 지급인은 보증인이 될 수 없다(수표법 제25조 제2항).

2. 피보증인

피보증인은 발행인, 배서인 등의 수표상의 채무자이며, 지급인은 채무자가 아니므로 피보증인이 될 수 없다.

Ⅲ. 보증의 방식

보증도 수표행위이므로 수표 또는 보충지에 하여야 하고(수표법 제26조 제1항), 등본제도가 인정되지 않으므로 등본에 하는 수표보증은 인정되지 않는다. 보증은 '보증' 또는 이와 같은 뜻이 있는 문언을 표시하고 보증인의 기명날인 또는 서명으로써 한다(수표법 제26조 제2항). 수표의 표면에 단순한 기명날인 또는 서명이 있는 경우에는 발행인의 기명날인 또는 서명을 제외하고는 보증으로 본다(수표법 제26조 제3항).

보증에는 피보증인을 표시하여야 하나, 표시되어 있지 않은 경우에는 발행인을 위한 보증으로 본다.

Ⅳ. 보증의 효력

수표보증인은 피보증인과 동일한 책임을 부담한다(수표법 제27조 제1항). 그러나 수표보증은 독립성이 인정되므로, 피담보채무가 그 방식에 하자가 있는 경우를 제외하고 어떠한 사유로 인하여 무효가 된 때에도 그 효력이 있다(수표법 제27조 제2항). 지급제시기간 경과 후에는 채무자의 상환의무가 없으므로 수표보증인은 수표금의 지급을 거절할 수 있다.

V. 보증채무이행의 효과

보증인이 보증채무를 이행하면 수표소지인에 대한 보증채무와 주채무는 소멸한다. 보증인은 수표의 지급을 한 때에는 피보증인과 피보증인의 전자에 대하여 수표상의 권리를 취득한다(수표법 제27조 제3항).

제 5 절 지급보증

I. 지급보증의 개념

1. 지급보증의 의의

지급보증이란 지급인이 지급제시기간 내에 지급제시가 있을 때에 그 지급을 할 것을 약속하는 수표행위이다. 수표에는 인수제도가 없고, 지급인의 배서와 보증이 인정되지 않으므로 수표지급의 확실성을 보장하여 그 유통을 원활하게 하기 의하여 지급보증제도를 인정하고 있다.

보충 환어음의 인수와 수표의 지급보증의 차이

① 환어음의 인수인은 어음채무의 소멸 전에는 주채무자의 지위를 부담하지만, 수표의 지급보증인은 지급제시기간 내에만 지급의무를 부담한다.
② 환어음의 인수 거절의 경우에는 상환청구권이 발생하지만, 수표소지인의 지급보증청구의 권리가 없기 때문에 지급보증거절시 상환청구권이 발생하지 않는다.
③ 환어음의 인수인의 책임시효는 3년이지만, 지급보증인의 책임시효는 1년이다.
④ 환어음의 인수에는 유예기간이 인정되지만, 지급보증에는 유예기간이 인정되지 않는다.
⑤ 환어음의 일부인수·약식인수가 인정되는 데 반하여, 일부지급보증·약식지급보증이 인정되지 않는다.
⑥ 환어음의 인수는 어음상(앞면 또는 뒷면)에 가능하지만, 수표의 지급보증은 수표의 앞면에만 가능하다.

2. 지급보증의 법적 성질

지급보증은 상환의무자로서 수표상의 지급의무를 부담하는 것(수표법 제55조 제3항)을 목적으로 하는 부속적 수표행위의 일종에 속한다(대법원 1970.11.24. 선고 70다2046판결).

Ⅱ. 지급보증의 방식

수표의 앞면에 지급보증 기타 지급을 할 뜻을 기재(수표의 뒷면에 한 지급보증은 효력이 없다)하고 일자를 부기하여 지급인이 기명날인 또는 서명하여야 한다(수표법 제53조 제2항). 일자를 부기하는 것은 지급보증이 지급제시기간 내에 된 것을 증명하기 위한 것이며, 현행법상 일자의 기재가 없거나 제시기간 경과 후의 일자의 기재는 무효이다. 지급보증은 무조건이어야 하며, 지급보증에 의하여 수표의 기재사항에 가한 변경은 이를 하지 않은 것으로 본다(수표법 제54조). 일부지급보증의 효력에 관하여는 학설의 대립이 있다.[1)]

Ⅲ. 지급보증의 당사자

지급보증의 청구인에는 제한이 없다. 따라서 발행인·배서인·소지인 등이 지급보증을 청구할 수 있으나, 실제로는 발행인이 청구하는 것이 보통이다. 이에 대해 지급보증의 피청구인은 지급인에 한한다(수표법 제53조 제1항).

Ⅳ. 지급보증의 효력

1. 지급보증인의 의무

지급보증을 한 지급인은 지급제시기간 경과 전에 수표를 제시한 경우에 한하여 지급의무를 부담한다(수표법 제55조 제1항). 지급보증인은 일반의 보증인과 같은 제2차적 담보의무자가 아니고, 제1차적 수표금액지급의무자이다. 그러나 환어음의 인수인과 같은 절대적인 주채무자는 아니다.

지급제시기간 경과 후에 수표소지인이 지급보증인에게 지급책임의 이행을 청구하는 때에는 제시기간 내에 적법한 제시를 하였음을 거절증서 또는 이것과 동일한 효력이 있는 선언, 즉 지급인의 선언 또는 어음교환소의 선언에 의하여 증명하여야 한다(수표법 제55조 제2항).

지급보증인이 지급할 금액은 원래는 수표금액이지만, 지급거절로 인하여 수표소지인이 권리보전절차를 밟은 경우에는 상환의무자가 지급할 금액과 같다(수표법 제55조 제3항).

1) 【학설】 일부지급보증의 효력에 관한 학설
수표금액의 일부에 대한 지급보증에 대해 전부에 대한 지급보증으로 보아야 한다는 견해와, 지급보증의 효력이 없는 것으로 보아야 한다는 견해가 있다.

지급보증인의 지급의무의 발생시기에 대하여는 학설의 대립이 있다.[1)]

2. 발행인 등의 책임

지급보증은 지급과 동일한 효력이 있는 것이므로 발행인 기타 수표상의 채무자는 지급보증으로 인하여 그 책임을 면하지 못한다(수표법 제56조). 따라서 수표상의 채무자는 지급보증인과 합동하여 이행할 책임을 진다(수표법 제43조 제1항).

참조판례 가계수표에 대한 은행의 지급보증책임은 해당 은행의 거러처인 수표보증카드 소지인이 그 카드와 해당 은행으로부터 교부받은 가계수표용지에 표시되어 있는 요건과 방식에 따라 가계수표를 발행하면 그에 의하여 성립되는 수표채무에 부종, 수반하는 연대보증채무라 할 것이므로 은행에 위와 같은 지급보증책임을 추궁하기 위하여는 주채무인 가계수표상의 채무가 수표법상 적법하게 성립 존속되어야 한다(대법원 1987.8.18.선고 86다카1696판결).

3. 소멸시효

지급보증인에 대한 수표상의 지급청구권의 소멸시효기간은 상환청구권에 관한 소멸시효와는 별도로 규정하고 있으며, 그 소멸시효기간은 지급제시기간 경과 후 1년이다(수표법 제58조). 이 기간은 피할 수 없는 장애(국가법령에 의한 금제나 그 밖의 불가항력)로 인하여 방해된 때에는 그 기간을 연장한다(수표법 제57조, 제47조).

제6절 지 급

I. 지급제시

1. 수표의 일람출급성

수표는 지급증권이며 법률상 당연히 일람출급식으로 되어 있으므로(수표법 제28조 제1항 제1문), 발행

1) 【학설】 지급보증인의 지급의무의 발생시기에 관한 학설
지급제시기간 내에 지급제시를 정지조건으로 하여 지급의무가 발생한다는 견해(정지조건설)와, 지급보증인은 지급보증시에 지급의무를 부담하지만 지급제시기간 내의 부(不)제시를 해제조건으로 한다는 견해(해제조건설)가 있다.

후 언제든지 지급제시를 할 수 있다. 어음과 달리 만기라는 것이 없고 일람출급성에 위반되는 모든 만기의 기재는 기재하지 아니한 것으로 본다(수표법 제28조 제1항 제2문). 따라서 수표는 만기 전 지급이라는 것이 있을 수 없다.

2. 선일자수표

1) 의 의

선일자수표란 실제 발행일보다 후일을 발행일자로 기재한 수표를 말한다(수표법 제28조 제2항). 수표에 기재된 발행일자가 사실상의 발행일자와 다르더라도 발행의 효력에는 영향이 없으며 이러한 선일자수표도 유효하다.

2) 효 력

(1) 선일자수표를 발행하는 경우에는 통상 발행인과 수취인 간에 발행일자 이전에는 지급제시를 하지 않는다는 특약이 있다. 그러나 이에 위반하여 제시한 경우에도 수표의 신용증권화를 방지하기 위해 선일자수표의 소지인이 그 발행일자의 도래 이전에 지급제시를 한 경우에 그 제시일에 지급하여야 한다(수표법 제28조 제2항).

【판례】 대법원 1989.11.28.선고 88다카33367판결

선일자수표는 그 발행자와 수취인 사이에 특별한 합의가 없더라도 일반적으로 수취인이 그 수표상의 발행일 이전에는 자기나 양수인이 지급을 위한 제시를 하지 않을 것이라는 약속이 이루어져 발행된 것이라고 의사해석함이 합리적이며, 따라서 대부분의 경우 당해 발행일자 이후의 제시기간 내의 제시에 따라 결제되는 것이라고 보아야 하므로 선일자수표가 발행·교부된 날에 액면금의 지급효과가 발생된다고 볼 수 없(다).

(2) 발행일자 도래전의 지급제시를 한 선일자수표의 지급이 거절된 때에는 수표소지인은 권리보전절차를 밟아 상환청구권을 행사할 수 있고(수표법 제39조), 수표발행인은 수표법에 의한 과태료의 제재를 받으며, 부정수표단속법에 의하여 처벌된다.

(3) 선일자수표의 발행인과 수취인 간의 지급제시에 대한 특약의 효력에 관해서는 학설의 대립이 있다.[1)]

---

1) 【학설】 발행인과 수취인 간의 특약의 효력에 관한 학설
발행일 이전에는 지급제시를 하지 않는다는 특약은 선량한 풍속 기타 사회질서에 반하지 않고, 현재 우리나라에서 상당히 널리 사용되고 있으므로 그 경제적 수요를 전면적으로 억압하는 것은 적당하지 않으므로 유효하다는 견해(통설·판례)와, 특약 자체는 무효라는 견해가 있다. ⇒ 유효설에 의할 경우 발행인과 수취인 간의 특약을 위반하여 지급제시를 한 때에는 발행인에게 손해가 있으면 수취인은 채무불이행에 따른 책임을 부담한다.

3. 지급제시기간과 지급제시기간 경과 후의 효과

1) 지급제시기간

수표의 지급제시기간은 국내수표의 경우에는 발행 후 10일이고, 외국수표는 발행지와 지급지가 동일 주(州)에 있는 경우에는 20일이며, 다른 주에 있는 경우에는 70일이다(수표법 제29조 제1항·제2항).

수표의 지급제시기간은 임의로 신축할 수 없고, 기간의 기산점은 수표에 기재된 발행일자이고(수표법 제29조 제4항) 실제로 발행한 날이 아니다(대법원 1982.4.13.선고 81다1000판결). 수표의 기간의 기산에 있어서 기재된 날 자체는 산입하지 않고(수표법 제61조), 제시기간 중의 휴일은 제시기간에 산입한다. 제시기간의 말일이 휴일인 때에는 이에 이은 제1의 거래일까지 기간을 연장한다(수표법 제60조 제2항).

> **【판례】 대법원 1982.4.13.선고 81다1000·81다카552판결**
>
> 수표법 제29조 제4항의 규정은 수표가 실제로 발행된 날과 수표에 발행일로 기재된 날이 서로 다른 경우에 그 수표의 제시기간을 산정함에 있어서 수표에 기재된 발행일을 기준으로 한다는 원칙을 밝힌 것으로 기간의 계산은 위 수표법 제61조의 일반원칙적 규정에 따라 수표에 발행일로 기재된 날은 초일로 산입하지 아니하고 그 다음 날부터 기산한다고 풀이할 것이(다).

2) 지급제시기간 경과 후의 효과

지급제시기간 내에 지급제시를 하지 않으면 전자에 대한 상환청구권을 상실하며(수표법 제39조 참조), 지급보증인에 대한 지급청구권도 상실한다. 제시기간 경과 후에도 지급위탁의 취소가 없는 한 지급인은 수표금을 지급할 수 있으므로(수표법 제32조 제2항) 수표소지인은 지급인이 지급하는 수표금의 수령권을 갖는다.

4. 지급제시의 장소

수표의 지급제시는 원칙적으로 지급인의 영업소이며, 제3자방지급의 경우에는 그 제3자방 영업소에서 하여야 한다. 그러나 어음교환소에서 한 수표의 제시도 지급제시의 효력이 있다(수표법 제31조 제1항). 소지인으로부터 수표의 추심을 위임받은 은행(제시은행)이 그 수표의 기재사항을 정보처리시스템에 의하여 전자적 정보의 형태로 작성한 후 그 정보를 어음교환소에 송신하여 당해 어음교환소의 정보처리시스템에 입력된 때에는 어음교환소에서 한 지급제시의 효력이 있는 것으로 본다(수표법 제31조 제2항).

Ⅱ. 수표의 지급

1. 지급방법

수표의 지급방법은 환어음의 경우와 대체로 같다. 즉, 지급인은 수표소지인에 대하여 지급을 함에 있어 수표에 영수를 증명하는 기재를 하여 교부할 것을 청구할 수 있으며(수표법 제34조 제1항), 소지인은 일부지급을 거절하지 못한다(수표법 제34조 제2항). 수표의 일부지급이 있는 경우에는 지급인은 소지인에 대하여 그 지급한 뜻을 수표에 기재하고 영수증을 교부할 것을 청구할 수 있다(수표법 제34조 제3항). 수표는 어음과 달리 주채무자가 존재하지 아니하므로 지급인의 공탁제도가 인정되지 않는다.

2. 지급인의 조사의무

1) 형식적 자격의 조사

수표지급인은 배서의 연속이 제대로 되어 있는지를 조사할 의무는 있으나, 배서인의 기명날인 또는 서명을 조사할 의무는 부담하지 않는다(수표법 제35조 제1항). 따라서 지급인은 어음의 경우와 같이 수표요건, 배서연속 등 형식적 자격을 조사할 의무만을 진다. 그러나 소지인출급식 수표의 지급에 있어서는 수표소지인이 형식적 자격자로 인정되므로 특히 형식적 자격에 대한 조사의무도 부담하지 않는다. 다만, 지시금지수표의 경우에는 진정한 권리자에 대해서만 지급하여야 하므로 이 경우에는 실질적 자격에 관한 조사의무가 있다. 그리고 제시은행이 정보처리시스템에 의한 지급제시를 한 때에는 배서연속이 제대로 되어 있는지에 대한 조사를 지급인은 제시 은행에 위임할 수 있다(수표법 제35조 제2항).

【판례】 대법원 2002.2.26.선고 2000다71494·71500(병합)판결

수표법 제35조의 취지에 의하면 수표지급인인 은행이 수표상 배서인의 기명날인 또는 서명, 혹은 수표소지인이 적법한 원인에 기하여 수표를 취득하였는지 등 실권리관계를 조사할 의무는 없다고 할 것이지만, 수표금 지급사무를 처리하는 은행에 선량한 관리자로서의 주의를 기울여 그 사무를 처리할 의무가 있다고 할 것인 이상, 통상적인 거래기준이나 경험에 비추어 당해 수표가 분실 혹은 도난·횡령되었을 가능성이 예상되거나 또는 수표소지인이 수표를 부정한 방법으로 취득하였다고 의심할 만한 특별한 사정이 존재하는 때에는 그 실질적 자격에 대한 조사의무를 진다.

2) 지급인의 면책

수표지급인이 제시기간 내에 또는 지급위탁의 취소가 없는 때에는 지급제시기간의 경과 후에도 형식적 자격자에게 수표금을 지급한 때에는 어음법 제40조 제3항 제1문을 유추적용하여 사기 또는 중대한 과실이 없으면 그 책임을 면한다고 본다.

3. 지급위탁의 취소

1) 의의 및 법적 성질

(1) 의 의: 지급위탁의 취소란 수표의 발행에 의하여 지급인에게 부여된 발행인의 계산으로 그 수표의 지급을 할 수 있는 권한을 발행인이 철회하는 것을 말하며, 발행인과 지급인 간에만 그 효력이 미친다.

(2) 법적성질: 지급위탁의 취소의 법적 성질에 관하여는 학설의 대립이 있다.[1)]

2) 지급위탁취소의 시기

지급위탁취소의 의사표시의 통지로서 지급인에게 그 효력이 발생하며, 제시기간 경과 전에는 지급위탁을 취소할 수 없다(수표법 제32조 제1항). 제시기간 경과 후에는 임의로 취소할 수 있고, 취소가 없는 동안에는 지급인은 발행인의 계산으로 지급할 수 있다(수표법 제32조 제2항).

참조판례 은행도(銀行渡)약속어음의 발행인이 은행에 예금인출요청을 하면서 아울러 약속어음결제자금의 입금연장요청을 한 경우 위 예금인출요청행위를 수표법 제32조에 정한 지급제시기간 전의 지급위탁의 취소라거나 당좌계정약정에 정한 지급정지의뢰라고 할 수 없다.(대법원 1993.8.24.선고 92다35424판결).

3) 자기앞수표와 지급위탁취소

자기앞수표의 경우에는 발행인이 곧 지급인이므로 지급위탁의 취소가 인정되지 않고, 자기앞수표의 분실 또는 도난에 대한 신고는 사고신고의 의미만 있을 뿐 지급위탁의 취소는 아니다.

1) 【학설】 지급위탁 취소의 법적 성질에 관한 학설
① 지급사무위탁철회설: 수표관계 외에서 수표계약에 의한 지급사무위탁을 철회하는 것으로 보는 견해이다.
② 지급지시철회설: 수표관계에서 수표의 발행행위인 지급인에 대한 지급지시 자체를 철회하는 것으로 보는 견해이며, 이에는 철회의 효력이 지급권한만을 소멸시킨다고 보는 견해(상대적 철회설)와, 소지인의 지급수령권한까지 소멸시켜 수표를 무효로 만든다는 견해(절대적 철회설)가 있다.

제 7 절 상환청구

I. 상환청구의 의의

수표의 상환청구는 상환청구의 요건·방법·효과 등에 있어서 어음의 경우와 대체로 같다. 다만, 상환청구의 요건으로 지급제시기간(국내수표의 경우는 10일) 내에 지급제시를 하고, 거절증서 또는 이에 갈음할 지급인의 선언 또는 어음교환소의 선언에 의하여 지급거절을 증명하여야 한다(수표법 제39조).

참조판례 수표의 발행인은 환어음의 인수인이나 약속어음의 발행인이 어음금을 절대적으로 지급할 의무를 부담하는 것과는 달리 수표금의 지급을 담보하는 책임을 지는 것으로서(수표법 제12조) 수표가 지급거절된 경우 소구(상환)의무를 부담할 뿐인 바(수표법 제39조) 수표의 소지인이 발행인에 대하여 소구권(상환청구권)을 행사하기 위하여는 수표법 제1조 소정의 법정기재사항이 기재된 수표에 의하여 적법한 기간 내에 지급제시할 것을 요하고, 위 법정기재사항의 일부라도 기재되지 아니한 수표에 의하여 한 지급제시는 수표법 제2조의 규정에 의하여 구제되지 아니하는 한 적법한 지급제시로서의 효력이 없는 것이므로 그와 같은 경우에는 소구권을 잃는다..(대법원 1994.9.30.선고 94다8754판결).

II. 환어음의 상환청구와의 차이

1. 상환청구의 원인

환어음의 경우에는 인수거절로 인한 상환청구 등의 만기 전의 상환청구 및 만기 후의 상환청구가 모두 인정되고 있지만, 수표에는 만기라는 것이 없으므로 만기 전 또는 만기 후의 상환청구라는 것이 인정되지 않는다.

2. 지급거절의 증명방법

환어음에서는 지급거절증서에 의한 지급거절의 방법만 인정되지만, 수표의 경우에는 지급거절증서 이외에 지급인(정보처리시스템에 의한 제시의 경우 지급인의 위임을 받은 제시은행)의 선언 또는 어음교환소의 선언 등의 방법이 인정되고 있다. 지급거절증서 또는 이와 같은 효력이 있는 선언은 제시기간이 지나기 전에 작성하여야 하고(수표법 제40조 제1항), 제시기간의 말일에 제시한 경우에는 그 기간의 말일에 이은 제1거래일 내에 작성하여야 한다(수표법 제40조 제2항)는 점에서 환어음의 경우와 차이가 있다.

3. 불가항력의 존속기간

환어음에 있어서는 불가항력이 만기로부터 30일 이상 계속되는 경우에는 어음의 제시 또는 거절증서의 작성 없이 상환청구권을 행사할 수 있으나(어음법 제54조 제4항), 수표에 있어서는 불가항력이 그 통지를 한 날부터 15일 이상 계속되는 경우에는 지급제시기간 경과 전에 그 통지를 한 때에도 상환청구권보전절차 없이 상환청구권을 행사할 수 있다(수표법 제47조 제4항).

4. 역어음의 불인정

환어음은 상환청구의 방법으로 역어음제도가 인정되지만(어음법 제52조), 수표의 경우에는 역어음제도가 인정되지 않는다.

5. 상환청구권의 시효

어음에 있어서 어음소지인의 상환청구권의 소멸시효기간은 거절증서의 일자 또는 만기의 날로부터 1년이고, 재상환청구권은 어음을 환수한 날 또는 제소된 날로부터 6개월로 되어 있다(어음법 제70조 제1항, 제2항). 그러나 수표소지인의 전자에 대한 상환청구권의 시효기간은 지급제시기간 경과 후 6개월이고(수표법 제51조 제1항), 재상환청구권은 수표를 환수한 날 또는 제소된 날부터 6개월이다(수표법 제51조 제2항).

제8절 복 본

I. 복본을 발행할 수 있는 수표

수표도 어음과 같이 원격지 송부를 하는 경우에 분실을 대비하기 위하여 복본제도를 인정하고 있다.

수표의 경우에는 다음과 같이 4종의 수표에 한하여 복본을 작성할 수 있도록 규정하고 있다(수표법 제48조 제1항). ① 한 국가에서 발행하여 다른 국가나 발행국의 해외영토에서 지급할 수표, ② 국가의 해외영토에서 발행하여 그 본국에서 지급할 수표, ③ 한 국가의 해외영토에서 발행하고 지급할 수표, ④ 한 국가의 해외영토에서 발행하여 그 국가의 다른 해외영토에서 지급할 수표 등이다.

Ⅱ. 복본의 작성

발행인이 작성하되 각 복본에는 그 본문 중에 번호를 붙여야 하며, 이것이 없는 때에는 그 여러 통의 복본은 이를 각 별개의 수표로 본다(수표법 제48조 제1항 제2문·제3문).

소지인출급식 수표의 경우에는 복본발행이 인정되지 않으며 환어음과 달리 수표소지인은 복본교부를 청구할 수 없다.

Ⅲ. 복본의 효력

복본의 1통에 대하여 지급이 있으면 그 지급이 다른 복본을 무효로 한다는 뜻의 기재가 없는 경우에도 의무를 면하고, 수인에게 각각 복본을 양도한 배서인과 그 후의 배서인은 그 기명날인 또는 서명한 각 통의 복본으로서 반환을 받지 아니한 것에 대하여 책임을 진다(수표법 제49조 제2항).

제9절 자기앞수표·횡선수표

Ⅰ. 자기앞수표

1. 자기앞수표의 의의 및 기능

1) 의 의

자기앞수표란 발행인이 자기 자신을 지급인으로 하여 발행하는 수표를 말한다(수표법 제6조 제3항).

따라서 발행인이 수취인을 겸하는 자기지시수표와는 구별된다. 자기앞수표는 발행인과 지급인이 반드시 동일한 은행점포임을 요하지는 않는다.

자기앞수표는 고객이 발행은행에 수표자금을 제공하고 수표의 발행을 의뢰하면 발행은행이 이를 발행·교부하지만, 의뢰인은 수표상의 당사자가 아니므로 수표상의 의무는 없다.

우리나라에서는 은행의 자기앞수표는 지급보증을 위하여 발행한 수표라는 의미에서 '보증수표' 또는 '보수(保手)'라고 부르고 있다.

2) 기 능

자기앞수표는 현금과 다름없이 취급되므로 금융기관발행의 자기앞수표는 현금에 대신하는 기능을 갖는다(대법원 1987.1.20.선고 86도1728판결).

2. 자기앞수표의 법률관계

자기앞수표의 법률관계는 발행의뢰인과 발행은행의 법률관계, 소지인과 발행은행의 법률관계로 나눌 수 있다.

1) 발행의뢰인과 발행은행의 법률관계

발행의뢰인과 발행은행의 법률관계에 대해서는 학설의 대립이 있다.[1)]

2) 소지인과 발행은행의 법률관계

소지인과 발행은행의 법률관계에 있어서는 자기앞수표를 발행한 은행은 소지인에 대하여 발행인의 지위와 지급인의 지위를 겸하여 가지고 있다(이 점에서 지급위탁의 취소가 인정되지 않는다). 지급인으로서의 발행은행은 지급제시기간이 경과한 때에도 소지인에게 수표금을 지급할 수 있으나, 다른 수표에 있어서와 마찬가지로 수표소지인이 발행은행에 대하여 지급을 청구할 권리는 없다. 발행인으로서의 은행은 지급제시기간 내에 지급거절이 된 때에는 수표의 소지인에 대하여 상환의무를 부담한다(수표법 제39조). 그러나 제시기간 경과 후에는 발행인으로서의 발행은행은 상환의무가 없다.

---

1) 【학설】 발행의뢰인과 발행은행의 법률관계에 대한 학설
발행의뢰인과 발행은행 사이의 법률관계에 대해 일종의 위임계약이라는 견해, 의뢰인의 현금교부에 대하여 은행이 자기앞수표로 대물변제를 한다는 견해, 은행이 고객에게 자기앞수표라는 유기물을 매매하는 것으로 보는 견해가 있다.

3. 자기앞수표의 이득상환청구권

자기앞수표에 있어서도 지급제시기간 내에 지급제시를 하지 아니하면 수표소지인은 수표상의 권리를 상실하므로 발행은행에 대하여 이득상환청구권을 갖는다. 다만, 발행은행은 지급제시기간 경과 후에도 지급하지만, 이것은 은행이 임의로 지급하는 것에 불과하다. 제시기간 경과 후의 자기앞수표의 양도시 당연히 이득상환청구권도 함께 양도된다.

이득상환청구권을 행사하는 수표의 소지인은 발행은행의 이득을 입증하여야 하지만, 자기앞수표의 경우 판례는 발행은행에 이득이 있는 것으로 추정하므로 소지인은 발행은행의 이득을 입증하지 않아도 된다(대법원 2008.5.15.선고 2006다8481판결).

【판례】 대법원 2023.11.30.선고 2019다203286판결

[1] 수표상의 권리가 절차의 흠결로 인하여 또는 소멸시효의 완성으로 말미암아 소멸될 당시 수표의 정당한 소지인으로서 그 수표상의 권리를 행사할 수 있었던 사람은 수표법 제63조에 따라 발행인 등에 대하여 그가 받은 이익의 한도에서 상환을 구할 수 있다. 이러한 이득상환청구권은 법률의 직접 규정에 의하여 수표의 효력 소멸 당시 정당한 소지인에게 부여된 지명채권에 속하고, 이러한 법리는 그 수표가 은행 등이 자신을 지급인으로 하여 발행한 자기앞수표(수표법 제6조 제3항)의 경우에도 마찬가지이다.

따라서 자기앞수표의 정당한 소지인이 수표법상의 보전절차를 취하지 않고 지급제시기간을 경과하여 수표상의 권리가 소멸됨으로써 수표법 제63조에 따라 취득하게 되는 이득상환청구권(이하 '자기앞수표의 이득상환청구권'이라고 한다) 역시 지명채권에 해당한다. 이때 지급제시기간이 경과한 자기앞수표는 이득상환청구권이 화체된 유가증권이 아니라 그 소지자가 이득상환청구권을 취득 또는 양수하였다는 점을 유력하게 뒷받침하는 증거증권으로서의 의미를 갖는다. 그러므로 자기앞수표를 소지하지 않은 상태에서 자기앞수표의 이득상환청구권을 행사하고자 하는 사람은 다른 증거에 의하여 자신이 이득상환청구권자임을 증명하여 이득상환청구권을 행사할 수 있다.

[2] 자기앞수표의 정당한 소지인이 수표법상의 보전절차를 취하지 않고 지급제시기간을 경과하여 수표상의 권리가 소멸된 자기앞수표를 교부하는 경우, 특별한 사정이 없으면 자기앞수표의 이득상환청구권을 양도함과 동시에 그에 수반하여 이득을 얻은 발행인인 은행 등에 대하여 소지인을 대신해서 그 양도에 관한 통지를 할 수 있는 권능을 부여하는 것으로 볼 수 있다. 이는 자기앞수표의 이득상환청구권이 지명채권에 해당하고 그 양도에 대하여는 민법 제450조에서 정한 대항요건을 갖출 것을 전제로 한 것으로서 자기앞수표의 교부로 이득상환청구권을 양도하고 양도통지 권능을 부여하였다고 볼 수 있는 경우에도 자기앞수표 교부 사실 자체만으로는 당연히 민법 제450조 제2항에서 정한 채무자 이외의 제3자에 대한 대항요건이 갖추어졌다고 볼 수 없고, 그러한 대항요건을 갖출 필요가 없다고 인정되는 것도 아니다.

따라서 자기앞수표의 이득상환청구권 역시 일반 지명채권과 마찬가지로 그 양도에 관하여 양도통지 또는 채무자의 승낙이 확정일자 있는 증서에 의하여 이루어지지 않는 이상, 채무자인 자기앞수표 발행은행 등은 이득상환청구권의 양도, 그에 기한 채무의 변제라는 사정을 들어 양도인의 위 채권에 대한 압류채권자 등 양수인의 지위와 양립할 수 없는 법률상 지위를 취득한 사람에게 대항할 수 없다.

Ⅱ. 횡선수표

1. 횡선수표의 의의

횡선수표는 수표의 발행인 또는 소지인이 수표의 표면에 두 줄의 평행선을 그은 수표를 말한다(수표법 제37조 제1항·제2항 제1문). 횡선수표제도는 발행인이나 소지인이 지급인에 대하여 지급과 취득을 제한하는 것인데, 분실이나 도난 등에 대비할 수 있는 제도이다.

2. 횡선수표의 종류

1) 일반횡선수표와 특정횡선수표

횡선수표는 두 줄의 평행선 안에 아무런 지정을 하지 아니하거나 은행 또는 이와 동일한 뜻의 문자를 기재한 일반횡선수표와 두 줄의 평행선 안에 특정 은행의 명칭을 기재한 특정횡선수표가 있다(수표법 제37조 제2항 제2문, 제3항).

2) 계산수표

발행인 또는 소지인이 증권의 앞면에 '계산을 위한'이란 문자 또는 이와 동일한 의의가 있는 문언을 기재하고 현금의 지급을 금지한 수표로서 외국에서 발행하여 대한민국에서 지급할 것은 횡선수표로서의 효력이 있다(수표법 제65조).

3. 횡선수표의 효력

1) 지급의 제한

(1) 일반횡선수표: 일반횡선수표의 지급인은 은행 또는 지급인의 거래처에 대해서만 지급할 수 있다(수표법 제38조 제1항). 지급인의 거래처란 지급인과 다소 계속적인 거래관계가 있는 신원이 확실한 자를 가리킨다.

(2) 특정횡선수표: 지급인은 원칙적으로 피지정은행에 대해서만 또 지급인이 피지정은행일 때에는 자기의 거래처에 대해서만 지급할 수 있지만, 피지정은행은(추심위임 배서를 하여) 다른 은행으로 하여금 추심하게 할 수 있다(수표법 제38조 제2항). 여러 개의 특정횡선이 있는 수표의 지급인은 이를 지급하지 못하지만, 어음교환소에서의 추심을 위하여 제2의 횡선이 있는 때에는 지급할 수 있다(수표법 제38조 제4항).

2) 취득제한

은행은 자기의 거래처 또는 다른 은행으로부터만 횡선수표를 취득할 수 있고, 또 은행은 이러한 자 이외의 자를 위하여 횡선수표의 추심을 할 수 없다(수표법 제38조 제3항).

3) 지급제한의 위반효과

횡선수표의 지급제한에 관한 규정에 위반한 지급인 또는 은행은 그로 인하여 생긴 손해에 대하여 수표금액을 한도로 배상책임을 진다(수표법 제38조 제5항).

4. 횡선의 말소와 변경

일반횡선수표를 특정횡선수표로 변경하거나 횡선 없는 수표를 일반횡선수표 또는 특정횡선수표로 변경할 수는 있으나, 반대로 특정횡선수표를 일반횡선수표 또는 횡선 없는 수표로 변경할 수는 없다(수표법 제37조 제4항). 횡선의 말소 또는 특정횡선에 있어서 지정된 은행명칭의 말소는 누구에 의하든 말소하지 아니한 것으로 본다(수표법 제37조 제5항). 이는 횡선수표를 절취하거나 습득한자가 횡선을 말소하여 지급받는 것을 방지하기 위함이다.

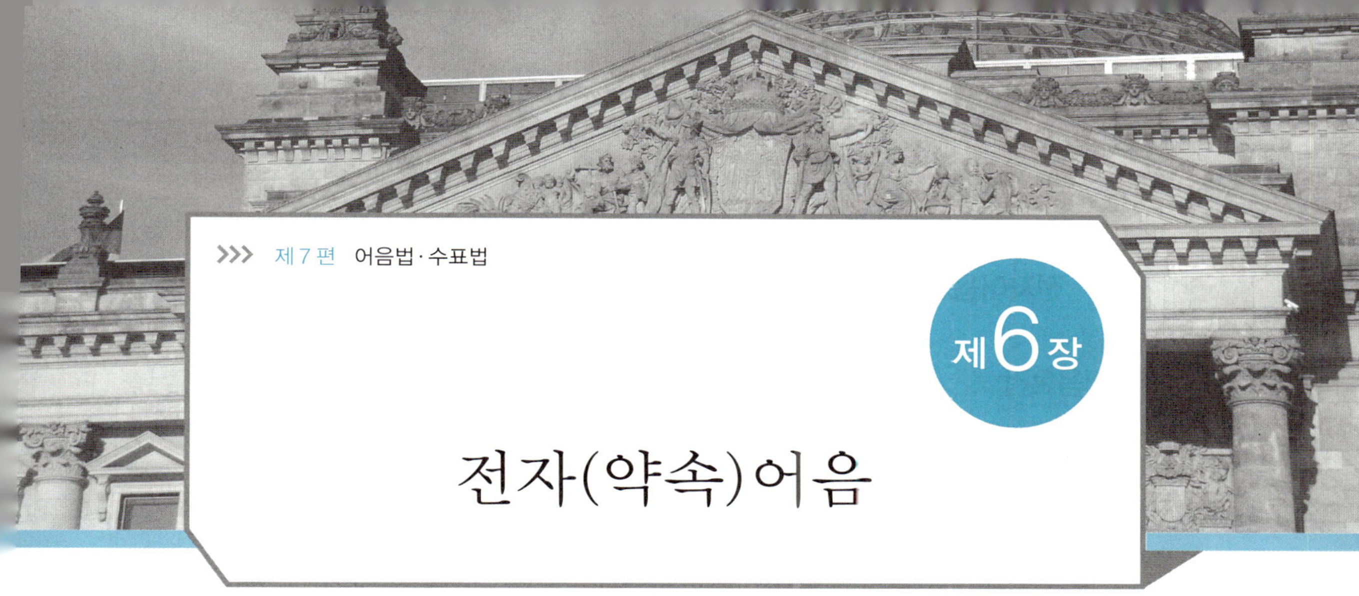

제 6 장

전자(약속)어음

I. 전자어음의 의의 및 법적 성질

1. 의 의

전자어음이란 전자문서로 작성되고 전자어음을 발행하고자 하는 자가 당해 전자어음을 전자어음관리기관에 등록한 약속어음을 말한다(「전자어음의 발행 및 유통에 관한 법률」(이하 '전자어음법'이라 한다) 제2조 제2호).

여기서 '전자문서'란 정보처리시스템에 의하여 전자적으로 작성, 송·수신 또는 저장된 정보를 말한다(전자어음법 제2조 제1호). 전자어음은 전자문서에 의해서만 배서, 보증 또는 어음상의 권리행사를 할 수 있다(전자어음법 제5조 제4항).

2. 법적 성질

전자어음의 법적 성질에 대해서는 학설의 대립이 있다.[1)]

1) 【학설】 전자어음의 법적 성질에 관한 학설
전자어음의 법적 성질에 대하여 유가증권성을 인정하는 견해와, 전자어음은 유가증권이 아니라 등록증권 내지 전자증권 또는 가치권에 속한다는 견해가 있다.

전자어음의 발행

1. 어음요건

1) 어음법상의 어음요건

전자어음에는 어음법 제75조의 요건 중 ① 약속어음임을 표시하는 문자, ② 조건 없이 일정한 금액을 지급할 뜻의 약속, ③ 만기의 표시, ④ 지급을 받을 자 또는 지급을 받을 자를 지시할 자의 명칭, ⑤ 발행일과 발행지를 기재하여야 한다(전자어음법 제6조 제1항 제1호). 전자어음에는 지급지를 별도로 기재하지 않으며, 전자어음의 지급을 청구할 금융기관이 소재하는 지역을 지급지로 본다(전자어음법 제6조 제2항). 발행인의 기명날인 또는 서명은 전자어음에 공인전자서명, 즉 공인인증서에 기초한 전자서명으로 한다(전자어음법 제6조 제3항). 전자어음의 만기는 발행일로부터 3개월을 초과할 수 없다(전자어음법 제6조 제5항).

2) 전자어음에 특유한 어음요건

전자어음법 제6조 제1항 제2호 내지 제4호에서 일반어음과 달리 다음과 같은 일정한 사항을 기재하도록 하고 있다. ① 전자어음의 지급을 청구할 금융기관, ② 전자어음의 동일성을 표시하는 정보, ③ 사업자고유정보, 즉 전자어음과 관련된 당사자의 상호나 사업자등록번호, 회원번호, 법인등록번호 또는 주민등록번호 등 사업자를 식별할 수 있는 정보를 기재하여야 한다.

2. 전자어음의 등록

전자어음을 발행하고자 하는 자는 당해 전자어음을 전자어음관리기관에 등록하여야 한다(전자어음법 제5조 제1항). 전자어음관리기관은 당해 전자어음의 지급을 청구할 금융기관이나 신용조사기관 등의 의견을 참고하여 전자어음의 등록을 거부하거나 전자어음의 연간 총 발행금액 등을 제한할 수 있다(전자어음법 제5조 제2항).

전자어음관리기관의 전자어음 등록에 관한 절차나 방법 기타 필요한 사항은 대통령령(시행령 제5조 및 제6조)으로 정한다(전자어음법 제5조 제3항).

3. 백지어음

전자어음은 백지어음으로 발행할 수 없다(전자어음법 제6조 제6항). 이는 백지부분의 보충에 따른 번잡과 분쟁의 가능성을 미연에 방지하기 위한 것이다.

4. 전자어음의 이용

「주식회사의 외부감사에 관한 법률」 제2조에 따른 외부감사대상 주식회사 및 직전사업연도 말의 자산총액 등이 대통령령으로 정하는 기준(직접사업연도말의 자산총액이 5억원 이상: 시행령 제8조의2)에 해당하는 법인사업자는 약속어음을 발행할 경우 전자어음으로 발행하여야 한다(전자어음법 제6조의2). 이러한 전자어음 이용의무위반자에 대해서는 5백만원 이하의 과태료를 부과한다(전자어음법 제23조 제2항 제1호).

5. 발행의제

발행인이 타인에게 「전자문서 및 전자거래 기본법」 제6조 제1항에 따라 전자어음을 송신하고 그 타인이 제6조 제2항에 따라 수신한 때에는 전자어음을 발행한 것으로 본다(전자어음법 제6조 제4항).

Ⅲ. 전자어음의 배서

1. 배 서

배서인이 타인에게 「전자문서 및 전자거래 기본법」 제6조 제1항에 따라 전자어음과 배서전자문서를 송신하고 그 타인이 제6조 제2항에 따라 수신한 때에는 어음법 제13조 제1항에 따른 배서 및 교부를 한 것으로 본다(전자어음법 제7조 제3항).

전자어음에 배서를 하는 경우에는 전자어음에 배서의 뜻을 기재한 전자문서, 즉 배서전자문서를 첨부하여야 한다(전자어음법 제7조 제1항). 배서전자문서에는 전자어음의 동일성을 표시하는 정보를 기재하여야 한다(전자어음법 제7조 제2항).

배서인이 배서전자문서에 공인전자서명을 하면 배서의 기명날인 또는 서명을 한 것으로 본다(전자어음법 제7조 제6항). 피배서인이 다시 배서를 하는 경우에는 전자어음의 이전에 작성된 배서전자문서를 전부 첨부하고 새로 배서전자문서를 작성하여 첨부하여야 한다(전자어음법 제7조 제4항). 전자어음의 총배서횟수는 20회를 초과할 수 없다(전자어음법 제7조 제5항). 전자어음의 백지식 배서에 관해 아무런 규정이 없으므로 백지식 배서가 가능하다고 볼 수 있고, 전자어음의 배서의 효력은 어음법상 배서의 효력이 그대로 인정된다(전자어음법 제4조).

2. 분할배서

전자어음의 경우에는 어음법 제12조 제2항에도 불구하고 전자어음을 최초로 배서하는 자에 한하여 총 5회 미만으로 어음금을 분할하여 그 일부에 관하여 각각 배서할 수 있고, 이 경우 분할된 각각의 전자어음은 전자어음법 제7조에 따른 배서의 방법을 갖추어야 한다(전자어음법 제7조의2 제1항). 분할배서를 하는 자는 배서하는 전자어음에 분할 전의 전자어음으로부터 분할된 것임을 표시하여야 한다(전자어음법 제7조의2 제2항). 분할 후의 전자어음은 그 기재된 금액의 범위에서 분할 전의 전자어음과 동일한 전자어음으로 본다(전자어음법 제7조의2 제3항). 분할된 전자어음에 대한 법률행위의 효과는 분할된 다른 전자어음의 법률관계에 영향을 미치지 아니하며, 배서인은 분할 후의 수개의 전자어음이 구별되도록 다른 번호를 붙여야 하며, 그 구체적 방법은 대통령령으로 정한다(전자어음법 제7조의2 제4항). 이에 따르면 배서인이 분할후의 수개의 전자어음에 번호를 부여하는 경우에는 관리기관의 정보처리조직을 이용하여 각각의 전자어음에 분할에 관한 사항을 표시하는 서로 다른 번호를 붙여야 한다(시행령 제8조의3). 분할 후의 어느 전자어음상의 권리가 소멸한 때에는 분할 전의 전자어음은 그 잔액에 관하여 존속하는 것으로 본다(전자어음법 제7조의2 제5항). 전자어음의 발행인이 전자어음면에 분할금지 또는 이와 동일한 뜻의 기재를 한 때에는 전자어음의 분할배서가 인정되지 않는다(전자어음법 제7조의2 제6항).

Ⅳ. 전자어음의 보증

전자어음에 보증하는 자는 전자어음에 보증의 뜻을 기재한 전자문서, 즉 보증전자문서를 첨부하여야 하고(전자어음법 제8조 제1항), 보증인이 보증전자문서에 공인전자서명을 한 경우에는 보증인의 기명날인 또는 서명이 있는 것으로 본다(전자어음법 제8조 제2항 참조). 보증전자문서에는 전자어음과 동일성을 표시하는 정보를 기재하여야 한다. 전자어음은 보증에 의하여 그 금액의 일부의 지급을 담보할 수 없다(전자어음법 제8조 제3항).

Ⅴ. 전자어음의 지급

1. 지급제시

전자어음의 소지인이 전자어음 및 배서전자문서 전부를 첨부하여 지급청구의 뜻이 기재된 전자문서를 전자어음의 지급을 청구할 금융기관에 송신하고 당해 금융기관이 이를 수신한 때에는 「어음법」 제38조 제1항에서 규정한 지급제시가 있는 것으로 본다(전자어음법 제9조 제1항 본문). 지급제시를 위한 송신과 수신의 시기는 「전자문서 및 전자거래기본법」 제6조 제1항 및 제2항(송신간주와 수신 추정에 관한 규정)에 따른다(전자어음법 제9조 제2항).

지급제시를 하는 소지인은 지급청구의 뜻이 기재된 전자문서에 어음금을 수령할 금융기관의 계좌를 기재하여야 한다(전자어음법 제9조 제3항; 시행령제9조). 전자어음은 지급금융기관에 지급제시하는 것 외에 전자어음관리기관에 대하여 제시하여도 지급을 위한 제시의 효력이 있으며, 전자어음관리기관이 운영하는 정보처리조직에 의하여 전자어음의 만기일 이전에 자동으로 지급제시되도록 할 수 있다(전자어음법 제9조 제1항 단서).

2. 지 급

제급제시를 받은 금융기관이 어음금을 지급할 때에는 전자어음관리기관에 지급사실을 통보하여야 하지만, 전자어음관리기관에서 운영하는 정보처리조직에 의하여 지급이 완료된 경우에는 이를 통지할 필요가 없다(전자어음법 제9조 제4항). 전자어음의 지급금융기관이 전자어음관리기관에 어음금의 지급사실을 통지하거나 전자어음관리기관의 정보처리조직에 의하여 지급이 완료된 경우 어음채무자가 당해 어음을 환수한 것으로 본다(전자어음법 제10조). 전자어음의 일부지급에 관해 어음법 제39조 제2항 및 제3항의 규정이 적용되지 않으므로(전자어음법 제11조), 전자어음에는 일부지급이 인정되지 않는다고 본다(이에 대해 일부지급의 수령을 거절할 수 있다는 의미로 보아야 한다는 견해가 있다; 최준선, 「어음·수표법」, 488면).

Ⅵ. 전자어음의 지급거절 및 상환청구

1. 전자어음의 지급거절

전자어음의 소지인으로부터 지급제시를 받은 금융기관이 지급을 거절할 때에는 전자문서로 하여야 한다(전자어음법 제12조 제1항; 시행령제10조 제1항).

전자어음의 소지인이 금융기관으로부터 수신한 지급거절 전자문서를 전자어음관리기관에 통보하고 동 기관이 이를 확인한 경우, 이 전자문서를 어음법 제44조 제1항의 규정에 의한 공정증서, 즉 지급거절증서로 본다(전자어음법 제12조 제2항; 시행령제10조 제2항, 제3항).

이 경우 전자어음의 소지인이 지급금융기관으로부터 지급거절 전자문서를 수신한 날을 공정증서의 작성일로 본다(전자어음법 제12조 제3항). 지급거절 전자문서의 확인방법 및 절차 그 밖에 필요한 사항은 대통령령(시행령 제11조)으로 정한다(전자어음법 제12조 제4항).

2. 전자어음의 상환청구

전자어음의 소지인이 상환청구할 때에는 전자어음과 배서전자문서 전부, 지급거절 전자문서를 첨부하여 상환청구의 뜻을 기재한 전자문서, 즉 상환청구전자문서를 상환의무자에게 송신하여야 한다(전자어음법 제13조 제1항). 상환청구를 받은 금융기관이 어음금을 지급할 때에는 전자어음관리기관에 상환사실을 통지하여야 하지만, 전자어음관리기관에서 운영하는 정보처리조직에 의하여 상환이 완료된 경우에는 통지할 필요가 없다(전자어음법 제13조 제4항, 제9조 제3항).

상환의무자가 상환청구금액을 지급한 때에는 전자어음관리기관에 지급사실을 통지하여야 한다(전자어음법 제13조 제2항). 이러한 통지가 있으면 상환의무자가 전자어음을 환수한 것으로 본다(전자어음법 제13조 제3항).

VII. 전자어음의 반환 및 수령 거부

1. 전자어음의 반환

전자어음을 발행 또는 배서한 자가 착오 등을 이유로 전자어음을 반환받고자 하는 때에는 그 소지인으로 하여금 전자어음관리기관에 반환의 뜻을 통지하게 하여야 한다(전자어음법 제14조 제1항).

전자어음 소지인으로부터 반환의사의 통지가 있으면 전자어음은 발행 또는 배서되지 않은 것으로 보며, 전자어음관리기관은 당해 전자어음의 발행 또는 배서에 관한 기록을 말소하여야 한다(전자어음법 제14조 제2항).

2. 전자어음의 수령 거부

전자어음의 수신자가 전자어음의 수령을 거부하고자 하는 경우에는 그 수신자는 전자어음관리기관에 그 뜻을 통지하여야 하고, 이 통지가 있으면 수신자가 전자어음을 수령하지 않은 것으로 보며, 전자어음관리기관은 수신자의 청구가 있을 경우 그 수신자가 전자어음의 수령을 거부한 사실을 증명하는 문서를 발급하여야 한다(전자어음법 제14조 제3항).

VIII. 전자어음관리기관의 업무와 감독

전자어음관리기관이란 법무부장관의 지정을 받은 자로서 전자어음법상 전자어음의 발행, 유통, 결제를 관리하는 기관으로, 그 업무에 대해서는 전자어음법 제15조 내지 제19조에서 규정하고 있고, 전자어음법 제20조 및 제21조에서 전자어음관리기관의 업무감독에 관하여 규정하고 있다.

기타 전자어음법 제22조 이하에서는 전자어음관리기관의 업무위반이나 업무방해 등에 대한 벌칙을 두고 있다.

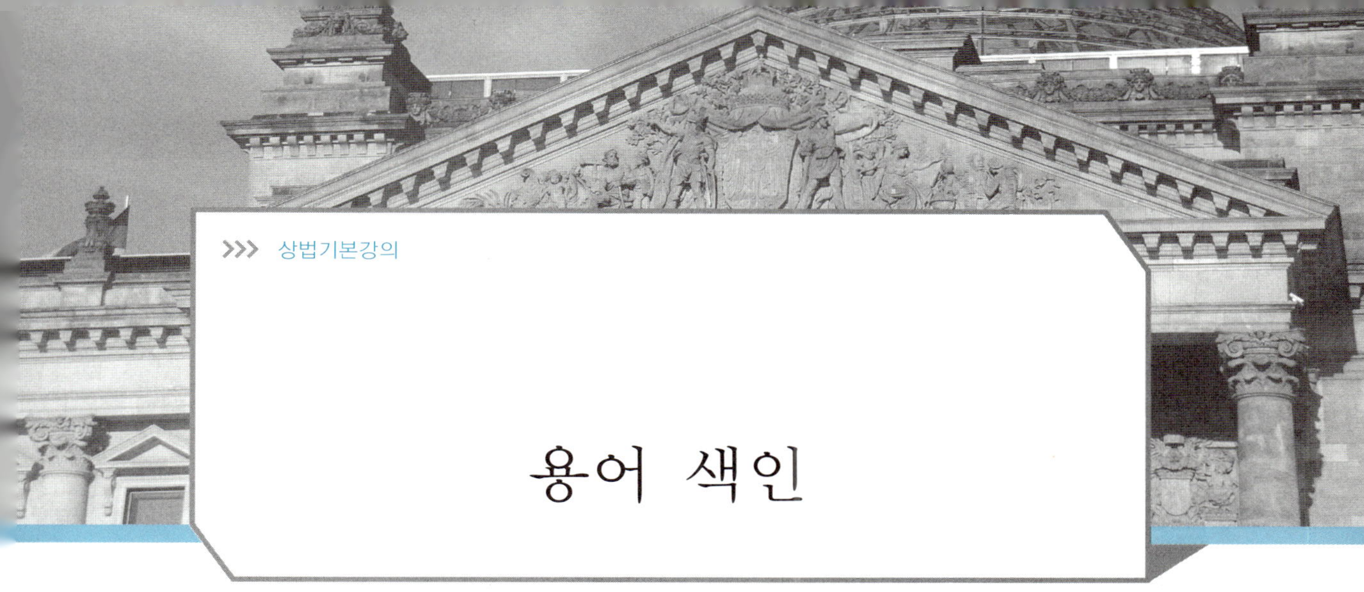

용어 색인

ㄱ

ㅅ

ㅈ

ㅌ

ㅍ

ㅎ

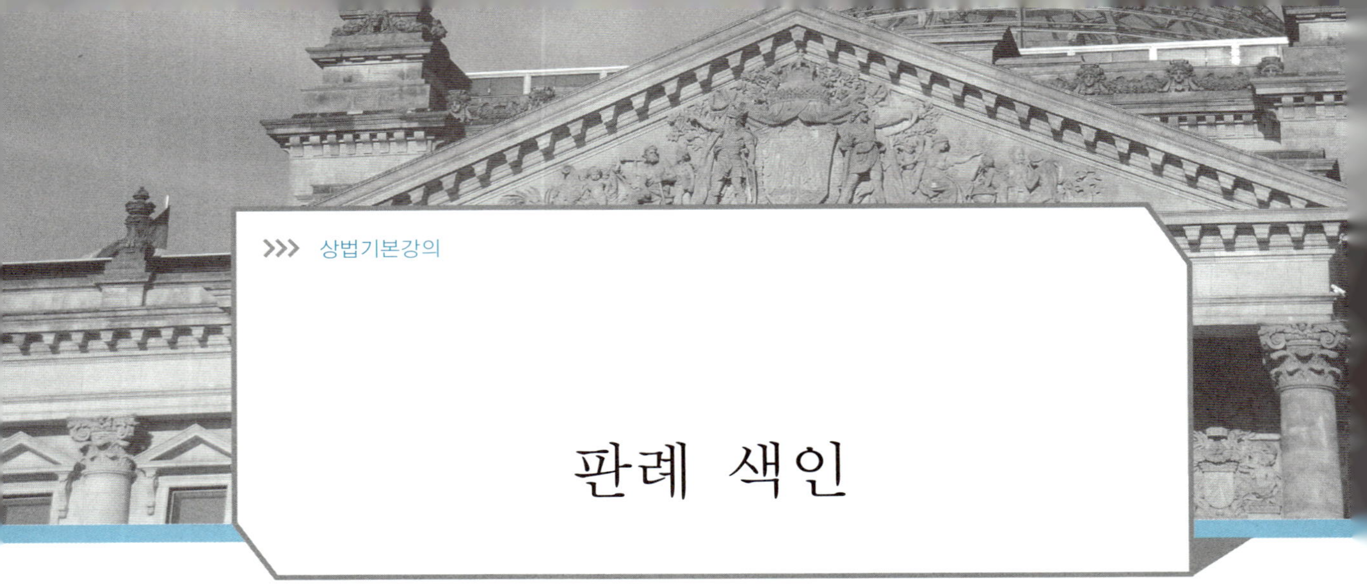

판례 색인

[저자 약력]

이 상 수

건국대학교 법학과 졸업
법학박사(건국대학교)
독일 Köln 대학 보험법연구소 객원연구원
건국대·경희대·단국대·상명대·서경대 강사 역임
(전) 웅지세무대학교 회계세무정보학부 교수
(현) 박문각 채움팀 및 서울법학원 상법 전임 교수

주요 저서 및 논문
「CPA 상법전」(형설출판사, 2006~)
「세무사 회사법전」(형설출판사, 2006~)
「이상수 상법」(형설출판사, 2008~)
「세무사 회사법」(형설출판사, 2013~)
「객관식 상법」(형설출판사, 2001~)
「상법개론」(피앤씨미디어, 2013~)
"타인을 위한 생명보험계약상의 보험수익자의 법적 지위에 관한 연구" (박사학위논문, 1994)
"독일법상 보험자의 파산과 보험계약자의 보호" (보험학회지, 1999)
"집행임원 제도" (법무연구, 2012) 외 다수

제9판
상법기본강의

초판발행 2015년 2월 25일
제2판발행 2016년 7월 15일
제3판발행 2018년 6월 30일
제4판발행 2020년 6월 30일
제5판발행 2021년 7월 20일
제6판발행 2022년 9월 30일
제7판발행 2023년 9월 10일
제8판발행 2024년 9월 10일
제9판발행 2025년 9월 30일

지은이 이상수
펴낸이 박노일
총괄기획 최준규
편 집 이상민
펴낸곳 pnc publishing and culture 피앤씨미디어
경기도 고양시 일산동구 강송로 153 310-1501
등록 제396-2012-000203호
전 화 070)7550-3758 팩 스 02)6280-3758
홈페이지 www.pncmedia.co.kr 이메일 pnc@pncmedia.co.kr
ISBN 979-11-7401-022-3 93360

정 가 68,000원